W0396151

Stefan Loose Travel Handbücher

Schreiben Sie uns!
Wir freuen uns über Ergänzungen und Korrekturen, die uns helfen, dieses Buch zu verbessern und aktuell zu halten, am besten per E-Mail. Neue Adressen möglichst in einen Plan einzeichnen. Auch Anregungen, Lob und Kritik sind willkommen.
Besonders hilfreiche Leserbriefe belohnen wir mit einem Freiexemplar aus unserem Verlagsprogramm.

Zuschriften bitte an:
Stefan Loose Travel Handbücher
Zossener Str. 52/2, 10961 Berlin
✉ info@loose-verlag.de

Stefan Loose Travel Handbuch

Vietnam

1. Auflage

Jan Dodd und Mark Lewis

Aktuelle Reisetipps auf 600 Seiten!

Vietnam
Stefan Loose Travel Handbücher
© **Januar 2005**
DuMont Reiseverlag

1. Auflage

Alle Rechte vorbehalten – insbesondere die der Vervielfältigung und Verbreitung in gedruckter Form sowie die zur elektronischen Speicherung in Datenbanken und zum Verfügbarmachen für die Öffentlichkeit zum individuellen Abruf, zur Wiedergabe auf dem Bildschirm und zum Ausdruck beim Nutzer (Online-Nutzung), auch vorab und auszugsweise.

Die in diesem Buch enthaltenen Angaben wurden von den Autoren nach bestem Wissen erstellt und vom Lektorat im Verlag mit großer Sorgfalt auf ihre Richtigkeit überprüft. Trotzdem sind, wie der Verlag nach dem Produkthaftungsrecht betonen muss, inhaltliche und sachliche Fehler nicht vollständig auszuschließen. Deshalb erfolgen alle Angaben ohne Garantie des Verlags oder der Autoren. Der Verlag und die Autoren übernehmen keinerlei Verantwortung und Haftung für inhaltliche und sachliche Fehler. Alle Landkarten und Stadtpläne in diesem Buch sind von den Autoren erstellt worden und werden ständig überarbeitet.

Das Buch basiert auf der englischsprachigen Originalversion **Vietnam** von Jan Dodd und Mark Lewis,
ISBN 1-84353-095-3, COPY Rough Guides Ltd,
80 Strand, London WC2R 0RL.

Gesamtredaktion und -herstellung:
Bintang Buchservice GmbH
Zossener Str. 55/2, 10961Berlin

Fotos: Bildnachweis s.S. 596
Karten: Anja Linda Dicke
Lektorat: Jessika Zollickhofer
Layout und Herstellung: Anja Linda Dicke
Farbseitengestaltung: Gritta Deutschmann
Umschlaggestaltung: Gritta Deutschmann,
Britta Dieterle

Druck & Weiterverarbeitung:
Westermann Druck Zwickau GmbH

ISBN 3-7701-6148-3

Inhalt

Wissenswertes im Kasten

Das neue Vietnam

Die Geschichte lastet schwer auf Vietnam. Über mehr als ein Jahrzehnt hinweg porträtierten Kriegsreportagen dieses Land als Unterwelt der Barbarei, und selbst nach Ende des Vietnamkrieges sorgte die unendliche Reihe von Kampffilmen aus Hollywood dafür, dass sich dieser Ruf hartnäckig hielt. Doch mit Zunahme der Touristen, die ihren Weg nach Vietnam finden, verbreitet sich auch die Kunde, dass dieses Land nicht aus Bombenkratern und Armeegeschützen, sondern aus glitzernden Reisfeldern, blütenweißen Stränden, lebendigen Städten und ehrwürdigen Pagoden besteht, deren bloße Schönheit einem den Atem rauben kann.

Die Geschwindigkeit, mit der Vietnams rund 80 Millionen Einwohner die schrecklichen Ereignisse der jüngeren Vergangenheit hinter sich gelassen und ihren Blick fest auf die Zukunft gerichtet haben, überrascht viele Besucher, die glaubten, auf eine durch den Krieg bedingte Erschöpfung und tiefe Abneigung gegenüber dem Westen zu stoßen.

Seit der nach der Wiedervereinigung von Nord- und Südvietnam 1975 eingeführte kompromisslose wirtschaftliche Zentralismus 1986 durch eine sozialistische Marktwirtschaft ersetzt wurde, ist die Nation von einer fieberhaften Handelstätigkeit ergriffen, und die Bürger verlangen lautstark ihr Stück vom Kuchen. Doi Moi, Vietnams Entsprechung zur Perestroika, hat durch die Liberalisierung privaten Unternehmertums eine Art Wiedergeburt Vietnams eingeleitet. Doch wäre die Hinwendung zur Marktwirtschaft ohne einen damit einhergehenden Umschwung in den internationalen Beziehungen Makulatur gewesen – das Ende des amerikanischen Handelsembargos im Jahre 1994 brachte wieder ausländisches Kapital ins Land, und die Wiederaufnahme der diplomatischen Beziehungen zwischen den USA und Vietnam im Juli 1995, für die der Rückzug der vietnamesischen Truppen aus Kambodscha im Jahre 1989 den Weg geebnet hatte, bedeutete die internationale Rehabilitierung des Landes.

Natürlich ist das Leben für einen Großteil der Bevölkerung auch weiterhin sehr hart. Durch die Übernahme marktwirtschaftlicher Verhältnisse wurden die Unterschiede zwischen Arm und Reich immer größer. Trotz zahlreicher neuer japanischer, taiwanesischer und koreanischer Montagewerke überschreitet das monatliche Durchschnittseinkommen der Stadtbewohner selten US$50, während die Arbeiter in den ärmsten Provinzen mit nur US$15 pro Monat über die Runden kommen müssen – ein Unterschied, der die wachsende Kluft zwischen dem städtischen und ländlichen Vietnam deutlich vor Augen führt.

Auch die lang gehegte Antipathie und die tiefe psychologische Trennung zwischen dem Norden und Süden lässt sich nicht von heute auf morgen überwinden. Sie existierte bereits lange vor dem Vietnamkrieg und ist tief in der vietnamesischen Kultur verwurzelt. Die Bewohner des Nordens gelten im Allgemeinen als zurückhaltend, eigensinnig und gesetzestreu, während ihre südlichen Landsleute eher weltmännisch, dynamisch und geschäftstüchtig sind.

All diese Unterschiede ebenso wie die rasante Entwicklung des Landes bleiben dem aufmerksamen Besucher nicht verborgen. Wer heute Vietnam bereist, hat Gelegenheit, ein Land im Umbruch kennen zu lernen.

Viele Touristen begnügen sich damit, ihren Vietnambesuch auf Hanoi, Ho-Chi-Minh-Stadt sowie einige andere wichtige Zentren dazwischen zu beschränken. Die Anziehungskraft der Städte mag groß sein, aber am meisten beeindruckt doch die traumhafte Landschaft. die mächtigen Deltas des Roten Flusses und des Mekong, wo man die Reisfelder, Libellen, Bauern mit konischen Hüten und Büffel findet, die das klassische Vietnam-Bild ausmachen; die Ha Long-Bucht mit ihrem Labyrinth von Kalksteininseln, die aus dem Golf von Tonkin aufragen; und immer besser zugängliche Nationalparks, die einen unglaublichen Reichtum an Pflanzen- und Tierarten bergen. Daneben erwarten Besucher, die unternehmungslustig genug sind, in die abgelegenen Hochlandregionen von Zentral- und Nordvietnam vorzudringen, kunstvolle Trachten, jahrhundertealte Bräuche und kommunale Langhäuser der hier lebenden ethnischen Minderheiten.

Aus touristischer Sicht ist der momentane Zeitpunkt für einen Besuch in Vietnam wie geschaffen: Die Einreise gestaltet sich einfacher als je zuvor, und dank *doi moi* ist es heute i.A. leichter, mit Vietnamesen in Kontakt zu kommen. Das Land strahlt zudem eine Lebenskraft und Zuversicht aus, die ansteckt und noch lange nach der Rückkehr in die Heimat haften bleibt.

Reisevorbereitung

Ein- und Ausreiseformalitäten

Visa

Zur Einreise nach Vietnam werden ein gültiger Reisepass und ein Visum benötigt, dessen Ausstellung etwas Zeit und Geld erfordert.

In Deutschland können **Touristenvisa** bei der vietnamesischen Botschaft in Berlin sowie deren Außenstelle in Bonn beantragt werden. Dafür benötigt man einen gültigen Reisepass, einen in Blockschrift ausgefüllten Visumsantrag, den man sich zuschicken lassen kann und auf den man ein Passbild kleben muss, sowie einen für ein Einschreiben ausreichend frankierten Rückumschlag, sofern das Visum nicht persönlich abgeholt werden kann. Die bei der Botschaft zu entrichtende Gebühr von 64 € (in der Schweiz 70 sFr) wird als Verrechnungsscheck beigelegt (oder Überweisungsbeleg mitschicken). Die Bearbeitung dauert nach Einreichen der Unterlagen ca. eine Woche bis zehn Tage. Einige Reisebüros stellen ebenfalls Visa aus, auch wenn die Reise nicht über sie gebucht wird. Das Visum gilt normalerweise für einen einmaligen Aufenthalt von 30 Tagen ab dem angegebenen Termin. Auf dem Visum sind das Ein- und Ausreisedatum eingetragen, daher ist eine genaue Reiseplanung unerlässlich. Man darf nicht einen Tag eher einreisen, als auf dem Visum angegeben. Und wer seine Pläne ändert und erst zwei Wochen später fährt, hat nur noch 16 Tage auf dem Visum statt 30.

Wer über andere asiatische Staaten einreist, bekommt immer noch am leichtesten in Bangkok ein Visum für Vietnam (1–5 Arbeitstage, US$55–80). Die Botschaft in Phnom Penh, Kambodscha, genießt jedoch den Ruf, ebenfalls schnell, hilfreich und billig zu sein.

Geschäftsvisa sind ab einem Monat aufwärts gültig, kosten ab 33 € und können so ausgestellt werden, dass die Möglichkeit der mehrfachen Einreise besteht. Als Geschäftsreisender braucht man allerdings einen festen Geschäftspartner in Vietnam, der sich um die Einreisegenehmigung kümmert. Sobald die Einreisegenehmigung bei der vietnamesischen Botschaft in Deutschland vorliegt, wird man benachrichtigt und erhält dort das Visum.

Ein **Studentenvisum** bekommt man normalerweise erst nach der Ankunft in Vietnam. Es besteht die Möglichkeit, mit einem Touristenvisum einzureisen, sich vor Ort für einen Sprachkurs einzuschreiben und dann bei der Immigrationsbehörde um eine Änderung des Visums nachzusuchen. Man muss natürlich eine Studiengebühr bezahlen und sollte am Unterricht teilnehmen. Um als Student zu gelten, muss man mindestens zehn Unterrichtsstunden pro Woche nachweisen.

Besondere Bedingungen gelten für **Vietnamesen aus Übersee** mit einem ausländischen Pass. Diesbezügliche Fragen beantwortet die vietnamesische Botschaft.

Auf den internationalen Flughäfen in Hanoi, Ho-Chi-Minh-Stadt und Da Nang gibt es spezielle Agenturen, die ein **Visum bei Ankunft** in Vietnam ausstellen dürfen. Zur Zeit der Recherche waren dies u.a. *Ann's Tourist* in Hanoi (s.S. 489) und Ho-Chi-Minh-Stadt (s.S. 192) sowie *Danatours* und das *Furama Resort* in Da Nang (s.S. 377 bzw. S. 380), wobei das *Furama Resort* nur Visaanträge für Hausgäste bearbeitet. Ein bei der Einreise ausgestelltes Visum muss nicht unbedingt teurer sein (die Preise variieren von US$30 bis US$90 für ein einmonatiges Touristenvisum), aber man sollte sich genau erkundigen, ob der Preis auch das Visum und nicht nur die Bearbeitungsgebühr umfasst. Ein Restrisiko bleibt bestehen, da die beauftragte Agentur den ganzen Papierkram bis zu einem bestimmten Zeitpunkt erledigen und mit dem Visum zum Flughafen kommen muss. Die Agentur benötigt eine Fotokopie des Passes, den vollen Namen, das Geburtsdatum, den Tag und die Uhrzeit der Ankunft in Vietnam, die Flugnummer sowie eine Faxnummer, an die sie den „Einladungsbrief" senden kann, in dem steht, dass man ins Land einreisen darf. Diesen Brief muss man den Immigrationsbehörden bei der Ankunft vorlegen. Einige Agenturen lassen sich ihren Dienst im Voraus bezahlen (via Kreditkarte oder Geldtransfer), andere verlangen das Geld erst am Flughafen – in diesem Fall sollte man genügend bare US-Dollar dabeihaben. Zumeist benötigen die Agenturen nur zwei Tage für die Bearbeitung, aber um sicher zu gehen, sollte man sich mindestens eine Woche im Voraus darum kümmern.

Bei der Ankunft in Vietnam muss man ein **Ein- bzw. Ausreiseformular** ausfüllen. Die gelbe Kopie dieses Formulars wird einem wieder ausgehändigt. Sie muss oft beim Einchecken in Hotels vorgezeigt oder abgegeben und beim Verlassen des Landes wieder eingereicht werden. Da auch in Hotels etwas abhanden kommen kann, sollte man zur Sicherheit eine Fotokopie anfertigen – diese wird zwar nicht anstelle des Originals akzeptiert, kann bei Verlust jedoch äußerst hilfreich sein.

Aktuelle Visa-Info-Links gibt es im Internet auf der Website 💻 www.loose-verlag.de der Stefan Loose Travel Handbücher.

Visaverlängerungen

In den vergangenen Jahren haben sich die Richtlinien zur Visumsverlängerung immer wieder geändert – mal war sie völlig unproblematisch, mal fast unmöglich zu bekommen. Man sollte sich daher vor der Abreise bei der Botschaft oder einer Reiseagentur nach den neuesten Bestimmungen erkundigen. Zur Zeit der Recherche war eine Verlängerung um 30 Tage noch relativ einfach in Hanoi, Ho-Chi-Minh-Stadt, Nha Tr ang, Da Nang, Hué und Hoi An zu bekommen. Einige Besucher erhielten sogar eine zweite und dritte Verlängerung, üblicherweise in Hanoi oder Ho-Chi-Minh-Stadt. Die Verlängerung muss über einen Tourveranstalter beantragt werden, der zwei bis drei Tage Zeit benötigt und für die ersten 30 Tage US$25 verlangt.

Inhaber von Geschäftsvisa können eine Verlängerung nur über das Büro einreichen, das sich um das ursprüngliche Visum gekümmert hat, und müssen begründen, weshalb eine Verlängerung nötig ist.

Wer sein Visum überschreitet, muss mit einer Strafe zwischen US$10 und US$50 rechnen, je nachdem wie viel Zeit seit Ablauf des Visums vergangen ist und welche Laune der Beamte der Immigrationsbehörde gerade hat. Dieser Weg ist auf keinen Fall zu empfehlen!

Botschaften und Konsulate Vietnams im Ausland

Eine komplette Liste der vietnamesischen Botschaften und Konsulate veröffentlicht das Außenministerium Vietnams auf seiner Website 💻 www.mofa.gov.vn.

Deutschland:
Botschaft: Elsenstraße 3, 12435 Berlin
📞 030/5363 0108, 📠 030/5363 0200
✉ info@vietnambotschaft.org
Außenstelle: Konstantinstr. 37, 53179 Bonn
📞 0228/957540, 📠 0228/351866
✉ bonn@vietnambotschaft.org
💻 www.vietnambotschaft.com

Österreich:
Botschaft: Felix-Mottl-Str. 20, 1190 Wien,
📞 01/368 0755, 📠 01/368 0754
✉ embassy.vietnam@aon.at

Schweiz:
Botschaft: Schlösslistr. 26, 3008 Bern
📞 031/388 7878, 📠 031/388 7879
✉ vietsuisse@bluewine.ch

China:
Botschaft: 32 Guang Hua Lu, Jian Guo Men Wai, Beijing 100600
📞 010/6532 1155,
✉ vinaemba@mailhost.cinet.com.cn
Konsulate: 2F, Hotel Landmark B Building North, Qiaoguang Rd (Haizhu Square), Guang Zhou
📞 020/8330 5916, ✉ tlsqvn@mx2.gd.cei.gov.cn
15F Great Smart Tower, 230 Wanchai Rd, Hong Kong
📞 022/591 4510, ✉ vnconsul@netvigator.com

Kambodscha:
Botschaft: 436 Bld Preach, Monivong, Phnom Penh
📞 023/362 741, ✉ embvnpp@camnet.com.kh
Konsulate: Sihanoukville, 📞 034/1534 5361,
✉ consul@camintel.com
Road No.3, Batambang, 📞 053/952 894,
✉ lsqvnbat@camintel.com

Laos:
Botschaft: 1 That Luang Rd, Vientiane
📞 021/413400, ✉ dsqvn@laotel.net
Konsulate: Rd. 24, Pakxe
📞 031/212 058, ✉ ksvnps@laotel.com
418 Sisavangvong Road, Savannakhet
📞 041/212418, ✉ tlsxavan@laotel.com

Malaysia:
4 Persiaran Stonor, 50450 Kuala Lumpur
📞 03/2148 4534, ✉ daisevn@putra.net.my

Singapore:
10 Leedon Park, Singapore 267887
📞 462 5938, ✉ vnemb@singnet.com.sg

Thailand:
Botschaft: 83/1 Wireless Rd, Bangkok 10330
☎ 02/251 5836, ✉ vnembassy@bkk.a-net.net.th
Konsulat: 65/6 Chatapadung, Khonkaen 40000
☎ 043/242190.

Zollbestimmungen

Touristen dürfen ausländische Währungen in unbegrenzter Höhe nach Vietnam einführen, müssen sie aber bei der Einreise deklarieren. Theoretisch müssen beim Verlassen des Landes sämtliche Geldwechselbelege vom Aufenthalt in Vietnam vorgelegt werden, doch in der Praxis fragt meist niemand danach.

Bei der Einreise nach Vietnam müssen die Besucher auch Gold- und Silberschmuck, Kameras, Radios, Walkmen, leere Videokassetten und unbelichtete Filme auf einer Zollerklärung (Customs Declaration) eintragen. Beim Verlassen des Landes muss man unter Umständen beweisen, dass man diese Gegenstände auch wieder ausführt und nicht im Land verkauft hat (deshalb das gelbe Blatt aufbewahren).

Die Ein- und Ausfuhr der vietnamesischen Währung Dong sowie lebender Tiere ist verboten.

Informationen

Die vietnamesische Regierung unterhält rund um den Globus eine Hand voll Promotionsbüros und arbeitet mit diversen Reiseagenturen zusammen, von denen die meisten jedoch nur mit ganz allgemeinen Informationen für Touristen dienen können. Eine wesentlich bessere Quelle mit vielen Informationen aus erster Hand ist das Internet, wo zahlreiche Websites bei der Urlaubsplanung helfen. Karten von Vietnam sind allerorten erhältlich, aber die regelmäßigen Namensänderungen sorgen dafür, dass derselbe Ort auf verschiedenen Karten ganz unterschiedliche Namen tragen kann.

In Deutschland gibt es zurzeit kein vietnamesisches Fremdenverkehrsamt, dafür hat **Indochina Services** in Starnberg, ☎ 08151/770222, 📠 770229, ✉ info@indochina-services.com oder in Bangkok pr@is-mtl.com, 💻 www.indochina-services.com, eine Informationsstelle zu Vietnam eröffnet.

Informationsstellen in Vietnam

Vietnam selbst ist in Bezug auf kostenlose und unparteiische Ratschläge ein Notstandsgebiet. Hinter den staatlichen **Touristeninformationen** – entweder unter Schirmherrschaft der nationalen Tourismusbehörde **Vietnam National Administration of Tourism (VNAT)**, 💻 www.vietnamtourism.com, oder der jeweiligen Provinzorganisation – verbergen sich schlecht getarnte Touragenten, d.h. gewinnorientierte Betriebe, die nur ungern als reines Informationsbüro fungieren. Auf umfassende, unabhängige Auskünfte, wie sie Westeuropäer von einer Touristeninformation erwarten, hofft man hier vergeblich – Busfahrpläne beispielsweise existieren schlichtweg nicht, stattdessen werden Hochglanzbroschüren verteilt, welche die staatlichen Touren und Hotels auflisten.

Vielversprechender sind die vielen **privaten Touragenturen**, darunter die so genannten Traveller-Cafés, die es in allen wichtigen Touristenorten gibt (siehe das jeweilige Ortskapitel). Die hiesigen Angestellten haben sich bereits an die Bedürfnisse der Westler angepasst und stehen gern mit Rat und Tat zur Seite.

Als weitere hilfreiche Informationsquelle dient die steigende Zahl **englischsprachiger Magazine**, z.B. *Vietnam Discovery, Time Out, The Guide* und *Vietnam Pathfinder* (s.S. 73), in denen Restaurant- und Hotellisten sowie einschlägige Artikel veröffentlicht werden.

Von der Regierung wurde inzwischen auch ein **telefonischer Informationsdienst** eingerichtet, ☎ 1080 in Hanoi, Ho-Chi-Minh-Stadt, Hai Phong und Da Nang bzw. ☎ 108 in anderen Orten (minimale Gebühr), wo englischsprachige Angestellte alle Arten von Fragen beantworten – falls man durchkommt, denn die Leitungen sind häufig belegt.

Vietnam im Internet

Reiseinformationen

💻 www.vietnamtourism.com
Die offizielle Website der nationalen Tourismusbehörde *Vietnam National Administration of Tourism* enthält viele nützliche Hintergrund- und allgemeine Touristeninformationen, ist aber nicht so aktuell wie sie sein sollte.

💻 www.vietnam-dvg.de
Die Website der deutsch-vietnamesischen Gesellschaft bietet ein Länderprofil zu Vietnam, Adres-

sen, Literaturhinweise, Hintergrundartikel zu verschiedenen Themen und Tipps zu aktuellen Vietnam-bezogenen Veranstaltungen in Deutschland.

www.thingsasian.com
Informative und unterhaltsame Website mit Schwerpunkt Kultur, Geschichte und Reisen.

www.vietnamadventures.com
Sehr gut zum Einstieg. Die Site steckt voller praktischer Reiseinfos und bietet monatlich wechselnde Abenteuer- und spezielle Reiseangebote.

weather.yahoo.com
Aktuelle Wetterinfos sowie 5-tägige Voraussage für über 30 vietnamesische Städte.

www.destinationvietnam.com
Die Infos reichen von Reisen über Kunst, Geschichte, Kultur bis zu Adoption. Außerdem: Online-Galerie zeitgenössischer vietnamesischer Kunst.

www.vietnamnow.com
Ebenfalls dem Reisen in Vietnam gewidmet; interessante Auswahl an Links sowie ein schwarzes Brett.

www.vietnamonline.com
Hier findet man massenhaft nützliche Reiseinfos und eine gute Übersicht über Arbeits- und geschäftliche Möglichkeiten in Vietnam.

www.indochina-services.com
Sehr allgemeiner und kurzer Überblick über Vietnam, Laos, Kambodscha und Myanmar; daneben Angebote von Pauschaltouren.

Allgemeines

www.mofa.gov.vn
Die Website des Außenministeriums bietet interessante Neuigkeiten sowie eine Liste der vietnamesischen Botschaften und Konsulate. Die übrigen Informationen werden leider nicht regelmäßig aktualisiert.

www.vietnamembassy-usa.org
Vietnams US-Botschaft liefert allgemeine Hintergrund- und Geschäftsinformationen, eine Liste von Botschaften und Konsulaten sowie eine Auswahl an Links.

www.vietnambotschaft.com
Website der vietnamesischen Botschaft in Deutschland. Nicht sehr ergiebig, aber man kann hier die Visaantragsformulare herunterladen und findet Hinweise zu Einreisebestimmungen u.Ä.

www.auswaertigesamt.de
Auf der Website des Auswärtigen Amtes erhält man Informationen zur aktuellen Sicherheitslage im Ausland.

www.ibiblio.org/vietnam
Große Bildergalerie zu den Themen Kunst, Menschen, Geschichte, Monumente und Landschaften.

coombs.anu.edu.au
Diese große und gut aufgebaute virtuelle Bibliothek bietet über 1000 Links zu Vietnam und kann überaus hilfreich sein, obwohl sie einer Aktualisierung bedarf.

www.vietgate.net
Ausgewählte Liste von Links; nützlicher ist das Online-Wörterbuch.

Medien

vietnamnews.vnagency.com.vn
Zusammenfassung der Tagesnachrichten von der Online-Redaktion von *Vietnam News.*

www.vir.com.vn
Wöchentlicher Investitionsbericht mit aktuellen Infos über und für die Geschäftswelt.

www.vneconomy.com.vn
Monatliche Übersicht über die wichtigsten Stories aus der Geschäftswelt, zusammengestellt von der Online-Redaktion der *Vietnam Economic Times.*

Umwelt

www.wcmc.org.uk/infoserv/countryp/vietnam
Das World Conservation Monitoring Centre unterhält eine riesige Website mit allen erdenklichen Informationen über die vietnamesische Umwelt und deren Schutz.

www.birdlifevietnam.com
Gute Hintergrundinformationen und Links zu ähnlichen Websites, geliefert vom vietnamesischen Büro von *Birdlife International.*

Landkarten

Die besten Übersichtskarten sind zum einen die *International Travel Map of Vietnam,* 1:1 000 000, Cartographic Mapping Institute, Hanoi (mit Entfernungsangaben) und zum anderen *Vietnam – Laos – Kambodscha,* 1 : 500 000, Nelles Maps, München (inkl. Stadtplänen von Hanoi, Ho-Chi-Minh-Stadt und Phnom Penh). Ebenfalls nicht schlecht sind die *Vietnam, Cambodia & Laos World Travel Map,* 1:2 000 000, von Bartholomew, die jedoch keinerlei detaillierte Angaben zu Touristenattraktionen enthält, und *Vietnam, Laos, Kambod-*

scha, 1 : 2 000 000, von Freytag & Berndt mit Ortsindex und Plänen von Hanoi, Ho-Chi-Minh-Stadt und Vientiane. Vor Ort bekommt man die *Vietnam Tourist Map,* 1:1 500 000, von Saigontourist, die jährlich auf den neuesten Stand gebracht wird.

Wem die Stadtpläne im vorliegenden Reiseführer (die die empfohlenen Hotels und Restaurants verzeichnen) nicht genügen, der kann bei Straßenverkäufern und an Zeitungskiosks in Hanoi, Ho-Chi-Minh-Stadt, Hué und in anderen größeren Städten oder Touristenorten ganz passable Karten kaufen.

Klima und Reisezeiten

In Vietnam herrscht ein tropisches Klima, das zwischen Mai und September vom süd- bzw. südwestlichen Monsun und zwischen Oktober und April vom nordöstlichen Monsun bestimmt wird. Der südliche **Sommermonsun** lässt es in den beiden Deltas und an den westlichen Hängen regnen, während der kalte **Wintermonsun** die Feuchtigkeit über dem Golf von Tonkin mit sich nimmt und entlang der zentralen Küste sowie am östlichen Rand des zentralen Hochlands als Regen zu Boden schickt. Innerhalb dieses einfachen Musters bestehen jedoch erhebliche Unterschiede in Bezug auf Höhe und Breitengrad – die Temperaturen im Süden sind das ganze Jahr über mehr oder weniger gleich, der Norden hingegen hat saisonale Schwankungen zu verzeichnen.

Im **südlichen Vietnam** dauert die Trockenzeit von Dezember bis Ende April oder Mai und die Regenzeit von Mai bis November. Da es in der Regenzeit jedoch meist nur nachmittags zu kurzen und heftigen Regengüssen kommt, sollte dies nicht von einer Reise abhalten. Nur im **Mekong-Delta** kann es in dieser Zeit infolge von Überschwemmungen zu Problemen kommen. Die Tagestemperaturen in dieser Region fallen selten unter 20 °C und erreichen in den heißesten Monaten (März, April und Mai) gelegentlich an die 40 °C. Dasselbe klimatische Muster findet man im **zentralen Hochland**, wenngleich es hier generell etwas kühler ist, vor allem nachts. Auch hier können die Monsunregen zwischen Mai und Oktober den Transport erschweren, beispielsweise durch ausgewaschene Straßen und Erdrutsche, die ganze Dörfer von der Außenwelt abschneiden.

Entlang des **zentralen Küstenabschnitts** steht das Klima hingegen unter dem Einfluss des Nordost-Monsuns. In der Gegend um Nha Trang beginnt die Regenzeit mit einem Schlag im November und hält bis Dezember an. Weiter nördlich, bei Hué und Da Nang, dauert die Regenzeit etwas länger (September bis Februar), aber selbst in der Trockenzeit (März bis August) kommt es immer wieder zu heftigen Schauern. Wenn möglich, sollten diese beiden Städte im Frühjahr (Februar bis Mai) besucht werden, kurz vor der Regenunterbrechung im September oder im November, wenn der Regen in dieser Gegend wieder nachlässt. Die Temperaturen liegen zwischen Juni und August am höchsten (häufig in Bereichen oberhalb der 30-Grad-Grenze), dann bietet es sich an, in die Hügel zu entfliehen. Der nördliche Teil Zentralvietnams besitzt ein noch extremeres Klima, d.h. eine kürzere Regenzeit (mit ihrem Höhepunkt im September und Oktober) und einen heißen, trockenen Sommer. Die Küste Zentralvietnams ist am stärksten der Gefahr von **Taifunen** ausgesetzt, die sintflutartige Regenfälle und Stürme in Hurrikanstärke mit sich bringen. Taifune sind schwer vorauszusagen, treten aber üblicherweise zwischen August und November auf.

Nordvietnam genießt von Oktober bis Dezember ein warmes und sonniges Klima. Danach hält kaltes Winterwetter Einzug, begleitet von feinem, beharrlichem Nebel, der über mehrere Tage andauern kann. Im März steigen die Temperaturen wieder und können im Sommer (Mai bis August) an die 40 °C erreichen, aber die Durchschnittstemperaturen in Hanoi liegen eher bei verträglichen 30 °C. Allerdings fällt in den Sommer auch die hiesige Regenzeit, deren regelmäßige Niederschläge das tief gelegene Delta in einen fast unerträglich heißen und stickigen Landstrich verwandeln, in dem Überschwemmungen an der Tagesordnung sind. Das gleiche Muster tritt auch in den nördlichen Bergen auf, wenngleich die Temperaturen hier erheblich kühler sind, und es in höheren Regionen zu Bodenfrost kommen kann (im Winter von Dezember bis Februar sogar gelegentlich zu Schneefällen).

In Anbetracht dieser komplizierten Klimaverteilung gibt es keine bestimmte Jahreszeit, die sich für einen Besuch Vietnams besonders eignet.Im Großen und Ganzen gesehen sind jedoch Herbst (Sep-Dez) und Frühling (März und April) die empfehlenswertesten Monate, das ganze Land zu bereisen.

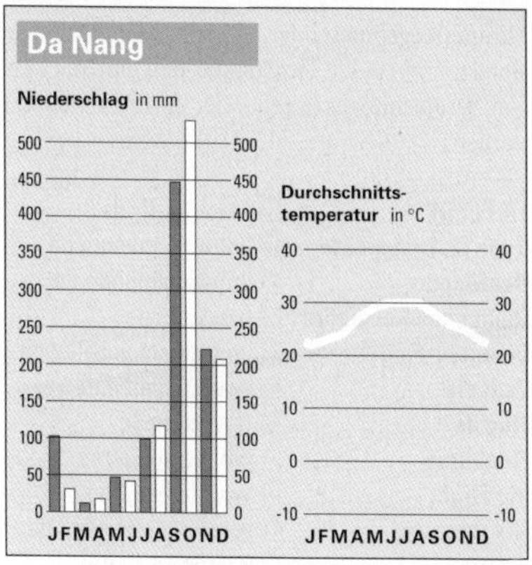

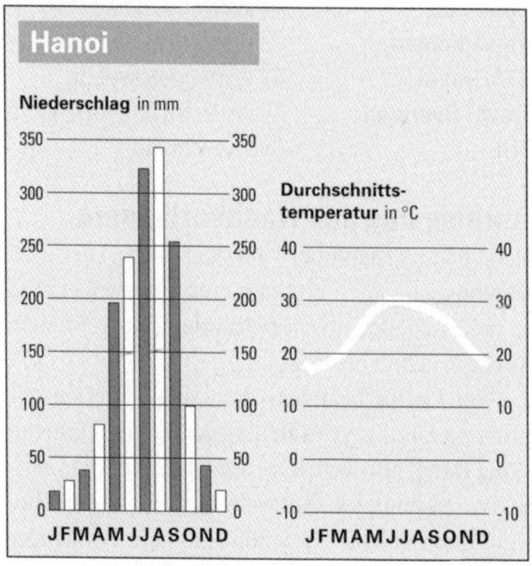

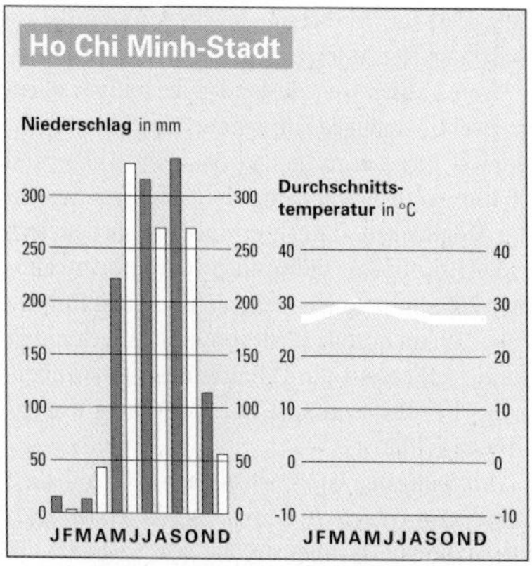

Anreise

Flüge

Kaum jemand fährt auf dem Landweg oder mit dem Schiff nach Vietnam. Der normale Weg von Europa aus ist der Flug mit einer europäischen oder asiatischen Fluggesellschaft zu einem von Vietnams drei internationalen Flughäfen: Hanoi, Ho-Chi-Minh-Stadt und Da Nang. Einen Direktflug gibt es jedoch **von Deutschland** nur mit *Vietnam Airlines* von Frankfurt nach Hanoi (in ca. 14 Std.), von wo Anschlussflüge in andere Städte des Landes bestehen. Die meisten Besucher fliegen mit einer südostasiatischen Fluglinie – z.B. *Singapore Airlines, Thai Airways, Malaysian Airlines* oder *Cathay Pacific* – über deren Heimatflughafen oder mit *Air France/Vietnam Airlines* über Paris.

Wer etwas mehr Zeit hat, kann beispielsweise einen **Stopover** in Bangkok, Singapore oder Hong Kong einlegen und muss hierfür zumeist keinen Aufpreis zahlen. Einige regionale Airlines wie *Thai Airways* bieten darüber hinaus so genannte „tour fares" an, die eine Mindestanzahl an Übernachtungen in der Heimatstadt der Fluggesellschaft beinhalten und unter Umständen billiger sind als das reguläre Hin- und Rückflugticket. Es kann sich auch auszahlen, einen billigen Flug nach Bangkok zu nehmen und bei *Thai Airways* oder *Vietnam Airlines* ein gesondertes Ticket für die letzte Strecke nach Vietnam zu kaufen.

Die Airlines differieren jedoch beachtlich in ihrer Sicherheit, der Flugdauer (Anzahl und Dauer der Zwischenstopps) und dem Preis. Der seit Jahren tobende Preiskrieg hat auf diesen Routen zu einem Preisverfall geführt. Wer Wert auf Sicherheit und Service legt, bekommt ein Graumarkt-Ticket einer zuverlässigen Gesellschaft bereits ab 680 € zzgl. Tax.

Während der Hochsaison wird ein beachtlicher Aufschlag erhoben. Zudem gibt es für die Abflugtermine zum Ferienbeginn und -ende schon Monate im Voraus keinen freien Platz, und viele Maschinen sind überbucht. Die ungünstigsten Monate zum Fliegen sind daher i.A. der Juli, August und Dezember. Inlandflüge können unter Umständen als günstige Anschlussflüge gebucht werden.

Normalerweise ist die Geltungsdauer von Billigtickets auf 6 Monate begrenzt. Zudem kann man mit ihnen nicht die Fluggesellschaft wechseln und

bekommt kein Geld zurückerstattet, wenn der Flug nicht angetreten wird.
Bei weniger strikter Handhabung ist zumindest eine Stornierungsgebühr fällig. Für die Umbuchung des Rückflugs müssen etwa 5-100 € bezahlt werden. Trotzdem sollte man keine *open date tickets* kaufen, da zu manchen Zeiten Flüge von und nach Vietnam Monate im Voraus ausgebucht sind.

Vietnam Airlines, Rossmarkt 5, 1. Stock, 60311 Frankfurt, ✆ 069-297256, 🖳 www.vietnam airlines.com

Gebuchte Flüge müssen bei einigen wenigen Airlines noch spätestens drei Tage vor Abflug rückbestätigt werden, was auch telefonisch geschehen kann. Nicht selten sind die Maschinen überbucht, und die Letzten kommen trotz **Rückbestätigung** nicht mehr mit. Es empfiehlt sich daher, rechtzeitig am Flughafen zu erscheinen.
Bei internationalen Flügen ab Hanoi oder Ho-Chi-Minh-Stadt ist eine **Airport Tax** von US$14/12 zu entrichten, zahlbar in Dong, US-Dollar oder Euro, aber auf jeden Fall in bar; meist ist sie schon im Flugpreis enthalten (beim Ticketkauf klären).

Flugbuchung im Internet

Um Flüge online direkt zu buchen, muss man kein Reiseexperte sein. Allerdings werden auf den Seiten der Fluggesellschaften die meisten Tickets nur zum offiziellen IATA-Tarif angeboten. Auch in den endlosen, verwirrenden Listen zahlloser Internet-Reisebüros und Reiseportale (die z.T. auf dieselbe Datenbank zugreifen) sind günstige Offerten eher selten und der Service lässt mitunter zu wünschen übrig, sodass sich die Seiten vor allem zum Recherchieren eignen. Wer dann weiß, welche Airline zu welchem Preis die günstigste Route fliegt und zudem noch Plätze verfügbar hat, kann immer noch den Preis als Obergrenze nehmen und in Reisebüros nach günstigeren Angeboten fahnden. Zudem hat das Reisebüro den Vorteil, dass es dort einen Ansprechpartner gibt, der bei Problemen kontaktiert werden kann.

Wer flexibel ist oder schon bald losfahren möchte, findet jedoch auch Seiten mit Last-Minute-Angeboten oder Sondertarifen für Flüge, Hotelzimmer oder Tickets, die teils nur im Netz von Veranstaltern, Hotels oder Airlines offeriert werden.

1A-FLY.DE	🖳 www.1a-fly.de
5 vor 12, Lastminute	🖳 www.lastminute.de
Del Mundo	🖳 www.delmundo.de
Deutsches Reisebüro	🖳 www.der.de
Discount-Flug	🖳 www.discount-flug.de
Expedia	🖳 www.expedia.de
Flug.de	🖳 www.flug.de
Flugbörse	🖳 www.flugboerse.de
Mc Flight	🖳 www.mcflight.de
Nix wie weg	🖳 www.nix-wie-weg.de
Offerto	🖳 www.offerto.de
Opodo.de	🖳 www.opodo.de
Reiseplanung	🖳 www.reiseplanung.de
STA Travel	🖳 www.statravel.de
Travel Overland	🖳 www.traveloverland.de
TUI	🖳 www.tui.de

Anreise aus den Nachbarländern

Derzeit kann man über Land von China, Laos oder Kambodscha nach Vietnam einreisen, wobei man so natürlich wesentlich mehr erlebt, als wenn man direkt ins Land einfliegt.

Von **China** bestehen drei Möglichkeiten der Einreise. Der Zug von Beijing nach Hanoi fährt in Dong Dang, nördlich von Lang Son, über die Grenze, wo es zugleich einen Straßenübergang, Huu Nghi Quan genannt (s.S. 566), gibt. Für Fußgänger ist die chinesische Grenze außerdem in Lao Cai (s.S. 536) im Nordwesten sowie in Mong Cai im äußersten Nordosten (s.S. 524) geöffnet.

Von **Laos** reisen Ausländer derzeit vor allem an zwei Übergängen ein: Sehr unkompliziert funktioniert das Ganze in Lao Bao (s.S. 419), rund 80 km westlich von Dong Ha; außerdem besteht die Möglichkeit zum Grenzübertritt in Cau Treo (s.S. 419), 105 km südwestlich von Vinh. Im Sommer 2003 öffnete ein weiterer Übergang in Nam Can, 230 km nordwestlich von Vinh. Angekündigt wurde außerdem die Öffnung eines Grenzübergangs bei Mahaxay/Cha Lo und Muang Khoua/Dien Bien Phu.

Am billigsten ist es natürlich, mit öffentlichen Bussen zur Grenze zu fahren. Es gibt jedoch auch internationale Busdienste, die von Savannakhet und Vientiane nach Dong Ha, Vinh, Da Nang sowie zu anderen Zielen in Vietnam fahren.

Von **Kambodscha** kann man per Bus von Phnom Penh via Moc Bai (ca. 60 km nordwestlich von Ho-Chi-Minh-Stadt, s.S. 198) auf direktem Weg nach Ho-Chi-Minh-Stadt gelangen. Alternativ dazu kann man einen lokalen Bus bis zur Grenze nehmen und dann mit einem Sammeltaxi weiterfahren. Weitere offene Grenzübergänge gibt es in Vinh Xuong und Tinh Bien (30 km nördlich bzw. 25 km westlich von Chau Doc im Mekong-Delta). Vinh Xuong ist der meistgenutzte Übergang, da man über ihn von Phnom Penh aus in einer billigen Bootsfahrt (um US$10) Chau Doc erreicht.

Mit einem gültigen Visum dürfte die Einreise an diesen Grenzpunkten kein Problem darstellen. Die laotischen und kambodschanischen Grenzbeamten stellen seit kurzem auch Visa on Arrival aus, aber wer auf Nummer sicher gehen will, sollte sich das Visum schon vorher besorgen. Die meisten Übergänge haben übrigens nur von 7 Uhr bis 17 oder 18 Uhr geöffnet und schließen manchmal sogar zur Mittagszeit für eine Stunde. Bislang bestehen an keinem der Grenzübergänge offizielle Möglichkeiten zum Geldtauschen, aber üblicherweise findet man immer jemanden, der zu schlechten Schwarzmarktkursen Bargeld tauscht. Da man jedoch überall auch in Dollar zahlen kann, sollte man mit einer größeren Summe bis zur nächsten Bank warten.

Gesundheit

Vietnams Gesundheitsprobleme lesen sich wie ein Wörterbuch für Tropenmedizin. Krankheiten, die andernorts in Südostasien schon lange unter Kontrolle sind, konnten in Vietnam aufgrund von Armut, schlechter Ernährung und mangelhafter medizinischer Versorgung sowie beinahe 50 Jahre Kriegszustand nicht ausgerottet werden. Wer sich jedoch auf seinen Urlaub vorbereitet und vor Ort ein paar Vorsichtsmaßnahmen befolgt, wird kaum etwas Schlimmeres als eine Erkältung oder Durchfall bekommen.

Sollte man in Vietnam dennoch ernsthaft erkranken, so gibt es in Hanoi und Ho-Chi-Minh-Stadt internationale Kliniken, die eine Diagnose stellen und entweder selbst die Behandlung einleiten oder zumindest beratend zur Seite stehen können. Es ist zwar übertrieben, bei jedem Anflug von Kopfschmerzen oder Durchfall zu einem Arzt zu rennen, aber andererseits sollte im Zweifelsfall nicht zu viel Zeit vergehen, bis man medizinischen Rat einholt – dies ist auf jeden Fall besser, als sich selbst mit potenziell gefährlichen Medikamenten heilen zu wollen oder zu warten, bis man zusammenklappt.

Vor der Abreise sollte man noch einmal vorsorglich seinen **Zahnarzt** aufsuchen – und daran denken, dass mit der Einnahme von **Anti-Malaria-Tabletten** üblicherweise eine Woche vor der Einreise nach Vietnam begonnen werden muss.

Impfungen

Für Vietnam sind keine Impfungen vorgeschrieben außer jener gegen Gelbfieber, sofern man aus einem Infektionsgebiet (Westafrika, Zentralafrika oder Südamerika) kommt. Eine Immunisierung gegen **Hepatitis A** und **Typhus** ist empfehlenswert. Außerdem ist es ratsam, den Basisimpfschutz gegen **Tetanus** (Wundstarrkrampf), **Polio** und **Diphterie** aufzufrischen, wenn seit der letzten Impfung mehr als zehn Jahre vergangen sind. Manche Ärzte raten auch zum Schutz gegen Hepatitis B, Tollwut, Meningitis und Japanische Encephalitis, abhängig von der Jahreszeit und dem individuellen Ansteckungsrisiko.

Alle diese Impfungen bekommt man in den internationalen Kliniken von Ho-Chi-Minh-Stadt und Hanoi, aber i.A. ist es einfacher und üblicherweise sogar billiger, sich zu Hause impfen zu lassen.

Da die Impfungen bis zu acht Wochen vor Abflug erfolgen müssen, empfiehlt es sich, frühzeitig den Hausarzt oder ein tropenmedizinisches Institut (s.u.) zu konsultieren. Medizinischen Rat für Reisen in die Tropen bietet auch das Internet, z.B. die Websites 💻 www.crm.de/ und 💻 www.die-reisemedizin.de.

Alle Impfungen werden in einen **Internationalen Impfausweis** eingetragen, der zu den Reiseunterlagen gehört und bei der Einreise auf dem Landweg vorzulegen ist.

Gesundheitsgefahren

Hier eine alphabetische Aufstellung der wichtigsten möglichen Krankheiten und Beschwerden. Aber bitte keine Panik – die meisten Risiken sind durch normales, umsichtiges Verhalten minimierbar.

Cholera

Die Cholera tritt vor allem in übervölkerten Gebieten unter unhygienischen Bedingungen immer wieder auf. Der Impfschutz durch handelsüblichen Impfstoff ist umstritten, Reaktionen sind häufig. Geimpft wird deshalb nur dann, wenn eine entsprechende Einreisebestimmung besteht, was für Vietnam nicht zutrifft. Solange man auf eine saubere, hygienische Umgebung achtet und nicht geschwächt ist, wird man kaum gefährdet sein.

Denguefieber

Diese Viruskrankheit tritt überwiegend im Süden auf, einschließlich Ho-Chi-Minh-Stadt, aber die Gefahr einer Erkrankung ist äußerst gering. Denguefieber wird durch die *Aedes aegypti*-Mücke übertragen, die an ihren schwarz-weiß gebänderten Beinen zu erkennen ist. Sie sticht während des ganzen Tages. Nach der Inkubationszeit von bis zu einer Woche kommt es zu plötzlichen Fieberanfällen, Kopf- und Muskelschmerzen. Nach 3–5 Tagen kann sich ein Hautausschlag über den ganzen Körper verbreiten. Bei Stufe 1 klingen nach 1–2 Wochen die Krankheitssymptome ab.

Ein zweiter Anfall (Stufe 2) kann zu Komplikationen (inneren und äußeren Blutungen) führen. Wie bei der Malaria ist ein Moskitonetz und der Schutz vor Mückenstichen der beste Weg der Vorsorge. Es gibt keine Impfung oder spezielle Behandlung. Schmerztabletten, Fieber senkende Mittel und kalte Wadenwickel lindern die Symptome. Keinesfalls sollten ASS, Aspirin oder ein anderes acetylsalicylsäurehaltiges Medikament genommen werden, da diese einen lebensgefährlichen hämorrhagischen Verlauf herausfordern.

Ein einfacher Test kann Denguefieber bestätigen: 5 Minuten den Oberarm abbinden, öffnen und in der Armbeuge nachsehen – falls rote Flecken erscheinen, ist es zu 90% Denguefieber.

Wasser

Eine einfache Regel lautet, in Vietnam weder Fluss- noch Leitungswasser zu trinken, mit Ausnahme der ein oder zwei Top-Hotels, die über gefiltertes Leitungswasser verfügen. Auch sollte man der Versuchung widerstehen, seine Drinks mit Eis zu kühlen (wiederum ausgenommen die Top-Hotels sowie andere vertrauenswürdige Plätze).

Verunreinigtes Wasser ist einer der häufigsten Verursacher von Krankheiten, darunter Durchfall, Typhus, Cholera, Ruhr, Kinderlähmung, Hepatitis A und Giardiasis. Im Wasser enthaltene gefährliche Mikroorganismen wie Bakterien und Viren können selbst dann vorhanden sein, wenn das Wasser sauber aussieht und einen guten Eindruck macht.

Glücklicherweise gibt es fast überall ausreichend Alternativen: Heißer Tee ist fast immer im Angebot, ebenso billiges, abgefülltes Wasser sowie kohlensäurehaltige Getränke. Beim Kauf von **abgefülltem Wasser** sollte man checken, ob der Verschluss unangetastet ist, da die Flaschen gelegentlich mit Leitungswasser neu aufgefüllt werden. Das Leitungswasser in Hanoi und Ho-Chi-Minh-Stadt ist gechlort und wird von den meisten Reisenden ohne Nachwirkungen zum Zähneputzen benutzt, was sich mit dem unbehandelten Wasser in ländlichen Gebieten jedoch nicht empfiehlt. Besondere Vorsicht sollte man in Gebieten mit kürzlichen Überschwemmungen walten lassen, da hier Abwässer ins Wassersystem gelangt sein könnten.

Auf abgefülltes Wasser muss man eigentlich nur in abgelegenen Gebieten verzichten, z.B. bei Wanderungen durch das ländliche Vietnam. In diesem Fall hilft nur noch **Abkochen**: Nach zehn Minuten müssten die meisten Bakterien abgetötet sein, aber mindestens 20 Minuten Kochzeit sind nötig, um sich der Amöben, einer möglichen Ursache von Ruhr, zu entledigen. Um auf der ganz sicheren Seite zu sein, kann man zusätzlich chemische Entkeimungsmittel einsetzen. Jodtabletten oder -lösungen sind wirksamer als Chlorpräparate, hinterlassen aber einen unangenehmen Nachgeschmack – dem kann man etwas entgegenwirken, wenn man hinterher noch einen Filter benutzt. Schwangere Frauen, Babys sowie Menschen mit Schilddrüsenproblemen dürfen allerdings keine Jodprodukte benutzen.

Durchfallerkrankungen

Auch Asien-Reisende plagen manchmal Durchfälle (Diarrhöe), die durch Infektionen hervorgerufen werden. Verdorbene Lebensmittel, ungeschältes Obst, Salate, kalte Getränke oder Speiseeis sind häufig die Verursacher.

Da auch Mikroorganismen im Wasser durchschlagende Wirkung zeigen können, sollte man nur abgefülltes Wasser trinken (auf den versiegelten Verschluss achten; siehe Kasten). Wer ganz sicher gehen will, verzichtet zudem auf zerstoßenes Stangeneis.

Eine Elektrolyt-Lösung *(Elotrans* bzw. für Kinder *Oralpädon),* die verlorene Flüssigkeit und Salze ergänzt, reicht bei den meist harmlosen Durchfällen völlig aus. Man kann sich selbst eine Lösung herstellen aus 4 gehäuften Teelöffeln Zucker oder Honig, 1/2 Teelöffel Salz und 1 l Orangensaft oder abgekochtem Wasser. Zur Not, z.B. vor langen Fahrten, kann auf *Imodium*, das die Darmtätigkeit ruhig legt, zurückgegriffen werden (aber nur in geringen Dosen, da die Ausscheidung von Krankheitserregern verzögert wird!). Wer Durchfälle mit Fenchel, Kamille und anderen uns bekannten Kräutertees lindern möchte, sollte sich einen Vorrat mitnehmen. Zudem hilft eine Bananen- oder Reis-und-Tee-Diät und Cola (in Maßen), denn sie enthält Zucker, Spurenelemente, Elektrolyte und ersetzt das verloren gegangene Wasser. Generell sollte man viel trinken und die Zufuhr von Salz nicht vergessen. Bei länger anhaltenden Erkrankungen empfiehlt es sich, einen Arzt aufzusuchen – es könnte auch eine bakterielle oder eine Amöben-**Ruhr** (Dysenterie) sein. Bei Durchfällen gilt zu bedenken, dass die Wirksamkeit eingenommener Medikamente, darunter die Antibabypille, beeinträchtigt werden kann.

Verstopfungen können durch eine große Portion geschälter Früchte, z.B. Ananas oder eine halbe Papaya (mit Kernen essen), verhindert werden.

Erkältungen

Erkältungen kommen in den Tropen häufiger vor als man denkt. Schuld sind vor allem Ventilatoren und Klimaanlagen, die krasse Temperaturwechsel und zu viel Zugluft bescheren. Nass geschwitzt in klimatisierte Räume zu flüchten, ist nicht ratsam, wenn man nicht etwas zum Wechseln oder Überziehen dabei hat. Auch in klimatisierten Bussen und in den Bergen ist wärmere Kleidung wichtig.

Geschlechtskrankheiten (Veneral Diseases) und AIDS

Vietnam führt derzeit noch kaum Gesundheitskontrollen bei Prostituierten oder anderen Risikogruppen durch, was zur Folge hat, dass **sexuell übertragbare Krankheiten** wie **Gonorrhoe** und die gefährlichere **Syphilis** – beide mit Antibiotika zu behandeln – sowie AIDS (in Vietnam unter der Bezeichnung **SIDA** bekannt) geradezu „florieren". Es wäre daher extrem dumm, sich auf ungeschützten Geschlechtsverkehr einzulassen. Außerdem sollte man wissen, dass vietnamesische Kondome *(bao cao su)* häufig von schlechter Qualität sind; verlässlichere Importware bekommt man in allen größeren Städten.

Bei den ersten Anzeichen einer Geschlechtserkrankung (Ausfluss / Geschwüre) unbedingt ein Krankenhaus zum Anlegen einer Kultur und zur Blutentnahme aufsuchen.

Giardiasis / Lambliasis

Giardiasis ist eine Infektion des Verdauungstraktes, ausgelöst von dem Parasiten *Giardia lamblia*, der über fäkal verunreinigtes Wasser oder Lebensmittel aufgenommen wird. Die Symptome treten ein bis zwei Wochen nach der Infektion auf: Durchfälle, Bauchkrämpfe, Blähungen, Müdigkeit, Gewichtsverlust und Erbrechen. Bei ausbleibender Behandlung (Antibiotika) verschlimmert sich das Krankheitsbild, daher sollte unverzüglich ein Arzt aufgesucht werden.

Hauterkrankungen

Bereits vom Schwitzen kann man sich unangenehm juckende **Hautpilze** holen. Gegen zu starkes Schwitzen hilft Körperpuder, der angenehm kühlt und in Apotheken oder Supermärkten erhältlich ist. Für andere Erkrankungen sind häufig Kopf-, Kleider-, Filzläuse, Flöhe, Milben oder Wanzen verantwortlich. Die beste Vorbeugung ist eine ausreichende Hygiene. Nicht selten treten an Stellen, an denen die Kleidung eng aufliegt, **Hitzepickel** auf, die man mit *Prickly Heat Powder*, Zinkoxyd oder Titanoxyd behandeln kann. Gegen Kopfläuse hilft *Organoderm*, oder, falls man wieder in Deutschland ist, *Goldgeist forte*.

Hepatitis

Die schwere Lebererkrankung **Hepatitis B** wird vor allem durch sexuellen Körperkontakt und durch Blut (ungenügend sterilisierte Injektionsnadeln, Bluttransfusionen, Tätowierung, Piercen, Akupunktur) übertragen. Eine rechtzeitige vorbeugende Impfung, z.B. mit *Gen H-B-Vax*, ist sehr zu empfehlen.

Die **Hepatitis A** wird durch infiziertes Wasser und Lebensmittel oral übertragen. Vor einer Ansteckung schützt der Impfstoff *Havrix* (auch als Kombi-Impfung *Twinrix* für Hepatitis A und B erhältlich). Während in Vietnam die meisten Menschen nach einer harmlosen Hepatitis A-Infektion im Kindesalter gegen diese Krankheit immun sind, trifft dieses nur auf ein Drittel aller Europäer zu. Ob die Impfung notwendig ist, zeigt ein Antikörpertest.

Hepatitis C und D werden auf demselben Weg übertragen wie Hepatitis B und können ebenfalls zu gefährlichen Langzeitschäden führen.

Insektenstiche und -bisse

Insekten und Fliegen sind allgegenwärtig und zu Beginn der Trockenzeit eine wahre Plage. Auch in der heißen Jahreszeit lassen sie sich in Scharen von Lichtquellen und Wärme anlocken, doch die meisten sind eher lästig als gefährlich. Vorsicht ist vor **Moskitos** geboten, da gewisse Arten Denguefieber und Malaria übertragen.

Flöhe und **Wanzen**, deren Bisse fürchterlich jucken können, verstecken sich bevorzugt in schmutzigem Bettzeug. Wanzenbisse bilden gewöhnlich eine säuberliche Linie. Nicht kratzen, sondern ein Antihistaminikum (Salbe) gegen Entzündungen auftragen.

Blutegel sind vor allem zur Regenzeit im Dschungel eine Plage, besonders beim Durchqueren von Wasser. Sobald sie sich mit Blut voll gesogen haben, fallen sie ab, doch schon vorher kann man sie mit brennenden Zigaretten oder Salz vertreiben. Ein wenig schützen langärmelige Hemden und in die Socken gesteckte lange Hosen.

Japanische Encephalitis (Hirnentzündung)

Das Risiko einer Erkrankung an Japanischer Encephalitis ist extrem gering. Die Krankheit beschränkt sich auf ländliche Regionen, in denen Schweinezucht und Reisanbau koexistieren. Da die Krankheit jedoch nicht behandelt werden kann, sollten Reisende, die sich während oder unmittelbar nach der sommerlichen Regenzeit (Juni–November) für einen Monat oder länger in ländlichen Gebieten (vor allem im Norden) aufhalten, eine Impfung in Betracht ziehen. Der Impfstoff der Firma Biken kann allerdings nur über wenige große Impfzentren (z.B. Landesimpfanstalten und Tropeninstitute) direkt aus Japan mit Kühlkette importiert werden, kostet um 40 € pro Injektion und soll nur wenige Nebenwirkungen haben.

Malaria

Sowohl im Delta des Roten Flusses als auch des Mekong (einschließlich Hanoi und Ho-Chi-Minh-Stadt) gibt es nur wenige Malariafälle. Als relativ sicher wird auch die Küstenebene nördlich von Nha Trang betrachtet. Häufig tritt Malaria dagegen im Hochland und in ländlichen Gebieten auf, wo die Mehrheit der Betroffenen meist an der gefährlichsten Form von Malaria (Erreger: *Plasmodium falciparum)* erkrankt, die tödlich verlaufen kann, wenn man nicht sofort mit einer Behandlung beginnt.

Die Mücke *Anopheles*, die den Malariaerreger *Plasmodium falciparum* übertragen kann, sticht während der Nacht, also zwischen Beginn der Dämmerung und Sonnenaufgang. Die beste Vorbeugung gegen Malaria besteht darin, möglichst nicht gestochen zu werden: Am Abend schützen helle **Kleidung** wie lange Hosen, langärmlige Hemden, engmaschige Socken (einige Reisende schwören dagegen nach Sonnenuntergang auf dunkle Kleidung) und ein **Mücken abweisendes Mittel** auf der Basis von *Deet*, das auf die Haut aufgetragen wird und die Geschmacksnerven stechender Insekten lähmt. Einige Apotheken bieten sanftere Mittel an, die auf Zitronella- und Nelkenöl basieren, z.B. *Zedan* (100 ml 3,95 €). Bewährt hat sich der Wirkstoff *Permethrin*, mit dem Kleidung und Moskitonetz eingesprüht werden. Er geht eine Verbindung mit dem Gewebe ein, ohne zu ölen, und bleibt wochenlang wirksam. In Deutschland ist er z.B. in den Handelsmarken *NO BITE* (100 ml für Kleidung, 20 €, 🖳 www.nobite.com) und *TYRA-X* (500 ml für Moskitonetze, 12,73 €, 🖳 www.tyrax.de) enthalten. Einige Tropenerfahrene schwören auf die Einnahme von Vitamin B in hohen Dosen, bei anderen ist es jedoch wirkungslos.

Ist der Schlafraum nicht mückensicher (lückenlose Mückengitter an Fenster und Türen), sollte man unter einem **Moskitonetz** schlafen. Am sichersten ist ein eigenes, mit *Permethrin* behandeltes Netz. Löcher verschließt man am besten mit Klebeband. Bei niedrigen Temperaturen in klimatisierten Räumen sind die Mücken zwar weniger aktiv, aber keineswegs ungefährlich. Notfalls verringern das Risiko auch *coils*, grüne Räucherspiralen, die wie Räucherstäbchen abbrennen und für ca. 8 Stunden die Luft verpesten. Oft werden sie abends in offenen Restaurants unter die Tische gestellt, um die herumsch wirrenden Moskitos zu vertreiben.

Wer sich in gefährdeten Gebieten aufhält, sollte unbedingt **vorbeugende Tabletten** nehmen. Die Frage, welches Mittel das richtige ist, sollte mit Hilfe eines Tropenarztes individuell auf Reiseart, -dauer und gesundheitliche Verfassung abgestimmt werden. Als wirksamstes Medikament hat sich Mefloquin (Lariam) erwiesen, da die Parasiten – zumindest in Vietnam – inzwischen größtenteils resistent gegen Chloroquin und Fansidar sind. Mefloquin ist jedoch umstritten, denn es führt zu lästigen Nebenwirkungen wie Schwindelanfällen, Übelkeit und neuropsychiatrischen Störungen (im Beipackzettel zu Lariam stehen nicht umsonst Hinweise auf Depressionen und Suizid), die selbst dann noch auftreten können, wenn man das Medikament längst abgesetzt hat. Frauen im ersten Schwangerschaftsdrittel oder in der Stillzeit sollten von Mefloquin Abstand nehmen; außerdem darf man in den ersten drei Monaten nach Einnahme des Medikaments nicht schwanger werden. Die Tabletten müssen mindestens eine Woche vor Abreise (um eventuelle Nebenwirkungen zu beobachten) sowie drei Wochen nach Rückkehr aus der Malariaregion eingenommen werden.

Mit der Zulassung von *Malarone* (Wirkstoff Atovaquon/Proguanil) steht seit Mai 2001 ein neues Mittel zur Malariaprophylaxe in den deutschen Apotheken. Der Hersteller wirbt mit der guten Verträglichkeit und dem wirksamen Schutz vor dem Erreger *Plasmodium falciparum*. Da durch Malarone die Parasiten bereits in der Leber angegriffen

Vorschlag für eine Reiseapotheke

Bitte bei den Medikamenten Gegenanzeigen und Wechselwirkungen beachten und sich vom Arzt oder Apotheker beraten lassen.

Basisausstattung
- ✗ Verbandzeug (Heftpflaster, Leukoplast, Blasenpflaster, Mullbinden, elastische Binde, sterile Kompressen, Verbandpäckchen, Dreiecktuch, Pinzette)
- ✗ sterile Einmalspritzen und -kanülen in verschiedenen Größen (mit ärztlicher Bestätigung, dass sie medizinisch notwendig sind, damit man nicht für einen Fixer gehalten wird)
- ✗ Fieberthermometer
- ✗ Kondome
- ✗ Lärmstopp (gegen Lärmbelästigung)
- ✗ Beipackzettel

Malaria-Prophylaxe
- ✗ Malarone (Wirkstoff Atovaquon/Proguanil; nur für gefährdete Gebiete)
- ✗ Lariam* oder Halfan* zur Standby-Therapie
- ✗ MalaQuick Standby Malaria-Test
- ✗ Mückenschutz

Schmerzen und Fieber
- ✗ keine acetylsalicylsäurehaltigen Medikamente, Benuron, Dolormin
- ✗ Buscopan (bei krampfartigen Schmerzen)
- ✗ Antibiotika* gegen bakterielle Infektionen (in Absprache mit dem Arzt)

Magen- und Darmerkrankungen
- ✗ Imodium akut (gegen Durchfall, v.a. vor längeren Fahrten)
- ✗ Elotrans (zur Rückführung von Mineralien; Kinder: Oralpädon Pulver)
- ✗ Dulcolax Dragees, Laxoberal Tropfen (gegen Verstopfung)
- ✗ Talcid, Riopan (gegen Sodbrennen)

Erkrankungen der Haut
- ✗ Desinfektionsmittel (Betaisodona Lösung, Hansamed Spray, Kodan Tinktur)
- ✗ Tyrosur Gel, Nebacetin Salbe RP (bei infizierten oder infektionsgefährdeten Wunden)
- ✗ Soventol Gel, Azaron Stift, Fenistil Trop fen (bei Juckreiz nach Insektenstichen oder allergischen Erkrankungen)
- ✗ Soventol Hydrocortison Creme, Ebenol Creme (bei starkem Juckreiz oder stärkerer Entzündung)
- ✗ Cortison- und antibiotikahaltige Salbe gegen Bläschenbildung nach Quallen kontakt
- ✗ Wund- & Heilsalbe (Bepanthen)
- ✗ Fungizid ratio, Canesten (bei Pilzinfektionen)
- ✗ Berberil, Yxin (Augentropfen bei Bindehautentzündungen)

Erkältungskrankheiten
- ✗ Olynth Nasenspray, Nasivin
- ✗ Dorithricin, Dolo Dobendan (bei Hals schmerzen)
- ✗ Silomat (Hustenstiller)
- ✗ Acc akut, Mucosolvan, Gelomyrtol (zum Schleimlösen)

Kreislauf
- ✗ Korodin, Effortil (kreislaufanregend)

Reisekrankheit
- ✗ Superpep Kaugummis, Vomex

Sonnenschutz mit UVA- und UVB-Filter
- ✗ Ladival Milch bzw. Gel, Ilrido ultra Milch
- ✗ Sonnenschutzstift für die Lippen

(rezeptpflichtig in Deutschland).*

werden, ist die Einnahmedauer relativ kurz: täglich eine Tablette ein bis zwei Tage vor, während und sieben Tage nach dem Aufenthalt im Malariagebiet. Mögliche Nebenwirkungen sind Übelkeit, Kopfschmerzen und Durchfall. Malarone wird vor allem bei Reisen in Gebiete mit hohem Malariarisiko empfohlen, allerdings sollte es nicht länger als vier Wochen eingenommen werden, da Langzeitstudien bislang fehlen. Risiken für Schwangere und Kinder können ebenfalls noch nicht eingeschätzt werden. Ein großer Nachteil von Malarone ist der Preis: Die Packung mit zwölf Tabletten kostet ca. 60 €.

In Deutschland gibt es den **Malaria-Schnelltest** *MalaQuick*, mit dem Reisende im Notfall anhand eines Blutstropfens in acht Minuten selbst feststellen können, ob ihre Symptome durch den Malariaerreger *Plasmodium falciparum* ausgelöst wurden (in Apotheken erhältlich).

Wer sich in einem Gebiet ohne ärztliche Versorgung infiziert hat, kann zur Überbrückung mit einer **Standby-Therapie** mit Mefloquin *(Lariam)*, Atovaquon/Proguanil *(Malarone)* oder seit kurzem Artmether/Lamefantrin *(Riamet)* beginnen.

Wer nach der Rückkehr an einer nicht geklärten fieberhaften Erkrankung leidet, auch wenn es sich nur um leichtes Fieber und Kopfschmerzen handelt und sie erst Monate später auftritt, sollte dem Arzt unbedingt über den Tropenaufenthalt berichten und auf einem Bluttest bestehen. Die ersten Symptome einer Malaria können denen eines banalen grippalen Infektes ähneln und werden daher häufig verkannt, was schon nach wenigen Tagen das Leben bedrohen kann.

Tropenmedizinische Institute in Deutschland

Berlin Spandauer Damm 130, Haus 10, 14050, ✆ 030/30 11 66
Dresden Friedrichstr. 39, 01067, ✆ 0351/ 480 3801
Düsseldorf Moorenstr. 5, 40225, ✆ 0211/ 811 7031
Göttingen Werner-von-Siemens-Str. 10, 37077, ✆ 0551/30 75 00
Frankfurt Paul-Ehrlich-Str. 20, 60596, ✆ 069/6301 5033
Hamburg Seewartenstr. 10, 20459, ✆ 040/ 4281 8800, ✉ rmz@gesundes-reisen.de, 💻 www.gesundes-reisen.de
Heidelberg Im Neuenheimer Feld 324, 69120, ✆ 06221/56 29 25, Informationen vom Band über Asien ✆ 06221/56 56 33
München Leopoldstr. 5, 80802, ✆ 089/218 013 500, Informationen vom Band über Asien ✆ 089/ 218 013 508, 💻 www.fitfortravel.de
Rostock Ernst-Heidemann-Str. 6-8, 15055, ✆ 0381/494 7583, Beratung nur mit Termin Mo 13–15 und Do 15–17 Uhr
Tübingen Kepplerstr. 15, 72074, ✆ 07071/298 2364

Pilzinfektionen

Frauen leiden im tropischen Klima häufiger unter Pilzinfektionen. Vor der Reise sollten sie sich entsprechende Medikamente verschreiben lassen. Eine Creme oder Kapseln sind besser als Zäpfchen, die bei der Hitze schmelzen. Ungepflegte Swimming Pools in den Tropen sind Brutstätten für Pilze aller Art.

Schlangenbisse

In Vietnam gibt es verschiedene giftige Schlangen, doch im Allgemeinen halten sich die Tiere von Menschen fern und greifen nur an, wenn sie sich bedrängt fühlen. Schlangenbisse sind daher absolut selten, und das Risiko lässt sich weiter minimieren, indem man nicht durch hohes Gras oder Unterholz spaziert und feste Schuhe trägt, sobald man Straßen oder Wege verlässt. Bei einem Biss sollte man das betroffene Körperglied (die meisten Schlangenbisse treten am Unterschenkel auf) ruhig stellen, um die Verbreitung des Gifts zu verlangsamen, und enge Socken oder andere Kleidung von der Wunde entfernen. Natürlich gilt es, so schnell wie möglich einen Arzt aufzusuchen. Falls möglich, sollte man die (tote) Schlange zur Identifizierung mitnehmen oder sich zumindest merken, wie sie ausgesehen hat.

Sonnenbrand und Hitzschlag

Selbst bei bedecktem Himmel ist die Sonneneinstrahlung unglaublich intensiv. Viele Reisende treffen nur am Strand Vorkehrungen gegen Sonnenbrand und Hitzschlag, doch dies ist auch bei Touren durchs Hinterland unbedingt notwendig.

Als wichtigste Schutzmaßnahmen empfiehlt es sich, regelmäßig Mittel mit hohem Sonnenschutzfaktor auf die Haut aufzutragen, Hut und Sonnenbrille zu tragen und tagsüber viel zu trinken.

Erschöpfungszustände bei Hitze äußern sich durch Kopfschmerzen, Übelkeit, Benommenheit und erhöhte Temperatur. Um die Symptome zu lindern, sollte man unbedingt schattige Bereiche aufsuchen und viel trinken. Erbrechen und Orientierungslosigkeit können auf einen Hitzschlag hinweisen, der potenziell lebensbedrohlich ist – sofort in medizinische Behandlung begeben!

Thrombose

Bei längeren Flugreisen verringert sich durch den Bewegungsmangel der Blutfluss vor allem in den Beinen, wodurch es zur Bildung von Blutgerinnseln kommen kann, die, wenn sie sich von der Gefäßwand lösen und durch den Körper wandern, eine akute Gefahr darstellen (z.B. Lungenembolie). Gefährdet sind vor allem Personen mit Venenerkrankungen oder Übergewicht, aber auch Schwangere, Raucher oder Frauen, die die Pille nehmen. Das Risiko verhindern Bewegung, viel trinken (aber keinen Alkohol) und notfalls Kompressionsstrümpfe der Klasse 1–2.

Tollwut

Wo streunende oder auch verendete Hunde zu sehen sind, ist Vorsicht geboten. Wer von einem Hund, einer Katze oder einem Affen gekratzt oder gebissen wird, muss sich sofort impfen lassen, da eine Infektion sonst tödlich endet. Eine vorbeugende Impfung ist sehr teuer und nur bei längerem Aufenthalt sinnvoll.

Typhus / Paratyphus

Typische Symptome: über 7 Tage hohes Fieber einhergehend mit einem eher langsamen Puls und Benommenheit. Empfehlenswert ist die gut verträgliche Schluckimpfung mit *Typhoral L* für alle Reisende. Drei Jahre lang schützt eine Injektion des neuen Typhus-Impfstoffs *Typhim VI*, ehe er wieder aufgefrischt werden muss.

Wundinfektionen

Unter unhygienischen B edingungen können sich schon aufgekratzte Moskitostiche zu beträchtlichen Infektionen auswachsen, wenn sie unbehandelt bleiben. Wichtig ist es, dass jede noch so kleine Wunde sauber gehalten, desinfiziert und evtl. mit Pflaster geschützt wird. In jeder Apotheke gibt es Antibiotika-Salben, die den Heilprozess unterstützen.

Wundstarrkrampf

Wundstarrkrampf-Erreger findet man überall auf der Erde. Verletzungen kann man nie ausschließen, und wer noch keine Tetanusimpfung hatte, sollte sich unbedingt zwei Impfungen im 4-Wochen-Abstand geben lassen, die nach einem Jahr aufgefrischt werden müssen. Danach genügt eine Impfung alle 10 Jahre. Am besten ist die Kombi-Impfung mit dem Polio-Tetanus-Diphterie-(Td-)Impfstoff für Personen über 5 Jahre, um gleichzeitig einen Schutz vor Diphterie und Polio zu erhalten.

Wurmerkrankungen

Winzige oder größere Exemplare, die überall lauern können, setzen sich an verschiedenen Körperstellen bzw. -organen fest und sind oft erst Wochen nach der Rückkehr festzustellen. Die meisten sind harmlos und durch eine einmalige Wurmkur zu vernichten, andere sind gefährlich, z.B. Hakenwürmer. Sie bahnen sich den Weg durch die Fußsohlen, deshalb sollte man auf feuchten Böden unbedingt Sandalen tragen. Nach einer Reise in abgelegene Gebiete ist es empfehlenswert, den Stuhl auf Würmer untersuchen zu lassen. Notwendig ist das, wenn man über längere Zeiträume auch nur leichte Durchfälle hat.

Medizinische Versorgung in Vietnam

Apotheken können üblicherweise bei kleineren Verletzungen oder Erkrankungen helfen, und in Städten ist die Wahrscheinlichkeit, einen Englisch oder Französisch sprechenden Arzt zu finden, groß. Das Angebot an verlässlichen asiatischen und westlichen Produkten auf dem Markt steigt täglich, und sowohl Ho-Chi-Minh-Stadt als auch Hanoi besitzen inzwischen gut sortierte Apotheken. Andererseits liegen in den Regalen auch jede Menge Medikamente mit abgelaufenem Verfallsdatum und sogar gefälschte Medizin, sodass man jede Verpackung vor dem Kauf sorgsam überprüfen und die nötigsten Dinge von zu Hause mitbringen sollte.

Lokale **Krankenhäuser** sind ebenfalls in der Lage, kleinere Verletzungen oder andere geringfügige Krankheiten zu behandeln, aber in einem wirklichen Notfall sollte man sich unverzüglich nach Hanoi oder Ho-Chi-Minh-Stadt begeben. Die Krankenhäuser beider Städte haben Erfahrung im Umgang mit den meisten Krankheiten. Überdies hat man hier die Wahl zwischen mehreren exzellenten internationalen Kliniken (die Adressen stehen jeweils in den Ortskapiteln unter „Sonstiges"). Die Ärzte und Krankenhäuser erwarten für ihre Dienste eine sofortige Barzahlung. Das ausgelegte Geld kann man hinterher von seiner Auslandskrankenversicherung zurückfordern (alle Quittungen aufheben).

Versicherungen

Reiserücktrittskostenversicherung

Bei einer pauschal gebuchten Reise ist eine Rücktrittskostenversicherung meist im Preis inbegriffen (zur Sicherheit sollte man nachfragen). Wer individuell plant, muss sich um die Absicherung dieses Risikos selbst kümmern. Reisebüros bieten z.T. Versicherungen an oder vermitteln den Abschluss.

Viele Reiserücktrittskostenversicherungen müssen kurz nach der Buchung abgeschlossen werden (in der Regel bis 14 Tage danach). Bei Krankheit oder Tod eines Familienmitglieds oder Reisepartners ersetzt die Versicherung die Stornokosten der Reise. Eine Reiseunfähigkeit wegen Krankheit muss ärztlich nachgewiesen werden.

Die Kosten der Versicherung richten sich nach dem Preis der Reise und der Höhe der Stornogebühren. Sie liegen in der Regel zwischen 15 und 90 € pro Person. Zum Teil gibt es eine Selbstbeteiligung.

Reisegepäckversicherung

Viele Versicherungen bieten die Absicherung des Verlustes von Gepäck an, einige haben sich sogar darauf spezialisiert (z.B. Elvia, ✆ 089/624240, 🖳 www.elvia.de). Allen Versicherungen ist gemein, dass die Bedingungen, unter denen das Gepäck abhanden kommen „darf", sehr eng gefasst sind. Deshalb ist es wichtig, die Versicherungsbedingungen genau zu studieren und sich entsprechend zu verhalten. Bei vielen Versicherungen ist z.B. das Gepäck in unbewacht abgestellten Kraftfahrzeugen zu keinem Zeitpunkt versichert. Kameras oder Fotoapparate dürfen wegen möglicher Mopedräuber nicht über die Schulter gehängt werden, sondern müssen am Körper befestigt sein, sonst zahlt die Versicherung nicht (so Gerichtsurteile). Ohnehin sind Foto- und videotechnische Geräte meist nur bis zu einer bestimmten Höhe oder bis zu einem bestimmten Prozentsatz des Neuwertes versichert, auch Schmuck unterliegt Einschränkungen, ebenso wie Bargeld.

Entscheidet man sich für eine Reisegepäckversicherung, ist darauf zu achten, dass sie Weltgeltung hat, die gesamte Dauer der Reise umfasst und in ausreichender Höhe abgeschlossen ist. Wer eine wertvolle Fotoausrüstung mitnimmt, kann darüber nachdenken, eine Zusatzversicherung abzuschließen (s.u.).

Tritt ein Schadensfall ein, muss der Verlust sofort bei der Polizei gemeldet werden. Eine **Checkliste**, auf der alle Gegenstände und ihr Wert eingetragen sind, ist dabei hilfreich. Ansonsten sollte alles, was nicht ausreichend versichert ist, im Handgepäck transportiert werden.

Eine Reisegepäckversicherung mit einer Deckung von rund 2000 € kostet für 24 Tage ca. 30 €, als Jahresvertrag etwa 60–70 €.

Fotoversicherung

Um hochwertige Fotoausrüstungen voll abzusichern, kann es sinnvoll sein, eine zusätzliche Fotoapparate-Versicherung abzuschließen. Diese ist zwar relativ teuer, aber die Geräte sind so gegen alle möglichen Risiken versichert. Die Kosten richten sich nach dem Wert der Ausrüstung bzw. der Versicherungssumme.

Reisekrankenversicherung

Es ist ratsam, auf alle Fälle eine Reisekrankenversicherung abzuschließen. Nur wenige private Krankenkassen schließen den weltweiten Schutz im Krankheitsfall ein. Die meisten Reisebüros und einige Kreditkartenorganisationen bieten aber derartige Versicherungen an. Bei Krankheit – speziell Krankenhausaufenthalten – kann sehr schnell eine erhebliche Summe zusammenkommen, die aus eigener Tasche bezahlt werden müsste. Ist man versichert, kann man die Kosten gegen Vorlage der Rechnungen zu Hause geltend machen. Einschränkungen gibt es natürlich auch hier, besonders bezüglich Zahnbehandlungen (nur Notfallbehandlung), chronischen Krankheiten (Bedingungen durchlesen) und so genannten gefährlichen Sportarten; zu Letzteren kann in Vietnam Tauchen, Rafting, Windsurfen und Bergsteigen gezählt werden.

Die später bei der Versicherung einzureichende **Rechnung** sollte folgende Angaben enthalten:

- ✗ Name, Vorname, Geburtsdatum, Behandlungsort und -datum
- ✗ Diagnose
- ✗ erbrachte Leistungen in detaillierter Aufstellung (Beratung, Untersuchungen, Behandlungen, Medikamente, Injektionen, Laborkosten, Krankenhausaufenthalt)
- ✗ Unterschrift des behandelnden Arztes
- ✗ Stempel

Wer im Ausland schwer erkrankt, wird zu Lasten der Versicherung heimgeholt, aber nur, wenn er plausibel darlegen kann, dass am Urlaubsort keine ausreichende Versorgung gewährleistet ist. Dann geht es mit Linienmaschinen oder auch mit eigens losgeschickten Ambulanzflugzeugen nach Hause. Die meisten Versicherungen haben inzwischen den Passus „wenn medizinisch notwendig“ in das Kleingedruckte aufgenommen. Aber gerade die medizinische Notwendigkeit ist nicht immer leicht zu beweisen. Ist der Passus „wenn medizinisch sinnvoll und vertretbar“ formuliert, kann man wesentlich besser für eine Rückholung argumentieren.

Die Universa Krankenversicherung AG versichert Reisende auf allen Auslandsreisen (auch Geschäftsreisen), die nicht länger als zwei Monate dauern, zu einem Preis von 8 € p.P. bzw. 17,80 € ab Eintrittsalter 60 pro Jahr. Der Auslandsschutzbrief des ADAC gilt ein Jahr lang für Reisen von jeweils maximal 45 Tagen und kostet für Mitglieder 11,70 €, Nicht-Mitglieder zahlen 13,50 €. Weitere Anbieter sind u.a. Debeka, HUK 24 und Signal.

Wer länger verreisen möchte, sollte nach Langzeittarifen für bis zu 3 Jahren fragen.

Versicherungspakete

Von verschiedenen Unternehmen werden Versicherungspakete angeboten, die neben der Reisekrankenversicherung eine Gepäck-, Reiserücktrittskosten- und Reise-Notruf-(oder Rat&Tat) Versicherung einschließen. Mit Letzterer erhält man über eine Notrufnummer Soforthilfe während der Reise. Krankenhauskosten werden sofort von der Versicherung beglichen, und bei ernsthaften Erkrankungen übernimmt sie den Rücktransport. Ist der Versicherte nicht transportfähig und muss länger als 10 Tage im Krankenhaus bleiben, kann eine nahe stehende Person auf Kosten der Versicherung einfliegen. Auch beim Verlust der Reisekasse erhält man über den Notruf einen Vorschuss.

Die Pakete sind jedoch, ebenso wie die günstigen Krankenversicherungs-Angebote, auf maximal 5–8 Wochen begrenzt. Da bei längeren Reisen bis zu einem Jahr nur Einzelversicherungen möglich sind und der Versicherungsschutz teurer wird, sollte man in diesem Fall die Leistungen verschiedener Unternehmen vergleichen. Wer sich optimal absichern möchte, schließt eine separate Kranken-, Reise-Notruf- (Rat & Tat-), Unfall- und Gepäckversicherung ab. Bei häufigen Auslandsreisen können die Einzelversicherungen oder das Paket auch für ein ganzes Jahr abgeschlossen werden. Dann besteht auf allen Reisen Versicherungsschutz, sofern diese nicht länger als 6 Wochen dauern.

Entsprechende Versicherungspakete lassen sich bequem über Reisebüros abschließen, wobei die Kosten von der Dauer und dem Wert der Reise abhängen.

Gepäck

Kleidung

Das Angebot an preisgünstiger Bekleidung ist in Vietnam riesig, daher muss nicht alles von zu Hause mitgebracht werden. Das einzige Problem besteht darin, etwas in westlichen (Über)Größen zu finden.

Rucksackreisende wird freuen, dass die Vietnamesen weniger formell gekleidet sind als viele ihrer Nachbarn. Begegnet man einem Mann mit Schlips, so handelt es sich wahrscheinlich eher um einen chinesischen als einen vietnamesischen Geschäftsmann.

Aus rein praktischen Gründen sollte man unbedingt auf die schicken Wanderstiefel mit 25 Ösen auf beiden Seiten verzichten. Zum Bergsteigen eignen sie sich wunderbar, doch vor jedem Privathaus, Tempel und selbst im Minihotel wird man sie verfluchen, da sie wegen der Etikette jedes Mal ausgezogen werden müssen. In Anbetracht dieser Tatsache und der oft schweißtreibenden Temperaturen sind Sandalen oder Schuhe, aus denen man leicht herausschlüpfen kann, bei weitem vorzuziehen. Leute mit besonders großen Füßen werden in Vietnam nicht so schnell etwas Passendes finden.

Checkliste

Die folgende Liste enthält Tipps für die Zusammenstellung des Reisegepäcks.
Die mit * gekennzeichneten Gegenstände können in Vietnam günstig eingekauft werden.

Kleidung

- ✗ **Feste Schuhe** (für Trekking-Touren reichen Turnschuhe meist aus)
- ✗ **Sandalen** (in die man leicht hinein und herausschlüpfen kann)
- ✗ **Gummi-*** oder **Trekkingsandalen** (unter Duschen Pilzgefahr!)
- ✗ **Hosen** bzw. **Röcke** aus Baumwolle, die nicht zu eng sitzen sollten.
- ✗ **Kurze Hosen** (bei Männern bis zum halben Oberschenkel, bei Frauen bis zum Knie, Shorts nur am Strand)
- ✗ **Hemden*** oder **Blusen***
- ✗ **T-Shirts* / Polo-Shirt*** mit Ärmel (mit Kragen fürs Schnorcheln)
- ✗ **Jacke** (für die An- und Abreise, kühle Nächte in den Bergen und ac-Busse)
- ✗ **Pullover**
- ✗ **Regenschirm** (keine Gummijacke wegen Wärmestau!)
- ✗ **Sonnenschutz**: Hut/Brille* (in unzerbrechlicher Box)/Sonnencreme
- ✗ **Socken** (für den Abend dichte, nicht allzu kurze Socken als Moskitoschutz)
- ✗ **Unterwäsche** (aus Baumwolle); für Frauen ein BH
- ✗ **Badekleidung**, Badehose für den Mann, für Frauen außerhalb der Touristenzentren einen einteiligen Badeanzug

Hygiene und Körperpflege

- ✗ **Zahnbürste***
- ✗ **Zahnpasta*** in stabiler Tube
- ✗ **Shampoo**/Haarpflegemittel (die auf europäische Haare abgestimmt sind)
- ✗ **Nagelschere*** und Nagelfeile
- ✗ **Rasierer** (in abgelegenen Gebieten ist ein Nassrasierer zu bevorzugen)
- ✗ **Kosmetika** und Hautpflegemittel
- ✗ **Papiertaschentücher**
- ✗ **Feuchties** (zur Hygiene unterwegs und wo es kein Wasser gibt)
- ✗ **Tampons** (ausreichend mitnehmen)
- ✗ **Toilettenpapier*** (in einfachen Hotels und auf vielen öffentlichen Toiletten nicht vorhanden)
- ✗ **Plastiktüten** (für schmutzige Wäsche und als Nässeschutz, Nachschub vorhanden)
- ✗ **Nähzeug** (Zwirn/Nähseide/Nadeln/Sicherheitsnadeln)

Sonstiges

- ✗ **Adapter** (da es auch Steckdosen für zwei oder sogar drei Flachstifte gibt, ansonsten gibt es mit Elektrogeräten keine Probleme – sofern Elektrizität vorhanden)
- ✗ **Reisewecker**
- ✗ **Taschenlampe***
- ✗ **Taschenmesser** (z.B. Schweizer Messer)
- ✗ **Reiseapotheke** (s.S. 22/23)
- ✗ **Notizbuch*** und Stifte*
- ✗ **Adressbuch** und E-Mail-Adressen
- ✗ **Reisepass**
- ✗ **Impfpass** (oder zumindest eine Kopie davon für den Notfall)
- ✗ **Internationaler Führerschein**
- ✗ **Geld** (Bargeld/Reiseschecks/Abrechnung über Schecks/Kreditkarte)
- ✗ **Flugtickets**
- ✗ **Kopien der Dokumente** (nach der Einreise wegen Einreisestempel anfertigen)

Reiseführer, Landkarten, Reiselektüre

- ✗ **Handy** und Ladegerät
- ✗ **Kleine Geschenke** (Postkarten, Briefmarken, Münzen, Fotos von daheim oder eine Sofortbildkamera für Fotos von den Gastgebern, Buntstifte, Murmeln oder auch Haargummis statt Bonbons für Kinder… für weitere Anregungen sind wir dankbar)

Wer in einfachen Unterkünften wohnen wird, braucht zudem

- ✗ **Seife*** oder seifenfreie Waschlotion im bruchsicheren Behälter
- ✗ dünne **Handtücher***, die schnell trocknen* (meist in den Hotels vorhanden)
- ✗ **Waschmittel** in der Tube (für alle, die selbst Wäsche waschen)
- ✗ **Plastikbürste*** (zum Reinigen von Wäsche und Schuhen)
- ✗ **Kordel** (als Wäscheleine oder zum Aufspannen des Moskitonetzes)
- ✗ **Klebeband** (um zu packen und Löcher im Moskitonetz zu verschließen)
- ✗ **kleine Nägel** oder Reißzwecken (zum Befestigen des Moskitonetzes)
- ✗ **Vorhängeschloss*** (und kleine Schlösser* fürs Gepäck)
- ✗ **Moskitonetz***
- ✗ **Schlafsack** (Leinenschlafsack, Bettbezug oder 2 dünne Tücher) In billigen Hotels gibt es keine Decken, und Laken werden nicht häufig gewechselt.

Rucksäcke, Koffer und Taschen

Wer überwiegend mit öffentlichen Verkehrsmitteln unterwegs ist und längere Strecken zu Fuß zurücklegen will, reist am besten mit Rucksack. Beim Kauf probiert man ihn mit etwa 15 Kilo Inhalt aus. Einen Kompromiss zwischen Koffer und Rucksack stellen die Kofferrucksäcke dar, die von der Vorderseite bepackt werden und bei denen das Tragegestell eingepackt werden kann. Wer sein Gepäck nicht weit tragen muss, kann auch mit Koffer reisen. Sie haben den Vorteil, sich in öffentlichen Verkehrsmitteln leichter verstauen zu lassen als sperrige Rucksäcke.

Ein zusätzlicher Tagesrucksack (Daypack) oder eine Falttasche kann unterwegs bei Tagesausflügen oder Kurztrips das Gepäck aufnehmen und auf dem Heimflug für weiteren Stauraum sorgen. Notfalls gibt es überall billige Koffer und Reisetaschen zu kaufen. Für Kameras benötigt man Fototaschen, die möglichst nicht schon von außen auf den wertvollen Inhalt schließen lassen. Sie sollten aus festem Material bestehen (nicht aufschlitzbar!), gut verschließbar sein und Platz für weiteres Handgepäck haben.

Wertsachen wie Geld, Pässe, Schecks und Tickets lassen sich am besten nah am Körper in einem breiten Hüftgurt aus Baumwollstoff aufbewahren. Unter Hosen und locker fallenden Kleidern kann man ihn um die Hüfte gebunden unauffällig tragen. Alle Papiere – auch das Geld – werden zusätzlich durch eine Plastikhülle geschützt, denn Schweiß ist zerstörerisch, und unleserliche Bankbescheinigungen oder Flugtickets machen Ärger.

Tipp:
Alle wichtigen Reisedokumente zu Hause einscannen und an die eigene Web-Mail-Adresse schicken, evtl. auch Geheimzahlen, Telefonnummern, Reiseschecknummern etc. So können diese im Notfall unterwegs abgerufen werden.

Geld

Währung

Vietnams Währungseinheit ist der **Dong**, der mit einem „d" oder „VND" hinter dem Betrag abgekürzt wird, also 1000 d, 10 000 VND usw.

Banknoten gibt es im Wert von 200 d, 500 d, 1000 d, 2000 d, 5000 d, 10 000 d, 20 000 d, 50 000 d und 100 000 d. Münzen sind nicht im Umlauf. Parallel zum Dong dient der **US-Dollar** als inoffizielles Zahlungsmittel, und die meisten Reisenden tragen für den Notfall (z.B. wenn die Bank keine Reiseschecks tauscht) ein paar Dollar in der Tasche. Im Allgemeinen ist es jedoch praktischer, mit Dong zu zahlen – einige in Dong ausgeschilderte Produkte haben umgerechnet sogar einen etwas niedrigeren Preis als in Dollar.

Wer nach seiner Reise noch ein paar Dong im Geldbeutel hat, kann diese in einer Bank oder am Flughafen zurücktauschen. Hierfür benötigt man die Umtauschquittung oder den Beleg vom Geldautomaten, die bescheinigen, dass man legal in den Besitz des Geldes gekommen ist. Eventuell wird man auch nach dem Flugticket oder Pass gefragt. Der Rücktausch schlägt üblicherweise mit einer Gebühr von 1% (Minimum US$2) zu Buche, was manche Banken jedoch erlassen, wenn die Quittung einer ihrer Zweigstellen vorgelegt werden kann.

Während der Dong in den späten 80er Jahren des 20. Jhs. einer immensen Inflation unterlag – noch 1985 wurden Scheine im Wert von einem Dong gedruckt –, ist Vietnams Währung heute relativ stabil, und die Inflation beträgt nur noch rund 5% pro Jahr.

Wechselkurs

1 € = 20245 d
1 sFr = 12826 d
1 US$ = 16267 d

10 000 d = 0,52 €
10 000 d = 0,83 sFr
10 000 d = 0,56 US$

Aktuelle Wechselkurse finden sich unter 💻 www.oanda.com.

Banken und Geldwechsel

Die **Banken** sind normalerweise montags bis freitags von 8–11.30 und von 13–16 Uhr geöffnet. In den größeren Touristenzentren fällt die Mittagspause häufig aus, und manche Zweigstellen sind sogar samstags und sonntags für ihre Kunden da. Bargeld kann man auch zu anderen Zeiten tauschen, entweder in **registrierten Wechselstuben**, die häufig in Juweliergeschäften untergebracht sind, oder in einigen Traveller-Cafés und Hotels.

Beim Geldtausch sollte man sich immer verschiedene Banknoten geben lassen (an einigen Orten kann es problematisch sein, größere Scheine loszuwerden) und extrem abgegriffene Scheine ablehnen, da diese kaum jemand akzeptiert.

Dong oder Dollar?
In Vietnam sind sowohl die einheimische Währung, der **Dong**, als auch der **US-Dollar** im Umlauf. Trotz Bemühungen der Regierung, den Einsatz des Dong durchzusetzen, werden die Preise häufig in US-Dollar angegeben, besonders von Hotels, Tourveranstaltern, den etwas besseren Restaurants usw. Aus diesem Grund und weil Dong-Beträge unhandlich sind und stärkeren Schwankungen unterliegen, führt auch der vorliegende Führer die Preise überwiegend in US-Dollar an.

Natürlich existiert auch in Vietnam eine Art **Schwarzmarkt**, und manchmal bekommt man auf der Straße ein Angebot zum Tausch von Bargeld. Da die Schwarzmarktkurse aber praktisch immer schlechter sind als diejenigen der Banken, lohnt das Risiko definitiv nicht.

Bargeld und Reiseschecks

Außerhalb Vietnams sind Dong derzeit nicht erhältlich. Mit ein paar kleinen Dollar-Scheinen in der Tasche kann man jedoch problemlos so lange überleben, bis sich eine Bank gefunden hat. Ansonsten ist es am sichersten, auf Reiseschecks (Travellers Cheques) zurückzugreifen. Schecks in Euro und anderen bekannten Währungen werden in Hanoi und Ho-Chi-Minh-Stadt mittlerweile akzeptiert, aber in US-Dollar ausgestellte Schecks haben sich als die weitaus beste Wahl erwiesen – besonders solche von Visa, MasterCard und American Express dürften keine Probleme bereiten. Allerdings tauschen nicht alle Banken (v.a. nicht in kleineren Städten) Reiseschecks, sodass man immer ein paar Dollar Bargeld mit sich führen sollte, um auf unvorhergesehene Situationen vorbereitet zu sein. Da die Gebühr beim Einlösen pro Scheck berechnet wird, sollte man statt vieler Schecks in kleineren Beträgen lieber weniger mit einem höheren Wert mitnehmen.

Bei Verlust oder Diebstahl werden Reiseschecks im nächsten Vertragsbüro ersetzt. Wichtig ist, dass für den Nachweis die Kaufabrechnung an einer anderen Stelle aufbewahrt wird als die eigentlichen Schecks. Außerdem hilft eine Aufstellung aller bereits eingelösten Schecks, denn diese werden natürlich nicht ersetzt.

Schecks können in größeren Banken eingetauscht werden, wobei der Pass vorgelegt werden muss und eine Provision von bis zu 4% anfällt. Die niedrigsten Gebühren velangt normalerweise die *Vietcombank*, Vietnams größtes Bankunternehmen. Generell gilt, dass der Tausch von Reiseschecks in Dong etwas günstiger ausfällt als bei der Umrechnung in Dollar.

Geld- und Kreditkarten

Kreditkarten bekannter Unternehmen – Visa, MasterCard sowie in geringerem Maße auch American Express – finden in Vietnam als Zahlungsmittel immer mehr Verbreitung, v.a. in den größeren Städten und typischen Touristenorten. Alle Hotels der Ober- sowie viele Unterkünfte der Mittelklasse akzeptieren Kreditkarten, desgleichen eine steigende Anzahl von Restaurants. Wer mit Karte bezahlt, sollte sich jedoch zuvor erkundigen, ob eine Bearbeitungsgebühr aufgeschlagen wird, die an einigen Orten bis zu 5% betragen kann.

Warnung:
Die Kreditkarte darf beim Bezahlen nicht aus den Augen gelassen werden, damit kein zweiter Kaufbeleg erstellt werden kann, auf dem später die Unterschrift gefälscht wird! Sie darf auch niemals in einem Safe, der auch anderen zugänglich ist, verwahrt werden. Schon viele Reisende mussten zu Hause den Kontoauszügen entnehmen, dass während ihrer Abwesenheit hemmungslos „eingekauft" worden war.

Erfreuen dürfte Reisende, dass die *Vietcombank* ein rapide wachsendes Netzwerk an (teilweise rund um die Uhr geöffneten) **Geldautomaten** bietet. Derzeit akzeptieren diese Maschinen nur Visa- und Masterkarten, aber dies dürfte sich in Zukunft ändern. Pro Abhebung dürfen maximal 2 000 000 d gezogen werden, pro Tag nicht mehr als 10 000 000 d; jede Transaktion kostet 20 000 d (zusätzlich zu den Gebühren, welche die eigene Bank erhebt). Für die Geldabhebung mit der Kreditkarte braucht man eine vierstellige PIN-Nummer.

In Hanoi und Ho-Chi-Minh-Stadt gibt es auch Geldautomaten von ANZ und HSBC, die eine größere Anzahl unterschiedlicher Karten akzeptieren, darunter Cirrus und Plus. Einzelheiten zu den Geldautomaten sind in den jeweiligen Ortskapiteln zu finden. Die *Vietcombank* gibt eine mehr oder weniger aktuelle Liste ihrer Geldautomaten heraus, erhältlich in ihren Hauptfilialen in Hanoi und Ho-Chi-Minh-Stadt.

Wo keine Geldautomaten existieren, zahlen üblicherweise einige Banken (meist die Hauptfiliale in jeder Stadt) sowie einige Traveller-Cafés und Touragenten **Bargeld** gegen Vorlage einer Kreditkarte aus (meist Visa- und Masterkarte), wofür mindestens 3% Provision erhoben werden. Für diese Transaktion benötigt man seinen Pass, aber keine PIN-Nummer – einfach die Quittung unterschreiben!

Es ist ratsam, eine bestimmte Summe als Guthaben auf dem Kreditkarten-Konto zu deponieren, denn sobald der vorgegebene Kreditrahmen überzogen ist, wird die Karte gesperrt. Auf vielen Kreditkarten-Konten werden sogar Zinsen gezahlt, die gar nicht unattraktiv sind. Hier lohnt es auf jeden Fall, sich vorher zu informieren. Verlust oder Diebstahl sind sofort zu melden, damit die Karte gesperrt werden kann (maximale Haftung ca. 50 €). Bei Mietwagen oder Flügen, die mit der Karte bezahlt werden, ist in der Regel automatisch eine Unfallversicherung inklusive.

Informationen und Notrufnummern:
American Express: ✆ 069/97971000 (auch bei Verlust für Ersatzkarten zuständig),
🖳 www. americanexpress.com/germany
Visa: ✆ 069/920110, Standorte der Geldautomaten: 🖳 www.visa.de/tk/atm, Karte sperren: +1/410/581994 (international gebührenfrei)
MasterCard: ✆ 069/79330, Standorte:
🖳 www.mastercard.com/atm/, Karte sperren:
✆ +1/314/2756690 (international gebührenfrei)

Überweisungen

Bei Überweisungen von Geld aus Europa schickt die Bank aus Vietnam ein Fax (Fax-Nummer notieren) an die Heimatbank und fordert den entsprechenden Betrag an. Eine telegrafische Anweisung kostet etwa 30–40 €. Der überwiesene Betrag wird zum Devisenkurs umgerechnet und bar oder in Reiseschecks gegen eine Gebühr von etwa 10 € ausgezahlt.

Etwas weniger kompliziert und vor allem schneller erfolgt der Geldtransfer über **Moneygram** oder **Western Union**, da bei diesem Vorgang nicht zwei Unternehmen kooperieren müssen. Unmittelbar nach Einzahlung bei einer heimatlichen Zweigstelle kann der Begünstigte das Geld in Vietnam in Empfang nehmen. Die Gebühren richten sich nach der überwiesenen Summe: Für 1000 € fallen etwa 40 € an.

Weitere Informationen, auch über Zweigstellen weltweit:
Moneygram, ✆ 069/689 7010,
🖳 www.moneygram.com;
Western Union, ✆ 0180/303 0330,
🖳 www.westernunion.com. Wird in Deutschland von allen Zweigstellen der Postbank angeboten.

Reisekosten

Eine Reise durch Vietnam muss nicht unbedingt teurer ausfallen als in anderen südostasiatischen Ländern, auch wenn dies immer wieder behauptet wird. Bei einem jährlichen Durchschnittseinkommen von US$300–400 können die Lebenskosten gar nicht allzu hoch liegen, und wer sich an den Einheimischen orientiert, kommt mit relativ wenig Geld aus, vor allem für Essen, Trinken und Transport, aber auch für Unterkünfte.

Feilschen gehört unabdingbar zum Leben dazu. Fast alles ist verhandelbar, von Obst auf dem Markt bis zu einem Zimmer für die Nacht, die einzige Ausnahme sind Mahlzeiten. Einige Tipps und Tricks zum erfolgreichen Handeln werden auf S. 68 verraten, aber man sollte das Ganze nicht übertreiben: Ein paar Tausend Dong extra sind bestimmt kein großer Verlust für die eigene Reisekasse, für den Empfänger sind sie hingegen von weitaus größerer Bedeutung.

Wer an einfachen Essenständen com (Reis) und pho (Nudelsuppe) isst, Nahverkehrsbusse benutzt und in den günstigsten Unterkünften absteigt, kann durchaus mit einem Tagesbudget von US$12–15 auskommen.

Preispolitik

Man sollte nicht gleich die Alarmglocken schrillen hören, wenn man bemerkt, dass Vietnamesen für das gleiche Flugticket, Hotel oder Museum weniger bezahlen als man selbst: In Vietnam existiert ein **zweischichtiges Preissystem**, d.h. Ausländer bezahlen manchmal wesentlich mehr als Einheimische. Dieses System wird jedoch schrittweise abgebaut, wobei die Preise für Ausländer fallen und diejenigen für Einheimische steigen. Das einheitliche Preissystem findet bereits bei Zugtickets Anwendung, während die preislichen Unterschiede bei Flugtickets immer geringer werden. Es werden jedoch noch einige Jahre ins Land gehen, bevor diese Praxis komplett abgeschafft ist – derzeit handelt es sich um eine Art Grauzone, insbesondere bei Bustickets und Hotelübernachtungen, was bedeutet, dass die zu bezahlende Summe überwiegend von der Person abhängt, mit der man es gerade zu tun hat.

Schraubt man die Ansprüche etwas nach oben und übernachtet in besseren Hotels mit ein paar modernen Einrichtungen, genießt gutes Essen, gefolgt von ein paar Bier in einer Bar, besucht die ein oder andere Sehenswürdigkeit (s.u.) und nimmt gelegentlich an einer Minibus-Tour teil, steigen die täglichen Ausgaben auf realistischere US$25–35. Nach oben sind natürlich keine Grenzen gesetzt, denn auch in Vietnam gibt es todschicke Stadthotels und elegante Restaurants, und für die Rundreise kann man sich ein Auto mit Fahrer mieten. Durch den zunehmenden Wettbewerb sind die Preise für Unterkünfte und Touren in den letzten Jahren allerdings immer weiter gefallen. Die diesbezüglichen Angaben im vorliegenden Führer waren zur Zeit der Drucklegung aktuell, doch sind die Preise in einem Land, das sich so schnell entwickelt wie Vietnam, sicher nicht stabil.

Museen, historische Sehenswürdigkeiten, Nationalparks sowie andere für Touristen attraktive Orte – manchmal sogar Strände – verlangen üblicherweise eine **Eintrittsgebühr**, die bei bedeutenderen Stätten von US$1 bis US$4 (z.B. für die Cham-Ruinen in My Son, die Zitadelle und die Königlichen Mausoleen in Hué) reichen kann. An anderen Orten dagegen beträgt der Eintritt meist nur wenige Cent. Wir haben den genauen Eintrittspreis daher nur angeführt, wenn er über US$1 liegt. Wer fotografieren oder filmen will, muss übrigens mit einem ordentlichen Aufschlag rechnen.

Abgesehen von **Pagoden und Tempeln** von historischer Bedeutung ist der Eintritt in religiöse Bauwerke normalerweise umsonst – es ist jedoch üblich, in der Sammelbox oder auf dem Altar eine Spende in Höhe von etwa 1000 d zu hinterlassen.

Reiseziele

Die „Alles-oder-Nichts"-Haltung, mit der Neuankömmlinge verbissen die Strecke zwischen den beiden größten Städten des Landes in Angriff nehmen, egal wie viel Zeit ihnen zur Verfügung steht, hat schon so manchem die Vietnamreise verdorben. Wer das Land auf seiner gesamten Länge und ohne Hektik bereisen, etwas vom Hochland und von den beiden Deltas sehen sowie ein paar Ruhetage einlegen möchte, benötigt mindestens einen Monat vor Ort. Mit nur zwei Wochen Zeit kann man zwar in aller Eile die Küste entlangfahren und in den wichtigsten Touristenzentren einen Stopp einlegen, aber mehr Sinn macht es, sich auf eine Region zu konzentrieren und dafür ein langsameres Tempo anzuschlagen. Sollte man sich dennoch nicht davon abhalten lassen, in kurzer Zeit Norden und Süden besuchen zu wollen, so sind Inlandflüge sinnvoll.

Für die meisten Besucher bietet **Ho-Chi-Minh-Stadt** eine berauschende Einführung in das Land. Die südliche Hauptstadt am Ufer des breiten Saigon hat sich rasch zu einem südostasiatischen Motor entwickelt und will es mit den Besten der Region aufnehmen. In Ho-Chi-Minh-Stadt wird das Absurde zum Normalen. Das halsbrecherische Lebenstempo der Stadt überträgt sich auf das bunte Durcheinander bizarrer Charaktere und sorgt dafür, dass fast jeder Besucher blitzschnell dem einzigartigen Charme der Stadt erliegt. Ungestüme Handelstätigkeit geht hier einher mit jahrhundertealten Traditionen. Im Schatten hoch aufragender Büroblocks und Hotels stehen würdevolle Kolonialgebäude; und in den chaotischen Boulevards liefern sich Cyclo-Fahrer heiße Duelle mit den neuesten japanischen Taximodellen. Diese unerbittliche Geräuschkulisse und das Alltagsleben lassen sich am besten bei einem Kaffee und einem Croissant in einem der Straßencafés erleben.

Nur wenige Touristen verpassen die Gelegenheit, einen Tagesausflug nach **Tay Ninh** zu unternehmen, dem Zentrum der einheimischen Cao Dai-Religion. Ob der protzige Heilige Stuhl der Cao Dai Kunstwerk oder Murks ist, muss jeder für sich entscheiden, in jedem Fall ist er eine der eindrucksvollsten Sehenswürdigkeiten Vietnams. Normalerweise wird der Ausflug dorthin mit einem Halt bei den **Cu Chi-Tunneln** verbunden, einem über 200 km umfassenden unterirdischen Labyrinth, das vietnamesische Dorfbewohner einst buddelten, um den amerikanischen Bomben zu entkommen.

Nach ausgiebiger Erkundung von Ho-Chi-Minh-Stadt wenden sich die meisten Touristen nach Südwesten ins **Mekong-Delta**, wo sich einer der ganz großen Flüsse dieser Erde ins Südchinesische Meer ergießt. Dem Wirrwarr randvoller Nebenflüsse und Kanäle verdankt das Delta seine fruchtbaren Reisfelder und Obstgärten, und man sollte nicht abreisen, ohne einen Tag auf dem Wasser verbracht zu haben, was von Agenturen in **My Tho, Vinh Long** oder **Can Tho**, der größten Sied-

Das vietnamesische Nahverkehrsmittel schlechthin: das Cyclo

lung im Delta, organisiert wird. In Vinh Long und Can Tho kann man per Boot zu einem der schwimmenden Märkte fahren und sich ein paar Stunden süßem Nichtstun hingeben.

Alles andere als eine typisch asiatische Stadt ist **Da Lat**, die „Hauptstadt" des südlichen und zentralen Hochlands und in keinster Weise mit Ho-Chi-Minh-Stadt zu vergleichen. Das Leben folgt in dieser Höhe einer wesentlich gemächlicheren Gangart, und die frische Brise, die in dieser malerischen Bergsiedlung weht, ist die beste Klimaanlage Vietnams. Minderheitenvölker bewohnen die Landschaft um Da Lat, aber um einige der typischen Montagnard–Dörfer zu sehen, muss man nach Norden in die schlichten Städte **Buon Ma Thuot, Plei Ku** und **Kon Tum** fahren, die umgeben sind von Ede-, Jarai- und Bahnar-Gemeinden. Wer sich für Kon Tum entscheidet, kann auf eigene Faust Minderheitendörfer besuchen oder an Wanderungen teilnehmen, die eine Raftingtour einschließen.

Nordöstlich von Ho-Chi-Minh-Stadt beginnt die **Nationalstraße 1**, die Hauptverkehrsader Vietnams, ihre lange und anstrengende Reise gen Norden bis nach Hanoi. Viele Touristen unterbrechen die Fahrt erstmalig an dem angenehmen Strand und den Sanddünen von **Mui Ne**, das sich rasend schnell zu einem der Top-Küstenresorts des Landes mausert. Ein weiterer beliebter Ort ist **Phan Rang**, etwas herunterkommen und klein, aber gesegnet mit einigen der herausragendsten Cham-Türmen, die es an Vietnams südlicher und zentraler Küste gibt. **Nha Trang** hat sich zu einem wichtigen Zwischenstopp auf der Reise von Ho-Chi-Minh-Stadt nach Hanoi entwickelt, und die überall angepriesenen Bootsausflüge zu den vorgelagerten Inseln gehören unbedingt in jede Reise integriert. Nördlich von Nha Trang gelangte das Dorf **Son My** zu trauriger Berühmtheit, als eine Kompanie amerikanischer Soldaten hier 500 Vietnamesen abschlachtete, darunter viele Frauen und Kinder. Auch heute noch liegen die entsetzlichen Gräueltaten wie ein Schatten über dem idyllisch gelegenen Dorf.

Die winzige Stadt **Hoi An,** einst ein geschäftiger Seehafen, schmiegt sich an einen trägen Fluss und bezaubert Besucher mit zahllosen, aus Holz erbauten und mit verwitterten Ziegeln gedeckten alten Geschäften, welche die schmalen Straßen säumen. In einem stickigen, bewaldeten Tal etwas landeinwärts von Hoi An verbergen sich die kriegsgeschädigten Ruinen von **My Son**, der prächtigsten Tempelstätte der Cham. **Da Nang**, nur wenig nördlich an der Küste, vermag es zwar nicht mit Hoi Ans Charme aufzunehmen, aber dank ihrer guten Verkehrsverbindungen stellt die Stadt eine hervorragende Basis für die Erkundung der Umgebung dar, während man sich am nahen **China Beach** erholen kann – wie einst die amerikanischen Soldaten, bevor es wieder in die Schlacht ging. Von Da Nang windet sich die Straße über den Hai Van-Pass in die aristokratische Stadt **Hué**, wo die Nguyen-Herrscher im 19. Jh. am Ufer des trägen Parfüm-Flusses ihre Hauptstadt gründeten. Trotz der Verwüstungen durch Zeit und Krieg zeugen die Tempel und Paläste dieser eleganten Stadt noch immer von der einstigen Pracht, und die kaiserlichen Mausoleen an den von Kiefern bestandenen Hügeln sind architektonische Meisterwerke.

Nur 100 km nördlich von Hué präsentiert sich ein völlig anderes Bild: Kriegsstätten übersäen die **Entmilitarisierte Zone (DMZ)**, die Vietnam von 1954 bis 1975 in zwei Gebiete teilte. Seitdem sind fast 30 Jahre vergangen und viele Wunden geheilt, aber die windumtosten, öden Hügel sind noch immer ein mahnendes Zeugnis des brutalen Kampfes zwischen Nord und Süd, der so viele Menschen das Leben kostete. Die DMZ kann im Rahmen eines Tagesausflugs von Hué aus besucht werden. Danach fahren die meisten direkt nach Hanoi weiter, da auf diesem letzten Abschnitt nur wenige Sehenswürdigkeiten zu einer Reiseunterbrechung verleiten – darunter die Kalksteinhöhlen von **Phong Nha**, Eingang zu einem gigantischen unterirdischen Flusssystem in den Truong Son-Bergen. Am äußersten Rand des nördlichen Deltas des Roten Flusses liegen die uralten, von Weihrauch erfüllten Tempel von **Hoa Lu** sowie nahebei die mystischen Landschaften von **Tam Coc** und **Van Long**, wo sich zu Füßen von Kalksteinhügeln endlose Reisfelder erstrecken.

Mitten im Delta des Roten Flusses fungiert **Hanoi** seit nahezu 1000 Jahren als Hauptstadt von Vietnam und birgt eine entsprechend reiche Geschichte. Es handelt sich um eine relativ kleine, aber sehr stolze Stadt voller Pagoden und dynastischer Tempel, von Tamarisken umrahmter Seen, eleganter Boulevards mit Villen aus der französischen Ära, nationaler Monumente und imposanter Regierungsgebäude. Natürlich blieb auch Hanoi von den großen Veränderungen im Land nicht unberührt: Die Regierung bemüht sich, aus der Stadt eine glänzende, in die Höhe ragende Vorzeige-Metropole zu machen und die Stadtbevölkerung ist bestrebt, die Tricks und Kniffe der Marktwirtschaft zu erlernen. Es geht hier zwar etwas gemächlicher zu als in Ho-Chi-Minh-Stadt, aber deswegen ist Hanoi nicht minder faszinierend, eine Stadt im Umschwung, in der jede Menge neuer Bürogebäude, Hotels und Restaurants entstehen, mit denen um internationales Kapital und um Touristen gebuhlt wird.

Von der Hauptstadt wenden sich die meisten Reisenden in östliche Richtung, wo Nordvietnams bekannteste Naturschönheit, die **Ha Long-Bucht**, den perfekten Gegenpol zur städtischen Hektik bietet. Tausende wunderlich geformter Kalksteininseln ragen hier aus dem aquamarinblauen Wasser empor und lassen sich am besten auf einer einoder zweitägigen geruhsamen Bootsfahrt erkunden. Der übliche Ausgangspunkt für ein solches Unternehmen ist **Bai Chay** an der Nordküste. Die schönere Basis jedoch stellt die Insel **Cat Ba** dar, welche die Südwestgrenze der Bucht markiert und überwiegend von Fischern bewohnt wird. Auf dem Weg nach Cat Ba passiert man die wichtigste Hafenstadt des Nordens, **Hai Phong**, ein unspektakulärer, aber freundlicher Ort mit einer reizvollen Ansammlung verblasster Kolonialfassaden im Zentrum.

Vietnams Nordprovinzen sind nicht gerade leicht zu bereisen, lohnen aber die Mühe, da in diesem wilden Hochland eine bunte Mischung ethnischer Minderheiten und die spektakulärsten Gebirgslandschaften des Landes zu finden sind. Die geschäftige Marktstadt **Sa Pa**, wunderschön nahe der chinesischen Grenze im äußersten Nordwesten gelegen, bildet eine gute Basis für die Erkundung naher Minoritätendörfer, wenngleich der hier herrschende Bauboom die entspannte Atmosphäre immer mehr zerstört. Weiter südlich bietet das von Pfahlhäusern geprägte Mai Chau-Tal eine weitere gute Gelegenheit, um in einem Minderheitendorf abzusteigen.

Nur wenige wagen die Fahrt weiter ins Landesinnere, wo holprige Nebenstraßen eine Verbindung zwischen isolierten Außenposten und Zugang zur einzigen besonderen Sehenswürdigkeit des Nordwestens darstellen, dem abgeschiedenen Tal von **Dien Bien Phu**, wo die Vorherrschaft der Franzosen in Vietnam 1954 ein jähes Ende fand.

Östlich des Tals des Roten Flusses erstreckt sich eine noch weniger besuchte Region, deren Anziehungskraft in erster Linie in ihrer abwechslungsreichen Landschaft liegt, von den Schwindel erregenden Tälern bei **Ha Giang** bis zu den Kalksteinklippen und dem dichten Regenwald im **Ba Be-Nationalpark**, und dann gen Osten über weites und unbewohntes Hügelland in die abgelegenen Täler von **Cao Bang**, dessen Bauerngemeinden noch immer ihre traditionellen Lebensweisen pflegen.

Reisende mit Behinderungen

Obgleich in Vietnam sehr viele Menschen mit Kriegsverletzungen leben, gibt es kaum behindertengerechte Einrichtungen oder Organisationen für Behinderte. Für Reisende mit Behinderungen ist es daher wichtig, Fluggesellschaft, Hotel und Reiseveranstalter so weit wie möglich im Voraus zu informieren, damit entsprechende Vorkehrungen getroffen werden können.

Die **Fortbewegung** gestaltet sich etwas einfacher, wenn man sich Inlandflüge leisten oder einen Privatwagen bzw. Minibus mit Chauffeur mieten kann. Taxis gibt es in ausreichender Zahl in Hanoi, Ho-Chi-Minh-Stadt und anderen großen Städten. Doch in Vietnam kann schon das einfache Überqueren einer Straße wegen des unerbittlichen Verkehrs oder der Hindernislauf über die voll gepackten Bürgersteige – falls es überhaupt welche gibt – zu einem echten Problem werden. Erschwerend kommt hinzu, dass nur wenige Gebäude mit Rampen und Aufzügen ausgestattet sind.

Die neuen vietnamesischen Luxushotels haben meistens ein oder zwei speziell für Behinderte eingerichtete **Zimmer**. Andernorts kann man höchstens auf ein Zimmer im Erdgeschoss oder ein Hotel mit Fahrstuhl hoffen.

Nähere **Informationen** über Behindertenreisen bekommt man über die unten stehenden Organisationen. Ebenfalls hilfreich ist die US-Datenbank im Internet, 💻 www.access-able.com.

Die *Nationale Koordinationsstelle Tourismus für Alle (NatKo),* Kötherhofstr. 4, 55116 Mainz, ✆ 06131/250410, 📠 214848, ✉ home@natko.de, 💻 www.natko.de, der acht deutsche Behindertenverbände angehören, berät Anbieter bei der Verwirklichung behindertengerechter Unterkünfte, Programme usw. und nennt Behinderten hilfreiche Adressen für die Reiseplanung, die sich auch in einer von der NatKo herausgegebenen Broschüre finden. Dem Verband gehören u.a. die folgenden drei Vereine an:

Behindertenorganisationen

Bundesarbeitsgemeinschaft Hilfe für Behinderte (BagH)
Kirchfeld Str. 149, 40215 Düsseldorf
✆ 0211/310060, 📠 3100648
✉ info@bagh.de, 💻 www.bagh.de
Gibt eine Liste von Telefonnummern und Adressen spezialisierter Reiseveranstalter heraus.

Bundesarbeitsgemeinschaft der Clubs Behinderter und ihrer Freunde (BAG cbf)
Eupener Str. 5, 55131 Mainz, ✆ 06131/225514, 📠 238834, ✉ bagcbfmainz@aol.com, 💻 www.bagcbf.de
Verschickt gegen Rückporto (1,53 €) eine Adressenliste aller bekannten Behinderten-Reiseveranstalter.

Bundesverband Selbsthilfe Körperbehinderter e.V. (BSK)
Altkrautheimer Str. 17, Postfach 20, 74236 Krautheim an der Jagst
✆ 06294/68303, 📠 68107
💻 www.bsk-ev.de
Hilft mit Informationen und Ratschlägen für Reisen mit Behinderung weiter und gibt jährlich ein *Reise-Abc* (5 €) mit allgemeinen Reisetipps heraus.

Frauen unterwegs

Vietnam ist grundsätzlich ein sicheres Land für allein reisende Frauen. Die meisten Vietnamesen werden sich einfach nur neugierig fragen, warum die Ausländerin wohl allein unterwegs sein mag, doch wirklich bedrohliche Situationen sind extrem selten. Dennoch ist es natürlich angebracht, die üblichen **Vorsichtsmaßnahmen** zu treffen. Besonders spätabends, wenn nur noch wenige Menschen unterwegs sind, sollten sich Frauen allein nicht mehr auf eine Cyclo-Fahrt einlassen, sondern lieber ein Taxi nehmen. In Ho-Chi-Minh-Stadt gibt es sogar einige Viertel, die es nach Möglichkeit gänzlich zu meiden gilt (s.S. 74, Sicherheit und Kriminalität).

Die **Kleidung** der meisten vietnamesischen Frauen bedeckt den gesamten Körper sittsam von Kopf bis Fuß. Frauen aus dem Ausland sollten sich ähnlich anziehen und vor allem auf knappe Shorts und Tops verzichten, mit denen sie nur Anstoß erregen würden. **Sonnenbaden** oben ohne ist – selbst am Hotel-Pool – absolut tabu.

Ab und zu berichten asiatische Frauen, die mit Männern aus dem Westen unterwegs sind, über Belästigungen, die von Beschimpfungen bis zu Steinwürfen reichen. Dieses Phänomen wird der Tatsache zugeschrieben, dass solche Frauen von einigen vietnamesischen Männern automatisch als Prostituierte abgestempelt werden.

Tampons gibt es nur in Supermärkten in Hanoi und Ho-Chi-Minh-Stadt.

Reisen mit Kindern

Eine Vietnamreise mit Kindern ist eine echte Herausforderung, kann aber durchaus viel Spaß machen. Die Vietnamesen lieben Kinder und veranstalten einen riesigen Wirbel um die kleinen Knirpse. Die Eltern sollten sich allerdings vorher gut überlegen, ob ihre Kinder und sie selbst damit zurechtkommen, ständig im Mittelpunkt des öffentlichen Interesses zu stehen. Blonde Kinder müssen sogar mit noch mehr Aufmerksamkeit leben. Außerdem ist es eine gründliche Überlegung wert, ob man sein Kind wirklich den mangelhaften hygienischen Bedingungen und dem gefährlichen Straßenverkehr des Landes aussetzen will.

Die **Anreise** per Flugzeug und die damit verbundene Zeitverschiebung ist immer beschwerlich, muss jedoch nicht zum Stress werden. Am lästigsten sind die Wartezeiten auf den Flughäfen. Man kann sie allerdings sehr gut nutzen, um sich und die Kinder in den überall vorhandenen Wasch- bzw. Mutter-und-Kind-Räumen in Ruhe zu waschen, die Zähne zu putzen und die Kleidung zu wechseln, was in den beengten Flugzeugtoiletten nur mit Mühe zu bewerkstelligen ist.

Der Komfort im Flugzeug selbst variiert je nach Fluggesellschaft. Die renommierten bieten „schwebende“ Kinderbettchen für Säuglinge, Kinder-Menüs, die vor denen für Erwachsene ausgegeben werden, damit man den Kindern beim Essen behilflich sein kann. Meist gibt es Spiele, Bastelmaterial oder Ähnliches. Es kann aber passieren, dass es weder Milch noch eine Möglichkeit, sie zu erwärmen, gibt, von Babynahrung ganz zu schweigen. Besonders mit einem Kind unter 2 Jahren, das noch keinen Anspruch auf einen Sitzplatz hat, sollte nur eine der großen Fluggesellschaften in Betracht gezogen werden; der Service ist ungleich besser, und man wird beim Aus- und Einsteigen bevorzugt behandelt, was bei Billiganbietern nicht der Fall ist.

In jedem Fall empfiehlt sich eine Ausrüstung mit Windeln, Babynahrung und Wechselwäsche wie für eine Dreitagereise, denn für einen unvorhergesehenen Aufenthalt sollte man immer gewappnet sein.

Für die ersten Nächte nach der Ankunft braucht man ein gutes, möglichst ruhiges **Hotel**, in dem sich niemand übermäßig durch ein weinendes oder aufgedrehtes Kind gestört fühlt. Auch die Eltern brauchen gute Nerven und eine gute Konstitution, um den Jetlag zu überwinden. Ältere und reisegewohnte Kinder kommen mit der Umstellung eher zurecht, dennoch sollte man auf großartige Unternehmungen gleich nach der Ankunft tunlichst verzichten. Für die Nacht muss unbedingt etwas zu essen und zu trinken bereitgehalten werden. Viele der billigeren Hotels haben Zimmer mit drei oder sogar vier Einzelbetten. In teureren Hotels werden Kinder unter zwölf Jahren normalerweise ohne zusätzliche Kosten im Zimmer der Eltern untergebracht, und auch Babybetten sind inzwischen in vielen Hotels zu bekommen.

Die größten Sorgen bereitet Reisenden mit Kindern wahrscheinlich die **Hygiene**. Vietnam weist diesbezüglich teilweise extreme Mängel auf, und es ist bekannt, dass der Organismus von Kindern empfindlicher auf Bakterien reagiert. Während der Anpassungsphase des Magens hilft es, scharfe Speisen zu meiden. Falls das Kind dennoch krank werden sollte, ist eine ausreichende Flüssigkeitszufuhr immens wichtig, um eine Austrocknung des Körpers zu verhindern. Daneben ist zu beachten, dass die **medizinischen Einrichtungen** außerhalb von Hanoi und Ho-Chi-Minh-Stadt denkbar bescheiden sind. Daher sollte die Reisekrankenversicherung unbedingt eine Klausel für den Rücktransport im medizinischen Notfall enthalten. Man sollte das Kind in jedem Fall vor der Reise gründlich untersuchen lassen und darauf achten, dass es alle erforderlichen Impfungen– einschließlich jener gegen Kinderkrankheiten– besitzt.

Bei der Reiseplanung ist darauf zu achten, dass die gewählte Route nicht zu anstrengend wird. Lange **Busreisen** stellen für kleine Kinder eine große Belastung dar. Daher empfiehlt es sich, nach Möglichkeit mit dem **Zug** zu reisen, weil die Kinder sich dort zumindest freier bewegen können.

Nicht vergessen!

Reisepass (theoretisch reicht ein Kinderausweis mit Lichtbild, aufgrund praktischer Erfahrungen wird jedoch dringend empfohlen, auch für Kinder einen eigenen Reisepass mitzuführen oder mitreisende Kinder im Pass der Mutter oder des Vaters eintragen zu lassen. In diesem Fall sollte darauf geachtet werden, dass das entsprechende Visum auch für die Kinder gilt!)

- ✔ Impfpass
- ✔ SOS-Anhänger mit allen wichtigen Daten
- ✔ Kleidung – möglichst strapazierfähige, leichte Sachen
- ✔ Wegwerfwindeln
- ✔ Babynahrung
- ✔ Fläschchen für Säuglinge
- ✔ Walkman und Kassetten
- ✔ Spiele und Bücher
- ✔ Fotos von wichtigen Daheimgebliebenen gegen Heimweh
- ✔ Kuscheltier (muss gehütet werden wie ein Augapfel, denn ein verloren gegangener Liebling kann allen den Rest der Reise verderben – reiseerprobte Kinder beugen vor, indem sie nur das zweitliebste Kuscheltier mitnehmen)
- ✔ Sonnencreme mit hohem Lichtschutzfaktor
- ✔ Kopfbedeckung

Bei jeder noch so kurzen Fahrt sollte man etwas **Proviant** und zumindest ein Kinder-T-Shirt zum Wechseln im Handgepäck haben. Erwachsene können warten, bis irgendwann angehalten wird, wo es etwas zu essen/trinken gibt – Kindern verdirbt eine unfreiwillige Hungerkur oder Durststrecke nachhaltig die Lust am Reisen.

Bei Inlandflügen und Open-Tour-Busreisen gilt für Kinder der **halbe Preis**, Babys unter zwei Jahren fahren umsonst mit. Bei Touren zahlen Kinder in der Regel den halben Preis oder gar nichts.

Schwule und Lesben

Vietnam ist ein relativ unproblematisches Land für Homosexuelle. In Vietnam gibt es keine Gesetze, die gleichgeschlechtliche Beziehungen verbieten, und wenig Diskriminierung von offiziellen Stellen. Allerdings tendiert die Regierung immer noch dazu, Schwulentreffs dicht zu machen, und in einschlägigen Lokalen, deren Namen in den Massenmedien erscheinen, findet für gewöhnlich kurz darauf eine Razzia statt. Deshalb rühren die meisten dieser Treffs lieber keine Werbetrommel. Trotzdem gibt es eine florierende Homoszene in Vietnam, insbesondere in Hanoi und Ho-Chi-Minh-Stadt, wie sich am lockeren Cruising rings um bestimmte Seen in Hanoi und an der bunten Cafészene in Ho-Chi-Minh-Stadt erkennen lässt.

Das Verhalten der Bevölkerung lässt zwar eine Ächtung gleichgeschlechtlicher Beziehungen vermuten, aber da Homosexuelle vom Gesetzgeber nicht verfolgt werden, besteht keine unmittelbare Gefahr. Angesichts der Vielzahl gleichgeschlechtlicher Reisender, die – schwul oder nicht – in Hotels überall in Vietnam absteigen, braucht nicht befürchtet zu werden, dass die Hotelleitung sich damit aufhält, die Art der Beziehung zu untersuchen. Dennoch ist es ratsam, die Homosexualität nicht zur Schau zu stellen.

Ebenso wie für heterosexuelle Paare gilt: Zärtlichkeiten in der Öffentlichkeit gehören sich hier einfach nicht. Gleichgeschlechtliche Vietnamesen, egal, ob sie „nur" befreundet sind oder mehr, sieht man oft Hand in Hand, deshalb spricht theoretisch nichts dagegen, dass Ausländer sich genauso verhalten.

Am besten informiert man sich über die Gegebenheiten via Internet und klickt Utopia, 💻 www.utopia-asia.com, an. Hier stehen jede Menge Infos und Kontaktadressen, darunter auch Ausführliches über die Legalität von Homosexualität in Vietnam und Erklärungen zur lokalen Gay-Terminologie.

Praktische Tipps

Übernachtung

Im Vergleich zu anderen südostasiatischen Ländern lassen die Unterkünfte in Vietnam von der Qualität her teilweise sehr zu wünschen übrig und sind dazu noch recht teuer. Allerdings haben sich die Voraussagen und Erwartungen großer Touristenströme nach Vietnam in den letzten Jahren nicht recht erfüllt, was in Verbindung mit der stetig wachsenden Zahl neuer Hotels für großen Konkurrenzdruck sorgt. Das lässt zumindest in den größeren Touristenzentren die Preise nach unten purzeln, während sich der Standard verbessert. In abgelegeneren Regionen mit geringerem Wettbewerb geht es mit den Veränderungen entsprechend langsamer voran.

Eine weitere positive Folge der großen Zahl neuer Hotels, die in den letzten Jahren eröffnet haben, ist die Tatsache, dass **Reservierungen** längst nicht mehr solche Albträume verursachen wie in früheren Zeiten. Selbst Hotels mit internationalem Standard warten inzwischen mit Sonderangeboten auf, vor allem am Wochenende. Dennoch: Wer in einem bestimmten Hotel unterkommen möchte, ganz besonders in den zentraler gelegenen und beliebteren Unterkünften, sollte auf jeden Fall im Voraus buchen. Während des vietnamesischen Neujahrsfestes **Tet** (zwischen Ende Januar und Mitte Februar) geht ohne Vorabreservierung gar nichts.

Die **Zimmersuche** erweist sich nicht immer als ganz einfach. Am Flughafen von Ho-Chi-Minh-Stadt gibt es einen Schalter, an dem das Personal sich auf Wunsch bei Unterkünften telefonisch nach freien Zimmern erkundigt, allerdings nicht bei Budget-Hotels, während am Informationsschalter des Flughafens von Hanoi lediglich Broschüren ausgehändigt werden. Mehr Hilfe versprechen die Cyclo- oder Taxifahrer, weil sie von bestimmten Hotels eine Provision bekommen (in der Regel mindestens 10% des Preises für die erste Übernachtung). Das Zimmer kann durchaus sehr ansprechend sein, denn die Fahrer kennen oft die neuesten Unterkünfte, doch die Provision wird natürlich auf den Zimmerpreis aufgeschlagen. Sollte ein Fahrer behaupten, das als Fahrtziel genannte Hotel sei geschlossen, empfiehlt es sich, höflich darauf zu bestehen, dass man trotzdem hingefahren werden möchte.

Ist schließlich eine Unterkunft gefunden, sollte man erst nach Begutachtung mehrerer Zimmer eine Entscheidung treffen, denn selbst in ein und demselben Hotel herrschen teilweise enorme Qualitätsunterschiede. Zu achten ist außerdem auf die Zahl der Betten im Zimmer, da es bei Vietnamreisenden diesbezüglich immer wieder zu Verwirrung kommt. Ein **Einzelzimmer** („single") kann ein oder zwei Einzelbetten umfassen, während ein **Doppelzimmer** („double") aus zwei, drei oder vier Einzelbetten, einem Einzel- und einem Doppelbett oder ähnlich zusammengesetzt sein kann. Übrigens: Falls man an der Rezeption mit einem lächelnden Kopfschütteln empfangen wird, könnte es sein, dass das Hotel keine Ausländer aufnehmen darf.

Beim **Einchecken** in ein vietnamesisches Hotel oder Guesthouse muss ein einfaches Registrierungsformular ausgefüllt und der **Reisepass** – oft auch zusätzlich die **Departure Card** – zur Vorlage bei der örtlichen Polizei hinterlassen werden. Je nach Unterkunft wird der Reisepass noch am selben Abend zurückgegeben oder bis zum Auschecken als Sicherheit einbehalten. Wer aus Angst vor Verlust seines Reisepasses keinen Schlaf findet, behauptet einfach, das Dokument werde zur Vorlage bei der Bank benötigt. Normalerweise kann man die Rechnung beim Auschecken bezahlen, doch einige Billigunterkünfte bestehen auch auf Vorausbezahlung.

Da die **Zimmerpreise** in Abhängigkeit von der Nachfrage schwanken, lohnt es sich immer zu handeln. Dabei ist unmissverständlich zu klären, ob über den Preis pro Person oder pro Zimmer geredet wird. Wer mehrere Nächte zu bleiben beabsichtigt, befindet sich in einer besseren Verhandlungsposition.

Alle Hotels stellen 10% **Übernachtungssteuer** in Rechnung, die Spitzenhotels zusätzlich noch eine **Servicegebühr** von 5%. Nicht immer ist derlei im Zimmerpreis enthalten, sodass man sich besser noch einmal vergewissert. Die in diesem Buch verwendeten Preiskategorien (s.S. 41) beinhalten sämtliche Steuern. Immer häufiger ist auch ein **Frühstück** im Preis inbegriffen (außer bei ganz billigen Zimmern), das in den Budget-Unterkünften allerdings meist nur aus Brot mit Marmelade oder Käse und einer Tasse Tee oder Kaffee besteht.

In Hotels stellt die **Sicherheit** bisweilen ein großes Problem dar. Wertgegenstände sollten niemals im Zimmer liegen gelassen werden, Dokumente, Reiseschecks usw. gehören immer in den Geldbeutel, der am Körper getragen wird. Während die Zimmer der exklusiveren Hotels mit Safes ausgestattet sind, bieten andere Unterkünfte den Service an, die Wertsachen in einem Geldschrank oder einer Schublade am Empfang wegzuschließen; dabei sollten alle Wertgegenstände in einen verschlossenen Umschlag gesteckt werden, für den man sich eine Empfangsquittung ausstellen lässt. In den ganz billigen Unterkünften, in denen die Türen häufig mit einem Vorhängeschloss gesichert sind, sorgt das zusätzliche Anbringen eines eigenen Schlosses für erhöhte Sicherheit.

In einigen Budget-Hotels werden die Zimmer nur unregelmäßig und oberflächlich gereinigt, sodass es zu ernsthaften Problemen mit der **Hygiene** kommen kann, weil beispielsweise Kakerlaken oder sogar Ratten umherstreifen. Die Gesundheitsgefahr lässt sich zumindest verringern, indem man es vermeidet, Lebensmittel oder gezuckerte Getränke mit aufs Zimmer zu nehmen.

Schließlich sei noch darauf hingewiesen, dass **Prostitution** in Vietnam weit verbreitet ist. In weniger seriösen Budget-Hotels werden Männer aus dem Westen manchmal nachts angesprochen oder sogar aus anderen Zimmern angerufen.

Preiskategorien

Die Einstufung von Unterkünften in bestimmte Kategorien ist in Vietnam keine einfache Angelegenheit. An den verschiedenen Bezeichnungen (Guesthouse, Rooms for Rent, Minihotel, Hotel etc.) ist kaum zu erkennen, was sich genau dahinter verbirgt, und beim angebotenen Standard kommt es zu erheblichen Überschneidungen. Bei einigen der größten staatlichen Hotels handelt es sich um schmucklose Gebäude, die lieblos nach osteuropäischem Vorbild gestaltet wurden, während selbst die winzigsten Zimmervermietungen häufig mit sehr großem Engagement bei der Sache sind. Einige Hotels versuchen etwas für jeden Geldbeutel anzubieten, vom einfachen Zimmer mit Ventilator und Kaltwasser bis zur schönen, klimatisierten Unterkunft mit Satellitenfernsehen, Kühlschrank und Minibar. Als Faustregel gilt: Je neuer die Unterkunft, desto besser das Preis-Leistungs-Verhältnis, was den Komfort, die Hygiene und das allgemeine Erscheinungsbild angeht.

Preiskategorien der Unterkünfte

Alle in diesem Reiseführer aufgeführten Unterkünfte wurden gemäß der folgenden Skala eingestuft:

*	bis US$10
**	bis US$15
***	bis US$30
****	bis US$75
*****	bis US$150

Die Preise beziehen sich jeweils auf das billigste verfügbare **Doppelzimmer**, das auch aus Einzelbetten bestehen kann. Während der Ferien und über Feiertage ziehen die Preise an, und die Betreiber zeigen sich dann im Allgemeinen weniger verhandlungsbereit. Per Gesetz ist vorgeschrieben, dass die Preise in Dong angegeben sein müssen, doch die meisten Hotels veröffentlichen ihre Preise zusätzlich in US-Dollar. Bei der Bezahlung werden beide Währungen akzeptiert.

Billigunterkünfte

Die billigste Übernachtungsmöglichkeit in Vietnam ist ein Bett in einem **Dormitory** (Schlafsaal), Jugendherbergen gibt es bislang noch keine. Dormitorys sind kein neues Konzept in Vietnam: Viele Busstationen und Bahnhöfe verfügen über Dorms, die als *nha tro* bezeichnet werden, aber praktisch nie Ausländer aufnehmen – was aber angesichts der oft erschreckenden hygienischen Zustände und der Sicherheitsrisiken keinen großen Verlust bedeutet.

Inzwischen gibt es in Ho-Chi-Minh-Stadt und in geringerem Umfang auch in Hanoi einige so genannte „Backpacker-Dorms" mit gemeinschaftlich genutzten Einrichtungen, wo im Allgemeinen US$3–4 für ein Bett oder eine Matratze auf dem Fußboden verlangt werden. Dorms befinden sich meist in den billigen **Guesthouses** *(nha khach)* und **Privatunterkünften**, die besonders im Viertel Pham Ngu Lao in Ho-Chi-Minh-Stadt zuhauf existieren. In Hanoi bieten einige Traveller-Cafés in der Altstadt Übernachtungsmöglichkeiten in Dorms an.

Die nächsthöhere Kategorie bilden einfache Zimmer mit Ventilator und gemeinschaftlich genutzten Waschräumen für US$4–$7, zu finden entweder in einem Guesthouse oder in einem **Hotel** *(khach san)*. Viel ist aber auch hier nicht zu erwarten: Bei Zimmern dieser Kategorie handelt es sich im Allgemeinen um einfache Kästen mit vier Wänden (oft ohne Fenster), deren Möblierung – wenn überhaupt – lediglich aus einem klapprigen Stuhl, Tisch und Kleiderschrank besteht.

In den Haupttouristenorten bieten privat betriebene Unterkünfte recht ordentliche Zimmer mit Ventilator und Bad für US$6–10 an, wobei Warmwasser in dieser Preisklasse im wärmeren Süden nicht immer zur Verfügung steht. Wer auf Klimaanlage, Satelliten-TV und etwas bessere Einrichtung, vielleicht sogar auf ein Fenster nicht verzichten mag, zahlt US$10–15. Für US$15–30 (***) bekommt man ein größeres Zimmer mit besserer Ausstattung, die in der Regel Kühlschrank und Badewanne, manchmal auch einen Balkon umfasst. Viele Hotels werben mit Satelliten-TV, doch gibt es erhebliche Unterschiede bezüglich der empfangbaren Kanäle; wer Wert darauf legt, sollte sich vorab erkundigen.

In abgelegeneren Regionen beschränkt sich das Angebot oft auf ein staatliches Hotel. Bei diesen Unterkünften handelt es sich leider häufig um recht lieblose Unterkünfte, in denen überdurchschnittliche Preise für veraltete Einrichtungen verlangt werden.

Mittelklasse- und Luxushotels

Ab US$30 präsentiert sich die Welt der Übernachtung langsam etwas rosiger. Von den abgelegensten Regionen einmal abgesehen, sind Zimmer in dieser Preisklasse komfortabel, recht geräumig, großzügiger ausgestattet und bieten eine ordentliche Möblierung, Klimaanlage, Warmwasser, Kühlschrank, Telefon und Satelliten-TV.

Für US$30–US$75 bekommt man ein Zimmer in einem einigermaßen renommierten **Mittelklassehotel** mit Restaurant/Bar, Reiseschalter, Zimmerservice usw. In der **Luxusklasse** sind den Preisen keine Grenzen gesetzt; wer Pracht und Prunk sucht, kann ohne Weiteres um die US$200 pro Nacht loswerden. Internationalen Standard gibt es bislang praktisch nur in den beiden großen Städten, die mit einigen durchaus stilvollen Luxushotels aufwarten können, darunter das *Metropole* in Hanoi und das *Continental* in Ho-Chi-Minh-Stadt. Seit ein paar Jahren haben die Investoren aber auch zunehmend Nha Trang, Da Nang und Ha Long-Stadt im Visier, wo inzwischen das eine oder andere exklusive Resort-Hotel entstanden ist.

Dorfunterkünfte und Camping

Seit sich die Dörfer und Siedlungen der vietnamesischen Minderheiten dem Tourismus zunehmend öffnen, entstehen auch immer mehr Übernachtungsmöglichkeiten in Pfahlbauten oder anderen Dorfunterkünften.

Im Norden des Landes, vor allem in der Umgebung von Sa Pa und im Tal von Mai Chau, besteht die Möglichkeit, entweder im Rahmen einer von Hanoi aus organisierten Tour in einem der **Dörfer der Bergvölker** (s.S. 486/487) zu übernachten oder aber die Suche nach einer Unterkunft vor Ort selbst in die Hand zu nehmen (Einzelheiten s.S. 538/540). Im zentralen Hochland vermitteln die Aufseher des Nationalparks Yok Don Übernachtungsmöglichkeiten in den Pfahlbauten der umliegenden Dörfer (s.S. 290); in Ban Don (s.S. 290) besteht die Auswahl zwischen einer Unterkunft im Dorf oder in dem für Gäste vorgesehenen Stelzenhaus des Touristenzentrums. Die Touristenbüros in Plei Ku und Kon Tum vermitteln ebenfalls Übernachtungen in Pfahlbauten.

Die Unterbringung erfolgt normalerweise auf einer Matratze auf dem Fußboden eines Gemeinderaums. In den Dörfern, in denen sich regelmäßig Touristen aufhalten, werden meistens eine Decke und ein Moskitonetz gestellt, doch ist es grundsätzlich besser, ein eigenes Netz und einen Schlafsack mitzubringen, zumal es in den Bergen nachts recht kalt werden kann.

Die Übernachtungspreise in den Dörfern liegen bei US$3–15 pro Person und Nacht, je nachdem ob Mahlzeiten enthalten sind oder nicht. Wer erst am Nachmittag eintrifft, ist gut beraten, sein Essen für den ersten Abend mitzubringen. Als Zeichen der Wertschätzung freuen sich die Gastgeber über kleine Aufmerksamkeiten – in den Bergregionen ist beispielsweise frisches Obst stets willkommen.

Wo im Mekong-Delta Bootstouren angeboten werden, vor allem in der Umgebung von Vinh Long, vermittelt die regionale Tourismusbehörde Übernachtungen bei den Besitzern von **Obstplantagen** – eine Art der Unterbringung, die dem Besucher einen direkten Einblick in den ländlichen Alltag verschafft.

Camping ist in Vietnam für ausländische Touristen derzeit so gut wie gar nicht zu realisieren. Die Ausnahmen bilden Nha Trang und Mui Ne, wo man auf einem Campingplatz mit einfachen Einrichtungen ungefähr US$3,30 pro Zelt bezahlt.

Essen und Trinken

Die echte vietnamesische Küche zeichnet sich durch einen feinen, raffinierten Geschmack und eine erstaunliche Vielfalt aus. Zwar besteht eine gewisse Verwandtschaft zur chinesischen Kochkunst, doch insgesamt pflegt Vietnam eine eigene kulinarische Tradition, nach der lieber mit Kräutern und Gewürzen statt mit Soßen gearbeitet und die Speisen vorzugsweise gekocht und gedünstet statt gebraten werden.

Im Süden des Landes haben **indische und thailändische Einflüsse** dafür gesorgt, dass auch Currys und scharf gewürzte Gerichte auf vietnamesischen Speisekarten stehen, während andere Regionen ihre eigenen Spezialitäten entwickelt haben, allen voran Hué und Hoi An. Mit dem Buddhismus hielten auch **vegetarische Speisen** Einzug in Vietnam, während die **Franzosen** Jahrhunderte später Brot, Milchprodukte, Gebäck und die Café-Kultur einführten. Hanoi, Ho-Chi-Minh-Stadt und die größeren Touristenzentren verfügen inzwischen über ein umfassendes kulinarisches Angebot, vom kleinen Essenstand an der Straße über das Restaurant im westlichen Stil und den eleganten Hotelspeisesaal bis zur Eisdiele.

Die großen Städte haben in puncto Qualität und Vielfalt im Allgemeinen weit mehr zu bieten als die ländlichen Regionen, wo man Restaurants noch mit der Lupe suchen muss. Das soll aber keineswegs heißen, dass man dort mit knurrendem Magen umherlaufen muss, denn selbst in dem entlegensten Ort gibt es immer noch irgendeinen Stand, an dem man eine Nudelsuppe, einen Reisteller und reichlich Obst bekommen kann.

Vietnams **Nationalgetränk** ist grüner Tee, der bei allen gesellschaftlichen Anlässen oder geschäftlichen Besprechungen gereicht und auch nach den Mahlzeiten gern getrunken wird. Ein beliebtes alkoholisches Getränk ist **Reiswein**, doch auch das einheimische **Bier** ist zum Teil von ausgezeichneter Qualität. Importierte Weine und Spirituosen sind in zunehmend größerer Auswahl zu bekommen.

Ein Glossar mit den wichtigsten Begriffen der vietnamesischen Küche befindet sich im Anhang, s.S. 584/585.

Wenn es darum geht, wo man isst, stehen grob gesehen drei verschiedene Arten von Lokalitäten zur Auswahl. Die einfachste Kategorie, deren Klientel vornehmlich aus Einheimischen besteht, bilden die **Straßenverkäufer**, die ihr jeweiliges Tagesgericht mit Tragestangen auf den Schultern transportieren oder aus Handkarren auf dem Gehsteig verkaufen, sowie die preiswerten **Straßenküchen**. Eine weitere Kategorie bilden die förmlicheren, im westlichen Stil gehaltenen **Restaurants**, die es in zahlreichen Ausprägungen und Größen gibt, vom einfachen Lokal mit schlichten vietnamesischen Mahlzeiten bis hin zum Spitzenrestaurants, das qualitativ hochwertige vietnamesische Spezialitäten und internationale Gerichte serviert. Die dritte Kategorie sind die **Traveller-Cafés**, in denen es einfache und preiswerte Mahlzeiten gibt, z.B. Hamburger, Bananenpfannkuchen, Frühlingsrollen, Nudeln und andere vietnamesische Standardgerichte.

In den Regionalkapiteln sind immer dann Telefonnummern bei den Restaurants aufgeführt, wenn sich eine Reservierung empfiehlt. Die meisten Restaurants haben das ganze Jahr über geöffnet, einige schließen jedoch während des vietnamesischen Neujahrsfestes Tet. Im Süden, besonders in Ho-Chi-Minh-Stadt, haben die Lokale länger geöffnet, in der Regel essen Vietnamesen jedoch früh. Außerhalb der großen Städte und Touristenzentren bleiben die Essenstände und Straßenküchen selten länger als 20 Uhr geöffnet, manchmal wird sogar noch früher zusammengepackt. Außerdem kann es nicht schaden, ein wenig den Umgang mit **Essstäbchen** zu üben, selbst wenn die von Touristen frequentierten Lokale auch Messer und Gabeln bereithalten und in einem französischen Restaurant natürlich nicht erwartet wird, dass man seinem Steak mit Stäbchen zu Leibe rückt.

Bei der **Bezahlung** wird die übliche Zeichensprache in den meisten Restaurants problemlos verstanden. In Straßenküchen ist es üblich, nach dem Essen zu zahlen; dazu wedelt man einfach mit ein paar Tausend Dong oder fragt: *Bao nhieu tien?* („Wie viel kostet das?").

Straßenküchen

Die Palette der Straßenküchen reicht vom provisorischen Essenstand an der Straße mit ein paar mickrigen Stühlchen bis zu einfachen Esslokalen, wo die Gerichte häufig noch draußen zubereitet werden, die Gäste aber in einem zur Straße hin offenen Speisesaal sitzen oder an Tischen und Stühlen auf dem Bürgersteig. Ähnlich wie die ambulanten Essenstände machen auch die Restaurants am Straßenrand keine Zugeständnisse an die Bequemlichkeit, sind jedoch feste Einrichtungen (meist ohne Namen, aber mit Adresse), in denen einfache und äußerst preiswerte Mahlzeiten aufgetischt werden. Einige Lokale haben den ganzen Tag geöffnet (7–20 Uhr), viele machen zu, sobald ihnen die Zutaten ausgehen, und wieder andere öffnen nur während der Mittagszeit (10.30–14 Uhr). Wer die größte Auswahl und die frischesten Speisen genießen möchte, sollte zu relativ früher Stunde essen gehen (spätestens um 11.30 Uhr zum Mittag und um 19 Uhr zum Abendessen). Um 12 Uhr mittags sind die meisten dieser einfachen Restaurants rappelvoll.

Das Gros der Straßenküchen ist auf ein bestimmtes Gericht spezialisiert, das in der Regel an einem Schild angeschlagen steht, oder serviert die allgegenwärtigen Reisgerichte und Nudelsuppen *com* und *pho*. Die erhältlichen Speisen werden meistens in einer Glasvitrine oder auf einem Buffettisch ausgestellt. Ebenfalls großer Beliebtheit erfreuen sich die so genannten „Volksmahlzeiten", *com binh dan*. Dabei wählt man aus einer Reihe fertig zubereiteter Speisen und bedient sich nach Wunsch an gefüllten Tomaten, gebratenem Fisch, Tofu, eingelegten Leckereien oder Eiern, dazu gibt es eine Portion Reis; ein großer Teller dieser Art kostet ab US$1. Einige Straßenküchen verlangen überhöhte Preise, sodass man sich bei der Bestellung ruhig noch einmal vergewissern sollte, wenngleich diese Preise wohl kaum einen Touristen in den Ruin treiben werden.

Obwohl normale Restaurants in Vietnam immer besser werden, ist das Essen in den Straßenküchen häufig nicht nur qualitativ vorzuziehen und wesentlich billiger, sondern auch die vergnüglichere Art sich zu verköstigen. Einzig gefragt sind hierbei eine umsichtige Auswahl – am besten sind die sauberen, gut besuchten Lokale, in denen die Zutaten offensichtlich frisch sind – und ein bescheidener Grundwortschatz (s.S. 52).

Etwa von derselben Art wie die Straßenküchen sind die Kneipen mit der Bezeichnung **bia hoi**. Hier handelt es sich zwar in erster Linie um Trinklokale, doch viele bieten auch preiswerte Snacks oder sogar ganze Mahlzeiten an (mehr zum Thema *bia hoi* im Kastentext, s.S. 52).

Restaurants

Wer gern in entspannterer Atmosphäre speist, ohne dass bereits andere Gäste um den eigenen Platz Schlange stehen, ist wahrscheinlich in einem vietnamesischen Restaurant westlichen Stils (*nha hang*) am besten aufgehoben. Sie haben einen richtigen Namen, richtige Stühle statt Hocker, eine Speisekarte und sind meist nicht zur Straße hin offen. Im Allgemeinen servieren solche Restaurants eine größere Auswahl an vietnamesischen Gerichten als die Straßenküchen.

Da auf den **Speisekarten** dieser Lokale nicht immer Preise aufgeführt sind und überhöhte Forderungen leider ein weit verbreitetes Problem sind, gilt es beim Bestellen jeweils nachzufragen, was jede einzelne Speise und Zutat kostet, um nicht am Ende mit einer horrenden Rechnung konfrontiert zu werden. Vorsicht ist auch bei den Extras geboten: Wenn Erdnüsse, heiße Handtücher und Papiertaschentücher auf dem Tisch liegen, landen sie möglicherweise auf der Rechnung, selbst wenn sie nicht angerührt wurden. Daher ist es ratsam, alles vom Tisch entfernen zu lassen, woran kein Interesse besteht, und die Rechnung am Ende genau zu prüfen. Eine einfache Mahlzeit für zwei Personen kostet normalerweise um US$8–10.

Geöffnet ist üblicherweise zum Mittagessen von 10.30–14 Uhr und am Abend von 17 bis spätestens 21 Uhr in Süd- bzw. 20 Uhr in Nordvietnam. Die teureren Restaurants, einschließlich der eleganten Speisesäle in den Hotels, haben meist etwas länger geöffnet (bis 21.30 oder manchmal auch 22.30 Uhr), geben ihre Preise auf der Speisekarte in US-Dollar an und akzeptieren zum Teil auch Kreditkarten. Auf der Karte ist in der Regel vermerkt, ob eine Servicegebühr verlangt wird, doch zu beachten sind die 4–5% Aufschlag bei Kreditkartenzahlung. Unter diesen Restaurants gibt es recht schick Lokale, die viel Wert auf Dekor und Ambiente legen, was sich entsprechend auf die Preise auswirkt. Eine Mahlzeit für zwei Personen kostet hier mindestens US$10–15.

Eine Nudelsuppe am Straßenrand und ein Tee am Morgen auf den Straßen von Hoi An

Die beliebteste **ausländische Küche** ist die französische, daneben gibt es in Hanoi und Ho-Chi-Minh-Stadt aber auch eine recht große Auswahl an guten internationalen Restaurants, darunter Thais, Chinesen, Mexikaner, Inder und Italiener. Im übrigen Vietnam sind Spitzenrestaurants bislang noch dünn gesät, wenngleich Hué, Da Nang, Hoi An und Nha Trang in dieser Beziehung langsam aufholen.

Traveller-Cafés

Die so genannten Traveller-Cafés, die sich vornehmlich der Klientel der Budget-Traveller verschrieben haben, servieren recht mittelmäßige westliche und vietnamesische Gerichte, von Pfannkuchen über Steak bis Pommes frites. Sie haben den Vorteil, dass sie **ganztägig geöffnet** sind, in der Regel von 7–23 Uhr oder sogar bis Mitternacht. Wem es nach einem preiswerten westlichen Frühstück, frischem Obstsalat oder Mango-Shake gelüstet, der ist hier richtig aufgehoben. Weit verbreitet sind Traveller-Cafés naturgemäß in den beliebten Touristenstädten, allen voran in Hanoi, Ho-Chi-Minh-Stadt, Hoi An, Hué, Nha Trang und Da Lat.

Die vietnamesische Küche

Grundbestandteil fast aller vietnamesischer Mahlzeiten ist **Reis**, wobei Nudeln zum Frühstück oder als Snack eine willkommene Abwechslung bieten. Typischerweise wird zum Reis Fisch, Fleisch, Gemüse oder Suppe serviert, gefolgt von verdauungsförderndem grünen Tee. Ob frisch oder getrocknet, **Fisch und Meeresfrüchte** aus Flüssen, Seen, Kanälen, Reisfeldern und dem Meer sind in ganz Vietnam sehr begehrt. Die am weitesten verbreiteten **Gewürze und Aromen** sind Schalotten, Koriander und Zitronengras, doch auch Ingwer, Safran, Minze, Anis und ein an Basilikum erinnerndes Kraut sind stark vertreten, während Kokosmilch einigen südvietnamesischen Gerichten eine ausgeprägte Schwere verleiht.

Selbst im Süden sind die vietnamesischen Speisen nicht übermäßig scharf; stattdessen werden Chilisoßen oder frische Chilischoten separat gereicht. Für Vietnams berühmteste Geschmacksrichtung sorgt die allgegenwärtige **nuoc mam**, eine besonders nährstoffreiche Fischsoße, die entweder schon beim Kochen zugegeben wird oder als Basis für diverse Dips zum Eintunken dient. Die Herstellung von *nuoc mam* beruht auf der Fermentierung großer Mengen von Fisch, der sechs bis zwölf Monate in Salzfässern gelagert wird; anschließend wird die dunkelbraune Flüssigkeit kräftig durchgeseiht und nach Alter und Geschmacksrichtung klassifiziert. Die Insel Phu Quoc gilt weithin als Heimat der besten *nuoc mam*, doch auch Phan Thiet und Phan Rang erheben nicht zu Unrecht Anspruch auf ausgezeichnete Qualität. Viele Ausländer bezeichnen das auffällige, salzig-süße Aroma der Soße anfangs als üblen Gestank, kommen aber meist schon nach kurzer Zeit auf den Geschmack.

Frühstück Die Vietnamesen essen zum Frühstück traditionell *pho* oder irgendeine andere **Nudelsuppe**. Einige Straßenverkäufer bieten alternativ dazu frühmorgens *xoi* an, einen bekömmlichen Mix aus gedünstetem **Klebreis** mit Sojabohnen, Mais oder Erdnüssen. Einfaches **Frühstück nach westlicher Art** (z.B. Brot mit Marmelade oder Käse, Eier und Kaffee) gibt es normalerweise in Traveller-Cafés oder Hotels. Die exklusiveren Restaurants bieten zunehmend auch Müsli und frische Milch an, während einige Luxushotels die gesamte Palette auf ihren Frühstücksbuffets versammeln. Wer sich in der Stadt aufhält, kann sich im Laden Brot oder Croissants und Marmelade kaufen, um sich ein Frühstück nach individuellen Wünschen zuzubereiten. Auf dem Land sieht es mit dieser Variante schlecht aus, sodass dort manch einer schon auf den Geschmack gekommen ist und seine Vorliebe für frühmorgendliche *pho* entdeckt hat.

Speziell die nordvietnamesische Küche ist für ihre teilweise exzessive Verwendung von **Mononatrium-Glutamat** bekannt, auf das besonders einige westliche Mägen empfindlich reagieren. Einige Restaurants in den großen Städten haben sich bereits auf dieses Phänomen eingestellt und werben mit glutamatfreien Speisen. Andernorts kann man allenfalls den Wunsch *khong co my chinh* („Bitte ohne Glutamat“) äußern und hoffen. Vorsicht: Was wie Salz auf dem Tisch aussieht, ist manchmal Glutamat – also lieber vorher probieren.

Das berühmteste vietnamesische Gericht sind zweifelsohne **Frühlingsrollen**, die als *cha gio, cha nem, nem ran* oder einfach als *nem* bezeichnet werden. Unterschiedliche Kombinationen aus gehacktem Schweinefleisch, Garnelen oder Krabben, Reisnudeln, Zwiebeln, Sojasprossen und einem bestimmten Speisepilz werden in Reispapier eingerollt und anschließend frisch oder frittiert gegessen. In einigen Regionen wird eine Schüssel Kopfsalat oder Minze dazu serviert, was bedeutet, dass man die Blätter mittels kühner Stäbchenmanöver um die Frühlingsrolle wickeln soll, bevor man diese in die dafür vorgesehene Soße tunkt. Eine südvietnamesische Variation besteht aus gegrillten Schweinefleischstreifen, die mit rohen Zutaten wie grünen Bananen oder Sternfrucht in halb durchsichtiges Reispapier gewickelt und anschließend in eine sämige Erdnusssoße eingestippt werden.

Suppen und Nudeln

Ein in ganz Vietnam verbreitetes Gericht, das seinen Ursprung im Norden des Landes hat, ist **pho**, eine **Nudelsuppe**, die zu jeder Tageszeit gegessen wird, bevorzugt aber zum Frühstück. Eine einfache Schüssel *pho* besteht aus einer leichten, mit Ingwer, Koriander und manchmal auch Zimt gewürzten Rindfleischbrühe, die mit breiten, flachen Reisnudeln, Frühlingszwiebeln und kleinen Scheiben Hühnchen-, Schweine- oder Rindfleisch aufgefüllt wird. Am Tisch erfolgt dann die Verfeinerung mit einem Schuss Limonensaft und einer Prise Chili bzw. einem Löffel Chili-Soße. *Pho* gibt es in unzähligen Variationen, beispielsweise mit einem rohen Ei zur Erhöhung des Nährwerts. Wer sich länger in abgelegenen Regionen Vietnams aufhält, wird wahrscheinlich schon bald zum Experten in Sachen *pho* avancieren.

Daneben werden in den Straßenrestaurants noch zahllose andere Suppen angeboten, darunter auch **bun bo**, eine weitere nahrhafte Nudelsuppe mit Rindfleisch, die im ganzen Land gern gegessen wird und in Hué wohl am besten ist. Im Süden ist My Tho die Hochburg für **hu tieu**, eine schmackhafte Fadennudelsuppe mit Schweinefleisch und Meeresfrüchten. Bei **chao** bzw. **xhao** handelt es sich dagegen um eine sämige Reisschleimsuppe, kochend heiß serviert und meistens mit Hühnchen- oder Fischfiletstreifen, Dill als Gewürz und manchmal einem auf dem Grund der Suppenschüssel vor sich hinkochenden Ei. Als Beilage werden häufig gebratene Brotstangen *(quay)* gereicht.

Saure Suppen werden sehr gern zu Fischgerichten gegessen, während das auf den Speisekarten der meisten Restaurants vertretene ***lau*** eher als Hauptmahlzeit zu betrachten ist denn als Suppe. Dabei wird eine Gemüsebrühe in einer Metallschüssel auf glühenden Kohlen (inzwischen aber auch häufig schon elektrisch beheizt) am Tisch serviert. Die Gäste kochen zunächst Rindfleischscheibchen, Garnelen oder ähnliche Leckereien in der brodelnden Brühe und genießen anschließend die durch die verschiedenen Zutaten geschmacklich angereicherte Suppe.

Fisch und Fleisch

Zum Besten, was die vietnamesische Küche bietet, zählen **Meeresfrüchte** und **Süßwasserfische**. Ein berühmtes Gericht ist *cha ca*, bei dem der Fisch am Tisch mit Dill und Frühlingszwiebeln kurz in Butter angebraten wird und anschließend mit Reisnudeln und ein paar Erdnüssen auf den Teller kommt. Das aus Hanoi stammende Gericht findet sich inzwischen auf der Speisekarte der meisten exklusiveren Restaurants. Eine Spezialität aus dem Süden ist *ca kho to*, ein im Tontopf zubereiteter Schmorfisch. Ein weiteres in den gehobeneren Restaurants vertretenes Gericht ist *chao tom* bzw. *tom bao mia*, gebratenes Zuckerrohr, das von einer pikanten Garnelenpaste umhüllt wird.

Jede nur denkbare Fleischsorte und alle möglichen Bestandteile der tierischen Anatomie finden ihren Weg auf den Teller, am weitesten verbreitet sind jedoch ganz normales **Rindfleisch**, **Hühnchen** und **Schweinefleisch**. Hackfleisch, besonders vom Schwein, wird gern für Füllungen verwendet, zum Beispiel in Frühlingsrollen oder dem ähnlichen *banh cuon*, einem gedünsteten Kuchen aus Reismehl mit einer Füllung aus gehacktem Schweinefleisch, schwarzen Pilzen und Sojasprossen; bei einer beliebten Variation kommen Garnelen anstelle von Fleisch in die Füllung. Mit reichlich Kräutern gewürztes Schweinefleisch ist auch der Hauptbestandteil für die aus Hanoi stammende Spezialität *bun cha*, kleine Frikadellen, die über einem offenen Holzkohlenfeuer gegrillt und mit etwas grünem Gemüse und einer leicht süßlichen Soße auf einem Bett aus kalten Reisnudeln gereicht werden. Ein berühmtes Gericht aus dem Süden ist *bo bay mon,* häufig auch *bo 7 mon* geschrieben, was sich mit „**sieben Arten Rindfleisch**" übersetzen lässt und aus einer Platte mit Rindfleischvariationen besteht.

Reisende Gourmets stürzen sich möglicherweise auch auf die ungewöhnlicheren Fleischsorten, die in Vietnam angeboten werden. **Hundefleisch** *(thit cay* bzw. *thit cho)* gilt im Norden als besondere Delikatesse, wobei Hunde mit einem rötlichen Fell („gelber Hund") als die leckersten gelten. Hundefleisch wird besonders im Winter gern gegessen, weil es dem Körper angeblich zusätzliche Wärme zuführt; außerdem soll es Glück bringen, wenn es am Ende des Mondmonats verzehrt wird. Ähnlich wie dem Hund wird auch der **Schlange** *(thit con ran)* eine potenzfördernde Wirkung nachgesagt. Der Verzehr von Schlangenfleisch ist mit einem Ritual verbunden, bei dem vom Ehrengast erwartet wird, das noch schlagende Herz herunterzuschlucken. Ebenfalls nur für abgehärtete Mägen empfiehlt sich *trung vit lon,* Embryonen enthaltende **Enteneier,** die erst fünf Tage vor dem Schlüpfen gekocht und gegessen werden – mit Schnabel, Schwimmhäuten, Federn und allem Drum und Dran.

Gemüse und vegetarische Gerichte

Wer inzwischen den Entschluss gefasst hat, nie mehr Fleisch zu essen, kann in Vietnam glücklicherweise auch auf vegetarische Speisen zurückgreifen. Die größte Auswahl gibt es in Da Lat, wo eine erstaunliche Vielfalt tropischer und in gemäßigten Klimazonen beheimateter Gemüsesorten gedeiht. Andernorts bieten die Restaurants meist das eine oder andere fleischfreie Gericht an, zum Beispiel Spinat oder ähnliches Gemüse, aber auch Zwiebeln, Tomaten, Sojasprossen, diverse Pilze, Paprika usw. Einige Restaurants mit regelmäßiger Kundschaft aus dem Ausland servieren mitunter auch vegetarische Frühlingsrollen *(nem an chay* bzw. *nem khong co thit).* Die Garküchen an der Straße haben häufig Tofu und das eine oder andere eingelegte Gemüse wie Kohl oder Salatgurke auf dem Speisezettel, je nach Jahreszeit gelegentlich auch Auberginen, Bambussprossen oder Avocados.

Abgesehen von den auf vegetarische Kost spezialisierten Restaurants, von denen es einige ausgezeichnete in Ho-Chi-Minh-Stadt, Hanoi und Hué gibt, ist echte vegetarische Küche allerdings Mangelware, denn die Suppen enthalten gewöhnlich Rindfleisch, kleine Stückchen Schweinefleischfett verirren sich in ansonsten harmlos ausschauende Gerichte, und auch zum Braten werden in der Regel tierische Fette verwendet.

Das Zauberwort für Vegetarier ist *an chay* („vegetarisch"). Eine gute Alternative sind die vegetarischen Reisläden *(tiem com chay).* Ansonsten kommen Anhänger fleischloser Speisen vor allem zwischen dem 1. und 15. Tag des Mondmonats auf ihre Kosten, wenn viele vietnamesische Buddhisten Fleisch verschmähen und insgesamt mehr vegetarische Gerichte angeboten werden.

Snacks

Vietnam erfreut durch eine große Auswahl an Snacks und Knabbereien, darunter riesige **Reismehl-Cracker** mit Sesamsamen und alle möglichen Sorten Trockenfisch, Nüsse und Knabberkerne. Die weißen, gedämpften **Teigtaschen** mit der Bezeichnung *banh bao* sind ein Import aus China. Die Füllung besteht aus kleinen Leckereien wie Schweinefleisch, Zwiebeln, aromatischen Pilzen oder süßen Kokosraspeln.

„Brutzelnder **Pfannkuchen**" wäre eine mögliche Übersetzung für *banh xeo,* eine Kombination aus Garnelen, Schweinefleisch, Sojasprossen und Ei. Alles wird zusammen angebraten, mit verschiedenem grünem Gemüse in Reispapier gewickelt und dann in eine scharfe Soße getunkt. Ein ähnliches Gericht mit Ursprung in Hué – einer Stadt mit einem enormen Angebot an Snacks – ist *banh khoai,* bei dem zum Pfannkuchen ein Teller mit Sternfrucht, grüner Banane und aromatischen Kräutern sowie eine dicke Erdnusssoße gereicht werden.

Märkte bieten sich häufig sehr gut zum Probieren von Snacks an. Neben Suppen und Frühlingsrollen gibt es an den Ständen auch faszinierende Delikatessen wie **Bananenblätterpasteten** (eine beliebte Beilage zu *bia hoi),* eingelegte **Würstchen** aus Schweinefleisch oder Klebreiskuchen.

Relativ neu in der kulinarischen Landschaft ist französisches **Brot**, das im Norden mit Weizen- und im Süden mit Reismehl gebacken wird. Baguette wird manchmal noch warm aus dem Backofen an der Straße angeboten und mit Pastete, Weichkäse, Schinken oder eingelegtem Gemüse belegt.

Kulinarische Köstlichkeiten: Drachenfrucht und Shrimps

Süßigkeiten und Früchte

Bei einem internationalen Wettbewerb in der Disziplin Nachspeise hätte Vietnam keine Chance auf eine Medaille. Die Gaststätten bescheiden sich meist mit Eiscreme und Obst, wenngleich in den schicken internationalen Restaurants auch schon mal *Crêpe Suzette* kredenzt wird. Bei Appetit auf etwas Süßes hält man sich besser an die Straßenstände, die meistens kandierte Früchte und andere vietnamesische Leckereien im Angebot haben. In den großen Touristenzentren findet man gelegentlich auch zuckerlastige Auslagen, die französischer Backkunst entlehnte Kuchen- und Gebäckkreationen feilbieten.

Die grüne Süßigkeit **banh com** ist eine ins Auge springende vietnamesische Delikatesse, bei der zerstampfter Klebreis um eine zuckersüße Paste aus grünen Bohnen gewickelt wird. Um ähnliches Naschwerk handelt es sich bei dem nur während des Mittherbstfestes Trung Thu zubereiteten „Erdkuchen" **banh deo**, der so unterschiedliche Geschmacksrichtungen wie kandierte Früchte, Sesam, Lotussamen und einen Würfel pikanten Schweinefleischfetts vereint. Da sich **Frittiertes** besonders bei Kindern großer Beliebtheit erfreut, machen sich die Straßenhändler diesen Umstand zunutze und bieten vor den Schulen ausgebackene Bananen *(banh chuoi)* oder gemischte Bananen- und Süßkartoffelscheiben *(banh chuoi khoai)* an.

In den meisten Städten gibt es mittlerweile Eisdielen, in denen das harte vietnamesische **Eis** in den Geschmacksrichtungen Schokolade, Vanille oder Grüntee im Becher oder am Stiel verkauft wird. Aus hygienischen Gründen ist es ratsam, Eis nicht von den Straßenhändlern, sondern lieber in den größeren und besser besuchten Einrichtungen zu kaufen. Exotischere Sorten gibt es in einigen der nach europäischem und amerikanischem Vorbild aufgezogenen Eisdielen in Hanoi und Ho-Chi-Minh-Stadt. Zunehmend sind in Eisdielen wie auch bereits in manchen Cafés außerdem ausgezeichnete **Joghurts** erhältlich.

Seinen vielfältigen klimatischen Bedingungen hat es Vietnam zu verdanken, dass im Land sowohl tropische als auch in gemäßigten Klimazonen beheimatete **Früchte** wachsen, darunter mehrere Dutzend Bananenarten. Die fruchtbarsten Obstplantagen befinden sich im Süden, wo Ananas, Kokosnuss, Papaya, Mango, Longan und Mangosteen angebaut werden. Da Lat ist berühmt für seine Erdbeeren, während in der Region um Nha Trang die seltsame „Drachenfrucht" *(thanh long)* kultiviert wird. Dieses originelle Obst von der Größe und Form einer kleinen Ananas hat eine malven- bis pinkfarbene Schale mit stachelartigen Auswüchsen. Das weiße, mit winzigen schwarzen Kernen gespickte Fleisch ist weich und saftig, schmeckt leicht süßlich und wird wegen seiner Durst stillenden Eigenschaft häufig als Erfrischungsgetränk mit zerstoßenem Eis serviert.

Ein geschmacklich auf jeden Fall gewöhnungsbedürftiges Obst ist die Durian-Frucht, ein stacheliges, gelbgrünes, fußballgroßes Etwas mit einem unverwechselbaren, alles durchdringenden Geruch nach reifem Käse und Karamell. Vom Geschmack her erinnert die Frucht aber eher an einen mit Zwiebeln durchsetzten Vanillepudding. Die Jackfruit sieht der Durian-Frucht beängstigend ähnlich, ist aber generell größer und hat kleinere Stacheln. Die gelben Stücke des Fruchtfleisches schmecken herrlich süß.

Getränke

Überall in Vietnam begegnen dem Besucher Schilder mit der Aufschrift *giai khat,* was so viel wie „Stille deinen Durst" bedeutet: an den Getränkeständen mit frischen Obstsäften und kalten Getränken aus der Flasche, in Straßencafés und in den Kneipen mit der Bezeichnung *bia hoi* („gezapftes Bier"). Vielerorts werden die Getränke mit Eis serviert, was sicherlich sehr verlockend, aus hygienischen Gründen aber überhaupt nicht zu empfehlen ist, wenn man auf Nummer sicher gehen will. Dazu sollte man sich den Satz *Dung bo da, cam on* („Bitte ohne Eis") merken. Davon abgesehen ist das Eis in den Hotels, Bars und Restaurants der Spitzenklasse im Allgemeinen in Ordnung, und einige Traveller kommen sogar in weitaus zweifelhafteren Etablissements scheinbar völlig ungeschoren davon.

Wasser und Erfrischungsgetränke

In Flaschen abgefülltes **Wasser** gibt es fast überall für rund US$0,50 pro Liter zu kaufen. Anderes Wasser ist dagegen nach Möglichkeit zu meiden; dazu gehören auch solche Getränke, die mit möglicherweise verunreinigtem Wasser verdünnt werden (Näheres s.S. 18).

Ebenfalls im ganzen Land verbreitet sind **einheimische Erfrischungsgetränke**. Sie sind unglaublich süß, aber immerhin billig und unbedenklich, solange die Flasche bzw. Kiste einen ordnungsgemäß verschlossenen Eindruck macht. Die Vormachtstellung des Dreigestirns Cola-Fanta-Sprite hat zur Folge, dass selbst in äußerst abgelegenen Regionen noch zischende Erfrischungen zu bekommen sind. Seltsamerweise sind Getränke in Dosen meistens teurer als die entsprechende Menge in der Flasche, egal ob es sich um Erfrischungsgetränke oder Bier handelt – anscheinend gilt das Trinken aus der Flasche als altmodisch.

Ein wirkungsvollerer Durstlöscher ist der frische Saft der Kokosnuss, der allerdings im Norden nicht so leicht zu bekommen ist. Ebenfalls sehr erfrischend und lecker sind frisch gepresste **Orangen- und Limonensäfte** (man sollte sich aber vergewissern, dass sie nicht mit Leitungswasser verdünnt wurden) oder der mit einem Spritzer Limone versetzte **Zuckerrohrsaft** *(mia da)*. Pasteurisierte Milch, die von dem Unternehmen *Vinamilk* produziert wird, gibt es inzwischen in den größeren vietnamesischen Städten.

Aus Taro-Mehl und grünen Bohnen wird **ché** gemacht, das irgendwo zwischen einem Getränk und einem Snack anzusiedeln ist. Es wird mit Obststückchen, farbigen Gelees und sogar mit Mais oder Kartoffeln auf Eis serviert und bietet bei Hitze eine wohl tuende Erfrischung.

Tee und Kaffee

In Vietnam ist Teetrinken ein gesellschaftliches Ritual. Die kleinen Tassen mit dem belebenden und starken **grünen Tee** werden dem Gast bei jeder sich bietenden Gelegenheit vorgesetzt. Der Genuss des gut abgekochten Wassers ist unbedenklich, sofern die Tasse selbst sauber ist, und es gilt als unhöflich, nicht mindestens ein Schlückchen zu probieren. Dass die Tasse aus Gründen der Gastfreundschaft ständig nachgefüllt wird, bedeutet nicht, dass man die ganze Zeit weitertrinken muss; auf höfliche Art kann man das Nachschenken ablehnen, indem man seine Hand über die Tasse legt, wenn der Gastgeber zum Nachfüllen ansetzt. Außerdem wird grüner Tee, vor allem im Süden, nach jeder Mahlzeit serviert und meistens kostenlos in Restaurants und an Essenständen angeboten.

Eine Modeerscheinung in Vietnam sind **Teehäuser**, wobei die Kette *Dilmah* am weitesten verbreitet ist. Dort wird eine große Auswahl an Tees und Kräuteraufgüssen serviert, darunter auch so exotische Sorten wie schwarzer Tee mit frischer Milch nach englischer Art. Daneben gibt es in Teehäusern auch Bier, Säfte und einfache Snacks.

Der beste Tee Vietnams stammt angeblich aus der Umgebung von Bao Loc, das südwestlich von Da Lat im zentralen Hochland liegt. Der beste **Kaffee** wächst nur wenig weiter nördlich in den Bergen von Buon Me Thuot. Die Vietnamesen trinken Kaffee in kleinen Mengen, sehr stark und mit einem großzügigen Schuss Kondensmilch. Der Kaffee wird traditionell am Tisch zubereitet, indem ein kleiner Tropffilter über dem Gefäß balanciert wird, das zum Warmhalten manchmal in einer Schüssel mit heißem Wasser steht. Wo es viele Touristen gibt, wird zunehmend auch pasteurisierte Milch angeboten, während es in den großen Städten bereits einige Cafés im westlichen Stil gibt, die ganz ordentlichen Café Latte und Cappuccino hinbekommen. In der Provinz ist die ebenso billige wie nette Kaffeehauskette *Trung Nguyen* zu empfehlen, die ebenfalls einen ganz anständigen Kaffee serviert.

Alkoholische Getränke

Zu den in Lizenz gebrauten vietnamesischen **Dosen- und Flaschenbieren** zählen die Marken *Tiger, Heineken, Carlsberg* und *San Miguel*, doch existieren daneben auch viele sehr gut trinkbare und billigere einheimische Biersorten wie *Halida, 333* (Ba Ba Ba) und *Bivina*. Einige Kenner schwören auf *Saigon Export*, aber auch *Hanoi Beer, BGI* und das *Bière la Rue* aus Da Nang sind nicht zu verachten. Viele Städte brauen ihren eigenen, qualitativ durchaus ansprechenden Gerstensaft, darunter auch Hué (die Marke *Huda)* und Thanh Hoa (das gleichnamige Bier).

Vor rund 40 Jahren hielt die Technologie zur Herstellung von *bia hoi* (**gezapftes Bier**), aus der damaligen Tschechoslowakei kommend, Einzug in Vietnam. Heute wird das vietnamesische Bier vom Fass vor allem im Norden in beachtlichen Mengen konsumiert und enthält, ungeachtet seines relativ „dünnen“ Geschmacks, bis zu 4% Alkohol. Mit einem Preis zwischen 1500 d und 4000 d für ein Glas ist es außerdem billig und soll keine chemischen

Zusätze enthalten, was zumindest in der Theorie die Wahrscheinlichkeit eines Katers verringert. Da *bia hoi* nur eine Haltbarkeit von maximal 24 Stunden hat, ist es in den besseren Kneipen meist schon am frühen Abend ausverkauft und wird nur selten bis in die frühen Morgenstunden getrunken. Im Süden ist *bia tuoi* (**„frisches" Bier**) weiter verbreitet, dessen größter Unterschied zu *bia hoi* darin besteht, dass es aus unter Druck stehenden Fässern gezapft wird.

In den meisten größeren Städten gibt es unzählige *bia hoi*-Kneipen, deren Bandbreite von ein paar knöchelhohen, um ein Fass gruppierten Hockern bis zum ausgewachsenen Biergarten reicht. Die bessere Qualität findet sich im Allgemeinen in den größeren Lokalen, die von bekannten Großbrauereien wie Hanoi Beer oder Halida (unter dem Namen Viet Ha) beliefert werden, während das Bier der kleineren Kneipen meist aus Kleinstbrauereien stammt. Als Faustregel gilt: Je teurer und kälter das Bier, desto besser ist es.

Bia hoi-Kultur bedeutet, ein paar Bier mit einer Gruppe von Freunden zu trinken, die in der Regel alle männlich sind, selbst wenn sich in den Städten inzwischen auch die eine oder andere Frau dazugesellt. Es wird fast nie allein und selten ohne etwas zu essen getrunken, sodass viele Kneipen eine Auswahl an Snacks und auch größeren Speisen anbieten (eine Auswahl klassischer *bia hoi*-Gerichte findet sich im Kasten, siehe unten). Die Kneipen haben meist über die Mittagszeit und dann wieder am Abend zwischen 17 und 21 Uhr geöffnet.

In Vietnam wird fast alles Essbare auch zu **Wein** oder **Spirituosen** *(ruou)* verarbeitet oder darin eingelegt, einschließlich Reis, Erdbeeren, Maulbeeren, Schlangenfleisch und Kräutermischungen. Sehr häufig handelt es sich hierbei aber eher um medizinische Tonika als um alkoholische Getränke, und es herrscht ein reger Export solch wirksamer Kräftigungsmittel nach China.

Wissenswertes zum Thema Bia Hoi

Als kleine Hilfe bei der Bestellung von Essen in einer bia hoi-Kneipe sind nachfolgend einige klassische Speisen aufgeführt. Falls eine Karte existiert, ist sie mit Sicherheit in vietnamesischer Sprache verfasst und enthält normalerweise die jeweilige Preisspanne für ein bestimmtes Gericht (Fleischgerichte kosten meist US$1–2). Bestellt wird je nach Größe der Gruppe unter Angabe der Menge, d.h. kleine, mittlere oder große Portion. Es macht Sinn, mehrere Gerichte in kleinen Mengen zu bestellen und sich diese zu teilen. Sind keine Preise auf der Speisekarte angegeben, sollte man bei der Bestellung danach fragen. Gewöhnlich liegt ein Zettel mit den bis dahin aufgelaufenen Kosten auf dem Tisch, sodass man stets die Kontrolle über seine Ausgaben behält.

bo luc lac Scharfe Rindfleischwürfel und grüne Paprika, kurz angebraten
ca ba lo Fisch aus dem Ofen
dau chien ron Gebratener Tofu
dau tu xuyen Tofu in chinesischer Schweinefleisch- und Tomatensoße
dua chuot che Salatgurkenscheiben
de tai chanh Gekochtes Ziegenfleisch mit grüner Banane, Ananas und Limone
ech chien bo Froschschenkel, in Panade frittiert
ech xao mang Froschschenkel mit Bambussprossen
ga xe phay Hühnchensalat mit Sojasprossen, Möhren, Erdnüssen und Basilikum
khoai tay ran Pommes frites
lac Erdnüsse
muc chien bo Tintenfisch, in Butter gebraten
muc kho Getrockneter Tintenfisch
muc tam bot Panierter Tintenfisch
nem chua Scharf gewürztes Schweinehackfleisch im Bananenblatt
nom du du Papaya-Salat
nom hoa chuoi Bananenblütensalat
nom ngo sen Lotusstielsalat
oc xao xa ot Kurz angebratene Schnecken mit Zitronengras und Chili
rau bi xaoi bo/toi Gebratenes Rindfleisch mit Kürbisblatt und Knoblauch
tho quay Gebratenes Kaninchen
tom hap bia Garnelen, gedünstet in Biersoße
tom nuong Gegrillte Garnelen

Der am weitesten verbreitete einheimische Wein ist **Reiswein**, mit dem besonders anlässlich von Festen und bei offiziellen Empfängen gern angestoßen wird. Die ethnischen Minderheiten aus dem Nordwesten (Thai und Muong) produzieren ihr eigenes Gebräu unter der Bezeichnung ruou can, das mit dünnen Bambusstrohhalmen aus einem Gemeinschaftskrug geschlürft wird. Das Rezept für **ruou can** ist ein streng gehütetes Geheimnis, doch als Grundbestandteile sind Klebreis, Kräuter und Gewürze bekannt, die zusammen erhitzt und anschließend mindestens einen Monat lang zum Fermentieren im Boden vergraben werden. Die besten Gelegenheiten zum Probieren von ruou can bieten sich u.a. in Son La und Mai Chau.

Aus Trauben hergestellter Wein erfreut sich in Vietnam zunehmender Beliebtheit. Die einheimische Produktion, die noch auf die französische Kolonialzeit zurückgeht und sich auf die Gegend um Da Lat konzentriert, wurde in den letzten Jahren kontinuierlich gesteigert, und die eine oder andere Flasche Importwein kann man mittlerweile sogar schon in kleineren Städten kaufen. Viele Bars und Restaurants in den größeren Touristenorten bieten inzwischen Weine an, die aber zum Teil abscheulich schmecken. Für eine Flasche vernünftigen, korrekt gelagerten Wein werden in den Top-Restaurants und Spezialitätengeschäften von Hanoi und Ho-Chi-Minh-Stadt Spitzenpreise verlangt.

Verkehrsmittel

Vietnams Verkehrsnetz, das im Verlauf mehrerer Kriege fast vollständig zerstört wurde, hat in den letzten Jahren erhebliche Verbesserungen erfahren. Im Zuge umfangreicher Infrastrukturprojekte wurde die Hauptfernstraße des Landes – die von Hanoi über Hué, Da Nang und Nha Trang nach Ho-Chi-Minh-Stadt verlaufende Nationalstraße 1 – auf großen Streckenteilen verbreitert und neu asphaltiert, und zu Beginn des Millenniums wurde auch der erste Autobahnabschnitt Vietnams eingeweiht. Das öffentliche Busnetz wird schrittweise modernisiert, daneben verkehren besonders im Süden des Landes zunehmend komfortable Minibusse privater Betreiber. Auch das Reisen mit dem Zug präsentiert sich inzwischen angenehmer, nachdem neue Lokomotiven, klimatisierte Waggons und Speisewagen eingeführt worden sind.

Abgesehen von den genannten Neuerungen gibt es aber noch immer reichlich Raum für Verbesserungen, vor allem was den Verkehr auf Vietnams Landstraßen betrifft. Die regionalen Busfahrpläne sind so gut wie nutzlos, die klapprigen Busse werden in der Regel bis unters Dach voll gepackt, und die Passagiere – nicht nur Ausländer – werden oft über Gebühr zur Kasse gebeten oder dazu genötigt, in einen anderen Bus umzusteigen und ein zweites Mal zu bezahlen. Daher überrascht es nicht, dass sich immer mehr Touristen für einen Inlandflug, ein „Open Tour Ticket" (auch „Open Date Ticket" oder einfach nur „Open Ticket", s.S. 56) oder eine organisierte Reise entscheiden. Dem Beispiel der Einheimischen zu folgen, kann aber auch zu einem schönen Erlebnis werden, denn viele Touristen haben ihre herzlichsten Begegnungen mit der vietnamesischen Bevölkerung ausgerechnet während einer völlig chaotischen Bus- oder Zugfahrt.

Die **Sicherheit** ist bei allen Reisen im Land ein sehr wichtiger Aspekt. Man sollte niemals neben seinem ungesicherten Gepäck einschlafen und seine Sachen zu keinem Zeitpunkt unbeaufsichtigt lassen. Auf Zugreisen ist besonders beim Aufenthalt auf Bahnhöfen Vorsicht geboten, und vor dem Einschlafen sollte man sich unbedingt vergewissern, dass der Geldgürtel unter der Kleidung vor fremden Blicken geschützt und das Gepäck sicher verstaut ist, d.h. vorzugsweise mit einem Vorhängeschloss an einem unbeweglichen Objekt gesichert.

Flugzeug

Flüge bieten sich vor allem für lange Strecken an und können wertvolle Stunden oder gar Tage beschwerlichen Reisens ersparen. Der zweistündige Flug von Hanoi nach Ho-Chi-Minh-Stadt beispielsweise ist verglichen mit 30–40 Stunden, die man für die gleiche Strecke im Zug verbringen müsste, eine ausgesprochen attraktive Alternative.

Die vietnamesische Fluggesellschaft **Vietnam Airlines** (🖳 www.vietnamairlines.com) betreibt ein preisgünstiges, effizientes und ausgedehntes Netz von Inlandflügen. Die Gesellschaft besitzt in allen Städten mit Flughäfen Buchungsbüros, deren Adressen und Telefonnummern in den jeweiligen Ortskapiteln aufgeführt sind. Wer einen internationalen Flug mit Vietnam Airlines bucht, sollte die

Preise für die Inlandflüge genau studieren, denn bisweilen werden lohnenswerte Rabatte im Pauschalpaket angeboten. Im Allgemeinen ist es billiger, Flugtickets in Vietnam zu kaufen.

Die einzige andere Fluggesellschaft, die Inlandflüge anbietet, ist **Pacific Airlines** (🖳 www.pacificairlines.com.vn), derzeit allerdings noch in sehr begrenztem Rahmen zwischen Hanoi, Ho-Chi-Minh-Stadt und Da Nang.

Die Auswahl der Tickets ist bei beiden Fluggesellschaften noch recht begrenzt, d.h. es gibt nur entweder den einfachen Flug oder hin und zurück. Es empfiehlt sich, so weit wie möglich im Voraus zu buchen, wobei stets der Reisepass vorzulegen ist.

Es existiert eine als „Passenger Service Charge" bezeichnete **Abflugsteuer**, die bei Inlandflügen je nach Flughafen zwischen 10 000 d (US$0,70) und 25 000 d (US$1,60) beträgt. Inzwischen ist die Steuer jedoch zunehmend im Ticketpreis enthalten. **Passagiere internationaler Flüge** müssen beim Abflug von Hanoi aus eine Steuer von US$14 und von Ho-Chi-Minh-Stadt aus US$12 bezahlen (zahlbar in Dong, US-Dollar oder anderen größeren Währungen).

Die Flugstrecke zwischen Hanoi and Ho-Chi-Minh-Stadt wird von Touristen am stärksten genutzt. Vietnam Airlines fliegt mindestens zehn Mal täglich hin und zurück und verlangt für den zweistündigen einfachen Flug rund US$110. Pacific Airlines fliegt für etwa den gleichen Preis vier Mal täglich in beide Richtungen. Weitere nützliche Flugverbindungen gibt es von Hanoi und Ho-Chi-Minh-Stadt nach Hué, Da Nang und Nha Trang. Von Ho-Chi-Minh-Stadt gibt es außerdem Flüge zur Insel Phu Quoc.

Eisenbahn

Vietnams eingleisiges Streckennetz umfasst mehr als 2500 km und reicht von Ho-Chi-Minh-Stadt bis zur chinesischen Grenze. Ein Großteil davon stammt noch aus der Kolonialzeit, wird aber sukzessive modernisiert. Die meisten Verbindungen sind noch immer relativ langsam. Eine Zugfahrt erweist sich jedoch oft als recht angenehme Art des Reisens, die der Landstraße eindeutig vorzuziehen ist – vor allem wenn man sich einen Platz in der Weichsitz- oder Weichliegeklasse gönnt. Wer dagegen an seinem Ticket spart, wird es wahrscheinlich bereuen.

Die bei Touristen beliebtesten Strecken sind die von Da Nang nach Hué (2–3 Std.), ein besonders malerischer Abschnitt der vietnamesischen Eisenbahn, sowie die Nachtzüge von Hué nach Hanoi (13–16 Std.) und von Hanoi über Lao Cai nach Sa Pa (8–9 Std.).

Zugverbindungen

Die wichtigste Eisenbahnstrecke des Landes **von Ho-Chi-Minh-Stadt nach Hanoi** (1729 km) verläuft parallel zur Nationalstraße 1 und passiert unterwegs die großen Städte Nha Trang, Da Nang und Hué. Von Hanoi aus führen drei weitere Strecken zur Nordküste und ins Hinterland. Eine dieser Linien folgt dem Lauf des Roten Flusses Richtung Nordwesten nach **Lao Cai**, dem Grenzübergang zur Provinz Yunnan in der Volksrepublik China. Eine andere Strecke verläuft Richtung Norden nach **Dong Dang**, das zugleich an der Fernverbindung zwischen Hanoi und der chinesischen Hauptstadt Beijing liegt. Die dritte und kürzeste Strecke verbindet Hanoi mit **Hai Phong**. Von der Strecke **Phan Rang–Da Lat**, die einst das zentrale Hochland mit der Südküste verband, ist nur noch ein wenige Kilometer langer Abschnitt zwischen Da Lat und Trai Met geblieben, der heute bei ausreichender Nachfrage als Ausflugstrecke für Touristen dient.

Fünf Züge des so genannten **Reunification Express** („Wiedervereinigungsexpress") verkehren täglich in beiden Richtungen zwischen Hanoi und Ho-Chi-Minh-Stadt und benötigen für die Strecke 30–41 Stunden. Diese Züge tragen die Bezeichnungen E1, E2 und S1 bis S8, wobei die mit ungeraden Zahlen nach Süden und die mit geraden Zahlen nach Norden fahren; folglich starten die Züge E2 (30 Std.), S2 (32 Std.), S4, S6 und S8 (je 41 Std.) täglich in Ho-Chi-Minh-Stadt, während die Züge E1, S1 sowie S3, S5 und S7 (gleiche Fahrtdauer) die Reise in die entgegengesetzte Richtung antreten.

Auf den **nordvietnamesischen Strecken** fahren von Hanoi aus mindestens zwei Züge täglich nach Hai Phong (2–3 Std.), zwei weitere nach Dong Dang (5 Std.) und einer tagsüber nach Lao Cai (8 Std.).

Es ist zu beachten, dass sich die **Abfahrtszeiten** in steter Regelmäßigkeit ändern; aktuelle Zeiten sind auf den Bahnhöfen angeschlagen und zudem auf die Fahrkarten gedruckt. Im Allgemeinen fahren die Züge recht pünktlich ab. Fahrpläne finden sich auch auf der Internet-Seite der vietnamesischen Eisenbahn Vietnam Railways unter www.vr.com.vn/English, doch ist es auf jeden Fall ratsam, sich noch einmal vor Ort am Bahnhof zu vergewissern.

Bei der Auswahl der **Reiseklasse** ist es nicht empfehlenswert, am Komfort zu sparen. Am untersten Ende der Skala rangiert die auf kürzeren Strecken noch gerade erträgliche **Hartsitzklasse**, deren Name bereits exakt das entsprechende Reisegefühl vermittelt. Die **Weichsitzklasse** bietet etwas größeren Komfort, erweist sich aber auf langen Strecken ebenfalls als ziemlich strapaziös. Bei Nachtfahrten wird man es schnell bereuen, wenn man nicht zumindest in irgendeine Art Schlafwagenplatz investiert hat. Abteile mit **Hartliegen** verfügen über sechs Schlafkojen, drei auf jeder Seite. Dabei sind die beengten Pritschen ganz oben die billigsten, die untersten (unter denen sich praktischerweise das Gepäck verstauen lässt) sind am teuersten. Die geräumigeren Abteile mit **Weichliegen** enthalten lediglich vier Schlafkojen, die zudem großzügiger bemessen sind.

Die schnellsten Züge des Reunification Express (E1/2 und S1/2) sind klimatisiert, bieten doppelstöckige Waggons mit zurückklappbaren Weichsitzen und verfügen sogar über einen Speisewagen. Die übrigen Züge auf dieser Strecke (S3–S8) sind mit Klimaanlagen in den Weichliegen-Schlafwagen ausgestattet, doch nach und nach werden auch die Weichsitzwaggons mit derlei Komfort versehen. Für die Nachtzüge nach Lao Cai ist eine Nachrüstung ebenfalls geplant, einige Waggons sind schon jetzt mit Weichliegen und Klimaanlagen ausgestattet. In sämtlichen Zügen gilt Rauchverbot.

Einfache **Mahlzeiten** sind im Fahrpreis inbegriffen. Wer sich zusätzlich mit Snacks versorgen möchte, hat hierfür während des Aufenthalts der Züge in den Bahnhöfen reichlich Gelegenheit, außerdem werden regelmäßig Verkaufswagen durch die Gänge geschoben.

Fahrkarten

Eine möglichst frühe **Vorausbuchung** ist ein Muss, insbesondere für Reisen am Wochenende, an Feiertagen und in den Ferien. Schlafwagenplätze sollten mindestens drei Tage vor der Abfahrt reserviert werden. Dabei ist zu beachten, dass es nicht möglich ist, ein Ticket für eine längere Strecke zu kaufen und die Fahrt unterwegs zu unterbrechen; stattdessen muss für jeden Streckenabschnitt ein separates Ticket am Abfahrtsort gekauft werden.

Die **Preise** unterscheiden sich je nach Reiseklasse und Zug. Als Faustregel gilt: Je schneller der Zug, umso teurer wird es. Da die (stets in Dong aufgeführten) Preise sich regelmäßig ändern, bieten die folgenden Zahlen lediglich einen Anhaltspunkt, mit welchen Kosten für die langsamste Verbindung von Ho-Chi-Minh-Stadt nach Hanoi (S4–S8) zu rechnen ist: Ein Hartsitz von Ho-Chi-Minh-Stadt nach Nha Trang kostet rund 96 000 d, eine Weichliege 169 000 d; bis Da Nang kostet eine Fahrkarte in den gleichen Klassen 218 000/382 000 d, die ganze Fahrt nach Hanoi schlägt mit 380 000/667 000 d zu Buche. Zum Vergleich: In den schnellsten Zügen kostet ein Weichsitz von Ho-Chi-Minh-Stadt nach Nha Trang 124 000 d, ein Weichsitz nach Da Nang 281 000 d und eine Weichliege im Schlafwagen nach Hanoi 789 000 d.

Busse

Vietnams öffentliches Busnetz bietet täglich Verbindungen zwischen allen größeren Städten. Die Regierung verbessert zwar nach und nach den Komfort der staatlichen Busse, doch vorerst sind viele noch unerträglich überfüllt und zudem mit Hartsitzen ausgestattet, die auf den zierlichen südostasiatischen Körperbau zugeschnitten sind. Ist das Dach erst einmal voll, wird das übrige Gepäck (buchstäblich alles vom Sack Reis bis zum lebenden Ferkel) in den Innenraum des Fahrzeugs gestopft. Pannen sind an der Tagesordnung und verursachen nicht selten stundenlange Fahrtunterbrechungen mit nervtötenden Wartezeiten am Straßenrand, während Fahrer, Schaffner und Mechaniker die Ärmel hochkrempeln, um eine improvisierte Reparatur in Angriff zu nehmen. Selbst Busse, die relativ gut in Schuss zu sein scheinen, kommen nur quälend langsam voran, da sie ständig anhalten, um Passagiere aufzunehmen oder Essenspausen einzulegen.

Busbahnhöfe gibt es in den meisten Orten, wobei größere Städte über einen regionalen und einen Fernbusbahnhof verfügen. Einige wenige Busse fahren am frühen Abend ab, in der Regel erfolgt die Abfahrt jedoch ab 5 Uhr morgens bis in die Vormittagsstunden. Da die Busse nur so lange warten, bis sich eine einigermaßen lohnende Anzahl an Passagieren eingefunden hat, empfiehlt es sich, den Wecker zu stellen und sich frühzeitig zum Busbahnhof zu begeben. Allerdings ist noch nicht alles verloren, wenn man einmal verschlafen oder den Bus verpasst hat, denn auf den Landstraßen sind derart viele Busse unterwegs, dass gute Aussichten bestehen, an der nächsten Hauptstraße einen heranwinken zu können. Die meisten Busse tragen an der Frontseite ein Schild mit dem Fahrtziel, doch kann es nie schaden, sich diesbezüglich noch einmal beim Fahrer oder Schaffner zu vergewissern.

Bei längeren Reisen ist es ratsam, die **Fahrkarten** bereits am Vortag zu kaufen, denn auf zahlreichen Strecken herrscht ein enormer Andrang. Die **Preise** sind kaum vorherzusagen, denn sie schwanken regional beträchtlich: In bestimmten touristischen Hochburgen, vor allem im Süden des Landes, werden häufig überhöhte Preise verlangt, während man an anderen Orten wieder den normalen Preis bezahlt. Es kommt auch vor, dass das Personal am Busbahnhof vorschlägt, die Fahrkarte im Bus zu kaufen. In einem solchen Fall sollte man vor dem Einstieg unbedingt versuchen, den genauen Preis in Erfahrung zu bringen, denn später nutzen die Schaffner häufig den Umstand aus, dass man bereits „in der Falle" sitzt.

Auf den meisten Strecken machen privat betriebene **Minibusse** den staatlichen Verbindungen Konkurrenz. Manchmal nutzen sie den regionalen Busbahnhof, bisweilen versammeln sie sich aber auch einfach an einem bestimmten Punkt im Stadtzentrum. Minibusse, die auch an der Straße herangewunken werden können, zwängen in der Regel sogar noch mehr Fahrgäste in den Innenraum als normale Busse und zuckeln zudem auf der Suche nach Fahrgästen schier endlos kreuz und quer durch die Stadt. Andererseits verkehren sie den ganzen Tag über und bedienen auch Strecken, die von staatlichen Bussen ausgespart werden. Auch für Minibusse gilt der Grundsatz, sich immer vor dem Einsteigen über den Preis zu vergewissern, doch selbst dann kann es passieren, dass sich der Tarif während der Fahrt plötzlich erhöht. Es kommt auch schon mal vor, dass man bereits vor der Ankunft am Fahrtziel ohne Begründung an der Straße abgesetzt wird und damit gezwungen ist, sich in den nächsten vorbeifahrenden Minibus zu quetschen.

Daneben gibt es vor allem im Süden Vietnams immer mehr **klimatisierte „Luxus"-Minibusse**, die von privaten Gesellschaften betrieben werden und tendenziell etwas zuverlässiger sind. Sie halten sich im Großen und Ganzen an einen Fahrplan, haben nur eine begrenzte Anzahl Sitzplätze und nehmen keine zusätzlichen Fahrgäste entlang der Strecke auf. Ihren Standort haben diese Minibusse meistens nicht am Busbahnhof, sondern an eigenen Depots der Betreiber. Einzelheiten zu einigen nützlichen Verbindungen sind in den Regionalkapiteln aufgeführt.

Zunehmender Beliebtheit bei Touristen und einigen besser situierten Einheimischen erfreuen sich die **Open-Tour-Busse**, die einen Shuttle-Dienst zwischen den größeren touristischen Zentren im ganzen Land anbieten. Einige Betreiber sind zuverlässiger als andere, in der Regel sind diese Busse aber recht komfortabel und pünktlich. Sie sind natürlich erheblich teurer als die regionalen Busse, doch der erbitterte Konkurrenzkampf sorgt für kontinuierlich sinkende Preise.

Ein Nachteil der Open-Tour-Busse besteht darin, dass die Passagiere dazu angehalten werden, in unternehmenseigenen oder angegliederten Hotels zu übernachten, wobei natürlich niemand etwas einwenden wird, wenn man sich eine andere Unterkunft sucht. Ein weiterer Nachteil ist die begrenzte Auswahl bei den Essenpausen, die meistens an eher mittelmäßigen und überteuerten Restaurants eingelegt werden; es empfiehlt sich daher, Verpflegung mitzunehmen. Die Busse zwischen Hué und Hanoi fahren in beide Richtungen nachts. Dadurch wird zwar eine Übernachtung gespart, man sollte aber nicht damit rechnen, viel Schlaf zu bekommen.

Die meisten Passagiere kaufen ein durchgehendes One-Way-Ticket, z.B. für die ganze Strecke von Ho-Chi-Minh-Stadt nach Hué (US$18–20) oder Hanoi (US$27–29) bzw. umgekehrt, das dazu berechtigt, an bestimmten Punkten entlang der Strecke einen Zwischenstopp einzulegen: Die wichtigsten **Etappenziele** auf dem Weg vom Süden in den Norden sind Da Lat, Mui Ne, Nha Trang, Hoi An, Da Nang, Hué und Ninh Binh. Unterwegs halten die Busse in mehreren kleineren Orten und an der einen oder anderen touristischen Sehenswürdigkeit, z.B. in den Marmorbergen und in Lang Co. Es besteht die Möglichkeit, entweder gleich zu Beginn der Reise eine feste Buchung vorzunehmen oder ein

Ticket mit offenem Datum zu kaufen. Letzteres gestattet mehr Flexibilität, man sollte sich aber mindestens jeweils einen Tag vor der Abfahrt einen Platz für die Weiterreise reservieren. Alternativ dazu besteht auch die Möglichkeit, separate Tickets für die einzelnen Etappenziele zu lösen, was aber etwas teurer kommt. In allen größeren Städten entlang der Route gibt es eine Vertretung des jeweiligen Veranstalters, wo Fahrkarten gekauft und Reservierungen für die Weiterreise vorgenommen werden können. Um den Kauf gefälschter Tickets zu vermeiden, empfiehlt es sich, immer direkt beim jeweiligen Unternehmen zu buchen und nicht in Hotels, Restaurants oder bei anderen Reiseveranstaltern.

Fähren und Schiffe

Solange das Wetter es zulässt, verkehren das ganze Jahr über Fähren zwischen dem Festland und den größeren Inseln vor der vietnamesischen Küste, einschließlich Phu Quoc, Cat Ba und Con Dao. Daneben fahren Fähren und Luftkissenboote von Hai Phong nach Ha Long-Stadt (Hong Gai) und Cat Ba sowie Luftkissenboote von Ho-Chi-Minh-Stadt nach Vung Tau, von Da Nang nach Hué und von Hai Phong und Ha Long-Stadt (Bai Chay) nach Mong Cai. Fahrkarten werden auf den Schiffen verkauft, es ist aber besser, sie im Voraus zu lösen (Einzelheiten dazu sind in den jeweiligen Ortskapiteln nachzulesen). Einige alte Flussfähren quälen sich an verschiedenen Abschnitten des Mekong noch immer den lieben Tag lang von einem Ufer zum anderen, werden aber sukzessive durch Brücken ersetzt. Zahlreiche altersschwache (und oft nicht als seetüchtig zu bezeichnende) Frachtschiffe pendeln gemächlich zwischen verschiedenen Häfen, einige fahren sogar bis nach Ho-Chi-Minh-Stadt, doch die Lastkähne sind im Allgemeinen langsam und spartanisch. Einzelheiten zu einigen überlegenswerten Transportmöglichkeiten auf Frachtschiffen sind in den Regionalkapiteln aufgeführt.

Mietwagen

Selbstfahren ist für Touristen und andere Kurzzeitbesucher in Vietnam bislang noch keine echte Option. Unproblematisch ist es dagegen, ein **Auto**, einen **Jeep** oder einen **Minibus** mit Chauffeur bei den Unternehmen, Agenturen und Touristenbüros zu mieten, die auch Reisen organisieren (s.S. 60). Diese Art des Reisens kann sich durchaus rechnen, wenn man sich mit mehreren Personen zu einer Gruppe zusammenschließt. Außerdem lässt sich so eine individuelle Reiseplanung realisieren, statt sich an den vorgegebenen Zeitplan eines Tourveranstalters halten zu müssen.

Die **Preise** bewegen sich um US$25–45 pro Tag für einen Pkw und US$30–60 pro Tag für einen Jeep oder ein anderes geländegängiges Fahrzeug. Entscheidend für den Preis sind u.a. Größe, Alter und Komfort des Mietfahrzeugs. Die Tarife schwanken enorm, sodass es durchaus lohnt, sich ein wenig umzuschauen. Bei den Preisverhandlungen ist es wichtig zu klären, wer im Einzelnen welche Kosten übernimmt, z.B. für Unterkunft und Mahlzeiten des Fahrers, Kraftstoff, Maut, Fährpreise, Parkgebühren oder Reparaturen. Weiterhin ist zu vereinbaren, wie im Falle einer größeren Unterbrechung der Reise zu verfahren ist. Am Abschluss der Verhandlungen sollte ein Vertrag stehen, in dem alle potenziell strittigen Details aufgeführt sind, einschließlich der vereinbarten Reiseroute. Das gilt besonders für den Fall, dass das Fahrzeug für mehrere Tage gemietet wird. Es ist darauf zu achten, dass der Fahrer eine Kopie des Vertrages in vietnamesischer Sprache erhält. In einigen Fällen wird der gesamte Mietpreis im Voraus fällig, doch sollte man möglichst vereinbaren, rund die Hälfte im Voraus und den Restbetrag nach Beendigung der Reise zu bezahlen.

Trampen

Auch wenn sich das Trampen in Vietnam nicht wirklich mit den Verhältnissen im Westen vergleichen lässt, hat sich doch die Praxis eingebürgert, dass einige Fahrer (besonders Lkw-Fahrer) Passagiere an der Straße gegen geringe Bezahlung mitnehmen – eine Praxis, die von einigen Travellern bereits weidlich ausgenutzt wurde. Doch zu den üblichen **Risiken**, die das Reisen per Anhalter mit sich bringt, gesellt sich noch der Umstand, dass bisweilen völlig überhöhte Preise verlangt werden, wohl aufgrund der (nicht völlig aus der Luft gegriffenen) Annahme, alle Ausländer wären reich. Angesichts der relativ preiswerten öffentlichen Verkehrsmittel ist Trampen in Vietnam insgesamt eine wenig ratsame und unattraktive Angelegenheit.

Motorrad

Motorräder werden in den meisten von Touristen frequentierten Städten verliehen. Auf einer Maschine durch die Gegend zu tuckern kann durchaus eine kurzweilige und Zeit sparende Alternative sein, Land und Leute kennen zu lernen. Angezogen von der Aussicht, für relativ wenig Geld unabhängig umherzureisen, möchten viele Touristen das Land mit dem Motorrad erkunden, doch unerfahrene Fahrer sollten es sich zweimal überlegen, ob sie wirklich eine Tour über eine lange Strecke unternehmen wollen, denn der Verkehr auf Vietnams Landstraßen birgt erhebliche Gefahren (s. Verhalten im Straßenverkehr).

Wegen des teilweise haarsträubenden Verhaltens der vietnamesischen Verkehrsteilnehmer und der großen Zahl an erhebliche Mängel aufweisenden Fahrzeugen auf den Straßen des Landes fährt die Unfallgefahr immer mit. Falls man in einer abgelegenen Region Opfer eines Verkehrsunfalls wird, kann das sehr unheilvolle Folgen haben, denn außerhalb der großen Städte gibt es nur wenige gut ausgerüstete Kliniken, und ein Krankenwagen ist in vielen Fällen auch nicht zu bekommen.

Andererseits sind aber schon viele Leute ohne jegliche Probleme mit dem Motorrad kreuz und quer durch das Land gefahren und empfehlen diese Art des Reisens uneingeschränkt sowohl für Tagesausflüge als auch für längere Touren. Die besten Bedingungen zum Motorradfahren bieten die Berge im Norden, das zentrale Hochland und die Umgebung des Mekong-Deltas. Nicht wenige unternehmen sogar die lange Reise über die Nationalstraße 1 von Ho-Chi-Minh-Stadt nach Hanoi (oder umgekehrt), die bei einem durchschnittlichen Pensum von 150 km pro Tag rund zwei Wochen in Anspruch nimmt, aber auch in einer Woche zu schaffen ist, wenn man sich wirklich beeilt.

Mietmotorräder sind meistens Maschinen mit 100–125 ccm Hubraum und in Vietnams größeren touristischen Orten leicht zu bekommen (Einzelheiten zu den Anbietern sind in den Städtekapiteln aufgeführt). Der durchschnittliche Mietpreis beträgt ca. US$5–7 pro Tag, billiger ist es in den großen Touristenzentren. Bei längerer Mietdauer werden Preisnachlässe gewährt. Bisweilen wird verlangt, dass man im Voraus zahlt, einen Vertrag unterschreibt und/oder sich ausweisen kann (meistens genügt die Hinterlegung einer Fotokopie des Reisepasses). Wer eine Maschine für eine Woche oder länger ausleiht, muss unter Umständen ein Pfand hinterlegen, häufig den Gegenwert des Motorrads in US-Dollar, das Rückflugticket oder die Departure Card. In den allermeisten Fällen gibt es mit dieser Praxis keine Probleme.

Obwohl der Besitz eines Fahrzeugs für Ausländer streng genommen illegal ist, hat sich in den beiden größten vietnamesischen Städten ein bescheidener Handel mit **gebrauchten Motorrädern** etabliert – entsprechende Anzeigen finden sich an den Anschlagbrettern der Hotels, Traveller-Cafés und Tourveranstalter. Bislang drücken die Behörden diesbezüglich noch beide Augen zu, doch kann es nicht schaden, vor einem solchen Geschäft die aktuelle Lage zu sondieren.

In der Spitzensaison (September bis Dezember) bestehen recht gute Aussichten, in Ho-Chi-Minh-Stadt oder Hanoi einen ausländischen Käufer für das gebrauchte Motorrad zu finden und einen vernünftigen Preis zu erzielen. Zu anderen Zeiten finden sich wahrscheinlich nur Vietnamesen als Abnehmer, die keine guten Preise bieten, da sie meist richtigerweise davon ausgehen, dass man wegen der bevorstehenden Heimreise unter Zeitdruck steht.

Die gängigste Maschine ist eine **Minsk 125**, die sich vor allem für Fahrten in Gebirgsregionen empfiehlt. Das Motorrad ist robust, nicht allzu teuer (gebraucht ca. US$300–400) und lässt sich auch außerhalb der beiden großen Städte relativ problemlos reparieren. Zudem bietet die Minsk recht guten Fahrkomfort, wenngleich sich manch Fahrer noch etwas zusätzliche Sitzpolsterung gönnt.

Egal ob gekauft oder gemietet – auf jeden Fall sollte das Motorrad vor Antritt der ersten Fahrt sorgfältig durchgecheckt werden, vor allem auf Bremsen, Beleuchtung und Hupe. Ein **Helm** ist inzwischen auf allen größeren vietnamesischen Straßen nicht nur gesetzlich vorgeschrieben, sondern unabdingbar für die eigene Sicherheit. Die Motorradvermieter verleihen in der Regel gegen eine kleine Zusatzgebühr auch Helme, die allerdings von der Qualität her zu wünschen übrig lassen. Wer ausgedehnte Reisen mit dem Motorrad plant, ist wahrscheinlich besser beraten, seinen eigenen Helm mitzubringen oder vor Ort einen zu kaufen. Ein ordentlicher Helm aus Korea oder Japan ist in Vietnam für rund US$40 zu haben. Besonders abseits der touristischen Pfade empfehlen sich außerdem Motorradhandschuhe und ein Paar robuste Stiefel.

Vor der Abreise nach Vietnam sollte man sich bei der zuständigen Behörde einen **internationalen Führerschein** ausstellen lassen. Ratsam ist zudem, das Kleingedruckte der abgeschlossenen Reiseversicherung zu lesen und den Schutz gegebenenfalls auf Rücktransport in die Heimat zu erwei tern. Theoretisch ist auch vor Ort der Abschluss einer Unfallversicherung Pflicht. Die wird jedoch nur gegen Vorlage eines vietnamesischen Führerscheins ausgestellt, der für Inhaber eines Touristenvisums wiederum nicht zu bekommen ist – ein typischer Fall von Zwickmühle.

Die **Straßenverhältnisse** haben sich zwar in den letzten Jahren deutlich verbessert, sind aber abseits der Hauptstraßen immer noch absolut unberechenbar. Während man sich gerade noch einer makellosen Asphaltdecke erfreut hat, stellt urplötzlich ein mit Schlaglöchern übersäter Streckenabschnitt die Wirbelsäule auf eine denkbar harte Belastungsprobe. Auf den unbefestigten Seitenstreifen der Landstraßen sorgt überdies Schotter für reichlich Unbehagen. Es ist daher so gut wie unvermeidlich, dass früher oder später zumindest ein paar einfachere Reparaturen fällig werden.

Die praktisch allgegenwärtigen **Reparaturwerkstätten** sind an dem charakteristischen Honda-Schild zu erkennen oder mit *sua chua xe may* („Motorradreparaturen“) zu erfragen. Als Mindestausrüstung sollten aber dennoch Reifenflickzeug, eine Pumpe und eine Ersatzzündkerze mitgeführt werden. **Kraftstoff** *(xang)* ist billig (ca. 6000 d, also nicht einmal US$0,40 pro Liter) und fast überall erhältlich, doch ist es ratsam, an den Zapfsäulen in den Ortschaften zu tanken, denn das am Straßenrand in Flaschen angebotene Gemisch ist meistens teurer und von minderer Qualität.

Da die vietnamesischen **Straßenkarten** nicht die zuverlässigsten sind, sollte man sich im Zweifelsfall bei Einheimischen nach dem Zustand der gewählten Strecke erkundigen. Dies gilt besonders in den Bergen, wo Landstraßen und Brücken regelmäßig von starken Regenfällen weggespült werden.

Zu guter Letzt noch der Rat, lieber in Begleitung anderer Motorradfahrer zu reisen, um sich bei eventuellen Schwierigkeiten helfen zu können. Und wer die Hauptstraßen verlässt, wird feststellen, dass sich die Begleitung eines ortskundigen Reisebegleiters auf jeden Fall auszahlt.

Verhalten im Straßenverkehr

Es steckt keine erkennbare Struktur hinter dem Wahnsinn, der in Vietnam als Straßenverkehrsordnung durchgeht. Daher sollten sich nur diejenigen auf das Abenteuer des vietnamesischen Straßenverkehrs einlassen, die sich ihrer Sache hundertprozentig sicher sind. Rein theoretisch herrscht **Rechtsverkehr**, doch in der Praxis weichen alle Verkehrsteilnehmer – ob motorisiert oder nicht – immer dahin aus, wo gerade Platz ist, und benutzen dabei statt Blinker oder Bremse die **Hupe**. Falls nicht anders angegeben, gelten als **Geschwindigkeitsbegrenzung** 100 km/h auf Autobahnen, 60 km/h auf Hauptverkehrsstraßen und 40 km/h innerhalb von Ortschaften.

Vorfahrt hat immer das stärkste Fahrzeug auf der Straße – mit der Konsequenz, dass Motorrad- und Fahrradfahrer regelmäßig durch vorbeidonnernde Lastwagen oder Busse von der Straße gedrängt werden. Der überholende Fahrer geht stets davon aus, dass das überholte Fahrzeug Platz macht, indem es auf den unbefestigten Seitenstreifen ausweicht. Es empfiehlt sich, ausgiebigen Gebrauch von der Hupe zu machen und die Landstraßen nach Anbruch der Dunkelheit zu meiden, denn viele Fahrzeuge sind abends und nachts ohne Licht unterwegs.

Im Allgemeinen werden ausländische Verkehrsteilnehmer von der **Polizei** in Ruhe gelassen, und die Kontrollpunkte an der Straße sollte man einfach in langsamer Fahrt passieren. Wer allerdings vermeintlich schuldhaft in einen **Unfall** verwickelt wird, muss mit einem saftigen Bußgeld rechnen.

Beim **Parken** des Fahrzeugs ist es ratsam, einen bewachten Parkplatz *(gui xe)* anzusteuern (Gebühr ca. 1000 d für ein Motorrad und 500 d für ein Fahrrad) oder jemanden zu bezahlen, der das Gefährt im Auge behält, denn ansonsten besteht die Gefahr, dass sich jemand daran zu schaffen macht.

Fahrrad

Das Fahrrad eignet sich hervorragend für Erkundungstouren in den Städten und belastet den Geldbeutel selbst außerhalb der großen Touristenzentren in der Regel höchstens mit US$1 pro Tag.

Inzwischen gibt es in Vietnam auch ganz ordentliche Fahrräder aus japanischer Produktion für rund US$100 zu kaufen, doch wer eine lange Fahrradtour plant, sollte auf jeden Fall sein eigenes Rad mitbringen und die notwendigen Ersatzteile und Werkzeuge nicht vergessen. Robuste **Mountainbikes** eignen sich am besten für die unterschiedlichen Straßenverhältnisse des Landes, auf den Hauptstraßen tun es aber auch Tourenräder oder so genannte Hybriden. Ganz wichtig sind ein eigener Helm und eine laute Klingel, und auch ein Rückspiegel kann sich als praktisch erweisen.

Wenn es unterwegs einmal zu viel wird oder eine Stadt auf der Strecke ausgelassen werden soll, lässt sich das Fahrrad auch jederzeit gegen einen geringen Zuschlag in den Zug verfrachten (mit Ausnahme der Expresszüge E1/2 und S1/2). Dazu sollte man sich frühzeitig am Bahnhof einfinden, wo der Drahtesel transportfähig gemacht und im Gepäckwagen verstaut wird. Einige Open-Tour-Busse nehmen gegen den Preis eines zusätzlichen Sitzplatzes ebenfalls Fahrräder mit.

Organisierte Touren

Immer mehr Touristen erleben Vietnam im Rahmen organisierter Minibus-Touren, deren Spektrum von Tagesausflügen bis zu zwei- oder dreiwöchigen Rundreisen reicht. Das ist teilweise erheblich billiger, als ein Auto mit Chauffeur zu mieten, und stellt überdies die ideale Form des Reisens dar, wenn man sich schnell mit den Hauptsehenswürdigkeiten des Landes vertraut machen möchte. Auf der Negativseite ist zu vermerken, dass eine solche organisierte Tour weder ausreichend Gelegenheit bietet, Land und Leute kennen zu lernen, noch die Eindrücke in Ruhe auf sich wirken zu lassen.

Wer sehr wenig Zeit hat und trotzdem viel vom Land sehen möchte, sollte eine den eigenen Vorstellungen entsprechende Pauschalreise nach Vietnam in Erwägung ziehen, was aber wahrscheinlich nicht ganz billig ausfallen wird.

In Hanoi, Ho-Chi-Minh-Stadt und anderen größeren Touristenzentren wetteifert eine Vielzahl staatlicher und privater **Tourveranstalter** um Kundschaft. Einige Unternehmen präsentieren sich zunehmend innovativer, doch die große Mehrheit hat ein beinahe identisches Spektrum von Touren im Angebot. Es lohnt sich, die **Preise** zu vergleichen, die sich teilweise ganz erheblich unterscheiden. Preisbildende Faktoren sind beispielsweise die Anzahl der Teilnehmer, der Standard des Transportmittels und ob Mahlzeiten, Unterbringung, Eintrittsgelder etc. im Preis enthalten sind. Beispiele: Ein Tagesausflug von Ho-Chi-Minh-Stadt zu den Tunneln von Cu Chi und zum Tempel in Tay Ninh beginnt bei ca. US$4 p.P. ohne Eintrittsgelder; ein zweitägiger Ausflug ins Mekong-Delta ist ab US$15 p.P. zu haben; eine zehntägige Fahrt die Küste hinauf nach Hué dürfte mit rund US$60 p.P. zu veranschlagen sein. Die genannten Preise beziehen sich auf einen Sitzplatz in einem voll besetzten Minibus, denn manchmal wird ein höherer Preis verlangt, wenn weniger Teilnehmer an Bord sind.

Es ist wichtig, vor dem Bezahlen genau zu vereinbaren, was im Preis inbegriffen ist und was nicht. Es kann auch nicht schaden, sich über die maximale Teilnehmerzahl zu informieren und herauszufinden, ob die Gruppe mit anderen zusammengelegt wird und demzufolge die Gefahr besteht, sich in einer riesigen Touristenherde wiederzufinden. Generell ist es immer besser, sich direkt an den Tourveranstalter zu wenden statt an ein Hotel oder einen anderen Vermittler, denn so erhält man nicht nur Informationen aus erster Hand, sondern ist auch in einer wesentlich besseren Position, falls die Reise später einmal Anlass zu Beschwerden geben sollte.

Eine Alternative besteht darin, sich eine **individuelle Tour** zusammenzustellen und sich als Gruppe gemeinsam ein Auto, einen Jeep oder einen Minibus mit Fahrer zu mieten (s.S. 57, Mietwagen).

Nahverkehrsmittel

In einem Land, dessen Bevölkerung einen wahrhaft meisterlichen Umgang mit begrenzten Ressourcen pflegt, verwundert es nicht, dass sich auch diverse Typen spezieller Nahverkehrsmittel herausgebildet haben. Während Taxis immer mehr Verbreitung finden und in manchen Städten inzwischen auch vernünftige **Busverbindungen** bestehen, ist man andernorts bei der Fortbewegung noch immer auf verschiedene zwei- bis dreirädrige Vehikel angewiesen.

Das billige, allgegenwärtige und vergnügliche **Cyclo** – eine dreirädrige Rikscha mit einem schalenförmigen, an der Frontpartie des Fahrrads angebrachten Sitz – ist das vietnamesische Beförderungsmittel schlechthin. Es bietet Platz für eine, im

Notfall auch zwei Personen, wobei die letztere Variante zwangsläufig mit entsprechenden Einbußen in punkto Komfort einhergeht. Für eine fünf- bis zehnminütige Fahrt sind 8000–10 000 d ein **angemessener Preis**, für eine mehrstündige Rundfahrt sollte mit mindestens 15 000 d pro Stunde kalkuliert werden.

In letzter Zeit erreichten uns jedoch häufiger Berichte aus den größeren Touristenzentren, denen zufolge Cyclo-Fahrer unverschämte Preise für ihre Dienstleistung verlangen. Um nicht über Gebühr ausgenommen zu werden, sollte man sich zunächst im Hotel oder an anderer Stelle nach den üblichen Preisen erkundigen. Sollte der erste Fahrer das Angebot nicht akzeptieren, tut es vielleicht der nächste. Beim Feilschen ist unmissverständlich klarzumachen, über welche Währung verhandelt wird (fünf hochgehaltene Finger können beispielsweise 5000 d oder US$5 bedeuten), ob eine einfache Fahrt oder Hin- und Rückfahrt zur Debatte steht und ob eine oder mehrere Personen mitfahren wollen. Wer auf Nummer sicher gehen will, schreibt die Zahlen am besten auf. Sollte es nach Beendigung der Fahrt doch noch zu Diskussionen kommen, lässt sich diese manchmal dadurch beenden, dass man dem Fahrer die exakt abgezählte und zuvor vereinbarte Summe einfach in die Hand drückt.

Es ist zu beachten, dass die Cyclo-Fahrer in Ho-Chi-Minh-Stadt einen besonders zweifelhaften Ruf genießen – nicht nur wegen ihrer überhöhten Preise, sondern weil es auch schon Fälle gab, wo Touristen in dunkle Gassen gefahren und ausgeraubt wurden. Daher ist davon abzuraten, sich bei Dunkelheit mit einem Cyclo durch die Stadt fahren zu lassen. Allein Reisende – ganz besonders Frauen – sollten nach Einbruch der Dunkelheit nirgendwo in Vietnam ein Cyclo besteigen.

Im ganzen Land werden Cyclos zusehends von Motorradtaxis verdrängt, die im Süden als **Honda Om** und im Norden als **Xe Om** bezeichnet werden (*om* bedeutet so viel wie „Umarmung"). Besonders zweckdienlich sind sie in Hochlandregionen, wo die Pedalkraft nicht mehr ausreicht. In Städten ist ein Honda Om häufig etwas billiger als ein Cyclo, d.h. eine fünf- bis zehnminütige Fahrt kostet im Allgemeinen um 5000–8000 d.

Auf den Straßen der großen Städte verkehren zunehmend auch **Taxis**, die fast alle mit Taxameter (Preise in Dong) ausgestattet und nicht sehr teuer sind. Eine Kurzstrecke in der Innenstadt von Hanoi kostet zum Beispiel ungefähr 12 000 d (weniger als US$1). Doch auch hier haben die Klagen über zwielichtige Taxifahrer in den letzten Jahren zugenommen. Wer neu in einer Stadt ankommt, sollte sich vor Fahrern in Acht nehmen, die behaupten, das als Fahrtziel genannte Hotel sei geschlossen, um im gleichen Atemzug eine andere Unterkunft vorzuschlagen, denn hierbei handelt es sich in der Regel um Schlepper, die von bestimmten Hotels Provision kassieren. Auch bei der Angabe des Fahrtziels kann man nie exakt genug sein. Einige Fahrer müssen dazu überredet werden, den Taxameter einzuschalten, andere wiederum trödeln gemächlich durch die Straßen, während nur die Taxiuhr rast, wieder andere fahren unnötige Umwege. Im Allgemeinen dürfen die Taxis mit einem gepflegteren Erscheinungsbild und diejenigen an den Halteplätzen vor großen Hotels als die zuverlässigsten gelten.

Feste und Feiertage

Das vietnamesische Jahr folgt einem Turnus aus weltlichen und religiösen Festen, die vom feierlichen Familientreffen am Ahnenaltar bis zu nationalen Feiertagen reichen. Den alljährlichen Höhepunkt bildet das vietnamesische Neujahrsfest Tet. Daneben werden, vor allem im Delta des Roten Flusses, unzählige lokale Feste gefeiert, mit denen der Schutzgeist des Dorfes oder des Gemeindetempels gefeiert wird.

Die meisten Feste finden im Frühjahr statt, doch auch in den Herbstmonaten steht einiges auf dem Kalender. Ein Fest verdient dabei besondere Beachtung: **Tet**. Nicht nur, dass fast ganz Vietnam in der Tet-Woche geschlossen ist, sondern auch die öffentlichen Verkehrsmittel sind vor und nach dem Fest bis zum Bersten gefüllt, und die internationalen Flüge sind wegen der heimkehrenden Übersee-Vietnamesen oft ausgebucht.

Viele vietnamesische Feste sind vom Ursprung her chinesisch, haben aber im Laufe der Jahrhunderte eigenständige Formen angenommen. Daneben feiern viele ethnische **Minderheiten** ihre eigenen Feste zur Aussaat, Ernte oder Jagd und begehen komplexe Rituale, die sich vornehmlich um Geburt und Tod drehen. Auch der **Caodaismus** kennt seine eigenen Feste, während die in ganz

Vietnam verbreiteten **Christen** in ihren Gemeinden die bedeutenden christlichen Feste begehen. Weihnachten als religiöses Fest wird nur von Frommen gefeiert, doch der 1. Weihnachtstag ist inzwischen in ganz Vietnam Feiertag. Die Stadtbevölkerung, vor allem in Ho-Chi-Minh-Stadt, macht sich mit Feiern und Familientreffen zunehmend den Geist dieses Festes zu eigen.

Einige Festivitäten haben seit der „Umgestaltung“ (*doi moi,* s.S. 103) eine Wiederbelebung erfahren, doch im Großen und Ganzen geht die Zahl der Feste und Feiern langsam zurück, nicht zuletzt wegen der damit verbundenen Kosten. Wer zufällig auf einem lokalen Fest landet, kann schon von Glück sprechen, denn wenn Vietnamesen zu einer Zeremonie zusammenkommen, handelt es sich meistens um **Hochzeiten** oder **Beerdigungen**. Die meisten Eheschließungen finden im 10. Mondmonat statt, doch auch zu anderen Zeiten begegnet man unterwegs immer wieder Hochzeitszügen, deren Charter-Busse mit roten Papierschablonen mit dem chinesischen Schriftzeichen für „Glück“ geschmückt sind. Beerdigungen erkennt man an den weißen Stirnbändern der Trauergäste, während der engste Familienkreis vollständig in Weiß gekleidet erscheint. Die Begegnung mit einem Beerdigungszug bringt nach vietnamesischer Überzeugung Glück, denn die oder der Verstorbene wird schon bald zum Himmel aufsteigen und möglicherweise bei den Göttern ein gutes Wort für einen einlegen.

Die meisten Feste richten sich nach dem **Mondkalender**, der sich eng an dem chinesischen Sys-

Die wichtigsten vietnamesischen Feste

Frühlingsfeste (Januar bis April):

Tet 1. bis 7. Tag des 1. Mondmonats (Ende Januar/ Mitte Februar). Das wichtigste Datum des vietnamesischen Festkalenders ist Neujahr *(Tet Nguyen Dan)*, das mit großem Rummel beginnt und sich dann immer mehr zu einer Familienangelegenheit entwickelt. Die Büros bleiben geschlossen, und auch viele Geschäfte und Restaurants machen während des sieben Tage dauernden Festes dicht. Offiziell sind nur die ersten drei Tage Feiertage, doch viele Vietnamesen nehmen sich gleich die ganze Woche frei.

Tay Son 5. Tag des 1. Mondmonats (Februar). Kampfkunstdemonstrationen und Umzug girlandegeschmückter Elefanten im Bezirk Tay Son.

Wasserpuppenfest Vom 5. bis 7. Tag des 1. Mondmonats (Februar). Im Rahmen der Tet-Feierlichkeiten finden in der Thay-Pagode westlich von Hanoi traditionelle Wasserpuppenspiele statt.

Gesangsfest von Lim 13. bis 15. Tag des 1. Mondmonats (Februar/ März). Zwei Wochen nach Tet erklingen in dem Dorf Lim nahe Bac Ninh im Delta des Roten Flusses die Harmonien des „Wechselgesangs“ *(quan ho)*, wenn sich Männer und Frauen gegenseitig improvisierte Texte zuwerfen.

Hai Ba Trung 6. Tag des 2. Mondmonats (März). Mit einem Umzug und Tänzen wird in Hanois Hai-Ba-Trung-Tempel der beiden Trung-Schwestern gedacht.

Duftpagodenfest März/April. Vietnams berühmteste Pilgerstätte ist die „Duftpagode“ Chua Huong westlich von Hanoi. Tausende buddhistischer Pilger versammeln sich hier jedes Jahr anlässlich des Festes, das seinen Höhepunkt am Vollmond des zweiten Mondmonats erreicht, doch bereits einen Monat vor und nach diesem Datum kontinuierlich Pilgerströme anlockt.

Den Ba Chua Kho März/April. Am Vollmond des 2. Monats versammeln sich die Hanoier in diesem Tempel bei Bac Ninh, um die Göttin um geschäftlichen Erfolg zu ersuchen.

Thanh Minh April. Zu Beginn des 3. Mondmonats werden die Gräber der Ahnen gepflegt und den Verstorbenen Speisen, Blumen und Votivgaben aus Papier dargebracht.

Sommerfeste (Mai bis August)

Phat Dan 8. Tag des 4. Mondmonats (Mai). Die vietnamesischen Buddhisten hängen vor ihren Häusern und Pagoden Lampions auf, zum Gedenken an die Geburt Buddhas, seine Erleuchtung und seinen Einzug ins Nirwana.

tem mit zwölf Tierkreiszeichen orientiert. Die wichtigsten Zeiten während des 29 oder 30 Tage dauernden Mondmonats sind Vollmond (15. Tag) und Neumond (letzter Tag). An diesen Tagen finden häufig Feste statt, die meist auch eine besondere Bedeutung für Buddhisten haben, die an diesen beiden Tagen in der Pagode beten und auf Fleisch verzichten. Am Vorabend eines jeden Vollmonds wird in Hoi An neuerdings ein **Vollmondfest** gefeiert; das Stadtzentrum wird dann zur verkehrsfreien Zone und im Schein der Seidenlampions zum Schauplatz von traditionellen Spielen, Tänzen und Musikvorführungen.

Auf allen vietnamesischen Kalendern sind die Monate und Tage sowohl nach dem Mondkalender als auch nach dem bei uns verwendeten gregorianischen Kalender angegeben, doch lässt sich das genaue Datum eines Festes am besten vor Ort herausfinden.

Tet – das vietnamesische Neujahr

„Tet" heißt auf Vietnamesisch schlicht und ergreifend „Fest" und hat sich als Name für die bedeutendste jährliche Festivität eingebürgert, deren vollständige Bezeichnung **Tet Nguyen Dan** (Fest des ersten Tages) lautet. Tet dauert sieben Tage und fällt auf die Nacht des Neumonds, irgendwann zwischen der letzten Woche im Januar und der dritten Woche im Februar. In dieser Zeit kommen die Familien zusammen, um gemeinsam einen neuen Anfang zu feiern und neue Hoffnung für das kommende Jahr zu schöpfen. Die Geister der Ahnen

Chua Xu 23. bis 25. Tag des 4. Mondmonats (Mai). Tausende versammeln sich, wenn die Steinstatue von Chua Xu am Berg Sam in Chau Doc gebadet wird.

Tet Doan Ngo Ende Mai/Anfang Juni. Zur Sommersonnenwende (5. Tag des 5. Mondmonats) werden verschiedene Feste gefeiert, um von der Sommerhitze begünstigte Epidemien abzuwehren. Dies ist auch die Zeit der Drachenbootrennen.

Trang Nguyen (bzw. *Vu Lan)* 14. bzw. 15. Tag des 7. Mondmonats (August). Der Tag der wandernden Seelen ist das zweitwichtigste Fest nach dem Tet. Zum Trost werden den unglücklichen und heimatlosen Seelen Speisen und Bekleidung dargebracht, und ihre Gräber werden gepflegt. Dies ist auch die Zeit für die Vergebung von Fehlern, wenn der König der Hölle das Seelenleben jedes Einzelnen beurteilt und je nach Ergebnis Belohnungen oder Bestrafungen ausspricht. Bis zum 15. Jh. durften alle Gefangenen an diesem Tag nach Hause gehen.

Herbstfeste (September bis Dezember)

Büffelkämpfe von Do Son Am 9. und 10. Tag des 8. Mondmonats im Dorf Do Son bei Hai Phong.

Kate September/Oktober. Das Cham-Neujahr wird in großem Stil in Po Klong Garai und Po Re Me bei Phan Rang gefeiert.

Trung Thu 14. bzw. 15. Tag des 8. Mondmonats (September/Oktober). Mittherbstfest (auch als „Tag der Kinder" bezeichnet) mit Drachentänzen und Prozessionen von Kindern, die mit Laternen in Form von Sternen, Karpfen oder Drachen umherziehen. Zu diesem Anlass wird auch der spezielle *banh trung thu* gebacken, ein Kuchen aus Klebreis mit Lotussamen, Nüssen, kandierten Früchten und einem Eidotter. Der Kuchen hat entweder eine rechteckig Form wie die Erde *(banh deo)* oder er ist rund wie der Mond *(banh nuon)*.

Walfest 16. Tag des 8. Mondmonats (September/Oktober). Im „Waltempel" Lang Ca Ong von Vung Tau versammeln sich viele Menschen, um den Walen ihre Opfergaben darzubringen.

Ghe Ngo Am 10. Tag des 10. Mondmonats (November/Dezember). Bootsrennen in Soc Trang.

Weihnachten 24. Dezember. Mitternachtsmessen in den Kathedralen von Hanoi und Ho-Chi-Minh-Stadt und viele Festlichkeiten auf den Straßen.

PRAKTISCHE TIPPS

werden nach vorübergehender Abwesenheit wieder im eigenen Heim willkommen geheißen, und jeder Vietnamese wird ein Jahr älter, denn das Alter richtet sich kollektiv nach dem Anfang des neuen Jahres und nicht nach dem Geburtstag des Einzelnen.

Wenn es am Vorabend von Tet auf Mitternacht zugeht, liegt allerorten eine deutlich spürbare Spannung in der Luft, auch wenn die Begrüßung des neuen Jahres inzwischen zu einer wesentlich gedämpfteren – und weniger gefährlichen – Angelegenheit geworden ist, nachdem das private Abbrennen von Feuerwerkskörpern 1995 verboten wurde. Stattdessen wird in jeder größeren Stadt ein öffentliches Feuerwerk veranstaltet.

Vietnamesische Feiertage

1. Januar: Neujahrstag

Ende Januar/Mitte Februar: (Datum veränderlich): Tet, das vietnamesische Neujahr (drei Tage, doch immer mehr Büros schließen eine ganze Woche)

3. Februar: Gründungstag der Vietnamesischen Kommunistischen Partei

30. April: Jahrestag der Befreiung Saigons (1975)

1. Mai: Internationaler Tag der Arbeit

19. Mai: Geburtstag von Ho Chi Minh

Juni: Geburtstag Buddhas (8. Tag des vierten Mondmonats)

2. September: Nationalfeiertag

25. Dezember: Weihnachten

Tet beginnt sieben Tage vor Neumond mit dem **Ong-Tau-Fest** (23. Tag des 12. Mondmonats), mit dem der Gott des Herdes geehrt wird. Ong Tau wacht das ganze Jahr über das Heim, wehrt böse Geister ab und erstellt für den Jadekaiser einen Jahresbericht über die guten und schlechten Ereignisse in der Familie. Damit Ong Tau milde gestimmt zum Himmel reisen kann, putzt und wienert die Familie ihr Haus von oben bis unten und bringt dem Gott Opfergaben dar, darunter auch Taschengeld und eine Garnitur neuer Kleider. Punkt Mitternacht, wenn das neue Jahr eingeläutet wird, kehrt Ong Tau zurück, und genau dies ist – zusammen mit der Begrüßung der Ahnengeister – der Anlass für die ausgelassene Feierstimmung.

Bei Tet geht es darum, ein neues Jahr ganz von vorn zu beginnen, einen neuen Anfang mit guten Vorsätzen zu machen. Es wird nicht nur das Haus geschrubbt, sondern es werden auch alle Schulden zurückgezahlt, und wer es sich leisten kann, geht zum Friseur und kleidet sich neu ein. Zum Anlocken guter Geister werden Glücksbringer im Haus verteilt, meistens junge Hähne oder das Dreigestirn männlicher Figuren, die Reichtum, Glück und Langlebigkeit verheißen. Die ersten Minuten und Stunden des neuen Jahres sind die entscheidenden, denn dann wird der Grundstein für das ganze Jahr gelegt. Die Menschen vermeiden es tunlichst zu streiten, zu fluchen oder irgend etwas kaputtzumachen – zumindest während der ersten drei Tage, wenn ein einziges schlimmes Wort dem Haus ein ganzes Jahr Unglück bringen könnte. Ebenfalls von großer Bedeutung ist der erste Besucher am Morgen des Neujahrstages: Im Idealfall ist es eine wohlhabende und glücklich verheiratete Respektsperson, die als Glücksbringer für die Familie fungieren kann. Unglück bringen im Gegensatz dazu leidende, arbeitslose, vom Pech verfolgte Personen und sogar schwangere Frauen. Der erste Besucher trägt jedoch trotz aller Ehre auch eine große Verantwortung, denn falls der Familie ein schlechtes Jahr bevorsteht, ist der erste Besucher daran schuld.

Das eine Woche dauernde Tet-Fest wird auch von **kulinarischen Genüssen** begleitet, denn dann kommen ganz besondere Leckerbissen auf den Tisch, darunter eingelegtes Gemüse, kandierte Lotussamen und gezuckerte Früchte, die allesamt zunächst auf dem Familienaltar dargebracht werden. Die berühmteste Delikatesse ist *banh chung* (im Süden *banh tet)*, ein süßer Klebreiskuchen, der eckig oder rund sein kann und ausschließlich zum Tet-Fest zubereitet wird. Der Reis wird um eine Mischung aus Grüne-Bohnen-Paste, Schweinefleischfett und in *nuoc mam* eingelegtem Fleisch gewickelt und anschließend in Bananenblättern gebacken, denen er auch seine blassgrüne Farbe verdankt. Ein Stück guter *banh chung* kostet bis zu US$1. Der Legende zufolge wurde der Kuchen vor über 2000 Jahren von einem verarmten Prinzen der Hung-Dynastie erfunden; der König war derart angetan von der Schlichtheit des Geschenkes, das sein Sohn ihm gemacht hatte, dass er ihn zu seinem Nachfolger ernannte.

Tet ist eine teure Zeit für vietnamesische Familien, die vielfach schon Monate vorher anfangen zu sparen, um gut in das neue Jahr starten zu können.

Abgesehen von speziellen Speisen und neuer Kleidung hat es Tradition, den Kindern einen roten Umschlag mit *li xi* („Glücksgeld“) zu schenken und das Heim mit Frühlingsblüten zu schmücken. In der Woche vor Tet finden in allen größeren Städten Blumenmärkte statt. Im Norden herrschen Pfirsichblüten vor, in Hué Aprikosen und im Süden Mandarinen. Auch Pflaumen- und Kumquat-Blüten (als Symbol für Goldmünzen) sind sehr beliebt, ebenso die auffälligeren und „moderneren“ Blüten von Rosen, Dahlien oder Gladiolen.

Sport und Aktivitäten

Vietnam hat es bislang mehr oder weniger verschlafen, sein riesiges Potenzial als Abenteuer- und Outdoor-Reiseziel auszuschöpfen. Das scheint sich jedoch langsam zu ändern, denn zuvor kaum zugängliche Regionen werden nach und nach erschlossen, und spezialisierte Reiseveranstalter bieten zunehmend Aktivitäten wie Trekking, Kajakfahren oder Wildwasser-Rafting an.

Trekking

Auch wenn Trekking in Vietnam – zumindest im Vergleich mit Thailand und Nepal – noch keine besondere Rolle spielt, bestehen reichlich Möglichkeiten für Tageswanderungen und längere Treks mit Übernachtungen in den Dörfern der Bergvölker.

Die am einfachsten zugänglichen und beliebtesten Regionen zum Wandern sind die Bergwelt um Sa Pa im Nordwesten des Landes (s.S. 541) und (mit Abstrichen) jene um Mai Chau. Beide Orte bieten viele interessante Ziele in ihrer unmittelbaren Umgebung, doch muss man mindestens ungefähr einen Tag wandern, um die wirklich ursprünglichen Dörfer der hier beheimateten Minderheiten zu erreichen. Sa Pa ist zudem Ausgangspunkt für den Aufstieg zum höchsten Berg Vietnams, dem **Fan Si Pan**, der allerdings nur von erfahrenen Wanderern in Angriff genommen werden sollte. Weitere Wandermöglichkeiten eröffnen die Umgebung von Kon Tum und Da Lat im zentralen Hochland oder die zahlreichen Nationalparks des Landes, einschließlich Cat Ba, Cuc Phuong, Bach Ma, Cat Tien und Yok Don. In Yok Don werden sogar Elefanten-Treks angeboten, doch die Preise sind recht happig. Seit kurzem offerieren zwei neue Abenteuersportveranstalter in Da Lat auch **Felsklettern**, **Abseiling** und **Canyoning**.

Während es unproblematisch ist, spontan zu einer eintägigen Wanderung aufzubrechen, sollten für etwas abenteuerlichere Vorhaben, vor allem wenn sie Übernachtungen in den Bergdörfern beinhalten, einige Vorbereitungen getroffen werden. Das lässt sich ohne Weiteres schon vor der Abreise nach Vietnam oder auch später im Land durch lokale Veranstalter bewerkstelligen, von denen die meisten neben organisierten Touren auch individuelle Pakete anbieten. Häufig stellen Gästehäuser und Guides vor Ort die Kontakte her. Wer sich abseits der ausgetretenen Pfade bewegen möchte, sollte unbedingt auf die Dienste eines Fremdenführers zurückgreifen, denn in vielen Regionen reagiert die Bevölkerung verständlicherweise noch empfindlich auf die Anwesenheit von Ausländern.

Wassersport

Mit seiner insgesamt 3000 km langen Küste ist Vietnam zum Wassersportparadies prädestiniert, doch bislang sind die Möglichkeiten aus verschiedenen Gründen noch recht begrenzt. Einer davon ist die Erreichbarkeit, denn die notwendige Infrastruktur existiert ganz einfach noch nicht. Schwerer wiegen jedoch die potenziellen Gefahren durch die an vielen Stellen der vietnamesischen Küste vorherrschende **Unterströmung** und die zu bestimmten Jahreszeiten sehr starken Winde. In den größeren Urlaubsorten am Meer gibt es häufig Rettungsschwimmer, oder es werden Flaggen aufgestellt, die auf einigermaßen gefahrlose Stellen zum Schwimmen hinweisen. Wer sich an einsameren Küstenabschnitten in die Fluten stürzen möchte, sollte sich zuvor genau nach den örtlichen Bedingungen erkundigen.

Viele Strände an der zentralen Küste und weiter südlich eignen sich aber dennoch hervorragend zum **Schwimmen**. Die besten finden sich in der Umgebung von Mui Ne, dicht gefolgt von Nha Trang, Hoi An und Da Nang. Die vor der Südküste Vietnams gelegene Insel Phu Quoc ist nicht nur für ihre ausgezeichneten Strände berühmt, sondern entwickelt sich auch zusehends zur Top-Adresse des Landes zum **Schnorcheln** und **Tauchen**. Auch Nha Trang ist ein beliebtes Ziel für die beiden letztgenannten Aktivitäten, doch beim Tauchen sollte man sich stets vor Augen halten, dass die Wartung der Ausrüstung nicht immer dem höchsten Standard entspricht; es empfiehlt sich daher, die Gerätschaften vor einem Tauchgang sorgfältig zu prüfen und nur mit einem entsprechend qualifizierten, offiziell registrierten und vertrauenswürdigen Anbieter aufs Meer hinauszufahren.

Die Strände Non Nuoc (bei Da Nang) und Mui Ne gelten als gute Reviere zum **Windsurfen**. In Mui Ne finden sogar jedes Jahr (meistens im Februar) internationale Wettkämpfe im Wellenreiten und **Kitesurfen** statt.

Im nördlichen Teil Vietnams steht die Ha Long-Bucht im Zentrum der Wassersportaktivitäten. Bei den meisten Bootsausflügen in die Bucht steht bei gutem Wetter auch Schwimmen auf dem Programm. Ordentliche Strände gibt es auf Cat Ba und noch bessere auf der abgelegenen Insel Quan Lan. Mittlerweile offerieren auch größere Reiseveranstalter und einige Anbieter aus Hanoi **Seekajaktouren** in die Bucht, die allerdings bei großer Sommerhitze nicht zu empfehlen sind. Abseits der Küste entstehen in den Bergen Nordwest-Vietnams gerade die ersten Angebote für **Wildwasser-Rafting** und Expeditionen mit dem **Flusskajak**.

Bootstouren in Vietnam

Wer sich nicht selbst sportlich betätigen möchte und sich stattdessen lieber in gemächlicher Fahrt über das Wasser schippern lässt, kann praktisch in jedem Ort am Meer oder am Fluss ein Boot chartern. Dazu fragt man einfach ein wenig an den Anlegestellen herum, wobei einige Orte natürlich besser auf Touristen eingestellt sind als andere.
Die Hauptzentren für Bootstouren im **Mekong-Delta** sind My Tho (s.S. 216), Vinh Long (s.S. 224), Can Tho (s.S. 232) und Chau Doc (s.S. 244), während mehrere Tourveranstalter weiter nördlich an der Küste bei **Nha Trang** Bootsausflüge zu den vorgelagerten Inseln anbieten (s.S. 327). Ferner kann man Bootstouren von **Hoi An** aus unternehmen (s.S. 362), über den Parfüm-Fluss in **Hué** zu den Königsgräbern tuckern (s.S. 404) oder sich durch die Höhlen von Tam Coc bei **Ninh Binh** rudern lassen (s.S. 435). Zu den schönsten Bootsausflügen Vietnams zählt die zauberhafte, von Inseln gespickte **Ha Long-Bucht** (s.S. 515).

Sonstige Aktivitäten

In Vietnam sind mehr als 770 Vogelarten heimisch, darunter auch mehrere, die in den letzten Jahren überhaupt erst entdeckt wurden. Für die **Vogelbeobachtung** eignen sich am besten die Nationalparks, einschließlich Cuc Phuong (der auch wegen seiner Schmetterlingspracht im Frühling berühmt ist), Bach Ma und Cat Tien. Der seltene Saruskranich überwintert neben zahlreichen weiteren Arten im Vogelschutzgebiet Tam Nong am Rande des Sumpfgebiets *Plain of Reeds* an der Grenze zu Kambodscha.

Am anderen Ende der Extreme entwickelt sich Nordvietnam immer mehr zu einem beliebten Ziel für begeisterte **Motorradfahrer**, wobei mehrere Anbieter in Hanoi individuelle Touren durch abgelegene Regionen anbieten. Im Norden und im zentralen Hochland herrschen auch gute Bedingungen für Touren mit dem **Mountainbike**.

Einkaufen

Souvenirjäger kommen in Vietnam voll auf ihre Kosten. Die ansehnlichen Kunsthandwerksgegenstände und Andenken reichen von alten Münzen und Briefmarken aus der Kolonialzeit über kegelförmige Hüte, Textilien und Korbwaren der Bergvölker bis hin zu Reproduktionen der von der US Army ausgegebenen Zippo-Feuerzeuge.

In den Ortskapiteln finden sich nähere Informationen zu den Einkaufsmöglichkeiten, im Allgemeinen findet man die beste Qualität, die größte Auswahl und die günstigsten Preise jedoch in Ho-Chi-Minh-Stadt, Hanoi und Hoi An. Dabei ist zu beachten, dass **Preise** in Vietnam beinahe immer Verhandlungssache sind. (Tipps zum erfolgreichen Feilschen im Kasten, s.S. 68.)

Textilien und Kunsthandwerk

Nur wenige Touristen aus dem Westen verlassen Vietnam ohne den obligatorischen **kegelförmigen Hut** *(non la)*, der aus regen- und sonnenbeständigen Palmwedeln hergestellt wird. Die einfache Version kostet nicht einmal US$1 und ist ein durchaus erschwingliches Andenken. In Hué hat eine spezielle Anfertigung ihren Ursprung, der so genannte **Gedichthut** *(non bai tho)*. Zwischen den Palmblättern sind bei dieser Variante schwarze

Ein begehrtes Souvenir: Hüte aus Palmwedeln

Scherenschnitte mit Gedichtzeilen oder Szenen aus der vietnamesischen Legendenwelt eingearbeitet, die gegen das Licht gehalten sichtbar werden.

Die traditionelle Nationaltracht vietnamesischer Frauen ist der aus Seide gefertigte **Ao Dai**, eine Kombination aus weiter Hose unter einer knielangen Hemdbluse mit langen Schlitzen vorn und hinten. Die eleganten Ao Dai gibt es im ganzen Land von der Stange für rund US$10. Wer sich mehrere Tage an einem Ort aufhält, kann sich auch für ungefähr US$20 (je nach Material) einen Ao Dai nach Maß anfertigen lassen.

Vietnamesische **Seide** wird als Meterware auf größeren Märkten und in unzähligen Läden in Hoi An, in der Dong Khoi in Ho-Chi-Minh-Stadt und in Hanois Pho Hang Gai angeboten. In den gleichen Geschäften gibt es auch Kleidung von der Stange und Accessoires zu kaufen, darunter bestickte Seidenhandtaschen und Schuhe. Bestickte **Baumwollstoffe** in Form von Schlafanzügen, Bettlaken und Kissenbezügen sind ebenfalls sehr beliebte Mitbringsel. Inzwischen werden in den größeren Touristenzentren auch die modischen Vorstellungen der Rucksacktouristen bedient. Der Handel mit **T-Shirts** blüht, am beliebtesten sind diejenigen mit dem Konterfei von Onkel Ho und dem gelben Stern der Kommunisten auf rotem Grund.

Unter den zahlreichen traditionellen Kunsthandwerksobjekten, die in Vietnam angeboten werden, zählen **Lackwaren** *(son mai)* zu den schönsten. Die Herstellung erfolgt durch Auftragen mehrerer Schichten Harz auf einen Gegenstand, der anschließend so lange kräftig poliert wird, bis die Oberfläche strahlend glänzt. Lack dient beispielsweise der Veredelung von Möbeln,

Kisten, Essstäbchen und Armreifen und wird mitunter in Kombination mit Eierschalen oder Intarsien aus **Perlmutt** verwendet. Beliebte Motive sind Tiere, Fische und kunstvolle Schriftzeichen. In letzter Zeit wurde die Lackwarentradition zunehmend von moderneren Symbolen vereinnahmt, sodass man heute auch schon mal auf farbenfrohe Lackmalereien mit Mickymaus oder Batman trifft.

Die Kunst des Feilschens

Nicht ganz ohne Grund werden Touristen von den Vietnamesen als steinreich angesehen – denn wie könnten sie es sich sonst leisten, die Arbeit einfach ruhen zu lassen und um die Welt zu reisen? Dementsprechend fällt beim Verhandeln der zuerst genannte Preis meistens ziemlich aufgeblasen aus. Für den Touristen gilt es, auf eben diese Situation vorbereitet zu sein. Dazu müssen zunächst die Hausaufgaben gemacht werden, d.h. es gilt herauszufinden, welcher Preis normalerweise ungefähr üblich ist. Mögliche Informationsquellen sind das Hotelpersonal, andere Traveller oder einer der immer zahlreicher werdenden Festpreisläden. In Betracht zu ziehen sind dabei aber auch die Unterschiede in der Qualität, zum Beispiel zwischen industriell produzierten und handgearbeiteten Waren.

Beim Verhandeln kommt es darauf an, immer freundlich und gut gelaunt, aber auch realistisch zu bleiben, denn der Händler verliert schnell das Interesse an einem Geschäft, wenn er den Eindruck hat, dass die Spielregeln nicht eingehalten werden. Wer nur die leiseste Spur von Aggression zeigt, hat verloren – und zwar auf der ganzen Linie.

Kurz vor einer Übereinkunft zahlt es sich manchmal aus, sich zum Gehen anzuschicken. Es ist schon erstaunlich, wie oft man zurückgerufen wird. Bei alledem ist es ratsam, immer einen Blick für die Perspektive zu bewahren. Erweist sich eine Verhandlung als sehr langwierig, sollte man sich als Tourist ruhig daran erinnern, dass es hier im Grunde nur um ein paar Cent geht – die für einen selbst nicht viel, für den Durchschnittsvietnamesen aber durchaus eine Menge bedeuten.

Außerdem hat inzwischen auch importierter, synthetischer Lack Einzug gehalten. Diese grellfarbenen,beinahe metallisch wirkenden Lackbeschichtungen stoßen bei Puristen nicht unbedingt auf Gegenliebe, sorgen aber für ein großes Angebot an auffällig bemalten Schüsseln, Vasen und sonstigen Haushaltsgegenständen.

Bronze, **Messing** und **Jade** gibt es in vielfältigen Verarbeitungen als Schnitzereien, Figurinen und Schmuck. In Hué sind **Teekannen** aus Messing und Kupfer sehr beliebt. Waren aus Ton, Porzellan oder Keramik sind im ganzen Land erhältlich, wobei die kniehohen **Elefanten aus Keramik** und andere Tierfiguren sehr ausgefallen, aber alles andere als leicht nach Hause zu transportieren sind.

Recht interessant sind auch die kleinen Dosen und anderen kleinen Artikel aus wunderbar aromatischem **Zimt-** und **Kampferholz**. Wer es auf kulturell etwas anspruchsvollere Mitbringsel abgesehen hat, sollte sich nach einer **Wasserpuppe** oder einem traditionellen **Musikinstrument** umschauen (weitere Informationen hierzu s.S. 130, Musik und Theater).

Vietnams **ethnische Minderheiten** oder Montagnards, wie sie von den Franzosen der Kolonialzeit genannt wurden, machen sich ebenfalls das Interesse der Touristen an traditionellen Kunsthandwerksobjekten zunutze. Ihr Haupterzeugnis sind Stoffe, in die manchmal auch glänzende Goldtressen eingearbeitet sind. Verkauft werden sie als Meterware oder fertig verarbeitet als **Portemonnaies**, **Umhängetaschen** und sonstige Accessoires. Einige im zentralen Hochland gewebte Stoffe beeindrucken durch faszinierende Muster, die zum Teil auch Militärhubschrauber und Geschütze darstellen, von denen die Region während des Krieges unter Beschuss genommen wurde.

Die südvietnamesischen Minderheiten sind Meister in der Herstellung von **Bambusflöten** und **Korbwaren**, darunter Rucksäcke, Behälter und Matten. Sowohl in Hanoi als auch in Ho-Chi-Minh-Stadt gibt es inzwischen einige ausgezeichnete Geschäfte, in denen die Waren der Bergvölker verkauft werden. Im äußersten Norden des Landes ist Sa Pa ein beliebtes Ziel für die von den Hmong hergestellten Textilien, Taschen und **Mützen**, und überall auf den Märkten in den Bergen Nordvietnams werden Webstoffe oder **Stickereien** angeboten.

Malerei

In Vietnam existiert eine ansehnliche Künstlerszene, innerhalb derer sich die Malerei als besonderer Schwerpunkt herausgebildet hat. In den Galerien von Hanoi, Ho-Chi-Minh-Stadt und Hoi An finden sich exquisite Arbeiten führender Künstler des Landes in Öl, Aquarell, Lack oder Kohle.

Während in der Vergangenheit der Vietnamkrieg wohl zwangsläufig das alles beherrschende Thema war, wenden sich die Künstler inzwischen auch vermehrt der abstrakten Malerei und zeitgenössischen Themen zu.

Für Werke der großen vietnamesischen Meister werden Hunderte und manchmal auch Tausende US-Dollar verlangt. Beim Kauf ist allerdings größte Vorsicht geboten, denn viele Maler betreiben ein lukratives Geschäft mit der Herstellung mehrerer Kopien ihrer eigenen Arbeiten oder der Werke ihrer Künstlerkollegen. Als Käufer sollte man wissen, worauf man sich einlässt oder sich von vornherein an eine seriöse Galerie wenden.

Viele kommerzielle Galeristen und Souvenirläden treiben einen schwunghaften Handel mit Klischeebildern von gertenschlanken Frauen im Ao Dai auf den Straßen von Hoi An oder Menschen unter Spitzhüten bei der Arbeit auf den Reisfeldern. Das ist insofern jammerschade, als dadurch originellere Arbeiten verhindert werden.

Aquarelle mit derart abgedroschenen Motiven produziert wie am Fließband der umtriebige „verrückte Mönch" **Vien Thuc** aus Da Lat (s.S. 277). Die Preise sind Verhandlungssache, liegen aber häufig bei US$2–3 pro Bild. Wer sich nicht dafür erwärmen kann, findet vielleicht an den schönen, handgemalten **Grußkarten** aus Seide Gefallen, die in den meisten Touristenzentren angeboten werden.

Bücher, Briefmarken und Münzen

Fotokopierte Ausgaben von fast allen Büchern, die jemals in Vietnam erschienen sind, werden von Straßenhändlern und an Bücherständen in Hanoi und Ho-Chi-Minh-Stadt angeboten. Stetig steigt auch die Zahl der in Vietnam aufgelegten Bildbände, Geschichtsbücher und Reiseführer, die es in Buchhandlungen und exklusiveren Hotels zu kaufen gibt. Wer sich dagegen einfach nur mit Lesestoff versorgen möchte, findet in Hanoi und Ho-Chi-Minh-Stadt inzwischen auch Secondhand-Buchhandlungen, die gebrauchte Bücher zum Kauf oder Tausch anbieten.

Philatelisten kommen in den Souvenirläden von Hanoi und Ho-Chi-Minh-Stadt auf ihre Kosten, wo es sich trefflich nach Briefmarken aus dem alten Indochina stöbern lässt. Auch antiquarische Banknoten und Münzen, einschließlich der von den Franzosen ausgegebenen *Piastres* und alter Gutscheine der US Army, kann man hier finden.

Ausfuhrbeschränkungen

Ältere Gegenstände von „kultureller oder historischer Bedeutung" unterliegen Ausfuhrbeschränkungen. Dazu zählen Objekte aus Bronze, Porzellan, Elfenbein, aber auch Edelsteine, Kunstobjekte und alle Gegenstände, die älter als fünfzig Jahre sind. In der Praxis werden diese Vorschriften allerdings recht inkonsequent gehandhabt.

Wer diesbezüglich auf Nummer sicher gehen möchte, kauft am besten in seriösen Kunstgeschäften oder renommierten Galerien, die sich mit den Exportbestimmungen auskennen und im Bedarfsfall auch die Formalitäten erledigen. Zur Umgehung des Problems haben sich einige Geschäfte mittlerweile auf die Herstellung ausgezeichneter Kopien spezialisiert; wer sich für eine solche Reproduktion entscheidet, sollte darauf achten, dass sie auf der Rechnung eindeutig als solche deklariert ist.

Armee-Andenken und Modelle

Ausrüstung aus ehemaligen Beständen der US Army sorgt noch immer für Umsatz, doch dürfte es geschmackvollere Souvenirs geben als Uniformen, Gürtel, Kochgeschirr und Erkennungsmarken, die angeblich getöteten oder verwundeten GIs abgenommen wurden – die meisten sind ohnehin nicht echt. Die khakifarbenen **Tropenhelme** mit rotem Stern, wie sie einst während des Vietnamkriegs von der nordvietnamesischen Armee und heute von der regulären vietnamesischen Armee getragen werden, finden immer mehr Abnehmer. Wie warme Semmeln gehen auch **Zippo-Feuerzeuge** weg, nicht zuletzt weil sie markige Sprüche tragen, doch auch hier darf bezweifelt werden, dass es sich um authentische Gegenstände der US Army handelt.

In den Straßen von Ho-Chi-Minh-Stadt handeln fingerfertige Kinder mit aus alten Getränkedosen gebastelten **Modellen von Hubschraubern, Flugzeugen** und **Autos**, und neben dem *Continental* gehen extravagante Modellschiffe aus Holz für US$15–30 über den Tisch.

Spezialitäten

Zu den verlockendsten **Spezialitäten** zählen Kaffee aus dem zentralen Hochland, kandierte Erdbeeren und Artischockentee aus Da Lat, Kokoskekse aus dem Mekong-Delta, Konserven mit winzigen Mandarinen aus Hoi An sowie Tee, getrocknete Kräuter und Gewürze aus dem nördlichen Hochland. Als Mitbringsel eigenen sich auch die auslaufsicher in Flaschen verschlossenen Getränke (detaillierte Liste s.S. 51–53), einschließlich Reiswein.

Post und Telekommunikation

Die vietnamesische Regierung investiert in großem Stil in die Telekommunikationsnetze des Landes. Die internationalen Telefonverbindungen zählen zu den teuersten der Welt, dafür kann man aber selbst von kleineren Orten aus meist problemlos ins Ausland telefonieren oder faxen. Auch der internationale Postverkehr scheint, zumindest in den größeren Städten, recht gut und verlässlich zu funktionieren. Schneller und auch recht zuverlässig geht es natürlich per E-Mail, zumal im ganzen Land immer mehr Internet-Zugänge auch für Touristen geschaffen werden.

Die weniger zuverlässigen **Inlandverbindungen** leiden unter schlechten Leitungen, während die Inlandpost meistens irgendwann ihr Ziel erreicht.

Post

Eine Postsendung aus oder nach Vietnam benötigt zwischen vier Tagen und vier Wochen. Die Dauer hängt vor allem davon ab, wo man sich gerade aufhält. Am schnellsten und zuverlässigsten funktioniert das System in den größeren Städten, wo acht bis zehn Tage die Norm sind. Die **Postgebühren nach Übersee** sind angemessen. Eine Postkarte kostet um die 8000 d, die Gebühr für einen Brief liegt bei ungefähr 12 000 d für das Mindestgewicht. Die schnellere Variante **Express Mail Service** (EMS) wird für die meisten Länder und bestimmte Ziele innerhalb Vietnams angeboten; bei dieser Variante verringern sich die Zustellzeiten erheblich, außerdem werden Briefe und Pakete automatisch registriert.

Die großen **Postämter** sind täglich geöffnet, normalerweise von 6.30–21.30 Uhr. Kleinere Filialen schließen manchmal mittags für eine Stunde und am Wochenende. Telefon- und Faxgebühren sind in den Hauptschalterhallen angeschlagen.

Schalter für **Poste Restante** gibt es in allen großen Postämtern. Beim Abholen der Post muss der Reisepass vorgelegt und eine kleine Gebühr pro Sendung entrichtet werden. Die Post wird zwei Monate lang aufbewahrt, bevor sie zurückgeschick wird. Um Fehler bei der Zustellung zu vermeiden, sollte der Name deutlich lesbar in Druckbuchstaben geschrieben sein, wobei der Nachname am besten in Großbuchstaben und unterstrichen hervorgehoben wird. Trotzdem ist es immer noch sinnvoll, unter dem Vornamen nachsehen zu lassen, denn man weiß ja nie. Die Sendung sollte folgendermaßen adressiert sein: Name, c/o Poste Restante, GPO, Stadt, Provinz.

Beim **Verschicken von Paketen** aus Vietnam ist es ratsam, alles unverpackt mit zur Post zu nehmen, denn die Zollbeamten überprüfen den Inhalt ohnehin. Romane und andere aus dem Ausland stammende Druckerzeugnisse über Vietnam können Probleme bereiten, für Gegenstände wie CDs sind möglicherweise Zollgebühren zu entrichten. Nach der Zollkontrolle und dem Ausfüllen einer Vielzahl von Formularen wird das Paket von den Beamten eingepackt, wobei eine kleine Gebühr für die Inspektion und das Verpacken verlangt wird. Post auf dem Landweg ist die billigste Variante und dauert zwischen einem und vier Monaten. Es ist zu beachten, dass einige Paketschalter nur vormittags geöffnet haben.

Sich **Pakete schicken zu lassen** ist keine gute Idee. Einige Pakete verschwinden einfach auf Nimmerwiedersehen, und was durchkommt, wird einer gründlichen Kontrolle unterzogen, mit Einfuhrzoll belegt oder bei Verdacht sogar beschlagnahmt; das gilt in erster Linie für Druckerzeugnisse, Videos und Kassetten. Wer trotz alledem ein Paket erwartet, sollte beim Abholen den Reisepass nicht vergessen.

Telefon

Eine positive Folge des späten Eintritts Vietnams in die Welt der modernen Telekommunikation ist die Tatsache, dass allerneueste Technik zur Verfügung steht; und dort, wo sie installiert ist, funktioniert sie auch gut. Die umfangreichen Investitionen, die damit verbunden sind, dienen der Regierung als Rechtfertigung der hohen Gebühren für **internationale Gespräche**, wobei die Tarife aber im Sinken begriffen sind. Die billigste Art ins Ausland zu telefonieren ist der **171 Call Service**, bei dem die Gespräche über das Internet geleitet werden. Um diesen Service zu nutzen, wählt man einfach die Nummer 171 vor der internationalen Vorwahl (Einzelheiten zu den Vorwahlen s. Kasten) und erhält dann eine Verbindung zu einem Pauschaltarif von US$1,20 pro Minute während der Hauptzeiten und US$0,95 während der Nebenzeiten, d.h. Mo–Sa 23–7 Uhr und an Sonn- und Feiertagen rund um die Uhr. Zum Vergleich: Der reguläre Minutenpreis ohne die Vorwahl 171 liegt bei knapp über US$1, 50 bzw. US$1,30. Folgende Dienste werden vom 171-Service nicht unterstützt: handvermittelte Gespräche, Mobiltelefone, Kartentelefone und Fax. Die Postämter erheben manchmal eine geringe Gebühr für die Nutzung des 171-Service.

Die beste Adresse für internationale Telefongespräche sind im Allgemeinen die Postämter, die fast ausnahmslos **Auslandsgespräche im Selbstwählverfahren** (International Direct Dialling, kurz IDD) anbieten. In den Straßen Pham Ngu Lao und De Tham der südvietnamesischen Metropole Ho-Chi-Minh-Stadt gibt es IDD-Telefonzellen. Die meisten Hotels bieten inzwischen auch den IDD-Service vom Zimmer aus an, doch das kostet in der Regel mindestens 10% mehr als der Normalpreis, und es gilt eine Mindestgebühr von einer Minute, selbst wenn am anderen Ende niemand abhebt.

Idealerweise lässt man sich von zu Hause zurückrufen – Webseiten wie 💻 www.billiger-telefonieren. de listen die aktuell günstigsten Netzanbieter für internationale Gespräche, über die man nach Vietnam ab ca. 0,50 €/Minute telefonieren kann. Allerdings kann die Qualität der Verbindung je nach Anbieter variieren. Wer knapp bei Kasse ist, findet außerdem in fast allen Postämtern einen Service mit der Bezeichnung **„call-back“** vor. Man bittet einfach um ein Auslandsgespräch mit der Mindestdauer (eine Minute) und lässt sich vorher die Telefonnummer der Kabine geben, aus der man anruft. Dort kann man sich dann direkt zurückrufen lassen, wobei lediglich die Kosten für ein einminütiges internationales Gespräch und eine kleine Gebühr für den Service anfallen. In bestimmte Länder sind auch **R-Gespräche** möglich; Informationen hierzu erteilen die Postämter oder die internationale Vermittlung unter ☎ 110.

Für **Ferngespräche innerhalb Vietnams** gelten natürlich weitaus günstigere Tarife, doch auch hier ist der 171-Service von einer Telefonzelle oder einem Postamt aus die billigste Option für die Direktwahl. Dabei gelten ebenfalls die Mindestgebühr von einer Minute und dieselben Nebenzeiten wie oben. Für **Ortsgespräche**, die von einem Postamt oder einer Telefonzelle innerhalb der Stadtgrenzen aus geführt werden, gelten drei Minuten als Mindestgebühr; von privaten Telefonen (einschließlich Hotels und Restaurants) geführte Ortsgespräche sind dagegen – zumindest theoretisch – kostenlos. Es ist zu beachten, dass grundsätzlich immer Gebühren fällig werden, wenn die Nummer eines mobilen Anschlusses gewählt wird.

Das Herausfinden einer Telefonnummer ist in Vietnam keine einfache Sache. In den besseren Hotels kann man in der Regel aktuelle Telefonbü-

Vorwahlen

Jede Provinz in Vietnam hat eine eigene Vorwahl, die bei einem Anruf von außerhalb gewählt werden muss. Die Vorwahlen sind in den jeweiligen Regionalkapiteln aufgeführt.

Bei **Gesprächen aus dem Ausland nach Vietnam** wählt man 00 (internationale Vorwahl) + 84 (Vorwahl für Vietnam) + regionale Vorwahl ohne die erste 0 + Nummer des Teilnehmers.

Bei **Gesprächen aus Vietnam ins Ausland** wählt man entweder 171 00 (über Internet) oder nur 00 + Vorwahl des Landes (s.u.) + regionale Vorwahl ohne die 0 + Nummer des Teilnehmers.

Die wichtigsten Ländervorwahlen:

Deutschland	49
Österreich	43
Schweiz	41

cher und Hilfe durch das Empfangspersonal erwarten, ansonsten hilft vielleicht ein Gang zur Post oder ein Anruf bei der **Auskunft** (✆ 116), wo man gegen eine geringe Gebühr auch von Englisch sprechendem Personal bedient wird.

Öffentliche Telefone (ausnahmslos Kartentelefone) finden immer größere Verbreitung, doch die meisten Zellen bieten kaum Schutz vor dem Straßenlärm. Telefonkarten sind bei den Postämtern erhältlich: Für Gespräche ins Ausland ist eine der teureren Karten erforderlich (umgerechnet ca. US$6 und US$10), während die billigste Karte (ca. US$3) für Inlandgespräche ausreicht. Hinweise zum Telefonieren finden sich in mehreren Sprachen, einschließlich Englisch, auf den Telefonen.

Wer ein **Fax** innerhalb Vietnams oder ins Ausland versenden möchte, findet diesen Service in vielen Hotels, kommt aber bei der Post billiger weg, da dort pro Seite und nicht auf Minutenbasis abgerechnet wird. Für das Empfangen von Faxen erheben sowohl die Hotels als auch die Post eine kleine Gebühr. Die Post leitet das Fax sogar kostenlos zum Hotel weiter, wenn die Adresse auf dem Fax angegeben ist.

Mobiltelefone

Das Telefonieren mit dem eigenen Handy funktioniert in Vietnam am einfachsten und billigsten, indem man sich vor Ort eine **SIM-Karte** und eine Telefonkarte mit Guthaben kauft. Die beiden großen Telefongesellschaften *Mobiphone* und *Vinaphone* bieten ähnliche Preise, eine vergleichbare Netzabdeckung (praktisch im ganzen Land verfügbar) und Unterstützung in englischer Sprache. Zur Zeit der Recherche kostete ein Paket aus SIM-Karte und umgerechnet rund US$20 Guthaben ca. US$30, weitere Prepaid-Karten sind in verschiedenen Größen von ca. US$6–30 erhältlich. Die Gespräche sind etwas teurer als im Festnetz, und auch für eingehende Gespräche wird wie üblich eine kleine Gebühr fällig.

Die andere, wesentlich teurere Alternative ist das mobile Telefonieren über den Netzanbieter zu Hause über das so genannte „International Roaming". Für Vietnam bieten dies in Deutschland derzeit *D1*, *E-plus* und *O_2* an, wobei man sich vorab darüber informieren sollte, über welches Netz das Mobiltelefon vor Ort betrieben werden kann. Für Handys mit Prepaid-Karten gelten Sonderregelungen.

Beim **Roaming** bucht sich das Handy automatisch ins Netz des ausländischen Mobilfunk-Anbieters ein, mit dem die heimische Handy-Gesellschaft zusammenarbeitet (der Name erscheint auf dem Display). Man ist dann im Ausland unter seiner regulären Handy-Nummer erreichbar. Geht ein Anruf ein, wird er von der Handy-Gesellschaft zu Hause in eben dieses Netz weitergeleitet. Doch die Erreichbarkeit hat ihren Preis: Bei eingehenden Anrufen aus Europa zahlt der Anrufer in der Regel nur den heimischen Tarif, während die Kosten, die für die Vermittlung ins fremde Netzes anfallen, zu Lasten der eigenen Rechnung gehen – in Vietnam zwischen 1,50 € und 1,80 € pro Minute, hinzu kommen eventuell noch zusätzliche Gebühren des ausländischen Netzbetreibers. Ein Anruf von zu Hause kann also leicht 3 € und mehr pro Minute kosten. Ankommende SMS sind dagegen fast immer kostenlos.

Auch wer vom Ausland via Handy zu Hause anruft, muss sich auf hohe Kosten einstellen. Derzeit sind für eine Minute zwischen 1,60 € und knapp 4 € zu berappen (SMS ca. 0,50 €). Bei Gesprächen innerhalb des fremden Netzes werden die landesüblichen Tarife berechnet. Infos zu Tarifen, Prepaid-Handys und Netzwerk-Kooperationen unter

D1, ✆ 2202 (Handy) oder 01803-302202, 🖳 www.t-mobile.de
E-Plus, ✆ 1111 (Handy) oder 01803-177177, 🖳 www.eplus.de
O_2, 🖳 www.o2online.de

Und noch ein Tipp: Mitunter stehen mehrere Roaming-Netze zur Auswahl, doch nicht immer bucht sich das Handy in das günstigste Netz ein. In diesem Fall sollte man sich über die Tarife der Anbieter informieren und notfalls manuell unter dem Menüpunkt „Netze" oder „Netzwahl" ins preiswertere Netz wechseln. Bei *t-mobile* beispielsweise schwanken die Preise der Roaming-Partner bei eingehenden Anrufen erheblich.

E-Mail und Internet

Es wird immer einfacher, von Vietnam aus ins Internet zu kommen, auch wenn der direkte Zugang wegen der Furcht der Regierung vor diesem potenziell subversiven Kommunikationsmittel noch immer streng kontrolliert wird. Die beste Option, vor allem wenn man eine Reise über mehrere

Monate plant, ist die Registrierung vor der Abreise bei einem kostenlosen E-Mail-Anbieter im Internet wie Web.de 💻 www.web.de, Hotmail (💻 www.hotmail.com) oder YahooMail (💻 www. yahoo.com). Nachdem das Konto eingerichtet ist, lassen sich von einem beliebigen Rechner mit Internet-Anschluss weltweit E-Mails empfangen und versenden. Das sollte jedoch rechtzeitig vor der Reise geschehen, da man sein Account bei einigen Anbietern mit einem Code aktivieren muss, der erst ein bis zwei Wochen nach der Anmeldung versandt wird.

Problemlos funktioniert der Internet-Zugang in den größeren Städten und Touristenzentren Vietnams, wo es zahlreiche **Internet-Cafés** gibt, und auch viele Hotels und Traveller-Cafés bieten inzwischen Zugang zum Netz. In den abgelegeneren Regionen sind die Möglichkeiten diesbezüglich bislang noch sehr begrenzt, doch die Situation verbessert sich ständig. Unter 💻 www.worldofinternetcafes.de findet sich eine Auflistung von Internet-Cafés in aller Welt.

Die aktuellen Gebühren schwanken beträchtlich zwischen 100–400 d pro Minute, wobei einige Anbieter pro Stunde oder pro halbe Stunde kassieren. Außerhalb der großen Städte sind die Verbindungen oft frustrierend langsam, wenngleich sich die Geschwindigkeit nach 21 Uhr in der Regel ein wenig erhöht.

Wer mit dem **Laptop** unterwegs ist und auch in Vietnam seine feste E-Mail-Adresse nutzen möchte, sollte sich zunächst informieren, ob der eigene Internet-Provider mit einem Anbieter in Vietnam kooperiert, beispielsweise über eine Organisation wie GRIC (💻 www.gric.com), dem größten inoffiziellen Zusammenschluss von Internet-Providern. Eine Alternative ist der Kauf einer Prepaid-Karte mit Guthaben für den Internet-Zugang über FPT, 💻 cardvn.net, Hanoi ☏ 04/822 3100, Ho-Chi-Minh-Stadt ☏ 08/821 4160, mit passwortgeschütztem Zugang vor Ort. Die Karten sind in fünf Varianten erhältlich, von der 15 Tage gültigen Family Net Card (ca. US$3) bis zur ein Jahr gültigen Business Card (US$20).

Eine nützliche Website mit Hinweisen zum Anschluss eines Laptops im Ausland und weiteren allgemeinen Informationen über internationale Anschlüsse und Standards zum Thema Elektrizität ist 💻 www.kropla.com.

Medien

In Vietnam erscheinen mehrere **englischsprachige Zeitungen und Magazine**. Die Tageszeitung mit der größten Auflage ist die *Vietnam News*, die ihre ebenso kurze wie auserlesene Zusammenfassung lokaler, regionaler und internationaler Nachrichten mit einigen Schnipseln Kunst und Kultur garniert. Das Wochenmagazin *Vietnam Investment Review* und die monatlich erscheinende *Vietnam Economic Times* bieten zwar nicht viele allgemeine Meldungen, behandeln die Themen jedoch weniger oberflächlich und sind vor allem für Informationen aus der Welt der vietnamesischen Wirtschaft interessant. Beide Magazine enthalten nützliche Beilagen *(Time Out* bzw. *The Guide)* mit Kultur- und Reisethemen sowie ausgewählten, aber stets aktuellen Veranstaltungshinweisen und Informationen zur Restaurant- und Nachtszene, vor allem für Hanoi und Ho-Chi-Minh-Stadt.

Die vietnamesische Tourismusbehörde *Vietnam Department of Tourism* gibt das ausgezeichnete und kostenlos erhältliche Monatsblatt *Vietnam Discovery* heraus. Neben Reiseberichten und Rezensionen über Restaurants und Einkaufsmöglichkeiten enthält das Magazin eine praktische Beilage zum Heraustrennen mit Veranstaltungshinweisen in den Haupttouristenorten. Schließlich gibt es noch das Monatsmagazin *Vietnam Pathfinder*, das vor allem wegen seiner Reiseberichte recht interessant ist.

Ausländische Publikationen wie *International Herald Tribune, Time, Economist, Financial Times* und Zeitungen aus Bangkok gibt es in den größeren Buchhandlungen und exklusiveren Hotels in Ho-Chi-Minh-Stadt und Hanoi.

Der staatliche **Radiosender** *Voice of Vietnam* (💻 www.vov.org.vn) wurde während der August-Revolution 1945 ins Leben gerufen. Zu Berühmtheit gelangte er während des Vietnamkriegs, als „Hanoi Hannah" Propagandaprogramme für die amerikanischen GIs über den Äther schickte. Heute unterhält er sechs Kanäle, darunter auch VOV5 (105,5 MHz), der mehrmals täglich englischsprachige Programme mit Nachrichten, Wetter, Sport, Unterhaltung, Kultur und sogar Marktpreise sendet.

Mit einem guten Weltempfänger ist die **Deutsche Welle** über Kurzwelle auf verschiedenen Frequenzen zu empfangen. Die aktuellen Frequenzen sind erhältlich von der Deutschen Welle, Abt.

Ausstrahlungsmanagement, 50588 Köln, ✆ 0221/3893208, 📠 3893220, ✉ tb@dw-world.de, 💻 dw-world.de. Informationen über die lokalen Frequenzen anderer Nachrichtensender wie BBC World Service (💻 www.bbc.co.uk/worldservice) finden sich auf deren jeweiliger Website.

Das vietnamesische **Fernsehen** *VTV* (💻 www.vtv.org.vn) wird ebenfalls staatlich kontrolliert und sendet eine Mischung aus Spielfilmen, Musikshows, Nachrichten, Seifenopern und ausländischen Importen (vornehmlich aus den USA, Korea und Japan). Der größte vietnamesische Sender VTV1 sendet zweimal täglich Nachrichten in englischer Sprache, in der Regel um 14 und 18 Uhr. In den Hotels wird zunehmend auch Satelliten-TV angeboten, und selbst die Budget-Unterkünfte in den großen Städten locken inzwischen standardmäßig mit CNN und MTV.

Die Deutsche Welle strahlt ihr 24-stündiges Fernsehprogramm **DW TV** in Deutsch, Englisch und Spanisch sowie verschiedene Hörfunkprogramme über den Satelliten AsiaSat 2 aus. Einige Hotels speisen das Programm in das hoteleigene Netz ein. Zu jeder vollen Stunde wird ein halbstündiges Nachrichtenjournal ausgestrahlt, zur geraden Weltzeit-Stunde in Englisch, zur ungeraden in Deutsch, außer um 21 und 2 Uhr, wo es in Spanisch läuft. Es folgen halbstündige Features mit deutschlandbezogenen Themen in der jeweiligen Sprache.

Neuerdings sendet zudem der **German Channel** ein Programm aus Beiträgen öffentlich-rechtlicher Sender sowie der Deutschen Welle, wobei sein Schwerpunkt mehr im Unterhaltungsbereich liegt

Sicherheit und Kriminalität

Vietnam ist ein relativ sicheres Reiseland, und das gilt auch für allein reisende Frauen. In Anbetracht der jüngeren Geschichte des Landes zeigen sich viele Touristen, vor allem Amerikaner, sogar positiv überrascht von der Herzlichkeit, die ausländischen Besuchern entgegengebracht wird. Auf der anderen Seite befindet sich die Kleinkriminalität im Aufschwung, hält sich aber immer noch einigermaßen in Grenzen und dürfte bei entsprechenden Vorsichtsmaßnahmen und gesundem Menschenverstand kein ernstes Problem darstellen. Im Allgemeinen gehen die Unannehmlichkeiten eher auf Vertreter der harmloseren Sorte zurück, z.B. übermotivierte Straßenhändler, Schlepper und Bettler.

Kleinkriminalität

Jeder Tourist ist ein potenzielles Opfer für Diebe, die im Übrigen auch innerhalb der Traveller-Gemeinde anzutreffen sind. Daher gilt es, Reisepass, Reiseschecks und andere Wertgegenstände stets sicher in einem **Geldgürtel** bei sich zu tragen. Wertsachen sollten niemals im Zimmer liegen gelassen werden, und falls das Hotel einen Safe hat, sollte man ihn auch benutzen. Ein Kabelschloss oder eine Kette mit **Vorhängeschloss** empfiehlt sich für die Türen und Fenster in billigen Hotels und zur Sicherung des Gepäcks in Zügen und Bussen. Umsicht beweist auch, wer bestimmte Sachen separat aufbewahrt: So können beispielsweise US$100 getrennt vom restlichen Bargeld untergebracht werden, zusammen mit Reisescheckquittungen, Versicherungsdaten sowie Fotokopien wichtiger Dokumente wie den relevanten Seiten des Reisepasses, *Departure Card* und Zollformular *(Baggage Declaration Form)*.

In der Öffentlichkeit ist es ratsam, sich möglichst dezent zu verhalten, d.h. auf auffälligen Schmuck und protzige Armbanduhren zu verzichten und Bargeld immer so diskret wie möglich hervorzuholen, besonders in **Menschenmengen** und **öffentlichen Verkehrsmitteln**. Falls das Gepäck auf dem Dach des Busses untergebracht wird, ist dafür Sorge zu tragen, dass es sicher befestigt ist (meistens wird alles mit Seilen festgezurrt). Außerdem sollte man sein Gepäck während der sensibelsten Zeiten – nämlich kurz vor der Abfahrt und bei der Ankunft im Zielort – gut im Auge behalten. Auf Zugreisen empfiehlt es sich, das Gepäck entweder mit einem Schloss zu sichern oder es unter der Sitzbank zu verstauen, wo es vor den Blicken der Allgemeinheit verborgen ist. Es wurde auch schon der eine oder andere Ausnahmefall bekannt, bei dem ein Traveller unter Drogen gesetzt und anschließend ausgeraubt wurde, weshalb man am besten von Personen, die man nicht kennt oder als nicht vertrauenswürdig empfindet, nichts zu essen oder zu trinken annimmt. Es ist zu beachten, dass Spaziergänger und Fahrgäste von Cyclos primär von einer bestimmten Sorte von Dieben ins Visier genommen werden, die **auf dem Moped** vorbeirasen und dem Opfer dabei blitzschnell Gegenstände entreißen. Um dem vorzubeugen, sollten Kameras oder teure Sonnenbrillen nicht am Hals baumeln und Taschen stets mit festem Griff gehalten werden. Wer dennoch zum Ziel eines derartigen Überfalls wird, sollte seine Sachen im Zweifelsfall lieber loslassen als zu riskieren, in den Verkehr gerissen und dabei ernsthaft verletzt zu werden.

Wenngleich die Rate auch in Hanoi ansteigt, ist die Kleinkriminalität im Großen und Ganzen eher ein südvietnamesisches Problem. **Ho-Chi-Minh-Stadt** genießt inzwischen einen recht schlechten Ruf als Hochburg der Mopedräuber, Taschendiebe und Schwindler. Vorsicht ist auch bei unschuldig aussehenden Kindern oder Mütterlein geboten, die nicht selten als Köder für Diebe fungieren – ganz besonders in der Dong Khoi und Umgebung sowie in den Rotlichtbezirken und den besonders von Touristen frequentierten Vierteln. Fahrten mit dem Cyclo nach Einbruch der Dunkelheit sind tunlichst zu vermeiden, ebenso zu jeder Tageszeit Spaziergänge ohne Begleitung durch den Distrikt 4 (unterhalb des Ho-Chi-Minh-Stadt-Museums) und durch Thu Duc (auf der anderen Seite des Saigon-Flusses).

Kleinkriminalität, die oft in direktem Zusammenhang mit Drogenbeschaffung und Prostitution steht, ist auch ein Problem in **Nha Trang**, wo man seine Sachen am Strand niemals aus den Augen lassen sollte. Auch hier gilt, dass Cyclo-Fahrten bei Nacht zu vermeiden sind und Frauen dann nicht mehr allein auf der Straße unterwegs sein sollten. Allein reisende Männer sind dagegen ein begehrtes Ziel für die so genannten „Taxi Girls", die vielfach auch als Diebinnen in Erscheinung treten. Andererseits muss man den Behörden zugute halten, dass sie bemüht sind, hart gegen Kleinkriminelle durchzugreifen. Bei der Polizei wurde eine Sonderabteilung für Touristen ins Leben gerufen, und einige Strandcafés haben Sitzbereiche eingerichtet, die für Straßenhändler tabu sind.

Bei alldem ist Panik jedoch unangebracht, denn die Kriminalitätsrate ist in Vietnam immer noch weitaus geringer als in westlichen Ländern, und Gewaltverbrechen gegen Touristen sind extrem selten.

Wer Opfer eines Diebstahls wurde, muss diesen bei der nächsten **Polizeiwache** melden, um seine Ansprüche gegenüber der Versicherung zu wahren. Dabei ist es ratsam, eine Englisch sprechende Begleitperson mitzunehmen, wobei das Hotel sicherlich jemanden vermitteln kann.

Korruption ist unter vietnamesischen Polizisten und anderen Beamten weit verbreitet. Ab und zu werden Bus-, Cyclo- oder anderen Fahrern, die Passagiere aus dem Westen befördern, völlig aus der Luft gegriffene Bußgelder aufgebrummt – die der Fahrgast dann zahlen soll. Mit etwas Geduld und ein paar in die Runde geworfenen Zigaretten lässt sich das Bußgeld meist jedoch erheblich drücken. Im Allgemeinen werden Ausländer aber von der Polizei in Ruhe gelassen – teils auch auf Anordnung der Regierung, denn schließlich möchte man das lukrative Geschäft mit dem Tourismus auf keinen Fall gefährden.

„Soziale Missstände" und Gewaltverbrechen

Seit der Befreiung und *doi moi* hat die vietnamesische Gesellschaft eine Zunahme in den Bereichen Prostitution, Drogenmissbrauch (einschließlich harter Drogen) und Schwerkriminalität zu verzeichnen. Diese so genannten „sozialen Missstände" werden als direkte Folge der verminderten Kontrolle der Gesellschaft und der damit einhergehenden Verwestlichung angesehen. Angesichts solch unliebsamer Entwicklungen sah sich die Regierung veranlasst, entsprechende Gegenmaßnahmen zu ergreifen, darunter die Beschlagnahmung pornografischer Videos und Literatur, die Zensur von Liedtexten und Razzien in Glücksspiel-Etablissements. Gelegentlich wird auch versucht, die Schließung von Bars und Clubs um Mitternacht behördlich zu verordnen, vor allem im Kampf gegen Drogen, aber auch um den allgemeinen Lärmpegel geringer zu halten. Während diese Sperrstunden in der Vergangenheit meist nach ein paar Monaten im Sande zu verlaufen pflegten, scheint das derzeitige Durchgreifen der Behörden von etwas mehr Entschlossenheit geprägt zu sein. Auch wenn die aktuelle Kampagne gegen die Missstände in der Gesellschaft kaum Auswirkungen auf ausländische Besucher hat, sollten diese sich der Vorgänge trotzdem bewusst sein und Sensibilität für die Problematik aufbringen.

Allein reisende Männer aus dem Westen werden von **Prostituierten** umworben, die ihrem Gewerbe manchmal in billigen Provinzhotels nachgehen, aber immer häufiger auch auf Mopeds umherfahren. Ungeachtet etwaiger moralischer Überlegungen sollte man sich stets vor Augen halten, dass AIDS in Vietnam auf dem Vormarsch ist.

Schließlich ist noch darauf hinzuweisen, dass es extrem unklug wäre, sich in Vietnam auf irgendwelche Geschäfte mit **Drogen** einzulassen. Abends und nachts sind auf den Straßen von Ho-Chi-Minh-Stadt, Hanoi, Nha Trang und sogar Sa Pa viele Dealer unterwegs, die einen unvorsichtigen Touristen auch schon mal der Polizei in die Hände spielen. Gegen ein saftiges Bestechungsgeld lassen die Beamten die Angelegenheit mit viel Glück noch einmal fallen, doch in der Regel drohen selbst bei geringen Drogendelikten Geld- und Gefängnisstrafen, während für den Besitz, Handel oder Schmuggel größerer Mengen noch regelmäßig die Todesstrafe verhängt wird.

Militär, Munition und politische Opposition

Es überrascht kaum, dass die vietnamesischen Behörden empfindlich auf alles reagieren, was **militärische Einrichtungen** und strategisch bedeutende Gebiete betrifft, einschließlich Grenzregionen, Feldlager (von denen es viele gibt), Brücken, Flughäfen und Bahnhöfe. Wer in der Nähe solcher Objekte Fotos macht, setzt sich der Gefahr aus, dass der Film beschlagnahmt oder ein Bußgeld verhängt wird.

Nicht detonierte Munition aus den vergangenen Kriegen stellt in einigen Regionen noch immer eine Bedrohung dar, vor allem in der Entmilitarisierten Zone, wo jedes Jahr mehrere Personen durch Blindgänger verletzt oder getötet werden. Überall in Vietnam gilt es, sich nicht von den Hauptwegen zu entfernen und niemals irgendwelche Geschosshülsen oder halb vergrabene Metallteile anzufassen.

Es muss nicht extra betont werden, dass **politische Aktivisten** in Vietnam nicht besonders gern gesehen sind. Wer politische Literatur mit sich führt oder mit bekannten Aktivisten in Kontakt steht, wird mit Argwohn behandelt, möglicherweise auch beschattet oder sogar ausgewiesen. Die vietnamesischen Kontaktpersonen haben eine weniger rücksichtsvolle Behandlung zu erwarten.

Bettler, Kinder und überhöhte Preise

Angesichts der großen Zahl von Behinderten, Kriegsversehrten und Arbeitslosen in Vietnam sind überraschend wenige **Bettler** auf den Straßen zu sehen. Die meisten Vietnamesen unternehmen sehr große Anstrengungen, sich mit ehrlicher Arbeit durchzuschlagen, sodass es für den Touristen in bestimmten Situationen durchaus angebracht sein kann, sich die Schuhe öfter putzen zu lassen als eigentlich notwendig oder einige Postkarten extra zu kaufen.

In vielen Touristenorten sieht sich der Besucher einer ganzen Schar **Kinder** oder Jugendlicher ausgesetzt, die kalte Getränke, Obst oder Kaugummi verkaufen. Auch wenn diese teilweise sehr aufdringlich sein können, wollen sie doch in den meisten Fällen einfach nur ein bisschen Englisch sprechen und ein wenig Spaß haben. Manchmal erweisen sie sich sogar als ausgezeichnete Fremdenführer, sodass es nur recht und billig ist, ihnen als Gegenleistung eine Kleinigkeit abzukaufen.

Vielen Touristen geht es auf die Nerven, dass man in Vietnam ständig die **Preise** noch einmal überprüfen und auf der Hut vor Abzocke sein muss. In diesem Zusammenhang ist es hilfreich, sich vor Abschluss einer Transaktion über den normalen Wechselkurs zu informieren und den vereinbarten Preis aufzuschreiben; doch selbst dann kann es passieren, dass der Betrag plötzlich anschwillt, wenn es ans Bezahlen geht. Im Allgemeinen zählen Cyclo-, Taxi-, Honda-Om-Fahrer und Busschaffner diesbezüglich zu den größten Übeltätern.

Notrufnummern

Die folgenden Telefonnummern gelten für ganz Vietnam. Falls möglich, sollte der Anruf von einer Vietnamesisch sprechenden Person getätigt werden.

Polizei ✆ 113
Feuerwehr ✆ 114
Krankenwagen ✆ 115

Verhaltenstipps

In ihrer Mischung aus Konfuzianismus und Buddhismus ist die vietnamesische Gesellschaft einerseits tendenziell konservativ, andererseits aber auch recht tolerant. So werden es Ausländer selten erleben, dass ein Vietnamese über die Kleidung oder das Verhalten von Fremden die Nase rümpft. Wer zudem einige einfache Verhaltensregeln befolgt, minimiert das Risiko, Anstoß zu erregen. Wichtig ist dies vor allem in ländlichen Gebieten und Provinzstädten, wo die Bevölkerung noch nicht so sehr mit den Gewohnheiten der „Langnasen" vertraut ist.

Die meisten Vietnamesen kleiden sich so elegant, wie sie es sich leisten können, und finden es dementsprechend merkwürdig, dass die offenbar wohlhabenden Ausländer oft schmutzige und verschlissene **Kleidung** tragen. Die vietnamesische Standardgarderobe besteht aus langer Hose und Hemd (mit Knöpfen bei Männern und langärmelig bei Frauen), wenngleich man in den Städten auch bereits junge Männer in Shorts und T-Shirts sieht, während einige ebenso modebewusste wie mutige junge Vietnamesinnen sich in gewagt knapper Bekleidung zeigen.

Besucher sollten sich im Zweifelsfall eher konservativ anziehen. Shorts und ärmellose Hemden erregen am Strand keinen Anstoß, wohl aber in Pagoden, Tempeln und anderen religiösen Stätten. Wer mit Beamten zu tun hat, sollte sich im eigenen Interesse so sauber und ordentlich wie möglich anziehen, denn alles andere könnte als Zeichen der Respektlosigkeit ausgelegt werden.

Besonders **Frauen** ist es zu empfehlen, bei der Kleidung Zurückhaltung zu üben, ganz besonders auf dem Lande und in den Regionen der ethnischen Minderheiten, wo das Zeigen von zu viel Haut als Verstoß gegen die guten Sitten gewertet wird. Absolut tabu ist außerdem hüllenloses Sonnenbaden am Strand

Beim Betreten eines Caodai-Tempels, des Hauptgebäudes einer Pagode oder einer Privatwohnung ist es Sitte, die **Schuhe** auszuziehen. In einigen Pagoden ist das heutzutage aber nur noch erforderlich, bevor man die Gebetsmatten betritt. Im Zweifelsfall empfiehlt es sich zu fragen oder zu beobachten, wie die anderen es machen. In einer Pagode oder einem Tempel wird im Übrigen von allen Besuchern eine kleine Spende erwartet.

Wie in den meisten asiatischen Ländern schickt es sich auch in Vietnam nicht, mit Zorn auf ein Ärgernis zu reagieren – ganz abgesehen davon, dass man damit überhaupt nichts erreicht. Das Herumreichen von Zigaretten (nur an Männer) ist stets gern gesehen und weit verbreitet, z.B. als Schachzug zum Voranbringen festgefahrener Verhandlungen.

Weitere gesellschaftliche Konventionen, die es zu beachten gilt: Man sollte **Kindern** niemals den Kopf tätscheln und – im Gegensatz zum Westen – kleine Babys lieber ignorieren als lautstark loben, denn Letzteres erregt angeblich die Aufmerksamkeit eifersüchtiger Geister, die sich dann mit Krankheit an dem Baby rächen.

Sonstiges

Adressen

Auch wenn sich das Auffinden einer Adresse in Vietnam relativ unproblematisch gestaltet, kann es doch hilfreich sein, über zwei Besonderheiten Bescheid zu wissen. Sind zwei Nummern durch einen Schrägstrich voneinander getrennt (z.B. 110/5), sucht man zunächst die Hausnummer 110, wo eine Gasse zu einer weiteren Häusergruppe abzweigt; dort ist es dann das 5. Gebäude. Folgt der Hausnummer ein Buchstabe (z.B. 117a), ist ein einzelner Häuserblock gemeint, der sich aus mehreren Adressen zusammensetzt, von denen eine 117a lautet. In Vietnam werden die Adressen ohne das entsprechende vietnamesische Wort für „Straße", „Allee", „Gasse" usw. benannt. In diesem Buch wird ebenso verfahren, solange es nicht zu Mehrdeutigkeiten kommt.

Elektrizität

Die Stromspannung beträgt 220 Volt. Die Stecker haben meistens zwei Rundstifte, doch es gibt auch Steckdosen für zwei Flachstifte und sogar welche für drei Stifte. Da die Stromversorgung starken Schwankungen unterliegt, muss mit Ausfällen und Spannungsstößen gerechnet werden.

Fotografieren

Farbfilme sind fast überall erhältlich, doch sollte man beim Einkauf auf das Verfallsdatum achten, das auf der Schachtel steht. Auf keinen Fall ratsam ist der Kauf von Filmen, die an Straßenständen angeboten werden – die können schon seit Monaten in der Sonne schmoren. Die Preise für Filme sind durchaus angemessen, daher braucht man nicht unbedingt einen Koffer voll von zu Hause mitzubringen. Farbnegativfilme kann man fast überall in Vietnam kaufen, darunter Markenfabrikate wie Kodak, Fuji und Konica.

Militärstrategisch wichtige Orte wie Flugplätze, Seehäfen, Militärbasen, Grenzanlagen, sowie Soldaten und Polizisten, die gerade ein Schmiergeld einstreichen o.Ä., sollte man nicht fotografieren, und schon allein der Gedanke daran, Ho Chi Minh in seinem gläsernen Sarg fotografisch festhalten zu wollen, ist ein Sakrileg! Es ist für jeden Besucher ratsam, sich folgenden, auf zahlreichen Schildern auftauchenden Wortlaut einzuprägen: *Cam Dhup Hinh Va Quay Video*, zu Deutsch: Keine Fotos oder Videoaufnahmen!

Das Ablichten von Menschen, insbesondere Angehörigen der Bergvölker, erfordert äußerste Sensibilität: Das beleidigende Verhalten eines einzelnen Touristen fällt auf alle nach ihm Kommenden zurück. Es ist ein Zeichen des guten Tons, zuerst zu fragen und bei einer negativen Antwort auf das Foto zu verzichten.

Gepäckaufbewahrung

Am Flughafen von Ho-Chi-Minh-Stadt gibt es in der Ankunftshalle eine neue Gepäckaufbewahrung für US$2–3 pro Tag. Die meisten Hotels haben einen Raum oder einen Schrank für Gepäck, wenngleich diese nicht immer hundert Prozent sicher sind.

Öffnungszeiten

Die normalen Öffnungszeiten sind 7.30–11.30 und 13.30–16.30 Uhr, wenngleich das Geschäftsleben im Anschluss an das Mittagessen erst nach 14 Uhr wieder richtig in Gang kommt. Am Sonntag bleiben Büros und Behörden zu, und viele schließen inzwischen auch am Samstag, einschließlich der meisten staatlichen Banken und der Regierungsbüros.

Zur Zeit der Recherche waren die meisten **Banken** Mo–Fr von 8–11.30 und 13–16 Uhr geöffnet, wobei einige aber auch später am Nachmittag noch dienstbereit sind oder auf die Mittagspause verzichten. In den Touristenzentren gibt es sogar einige Filialen, die auch abends und am Wochenende geöffnet sind. **Postämter** haben wesentlich längere Geschäftszeiten und sind in der Regel sieben Tage die Woche von 6.30–21.30 Uhr durchgehend geöffnet. Einige kleinere Postfilialen haben kürzere Öffnungszeiten und schließen am Wochenende.

Läden und **Märkte** haben jeden Tag von morgens bis abends geöffnet, doch halten die meisten Markthändler und viele private Ladenbesitzer eine „Siesta". Die meisten Geschäfte bleiben bis ca. 20 Uhr geöffnet, in den großen Städten sogar noch länger.

Museen haben gewöhnlich einen Tag in der Woche (meistens montags) geschlossen. Die Kernöffnungszeiten sind 8–11 und 14–16 Uhr. Einige **Tempel** und **Pagoden** machen über Mittag zu, bleiben aber ansonsten täglich bis abends geöffnet.

Trinkgeld

Die exklusiveren Restaurants und Hotels erheben normalerweise eine Servicegebühr. In anderen Lokalen ist ein Trinkgeld immer willkommen, wird aber nicht erwartet. Im Restaurant sind ca. 10% üblich, bei Unterkünften richtet sich die Höhe nach der Kategorie des Hotels und dem Umfang der Serviceleistungen. Im Allgemeinen sind ein paar Tausend Dong ausreichend.

Verhütungsmittel

Das entsprechende Angebot der vietnamesischen Apotheken ist insgesamt sehr dürftig, und die Präparate haben nicht selten ihr Verfallsdatum bereits weit überschritten. Wer die Pille nimmt, sollte sich daher vor der Abreise mit einem ausreichenden Vorrat eindecken. Zuverlässige Import-Kondome (*bao cao su*) gibt es in Hanoi und Ho-Chi-Minh-Stadt, andernorts sind sie dagegen alles andere als einfach zu bekommen.

Wäschereien

Fast alle Gästehäuser und Hotels bieten einen Waschservice an. Wäschereien und Reinigungen im westlichen Stil gibt es in großer Zahl in Hanoi, Ho-Chi-Minh-Stadt und anderen großen Städten. Beim Waschen wird häufig noch gründlich mit der Hand geschrubbt, sodass bei empfindlichen Stoffen Vorsicht geboten ist.

Zeitunterschied

Die Zeit in Vietnam errechnet sich aus Mitteleuropäischer Zeit (MEZ) plus sechs Stunden bzw. Sommerzeit plus fünf Stunden.

Vietnam und seine Bewohner

Die **Sozialistische Republik Vietnam** (Hauptstadt: Hanoi) grenzt im Westen an das Südchinesische Meer, im Norden an China und im Osten an Laos und Kambodscha. Das lange, schmale Land umfasst mehr als 330 000 km² und besitzt eine über 3000 km lange Küstenlinie. An seinem schmalsten Punkt misst Vietnam nur 50 km.

In Vietnam leben rund 80 Mill. Menschen, davon 77% auf dem Land. Die Mehrheit der **Bevölkerung** konzentriert sich in den fruchtbaren Deltas des Roten Flusses im Norden und des Mekong im Süden, weshalb Vietnams ländliche Bevölkerungsdichte eine der höchsten in ganz Südostasien ist. Über die Hälfte der Einwohner ist jünger als 25 Jahre, und 10% gehören einer der vielen verschiedenen ethnischen Minderheiten an.

Vietnam ist einer der letzten überlebenden kommunistischen Einparteien-Staaten der Welt und eines der ärmsten Länder Asiens. Zwei Drittel der Bevölkerung verdienen ihren Lebensunterhalt mit der Landwirtschaft. Das **Durchschnittseinkommen** pro Kopf beträgt jährlich US$365, aber viele Menschen müssen mit weniger als US$0,50 pro Tag auskommen, besonders in ländlichen Gebieten.

In den letzten zehn Jahren ist die vietnamesische **Wirtschaft** jährlich um über 7% gewachsen. Außerdem hat sich Vietnam von einem Reis-Importeur (vor 1986) zum drittgrößten Reis-Exporteur der Welt – nach Indien und Thailand – gemausert.

Vietnam beherbergt eine unglaubliche Vielfalt an **Pflanzen und Tieren**, darunter einige der seltensten Arten der Welt, die z.T. erst in den letzten Jahren entdeckt wurden. Das Java-Rhinozeros *(Rhinoceros sondaicus)*, der Schwarze Kragenbär *(Ursus thibetanus)*, der Sarus-Kranich *(Grus antigone)* und der Goldkopflangur *(Trachypithecus poliocephalus)* sind nur einige der gefährdeten Spezies, die ihre Heimat in den Wäldern und Sumpfgebieten des Landes haben.

Geschichte

Innerhalb seiner gegenwärtigen geografischen Grenzen existiert Vietnam als vereinter Staat erst seit Anfang des 19. Jhs. Die Geschichte des vietnamesischen Volkes reicht hingegen mehrere Tausend Jahre bis zu einem legendären Königreich im Delta des Roten Flusses zurück, von wo aus sich das Volk der Viet auf seinem „Marsch nach Süden" unaufhaltsam auf der Halbinsel Indochina ausbreitete. Ein interessanter Aspekt, der sich wie ein roter Faden durch die Geschichte des Landes zieht, ist der letztlich stets von Erfolg gekrönte Widerstand der Vietnamesen gegenüber jeglichen ausländischen Aggressoren.

Die Frühzeit

Die frühesten menschlichen Spuren auf dem Gebiet des heutigen Vietnam lassen sich bis in eine altsteinzeitliche Kultur zurückverfolgen, die vor rund 500 000 Jahren existierte. Die damaligen Jäger und Sammler entwickelten langsam erste Methoden zur landwirtschaftlichen Nutzung des Landes, doch der wichtigste Schritt erfolgte vor etwa 4000 Jahren, als Bauern erstmals damit begannen, unter künstlicher Bewässerung im Delta des Roten Flusses Reis anzubauen. Die gemeinschaftliche Anstrengung, die zur Errichtung und Aufrechterhaltung der komplexen Systeme aus Gräben und Kanälen notwendig war, führte zur Herausbildung einer stabilen, hoch organisierten Gesellschaft, die heute als Wiege der vietnamesischen Nation gilt. Um 2000 v.Chr. hatte sich das sagenhafte Königreich **Van Lang** („Land der Tätowierten") unter den halbmythologischen Hung-Königen etabliert, deren Hauptstadt nordwestlich von Hanoi in der Nähe des heutigen Viet Tri lag. Archäologische Funde lassen darauf schließen, dass sich jenes Volk, die Lac Viet, bis zum 1. Jahrtausend v.Chr. zu einer bemerkenswerten Bronzezeitkultur entwickelt hatte, deren Einfluss bis nach Indonesien reichte. Ihre großartigste Errungenschaft waren zweifellos die rituellen **Bronzetrommeln**, die in den 20er Jahren des 20. Jhs. bei Dong Son gefunden wurden und von den Vietnamesen als erster handfester Beweis für die Existenz einer unabhängigen einheimischen Kultur verehrt werden.

Mitte des 3. Jhs. v.Chr. wurde Van Lang von einem chinesischen Kriegsherrn erobert, der das neue Königreich **Au Lac** mit der Hauptstadt Co Loa in der Nähe des heutigen Hanoi errichtete. Damit waren die Lac Viet aus dem Flachland und die Völker aus den Bergen zum ersten Mal in der Geschichte unter einer gemeinsamen Herrschaft vereint. Doch schon 50 Jahre später, um 207 v.Chr., wurde Au Lac von einem anderen chinesischen

Potentaten annektiert, der es **Nam Viet** („Land im Süden") einverleibte, einem unabhängigen Königreich, das sich über ein großes Gebiet im Süden Chinas erstreckte. Eine Zeitlang konnten die Lac Viet ihre Traditionen und eine eigenständige Aristokratie noch aufrechterhalten, doch im Jahre 111 v.Chr. unterwarfen die Kaiser der Han-Dynastie endgültig das gesamte Delta des Roten Flusses und begründeten eine chinesische Herrschaft, die über ein Jahrtausend Bestand haben sollte.

Die chinesische Herrschaft

Eintausend Jahre chinesischer Herrschaft hatten unweigerlich tief greifende Auswirkungen auf sämtliche Aspekte des vietnamesischen Lebens, vor allem in gesellschaftlicher und politischer Hinsicht. Mit der Einführung des **Konfuzianismus** als Staatsideologie bildete sich langsam eine genau festgelegte, feudalistische Hierarchie heraus, an deren Spitze die Klasse der hohen Staatsbeamten stand, die so genannten Mandarine. Diese von Natur aus konservative Elite zeichnete für die lang anhaltende Stabilität eines Verwaltungssystems verantwortlich, das der vietnamesischen Gesellschaft bis weit ins 19. Jh. ihren Stempel aufdrücken sollte. Die Chinesen führten willkommene technische Neuerungen ein, darunter die Schrift, die Seidenproduktion und große hydraulische Anlagen, und im Laufe des 2. Jhs. n.Chr. hielt auch der Mahayana-Buddhismus aus China kommend Einzug in Vietnam.

Gleichzeitig schmiedete das Volk der Viet jedoch an seiner eigenen nationalen Identität, indem es immer wieder versuchte, sich von seinem mächtigen Nachbarn im Norden loszureißen. Dem lokalen Adel ging es unter der Herrschaft der Chinesen zwar nicht schlecht, doch auch in ihren Reihen regte sich zunehmend Unmut über den ungeliebten Vasallenstatus und die hohen Steuern, die nach China abgeführt werden mussten. Die diversen Aufstände jener Periode werden zuweilen stark aufgebauscht, doch bei mindestens drei Gelegenheiten konnten die Vietnamesen ihre Besatzer tatsächlich von der Macht verdrängen. Das erste und am meisten gerühmte dieser kurzlebigen, unabhängigen Königreiche wurde 40 n.Chr. von den **Trung-Schwestern** (Hai Ba Trung) gegründet. Nachdem ihr Mann von den Chinesen ermordet worden war, zog Trung Trac mit ihrer Schwester die Lokalfürsten und Kleinbauern unter ihrer Führung zusammen, um sich in einer ersten Revolte gegen die Fremdherrschaft aufzulehnen. Die Chinesen ergriffen die Flucht, und Trung Trac wurde Herrscherin über ein Reich, das von Hué nach Südchina reichte, bis der Han-Kaiser drei Jahre später 20 000 Soldaten und eine Flotte von 2000 Kriegsdschunken entsandte, um der Rebellion ein Ende zu bereiten. Die Schwestern zogen es vor, sich in die Fluten des Roten Flusses zu stürzen, statt sich in Gefangenschaft zu begeben, während sich die Chinesen eilends daranmachten, den ansässigen Landadel aus seinen Ämtern zu entfernten. Wenngleich einige nachfolgende Revolten ebenfalls scheiterten, so hatten die Schwestern doch bewiesen, dass die Chinesen nicht unverwundbar waren, und eroberten sich damit einen festen Platz im Pantheon der vietnamesischen Nationalhelden.

Im Laufe der folgenden Jahrhunderte geriet Vietnam immer mehr in den politischen und kulturellen Einflussbereich Chinas. Besonders düster war die Lage im 7. und 8. Jh., als die mächtige Tang-Dynastie ihre südlichste Provinz, die sie als **Annam** („Befriedeter Süden") bezeichnete, noch strenger an die Kandare nahm. Als jene Dynastie Anfang des 10. Jhs. zusammenbrach, kam es zu einer Reihe größerer Aufstände, die 938 in der Schlacht am **Bach Dang-Fluss** ihren Höhepunkt erreichten. Bei diesem berühmten Sieg gelang es Ngo Quyen, dem Anführer der vietnamesischen Truppen, die schweren chinesischen Kriegsdschunken in die Flussmündung zu locken, wo sie sich bei Ebbe in den eisenbewehrten Pfählen verfingen, mit denen er das Flussbett zuvor hatte präparieren lassen (s.S. 510, Die Schlachten am Bach Dang). So wurde die chinesische Flotte zu einer leichten Beute der Vietnamesen, und Ngo Quyen proklamierte sich zum Herrscher von **Nam Viet**, errichtete seinen Hofstaat in der historischen Zitadelle von Co Loa und läutete damit eine beinahe zehn Jahrhunderte währende Unabhängigkeit Vietnams ein.

Funan und Champa

In der Zwischenzeit hatte sich im Süden Vietnams statt der chinesischen die indische Zivilisation durchgesetzt, allerdings eher in Form kultureller Einflüsse denn als herrschende Macht. Ab dem 1. Jh. n.Chr. errichteten indische Händler, die nach Osten Richtung China segelten, hinduistische Enklaven entlang der Südküste Indochinas. Der größte und bedeutendste dieser Stadtstaaten war **Funan**, mit der Hafenstadt Oc Eo als Umschlagszentrum. Die in der Nähe der heutigen Stadt Rach Gia im Mekong-Delta (s.S. 251) angesiedelte Enklave hatte sich bereits im frühen 3. Jh. zu einer mächtigen Handelsnation entwickelt, deren Verbindungen bis nach Persien und Rom reichten. Als jedoch die Seefahrer im 5. Jh. dank technischer Neuerungen in der Lage waren, ganz Indochina ohne einen Hafenaufenthalt zu umschiffen, schwand Funans Bedeutung langsam aber sicher.

Etwa zur gleichen Zeit entwickelte sich ein weiteres Königreich unter indischem Einfluss in den schmalen Küstenebenen Zentralvietnams. Es ist nicht viel bekannt über die Ursprünge von **Champa**, doch chinesische Aufzeichnungen deuten auf die Existenz eines „barbarischen" Staates in jener Region gegen Ende des 2. Jhs. hin. Die weitere Geschichte Champas ist eine komplizierte Verstrickung aus ständig wechselnden Bündnissen mit den benachbarten Chinesen, den Khmer und, etwas später, auch den Vietnamesen (s.S. 316/317, Das Königreich Champa). Die meiste Zeit über war Champa jedoch ein hinduistisches Königreich, das auf der Grundlage von Nassreisanbau und Seehandel existierte und von geistlichen Führern regiert wurde, die zunächst Shiva verehrten und sich später dem Buddhismus zuwandten. Bis Ende des 10. Jhs. erstreckte sich Champa vom Hoanh Son-Gebirge nördlich von Dong Hoi bis hinunter zum Mekong-Delta. Zentrum der Macht war das Gebiet um die heutige Stadt Da Nang, als spirituelle Heimat diente die Tempelstadt My Son. Die Cham-Könige ließen zahlreiche sakrale Bauwerke errichten, und noch heute sind die roten Backsteinruinen ihrer Türme und Tempel an der gesamten zentralvietnamesischen Südküste zu sehen. Sie erreichten zwar nie die Pracht und den Glanz von Angkor, doch ihr größtes Vermächtnis ist der eindrucksvolle architektonische Stil, der von einem enormen Reichtum an ausdrucksstarken Skulpturen gekennzeichnet ist.

Im Großen und Ganzen tolerierten die Chinesen das relativ schwache Königreich an ihrer Südgrenze, obgleich sie Tribute erhoben und Champa mehrmals plünderten. Ab Mitte des 10. Jhs. änderte sich die Lage jedoch dramatisch, nachdem Vietnam die Unabhängigkeit erlangt hatte und die Viet ihre Aufmerksamkeit bei der Suche nach neuem Land auf den Süden lenkten. Gegen Ende des 11. Jhs. hatte Champa sein Territorium nördlich von Hué eingebüßt, und vier Jahrhunderte später fiel das gesamte Königreich als Vasallenstaat unter die Herrschaft der Viet. Eine Zeitlang blieben die Cham-Fürsten noch als nominelle Herrscher an der Macht, bis ihr Staat im 19. Jh. schließlich vollends im modernen Vietnam aufging.

Das unabhängige Vietnam

Im Delta des Roten Flusses war die Periode, die der 939 erlangten Unabhängigkeit von der chinesischen Herrschaft folgte, von internen Streitigkeiten geprägt. Als Ngo Quyen nur fünf Jahre nach Besteigung des Throns starb, stürzte Nam Viet in die Anarchie, während sich zwölf Militärmachthaber um die Nachfolge stritten. Im Jahr 968 gelang es schließlich einem der Heerführer, **Dinh Bo Linh**, das Land zu vereinigen und seine Zukunft zu sichern, als er sich bereit erklärte, dem chinesischen Kaiser Tribut zu zollen – ein System, das bis zum 19. Jh. Bestand haben sollte. Dinh Bo Linh ergriff jedoch noch eine zusätzliche Vorsichtsmaßnahme und verlegte seine Hauptstadt weiter südlich in das besser zu verteidigende Tal von Hoa Lu, wo sie während der beiden kurzlebigen Dynastien der Dinh und frühen Le auch blieb.

Jenen frühen Monarchen war es vorbehalten, den Grundstein für einen zentralisierten Staat zu legen, indem sie die Verwaltung und Armee reformierten und Straßenbauprojekte in Angriff nahmen. Es war aber die nachfolgende, im Jahre 1009 von dem großen **Ly Thai To** gegründete **Ly-Dynastie**, welche die Unabhängigkeit des Staates **Dai Viet** („Großes Viet") konsolidierte und der Nation für die nächsten 400 Jahre Stabilität garantierte. Ly Thai To und seine Nachfolger waren zwar glühende Verehrer des Buddhismus, als solide ideologische Basis für ihre administrativen und politischen Reformen diente ihnen jedoch der Konfuzianismus nach streng chinesischem Vorbild. Eine der ersten Amtshandlungen der neuen Dynastie bestand darin, die Hauptstadt wieder zurück in das Reisland des Nordens zu verlegen und die Stadt Thang Long zu gründen, die Keimzelle des modernen Hanoi. Der Bau immer ausgereifterer Bewässerungssysteme im Delta des Roten Flusses hatte einen bedeutenden Aufschwung der Wirtschaft zur Folge. Zur gleichen Zeit sorgten Reformen der Landpachtgesetzte und der Provinzverwaltung für die Entstehung einer neuen Klasse von Landbesitzern mit Recht auf Erbfolge und für regelmäßige Staatseinnahmen auf der Grundlage einer soliden Steuerpolitik. Im Jahre 1076 gründete ein König der Ly-Dynastie Vietnams erste nationale Universität in Hanois großem Literaturtempel, dem Konfuzius gewidmeten Van Mieu, um mittels anspruchsvoller Prüfungen den Nachschub an gehobenen Staatsbeamten sicherzustellen.

Ly Thai Tos Nachfolger **Ly Thai Tong** (1028–1054) nahm eine groß angelegte Umstrukturierung der nationalen Armee vor und verwandelte sie in eine professionelle Streitmacht, die nicht nur in der Lage war, die Grenzen im Norden zu sichern, sondern den Einflussbereich auch Richtung Süden auszudehnen. Das Vertrauen in die eigene Stärke war so groß, dass die Armee von Dai Viet 1076 unter dem hoch geschätzten General Ly Thuong Kiet sogar einen Präventivschlag gegen die Streitkräfte der chinesischen Song-Dynastie führte und auch den folgenden Gegenangriff erfolgreich abwehrte. Das war jedoch lediglich ein Geplänkel verglichen mit dem, was die nachfolgende Dynastie der Tran mit den Mongolen anstellte, als Kublai Khan in der zweiten Hälfte des 13. Jhs. mit seinem Heer in Südchina einfiel.

Die **Tran-Dynastie**, die den schwächelnden Ly-Clan 1225 ablöste, behielt das existierende Verwaltungssystem weitgehend bei und setzte die systematische Stärkung des zentralisierten Staates fort. Die herausragenden Leistungen der Tran waren jedoch ihre spektakulären militärischen Siege, mit denen sie in einem Zeitraum von dreißig Jahren drei aufeinander folgende **Invasionen der Mongolen** zurückschlugen. Bei den ersten beiden Angriffen, 1257 und 1284, hielten die mongolischen Truppen die Hauptstadt noch kurze Zeit besetzt, bevor sie sich zurückziehen mussten, wohingegen die letzte Schlacht im Jahre 1288 als Wiederholung von Ngo Quyens Kriegslist am Bach Dang-Fluss in die Geschichte einging. Diesmal war es der brillante General Tran Hung Dao, ein Prinz aus der königlichen Familie, der die Streitkräfte der Viet gegen die haushoch überlegenen Truppen Kublai Khans ins Feld führte. Während die mongolische Kriegsmarine im Bach Dang-Fluss versank, wurden die Truppen zu Lande ebenso vernichtend geschlagen und nach China zurückgedrängt. Kurze Zeit später starb Kublai Khan, und mit ihm verschwand die Bedrohung durch die Mongolen.

Gegen Ende des 14. Jhs. war das Land infolge ununterbrochener Kriegsführung – größtenteils gegen Champa – und hoher Steuern finanziell ausgeblutet. Zudem wurde das Delta im Norden von Hungersnöten heimgesucht, während einige mächtige Feudalherren immer mehr Landbesitz anhäuften und so dafür sorgten, dass eine rebellische Bevölkerung aus besitzlosen Sklaven, Leibeigenen und Kleinbauern heranwuchs. Die chaotischen Zustände, die mit dem Fall der Tran-Dynastie einhergingen, nutzte der ehrgeizige Hofminister Ho Qui Ly im Jahre 1400 dazu, sich des Thrones zu bemächtigen. Wenngleich die **Ho-Dynastie** nur sieben Jahre Bestand hatte, konnten ihre beiden fortschrittlichen Monarchen einige wichtige Reformen auf den Weg bringen. Sie nahmen das Problem der Landknappheit in Angriff, indem sie die zulässige Größe der Besitzungen begrenzten und verpachteten den überschüssigen Grund und Boden an landlose Bauern. Die Ho reformierten außerdem das Steuersystem, ersetzten die Münzwährung durch Papiergeld, öffneten Häfen für den Handel mit dem Ausland, nahmen eine Umstrukturierung des Gerichtswesens vor und führten ein staatliches Gesundheitssystem ein. Sogar der Bildungssektor kam auf den Prüfstand und wurde um die Disziplinen Mathematik, Landwirtschaft und einige praktische Fächer erweitert, die fortan die klassischen konfuzianischen Lehren ergänzten.

Gerade als die Ho so richtig in Fahrt gekommen waren, begann die neue Ming-Dynastie in China wieder über die Grenze nach Süden zu schielen. Unter dem Vorwand, die Tran wiedereinsetzen zu wollen, marschierten die Ming 1407 in Vietnam ein und zwangen dem Nachbarn ein paar Jahre später die direkte Herrschaft auf. Diesmal hatte sich die **chinesische Besatzung** freilich mit einem weitaus schwierigeren Problem auseinander zu setzen, denn das Volk der Viet hatte sich inzwischen zu einer relativ geschlossenen Einheit entwickelt. Die Chinesen versuchten, die Kultur der Viet zu schwächen, indem sie lokale Sitten und Bräuche per Gesetz verboten und vietnamesische Bücher, Kunstwerke und historische Texte vernichteten. Da es auch um die wirtschaftliche Lage alles andere als gut bestellt war, brachen schon bald landesweite Aufstände aus. Langsam verlagerte sich der Schwerpunkt des vietnamesischen Widerstands in die Berge von Thanh Hoa, südlich von Hanoi, wo der einheimische Grundbesitzer und Mandarin **Le Loi** die Vorbereitungen für einen nationalen Befreiungskrieg traf. Zehn Jahre lang brachte Le Loi mit seinen überaus disziplinierten Partisanenkämpfern dem Feind schwere Verluste bei, ehe er die chinesische Armee 1427 in einer offenen Schlacht endgültig besiegen konnte.

Als König Le Thai To begründete Le Loi das dritte große Herrschergeschlecht, die **Späte Le-Dynastie**, und machte sich an den Wiederaufbau des alten Dai Viet, starb aber bereits nach nur fünf Jahren auf dem Thron. Als größter aller Le-Herrscher wird der vierte König **Le Thanh Tong** (1460–1497) betrachtet, dessen landwirtschaftliche Reformen zu einer Erhöhung der Getreideproduktion führten und riesige neue Ländereien verfügbar machten, während das Königreich Champa weiter nach Süden abgedrängt wurde. Der neue Wohlstand in einer relativ friedlichen Zeit ermöglichte es Le Thanh Tong sogar, eine Volkszählung und eine geografische Vermessung seines gesamten Königreichs vornehmen zu lassen. Außerdem führte er neue Zivil- und Strafgesetzbücher ein, die bis ins 19. Jh. die Grundlage der vietnamesischen Rechtsprechung bilden sollten. In anderen Bereichen erwies sich Le Thanh Tong hingegen als zutiefst konservativer Monarch, dem die Lehre des Konfuzius über alles ging.

Die Fürstengeschlechter Nguyen und Trinh

Anfangs konnte die Le-Dynastie die wirtschaftlichen Früchte ihres aufstrebenden Reiches noch ernten, doch später brachten die neuen Provinzen wohlhabende, halbautonome Herrscher hervor, die stark genug waren, den Thron herauszufordern. Als es im 16. Jh. mit den Le bergab ging, erfuhr die Dynastie zunächst noch Unterstützung durch zwei dieser mächtigen Clans, die **Nguyen** und die **Trinh**, die Seite an Seite mit den Le gegen andere Mitbewerber um den Thron kämpften. Gegen Ende des Jahrhunderts waren die beiden Fürstengeschlechter de facto Herrscher über Vietnam, worauf das Land in zwei Teile zerfiel: Die Trinh herrschten in Hanoi und im Norden, während die Nguyen ihren Hof in Hué errichteten und die Le nur als Marionetten regierten. Zwischen den beiden Clans kam es immer wieder zu bürgerkriegsähnlichen Auseinandersetzungen, bis sie 1674 schließlich einen hundertjährigen Waffenstillstand schlossen und eine offizielle Grenzlinie entlang des Gianh-Flusses in der Nähe von Dong Hoi zogen.

Etwa zur gleichen Zeit setzten die Nguyen ihre Eroberung des Mekong-Deltas fort und entrissen den schwächer werdenden Khmer immer mehr Land, sodass das Volk der Viet Mitte des 18. Jhs. die gesamte südliche Halbinsel bis hinunter nach Ca Mau beherrschte. Dennoch wurde Vietnam das ganze 18. Jh. hindurch von schweren Hungersnöten geplagt – eine Situation, die durch die Landknappheit im Norden und korrupte Beamte noch weiter verschlimmert wurde. Wiederholt kam es zu kleineren Aufständen, bis sich die allgemeine Unzufriedenheit 1771 in Form einer Rebellion bei Tay Son endgültig Bahn brach. Die Rebellen behielten zwar nur kurze Zeit die Oberhand, doch gab es nun einen zusätzlichen Faktor im Gleichgewicht der Kräfte.

Die vietnamesischen Dynastien
Ngo 939–965
Dinh 968–980
Frühe Le 980–1009
Ly 1009–1225
Tran 1225–1400
Ho 1400–1407
(**Chinesische Ming** 1407–1428)
Späte Le 1428–1789
Fürstengeschlechter der Nguyen und Trinh 1592–1788
Tay Son 1788–1802
Nguyen 1802–1945

Erste Kontakte zum Westen

Die ersten Menschen aus dem Westen, die ihren Fuß auf vietnamesischen Boden setzten, waren wahrscheinlich **Händler** aus dem alten Rom, die im 2. Jh. n.Chr. in den Häfen von Champa vor Anker gingen. Ab dem 5. Jh. spielte Indochina auf den Haupthandelsrouten zwischen Ost und West jedoch kaum noch eine Rolle. Marco Polo segelte im 13. Jh. auf dem Weg nach China an der vietnamesischen Küste entlang, doch von größerer Bedeutung war die Ankunft des portugiesischen Kaufmanns Antonio Da Faria im Hafen von Fai Fo (Hoi An) 1535. Fai Fo zählte seinerzeit zu den wichtigsten Häfen Südostasiens, wo es von chinesischen und japanischen Schiffen nur so wimmelte. Die **Portugiesen** errichteten einen eigenen Handelsposten in Fai Fo – in dem Land, das sie Cochinchina nannten –, und schon bald folgten die anderen europäischen Seemächte ihrem Beispiel. Zu jener Zeit zerfiel Vietnam gerade in regionale Splittergruppen, und die Europäer wussten schnell Kapital aus den wachsenden Spannungen zwischen den Nguyen und den Trinh zu schlagen, indem sie Waffen im Tausch gegen Handelskonzessionen lieferten. Als der Bürgerkrieg 1674 endete, war dieser Vorteil für die europäischen Kaufleute dahin. Nach und nach gaben die Engländer, Holländer und Franzosen ihre Handelsstützpunkte auf, bis schließlich nur noch die Portugiesen in Fai Fo übrig blieben.

Mit den Händlern kamen auch die **Missionare** nach Vietnam. Portugiesische Dominikanermönche waren die ersten, die Anfang des 16. Jhs. eintrafen, doch erst 1615, als Jesuiten eine kleine Mission in Fai Fo gründeten, vermochte sich die katholische Kirche fest im Land zu etablieren. Durch die Anfangserfolge ihrer Mission im Süden, wo die Nguyen an der Macht waren, sahen sich die Jesuiten ermutigt, auch Vorstöße in den Norden des Landes zu wagen. Der Gesandte ihrer Wahl war ein 28-jähriger Franzose namens **Alexandre de Rhodes**, ein äußerst sprachbegabter Mensch, der bereits sechs Monate nach seiner Ankunft in Fai Fo im Jahre 1627 auf Vietnamesisch predigte. Seine Begabung beeindruckte auch die Trinh-Herrscher in Hanoi, wo de Rhodes pro Tag sechs Predigten hielt und in nur zwei Jahren fast 7000 Vietnamesen zum katholischen Glauben bekehrte. Während jener Zeit arbeitete de Rhodes auch an einer simplen Umschrift der vietnamesischen Sprache – die sich bis dahin eines ausgezeichneten Systems auf der Grundlage chinesischer Schriftzeichen bedient hatte – in das lateinische Alphabet. Eigentlich wollte de Rhodes es sich damit nur einfacher machen, das Evangelium zu predigen, doch seine phonetische Umschrift wurde schließlich zur Grundlage der vietnamesischen Nationalschrift *quoc ngu*.

Die Predigten der Missionare fielen auf fruchtbaren Boden, ganz besonders beim Bauerntum und denjenigen gesellschaftlichen Gruppen, die am unteren Ende der fest etablierten konfuzianischen Hierarchie angesiedelt waren. So dauerte es nicht lange, bis die herrschende Elite sich von den subversiven Ideen des Christentums bedroht fühlte. Am meisten Sorgen bereitete ihnen dabei die Untergrabung der Loyalität zum Kaiser und die öffentliche Anprangerung der Polygamie. In den 30er Jahren des 17. Jhs. kam es schließlich zu einem Verbot der missionarischen Tätigkeit, und zahlreiche Priester wurden des Landes verwiesen oder sogar hingerichtet. Die Christenverfolgung gestaltete sich jedoch lückenhaft, so dass die Missionare je nach politischem Klima kamen und gingen. Bis Ende des 17. Jhs. konnte die katholische Kirche, und vor allem die Französische Missionsgesellschaft, mehrere Hunderttausend Konvertierte verbuchen. Im ausgehenden 18. Jh. fungierten die katholischen Missionen darüber hinaus als Basis für französische Kaufleute, die mit der mächtigen Präsenz Großbritanniens in Fernost konkurrieren wollten. Als Anfang der 70er Jahre des 18. Jhs. ein großer Volksaufstand in Vietnam ausbrach, sahen die europäischen Händler ihre Chance gekommen, sich noch fester auf der Halbinsel Indochina zu etablieren.

Der Tay Son-Aufstand

Im Verlauf des 18. Jhs. kam es wiederholt zu Rebellionen in verschiedenen Landesteilen. Die meisten wurden rasch niedergeschlagen, doch im Jahre 1771 erhoben sich im Dorf Tay Son westlich von Qui Nhon drei Brüder, die schließlich die Herrschaft über das ganze Land übernehmen sollten. Der Tay Son-Aufstand gewann breite Unterstützung bei den mittellosen Bauern, ethnischen Minderheiten, kleinen Kaufleuten und Stadtbewohnern, die sich von der Losung der Brüder angesprochen fühlten: gleiches Recht für alle, Gerechtigkeit und Freiheit. Auf ihrem Siegeszug durch den Süden des Landes bekam die Tay Son-Armee noch mehr Zulauf, weil die Rebellen den Reichen das Land wegnahmen, um es an die Armen zu verteilen. Mitte 1786 hatten die Aufständischen sowohl die Trinh als auch die Nguyen zu Fall gebracht, während sie die Le-Dynastie verschonten. Als der Le-Monarch 1788 die Chinesen um Hilfe ersuchte, um sich der Usurpatoren zu entledigen, ließ sich China nicht zweimal bitten und besetzte kurzerhand Hanoi. Daraufhin proklamierte sich der mittlere der drei Brüder, Nguyen Hue, zum **Kaiser Quang Trung** und führte seine Armee in einem Blitzmarsch von Hué 600 km nach Norden, um den Chinesen in der glorreichen Schlacht von Dong Da vor den Toren Hanois eine vernichtende Niederlage beizubringen. Von seiner Hauptstadt Hué aus machte sich Quang Trung daran, die versprochenen Reformen in die Tat umzusetzen, doch als er 1792 im Alter von nur 39 Jahren starb, war sein erst zehn Jahre alter Sohn nicht in der Lage, die Vormachstellung der Tay Son aufrechtzuerhalten.

Zu den wenigen Nguyen-Herrschern, die den Tay Son-Aufstand im Süden überlebt hatten, zählte Fürst Nguyen Anh, der Mitte der 80er Jahre des 18. Jhs. mehrere erfolglose Versuche unternahm, den Thron zurückzugewinnen. Nach einer dieser fehlgeschlagenen Unternehmungen floh er auf die Insel Phu Quoc, wo er den französischen Bischof Pigneau de Béhaine kennen lernte. Mit zukünftigen religiösen und wirtschaftlichen Konzessionen im Hinterkopf bot ihm der Bischof an, im Namen der Nguyen mit Frankreich zu verhandeln. Schließlich wurde 1787 ein Vertrag geschlossen, der den Nguyen militärische Unterstützung zusicherte und als Gegenleistung territoriale und handelsrechtliche Zugeständnisse vorsah. Aufgrund einer Finanzkrise, die der Französischen Revolution vorausging, war Frankreich aber letztlich nicht in der Lage, die versprochene Hilfe zu leisten. Der Bischof ließ sich jedoch nicht von seinem Vorhaben abbringen und stellte eine bunt gemischte Streitmacht aus 4000 bewaffneten Söldnern und ein paar Schiffen zusammen. Das Expeditionskorps brach 1789 auf, und 1802 marschierte Nguyen Anh in Hanoi ein, um den Thron als **Kaiser Gia Long** für sich zu beanspruchen. Bischof de Béhaine war es indes nicht vergönnt, den Sieg noch zu erleben und die Erfüllung des Vertrags einzufordern: Er starb 1799 und wurde mit einem Staatsbegräbnis beigesetzt.

Die Nguyen-Dynastie

Zum ersten Mal in seiner Geschichte sah sich **Vietnam**, wie das Land jetzt offiziell hieß, unter einem einzelnen Herrscher vereint – von der chinesischen Grenze im Norden bis hinunter zur Südspitze Ca Mau. In der Hoffnung, die Einheit weiter stärken zu können, verlegte Gia Long seine Hauptstadt in die Mitte des Landes nach Hué, wo er eine prachtvolle Anlage nach dem Vorbild der Verbotenen Stadt des chinesischen Kaisers errichten ließ. Die Wahl des architektonischen Stils kam nicht von ungefähr, denn Gia Long und die von ihm begründete Nguyen-Dynastie waren entschiedene Verfechter des Konfuzianismus. Unverzüglich setzte der neue Kaiser die Tay Son-Reformen außer Kraft und stellte unter einem streng zentralisierten Staat, in dem sich der Monarch zunehmend von seinen Untertanen isolierte, die alte Feudalordnung wieder her. Das von den Rebellen beschlagnahmte Land wurde an das loyale Mandarinat verteilt, die alte Bürokratie erneut etabliert, und die Mehrheit der Bauern fand sich in einer schlechteren Lage wieder als zuvor. Zahlreiche Aufstände wurden gnadenlos niedergeschlagen, und Schritt für Schritt kapselte sich das Land von der Außenwelt ab und damit auch von den modernen Einflüssen, die Vietnam möglicherweise in die Lage versetzt hätten, den militärischen Angriff der Franzosen Mitte des 19. Jh. abwehren zu können. Andererseits taten Gia Long und seine Nachfolger aber auch viel für die Verbesserung der Infrastruktur Vietnams, indem sie ein Fernstraßennetz errichteten, die Bewässerungssysteme ausbauten und eine Umstrukturierung der Provinzverwaltung vornahmen. Unter den Nguyen gelangten auch die Künste, vor allem die Literatur und die Hofmusik, zu einer neuen Blüte.

Mit seiner ablehnenden Haltung gegenüber jeglichen Handelskonzessionen enttäuschte Gia Long die französischen Abenteurer, die ihm auf den Thron verholfen hatten. Er gestattete jedoch ein gewisses Maß an Religionsfreiheit, wohingegen seine Nachfolger den Absichten der Missionare wesentlich skeptischer gegenüberstanden. Ab 1825 wurden mehrere Edikte erlassen, die den Missionaren ihre Tätigkeit untersagten, begleitet von sporadischen, gelegentlich brutalen Christenverfolgungen, die sowohl vietnamesische Konvertiten als auch ausländische Priester betrafen. Jene Ereignesse lieferten den Franzosen schließlich den Vorwand, den sie gesucht hatten, um das Land zu annektieren.

Eroberung durch die Franzosen

Im Verlauf des 19. Jhs. gebärdeten sich die französischen Regierungen zunehmend imperialistischer. Während Großbritannien eine dominierende Rolle im Handel mit China einzunehmen drohte, sahen die Franzosen Vietnam als mögliches Hintertürchen nach Yunnan und in die anderen ressourcenreichen Provinzen Südchinas. Dabei verfolgte Frankreich aber keineswegs eine offizielle Politik der Kolonisierung Indochinas – diese kam vielmehr auf völlig unsystematische Weise zustande und wurde häufig von individuellem Unternehmergeist oder durch

Alleingänge französischer Offizieller in Fernost vorangetrieben. Der Prozess der **Kolonialisierung** wurde 1847 in Gang gesetzt, als zwei französische Kriegsschiffe Da Nang unter dem Vorwand bombardierten, einen französischen Priester befreien zu wollen. Berichte über Christenverfolgungen wurden mit Absicht aufgebauscht, bis sich Napoleon III. 1858 schließlich dazu überreden ließ, eine aus 14 Schiffen und 2500 Soldaten bestehende Flotte zu entsenden. Nachdem Da Nang im September erobert worden war, wandte sich die Streitmacht nach Süden, um innerhalb der folgenden drei Jahre unter erheblichem Widerstand Saigon und das gesamte Mekong-Delta einzunehmen. Angesichts ernster Unruhen im Norden des Landes unterzeichnete **Kaiser Tu Duc** 1862 einen Vertrag, der Frankreich die drei östlichen Provinzen des Deltas und Handelsrechte in ausgewählten Häfen zugestand sowie den Missionaren die Freiheit gewährte, die Einheimischen zum christlichen Glauben zu bekehren. Fünf Jahre später annektierten französische Truppen die restlichen Provinzen Südvietnams und gründeten die Kolonie **Cochinchina**.

Aufgrund innenpolitischer Schwierigkeiten in Frankreich schieden sich in der Folge innerhalb der französischen Regierung die Geister, ob man das Unternehmen Fernost fortsetzen sollte oder nicht. Doch die Verwaltungsbeamten in Cochinchina hatten – unterstützt von der Wirtschaftslobby – den Norden des Landes bereits fest im Visier. Der erste Versuch einer Eroberung Hanois zur Öffnung des Weges über den Roten Fluss nach China schlug noch fehl, als der Anführer der Franzosen, der charismatische Forscher Francis Garnier, 1873 getötet wurde. Neun Jahre später entsandten die Franzosen eine größere Streitmacht unter dem Kommando von Henri Rivière, und schon wenige Monate später hatte Frankreich die Kontrolle über Hanoi und das untere Flussdelta übernommen. Ermutigt durch diesen Erfolg, genehmigte das französische Parlament die Finanzierung des ersten Kontingents des **französischen Expeditionskorps** genau zu dem Zeitpunkt, da die Nguyen sich mitten in einer Krise um die Nachfolge des verstorbenen Tu Duc befanden. Im August 1883, als die französische Flotte in der Mündung des Parfüm-Flusses bei Hué auftauchte, sah sich der neue Kaiser gezwungen, die Forderungen der Franzosen zu erfüllen. **Annam** (Zentralvietnam) und **Tonkin** (Nordvietnam) wurden französische Protektorate und bildeten ab 1887 in Verbindung mit Cochinchina, Kambodscha und etwas später auch Laos die **Indochinesische Union**. Der Kaiser in Hué blieb zwar als Marionette an der Macht, doch de facto befand sich Vietnam in den folgenden 70 Jahren einmal mehr unter ausländischer Besatzung.

Französische Herrschaft

Wenngleich viel über den „Auftrag der Zivilisierung" als Rechtfertigung für die Fremdherrschaft geredet wurde, so lag das Interesse der Franzosen doch vorrangig in der Ausbeutung des wirtschaftlichen Potenzials ihrer neuen Besitzung. Zu den bedeutendsten Architekten der Kolonialisierungspolitik zählte **Paul Doumer**, der von 1897-1902 das Amt des Generalgouverneurs von Indochina innehatte. Doumer startete ein groß angelegtes Projekt zur **Entwicklung der Infrastruktur**, in dem er Eisenbahnen, Brücken und Landstraßen bauen und große Teile des sumpfigen Mekong-Deltas trockenlegen ließ. Finanziert wurden derlei staatliche Bauvorhaben durch die Erhebung extrem hoher Steuern und die Errichtung staatlicher Monopole auf Opium, Alkohol und Salz, die zusammen bereits 70% der Staatseinnahmen ausmachten. Aus Sicht der Kolonialisten war dies ein gelungener Start, der auch dafür sorgte, dass immer mehr Privatkapital in die Kolonie floss – ein Geldfluss, der in den 20er Jahren des 20. Jhs. seinen Höhepunkt erreichte.

Dass ein Großteil dieser wirtschaftlichen Entwicklung jedoch auf einem wackligen Fundament stand, erwies sich während der Weltwirtschaftskrise in den 30er Jahren des 20. Jhs., als die Märkte zusammenbrachen und die Rohstoffpreise in den Keller stürzten. Die Umstellung auf eine groß angelegte Reisproduktion für den Export hatte nicht nur eine Aushöhlung des traditionellen vietnamesischen Gesellschaftssystems und der lokalen Wirtschaftszweige zur Folge, sondern sorgte auch dafür, dass der Pro-Kopf-Verbrauch an Lebensmitteln unter französischer Herrschaft sogar zurückging. Die Bauern wurden von ihren Ländereien vertrieben und mussten sich zur Zwangsarbeit auf den neuen Kautschuk-, Tee- und Kaffeeplantagen oder in den Kohlebergwerken verdingen, nicht selten unter menschenunwürdigen Bedingungen. Hohe Steuern sorgten für eine Zunahme der **Armut unter der**

Landbevölkerung, während sich sämtliche Wirtschafts- und Industrieunternehmen entweder fest in französischer Hand befanden oder von der kleinen Minderheit aus Vietnamesen und Chinesen kontrolliert wurden, die von dem neuen Regime profitierten.

Eine der positiven Auswirkungen der Kolonialherrschaft war die Tatsache, dass häufig auftretende Epidemien wie Cholera, Pocken und die Pest durch Massenimpfungen und Gesundheitsprogramme unter Kontrolle gebracht werden konnten. Auf dem Bildungssektor sah es nicht ganz so gut aus: Insgesamt verschlechterte sich das allgemeine Bildungsniveau unter der französischen Herrschaft, vor allem unter den ungelernten Arbeiten, während auf der anderen Seite bedeutende Reformen standen wie etwa *quoc ngu,* die von Alexandre de Rhodes eingeführte lateinische Umschrift des Vietnamesischen. Überdies kamen Angehörige einer kleinen, aus der städtischen Mittelschicht hervorgegangenen Elite in den Genuss einer umfassenderen Ausbildung, indem sie Universitäten in Europa besuchten. Viel erreichen konnten sie damit allerdings nicht, denn Vietnamesen durften allenfalls die niedrigsten Ämter in der Kolonialverwaltung bekleiden. So kam es, dass eben diese frustrierte und entfremdete Gruppe, die durchdrungen war von den Ideen westlicher Liberaler und chinesischer Reformer, sich daran machte, die französische Fremdherrschaft herauszufordern.

Kampf gegen die Kolonialherrschaft

Psychologisch war die Leichtigkeit, mit der die Franzosen Vietnam hatten besetzen können, ein schwerer Schlag für eine Bevölkerung, die mit den Legenden von heroischen Siegen gegen überlegene Mächte aufgewachsen war. Die ersten Widerstandsbewegungen konzentrierten sich verständlicherweise noch auf eine Wiederherstellung der Monarchie, darunter auch eine Bewegung mit dem Namen *Can Vuong* („Rettet den König"), die in den 90er Jahren des 19. Jhs. aufkam. Doch jeder Herrscher, der auch nur die kleinsten Anzeichen von Patriotismus offenbarte, wurde unverzüglich von der französischen Verwaltung abgesetzt. Mit der Zeit erkannten die Nationalisten, dass sie nur mit radikaleren Maßnahmen zum Erfolg kommen konnten. Einer der einflussreichsten Anführer zu Beginn des 20. Jhs. war **Phan Boi Chau**, der schließlich zum gewaltsamen Widerstand gegen das Kolonialregime aufrief. Wie viele junge asiatische Revolutionäre war er tief beeindruckt von dem Sieg der Japaner über eine russische Flotte im Jahre 1905, dem ersten asiatischen Sieg über eine europäische Macht überhaupt. Phan Boi Chau verbrachte mehrere Jahre in Japan, wo er für die Organisation der Dong-Du-Bewegung („Zug nach Osten") verantwortlich war, bei der Intellektuelle und Dissidenten eine politische und militärische Ausbildung absolvieren konnten. Später ging er nach Südchina, wo Sun Yatsen mit seiner Revolution von 1911 ein weiteres Vorbild für viele vietnamesische Nationalisten geschaffen hatte.

Bis Mitte der 20er Jahre des 20. Jhs. waren die diversen antikolonialen Bewegungen in Vietnam größtenteils nur bruchstückhaft und unzureichend koordiniert und daher keine wirklich Ernst zu nehmende Gefahr für die *Sûreté,* die hervorragend funktionierende französische Geheimpolizei. Hinzu kam, dass die Ziele der Nationalisten eher politischer als gesellschaftlicher oder wirtschaftlicher Natur waren und daher bei der Mehrheit der Vietnamesen nicht besonders gut ankamen. Gegen Ende der 20er Jahre erschienen dann aber radikalere Organisationen auf der Bildfläche, die sich an den Idealen von Phan Boi Chau orientierten. Die bedeutendste war die **Nationalistische Partei Vietnams** *(Viet Nam Quoc Dan Dang*, kurz VNQDD), die 1927 in Hanoi nach dem Vorbild der chinesischen nationalistischen Partei Kuomintang gegründet wurde. Ziel der neuen Partei war der gewaltsame Umsturz des französischen Regimes und die Errichtung einer demokratischen Republik. Im Februar 1930 startete die VNQDD einen Angriff gegen mehrere militärische Außenposten in Yen Bai und im Norden des Landes. Der Aufstand war allerdings schlecht koordiniert und endete in einem Desaster, weil die breite Unterstützung der Bevölkerung ausblieb. Nachdem die meisten VNQDD-Anführer verhaftet und hingerichtet worden waren, verschwand die Organisation langsam wieder in der Versenkung.

Inzwischen hatte 1925 jenseits der Grenze in Südchina mit der Gründung der **Vietnamesischen Revolutionären Jugendliga** ein bedeutenderes Ereignis stattgefunden. Nicht nur war sie die erste marxistisch-leninistische Organisation Vietnams, ihr Gründungsvater war außerdem kein Geringerer

Ho Chi Minh-Statue und -Museum in Phan Tiet

als **Ho Chi Minh**, der in der Folge eine überragende Rolle in der vietnamesischen Politik spielen sollte. Der 1890 als Sohn eines kleinen, patriotisch gesinnten Funktionärs geborene Ho geriet bereits als Jugendlicher mit den französischen Behörden aneinander. 1911 verließ er Vietnam und tauchte nach dem Ersten Weltkrieg unter einem seiner vielen Pseudonyme, Nguyen Ai Quoc („Nguyen der Patriot"), in Paris auf. In Frankreich erwies sich Ho als Aktivposten unter den exilierten Dissidenten, die es sich zum Ziel gesetzt hatten, die Kolonialherrschaft zu beenden. Zu den wenigen politischen Gruppen, die zu jener Zeit die antikolonialen Bewegungen aktiv unterstützen, zählten die Kommunisten. 1920 wurde Ho Gründungsmitglied der Kommunistischen Partei Frankreichs, und 1923 ging er nach Moskau, um sich zum Komintern-Funktionär ausbilden zu lassen. Seine Aufgabe bestand darin, die im Entstehen begriffenen antikolonialen Bewegungen Vietnams unter einer Dachorganisation zu vereinigen, der Vietnamesischen Revolutionären Jugendliga. Zu den vielen Talenten Ho Chi Minhs zählte auch, dass er ein kluger Stratege und ein großer Motivationskünstler war. Obgleich er sich der marxistisch-leninistischen Lehre verschrieben hatte, erkannte er die Notwendigkeit, alle vietnamesischen Nationalisten anzusprechen und spielte daher das umstrittene Ziel der gesellschaftlichen Revolution herunter (mehr über die bewegte Biografie Ho Chi Minhs s.S. 428/429, Kasten).

Viele Revolutionäre, die später zu Berühmtheit gelangen sollten, arbeiteten Seite an Seite mit Ho, doch es war zum größten Teil der wilden Entschlossenheit, der Unbeirrbarkeit und dem ungeheueren Charisma ihres Anführers zu verdanken, dass die nationalistische Bewegung nicht in ihre

Einzelteile zerfiel, sondern das Land letztendlich in die Unabhängigkeit führen sollte. Im Jahre 1929 wurden Hos Führungsqualitäten erstmals ernsthaft auf die Probe gestellt, als die Liga während seiner Abwesenheit in drei kommunistische Splitterparteien zerbrach. Ein Jahr später überzeugte Ho die rivalisierenden Gruppen in Hongkong davon, sich zur vereinten **Kommunistischen Partei Indochinas** zusammenzuschließen, mit dem Hauptziel eines unabhängigen vietnamesischen Staates unter der Führung von Arbeitern, Bauern und Soldaten. Um die Revolution vorzubereiten, wurden Kader in die ländlichen Gebiete und in die Reihen der Arbeiter in den Städten eingeschleust, um dort revolutionäre Zellen zu bilden. Die Wahl des Zeitpunkts hätte besser nicht sein können: Arbeitslosigkeit und Armut breiteten sich mit dem Einsetzen der Weltwirtschaftskrise aus, und Frankreich war immer weniger willens, weitere Ressourcen in seine Kolonien fließen zu lassen. Zu den wichtigsten Faktoren zählte aber die Tatsache, dass die vietnamesische Arbeiterschaft selbst zunehmend politisch aktiv wurde, was vor allem dem Einfluss der rund 100 000 vietnamesischen Soldaten und Hilfskräfte zu verdanken war, die mit neuen Vorstellungen von der Stärke einer organisierten Arbeiterschaft aus dem Ersten Weltkrieg zurückgekehrt waren.

Während der gesamten 30er Jahre des 20. Jhs. wurde Vietnam immer wieder von aufflammenden Streiks und Arbeiterunruhen gebeutelt. Die bedeutendste dieser Revolten war der **Nghe Tinh-Aufstand** im Sommer 1930, bei dem französische Flugzeuge Bomben über einer Menge von 20 000 auf die nordvietnamesische Stadt Vinh zumarschierenden Demonstranten abwarfen. Welche genaue Rolle die Kommunistische Partei bei der Revolte spielt, wurde nie lückenlos aufgeklärt; fest steht dagegen, dass die Landbevölkerung innerhalb weniger Tage einen Großteil der Umgebung unter ihre Kontrolle gebracht hatte und an einigen Orten auch Revolutionsräte gebildet worden waren, um die wohlhabenden Landbesitzer zu verjagen und das Land an die Kleinbauern umzuverteilen. Einige dieser „Sowjets“ vermochten den Behörden ein halbes Jahr lang Widerstand zu leisten, während sich die Bewegung auch in den angrenzenden Bezirken ausbreitete. Der Aufstand hatte zwar die Stärke einer sozialistischen Organisation unter Beweis gestellt, endete aber selbst in einer Katastrophe: Mehrere Tausend Bauern wurden getötet oder inhaftiert, ihre Anführer wurden hingerichtet, und das Gerüst der Kommunistischen Partei nahm erheblichen Schaden. Die meisten Rädelsführer landeten auf der Insel Con Dao in der berüchtigten Sträflingskolonie Poulo Condore, die den Beinamen „Universität der Revolution“ erhielt. Schätzungen zufolge hielten die Franzosen gegen Ende der 30er Jahre rund 10 000 vietnamesische Kommunisten und andere Aktivisten in ihren Gefängnissen fest.

Der Zweite Weltkrieg

Die Besetzung Frankreichs durch Nazi-Deutschland 1940 veränderte auf einen Schlag die gesamte politische Weltkarte. Für die Vietnamesen war das Ereignis nicht nur ein Beweis für die Verwundbarkeit ihrer Kolonialherren, sondern es sorgte auch für eine Umwälzung der bestehenden Ordnung in Vietnam und lieferte schließlich Ho Chi Minh die Gelegenheit, auf die er lange gewartet hatte. Eine sofortige Konsequenz der Ereignisse war die **Besetzung Indochinas durch Japan**, nachdem Vichy-Frankreich einen Vertrag unterzeichnet hatte, der den Japanern die Stationierung von Verbänden in der Kolonie gestattete, wobei die französische Verwaltung allerdings im Amt blieb. So befanden sich bereits Mitte 1941 alle Kohlebergwerke, Reisfelder und militärischen Einrichtungen der Region unter japanischer Kontrolle. Einige nationalistische Gruppen in Vietnam begrüßten diese Entwicklung, während Japan die Hoffnungen der Vietnamesen auf Unabhängigkeit schürte und unter dem Slogan „Asien den Asiaten“ die aufmunternde Begleitmusik lieferte. Andere, vor allem kommunistische Gruppierungen erklärten wiederum ihren Widerstand gegen jegliche Einmischung aus dem Ausland und steuerten ihre Operationen von geheimen Stützpunkten in den Gebirgsregionen entlang der Grenze zwischen China und Vietnam.

Inzwischen hatte sich Ho Chi Minh wieder nach Südchina begeben, von wo er mit seinem Rattankoffer und seiner treuen Hermes-Schreibmaschine im Gepäck zu Fuß die Grenze nach Vietnam überquerte. Im Februar 1941, nachdem er dreißig Jahre im Exil verbracht hatte, traf sich Ho in der **Pac-Bo-Höhle** bei Cao Bang mit anderen Anführern der Widerstandsbewegung (darunter auch Vo Nguyen Giap), um die nächste Phase im Kampf für die Befreiung der vietnamesischen Nation einzuläuten. Eine Schlüsselrolle sollte dabei einer im Mai 1941 von Ho gegründeten nationalistischen Koalition zukommen, der Liga für die Unabhängigkeit Vietnams (*Viet Nam Doc Lap Dong Minh)*, besser bekannt unter dem Namen **Vietminh**. Auch diese Organisation war speziell darauf ausgerichtet, innerhalb der Bevölkerung eine breite Unterstützung für die Unabhängigkeitsbewegung zu erreichen, denen moderate gesellschaftliche und demokratische Reformen folgen sollten. Die zweite Entscheidung von großer Tragweite, die in Pac Bo getroffen wurde, war die Mobilisierung der Massen mittels einer landesweit angelegten Propaganda-Kampagne.

In den folgenden Jahren erhielten die Vietminh-Rekruten eine militärische Ausbildung in Südchina. Die ersten regulären bewaffneten Einheiten wurden aufgestellt und bildeten sozusagen die Keimzelle der 1945 ins Leben gerufenen **Vietnamesischen Befreiungsarmee**. Nach und nach errichtete der Vietminh immer mehr befreite Zonen in den nördlichen Gebirgsregionen und schuf so die Basis für zukünftige Guerilla-Operationen. Als eine Niederlage der Japaner immer wahrscheinlicher wurde, machte sich Ho Chi Minh erneut auf den Weg nach China, um militärische und finanzielle Unterstützung von den Chinesen und den von Kunming aus operierenden Alliierten Streitkräften zu erbitten. Ho knüpfte außerdem Kontakte zum *American Office of Strategic Services* (OSS), dem Vorläufer des Geheimdienstes CIA, und erhielt dort sogar eine Zusage über begrenzte Waffenlieferungen – sehr zum Ärger der Freien Franzosen, die bereits ihre Rückkehr nach Indochina planten. Als Gegenleistung für **US-amerikanische Hilfe** lieferte der Vietminh Informationen über die japanischen Streitkräfte und half den über Vietnam abgeschossenen Piloten der Alliierten. Etwas später, nämlich 1945, traf eine amerikanische Abordnung in Hos Stützpunkt Cao Bang ein und fand einen Unabhängigkeitsführer vor, der lebensbedrohlich an Malaria, Ruhr und Denguefieber erkrankt war. Es heißt, die Amerikaner hätten ihm damals das Leben gerettet.

Inzwischen hatten die Japaner im März 1945 aus Furcht vor einem verspäteten Gegenangriff der Franzosen die Kontrolle über das gesamte Land übernommen. Japan rief einen auf dem Papier unabhängigen Staat unter der Führerschaft des letzten Nguyen-Kaisers Bao Dai aus und inhaftierte einen Großteil der französischen Soldaten. Doch die Vietminh ergriffen ihrerseits die Offensive, wobei ihnen eine schwere Hungersnot entgegenkam, von der Nordvietnam in jenem Sommer heimgesucht wurde. Schließlich warfen die Vereinigten Staaten Anfang August die erste Atombombe auf Hiroshima ab und erzwangen damit die **Kapitulation Japans** am 14. August.

Die Augustrevolution

Die Japaner hinterließen ein Machtvakuum, das Ho Chi Minh rasch auszunutzen verstand. Am 15. August rief er einen nationalen Aufstand aus, der später als Augustrevolution in die Geschichte eingehen sollte. Innerhalb von vier Tagen kam es in Hanoi zu einer Pro-Vietminh-Demonstration nach der anderen, und bereits nach zwei Wochen befand sich ein Großteil des Landes unter Kontrolle der Aufständischen. Ende August überreichte Bao Dai sein kaiserliches Schwert an Hos Übergangsregierung, und am 2. September 1945 rief Ho Chi Minh – umjubelt von einer gigantischen Anhängerschar – auf dem Ba Dinh-Platz von Hanoi die **Demokratische Republik Vietnam** aus. Zum ersten Mal nach achtzig Jahren war Vietnam wieder ein unabhängiges Land. Bekanntermaßen bediente sich Ho bei der Formulierung seiner Unabhängigkeitserklärung des US-amerikanischen Vorbildes: „Alle Menschen sind gleich geschaffen. Sie sind von ihrem Schöpfer mit gewissen unveräußerlichen Rechten ausgestattet, und dazu gehören Leben, Freiheit und das Streben nach Glück". Doch diese Worte fielen in Amerika, ebenso wie die nachfolgenden Hilferufe gegen eine drohende Rekolonisierung, auf taube Ohren, denn die Vereinigten Staaten zeigten sich zunehmend besorgt über die Ausbreitung kommunistischer Ideale in der Region.

Das **Potsdamer Abkommen**, mit dem das Ende des Zweiten Weltkriegs offiziell besiegelt wurde, beinhaltete keine Anerkennung der neuen Republik Vietnam. Stattdessen sollten sich die japanischen Truppen südlich des 16. Breitengrads der britischen Autorität unterstellen, während diejenigen im Norden sich in die Hände der chinesischen Kuomintang zu begeben hatten. Als die entsprechenden Verbände schließlich eintrafen, hatte der Vietminh allerdings bereits die Kontrolle übernommen und den Japanern eines Großteils ihrer

Waffen abgenommen. Im **Süden** bekämpften sich derweil nationalistische Splittergruppen in Saigon, und auch französische Soldaten hatten sich ins Kampfgetümmel gestürzt. Die Situation war derart chaotisch, dass der britische Kommandeur das Kriegsrecht verhängte und erstaunlicherweise sogar japanische Soldaten aufmarschieren ließ, um die Ordnung wiederherzustellen. Entgegen seinem Befehl stellte er auch 6000 befreite französische Soldaten wieder unter Waffen, sodass sich Saigon schon bald wieder in französischer Hand befand. Ein paar Tage später traf General Leclerc mit den ersten Einheiten seines französischen Expeditionskorps ein, im Gepäck den Auftrag der Wiedereinsetzung der Kolonialherrschaft in Indochina.

Im Norden liefen die Dinge indessen nach Plan, auch wenn sich die neue Regierung angesichts der Präsenz von 200 000 chinesischen Soldaten auf vietnamesischem Boden besorgt zeigte. Diese führten sich zunehmend wie eine Besatzungsmacht auf, der die Vietminh gerade einmal 5000 schlecht ausgerüstete Soldaten entgegenzustellen vermochten. Als sich Ho Chi Minh um des Überlebens willen zwischen Frankreich und China entscheiden musste, soll er gesagt haben: „Ich rieche lieber fünf Jahre französische Scheiße, als für den Rest meines Lebens chinesische Scheiße zu riechen." Er betrachtete die Herrschaft der Franzosen als das geringere Übel und nahm daher Verhandlungen mit dem Beauftragten der französischen Regierung auf. Im März 1946 unterzeichnete Hos Regime ein Abkommen, nach dem ein begrenztes Kontingent der Franzosen die Kuomintang-Soldaten im Norden ablösen sollte. Im Gegenzug erkannte Frankreich die Demokratische Republik Vietnam als „freien Staat" innerhalb der beabsichtigten Französischen Union an, wobei die genauen Bestimmungen absichtlich vage gehalten wurden. Das Abkommen beinhaltete außerdem einen Volksentscheid über die Frage, ob Cochinchina dem neuen Staat beitreten wolle oder nicht.

Während sich weitere Verhandlungen im Sommer 1946 dahinschleppten, rüsteten beide Seiten rasch auf, denn es wurde immer offensichtlicher, dass Frankreich nicht gewillt war, sich an die Bedingungen des Abkommens zu halten. Ende April hatte das Expeditionskorps bereits die vereinbarte Zahl an Soldaten überschritten, und auch das versprochene Referendum war weiter nicht in Sicht, sodass die Gespräche im September 1946 abgebrochen wurden. Die Scharmützel zwischen vietnamesischen und französischen Truppen im nördlichen Delta und die allgemeinen Spannungen nahmen zu und kochten schließlich über, als es in Hai Phong zu einem Disput über die Handhabung der Zollabwicklung gekommen war. Bei dem Versuch, die Unruhen niederzuschlagen, bombardierte die französische Kriegsmarine die Stadt am 23. November und tötete dabei mehrere Tausend Zivilisten. Es folgte die Ankündigung, dass französische Soldaten die Verantwortung für Recht und Gesetz im Norden des Landes übernehmen würden. Die Einheiten der Vietminh antworteten am 19. Dezember mit Angriffen auf Einrichtungen der Franzosen in Hanoi. Während Widerstandskräfte die Hauptstadt ein paar Tage unter Kontrolle hielten, zog sich Ho Chi Minh mit seiner regulären Armee in die Berge des Nordens zurück.

Der Erste Indochinakrieg

In den Anfangsjahren des Ersten Indochinakriegs, der zuweilen auch als Französischer Krieg bezeichnet wird, verschanzten sich große Teile der Vietminh-Guerilla in ihren Stützpunkten in den gebirgigen Regionen Nord- und Zentralvietnams. Dort bildeten sie Soldaten aus und bauten eine Armee auf, während das französische Expeditionskorps seine Kontrolle über das Delta des Roten Flusses konsolidierte und eine Kette hochgradig verwundbarer Außenposten an den Grenzen zu den von der Vietminh besetzten Gebieten einrichtete. Im Oktober 1947 starteten die Franzosen eine ehrgeizige Generaloffensive gegen das feindliche Hauptquartier. Dabei wurde schon bald offensichtlich, dass es sich nicht um einen konventionellen Krieg handelte, sondern vielmehr um einen „Krieg ohne Fronten", in dem die Vietminh-Truppen jedes Mal spurlos im Dschungel verschwanden, wenn sie sich bedroht wähnten. Hinzu kam, dass die Franzosen über keinerlei sichere Gebiete verfügten; wiederholt wurden sie von feindlichen Kampfverbänden mit überfallartigen Angriffen in den Tiefen des Deltas gedemütigt, nach denen der Feind sich genauso schnell wieder in Luft auflöste, wie er gekommen war. Die Vietminh konnten sich bei derartigen Aktionen auch auf die Hilfe der einheimischen Bevölkerung verlassen, die sie aktiv unterstützte oder zumindest tolerierte.

Das Gelände kam den Franzosen sicherlich nicht entgegen, wenn man sich ihre relativ unbewegliche Kriegsmaschinerie aus Panzern und dicht gedrängten Bataillonen vor Augen hält. Noch schwerer wog aber möglicherweise der politische Aspekt des Krieges, wie auch die Amerikaner zwanzig Jahre später auf schmerzliche Weise erfahren sollten. Als Eindringlinge, die in einem Krieg für die Rekolonisierung kämpften, waren die Franzosen von vornherein im Nachteil und erschwerten ihre Lage noch zusätzlich, indem sie es versäumten, eine machbare politische Alternative zum Vietminh aufzuzeigen. Vor allem im Süden gab es immer mehr nicht-kommunistische Nationalisten, die von den Kommunisten zunehmend desillusioniert waren, da letztere auch vor terroristischen Akten und Eliminierung ihrer politischen Gegner nicht zurückschreckten. In einem Versuch, aus dieser Ausgangsposition Kapital zu schlagen, konnten die Franzosen im März 1949 den Ex-Kaiser Bao Dai davon überzeugen, als Staatsoberhaupt an die Spitze eines „Assoziierten Vietnamesischen Staates" zurückzukehren. Doch die meisten Vietnamesen betrachteten Bao Dai lediglich als Marionette und versagten seiner Regierung die Unterstützung. Auf der Gegenseite gelang es dem Vietminh, neue Kämpfer für seinen **Krieg des Volkes** zu rekrutieren.

Während das Jahr 1948 von einer Pattsituation geprägt war, sollte sich der Sieg der Kommunisten 1949 in China auch für Vietnam als Wendepunkt erweisen. Sowohl China als auch Russland zögerten nicht, die Demokratische Republik Vietnam anzuerkennen und erste militärische Hilfe über die Grenze fließen zu lassen. So stand Bao Dais schwache Regierung plötzlich als letzte Bastion der freien Welt da, sodass sich auch die USA auf den Plan gerufen fühlten und den Franzosen bis 1954 Militärhilfe im Gegenwert von mindestens drei Milliarden US-Dollar zufließen ließen. Als der Krieg so in eine neue Phase eintrat, konnten die Vietminh-Kämpfer ihren ersten größeren Sieg verzeichnen und die Franzosen zur Aufgabe ihrer Stützpunkte an der chinesischen Grenze zwingen, wodurch sie fortan über ungehinderte Fluchtmöglichkeiten in die schützenden Arme des großen Nachbarn im Norden verfügten. Anfang 1951 startete der mit chinesischen Waffen ausgerüstete und vor Selbstvertrauen strotzende Vietminh einen Angriff auf die Hauptstadt Hanoi, musste jedoch in dieser ersten offenen Schlacht des Krieges eine empfindliche Niederlage hinnehmen. Der Vietminh verlor über 6000 Soldaten in dieser Schlacht, bei der auch erstmals Napalm in Vietnam zum Einsatz kam. Doch General Giap hatte seine Lektion gelernt, und in den folgenden zwei Jahren versuchten die Franzosen vergeblich, ihren Erfolg zu wiederholen.

Inzwischen waren die Franzosen des Krieges müde und gingen daher 1953 auf Ho Chi Minh zu, um nach einer Lösung für die Beilegung des Konflikts zu suchen. Die Amerikaner zeigten sich zunehmend ungeduldig angesichts der geringen Fortschritte der Franzosen und drohten an einem bestimmten Punkt sogar einmal mit der Stationierung taktischer Atomwaffen zur Bekämpfung des Vietminh. Auf der anderen Seite drängten auch Russland und China auf eine baldige Beendigung des Krieges. Schließlich einigten sich beide Seiten auf Gespräche anlässlich der Genfer Konferenz, bei der im Mai des folgenden Jahres die Bedingungen für einen Frieden in Korea verhandelt werden sollten. Unterdessen bahnte sich in Vietnam eine entscheidende Schlacht an, die in einem abgelegenen Tal an der Grenze zu Laos nahe der Stadt **Dien Bien Phu** ausgefochten werden sollte. Anfang 1954 errichteten französische Bataillone dort ein riesiges Camp in der Absicht, die Vietminh in eine offene Schlacht zu locken. Doch stattdessen umzingelten die Vietnamesen das Tal, schnitten die Franzosen von ihren Verstärkungstruppen ab und zogen sich dann um den Feind zusammen (mehr zu dieser Schlacht im Kasten, s.S. 550/551, Die Schlacht von Dien Bien Phu). Nach 59 Tagen erbitterter Gefechte mussten die Franzosen schließlich am 7. Mai 1954, dem Vorabend der Genfer Konferenz, kapitulieren. Acht Jahre Krieg mussten beide Seiten teuer bezahlen: Die Franzosen hatten 93 000 Tote zu beklagen, während aufseiten des Vietminh schätzungsweise 200 000 Soldaten gefallen waren.

Die Genfer Konferenz

Am 8. Mai, nur einen Tag nach der Kapitulation der Franzosen in Dien Bien Phu, richteten die neun an der Genfer Konferenz teilnehmenden Delegationen ihr Augenmerk auf Indochina. Die von Pham Van Dong angeführte Delegation des Vietminh reiste mit einem entscheidenden Sieg im Gepäck in optimistischer Stimmung und dem Wissen an, dass man rund 65% des Landes kontrollierte. Doch der

Wunsch des Vietminh nach dauerhaftem Frieden sollte sich nicht erfüllen. Die von gegenseitigem Misstrauen geprägte Konferenz konnte sich lediglich zu einer Notlösung durchringen, nämlich einem vieldeutigen Kompromiss, der den Franzosen einen Abzug ohne vollständigen Gesichtsverlust ermöglichte und die vietnamesische Souveränität zumindest teilweise anerkannte. Das vorrangige Interesse der von Zhou Enlai angeführten chinesischen Delegation bestand darin, eine geschwächte und geteilte Nation an der chinesischen Südgrenze zu haben. China drängte den Vietminh daher, einer Teilung des Landes zuzustimmen, und da dieser auf chinesische Waffenlieferungen angewiesen war, blieb ihm schließlich gar keine andere Wahl.

Gemäß den Bestimmungen des **Genfer Abkommens** vom Juli 1954 wurde Vietnam entlang des 17. Breitengrads am Ben Hai-Fluss durch eine vorläufige Demarkationslinie geteilt, mit der Maßgabe, dass im Juli 1956 landesweite freie Wahlen stattfinden sollten. Beiderseits dieser militärischen Grenze wurde eine entmilitarisierte Pufferzone eingerichtet. Frankreich und der Vietminh, die sich auch während der Verhandlungen ihrer Delegationen Gefechte im zentralen Hochland geliefert hatten, stimmten einem sofortigen Waffenstillstand zu und zogen ihre gesamten Truppen in die ihnen zugewiesenen Gebiete zurück – die Kommunisten in den Norden, die Nicht-Kommunisten und Anhänger der Franzosen in den Süden. China, die Sowjetunion, Großbritannien, Frankreich und der Vietminh akzeptierten das Abkommen, doch ausschlaggebend war, dass sowohl die Vereinigten Staaten als auch Bao Dais Regierung die Unterzeichnung der Schlussakte verweigerten, weil sie fürchteten, die Regelung könnte die Entstehung eines unter kommunistischer Herrschaft wiedervereinigten vietnamesischen Staates begünstigen.

Langfristig hatte das Genfer Abkommen eine tiefe Polarisierung und Spaltung im Land zur Folge, während sich der Konflikt auf vietnamesischem Boden stellvertretend zu einer ideologischen Schlacht zwischen den Supermächten ausweitete. Als kurzfristige Konsequenz war dagegen eine Massenflucht aus dem Norden zu verzeichnen, die während der in Genf festgelegten, 300-tägigen Periode „**freier Bewegung**" über die Grenze andauerte. Fast eine Million (meist katholische) Flüchtlinge machten sich auf den Weg in den Süden und wurden bei ihrer Flucht nicht nur von der US-amerikanischen Kriegsmarine unterstützt, sondern in gewissem Maße auch von der CIA aufgescheucht, die mit ihrer Panikmache und der Verteilung antikommunistischer Flugblätter eine breite Basis der Unterstützung für ihre Marionettenregierung in Saigon (s.u.) zu schaffen beabsichtigte. Fast 100 000 **antifranzösische Guerilla-Kämpfer** und Sympathisanten bewegten sich in entgegengesetzter Richtung nach Norden, während als Vorsichtsmaßnahme zwischen 5000 und 10 000 Vietminh-Kader in Erwartung von Befehlen aus Hanoi im Süden zurückblieben. Zu diesen so genannten „Schläfern" – im Jargon der CIA als *stay-behinds* und von den Kommunisten als „Winterkader" bezeichnet – gesellten sich zahlreiche Spione, die in die Reihen der nach Süden marschierenden Katholiken eingeschleust worden waren.

Gemäß den Bestimmungen des Waffenstillstandsabkommens marschierte Ho Chi Minhs Armee am 9. Oktober 1954 in Hanoi ein, während sich die letzten französischen Soldaten gerade zurückzogen.

Der Süden unter Diem

Die Tinte auf dem Papier des Genfer Abkommens war noch nicht getrocknet, als Kaiser Bao Dai sich am 7. Juli selbst zum Präsidenten und **Ngo Dinh Diem** zum Ministerpräsidenten von Südvietnam ernannte. Der katholische und entschieden antikommunistische Diem war sich bewusst, dass Ho Chi Minh die vorgesehenen Wahlen gewinnen würde und weigerte sich daher standhaft, sie zu unterstützen. Diem „stärkte" sein Mandat im Oktober 1955 durch ein **Referendum**, dessen Ergebnis von 98,2% der Stimmen allerdings weniger seine Beliebtheit in der Bevölkerung widerspiegelte als vielmehr Ausdruck der Dreistigkeit seiner Wahlmanipulation war. Bao Dai wurde aus der Befehlskette entfernt, und Diem erklärte sich selbst zum Präsidenten der Republik Vietnam und machte sich daran, seine Position weiter zu konsolidieren.

Diem erbte ein alles andere als stabiles politisches Klima, doch eine Zeitlang trug seine schwerfällige Regierungsarbeit sogar Früchte. In den ländlichen Regionen verfügten die Milizen der religiösen Sekten **Hoa Hao** und **Cao Dai** über großen Einfluss, während das nach Art der Mafia organisierte Verbrechersyndikat **Binh Xuyen** in Saigon die Zügel in der Hand hatte. Bis 1956 gelang es Diem, sowohl die Hoa Hao als auch die Cao Dai zu schwächen, und einige Monate später war auch die Binh Xuyen so gut wie handlungsunfähig – allerdings erst nach erbitterten Straßenschlachten in Saigon. Etwas später im gleichen Jahr konnte Diem seine Aufmerksamkeit auf die noch im Süden verbliebenen Dissidenten des Vietminh richten, doch in diesem Fall erwies sich seine Politik der eisernen Hand als gewaltiger Schlag ins Wasser. Zwar verringerte sich als Folge seiner **Hexenjagd** die tatsächliche Zahl der Vietminh, doch die Brutalität und sein willkürliches Vorgehen sorgten für große Unruhen in weiten Teilen der Bevölkerung. Alle dem Regime kritisch gegenüberstehenden Personen gerieten ins Visier der Behörden, egal ob Vietminh, Kommunisten, andere Abweichler oder auch solche, die sich einfach nur den Erpressungsversuchen von Diems korrupten Beamten widersetzten. Die schamlose **Vetternwirtschaft** und die rücksichtslosen Landreformen des Präsidenten taten ein Übriges. Während die vermeintliche „Demokratie der freien Welt" in Südvietnam zu einem Polizeistaat mutierte, verloren über 50 000 Menschen unter Diems Pogrom ihr Leben.

Der Norden unter Ho Chi Minh

In Hanoi hatte Ho Chi Minhs Regierung unterdessen mit ganz anderen Problemen zu kämpfen, nämlich dem Aufbau einer sozialistischen Gesellschaft mit Hilfe einer ganzen Schar chinesischer Berater. Die Infrastruktur des Landes hatte unter dem jahrelangen Krieg mit Frankreich empfindlich gelitten, und nun musste der Norden auch noch ohne die reichen Reisernten des Südens auskommen. Schwerer wogen jedoch die Mitte der 50er Jahre vorgenommenen und als Umverteilung des Landes im Stile Robin Hoods gepriesenen **Landreformen**, in deren Verlauf Tausende (einige Quellen sprechen von bis zu 100 000) Unschuldige von spontan aufgestellten **Volkstribunalen zur Durchsetzung der Agrarreform** als Landbesitzer „verurteilt", gefoltert und anschließend hingerichtet oder in Arbeitslager gesteckt wurden. So genannte „Reaktionäre" wurden denunziert und bestraft, häufig für solch schwere imperialistische „Verbrechen" wie den Besitz von Werken der großen französischen Dichter und Romanschriftsteller. Im Zuge der **Kampagne zur Fehlerbehebung** von 1956 wurden wenigstens einige Opfer der Landreform aus der Gefangenschaft freigelassen, doch wie Ho Chi Minh selbst sagte: „Die Toten kann man nicht wieder zum Leben erwecken".

Da Hanoi damit beschäftigt war, vor der eigenen Haustür zu kehren und – zumindest bis 1956 – nach außen hin die Einhaltung der Bedingungen des Genfer Abkommens zu demonstrieren, waren die Guerilla-Kämpfer des Vietminh südlich des 17. Breitengrades mehrere Jahre lang auf sich allein gestellt. Dabei waren sie Diems Repressalien relativ schutzlos ausgesetzt, auch wenn die Guerilla-Aktionen gegen Ende der 50er Jahre zunahmen, häufig in Form von Attentaten auf Funktionäre der Regierung. Erst 1959 sah sich Hanoi veranlasst, der schwindenden Zahl der Revolutionskämpfer im Süden – in deren Reihen auch der spätere Generalsekretär Le Duan kämpfte – etwas entgegenzusetzen und deutlichere militärische Präsenz zu zeigen. Im April 1960 wurde die allgemeine Wehrpflicht eingeführt, und schon bald begannen die ersten Kader und Waffen langsam über den **Ho-Chi-Minh-Pfad** (s.S. 422/423, Kasten) nach Süden zu fließen. Ende des Jahres wurde von Hanoi aus die **Nationale Befreiungsfront (NLF)** ins Leben gerufen, die sämtliche oppositionelle Kräfte im Süden des Landes in einer Organisation bündelte. Diem verpasste jenen Guerilla-Kämpfern den Namen **Vietcong** („Vietnamesischer Kommunist"), der irgendwie hängen blieb, obwohl die NLF in Wirklichkeit aus einer vereinten Front aus katholischen, buddhistischen, kommunistischen und nicht-kommunistischen Nationalisten bestand. Hinzu kamen ehemalige Mitglieder der Binh Xuyen und Milizen der Hoa Hao und Cao Dai. Trotz dieser bunt zusammengewürfelten Mischung funktionierte die Zusammenarbeit mit Hanoi gut, von wo die NLF ihre Weisungen erhielt.

Eingreifen der Amerikaner

Bereits seit 1950 hatten die Vereinigten Staaten die Kriegsanstrengungen der Franzosen mit Dollars unterstützt, und 1954 stellte Präsident Eisenhower Südvietnam ein „intelligentes Hilfsprogramm" mit dem Ziel der „Erhaltung eines starken, handlungsfähigen Staates" in Aussicht. Anfang 1955 begann das Weiße Haus mit der direkten Finanzhilfe für Diems Regierung und der Ausbildung einer neuen Streitmacht, der **Armee der Republik Vietnam**

(ARVN). Hintergrund dieser Politik war zum einen die Angst vor einem **Domino-Effekt** in ganz Südostasien, falls Südvietnam vom Kommunismus überrollt werden sollte, und auf der zynischeren Seite auch die Furcht der USA, von wichtigen Rohstoffen, Handelsrouten und Märkten abgeschnitten zu werden. Auch während der kurzen Amtszeit von Präsident John F. Kennedy wurde diese Politik fortgesetzt. Kennedy erhöhte sogar noch die Zahl der militärischen Berater und die finanzielle Unterstützung für das südvietnamesische Regime. Zwar bereitete ihm die Vorstellung einer groß angelegten amerikanischen Intervention Unbehagen, doch im Sommer 1962 befanden sich bereits 12 000 US-amerikanische Berater in Südvietnam.

Aller amerikanischen Geldspritzen zum Trotz verlor Diems inkompetente und missliebige Regierung gegenüber dem Vietcong immer mehr Boden im Kampf um die Popularität in der Bevölkerung. Besonders viele Feinde machte sich die Regierung mit ihrem Programm der so genannten **„strategischen Dörfer"**. Bei dem 1962 ausgearbeiteten Programm, das auf einer von Großbritannien während des Malaiischen Aufstands erfolgreich erprobten Methode basiert, handelte es sich um die Zwangsumsiedlung ganzer Dörfer in befestigte Einfriedungen, mit denen man den Vietcong in Schach halten wollte. Das schlecht durchdachte, unsensible und zur Ausnutzung durch korrupte Beamte einladende Programm hatte indes den gegenteiligen Effekt; so berichtete Nguyen Van Hieu, ein hochrangiges Mitglied der südvietnamesischen Widerstandsbewegung, dem westlichen Journalisten Wilfred Burchett: „Der Terror und die brutale Unterdrückung treiben alle in die Arme des Widerstands." Innerhalb von nur zwei Jahren waren die meisten strategischen Dörfer wieder leer, weil sich die Menschen nach und nach in ihre Heimatdörfer zurückbegeben hatten.

Militärisch liefen die Dinge kaum besser. Falls die USA noch eines Beweises bedurften, dass Diems Regierung große Schwierigkeiten damit hatte, die Guerilla zu bändigen, so wurde dieser im Januar 1963 mit der **Schlacht von Ap Bac** (s.S. 221) geliefert, in der die unfähigen ARVN-Truppen schwere Verluste gegen die zahlenmäßig stark unterlegenen Vietcong hinnehmen mussten. Vier Monate später eröffneten ARVN-Soldaten in Hué das Feuer auf buddhistische Gläubige, die gerade Buddhas Geburtstag feierten, und lösten damit Unruhen und Demonstrationen gegen die religiöse Unterdrückung aus, deren Höhepunkt die dramatische Selbstverbrennung des Mönchs **Thich Quang Duc** in Saigon bildete (s.S. 161, Kasten). Jetzt war Diem auch für die USA zu einer Belastung geworden. Aus Besorgnis, die Kommunisten könnten noch mehr Kapital aus der Unbeliebtheit des Präsidenten schlagen, sanktionierten die USA stillschweigend den **Staatsstreich** vom 1. November, mit dem er gestürzt wurde. Diem und sein Bruder flohen nach Cholon, wo beide am folgenden Tag erschossen wurden (s.S. 166).

Der Krieg eskaliert

Drei Wochen später wird John F. Kennedy ermordet. Welche persönlichen Bedenken seinen Nachfolger Lyndon B. Johnson bezüglich der **Fortsetzung des Engagements** in diesem von ihm so bezeichneten „Scheißkrieg" auch geplagt haben mögen, so will er doch um keinen Preis die Verantwortung dafür übernehmen, dass Amerika einen Krieg gegen die Kommunisten verliert. „Nichts," sagt er, „wäre schlimmer als das." Ende 1963 sind die Vereinigten Staaten bereits mit rund 500 Millionen US-Dollar jährlich in Vietnam involviert.

Die an die Stelle von Diem getretenen Generäle erweisen sich als genauso unfähig und lösen mit ihren **internen Querelen**, die sich durch das Jahr 1964 ziehen und auch noch 1965 andauern, weitere Demonstrationen und Unruhen in Saigon aus. Die Hauptstadt taumelt von einem Staatsstreich zum nächsten, während Korruption, Vetternwirtschaft und Abhängigkeit von amerikanischer Unterstützung unverändert Bestand haben. In den ländlichen Regionen schmiedet der Vietcong derweil an einer soliden Basis der Unterstützung in der Bevölkerung. Aufgrund der instabilen Lage im Süden sieht sich Hanoi Anfang 1964 veranlasst, mehrere Infanteriebataillone der **Nordvietnamesischen Armee (NVA)** über den Ho-Chi-Minh-Pfad nach Süden zu entsenden, wobei allein im ersten Jahr rund 10 000 Soldaten aus dem Norden in Marsch gesetzt werden. Für die USA, die nicht tolerieren wollen, dass die Kommunisten auch in Südvietnam die Macht übernehmen, den Generälen in Saigon andererseits aber auch nicht zutrauen, den Gegner in Schach zu halten, scheint die einzig mögliche Option in einer **„Amerikanisierung"** des Konflikts zu liegen.

Im August 1964 bietet sich die Gelegenheit dazu, als der amerikanische Zerstörer *Maddox* angeblich grundlos von nordvietnamesischen Schiffen angegriffen wird; zwei Tage darauf berichten die *Maddox* und ein weiteres Schiff, die *Turner Joy*, von einer zweiten Attacke. Erst Jahre später wird sich herausstellen, dass die *Maddox* in geheimer Mission die nordvietnamesischen Einrichtungen an der Küste ausspioniert hatte und der zweite Zwischenfall sich mit größter Wahrscheinlichkeit niemals ereignet hat. Nichtsdestotrotz antworten die Amerikaner mit Vergeltungsschlägen in Form von 64 **Bombereinsätzen** gegen Marinestützpunkte des Nordens. In Washington verabschiedet der Kongress derweil die **Tonkin Gulf Resolution** und ermächtigt Johnson damit zur Stationierung regulärer US-Truppen in Vietnam, „um weitere Angriffe zu verhindern". Für Johnson, der gerade seine Wiederwahl anstrebt, bedeutet dieses entschiedene Vorgehen gegen den Kommunismus Wasser auf die Mühlen seiner Publicity-Maschinerie.

Die Operation Rolling Thunder

Im Februar 1965 beendet ein Angriff der NVA auf die Stadt Plei Ku im zentralen Hochland die mehrmonatige Unentschlossenheit der USA, wie denn der Krieg in Vietnam am besten zu führen sei, und gebiert die **Operation Flaming Dart**, einen konzertierten Bombenangriff auf die NVA-Camps nördlich des 17. Breitengrads. Die militärische Diskussion geht unterdessen unvermindert weiter: General Curtis Le May, Oberbefehlshaber der US Air Force, bezeichnet die bisherige Politik in Vietnam als „nach Fliegen schlagen", wo es doch viel effektiver gewesen wäre, „sich gleich um den Misthaufen zu kümmern". Einen Monat später wird die **Operation Rolling Thunder** gestartet, ein ausgedehnter Feldzug, bei dem ein Flächenbombardement auf das andere folgt; am Ende der Operation dreieinhalb Jahre später wird in 350 000 Einsätzen die doppelte Tonnage an Bomben (rund 800 täglich) abgeworfen worden sein wie an allen Kriegsschauplätzen des Zweiten Weltkriegs zusammen. Trotz solch beeindruckender Statistik schafft es auch Rolling Thunder nicht, den Norden von seinen Ressourcen und Nachschublinien abzuschneiden oder Hanoi zu einer Einstellung seiner Aktivitäten im Süden zu zwingen. Die Bombenangriffe haben lediglich den Effekt, dass der Norden in seiner Unverwüstlichkeit noch bestärkt wird, denn die in Massen mobilisierte Bevölkerung setzt die Brücken, Landstraßen und Eisenbahnlinien schneller wieder instand, als die Bomber sie zerstören können. Hinzu kommt, dass die NVA-Truppen in zunehmendem Maße auch den Süden infiltrieren: Bis 1967 machen sich über 100 000 Soldaten jährlich auf den Marsch nach Südvietnam.

Bereits 1954 hatte der amerikanische Politiker William F. Knowland gewarnt: „Statt US-Bodentruppen im Dschungel von Indochina einzusetzen, könnte man auch versuchen, einen Elefanten mit einem Taschentuch zuzudecken – es ist schlichtweg unmöglich". Doch seine Worte stoßen auf taube Ohren. Im März 1965 landen die ersten regulären **US-Truppen** der 3. Marinedivision in Da Nang. Ihr ursprünglicher Auftrag, den dortigen Luftstützpunkt zu verteidigen, wird schon bald um offensive Aktionen im Landesinneren erweitert. Ende 1965 befinden sich bereits 200 000 GIs in Vietnam, eine Zahl, die sich binnen eines Jahres verdoppeln und im Winter 1967 fast eine halbe Million erreichen wird. Außerdem kämpfen auf amerikanischer Seite zahlreiche **verbündete Streitkräfte** aus der freien Welt, darunter beträchtliche Kontingente aus Australien (australische Militärberater befanden sich schon seit 1962 in Südvietnam) und Südkorea sowie kleinere Einheiten aus Neuseeland, Thailand und von den Philippinen.

Die Mission der amerikanischen Kampfverbände beschränkt sich im Wesentlichen darauf, die NVA im zentralen Hochland in Schach zu halten, wie bei der Schlacht um das **Ia Drang-Tal** im Herbst 1965, und die Bedrohung durch die Guerilla im Süden zu neutralisieren, vor allem im Mekong-Delta und in der Region nördlich von Saigon, den Hochburgen des Vietcong. Der Krieg, den diese Soldaten führen müssen, ist schmutzig und frustrierend zugleich: Größtenteils handelt es sich um einen Guerilla-Krieg gegen einen unsichtbaren Feind, der stets im nächsten Dorf untertauchen kann, sodass die GIs nicht einmal mehr der Zivilbevölkerung trauen können. Gegen Ende 1965 kommt es zu ersten Einsätzen unter dem Etikett **Aufspüren und Vernichten** (*Search and Destroy*), mit denen aktive Vietcong-Soldaten aus den Dörfern gejagt werden sollen; die berüchtigtste Operation dieser Art endet schließlich im **Massaker von My Lai** (s.S. 342/343, Kasten). Daneben werden noch andere Termini geprägt und dem Lexikon des Kriegsvokabulars hinzugefügt: Eine ständige Einrichtung im Hochland werden die **Feuerstützpunkte** *(fire bases)*, von denen vorbeiziehende NVA-Truppen mit großflächigem Haubitzenfeuer belegt werden können; andernorts werden **Freifeuerzonen** *(free fire zones)* ausgerufen, d.h. Gebiete festgelegt, aus denen die Zivilbevölkerung entfernt wurde, damit dort vermutete Guerilla-Kämpfer unter breit gefächerten Beschuss genommen werden können; die Politik der **Verbrannten Erde** *(scorched earth)* schließlich hat das Ziel, durch Brandrodung und Entlaubung ganzer Landstriche die Vietcong-Soldaten ihres Schutzes zu berauben. Und im Anschluss an das Gefecht lassen die Generäle im Feld noch schnell eine Aktion durchführen, die später zum Symbol für den Wahnsinn dieses Kriegs werden soll: die **Zählung der Opfer** *(body count)*, nach deren Ergebnis der jeweilige Einsatz als Erfolg oder Niederlage gewertet wird.

Die Zivilbevölkerung

Wie nicht anders zu erwarten, hat die Zivilbevölkerung am meisten unter dem Krieg zu leiden, der jetzt erbarmungslos seinen Lauf nimmt. In **Nordvietnam** ist die Empörung über die gnadenlosen Bombeneinsätze des fremden Aggressors so groß, dass sie einer antikolonialistischen Entschlossenheit Platz macht, besonders nachdem Hanois Propagandamaschinerie Tritt gefasst hat. In **Südvietnam** herrscht dagegen hochgradige Verwirrung: Für manche ist das gewaltige Ausmaß der amerikanischen Präsenz der Garant dafür, dass der Krieg nicht lange dauern kann, und von daher willkommen; andere wiederum empfinden die Anwesenheit der GIs als Invasion und schließen sich spätestens der NLF an, als sie von den Amerikanern aus ihrer gewohnten Umgebung gerissen werden und zusehen müssen, wie ihr Land zerstört wird. Die Vietcong-Soldaten sind allerdings auch keine Engel und errichten vielerorts eine Schreckensherrschaft, der sie mit Massenhinrichtungen angeblicher Verräter Nachdruck verleihen. Zwar sind die aufeinander folgenden Regierungen in Saigon gleichermaßen korrupt wie unbeliebt, doch die von der amerikanischen Propaganda verteufelten Kommunisten aus dem Norden sind für viele auch keine wünschenswerte Alternative.

Als Überlebensstrategie stellen sich die Dorfbewohner mit der Zeit intuitiv darauf ein, bestimmten Personen nur bestimmte Dinge zu erzählen. Die Vereinigten Staaten verfolgen derweil eine **Befriedungspolitik**, d.h. die Bereitstellung von Bildungsprogrammen, medizinischer Hilfe u.ä., die darauf ausgerichtet ist, das Vertrauen der Bevölkerung zu gewinnen. Doch sobald die Amerikaner abends in ihre Stützpunkte zurückkehren, übernehmen die Vietcong-Soldaten wieder das Kommando. Für die Dorfbewohner ist die Beschwichtigung zweier Seiten, mit denen sie im Laufe von 24 Stunden konfrontiert werden, stets eine Art Drahtseilakt, geprägt von einem Klima des Hasses und Misstrauens, das aus jedem Nachbarn einen möglichen Denunzianten macht. Da die Kinder stets von jener Seite vereinnahmt werden, der sie zuerst in die Hände fallen, kommt es nicht selten vor, dass Geschwister sich als Feinde gegenüberstehen.

Die Tet-Offensive

Am 21. Januar 1968 belagern etwa 40 000 NVA-Soldaten eine abgelegene amerikanische Militärbasis bei **Khe Sanh**, nordwestlich von Hué unweit der laotischen Grenze. Aus Furcht, es könnte sich ein zweites Dien Bien Phu anbahnen – eine Analogie, der es angesichts der Luftüberlegenheit der USA allerdings an Überzeugungskraft mangelt – wollen die Vereinigten Staaten kein Risiko eingehen und antworten mit einem gewaltigen Flächenbombardement, das den anschaulichen Namen „Niagara" trägt und auf kommunistischer Seite mit über 10 000 Toten bezahlt wird. Der Norden betrachtet derartige Verluste allerdings als unvermeidliches Opfer und Khe Sanh in erster Linie als Mittel, um die Aufmerksamkeit der US-Truppen von der **Tet-Offensive** abzulenken, die eine Woche später losbrechen soll. In den frühen Morgenstunden des 31. Januar verletzt eine vereinigte Streitmacht von 70 000 Kommunisten (die meisten davon Vietcong) den für Neujahr vereinbarten Waffenstillstand, um eine breit angelegte Offensive in über einhundert Städten in ganz Südvietnam zu starten. Gleichwohl verfehlt der Feldzug sein Ziel, eine Revolte gegen das Regime in Saigon anzufachen und als ersten Schritt in Richtung Wiedervereinigung eine Vertretung des Vietcong in der südvietnamesischen Regierung zu installieren. Lediglich in Hué vermögen die Vietcong-Truppen sich mehr als ein paar Tage zu halten. Folgenschwerer sind jedoch die verheerenden Verluste des Vietcong, von denen er sich nie wieder davon erholen wird.

Auf der anderen Seite des Pazifischen Ozeans wird die Offensive der Vietnamesen indes als erfolgreich registriert und bewirkt eine totale Veränderung der Wahrnehmung des Krieges in der Öffentlichkeit. Bis dahin hatte Washingtons Propagandamaschine gut funktioniert und dem Gros der Bevölkerung suggeriert, man habe den Krieg in Vietnam unter Kontrolle, doch durch die Ereignisse von 1968 wird die Farce offensichtlich. Etwa 2000 amerikanische GIs sind während der Tet-Offensive gefallen, von größerer symbolischer Tragweite ist jedoch der dreiste Angriff, mit dem ein Elitekommando des Vietcong am ersten Tag der Offensive das Gelände der **US-Botschaft in Saigon** einzunehmen versucht und damit die amerikanische Präsenz in Vietnam an ihrer empfindlichsten Stelle trifft. Zwar kann die Botschaft nach sechs Stunden wieder unter Kontrolle gebracht werden, doch dabei sterben fünf Amerikaner – und mit ihnen die Überzeugung der amerikanischen Bevölkerung, dass sich die USA auf der Siegerstraße befinden.

Diese veränderte Haltung findet ihren Ausdruck schon bald in Präsident Johnsons **Veto** gegen eine Entsendung weiterer massiver Truppenkontingente. Am 31. März verkündet der Präsident, die Bombenangriffe würden bis auf ganz wenige Ausnahmen völlig eingestellt, und einen Monat später wird in Paris die erste Runde eines diplomatischen Tauziehens aufgenommen, das über fünf Jahre andauern wird. Noch binnen Jahresfrist erklären die Amerikaner schließlich die vollständige Einstellung von Bombenangriffen.

Als hätte es noch eines weiteren Beweises für die Sinnlosigkeit des amerikanischen Engagements in Vietnam bedurft, kommt es Anfang 1969 zur Schlacht im **A Shau-Tal**. Das westlich von Da Nang im zentralen Hochland gelegene Tal ist einer der Ankunftspunkte für NVA-Truppen am Ende ihres mühsamen Marsches über den Ho-Chi-Minh-Pfad nach Süden und befindet sich bereits seit drei Jahren unter kommunistischer Kontrolle. Nach zwei gescheiterten Versuchen der Rückeroberung des Tals haben die Amerikaner im Mai 1969 endlich etwas Boden gutgemacht und die NVA am westlichen Ende des Tals in die Enge getrieben, wo sie sich auf dem Hügel 937 (Ap Bia-Hügel) verschanzt haben. Der gemeinschaftliche Gewaltakt von US- und ARVN-Einheiten zur Eroberung des Hügels kostet 700 Menschenleben und ist die Geburtsstunde des sinnfälligen Namens **Hamburger Hill**, denn die dort kämpfenden Männer werden buchstäblich zu Hackfleisch verarbeitet. Als die Niederlage nicht mehr abzuwenden ist, ziehen sich die NVA-Kämpfer einfach über die Grenze nach Laos zurück, während die Südvietnamesen das Tal ebenfalls verlassen.

Die Präsidentschaft Nixons

Im Januar 1969 tritt **Richard Nixon** seine unter einem ungünstigen Stern stehende Amtszeit als Präsident der Vereinigten Staaten an, nachdem er im Wahlkampf versprochen hatte, „den Krieg zu beenden und Frieden zu schließen". Auf der Suche nach einer Lösung, die den USA einen Abzug ohne großen Image-Verlust sichern soll, verfolgt Nixon eine Strategie der so genannten **„Vietnamisierung"** des Krieges, d.h. ein schrittweiser Abzug von US-Soldaten bei gleichzeitiger Aufrüstung der ARVN-Truppen mit Soldaten und Waffen. Nachdem die Zahl der in Vietnam stationierten GIs noch Anfang 1969 die Rekordmarke von 540 000 erreicht hatte, sind 60 000 von ihnen bis Weihnachten wieder zu Hause, und Ende 1970 befinden sich schließlich nur noch 280 000 amerikanische Kämpfer in Vietnam. Im gleichen Zeitraum kommt es fast zu einer Verdoppelung der ARVN-Stärke von 640 000 auf weit über eine Million. Als festen Bestandteil des Ausbaus Südvietnams zu einem Bollwerk gegen den Kommunismus betrachtet Nixon die Fortsetzung von Johnsons umstrittenem **Phoenix-Programm**, mit dem die kommunistische Infrastruktur im Mekong-Delta durch Infiltrierung der Vietcong-Zellen ausgehöhlt werden soll. Im Zuge der Durchsetzung des Vorhabens werden mehrere Tausend Vietcong-Kader verhaftet, gefoltert oder getötet. Das Quotensystem, nach dem sich die Arbeit der Agenten richtet, hat zur Folge, dass viele unter den schätzungsweise 50 000 getöteten Kommunisten in Wirklichkeit unschuldig sind.

Doch Nixon beschränkt seinen Kampf nicht auf Südvietnam. Da die NVA bereits seit Jahren Nachschublager in **Kambodscha** unterhält, werden diese Ziele vom März 1969 an in Form verdeckter Bombenagriffe von den USA unter Beschuss genommen. Die Kampagne unter dem Codenamen **Ope-**

ration Menu dauert vierzehn Monate, löst allerdings in Hanoi keine Proteste aus, weil die Nordvietnamesen sich ohnehin unrechtmäßig im neutralen Kambodscha aufhalten. Im folgenden Frühjahr, nachdem Prinz Sihanouk von Kambodscha in einem von den USA unterstützten Staatsstreich durch Lon Nol ersetzt und damit der Zugang für US-Truppen erleichtert wird, greift eine **Sondereinheit** von 20 000 Soldaten die kommunistischen Einrichtungen im Nachbarland an. Die amerikanische Öffentlichkeit reagiert mit Empörung, dass Nixon dem Krieg nicht etwa ein Ende bereitet, sondern den Konflikt sogar noch ausweitet, und es kommt zu Massendemonstrationen gegen den Krieg. Bei einer Protestaktion an der **Kent State University** in Ohio geben Nationalgardisten Schüsse auf die Menge ab und töten dabei vier Demonstranten – die Folge ist eine Massendemonstration von 100 000 Kriegsgegnern in Washington. Auf dem Schauplatz in Fernost erweisen sich die Vorstöße nach Kambodscha unterdessen als Fehlschlag in doppelter Hinsicht: Erstens erreichen die Amerikaner mit ihren Einsätzen nicht das vorgegebene Ziel, und zweitens beseitigt die Stümperhaftigkeit der ARVN auch die letzten Zweifel, dass die Vietnamisierung nicht funktioniert. In dieses Bild passt auch der gescheiterte Angriff auf einen NVA-Stützpunkt in Laos unter dem Codenamen **Lam Son 719**.

Derweil ziehen sich die **Friedensgespräche** in Paris schleppend dahin, inzwischen mit Nixons nationalem Sicherheitsberater Henry Kissinger als Chefunterhändler der Amerikaner und Le Duc Tho als Vertreter Nordvietnams (Ho Chi Minh war am 2. September 1969 gestorben). Einer Einigung stehen dabei zwei Hauptprobleme im Weg: das Beharren Nordvietnams auf einer Koalitionsregierung im Süden ohne den derzeitigen Präsidenten Thieu und das Bestehen der USA auf den Rückzug sämtlicher NVA-Truppen in den Norden nach einem vereinbarten Waffenstillstand. Anfang 1972 versuchen beide Seiten durch wiederholte militärische Offensiven ihre Position am Verhandlungstisch zu stärken. Auf Hanois **Oster-Offensive** auf die nördlichen Provinzen Südvietnams antwortet Nixon mit neuerlichen **Bombenangriffen auf den Norden** – zunächst auf strategisch wichtige Verkehrswege, aber schon bald auch auf Ziele in Hai Phong und Hanoi. Gegen Jahresende werden die Verhandlungen wiederaufgenommen, wobei sich Hanoi diesmal kompromissbereiter zeigt – nicht zuletzt weil Nixon zur Einschüchterung des Nordens gezielt seine so genannte „**Madman Theory**" verbreiten lässt, nach der er auch vor dem Einsatz von Atomwaffen nicht zurückschrecken wird. Tragischerweise lässt sich Präsident Thieu in Saigon mit dem im Oktober vorgelegten Entwurf (Nixon wollte vor den US-Wahlen im November unbedingt eine Resolution auf dem Tisch haben) sehr viel Zeit. Als es im Januar 1973 endlich zu einer Einigung kommt, hat Nixon seine militärischen Muskeln bereits ein letztes Mal spielen lassen: 1972 sanktioniert er die elftägige „**Weihnachtsbombardierung**" von Hanoi und Hai Phong (s.S. 466, Kasten), bei der 20 000 Tonnen Bomben über beiden Städten abgeworfen werden und 1600 Zivilisten den Tod finden.

Mit dem am 27. Januar 1973 von den Vereinigten Staaten, Nordvietnam, Südvietnam und dem Vietcong unterzeichneten **Pariser Abkommen** wird schließlich ein Waffenstillstand geschlossen; alle noch in Vietnam befindlichen US-Soldaten sollen bis April in ihre Heimat zurückkehren, und sowohl Hanoi als auch Saigon verpflichten sich zur Freilassung von Kriegsgefangenen. Eine langfristige Beilegung des Konflikts zwischen Nord- und Südvietnam wird mit den Pariser Gesprächen allerdings nicht erreicht, stattdessen wird ein „**Nationaler Versöhnungsrat**" aus Vertretern der Saigoner Regierung und der Kommunisten gebildet und die Beilegung der Angelegenheit auf einen unbestimmten Zeitpunkt in der Zukunft vertagt. Die Vereinbarung gestattet sowohl den NVA- als auch den ARVN-Truppen, ihre jeweiligen Stellungen zu halten. Für diesen schwammigen Deal erhalten Kissinger und Le Duc Tho später den Friedensnobelpreis, den allerdings nur Kissinger annehmen wird.

Der Fall des Südens

Letztlich ermöglicht das Pariser Abkommen nicht viel mehr als den relativ problemlosen Rückzug der Amerikaner aus Vietnam. Da die NVA ihre Stellungen im Süden nach wie vor innehat, ist es nur eine Frage der Zeit, wann es zu einem erneuten Ausbruch der Kriegshandlungen kommen wird. Thieus ARVN, die inzwischen eine Million Mann stark ist und sich dank der neuen, von den USA finanzierten Ausrüstung in robuster Verfassung befindet, macht sich schon bald daran, die während der Oster-Offensive an den Norden verlorenen Gebiete zurückzuerobern. Auf der Gegenseite taumeln die Kommunisten noch immer unter den schweren Verlusten, die sie in jenem Feldzug erlitten haben. Schon zuvor hatte die Tet-Offensive dem Vietcong enorme Verluste zugefügt (die meisten Schätzungen gehen von 40 000 Toten aus), und das Phoenix-Programm hatte noch viele weitere Todesopfer gefordert. Lange sollte es jedoch nicht dauern, bis sich die NVA wieder aufrappeln würde.

1974 beginnt sich die Lage im Süden allmählich zu verschlechtern. Die durch die starke **Inflation** bereits arg gebeutelte Wirtschaft wird durch die nach dem Abzug der Amerikaner zunehmende **Arbeitslosigkeit** noch weiter geschwächt. In den Reihen des Militärs blüht die Korruption, und ausbleibende Soldzahlungen lassen die Zahl der ARVN-Deserteure rasch ansteigen. Gegen Jahresende ist der Süden reif für die Übernahme.

In Hanoi herrscht die Meinung vor, dass es am klügsten wäre, die Waffenstärke im Süden langsam aufzubauen, um irgendwann 1976 einen konventionellen Schlag zu führen. Als jedoch Ende 1974 bei einem von General Tran angeführten **Vorstoß der NVA** das Gebiet nördlich von Saigon (die heutige Provinz Song Be) erobert werden kann, fühlt sich der Norden entsprechend ermutigt und ergreift kurzerhand die Initiative. Daraufhin fallen die Städte im Süden wie die reifen Früchte unter der unwiderstehlichen Wucht des **Ho-Chi-Minh-Feldzugs.** Bereits zwei Monate später besetzen kommunistische Truppen Buon Ma Thuot und schaffen innerhalb von 24 Stunden die Eroberung, für die sie eine ganze Woche angesetzt hatten. Es folgen Hué, Da Nang, und schließlich am 21. April 1975 auch Xuan Loc, die letzte echte Verteidigungslinie vor Saigon. Der Widerstand der ARVN löst sich angesichts des unaufhaltsamen Vormarsches der Kommunisten in nichts auf: Ein berühmtes Foto aus jenen letzten Kriegstagen zeigt eine Straße, auf der die während der Flucht hastig weggeworfenen Stiefel der rennenden ARVN-Soldaten verstreut liegen. Präsident Thieu flieht per Hubschrauber nach Taiwan, während **General Duong Van Minh** („Big Minh") an die Spitze der Saigoner Regierung tritt. Minh behält sein Amt genau zwei Tage, bevor die Panzer der NVA die Tore des Präsidentenpalastes durchbrechen und Saigon am 30. April in die Hände der Kommunisten fällt. Nur wenige Stunden zuvor waren auch die letzten Amerikaner und Angehörige anderer westlicher Nationen in einer fieberhaften Hubschrauberoperation, die unter dem Namen „Frequent Wind" in die Geschichte einging (s.S. 158), ausgeflogen worden.

Die **Schreckensbilanz** des Vietnamkriegs nimmt sich Furcht erregend aus: Von den 3,3 Millionen GIs, die von 1965-1973 in Vietnam dienten, fanden mehr als 57 600 den Tod, über 150 000 erlitten schwere Verwundungen. Als Spätfolge leiden heute schätzungsweise 500 000 ehemalige Soldaten am so genannten „post-traumatischen Belastungssyndrom", während die Zahl der Selbstmorde von Vietnam-Veteranen inzwischen die Gesamtzahl der im Krieg gefallenen Soldaten überschritten hat. Die ARVN hatte den Verlust von 250 000 Soldaten zu beklagen, Hanoi meldete den Tod von über zwei Millionen nordvietnamesischen Zivilisten und einer Million kommunistischer Kämpfer. Viele Soldaten auf beiden Seiten, die niemals aus dem Krieg zurückkehrten, werden auch heute noch als *Missing in Action* (MIA) geführt.

Vietnam nach der Wiedervereinigung

Zum ersten Mal nach der Kolonisierung durch Frankreich in den 50er Jahren des 19. Jhs. war Vietnam wieder eine **vereinte Nation**. Die NLF war durch die Tet-Offensive und das Phoenix-Programm dermaßen geschwächt worden, dass es praktisch ausschließlich Soldaten aus dem Norden waren, die Saigon zu Fall brachten. Zunächst gingen die neuen kommunistischen Machthaber äußerst zurückhaltend zu Werke, um einen guten Eindruck bei der internationalen Staatengemeinschaft zu hinterlassen, doch die Südvietnamesen hatte im Hinblick auf ihre Zukunft längst eine dunkle Ahnung beschlichen. Ihre Befürchtungen waren begründet, denn Hanoi war keineswegs gewillt, Saigon Autonomie zu gewähren. Der im Pariser Abkommen vorgesehene Nationale Versöhnungsrat wurde nie einberufen, und die **Provisorische Revolutionsregierung** der NLF erhielt ihre Weisungen vom Militärischen Führungskomitee aus Hanoi, bis im Juli 1976 schließlich die offizielle Geburtsstunde für die **Sozialistische Republik Vietnam** gekommen war. Der Eindruck von einer siegreichen Armee wurde noch verstärkt, als die *can bo,* kommunistische Funktionäre aus dem Norden, in großer Zahl in den Süden des Landes strömten, um alle wichtigen offiziellen Posten zu besetzen. Mehrere Kriegsberichterstatter kommentierten übereinstimmend, die Machtergreifung erinnere teilweise an frühere Jahrhunderte und ließe sich auch als die Rache der Trinh an den Nguyen interpretieren (s.S. 84).

Die im Entstehen begriffene Republik sah sich mit gewaltigen **Problemen** konfrontiert. Viele Jahre lang hatten die beiden Hälften Vietnams unter völlig konträren politischen und wirtschaftlichen Systemen existiert. Der Norden verfügte über keinerlei Industrie, seine Landwirtschaft basierte auf dem System der Produktionsgenossenschaften, und ein Großteil des Landes war durch massive Bombenangriffe völlig zerstört. In krassem Gegensatz dazu hatte das Engagement der Amerikaner im Süden zu einem System geführt, das der britische Journalist John Pilger als „eine auf den Leistungen von Dienstmädchen, Zuhältern, Huren, Bettlern und Schwarzhändlern basierende 'Wirtschaft'" beschreibt, am Leben gehalten mit amerikanischen Dollars, deren Fluss unverzüglich versiegte, nachdem der letzte Helikopter vom Botschaftsgelände in Saigon abgehoben hatte.

Eine langsame und vorsichtige Fusion der beiden Wirtschaftssysteme, wie sie die NLF im Sinn hatte, fand keine Fürsprecher bei der Regierung in Hanoi, deren Führungskader einen straff organisierten sozialistischen Staat zu schaffen beabsichtigten. Anlässlich des **4. Kongresses der Kommunistischen Partei** im Dezember 1976 wurde die Umstrukturierung der südvietnamesischen Wirtschaft nach dem Vorbild des Nordens beschlossen: In Privatbesitz befindliches Land wurde konfisziert, die Landwirtschaft nach den schwerfälligen Modellen des Ostblocks kollektiviert und die Landbevölkerung umgesiedelt und zu Produktionsgenossenschaften zusammengefasst. Der Staat übernahm die Kontrolle über Industrie und Handel, die Produktion schrumpfte, und einige Bauern schlachteten ihr Vieh lieber selbst als es zum Wohl der Sache aufzuziehen. Außerdem litt die Produktivität noch immer unter der katastrophalen Zerstörung der vietnamesischen Wälder und Anbaugebiete durch die nachhaltigen Auswirkungen der von den Amerikanern eingesetzten Chemiewaffen (s.S. 136, Krieg gegen die Umwelt).

Die Veränderungen, mit denen sich das Land jetzt konfrontiert sah, beschränkten sich aber nicht nur auf die Wirtschaft. Auf Seiten Hanois war die Verbitterung über die früheren Feinde enorm groß; doch anstatt eine Politik der nationalen Versöhnung zu verfolgen, und trotz der Tatsache, dass viele Familien Verbindungen zu beiden Lagern hatten, trieben gegenseitige Beschuldigungen einen noch tieferen Keile zwischen die Völker des Norden und Südens. Der Dissident und Romanschriftsteller Duong Thu Huong bringt es auf den Punkt: „In Kriegszeiten ist unser Volk stark. [...] Doch wenn es um das Leben in einer zivilen Gesellschaft und um das Bewusstsein für individuelle Werte geht, ist unser Volk noch sehr jung und naiv. Begriffe wie Demokratie und Menschenrechte werden als etwas empfunden, das sehr weit weg ist, als Luxus." Wer auch nur ansatzweise Verbindungen nach Amerika hatte, wurde in einem **Umerziehungslager** interniert, das nichts anderes als ein Arbeitslager war, ebenso buddhistische Mönche, Priester, Intellektuelle und alle anderen der Regierung nicht genehmen Personen. Hunderttausende Südvietnamesen wurden ohne Gerichtsverhandlungen in derartige Lager gesteckt, einige blieben über zehn Jahre lang interniert. Die Diskriminierung derjenigen, die im Krieg auf der „falschen Seite" kämpften, äußert sich auch heute noch in Form unterschiedlicher Behandlung bei der medizinischen Betreuung, in der Ausbildung oder bei den beruflichen Chancen, bis hin zur Schändung von Friedhöfen mit den sterblichen Überresten von Südvietnamesen.

Im März 1977 wurden erste Gespräche mit dem Ziel einer Normalisierung der Beziehungen zwischen Vietnam und den Vereinigten Staaten aufgenommen, die allerdings im Sande verliefen. Das 1970 im **Trading with the Enemy Act** gesetzlich festgeschriebene Verbot der Handelsbeziehungen zu feindlichen Nationen, nach dem sich Amerikaner strafbar machten, wenn sie Geschäftsbeziehungen mit Vietnamesen oder in Vietnam eingingen, wurde aufrechterhalten. Für Vietnam kam erschwerend hinzu, dass das Land – zum größten Teil auf amerikanischen Druck – bis 1993 keinerlei Aussichten auf **Entwicklungskredite** vom IWF, von der Weltbank oder von der Asiatischen Entwicklungsbank hatte, sodass die sozialistische Republik ausschließlich auf sowjetische Wirtschaftshilfe angewiesen war. 1978 trat Vietnam dem Rat für gegenseitige Wirtschaftshilfe **COMECON** bei, einer Wirtschaftsorganisation der sozialistischen Staaten.

Wegen der großen Probleme, mit denen sich Vietnam nach der Wiedervereinigung konfrontiert sah, zogen es viele Vietnamesen vor, ihrer Heimat den Rücken zu kehren und sich lieber in seeuntüchtigen Schiffen über den Ozean treiben zu lassen – in der Hoffnung, an die Küste einer wohlwollenden Nation getrieben zu werden (s.S. 104/105, Kasten).

Die Rückkehr des Krieges

Drei Wochen vor dem Fall Saigons hatte **Pol Pot** mit seinem Terrorregime 1975 die Macht in Kambodscha an sich gerissen. Noch kein Jahr war seither vergangen, als seine Truppen bereits **Vorstöße über die Grenze** unternahmen und in Regionen auf vietnamesischem Staatsgebiet vordrangen, die einst zum Einflussbereich der Khmer gehört hatten, nämlich Gebiete im Mekong-Delta und nördlich von Ho-Chi-Minh-Stadt (wie Saigon jetzt hieß). Einer dieser aggressiven Akte führte zum **Massaker von Ba Chuc** (s.S. 250/251), bei dem fast 2000 Menschen getötet wurden. Vergeltungsmaßnahmen ließen auch deshalb lange auf sich warten, weil Pol Pot stillschweigende Unterstützung aus China erhielt. Gegen Ende des Vietnamkriegs hatte Hanoi sich zunehmend von Beijing ab- und Moskau zugewandt. Der Konflikt in Kambodscha sollte aber auch in Beijing für Unruhe sorgen und die bereits bestehenden sino-vietnamesischen Spannungen noch weiter verstärken.

1978 wollte Vietnam schließlich nicht mehr tatenlos zusehen. Am Weihnachtstag jenes Jahres marschierten 120 000 vietnamesische Soldaten in Kambodscha ein und entmachteten Pol Pot. Ungeachtet der Motive für die Invasion und trotz der willkommenen Beendigung von Pol Pots Schreckensherrschaft wurde Vietnam weiterhin von der internationalen Staatengemeinschaft geächtet. Im Februar 1979 antwortete Beijing mit einer militärischen Strafexpedition in Form einer **chinesischen Invasion** der nordöstlichen Provinzen Vietnams. Doch die Chinesen mussten schwere Verluste hinnehmen und sich bereits nach sechzehn Tagen wieder zurückziehen. Unterdessen hatte Pol Pot jenseits der Grenze in Thailand Zuflucht gefunden, von wo aus seine Armee ihre Angriffe auf die vietnamesischen Besatzungstruppen fortsetzte. Die Vietnamesen blieben bis September 1989 in Kambodscha. Bis dahin waren schätzungsweise 50 000 Soldaten gefallen, die Mehrheit davon Wehrpflichtige aus dem Süden Vietnams.

Doi Moi und die Zeit danach

Eine schwere Hungersnot 1985 und 775% Inflation 1986 waren nur zwei der zahlreichen Symptome der **schweren Wirtschaftskrise**, die Vietnam Ende der 70er und Anfang der 80er Jahre vor eine gewaltige Zerreißprobe stellte. Das 1979 gestartete Experiment mit einer Mischung aus Plan- und Marktwirtschaft brachte ebenfalls keine Fortschritte, sodass sich Vietnam Anfang der 80er Jahre nur noch dank sowjetischer Wirtschaftshilfe über Wasser zu halten vermochte.

Die konservative alte Garde der Partei widersetzte sich den fälligen Veränderungen so lange sie konnte, bis der Tod von Generalsekretär Le Duan 1986 endlich den Weg für reformwilligere Politiker frei machte, die fortan versuchten, ihr Land aus der Misere zu führen. Auf dem 6. Parteitag im Dezember übernahm der Reformpolitiker **Nguyen Van Linh** das Amt des Generalsekretärs, und es folgten eine ganze Reihe marktorientierter Wirtschaftsreformen, die unter dem Begriff *doi moi* („Erneuerung") zusammengefasst wurden. Zaghafte Schritte Richtung Dezentralisierung und Privatisierung wurden unternommen, die kollektivierte Landwirtschaft wurde zugunsten des privaten Landbesitzes aufgegeben, und mittels einer Verbesserung der Rahmenbedingungen für ausländische Investitionen wurde versucht, mehr ausländisches Kapital ins Land zu holen. Die politischen Reformen waren nicht annähernd so weit reichend, wenngleich der Parteitag dem korrupten Beamtentum den Kampf ansagte und der Presse größeren Spielraum für eine kritische Berichterstattung einräumte. Nach dem **Zusammenbruch des Kommunismus** in Osteuropa 1989 bekam die Presse allerdings wieder den gewohnten Maulkorb verpasst, und in einer programmatischen Rede erteilte Nguyen Van Linh dem Konzept des Mehrparteienstaates eine klare Absage, wobei aber alle wirtschaftlichen Reformen in Kraft blieben. Die **sowjetische Wirtschaftshilfe**, die sich bis Ende der 80er Jahre auf zwei Milliarden US-Dollar jährlich belief, war für Vietnam weiterhin überlebenswichtig, bis der Geldhahn 1991 schließlich versiegte. Als klar wurde, dass Vietnam künftig finanziell auf sich allein gestellt sein würde, verstärkte der **7. Parteitag** in jenem Jahr sein Engagement in Richtung „sozialistisch orientierter" Wirtschaftsreformen und unternahm erste Anstrengungen, die Isolation Vietnams zu beenden.

Boat People 1979 richtete sich die Aufmerksamkeit der Weltöffentlichkeit auf die Bilder von verdreckten, völlig überfüllten Fischerbooten mit vietnamesischen **Flüchtlingen**, die in Hongkong und anderen südostasiatischen Häfen Zuflucht suchten. Zahllose (einige Schätzungen gehen von einem Drittel aus) wurden Opfer von Taifunen, Hunger, Krankheiten oder Piraten, die häufig Schiffe versenkten, nachdem sie die mageren Habseligkeiten der Flüchtlinge an sich gerissen und die Frauen vergewaltigt hatten. Andere Flüchtlinge gelangten irgendwie an die australische Küste oder wurden von vorbeifahrenden Frachtern aufgelesen. Hauptziel war jedoch eindeutig Hongkong, wo allein 1979 knapp 70 000 Asylsuchende eintrafen. 1979 erreichte der Exodus seinen Höhepunkt, doch der Flüchtlingsstrom hatte bereits im Anschluss an die Wiedervereinigung vier Jahre vorher, von der Weltöffentlichkeit größtenteils unbemerkt eingesetzt und sollte bis in 90er Jahre andauern. In jenem Zeitraum landeten schätzungsweise 840 000 Boat People unversehrt in den Häfen freundlich gesinnter Nationen, in denen sie zunächst Asyl erhielten, bevor über 750 000 von ihnen später in Übersee eine neue Heimat fanden.

Die ersten Flüchtlinge waren überwiegend **Südvietnamesen**. Es handelte sich dabei vorwiegend um Menschen, die dem alten Regime oder ihren amerikanischen Alliierten zu sehr verbunden waren, um von den Repressalien durch die Kommunisten verschont zu bleiben. Einige waren aber auch ehemalige Nationalisten und einige wenige sogar Ex-Vietcong, die von dem Extremismus der neuen Regierung desillusioniert waren. Als dann Anfang 1978 die Verstaatlichung der privaten Wirtschaft im Süden ihren Lauf nahm, wurde die Gemeinde der **Auslandschinesen** besonders hart getroffen, die einen Großteil der südvietnamesischen Wirtschaft und vor allem den alles entscheidenden Reishandel kontrollierte. Als sich die anti-chinesische Stimmung immer fester verankerte, flohen mehrere Tausend Chinesen in Fischerbooten aus dem Land – zunächst vornehmlich aus dem Süden, doch ab 1979, als sich die Beziehungen zwischen China und Vietnam verschlechterten, breitete sich die Panik auch nach Norden aus. Viele Mensche flohen auch zu Fuß über die Grenze, während andere Unsummen zahlten – einschließlich der Bestechungsgelder an die örtlichen Funktionäre –, um einen Platz auf einem der voll gepferchten Schiffe für die riskante Überfahrt nach Hongkong zu ergattern. Bei der Mehrheit handelte es sich um Chinesen, doch gegen Ende der 70er Jahre verließen auch immer mehr **Vietnamesen** das Land, die angesichts einer Reihe von Missernten, der wirtschaftlichen Notlage oder der Aussicht auf einen langjährigen Militärdienst in Kambodscha keine Hoffnung mehr sahen.

1979 spitzte sich die Situation derart zu, dass sich die internationale Staatengemeinschaft zum Handeln gezwungen sah und über 200 000 Flüchtlinge Asyl erhielten, die sich bis dahin in überfüllten Übergangslagern in Südostasien aufgehalten hatten. Das unter der Schirmherrschaft der Vereinten Nationen aufgelegte Flüchtlingshilfsprogramm **Orderly Departure Programme** (ODP) ermöglichte jetzt auch eine legale Emigration politischer Flüchtlinge in den Westen (hauptsächlich handelte es sich dabei um frühere Angestellte der Amerikaner, Kinder amerikanisch-asiatischer Herkunft und Menschen, die wieder mit ihren Familien zusammengeführt werden wollten). Unter dem Programm wurden insgesamt weit über 500 000 Emigranten in über vierzig westliche Länder umgesiedelt.

Die Krise schien bereits vorüber zu sein, als die Weltöffentlichkeit 1987 plötzlich wieder durch Bilder von völlig überfüllten Schiffen mit vietnamesischen Flüchtlingen im Südchinesischen Meer aufgeschreckt wurde. Im Mittelpunkt dieser **zweiten Flüchtlingswelle** standen größtenteils Nordvietnamesen, die – häufig angestachelt durch Märchen vom Reichtum ihrer Verwandten in Übersee – eher der verzweifelten Armut zu entfliehen versuchten als der politischen Verfolgung. Erneut hatte Hongkong die Hauptlast der Neuankömmlinge zu tragen: Allein 1989 strömten 34 000 neue Boat People in die Lager und schraubten die Gesamtzahl damit auf 56 000 hoch, von denen viele keine echte Chance auf eine Umsiedlung hatten. Auch die Regierungen zeigten sich zu jener Zeit nicht mehr so kooperationsbereit; in einem

Versuch, dem Flüchtlingsstrom Einhalt zu gebieten, erhielten die Boat People von 1989 an nicht mehr automatisch den Flüchtlingsstatus. Stattdessen wurde ein Auslesesystem eingeführt, um „echte" Flüchtlinge von den so genannten „Wirtschaftsflüchtlingen" zu unterscheiden. Letzteren wurde nahe gelegt, nach Vietnam zurückzukehren und sich dem **Freiwilligen Rückführungsprogramm** anzuschließen, mit dem konkrete Hilfe bei der Umsiedlung in Aussicht gestellt wurde. Trotz zahlreicher Beschwerden bezüglich des Ausleseverfahrens kehrten bis 1996 über 70 000 Boat People nach Vietnam zurück, da sie es in den gefängnisartigen Lagern nicht mehr ausgehalten hatten und von den Veränderungen im eigenen Land ermutigt worden waren. Um angesichts der festgefahrenen und zunehmend spannungsgeladenen Situation eine freiwillige Rückführung zu fördern, schlug die US-Regierung Ende 1995 ein Programm mit der Bezeichnung *Resettlement Opportunity for Vietnamese Returnees* (ROVR) vor, das es den Flüchtlingen ermöglichen sollte, sich für eine Einwanderung in die Vereinigten Staaten registrieren zu lassen – freilich erst, nachdem sie von sich aus nach Vietnam zurückgekehrt waren.

Anfang 1996 einigten sich schließlich alle beteiligten Parteien darauf, dass die einzige „machbare Lösung" darin bestünde, die noch in den südostasiatischen Lagern verbleibenden 40 000 Asylanten, die keinerlei Aussicht auf eine Aufenthaltsgenehmigung in einem westlichen Land hatten, so schnell wie möglich nach Vietnam zurückzubringen. Dazu zählten auch viele Kinder, die in den Lagern geboren waren und noch nie einen Fuß auf vietnamesischen Boden gesetzt hatten. Theoretisch sollten die **Deportationen** „ohne Drohungen und Gewaltanwendung" durchgeführt werden, doch die Zusammenstöße zwischen Flüchtlingen und Sicherheitskräften wurden immer gewalttätiger, je näher die für 1997 festgesetzte Frist rückte. Am schlimmsten war die Lage in Hongkong, wo sich die Regierung unter dem Druck befand, die verbliebenen Boat People noch vor der Übergabe Hongkongs an China nach Vietnam zu deportieren. Die ersten Zwangsrückführungen, die bereits 1989 von Hongkong aus stattgefunden hatten, waren damals von weltweiten Proteststürmen und Androhungen von Massenselbstmorden begleitet worden. Dennoch wurde die Rückführungsrate – sowohl freiwillig als auch zunehmend zwangsweise – im Jahr 1996 in der gesamten Region forciert, sodass bis Mitte 1997 fast alle Boat People entweder umgesiedelt oder nach Vietnam zurückgeschickt worden waren. Ende 1999 war nur noch die Lage der 1400 in Hongkongs Gefängnissen einsitzenden Flüchtlinge ungeklärt. Keine andere Nation war zu einer Aufnahme bereit, da viele von ihnen wiederholt straffällig geworden oder drogenabhängig waren, doch als Flüchtlinge konnten sie auch nicht ohne Weiteres wieder nach Vietnam zurückgeschickt werden. Im Februar 2000 gestand Hongkongs Regierung diesen Flüchtlingen schließlich zu, eine Einwanderung in das Territorium zu beantragen.

Bis Ende 1999 wurden die Rückkehrer in Vietnam von Mitarbeitern des Hohen Flüchtlingskommissars der Vereinten Nationen (UNHCR) beobachtet, die kaum Anhaltspunkte für Verfolgung oder Diskriminierung fanden. Es wurden aber auch Stimmen laut, die die Beobachtung als unzureichend und ineffektiv anprangerten, darüber hinaus wurden Fälle von inhaftierten Rückkehrern bekannt. Zur selben Zeit versuchten diverse internationale Organisationen, darunter auch die Europäische Union, den Rückkehrern die **Reintegration in die vietnamesische Gesellschaft** mit Hilfe von Arbeitsbeschaffungsmaßnahmen, Ausbildungsprogrammen und Niedrigzinskrediten zu erleichtern. 1998 kam endlich auch das ROVR-Programm (s.o.) ins Rollen, unter dem inzwischen rund 16 000 Rückkehrer in die Vereinigten Staaten auswandern konnten, größtenteils Südvietnamesen, die eine wie auch immer geartete Beziehung zu Amerikanern während des Krieges nachweisen konnten.

Als sich die wirtschaftlichen Verhältnisse in Vietnam und auch die vietnamesisch-amerikanischen Beziehungen zu verbessern begannen, liefen die ODP- und ROVR-Programme aus, und damit fand zumindest offiziell auch die lange und traurige Geschichte der vietnamesischen Boat People ihr Ende.

Die **internationale Rehabilitierung**, die bereits mit dem Rückzug der Truppen aus Kambodscha 1989 begonnen hatte, erhielt in den 90er Jahren weiteren Auftrieb, als Vietnam die US-Suchtrupps bei deren Arbeit unterstützte, nach Spuren der über 2000 amerikanischen Soldaten zu suchen, die nie aus Vietnam zurückgekehrt waren und noch immer als *Missing in Action* (MIA) geführt wurden. 1993, ein Jahr nachdem der Reformer **Vo Van Kiet** Ministerpräsident geworden war, gaben die Amerikaner erwartungsgemäß ihren Widerstand gegen die Finanzhilfe auf, und die Geldmittel aus dem Westen begannen zu fließen. Bis Jahresende war die Inflation auf 5% gesunken. Die Annäherung zwischen den Vereinigten Staaten und Vietnam setzte sich auch 1994 fort, als Präsident Clinton das US-Handelsembargo aufhob, und im Februar 1995 eröffneten die beiden Staaten Verbindungsbüros in den jeweiligen Hauptstädten. Im Juli 1995 wurde Vietnam Mitglied des südostasiatischen Staatenbundes **ASEAN**, und noch im gleichen Monat wurden wieder vollständige **diplomatische Beziehungen mit den USA** aufgenommen.

Während der folgenden zwei Jahre flossen weiterhin ausländische Investitionen in das Land und sorgten für fast 10% Wirtschaftswachstum pro Jahr. Die Einnahmen aus Ölförderung, verarbeitender Industrie und Tourismus stiegen, sodass Vietnam bereits als der nächste **asiatische Tiger** gehandelt wurde. In all dem Optimismus zeigten sich jedoch schon bald erste Risse: Vom wirtschaftlichen Aufschwung profitierten in erster Linie die Stadtbewohner (vor allem in Ho-Chi-Minh-Stadt), während die Landbevölkerung außen vor blieb. Spitzenfunktionäre wurden in **Korruptionsskandale** verwickelt und öffentlich kritisiert, und die alarmierte Regierung startete eine Kampagne gegen **„soziale Missstände"**, denn Videos, Werbung, Pornografie und andere Importe aus dem Westen wurden zunehmend als Bedrohung für die traditionellen Werte der vietnamesischen Gesellschaft angesehen.

1997 war die Schonzeit endgültig vorbei. Das Wirtschaftswachstum erlahmte, ausländische Unternehmen fuhren ihre Investitionen zurück oder lösten frustriert von einer ausufernden Bürokratie und ständig wechselnden Rahmenbedingungen ihre Niederlassungen gleich ganz auf. Als die Wirtschaftskrise in Südostasien durchschlug, wurden die unrentablen staatlichen Industrieunternehmen zunehmend wettbewerbsunfähig, während der Schmuggel dramatisch zunahm. Im Mai 1997 kam es in der Provinz Thai Binh im traditionell kommunistischen Norden zu **Demonstrationen** Tausender unzufriedener Bauern, die gegen lokale Korruption, steigende Arbeitslosigkeit in der Landwirtschaft und die immer größer werdende Kluft zwischen Stadt- und Landbevölkerung auf die Straße gingen.

Die nationalen **Wahlen** vom Juli 1997 brachten den lang ersehnten Regierungswechsel. Das Ruder übernahm jetzt eine Mannschaft aus jüngeren und weltoffeneren Ministern unter Regierungschef **Phan Van Khai**, der 2002 wiedergewählt wurde. Während Khai die wirtschaftlichen Reformen und den Kampf gegen die Korruption vorantreibt, wird er aber durch Machtkämpfe hinter den Kulissen an der Durchführung der notwendigen, weit reichenden Strukturreformen gehindert, und auch politischer Pluralismus ist noch kein Thema. Unter Khais Führung geht dagegen der duale Prozess der **internationalen Versöhnung** und der Liberalisierung des Handels geschwind voran, nachdem bereits 2001 ein bedeutendes bilaterales Handelsabkommen zwischen Vietnam und den Vereinigten Staaten ratifiziert wurde. Als Folge davon hat sich der Export bestimmter Produkte, die niedrigen Zöllen unterliegen (darunter Öl, Kaffee, Fisch und Textilien) in die USA bereits verdoppelt, während auch die ausländischen Investitionen wieder ansteigen, wobei vor allem Bekleidungshersteller aus Singapur und Hongkong ein kontinuierliches Wachstum erwarten. Ob Vietnam seinen Teil der Vereinbarung erfüllt und seine Märkte für mehr amerikanische Waren öffnet, bleibt abzuwarten. Die Bereitschaft der Regierung zu strukturellen, politischen und wirtschaftlichen Reformen wird noch weiter auf die Probe gestellt werden, wenn Vietnam seinen ehrgeizigen Plan weiterverfolgt, im Jahre 2005 der Welthandelsorganisation beizutreten.

Alles in allem besteht jedoch kein Zweifel, dass Vietnam in vergleichsweise kurzer Zeit eine ganze Menge erreicht hat. Der **Wirtschaft** geht es trotz der immer härter werdenden internationalen Konkurrenz – nicht zuletzt aus China – mit jährlichen Wachstumsraten von ca. 7% einigermaßen gut. Außerdem wurden gute Fortschritte bei der Reduzierung des Bevölkerungswachstums und beim Abbau der Armut unter der Landbevölkerung erzielt, während gleichzeitig Rekordernten im Reisanbau verzeichnet werden konnten. Es wurden sogar einige **Prozesse gegen hochrangige korrupte Beamte** geführt, und im Allgemeinen geben sich die Behörden inzwischen toleranter gegenüber Andersdenkenden, wenngleich Fortschritte in Bezug auf die **Menschenrechte** allenfalls sporadisch zu erkennen sind. Zu den größten anstehenden Problemen der Regierung zählt die schwierige Aufgabe, die systeminhärenten Widersprüche zwischen wirtschaftlicher Liberalisierung und zentraler politischer Kontrolle miteinander in Einklang zu bringen und gleichzeitig die steigenden Ansprüche der vietnamesischen Bevölkerung zu befriedigen. Hinzu kommt die Notwendigkeit, die Umstrukturierung und Privatisierung der hoch verschuldeten Staatsunternehmen zu beschleunigen, ohne die Arbeitslosigkeit und wirtschaftliche wie gesellschaftliche Ungleichheit ausufern zu lassen. Angesichts derartiger Probleme ist es durchaus verständlich, wenn es mit den Reformen in Vietnam manchmal nur quälend langsam voranzugehen scheint.

Religion und Glauben

Moral und Glauben der meisten Vietnamesen beruhen auf einer komplexen Mischung aus konfuzianischen, buddhistischen und daoistischen Weisheitslehren, die mit Ahnenverehrung und antiken animistischen Praktiken verwoben sind. Scheinbar Unvereinbares wird im Alltag mühelos unter einen Hut gebracht. So pflegt etwa eine Familie daheim einen Ahnenaltar, konsultiert die Schutzgottheit des Dorfes, stimmt den Herdgott günstig und bringt Opfergaben in die buddhistische Pagode.

Die Hauptkomponenten des vietnamesischen Glaubenssystems kamen aus China ins Land, doch in Vietnams Süden, der historisch zum indischen Einflussbereich gehörte, bekennen sich kleinere Cham- und Khmer-Gemeinschaften noch immer zum Hinduismus, Islam bzw. Theravada-Buddhismus, die allesamt direkt aus Indien importiert wurden. Seit dem 15. Jh. spielt auch das Christentum eine Rolle, das überwiegend durch die römisch-katholische Kirche repräsentiert wird, wenngleich es im Süden auch eine kleine protestantische Gemeinde gibt. Daneben sind in Vietnam im Zuge politischer und sozialer Unruhen Anfang des 20. Jhs. auch eigenständige religiöse Schulen, Caodaismus und Hoa Hao, entstanden.

Die Religion hatte in Vietnam immer auch eine politische Dimension, was der Welt in den 60er Jahren durch die buddhistische Opposition gegen das tyrannische Regime von Präsident Diem vor Augen geführt wurde. Nach 1975 erklärte die marxistisch-leninistische Regierung des wieder vereinten Vietnams den Staat für atheistisch, doch theoretisch behielten die Bürger das Recht, ihre Religion im Rahmen der Verfassung auszuüben. In der Praxis aber wurden Kirchen und Pagoden geschlossen, religiöse Führer zur Umerziehung geschickt und Gläubige diskriminiert, wenn nicht gar aktiv verfolgt und drangsaliert. Seit 1986 hat sich die Situation entspannt, und in der Verfassung von 1992 wird das Recht auf Religionsfreiheit zugesichert. Etliche bekannte Gefangene, die aufgrund ihres Glaubens inhaftiert waren, wurden freigelassen, und hochrangige Parteiführer demonstrierten durch Besuche von Pagoden und Kirchen öffentlich die neuen Freiheiten. So üben viele Vietnamesen heute ihren Glauben wieder offen aus. Da Vietnam einem Ansturm neuer Ideen und den „sozialen Übeln" ausgesetzt ist, die durch den Zusammenbruch des Wertesystems hervorgerufen wurden, wenden sich die Menschen wieder verstärkt der Religion zu, die eine persönliche Orientierungshilfe bietet und eine stabilisierende Kraft in der Gesellschaft darstellt. Doch trotz größerer Freiheiten im Glauben übt die Regierung noch immer Kontrolle über die religiösen Gruppierungen aus, indem sie deren Publikationen und die Ernennung von Würdenträgern überwacht. Regelmäßig wird die Obrigkeit beschuldigt, keine wirklichen Fortschritte in Menschenrechtsangelegenheiten zu bewirken, und besonders harte Kritik einstecken musste sie wegen ihres scharfen Vorgehens gegen christliche ethnische Minderheiten nach ausgedehnten Demonstrationen im zentralen Hochland im Jahre 2001.

Ahnenverehrung

Zu den ältesten Kulten, die in Vietnam praktiziert werden, gehört die Ahnenverehrung, die auf den Prinzipien der Hochachtung der Kinder vor den Eltern und der Verpflichtung gegenüber den vergangenen, gegenwärtigen und künftigen Generationen basiert. Unabhängig von der Religionszugehörigkeit pflegt nahezu jeder vietnamesische Haushalt (selbst kommunistische Hardliner) einen **Ahnenaltar** in der Überzeugung, dass die Verstorbenen in einer anderen Sphäre weiterleben. Die Ahnen können für ihre Nachkommen Fürsprache einlegen und der Familie Glück und Segen bescheren, doch als Gegenleistung müssen die Lebenden ihnen Respekt zollen, indem sie die vorgeschriebenen Zeremonien durchführen und damit das Wohlergehen der Ahnen sicherstellen. Bei Begräbnissen und folgenden Jahrestagen werden Mengen von Papiergeld und andere **Votivgaben** (heutzutage auch nachgebildete Fernsehgeräte und Autos) verbrannt, und regelmäßig werden auf den Altären ausgewählte Leckerbissen platziert. Traditionell werden diese Dinge durch das Einkommen aus einem eigens dafür bestimmten Stück Land finanziert, und in der Regel obliegt dem ältesten (gewöhnlich männlichen) Familienmitglied die Pflicht, die Rituale zu organisieren, den Altar zu pflegen und sicherzustellen, dass die Ahnen bei allen wichtigen Familienangelegenheiten konsultiert werden. Versäumnisse dieser Pflichten bergen das Risiko, die Ahnen zu verärgern und so Unheil heraufzubeschwören.

Der Ahnenaltar hat eine zentrale Position im Haus. Auf ihm stehen mehrere hölzerne Tafeln, und zwar eine für jeden Ahnen aus den vergangenen fünf Generationen. Hundert Tage nach der Beisetzung kehrt die Seele des Verstorbenen zurück, um fortan in seiner Ahnentafel zu leben. Kinderlose Menschen sind dazu verdammt, auf der Suche nach einem Heim durch die Welt zu streifen, da niemand sie durch das Verbrennen von Weihrauch auf dem Altar ehrt. Manche kinderlos gebliebenen Menschen treffen deshalb Vorsorge und zahlen einem Tempel oder einer Pagode Geld, damit die Rituale für sie durchgeführt werden. Die Seelen anderer kinderlos Verstorbener lassen sich in einem der kleinen Schreinhäuser *(cuong)* nieder, die auf Feldern und am Straßenrand zu sehen sind. Wichtige Zeitpunkte für das Gedenken an die Verstorbenen sind **Tet**, das Neujahr nach dem Mondkalender, und **Thanh Minh**, das Fest des Reinen Lichts, das auf den fünften Tag des dritten Monats des Mondkalenders fällt.

Animismus

Reste von Animismus und zahlreiche Gestalten und Geister aus anderen Glaubenssystemen sind verantwortlich für die komplizierte mystische Welt Vietnams. Das Universum ist in drei Sphären unterteilt: den Himmel, die Erde und die Menschheit. Über alle wacht **Ong Troi**, der Herr des Himmels, dem Geister der Erde, der Berge und des Wassers zur Seite stehen. Innerhalb dieser Hierarchie gibt es vier **heilige Tiere**, die in der vietnamesischen Architektur allgegenwärtig sind: der Drache als Repräsentant von König, Macht und Klugheit; der Phönix als Verkörperung von Königin, Schönheit und Frieden; die Schildkröte als Symbol der Langlebigkeit und als Beschützer des Königreichs; und das mythische *kylin* (gewöhnlich übersetzt als „Einhorn"), das die Weisheit repräsentiert.

Darüber hinaus huldigt jedes Dorf oder Stadtviertel einem **Schutzgeist**, entweder in einem Tempel *(den)* oder in einem Gemeinschaftshaus *(dinh)*. Diese Gottheit kann auf eine Legende zurückgehen, wie beispielsweise der gütige Pferdegeist Bach Ma von Thang Long (s.S. 450, Hanoi), oft entstammt er aber auch dem daoistischen Pantheon. Andere Schutzgeister sind historische Gestalten, wie zum Beispiel örtliche oder nationale Helden oder auch Männer, die sich durch hohe Tugendhaftigkeit ausgezeichnet haben. In jedem Fall stimmen die Menschen diese Schutzgeister, die auf dem Altar durch einen goldenen Thron repräsentiert sind, durch Opfergaben gnädig, und sie konsultieren sie in Zeiten der Not. Das *dinh* dient auch als Treffpunkt und Schule der Gemeinde.

Buddhismus

Buddha wurde im 6. Jh. vor Christus als **Siddharta Gautama** in eine wohlhabende Familie geboren, die im heutigen Nepal lebte. Noch in jungem Alter entsagte er seinem luxuriösen Leben, um nach der endgültigen Befreiung aus dem weltlichen Leiden zu suchen und danach zu streben, den undefinierbaren glückseligen Zustand **Nirwana** zu erreichen. Nach etlichen Jahren erreichte Siddharta die Erleuchtung, als er unter einem Bodhi-Baum saß, und widmete sich fortan der Unterrichtung des Mittleren Weges, der zum Nirwana führt. Buddha verkündete, dass das Dasein ein Zyklus fortwährender Wiedergeburten sei, in dem die Handlungen im einen Leben die Daseinsform und Stellung im nächsten Leben bestimmen. Durch die Befolgung gewisser Regeln, in deren Zentrum Gewaltlosigkeit und Mitleid stehen, ist es möglich, diesem Kreislauf zu entrinnen.

Die buddhistische Pagode

Das vietnamesische Wort *chua,* gemeinhin übersetzt mit „Pagode", ist ein ausschließlich buddhistischer Begriff, während ein Tempel *(den)* ein daoistisches oder konfuzianisches Gebäude sein oder einen Schutzgeist beherbergen kann. In Vietnam versteht man unter „Pagode" anders als in China oder Japan nicht einen mehrstöckigen Turm zur Aufbewahrung von Reliquien oder der Asche Verstorbener, sondern eine buddhistische **Tempelanlage** allgemein.

Die Pagoden-Architektur erreichte unter den Dynastien Ly und Tran einen Höhepunkt, doch aufgrund von chinesischen Invasionen und regionalen antibuddhistischen Bewegungen sind nur wenige antike Beispiele erhalten. Die meisten noch existierenden Bauwerke gehen auf das 18. oder 19. Jh. zurück, doch viele von ihnen lassen noch Merkmale früherer Baumuster erkennen. Der übliche **Grundriss** von Pagoden hat entweder die Form eines umgedrehten „T" oder diejenige eines liegenden „H". Die vorderste Halle dient der öffentlichen Huldigung, während die auf leicht erhöhten Plattformen stehenden hinteren Hallen die Gebetstafel und den Hauptaltar enthalten. Zu den anderen typischen Elementen gehören ein **Glockenturm**, der entweder in die Bauwerke integriert ist oder etwas abseits steht, sowie ein ummauerter **Hof** mit Teichen, Steinstelen und (besonders in Mahayana-Pagoden) der weißen Figur von Quan Am, Symbol für Nächstenliebe und Mitleid.

Zu den interessantesten Merkmalen einer Pagode gehören oft die **Skulpturen**. Reihen von Buddhas sitzen oder stehen auf dem Hauptaltar, auf dem die buddhistische Trinität den höchsten Platz einnimmt: A Di Da oder Amitabha, der historische Buddha; Thich Ca Mau Ni oder Shakyamuni, geboren als Siddharta Gautama, der Buddha des gegenwärtigen Weltzeitalters, und Di Lac oder Maitreya, der Buddha des zukünftigen Weltzeitalters. Die unteren Ränge zeigen dieselben Buddhas in verschiedenen Formen, begleitet von Bodhisattvas: Leicht identifizierbar sind der dickbäuchige Maitreya als lachender Buddha der Sorgenfreiheit, der Wünsche erfüllt; der allmächtige Avalokiteshvara mit „tausend" Armen und Augen; und der **Neun-Drachen-Buddha** (Tuong Cuu Long). Der zuletzt Genannte erscheint als kleine, von Drachen umgebene Statue des Shakyamuni häufiger im Norden Vietnams; eine Hand der stehenden Figur weist gen Himmel, die andere zur Erde. Der Legende zufolge stiegen neun Drachen vom Himmel herab, um den neugeborenen Buddha zu baden, woraufhin dieser sieben Schritte vortrat und verkündete: „Auf Erden und im Himmel bin nur ich allein das höchste Wesen".

Zwei unverkennbare Gestalten in allen Pagoden sind die beiden riesigen **Wächter des buddhistischen Gesetzes**: der weißgesichtige Ong Thien, der eine Perle in Händen hält, und der rotgesichtige Ong Ac. Ong Thien sieht alles, das Gute wie das Schlechte, während Ong Ac die Gerechtigkeit verteilt.

Unter künstlerischen Aspekten gehören die lebensnahen Repräsentationen der **Arhats**, asketische buddhistische Heilige, zu den faszinierendsten Statuen. Die schönsten Beispiele stehen in den Pagoden des Nordens, wo jede einzelne Figur in erstaunlich realistischer Weise gestaltet ist. Die Mahayana-Pagoden nehmen hingegen gern einige daoistische Geister auf, vor allem Thien Hau, die Beschützerin der Seeleute, und Thanh Mau, die Muttergöttin. Irgendwo in den Pagodenhallen steht ein Altar, der verstorbenen Mönchen oder Nonnen geweiht ist, und größere Pagoden besitzen gewöhnlich einen **Garten** für ihre Stupas. Traditionell begraben Bud-dhisten ihre Verstorbenen, doch inzwischen sind auch Verbrennungen zur gängigen Praxis geworden.

Die besten **Besuchszeiten** für Pagoden sind der jeweils erste und fünfzehnte Monatstag nach dem Mondkalender (Neumond und Vollmond), denn dann herrscht dort am meisten Betrieb. Es gilt zu beachten, dass üblicherweise die Schuhe auszuziehen sind, bevor man die Bodenmatten betritt. Beim Betreten des Haupttheiligtums sollte man einfach schauen, was die Einheimischen tun und ihrem Beispiel folgen.

Buddhas Lehre basiert auf den **Vier Edlen Wahrheiten**: Leben heißt Leiden, das Leiden entsteht durch Begierde, das Leiden endet durch die Überwindung der Begierde, und der Weg zur Beendigung des Leidens besteht in der Befolgung des **Achtfachen Pfades**: rechte Erkenntnis, rechte Gesinnung, rechte Rede, rechte Tat, rechter Lebenserwerb, rechte Anstrengung, rechte Achtsamkeit und rechte innere Sammlung.

Die Geschichte des Buddhismus in Vietnam

Schätzungen zufolge betrachten sich zwei Drittel der vietnamesischen Bevölkerung als Buddhisten. Die breite Mehrheit bekennt sich zur Mahayana-Schule, die im 2. Jh. via China nach Nordvietnam eingeführt wurde. Innerhalb dieser Richtung fühlen sich die meisten vietnamesischen Buddhisten der Schule des Reinen Landes *(Tinh Do)* verbunden, die über allen anderen A Di Da, den Buddha Amitabha, verehrt, während die meditative Zen-Schule *(Thien)* eine vergleichsweise geringe Gefolgschaft hat, die vorwiegend in Nordvietnam lebt.

Zwar erreichte die **Theravada-Schule**, das „Kleine Fahrzeug", Vietnam fast hundert Jahre vor dem Mahayana-Buddhismus auf indischen Handelsrouten, die durch Burma und Thailand in den Süden des Landes führten, sie konnte sich jedoch nur unter den Khmer-Gemeinschaften am Mekong, wo sie noch immer rund 400 000 Anhänger hat, durchsetzen. Die Theravada-Schule ist eine asketische Form des Glaubens, die auf dem individuellen Streben nach Perfektion und Erleuchtung basiert. Hingegen gehört zu den auffälligsten Merkmalen des **Mahayana-Buddhismus** der Glaube, dass Vermittler (die so genannten Bodhisattvas) auf den Einzug ins Nirwana verzichten, um für das Heil der gesamten Menschheit zu arbeiten. Indem der Mahayana-Buddhismus lokale Gottheiten und Geister zu Bodhisattvas machte, konnte er sich leichter an das vietnamesische Umfeld anpassen. Der bekannteste Bodhisattva ist Avalokiteshvara, der in Vietnam gewöhnlich als **Quan Am** verehrt wird, als Göttin der Barmherzigkeit. Der Mahayana-Buddhismus verbreitete sich zunächst in Nordvietnam, bis er schließlich im 10. Jh., nachdem das Land seine Unabhängigkeit von China zurückgewonnen hatte, zur **offiziellen Staatsreligion** wurde. Vor allem die Ly-Könige (1009–1225) erwiesen sich als fromme Buddhisten – sie finanzierten Hunderte Pagoden, bewirkten ein Aufblühen der Künste und bauten eine Hierarchie aus Mönchsgelehrten als Berater des Hofes auf. Es entstanden Klöster mit umfangreichem Landbesitz, und die buddhistische Lehre wurde zusammen mit konfuzianischen und daoistischen Texten zum Bestandteil der Prüfungen für den staatlichen Verwaltungsdienst. Ungefähr zur selben Zeit wurde jedoch bereits ersichtlich, dass der Buddhismus keine einigende Ideologie liefern konnte, die ein hochgradig zentralisierter Staat, der beständig um sein Überleben kämpfte, benötigte. Folglich hatte der Buddhismus Mitte des 14. Jhs. seinen politischen und wirtschaftlichen Einfluss verloren, und als 1428 die Späte Le-Dynastie an die Macht kam, löste ihn der Konfuzianismus als dominierende nationale Philosophie ab.

Doch zu jener Zeit war der Buddhismus besonders in der Volksreligion auf dem Lande bereits zu tief verwurzelt, um seinen Einfluss komplett zu verlieren, und er erfuhr besonders im 17. und 18. Jh., als neue Pagoden errichtet und alte restauriert wurden, kurze Phasen einer **königlichen Schirmherrschaft**, denn viele Menschen vermissten an der konfuzianischen Doktrin das spirituelle Element. Insbesondere in der Kolonialzeit wandten sich vietnamesische Intellektuelle auf der Suche nach einer nationalen Identität erneut dem Buddhismus zu. Seitdem war die buddhistische Gemeinschaft stets ein Herd für **abweichlerische Meinungen**, nicht zuletzt in den 60er Jahren, als Bilder von Mönchen, die sich aus Protest gegen die Unterdrückung unter dem südvietnamesischen katholischen Präsidenten Diem selbst verbrannten, weltweit Aufmerksamkeit erregten. Zu jener Zeit wurden protestierende Buddhisten beschuldigt, pro-kommunistisch zu sein, obwohl ihre Standpunkte im Wesentlichen stets neutral waren. Nach der Wiedervereinigung wurde die buddhistische Gemeinde noch stärker unterdrückt, denn Pagoden wurden geschlossen und Mönche sowie Nonnen in Umerziehungslager geschickt. Dennoch fuhren buddhistische Führer fort, das Regime anzuprangern. Sie kämpften für die Menschenrechte und brachten die Regierung bei deren Bemühungen um internationale Anerkennung in Verlegenheit. Im Allgemeinen aber hat die Partei sich an ihr Versprechen größerer Religionsfreiheit unter *doi moi*

Di Lac, der Buddha der Zukunft; Da Nang

gehalten. In den vergangenen Jahren konnte die buddhistische Gemeinschaft ihre sozialen und pädagogischen Programme bis zu einem gewissen Maß wieder aufnehmen, und viele Pagoden, die heute wieder mit Leben erfüllt sind, wurden nach zwanzig oder mehr Jahren der Vernachlässigung renoviert.

Konfuzianismus

Die Lehren des Konfuzius bieten einen moralischen und ethischen Leitfaden, eine **Ideologie** für Staatsführer und Untertanen, die durch rituelle Praktiken untermauert wurde.

Konfuzius ist der latinisierte Name des Kong Fuzi (vietnamesisch: Khong Tu), der 551 v.Chr. in eine Aristokratenfamilie niederen Ranges geboren wurde. Zur damaligen Zeit wurde China von Unruhen geplagt, in deren Folge die Zhou-Dynastie in rivalisierende, um die Vorherrschaft kämpfende Feudalstaaten zerbröckelte. Konfuzius arbeitete viele Jahre lang als Hofbeamter, also in einer Position, in der er die Natur der Macht und die Arbeitsweise der Regierung aus nächster Nähe beobachten konnte. Im Alter von 50 Jahren gab er seine Stellung auf, um für die nächsten 20 Jahre wandernd durch das Land zu ziehen und seine Ideen zu sozialen und politischen Reformen zu verbreiten, im Bemühen, Staatsbeamte und Normalbürger davon zu überzeugen, dass es nötig sei, zum gegenseitigen Nutzen friedlich miteinander zu leben. Im Mittelpunkt seiner Lehre stehen **korrektes Benehmen** und **loyaler Dienst**, die durch zeremonielle Riten untermauert werden. Der Herrscher soll seine Autorität nicht mit Gewalt durchsetzen, sondern dadurch, dass er dem Volk ein gutes Vorbild ist. Zu den wichtigen Eigenschaften, nach denen es zu streben gilt, gehören Selbstlosigkeit, Respekt, Gewissenhaftigkeit und Gewaltlosigkeit. Konfuzius schwieg zu spirituellen Angelegenheiten, obwohl er großen Nachdruck auf die Beachtung der antiken Rituale legte, zum Beispiel auf die Opfergaben an den Himmel und die Ahnen.

Die konfuzianischen **Lehren** wurden im *Lunyu*, den „Gesprächen", niedergelegt, doch soll Konfuzius auch die Sechs Klassiker, darunter das „Buch der Wandlungen" *(I Ching)* und das „Buch der Riten" *(Li Chi)*, teils selbst verfasst, teils redigiert haben. Diese Werke wurden später zu den elementaren Texten für die Prüfungen für den staatlichen Verwaltungsdienst und stellten sicher, dass alle Staatsbeamten eine tief verwurzelte Achtung vor der Tradition und Sozialordnung hatten. Obwohl der Konfuzianismus letztendlich zu nationaler Inflexibilität und zur Lähmung der persönlichen Initiative führte, hinterließ er das positive Vermächtnis, Nachdruck auf Erziehung und Bildung zu legen, und festigte die Überzeugung, dass individuelle Verdienste mehr bewirken als eine hohe Geburt.

Nach Konfuzius' Tod im Jahre 478 v.Chr. wurde die Lehre von seinen **Schülern**, deren berühmtester Menzius (Mengzi) war, weiterentwickelt. Im 1. Jh. n.Chr. war der Konfuzianismus, der nun allmählich Elemente des Daoismus absorbierte, zu einem Kult und sogar zur Staatsideologie geworden, nach der Könige unter dem „Mandat des Himmels" regierten. Die soziale Stabilität wurde durch eine starre Hierarchie voneinander abhängiger Personen gewährleistet, wonach der Untertan dem Herrscher, die Frau dem Mann, der Jüngere dem Älteren, das Kind den Eltern und der Freund dem Freund Respekt zollen soll. Im Gegenzug muss sich derjenige, dem Ehre zuteil wird – besonders der Herrscher – den Gehorsam durch eine wohlwollende Haltung verdienen. Werden die Regeln gebrochen, wird die Harmonie von Gesellschaft und Natur gestört und die Autorität verliert ihre Legitimation. Wenn der Herrscher also sein göttliches Recht zu regieren missbraucht, verliert er es, und die Revolution ist gerechtfertigt.

Die Geschichte des Konfuzianismus in Vietnam

Das konfuzianische Denken hat die vietnamesische Gesellschaft durchdrungen, seit chinesische Administratoren die Lehren des Konfuzius im 2. Jh. ins Land brachten. Durch die tausend Jahre währende chinesische Herrschaft spielte der Konfuzianismus *(Nho Giao)* unweigerlich eine wichtige Rolle in Vietnams politischen, sozialen und pädagogischen Einrichtungen. Die Philosophie war zunächst größtenteils eine der intellektuellen Elite, doch die konfuzianischen Lehren sickerten allmählich bis auf die Dorfebenen durch, wo sie tief greifenden Einfluss auf die vietnamesische Familienstruktur nahmen.

Der Kult des Konfuzius wurde im Jahre 1070 formalisiert, als König **Ly Thanh Tong** den Literaturtempel in Hanoi gründete. Doch erst durch die Machtergreifung der Späten Le-Dynastie im Jahre 1428 gewann die konfuzianische Doktrin am vietnamesischen Hof Vorrang vor dem Buddhismus, denn da sie den Schwerpunkt auf soziale Ordnung, Pflichterfüllung und Respekt setzte, betrachteten die Le-Könige die konfuzianische Ideologie als effektives Instrument zur Konsolidierung ihres Regimes. 1442 reformierten sie das Bildungssystem, indem sie die konfuzianischen Texte in den Lehrplan aufnahmen. Zudem begannen sie durch Prüfungen, die zum Doktorgrad führten, hochrangige Mandarine (Verwaltungsbeamte) zu rekrutieren, die schließlich eine Gelehrtenschicht bildeten, welche die alte Grundbesitzer-Aristokratie in den Hintergrund drängte.

Am einflussreichsten war der Konfuzianismus unter der Herrschaft von König **Le Thanh Tong** (1460–97), der ein goldenes Zeitalter bürokratischer Reformen einleitete, in dem der öffentliche Dienst zum Wohle der Gemeinschaft und des Staates zu einem noblen Ideal wurde. Gleichzeitig aber erzeugte eine streng zentralistische Verwaltung (die einem göttlichen Herrscher und einer Elite von Mandarinen unterstand) Korruption, Despotismus und eine zunehmend starre Gesellschaft. Schließlich untergruben im späten 19. Jh. westliche Ideen und die französische Herrschaft die politische Dominanz des Konfuzianismus, der sich jedoch bis weit ins 20. Jh. hinein als Hofideologie hielt. Der Kult des Konfuzius überlebt heute in wenigen, dem Heiligen geweihten Tempeln *(Van Mieu)*. Er erscheint aber auch auf anderen Altären als hochverehrter Ahnherr und Vorbild, dessen Dienste für die Nation geschätzt werden.

Viele konfuzianische Ideale wurden vollständig in die vietnamesische Gesellschaft aufgenommen. Nach der **Unabhängigkeit** kämpfte die Kommunistische Partei gegen den Konservatismus und den tief verwurzelten „feudalen" Charakter des ländlichen Vietnams. Andererseits nahm die Partei jene Elemente der konfuzianischen Tradition auf, die geeignet waren, ihre neue klassenlose sozialistische Gesellschaft mit zu formen: Angepasstheit, Pflichtbewusstsein und Zurückstellung persönlicher Interessen hinter das Allgemeinwohl. Inzwischen aber sind die konfuzianischen Ideale vom zunehmenden Materialismus und eigennützigen Denken ernsthaft bedroht.

Daoismus

Der Daoismus basiert auf dem klassischen Werk **Tao-te ching**, dem „Buch des Weges", das **Laotse** („Alter Meister") zugeschrieben wird, der im 6. Jh. v.Chr. in China gelebt haben soll. Das **Dao** („Weg") ist der Urquell allen Seins oder die Wahrheit, aus der alles geboren ist. Es ist unsichtbar, allumfassend und immerwährend. Es kann nicht gelehrt werden und ist auch nicht in Worte zu fassen. Das Dao legt Nachdruck auf mühelose Aktion und Intuition; es gilt, so wenig wie möglich in den natürlichen Lauf der Dinge einzugreifen. Daraus folgt auch für die Gelehrten ein Gebot der Nichteinmischung und der Passivität. Aus konfuzianischer Sicht war der Daoismus deshalb verdächtig subversiv.

Im Zentrum des Daoismus steht die der Natur innewohnende **Dualität**. Das gesamte Universum befindet sich in temporärer Balance, einer Spannung aus sich ergänzenden Gegensätzen, die als **Yin** und **Yang** definiert werden, als das männliche und weibliche Prinzip. Yang ist männlich, die Sonne, aktiv, hart und schöpferisch. Yin ist weiblich, die Erde, passiv, flexibel und instinktiv. Harmonie ist die Balance zwischen beiden, und das Erleben dieser Harmonie ist das Dao. Folglich lassen sich alle natürlichen Dinge gemäß ihrem Anteil an Yin und Yang kategorisieren, und das menschliche Handeln sollte darauf ausgerichtet sein, die Balance nicht zu stören. In seiner reinen Form kennt der Daoismus keine Götter, sondern lediglich Emanationen des Dao, doch im 1. Jh. n.Chr. entwickelte sich die Lehre zu einer organisierten Religion, die einem vergöttlichten Laotse huldigte. Der neue Kult fand großen Anklang, da er postulierte, das Ziel der Unsterblichkeit sei durch yogische Meditation und gute Taten zu erreichen. Schließlich entwickelte der Daoismus in der Praxis äußerst komplexe **Rituale**, zu denen Magie, Mystizismus, Aberglauben und die Anwendung der Geomantik (siehe Kasten) gehörten, um die Harmonie zwischen Mensch und Natur zu gewährleisten, während die Hinwendung zur Astrologie erlaubt war, um günstige Daten für Heiraten, Bestattungen, Reisetermine oder Geschäftseröffnungen zu finden. Antike Geisterverehrung, Ahnenkult und die Verehrung legendärer oder historischer Gestalten verschmolzen problemlos mit der daoistischen Vorstellung von einer universellen Essenz.

Geomantik

Die Ausübung der Geomantik gleicht einer pseudo-wissenschaftlichen Beschäftigung und ist vergleichbar mit der Astrologie. Nach Vietnam eingeführt wurde die Geomantik aus China. Die grundlegende Idee ist die Vorstellung, dass jedwede Lokalität nachteilige oder vorteilhafte Eigenschaften besitzt, die durch physische Attribute, planetarische Einflüsse und den Fluss der magnetischen Energie durch die Erde bestimmt werden. Die Geomantik dient hauptsächlich der richtigen **Platzierung von Bauten**, vor allem von Gräbern, Palästen und Tempeln, doch auch von gewöhnlichen Wohnungen.

Geomanten analysieren die Topografie einer Stätte – sie erkunden die Lage umliegender Hügel sowie diejenige von Flüssen, Strömen und Wasseradern, um den günstigsten Standort und die optimale Ausrichtung festzustellen. Zuweilen schlagen sie vor, die Umgebung durch Hinzufügung kleiner Hügel oder Seen zu verbessern. Und wenn eine Familie von Missgeschicken geplagt ist, wird nicht selten ein Geomant gebeten, die Ursachen der Unausgewogenheit zu erforschen und die natürliche Harmonie wiederherzustellen.

Das breite, eklektische Pantheon der daoistischen Götter und Unsterblichen wird angeführt von **Ngoc Hoang**, dem Jadekaiser. Ihn unterstützen drei Minister: **Nam Tao**, der Südstern, der alle Geburten verzeichnet; **Bac Dau**, der Nordstern, der alle Sterbefälle registriert; und **Ong Tao**, der Gott des Herdes, der am Ende des Jahres Ngoc Hoang über alle Geschehnisse im Familienhaushalt unterrichtet. Daneben gibt es Unsterbliche, Genies und Wächtergottheiten, zu denen legendäre und historische Gestalten gehören. Die bekanntesten von ihnen sind Tran Vo, der Gott des Nordens, Bach Ho, der weiße Tiger des Westens und Tran Hung Dao, der die Neugeborenen schützt und die Kranken heilt. Auch Konfuzius wird als daoistischer Heiliger verehrt.

Ein eigentümlicher Aspekt des Daoismus ist die Einsetzung von **Mittelspersonen**, die mit den Göttern kommunizieren. Die göttliche Botschaft erfolgt oft in Form eines Gedichtes, das durch einen Schreibpinsel auf Sand oder ausgestreute Reiskörner übermittelt wird.

Chinesische Immigranten brachten den Daoismus *(Dao Giao)* während der langen Phase der chinesischen Fremdherrschaft (111 v.Chr.–939 n.Chr.) nach Vietnam. Zwischen dem 11. und 14. Jh. gehörte die daoistische Philosophie gleichrangig mit dem Buddhismus und Konfuzianismus zu Vietnams drei „Religionen", doch allmählich verlor sie an Bedeutung. Heute existieren in Vietnam nur noch einige wenige **daoistische Tempel** *(quan)*, doch i.A. hielten die Gottheiten Einzug in andere Kulte. Zum Beispiel ist der Jadekaiser nun oft Teil des buddhistischen Pantheons in vietnamesischen Pagoden.

Christentum

Vietnam weist hinter den Philippinen die zweitgrößte **katholische Gemeinde** in ganz Südostasien auf. Genaue Zahlen sind nicht bekannt, doch die Schätzungen belaufen sich auf sechs bis acht Millionen Anhänger (7–10% der Bevölkerung), die vorwiegend im Süden des Landes leben. Der Süden ist auch die Heimat der Mehrheit der rund 700 000 Anhänger des **Protestantismus** *(Tin Lanh* oder „Gute Neuigkeiten"), der im frühen 20. Jh. von amerikanischen Missionaren eingeführt wurde. Während die Regierung die Protestantische Evangelische Kirche Südvietnams inzwischen offiziell anerkennt, hegt sie tiefes Misstrauen gegen eine andere evangelische Strömung namens „Dega-Protestantismus", die hauptsächlich von ethnischen Minoritäten im zentralen Hochland praktiziert wird. Dabei ist es weniger das Glaubenssystem, das die Behörden beunruhigt, als vielmehr die potenzielle politische Macht der Bewegung, die angeblich die treibende Kraft hinter Forderungen gewisser Minoritäten nach größerer Autonomie sein soll.

Die ersten christlichen **Missionare** in Vietnam kamen aus Portugal und Spanien. Es waren Dominikaner, die im 16. Jh. kurzzeitig an der Nordküste anlegten. Im Jahre 1615 folgten französische und portugiesische Jesuiten, die vom Papst ausgesandt worden waren, um erste dauerhafte Missionen zu errichten. Zu den frühen Ankömmlingen zählte der Franzose **Alexandre de Rhodes**, ein Jesuit, der die nördlichen Trinh-Fürsten beeindruckte und nach eigenen Schätzungen fast 7000 Vietnamesen zum Christentum bekehrte. Doch da das Christentum sich der Ahnenverehrung widersetzte und für subversive Ideen wie Gleichheit eintrat, musste es zwangsläufig den Zorn der Obrigkeit auf sich ziehen: 1630 verbannten die Trinh-Fürsten alle Christen aus dem Land, auch de Rhodes, der nach Frankreich zurückkehrte, wo er an der Gründung der Gesellschaft für ausländische Missionen *(Société des Missions Etrangères)* mitwirkte. Diese Gesellschaft wurde zum größten Bekehrungsunternehmen in Indochina: Ende des 18. Jhs. hatte sie vor allem in den Küstenprovinzen Tausende Konvertiten gewonnen.

Die offizielle Haltung gegenüber der katholischen Religion schwankte im Laufe der Jahrhunderte, doch insgesamt blieben die vietnamesischen Könige misstrauisch gegen die zunehmend politische Rolle der Kirche. Die heftigste **Christenverfolgung** erfolgte unter der Herrschaft von Minh Mang (1820–41), der ein glühender Konfuzianer war. Die Ausschreitungen erreichten ihren Höhepunkt im Jahre 1832. Kirchen wurden zerstört, die Gesichter von Konvertiten mit den Wörtern *ta dao* („falsche Religion") gebrandmarkt, und viele von denen, die sich weigerten, ihrem Glauben zu entsagen, wurden getötet. Später wurden 117 Märtyrer, sowohl Europäer als auch Asiaten, heilig gesprochen. Die repressiven Maßnahmen gaben den Franzosen einen Vorwand, sich stärker in Indochina einzumischen, was schließlich Ende des 19. Jhs. zur vollständigen Kolonialherrschaft führte.

Es überrascht nicht, dass der Katholizismus unter der französischen Herrschaft aufblühte. Missionen wurden wieder eröffnet und Hunderte Kirchen, Schulen und Krankenhäuser erbaut. Die vietnamesischen Katholiken formten eine gebildete Elite, die in den 50er Jahren über zwei Millionen Menschen umfasste. Als 1954 die Landesteilung erfolgte, entschieden sich viele Katholiken für die Auswanderung in den Süden – teils aufgrund ihrer Opposition gegen den Kommunismus und teils, weil Südvietnams neuer politischer Führer, Präsident **Ngo Dinh Diem**, Katholik war. Von den schätzungsweise 900 000 Vietnamesen, die 1954 den Norden verließen, sollen rund zwei Drittel Katholiken gewesen sein – viele von ihnen wurden in den 70er Jahren erneut zu Flüchtlingen.

Diem begünstigte die katholische Gemeinschaft sehr aktiv, da er sie als Bollwerk gegen den Kommunismus betrachtete. Infolgedessen aber wandten sich große Teile der Bevölkerung von ihm ab, vor allem die Buddhisten, deren Proteste schließlich zu seinem Sturz führten. In Nordvietnam gingen die Behörden unterdessen relativ behutsam mit den dort verbliebenen Katholiken um; sie räumten ihnen freie Religionsausübung ein, doch die Kirche unterlag zahlreichen Restriktionen und mitunter sollen auch Gläubige verfolgt worden sein.

Nach der Wiedervereinigung durften die Kirchen wieder agieren, blieben aber unter strenger Aufsicht. Alle Ernennungen von Würdenträgern wurden von der Regierung kontrolliert, und zahlreiche Mitglieder der Kirchenhierarchie erhielten wegen Opposition gegen das Regime hohe Gefängnisstrafen. Seit 1986 bemühte sich die Partei, die Spannungen durch die Wiedereröffnung von Priesterseminaren zu verringern. Sie gestattete der Kirche die Wiederaufnahme ihres religiösen Unterrichts und entließ einige Kirchenführer aus dem Gefängnis. In ganz Vietnam besuchen Katholiken nun wieder regelmäßig die Messen, und als der vorige Kardinal von Hanoi 1990 starb, nahmen Tausende an seiner Bestattung teil – die gewaltigste Nachkriegs-Demonstration des katholischen Glaubens. Noch immer aber besteht die Regierung darauf, alle Ernennungen zu überprüfen, und es dauerte über sieben Jahre, bis ein neuer Kardinal gefunden war, der sowohl Vietnam als auch dem Vatikan genehm war. Die Beziehungen zwischen den beiden haben sich jedoch gefestigt. Mehrere neue Prälaten haben vakante Plätze eingenommen, doch zweifellos werden noch Jahre vergehen, bis der von vielen vietnamesischen Katholiken ersehnte Papstbesuch verwirklicht wird.

Caodaismus

Soziale Umwälzungen und das Einsickern westlicher Vorstellungen bewirkten im frühen 20. Jh. das Entstehen der beiden einheimischen vietnamesischen Religionen Cao Dai und Hoa Hao. Von diesen beiden religiösen Schulen verzeichnet der Caodaismus eine höhere Anhängerschaft: Man geht von rund zwei Millionen Mitgliedern in Südvietnam und einigen Tausend in den USA, Kanada und Großbritannien aus.

Das Hauptquartier der Religion, der **Heilige Stuhl**, ist die extravagante Kathedrale in Tay Ninh (s.S. 204), wo auch eine Schule, eine landwirtschaftliche Kooperative und ein Krankenhaus betrieben werden. Vietnams nördlichste Cao-Dai-Gemeinde befindet sich in Hué.

Der Begründer des Caodaismus ist **Ngo Van Chieu**, ein Beamter mittleren Alters, der auf der Insel Phu Quoc Dienst tat. Zwischen 1919 und 1925 erschien ihm in mehreren Trancesitzungen das höchste Wesen Cao Dai (wörtlich „Hoher Ort"), um ihm seine Lehre zu offenbaren. Chieu predigte seinen Anhängern im Wesentlichen Auszüge aus dem vietnamesischen religiösen Erbe: Elemente des konfuzianischen, daoistischen und buddhistischen Denkens, verwoben mit Ahnenverehrung, Christentum und Islam. Seine Lehre propagiert den Glauben an einen universellen Gott und geht davon aus, dass alle Religionen unterschiedliche Manifestationen einer „Meta-Religion" Cao Dai sind. Das **Höchste Wesen**, das sich Chieu offenbarte, hatte sich bereits in zwei früheren Epochen der Menschheitsgeschichte mehrfach manifestiert, um sein Glaubenssystem auf unterschiedliche Kulturen zugeschnitten zu verbreiten: erstmals im 6. Jh. v.Chr. in Form verschiedener Gestalten aus dem Buddhismus, Daoismus und Christentum sowie anderer Heiliger und Weiser; und in einer zweiten Phase als Shakyamuni, Konfuzius, Jesus Christus, Mohammed und Laotse. Diese Vielfalt hatte jedoch so viel religiöse Intoleranz zur Folge, dass Cao Dai sich schließlich für die **Dritte Allianz** irdischer Botschafter bediente, um seine Vorstellungen zu vermitteln, statt in menschlicher Form aufzutreten. In dieser letzten Offenbarung erschien das Höchste Wesen daher als göttliches Licht, das durch ein alles sehendes Auge auf einer himmelblauen, sternenbeleuchteten Weltenkugel symbolisiert wird.

Der Caodaismus predigt Respekt für alle ihm inhärenten Religionen und befürwortet, dass individuelle Begierden dem Allgemeinwohl unterzuordnen sind. Seine Anhänger trachten danach, dem Zyklus der Wiedergeburten zu entkommen, indem sie die fünf **Verbote** berücksichtigen: keine Gewaltanwendung, kein Diebstahl, keine Lügen, keine sexuellen Ausschweifungen und kein luxuriöses Leben. Von Priestern wird absoluter Vegetarismus erwartet, doch Einzelpersonen müssen nur an gewissen Tagen des Monats nach dem Mondkalender auf Fleisch verzichten. Die **Hierarchie** des Caodaismus richtet sich nach dem Vorbild der katholischen Kirche und unterscheidet neun Ränge, an deren Spitze der caodaistische Papst steht. Offizielle Würdenträger sind in drei Zweige unterteilt, die an den Farben ihrer zeremoniellen Roben zu erkennen sind: Der konfuzianische Zweig trägt Rot, der buddhistische Safrangelb und der daoistische Blau. Ansonsten tragen die Anhänger der Religion Weiß als Symbol der Reinheit und weil diese Farbe alle anderen beinhaltet.

Die **Rituale** des Caodaismus stellen eine komplexe Mischung aus buddhistischen und daoistischen Bräuchen dar, zu denen auch Meditation und Séancen gehören. Viermal täglich wird in den Tempeln gebetet (um 6 Uhr, 12 Uhr, 18 Uhr und Mitternacht), doch gewöhnliche Mitglieder müssen nur an vier Tagen im Monat an den Gottesdiensten teilnehmen und können ansonsten zu Hause beten. Es gilt zu beachten, dass vor dem Betreten eines Cao-Dai-Tempels oder -Hauses grundsätzlich die Schuhe ausgezogen werden sollten. Zu Beginn der 30-minütigen Zeremonie betreten die Gottesdienstteilnehmer den Tempel in drei Reihen: Frauen links, Männer in der Mitte und rechts. Dann knien sie nieder und verbeugen sich dreimal vor dem Höchsten Wesen, der Erde und der Menschheit. Die wichtigste **Zeremonie** des Caodaismus – eine Art Feier zu Ehren des Höchsten Wesens – findet am 9. Tag des ersten Mondkalendermonats statt; andere spezielle Feiern sind der Tag des Daoismus (15. Tag des zweiten Monats), Buddhas Geburtstag (15. Tag des vierten Monats), der Tag des Konfuzius (28. Tag des achten Monats) und Weihnachten. Zudem wird die Religion durch **Heilige** bereichert, zu denen berühmte und angesehene Gestalten aus vielen Ländern und Kulturen gehören: Victor Hugo, Jeanne d´Arc, William Shakespeare, Napoleon Bonaparte, Wladimir Iljitsch Lenin, Winston Churchill, Louis Pasteur und Sun Yatsen, zudem einheimische Helden wie Tran Hung Dao und Le Loi. Diese Gestalten versehen vielfältige Rollen, die vom Propheten über den Bodhisattva bis hin zum spirituellen Medium, durch welches die Anhänger mit dem Höchsten Wesen kommunizieren, reichen. Mit den Heiligen kann mittels einer *ouija*-Botschaft Kontakt aufgenommen werden, d.h. durch in versiegelten Umschlägen befindliche Nachrichten oder durch ein menschliches Medium, das sich in Trance versetzt und unter Verwendung einer *planchette* (ein hölzernes Brett, an dem ein Stift befestigt ist und auf dem die Hand des Mediums ruht, zuweilen auch als *corbeille bec* bezeichnet) Botschaften aufschreibt.

„Göttliches Auge" im Cao Dai Tempel von Tay Ninh

Die Ideologie fiel auf fruchtbaren Boden und zog Hunderttausende von Konvertiten im Mekong-Delta in ihren Bann. 1926 erhielt sie auch offizielle Anerkennung durch die französischen Kolonialbehörden. Im folgenden Jahrzehnt entwickelte sich der Heilige Stuhl zu einem halbautonomen Staat mit beträchtlicher politischer Macht und einem paramilitärischen Flügel, der Mitte der 50er Jahre rund 50 000 Männer rekrutierte. In lokalen Machtkämpfen gerieten die Caodaisten in Auseinandersetzungen mit kommunistischen Truppen, und letztendlich widersetzte sich die Schule sowohl dem nordvietnamesischen Regime als auch dem katholischen unter Präsident Diem. Letzterer handelte nach seiner Machtübernahme rasch, um die religiöse Armee zu zerschlagen und ihre Führer ins Exil zu schicken. Nach 1975 führten die Kommunisten Säuberungsaktionen durch, indem sie caodaistische Tempel und Schulen schlossen sowie Priester zur Umerziehung fortschickten. Doch der Caodaismus überlebte als Religion und gewann ab 1990 neue Anhänger, nachdem seine Tempel und Häuser – insgesamt rund 400 – wieder öffnen durften, wenn auch unter strikter Kontrolle.

Hoa Hao

Die andere einheimische religiöse Schule, Hoa Hao, übersetzbar mit „Frieden und Freundlichkeit", entstand in den späten 30er Jahren in der Nähe von Chau Doc im Mekong-Delta (s.S. 264, Kasten). Die Bewegung geht zurück auf den jungen Mystiker **Huynh Phu So**, der mechanische Rituale ablehnte und eine sehr reine, einfache Form des Buddhismus predigte, die keine Geistlichen oder andere Mittlergestalten benötigte, sondern durch Meditation, Fasten und Gebete zu Hause praktiziert werden konnte. Glücksspiele, Alkohol und Opium waren verboten, während zur Festigung der sozialen Ordnung erneut die kindliche Hochachtung der Eltern in den Mittelpunkt trat.

In der Nähe seiner Heimatstadt Chau Doc hatten Mönche der Pagode Tra Son den noch jungen Huynh Phu So von einer mysteriösen Krankheit geheilt. Dankbar lebte er fortan in der Pagode, studierte unter dem Mönch Xom und kehrte erst nach dessen Tod in sein Heimatdorf zurück. Während eines Sturmes im Jahre 1939 geriet So in einen Trancezustand, aus dem heraus er seinen eigenen buddhistischen Weg entwickelte. Die neue Schule zog rasch viele Anhänger an und verwickelte sich wie der Caodaismus alsbald in die Politik. Den Franzosen erschien So verrückt und zugleich gefährlich subversiv, weshalb sie ihn in eine psychiatrische Anstalt einwiesen (wo er prompt den behandelnden Arzt zum Hoa Hao bekehrte). Später belegten ihn die Kolonialherren mit Hausarrest. Im Zweiten Weltkrieg bewaffneten die Japaner die Hoa Hao-Anhänger, die später auch gegen die Franzosen kämpften und sich den Kommunisten widersetzten. Gegen Ende des Krieges formierten Hoa-Hao-Mitglieder eine anti-marxistische politische Partei, woraufhin die Vietminh So im Jahre 1947 ermorden ließen. Doch die Bewegung wuchs weiter. Ihre **Privatarmee** erreichte die Größe derjenigen der Caodaisten, bis Diem die Macht ergriff und den politischen und militärischen Arm der religiösen Schule zerschlug. Daraufhin zersplitterte die Religion. Manche ihrer Anhänger wandten sich der Nationalen Befreiungsfront zu, während sich die überwiegende Mehrheit auf die Seite der Amerikaner schlug. Dies hatte 1975 nach der kommunistischen Machtübernahme die Inhaftierung vieler Hoa-Hao-Führer und den Verstoß ihrer Priesterschaft zur Folge. Dennoch weisen manche aktuellen Zahlen auf bis zu 1,5 Mill. Hoa-Hao-Anhänger im Mekong-Delta hin. Die Regierung erkannte jüngst den Hauptzweig der Hoa Hao an, doch deren radikale Flügel, die anti-staatlicher Aktivitäten bezichtigt werden, sind noch heute verboten.

Hinduismus und Islam

Indische Kaufleute brachten im 1. Jh. unserer Zeitrechnung den **Hinduismus** nach Vietnam. Sie reisten an der Küste von Siam (heute Thailand) entlang und später den Mekong hinauf zum indisierten Königreich Champa. Die Cham verehrten den Hindugott Shiva, den ein Lingam symbolisierte, doch als im 16. Jh. arabische Händler größeren Einfluss gewannen, konvertierten die meisten Cham zum **Islam**, obwohl sie an gewissen Elementen ihrer hinduistischen Tradition festhielten.

Der Islam verzeichnet gegenwärtig die größere Anhängerschaft: Mehrere Tausend Moslems aus den Reihen der Cham und Khmer leben an Vietnams zentralen Küstenstrichen zwischen Nha Trang und Phan Thiet. Eine beträchtliche moslemische Gemeinde lebt in Ho-Chi-Minh-Stadt, eine kleine in Hanoi. Die vietnamesischen Moslems sind alles andere als orthodox: Die Gebete beschränken sich auf eines am Freitag, der Fastenmonat Ramadan dauert nur drei Tage, niemand begibt sich auf die Pilgerfahrt nach Mekka und es gibt kein Alkoholverbot. Allerdings essen die meisten kein Schweinefleisch. Kaum ein vietnamesischer Moslem kann Arabisch lesen oder schreiben, und auch aus dem Koran wurde nur wenig in die vietnamesische Sprache übersetzt. Hindus wie Moslems aber bringen nach wie vor dem hinduistischen Lingam und auch animistischen Geistern Opfergaben dar. In Ho-Chi-Minh-Stadt sind einige Hindutempel erhalten geblieben, die gegenwärtig eine Art Wiederbelebung erfahren.

Bevölkerung

Vietnams Bevölkerung zählt gegenwärtig gut 80 Mill. Menschen, von denen nahezu 90% **ethnische Vietnamesen** sind (Viet oder Kinh). Ungefähr eine Million Einwohner Vietnams sind **chinesischer Abstammung** (Hoa). Die restlichen sechs bis sieben Millionen Menschen verteilen sich auf 52 ethnische Gruppierungen, die in Dutzende Untergruppen unterteilt sind, von denen manche kaum mehr als hundert Angehörige haben.

Die überwiegende Mehrheit der vietnamesischen **Minoritäten** lebt in den gebirgigen Regionen des Nordens, entlang des Truong Son-Gebirges und im zentralen Hochland – ausnahmslos Gegenden, die in den letzten Kriegen heftig umkämpft waren. Mehrere Gruppen verteilen sich über die derzeitigen internationalen Grenzen hinaus bis auf die südostasiatische Halbinsel und nach Südchina hinein.

Die vietnamesische Götterwelt

Buddhistische Gottheiten

A Di Da oder **Amitabha** – Der historische Buddha, das meistverehrte Mitglied des buddhistischen Pantheons in vietnamesischen Pagoden.

Avalokiteshvara – Ein Bodhisattva, der oft mit zahlreichen Armen und Augen dargestellt wird, da er allmächtig ist. Häufige Bezeichnung: Quan Am (s.u.).

Di Lac oder **Maitreya** – Der Buddha des zukünftigen Weltzeitalters, gewöhnlich dargestellt als auf einem Lotusthron sitzende, rundliche Gestalt mit nackter Brust und breitem Grinsen.

Ong Ac oder **Trung Ac** – Einer der beiden Wächter der buddhistischen Religion, der ein Urteil über alle Menschen spricht. Er hat ein finsteres rotes Gesicht und gilt als sehr streng, woran vor allem unartige Kinder oft erinnert werden.

Ong Thien oder **Khuyen Thien** – Der andere Wächter des Buddhismus; eine freundliche Seele mit weißem Gesicht, die zu gutem Verhalten aufruft.

Quan Am – Die Göttin der Barmherzigkeit, die auf die chinesische Göttin Guanyin zurückgeht. Quan Am ist eine äußerst beliebte Inkarnation des Bodhisattvas Avalokiteshvara. Dargestellt wird sie gewöhnlich als graziöse weiße Statue, deren Hand zum Segen erhoben ist.

Thich Ca Mau Ni oder **Shakyamuni** – Der Buddha des gegenwärtigen Weltzeitalters, geboren als Siddharta Gautama, der den Buddhismus begründete.

Daostische und Volksgötter

Ngoc Hoang – Der im Himmel präsidierende Jadekaiser, Herrscher über das daoistische Pantheon.

Ong Tau – Der Gott des Herdes, der die Aufsicht über alle Familien führt und zu jedem Neujahrstag den Jadekaiser über die Situation in den Haushalten informiert.

Quan Cong – Ein chinesischer General der Han-Dynastie, der für Loyalität, Rechtschaffenheit und beispielhaftes Verhalten steht. Gewöhnlich ist seine Statue von seinen beiden Assistenten flankiert.

Thanh Mau – Die Muttergöttin

Thien Hau – Die Schutzherrin der Seeleute

Tran Vo – Genauer bezeichnet als Tran Vo Bac De, der daoistische Kaiser des Nordens, der die Stürme und allgemein bedrohliche Ereignisse beherrscht.

Über die Ursprünge der meisten Minderheiten ist wenig bekannt. Manche von ihnen besiedelten die Region schon lange, bevor die Urahnen der **Viet** vor rund vier- bis fünftausend Jahren aus Südchina eintrafen. Im Delta des Roten Flusses absorbierten die Viet nach und nach kleinere einheimische Gruppierungen und entwickelten sich schließlich zur dominierenden Kulturnation. Die anderen Gruppen standen zwar weiterhin in Kontakt mit den Viet, doch entweder entschieden sie sich für eine unabhängige Existenz im Hochland oder sie wurden aus den zunehmend besiedelten Küstenebenen in die Bergwelt zurückgedrängt. Darüber, wie es zur fundamentalen Trennung von **Tieflandbewohnern** und **Hochlandbewohnern** kam, erzählt die vietnamesische Überlieferung Folgendes: Der Drachenkönig des Südens heiratete Au Co, eine schöne Prinzessin aus dem Norden, und zunächst lebten beide gemeinsam in den Bergen, wo die junge Frau hundert starke und stattliche Jungen gebar. Nach einer Weile aber vermisste der Drachenkönig seine wasserreiche Heimat im Tiefland und zog mit der Hälfte seiner Söhne fort. Die fünfzig zurückgebliebenen Söhne wurden zu den Ahnherren der ethnischen Minderheiten.

Die ethnischen Gruppen Vietnams sind gemeinhin drei **linguistischen Hauptfamilien** zuzuordnen: der austronesischen, der austro-asiatischen und der sino-tibetischen. Diese Sprachfamilien zersplittern sich weiter in kleinere Gruppen, wie z.B. Viet-Muong und Tay-Thai. Die Austronesier, die mit Indonesiern und pazifischen Inselbewohnern verwandt sind, waren wahrscheinlich die frühesten Bewohner der Region, doch heute sind ihre Nachfahren nur noch im zentralen Hochland anzutreffen. Die Sprecher der anderen beiden linguistischen Familien haben ihren Ursprung in Südchina; ihre Vorfahren wanderten zu verschiedenen

Zeiten südwärts, um sich in den höher gelegenen Gebieten Vietnams niederzulassen.

Trotz der Unterschiede im Ursprung sowie in den Sprachen, Dialekten und der traditionellen Kleidung haben die Hochlandgruppen etliche Gemeinsamkeiten, die sie von den Viet unterscheiden. Besonders auffällig sind die **Pfahlbauten**, die einerseits vor Schlangen, Ungeziefer, größeren Tieren und Überschwemmungen schützen und andererseits sichere Stallungen für das Zuchtvieh bieten. Verbreitet sind bei den meisten Hochlandgruppen das gemeinsame Trinken von **Reiswein** und gewisse **Rituale**, wie beispielsweise der Schutz von Kindern vor bösen Geistern, indem jene erst ab einem bestimmten Alter einen Namen erhalten. Die meisten Hochlandbewohner betreiben **Brandrodungsfeldbau** – sie roden Waldlandflächen, bebauen einige Jahre lang die durch Feuer freigelegten Felder und lassen diese dann für eine bestimmte Zeit brach liegen, damit sich die Böden erholen können und ihre Fruchtbarkeit zurückgewinnen. In Gegenden mit besonders unergiebigen Böden herrscht ein halbnomadischer Lebensstil vor – die Dörfer werden je nach Bedarf an andere Stellen verlegt.

Wer mehr über Vietnams ethnische Vielfalt erfahren möchte, dem seien das inzwischen leicht veraltete Buch *Ethnic Minorities in Vietnam,* das in Hanoi und Ho-Chi-Minh-Stadt erhältlich ist, oder (wenn man es findet) das neuere *Cultural Mosaic of Ethnic Groups in Vietnam* (mit Farbfotos) empfohlen. In Hanoi und Thai Nguyen informieren darüber hinaus exzellente ethnologische Museen über die vietnamesischen Minderheiten (s.S. 465 und 562).

Die jüngere Geschichte der Minoritäten

Traditionell forderten die Viet-Könige von den oftmals sehr eigenständigen ethnischen Minoritäten Tributzahlungen, beließen ihnen aber ansonsten das Recht, über ihre eigenen Angelegenheiten selbst zu entscheiden. Diese Beziehung endete mit dem Eintreffen der katholischen Missionare, die im zentralen Hochland zahlreiche Bergbewohner (von den Franzosen Montagnards genannt) zum Christentum bekehrten. Unter **kolonialer Herrschaft** erhielten die Minoritäten Ende des 19. Jhs. ein gewisses Maß an lokaler Autorität, doch zugleich enteigneten die Franzosen ihren Landbesitz, erhoben hohe Steuern und forderten Zwangsarbeit ein. Wie in Vietnam zu erwarten, entfachten diese Maßnahmen Rebellionen, die besonders im frühen 20. Jh. von den Hmong ausgingen.

Die Franzosen machten sich rasch die uralten Antipathien zwischen den Menschen des Hochlands und Tieflands zunutze. Beispielsweise richteten sie in den nordwestlichen Bergen eine halbautonome Thai-Föderation mit bewaffneten Milizen und Grenzwächtern ein. Nach Kriegsausbruch im Jahre 1946 zogen Gruppen der Thai, Hmong und Muong im Nordwesten an der Seite der Franzosen gegen die Vietnamesen ins Feld, und zwar sogar in Bataillonsgröße. Es bestand jedoch keine Einigkeit: Einige Thai unterstützten aktiv die Vietminh, während Ho Chi Minh im Nordosten unter den Tay und Nung eine sichere Basis für seine Guerilla-Armeen fand. Da Ho Chi Minh die große Bedeutung der Loyalität der Minderheiten erkannte, richtete er nach der 1954 erfolgten **Unabhängigkeit Vietnams** zwei autonome Regionen mit begrenzter Selbstbestimmung innerhalb eines „vereinigten multinationalen Staates“ ein.

Auch die Minoritäten des zentralen Hochlands spalteten sich nach 1946 in zwei Lager und unterstützten teils die Franzosen teils die Vietminh. Ungeachtet ihrer politischen Überzeugung waren die Angehörigen ethnischer Minderheiten in vielen Fällen einfach anti-vietnamesisch, um ihre Unabhängigkeit zu bewahren. Nach der Teilung im Jahre 1954 wurden die anti-vietnamesischen Stimmungen geschürt, als Präsident Diem in vollkommener Ignorierung der örtlichen Landrechte Viet in die Region umzusiedeln begann. Diem wollte die Minoritäten enger an den südvietnamesischen Staat binden, doch als unmittelbare Folge bündelten die Bahnar, Jarai und E De ihre Kräfte in einer organisierten **Oppositionsbewegung** und riefen 1958 zu einem Generalstreik auf. In den folgenden Jahren entwickelte sich diese gut bewaffnete Koalition zur **Vereinigten Front für den Kampf der unterdrückten Rassen**, die unter ihrem französischen Akronym **FULRO** *(Front Unifié de Lutte des Races Opprimées)* bekannt wurde. Ihre Anhänger forderten größere Autonomie für die Minoritäten, eine gewählte Repräsentation in der Nationalversammlung, verstärkte lokale Selbstverwaltung, Schulunterricht in eigenen Sprachen und Zugang zu höherer Bildung. Nach anfänglichen Erfolgen wurde die FULRO empfindlich geschwächt, als sich ein Teil ihrer Anhänger den Vietcong anschloss. Übrig blieben geschätzte 10 000 Mitglieder oder auch mehr, die vor allem gegen die Südvietnamesen und die Amerikaner und später bis 1975 gegen die nordvietnamesische Armee kämpften. Später operierten die FULRO-Rebellen und andere antikommunistische Minoritätengruppen (vor allem die E De) aus Basen in Kambodscha. Die wenigen, die Pol Pots Killing Fields überlebten, flohen nach Thailand und wurden schließlich nach Amerika umgesiedelt.

Während des **Vietnamkriegs** befanden sich die Minoritäten, die in der Nähe des 17. Breitengrads lebten, an der Frontlinie des Krieges. Die schlimmsten Gefechte ereigneten sich in den späten 60er und frühen 70er Jahren, als nordvietnamesische Truppen in den abgelegenen Hochlandgebieten stationiert waren und die amerikanischen Streitkräfte sie aufzustören versuchten. Massive Bombenangriffe wurden ergänzt durch den Einsatz von Entlaubungsmitteln und Herbiziden, die nicht nur schützende Walddecken abtrugen, sondern auch Ernten und Tiere vernichteten. Die chemische Kriegsführung tötete außerdem eine unbekannte Anzahl von Menschen und rief zahlreiche chronische Erkrankungen hervor. Außerdem wurden die Dörfer oft Ziel nächtlicher Raubzüge von Vietcong und nordvietnamesischen Soldaten, die zu lokaler Unterstützung „ermutigen" und ihre Lebensmittelvorräte auffrischen wollten. Schätzungsweise wurden innerhalb einer Gesamtbevölkerung von rund einer Million Menschen über 200 000 Angehörige ethnischer Minderheiten – sowohl Zivilisten als auch Militärs – im Vietnamkrieg getötet. Im Jahre 1975 waren 85% der Dörfer in den Hochlandgebieten entweder zerstört oder verlassen, und in der näheren Umgebung der entmilitarisierten Zone war nichts stehen geblieben. Bei Kriegsende lebten Tausende Angehörige von Minderheiten, die ihren traditionellen Lebensstil nicht mehr aufrecht erhalten konnten, zusammen mit Viet-Flüchtlingen in provisorischen Lagern.

Nach der **Wiedervereinigung** verbesserte sich die Situation zunächst kaum. Versprechen auf größere Autonomie verliefen im Sande, und selbst die sehr eingeschränkten Selbstverwaltungsrechte, die den Minoritäten einmal zugestanden worden waren, wurden ihnen nun wieder entzogen. Die Gruppen, die sich gegen die Nordvietnamesen gestellt hatten, wurden unter strenge Beobachtung gestellt und ihre Anführer zur Umerziehung verschickt. Die neue Regierung verfolgte eine Politik der **Zwangsassimilierung** der Minderheiten: Der Schulunterricht wurde wieder ausschließlich in vietnamesischer Sprache abgehalten, traditionelle Bräuche wurden offiziell missbilligt oder verboten und Angehörige von Minderheiten aus ihren verstreuten Dörfern in permanente Siedlungen zwangsumgesiedelt. Zugleich gründete die Regierung im zentralen Hochland und entlang der chinesischen Grenze **Neue Wirtschaftszonen** und beschlagnahmte zu diesem Zweck in vielen Fällen die besten Landstriche, um dort Tausende Menschen aus den übervölkerten Ebenen anzusiedeln. Nach offiziellen Berichten wurden seit den 80er Jahren jährlich 250 000 Menschen in die Neuen Wirtschaftszonen umgesiedelt. Diese Politik führte nicht nur zu ernsten Engpässen in der Nahrungsmittelversorgung der Minderheiten, die sich in den Randgebieten nicht mehr ausreichend ernähren konnten, sondern auch zu einer weitgehenden Verschlechterung der überlasteten Böden des Hochlands.

In den frühen 90er Jahren bewirkte *doi moi* eine Veränderung der Politik; so wurde unter anderem ein zentrales Büro eingerichtet, das die Verantwortung für die ethnischen Minoritäten hatte. Die Minderheitensprachen sind heute offiziell anerkannt und dürfen in Schulen gelehrt werden; Stipendien befähigen Angehörige von Minderheiten zum Besuch höherer Lehranstalten; einige Fernsehprogramme werden in unterschiedlichen Minderheitensprachen ausgestrahlt und auf allen Regierungsebenen sind nun mehr Angehörige von Minderheiten denn je vertreten. (Der gegenwärtige Generalsekretär der Kommunistischen Partei, Nong Duc Manh, der der ethnischen Tay-Gruppe angehört, ist der erste Nicht-Viet, der eine solch hohe Position bekleidet.) Als Alternative zur Wilderei, zum illegalen Holzeinschlag und Opiumanbau wurde z.B. der Anbau von Nutzholz und Obst eingeführt. Auch andere Einkommensquellen wurden geschaffen, und die medizinische Versorgung wurde verbessert. Bei all dem war man bemüht, die **kulturelle Vielfalt** des Landes zu bewahren – z.T. auch deshalb, weil gerade sie Touristen anlockt. In vielen Gegenden aber werden die traditionellen Lebensstile der Minoritäten untergraben, und extreme Armut ist ein weit verbreitetes Übel.

Armut sowie die Missachtung angestammter Landrechte und religiöser Freiheiten waren die Gründe für ausgedehnte **Demonstrationen**, an denen im Frühjahr 2001 geschätzte 5000 Angehörige ethnischer Minderheiten im zentralen Hochland teilnahmen. Während der Ministerpräsident daraufhin eine gerechtere Landverteilung anordnete und eine verstärkte sozioökonomische Entwicklung der Region versprach, kritisierten Menschenrechtsorganisationen die Behörden wegen ihrer harten Behandlung der Demonstranten, von denen manche zu Gefängnisstrafen von bis zu zwölf Jahren verurteilt wurden.

Minoritäten im nördlichen Hochland

Die Berge Nordvietnams sind die Heimat einer Vielzahl ethnischer Gruppen, die ihren Ursprung ausnahmslos in Südchina haben. Die dominierenden Minderheiten sind die Tay und Thai, zwei feudale Gemeinschaften, die einst über ihre schwächeren Nachbarn herrschten. Diese mächtigen und alteingesessenen Gruppen bebauen das fruchtbare Land in den unteren Tälern, während die Hmong und Dao, die erst Ende des 18. Jhs. nach Vietnam kamen, die unwirtlichsten Böden in den obersten Höhen bewirtschaften. Diesen isolierten Gruppen fiel es leichter, ein unabhängiges Leben zu führen und ihre traditionellen Bräuche zu bewahren, doch die meisten ihrer Angehörigen leben am Rande des Existenzminimums.

Lokale **Märkte**, die gewöhnlich einmal wöchentlich abgehalten werden, spielen eine bedeutende Rolle im sozialen und wirtschaftlichen Leben des Hochlands. Den besten Ruf hat Sa Pa (s.S. 538), doch es gibt auch andere Märkte in der Region. Die meisten Gruppen pflegen eine Tradition des **Wechselgesangs**, der bei Zeremonien und Festen dargeboten wird.

Tay

Die Tay sind Vietnams größte Minderheit im Hochland. Man schätzt ihre Zahl auf 1,5 Mill. Menschen, die vorwiegend im Nordosten zwischen dem Tal des Roten Flusses und den Küstenebenen leben, wo sie sich vor 2000 Jahren ansiedelten. Durch jahrhundertelange enge Kontakte mit den Tieflandbewohnern wurde die Tay-Gesellschaft stark von der Viet-Kultur beeinflusst, sodass sie heute viele soziale Rituale und konfuzianische Praktiken mit ihr teilt. Viele Tay haben die Viet-Architektur und Viet-Kleidung angenommen, doch noch immer findet man Dörfer mit strohgedeckten Pfahlbauten, für die ein rund um das Haus führender, mit einem Geländer versehener Balkon charakteristisch ist. Heutzutage tragen meist nur noch die Frauen die traditionellen langen, von einem Gürtel gehaltenen Tay-Kleider aus indigo-gefärbten Stoffen; ähnlich schlicht wirken ein geknotetes Kopftuch, das spitz nach vorn zeigt und mit üppigem Silberschmuck verziert ist.

Tay-Bauern sind berühmt für ihre Viehzucht, sie betreiben aber auch Fischzucht und bauen hochwertige Produkte an, darunter Anis, Tabak, Sojabohnen und Zimt. Die Tay haben darüber hinaus ein fortschrittliches Bewässerungssystem für die Kultivierung von Nassreis entwickelt, zu dem die riesigen Wasserräder gehören, die an den Flüssen im Nordosten zu sehen sind. Seit dem 15. Jh. besitzen sie zudem eine Schriftsprache, die eine starke literarische Tradition förderte. Die Tay lieben Wechselgesänge, Theateraufführungen, das Steigenlassen von Drachen und zahlreiche andere spielerische Freizeitvergnügungen. In den abgelegeneren Regionen errichten manche Tay-Gruppen Grabhäuser, die über einem frischen Grab stehen und mit im Wind flatternden weißen Papierstreifen dekoriert sind.

Thai

Die Zahl der Thai beläuft sich auf etwas mehr als eine Million Menschen. Sie sind die dominierende Gruppe in den nordwestlichen Bergen und siedeln in der Region zwischen dem Roten Fluss und Nghe An. Die meisten Thai leben jedoch in den Provinzen Lai Chau und Son La. Entfernte Verwandtschaft besteht zu den Thai in Thailand und einigen Gruppen in Südchina, der Heimat ihrer Vorfahren. Da sie jedoch bereits seit über 2000 Jahren in Vietnam leben, bestehen zahlreiche Ähnlichkeiten mit den Kulturen der Viet und Tay. Traditionell besaß die Thai-Gesellschaft eine strikte Hierarchie; an deren Spitze standen Feudalherren mit ausgedehntem Grundbesitz, der von Dorfbewohnern bearbeitet wurde. Ihre auf dem Sanskrit basierende Schriftsprache ermöglichte das Überleben eines fünf Jahrhunderte alten literarischen Erbes, das epische Gedichte, historische Dramen und sehr viele Volkserzählungen umfasst. Berühmt sind auch das einzigartige Tanzrepertoire und die geschmackvoll gewebten Brokatstoffe der Thai, die mit Blumen, Vögeln und Drachen verziert sind und auf den lokalen Märkten zum Kauf angeboten werden. Schon als junge Teenager lernen die Mädchen die Techniken des Webens und Stickens, damit sie Decken für ihre Mitgift herstellen können. Viele Thai-Häuser stehen noch auf Stelzen und haben ein Balkenwerk aus Holz oder Bambus, doch die Architektur unterscheidet sich von Region zu Region.

Es gibt zwei bedeutende Untergruppen: Die **Schwarzen Thai** (bei Dien Bien Phu, Tuan Giao und Son La) und die **Weißen Thai** (bei Mai Chau und Lai Chau), deren Namen angeblich auf die traditionellen Farben der Frauenblusen hinweisen sollen, was jedoch umstritten ist. Tatsächlich nämlich tragen die Frauen beider Untergruppen im Allgemeinen ähnliche Kleidungsstücke: lange Sarongähnliche Röcke in Schwarz oder einem sehr dunklen Indigoblau, die zuweilen mit einer hellen Schärpe oder Brokatstreifen verziert sind. Ihre eng anliegenden Blusen werden von schönen Silberschnallen in der Form von Schmetterlingen oder anderen Insekten gehalten, und bei formellen Anlässen tragen sie kunstfertig gewebte Kopftücher.

Muong

Die niedrigeren Bergzüge zwischen dem Tal des Roten Flusses und südwärts via Yen Bai und Son La bis hinab nach Thanh Hoa sind das Stammgebiet der Muong, die heute überwiegend in der Provinz Hoa Binh leben. Die Muong, deren Zahl rund eine Million beträgt, haben vermutlich dieselben Vorfahren wie die Viet. Eine These lautet, dass sich die Gruppen vor rund 2000 Jahren aufspalteten und die Muong fortan eine relativ unabhängige Existenz im Hochland führten. Die Gesellschaft wird traditionell von aristokratischen Familien dominiert, die kommunales Land gegen Arbeitsleistungen und Steuerzahlungen an die Dorfbewohner verteilen. Symbole ihrer Autorität sind Trommeln und Bronzegongs. Die Pfahlbauten der Muong ähneln denjenigen der Thai. Ihr Hauptnahrungsmittel ist Reis, doch auch Aktivitäten wie Fischen, Jagen und Sammeln spielen noch bedeutende Rollen. Die Muong pflegen eine eigenständige kulturelle Tradition, zu der Wechselgesänge und epische Erzählungen gehören. Berühmtheit genießen ihre Stickereien, die typischerweise kühne geometrische Muster in Schwarz und Weiß aufweisen. Ältere Muong-Frauen tragen noch traditionelle lange schwarze Röcke und eng anliegende Blusen. Ein breiter, reich bestickter Gürtel ist ein wichtiges Schmuckstück der Kleidung, und viele Frauen tragen ein schlichtes weißes Kopftuch.

Nung

Die Nung sind eng mit den Tay verwandt – beide sprechen dieselbe Sprache und leben oft in denselben Dörfern. Ihre Bevölkerungszahl beträgt schätzungsweise 700 000 Menschen, die zum Großteil in den Provinzen Cao Bang und Lang Son leben, wo sie auf lange Traditionen des Nassreisanbaus und des Einsatzes von Wasserrädern zur Bewässerung zurückblicken. Die Nung-Bauern terrassieren niedere Hänge, um zusätzliche Anbauflächen zu gewinnen, und sind bekannt für die breite Vielfalt ihrer Erntefrüchte, zu denen Mais, Erdnüsse und zahlreiche Gemüsesorten gehören. Tatsächlich werden die Nung zu den besten Gartenbauern Vietnams gezählt, und gleichermaßen berühmt sind ihre Schmiede. Die traditionellen Nung-Häuser haben ungewöhnlicherweise Lehmwände und ein Ziegeldach und sind entweder auf flachem Untergrund erbaut oder nur ein Bereich des Hauses steht auf Pfählen.

Die meisten Nung sind Buddhisten und verehren vor allem Quan Am, obwohl sie auch den Geistern und ihren Ahnen huldigen. Meisterhaft beherrschen sie den Wechselgesang und geben gern Kostproben eines improvisierten Duetts. Es überrascht nicht, dass die traditionelle Kleidung der Nung derjenigen der Tay ähnelt, doch ein Unterschied ist die Umsäumung mit farbigen Bändern. Frauen tragen gern ein Halstuch mit Fransen und eine Schultertasche, die entweder mit Sonne, Sternen und Blumen bestickt oder schwarz-weiß gewebt und mit bunten Fäden durchsetzt ist.

Hmong

Seit dem Ende des 18. Jhs. flohen Miao-Gruppen aus Südchina in Richtung Laos, Burma, Thailand und Vietnam. *Miao* bedeutet „Barbaren", während ihr neu angenommener Name Hmong mit „freie Menschen" zu übersetzen ist. In Vietnam leben heute rund 600 000 Hmong in den hochgelegenen Gebieten aller nördlichen Provinzen und bis hinab nach Nghe An. Aufgrund ihres kargen Ackerlandes, geografischer Isolation und traditionellen Zurückgezogenheit gehören die Hmong zu den ärmsten ethnischen Gruppen Vietnams. Der Grad an medizinischer Versorgung und Bildung ist niedrig, die Kindersterblichkeit hingegen außergewöhnlich hoch.

Die Hmong-Bauern bauen auf durch Feuer gerodeten Landflächen, irrigierten Feldern und an terrassierten Hängen Mais, Reis und Gemüse an. Traditionell gehörte auch Mohn zu den Anbauprodukten, doch dagegen ist die Regierung vorgegangen. Die Hmong züchten Rinder, Wasserbüffel und Pferde, und seit kurzem widmen sie sich auch dem Obstanbau (vor allem Pfirsiche, Pflaumen und Äpfel). Ferner sind sie geschickte Jäger und sammeln Waldprodukte, zu denen Honig, medizinische Heilkräuter, Wurzeln und Baumrinden gehören, die entweder zum Eigengebrauch oder zum Verkauf auf den Wochenmärkten bestimmt sind. Die Häuser der Hmong sind eher ebenerdig als auf Stelzen gebaut.

Die Hmong haben keine eigene Schriftsprache, doch besitzen sie einen großen Schatz von mündlich überlieferten Volksliedern, Rätseln und Sprichwörtern. Den größten Ruhm aber genießt wohl ihr Kunsthandwerk, darunter vor allem Webarbeiten aus Hanf und Baumwolle, die mit Indigo gefärbt werden. Um die richtige Intensität der blauen Farbe zu erreichen, werden die Stoffe zuweilen bis zu dreißig Mal gefärbt und dann geklopft, bis die Oberfläche einen fast metallenen Glanz erhält. Viele Hmong tragen noch heute ihre traditionellen indigofarbenen Trachten: Männer bevorzugen weite Hosen und ein legeres Hemd, eine lange Weste aus glänzendem Stoff sowie Halsketten aus Silber oder Bronze. Die Frauentracht besteht aus knielangen Röcken, einer Schürze, Leggings und einer Damenweste, dazu gehört eine Ansammlung klobiger Silberohrringe, Armreifen und Halsketten. Die Hmong-Frauen schmücken ihre Blusenärmel gern mit gestickten Bändern, und auch die Röcke mancher Gruppen sind auf diese Weise reich verziert. Die wichtigsten Untergruppen sind die **Weißen**, **Roten**, **Grünen**, **Schwarzen** und **Blumen-Hmong**. Der Ursprung dieser Namen ist unbekannt, doch es bestehen deutliche Unterschiede im Dialekt und in den sozialen Gewohnheiten, besonders in Kleidung und Haartracht der Frauen.

Dao

Die ethnische Minderheit der Dao (Ausspache: *Zao)* ist in ihren sozialen und religiösen Bräuchen, ihrer Architektur, Landwirtschaft und Kleidung sehr eigentümlich. Über Jahrhunderte hinweg siedelten sich kleinere Gruppen nach ihrer Auswanderung aus China in der nördlichen Grenzregion an. Die Bevölkerungszahl der in Vietnam lebenden Dao beläuft sich auf ungefähr 500 000 Menschen. Verwandte Gruppen gibt es in Laos, Thailand und China.

Seit frühester Zeit verwenden die Dao das chinesische Schriftsystem, mit dessen Hilfe sie eine reiche literarische Tradition schufen. Eine populäre Legende berichtet vom Ursprung der zwölf Dao-Clans: Demnach tötete Ban Ho, ein kräftiger Hund mit fünffarbigem Fell, einst einen feindlichen General und erhielt dafür die Hand einer Prinzessin, die zwölf Kinder gebar. Die Dao verehren Ban Ho bis heute als ihren Urahnen, für den auch die fünf Farben der Dao-Stickereien stehen.

Die Dao tragen eine besonders auffällige traditionelle Kleidung, an der vor allem eine rechteckige Stickerei auffällt, die hinten auf die Jacken aufgenäht ist. Männer wie Frauen tragen Silber- oder Kupferschmuck und mit Quasten verzierte Schultertaschen. Die Dao-Frauen zeigen mit Stolz ihre kunstfertigen Kopfbedeckungen, im Allgemeinen eine Art dreieckiger Turban, der entweder bestickt oder mit Silbermünzen, Perlen und farbigen Quasten verziert ist. Weit verbreitet ist bei den Dao-Frauen die Rasur der Augenbrauen. Manche rasieren sich auch den Kopf kahl, um ihn dann mit einer Wachsschicht zu bedecken. Da Angehörige der Dao in allen Höhenlagen leben, variieren der Baustil ihrer Häuser und ihre landwirtschaftlichen Techniken erheblich. Während die Gruppen auf den niederen Ebenen durch Reisanbau und Viehzucht relativ wohlhabend sind, leben diejenigen in höheren und gebirgigen Lagen vergleichsweise in Armut.

Giay

Die Giay (Aussprache: *Zay)* sind eine relativ kleine Minderheit von ungefähr 40 000 Menschen, die in den Höhenlagen der Provinzen Lao Cai, Lai Chau und Ha Giang leben. Die traditionelle Giay-Gesellschaft ist feudal ausgerichtet, mit einer strikten Abgrenzung zwischen der lokalen Aristokratie und

Frau vom Bergvolk der Dao

den Bauern. Alle Dorfbewohner bearbeiten die kommunalen Landflächen und leben in dicht beieinander stehenden Pfahlbauten. Manche Giay-Frauen tragen noch die traditionellen Trachten, die an einem am Kragen vernähten, äußerst farbigen runden Streifen zu erkennen sind. Die Bluse selbst ist gewöhnlich hellgrün, rosa oder blau. Bei formellen Anlässen tragen Frauen mitunter einen karierten Turban.

Minoritäten im zentralen Hochland

Nahezu alle Bergvölker im zentralen Hochland sind indigene Bewohner des Landes. Die meisten von ihnen haben ein matrilineares Gesellschaftssystem, das ein sehr starkes Gewicht auf das Gemeinschaftsleben und auf besonders komplexe Bestattungsriten legt. Katholische Missionare, die Mitte des 19. Jhs. eine Mission in Kon Tum gründeten, verzeichneten im zentralen Hochland besondere Erfolge, und im frühen 20. Jh. erreichte auch der Protestantismus die Region. Die meisten Konvertiten stammten aus den Reihen der E De und Bahnar, doch auch andere Gruppen nahmen christliche Gewohnheiten in ihre traditionellen Glaubenssysteme auf. Der vietnamesische Einfluss war hier ebenfalls stärker als in Nordvietnam, und der Vietnamkrieg spaltete außerdem viele Völker, doch die Kulturen der einzelnen Gruppen erwiesen sich als stark genug, einer kompletten Assimilierung zu widerstehen.

Jarai (Gia-rai)

Die größte Minorität im zentralen Hochland sind die Jarai, die ungefähr 250 000 Menschen zählen. Vermutlich verließen die Jarai vor rund 2000 Jahren die Küstenebenen, um das fruchtbare Plateau rund um Plei Ku zu besiedeln. Diverse Ethnologen vertreten die These, dass die Cham in Wirklichkeit ein Zweig der Jarai sind, denn erwiesenermaßen teilen sie gemeinsame linguistische Merkmale und eine matrilineare Sozialordnung. Es sind die jungen Jarai-Frauen, die Heiratsanträge machen. Nach der Hochzeit lebt das Paar im Elternhaus der Frau und Kinder erhalten den Familiennamen der Mutter. Die Häuser werden traditionell auf Stelzen gebaut und sind gen Norden ausgerichtet. Zentrum des Dorflebens ist das *rong* genannte Gemeindehaus, in dem sich der Ältestenrat mit dem gewählten Vorsitzenden trifft. Animistische Glaubensvorstellungen spielen nach wie vor eine große Rolle: Die Welt der Jarai ist von Geistern bevölkert. Die berühmtesten darunter sind die Könige des Wassers, Feuers und Windes. Sie werden durch Schamanen repräsentiert, die Regen-Zeremonien und andere Rituale durchführen. Besonders komplex und teuer sind die Bestattungsrituale. Nach der Beisetzung eines Jarai wird über dem Grab ein Grabhaus errichtet, in dem Skulpturen von Menschen, Vögeln und Objekten des alltäglichen Lebens aufgestellt werden. Außerdem besitzen die Jarai ein umfangreiches musikalisches Repertoire. Die Hauptinstrumente sind Gongs und das einzigartige *kílong put,* das aus Bambusröhren besteht, in welche der Spieler durch Händeklatschen Luft hineinpresst.

Während des Vietnamkrieges verließen die meisten Jarai ihre vom Krieg zerrütteten Dörfer, und viele von ihnen wurden in Plei Ku angesiedelt; erst seit wenigen Jahren ist eine langsame Rückkehrbewegung zu beobachten.

E De (Rhadé)

Weiter südlich in Richtung Buon Ma Thuot leben rund 200 000 Angehörige der E De in Pfahlbauten, die zu Dörfern *(buon)* gruppiert sind. Ihre Langhäuser können bis zu 100 m lang sein, haben die Form von Booten, ein Balkenwerk aus Hartholz, Bambusböden und -wände und ein hohes Strohdach. In einem einzigen Langhaus leben bis zu hundert Familienmitglieder unter der Autorität der ältesten und angesehensten Frau, die den gesamten Familienbesitz verwaltet, einschließlich der Haus- und Nutztiere. Die Anzahl der zeremoniellen Gongs kennzeichnet den Reichtum der jeweiligen Familie. Andere wertvolle Erbstücke sind große irdene Gefäße, die zur Herstellung von Reiswein dienen, der bei Festlichkeiten getrunken wird. Wie die Jarai huldigen auch die E De den Königen des Feuers und Wassers sowie zahlreichen animistischen Geistern, und auch sie errichten Grabhäuser über ihren Gräbern. Sowohl die Langhäuser als auch die diesen nachempfundenen Grabstätten sind oft mit kunstfertigen Schnitzereien versehen.

Das Heimatland der E De ist die roterdige Region der westlichen Plateaus. Im 19. und 20. Jh. gründeten französische Siedler Kaffee- und Kautschukbetriebe, für die sie Land von den Einheimischen, die sie Rhadé nannten, an sich rissen. Der traditionelle Brandrodungsfeldbau verschwand nach und nach – ein Prozess, der durch den Vietnamkrieg und die erzwungene Umsiedlung der E De in permanente Siedlungen beschleunigt wurde.

Bahnar (Ba-na)

Die Bahnar verfolgen ihre Ahnenreihe über viele Jahrhunderte zurück bis zu Gemeinschaften, die in den Küstenebenen mit Cham und Jarai in Nachbarschaft lebten. Heute zählt das Bahnar-Volk ungefähr 150 000 Menschen, die größtenteils die Hochlandgebiete östlich von Plei Ku und Kon Tum bevölkern.

Das auffälligste Merkmal eines Bahnar-Dorfes ist das Gemeindehaus *(rong)*, dessen Dach bis zu 30 m hoch sein kann und leicht gekrümmt ist. Es ist das Zentrum der Dorfkultur und der zeremoniellen Aktivitäten und zugleich die Heimat der heranwachsenden Jungen, die dort in die Geschichte der Bahnar, die Jagdtechniken und andere männliche Angelegenheiten eingeführt werden. Die um das *rong* gruppierten Dorfhäuser sind gewöhnlich Pfahlbauten mit einem Stroh- oder Ziegeldach, und oft sind sie mit geometrischen Motiven verziert. Jahrhundertelang trieben die Bahnar Handel mit den Cham und später mit den Viet aus dem Tiefland. Infolgedessen entwickelten sie kaum eine eigene Kunsthandwerkstradition. Sie sind jedoch ausgezeichnete Gartenbauexperten, die neben Mais, Süßkartoffeln und Hirse auch Indigo, Hanf und Tabak anbauen. Auch die Bahnar errichten Grabhäuser mit kunstfertigen Schnitzereien, die jedoch weniger eindrucksvoll sind als diejenigen der Jarai. Mitunter werden nach der Bestattung Holzstatuen, Gongs, Weingefäße und andere Dinge aus dem Familienbesitz im Grabhaus aufgestellt.

Sedang (Xo-dang)

Ihrer mündlich übertragenen Geschichte zufolge lebten die Sedang einst weiter nördlich, doch heute siedelt ihre Gemeinschaft von nahezu 100 000 Menschen im Gebiet zwischen Kon Tum und Quang Ngai. Die Sedang waren ein kriegerisches Volk, dessen Dörfer von Hecken umgeben waren, in denen Speere und Pfähle steckten und die nur einen Eingang hatten. Kriege zwischen den Dörfern waren an der Tagesordnung, doch die Sedang überfielen auch häufig die friedfertigen Bahnar, meist eher um Gefangene zu machen als Land zu erobern. Früher gehörten zu ihren religiösen Ritualen auch Menschenopfer, um die Geister günstig zu stimmen. Später machten sie ein profitables Geschäft mit dem Verkauf von Sklaven an Händler aus Laos und Thailand. In den 80er Jahren des 19. Jhs. begründete ein exzentrischer französischer Abenteurer namens Marie-David de Mayréna auf dem Territorium der Sedang ein Königreich, nachdem er Pakte mit den lokalen Anführern geschlossen hatte (s.S. 297, Kasten). Wenige Jahrzehnte später zogen die französischen Behörden die Sedang zur Zwangsarbeit heran, um die Nationalstraße 14 von Kon Tum nach Da Nang zu bauen. Die äußeren Umstände waren so hart, dass viele Menschen starben, weshalb es in den 30er Jahren zu einer Rebellion kam. Kurz darauf gewannen die Vietminh viele Sedang für ihren Krieg gegen die Franzosen. Im Vietnamkrieg kämpften einige Sedang-Gruppen für die Vietcong, während andere von den *American Special Services* zu Milizionären ausgebildet wurden. Als die Kämpfe jedoch nach 1965 heftiger wurden, sahen sich viele Sedang-Dorfbewohner gezwungen zu fliehen. Heute sind viele von ihnen nahezu mittellos, nachdem sie ihre angestammten Landflächen verloren haben.

Traditionell wurde die Zugehörigkeit zu einem Sedang-Dorf durch die Nutzung einer gemeinsamen Wasserquelle gekennzeichnet. Jede Großfamilie besitzt ein Langhaus, das auf Stelzen steht und gewöhnlich nach Osten ausgerichtet ist. Zentrum des Dorflebens ist das Gemeindehaus, in dem die jungen Männer und Knaben schlafen und alle größeren Zeremonien stattfinden. Da die einzelnen Dörfer im Verlauf der Geschichte relativ wenig Kontakt miteinander hatten, entwickelten sich deutliche Unterschiede zwischen den sozialen Gewohnheiten der Untergruppen. Bislang wurden siebzehn verschiedene Sedang-Dialekte identifiziert. Die landwirtschaftlichen Techniken sind hingegen einheitlicher: Die Sedang betreiben vorwiegend Brandrodungsfeldbau, den sie durch Gartenbau und Jagd ergänzen. Manche Sedang-Bauern besitzen „Wasserharfen", die als Vogelscheuche, Musikinstrument und Gerät zur Geisterbesänftigung zugleich dienen. Diese Harfen bestehen aus miteinander verbundenen Bambusröhren und werden in fließenden Wasserläufen aufgestellt, wo sie ein unregelmäßiges melodisches Geräusch erzeugen.

Koho (Co-ho)

Das Di Linh-Plateau am südlichsten Ende des zentralen Hochlands ist die Heimat der Koho. Die Gemeinschaft aus über 100 000 Menschen untergliedert sich in sechs sehr unterschiedliche Untergruppen, zu denen auch die **Lat** von Da Lat gehören. Das typische Koho-Haus steht auf Stelzen und hat ein Strohdach sowie Wände und Bodenbeläge aus Bambus. Obwohl viele Koho im frühen 20. Jh. zum Christentum bekehrt wurden, wird weithin Geisterverehrung betrieben, und jede Familie wählt zu ihrem Schutz einen Wächtergeist aus der Natur aus. Katholische Missionare entwickelten eine Lautschrift für die Koho-Sprache, doch die mündliche Überlieferung spielt nach wie vor eine große Rolle. Im Gegensatz zu vielen anderen Minoritäten der Region beziehen die Koho den Tanz in ihre religiösen Riten ein; er spielt dabei sogar eine sehr wichtige Rolle. Eingesetzt werden auch Musikinstrumente wie Gongs, Bambusflöten und Büffelhörner. Einige Untergruppen der Koho sind bekannt für ihre Fertigkeiten in der Töpferei und Eisenbearbeitung, während die Lat-Bauern einen herausragenden Ruf als Erbauer ausgefeilter Bewässerungssysteme genießen.

Mnong

Die ethnische Minorität der Mnong ist besonders bekannt für ihre besonderen Fähigkeiten bei der Jagd auf Elefanten sowie deren Zähmung und Dressur für den Einsatz im Krieg und als Transportmittel – wie auch für den Erhalt des Elfenbeins. Die Mnong sind die Erfinder des Lithophons, das eine Art steinernes Xylophon ist und wahrscheinlich zu den ältesten Musikinstrumenten der Welt gehört – ein Exemplar ist im Provinzmuseum von Lam Dong in Da Lat zu sehen. Seit Jahrhunderten leben die Mnong im südlichen zentralen Hochland, und heute besiedeln rund 67 000 von ihnen die Region zwischen Buon Ma Thuot und Da Lat. Mnong-Häuser sind gewöhnlich ebenerdig gebaut, und obwohl die Gesellschaft generell matrilinear strukturiert ist, werden die wichtigen Dorfangelegenheiten von einem männlichen Anführer organisiert. Die Handwerker sind auf die Herstellung von Korbwaren und das Bedrucken von Textilien spezialisiert, und sie stellen auch den Kupfer-, Zinn- und Silberschmuck her, den beide Geschlechter tragen. Zu den traditionellen Bestattungsriten gehört die Platzierung eines büffelförmigen Sarges unter ein Grabhaus, das mit hölzernen Statuen besetzt und mit schwarzen, roten oder weißen Mustern verziert ist.

Bru und Ta-oi

Zwei miteinander verwandte Minoritäten hatten das Pech, nahe der Grenze zu Laos am 17. Breitengrad zu leben: die **Bru** (auch: Bru Van-Kieu), die heute rund 40 000 Menschen zählen, sowie die **Ta-oi**, deren Bevölkerung rund 26 000 Menschen umfasst. Die Bru waren von der Schlacht von Khe Sanh (s.S. 421) betroffen – zum einen als Flüchtlinge, zum anderen als Teil einer von amerikanischer Seite zusammengestellten Miliz –, während die Ta-oi unter anderem dazu beitrugen, dass der Ho-Chi-Minh-Pfad für die nordvietnamesische Armee offen blieb. In den schlimmsten Kriegsjahren flohen viele Angehörige dieser Minderheiten ins südliche Gebiet der E De oder über die Grenze nach Laos, und viele von ihnen kehrten niemals zurück. Diejenigen, die zurückkamen, mussten feststellen, dass sich Angehörige der Viet auf ihren besten Landflächen niedergelassen hatten – das Khe Sanh-Plateau wurde zu einer Neuen Wirtschaftszone erklärt, und beide Minderheiten wurden in Randgebiete abgedrängt.

Von beiden Gruppen hatten stets die Bru größeren Kontakt zur Außenwelt, da die alte Handelsroute Lao Bao durch ihr Territorium nach Laos führte. Die Häuser der Bru sind gewöhnlich an ihrer rundlichen Form zu erkennen, die an eine Schildkröte erinnert, und mitunter sind sie an der Vorder- und Rückseite mit geschnitzten Vögeln oder Wasserbüffelhörnern verziert. Beide Gruppen sind patrilinear ausgerichtet, praktizieren Brandrodungsfeldbau und huldigen zahlreichen Geistern, doch auch der Ahnenkult spielt in ihren Glaubenssystemen eine zentrale Rolle.

Minoritäten in den südlichen Tieflandgebieten

Als die Viet in die Küstenebenen und ins Mekong-Delta zogen, verdrängten sie zwei bedeutende ethnische Gruppen: die Cham und die Khmer. Bis zum 10. Jh. hatten mächtige Cham-Könige über den größten Teil von Südvietnam regiert (s.S. 82 und 316/317, Kasten). Heute leben schätzungsweise 100 000 **Cham** überwiegend an der

Die meisten Bergvölker Vietnams leben im hohen Norden

Thien Hau Pagode, Ho-Chi-Minh-Stadt

Religion im Farbenrausch: Cao Dai-Tempel und Di Lac, der zukünftige Buddha

Küste zwischen Phan Rang und Phan Thiet, an der Grenze zu Kambodscha rund um Chau Doc und in einer Minderzahl in Ho-Chi-Minh-Stadt. Die Küstenbewohner sind größtenteils nach wie vor Hinduisten, die Shiva verehren, und folgen den matrilinearen Traditionen ihrer Cham-Vorfahren. Ihren Lebensunterhalt bestreiten sie durch Ackerbau, Seidenweberei und Herstellung von Gold- und Silberschmuck. Die Gruppen an der kambodschanischen Grenze sind moslemisch und im Allgemeinen patrilinear ausgerichtet. Sie betreiben Fischfang in den Flüssen, Weberei und grenzüberschreitenden Handel, jedoch nur in geringem Maße Landwirtschaft. Im Großen und Ganzen haben die Cham den Lebensstil und die Kleidung der Vietnamesen übernommen, doch in den vergangenen Jahren erfolgte eine Wiederbelebung ihrer traditionellen Künste, und zwar vor allem in den Bereichen Tanz und Musik.

Die **Khmer** sind die ursprünglichen Bewohner des Mekong-Deltas und Kambodschas. Heute leben nur noch rund eine Million von ihnen im östlichen Delta unter vietnamesischer Herrschaft, und manche von ihnen kamen erst in den späten 70er Jahren – als Flüchtlinge vor dem brutalen Pol Pot-Regime in Kambodscha. Die Khmer-Bauern sind bekannt für ihre besonderen Fähigkeiten beim Bau von Bewässerungssystemen und beim Anbau von Nassreis – angeblich kultivieren sie fast 150 verschiedene Reissorten, die jeweils an die örtlichen Gegebenheiten angepasst sind. Traditionell lebten die Khmer in Pfahlbauten, die auf Erdwällen über fließendem Wasser stehen, doch heutzutage sind eher ebenerdig gebaute Häuser an Kanälen und Straßen die Regel. Noch immer aber sind die Pagoden ein charakteristisches Merkmal der Khmer-Dörfer – ihre hell gemusterten Dächer sind mit Darstellungen des heiligen Ahnendrachens, dem *neak*, verziert. Obwohl sich alte Glaubensvorstellungen gehalten haben, sind die Khmer seit dem späten 13. Jh. fromme Anhänger des Theravada-Buddhismus, wie er in Kambodscha, Laos und Thailand praktiziert wird. Die Handwerker produzieren feine Seidenstoffe und Korbwaren. Bewahrt haben die Khmer eine literarische Tradition, die auf satirischen Erzählungen, Sprichwörtern und Volksliedern beruht, und üblicherweise tragen sie noch heute ihre charakteristischen rotweißen Tücher.

Hoa und Viet Kieu

Ethnische Chinesen, die von den Vietnamesen **Hoa** genannt werden, bilden eine der größten Minderheiten des Landes. Ihre Bevölkerungszahl beträgt Schätzungen zufolge rund eine Million Menschen. Im gesamten Verlauf der Landesgeschichte sind Menschen vornehmlich aus dem Süden des nördlichen Nachbarlandes nach Vietnam eingewandert, und zwar als Verwaltungsbeamte, Kaufleute oder Flüchtlinge. Mitte des 17. Jhs. bewirkte der Sturz der Ming-Dynastie eine chinesische Auswanderungswelle nach Süden. Weitere große Wanderungsbewegungen erfolgten im 19. Jh. und zuletzt in den 40er Jahren. Bis ins frühe 19. Jh. wurden alle Hoa – auch solche mit gemischtem Blut – von den Viet als Chinesen betrachtet. Dann aber durften sie allmählich öffentliche Ämter bekleiden und wurden in die vietnamesische Gesellschaft integriert, sodass heute die meisten von ihnen die vietnamesische Staatsbürgerschaft besitzen. Dennoch sind die Hoa in gewisser Weise eine abgesonderte Gruppe, die in enger Gemeinschaft nach dem Vorbild ihrer chinesischen Urheimat lebt und die Bräuche ihrer angestammten Kultur pflegt (besonders die Sprache und die traditionellen Löwentänze). Die Hoa ließen sich hauptsächlich in städtischen Gebieten nieder und wurden vornehmlich erfolgreiche Kaufleute, Künstler und Unternehmer, die wichtige Rollen in der Wirtschaft spielten. 90% der Hoa leben heute in Südvietnam und dort vorwiegend in Cholon, doch kleinere Gruppen sind auch verstreut im Mekong-Delta und im zentralen Hochland anzutreffen.

Historisch hegten die Viet stets Argwohn gegen die Hoa, hauptsächlich weil diese kommerziell erfolgreich waren und enge Beziehungen zu China unterhielten. Als nach 1975 eine sozialistische Politik durchgesetzt wurde, erlitten die Hoa schwere Benachteiligungen, die schließlich sogar in antichinesischen Verfolgungen gipfelten. Die Spannungen verschärften sich noch, als chinesische Truppen 1979 nach Vietnam einmarschierten und Tausende Hoa das Land verließen, um Repressalien zu entgehen – sie bildeten die große Mehrheit der so genannten Boat People (s.S. 104/105, Kasten). Schätzungen zufolge floh damals nahezu ein Drittel der Hoa-Bevölkerung aus Vietnam. Viele fanden in Amerika, Australien und Frankreich eine neue Heimat, wo sie sich früheren Flüchtlingen anschlossen und zu **Viet Kieu** (Übersee-Vietnamesen) wurden, deren Zahl heute weltweit etwa zwei Millionen Menschen beträgt. In den vergangenen Jahren hat die vietnamesische Regierung es den Viet Kieu schrittweise einfacher gemacht, in die Heimat zurückzukehren oder aus dem Ausland Geld an daheimgebliebene Familienangehörige zu überweisen. Das Geld der Auslandsvietnamesen ist zu einer wichtigen Einkommensquelle für Einzelpersonen geworden und spielt besonders im Süden in zunehmendem Maße auch für die breitere Wirtschaft eine Rolle. Doch es überrascht nicht, dass die Haltung derjenigen, die in Vietnam durchgehalten haben, gegenüber den Viet Kieu ambivalent ist. Auch die Regierung zeigt Unsicherheiten im Umgang mit den Viet Kieu, deren Geld und Fachkenntnisse ihr willkommen sind, deren politische Einstellungen und verwestlichten Angewohnheiten sie jedoch ablehnt.

Musik und Theater

Das verbindende Element aller traditionellen Bühnenkünste Vietnams ist die Musik, insbesondere der Gesang *(hat)*, der die natürliche Erweiterung einer ohnehin musikalischen Sprache ist. Die Ursprünge der vietnamesischen Musik lassen sich bis zu den Bronzetrommeln und Flöten der Dong Son-Kultur (s.S. 454) und von dort noch weiter bis zum *dan da* genannten Lithophon (Steinxylophon), dem ältesten bekannten Musikinstrument überhaupt, zurückverfolgen. Unverkennbar sind die Einflüsse Chinas im Musiktheater und bei den Saiteninstrumenten, während Indien den Rhythmus, Modalimprovisationen und verschiedene Arten von Trommeln beisteuerte. Sehr viel später, vor allem im 19. Jh., wurden europäische Theater- und Musikelemente übernommen, und im 20. Jh. erhielt die Mehrzahl der vietnamesischen Musiker eine klassische westliche Ausbildung, die sich an osteuropäischen Komponisten wie Tschaikowsky und Prokofjew orientierte.

Über die Jahrhunderte haben vietnamesische Künstler aus diesem multikulturellen Schmelztiegel eine Vielzahl von Musik- und Theaterformen geschaffen, wobei der Tanz merkwürdigerweise weniger entwickelt blieb als im benachbarten Thailand, Kambodscha und Laos. Eine der originärsten Darstellungsformen und gleichzeitig Vietnams einzigartiger Beitrag zur Welt des Figurentheaters ist das Wasserpuppenspiel, bei dem die Puppenspieler den Zauber ihrer Kunst auf einer Bühne aus Wasser entfalten. Besonders reich ist die Volksmusik mit ihren improvisierten Liebesliedern und der durchdringenden, rituellen Musik, zu der die über fünfzig ethnischen Minderheiten ein jeweils eigenes Repertoire an Liedern und Instrumenten beigesteuert haben.

Traditionell wurde der Beruf des Künstlers weitervererbt, doch die Kriege und politischen Umwälzungen des 20. Jhs. haben den Verlust eines Großteils dieser vorwiegend mündlichen Tradition befördert. Viele Musiker und Schauspieler sind heute über 80 Jahre alt, und obgleich bestimmte Kunstformen immer noch neue Talente anlocken, ist die jüngere Generation doch mehr an besser bezahlten Berufen und vietnamesischer Popmusik interessiert. Nachdem das Jahr 1986 das allmähliche Ende der revolutionären („roten“) Musik einläutete, ist die vormals als „dekadent und reaktionär” verfemte Musik aus dem Süden aus der Zeit vor 1975 beliebter denn je, und auch einige Künstler aus anderen asiatischen und westlichen Ländern kann man heute in Vietnam hören.

Theater

Vietnams traditionelles Theater steht, bedingt durch den starken chinesischen Einfluss, der Oper näher als dem reinen Sprechtheater. Musikalische Begleitung und ein allseits bekanntes Liedrepertoire bilden integrale Bestandteile einer jeden Aufführung, deren Handlung und Charaktere dem Publikum im Übrigen ebenfalls bestens vertraut sind.

Vietnams älteste noch existierende Bühnenkunst **Hat Cheo** („Volksoper“) hat ihren Ursprung im Mündungsgebiet des Roten Flusses, wo sie mindestens seit dem 11. Jh. gepflegt worden sein soll. Legenden und Alltagsgeschehnisse, oftmals durch beißend satirische Darstellung verdeutlicht, bestimmen die Handlung. Für die musikalische Begleitung wird aus einem reichen Melodienfundus geschöpft. Obgleich die Bewegungen im Lauf der Jahrhunderte eine starke Stilisierung erfahren haben, lässt die freie Form des Cheo den Schauspielern breiten Raum für die Interpretation. Das Publikum wiederum drückt durch das Schlagen einer Trommel sein Vergnügen oder Missfallen hierüber aus. Cheo gilt als sozialkritisch und kann mittels der clownesken Überzeichnung die Handlung, das Publikum und aktuelle Ereignisse frei und ungehemmt kommentieren. Im 15. Jh. waren die Herrscher der Späten Ly-Dynastie darüber derart empört, dass sie Cheo vom Hof verbannten und die Künstler samt Nachfahren von öffentlichen Ämtern ausschlossen. Cheo hat dennoch überlebt und wurde 1964 durch die Gründung des Vietnam Cheo-Theaters, das mit der Aufgabe betraut wurde, diese alte Kunstform wiederzubeleben, offiziell anerkannt und gewürdigt. Heute wird Cheo als das vietnamesische Theater schlechthin beworben und an Hanois Hoan Kiem-See allabendlich für Touristen aufgeführt. Hingegen ist das Interesse an Cheo unter Vietnamesen selbst eher rückläufig, obwohl neuere Werke versuchen, mit aktuellen Themen ein breiteres Publikum zu erreichen.

Hat Tuong (auch bekannt als Hat Boi oder Hat Bo) kam vermutlich im 13. Jh. aus China ins Land und hat sich aus der klassischen chinesischen Oper entwickelt. Ursprünglich diente diese Form des Theaters der Unterhaltung am Hofe, bevor sie ins Repertoire von Wandertruppen Eingang fand. Den Stoff für die Handlung liefern meist historische Ereignisse und Epen, die sich um solch konfuzianische Prinzipien wie den Gehorsam von Kindern gegenüber ihren Eltern oder die Beziehung zwischen Monarchen und ihren Untertanen drehen. Wie Cheo folgt auch Tuong streng formalen Regeln, anhand derer die verschiedenen Charaktere durch Schminke und Kostüme sofort in ihrer jeweiligen Rolle erkennbar sind. Stimmungen und Bilder werden nicht durch Bühnenaufbauten und Requisiten erzeugt, sondern durch nuancenreiche Gestik und überlieferte Musik vermittelt, mit der das Publikum bestens vertraut ist – und die es im Falle einer schlechter Darbietung auch nicht zögert zu kritisieren. Unter den noch existierenden Tuong-Ensembles zählt das des Vietnam Tuong-Theaters in Hanoi zu den produktivsten.

Während Tuong-Aufführungen heute vergleichsweise rar und daher schwer ausfindig zu machen sind, weist ein Erdnussverkäufer vor einem großen Gebäude nicht selten den Weg zu einer Darbietung von **Hat Cai Luong** („Erneuertes Theater“) im Innern. Cai Luong entstand im frühen 20. Jh. in Südvietnam und weist in den Sprechpassagen Einflüsse des französischen Theaters bei gleichzeitig kurzen Szenen und relativ üppiger Ausstattung auf. Geboten wird eine Mischung aus historischen Stoffen (wie z.B. *Das Mädchen Kieu)* und anrüchigeren Geschichten (Mord, Drogen, Inzest, Raub und Vergeltung). Ähnlich vielseitig ist die Begleitmusik, deren Bandbreite von Kammermusik aus dem 18. Jh., gespielt auf elektronisch verstärkten traditionellen Instrumenten, als Untermalung der Szenen bis hin zu Klängen von E-Gitarren, Keyboards und Schlagzeug während der Pausen zwischen den Szenen reicht. Dank solch moderner Mittel ist Cai Luong höchst anpassungsfähig und konnte mit dem sozialen Wandel Vietnams entsprechend Schritt halten.

Über die Entstehungsgeschichte des **Wasserpuppenspiels,** *mua roi nuoc*, ist nicht viel mehr bekannt, als dass der Ursprung wohl in den überfluteten Reisfeldern im Delta des Roten Flusses lag und dass diese Kunst meist im weniger arbeitsintensiven Frühjahr zur Aufführung kam. Das älteste belegte Zeugnis ist eine Stele aus dem Jahr 1121 n.Chr. in der Provinz Ha Nam, die darauf schließen lässt, dass das Wasserpuppenspiel zu jener Zeit bereits ein fester Bestandteil höfischer Kultur war.

Die Kunst des Wasserpuppenspiels war traditionell ein sorgsam gehütetes Geheimnis, das vom Vater an den Sohn weitergegeben wurde. Frauen war es aus Furcht, sie könnten diesen Schatz womöglich anderen Familienmitgliedern enthüllen, nicht erlaubt, die Technik zu erlernen. Derart beschränkt hatte diese Kunstform im Laufe der Zeit schon fast das Zeitliche gesegnet, als sich zu guter Letzt die französische Organisation *Maison des Cultures du Monde* einschaltete und in den Jahren nach 1984 dazu beitrug, dass Vietnams Puppenspieler mit neuen Puppen und entstaubten, modern inszenierten Programmen in ausländischen Hauptstädten umjubelte Gastauftritte feiern konnten. Heute wird dieser Kunst in täglichen Vorführungen in Hanoi und Ho-Chi-Minh-Stadt wieder gebührend Rechnung getragen. Kamen früher nur Gongs und Trommeln zum Einsatz, um die Stimmung der jeweiligen Szene zu vermitteln, so umfassen die Theatergruppen heute größere, dem Hat Cheo ähnliche Ensembles, die auch Zithern und Flöten verwenden. Auch der Gesang ist dem Cheo-Repertoire entlehnt, insbesondere der deklamierende Sprechgesang und bekannte Volkslieder. Überdies ist der eigentlichen Puppenvorstellung häufig ein kurzes Programm mit traditioneller Musik vorangestellt.

Traditionelle Musik, Tanz und Gesang

Zu den ältesten vietnamesischen Liedtraditionen gehört **Quan Ho** („Wechselgesang"), eine Form, die im Mündungsgebiet des Roten Flusses und dort insbesondere in der Provinz Ha Bac verwurzelt ist und unter den ethnischen Minderheiten des Nordens bestimmte Parallelen aufweist. Diese ohne musikalische Begleitung auskommenden Lieder sind meist im Frühjahr zu hören, wenn junge Männer und Frauen einander im Wechsel improvisierte Texte zusingen. Quan Ho kam traditionell im Ritual der Liebeswerbung eine gewichtige Rolle zu. Je nachdem wie wortgewandt das Schmeicheln oder Necken des umworbenen Partners vorgetragen wird, erhält die Darbietung den Applaus der Zuhörerschaft, wobei sich der größte Beifall mit zunehmender Schlüpfrigkeit einstellt.

In Nord- und Zentralvietnam ist **Hat Chau Van** verbreitet, eine tradierte Ritualmusik zur Beschwörung von Geistern während einer Trancezeremonie. Statuen aus einem Pantheon von Göttinnen werden hierfür in Schreine gestellt, die der Muttergöttin Thanh Mau geweiht sind, welche sowohl in buddhistischen Pagoden als auch in Dorftempeln zu finden ist. Während hypnotisierend rhythmische Musik gespielt wird (wobei es sich um einen oder mehrere weibliche oder männliche Musiker handeln kann), gelangt ein Medium in einen Trancezustand und wird von einer zuvor ausgewählten Gottheit in Besitz genommen. Aufgrund der antireligiösen Haltung der vietnamesischen Regierung bis 1986 mussten diese Zeremonien im Geheimen stattfinden, wenngleich einige Teile auch für das staatlich geförderte Cheo-Theater übernommen wurden. Derzeit wird Chau Van von älteren Eingeweihten in seiner ursprünglichen religiösen Form wiederbelebt und von Neureichen unterstützt, die sich Fürsprache bei den Göttinnen und deren Schutz für ihre geschäftlichen Interessen erhoffen.

Obwohl die Liedtradition des **Ca Tru**, auch Hat A Dao genannt, bereits viele Jahrhunderte zurückreicht, kam diese Form erst im 15. Jh. so richtig in Mode, als die Vietnamesen ihre Unabhängigkeit von China wiedererlangten. Der Legende nach betörte eine wunderschöne junge Sängerin namens A Dao den Feind mit ihren Liedern über die herrliche Landschaft und das Leben in den Dörfern dermaßen, dass die von ihrer Stimme faszinierten und zum Trinken ermunterten Soldaten irgendwann so berauscht waren, dass sie in den Fluss geworfen werden konnten und ertranken. Häufig sind die Texte der traditionell von einer Frau vorgetragenen Ca Tru-Lieder berühmten Gedichten entlehnt. Die Sängerin spielt darüber hinaus auf einem Schlaginstrument aus Bambus und wird von einer dreisaitigen Laute *(dan day)* sowie einer Trommel begleitet. Sie muss ferner eine ganze Reihe von Gesangsstilen beherrschen, die sich durch eine eigene Rhythmik unterscheiden. Dieses komplexe Genre hat in Hanoi in den vergangenen Jahren eine Art Renaissance erlebt, während Touristen in Hué Beispiele der eng verwandten Liedtradition **Ca Hué** auf Sampans auf dem Parfümfluss dargeboten werden (s.S. 399/400).

Die traditionelle Begleitmusik für das Cai Luong-Theater entstand im Hué des 18. Jhs. Als reine Kammermusik ohne Gesang ist sie unter dem Namen **Nhac Tai Tu** („anspruchsvolle Kammermusik von Amateuren") bekannt und eines der schönsten, aber auch schwierigsten Musikgenres Vietnams. Basierend auf einem musikalischen Grundskelett wird den Musikern eine beachtliche Improvisationsfreiheit zugestanden. Dabei müssen sie, fast wie in einem Wettstreit, schnell denken und reagieren, und lassen auf diese Weise unabhängige, schwungvolle Rhythmen entstehen, die durchaus unbändige Züge annehmen können. Obgleich Tai Tu in der modernen Konservatoriumsausbildung keine Berücksichtigung findet, entdecken immer mehr junge Musiker den Reiz dieser interessantesten Spielart der vietnamesischen Musik und wollen sie erlernen.

Im Hué der Nguyen-Kaiser gelangte auch die **höfische Musik- und Tanzkultur** zu ihrer höchsten Blüte. Diese zeremoniellen Tänze hatten ihren Ursprung wiederum in der höfischen Tradition Chinas und wurden nach einem höchst komplizierten, ihrem Anlass entsprechenden System klassifiziert. Es gab z.B. rituelle, für Tempel und Pagoden bestimmte Tänze, andere für Festlichkeiten und unterschiedliche zivile oder militärische Anlässe; wieder andere begleiteten Jahres- und Geburtstage usw. Als der Kaiserhof im 20. Jh. unter europäischen Einfluss geriet, schwanden das Interesse an dieser Musik und die Gelegenheiten zu deren Darbietung. Erst in den späten 80er Jahren strengten die Provinzbehörden mit Unterstützung der UNESCO eine Wiederbelebung an. Hués früheres Königliches Theater ist inzwischen renoviert und dient gelegentlich als Aufführungsstätte höfischer Tänze, die von Studenten der örtlichen Kunsthochschule dargeboten werden.

Traditionelle Instrumente

Grundlage aller vietnamesischer Musik ist die menschliche Stimme und die ihr innewohnende Melodik, und die meisten Instrumente sind bis zu einem gewissen Grad so konstruiert, dass sie die stimmlichen Eigenheiten widerspiegeln: zarte Modulationen, melodische Ausschmückungen und feinste Nuancierung. Gemäß der klassischen konfuzianischen Musiktheorie werden die Instrumente in acht **Klangkategorien** eingeteilt: Seide, Stein, Fell, Ton, Metall, Luft, Holz und Bambus. Des Weiteren gibt es fünf, heute allerdings kaum noch streng befolgte Zeiten, zu denen nicht gespielt werden darf: bei Sonnenuntergang, während eines Sturms, bei nachlässiger Vorbereitung, in unangemessener Kleidung und vor unaufmerksamen Zuhörern.

Viele **Saiteninstrumente**, für deren Bespannung inzwischen Stahl, Darm oder Nylon zum Einsatz kommt, hatten ursprünglich Saiten aus Seide, die heute mehr aus akustischen denn aus ökologischen Gründen keine Verwendung mehr finden. Das berühmteste der vietnamesischen Instrumente, und zudem nur dort zu finden, ist die einsaitige **dan bau** (oder *dan doc huyen),* eine raffinierte Erfindung, mit der sich die Tonmodulation der menschlichen Stimme besonders gut nachahmen lässt. Über einen lang gestreckten Klangkörper wird hierfür eine Saite (ursprünglich aus Seide, die man einer noch lebendigen Raupe entriss) gespannt und an einem Ende verankert. Das andere Saitenende wird an einem biegsamen Pflock aus Büffelhorn befestigt, so dass die Spannung der Saite verändert werden kann. Mit Hilfe eines Plektrons wird die Saite dann an ihren Schwingungsknoten gezupft und kann eine über drei Oktaven reichende, gleitende Tonskala erzeugt werden. Weitere „seidenbespannte" Instrumente sind die *dan nguyet* genannte, runde Laute, die 16-saitige Zither *dan tranh,* die zweisaitige Fidel *dan nhi,* bei der der Bogen zwischen den Saiten geführt wird, die dreisaitige Langhalslaute *dan day,* die als Begleitung für Ca Tru-Lieder gespielt wird und ebenfalls nur in Vietnam zu finden ist, und die *dan luc huyen cam*, eine herkömmliche Gitarre mit einem gewellten Griffbrett, um ein noch breiteres Tonspektrum erzeugen zu können.

Das älteste Instrument der Welt ist das *dan da,* ein **Lithophon**, das aus sechs oder mehr Steinplatten besteht, auf die mit schweren Holzschlegeln geschlagen wird. Bei mehreren entdeckten Instrumenten wurde festgestellt, dass ihre Platten aus einem bestimmten Steinbruch im zentralen Hochland stammen, dessen Steine die besten Klangeigenschaften besitzen. Das älteste *dan da* befindet sich heute in Paris, ein identisches gibt es jedoch in Ho-Chi-Minh-Stadt.

Verschiedene Arten von virtuos gespielten **Trommeln** *(trong)* sind in der vietnamesischen Musik ebenfalls vertreten. Einige stammen aus China, andere sind mit den Cham aus Indien ins Land gekommen, darunter die zweifellige „Reistrommel" *(trong com),* die sich aus der indischen *mridangam* entwickelt hat und deren Name auf die Paste aus gekochtem Reis zurückgeht, die als dünne Schicht auf jede Membran aufgetragen wird.

Als Instrumente aus Ton finden insbesondere in der Kammermusik Hués vier fingerhutgroße Teeschalen als **Schlaginstrumente** Verwendung. Besondere Erwähnung in der Kategorie Metall verdienen die *sinh tien* genannten, einzig in Vietnam vorkommenden Münzklappern, die in sich ein Schrapinstrument, eine Holzklapper und ein Sistrum aus alten Münzen vereinen. Bronzene Gongs gibt es vereinzelt in der Musik ethnischer Minderheiten, ansonsten ist Vietnam jedoch das einzige südostasiatische Land, das auf gestimmte Gongs wie in der Gamelan-Musik verzichtet.

Holz und Bambus liefern das Material für eine ganze Reihe von **Blasinstrumenten**, darunter zahlreiche Quer- und Längsflöten, die in Volksliedern und als Begleitung lyrischer Vorträge zum Einsatz kommen, und die *ken* genannte, mit einem doppelten Rohrblatt ausgestattete Oboenart, die in Asien weit verbreitet ist und bei Begräbnisprozessionen und anderen feierlichen Zeremonien unter freiem Himmel gespielt wird. Oftmals baumeln vom Mundstück des *ken*-Spielers fünf dünne Knochen herab, die die zarten Finger einer jungen Frau symbolisieren sollen und gleichzeitig das zum Spielen erforderliche, dem Anlass nicht unbedingt angemessene „Grinsen" verbergen. Unter dem Namen *song lang* firmiert eine **Schlitztrommel**, die mit dem Fuß gespielt wird und den Takt bei Tai Tu-Kammermusik vorgibt. Das *k'long put* wiederum besteht aus einer Anordnung von Bambusrohren und ist das einzige Schlaginstrument, dass nicht durch direkte Berührung sondern durch Schlagen vor den Bambusrohren in Schwingung versetzt wird. Aus derselben Volksmusiktradition stammt das *t'rung*, eine Art Xylophon aus einer Leiter gestimmter Bambusrohre.

Moderne Volksmusik

Wer während des Neujahrsfestes Tet den Fernseher anschaltet, wird unweigerlich mit dem staatlich gepflegten Bild traditioneller vietnamesischer Musik konfrontiert, d.h. mit farbenfroh kostümierten Tänzern, Musikern und Sängern, aus deren Gesichtern das fröhliche Lächeln des glückseligen Arbeiterlebens strahlt. Pompöse Arrangements allseits bekannter Melodien aus dem ganzen Land, darunter auch der eine oder andere musikalische Beitrag einer ethnischen Minderheit, erhalten mit aufwendigen Hutkreationen und Bambusklaviaturen zusätzlichen Pep und fügen sich zur so genannten **Modernisierten Volksmusik** *(Nhac Dan Toc Cai Bien)* zusammen. Das Prädikat „traditionell" trägt diese choreografierte Art der Unterhaltung erst seit 1956, als das Musikkonservatorium Hanoi gegründet und eine gezielte „Verbesserung" in der Vermittlung der Volksmusik angestrengt wurde.

Es war das erste Mal in der vietnamesischen Musikgeschichte, dass Musik nach westlicher Notenschrift erlernt wurde (und dabei das Improvisationstalent in dem Maße verkümmerte, in dem immer mehr große Orchester Einzug hielten) und dass Dirigenten engagiert wurden. Die acht traditionellen Modi erfuhren eine Anpassung an westliche Harmonievorstellungen, während man bizarre neue Instrumente erfand, um Basstonlagen umsetzen zu können und die Akkorde in den vergrößerten Orchestern zu füllen. Unter der Prämisse, die traditionelle Musik durch „Weiterentwicklung des Erbes" zu erhalten, übernahmen Schulen die Rollen von Familien und Lehrmeistern, die das musikalische Kulturgut bis dahin mündlich weitergegeben hatten.

Ein neues musikalisches Genre war geboren, und ausgebildete Konservatoriumsabsolventen haben es seither und mit Hilfe von Musikwettbewerben und staatlich geförderten Auftritten im Fernsehen, Radio und sogar in den Lobbys nobler Hotels ins ganze Land getragen. Der neue Korpus der Musik- und Liedarrangements ist zum Symbol nationalen Stolzes und wissenschaftlichen Fortschritts geworden, wobei Volkslieder, Melodien der ethnischen Minderheiten, Mozart und chinesische Weisen gleichermaßen die Feder des Arrangeurs inspirieren. Sehr zum Leid der wenigen noch traditionell arbeitenden Musiker außerhalb dieses Systems ist diese Art von Volksmusik das in der Öffentlichkeit vorherrschende Klangmodell.

Die moderne Volksmusik ist unterhaltsam und eingängig, wenngleich mit dem Risiko zur Protzigkeit behaftet. In ihrer schönsten Spielart ist sie ein buntes Kaleidoskop einer lebendigen neuen Kunstform. Unter dem Namen **Phu Dong** firmiert seit 1981 eine von Duc Loi geleitete Perkussionsgruppe, deren Mitglieder – sechs Brüder einer Familie und eine Schwägerin – eine Zeit lang im Hochland verbrachten, um sich mit Instrumenten verschiedener ethnischer Minderheiten vertraut zu machen. Spezielle Techniken wie Zirkularatmung sowie eine unglaubliche Virtuosität sind nur zwei Charakteristika dieser einzigartigen Formation, deren Instrumente wie ein Zoo mutierten Bambus anmuten. Am beeindruckendsten ist jedoch ihr meisterhafter Umgang mit dem Lithophon *(dan da)*, einer Replik der echten, 6000 Jahre alten Steinmarimba.

Mit 4000 Aufnahmen ist in den vergangenen 60 Jahren jede Menge vietnamesischer Volksmusik konserviert worden, allerdings werden diese in den Gewölben einer umfunktionierten Pagode in Hanoi aufbewahrt und sind normalem Publikum nicht zugänglich. Noch stauben die Bänder in unkatalogisiertem Dämmerschlaf weiter ein, doch hilft inzwischen der in New York ansässige Asian Cultural Council bei der Sichtung. Nachdem man heute den Wert dieser verlorenen Traditionen als nationales Kulturgut erkannt hat, können sie unter der Bedingung, dass keine Kopien angefertigt werden, für Forschungszwecke studiert werden – zu groß ist die Furcht, jemand könnte eine Menge Geld aus ihrer Veröffentlichung im Ausland schlagen oder ihre technische Qualität sei verglichen mit modernen CDs peinlich. Immerhin hat man nun damit begonnen, Feldaufnahmen des noch existierenden Materials neu einzuspielen, was aber natürlich den fortschreitenden Verfall des Archivs nicht aufhalten kann.

Vietnamesischer Pop

Sie strampeln mit dem Fahrrad von Gig zu Gig oder lassen sich, wenn sie berühmt sind, auf einer Honda Dream kutschieren: die Popsänger von Ho-Chi-Minh-Stadt. Aus dem Straßenverkehr entlassen parken sie ihr zweirädriges Gefährt, sitzen hinter einem Baum nahe der Bühne und warten auf ihren Auftritt, während sie sorgsam ihren zerknitterten Ao Dai oder ihren Anzug glatt streichen. Wer sich an nur einem Abend einen Überblick über die aktuelle Musikszene verschaffen möchte, hat die Auswahl unter zahlreichen Cafés, Bars und Hotels, in denen Live-Bands spielen. Einer nach dem anderen treten dort die Künstler auf, singen ein Lied (wenn sie bekannter sind auch zwei – ein langsames und ein schnelles), um alsdann zum nächsten Veranstaltungsort zu tingeln.

Die Liste vorgeblicher Popstars in Vietnam ist lang, und mitunter fällt es schwer, einen klaren Unterschied zwischen mittelmäßigem Karaoke-Geträller auf CD und großen kommerziellen Musikveröffentlichungen zu entdecken. Das Gros des vietnamesischen Pop fällt unter die Kategorie leichter, eingängiger Pop-Rock mit Hang zur Schnulze. Fast alle Komponisten des Landes haben sich schon einmal an einem Popsong versucht, doch nur drei können wirkliche Karrieren in diesem Genre vorweisen: **Van Cao** (der auch die Nationalhymne komponiert hat), **Pham Duy** (inzwischen über 80 schreibt er heute in seinem sicheren, fernab gelegenen Domizil in Kalifornien spitze politische Lieder) und **Trinh Cong Son** (dessen Wein, Weib und Gesang gewidmetes Leben 2001 endete). Joan Baez nannte ihn einst nicht zu Unrecht den „vietnamesischen Bob Dylan": Seine Melodien sind eingängig und seine Texte geradeheraus. Die ersten Kompositionen entstanden, als er sich dem Militärdienst durch Untertauchen entzog. Als sein Album *Lullaby* 1969 in Japan mehr als zwei Millionen Mal verkauft wurde, verbot die südvietnamesische Regierung sein Werk, dessen Texte sie als zu demoralisierend empfand, und selbst die neue Regierung schickte ihn zunächst einmal zur Feldarbeit aufs Land. Ab 1979 lebte er in Ho-Chi-Minh-Stadt, wo er malte und entpolitisierte Ohrwürmer über die Liebe und die Naturwunder Vietnams schrieb. Mehr als 600 Lieder stammen aus seiner Feder.

Es gibt zwei große Produktionszentren für vietnamesischen Pop: **Ho-Chi-Minh-Stadt** und Südkalifornien. Die Musiker im Land besitzen den Vorteil, nahe der inspirativen Quelle der Volksmusik zu sein (Arrangements traditioneller Ca Tru- und Chau Van-Lieder sind derzeit höchst angesagt), während die junge Generation eine fundierte Gesangsausbildung am Konservatorium genießen kann (was sich in den letzten Jahren in einer enormen Verbesserung der Gesangstechnik niedergeschlagen hat). Zu den bedeutenden Sängern zählen Tran Thu Ha, My Linh, Phuong Thanh, Bang Kieu, Lam Truong und Thanh Lam.

Im Orange County in **Kalifornien** ist die Szene umtriebig, bringt aber derzeit nicht viel Neues. Die Stars von gestern und heute sind: Khanh Ha, Don Ho, Lam Nhat Tien, Nhu Quynh, Y Lan, Khanh Ly, Tuan Ngoc. Viel versprechend ist daneben der noch junge Tran Thai Hoa.

Die allenthalben präsenten Pop-Rock-Bands umfassen einen Sänger oder eine Sängerin (dem oder der neben dem Gesang auch die Ausführung eines zurückhaltenden tänzerischen Repertoires obliegt), eine Bassgitarre sowie ein bis zwei elektronische Keyboards, die ungeachtet ihres künstlichen Klangs im ganzen Land als geniale Arbeitserleichterung gepriesen werden. In ländlichen Gegenden ohne Strom nimmt man einfach Batterien für den Betrieb dieser Tasteninstrumente und drückt munter auf all jene Rhythmusknöpfe für Rumba, Tango, Bossa Nova und Surf-Rock usw., die andernorts nur höchst selten zum Einsatz kommen. Das Flatterecho des Sängermikrofons ist Absicht; ohne es würde sich das Ganze angeblich „unprofessionell" anhören. Jeden Abend, wenn der Verkehrslärm abebbt, vermischt sich das lärmende Klagen benachbarter Karaokebars zu einem geisterhaften Echo einsamer Popsänger, das aus einer anderen Dimension widerzuhallen scheint.

Heavy Metal und andere den Blutdruck steigernde Musikstile erfreuen sich bei der breiten Masse keiner großen Beliebtheit, hingegen finden die Einflüsse des Asia-Pop zunehmend Eingang in den vietnamesischen Pop. Nachdem die Boyband *BBMak* das Land im Sturm erobert hat, sind derzeit **Gesangsgruppen** überaus angesagt. Inzwischen gibt es auch schon vergleichbare Girl Groups, die ebenfalls die Kunst des synchronen Hüftschwungs beherrschen.

Natur und Umwelt

Vietnam besitzt eine vielfältige Flora und Fauna mit einer bemerkenswert großen Zahl an Vogel- und Primatenspezies. Aktuellen Schätzungen zufolge beherbergt das Land 12 000 Pflanzen-, 280 Säugetier-, 770 Vogel-, 130 Reptilien-, 80 Amphibien- und ca. 2500 Fischarten, wobei abgelegene Gegenden noch nicht einmal vollständig erforscht sind. In den vergangenen Jahren haben die in den Wäldern an der Grenze zu Laos entdeckten Säugetier- und Vogelarten unter Naturwissenschaftlern für wahre Sensationen gesorgt.

Die Entfaltung einer solchen Artenfülle ist vor allem den unterschiedlichen Lebensräumen Vietnams zu verdanken, die von subalpinen Bergen im Norden bis zu Mangrovensümpfen im Mekong-Delta im Süden reichen und ein Gebiet umfassen, das zu drei Vierteln aus Bergen besteht, eine 3200 km lange Küste besitzt und sich über 16 Längengrade der Weltkugel erstreckt. Doch auch die Liste der bedrohten Tierarten ist lang und zählt 40 Säugetier- sowie 37 Vogelarten, deren Gebiete immer stärker durch die wachsende Bevölkerung, großflächige Abholzung und Umweltverschmutzung eingeschränkt werden, insbesondere entlang der Küste. Zu den größten ökologischen Herausforderungen des Landes gehört daher der Schutz der rapide schwindenden Waldgebiete durch umweltverträgliche Nutzungsregelungen. Immerhin, so scheint es, hat die Regierung endlich den Wert der mannigfaltigen Natur Vietnams und die Notwendigkeit rascher Schutzmaßnahmen erkannt.

Krieg gegen die Umwelt

Während des Vietnamkriegs wurde mit Blick auf die Massen an Pflanzengift, die die Amerikaner aus der Luft herabregnen ließen, um die Vietcong aus ihren Verstecken unter dem dichten Blätterdach der Wälder zu treiben und ihre Ernten auf den Feldern zu vernichten, der Begriff **Ökozid** geprägt. Das berüchtigtste der eingesetzten, nach Farbe ihrer Aufbewahrungsbehälter benannten Entlaubungsgifte war **Agent Orange**, gefolgt von einer blauen und einer weißen Variante. Ihnen allen gemein war das enthaltene **Dioxin**, ein sich nur langsam auflösendes Gift, das in der Umwelt eine Halbwertszeit von acht bis zehn Jahren besitzt, im menschlichen Gewebe jedoch wesentlich länger gespeichert wird. Schätzungen gehen von mehr als 40 Mill. Litern Gift aus, die zwischen 1962 und 1970 von amerikanischen Flugzeugen aus über den Wäldern und Mangrovensümpfen Südvietnams und der Entmilitarisierten Zone versprüht wurden. Die Angaben variieren, doch waren es zwischen 20 und 40% des Südens, die die Amerikaner mindestens einmal, in einigen Fällen auch mehrmals, besprühten, wobei sie etwa ein Viertel des Waldwuchses vernichteten.

Die zerstörerischsten Folgen für die Umwelt trafen die **Mangrovenwälder**, die besonders empfindlich auf Entlaubungsmittel reagieren. Für die Guerillas waren die Mangroven nicht nur als schützender Unterschlupf und als Brennholz-Lieferant von Wert, die jungen, salzwasserfreien Triebe versorgten sie, wenn gekaut, zudem mit überlebensnotwendigem, frischem Wasser. Fast die Hälfte aller Mangrovensümpfe und -wälder Vietnams fielen den Giften zum Opfer. Da Mangroven sich nicht von allein regenerieren, müssen sie von Hand neu gepflanzt werden – ein mühseliges und langwieriges Unterfangen, das nur selten den gewünschten Erfolg bringt. In anderen Regionen gingen weite Waldgebiete und mit ihnen die dort beheimateten Tiere zugrunde, während die **Vernichtung der Feldfrüchte** die einheimische Bevölkerung an Unterernährung leiden oder schlichtweg verhungern ließ. Anfänglich waren Bambus und Gräser die einzigen Pflanzen, die auf den sonnenverbrannten, von den chemischen Substanzen verseuchten Böden gediehen. Erst in jüngerer Vergangenheit zeigen Anstrengungen zur Wiederaufforstung erste Erfolge, doch noch immer wüten regelmäßig während der Trockenzeit Feuer in den toten Wäldern und auf den verdorrten Grasflächen, und wird mit den nachfolgenden Monsunregen der frei gelegte Mutterboden fortgeschwemmt.

Die Herbizide zogen aber auch bei amerikanischen und vietnamesischen **Soldaten** sowie bei **Dorfbewohnern**, die im Sprühnebel gefangen waren oder die Dioxine über die Nahrungskette oder das Trinkwasser aufnahmen, schwerwiegende Folgen nach sich. Kinder und ältere Menschen waren am stärksten betroffen: Einige starben binnen kürzester Zeit an den Giften, bei anderen stellten sich Atemwegserkrankungen, Hautallergien und andere Leiden ein. Schon bald war klar, dass die Dioxine auch für die ungewöhnlich hohe Zahl an Fehlgeburten, Missbildungen bei Neugeborenen, neurologischen Störungen und Krebserkrankungen verantwortlich waren. Studien gehen von bis zu einer Million betroffenen Vietnamesen aus, von denen viele inzwischen eine kleine monatliche Rente von der Regierung ausgezahlt bekommen.

In der Hoffnung auf **Entschädigung** für die Opfer versuchen Ärzte des Tu Do-Krankenhauses in Ho-Chi-Minh-Stadt mit Unterstützung internationaler Experten seit Jahren, die amerikanische Regierung von der Verbindung zwischen den Entlaubungsgiften und den erwähnten medizinischen Indikationen zu überzeugen. Obwohl Hanoi offiziell noch nicht mit derlei Forderungen an die USA herangetreten ist, wurde das Thema bei verschiedenen bilateralen Gesprächen bereits erörtert und hat Amerika endlich eingewilligt, gemeinsam die Auswirkungen der Dioxine zu untersuchen. Kritiker bemängeln, dass für den ursächlichen Zusammenhang mehr als genug Beweise vorlägen und dass die amerikanische Regierung aus Furcht vor einer Flut von Gerichtsprozessen bewusst Zeit zu schinden versuche. Derweil haben auch amerikanische Kriegsveteranen, die mit den Dioxinen in Berührung kamen, um Wiedergutmachung gekämpft. 1984 konnte eine Gruppe ehemaliger Soldaten mit den Herstellern der Gifte eine außergerichtliche Einigung von fundamentaler Bedeutung erzielen. Zwar weigerte sich die US-Regierung, die Schuld anzuerkennen, in folgenden Gerichtsurteilen wurde sie jedoch gezwungen, das Chemieunternehmen finanziell zu entschädigen.

Neben dem Einsatz von Gift haben sich amerikanische und südvietnamesische Truppen auch speziell umgerüsteter **Planierraupen**, so genannter „römischer Pflüge", bedient, um breite Schneisen durch die Wälder zu schlagen. Diese Fahrzeuge waren in der Lage, drei Meter dicke Baumstämme problemlos durchzuschneiden, und wurden eingesetzt, um Hinterhalte am Straßenrand und an Flussufern platt zu walzen sowie nach den Sprüheinsätzen die Reste an Unterwuchs und Bäumen zu beseitigen. Und dann gab es noch die **Bomben** selbst: Geschätzte 13 Mill. Tonnen Sprengstoff wurden im Laufe des Krieges abgeworfen und hinterließen unfassbare 25 Mill. Einschlagkrater, die meisten davon im Süden. Abgesehen von ihrer grundsätzlichen zerstörerischen Kraft sorgten die Explosionen für eine solche Komprimierung des Bodens, dass ein Pflanzenwachstum unmöglich wurde, und die Napalmbomben ließen außerdem Waldbrände auflodern. Zu einer der dramatischsten Katastrophen für die Natur kam es, als 1968 der U Min-Wald an der Südspitze Vietnams sieben Wochen lang brannte und 85% des Baumbestands vernichtet wurden.

Mit Professor Vo Quy von der Universität Hanoi an ihrer Spitze haben vietnamesische Wissenschaftler seit Ende des Krieges **Wiederaufforstungsprogramme** initiiert, die allmählich selbst in die am schlimmsten betroffenen Regionen wieder Leben bringen. Um die tropischen Wälder gesunden zu lassen und einheimische Pflanzenarten unter einem schützenden Dach aus Eukalyptusbäumen und Akazien wieder anzusiedeln, musste ein unvergleichlicher Kraftakt geleistet werden. 1987 wurde die Rekordzahl von 500 Mill. neu gepflanzten Bäumen auf einem 160 000 ha großen Gebiet erreicht, und bis 2010 soll die Waldfläche auf mindestens 3 Mill. ha wachsen. Ein symbolträchtiger Erfolg einheimischer Naturschützer ist die **Rückkehr des Saruskranichs** in die so genannte Schilfebene (s.S. 221) nahe der Grenze zu Kambodscha. Diese stattliche, sich durch einen kunstvollen Werbungstanz auszeichnende Kranichart verließ ihre einstigen Nistplätze, als die Amerikaner die Feuchtgebiete trockenlegten und Pflanzengifte, gefolgt von Napalmbomben, auf das Gebiet niedergehen ließen, um die Vietcong-Soldaten aus den Sümpfen zu treiben. Nach dem Krieg wurden in dem Gebiet tausende landloser Bauern angesiedelt, die Kanäle für den Reisanbau und den Transport aushoben. Die sauren Böden erwiesen sich jedoch als schwierig zu bewirtschaften, und der Provinzgouverneur Muoi Nhe konnte einen Teil des Feuchtgebiets für den kommerziellen Anbau von Melaleucas (Teebäumen) und als natürlichen Lebensraum zurückgewinnen. Die ersten Saruskraniche tauchten 1986 wieder auf, und danach wurde das Vogelschutzgebiet Tam Nong (s.S. 222) für diese und andere zurückkehrende Spezies eingerichtet. Obgleich ihre Population nach wie vor höchst verwundbar ist, überwintern in dem Feuchtgebiet inzwischen wieder ca. 1000 Saruskraniche.

Zerstörung nach dem Krieg

Schätzungen gehen von 2 Mill. ha vietnamesischen Waldes aus, die während des Vietnamkriegs infolge von Entlaubung, Napalmbränden und Bomben zerstört wurden. In den vergangenen 20 Jahren ging eine ebenso große Fläche durch **Abholzung**, landwirtschaftliche **Rodung**, Brennholzbeschaffung und wachsenden **Bevölkerungsdruck** verloren. Ursprünglich war die Landesfläche zu ca. 75% von Wald bedeckt, 1945 waren es noch 44%, heute sind es nicht einmal mehr 20%, und von diesen besteht nur noch ein verschwindend geringer Teil aus natürlich gewachsenem Primärwald. Trotz einiger der weltweit ehrgeizigsten Wiederaufforstungsprogramme schrumpft der Bestand weiter: Jedes Jahr werden 100 000–200 000 ha Wald gefällt oder durch Feuer zerstört, während die Anstrengungen zur Neubepflanzung maximal 150 000 ha pro Jahr retten können.

Die am schlimmsten betroffenen Gebiete sind die Berggegenden im Norden, die zentralvietnamesische Provinz Nghe An sowie die Umgebung von Plei Ku im zentralen Hochland. In diesen Regionen ist die **Bodenerosion** ein gravierendes Problem. Hinzu kommen landesweite **Überschwemmungen**, die infolge fortgesetzter Abholzung entlang der Wasserscheiden zunehmend dramatischer ausfallen. Immer rascher wird die Natur vieler seltener Harthölzer beraubt und können die empfindlichen Ökosysteme nicht mehr die Tiere versorgen, die in zusehends winzigere Ecken unberührten Dschungels abgedrängt werden. Ein Großteil der Schuld daran wird oftmals den ethnischen Minderheiten zugeschrieben, die traditionell Land für den Ackerbau roden und die Wälder als Beschaffungsquelle für Bau- und Brennholz nutzen. Steigender Druck durch wachsende Bevölkerungszahlen und der vermehrte Zuzug von Vietnamesen aus den Ebenen in die Bergregionen haben zwangsläufig zu einer Vergrößerung der Ackerflächen und einer Verkürzung der für die natürliche Regeneration erforderlichen Brachperioden geführt. Die Regierung hat daraufhin versucht, Formen sesshafter Landwirtschaft in der Umgebung fester Siedlungen zu fördern.

Die vielleicht größere Bedrohung der Wälder geht jedoch von dem höchst lukrativen und sowohl legal als auch illegal betriebenen **Holzhandel** aus. Durch Neuanpflanzungen hofft man, genügend Flächen für die wirtschaftliche Holznutzung zu schaffen und die verbliebenen Primärwälder zu schützen, doch eine Umsetzung ist angesichts mangelnder Ressourcen mit großen Schwierigkeiten behaftet. In jüngerer Vergangenheit hat die Regierung im Zuge neuer Umweltschutzkonzepte die Verwaltung und den Schutz der Wälder nicht ohne gewissen Erfolg an entsprechende Gemeinden übertragen. 1991 verkündete die vietnamesische Regierung ihre Absicht, bis zum Jahr 2010 die Schutzgebiete auf eine Fläche von 6 Mill. ha auszudehnen, 11 Mill. ha Wald für die Holzwirtschaft zu schaffen und den Anteil der Waldreservate wieder auf über 40% der Landesfläche wachsen zu lassen – ein ehrgeiziges Vorhaben, dessen Verwirklichung höchst fraglich ist.

Fauna

Kahlschlag in den Wäldern, Krieg, Umweltverschmutzung und wirtschaftliche Zwänge: Sie alle haben zum Verlust des natürlichen Lebensraums beigetragen und Vietnams einst immense Artenvielfalt schrumpfen lassen. Als Vietnam 1994 das **Washingtoner Artenschutzabkommen** (CITES) unterzeichnete und sich damit dem Verbot des Handels mit vom Aussterben bedrohten Tier- und Pflanzenarten anschloss, umfasste die Artenliste 365 dringend schutzbedürftige Tierarten. Neben dem Java-Rhinozeros, dem seltensten großen Säugetier der Erde, das heute nur noch fünf bis acht Exemplare zählt, gehören dazu nicht weniger als fünf der weltweit am stärksten bedrohten Primatenspezies, darunter der Goldschopf- oder Cat Ba-Langur und der Tonkin-Stumpfnasenaffe, die noch in kleinen abgelegenen Enklaven in den nordvietnamesischen Waldgebieten leben. Andere massiv gefährdete Arten sind der Indochina-Tiger und der Asiatische Elefant. Vietnam ist darüber hinaus die Heimat von ca. 770 Vogelarten und besitzt die weltweit größte Zahl endemischer Arten. Auch hier sind wiederum viele vom Aussterben bedroht, u.a. der Vietnam-Fasan, von dem nur noch vereinzelte Exemplare in den Wäldern von Ha Tinh leben.

Nach wie vor ist die **Jagd** eine bedeutende Einnahmequelle der Einheimischen, wie ein Gang über vietnamesische Märkte unzweifelhaft belegt. Tiere und Vögel sind aber nicht nur ihres Fleisches wegen begehrt, sondern auch um die Nachfrage nach Arzneimitteln und lebenden Exemplaren zu befriedigen – ein oftmals illegales (aber äußerst lukratives) Geschäft. Seit der Öffnung der Grenze zu China in den frühen 90er Jahren hat der **Schmuggel seltener Arten** zugenommen.

Naturschutz und Nationalparks Vietnam erkannte relativ früh die Notwendigkeit schützender Maßnahmen für die Natur und richtete 1962 den ersten Nationalpark ein, gefolgt von der Festschreibung einer nationalen Naturschutzpolitik im Jahr 1985. In der folgenden Liste haben wir die leicht zugänglichen und interessantesten Nationalparks zusammengestellt und mit Seitenverweisen zu den Kapiteln, in denen sie ausführlicher behandelt werden, versehen. Wer nicht viel Zeit in den Parks verbringen kann, wird mit Ausnahme von Vögeln, Insekten und Schmetterlingen wahrscheinlich nur wenige Tiere zu Gesicht bekommen, aber oft genug lohnt allein die dichte tropische Vegetation oder imposante Berglandschaft einen Besuch.

Ba Be (s.S. 562). 8000 ha großer Nationalpark (der auf 23 000 ha ausgedehnt werden soll) mit dem größten natürlichen See des Landes und einigen Exemplaren des sehr seltenen Tonkin-Stumpfnasenaffen. Touristische Einrichtungen gibt es nur in begrenztem Umfang, Bootsausflüge, Dschungelwanderungen sowie Übernachtungen in einem Dorf der Minderheiten sind jedoch möglich.

Bach Ma (s.S. 384). Der 22 000 ha große Park an der Klimagrenze zwischen den Tropenwäldern im Süden und der subtropischen Zone im Norden umfasst den üppigsten tropischen Regenwald Vietnams und beherbergt eine Vielzahl von Vogelarten, darunter seltene Fasane, sowie mehr als 1400 Pflanzenspezies. Mit seinem Netz an markierten Wanderrouten, Campingplätzen und Unterkünften ist der Park gut für den Tourismus erschlossen.

Cat Ba (s.S. 512). Mit einer Ausdehnung von nur 15 000 ha ist dieser Nationalpark zwar relativ klein, doch entfallen 5000 ha davon auf bedeutende Meeresreservate, zu denen auch Korallenriffe gehören. Die Kalksteininsel selbst birgt eine ganze Reihe unterschiedlicher Lebensräume, in denen zahlreiche Arzneipflanzen wachsen und eine fragile Population von Goldschopflanguren lebt. Besucher können den Park vom Ort Cat Ba aus zu Fuß oder mit dem Boot erreichen.

Cat Tien, Provinz Dong Nai (s.S. 269). Der 74 000 ha große Park sowie das benachbarte Cat Loc-Naturreservat sind vor allem für ihre kleine Population von Java-Nashörnern berühmt, die die einzige bekannte auf dem asiatischen Festland ist. Die Feuchtgebiete des Parks sind darüber hinaus ein Paradies für Wasservögel, darunter Weißflügelente und Wollhalsstorch, sowie für Waldvögel. Obgleich relativ nah bei Ho-Chi-Minh-Stadt gelegen, ist Cat Tien mit öffentlichen Verkehrsmitteln nur umständlich zu erreichen, zudem sind die touristischen Einrichtungen recht begrenzt.

Cuc Phuong (s.S. 438). Der 1962 gegründete und damit älteste Nationalpark Vietnams erstreckt sich in hügeligem Kalksteingelände nicht allzu weit von Hanoi. In dem 22 000 ha großen Park findet man einzigartige alte Bäume sowie ausgezeichnete Bedingungen für Vogelbeobachtungen und erhält die Gelegenheit, im dort angesiedelten Zentrum zur Rettung bedrohter Primaten einige der seltensten Affenarten zu sehen. Cuc Phuong gehört zu den am leichtesten zugänglichen Parks und bietet Wander- sowie Übernachtungsmöglichkeiten.

Yok Don (s.S. 289). Im ausgedehntesten Waldgebiet Vietnams ist an der Grenze zu Kambodscha dieser 115 000 ha große Park eingerichtet worden, der zu den artenreichsten in ganz Indochina zählt und u.a. seltene Indochinesische Tiger und Asiatische Elefanten beherbergt. Besucher können in Dörfern der Minderheiten übernachten oder zelten, angeboten werden außerdem Elefantenritte und Bootsausflüge.

Hinweis: Wer bereits laufende **Umweltschutzprogramme** in Vietnam unterstützen möchte, kann sich an eine der folgenden Organisationen wenden, die z.T. auch eine Mitarbeit an Projekten anbieten.

BirdLife International, Wellbrook Court, Girton Rd, Cambridge CB3 0NA, Großbritannien, ✆ 0044/1223/277318, 💻 www.birdlife.net; Exkursionsberichte werden von der Zweigstelle in Hanoi gern entgegengenommen: 11 Lane 167, Tay Son, Dong Da District, Hanoi, 💻 www.wing-wbsj.or.jp/~vietnam.

Frontier, 50-52 Rivington St, London EC2A 3QP, UK, ✆ 0044/20/76132422, 💻 www.frontierprojects.ac.uk.

WWF International, Avenue du Mont-Blanc, 1196 Gland, Schweiz, ✆ 0041/22/364 9111, 💻 panda.org.

Dazu zählt u.a. der Schwarze Kragenbär, dessen Gallenblase als Heilmittel gegen Fieber und Leberprobleme sehr gefragt ist und dessen Population durch skrupellose Jäger auf nur noch wenige Tiere im Norden dezimiert worden ist. Ähnlich erging es dem Asiatischen Elefanten, dessen Bestand von einst 2000 Tieren in den 70er Jahren auf heute weniger als 200 geschrumpft ist. Der Rückgang ist jedoch nicht nur eine Folge der teilweisen Zerstörung seines Lebensraums entlang der kambodschanischen Grenze, dazu beigetragen haben auch Wilderer, die nach 1975 die Jagd auf Elefanten aufnahmen, um an das kostbare Elfenbein zu gelangen. Naturschützer hoffen, zwei bis drei überlebensfähige Populationen in der Provinz Dak Lak erhalten zu können, wo gezähmte Elefanten bis heute als Transportmittel und Arbeitstiere zum Einsatz kommen.

Trotz all der Zerstörung gibt es im Landesinnern Vietnams noch erstaunlich große, **unberührte Gebiete**, insbesondere in den Truong Son-Bergen nördlich des Hai Van-Passes, in den südlichen Gegenden des zentralen Hochlands sowie im bewaldeten Tiefland des Mekong-Deltas. Diese abgelegenen Landstriche besitzen einen enormen Artenreichtum und haben in vergangenen Jahren **spektakuläre Entdeckungen** zutage gefördert, wobei längst noch nicht alle Gegenden erforscht sind. 1992 entdeckte Dr. John MacKinnon zusammen mit einem vietnamesischen Biologenteam im Vu Quang-Naturreservat, einem dicht bewachsenen Dschungel an der laotischen Grenze, eine der Wissenschaft bis dahin unbekannte Ochsenart, die inzwischen als Saola bekannt ist. Zwei Jahre später spürte man in derselben Region eine ebenfalls noch unbekannte Hirschart, den Riesenmuntjak, und eine neue Karpfenspezies auf, 1997 folgte eine kleinere Art des Muntjakhirsches und der Graue Kleideraffe, 1999 ein Streifenkaninchen, das mit dem inzwischen ausgestorbenen Sumatra-Kaninchen verwandt sein soll.

Größte Anstrengungen werden seither unternommen, um diese „biologische Goldmine“ und andere ähnlich bedeutende Gebiete sowohl in Vietnam als auch jenseits der Grenze in Laos zu schützen. Nach der Entdeckung des Saola wurde das Naturreservat komplett gesperrt, seine Grenzen auf fast 160 000 ha ausgeweitet und Pufferzonen sowie Verbindungskorridore zu den Schutzgebieten in Laos geschaffen. Bedingt durch unzureichend geschultes Personal und fehlende Mittel gilt es noch jede Menge Schwierigkeiten wie die grenzübergreifende Zusammenarbeit und eine effektive Bewachung des Gebietes zu bewältigen, vor allem im Hinblick auf Wilderei und illegale Abholzung. Gleichzeitig haben die Behörden damit begonnen, alternative Einnahme- und Nahrungsquellen für die in oder nahe dem Reservat lebenden Menschen zu finden sowie das Umweltbewusstsein zu stärken und dessen Bedeutung zu vermitteln. In einem vergleichbaren Projekt sind um die Nationalparks Yok Don und Ba ebenfalls spezielle **Schutzzonen** festgelegt worden, um im Rahmen eines auf fünf Jahre angelegten Programms Modelle für den dauerhaften Erhalt der Artenvielfalt zu erarbeiten. Die Regierung hat darüber hinaus in den vergangenen Jahren die Liste der Nationalparks und Naturreservate kontinuierlich erweitert. Hierzu gehört seit 2001 u.a. der 13 000 ha große Bai Tu Long-Nationalpark, der sich über die bewaldeten Kalksteininseln in der östlichen Ha Long-Bucht ausdehnt. Zusätzlichen Antrieb erhielten die Umweltschutzbemühungen, als im Jahr 2002 ein Mangrovenwald bei Can Gio im Mekong-Delta und der Cat Tien-Nationalpark als Vietnams erste Gebiete in das UNESCO-Programm „Mensch und Biosphäre“ aufgenommen wurden.

Verantwortungsvoller Tourismus

Die Zahl der Touristen in Vietnam ist in den letzten Jahren stark angestiegen, von lediglich 10 000 ausländischen Besuchern 1993 auf 2,6 Mill. im Jahre 2002. Hinzu kommen noch ungefähr 13 Mill. Vietnamesen, die jedes Jahr im eigenen Land Urlaub machen. Diese Entwicklung hat der vietnamesischen Wirtschaft zwar einen kräftigen Schub gegeben, doch daneben hat der Tourismus auch ernsthafte und potenziell zerstörerische Folgen für die Umwelt, Gesellschaft, Kultur und Wirtschaft des Landes.

In den vergangenen Jahren haben Touristen wie Reiseveranstalter ein gesteigertes Bewusstsein für die negativen Auswirkungen entwickelt, die der Tourismus haben kann. Doch allzu häufig sind die Begriffe **Öko-Tourismus** und **verantwortungsvoller Tourismus** nicht viel mehr als marktstrategische Schlagworte, auch wenn hinter ihnen das ernst gemeinte, aber auch ambitionierte Anliegen steckt, eine neue, „sanftere“ Form des Tourismus zu finden, die zur langfristigen Entwicklung der bereisten

Gegenden beiträgt, ohne deren traditionelle soziale und wirtschaftliche Strukturen oder die oftmals empfindliche Natur zu zerstören.

Der **Massentourismus** entdeckte Vietnam erst Mitte der 90er Jahre. Angesichts der bis heute rasant gestiegenen Zahl an Touristen und ihrer wichtigen Rolle als Einnahmequelle überrascht es nicht, dass die vietnamesische Regierung den Tourismus fördert. Ebenso wenig verwundert es allerdings, dass der kaum kontrollierte Massenansturm zu erheblichen Belastungen in einigen der schönsten Gegenden des Landes führt.

Um dem entgegenzuwirken, hat die Regierung vor kurzem eine Reihe von Gesetzen erlassen und Initiativen ergriffen, mit denen dem Schutz des nationalen Natur- und Kulturerbes besser Rechnung getragen werden soll. So haben z.B. die Behörden in **Hoi An** den Autoverkehr aus dem Stadtzentrum verbannt, die Errichtung weiterer Hotels untersagt und eine wettbewerbsbeschränkende Preisgestaltung eingeführt, um eine bessere Kontrolle der Touristenströme zu haben. Ein Teil der dadurch erzielten Einnahmen fließt in städtebauliche Modernisierungsprojekte wie z.B. die Renovierung alter Gebäude oder die Verlegung von Kabeln unter die Erde. Zu dem in der **Ha Long-Bucht** grassierenden Problem willkürlich errichteter Hotelbauten kommt noch die von einem nahen Kohlerevier und großen Hafen ausgehende Umweltverschmutzung. Die Sorge um die Zukunft dieses ausgewiesenen Weltkulturerbes hat diese Themen zumindest auf den Tisch gebracht und zur Erörterung alternativer Strategien angeregt. Mit finanzieller Hilfe aus Japan wird derzeit eine Umweltstudie zur Einschätzung verschiedener Entwicklungsprojekte in der Bucht durchgeführt.

Die kritischsten Gegenden jedoch sind die **Hochlandgebiete** Nord- und Zentralvietnams. Ihre einzigartige Natur, aber auch die Dörfer der ethnischen Minderheiten, locken immer größere Besuchermassen an. Der Touristenmagnet **Sa Pa** hat beispielsweise während der vergangenen zehn Jahre einen explosionsartigen Zuwachs an Hotels und Gästehäusern erlebt – von null vor 1991 auf nicht weniger als 80 im Jahr 2003 –, und auf dem berühmten Wochenendmarkt tummeln sich inzwischen mehr Touristen als Einheimische. Angesichts der ungewollten Aufmerksamkeit, die ihnen hier zuteil wird, und der aufdringlichen Kameras kommen viele Hochlandbewohner gar nicht mehr nach Sa Pa und ziehen inzwischen weniger leicht zu erreichende Märkte vor. Natürlich haben auch die Touristen begonnen, sich andernorts umzusehen, und dabei Bac Ha als neueste „Entdeckung“ vereinnahmt. Das Gros des angebotenen „Kunsthandwerks der Minderheiten“ wird in Wahrheit aus Hanoi angeliefert, und obwohl diese Waren der Hauptgrund für einen Besuch sind, profitieren die Minderheiten nur in sehr geringem Maße vom Tourismus; den Löwenanteil der Einnahmen streichen Kinh-Vietnamesen und ausländische Reiseunternehmen ein. In dem Gebiet scheint sogar das Geschäft mit dem Sex aufzukeimen, und es gibt erste Anzeichen für Kinderprostitution und Drogenkriminalität.

Die herrliche Lage und die Wandermöglichkeiten sorgen dafür, dass Sa Pa ein beliebtes Ziel bleibt, und wahrscheinlich wird die Umgebung sogar noch weiter erschlossen. Verschiedene unabhängige Organisationen versuchen inzwischen einen Weg zu finden, wie eine nachhaltige Entwicklung für die dortigen Gemeinden ermöglicht und gleichzeitig der Erhalt der kulturellen und biologischen Vielfalt gewährleistet werden kann. Die britische Umweltschutz- und -forschungsorganisation Frontier (s.S. 139) z.B. hat in ökologisch bedeutsamen Gebieten wie dem Nui Hoang Lien-Naturreservat nahe Sa Pa und dem Cat Ba-Nationalpark verschiedene Projekte auf die Beine gestellt. So haben Frontier-Mitarbeiter in Sa Pa ein Lehrprogramm zum Thema Umweltschutz für Schulen entwickelt, ein Handbuch für verantwortungsvollen Tourismus herausgegeben und den Einheimischen ein Konzept für den Gewinn bringenden Anbau und Verkauf von Arzneipflanzen an die Hand gegeben.

Auf **nationaler Ebene** will ein Projekt der Internationalen Union zum Schutz der Natur (IUCN) das Bewusstsein für umweltverträglichen Tourismus bei allen Beteiligten sensibilisieren, angefangen bei Parkwächtern über Tourveranstalter und Touristen bis hin zu Regierungsministern. Weitere Ziele sind die Einrichtung verschiedener Bildungsprojekte und ein gemeinsam mit einer ethnischen Minderheit erarbeitetes, modellhaftes Programm für verantwortungsvollen Tourismus.

Nicht minder wichtig ist das Handeln auf **individueller Ebene**. Zwar gehen von den einheimischen Touristen allein durch ihre weitaus größere Zahl auch die größeren Belastungen für die Umwelt aus, doch können Besucher aus dem Ausland durch **verantwortungsvolles Verhalten** ein positives Vorbild sein. Verschiedene unabhängige, in der Reisebranche engagierte Organisationen und Gruppen (siehe unten) haben **Leitfäden** für Touristen und Reiseunternehmen ausgearbeitet. Zu den wichtigsten Regeln gehören: keine Souvenirs kaufen, die aus bedrohten Tierarten gefertigt sind oder die Umwelt schädigen (in Vietnam sind dies vor allem Schildkrötenpanzer, Elfenbein und Korallen); so weit wie möglich einheimische Produkte kaufen sowie in Restaurants essen und Hotels übernachten, die von Einheimischen betrieben werden (das ist in der Regel nicht nur interessanter, sondern sorgt auch dafür, dass das Geld kleineren Gemeinden zugute kommt); und der einheimischen Kultur mit Respekt begegnen, wozu auch die Beachtung etwaiger Bekleidungsnormen gehört.

Wer mehr über die Folgen des Tourismus und die dadurch verursachten Umweltprobleme erfahren möchte, kann sich an die im Text genannten oder die nachfolgend aufgeführten Organisationen wenden.

Campaign for Environmentally Responsible Tourism (CERT), 🖳 www.c-e-r-t.org. Versucht Reiseveranstalter und Touristen für vom Tourismus verursachte Probleme zu sensibilisieren und konzentriert sich dabei auf unmittelbare und in der Praxis umsetzbare Lösungen zum Schutz der Umwelt.

OneWorld, 🖳 www.oneworld.net. Weltweites Netz von Organisationen, die sich für nachhaltige Entwicklung und Menschenrechte einsetzen. Täglicher Nachrichtenservice und Einzelheiten zu ehrenamtlichen Tätigkeiten, Jobs im Ausland und Aktionen.

Partners in Responsible Tourism (PIRT), 🖳 www.pirt.org, 🖂 info@pirt.org. Zusammenschluss von Einzelpersonen und Reiseveranstaltern, die sich für einen verantwortlichen Tourismus einsetzen, um die negativen Folgen für Umwelt und einheimische Kulturen auf ein Mindestmaß zu begrenzen. Die Website enthält einen Verhaltenskodex für den verantwortungsbewussten Touristen.

Ho-Chi-Minh-Stadt
(Saigon) und Umgebung

Highlights

Hôtel de Ville Das Anfang des 20. Jhs. erbaute Rathaus mit einer unglaublich reich verzierten Fassade ist ein klassisches Stück Kolonialarchitektur.

Ben Thanh-Markt Bei einem Bummel über den Großmarkt im Norden der Stadt kann man den frühmorgendlichen Puls der Metropole fühlen.

Kriegsmuseum Das bewegendste Museum der Stadt legt schonungslos offen, zu welchen Grausamkeiten Menschen fähig sind.

Pagode des Jadekaisers Eine altehrwürdige Aura, wunderschöne Holzschnitzereien, ein buntes Sammelsurium von Gottheiten und die dichten Schwaden der Räucherstäbchen machen einen Besuch überaus lohnenswert.

Stilvolle Restaurants In den Restaurants von Ho-Chi-Minh-Stadt kann man die vollendeten Genüsse der vietnamesischen Küche kosten.

Bars mit großartigem Ausblick Bei einem teuren Cocktail am Abend kann man das pulsierende Leben der Metropole an sich vorbeiziehen lassen.

Tunnel von Cu Chi Das unterirdische Gänge-System fasziniert jeden Besucher durch seine Genialität.

Der Heilige Stuhl der Cao Dai Der faszinierende Singsang der Gläubigen wirkt angesichts des verschwenderischen Dekors mäßigend auf die Sinne.

Zwanzig Jahre nach der demütigenden Niederlage haben sich Erscheinungsbild und Atmosphäre [von Ho-Chi-Minh-Stadt] *kaum verändert. Die südvietnamesische Metropole hat sich des widerspenstigen Sackleinens entledigt, das ihr vom Sieger übergestülpt worden war. Dabei überrascht es nicht wirklich, mit welchem Selbstbewusstsein dies geschah, denn das Büßerhemd hatte ihr ohnehin nie gestanden.*

(Henry Kamm, Korrespondent der New York Times, 1996)

Nördlich des Mekong-Deltas erstreckt sich rund 40 km vom Südchinesischen Meer entfernt die boomende Metropole **Ho-Chi-Minh-Stadt**, in der die Herrschaft des Dollars unantastbar ist. Angetrieben von den radikalen wirtschaftlichen Veränderungen, die 1986 im Zuge der Erneuerungspolitik *doi moi* eingeleitet wurden, ist die überschäumende Großstadt am Westufer des Saigon-Flusses derzeit intensiv damit beschäftigt, sich selbst neu zu erfinden, und wird dabei bis in ihre von den Franzosen errichteten Grundfeste erschüttert. Durch ihre jahrelangen Erfahrungen mit den konsumorientierten Amerikanern haben die kapitalistisch eingestellten Saigoner gelernt, wie man Geschäfte macht und Gewinne erzielt. Jetzt werden diese alten, schon fast in Vergessenheit geratenen Tugenden wieder belebt, um die Marktwirtschaft erneut ins Rollen zu bringen und Singapore, Kuala Lumpur und den anderen südostasiatischen Tigern gehörig Konkurrenz zu machen. Sämtliche Begleiterscheinungen der wirtschaftlichen Erneuerung – Feinschmeckerrestaurants, Nobelhotels, Glitzerbars und Geschäfte mit importierten Luxusartikeln – sind in Ho-Chi-Minh-Stadt inzwischen anzutreffen und verleihen dem Mischmasch aus französischen Kolonialbauten, ehrwürdigen Pagoden und schmucklosen Plattenbauten im sozialistischen Stil einen Hauch von Chic. Doch leider leben in der größten Stadt des Landes immer noch zahllose Menschen, für die sich der wirtschaftliche Fortschritt bislang nicht in einem Arbeitsplatz, ausreichendem Essen und einem Dach über dem Kopf niedergeschlagen hat. Straßenkinder durchstreifen die einschlägigen Viertel und versuchen T-Shirts, Postkarten und Feuerzeuge an die Touristen zu bringen, kriegsversehrte Bettler robben sich mit primitiven Brettern auf Rädern durch die Straßen, und Taschendiebe schleichen mit Argusaugen auf der Suche nach ungeschützten Brieftaschen in der Dong Khoi umher. Die Bettelei hat in Ho-Chi-Minh-Stadt mittlerweile derart epidemische Ausmaße angenommen, dass der Besucher nicht umhinkommt, sie als unumgänglich zu akzeptieren. Wegen des massenhaften Zustroms wohlhabender Männer aus dem Westen gehen viele Frauen inzwischen der Prostitution nach, sodass einiges an die Zeiten des Vietnamkriegs erinnert, als die Tanzbars und Stundenhotels der Dong Khoi zu zweifelhaftem Ruhm gelangten.

Wenn Hanoi die Stadt der Romantik und der sanften Verführungen ist, so ist Ho-Chi-Minh-Stadt – die Einheimischen bevorzugen noch immer den vor 1975 gültigen Namen Saigon – das genaue Gegenteil, nämlich ein Frontalangriff auf die Sinne und ein echter, überschäumender Schmelztiegel. Nur wenige Ecken der Stadt versprechen Erholung von dem ohrenbetäubenden Lärm der Baustellen, auf denen mit atemberaubender Geschwindigkeit neue Büro- und Hotelblocks hochgezogen werden. Immer mehr Autos und Minibusse bilden mit Fahrrädern, Cyclos, Hondas und nagelneuen Geländewagen quasi eine organische Masse, die von den baumbestandenen Straßen und Boulevards kaum noch aufgenommen werden kann. Und inmitten dieses sich ständig verändernden Tohuwabohus geht eine Bevölkerung von rund sechs Millionen Menschen ihrem ganz normalen Alltag nach: Das Schulmädchen im traditionellen Ao Dai aus Seide schlendert auf dem Bürgersteig am Baguette-Verkäufer vorbei; der betuchte Teenager in Designer-Jeans spricht in sein Mobiltelefon, und der buddhistische Mönch geht gemäßigten Schrittes von einem Geschäft zum nächsten, um Almosen zu sammeln. Einen kosmopolitischen Touch hat diese Mixtur vor allem in den letzten zehn Jahren durch den starken Zustrom von Touristen und Geschäftsleuten aus dem westlichen Ausland bekommen, darunter besonders viele Franzosen und Amerikaner.

Ein Aufenthalt in Ho-Chi-Minh-Stadt bereitet besonderes Vergnügen, wenn man beispielsweise die Gelegenheit hat, aus der sicheren Entfernung eines Cafés das hektische Treiben auf der Straße zu beobachten. Wer nur einmal blinzelt, verpasst einen einzigartigen Augenblick – sei es das mit einer unglaublichen Zahl von Obstkörben überladene Cyclo oder den jungen Nudelverkäufer, der das Geschäft anzukurbeln versucht, indem er blitzschnelle Stakkato-Rhythmen auf ein paar Bambushölzer trommelt.

Es zählt zu den vielen Reizen von Ho-Chi-Minh-Stadt, dass die Reisfelder, die Strände und das ländliche Vietnam praktisch vor der Haustür liegen und somit schnell erreichbar sind, wenn man sich von der Reizüberflutung der Großstadt erholen möchte. Wer nur einen einzigen **Tagesausflug** unternimmt, sollte sich für die **Cu Chi-Tunnel** entscheiden, in denen die Bevölkerung vor den amerikanischen Bombenangriffen Schutz suchte. Eine Fahrt zu den Tunneln wird normalerweise mit einer Besichtigung des reich verzierten Großen Tempels der einheimischen Cao Dai-Sekte in **Tay Ninh** kombiniert. Ein kurzer Vorgeschmack auf das Mekong-Delta in **My Tho** oder ein Sprung ins Südchinesische Meer am Strand von **Mui Ne** sind ebenfalls problemlos im Rahmen eines Tagesausflugs zu bewerkstelligen, wobei diese beiden Ziele in den Regionalkapiteln Mekong-Delta bzw. Zentrale Südküste ausführlich behandelt werden.

Die **beste Reisezeit** für das tropische Ho-Chi-Minh-Stadt ist die Trockenzeit von Dezember bis einschließlich April. Während der Regenzeit von Mai bis November gibt es jeden Nachmittag einen kurzen und kräftigen Schauer, doch das Reisen wird dadurch nicht ernsthaft beeinträchtigt. Die durchschnittlichen Temperaturen bewegen sich das ganze Jahr über zwischen 26 °C und 29 °C, die heißesten Monate sind März, April und Mai.

Geschichte

Die frühe Geschichte der Stadt ist allenfalls bruchstückhaft bekannt. Zwischen dem 1. und 6. Jh. besaß das weiter im Westen gelegene **Reich Funan** zumindest nominell die Herrschaft über das Gebiet, in dem Ho-Chi-Minh-Stadt heute liegt. Später wurde Funan von dem Volk der Kambuja eingenommen, die zum **Reich Chen La** gehörten, das seinerseits später in Angkor aufging. Es erscheint aber unwahrscheinlich, dass diese machtpolitischen Verschiebungen großen Einfluss auf das verschlafene Fischernest hatten, aus dem sich später einmal Saigon entwickeln sollte.

Die Khmer-Fischer, die hier damals mühsam zu überleben versuchten, würden heute außer ihren vertrauten Wasserwegen nichts wiedererkennen. Das Land war von derart unzugänglichen Wäldern und Sümpfen umgeben, dass sie ihre Siedlung **Prei Nokor** nannten, „Siedlung im Wald". Doch aufgrund ihrer Lage auf festem Boden unmittelbar nördlich des sumpfigen Deltas und auf drei Seiten von schiffbaren Wasserwegen umgeben, war diese Siedlung zu Höherem bestimmt. Als Chen La vom Khmer-Reich **Angkor** vereinnahmt wurde, das bis zum 15. Jh. die Herrschaft über die Region hatte, erlebte Prei Nokor eine erste Blüte als Umschlaghafen für kambodschanische Schiffe, die den großen Mekong-Fluss befuhren. Bis zum 17. Jh. entstand hier eine Garnison und eine Handelsgemeinde, zu der auch malaiische, indische und chinesische Kaufleute gehörten.

Die Entwicklung einer derart dynamischen Siedlung musste zwangsläufig die Aufmerksamkeit des Nordens auf sich ziehen. Gegen Ende des 17. Jhs. hatten die **Viet** auf ihrem Marsch nach Süden das an das Khmer-Reich angrenzende Königreich Champa überannt, und im Verlauf des folgenden Jahrhunderts wurde die gesamte Region von der in Hué herrschenden **Nguyen-Dynastie** geschluckt. Mit den neuen Herrschern kam auch ein neuer Name, **Saigon**, der vermutlich von dem vietnamesischen Wort für den Kapok-Baum abgeleitet ist. Als 1772 der **Tay-Son-Aufstand** ausbrach, flüchtete Nguyen Anh, der geschasste Machthaber der Nguyen-Dynastie, von Hué Richtung Süden nach Saigon. Nachdem er die Stadt zu seiner vorläufigen Hauptstadt erklärt hatte, ließ er sie vollständig mit Mauern einfrieden und zur Festung ausbauen. Die achteckige **Zitadelle Gia Dinh** wurde auf den Rat seiner Geomantiker hin nach dem Vorbild einer blühenden Lotusblume gestaltet. Als Nguyen Anh nach der Niederschlagung der Rebellion 1802 als Kaiser Gia Long nach Hué zurückkehrte, blieb Saigon sein regionales Verwaltungszentrum im Süden.

Die Armee, von der die Tay-Son-Brüder in die Knie gezwungen wurden, umfasste auch eine militärische Einheit der **Franzosen**, die in der Folge sieben Jahrzehnte mit den Vietnamesen um die Kontrolle über die Region rangen, um einen festen Handelsposten in Asien zu errichten. Schließlich gelang ihnen 1861 die Einnahme Saigons unter dem Vorwand, unter Kaiser Tu Duc würden die französischen Missionare verfolgt. Durch den 1862 geschlossenen **Vertrag von Saigon** wurde die Stadt zur Hauptstadt der französischen Kolonie Cochinchina erklärt.

Das heutige Ho-Chi-Minh-Stadt verdankt sein Erscheinungsbild und seinen Charakter vor allem den französischen Kolonisten. Im Rahmen eines

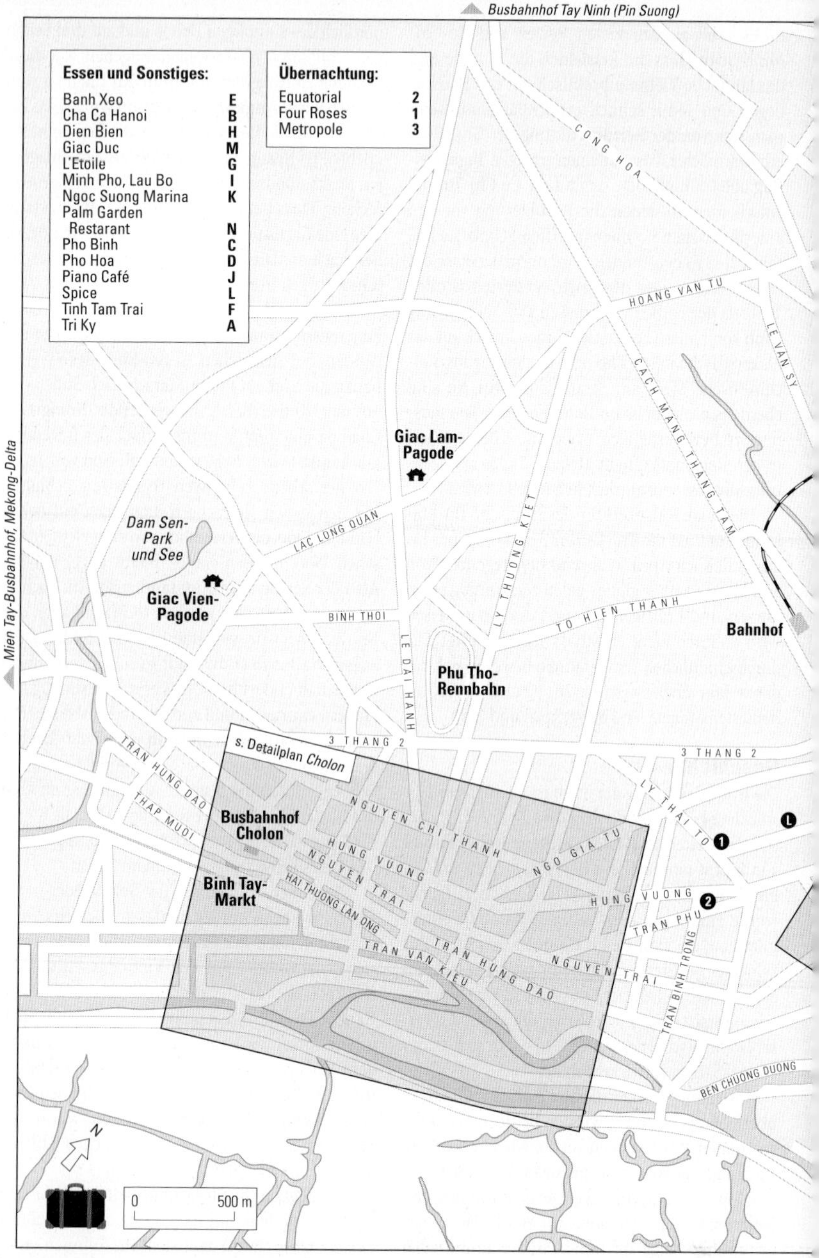
Busbahnhof Tay Ninh (Pin Suong)
Essen und Sonstiges:
Banh Xeo E
Cha Ca Hanoi B
Dien Bien H
Giac Duc M
L'Etoile G
Minh Pho, Lau Bo I
Ngoc Suong Marina K
Palm Garden Restarant N
Pho Binh C
Pho Hoa D
Piano Café J
Spice L
Tinh Tam Trai F
Tri Ky A
Übernachtung:
Equatorial 2
Four Roses 1
Metropole 3
CONG HOA
HOANG VAN TU
LE VAN SY
CACH MANG THANG TAM
Giac Lam-Pagode
LY THUONG KIET
LAC LONG QUAN
Dam Sen-Park und See
Giac Vien-Pagode
BINH THOI
TO HIEN THANH
Bahnhof
LE DAI HANH
Phu Tho-Rennbahn
Mien Tay-Busbahnhof, Mekong-Delta
3 THANG 2
s. Detailplan Cholon
TRAN HUNG DAO
THAP MUOI
Busbahnhof Cholon
NGUYEN CHI THANH
LY THAI TO
HUNG VUONG
NGUYEN TRAI
NGO GIA TU
Binh Tay-Markt
HAI THUONG LAN ONG
TRAN PHU
TRAN VAN KIEU
TRAN HUNG DAO
TRAN BINH TRONG
BEN CHUONG DUONG
N
0
500 m

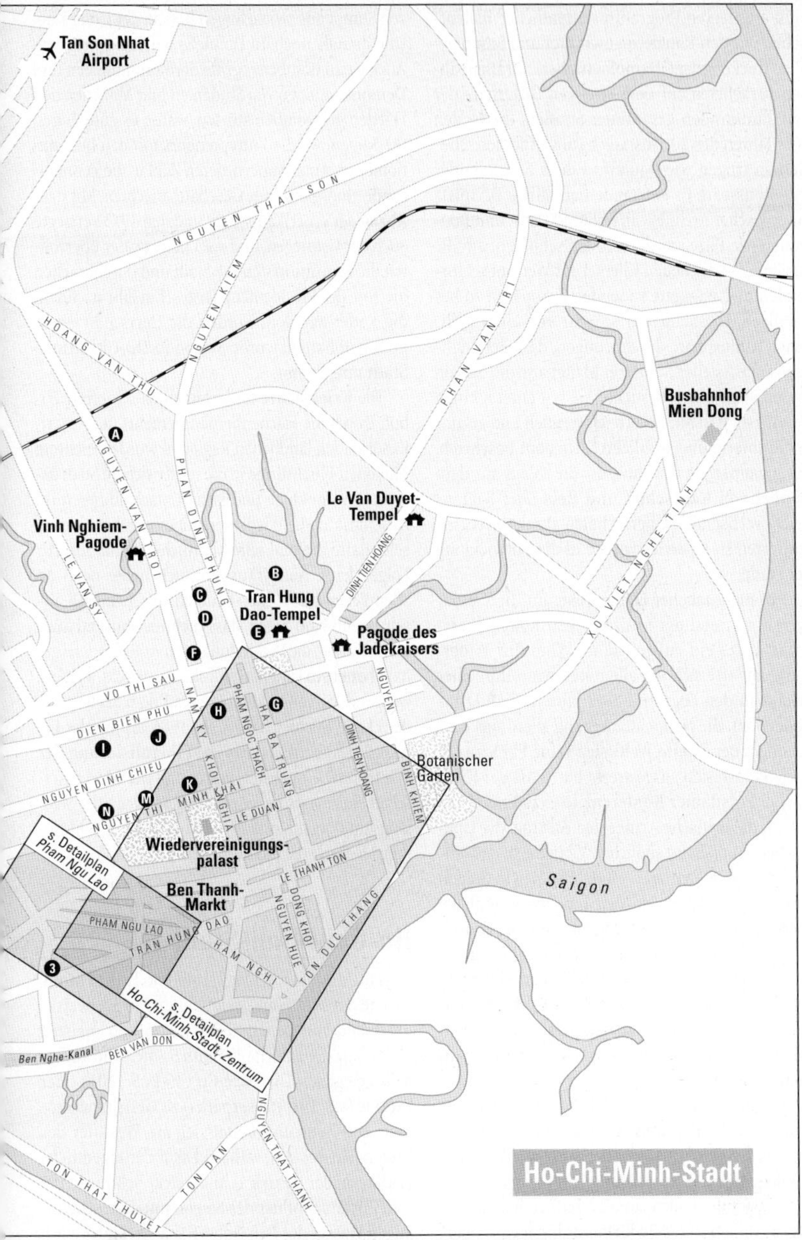
Tan Son Nhat Airport
NGUYEN THAI SON
NGUYEN KIEM
HOANG VAN THU
PHAN VAN TRI
Busbahnhof Mien Dong
NGUYEN VAN TROI
PHAN DINH PHUNG
Le Van Duyet-Tempel
Vinh Nghiem-Pagode
LE VAN SY
DINH TIEN HOANG
XO VIET NGHE TINH
Tran Hung Dao-Tempel
Pagode des Jadekaisers
VO THI SAU
NAM KY
PHAM NGOC THACH
HAI BA TRUNG
NGUYEN
DIEN BIEN PHU
DINH TIEN HOANG
BINH KHIEM
Botanischer Garten
NGUYEN DINH CHIEU
KHOI NGHIA
MINH KHAI
NGUYEN THI
LE DUAN
Wiedervereinigungspalast
s. Detailplan Pham Ngu Lao
LE THANH TON
Saigon
Ben Thanh-Markt
DONG KHOI
NGUYEN HUE
TON DUC THANG
PHAM NGU LAO
TRAN HUNG DAO
HAM NGHI
s. Detailplan Ho-Chi-Minh-Stadt, Zentrum
Ben Nghe-Kanal
BEN VAN DON
NGUYEN THAT THANH
TON DAN
TON THAT THUYET
Ho-Chi-Minh-Stadt
A
B
C
D
E
F
G
H
I
J
K
M
N
3

breit angelegten Programms öffentlicher Bauvorhaben wurden Kanäle zugeschüttet und Sumpfgebiete trockengelegt. Dampfbetriebene Straßenbahnen verkehrten auf dem strengen Gitternetz der von Tamarinden gesäumten Straßen, die in den 30er Jahren des 20. Jhs. solch „unvietnamesische" Namen trugen wie Boulevard de la Somme oder Rue Rousseau. Es entstanden auffällige Beispiele europäischer Architektur, während Cafés und Boutiquen wie Pilze aus dem Boden schossen, um die Bedürfnisse der neuen Klientel aus Wermut schlürfenden und Baguette kauenden Europäern zu befriedigen. Die Stadt war so sehr von einer gallischen Atmosphäre durchdrungen, dass der englische Schriftsteller Somerset Maugham, der Saigon in den 30er Jahren besuchte, sie mit einer kleinen Provinzstadt in Südfrankreich verglich und als unbekümmerte und fröhliche Kleinstadt beschrieb. Die gigantischen Gewinne, die die *colons* aus dem **Export von Kautschuk und Reis** über Saigons rasch wachsenden Überseehafen abschöpften, investierten sie teilweise wieder in die Entwicklung der Stadt.

Auf menschlicher Ebene wehte für die Vietnamesen während der französischen Kolonialherrschaft indes ein äußerst rauer Wind. Ihr Widerstand äußerte sich vor allem in Form zahlreicher Streiks in den 20er und 30er Jahren. Richtig ins Rollen kam die Nationalbewegung allerdings erst, nachdem der **Zweite Weltkrieg** seine Fühler auch nach Südostasien ausgestreckt hatte. Als der Krieg mit der **Potsdamer Konferenz** 1945 zu Ende ging, bekam die britische Armee den Auftrag, die japanischen Truppen im südlichen Vietnam zu entwaffnen. Als die Briten zwei Monate später in Saigon eintrafen, verhalfen sie den Franzosen sogleich wieder an die Macht und schufen damit die Grundlage für 30 Jahre Krieg (s.S. 92). Vom Indochinakrieg gegen die Franzosen blieb Saigon weitestgehend verschont, denn die Kämpfe wurden größtenteils in ländlichen Regionen ausgetragen und endeten mit der Kapitulation der Franzosen in Dien Bien Phu.

Saigon wurde 1955 von Präsident Diem zur Hauptstadt der **Republik Südvietnam** erklärt und entwickelte sich Mitte der 60er Jahre nicht nur zur Schaltzentrale der amerikanischen Kriegsanstrengungen, sondern auch zur „Freizeithauptstadt" für GIs auf Urlaub, deren Bedürfnisse durch einen ganzen Sumpf aus zwielichtigen Bars in der Dong Khoi (die damals noch Tu Do hieß) befriedigt wurden. Auch wenn Bombenangriffe der Kommunisten und Demonstrationen von Studenten und Mönchen den Frieden gelegentlich störten, waren es gute Zeiten für Saigon, wo die Entrepreneurs mit den hier stationierten Amerikanern, deren Zahl in die Zehntausende ging, glänzende Geschäfte machten. Mit dem Abzug der amerikanischen Soldaten 1973 versiegte auch der Geldregen, und zwei Jahre später überrollten die **Kommunisten** die Stadt und durchbrachen die Tore des Präsidentenpalastes. Ein Jahr nachdem die Kader aus dem Norden die Herrschaft übernommen hatten, wurde Saigon in **Ho-Chi-Minh-Stadt** umbenannt.

Die **Kriegsjahre** forderten einen schweren Tribut: Durch die Flächenbombardements der Amerikaner in den ländlichen Regionen wurden mehrere Millionen **Flüchtlinge** in die relativ sichere Stadt gespült, und unkluge politische Entscheidungen im Anschluss an die Wiedervereinigung hatten eine gesellschaftliche und wirtschaftliche Stagnation zur Folge, deren Auswirkungen auch heute noch an allen Ecken und Enden deutlich zu sehen sind. Erschwerend kam hinzu, dass mehrere Tausend Südvietnamesen, die Verbindungen zu Amerikanern gehabt hatten, in Umerziehungslager gesteckt wurden, während Millionen Menschen auf dem Seeweg aus dem Land flüchteten. Erst seit 1986, als mit der Erneuerungspolitik *doi moi* die **Liberalisierung der Wirtschaft** eingeleitet wurde und die Marktwirtschaft eine neue Chance erhielt, geht es mit der Stadt langsam bergauf, und inzwischen hat der schlummernde Riese die Zukunft wieder fest im Visier.

Ho-Chi-Minh-Stadt

Ho-Chi-Minh-Stadt oder Thanh Pho Ho Chi Minh, wie sie auf Vietnamesisch heißt, ist in 18 Bezirke unterteilt, von denen Touristen in den meisten Fällen nur die Bezirke 1, 3 und 5 sowie die außerhalb gelegenen Distrikte Cu Chi (s.S. 201) oder Do Duc (s.S. 191, Wasserparks) zu Gesicht bekommen. Das Zentrum breitet sich am Westufer des Saigon-Flusses aus, während sich der eigentliche Stadtkern, der **Bezirk 1**, in die Ecke schmiegt, die vom Zusammenfluss des Saigon mit dem schlammigen Wasser des Ben Nghe-Kanals gebildet wird.

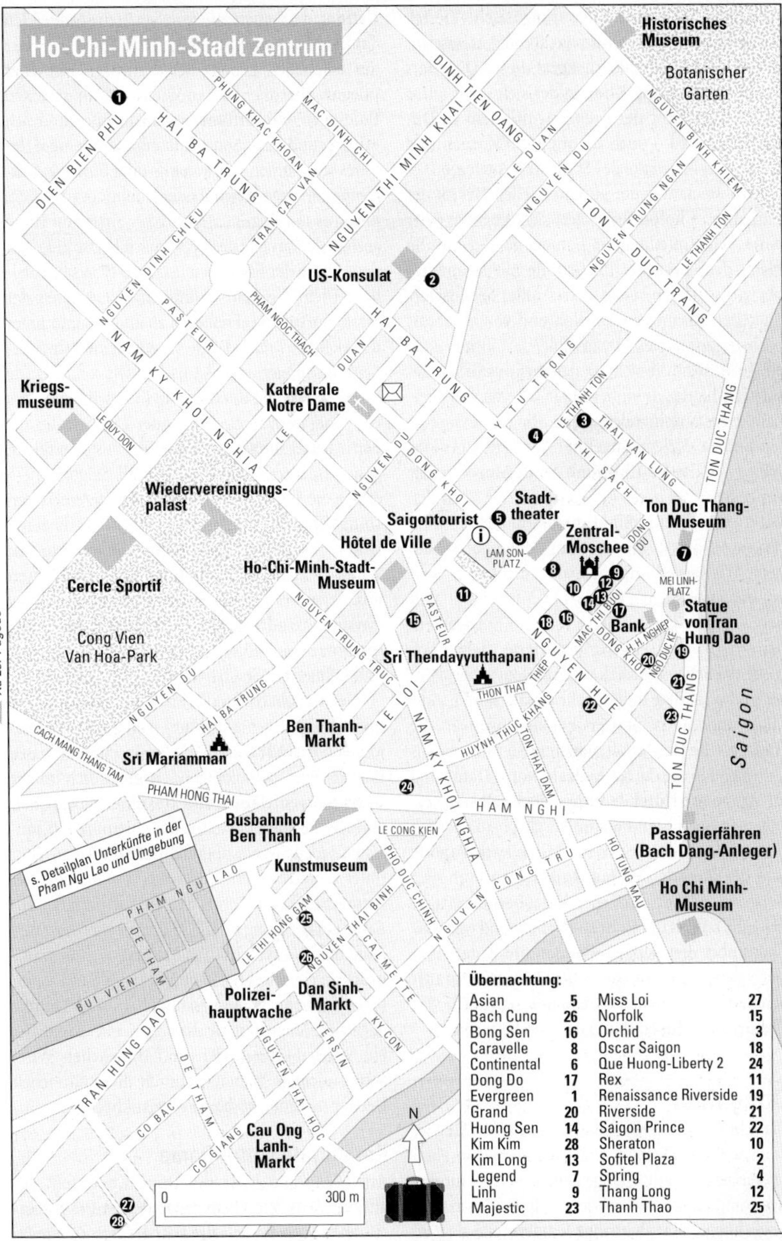

Übernachtung:

Asian	5	Miss Loi	27
Bach Cung	26	Norfolk	15
Bong Sen	16	Orchid	3
Caravelle	8	Oscar Saigon	18
Continental	6	Que Huong-Liberty 2	24
Dong Do	17	Rex	11
Evergreen	1	Renaissance Riverside	19
Grand	20	Riverside	21
Huong Sen	14	Saigon Prince	22
Kim Kim	28	Sheraton	10
Kim Long	13	Sofitel Plaza	2
Legend	7	Spring	4
Linh	9	Thang Long	12
Majestic	23	Thanh Thao	25

Es handelt sich um das alte französische Viertel, das auch heute noch allgemein als Saigon bezeichnet wird. Das schmale Rückgrat dieses Quartiers ist die Straße **Dong Khoi**, in der sich – vor allem in der Umgebung der Kreuzung mit dem **Le Duan Boulevard** – auch die meisten Museen und kolonialen Bauwerke der Stadt konzentrieren.

Mit Ausnahme der kommerziellen Hektik der Chinatown **Cholon** verweigert sich die Stadt einer einfachen Einteilung in homogene Bezirke. So bleibt dem Besucher im Grunde nichts anderes übrig, als sich eine Liste interessanter Sehenswürdigkeiten zusammenzustellen und von einer zur nächsten zu „hüpfen". Dazu zählen fast immer auch einige Museen, die sich mit dem bei westlichen Besuchern häufig dominierenden Thema des Vietnamkriegs auseinander setzen. Die interessantesten sind das **Kriegsmuseum** (War Remnants Museum) und das **Ho-Chi-Minh-Stadt-Museum**. Für einige Besucher bildet der Vietnamkrieg sogar den wichtigsten Bezugspunkt, sodass historisch interessante Objekte wie der Präsidentenpalast, der heute **Wiedervereinigungspalast** heißt, ganz oben auf der Liste stehen. Da Ho-Chi-Minh-Stadt aber bereits einige Jahrhunderte vor dem Engagement der Amerikaner in Vietnam existierte, drehen sich nicht alle Sehenswürdigkeiten um Flugzeuge, Panzer und verrostete militärische Gerätschaften. Auffällig sind die pompösen Erinnerungen an die französische Herrschaft, darunter so unvergessliche Gebäude wie die **Kathedrale Notre Dame** und das grandiose **Hôtel de Ville** – doch selbst die erscheinen noch brandneu im Vergleich zu herrlich moderigen Bauwerken wie der **Giac Lam-Pagode** und der **Pagode des Jadekaisers**, um nur zwei Beispiele für die zahlreichen bezaubernden Pagoden und Tempel der Stadt zu nennen. Und wem das Chaos über den Kopf zu wachsen droht, der kann sich immer noch in den relativ ruhigen **Botanischen Garten** zurückziehen, wo sich auch das **Historische Museum** und der **Zoo** befinden.

Dong Khoi

Die schmale Dong Khoi, die nur gut 2 km lang ist und von der Le Duan bis zum Ufer des Saigon-Flusses verläuft, fungierte lange Zeit als Spiegel für das sich wandelnde Schicksal der Stadt. Die Franzosen bezeichneten ihre ehemalige Flaniermeile als **Rue Catinat**, die damals eine von Schatten spendenden Tamarinden gesäumte Prachtstraße und das Herz des kolonialen Lebens der Franzosen war. Hier pflegten die *colons* zu promenieren, in schicken Boutiquen und Parfümerien einzukaufen und sich mittags und nach Sonnenuntergang in einem der Cafés mit Namen wie *Rotonde* oder *Taverne Alsacienne* auf einen Wermut oder Dubonnet zu treffen, bevor es mit dem *pousse-pousse* (einer von Hand gezogenen Variante des Cyclo) nach Hause ging. Mit dem Abzug der Franzosen im Jahre 1954 sah Präsident Diem die Zeit gekommen, den Namen der Straße in **Tu Do** („Freiheit") zu ändern, und unter dieser Bezeichnung lernte sie auch eine ganze Generation junger amerikanischer GIs kennen. Die Soldaten suchten Zerstreuung in unzähligen Bars wie *Wild West, Uncle Sam's* oder *Playboy,* die zur Befriedigung ihrer Gelüste wie Pilze aus dem Boden geschossen waren. Nach dem Fall Saigons 1975 erhielt die Straße den politisch korrekteren Namen **Dong Khoi** („Aufstand"), doch in den düsteren Jahren vor *doi moi* ging es mit ihr in rasantem Tempo bergab, und schon in den 70er Jahren war sie, um es mit den Worten der Autorin Le Ly Hayslip auszudrücken, von der „mit Edelsteinen geschmückten und verlebten Witwe zur verarmten und raffgierigen Stadtstreicherin" verkommen.

Heute erlebt die Straße eine Renaissance. Zu der bunt gemischten Architektur – von grandiosen kolonialen Fassaden und kleinen Geschäften bis zu unattraktiven Betonklötzen – gesellen sich immer mehr **Souvenirläden** und **Designer-Boutiquen** als logische Folge des aktuellen Zustroms von Touristen. Jeden Sonntagabend drehen die Trendsetter unter den Teenagern mit ihren Hondas und der Freundin auf dem Sozius eine Runde nach der anderen auf der Dong Khoi und der parallel dazu verlaufenden Nguyen Hue, wobei man sich des Eindrucks nicht erwehren kann, einer Art Paarungsritual beizuwohnen. Zwangsläufig hat sich die Straße auch zum Magneten für diejenigen entwickelt, die am Wiederaufleben der vietnamesischen Wirtschaft nicht teilhaben, nämlich die zahlreichen **Bettler** mit ihren verbeulten Plastikbechern.

Kathedrale Notre Dame

Am nördlichen Ende der Dong Khoi steht der attraktive rote Ziegelbau der Ende des 19. Jhs. errichteten Kathedrale Notre Dame, deren Zwillingstürme den Schriftsteller Anthony Grey zu dem denkwürdigen Vergleich mit den „Löffeln eines Hasen im Versteck“ veranlassten. Abgesehen von einigen Buntglasfenstern über und hinter dem Altar und dem marmornen Relief *Stationen des Kreuzes* ist das Gotteshaus in seinem Innern nur dürftig ausgestattet, doch dafür gibt es reichlich Gelegenheit zum Beobachten von Menschen: In einem stetigen Strom pilgern Frauen mit dem Rosenkranz in der Hand in ihren besten Hemdblusen aus Seide und schwarzen Hosen in die Kirche, während sich das Flüstern ihrer Gebete mit dem beharrlichen Rauschen des Straßenverkehrs vermischt. Bei Sonnenuntergang erinnern ein Heiligenschein aus Neon und die in blauer Leuchtfarbe über der Christusfigur am Einlass zum Kirchenschiff prangenden Worte *Ave Maria* doch sehr an den Eingang eines Nachtclubs. Eine Statue der Jungfrau Maria bildet das Herzstück in dem kleinen **Park** vor der Kathedrale, wo die Cyclo-Fahrer auf Fahrgäste warten und Kinder Postkarten und Stadtpläne verkaufen.

Die beiden spitzen Türme der Kathedrale zählten über Jahrzehnte zu den hilfreichsten Orientierungspunkten in Saigon, erscheinen aber mittlerweile winzig im Vergleich zur Glasfassade des **Diamond Plaza**, eines der modernen Einkaufszentren der Stadt, und dem über der **Hauptpost** thronenden Fernmeldeturm östlich des Parks. Das Postamt ist ein klassischer Kolonialbau, der seit seiner Fertigstellung in den 80er Jahren des 19. Jhs. nicht mehr verändert wurde. Im sehenswerten Inneren erhält die an ein Kirchenschiff erinnernde Vorhalle ihre besondere Note durch zwei riesige, gemalte Landkarten an den Wänden; eine zeigt Saigon und Umgebung im Jahre 1892, die andere verzeichnet das Telegrafenleitungsnetz in Südvietnam und Kambodscha im Jahre 1936. Weiter drinnen in der großen Haupthalle hängt ein riesiges Porträt von Onkel Ho, der mit gesunder Bräune und einem warmen Lächeln im Gesicht auf die vom Alter gezeichneten Holzbänke und -tische herabschaut.

Lam Son-Platz

Etwa 200 m südlich der Kathedrale, wo die Dong Khoi kurzzeitig etwas breiter wird, befindet sich der Lam Son-Platz mit dem **Hotel Continental** (s.S. 171). Das berühmte Bauwerk mit seiner schicken weißen Fassade, dem rotierenden Globus und seinem ockerfarbenen Dach war einst eine Bastion der feinen französischen Gesellschaft und zählt auch heute noch zu den renommiertesten Adressen der Stadt. In der ersten Hälfte des vergangenen Jahrhunderts war die Frontterrasse des Hotels *der* Ort zum Sehen und Gesehenwerden. Daher überrascht es auch nicht, dass es auch Somerset Maugham Mitte der 20er Jahre hierher verschlug: „Es ist sehr angenehm, mit einem harmlosen Getränk unter der Markise auf der Terrasse des Hotel Continental zu sitzen [und] in der Lokalzeitung von den hitzigen Kontroversen über die Angelegenheiten der Kolonie zu lesen“, schreibt er. Leider gibt es die Terrasse heute nicht mehr, sodass man sich am besten im Café des Hotels niederlässt, um die historische Atmosphäre dieses Ortes ein wenig auf sich wirken zu lassen.

An der Ostseite des Lam Son-Platzes steht in all seinem Glanz das rund ein Jahrhundert alte **Stadttheater**, dessen kolossaler, kuppelförmiger Eingang Richtung Südwesten auf die Le Loi weist. 1955 war hier vorübergehend die Nationalversammlung untergebracht, doch heute werden in dem liebevoll restaurierten und in alter Pracht erstrahlenden Gebäude wieder Modenschauen, Theaterstücke und Tänze dargeboten. In unmittelbarer Nähe des Theaters und gegenüber dem wesentlich kleineren Continental steht das 1958 gebaute und inzwischen großartig renovierte **Hotel Caravelle** (s.S. 171). In früheren Zeiten war das Caravelle die bevorzugte Adresse westlicher Journalisten und Kriegsberichterstatter, die auf der Terrassenbar über einem starken Drink so manchen Artikel verfassten. Vom Lam Son-Platz sind es nur wenige Minuten zu Fuß die Le Loi hinunter bis zur Nguyen Hue mit dem Hôtel de Ville.

Nach Süden Richtung Fluss

Auch wenn südlich des Caravelle inzwischen die Souvenirgeschäfte die Vorherrschaft übernommen haben, so vermögen sie das alte Saigon doch nicht ganz zu überdecken, denn es finden sich immer wieder Spuren der Vergangenheit. Bei einem Spaziergang vom Lam Son-Platz Richtung Süden ist schon bald die Dong Du erreicht, wo linker Hand die weiß und blau getünchten Mauern der in den 30er Jahren des 20. Jhs. erbauten **Zentralmoschee** aufragen. Viel gibt es dort nicht zu sehen, und tatsächlich ist die leere, mit einem roten Teppich ausgelegte Gebetshalle etwas enttäuschend angesichts der vier spektakulären Minarette. Alles in allem ist die Moschee aber eine wohl tuende Oase der Ruhe, zu der nicht zuletzt die schlummernden Gläubigen auf dem Gelände beitragen. Im schlichten Speisesaal der Moschee im hinteren Bereich des Komplexes herrscht zur Mittagszeit ein enormer Andrang.

Im weiteren Verlauf die Dong Khoi hinunter Richtung Fluss passiert man zwei weitere ehrwürdige Hotels der Stadt: das liebevoll restaurierte **Grand Hotel** (s.S. 171) zur Linken und 30 m weiter auf der rechten Seite das prachtvolle, aber architektonisch weniger interessante **Majestic** (s.S. 172).

Nguyen Hue und Umgebung

Als Saigons französische Verwalter den 750 m langen **Boulevard Charner** über einen zugeschütteten Kanal hinunter zum Saigon-Fluss bauten, hatten sie den Auftrag erhalten, die Eleganz einer von Bäumen gesäumten Pariser Prachtstraße nachzubilden, und so wurde der breite Boulevard seinerzeit als „Champs Elysées des Ostens" bezeichnet. Inzwischen heißt die Hauptverkehrsstraße Nguyen Hue und wird von ganzen Moped-Schwärmen belagert, die auch den letzten Rest Romantik vertreiben. In jüngster Zeit hat man die Straße durch Restaurierungsarbeiten wieder etwas ansehnlicher zu gestalten versucht, doch auch die neue Asphaltdecke und die Beseitigung der verwahrlosten Buden vermögen nicht darüber hinwegzutäuschen, dass der alte Glanz wohl für immer verloren ist. Nur beim jährlichen Tet-Fest erwacht die Nguyen Hue zum Leben, denn dann wird sie zum Schauplatz eines riesigen und unglaublich farbenfrohen Blumenmarktes, der die vietnamesischen Schönheiten zu Tausenden anlockt. In ihren besten Ao Dai posieren sie dann zwischen Rosen, Sonnenblumen, Chrysanthemen und Orangenbäumen.

Das stattliche Bauwerk am nördlichen Ende der Nguyen Hue ist das ehemalige Rathaus, das **Hôtel de Ville**, eine Erinnerung an die an Sturheit grenzende Entschlossenheit der europäischen Kolonialmächte, den unterworfenen Ländern um jeden Preis ihren Stempel aufzudrücken, egal wie unpassend es auch sein mochte. Das gelbe Gebäude mit den weißen Streifen wurde 1908 als Verwaltungszentrum der Stadt errichtet und beherbergt heute hinter einem protzigen Durcheinander aus korinthischen Säulen, klassischen Figuren und Fensterläden das Volkskomitee. Auch wenn das Gebäude nicht jedermanns Geschmack trifft, so verleiht es der Nguyen Hue zumindest etwas Altehrwürdiges. Eine Statue von Onkel Ho mit einem kleinen Kind auf dem Schoß wacht über den kleinen **Park** vor dem Gebäude, wo ambulante Fotografen Polaroid-Schnappschüsse an die Passanten zu bringen versuchen. Auf den Bürgersteigen in der Umgebung des Parks verkaufen Straßenhändler Postkarten, Luftballons, Stadtpläne, aus Bierdosen gefertigtes Spielzeug und fotokopierte Ausgaben von Graham Greenes Roman *Der stille Amerikaner.*

Nur ein paar Schritte vom Park entfernt macht das **Hotel Rex** (s.S. 172) an der Kreuzung von Nguyen Hue und Le Loi zwar einen recht altertümlichen Eindruck, fungiert aber tatsächlich erst seit 1976 als Hotel. Die Geschichte des Gebäudes begann als Werkstatt für die Renaults und Peugeots der in Saigon lebenden Ausländer. In den 60er Jahren diente es dann als Quartier für amerikanische Offiziere und war Schauplatz regelmäßiger Pressekonferenzen, die unter den abgestumpften Medienvertretern als „5-Uhr-Märchenstunde" bekannt waren. Vom Dachgarten im 5. Stock eröffnet sich ein hervorragender Blick auf das lebendige Treiben auf der Straße, das sich besonders gut bei einem kühlen Glas 333-Bier beobachten lässt. Bei Dunkelheit leuchtet auf der Terrasse das Emblem des Hotels, eine überdimensionale **Krone**, die zu den bekanntesten Wahrzeichen der Stadt zählt.

Südlich des Rex befindet sich der friedliche **Tempel Sri Thendayyutthapani**, dessen *gopuram* (ornamentaler Torturm) in der 66 Ton That Thiep emporragt. Der Ort verströmt die Atmosphäre eines kunterbunten Durcheinanders: Die aufwändigen Wandmalereien, die normalerweise in einem Hindu-Tempel zu finden sind, wurden durch inzwischen verblasste Gemälde von Jawaharlal Nehru, Mahatma Gandhi sowie diversen Gottheiten aus dem hinduistischen Pantheon ersetzt, während die farbenfrohe Decke mit buntem Flitterzeug und Lampen besetzt ist. Die Treppe hinter dem Ziergarten zur Rechten des Haupttheiligtums führt auf eine Dachterrasse, die von einem verwitterten Turm beherrscht wird. Im Innern wurden die Reihen der

Die Kathedrale Notre Dame

Gottheiten von zwei völlig unpassenden Figuren „infiltriert", die fröhlich winken und in eine Art Schuljungenuniform mit Shorts, Hosenträgern und gestreifter Krawatte gekleidet sind.

Unter den zahlreichen Kolonialbauten, die während der französischen Herrschaft in Vietnam entstanden, sind nur wenige beeindruckender als der ehemalige Gia Long-Palast, der einen Block westlich des Hôtel de Ville in der 65 Ly Tu Trong zu finden ist. Das 1886 als prächtige Residenz für den Gouverneur von Cochinchina errichtete Bauwerk diente auch Präsident Diem 1962 kurzzeitig als Amtssitz, nachdem sein eigener Palast durch einen Luftangriff zerstört worden war. In den Tunneln unter dem Gebäude verbrachte er seine letzten Stunden als Präsident, bevor er sich in eine Kirche nach Cholon flüchtete, wo er sich schließlich ergab (s.S. 166).

Ironischerweise beherbergt das Gebäude heute das **Ho-Chi-Minh-Stadt-Museum**, das anhand von Fotografien, Dokumenten und Artefakten den Kampf des vietnamesischen Volkes gegen die französischen und amerikanischen Besatzer nachzeichnet. Auch wer sich nicht unbedingt mit den Einzelheiten der von Kriegen gekennzeichneten Vergangenheit des Landes beschäftigen möchte, wird sich wahrscheinlich von der Erhabenheit des Gebäudes beeindrucken lassen und möglicherweise Zeuge, wie Paare hier für ihre Hochzeitsfotos posieren, denn das würdevolle Bauwerk dient mit seinen gepflegten Gärten als beliebte Kulisse für Fotografen.

Im Erdgeschoss befindet sich eine etwas zusammengewürfelte Sammlung aus uralten Artefakten und historischen Gegenständen, dazu ein Bereich zur Naturgeschichte und ein weiterer Abschnitt mit Kleidung und Werkzeugen der ethnischen Minderheiten. Im Obergeschoss, wo der Schwerpunkt auf dem Vietnamkrieg liegt, präsentiert sich das Museum hochkarätiger. Die besten Ausstellungsstücke sind diejenigen, die sich mit dem Erfindungsreichtum der Vietnamesen beschäftigen, darunter aus Fahrradteilen zusammengebastelte Minenwerfer, ein Suzuki-Motorrad, in dessen hohlen Rahmenteilen Dokumente nach Saigon geschmuggelt wurden, und ein Boot mit doppeltem Boden als Waffenversteck, um nur einige Beispiele zu nennen. Sehenswert sind auch die Pullover, die von weiblichen Gefangenen auf der Insel Con Dao gestrickt wurden und die vietnamesischen Worte für „Frieden" und „Freiheit" tragen. Zu besichtigen sind ferner der Querschnitt eines Modells der Tunnel von Cu Chi und eine sehenswerte Fotoserie zum Ho-Chi-Minh-Feldzug und dem Fall von Saigon.

Wie in vielen vietnamesischen Museen sind im Garten verschiedene Kriegsgerätschaften ausgestellt. Hinter den Frangipanis und den gepflegten Hecken befinden sich ein sowjetischer Panzer, ein amerikanischer Hubschrauber und ein Flugabwehrgeschütz, während vor dem Gebäude zwei Düsenjets ihren Ruhestand genießen. 🕓 tgl. 8–16 Uhr, geringes Eintrittsgeld.

Am Wasser

Über viele Jahrzehnte war der **Kai** am Zusammenfluss des Saigon-Flusses mit dem Ben Nghe-Kanal der Ort, an dem Neuankömmlinge ihren ersten echten Eindruck von Indochina bekamen. Sie sahen Hafenarbeiter mit konischen Hüten, die Reissäcke von den Schiffen an Land schleppten, im schlammigen Wasser arbeitende Garnelenfarmer und auf dem Wasser schaukelnde Dschunken und Sampans – und das alles unter den wachsamen Blicken der *colons,* die es sich in den nahe gelegenen Cafés gemütlich machten. Als Gabrielle Vassal, die Frau eines französischen Armeearztes, 1910 mit dem Dampfschiff hier ankam, beschrieb sie die Szenerie wie folgt: „Ganz Saigon war auf den Beinen. [...] Einige nahmen Freunde in Empfang, andere kamen in der Hoffnung, Bekannte zu treffen, oder einfach nur als Schaulustige. Es erinnerte an ein modisches Gartenfest, denn die Kleider und Equipagen hätten auch Paris zur Ehre gereicht." Heutzutage hat die Aktivität hier stark nachgelassen, und inzwischen handelt es sich bei vielen der hier liegenden Schiffe um schwimmende Restaurants (s.S. 178). Dennoch bekommt man bei einem Bummel über die parallel zum Fluss verlaufende Ton Duc Thang noch das eine oder andere schwer beladene Frachtschiff zu Gesicht, das aus dem Mekong-Delta kommend gerade in der Metropole einläuft. Bei Dunkelheit reflektiert das Wasser des Flusses die blauen, grünen und roten Farben der monumentalen Leuchtreklamen am jenseitigen Flussufer._

Nachdem man von der Dong Khoi kommend links in die Ton Duc Thang eingebogen ist, erreicht man schon nach kurzer Zeit den Mei Linh-Platz, der sich seit langem für das frühmorgendliche Schattenboxen großer Beliebtheit bei der Bevölkerung erfreut. Im Zentrum steht eine Statue von Tran Hung Dao, der in Richtung Fluss zeigt.

Die Ton Duc Thang hat ihren Namen von einem ehemaligen Präsidenten der Demokratischen Republik Vietnam, dessen Leben im nahe gelegenen Ton Duc Thang Museum nachgezeichnet wird. Neben einigen trostlosen Fotografien aus den vielen Jahren, die er mit dem Schälen von Reis auf der Gefängnisinsel Poulo Condore (heute Con Dao) verbrachte, bilden einige stimmungsvolle Fotos des alten Saigon und persönliche Gegenstände aus dem Leben des Mannes schon die Höhepunkte des Museums. 🕓 Di–Fr, 7.30–11.30 und 13.30–17 Uhr, geringes Eintrittsgeld.

Biegt man von der Dong Khoi kommend rechts in die Ton Duc Thang ein, gelangt man schon bald zu der Stelle, wo der **Ben Nghe-Kanal** in den Saigon-Fluss mündet. Dort kennzeichnet ein Signalmast den Ort **Pointe des Blagueurs**, was sich mit „Treffpunkt der Witzbolde" übersetzen ließe. In der Kolonialzeit versammelten sich hier die französischen Spaziergänger nach der Abendmesse, um sich den neuesten Klatsch anzuhören.

Die beeindruckende fernöstliche Dachkonstruktion der Villa gegenüber der Kanalmündung bereichert die Saigoner Silhouette seit den 60er Jahren des 19. Jhs. Das als Nha Rong („Drachenhaus") bezeichnete ehemalige Hauptquartier einer französischen Schifffahrtsgesellschaft beherbergt heute das **Ho Chi Minh Museum**, 1 Nguyen Tat Thanh, ✆ 940 2060. Der Standort ist durchaus passend, denn von dem angrenzenden Anleger aus stach Ho 1911 nach Europa in See. Doch leider vermag die Sammlung des Museums den Geist des Mannes, der seine gesamte Existenz der Befreiung seines Heimatlandes von der Kolonialherrschaft widmete, nicht einzufangen. Wer das Museum besucht, muss sich mit persönlichen Gegenständen wie Hos Wanderstock, seinem Rattankoffer, den aus Reifen gefertigten Sandalen und seiner Gießkanne begnügen. Komplettiert wird das Ganze von einer Karte mit den Stationen seiner Reisen und einigen verschwommenen Fotografien, die den großen Freiheitskämpfer bei offiziellen Empfängen zeigen. Wenn man allen Ho-Chi-Minh-Museen in Vietnam abnimmt, dass es sich bei ihren Ausstellungsstücken jeweils um Gegenstände aus dem persönlichen Besitz des großen Staatsmannes handelt, so muss Onkel Ho geradezu ein zwanghafter Hamsterer gewesen sein. 🕓 tgl. 7.30–11.30 und 13.30–16.30 Uhr, geringes Eintrittsgeld.

Heute ist das pechschwarze Wasser des Ben Nghe-Kanals fast schon unheimlich ruhig, denn die Tage, als es hier von Dschunken und Sampans nur so wimmelte, gehören längst der Vergangenheit an. Eine recht interessante Ecke tut sich aber noch an seinem Nordufer auf, wo zwei strenge und schmucklose Gebäude das Herz des **Bankenviertels** der Stadt bilden, nämlich die State Bank und der an ein Mausoleum erinnernde Klotz der Government Bank of Vietnam nebenan. Eine Alternative zum Rückweg in die Innenstadt ist ein Spaziergang in südwestlicher Richtung am Kanalufer entlang bis zur Nguyen Thai Hoc. Dort befindet sich der **Cau Ong Lanh-Markt**, ein Großmarkt, auf dem praktisch rund um die Uhr ein lautstarkes und hektisches Treiben herrscht. In den frühen Morgenstunden kann man hier die Händler beobachten, die um Preise feilschen und große Mengen Obst, Gemüse und andere Waren einkaufen, um sie im Laufe des Tages auf den kleineren Märkten der Stadt weiterzuverkaufen.

Ben Thanh-Markt und Umgebung

Hinter dem bunkerartigen Uhrturm des Ben Thanh-Marktes verbirgt sich mehr als das Rindvieh und die Meeresfrüchte, die auf seiner Fontfassade abgebildet sind. Der Markt ist bereits seit fast einem Jahrhundert der lebendigste Umschlagplatz der Stadt und trug unter den Franzosen die Bezeichnung Halles Centrales. Ben Thanh platzt angesichts der fieberhaften Aktivität beinahe aus allen Nähten, sodass viele Stände bereits auf die umliegenden Bürgersteige ausweichen mussten. Im Innern sind die Markthallen nach einem engen Gitternetzmuster angeordnet, die Gänge sind je nach Art der angebotenen Waren unterteilt. Dort wimmelt es von Einkaufslustigen, die sich zum Teil auch für die hier angebotenen Souvenirs interessieren, darunter konische Hüte, Korbwaren, Schuhe, Kaffee aus Da Lat und T-Shirts made in Vietnam. Das alles ist jedoch harmlos im Vergleich zum Frischmarkt im hinteren Bereich des Komplexes, denn dort finden sich

Eimer mit Aalen, lebendige, an den Beinen zusammengebundene Frösche, haufenweise Schweineohren und -schnauzen, Körbe voller Hühner und andere schaurige Ansichten. Wer nach diesen visuellen und olfaktorischen „Genüssen" noch Appetit verspürt, findet im hinteren Bereich der Haupthalle zahlreiche Essenstände, an denen *com, pho* und Baguettes verkauft werden.

Einen Block nordwestlich des Marktes, in der Truong Dinh, wird der Schlachtereigestank von einem Aroma aus Jasmin und Räucherstäbchen abgelöst, das aus dem **Hindu-Tempel Sri Mariamman** stammt. Die imposanten gelben Mauern des Tempels, der nicht ganz so attraktiv ist wie der Sri Thendayyutthapani (s.S. 152), werden manchmal von Händlern belagert, die hier Öl, Räucherstäbchen und Jasminblüten anbieten. Das Dach wird von einem farbenfrohen *gopuram* mit aus Stein gehauenen Götterfiguren geziert. Im Innern sind Skulpturen der Gottheiten Mariamman, Maduraiveeran und Pechiamman in Heiligtümern aus Stein untergebracht, die an die Cham-Türme der zentralvietnamesischen Küste erinnern. Im Hof befinden sich weitere Darstellungen sitzender Götter.

Nur einen kurzen Fußweg vom Ben Thanh-Markt die Pho Duc Chinh hinunter befindet sich in einer herrschaftlichen Kolonialvilla das **Kunstmuseum** von Ho-Chi-Minh-Stadt. Untergeschoss und Erdgeschoss sind kommerziellen Kunstwerken gewidmet, die hier über diverse Galerien der Stadt zum Kauf angeboten werden. Wer mit dem Gedanken spielt, ein Kunstobjekt aus Vietnam mit nach Hause zu nehmen, sollte sich hier umsehen, denn die Qualität ist beachtlich und die Werke sind zumindest teilweise erschwinglich. Der 1. Stock wird von revolutionärer Politkunst beherrscht und zeigt größtenteils recht abgedroschene Motive von Soldaten, Kriegsschauplätzen und Onkel Ho, wenngleich einige Werke die Qualen und Wirren des Krieges durchaus beeindruckend einfangen. Im 2. Stock wird es hochkarätiger, denn dort befinden sich neben einer beeindruckenden Sammlung von Statuen der Minderheiten Oc Eo und Cham vergoldete Buddhas und andere antike Gegenstände, die zu den besten des Landes zählen und schon für sich allein einen Besuch des Museums rechtfertigen. ⌚ Di–So, 9–16.45 Uhr, geringes Eintrittsgeld.

In der gegenüber dem Museum abzweigenden **Le Cong Kieu** reiht sich ein Antiquitätengeschäft mit fernöstlichem und kolonialem Nippes an das andere. Memorabilia zu Vietnams jüngerer Geschichte finden sich an den Ständen hinter dem **Dan Sinh-Markt**, wo überschüssige Armeebestände verkauft werden. Der Markt liegt zwischen der 336 und 338 Nguyen Cong Tru. Unter den angebotenen Waren befinden sich Khaki-Uniformen, Tropenhelme der Vietcong, alte Kompasse und Zippo-Feuerzeuge, in die anzügliche Weisheiten der GIs eingraviert sind.

Über den Le Duan Boulevard zum Botanischen Garten

Oberhalb der Kathedrale Notre Dame verläuft der Le Duan Boulevard vom Präsidentenpalast zum Botanischen Garten. Die Franzosen bepflanzten die von ihnen als Boulevard Norodom bezeichnete Straße mit Tamarinden, um ihr ein wenig von dem Flair einer französischen Prachtstraße zu verleihen. Schon bald entstanden zahlreiche pastellfarbene Kolonialvillen, während sich der Boulevard zu einer Enklave für *colons* und Diplomaten entwickelte. Ihren heutigen Namen trägt die Straße zu Ehren des vietnamesischen Politikers Le Duan, der ab 1959 Generalsekretär der Arbeiterpartei Lao Dong war.

US-Konsulat

Wenn man vom oberen Ende der Dong Khoi Richtung Nordosten in die Le Duan einbiegt, wird die von den eleganten kolonialen Bauwerken geschaffene Harmonie durch eine Reihe brandneuer Gebäude abrupt beendet. Eines davon ist das unscheinbare neue US-Konsulat, das auf dem Gelände der berüchtigten **Amerikanischen Botschaft** errichtet wurde, an deren Existenz und wichtige Rolle während des Vietnamkriegs nur noch eine Gedenktafel erinnert.

Die US-amerikanische Botschaft, die hier von 1967 bis 1975 ihren Dienst versah und noch bis 1999 halb verfallen als ernüchternde Hinterlassenschaft auf dem Gelände stand, ging vor allem aufgrund zweier Ereignisse während des Vietnamkriegs in die Geschichte ein. Das erste trug sich in den frühen Morgenstunden des 31. Januar 1968 zu, als es im Zuge der landesweiten Tet-Offensive

Stadttheater und Wiedervereinigungspalast

einer kleinen Gruppe von Vietcong-Kommandos gelang, die Absperrungen zu durchbrechen und auf das Botschaftsgelände vorzudringen. Die amerikanische Öffentlichkeit reagierte geschockt auf die Tatsache, dass die Nordvietnamesen in der Lage waren, einen derart wirkungsvollen Schlag gegen das Machtzentrum der Vereinigten Staaten in Vietnam auszuführen. Während des sechsstündigen Schusswechsels, der dem Angriff folgte, starben fünf amerikanische Sicherheitskräfte und mit ihnen die irrtümliche Annahme, die US Army habe den Krieg in Vietnam unter Kontrolle.

Noch schlimmer kam es sieben Jahre später, als die chaotische Hubschrauber-Evakuierung mit dem Codenamen „Operation Frequent Wind" den schmachvollen und endgültigen Rückzug der Vereinigten Staaten aus Vietnam markierte. Das Botschaftsgebäude war eine von 13 designierten Landezonen, wo sich alle Ausländer versammeln sollten, sobald sie im Radio die Worte „It is 112 degrees and rising", gefolgt von dem Bing-Crosby-Song White Christmas hörten. Am Mittag des 29. April 1975 wurde das Signal gesendet, und während der folgenden 18 Stunden flog ein Helikopter nach dem anderen die Passagiere zur 7. Flotte der US-Kriegsmarine, die vor der Küste von Vung Tau wartete. Rund 2000 Flüchtlinge wurden allein vom Dach der Botschaft evakuiert, bevor US-Botschafter Graham Martin schließlich am folgenden Morgen in aller Frühe mit dem zusammengerollten Sternenbanner unterm Arm als Letzter das Gebäude verließ. Als tragischer Ausklang zum Engagement der USA in Vietnam wurden nach dem Abheben des letzten Hubschraubers zahlreiche vietnamesische Zivilisten ihrem Schicksal überlassen; nachdem sie sich stundenlang an den Toren der Botschaft festgeklammert hatten, mussten sie sich schließlich doch den Kommunisten ergeben.

Botanischer Garten und Zoo

Wenn man den **Botanischen Garten** von Ho-Chi-Minh-Stadt betritt, der durch einen Eingang am östlichen Ende der Le Duan zugänglich ist und im Osten vom Thi Nghe-Kanal begrenzt wird, lässt das Tempo des Alltags merklich nach, und der Duft von frisch geschnittenem Rasen und Frangipani-Blüten ersetzt den Gestank der Abgase. Die gesellschaftliche Funktion der 1864 von zwei Franzosen, einem Tierarzt und einem Botaniker, gegründeten Gärten hat sich in Jahrzehnten nicht verändert, und noch immer locken die von schattigen Bäumen gesäumten Wege viele Pärchen und Spaziergänger an – wie an einem Sonntagmorgen im Jahre 1950, als der englische Schriftsteller Norman Lewis den „Gruppen vietnamesischer Schönheiten auf Fahrrädern" folgte und großen Gefallen fand an den Gärten „voller himmlischer Geschöpfe, die in schicklichen Gruppen umherschweben [...] bisweilen in Begleitung ihrer Galane". Früher beherbergte die Anlage einmal eine beeindruckende Sammlung tropischer Pflanzen, einschließlich zahlreicher Orchideenarten. Nach der Unabhängigkeit verkamen die Gärten zusehends, doch inzwischen werden sie von einem Gärtnerei-Team vernünftig gepflegt, und auch die Porträtfotografen sind wieder da und versuchen Erinnerungsfotos vor dem Hintergrund schöner Blumen unter die Leute zu bringen. 🕓 tgl. 7–22 Uhr, geringes Eintrittsgeld.

Im Innern der Anlage kommt schon bald der Zoo in Sicht, in dem Kamele, Elefanten, Krokodile, Großkatzen und sogar Komodo-Warane zu besichtigen sind, Letztere ein Geschenk der indonesischen Regierung. Der Anblick ist allerdings alles andere als erfreulich, denn der Gestank aus den altersschwachen und schmuddeligen Käfigen übersteigt bisweilen die Grenzen des Erträglichen. Attraktiver ist das kleine Aquarium, wenn es nicht gerade wieder einmal geschlossen ist. Wer Kinder dabei hat, sollte die Daumen drücken, dass die Fahrgeschäfte im **Vergnügungspark** geöffnet sind – falls nicht, tröstet vielleicht ein Eis oder eine Kokosnuss von einem der **Cafés**, die sich über das Gelände verteilen.

Historisches Museum

Ein hübsch anzuschauendes Dach im Stil einer Pagode krönt das Historische Museum der Stadt. Es beherbergt eine Reihe von Galerien, die anhand einer ordentlichen, wenngleich wenig spektakulären Ausstellung von Artefakten und Gemälden die Geschichte Vietnams von den frühen Entwicklungsstufen bis zum Ende der französischen Kolonialherrschaft nachzeichnet. Wer sich erschöpfend mit der vietnamesischen Geschichte auseinander gesetzt hat, findet in weiteren Räumen so verschiedenartige Objekte wie Buddha-Bildnisse aus ganz

Asien, Cham-Kunst aus dem 7. und 8. Jh. und Kunsthandwerksobjekte der ethnischen Minderheiten des Landes. Ein Raum ist prall gefüllt mit exquisiten Keramikgegenständen aus Japan, Thailand und Vietnam. Mit einem Besuch im **Wasserpuppentheater** (Vorstellungen stündlich 9–16 Uhr, außer 13 Uhr, geringes Eintrittsgeld) findet der Museumsbesuch einen schönen Abschluss. ⌚ Mo–Sa 8–11 und 13.30–16, So 8.30–16 Uhr, geringes Eintrittsgeld.

Wiedervereinigungspalast und Umgebung

Nach fünf Minuten Fußweg durch die grüne Parkanlage nordwestlich der Kathedrale zeigt sich die stolz aufgeblähte Flagge auf dem **Wiedervereinigungspalast**, einem weiß getünchten Betonbau mit dem geballten Charme einer städtischen Bibliothek. Das Bauwerk steht auf dem Gelände des ehemaligen Norodom-Palastes, einer kolonialzeitlichen Villa von 1871, die einst dem Generalgouverneur von Indochina als Residenz diente. Mit dem Abzug der Franzosen 1954 machte Ngo Dinh das extravagante Gebäude zu seinem Präsidentenpalast, doch nachdem das Gebäude im Februar 1962 bei einem versuchten Attentat durch zwei abtrünnige südvietnamesische Piloten schwere Schäden erlitten hatte, fand es keine Gnade mehr und wurde schließlich abgerissen. Das heutige Gebäude hieß nach seiner Fertigstellung im Jahre 1966 zunächst Unabhängigkeitspalast, nur um nach dem Fall des Südens 1975 (s.S. 160, Kasten) in Wiedervereinigungshalle umbenannt zu werden. Die Rückkehr zur Bezeichnung „Palast" geschah zweifellos einzig aus dem Grund, das Gebäude für Touristen interessanter zu machen.

Im Innern des Gebäudes scheint die Zeit auf gespenstische Weise in den 60er und 70er Jahren stehen geblieben zu sein. Beim Rundgang durch die luftigen Bankettsäle, Konferenzhallen und Empfangsbereiche fühlt man sich unweigerlich in den Unterschlupf des Oberschurken aus einem James-Bond-Film versetzt. Das Personal führt die Besucher durch die Räumlichkeiten und weist voller Stolz auf jedes Stück Porzellan, Lackarbeit, Rosenholz oder Seide hin. Am interessantesten ist der **3. Stock**, wo sich neben der Präsidentenbibliothek auch ein durch einen Vorhang verdunkelter Vorführraum und ein Salon mit einem ältlichen Rundsofa und einer fassförmigen Bar befinden. In der Nähe markieren zwei ausgestopfte Tiger (das Geschenk eines Bergvolkes) den Weg zum **Kinosaal**, wo alle halbe Stunde ein zusammenfassender Bericht des Vietnamkriegs gezeigt wird. Wenn der Abspann über den Bildschirm flimmert, ist es Zeit für einen Rundgang durch das stimmungsvolle **Kellergeschoss**, das früher als Kommandozentrale diente. In den holzvertäfelten Quartieren der Soldaten befinden sich noch archaisch anmutende Funkgeräte und riesige Landkarten an den Wänden. ⌚ tgl. 7.30–11.30 und 13.30–16.30 Uhr, Eintritt US$1 mit Führung, Eingänge in der Nam Ky Khoi Nghia und Nguyen Du.

Westlich vom Gelände des Wiedervereinigungspalastes liegt der öffentliche **Stadtpark Cong Vien Van Hoa**, dessen von schattigen Bäumen bestandene Rasenflächen jeden Sonntag zum Leben erwachen. Während der Kolonialzeit war der nördliche Bereich des Parks ein beliebter Treffpunkt der in Vietnam lebenden Franzosen, denn dort befand sich der elitäre **Cercle Sportif**, ein nur Ausländern aus dem Westen vorbehaltener Sportclub, wo sich die *colons* zum Schwimmen und Tennisspielen trafen, bevor sie bei einem Aperitif über die Ereignisse des Tages diskutierten. Beim Betrachten des baufälligen Vereinsgebäudes und des prunkvollen Schwimmbeckens mit seinen griechischen Säulen fällt es nicht schwer, sich die weiße Tenniskleidung und die Sonnenschirme der feinen Saigoner Gesellschaft vorzustellen. Mit der Zeit wurden die französischen Namen auf der Mitgliederliste durch amerikanische ersetzt, und heute befindet sich hier der Arbeitersportverein (Workers' Club), wobei die Boule spielenden Männer die koloniale Vergangenheit aber offensichtlich nicht ganz hinter sich gelassen haben.

Kriegsmuseum (War Remnants Museum)

Einen Block oberhalb des Parks steht in der 28 Vo Van Tan das Kriegsmuseum, die am häufigsten besuchte Sehenswürdigkeit in Ho-Chi-Minh-Stadt. Die früher als „Museum für Kriegsverbrechen" bezeichnete Institution hat inzwischen ihren ehemals einseitigen und anklagenden Ton zu Gunsten einer objektiveren Haltung aufgegeben. Die Exponate sprechen ohnehin größtenteils für sich und bilden ein erschreckendes Kompendium des von der modernen Kriegsmaschinerie ausgehenden Grauens. Einige der zerstörerischen Waffen sind im Hof unter freiem Himmel ausgestellt, darunter auch eine 28-Tonnen-Haubitze und eine makabere Sammlung von Bombenfragmenten.

Die Erstürmung des Präsidentenpalastes
Wenn die fieberhafte Luftbrücke vom Dach der US-Botschaft die Kapitulation der Vereinigten Staaten in Vietnam symbolisierte, so war der Vorstoß eines Panzers der Nordvietnamesischen Armee auf das Gelände des Präsidentenpalastes am 30. April 1975 der entscheidende Moment des **Falls von Saigon** und damit ganz Südvietnams.
Von den zahlreichen westlichen Journalisten, die Zeugen des Spektakels wurden, war wohl keiner besser postiert als der englische Journalist und Dichter James Fenton, der es irgendwie geschafft hatte, sich einen Platz auf dem Panzer zu sichern, der als erster durch die Tore auf das Gelände stürmte: „Der Panzer nahm Fahrt auf und rammte die linke Seite des Palasttors. Schmiedeeiserne Teile wirbelten durch die Luft, doch das Portal wollte noch nicht nachgeben. Ich fiel beinahe herunter. Als der Panzer wieder zurücksetzte, beobachtete ich, wie ein Mann mit nervösem Lächeln den mittleren Teil des Tors öffnete. Wir fuhren auf das Palastgelände und feuerten einen Salutschuss ab. Ein Soldat der Nationalen Befreiungsfront griff sich die Fahne des Vietcong, schwenkte sie über seinem Kopf und rannte in den Palast. Wenige Augenblicke später erschien er auf der Terrasse und wirbelte die Fahne wie wild im Kreis herum. Etwas später war er bereits auf dem Dach. Schließlich wurde die rot-gelb gestreifte Flagge des Saigoner Regimes eingeholt."
Im Innern des Palastes bereitete sich derweil der erst zwei Tage zuvor als Präsident vereidigte Duong Van Minh („Big Minh") auf seine letzte Amtshandlung vor. „Ich warte hier seit den frühen Morgenstunden, um Ihnen die Macht zu übergeben", sagte er zu General Bui Tin, woraufhin jener erwiderte: „Sie haben keine Macht mehr, deshalb können Sie sie auch nicht übergeben."

Zu sehen ist auch eine Guillotine, die im Zentralgefängnis in der Ly Tu Trong zunächst unter den Franzosen und später unter Diem ihren Dienst tat. Zentrales Ausstellungsstück im Hof ist jedoch ein restauriertes Flugzeug vom Typ Douglas Skyraider. Im Innern zeichnen die über mehrere Räume verteilten **Fotografien** ein grauenvolles Bild von Verstümmelung, Napalm-Verbrennungen und Folter. Am schockierendsten ist die Galerie, die sich detailliert mit den Auswirkungen von 75 Mill. Litern Entlaubungsmittel beschäftigt, die über Vietnam ausgeschüttet wurden: Neben den zu erwartenden Bildern einer kahlen Landschaft sind auch in Behältern konservierte Föten mit schrecklichen Missbildungen zu sehen. Eine Galerie mit Eindrücken vom internationalen Widerstand gegen den Krieg und der amerikanischen Friedensbewegung sorgt für etwas Ausgewogenheit und zeugt von der sich wandelnden Haltung des Museums. Es finden sich auch Berichte über Soldaten wie den amerikanischen B52-Piloten Michael Heck, die sich aus moralischen Gründen weigerten, weiterhin am Krieg teilzunehmen. Einige Gegenstände, die dem Museum von zurückgekehrten GIs geschenkt wurden, sorgen für eine weitere versöhnliche Note.

Der Museumsbesuch schließt mit der grausigen Nachbildung eines der berüchtigten **Tigerkäfige**, jenen menschenunwürdigen Gefängniszellen auf der Insel Con Son (s.S. 308/309), die direkt aus der Kulisse für den Film *Papillon* stammen könnten. Der **Souvenirshop** auf dem Gelände vor dem Museum verkauft noch aus Beständen der US Army stammendes Pulver gegen Fußpilz, militärische Erkennungsmarken und aus verschossenen Kugeln hergestellte Modelle. Gegenüber befindet sich ein **Wasserpuppentheater**, das zur Zeit der Recherche gerade renoviert wurde. 🕓 Museum tgl. 7.30–11.45 und 13.30–17.15 Uhr, geringes Eintrittsgeld.

Xa Loi-Pagode

Fünf Gehminuten westlich des Museums liegt in der 89 Ba Huyen Thanh Quan die schmucklose Xa-Loi-Pagode, die 1963 im Zentrum des buddhistischen Widerstands gegen die Regierung von Präsident Diem stand. Der schlichte, 1956 erbaute Komplex ist wenig eindrucksvoll; das auffälligste Merkmal ist noch der hohe **Turm**, der mit seinen unattraktiven, beigefarbenen Bausteinen eine

Die Selbstverbrennung des Thich Quang Duc
Am frühen Morgen des 11. Juni 1963 verließ eine Gruppe buddhistischer Mönche die Xa Loi-Pagode und begab sich zur Kreuzung der Straßen Cach Mang Thang Tam und Nguyen Dinh Chieu. Dort ließ sich Thich Quang Duc, ein 66 Jahre alter Mönch aus Hué, im Lotussitz nieder und begann zu meditieren, während seine Glaubensbrüder ihn mit Benzin übergossen und anzündeten, um gegen die Buddhistenverfolgung durch den katholischen Präsidenten Diem zu protestieren. Während der Mönch in Flammen aufging und sich die Passanten vor ihm niederwarfen, surrten und klickten unablässig die Kameras der westlichen Pressevertreter, und schon am nächsten Morgen beherrschte das grauenvolle Ereignis die Schlagzeilen der Weltpresse. Weitere Selbstverbrennungen folgten und wurden von Diem mit von Hilflosigkeit zeugender Härte beantwortet: In der Xa Loi-Pagode wurden rund 400 Mönche und Nonnen verhaftet, einige wurden sogar vom Turm in die Tiefe gestoßen. Diese Maßnahmen hatten Massendemonstrationen zur Folge, die endgültig klarmachten, dass die Tage der Regierung Diem gezählt waren. Am 2. November wurden Diem und sein Bruder in der Cha Tam-Kirche von Cholon (s.S. 166), wo sie nach einem Militärputsch Zuflucht gesucht hatten, ermordet.

Trostlosigkeit ausstrahlt, die selbst das sechsstufige Dach im fernöstlichen Stil kaum zu mildern vermag. Das über eine Doppeltreppe (Männer benutzen die linke, Frauen die rechte Seite) zugängliche **Hauptheiligtum** präsentiert sich ebenso trist. Hinter einer überdimensionalen, fantasievoll mit Murmeln und Porzellanscherben dekorierten Urne mit Räucherstäbchen öffnet sich eine hohe Halle mit einem riesigen, vergoldeten Buddha und 14 Wandmalereien mit Geschichten aus seinem Leben. Linker Hand hinter dem Rücken des Buddha entlang gelangt man zu einem Schrein zum Gedenken an Thich Quang Duc und die anderen Mönche, die sich 1963 in Saigon selbst verbrannten (s. Kasten). Quang Duc ist die gespenstische Figur mit Perlen in der Hand zur Linken des Schreins. ⏲ tgl. 7–11 und 14–17 Uhr.

Nördlich der Dien Bien Phu

Ein Bummel vom Botanischen Garten über die Nguyen Binh Khiem Richtung Nordwesten führt nach zehn Minuten zum breiten Boulevard **Dien Bien Phu**. Jenseits der Kreuzung endet die Nguyen Binh Khiem am Ufer des Thi Nghe-Kanals. Einen Block weiter westlich steht in der Mai Thi Luu die spektakuläre **Pagode des Jadekaisers**. Das Bauwerk wurde um die Wende zum 20. Jh. von der kantonesischen Gemeinde der Stadt errichtet und ist noch immer die faszinierendste Pagode in Ho-Chi-Minh-Stadt. Wer nur einen einzigen Tempel in der Stadt aufsuchen möchte, sollte sich für diesen entscheiden, denn neben exquisiten Paneelen mit vergoldeten Holzschnitzereien findet sich eine Fülle von seltsamen und wunderbaren Gottheiten aus dem daoistischen und dem buddhistischen Pantheon unter einem mit zahlreichen Drachen, Vögeln und anderen Tieren beladenen Dach.

Im von Bäumen gesäumten Hof vor dem Gebäude befindet sich ein schmutziger Teich, dessen Bewohnern der Tempel seinen Beinamen „Schildkrötenpagode“ zu verdanken hat. Sobald sich die Augen nach dem Übertreten der Schwelle zur Pagode an den Nebel der Räucherstäbchen gewöhnt haben, ist oben in chinesischen Schriftzeichen zu lesen: „Die wahre Erleuchtung ist im Himmel“. Über dem zentralen Altar in der Haupthalle schwingt als Statue mit einem beeindruckenden Schnurrbart der Jadekaiser das Zepter. Er ist es auch, der über den Eintritt in den Himmel zu wachen hat, wobei er von zwei Himmelswärtern unterstützt wird, von denen einer eine Lampe trägt, um den Tugendhaften den Weg zu weisen, während der andere eine Unheil verkündende Axt in der Hand hält.

In der Kammer zur Rechten der Haupthalle führt eine wacklige Treppe zu einem Balkon hinauf, von dem das aufwändig gestaltete Dach der Pagode bewundert werden kann. Hinter dem Balkon steht eine mit einem Heiligenschein aus Neon versehene Statue von Quan Am auf einem Altar, auf dem sich Opfergaben wie Lotusblumen und Früchte türmen. Links der Haupthalle stößt der Besucher auf die Statue von Kim Hua, zu der die Frauen um Fruchtbarkeit beten. In der größeren Kammer hinter Kim Huas Nische residiert der Höllenkönig, der aber gar nicht besonders dämonisch wirkt, während seinen schwarz gekleideten Helfern durchaus zuzutrauen ist, dass sie ohne mit der Wimper zu zucken die Art Bestrafungen vollstrecken, die auf den zehn dunklen Holzreliefs an den Wänden dargestellt sind. ⏲ tgl. 6–18 Uhr.

Einen Kurzbesuch wert, wenn man sich gerade in der Nähe aufhält, aber insgesamt weniger beeindruckend ist der **Tran Hung Dao-Tempel** ein paar hundert Meter westlich der Pagode des Jadekaisers in der 36 Vo Thi Sau. Der 1932 erbaute und 1973 rekonstruierte Tempel ist dem legendären Militärstrategen Tran Hung Dao geweiht, der 1287 dem 300 000 Mann starken mongolischen Invasionsheer unter Kublai Khan eine vernichtende Niederlage beibrachte, indem er die Flotte der Mongolen in eine Sperre aus Bambusspeeren trieb, mit denen er zuvor den Bach Dang-Fluss hatte präparieren lassen (s.S. 81). Tran Hung Dao untermauerte seine Entschlossenheit, das Vaterland zu verteidigen, auch dadurch, dass er die Worte *sat dat* („Tod dem Feind") auf die Arme seiner Soldaten tätowieren ließ.

Der bescheidene Hof des Tempels wird von einer Statue des großen Feldherrn dominiert, die einen entsprechend kriegerischen Eindruck macht, wenn man einmal von den zierlichen Schuhen absieht. Vor der wenig ansprechenden Tempelfassade wachen zwei knallig bunte Tiger, deren aufgerissene Mäuler gelegentlich von Gläubigen und Hausmeistern mit rohem Fleisch gefüllt werden, weit häufiger jedoch mit brennenden Räucherstäbchen. ⏲ tgl. 7–11 und 14–17 Uhr.

In einem Pavillon zur Rechten des Tempels wird eine kleine Ausstellung über die Tran-Dynastie aus dem 13. und 14. Jh. gezeigt. Dem Tempel gegenüber liegt auf dem Gelände des ehemaligen französischen Friedhofs der **Le Van Tam-Park**. Heute erinnert nichts mehr an die Gräber der ersten Soldaten, Seefahrer, Händler und Siedler, die hier einst zur letzten Ruhe gebettet wurden.

Ein weiterer Nationalheld, Marschall **Le Van Duyet**, wird im gleichnamigen Tempel verehrt, der unter den Einheimischen als Lang Ong bekannt ist und am oberen Ende der Dinh Tien Hoang an der Stelle steht, wo sich früher die **Zitadelle Gia Dinh** befand. Le Van Duyet war ein Militär-Mandarin und Eunuch, der um die Wende zum 19. Jh. lebte und als seinen größten Erfolg die Niederschlagung des Tay-Son-Aufstands feiern konnte. Später wurde er zum Militärgouverneur von Gia Dinh ernannt, doch ist er wegen seiner Unterstützung der Expansionsbestrebungen der Franzosen bei der heutigen Regierung nicht gut angeschrieben, womit auch das bedauernswerte Erscheinungsbild des Tempels zu erklären ist. Bei einem Spaziergang über das Gelände kommt man an zwei nicht näher gekennzeichneten, ovalen Hügeln vorbei, unter denen der Marschall und seine Ehefrau begraben liegen. Die Fassade des aus drei Hallen bestehenden Tempels ist mit Einhornmotiven aus Porzellanscherben dekoriert, doch das wenig stimmungsvolle Bauwerk hinterlässt insgesamt einen eher schäbigen Eindruck. In der ersten Halle stehen auf einem mit Drachen, Einhörnern und Phönixen übersäten Altar zwei Porträts des Marschalls. Hinter dem Altar befindet sich ein Sammelsurium von Objekten, darunter Glasscherben, Porzellan, Waffen und Roben, die teils dem Marschall gehörten und teils von seinen Bewunderern hier abgelegt wurden. Am ersten Tag des 8. Mondmonats, dem Geburtstag des Marschalls, wird sein Leben von einer Schauspieltruppe in Szene gesetzt. Auch während des Tet-Festes versammeln sich hier viele Pilger, um für ihr Wohlergehen im kommenden Jahr zu beten. Ansonsten trifft man auf Gläubige, die mit ihren Glücksstäbchen klappern oder einen der zahlreichen Wahrsager konsultieren, die hier ihr florierendes Geschäft betreiben. ⏲ tgl. 6–17 Uhr.

Es bedarf schon einer Fahrt mit dem Cyclo, um vom Le Van Duyet-Tempel zur eleganten **Vinh Nghiem-Pagode** zu gelangen, deren Besuch aber keineswegs ein Muss ist. Das geräumige Heiligtum und der hohe Turm blicken auf ein schmuckloses Kriegsmahnmal auf der anderen Seite der Nam Ky Khoi Nghia hinab. Die Pagode macht einen äußerst gepflegten Eindruck, und der Hausmeister scheint viel Wert darauf zu legen, dass es auch so bleibt; Gäste müssen die Schuhe ausziehen, und Räucherstäbchen bleiben auf eine lotusförmige Urne vor dem Gebäude beschränkt. Im Innern sitzt ein riesiger, goldener Buddha auf einer Lotusblüte und wacht gelassen über das Geschehen. Er wird von Schülern flankiert, doch auffälliger sind die kunstvollen Holzschnitzereien, von denen die Figuren umgeben sind. Hinter dem Heiligtum steht ein dreistöckiger Gedenkturm, der als Verwahrungsort für sorgfältig beschriftete Kera-

Die Pagode des Jadekaisers, errichtet um die Wende zum 20. Jh.

mikurnen dient. Jede trägt das Bild, den Namen und das Todesdatum des Verstorbenen, dessen Asche sie birgt, und die anwesenden Mönche legen Opfergaben in Form von Reis und Tee vor den Urnen ab.

Von der Halle führt eine Terrasse zum siebenstöckigen Turm, den man auch besteigen kann, doch außer einer Statue von Quan Am in jedem Stockwerk gibt es nichts zu sehen. Unterhalb der Terrasse und in der dahinter liegenden Schule widmen sich die Mönche eifrig ihren Studien. In einem Bambushain hinter dem Hauptheiligtum befindet sich ein Lager, das bis unters Dach mit mehreren Tausend Bestattungsurnen voll gestopft ist. Unmittelbar dahinter fließt als unwürdiger Kontrast zu der friedlichen und schmucken Pagode eine stinkende und mit Abfällen übersäte Kanalkloake dahin. ⏲ tgl. 7–11 und 13.30–17 Uhr.

Cholon

Das ehemalige chinesische Ghetto Cholon mit seinem dichten Gewirr aus Straßen und Gassen war früher eine eigenständige Stadt neben Saigon, mit dem es durch die 5 km lange „Nabelschnur" **Tran Hung Dao** verbunden ist. Doch bereits 1950 waren die Grenzen zwischen den beiden Städten schon so sehr verwischt, dass der amerikanische Reiseschriftsteller Norman Lewis kommentierte, die Chinatown sei „derart gewachsen, dass sie langsam zu Saigons groteskem siamesischen Zwilling wird". Der ständige Zustrom von Flüchtlingen während der Kriegsjahre sorgte dafür, dass die beiden Bezirke schließlich durch ungebremste urbane Bautätigkeit miteinander verschmolzen. Dennoch werden die Unterschiede bei einem Bummel durch Cholon, dessen Name „großer Markt" treffender nicht sein könnte, sehr schnell offenkundig, denn selbst für Saigoner Verhältnisse herrscht hier eine geradezu frenetische Handelstätigkeit. Die größten der vielen überdachten Märkte Cholons sind der 1991 errichtete, fünfstöckige **An Dong** nahe der Tran Phu und der neuere, aber nicht minder gigantische **An Dong II**. Wer in erster Linie schauen und nicht kaufen möchte, wird den historischen Markt Binh Tay wesentlich interessanter finden.

Cholon lässt sich am besten genießen, wenn man sich einfach vom Strudel des geschäftigen Alltags mitreißen lässt: Barbiere, die am Straßenrand mit flinkem Schnitt ihr Gewerbe ausüben, Vogelverkäufer, die sich vor den baufälligen Pagoden und Tempeln niedergelassen haben, pulsierende Märkte, auf denen das unaufhörliche Geplapper der Fischverkäufer zu vernehmen ist, und Läden, in denen Pilze, getrocknete Garnelen und Reispapier feilgeboten werden.

Die ersten **Chinesen** (Hoa) siedelten sich hier um die Wende zum 19. Jh. an. Viele von ihnen kamen aus den bereits existierenden Enklaven My Tho und Bien Hoa. Schon bald entwickelte sich die neue Siedlung zur größten Hoa-Gemeinde des Landes, die sie mit einer Bevölkerung von über einer halben Million auch heute noch ist. Die Emigranten zog es jeweils zu Angehörigen der eigenen Volksgruppe, und so bildeten sich eigene Tempel und spezielle Handelsnischen für die einzelnen Gemeinden heraus: Die aus Kanton stammenden Chinesen übernahmen den Einzelhandel, die aus Teochew verkauften Tee und Fisch und die aus Fujian Reis, um nur einige zu nennen.

Die großen Reichtümer, die in Cholon erzeugt wurden, mussten aber auch irgendwie wieder ausgegeben werden, und so entstanden Anfang des 20. Jhs. zahlreiche Nobelrestaurants, Spielkasinos und Bordelle. Ebenfalls weit verbreitet waren **Opiumhöhlen**, in denen sich die Gäste auf kühlen und bequemen Holzbetten fläzten und in Ruhe ihre Pfeifen rauchten. Unter den in Vietnam lebenden Ausländern und wohlhabenden Asiaten, die sich dort häufiger aufhielten, befand sich auch Graham Greene, der seine Erfahrungen in Cholon in seiner Autobiografie *Fluchtwege* für die Nachwelt festhielt. In den 50er Jahren des 20. Jhs. war Cholon ein gefährliches Pflaster, dessen lasterhafte Geschäfte von dem nach Art der Mafia organisierten Verbrechersyndikat der **Binh Xuyen** kontrolliert wurden. Die Franzosen und später auch die Amerikaner wagten sich kaum hierher, während die Aktivisten des Vietminh und des Vietcong in den dicht bevölkerten Nebenstraßen und Gassen Unterschlupf fanden.

Nach der Wiedervereinigung ging Cholon schweren Zeiten entgegen. In dem Maße, in dem Hanoi sich zunehmend nach der Sowjetunion ausrichtete, kam es auch vermehrt zu sino-vietnamesischen Spannungen. Verschlimmert wurde die Lage durch die wirtschaftliche Unterdrückung der Hoa. Als Vietnam schließlich in das von China unterstützte Kambodscha einmarschierte, entfesselte Beijing als Strafexpedition einen **Grenzkrieg** im Norden. Mehrere Hunderttausend Chinesen, davon auch sehr viele aus Cholon, flohen aus Furcht vor Vergeltungsmaßnahmen auf kaum seetüchtigen Schiffen und Booten aus Vietnam.

Heutzutage wird der ausgeprägte Geschäftssinn der Chinesen von den lokalen Behörden wieder geschätzt, und die Spannungen, die über ein Jahrzehnt lang in Cholon herrschten, gehören der Vergangenheit an. Die **Tran Hung Dao** ist nach wie vor die Hauptschlagader der Enklave. Von Saigon aus erreicht man das Zentrum des Viertels, indem man vom Ben Thanh-Markt die Tran Hung Dao immer Richtung Südwesten fährt. Das beste und billigste Transportmittel ist ein öffentlicher Bus in den westlichen Teil von Cholon, von wo aus sich die Gegend gut zu Fuß erkunden lässt.

Binh Tay-Markt und Umgebung

Die Busse spucken ihre Passagiere auf dem Busbahnhof am Westrand Cholons aus, von dem der überschäumende Binh Tay-Markt in der Thap Muoi nur einen Steinwurf entfernt liegt. Auf den ersten Blick erweckt der Markt angesichts seiner mehrstufigen, senfgelben Dächer mit den gewundenen Drachen den Eindruck eines riesigen Tempelkomplexes. Im Innern wird jedoch sofort unmissverständlich klar, dass hier nichts weiter als der schnöde Mammon verehrt wird. Kein Ort verkörpert Cholons pulsierende Kommerzialisierung deutlicher als Binh Tay, in dessen klar strukturierten Gängen unzählige Stände alle möglichen Produkte anbieten, darunter getrockneten Fisch, eingelegtes Gemüse, an Ort und Stelle gestampfte Chilipaste und jede Menge Töpferwaren. Eingerahmt wird der Markt von zwei baufälligen Kaufhausblöcken, die jeweils von vier maurischen Kuppeln gekrönt werden, während der Haupteingang

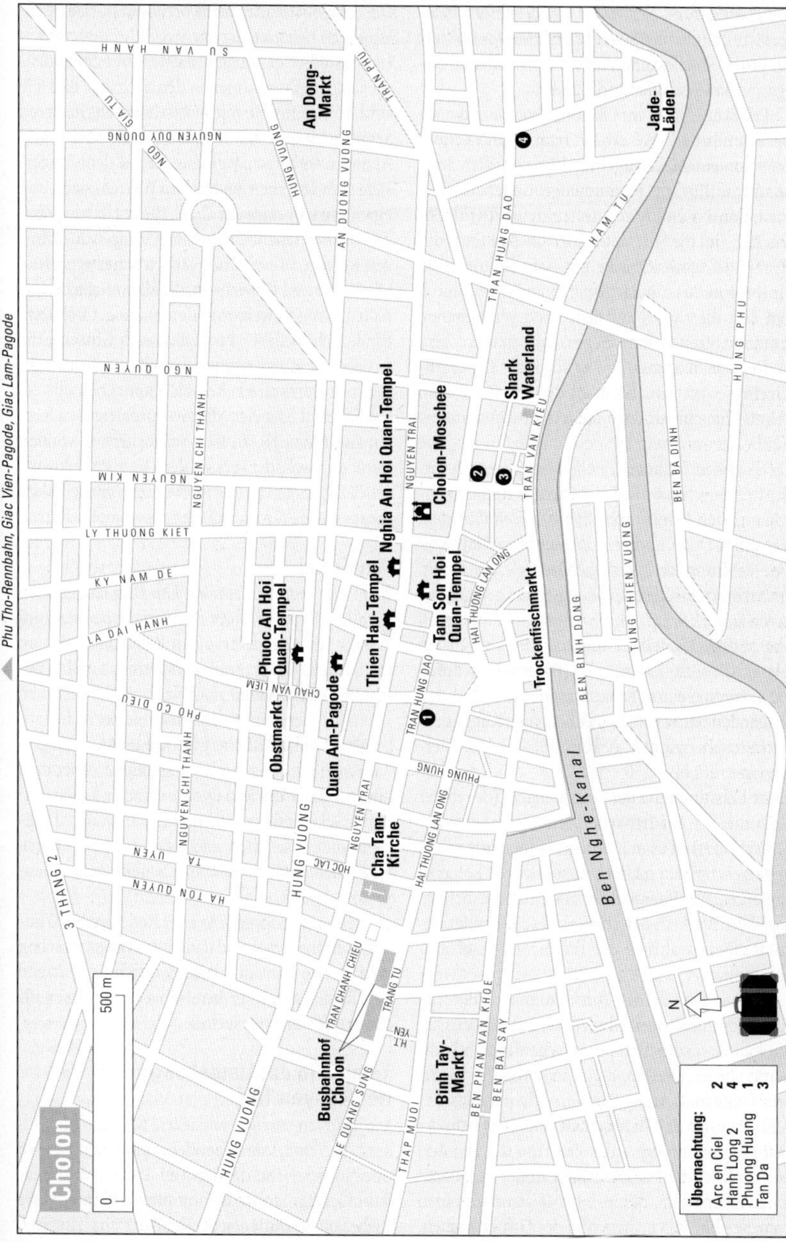
Phu Tho-Rennbahn, Giac Vien-Pagode, Giac Lam-Pagode
Cholon
0
500 m
Übernachtung:
Arc en Ciel 2
Hanh Long 2 4
Phuong Huang 1
Tan Da 3
N
Busbahnhof Cholon
Binh Tay-Markt
Cha Tam-Kirche
Quan Am-Pagode
Obstmarkt
Phuoc An Hoi Quan-Tempel
Thien Hau-Tempel
Tam Son Hoi Quan-Tempel
Nghia An Hoi Quan-Tempel
Cholon-Moschee
Trockenfischmarkt
Shark Waterland
An Dong-Markt
Jade-Läden
Ben Nghe-Kanal
HUNG VUONG
LE QUANG SUNG
THAP MUOI
BEN PHAN VAN KHOE
BEN BAI SAY
H.T. YEN
TRANG TU
TRAN CHANH CHIEU
3 THANG 2
HA TON QUYEN
TA UYEN
NGUYEN CHI THANH
HOC LAC
NGUYEN TRAI
HAI THUONG LAN ONG
PHUNG HUNG
TRAN HUNG DAO
PHO CO DIEU
CHAU VAN LIEM
LA DAI HANH
KY NAM DE
LY THUONG KIET
NGUYEN KIM
NGO QUYEN
BEN BINH DONG
TUNG THIEN VUONG
BEN BA DINH
TRAN VAN KIEU
HUNG PHU
HAM TU
AN DUONG VUONG
NGO
GIA TU
NGUYEN DUY DUONG
SU VAN HANH
TRAN PHU

von einer ganzen Armee aus Cyclo-Fahrern belagert wird. Hinter der Südseite des Marktes serviert ein provisorischer Stand neben dem nächsten billige Snacks für Käufer und Händler.

Ein Spaziergang vom Busbahnhof Cholon nach Norden führt schon bald zur **Tran Chanh Chieu**, einer von einem **Geflügelmarkt** verstopften Straße mit in Bündeln zusammengebundenen Hühnern, Gänsen und Enten. **Getreide und Hülsenfrüchte** sind die Spezialität am östlichen Ende der Straße, wo schwere Säcke mit Reis, Bohnen und Linsen eine Art Hindernisparcours bilden, durch den sich die Cyclos auf dem noch verbliebenen schmalen Streifen ihren Weg zu bahnen versuchen.

Der schlanke, rosafarbene Turm der **Cha Tam-Kirche** schaut von Osten auf die überfüllte Tran Chanh Chieu hinab, doch muss man schon um die Kirche herumgehen, um den Eingang in der Hoc Lac zu finden. In dieser unscheinbaren kleinen Kirche mit dem fernöstlichen Außentor und den frischen gelben Wänden verschanzten sich Präsident Ngo Dinh Diem und sein Bruder Ngo Dinh Nhu am 1. November 1963, nachdem sie bei einem Staatsstreich aus dem Gia Long-Palast gejagt worden waren (s.S. 166). Früh am nächsten Morgen übermittelte Diem den Anführern der Putschisten telefonisch seine Kapitulation. Die Brüder wurden daraufhin von einem Panzerwagen vom Typ M-113 abgeholt, doch bevor sie das Zentrum Saigons erreicht hatten, wurden sie von ARVN-Soldaten erschossen.

Mit Zustimmung des Hausmeisters (der in der Hoffnung auf ein Trinkgeld immer irgendwo herumschwirrt) ist es möglich, den **Glockenturm** zu besteigen, um den schönen Ausblick auf Cholon zu genießen. Der Hausmeister zeigt den Besuchern sogar die Bank, in der Diem und sein Bruder betend saßen, während sie ihrem Schicksal entgegensahen.

Wer aus der Cha Tam-Kirche kommend die Tran Hung Dao entlang geht, findet sich unversehens auf Cholons ebenso riesigem wie farbenfrohem Stoffmarkt wieder. Läuft man hingegen von der Kirche fünf Minuten Richtung Fluss, erreicht man das östliche Ende der **Hai Thuong Lan Ong**. Dort befindet sich schon seit langem das Zentrum des Handels mit traditionellen chinesischen und vietnamesischen Heilmitteln, die in ihrer Gesamtheit einen unangenehm süßen Geruch in der Luft verbreiten. Die Straße ist nach einem berühmtem Naturheilkundigen benannt, der vor zwei Jahrhunderten in Hanoi studierte und praktizierte. Ein schmuddeliger Laden reiht sich hier an den nächsten, und alle sind voll gepfropft mit Holzschränken, in deren Schubladen sich alle möglichen Heilkräuter und Arzneien verbergen. Wer über die auf dem Bürgersteig zum Trocknen ausgelegten Wurzeln steigt und einen Blick in eines der Geschäfte wirft, wird Zeuge, wie die Präparate auf uralten Waagen ausgewogen werden. Drum herum stehen stapelweise Kisten, Krüge und Papiertüten, die alles mögliche enthalten – von Geweihextrakten bis zu getrockneter Rinde. Sehr beliebt ist natürlich auch **Ginseng**, die fernöstliche Wunderwaffe gegen alle möglichen Leiden von Herzkrankheiten bis Akne. Ebenfalls erhältlich sind Arzneien, die aus körpereigenen Stoffen von Affen, Tigern und Nashörnern gewonnen werden, obwohl der Verkauf derartiger Produkte gesetzlich verboten ist. Als recht unverhohlene Reklame für diese Präparate dienen ausgestopfte Tiere.

Am Kanal

Biegt man von der Thuong Lan Ong nach Süden Richtung Kanal ab, stößt man auf die parallel zum Wasser verlaufende Tran Van Kieu. Die Läden an der Südseite dieser Straße versperren den Blick auf den **Ben Nghe-Kanal**, doch wenn man hinter dem streng riechenden **Trockenfischmarkt** rechts abbiegt und auf die Brücke geht, sieht man die Lagerhäuser, Pfahlbauten und Bootsschuppen über dem öligen Wasser des Kanals. Alte Männer kauern auf der Brücke und versuchen ein paar Dong zu machen, indem sie allen möglichen Nippes vor sich ausbreiten, darunter seltsame Schuhe, Schraubenschlüssel und Löffel.

Geht man dagegen bis zum Ende der Hai Thuong Lan Ong weiter und dann nach Osten, ist schon bald die Ben Ham Tu erreicht, wo mehrere Dutzend Geschäfte Kapital aus dem Faible der Chinesen für **Jade** zu schlagen versuchen.

Tempel in der Umgebung der Nguyen Trai

Die größten architektonischen Schätze Cholons sind die Tempel und Pagoden, von denen viele in oder in der Nähe der Nguyen Trai stehen, einer 4 km langen Straße, die unmittelbar hinter einer Reihe von Friseurläden oberhalb der Cha Tam-Kirche beginnt und Richtung Nordosten bis zur Pham Ngu Lao verläuft. An der Kreuzung mit der Phung Hung herrscht auf dem **Obst- und Gemüsemarkt** zur Linken hektisches Treiben, während zahlreiche Geschäfte auf der anderen Seite chinesischen Schweinebraten, Wurst und Hühnerfleisch verkaufen. Es folgt die Kreuzung mit der Chau Van Liem, wo es links zur **Quan Am-Pagode** geht, die abseits des Rummels von Cholon in der kleinen Lao Tu steht. Ihre Existenz lässt sich bereits vorher durch eine Reihe von Ständen erahnen, an denen Räucherstäbchen und Vögel in Käfigen angeboten werden. Über dem Ort liegt eine deutlich spürbare Atmosphäre der Erhabenheit und des Alters. Vor dem Betreten der Pagode lohnt sich ein Blick von außen, denn das geschwungene Dach schmücken fantastische und farbenfrohe Keramikverzierungen, die traditionellen chinesischen Theaterstücken und Geschichten entstammen. Sie zeigen Schiffe, Häuser, Menschen und wilde Drachen und erwekken aus der Ferne den Eindruck eines Pfefferkuchenhäuschens. Neben den beiden Türgöttern und den beiden Steinlöwen, die böse Geister fernhalten sollen, sind auf vergoldeten Tafeln Motive und Szenen aus dem traditionellen Leben am chinesischen Kaiserhof verewigt, darunter Tänzer, Musiker, Adlige in Sänften und Figuren beim Damespiel.

Als Cholons Gemeinde der Fujian-Chinesen die Pagode vor über einem Jahrhundert errichtete, widmete sie den Tempel der Göttin der Barmherzigkeit. Im Zentrum der Haupthalle steht hingegen die heilige Mutter und himmlische Kaiserin A Pho hinter einem Altar, der entfernt an einen Grabstein erinnert. Der dahinter liegende Hof wird von einem ganzen Pantheon von Gottheiten bevölkert und lockt einen ständigen Strom von Gläubigen an. Am auffälligsten sind die beiden Statuen der Quan Am – eine mit dem Rücken zu A Pho, die andere in würdevollem Dunkelgold.

Der Kalligraph mit seinem Stand im Flur rechts der Hauptkammer malt für ca. US$1 den Namen seines Kunden auf ein Gebetspapier. Die Schildkröten in dem winzigen Teich daneben fallen ebenfalls in seine Zuständigkeit, und manchmal lässt er den Tieren kleine Bananenstückchen zukommen, während er seine Gebete zu Papier bringt. In den Öfen beiderseits der Hauptkammer werden unentwegt falsche Geldscheine und Räucherstäbchen als Opfergaben verbrannt.

Der drei Gehminuten nördlich der Quan Am-Pagode gelegene **Phuoc An Hoi Quan** ist ein faszinierender Tempel, der um die Jahrhundertwende scheinbar mitten auf das Grundstück eines chinesischen Kaufmanns gesetzt wurde. Hinter den drohenden Drachen, den Meeresungeheuern auf dem Dach und der vorzüglichen Holzschnitzerei über dem Eingang mit dem Motiv eines Königs, der sich von Turnierkämpfern und Sängern unterhalten lässt, liegt das Heiligtum des Tempels mit der stattlichen Statue des sitzenden Quan Cong, den man sofort an seinem blutroten Gesicht erkennt. Davor stehen zwei Störche auf Schildkrötenpanzern, die aus unzähligen Keramikscherben gefertigt wurden. Am fantastischsten sind jedoch die Kammern beiderseits der Statue, die prall gefüllt sind mit Einrichtungsgegenständen aus Rosenholz, großartigen alten Uhren, gerahmten Spiegeln, fleckigen Fotografien und präparierten Hirschköpfen.

Der **Thien-Hau-Tempel** in der Nguyen Trai wird vor allem von einheimischen Frauen aufgesucht, die Me Sanh, der Göttin der Fruchtbarkeit, und Long Mau, der Göttin der Mütter und Neugeborenen, ihre Opfergaben darbringen. Als kantonesische Einwanderer den Tempel Mitte des 19. Jhs. erbauten, benannten sie ihn nach Thien Hau, der Beschützerin der Seefahrer. Wer gerade aus China angekommen war, begab sich unverzüglich hierher, um der Göttin für das sichere Geleit im Südchinesischen Meer zu danken. Drei Statuen der Göttin stehen hintereinander auf dem Altar, während ein auffälliges Gemälde an der vorderen Innenwand eine Szene beschreibt, in der Thien Hau einige wild schaukelnde Schiffe sicher durch das vom Sturm gepeitschte Meer führt. Das attraktivste Detail des Tempels ist sein Dach, auf dem sich so viele Figuren tummeln, dass man sich fragt, wie diejenigen ganz außen überhaupt ihr Gleichgewicht halten können.

Zwei weitere religiöse Stätten – die man auch durchaus auslassen kann, wenn man der Pagoden überdrüssig geworden ist – stehen sich 100 m weiter in der Nguyen Trai direkt gegenüber. Hinter den Türgöttern mit den beeindruckenden Schnurrbärten liegt der wenig ansehnliche **Nghia An Hoi Quan-Tempel**, dessen Ruhe nur gelegentlich durch das Rasseln der Glücksstäbchen am Altar oder die Geräusche vom Schulhof nebenan gestört wird. Auch hier beherrscht der rötliche Quan Cong in seinem leuchtend grünen Gewand die Szenerie, flankiert von seinen Adjutanten, dem kulleräugigen General Chau Xuong und dem Mandarin Quan Binh. Wer noch ein Auge für Dachverzierungen hat, sollte sich die recht hübschen Pfaue, Fische und Lämmer auf den Dachvorsprüngen des Tempels anschauen.

Die Pferderennbahn Phu Tho

Es gibt kein deutlicheres Symbol für das Wiederaufleben des Kapitalismus in Ho-Chi-Minh-Stadt als die unmittelbar nördlich von Cholon in der 2 Le Dai Hanh gelegene Pferderennbahn Phu Tho, ✆ 855 1205. Nach der „Befreiung“ des Südens 1975 wurden Glücksspiel und Wetten zum Inbegriff der Dekadenz erklärt und unter Strafe gestellt. Erst 1989 war das politische Klima im Land so weit liberalisiert, dass die Rennbahn ihre Pforten wieder öffnen konnte. Die **Renntage** (Samstag- und Sonntagnachmittag 12–16.30 Uhr) locken regelmäßig Tausende Wettbegeisterte an, die insgesamt für einen Tagesumsatz von über US$30 000 sorgen. Um die staubige Rennstrecke verläuft ein Drahtzaun, der angeblich verhindern soll, dass Zuschauer die Pferde mit Steinen bewerfen und so den Ausgang des Rennens manipulieren. Doch derart miese Tricks beschränken sich nicht nur auf die Haupttribüne, ein baufälliges Relikt aus der Kolonialzeit; auch unerlaubtes Doping der Rennpferde ist nicht unbekannt, und einige Jockeys, unter denen viele nicht einmal 14 Jahre alt sind, wurden bereits bei der Annahme von Bestechungsgeldern erwischt, für die sie ein Rennen absichtlich verlieren.

Heute werden in Ho-Chi-Minh-Stadt Hunderte Rennpferde gehalten, deren Bestand stetig durch zu Zuchtzwecken eingeführte Pferde aus Europa und Hongkong aufgebessert wird. Auch Ausländer dürfen auf der Rennbahn wetten und müssen wie alle anderen den Einlauf des ersten *und* des zweitplatzierten Pferdes korrekt tippen, um einen Gewinn einzustreichen. Sämtliche **Wetten** werden vor Ort auf der Rennbahn abgeschlossen, wobei der Höchsteinsatz umgerechnet ca. US$2 beträgt. Auf den Tribünen treiben sich sehr viele Taschendiebe herum, sodass der Extra-Dollar für den Zugang zur über der Tribüne liegenden Terrasse gut angelegt ist.

Auf der anderen Straßenseite, allerdings mit dem Eingang in der Trieu Quang Phuc, macht der **Tam Son Hoi Quan-Tempel** ebenfalls einen ziemlich Mitleid erregenden Eindruck. Auch hier finden sich wieder Statuen von Quan Cong, Thien Hau und zu ihrer Linken Me Sanh mit ihren Töchtern. Beachtenswert ist das Drachentanzkostüm in der Kammer zur Linken der Haupthalle.

Jenseits der Kreuzung der Nguyen Trai mit der Ly Thuong Kiet steht die **Moschee von Cholon** etwas gewöhnungsbedürftig inmitten einer ansonsten durch und durch chinesischen Umgebung. Aufgrund seiner schlichten Bauweise und der schlanken Minarette steht das weißblaue Gebäude mit den grünen Geländern in starkem Kontrast zu den benachbarten Pagoden.

Nördlich von Cholon

Zwei der faszinierenderen Sakralbauten von Ho-Chi-Minh-Stadt, die Pagoden Giac Lam und Giac Vien, liegen etwas außerhalb nördlich von Cholon. Dort befindet sich auch die beliebte **Pferderennbahn Phu Tho**, wo man sein Glück beim Wetten versuchen kann. Da sich die beiden Pagoden sehr ähneln, reicht es im Grunde aus, wenn man eine von beiden besichtigt. Egal welche das ist, die Cyclo-Fahrer im Stadtzentrum kennen den Weg dorthin. Die Giac Vien-Pagode grenzt an den **Dam Sen**, einen weitläufigen Freizeitpark voller kitschiger, aber recht vergnüglicher Attraktionen.

Giac Lam-Pagode

Das Eingangstor zum weitläufigen Gelände der Giac Lam-Pagode befindet sich in der Lac Long Quan, 200 m nordöstlich der Kreuzung mit der Le Dai Hanh. Von dort führt ein kurzer Weg zur Pagode, vorbei an mehreren Mönchsgräbern und einem neuen sechsstöckigen Turm, der bestiegen werden kann und gute Ausblicke auf die Stadt bietet. Der 1744 erbauten Giac Lam sieht man ihr Alter an. Sie wird von ungefähr 100 Hartholzpfeilern gestützt, die allesamt mit Inschriften in Form traditioneller *chu nom*-Schriftzeichen versehen sind. Terrakotta-Bodenfliesen, extravagante Kronleuchter, uralte Tische, an denen die Mönche ihren Tee trinken, und zahlreiche weitere antike Gegenstände verleihen Giac Lam eine auf reizvolle Weise angestaubte, altehrwürdige Atmosphäre.

Das reich verzierte Dach des Thien-Hau-Tempels in Cholon (Chinatown)

Der **Eingang** im hinteren Bereich der rechten Außenmauer führt in eine von Spinnweben verhangene **Begräbniskammer**, in der reihenweise vergoldete Grabtafeln über den Fotos verstorbener Personen aufgestellt sind. Die vielarmige Göttin im Zentrum des Raumes wird von Lichtstrahlen erleuchtet, die durch die Dachfenster eindringen. Es handelt sich um Chuan De, eine Manifestation der Göttin der Barmherzigkeit. Nach rechts geht es hinaus in den **Hofgarten**, der von einem mit ungewöhnlichen blauen und weißen Porzellanfliesen dekorierten Dachfirst umlaufen wird. Zentraler Blickfang des Gartens ist ein malerischer Berg im Miniaturformat mit Modellbrücken, -Pagoden und Grünflächen. In früheren Zeiten saßen die Mönche zum Lernen auf den großen Holzbänken in dem freundlichen alten **Studierzimmer** im hinteren Bereich des Komplexes, der auch heute noch dem Studium der Schriften dient. In diesem Raum finden sich Darstellungen der zehn buddhistischen Höllen. Wer genau hinschaut, erkennt grausige Szenen von Sündern, die buchstäblich zu Hackfleisch verarbeitet und den Hunden zum Fraß vorgeworfen werden; anderen werden von lechzenden Dämonen die Gliedmaßen ausgerissen und die Eingeweide herausgenommen.

Vom Eingang aus gesehen zur Linken der Begräbniskammer liegt das **Hauptheiligtum** (vor dem Betreten sind die Schuhe auszuziehen), dessen mehrstufiger Altar unter dem Gewicht der zahlreichen buddhistischen und daoistischen Statuen zu ächzen scheint. In dem Raum steht auch eine Holzkonstruktion mit Öllampen, die an einen Weihnachtsbaum erinnert. Die Gläubigen schreiben Gebete auf Papier, die sie dann an den Baum heften, bevor sie als Opfergabe Öl in die

Lampen nachfüllen. Ein ähnliches Ritual ist mit der Glocke im gegenüber liegenden Bereich des Raumes verbunden: Wenn man sie läutet, wird, so der Glaube, das eigene Gebet zu den Göttern getragen.

Giac Vien-Pagode

Von der Giac Lam-Pagode kommend führt ein Spaziergang über die Lac Long Quan in südwestlicher Richtung zur Giac Vien-Pagode. Um sie zu erreichen, muss man zwischen den Hausnummern 247 und 249 rechts abbiegen (wenn man die Binh Thoi zur Linken sehen kann, ist man zu weit gelaufen), dann die nächste Straße wieder links und die nächste rechts. Der Weg zur Pagode wird von Baracken und Hütten gesäumt, die inzwischen sogar bis auf den Mönchsfriedhof vor dem Tempel vorgedrungen sind. Die im 18. Jh. errichtete Pagode soll damals häufiger von Kaiser Gia Long aufgesucht worden sein und weist eine Menge Gemeinsamkeiten mit der Giac Lam-Pagode auf. Auch hier herrscht eine dämmrige und behagliche Atmosphäre – es ist sogar so gemütlich und dunkel, dass sich Fledermäuse in den verräucherten Dachbalken eingenistet haben und sich durch gelegentliches Quieken bemerkbar machen.

Nach dem Eintritt durch die roten Türen mit den gelben *chu nom*-Schriftzeichen sind längliche Tische zu erkennen, die von Reihen alter Fotos und Begräbnistafeln flankiert werden. Die beiden Reihen aus schwarzen Säulen lassen diesen ersten Raum sehr tief erscheinen. Weiter geht es um die himmelblau getünchten und etwas unpassend im klassisch griechischen Stil gehaltenen Steinmauern herum in das **Hauptheiligtum** mit einer ansehnlichen Versammlung von Gottheiten und einem ähnlichen „Weihnachtsbaum“ mit Öllampen wie in der Giac Lam-Pagode. Die hier lebenden Mönche sind überaus gastfreundlich und laden Besucher immer wieder zu einer gemütlichen Tasse Tee ein, der auf einem Stövchen aus lackierter Kokosnussschale warm gehalten wird.

Wer schon einmal in der Gegend ist, unternimmt vielleicht einen Streifzug durch das große Gelände des an die Pagode grenzenden **Freizeitparks Dam Sen**, Eingang in der 3 Hoa Binh, ✆ 865 3453. Die etwas kitschigen Attraktionen, darunter Springbrunnen, Themengärten, Fahrgeschäfte wie auf dem Rummelplatz und ein Wasserpark, sagen nicht jedermann zu, bieten aber eine willkommene Ruhepause vom hektischen Treiben der Großstadt. ⌚ 8–18 Uhr, Eintritt US$3.

Übernachtung

In Ho-Chi-Minh-Stadt schießen die Hotels wie Pilze aus dem Boden, seit *doi moi* den Weg für ausländische Investoren und einheimische Unternehmer ebnete, auch auf dem Tourismussektor aktiv zu werden. Daher ist es in der Regel kein Problem, in der Metropole eine Unterkunft zu finden. Einfache Hotels und Gästehäuser am unteren Ende der Preisskala sind absolut erschwinglich, und auch ein Zimmer in einem der staatlichen Hotels kann sich als ausgezeichnetes Schnäppchen erweisen. Eine **Reservierung** ist im Allgemeinen nicht erforderlich, es sei denn, die Anreise erfolgt ausgerechnet zum Tet-Fest (zwischen Ende Januar und Mitte Februar) oder man plant einen Aufenthalt in einem der exklusiveren Hotels der Stadt.

Die alles in allem angenehmste und am günstigsten gelegene Gegend für die Übernachtung ist das Viertel in der Umgebung der **Dong Khoi**, in der sich neben einigen der besten Hotels des Landes auch zahlreiche Unterkünfte der mittleren Preisklasse befinden, einschließlich einiger netter Minihotels in der **Mac Thi Buoi**.

Die Budget-Enklave von Ho-Chi-Minh-Stadt konzentriert sich 2 km westlich des Stadtkerns in der Umgebung der Straßen **Pham Ngu Lao**, **De Tham** und **Bui Vien**. Dieses Viertel mit der Hauptachse De Tham wird von den Einheimischen als „Western Street“ bezeichnet, und der Grund dafür ist offenkundig: Hier gibt es nicht nur über 100 Unterkünfte, sondern auch jede Menge Reisebüros, Restaurants, Bars und Geschäfte, die sich auf die Bedürfnisse der Traveller eingestellt haben. Es ist zu berücksichtigen, dass man bei einem Aufenthalt in dieser Gegend nicht nur an der Übernachtung spart, sondern auch beim Essen und Trinken, denn die Restaurants sind hier wesentlich billiger als in der Innenstadt. Unzählige **Hotels, Minihotels, Guesthouses** und **Rooms for Rent** reihen sich aneinander, und angesichts des intensiven Wettbewerbs lohnt es kaum, sich für US$4–5 in einem düsteren und winzigen Zimmer mit Gemeinschaftsbad zu ver-

kriechen, wenn für ein paar Dollar mehr ein ac-Zimmer mit eigenem Bad zu bekommen ist. Daneben gibt es aber auch einige recht ordentliche **Dorms** für ca. US$3 pro Bett. Ebenfalls interessant sind die beiden Gassen östlich der De Tham, die Pham Ngu Lao und Bui Vien miteinander verbinden, wo beinahe jedes Haus ein oder mehrere billige Zimmer zu vermieten hat. Die **Sicherheit** ist in der Pham Ngu Lao im Großen und Ganzen gewährleistet, denn die Lobbys der Guesthouses sind rund um die Uhr besetzt. Dennoch ist es ratsam, sich zu vergewissern, dass sich das Zimmer sicher abschließen lässt, bevor man sich irgendwo niederlässt. Wem in der Gegend um die Pham Ngu Lao zu viel Trubel herrscht, der findet eine kleinere Ansammlung von Budget-Hotels in einer ruhigen Gasse, die ein paar Blocks weiter südlich von der Co Giang abzweigt.
Cholon steht in punkto Übernachtung bei den meisten Touristen nicht sehr hoch im Kurs, doch wer den Westen möglichst weit hinter sich lassen und in authentische Gerüche eintauchen möchte, ist hier richtig.

DONG KHOI UND UMGEBUNG – ***Asian*********, 150 Dong Khoi, ✆ 829 6979, ✉ asianhotel@hcm.fpt.vn. Hotel der mittleren Preisklasse in zentraler Lage, klein und persönlich. Alle Zimmer mit Satelliten-TV, IDD-Telefon, Badewanne und Minibar mit Obst und Zeitungen zum Nulltarif. Für US$5 extra bekommt man ein größeres Zimmer mit Balkon.
Bach Cung**, 170–172 Nguyen Thai Binh, ✆ 821 2777, 📠 821 2983. Mit seiner auffälligen, an eine Hochzeitstorte erinnernden Fassade macht das „Weiße Schloss" seinem Namen alle Ehre. Die Zimmerpreise sind durchaus angemessen angesichts der Einrichtung mit Badewanne, Kühlschrank und Satelliten-TV.
Bong Sen*–******, 117–123 Dong Khoi, ✆ 829 1516, 💻 bongsen@hcm.vnn.vn. Stilvolles und angenehmes Nobelhotel mit Business Center im Herzen der Dong Khoi.
Bong Sen II*–******, ✆ 823 5818, 61 Hai Ba Trung. Um die Ecke vom Bong Seng I, mit neueren und etwas billigeren Zimmern.
Caravelle, über US$150, 19 Lam Son-Platz, ✆ 823 4999, 💻 www.caravellehotel.com. Der grandiose Eingang führt in eines der prestigeträchtigsten Hotels der Stadt. Die luxuriösen Zimmer und Suiten bieten allen denkbaren Komfort und Schwindel erregende Ausblicke auf Ho-Chi-Minh-Stadt.
Continental, ab*****, 132–134 Dong Khoi, ✆ 829 9203, 💻 www.continentalvietnam.com. Eine Treppe mit prächtigem Teppich, Marmorfußböden und die Türen aus dunklem Edelholz in den Gängen dieses altehrwürdigen Hotels strahlen eine koloniale Pracht aus, die sich allerdings nicht unbedingt auf die Zimmer erstreckt. Einige bieten aber schöne Ausblicke auf die Dong Khoi.
Dong Do–*****, 35 Mac Thi Buoi, ✆ 827 3637, ✉ dongdohotel@hcm.vnn.vn. Nett eingerichtetes Minihotel mit allem Drum and Dran. Restaurant im 6. Stock mit schönem Ausblick.
Evergreen*, 261 Hai Ba Trung, ✆ 829 8875, ✉ bichlien@hcm.vnn.vn. Einer von mehreren Hotelblöcken in dieser Gegend. Wer das unattraktive, blassgrüne Äußere ignoriert, findet hier angenehme Zimmer mit Bad zu vernünftigen Preisen und freundliches, hilfsbereites Personal. Kleiner Swimming Pool auf dem Dach und Restaurant.
Grand, ab*****, 8 Dong Khoi, ✆ 823 0163, 📠 823 5781, 💻 www.grandsaigon.com. Mit äußerster Sorgfalt restauriertes Hotel aus den 30er Jahren, dessen geräumige Suiten und freundliches Personal dem Charme vergangener Zeiten gerecht werden. Attraktive Einrichtung, Originalmöbel und polierte Holzfußböden verstärken diesen Effekt, doch auch moderne Einrichtungen wie Swimming Pool und Whirlpool fehlen nicht. Frühstück inkl.
Huong Sen*–******, 66–70 Dong Khoi, ✆ 829 9400, ✉ huongsen@hcm.vnn.vn. Der fernöstliche Einfluss in der Lobby ist nicht zu übersehen. Gut ausgestattete Zimmer, Frühstück, Obst und Saunabenutzung im Preis inbegriffen; außerdem Flugbuchungsschalter und Geldwechsel.
Kim Long*, 58 Mac Thi Buoi, ✆ 822 8558, ✉ annamtour@hcm.fpt.vn. Weiteres gutes Minihotel mitten im Zentrum mit Badewannen in einigen Zimmern und Satelliten-TV. Preisnachlässe in der Nebensaison möglich.
Legend, ab*****, 2A–4A Ton Duc Thang, ✆ 823 3333, 💻 www.legendhotelsaigon.com. Erst kürzlich fertig gestellter Betonklotz mit allem Komfort. Die meisten Zimmer bieten Blick auf den Fluss.

Linh–****,*** 16 Mac Thi Buoi, ✆ 824 3954, ✉ annamtour@hcm.fpt.vn. Das freundliche Minihotel, ein Familienbetrieb in zentraler Lage mit 10 gut ausgestatteten Zimmern und attraktiven Bambusmöbeln, ist eine gute Wahl; Frühstück inkl.

Majestic, ab*****, Dong Khoi, ✆ 829 5517, 💻 www.majestic-saigon.com. Das historische Hotel aus den 20er Jahren am Flussufer bietet auch heute noch viel Charakter. Die Zimmer (besonders die mit Blick auf den Fluss) sind reizend, und das Personal liest dem Gast jeden Wunsch von den Lippen ab. Frühstücksbuffet inkl.

Norfolk**,*** 117 Le Thanh Ton, ✆ 829 5368, ✉ norfolk@bdvn.vnd.net. Schlichtes, aber angenehmes Hotel mit allen gewohnten Einrichtungen in dieser Preisklasse. Effizientes, freundliches Personal und empfehlenswertes Restaurant mit Gratisfrühstück und sonntäglichem Buffet.

Orchid–****,*** 29A Thai Van Lung, ✆ 823 1809, 📠 829 2245. Saubere, wenngleich etwas ältliche ac-Zimmer in mittlerer Preisklasse mit Satelliten-TV, IDD-Telefon und eigenem Bad. Da die billigeren Zimmer recht klein sind, ist der Aufpreis von US$5 eine gute Investition. Frühstück inkl.

Oscar Saigon*–*****,*** 68A Nguyen Hue, ✆ 829 2959, ✉ rsvn.oscar@bdvn.vnd.net. Etwas eintönige, aber gut ausgestattete Zimmer hinter einer großartigen Säulenfassade mitten im Zentrum der Stadt. Mit Fitness Center.

Que Huong-Liberty 2*,*** 129–133 Ham Nghi, ✆ 822 4922, ✉ qhuong2@quehuonghotel.vnn.vn. Das erst kürzlich renovierte Haus gehört zum gleichnamigen Hotel-Imperium. Einige der geräumigen und geschmackvollen Zimmer bieten ohne Zusatzkosten gute Ausblicke auf die Stadt, das Restaurant im 10. Stock natürlich ebenfalls. Günstige Preise für Geschäftskunden.

Rex, ab****, 141 Nguyen Hue, ✆ 829 2185, 💻 www.rexhotelvietnam.com. Das Rex schlägt gnadenlos Kapital aus seiner Berühmtheit, doch die Zimmer sind auch extrem komfortabel und die großartige Lobby verschlägt einem den Atem. Eines der führenden Häuser in der Hotelszene von Ho-Chi-Minh-Stadt.

Renaissance Riverside, ab*****, 8–15 Ton Duc Thang, ✆ 822 0033, 📠 823 5666. Das neue Haus am Fluss macht den anderen Spitzenhotels durch makellose Zimmer und freundlichen Service mit persönlicher Note Konkurrenz.

Riverside*–*****,*** 18–20 Ton Duc Thang, ✆ 822 4038, ✉ hotelriversidesg@hcm.vnn.vn. Grandioses, erst kürzlich renoviertes Hotel im Kolonialstil mit stolzem Blick auf den Fluss vom unteren Ende der Dong Khoi, aber auch bemerkenswert ruhig angesichts der zentralen Lage. Die teureren Zimmer mit gutem Preis-Leistungs-Verhältnis sind stilvoll und zweckdienlich. Blick auf den Fluss für US$20 Aufpreis; Frühstück inkl.

Saigon Prince, ab****, 63 Nguyen Hue, ✆ 822 2999, ✉ saigon-princehtl@hcm.vnn.vn. Hinter der albernen grellrosa Fassade des noblen Boutique-Hotels im Herzen der Stadt verbergen sich über 200 elegante Zimmer und Suiten.

Sheraton, über US$150, 88 Dong Khoi, ✆ 827 2828, 💻 www.sheraton.com/saigon. Neuer Betonblock in der Dong Khoi in idealer Lage für Shopping und Sightseeing. Luxuriöse Zimmer zu happigen Preisen.

Sofitel Plaza, über US$150, 17 Le Duan, ✆ 824 1555, ✉ sofsgn-resa@hcmc.netnam.vn. Ein Juwel in Ho-Chi-Minh-Stadt und eine feste Größe im Adressbuch von Geschäftsreisenden. Die offen angelegte Hightech-Lobby ist ein Meisterwerk, der Swimming Pool auf dem Dach schlichtweg atemberaubend. Zimmer und Einrichtungen bieten eine Kombination aus luxuriöser Eleganz und modernsten Extras.

Spring–****,*** 44–46 Le Thanh Ton, ✆ 829 7362, ✉ springhotel@hcm.vnn.vn. Ausgezeichnete Option der mittleren Preisklasse mit Top-Service in günstiger Lage unmittelbar nördlich des Zentrums.

Thang Long–****,*** 48 Mac Thi Buoi, ✆ 822 2595, ✉ thanglonghotel@hcm.fpt.vn. Ähnliche Einrichtungen wie Dong Do und Kim Long, also eine preislich günstige Unterkunft im Zentrum.

Thanh Thao**, 71 Le Thi Hong Gam, ✆ 822 5664, 📠 825 1836. Blitzsaubere und frische ac-Zimmer mit Kühlschrank, Telefon und Warmwasser. Gute Preise, aber bei sechs Stockwerken ohne Aufzug ist es eine lange Kletterpartie nach oben.

PHAM NGU LAO UND UMGEBUNG – ***An An***,*** 40 Bui Vien, ✆ 837 8087, 💻 www.ananhotel.com. Neues Minihotel mit 20 hellen und luftigen Zimmern, alle mit ac und Badewanne, einige so-

Co-op Mart

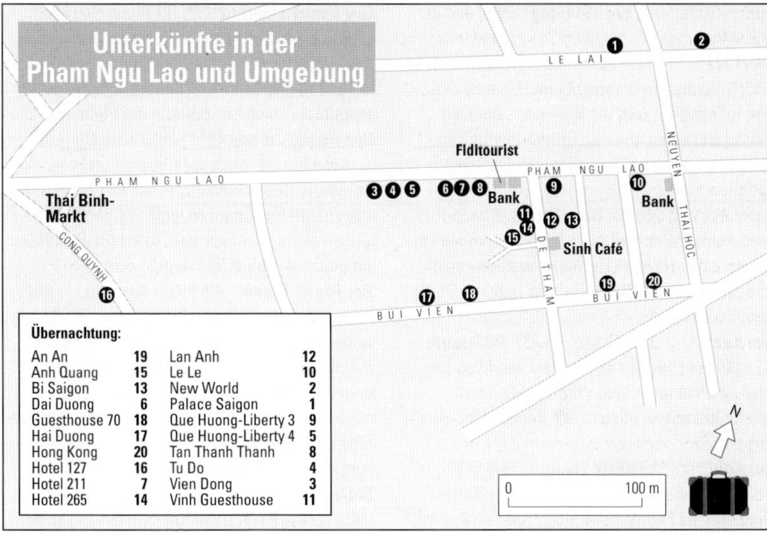

gar mit Computer und Internet-Anschluss. Restaurant im 11. Stock, Frühstücksbuffet für US$1.

Anh Quang*, 217/12 De Tham, ✆ 836 9906. Eines von mehreren Privathäusern, die in der wie aus einem Roman von Dickens stammenden Gasse zwischen den Hausnummern 217 und 219 Zimmer zu günstigen Preisen vermieten.

Bi Saigon***, 185/16 und 185/26 Pham Ngu Lao, ✆ 836 0678, ✉ bisaigon@saigonnet.vn. Zwei Hotels mit düsteren Fluren, aber sauberen und komfortablen, wenngleich etwas kitschigen Zimmern mit Warmwasser und Satelliten-TV, dazu 4 teure Suiten mit Balkon. Beide Hotels haben ein sehr gutes Restaurant und bieten Flughafentransfer zum Nulltarif.

Dai Duong*–*, 217 Pham Ngu Lao, ✆ 836 8231. Das auch als Ocean Hotel bekannte Minihotel hat auf sechs Etagen mit Fahrstuhl 22 saubere, aber recht kleine Zimmer, alle mit Warmwasser und wahlweise ac oder Ventilator. Gutes Preis-Leistungs-Verhältnis im Budget-Bereich.

Guesthouse 70*–**, 70 Bui Vien, ✆/℻ 836 9569, ✉ phanlan36@yahoo.com. Sehr beliebte, freundliche und beinahe schon legendäre Unterkunft. Die 11 Zimmer sind ziemlich klein, aber hell und angenehm. Es gibt auch einen Schlafsaal mit fünf Betten. Frühstück, Tee, Kaffee, Obst und vegetarische Mahlzeiten am Abend. Falls es ausgebucht sein sollte, haben dieselben Betreiber noch zwei nahe gelegene Guesthouses in der 100/23 Tran Hung Dao und der 35/2 Tran Hung Dao.

Hai Duong**, 82 Bui Vien, ✆ 836 9080, ✉ phuongpham@hcm.fpt.vn. Freundliches und modernes Hotel mit 17 sauberen Zimmern, alle mit TV, Warmwasser und geschmackvoller Einrichtung aus Kiefernholz. Dachterrasse, Restaurant und Bar.

Hong Kong*–*, 22 Bui Vien, ✆ 836 4904, ℻ 836 8757. Das alteingesessene und beliebte Minihotel bietet saubere, komfortable Zimmer mit wahlweise Ventilator oder ac. Das freundliche Personal hilft auch bei der Buchung von Touren.

Hotel 127***, 127 Cong Quynh, ✆ 836 8761, ✉ guesthouse127@bdvn.vnd.net. Die geniale Madame Cuc legt mehr Wert auf Details als die meisten Hotelbesitzer. Das Resultat sind mustergültige Zimmer für bis zu vier Personen. Auskunftsfreudiges und hilfsbereites Personal; Frühstück, Obst, Tee, Kaffee und gelegentlich Frühlingsrollen zum Nulltarif, Abholservice vom Flughafen. Falls ausgebucht, gibt es noch zwei weitere Ableger in der 184 Cong Quynh und der 64 Bui Vien.

Hotel 211*–,** 211–213 Pham Ngu Lao, ✆ 836 7353, ✉ hotelduy@hotmail.com. Über 60 Zimmer, teils mit ac, teils mit Ventilator. Die sehr günstigen Preise und das Gratisfrühstück machen das Haus zu einer der besseren Budget-Optionen.

***Hotel 265*–**,** 265 De Tham Street, ✆ 836 7512, ✉ hotelduy@hotmail.com. Unter derselben Leitung wie das Hotel 211. Zimmer wahlweise mit ac oder Ventilator, Dorm-Bett für US$3 im Obergeschoss.

***Kim Kim*,** 178/13 Co Giang, ✆ 837 4693 (Karte s.S. 149). Nicht ganz so attraktiv wie Miss Loi, aber eine weitere Option für den kleineren Geldbeutel etwas abseits der Backpacker-Hochburgen.

Lan Anh**–*,** 252 De Tham, ✆ 836 5197, ✉ lan-anh-hotel@hcm.vnn.vn. Freundliches Minihotel als Familienbetrieb in Spitzenlage im Zentrum der De Tham. Die 22 hellen, sauberen Zimmer haben wahlweise ac oder Ventilator, die nach vorn mit Balkon bieten ein gutes Preis-Leistungs-Verhältnis. Die sechs Stockwerke ohne Aufzug sind für einige Gäste eine harte Prüfung, doch soll schon bald ein Fahrstuhl installiert werden. Frühstück inkl.

Le Le**–*,** 171 Pham Ngu Lao, ✆ 836 8686, ✉ lelehotel@hcm.fpt.vn. Komfortables und beliebtes Minihotel, von dem sich Touristen und Geschäftsreisende gleichermaßen angezogen fühlen. Alle Zimmer mit Warmwasser, Satelliten-TV und IDD-Telefon, Frühstück inkl.

***Miss Loi*–**,** 178/20 Co Giang, ✆ 837 9589, ✉ missloi@hcm.fpt.vn (Karte s.S. 149). Gemütliches Guesthouse in einem ruhigen Viertel außer Sichtweite des Treibens der Pham Ngu Lao.

New World**,** 76 Le Lai, ✆ 822 8888, 🖳 www.newworldvietnam.com. Setzt seit seiner Eröffnung 1993 Maßstäbe in der Hotelszene von Ho-Chi-Minh-Stadt. Über 500 luxuriöse Zimmer, beeindruckende Sport- und Freizeiteinrichtungen und Business Center.

***Palace Saigon (Hoang Thanh)**,** 82 Le Lai, ✆ 832 2803. Freundliche und geräumige ac-Zimmer mit TV und Frühstück. In einem DZ können vier Personen für den Preis von zweien übernachten, Preise auch sonst verhandelbar.

Que Huong-Liberty 3*,** 187 Pham Ngu Lao, ✆ 836 9522, ✉ qhuong3@libertyhotel.vnn.vn. Das „Hotel formerly known as Prince“ gehört jetzt zur Que Huong-Kette und bietet elegante, gut ausgestattete Zimmer im Zentrum der Pham Ngu Lao.

Que Huong-Liberty 4*,** 265 Pham Ngu Lao, ✆ 836 4556, ✉ qhuong4@libertyhotel.vnn.vn. Das vierte Que Huong-Hotel mit den bekannt gut ausgestatteten Zimmern, großzügigen Einrichtungen und sehr modernem Interieur. Restaurant mit gutem Ausblick aus dem 9. Stock.

***Tan Thanh Thanh*,** 205 Pham Ngu Lao, ✆ 837 3595, ✉ tanthanhthanh@hcm.fpt.vn. Großzügig bemessene, aber etwas schmucklose Zimmer, von denen eines als Dormitory genutzt werden kann (US$3 p.P.). Alle Zimmer haben Warmwasser, bei ac wird der doppelte Preis fällig. Freundliches und fähiges Personal; Reiseschalter im Erdgeschoss. Frühstück inkl.

Tu Do–****,** 267–269 Pham Ngu Lao, ✆ 836 7345, 📠 836 8171. Das Minihotel mit 45 Zimmern zählt zu den attraktivsten der mittleren Preisklasse. Alle Zimmer mit ac, Badewanne und Satelliten-TV; Frühstück inkl.

Vien Dong–****,** 275A Pham Ngu Lao, ✆ 836 8941, ✉ viendonghotel@hcm.fpt.vn. Vernünftige Wahl für die erste Übernachtung. Alle Zimmer mit ac, Kühlschrank, Satelliten-TV und Gratisfrühstück. Allerdings sollte man darauf achten, dass das Zimmer weit genug vom Karaoke-Saal und von der Disco entfernt liegt. In der Nebensaison sind Rabatte möglich.

Vinh Guesthouse**–,** 269 De Tham, ✆ 836 8585, 📠 836 8787. Etwas persönlicheres Schwesterhotel des Le Le mit ähnlichen Einrichtungen in den 9 billigeren Zimmern.

WESTLICH DER PHAM NGU LAO – ***Equatorial,*** über US$150, 242 Tran Binh Trong, ✆ 839 7777, ✉ info@hcm.equatorial.com. Der senfgelbe Klotz ist das neueste Hotel der renommierten asiatischen Kette. Sehr komfortable Zimmer mit allem Drum und Dran, allerdings recht wenig Atmosphäre. Zum Hotel gehören die beiden empfehlenswerten Restaurants Golden Phoenix und Kampachi (s.S. 183).

Four Roses**–,** 790/5 Nguyen Dinh Chieu, ✆/📠 832 5895, ✉ roseminne@hcm.vnn.vn. Trotz der Lage im Niemandsland zwischen Cholon und

Stadtzentrum ein unerwartetes Highlight mit 10 tadellos sauberen, attraktiv eingerichteten Balkonzimmern. Der Familienbetrieb mit deutlich französischem Flair bildet den perfekten Gegenpol zur hektischen Innenstadt. Friedlicher Garten mit Bougainvilleen und Schönheitssalon im Untergeschoss (die Besitzerin ist Kosmetikerin). Auf Wunsch werden auch Mahlzeiten serviert.
Metropole–*******, 148 Tran Hung Dao, ✆ 920 1943, ✉ metropole-sgn@hcm.vnn.vn. Das gediegene und freundliche Hotel mit 74 Zimmern heißt auf Vietnamesisch Binh Minh und liegt etwas westlich des Stadtzentrums, ist aber dennoch eine gute Wahl wegen seines kleinen Pools, der attraktiven Zimmer und der Einrichtungen für Geschäftsleute. Zimmerservice rund um die Uhr und Gratisfrühstück. Preise verhandelbar.

CHOLON – ***Arc en Ciel***–*******, 52–56 Tan Da, ✆ 855 2550, ✉ thienhong@hcm.vnn.vn. Das Standardhotel der mittleren Preisklasse zeigt bereits einige Alterserscheinungen; 91 Zimmer mit Satelliten-TV, IDD-Telefon, Gratisfrühstück und allen üblichen Einrichtungen.
Hanh Long 2*–**, 1115 Tran Hung Dao, ✆ 838 1173, ℻ 923 5941. Die billigen und funktionalen Zimmer sind wesentlich einladender, als es die heruntergekommene Fassade vermuten lässt, aber insgesamt hat das recht laute, vorwiegend von Chinesen, Taiwanesen und Vietnamesen frequentierte Hotel nicht besonders viel zu bieten. Die teureren Zimmer sind klimatisiert.
Phuong Huang*–***, 411 Tran Hung Dao, ✆ 855 1888, ℻ 855 2288. Ein ästhetischer Albtraum und leicht überteuert, aber durchaus in Erwägung zu ziehen, wenn man die Atmosphäre des Zentrums von Cholon spüren möchte.
Tan Da*–**, 22–24 Tan Da, ✆ 855 5711. Minihotel mit 24 recht gut ausgestatteten Zimmern auf vier Etagen, wobei die billigsten ganz oben sind. Die ruhige Lage in einer Nebenstraße bietet etwas Erholung vom hektischen Treiben der Stadt. Das Personal ist aber mitunter recht mürrisch.

Essen

Wenn Hanoi Vietnams politische Hauptstadt ist, dann ist Ho-Chi-Minh-Stadt ohne Zweifel die kulinarische Metropole des Landes. Die Zahl der in Vietnam lebenden Ausländer ist mittlerweile derart gestiegen, dass immer neue Restaurants mit Schwerpunkt auf **ausländischer Küche** aufmachen. Was das Herz auch begehrt – Tex-Mex, Tandoori, Schischkebab oder Sushi –, in Ho-Chi-Minh-Stadt ist es zu bekommen, wenngleich es nicht überrascht, dass französische Restaurants nach wie vor dominieren. Das französische Erbe zeigt sich auch in der riesigen Zahl von **Cafés**, die momentan eine Art Renaissance feiern. Angesichts einer derart international ausgerichteten Szene besteht natürlich die Gefahr, die einheimischen Speisen zu übersehen; dabei ist die **vietnamesische Küche** nirgendwo besser als in Ho-Chi-Minh-Stadt, ganz gleich ob man ein edles Restaurant oder einen **Essenstand** an der Straße aufsucht. Wegen der Kurzlebigkeit solcher Stände ist es allerdings unmöglich, spezielle Empfehlungen auszusprechen, doch das Angebot ist mehr als reichhaltig.
Die meisten Lokale der Metropole sind ganzjährig geöffnet, nur einige machen während des Tet-Festes zu. Die Bedürfnisse der Traveller sorgen zunehmend für flexiblere Öffnungszeiten, und wo diese eindeutig zu ermitteln waren, sind sie in der Beschreibung auch angegeben.

RESTAURANTS – Die **einfachen Speiselokale** servieren gute Mahlzeiten wie *com* und *pho* in großen Portionen. Die **Traveller-Cafés** in der Umgebung der De Tham und Pham Ngu Lao sind eine gute Anlaufstelle für ein preiswertes Steak mit Pommes oder eine Portion gebratene Nudeln. Die **Spezialitätenrestaurants** sind für vietnamesische Verhältnisse natürlich unglaublich teuer – bei einem Essen kann man hier so viel ausgeben, wie eine vietnamesische Familie im Monat zur Verfügung hat –, doch nach westlichem Standard sind sie immer noch günstig, und die Qualität der Küche ist durchweg sehr hoch. Dazu werden stets frische Zutaten verwendet, z.B. Gemüse aus Da Lat und häufig aus Australien eingeflogenes Fleisch. Viele exklusivere Hotels bieten inzwischen am Wochenende Buffets an, wo man für ca. US$10 beliebig viel essen und sich über ein ausgezeichnetes Preis-Leistungs-Verhältnis freuen kann. Einige Nobelrestaurants haben sich darauf verlegt, preiswerte **Mittags-**

menüs anzubieten und versuchen mit **traditioneller Live-Musik** zusätzliche Gäste zu ködern. Auch für diese Kategorie finden sich nachfolgend einige Empfehlungen.

Obere Dong Khoi und Umgebung:

Chu, 158 Dong Khoi. Das Café-Restaurant im amerikanischen Stil ist beliebt bei betuchten Einheimischen, die sich bei allabendlicher Live-Musik an der bunt gemischten Speisekarte erfreuen. Cajun Chicken Wings, Pasta, asiatische Gerichte und Eisbecher (s.S. 183, Cafés und Eissalons). ⌚ 8–24 Uhr.

Cung Dinh, im Rex Hotel, 146–148 Nguyen Hue. Einige finden das üppige fernöstliche Dekor erdrückend, doch die Qualität der Speisen bleibt davon unberührt, z.B. Gedämpftes Huhn mit Zitronenblättern oder die ordentlichen Menüs (Mittagessen ab US$5 p.P.). Abends wird traditionelle Musik geboten; eine Tischreservierung ist anzuraten. ⌚ 11–14.30 und 17.30–22.30 Uhr.

Daruma, 75 Pasteur. Winziges japanisches Restaurant mit Spezialität Sashimi und Tempura. Gegessen wird entweder im kantinenartigen Raum unten oder an einem Tisch im Restaurant bzw. den Privatzimmern oben. Wegen der Nähe zum Hotel Rex sind die Preise relativ hoch. ⌚ 11.30–14 und 17.30–22 Uhr.

Givral, 169 Dong Khoi. Eine Institution in Ho-Chi-Minh-Stadt, mit angrenzender Konditorei und umfangreicher Karte mit leichten westlichen und asiatischen Speisen. Top-Lage am Lam Son-Platz und Blick auf das Hotel Continental. ⌚ 6–22 Uhr.

Manhattan's, 94 Hai Ba Trung (am Saigon-Platz). Das Schnellrestaurant nach amerikanischer Art macht die besten Burger und Pommes der Stadt und serviert außerdem leckere Brathähnchen und Pizza. ⌚ 7.30–23.30 Uhr.

Miss Saigon, 86 Le Thanh Ton. Preiswerte vietnamesische und Seafood-Spezialitäten in einem angenehmen Gartenrestaurant neben dem Ho-Chi-Minh-Stadt-Museum. ⌚ 10 Uhr bis spät.

Ngon, 138 Nam Ky Khoi Nghia, ✆ 825 7179. Ein Erlebnis, das man auf keinen Fall verpassen sollte: köstliche regionale Spezialitäten in einem entzückenden Kolonialgebäude zu sehr vernünftigen Preisen. Derartig beliebt, dass man reservieren und zu Spitzenzeiten auf einen Tisch warten muss. Eine exklusivere Filiale befindet sich in der 88 Nguyen Du, ✆ 827 7896. ⌚ 7 Uhr bis spät.

Quan An 39, 39 Nguyen Trung Truc. Das betriebsame Straßenrestaurant 10 Gehminuten westlich der Dong Khoi serviert leckere und bemerkenswert preiswerte Mittagsmenüs, z.B. gegrilltes Schweinefleisch auf Reis mit Gemüse, Suppe und Eistee für ca. US$1. ⌚ nur mittags 11–13 Uhr.

Qucina, 7 Cong Truong, ✆ 824 6325. Das erst kürzlich von den Betreibern der Q Bar eröffnete Lokal besticht durch seine minimalistische Einrichtung und eine der besten italienischen Küchen der Stadt. Eingang an der Nordseite des Stadttheaters. ⌚ 11.30–14.30 und 16.30–23 Uhr.

Ho-Chi-Minh-Stadt Zentrum: Essen und Trinken

Restaurants:

Amigo	s
Annie's Pizza	ww
Ashoka	O
Augustin's	vv
Bi Bi	Q
Blue Ginger	y
Camargue	W
Cay Xoai	X
Chao Thai	K
Chu	Y
Continental Palace	cc
Cung Dinh	mm
Daruma	xx
Dong Du	qq
Gartenstadt	d
Givral	ii
Globo Café	rr
Hoi An	F
La Fourchette	j
La Villa	P
Le Mekong	qq
Lemongrass	pp
Liberty	tt
Mali Thai	nn
Manderine	G
Manhattan's	E
Marine Club	J
Maxim's Dinner Theatre	o
Miss Saigon	oo
Nam An	m
Nam Phan	S
Ngon	ee
Phuoc Loi	w
Quan An 39	uu
Qucina	ff
Restaurant 13	k
Saigon Floating Restaurant	u
Saigontourist Cruise	v
Santa Lucia	r
Seoul House	t
Shunka	L
Sushi Bar	C
Tan Nam	jj
Temple Club	p
Tex Mex	H
Tin Nghia	x
Underground	h
Vietnam House	zz
Why Not	I

Cafés:

Au Parc	T
Bo Gia	b
Brodard Restaurant	ss
Chi Lang Café	aa
Ciao Café	yy
Dong Du Café	nn
Fanny's Ice Cream	q
Java Coffee Bar	hh
Kem Bach Dang	c, f
Kem Cong Truong	B
La Fenêtre Soleil	i
Napoli Café	D
Paloma Café	g
Paris Deli	n

Bars / Kneipen:

Bia Hoi – Bia Chai	bb
Blue Gekko	N
Bodega	n
Café Latin	ll
Cati Club	e
Ice Blue	a
Le Caprice	dd
La Fenêtre Soleil	i
Maya	V
Mogambo	U
O'Briens Factory	Z
Old Saigon	R
Panorama	A
Q Bar	gg
Sheridan's Irish House	M
Vasco's	W
Wild West	kk

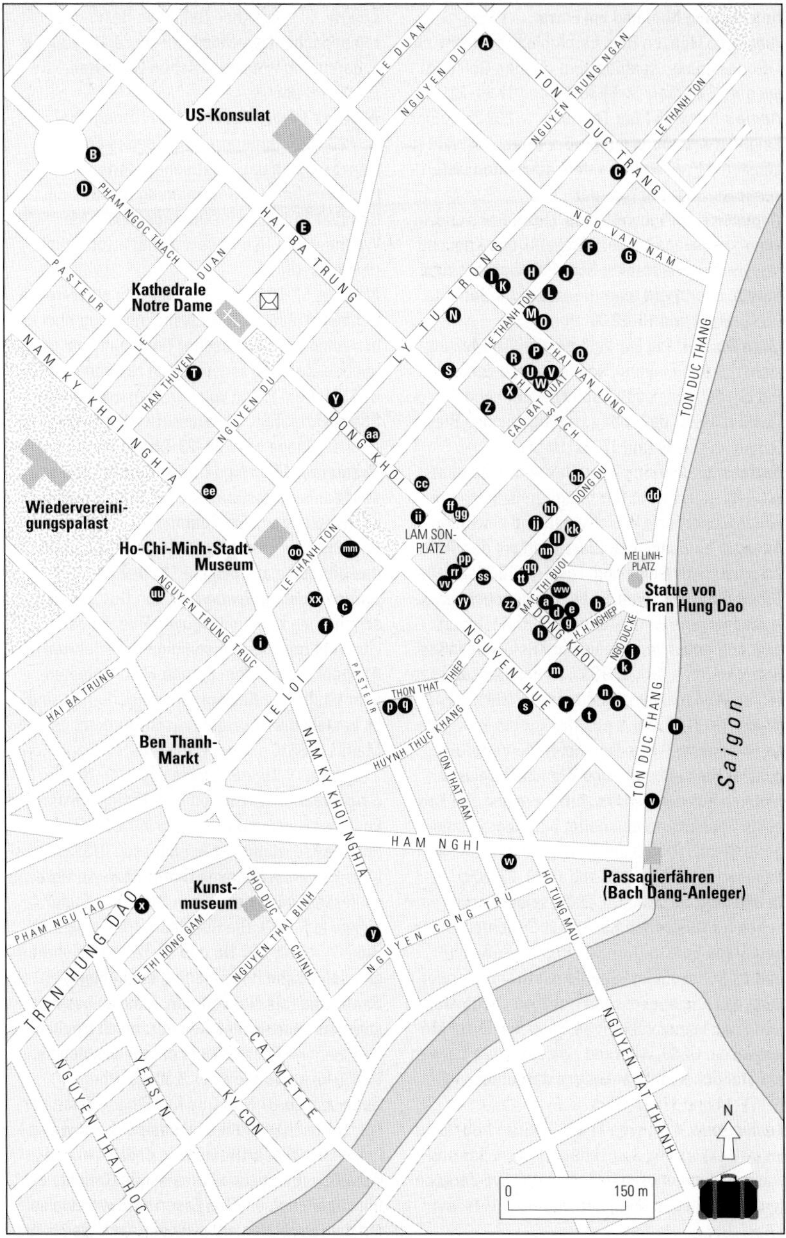
US-Konsulat
Kathedrale Notre Dame
Wiedervereini-gungspalast
Ho-Chi-Minh-Stadt-Museum
LAM SON-PLATZ
MEI LINH-PLATZ
Statue von Tran Hung Dao
Ben Thanh-Markt
Kunst-museum
Passagierfähren (Bach Dang-Anleger)
Saigon
LE DUAN
NGUYEN DU
TON DUC TRANG
NGUYEN TRUNG NGAN
LE THANH TON
NGO VAN NAM
PHAM NGOC THACH
HAI BA TRUNG
PASTEUR
LY TU TRONG
NAM KY KHOI NGHIA
HAN THUYEN
THAI VAN LUNG
THI SACH
CAO BAT QUAT
TON DUC THANG
DONG KHOI
DONG DU
MAC THI BUOI
NGUYEN HUE
H. H. NGHIEP
NGO DUC KE
NGUYEN TRUNG TRUC
LE LOI
THON THAT THIEP
HUYNH THUC KHANG
TON THAT DAM
HAM NGHI
HO TUNG MAU
PHO DUC CHINH
NGUYEN THAI BINH
NGUYEN CONG TRU
PHAM NGU LAO
LE THI HONG GAM
TRAN HUNG DAO
CALMETTE
YERSIN
KY CON
NGUYEN THAI HOC
NGUYEN TAT THANH
N
0
150 m

Untere Dong Khoi und am Fluss:

Amigo, 55 Nguyen Hue. Empfehlenswert sind die T-Bone-Steaks, Seafood vom offenen Grill und die gute Salatbar. ◷ 11.30–14 und 17.30–22 Uhr.

Annie's Pizza, 45 Mac Thi Buoi, ✆ 839 2577. Eine Saigoner Institution mit großer Pizza-Auswahl zu günstigen Preisen und einem effizienten Lieferservice. ◷ 11 Uhr bis spät.

Augustin's, 10 Nguyen Thiep. Das gemütliche, in einer schmalen Gasse zwischen Dong Khoi und Nguyen Hue versteckte Bistro serviert gut zubereitete, aber recht teure französische Gerichte. ◷ 11.30–14 und 18–22.30 Uhr.

Dong Du, 57 Dong Du. Teilt mit dem Le Mekong nicht nur den Eingang, sondern auch den guten Ruf für vietnamesische Speisen von hoher Qualität. Unter derselben Leitung wie das Blue Ginger. ◷ 11–14 und 17–22 Uhr.

Gartenstadt, 34 Dong Khoi. Das sehr gute deutsche Restaurant mit Bar bringt großzügige Portionen, importierte Wurstwaren und eine gute Auswahl an deutschen Biersorten auf den Tisch, darunter auch einige vom Fass. ◷ 10.30–24 Uhr.

Globo Café, 6 Nguyen Thiep. Die geschmackvolle mediterrane Einrichtung lässt zu Recht auf eine authentische italienische Küche schließen. Holzofen-Pizza für ca. US$5, zu den Delikatessen zählen Wildschweinpastete oder Waldpilz-Panzerotti. ◷ 8–23 Uhr.

La Fourchette, 9 Ngo Duc Ke. Helle Vertäfelung, dunkler Holzfußboden und Wandmalereien mit Motiven aus der französischen Provinz. Die kompakte Speisekarte beinhaltet butterzarte importierte Steaks (US$9) und eine gute Auswahl an Käsesorten. G 12–14.30 und 18.30–22 Uhr.

Le Mekong, 57 Dong Du. Dank seiner verführerischen französischen Küche mit Gerichten wie gebratene Ente in Orangen-Pfeffer-Soße und heißes Schokoladen-Soufflé mit Grand Marnier lockt das alteingesessene französische Restaurant noch immer zahlreiche Gäste an. Feste Menüs ab ca. US$9, während zwischen den Tischen ein Ständchen auf der Gitarre dargeboten wird. ◷ 11–14 und 17–22 Uhr.

Lemongrass, 4 Nguyen Thiep. Ebenso traditionelles wie exklusives Speiselokal, in dem das erstklassige vietnamesische Essen von live dargebotenen Serenaden begleitet wird. ◷ 11–14 und 17–22 Uhr.

Liberty, 80 Dong Khoi. Beliebtes Restaurant mit romantischer Live-Musik (19–21.30 Uhr) zu gut zubereiteten vietnamesischen Gerichten. ◷ 11–24 Uhr.

Maxim's Dinner Theatre, 15–17 Dong Khoi, ✆ 823 0644. Umfangreiche Speisekarte mit französischen und asiatischen Gerichten bei traditioneller Live-Unterhaltung und anschließendem Tänzchen im Obergeschoss. Am Wochenende Tischreservierung erforderlich. ◷ 18–22 Uhr.

Nam An, 57–69 Dong Khoi. Speisen unter freiem Himmel in unmittelbarer Nähe der Dong Khoi und in traditioneller asiatischer Umgebung mit Lotusteichen. Zwei Personen zahlen zusammen ca. US$10 für ein Essen von der vietnamesischen Speisekarte. Tipp: Süßwasserfisch in saurer Ananas-Suppe. ◷ 6.30–23 Uhr.

Restaurant 13, 15 Ngo Duc Ke. Das einfache, aber saubere Restaurant zählt zu den billigsten im Stadtzentrum. Ein Seafood- oder Fleischgericht mit Reis kostet nicht einmal US$2, und auch das Bier ist relativ billig. ◷ 6.30–23.30 Uhr.

Saigon Floating Restaurant, Ton Duc Thang, zwischen Dong Khoi und Nguyen Hue. Eines von vier Schiffen, die zweistündige Kreuzfahrten mit Abendessen auf dem Saigon-Fluss anbieten, aber häufig von Reisegruppen überlaufen sind. Es besteht die Auswahl zwischen verschiedenen Menüs (US$10 p.P.) und recht teuren Gerichten à la carte. ◷ Dinner Cruise von 7.30–20 Uhr.

Saigontourist Cruise, Ton Duc Thang, am unteren Ende der Nguyen Hue, ✆ 829 8914. Die Tickets für eine Kreuzfahrt mit Abendessen (US$20) beinhalten einen Besuch mit Unterhaltungsprogramm im flussaufwärts gelegenen Binh Quoi Cultural Village (s.S. 187). Die Rückfahrt erfolgt mit dem Bus. ◷ Abfahrt Di, Do und Sa 17.30 Uhr, vorherige telefonische Reservierung empfohlen.

Santa Lucia, 14 Nguyen Hue. Klassisches und stilvolles italienisches Restaurant mit traditioneller Pizza und Pasta. Zwei Personen zahlen ca. US$20 inklusive Wein. ◷ 9.30–23 Uhr.

Seoul House, 37 Ngo Duc Ke. *Bulgogi* (mariniertes, am Tisch gegrilltes Rindfleisch), Schweinefleisch mit *kimchi* (Gemüse in Chilisoße) und weitere authentische koreanische Gerichte zu günstigen Preisen. Das Essen wird wahlweise auf dem Fußboden sitzend oder nach westlicher

Art in funktionaler, aber freundlicher Umgebung eingenommen. ⏲ 7–22 Uhr.

Temple Club, 29 Ton That Thiep. Wunderbar entspannte Atmosphäre mit geschmackvollem Dekor und ausgezeichnetem vietnamesischen Essen für ca. US$5 pro Gericht. Live-Pianomusik Mi–Sa 20.30–22.30 Uhr, gemütliche Lounge-Bar im hinteren Bereich. ⏲ 11–24 Uhr.

Underground, im Keller des Lucky Plaza, 69 Dong Khoi. Das in erster Linie als Bar bekannte Etablissement (s.S. 187, Kneipen und Bars) kredenzt einige der leckersten und fantasievollsten westlichen Speisen in Ho-Chi-Minh-Stadt. Empfehlenswert sind die faustdicken, saftigen neuseeländischen Steaks für ca. US$8.

Vietnam House, 93–95 Dong Khoi. Das in einem herrlichen Kolonialgebäude untergebrachte Restaurant ist eine fantastische Einführung in die vietnamesische Küche. Personal in traditioneller Kleidung, Pianomusik im Erdgeschoss und traditionelle Volksmusik oben. Mittagsmenü ab US$4. ⏲ 11–14 und 17–22 Uhr.

Thi Sach und Umgebung: ***Ashoka***, 17A/10 Le Thanh Ton. Elegantes indisches Restaurant mit authentischen indisch-moslemischen Gerichten, z.B. im Tandoor-Ofen gebackenes *cho cho tikka* (mariniertes Hühnchen in Joghurt), dazu eine erkleckliche Auswahl an vegetarischen Speisen. ⏲ 11.30–14 und 17–22 Uhr.

Bi Bi, 8A/8D2 Thai Van Lung. Das gemütliche französische Restaurant kredenzt Mittelmeerspezialitäten und ist besonders bei in Vietnam lebenden Ausländern sehr beliebt. Festes Mittagsmenü US$10. ⏲ 11.30–14 und 18.30–22 Uhr.

Camargue, 16 Cao Ba Quat. Teures französisches Restaurant in einer modernen Villa im Kolonialstil mit Blick auf einen begrünten Hof. Rattanmöbel und die alten Ventilatoren an der Holzdecke schaffen eine Atmosphäre längst vergangener Zeiten. ⏲ 18–23 Uhr.

Cay Xoai, 15A Thi Sach. Eines aus einer wachsenden Zahl reizvoller Speiselokale in der Thi Sach. Ausgezeichnetes Seafood ist garantiert, eine zweite Filiale namens Xoai Quan befindet sich gegenüber in der Hausnummer 15C/8. ⏲ 10–23 Uhr.

Chao Thai, 16 Thai Van Lung, ✆ 824 1457. Eines der besten thailändischen Restaurants der Metropole mit dem sicherlich authentischsten Thai-Dekor. Tipp: *yam tua plu* (Flügelbohnensalat) oder *hor mok talay* (Seafood-Curry in Bananenblättern). Die meisten Gerichte kosten um US$3–4 und werden auch frei Haus geliefert. ⏲ 11–14 und 18–22.30 Uhr.

Hoi An, 11 Le Thanh Ton, ✆ 823 7694. Traditionelle vietnamesische Küche in der edlen Umgebung eines luxuriösen Holzhauses, das den Besitzern des Restaurants Mandarine gehört. Feste Menüs ab US$17, Tischreservierung erforderlich. ⏲ 17.30–22.45 Uhr.

La Villa, 11 Thai Van Lung. Kleine, aber verführerische Speisekarte mit französischen und thailändischen Speisen, die in einer stilvollen Kolonialzeitvilla kredenzt werden. Hauptgerichte um US$10. ⏲ 11–14 Uhr und 18 bis spät, Sa und So mittags geschlossen.

Mali Thai, 37 Dong Du. Das zentralste der wenigen thailändischen Restaurants in Ho-Chi-Minh-Stadt serviert scharfe Currys und Tränen in die Augen treibende Tom-Yam-Suppe. Feste Mittagsmenüs unter US$3. ⏲ 11–22 Uhr.

Manderine, 11A Ngo Van Nam, ✆ 822 9783. Das alteingesessene und wunderschön im traditionellen Stil eingerichtete Edelrestaurant serviert gut zubereitete vietnamesische Standardgerichte. Die Preise sind recht happig, wobei einige Menüs aber schon ab US$15 zu haben sind. Traditionelle Live-Musik am Abend; ohne Reservierung läuft nichts. ⏲ 11.30–14 und 18–23.30 Uhr.

Marine Club, 17A4 Le Thanh Ton. Das geschmackvoll mit nautischen Motiven dekorierte Restaurant beschreibt sich selbst als „Pizza-Grill-Piano-Bar". Ein traditioneller Ofen bürgt für gute Pizza, im Hintergrund erklingt gelegentlich Live-Musik vom Klavier. ⏲ Mo–Sa 12–14 und 18.30–23, So 18.30–23 Uhr.

Nam Phan, 64 Le Thanh Ton, ✆ 829 2757. Gute Adresse, um einmal so richtig zu schlemmen. Attraktiv präsentierte und köstlich zubereitete vietnamesische Gerichte in einer kolonialzeitlichen Villa inmitten eines schönen Gartens. ⏲ 11–14.30 und 18–23 Uhr.

Shunka, 17A/9 Le Thanh Ton. Ruhiges, zweistöckiges japanisches Restaurant mit minimalistischem Dekor und verführerischen Speisen. ⏲ 11.30–14 und 18–23 Uhr.

Sushi Bar, 2 Le Thanh Ton. Qualitativ hochwertige Sushi- oder Sashimi-Spezialitäten für ca. US$10, dazu japanisches Bier und Sake; auf Wunsch Lieferung frei Haus. ⌚ 11.30–14 und 17.30–23.30 Uhr.

Tan Nam, 60–62 Dong Du. Das zur Straße hin offene Restaurant serviert erstklassige vietnamesische Fleisch- und Fischgerichte in modernem Ambiente mit traditionellen Tupfern. Ein paar vegetarische Alternativen sind ebenfalls erhältlich. ⌚ 8–22.30 Uhr.

Tex Mex, 24 Le Thanh Ton. Recht gute Tacos, Chilis und Guacamole inmitten einer typischen Melange aus präparierten Eidechsen, mexikanischen Wandbehängen und Sombreros. Das Menü bietet für US$6 ein gutes Preis-Leistungs-Verhältnis, wobei die meisten Stammgäste ihr Augenmerk aber eher auf literweise San Miguel und Margherita (US$18 pro Liter) zu legen scheinen. Pool-Billard, Darts und Sportfernsehen komplettieren das Angebot. ⌚ 12 Uhr bis spät.

Why Not, 24 Thai Van Lung. Beliebtes französisches Restaurant mit täglich wechselnder Tageskarte und festen Menüs für rund US$10. ⌚ 10 Uhr bis spät, So geschlossen.

Zwischen Tran Hung Dao und Ben Nghe-Kanal:
Blue Ginger, 37 Nam Ky Khoi Nghia. Hervorragende vietnamesische Gerichte (Hauptspeisen ca. US$4, ausgezeichnete Menüs für US$10–15) in elegantem Speisesaal mit niedrigen Decken und beachtenswerter Kunst an den Wänden. Beliebt bei Reisegruppen, bietet aber dennoch eine angenehme Atmosphäre mit traditioneller Live-Musik am Abend.⌚ 7–14.30 und 16–22 Uhr.

Phuoc Loi, 75 Ham Nghi. Billiger ist chinesisches Essen wohl kaum irgendwo in Ho-Chi-Minh-Stadt zu bekommen – dafür ist das Ambiente schmucklos. ⌚ 11–14 und 16–21 Uhr.

Tin Nghia, 9 Tran Hung Dao. Pilze und Tofu sind die Säulen der fantasievollen Speisekarte in diesem freundlichen „rein vegetarischen" Restaurant, das mittlerweile in sein achtes Jahrzehnt geht. Bei Kartoffel-Curry oder gebratenen Pilzen mit Kopfsalat wird man nicht enttäuscht. ⌚ 7–14 und 16–20.30 Uhr.

Pham Ngu Lao und Umgebung: ***Allez Boo,*** 187 Pham Ngu Lao. Wohl eher als Kneipe bekannt (s.S. 186, Kneipen und Bars), doch es gibt hier auch durchaus akzeptable Gerichte aus der vietnamesischen, thailändischen und westlichen Küche für ca. US$2. ⌚ 7 Uhr bis spät.

Asian Kitchen, 185/22 Pham Ngu Lao. Versteckt in einer östlich von der De Tham abzweigenden Gasse, serviert dieses entspannte Lokal vietnamesische, japanische und vegetarische Gerichte zu günstigen Preisen. ⌚ 7–24 Uhr.

Bao, 132 Nguyen Thai Hoc. Eines von einer ganzen Reihe derber und vor allem zweckdienlicher Restaurants in der Nguyen Thai Hoc. Tipp: das hervorragende *lau,* gegrilltes Rindfleisch in Reispapier gewickelt mit Minzeblättern und Nudeln (nicht leicht zu handhaben, aber geschmacklich toll). ⌚ 11–1 Uhr.

Bodhi Tree, 175/4 Pham Ngu Lao. Dies ist das original vegetarische Restaurant Bodhi Tree, dem nebenan ein Nachahmer mit dem gleichen Namen Konkurrenz macht. Größer und freundlicher als das Zen, aber von der Speisekarte hier nicht ganz so vielfältig; günstige Preise. ⌚ 7–24 Uhr.

Cappuccino, 258 De Tham. Gute Pizza für ca. US$3 und vernünftige vietnamesische Gerichte, auch mit Lieferservice. ⌚ 8.30–24 Uhr.

Cay Dua, 154 Le Lai. Das auch unter dem Namen Coconut Tree bekannte Restaurant (wegen der Bäume, die wie zwei Wächter vor dem Eingang stehen) ist eine gute Wahl, wenn man dem Rummel in der Pham Ngu Lao entkommen möchte. Geschmorter Reis mit Hühnchen aus dem Tontopf ist eine Spezialität des Hauses. Zwei Personen werden hier für günstige US$6 satt. ⌚ 10–22 Uhr.

Dynasty, im New World Hotel, 76 Le Lai. Restaurant mit Blick auf die Lobby des Hotels und daher ziemlich laut, doch das elegante Dekor aus Porzellan und Bonsais und das vorzügliche Essen lassen keine Wünsche offen. Der chinesische Küchenchef bringt jeden Mittag köstliche *dim sum* auf den Tisch. Feste Menüs ab ca. US$10, zwei Personen speisen hier gut für US$20, doch nach oben hin sind den Preisen keine Grenzen gesetzt, wenn man sich für Delikatessen wie Vogelnestersuppe oder Haifischflosse begeistert. ⌚ 11–14.30 und 18–22 Uhr.

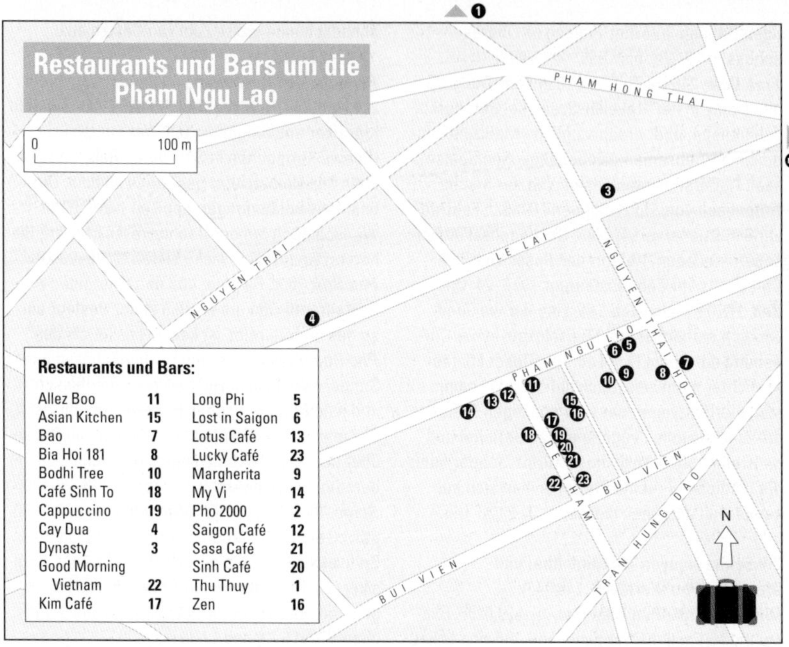

Good Morning Vietnam, 197 De Tham. Ableger der Restaurantkette unter italienischer Leitung mit zuverlässig guter Pizza und Pasta in angenehmer Umgebung. ◷ 8–22 Uhr.

Kim Café, 268 De Tham. Neben einer Frühstückskarte und einer Riesenauswahl an vegetarischen Gerichten gibt es hier Guacamole, Knoblauchbrot, Kartoffelpüree und ein fantastisches Hühnchen-Curry (US$2). Kleiner und etwas intimer als das Sinh Café; abends ist die Terrasse meist rappelvoll. ◷ 7 Uhr bis spät.

Lotus Café, 197 Pham Ngu Lao. Die vietnamesischen und westlichen Gerichte werden in freundlicher Atmosphäre serviert und sind besser als der Durchschnitt. Das kolossale „große Frühstück" ist ebenso empfehlenswert wie das Hühnchen in scharfer Erdnusssoße und die köstlichen Obstsäfte. ◷ 7.30–24 Uhr.

Lucky Café, 224 De Tham. Speisen und Getränke sind teurer als bei einigen benachbarten Lokalen, aber die Qualität ist sehr gut. Tipp: eine der Reissuppen oder die festen Menüs (US$3–4). Sportfernsehen via Satelliten-TV. ◷ 7 Uhr bis spät.

Margherita, 175/1 Pham Ngu Lao. Anwärter auf den Preis für die billigste und leckerste Pizza und Pasta der Stadt (US$2–3), serviert in unaufdringlicher Umgebung mit einem kaum noch wahrnehmbaren Hauch Italien. Auf Wunsch auch Lieferung frei Haus. ◷ 7–13 und 15–24 Uhr.

My Vi, 223 Pham Ngu Lao. Einfaches Restaurant mit billigen und leckeren vietnamesischen und westlichen Gerichten. ◷ 7–23 Uhr.

Pho 2000, 1–3 Phan Chu Trinh, ✆ 822 2788. Neben dem Ben Thanh-Markt. Eine große Schüssel mit köstlicher Nudelsuppe und andere vietnamesische Standardgerichte für ca. US$1 in hygienisch einwandfreier Umgebung. ◷ 6–2 Uhr.

Saigon Café, 195 Pham Ngu Lao. Oft den ganzen Tag über gut besucht wegen der spottbilligen Preise, z.B. Schweinekotelett mit Eiern für ca. US$1. Auch das Bier ist nirgendwo so billig wie hier. ◷ 7 Uhr bis spät.

Sasa Café, 242 De Tham. Nicht gerade etwas für Feinschmecker, aber sehr umfangreiche Speisekarte mit internationalen Gerichten zu sehr günstigen Preisen. Internet-Zugang im Obergeschoss. ⌚ 7 Uhr bis spät.

Sinh Café, 246 De Tham, ✆ 836 7338. Die große alte Dame in der Traveller-Szene serviert durchschnittliche, aber erschwingliche Mahlzeiten in einem betriebsamen, küchenähnlichen Speisesaal. Äußerst empfehlenswert ist der frische Tintenfisch vom Holzkohlengrill (US$2). Fahrradverleih, Bücherverkauf und Geldwechsel im Reisebüro nebenan, Abfahrt der Busse von Sinh Café Tours vor dem Restaurant. ⌚ 6–24 Uhr.

Zen, 175/18 Pham Ngu Lao. Eine der wenigen wirklich authentischen Speiselokale in der Umgebung der Pham Ngu Lao. Das Dekor könnte schlichter nicht sein, doch schließlich kommt man hierher wegen der sehr günstigen Preise, der fantasievollen vegetarischen Gerichte und der traumhaften Kokosnuss-Kürbis-Suppe. Auch die göttlichen Fruchtsäfte sollte man sich auf keinen Fall entgehen lassen. ⌚ 7–23.30 Uhr.

Zwischen Nguyen Thi Minh Khai und Dien Bien Phu (Karte s.S. 146/147):

Dien Bien, 165 Dien Bien Phu, ✆ 829 0286. Billige und freundliche Suppenküche und *pho*-Lokal. Eines von mehreren ähnlichen Lokalen auf diesem Abschnitt der Dien Bien Phu. Leckere Nudel- und Reisgerichte in alltäglicher Umgebung. ⌚ 6–23 Uhr.

Giac Duc, 492 Nguyen Dinh Chieu. Das winzige vegetarische Speiselokal mit Schwerpunkt auf vietnamesischen und taiwanesischen Gerichten ist bei den einheimischen Mönchen sehr beliebt. Serviert werden Suppen, Reis, köstliche Frühlingsrollen, eine verführerische Auswahl an Kuchen und *banh bao.* ⌚ 6–22 Uhr.

L'Etoile, 180B Hai Ba Trung, ✆ 829 7939. Erstklassige französische Küche, die bereits zahlreiche Preise abgeräumt hat. Umfangreicher Weinkeller und Gitarrenmusik in einer stilvollen Villa. Ein festes Menü kostet um US$15 p.P., das Speisen à la carte ist teurer. ⌚ 11–14 und 17–22 Uhr.

Minh Pho, Lau Bo, 107/12 Truong Dinh, ✆ 829 5861. *Lau* und *pho* sind die Standardgerichte in diesem schlichten Restaurant am Straßenrand. ⌚ 6–22 Uhr.

Ngoc Suong Marina, 19C Le Qui Don, ✆ 930 5234. Diese neueste Filiale zählt zu den beliebtesten Seafood-Restaurants der Stadt und lockt allabendlich eine große Zahl von Gästen an. ⌚ 10–23 Uhr.

Palm Garden Restaurant, im Saigon Star Hotel, 204 Nguyen Thi Minh Khai, ✆ 930 6290. Beliebte Klassiker aus Singapore wie *bak kut teh* (Schweinerippchen in Sojasoße), Reis mit Hühnchen à la Hainan oder gebratene Nudeln. Die qualitativ hochwertigen Speisen werden auf Wunsch auch auf der Dachterrasse serviert, die hervorragende Ausblicke bietet. ⌚ 15–23 Uhr.

Pho Hoa, 260C Pasteur. Von den sehr guten *pho*-Restaurants, von denen sich in der Pasteur eins an das andere reiht, ist keines besser als das *Pho Hoa.* Serviert werden riesige Schüsseln mit Suppe, dazu kommt Hühner- oder Rindfleisch und jede Menge frisches Gemüse auf den Tisch, das man selbst hinzufügt. Auch wenn die Preise über dem Durchschnitt liegen, wird man es nicht bereuen, hier gegessen zu haben. ⌚ 6–24 Uhr.

Spice, 100A Nguyen Thi Minh Khai, ✆ 829 4020. Stilvoll eingerichtetes Thai-Restaurant mit einer Speisekarte, die wie eine Zeitung aussieht. Klassiker wie *tom yam* und *som tam,* aber auch einige ungewöhnliche Gerichte wie „Vulkan-Hühnchen". ⌚ 11–14 und 17.30 bis spät.

Thu Thuy, 26 Cach Mang Thanh Tam. Gegrillte Fleischspieße sind die Spezialität in diesem schlichten Essenstand an der Straße. ⌚ 5–22 Uhr.

Nördlich der Dien Bien Phu (Karte s.S. 146/147):

Banh Xeo, 46A Dinh Cong Trang, ✆ 824 1110. Vietnamesische Pfannkuchen mit einer gemischten Füllung aus Garnelen, Schweinefleisch, Bohnen, Sojabohnensprossen und Ei sind die Spezialität dieses Straßenrestaurants in der Nähe der Hai Ba Trung. Von einem Stück für nur ca. US$1 ist man fast den ganzen Tag satt. Speisekarte in englischer Sprache. ⌚ 10–22 Uhr.

Cha Ca Hanoi, 5A Tran Nhat Duat, ✆ 848 4240. Das äußerst schicke Restaurant im Café-Stil serviert drei leckere Spezialitäten aus Hanoi, darunter auch eingelegten Grillfisch mit Nudeln. ⌚ 11–14 und 16–22 Uhr.

Pho Binh, 7 Ly Chinh Thang, ✆ 848 3775. Ein Muss für alle, bei denen das Thema Krieg ganz oben auf der Liste steht, denn es handelt sich um das konspirative Haus der Kommunisten, von dem aus 1968 der Befehl zum Start der Tet-

Offensive gegeben wurde. Wer hingegen nur wegen des Essens kommt, wird wahrscheinlich enttäuscht. Im Obergeschoss sind Zimmer zu vermieten. ⌚ 6–23 Uhr.

Tinh Tam Trai, 170A Vo Thi Sau, ✆ 820 2230. Schnörkelloses vegetarisches Restaurant, wo die Mahlzeit entweder aus den Auslagen im Fenster oder von der englischen Speisekarte gewählt wird. Beliebt bei Einheimischen. ⌚ 6–13 und 15–21 Uhr.

Tri Ky, 82 Tran Huy Lieu, ✆ 844 0968. Das schicke, ein gutes Stück Richtung Flughafen gelegene Restaurant wirbt mit seiner „Dschungelküche", darunter Kobra, Fledermaus, Fuchs, Reh, Schildkröte und sogar Gürteltier – wer's herunterkriegt... ⌚ 11–14 und 18–22 Uhr.

Cholon: ***Golden Phoenix***, im Hotel Equatorial, 242 Tran Binh Trong, ✆ 839 7777. Ein aufgehender Stern am Restauranthimmel von Ho-Chi-Minh-Stadt, doch die Spezialitäten aus Szechuan und Kanton sind nicht billig. Für eine volle Mahlzeit muss mit US$15 aufwärts p.P. gerechnet werden. ⌚ 11.30–14.30 und 18.30–22.30 Uhr.

Kampachi, im Hotel Equatorial, 242 Tran Binh Trong, ✆ 839 7777. Die japanischen Köche sorgen dafür, dass den größtenteils japanischen Gästen in diesem stilvollen und angesehenen Lokal Sushi, Teppanyaki und andere Standardgerichte auf der Zunge zergehen. ⌚ 11.30–14.30 und 18.30–22.30 Uhr.

CAFÉS UND EISSALONS – Die von den Franzosen eingeführte Café-Kultur erfreut sich auch heute noch großer Beliebtheit in Ho-Chi-Minh-Stadt. Es gibt zahlreiche Cafés, in denen sich das Essen mit einem Eisbecher oder Crêpe abrunden lässt. Früher am Tag werden sie besonders gern aufgesucht, um bei einer Tasse Kaffee kurz zu entspannen. Alle folgenden Cafés sind, sofern nicht anders angegeben, auf der Karte „Essen und Trinken im Zentrum von Ho-Chi-Minh-Stadt" (s.S. 177) eingezeichnet.

Au Parc, 23 Han Thuyen. Die stilvolle Sandwich- und Salatbar auf zwei Etagen serviert Obstsäfte und Milchshakes in unmittelbarer Nähe der Kathedrale. ⌚ 7.30–21.30 Uhr.

Bo Gia, 20 Ho Huan Nghiep. Ehemaliger Buchladen, der zu einem kleinen Straßencafé umgestaltet wurde und besonders bei Einheimischen sehr beliebt ist. Verschiedene Getränke und eine Auswahl an Eissorten, die das Wasser im Mund zusammenlaufen lässt. Ein paar Bücher kann man hier immer noch kaufen. ⌚ 7 Uhr bis spät.

Brodard Restaurant, 131 Dong Khoi. Eher ein Café als ein Restaurant. Hat sich mit seiner eleganten Einrichtung eine traditionelle Atmosphäre erhalten. Trotz der recht hohen Preise (Sandwiches ab ca. US$2,50) bei Touristen und in Ho-Chi-Minh-Stadt lebenden Ausländern gleichermaßen beliebt. ⌚ 6.30–23 Uhr.

Café Sinh To, 231 De Tham (Karte s.S. 181). Schlichte Saftbar mit erstaunlich günstigen Preisen im Herzen der De Tham. Auch Sandwiches erhältlich. ⌚ 8–23 Uhr.

Chi Lang Café, Chi Lang-Park, Dong Khoi. Wegen der günstigen Lage etwas abseits der Dong Khoi ein hervorragender Ort, um Leute zu beobachten. ⌚ 8–23 Uhr.

Chu, 158 Dong Khoi. Von Coco Chanel, Kenzo, Versace und anderen Modehäusern beeinflusste Eisbecher, außerdem internationale Speisen (s.S. 176, Restaurants). ⌚ 8–24 Uhr.

Ciao Café, 72 Nguyen Hue. Das helle, luftige und recht zentral gelegene Café-Restaurant serviert eine breite Palette an westlichen und asiatischen Gerichten, doch die Stärke liegt eindeutig auf italienischer Eiscreme in Waffeln und Bechern. ⌚ 7–23.30 Uhr.

Dong Du Café, 31 Dong Du. Das italienische Café im modernen Chic kredenzt traditionelle italienische Eiscreme, Kaffee und leichte Pasta-Gerichte. ⌚ 7–22 Uhr.

Fanny's Ice Cream, 29–31 Ton Thap Thiep. Mit seinen dunkelgelben Wänden, den schmiedeeisernen Stühlen, Bücherregalen und Zeitschriften der ideale Ort für eine Pfirsich-Melba oder vielleicht sogar einen Cocktail. ⌚ 9–23 Uhr.

Java Coffee Bar, 38–42 Dong Du. Hier lassen sich für ca. US$2 pro Tasse Maßnahmen gegen den Koffeinentzug ergreifen. Dazu eine abwechslungsreiche Speisekarte mit westlichen Gerichten für rund US$7 pro Menü in einer großen und gemütlichen Lounge. Gutes Ausgleichsprogramm nach dem Einkauf in den nahe gelegenen Boutiquen. ⌚ 7.30–23.30 Uhr.

Kem Bach Dang, 26 und 28 Le Loi. Zur Straße hin offene Eisdielenzwillinge, die wegen ihrer extravaganten Kreationen – teils unter Verwendung von Früchten aus Da Lat – geschätzt werden. ◷ 8–23 Uhr.

Kem Cong Truong, 10 Pham Ngoc Thach. Die Einheimischen schwören auf dieses Straßencafé in der Nähe von Dong Khoi und Kathedrale. Preiswerte Eiscreme, frische Kokosnüsse und verschiedene Biersorten. ◷ 6–23 Uhr.

La Dolce Vita Bar, im Hotel Continental, 132–134 Dong Khoi. Die Saigoner Institution ist eine schicke Mischung aus Café, Restaurant, Bar und Eissalon mit Terrasse und Atmosphäre. ◷ 6–22 Uhr.

La Fenêtre Soleil, 135 Le Thanh Tan, 1. Stock (Eingang 125 Nam Ky Khoi Nghia). Von dem düsteren Treppenhaus, das zu diesem urigen Café hinaufführt, sollte man sich nicht abschrecken lassen. Eine seltsame Mischung aus Stühlen, Tischen, Sofas und sogar einem Bett verleihen dem Lokal ein herrlich schräges Flair nach dem Motto: Kaffee, Tee, Saft, Milchshake, Pudding oder Götterspeise bestellen und dann gemütlich zurücklehnen. Mutiert abends zur Bar. ◷11.30–24 Uhr.

Napoli Café, 5 Pham Ngoc Thach. Frische Schnittblumen, Terrakotta-Fliesen und Tische unter freiem Himmel verleihen dem etwas nordwestlich der Kathedrale gelegenen Napoli eine rustikale Atmosphäre. Neben einer begrenzten Auswahl an Kuchen, Gebäck und Eisbechern gibt es das sensationelle *mangia e bevi,* eine Mischung aus Eiscreme, Orangensaft und frischem Obst. ◷ 7.30–23 Uhr.

Paloma Café, 26 Dong Khoi. Überaus beliebtes Café am unteren Ende der Dong Khoi, um abends bei romantischem Kerzenlicht Eiscreme ab US$2 zu naschen; auch ein großes Frühstück auf der Speisekarte. Jeden Abend Live-Musik. ◷ 7.30–24 Uhr.

Paris Deli, 31 Dong Khoi. Café im Stil der französischen Hauptstadt mit Croissants, Sandwiches und vorzüglichem Feingebäck. Lieferung auch nach Hause. ◷ 7–22 Uhr.

Piano Café, 33 Le Quy Don (Karte s.S. 146/147). Pärchen schmusen hier bei einem Glas Eiskaffee auf einer schummerigen Terrasse unter dem Vordach einer alten französischen Villa, während Musiker allabendlich traditionelle Popsongs im klassischen Gewand zum Besten geben. ◷ 6–23 Uhr.

Unterhaltung

Mit Zunahme der Ausländer, die nach Ho-Chi-Minh-Stadt strömen, wächst auch das abendliche Unterhaltungsangebot der Metropole. Es besteht keine Notwendigkeit, nach dem Abendessen direkt zum Hotel zurückzukehren, denn es gibt jede Menge **Kneipen** und **Bars**, und viele von ihnen versuchen neuerdings, ihr Angebot durch Live-Musik attraktiver zu gestalten. Dabei handelt es sich in der Regel um vietnamesische oder philippinische Cover-Bands, die ihr Publikum mit bekömmlichem Pop-Rock à la Creedence Clearwater Revival und The Eagles unterhalten. Heimische Talente treten im **Cong Vien Van Hoa-Park** in der Cach Mang Thang Tam und im **Son Tra-Park** in der Nguyen Thai Hoc auf, wo einheimische Schnulzensänger mit Glitzeranzug und Schmalzlocke das größtenteils vietnamesische Publikum mit westlichen und fernöstlichen Schlagern unterhalten. Ab und zu gibt sich auch ein großer Name aus dem Showbusiness des Westens die Ehre, wie vor einigen Jahren Bryan Adams, was in der lokalen Presse lang und breit angekündigt wird.

Zu fortgeschrittener Stunde erwachen immer mehr **Clubs** und **Discos** zum Leben, in denen man weitertrinken und tanzen kann.

Die Zeitungsbeilagen *The Guide* (monatlich) und *Time-out* (wöchentlich) enthalten brandaktuelle Veranstaltungshinweise und Informationen zu den neuesten Bars, den heißesten Clubs und jeglicher Art von anspruchsvoller Unterhaltung, die in Ho-Chi-Minh-Stadt geboten wird (Einzelheiten s.S. 194).

DISCOS UND CLUBS – Die Clubszene in Ho-Chi-Minh-Stadt entwickelt sich rasch, denn die zunehmenden Kontakte zwischen Vietnam und der westlichen Welt finden auch ihren Niederschlag in dem immer aktuelleren Angebot an moderner Dance Music auf den Plattentellern der Stadt. Gleichzeitig gehören in vielen Clubs immer noch Servierdamen in geschlitztenAbendkleidern zum Inventar. Und es gibt nach wie vor Tanzsäle, die sich der Vorliebe der Vietnamesen für **Gesellschaftstänze** widmen – eine Tradition, die aber leider langsam ausstirbt, während MTV der vietnamesischen Jugend moderne westliche

Sounds um die Ohren knallt. Die meisten Clubs und Discos nehmen **Eintritt** (normalerweise US$3–5), wobei das erste Getränk meist inbegriffen ist, während andere ohne Eintritt einfach höhere Preise für die Getränke kassieren.

Apocalypse Now, 2C Thi Sach. Ein Pionier der wieder auflebenden Nachtszene der Stadt. Am Wochenende immer voll und laut, unter der Woche hingegen oft ziemlich öde. Dunkel und riesengroß mit Tanzflächen auf zwei Etagen und einem kleinen Garten. ⌚ 19 Uhr bis spät.

Canto Lounge and KTV, im Vien Dong Hotel, 275A Pham Ngu Lao. Die Disco mit kantonesischem Einschlag ist bei den jungen Trendsettern der Metropole sehr beliebt. man kann hier die ganze Nacht durchtanzen oder in den privaten Karaoke-Zimmern selbst zum Mikro greifen. ⌚ 20 Uhr bis spät.

Catwalk, im New World Hotel, 76 Le Lai. Professionell aufgezogener Club, aber wenig Atmosphäre. ⌚ 20 Uhr bis spät, Eintritt US$7.

Club 777, 5 Cong Truong Me Linh. Die neueste Disco der Stadt in einer riesigen Halle in unmittelbarer Nähe der Dong Khoi. ⌚ 20 Uhr bis spät, Eintritt US$4.

Liberty, 80 Dong Khoi. Das größtenteils vietnamesische Publikum schwoft zu schmusiger Live-Musik durch die schummrige Tanzbar im Obergeschoss. Später weichen die romantischen Klänge einem peppigeren Disco-Sound. ⌚ 20.30 Uhr bis spät.

Liquid, 104 Hai Ba Trung. House und vietnamesischer Pop führen eine friedliche Koexistenz in diesem Laden, der ein partyfreudiges, vorwiegend einheimisches Publikum anzieht. ⌚ 20 Uhr bis spät.

Maxim's, 15–17 Dong Khoi. Nach dem Essen im Restaurant (s.S. 178) bietet sich ein gemächliches Verdauungstänzchen im Obergeschoss an. ⌚ 20.30–24 Uhr.

Mecca, 129A Nguyen Hue. House und Hip-Hop vom Feinsten, dazu sexy Tanzdarbietungen. ⌚ 20 Uhr bis spät.

Mua Rung, 5–15 Ho Huan Nghiep. Die Disco, deren Name übersetzt „Regenwald“ heißt, lockt mit hypermodernem Sound und Hightech-Lightshow. Die moderne Tanzmusik zieht viele sehr junge Vietnamesen an. Bis 20 Uhr Eintritt frei. ⌚ 19.30 Uhr bis spät.

Planet Europa, Saigon Superbowl, A43 Truong Son. Ein junges und gut betuchtes Publikum tanzt hier zu größtenteils westlichen Sounds. ⌚ 20 Uhr bis spät.

BIA HOI – Wer sich mit dem Preis für eine Flasche BGI schwer tut, kann eine der so genannten *bia hoi*-Kneipen aufsuchen, in denen Einheimische billiges Fassbier von lokalen Brauereien aus großen Krügen mit Eis bechern (das Eis kann man aus hygienischen Gründen auch weglassen). Diese zum Teil rauen Spelunken machen in der Regel vormittags auf und schließen am frühen Abend. Es gibt sie in der ganzen Stadt, doch die beiden nachfolgend aufgelisteten befinden sich in günstiger Lage zur Dong Khoi bzw. Pham Ngu Lao.

Bia Hoi – Bia Chai, 20 Dong Du (Karte s.S. 177). Wem die Restaurants und Bars in der Umgebung der Dong Khoi zu teuer sind, der kann seinen Kummer hier in einheimischem Fassbier ertränken.

Bia Hoi 181, 181–183 Nguyen Thai Hoc (Karte s.S. 181). In der Straßenkneipe unmittelbar östlich des Zentrums der Pham Ngu Lao ist nachmittags und abends eine Menge los. Hier gibt es auch die lokale Spezialität *lao de* (Eintopf mit Ziegenfleisch).

KNEIPEN UND BARS – Die Kneipenszene in Ho-Chi-Minh-Stadt hat sich in den letzten Jahren enorm entwickelt. Auch hier steht die Dong Khoi im Zentrum der Aktivitäten, während sich eine weitere Hochburg in der Umgebung von Le Thanh Ton, Hai Ba Trung und Thi Sach gebildet hat, wo eine ganze Reihe von Kneipen und Bars von der Stammkundschaft der in diesem Viertel lebenden Ausländer profitiert. Die Bandbreite der Lokale reicht dabei von der eleganten Yuppie-Bar bis zur erotisch aufgeheizten Kaschemme nach Art der GI-Bars aus den 60er Jahren. Doch auch in den Traveller-Cafés der Pham Ngu Lao gehen gegen Abend vermehrt alkoholische Getränke über den Tisch – eine gute Alternative, falls man bereit ist, für ein bis zwei Dollar Ersparnis pro Bier auf die Atmosphäre zu verzichten, und natürlich die beste Gelegenheit, gleich gesinnte Touristen kennen zu lernen.

Die Kneipen öffnen entweder am späten Vormittag, um das Mittagsgeschäft noch mitzunehmen, oder am frühen Abend. Zur Zeit der Recherche herrschte nach hartem Durchgreifen der Polizei nach Mitternacht eine seltsame Ruhe in der Stadt – mit Ausnahme mehrerer Bars in der Umgebung der Pham Ngu Lao, die von der Blitzaktion scheinbar verschont geblieben waren. Wenn es nach den Kneipenbesitzern geht, würden sie erst schließen, nachdem der letzte Gast gegangen ist, sodass sich die Lage mit der Zeit wieder etwas entspannen dürfte.

Die **Preise** sind sehr unterschiedlich: Während ein großes BGI-Bier in einem Straßencafé in der Pham Ngu Lao nicht einmal einen US$1 kostet, muss man in einer exklusiveren Bar in der Dong Khoi das Vier- bis Fünffache dafür berappen. Weine und Spirituosen sind nur in den ganz noblen Bars erhältlich, wo die Preise entsprechend höher liegen. Doch selbst in der Innenstadt lässt sich Geld sparen, indem man eine **Happy Hour** am frühen Abend nutzt oder sich ein erfreulich günstiges und leckeres Bier in einer der *bia hoi*-Kneipen genehmigt (s.o.). Einige teurere Bars wie *Saigon-Saigon, Le Caprice* und *Panorama* bieten einen hervorragenden **Ausblick auf die Stadt** und empfehlen sich besonders für einen Drink bei Sonnenuntergang.

Mit zunehmender Konkurrenz unternehmen die Kneipenbesitzer in letzter Zeit verstärkte Anstrengungen, Gäste durch zusätzliche Attraktionen wie Live-Musik, Darts, Pool-Billard und/oder Karaoke anzulocken.

Alle Lokale finden sich, sofern nicht anders angegeben, auf der Karte „Essen und Trinken im Zentrum von Ho-Chi-Minh-Stadt“ (s.S. 177).

Allez-Boo, 187 Pham Ngu Lao, 💻 www.allezboo.com (Karte s.S. 181). Einrichtung aus Bambus und Stroh, laute Musik, hervorragendes Essen (s.S. 180) und eine gute Auswahl an Cocktails sorgen für enorme Beliebtheit bei der Backpacker-Gemeinde. Die derzeit größte Bar in der Pham Ngu Lao ist fast jeden Abend zum Bersten gefüllt. 🕓 7 Uhr bis spät.

Blue Gekko, 31 Ly Tu Trong. Kneipe für in Ho-Chi-Minh-Stadt lebende Ausländer; mit Pool-Billard, Darts und Sportfernsehen. Happy Hour 17.30–19.30 Uhr, ansonsten sind die Drinks aber teuer. 🕓 16.30 Uhr bis spät.

Bodega, 27 Ngo Duc Ke. Große Bar über dem Restaurant Paris Deli mit abendlicher Live-Musik, Bier für ca. US$2, Cocktails für US$3 und umfangreiche Speisekarte mit Gerichten ab US$2–3. 🕓 18 Uhr bis spät.

Café Latin, 25 Dong Du. Schicke (und teure) Kombination aus Bar und Restaurant mit stilvollem Metalldekor und Designer-Möbeln. Wegen der internationalen Speisekarte und der Sportübertragungen und Filme aus aller Welt in der Sportbar im Obergeschoss ein Favorit unter den in der Stadt lebenden Ausländern. Freitagabend Latinoklänge. 🕓 10–24 Uhr.

Cati Club, 46–50 Dong Khoi. Ein paar Tische auf einer Terrasse zum Leutebeobachten in der Dong Khoi und ebenso großer wie schicker Innenraum mit Bühne, auf der von 21–23 Uhr Live-Musik geboten wird. 🕓 10 Uhr bis spät.

Ice Blue, 54 Dong Khoi. Angeblich im Stil eines traditionellen englischen Pubs, doch abgesehen von dem Dartboard erinnert nur wenig an eine Kneipe auf den britischen Inseln. Dennoch freundliche Atmosphäre und mehrere internationale Biersorten. 🕓 16 Uhr bis spät, Happy Hour 16–20 Uhr.

Le Caprice, Landmark Building, 15. Stock, 5B Ton Duc Thang. Nobles und stilvolles Restaurant, das schon wegen des tollen Ausblicks auf den Fluss einen teuren Cocktail wert ist. 🕓 10 Uhr bis spät.

La Fenêtre Soleil, 135 Le Thanh Ton, 1. Stock (Eingang 125 Nam Ky Khoi Nghia). Der Eingang ist alles andere als leicht zu finden, aber das Lösen des Rätsels lohnt sich. Tagsüber fungiert dieses kleine Schmuckkästchen als cooles Café (s.S. 184), am Abend werden dann Cocktails geschüttelt. 🕓 11.30–24 Uhr.

Long Phi, 163 Pham Ngu Lao (Karte s.S. 181). Gemütliche und beliebte Bar mit kleinem französischen Restaurant. Geschmackvollere Einrichtung und etwas teurere Getränke als bei den meisten Konkurrenten. 🕓 11.30 bis spät.

Lost in Saigon, 169 Pham Ngu Lao (Karte s.S. 181). Alteingesessene und verlässlich gute Kneipe mit Billardtisch und einem guten Mix aus moderner und klassischer Rockmusik. 🕓 18 Uhr bis spät.

Maya, 6 Cao Ba Quat. Ein Hauch von Lateinamerika in Saigon in Form einer gemütlichen Bar mit guter Auswahl an Biersorten und Cocktails, dazu südamerikanische Speisen und Tapas. Außerdem Unterricht im Salsa-Tanzen. 🕓 17 Uhr bis spät.

Mogambo, 20 Thi Sach. Fish 'n' Chips, Steaks, mexikanisches Essen, Kuchen und eine gute Sammlung von Spielfilmen auf Video. Felle an den Wänden zur Dekoration. 🕓 7 Uhr bis spät.

O'Briens Factory, 74 A2 Hai Ba Trung. Erinnert an einen schicken Londoner Pub und erfreut sich großer Beliebtheit bei den in der Stadt lebenden Ausländern wegen der angenehmen Atmosphäre, der gut sortierten Bar und der tröstlichen westlichen Speisekarte. 🕓 16.30 Uhr bis spät, Happy Hour 16.30–19 Uhr (außer So).

Old Saigon, 20 Thi Sach. Kellnerinnen im traditionellen Ao Dai, Schwarzweißfotos vom Saigon vergangener Tage und antike Ventilatoren lassen Nostalgie aufkommen in dieser zweistöckigen Bar, in der Bier, Cocktails und Snacks zu vernünftigen Preisen serviert werden. 🕓 14 Uhr bis spät.

Panorama, Level 32–33, Saigon Trade Centre, 37 Ton Duc Thang. Die Bar trägt ihren Namen zu Recht und ist allein schon des Ausblicks wegen einen Besuch wert. Weit unten erkennt man bei einem erwartungsgemäß kostspieligen Getränk die winzige Kathedrale Notre Dame, das Hotel Caravelle und eine lange Biegung des Saigon-Flusses. 🕓 11–24 Uhr.

Q Bar, 7 Cong Tuong, Lam Son-Platz. Die bekannte, unterhalb des Stadttheaters mit Blick auf das Hotel Caravelle gelegene Bar lockt die Modebewussten der Stadt in ihre stilvollen Nischen. Cocktails ca. US$4, verschiedene Biersorten ca. US$2. 🕓 17 Uhr bis spät.

Rooftop Garden, im Rex Hotel, 141 Nguyen Hue (Karte s.S. 149). Trotz der astronomischen Preise gehört ein Drink zwischen den plumpen Tierfiguren und den bunt beleuchteten Ziersträuchern auf der kultigen Terrasse des Rex noch immer zum Pflichtprogramm einer Stadtrundfahrt. Tipp: Grüner Tee (US$1) ist das billigste Getränk auf der Karte. 🕓 7 Uhr bis spät.

Saigon-Saigon Rooftop Bar, im Hotel Caravelle, 19 Lam Son-Platz (Karte s.S. 149). Romantischer Blick auf die Stadt und abendliche Live-Musik in stilvollem Ambiente entschädigen allemal für die hohen Getränkepreise der luftigen Hotelbar im 11. Stock. Beliebt bei in Ho-Chi-Minh-Stadt lebenden Ausländern. 🕓 16.30–1 Uhr.

Sheridan's Irish House, 17/13 Le Thanh Ton. In der gemütlichen Bar mit umfangreicher Speisekarte wird jeden Abend Live-Musik unterschiedlicher Stilrichtungen geboten. 🕓 8 Uhr bis spät.

Underground, im Keller des Lucky Plaza, 69 Dong Khoi. Die ideale Lage, Bier für US$1 während der Happy Hour (16–19 Uhr) und eine gute Auswahl an westlichen Speisen sorgen für viel Betrieb in diesem beliebten Lokal mit Billardtisch. 🕓 10 Uhr bis spät.

Vascos, 16 Cao Ba Quat. Fr und Sa Live-Musik und rappelvoll mit in der Stadt ansässigen Ausländern, die oft auf den von Palmen bestandenen Hof des benachbarten Restaurants Camargue ausweichen müssen. Dreimal wöchentlich Filme, außerdem werden Tapas serviert. 🕓 18 Uhr bis spät, So und Mo geschlossen.

Wild West, 33 Hai Ba Trung. Recht große Kneipe im Stil eines Saloons mit dunkler Inneneinrichtung, hohen Barhockern und Pool-Billard. Unter der Woche ist meist nichts los, doch am Wochenende füllt es sich. 🕓 18 Uhr bis spät, Happy Hour 18–20 Uhr.

TRADITIONELLE UNTERHALTUNG – Es gibt nur wenige Etablissements, die Besuchern aus dem Westen einen Einblick in die vietnamesische Kultur verschaffen.

Binh Quoi Cultural Village, 1147 Xo Viet Nghe Tinh, ✆ 899 1831, Kontakt auch über Saigontourist, ✆ 829 8914. Der einzige wirklich auf Touristen ausgerichtete Veranstaltungsort der Stadt präsentiert regelmäßig ein von Saigontourist organisiertes Programm (Eintritt US$5) aus Volksmusik, traditionellen Tänzen und Wasserpuppenspiel, das auch mit einer abendlichen Kreuzfahrt auf dem Saigon-Fluss kombiniert werden kann (s.S. 178).

Historisches Museum, Le Duan. Wasserpuppentheater wird in Ho-Chi-Minh-Stadt nicht so groß geschrieben wie in Hanoi, doch wer den Norden des Landes nicht besucht, bekommt hier eine Kostprobe. Vorstellungen jede volle Stunde, Eintritt US$1.

Hoa Binh-Theater, 3 Thang 2, ✆ 865 5199. Regelmäßige Aufführungen moderner und klassischer vietnamesischer Musik, traditionelle Theaterstücke und Tänze, Modenschauen, Konzerte (manchmal auch von Künstlern aus dem Westen) und synchronisierte Filme.

Jugendkulturhaus, 4 Pham Ngoc Thach, ✆ 829 4345. Ein weiterer Veranstaltungsort für kulturelle Darbietungen und Filmvorführungen.
Musikkonservatorium, 112 Nguyen Du, ✆ 822 5841. Wer sich für klassische Musik aus dem Westen und aus Vietnam interessiert, sollte hier nach den Konzertterminen des Jugendkammermusikorchesters von Ho-Chi-Minh-Stadt fragen, die bei entsprechender Nachfrage auch eigens angesetzt werden können.
Stadttheater, Lam Son-Platz, veranstaltet Modenschauen und Aufführungen traditioneller Theaterstücke und Tänze.

Einkaufen

Auch wenn Ho-Chi-Minh-Stadt nicht gerade ein Shopping-Mekka ist, so gibt es doch eine Menge Souvenirgeschäfte, in denen man sich vor der Abfahrt noch mit netten Geschenken eindecken kann. Beliebte Mitbringsel sind Malereien auf Reispapier, Ao Dai aus Seide, Lackarbeiten, bestickte Stoffe, Musikinstrumente und traditionelle Bekleidung der ethnischen Minderheiten, außerdem Raritäten wie Opiumpfeifen, antike Uhren, Briefmarken und Geldscheine aus der französischen Kolonialzeit, Feuerzeuge aus dem Bestand der US Army und als besonders billige Andenken die allgegenwärtigen T-Shirts und konischen Hüte. Billige und lustige Souvenirs finden sich in der Le Loi und in der De Tham, wertvollere Sachen führen die exklusiven Boutiquen in der Dong Khoi und deren Seitenstraßen, z.B. der Dong Du und der Ngo Duc Ke. Erfolgreiches **Handeln** ist eine Grundvoraussetzung, wenn man viel einkaufen möchte (Tipps dazu s.S. 68). Weitere kleinere Souvenirs in Form alter Münzen, Briefmarken, Geldscheine und Grußkarten mit handgemalten, typisch vietnamesischen Motiven auf Seide finden sich in den Kiosken in der Dong Khoi und in der Hauptpost in derselben Straße. Antiquitäten und Andenken werden in mehreren Geschäften in der Le Cong Kieu verkauft (s.S. 156), faszinierende Modellschiffe gibt es in der Cao Ba Quat nördlich des Stadttheaters an der Ostseite des Hotels Continental.
Die Öffnungszeiten der Geschäfte liegen i.A. täglich zwischen 10 Uhr und Sonnenuntergang. Einige Ladenbesitzer pflegen allerdings auch eine ausgedehnte Nachmittagsruhe, während größere Geschäfte häufig auch nach 20 Uhr noch geöffnet haben.

BÜCHER, ZEITSCHRIFTEN UND ZEITUNGEN – Wer sich für die Geschichte Vietnams interessiert, findet jede Menge fotokopierter Bücher zu diesem Thema, die meistens von ambulanten Händlern verkauft werden. Darüber hinaus gibt es einige wenige Buchhandlungen mit einer größeren Auswahl an englischsprachigen Büchern.
Bookazine, 28 Dong Khoi. Verschiedene Zeitungen und Magazine, detaillierte Landkarten der vietnamesischen Provinzen und ein faszinierendes Sammelsurium an Secondhand-Büchern, die für Sammler teilweise sehr interessant sein dürften.
Con Meo, 243 De Tham. Kleine Auswahl neuer und gebrauchter Bücher und Landkarten sowie spottbillige, raubkopierte CDs.
Lao Dong, 104 Nguyen Hue, gegenüber dem Eingang zum Hotel Rex. Große Auswahl an Zeitungen und Zeitschriften.
Nhan Binh, 251 De Tham. Fast identisches Angebot wie Con Meo (s.o.).
Phuong Nam, 2A Le Duan. Gute Auswahl an Romanen, Sachbüchern, Magazinen und CDs. ⏲ bis 21.30 Uhr.
Thu Van, 179 Pham Ngu Lao. Von den vielen Läden, die gebrauchte und fotokopierte Bücher im Backpacker-Viertel verkaufen, hat dieser eines der größten Sortimente.
Xuan Thu Foreign Language Bookshop, 185 Dong Khoi. Große Buchhandlung mit einigen englischen und französischen Publikationen, von denen die meisten sich allerdings mit den Themen Grammatik und Wirtschaft beschäftigen; auch einige Zeitungen im Angebot.

KAUFHÄUSER UND EINKAUFSZENTREN – Die Neudeutsch auch als Shopping Malls bezeichneten Einkaufszentren sind eine Neuheit in der Stadtlandschaft und locken mit ihrem Glanz und Glitzer viele Neugierige und Kauflustige an. Einige bieten neben dem reinen Einkaufsvergnügen auch andere Attraktionen wie Kinos oder Bowlingbahnen.
Diamond Plaza, 34 Le Duan. Derzeit die beliebteste Mall der Stadt mit Kaufhaus, Supermarkt,

Fitness Center, Krankenhaus, Swimming Pool, Bowlingbahn, Kinos und Apartments.

Nhat Nam Plaza, 54–56 Nguyen Trai. Das Angebot des achtstöckigen, schwarzweißen Einkaufskomplexes umfasst Kosmetik, Spielwaren, Elektroartikel, Haushaltswaren und Videospiele. Eine Cafeteria im obersten Stockwerk bietet atemberaubende Ausblicke auf die Stadt.

Saigon Centre, 65 Le Loi. Cafés, Souvenirgeschäfte, Boutiquen, ein kleines Kaufhaus und Supermarkt in günstiger Lage zwischen Innenstadt und Budget-Viertel.

Saigon Square, Hai Ba Trung, Ecke Nguyen Du. Die Shopping-Arkaden mit Supermarkt, mehreren Hundert Boutiquen und Souvenirgeschäften, Burger-Restaurants und Eisdielen verteilen sich ebenerdig über einen gesamten Straßenblock.

Saigon Superbowl, A43 Truong Son, am Flughafen. Vietnams erstes Einkaufs- und Freizeitzentrum macht den Eindruck, als wäre es direkt aus Singapore hierher verpflanzt worden. Randvoll mit vertrauten Marken wie Lego, Swatch und KFC.

Saigontourist Department Store, 41 Le Thanh Ton. Das exklusive Kaufhaus im Herzen des Hotelviertels verkauft u.a. überteuertes Kunsthandwerk, Schmuck und Kosmetik.

Savico-Kihn-Do Shopping Mall, zwischen Dong Khoi und Nguyen Hue. Fußgängerzone unter freiem Himmel mit Boutiquen, Bäckereien, Fast Food und Geschenkeläden, am bemerkenswertesten aber wegen der günstig gelegenen öffentlichen Toiletten.

Thong Xa Tax Shopping, 135 Nguyen Hue, gegenüber dem Hotel Rex. Unter den Einheimischen als „Russenmarkt" bekannte Ansammlung von Geschäften mit Elektronikartikeln, Kameras, Armbanduhren, raubkopierten Kassetten und Videos, Schmuck, Lederwaren und Lackarbeiten.

KUNST – ***Apricot Gallery,*** 50–52 Mac Thi Buoi. Eine der exklusivsten Galerien der Stadt mit Ölgemälden einheimischer Künstler ab US$650.

Esprit d'Ami, 31 Ngo Duc Ke. Faszinierende Arbeiten der französischen Künstler Tara Guillermin und Christian DePlante zu vietnamesischen Themen. Beim Kauf muss man jedoch tief in die Tasche greifen.

Gallery Lotos, 55 Dong Khoi. Anspruchsvolle Ölgemälde und Zeichnungen mit authentischer, traditionell vietnamesischer Note.

Nam Phoung, 105 Bui Vien. Einer von vielen Künstlern im Traveller-Viertel, die ihren Lebensunterhalt mit der Reproduktion klassischer Bilder verdienen. Gute Arbeit zu vernünftigen Preisen.

Van Gogh Art Gallery, 114B Nguyen Hue. Verkauft ebenfalls Reproduktionen klassischer Gemälde.

Workshop Hai, 241 De Tham. Spezialität sind preiswerte Malereien auf Reispapier und Seide.

World Art Gallery, 59 Bui Vien. Sorgfältige Kopien klassischer Arbeiten aus aller Welt.

KUNSTHANDWERK, STOFFE UND ANTIQUITÄTEN – ***A.M. Lacquerware,*** 185 Pham Ngu Lao. Produkte aus Lack, Keramik, Stein, Bambus, Muscheln und Horn zu erschwinglichen Preisen.

Art Arcade, 151 Dong Khoi. Gemälde, Lackarbeiten und Keramik, außerdem Buddha-Statuen, alte Armbanduhren und Schmuck.

Authentique Interiors, 6 Dong Khoi. Riesiger Ausstellungsbereich mit großer Auswahl an Bekleidung und anderen Textilien, Keramik, Lackarbeiten und Geschenkartikeln.

Bich Lien, 125 Dong Khoi. Mischung aus Souvenirladen und Kunsthandwerksgeschäft, dazu eine gute Auswahl an Comic-Kunst mit Disney-Motiven auf Lack.

Butterfly, 26B Le Thanh Ton. Drei Stockwerke mit Kunsthandwerk und Einrichtungsgegenständen von guter Qualität.

Celadon Green, 51 Ton That Thiep. Spezialisiert auf Seladonporzellan, aber auch viele attraktive Gegenstände für die Verschönerung des Heims.

For You, 59 Dong Du. Moderne Lackschalen und ungewöhnliche Dekorationsgegenstände.

Kim Phuong, 77 Le Thanh Ton. Gute Auswahl an Tischdecken, Servietten, handbestickten Bildern und Schlafanzügen.

Lac Viet, 40 Ngo Duc Ke. Alle Arten von Souvenirs, darunter Keramik, Gemälde, Taschen, Videos, Grußkarten, Zeitungen und Magazine.

Minh Huong, 85 Mac Thi Buoi. Handbestickte Bauwolltextilien.

Phuong Tam, 153 Dong Khoi. Tim-und-Struppi-Motive auf Lack, Reproduktionen alter französi-

scher Werbemarken, antike Uhren und Kunsthandwerksobjekte.
Precious Qui, 29A Dong Khoi. Geschenkartikel und exquisite, qualitativ hervorragende Bambus- und Lackarbeiten.
Sapa, 222 De Tham und 64 Dong Du. Attraktive Bekleidung und Gebrauchsgegenstände der ethnischen Minderheiten Vietnams.
Tay Son, 198 Vo Thi Sau. Wird häufig von Touristengruppen besucht, da man beim Anfertigen von Lackarbeiten und anderem Kunsthandwerk zuschauen und im großen Kaufhaus nach Einrichtungsgegenständen, Holzschnitzereien und Lackarbeiten stöbern kann.
Xa Saigon, 259 De Tham. Traditionelle Kunsthandwerksobjekte wie Taschen der Montagnards, Hanfkleidung der Bergstämme von der Stange und vietnamesische Musikinstrumente.

MÄRKTE – Die Märkte von Ho-Chi-Minh-Stadt sind ebenfalls einen Besuch wert, und zwar nicht nur zum Einkaufen, sondern auch als interessantes Schaufenster der vietnamesischen Kultur.
An Dong-Markt, Markt in Cholon an der Kreuzung von Tran Phu und An Duong Vuong.
Binh Tay-Markt, unterhalb der Thap Muoi, Cholon. Der riesige Markt befindet sich in der südwestlichen Ecke des Stadtviertels Cholon. Näheres s.S. 164.
Ben Thanh-Markt, an der Kreuzung von Tran Hung Dao, Le Loi und Ham Nghi. Der Zentralmarkt in der Innenstadt ist der größte in Ho-Chi-Minh-Stadt und bietet ein riesiges Angebot an billiger Bekleidung (Ao Dai für unter US$20) und alle möglichen Souvenirs vom Essstäbchen-Set bis zum persönlichen Siegel. Näheres s.S. 155.
Cau Ong Lanh-Markt, am unteren Ende der Nguyen Thai Hoc. Einer der billigsten Märkte der Stadt, richtet sich aber eher an Großhändler.
Dan Sinh-Markt, 336 Nguyen Cong Tru, im Zentrum. Verfügt über einen speziellen Abschnitt mit Waren aus amerikanischen und vietnamesischen Armeebeständen.
Thai Binh-Markt, Pham Ngu Lao. Von bescheideneren Ausmaßen als die ganz großen Märkte der Stadt, dafür aber nur einen Steinwurf vom Traveller-Viertel im südwestlichen Abschnitt der Pham Ngu Lao.

SCHNEIDEREIEN – ***Chuong***, 270 Hai Ba Trung. Alteingesessener und zuverlässiger Schneider ein paar Blocks nördlich der Innenstadt.
Sy Than, 221 De Tham, Filiale in der 107A Bui Vien. Die empfehlenswerte Schneiderwerkstatt ist auf Herrenbekleidung spezialisiert.
Zakka, 134 Pasteur. Die exklusive Schneiderei und Boutique führt u.a. Konfektionsware aus Seide.

SUPERMÄRKTE – Da Baguettes, Käse und Obst in Vietnam praktisch an jeder Ecke zu bekommen sind, lässt sich in der Regel problemlos ein Picknick zusammenstellen. Alle Grundnahrungsmittel finden sich auf den Märkten der Stadt, während westliche Nahrungsmittel in speziellen Supermärkten oder Lebensmittelgeschäften zu bekommen sind.
Annam Gourmet Shop, 50 Ho Tung Mau. Das große Delikatessengeschäft in der Innenstadt lindert das kulinarische Heimweh der Touristen und vor allem der in Vietnam lebenden Ausländer.
Citimart, 21–23 Nguyen Thi Minh Khai. Der kleine Supermarkt führt westliche Lebensmittel wie Käse, Sahne, Ketchup und Schokolade.
Co-op Mart, 189C Cong Quynh. Der große Supermarkt im westlichen Stil ist von der Pham Ngu Lao bequem zu Fuß zu erreichen und hat neben einer guten Auswahl an westlichen Lebensmitteln auch Textilien, Spielzeug, Haushaltswaren und Kosmetikartikel im Sortiment. Eine weitere große Filiale befindet sich in der 168 Nguyen Dinh Chieu.
Kim Thanh, 62 Ham Nghi. Eines von zahlreichen Geschäften zwischen den Hausnummern 54 und 74, die Mixed Pickles, russischen Kaviar, importierte Kekse, Baked Beans und andere Konserven im Sortiment haben, dazu Weine und Spirituosen.
Maxi-Mart, 3C Ba Thang Hai. Riesiger Supermarkt in der City mit Lebensmittelhalle und Abteilungen für Haushaltswaren, Elektroartikel, Bekleidung und Kosmetik.
Nhat Nam Mini-Mart, 54–56 Nguyen Trai. Der Supermarkt im 6. Stock des Einkaufszentrums führt Weine, Konserven, Käse, Milch und Joghurt.
Nhu Lan Bakery, 66–68 Ham Nghi. In der berühmten Bäckerei gibt es Brot, Croissants und Kuchen. Ganz in der Nähe in der Hausnummer 62 befindet

sich ein Delikatessengeschäft, das köstlichen Schinken, Pasteten und Wurstwaren verkauft.
Sama, 35 Dong Du. Erstklassige Kombination aus Delikatessenladen und kleinem Café mit Schwerpunkt auf französischen und italienischen Erzeugnissen, u.a. sehr leckere Sandwiches.
Thong Xa Mini-Mart, 135 Nguyen Hue. Der große Supermarkt in einem zentral gelegenen Einkaufszentrum führt u.a. Konserven aus dem Westen und Molkereiprodukte.

Aktivitäten

WASSERPARKS – Wenn Staub und Hitze der Großstadt zu sehr auf die Stimmung drücken, kann man sich mit einem vergnüglichen (halben) Tag in einem der Wasserparks Linderung verschaffen. Zwei große Anlagen befinden sich unmittelbar vor den Toren der Stadt und eine dritte, etwas kleinere, in Cholon. Eintrittskarten gibt es in den meisten Reisebüros.
Saigon Water Park, Bezirk Do Duc, ca. 8 km östlich des Stadtzentrums, ✆ 897 0456. Der älteste Wasserpark der Stadt beeindruckt durch seine faszinierenden Rutschen, ein Wellenbad und einen Strom, in dem sich weniger bewegungsfreudige Wasserratten treiben lassen können. Auf dem Gelände gibt es ein Restaurant mit schönem Blick auf den Fluss. ⌚ Mo und Mi–Fr 9–17, Sa/So 8.30–18.30 Uhr, Di geschlossen, Eintritt Erwachsene US$5, Kinder unter 140 cm US$3, Pendelbusverkehr vom Busbahnhof Ben Thanh.
Shark Waterland, Cholon, ✆ 853 7867. Wesentlich kleiner, aber ebenfalls mit mehreren Becken und Rutschen und nicht ganz so weit außerhalb. ⌚ tgl. 10–21 Uhr, Eintritt Erwachsene US$3, Kinder US$2.
Vietnam Water World, ca. 20 km vom Stadtzentrum, ✆ 897 7977. Der größte Wasserpark mit dem umfangreichsten Angebot, darunter auch Gratiszelte auf dem Campingplatz. Ein Pendelbus fährt in der 55B Nguyen Thi Minh Khai hinter dem Wiedervereinigungspalast ab. ⌚ tgl. außer Mo 8.30–17 Uhr, Eintritt Erwachsene US$4, Kinder US$2,50.

SCHWIMMEN – Preiswerte und sehr gut besuchte Schwimmbäder gibt es im ***Arbeitersportverein*** (Workers' Club) im Cong Vien Van Hoa-Park und am Lam Son-Platz in der 242 Tran Binh Trong. Etwas ungestörter ist man in den relativ preiswerten Schwimmbecken des ***International Club*** und im ***Lan Anh Country Club*** (Adressen s.u.), die von den in Ho-Chi-Minh-Stadt lebenden Ausländern bevorzugt werden. Eine weitere Alternative sind die Pools der Hotels ***Rex***, ***Metropole***, ***Sofitel***, ***Majestic*** und ***Grand***, wo eine Tageskarte zwischen US$2 und US$10 kostet (teilweise inkl. Sauna und Dampfbad). In großen Einkaufszentren wie dem ***Diamond Plaza*** gibt es ebenfalls Schwimmbecken.

SONSTIGE SPORTARTEN – Viele der exklusiveren Hotels haben ausgezeichnete Sport- und Freizeiteinrichtungen, die gegen einen Unkostenbeitrag i.A. auch von Nicht-Gästen genutzt werden können, wobei man sich aber lieber vorher erkundigen sollte. Tennisplätze gibt es im Rex Hotel und (billiger) im Arbeitersportverein (im nördlichen Abschnitt des Cong Vien Van Hoa-Parks in der Nguyen Thi Minh Khai).
Cau Lac Bo Bong Ban, 143 Nguyen Du, ✆ 823 7928. Badmintonplätze.
International Club, 285B Cach Mang Thang, ✆ 865 1709. Bowlingbahn und Fitness Center.
Lan Anh Country Club, 291 Cach Mang Thang, ✆ 862 7420. Tennisplätze von internationalem Standard, Squash und Fitness Center.
Vietnam Golf and Country Club, Thu Duc, ✆ 065 825 2951. Zwei gute Golfplätze und eine Driving Range.
World Gym, 26 Le Thanh Ton. Jeden Sonntagnachmittag Treffen der lockeren Jogging-Vereinigung Hash House Harriers. Einzelheiten sind der Lokalpresse zu entnehmen.

Touren

BOOTSAUSFLÜGE – Wer als Tourist am Anleger für Passagierschiffe in der Ton Duc Thang in Höhe der Kreuzung mit der Ham Nghi vorbeikommt, muss damit rechnen, von Schleppern belagert zu werden, die für einen Preis von US$4–5 pro Stunde Bootstouren auf dem Saigon und dessen Seitenkanälen anpreisen. Die meisten wollen **Ausflüge über den Ben Nghe-Kanal nach Cholon** schmackhaft machen, doch diese führen über einen erbärmlich dreckigen Wasserweg und sind daher weniger zu empfehlen als eine **Fahrt über den Thi Nghe-Kanal**, die am hinteren Abschnitt des Zoologischen Gartens entlangführt. *Kim Travel* (s.u.) veranstaltet mit mehreren Schiffen **ganztägige Kreuzfahrten** (US$12 einschließlich Mittagessen) nach Lai Thieu und Binh Duong. Die Tour führt rund 30km flussaufwärts über den Saigon und bietet recht hübsche Ansichten mit Zwischenstopps in mehreren Dörfern. Eine ebenfalls sehr nette Alternative sind die schwimmenden Restaurants, die abends vom Anleger in der Ton Duc Thang zu **Dinner-Kreuzfahrten** auf dem Saigon aufbrechen (s.S. 178).

ORGANISIERTE TOUREN – Es gibt eine große Zahl von Tourveranstaltern in Ho-Chi-Minh-Stadt, die ein umfangreiches Programm bieten – vom Tagesausflug zu verschiedenen Zielen in der Umgebung der Metropole bis zu ausgedehnten Reisen ins Landesinnere einschließlich Unterkunft. Solche Touren können entweder bei privaten Veranstaltern wie Sinh Café gebucht werden oder (teurer) über ein staatliches Vermittlungsbüro. Die Anbieter in der De Tham und der Pham Ngu Lao bieten i.A. die günstigsten Preise. Zu den beliebtesten Touren zählen Tagesausflüge nach Tay Ninh und zu den Tunneln von Cu Chi (ca. US$4), ein- bis fünftägige Touren durch das Mekong-Delta, eine 10-tägige Reise nach Hué (mit Abstechern ins zentrale Hochland und an die zentrale Südküste) und eine Reise nach Hanoi, für die aber der Nachtzug von Hué aus eher zu empfehlen ist. Die Touren finden je nach Anzahl der Reiseteilnehmer im Bus oder Minibus statt. Die meisten Veranstalter bieten auch maßgeschneiderte Touren, private Mietfahrzeuge und persönliche Reiseleitung an.

Es folgt eine Liste empfehlenswerter Unternehmen (allgemeine Tipps zur Buchung von Touren in Vietnam s.S. 60, Praktische Tipps).

Ann Tours, 58 Ton That Tung, ✆ 833 2564, ✉ anntours@yahoo.com. Sehr empfehlenswerter Veranstalter, der durch maßgeschneiderte Touren (einschließlich Trekking und Fahrradtouren) und ein gutes Preis-Leistungs-Verhältnis überzeugt.

Atlas Tours, 30 Thai Van Lung, ✆ 822 4122, ✉ atlasviet@hcm.fpt.vn. Organisiert auf spezielle Interessen oder Bedürfnisse zugeschnittene Touren, z.B. für Gourmets.

Cam On Tours, 7 Phung Khac Khoan, 6. Stock, Unit 63, ✆ 825 6074, ✉ camoncom@hcm.vnn.vn. Freundlicher Anbieter und gute Anlaufstelle für Reiseberatung, Visumsangelegenheiten, Mietwagen und Touren.

Diethelm Travel, International Business Centre, 1A Me Linh-Platz, ✆ 829 4932, ✉ dtvlsgn@hcm.vnn.vn. Bietet gut durchdachte Touren an, die aber ihren Preis haben.

Exotissimo Travel, Saigon Trade Centre, 37 Ton Duc Thang, ✆ 825 1723, ✉ info@exotissimo.com. Ausgedehnte Tourprogramme mit speziellen Interessenschwerpunkten und Abstechern nach Laos und Kambodscha. Außerdem maßgeschneiderte Touren und Transportangebote.

Fiditourist, Hauptniederlassung 127–129 Nguyen Hue, ✆ 914 0440, Filiale in der 195 Pham Ngu Lao, ✆/📠 836 1922, ✉ fiditour@hcm.vnn.vn. Die Hauptniederlassung ist exklusiver, während die Filiale auch preiswertere Touren anbietet. Nicht so professionell wie Kim Travel und Sinh Café, aber sehr hilfsbereit und mit gutem Service-Angebot.

Kim Travel, 270 De Tham, ✆/📠 836 9859, ✉ cafekim@hcm.vnn.vn. Ein Veteran der Individualreisebranche mit beliebten und sehr preisgünstigen Touren, u.a. durchs Mekong-Delta. Außerdem Reservierungen für Open-Tour-Busse, Flugreisen und Zugfahrkarten, Auto- und Minibusverleih mit Reisebegleitung.

Sinh Café, 246–248 De Tham, ✆ 836 7338, ✉ sinhcafevietnam@hcm.vnn.vn. Das Angebot dieser Kombination aus Traveller-Café und Reisebüro beinhaltet sehr preisgünstige Reisen durch Vietnam, Open-Bus-Touren, Reisebegleitung, Erledigung von Visumsangelegenheiten, Bus- und Schiffsreisen nach Kambodscha und Mietfahrzeuge.

Sinhbalo Adventures, 283/20 Pham Ngu Lao, ✆ 837 6766, 💻 www.sinhbalo.com. Liefert zuverlässige Reiseinformationen und organisiert individuelle Pakete wie Fahrradtouren durch das Mekong-Delta (Info unter 💻 www.cyclingvietnam.net) oder Motorradtouren ins zentrale Hochland.

TM Brothers, 269 De Tham, ✆ 837 8394, ✉ nguyenvantuan@yahoo.com. Großes Angebot an Budget-Touren in der Art von Sinh Café und Kim Travel.

Vietnam–Europe, 40 Truong Quyen, ✆ 820 2563, 💻 www.vietnameurope.com. Mehrere feste Touren mit kulturellen Schwerpunkten und nach individuellen Wünschen zusammengestellte Pakete.

Staatliche Reisebüros wie ***Saigontourist,*** 49 Le Thanh Ton, ✆ 829 8914, Filiale 187A Pham Ngu Lao, ✆ 836 8542, 💻 www.saigontourist.net, und ***Vietnamtourism,*** Room 101, Mondial Center, 203 Dong Khoi, ✆ 824 2000, 📠 823 1534, Filiale 234 Nam Ky Khoi Nghia, ✆ 829 0776, ✉ vnthcm@hcm.vnn.vn, bieten ebenfalls Touren an, die aber im Vergleich zu den privaten Anbietern sowohl von der Qualität als auch von den Preisen her nicht mithalten können.

Sonstiges

APOTHEKEN – Es gibt mehrere Apotheken in der De Tham und Umgebung, z.B. in der 214 De Tham und in der 81 Bui Vien. Im Zentrum gibt es eine große Apotheke in der 197–199 Dong Khoi und weitere in der 199 Hai Ba Trung, 205 Hai Ba Trung und 14A Nguyen Dinh Chieu. Zwei Apotheken befinden sich in der 60 Nguyen Du. Etwas weiter außerhalb gibt es eine Apotheke in der 389 Hai Ba Trung, die das beste Sortiment der ganzen Stadt haben soll.

FAHRRÄDER UND MOTORRÄDER – Vor ein paar Jahren, als es der letzte Schrei war, mit der eigenen Maschine das Land rauf- und runterzubrettern, erreichte das Geschäft mit Motorradvermietungen in Vietnam seinen Höhepunkt. Nachdem aber das touristische Minibusnetz immer weiter ausgebaut wurde, scheint dieser Trend rückläufig zu sein. Dabei lässt sich die Gegend nach wie vor mit dem Motorrad erkunden, wobei man sich allerdings sowohl der Machenschaften unseriöser Anbieter als auch der auf den Straßen Vietnams lauernden Gefahren (s.S. 59) stets bewusst sein sollte. Ähnliches gilt für das Ausleihen von Fahrrädern, mit denen sich die Stadt nur auf angenehme Weise erkunden lässt, wenn man selbstbewusst genug ist, es mit den Risiken des Straßenverkehrs aufzunehmen. Vor allem in der Umgebung der Pham Ngu Lao und De Tham gibt es viele Hotels, Guesthouses und Cafés, die Zweiräder verleihen. Im Durchschnitt liegen die Preise bei US$1 pro Tag für ein Fahrrad und US$5–7 für ein mittelgroßes Motorrad. Alle Anbieter gewähren bei längerer Leihdauer Preisnachlässe.

Wer sich ein neues Zweirad kaufen möchte, findet mehrere Fahrradgeschäfte im westlichen Abschnitt der Le Thanh Ton und zahlreiche Motorradgeschäfte am westlichen Ende der Ly Tu Trong. Für den Kauf gebrauchter Zweiräder empfehlen sich die von anderen Touristen zurückgelassenen Fahrräder und Motorräder, die in den Cafés in der Umgebung der Pham Ngu Lao und De Tham angeboten werden.

Getrantours, 24 Hai Ba Trung. Der Laden im Zentrum vermietet Motorräder mit 125cc für US$7 und mit 250 cc für US$10 pro Tag.

Hotel 211, 211 Pham Ngu Lao, und ***Hotel 265,*** 265 De Tham, vermieten Motorräder mit 100cc für US$5 pro Tag.

Tan Thanh Thanh Guesthouse, 205 Pham Ngu Lao. Maschinen mit 175 cc für US$8 pro Tag.

Sinh Café, 246–248 De Tham. Mountainbikes für US$2 pro Tag und Motorräder mit 100cc für ca. US$7 pro Tag.

GELD – Die meisten Banken und Wechselstuben zahlen gegen Vorlage von Visa und MasterCard Bargeld aus, wobei die übliche Gebühr bei 3–4% liegt. Elektronische Geldüberweisungen aus dem Ausland können ebenfalls bei den meisten Geldinstituten veranlasst werden. Rund um die Uhr betriebsbereite Geldautomaten gibt es bei den Banken HSBC und ANZ, die beide auch Cirrus, Plus, Visa und MasterCard akzeptieren und auf Wunsch in Dong oder US-Dollar auszahlen.

Wer außerhalb der normalen Schalterstunden Geld wechseln muss, kann sich an folgende Adressen wenden: die Filiale der ***Vietcombank*** bei Fiditourist, 195 Pham Ngu Lao (🕒 Mo–Sa 7.30–11 und 13.30–21 Uhr), den Geldwechselschalter am **Flughafen** (🕒 tgl. 10–23 Uhr) oder die Abteilung für den Wechsel von Fremdwährungen der ***Sacombank*** in der 211 Nguyen Thai Hoc, Ecke Pham Ngu Lao (🕒 Mo–Fr 7.30–11.30 und 13–19, Sa 7.30–12 Uhr, So geschlossen). Die **Wechselstuben** in der Nguyen Hue und Le Loi

haben ebenfalls längere Öffnungszeiten als die Banken.
ANZ, 11 Me Linh-Platz. Verlangt etwas erhöhte Gebühren für Reiseschecks und Bargeldauszahlungen. ◷ Mo–Fr 8.30–16 Uhr.
HSBC, 235 Dong Khoi. Wechselt Bargeld und Reiseschecks nur für Kontoinhaber, doch es gibt einen Anbau mit Geldautomaten und Service-Schalter, wo Barauszahlungen gegen Vorlage von Visa oder MasterCard möglich sind. ◷ tgl. 8.30–12 und 13–16.30 Uhr.
Vietcombank, Hauptniederlassung 29 Chuong Duong (Barauszahlungen auf Visa und MasterCard), Filiale in der 17 Chuong Duong (für banktelegrafische Überweisungen), Filiale in der Pham Ngu Lao s.o. Günstige Gebühren beim Wechsel von Reiseschecks und Bargeld. ◷ Mo–Fr 7.30–11.30 und 13–16 Uhr.
Vietincombank, 79A Ham Nghi, 1. Stock. Bietet ebenfalls günstige Konditionen beim Wechsel von Reiseschecks und Bargeld. ◷ Mo–Fr 7.30–11.30 und 13–16.30 Uhr.

INFORMATIONEN – Leider gibt es bislang weder in Ho-Chi-Minh-Stadt noch sonst irgendwo in Vietnam einen effizienten und unvoreingenommenen Informationsdienst für Touristen, wenngleich sich die Lage langsam zu bessern scheint. Die staatlichen Reisebüros ***Saigontourist***, 49 Le Thanh Ton, ✆ 829 8914, und ***Vietnamtourism***, Room 101, Mondial Centre, 203 Dong Khoi, ✆ 824 2000, Filiale in der 234 Nam Ky Khoi Nghia, ✆ 829 0776, sind im Grunde nur daran interessiert, ihre eigenen überteuerten Reisen zu verkaufen. Neutrale Informationen erhält man noch am ehesten bei einem der **Tourveranstalter** in der Pham Ngu Lao und der De Tham oder an den Informationsschaltern der guten **Hotels**. Ein Blick auf die **Anschlagbretter** in den Guesthouses, Restaurants und Bars der Pham Ngu Lao kann sich ebenfalls lohnen.
Sowohl Vietnamtourism als auch Saigontourist geben brauchbare **Stadtpläne** heraus, auf deren Rückseite auch eine Landkarte von Vietnam abgedruckt ist. Detailliertere Stadtpläne gibt es bei den Straßenhändlern oder in der Hauptpost am oberen Ende der Dong Khoi.
Veranstaltungshinweise für Ho-Chi-Minh-Stadt und ganz Vietnam liefert die ausgezeichnete Beilage der monatlich erscheinenden *Vietnam Economic Times* (US$5) mit der Bezeichnung *The Guide*, die auch separat für US$1 erhältlich ist. Daneben erscheint jede Woche die *Vietnam Investment Review* (US$2,50) mit der Beilage *Time-out*. Schließlich gibt es noch das Hochglanzmagazin *Heritage* von Vietnam Airlines mit nützlichen Hinweisen zu Hotels, Reisebüros, Kinos, Banken, Geschäften, medizinischen Einrichtungen usw. Es wird kostenlos auf den VA-Flügen verteilt und liegt in einigen Büros der Fluggesellschaft aus.

INTERNET – Neben den vielen Hotels, die über Business Center mit Internet-Anschluss verfügen, gibt es zahllose Internet-Cafés in der Umgebung der De Tham und Pham Ngu Lao. Die Gebühren liegen derzeit bei 100–300 d pro Minute.
CyberCafé, 48 Dong Du. Klimatisiertes Business Center in der Innenstadt. Internet-Zugang für 300 d pro Minute, 1 Std. am Computer kostet ca. 9000 d. Hier kann man sogar ein Mobiltelefon für ca. US$1 am Tag ausleihen.
Dai Ly Internet, 220 und 276 De Tham, und ***FPT Internet***, 239 Pham Ngu Lao, verlangen Gebühren von ca. 200 d pro Minute und 6000–9000 d pro Stunde Computernutzung einschließlich Scanner und Drucker.

KINOS – Die folgenden beiden Kinos sind die einzigen in Ho-Chi-Minh-Stadt, die regelmäßig Filme in englischer Sprache zeigen:
Diamond Cinema Complex, 13. Stock, Einkaufszentrum Diamond Plaza, 34 Le Duan, Programminfo ✆ 825 7751, Eintritt US$2–3.
Tan Son Nhat Cinema, 186 Nguyen Van Troi, ✆ 842 1613. Betreibt einen „English-speaking film club“. Hinweise zum Kinoprogramm finden sich in der Lokalpresse.

KONSULATE – **China**, 39 Nguyen Thi Minh Khai, ✆ 829 2457.
Deutschland, 126 Nguyen Dinh Chieu, ✆ 829 1967.
Indonesien, 18 Phung Khac Khoan, ✆ 825 18880.
Kambodscha, 41 Phung Khac Khoan, ✆ 829 2751.
Laos, 93 Pasteur, ✆ 829 7667.

Malaysia, 2 Ngo Duc Ke, ✆ 829 9023.
Schweiz, 124 Dien Bien Phu, Dakao Ward, ✆ 820 5402.
Singapore, Saigon Centre, 65 Le Loi, ✆ 822 5173.
Thailand, 77 Tran Quoc Tuan, ✆ 932 7637.

KURIERDIENSTE – ***Airborne Express***, 80C Nguyen Du, ✆ 829 4310, unmittelbar unterhalb der Hauptpost.
DHL, Hauptbüro in Flughafennähe in der 4 Phan Thuc Duyen, ✆ 844 6203, weitere Filiale in der Hauptpost.
FedEx, 146 Pasteur, ✆ 829 0995, in der Nähe vom Hotel Rex.

MEDIZINISCHE HILFE – ***Blind Massage Centre***, Municipal Association for the Blind, 185 Cong Quynh, ✆ 839 6697. Massagen für ca. US$2 pro Stunde von ausgebildeten, blinden Masseuren, deren Einnahmen teilweise der benachbarten Blindenschule zugute kommen.
🕓 tgl. 9–20.30 Uhr.
Cho Ray Hospital, 201 Nguyen Chi Thanh, Cholon, ✆ 855 4137. Ambulanz für Ausländer (US$4 pro Konsultation) und stationäre Behandlung für Ausländer (US$27 pro Nacht).
Columbia Gia Dinh, 1 No Trang Long, Binh Thanh, ✆ 803 0678, und ***Columbia Saigon***, 8 Alexandre De Rhodes, ✆ 823 8455. Ärzte unterschiedlicher Nationalität, mit 24-Std.-Notdienst und Organisation von Heimflügen im Notfall. Konsultation ab US$43.
HCM City Family Medical Practice, Diamond Plaza, 34 Le Duan, ✆ 822 7848. Internationale Klinik mit Ärzten unterschiedlicher Nationalität, zahnärztliche Behandlung und Impfungen; außerdem 24-Std.-Notdienst und Organisation von Heimflügen im Notfall. Konsultation ab US$50.
Hospital of Traditional Medicine, 187 Nam Ky Khoi Nghia, ✆ 932 6579. Bietet Akupunkturbehandlung.
International Medical Centre, 1 Han Thuyen, ✆ 827 2366. Gemeinnützige Klinik unter französischer Leitung mit Bereitschaft rund um die Uhr. Krankenstationen, Intensivmedizin und Notoperationen. Allgemeine Konsultation ab US$40.
International SOS Clinic, 65 Nguyen Du, ✆ 829 8424. Ärzte unterschiedlicher Nationalität, eigene Zahnklinik, 24-Std.-Notdienst (✆ 829 8520) und Organisation von Heimflügen im Notfall. Konsultation ab US$80.
St. Paul Hospital, 280 Dien Bien Phu, ✆ 829 8732. Augenarzt, der US$6 pro Konsultation verlangt.

MIETWAGEN MIT CHAUFFEUR – Mit dem eigenen Fahrzeug zu fahren ist derzeit für Ausländer in Ho-Chi-Minh-Stadt noch keine Option, doch fast alle Tourveranstalter (Adressen s. Touren) vermitteln **Mietautos mit Chauffeur**. Da die Fahrer nur in seltenen Fällen Englisch sprechen, muss für einen Reisebegleiter extra bezahlt werden. Angesichts der vielen Einbahnstraßen und des zähflüssigen Verkehrs in der Stadt ist das Auto aber ohnehin kein effizientes Fortbewegungsmittel. Interessant wird es erst, wenn man einen Tagesausflug in die Umgebung unternehmen möchte, z.B. nach Tay Ninh oder My Tho, aber keine Lust hat, sich den ganzen Tag in einen Bus zu zwängen. Die Preise liegen bei durchschnittlich US$40–50 pro Tag. Für Gruppen ist es ebenso gut möglich, einen **Minibus mit Fahrer** zu mieten, z.B. bei ***Getrantours*** in der 24 Hai Ba Trung und der 21 Ngo Duc Ke.

NOTRUF – **Polizei** ✆ 113,
Feuerwehr ✆ 114,
Krankenwagen ✆ 115.
Falls möglich, sollte man eine Vietnamesisch sprechende Person mit dem Anruf betrauen.

POLIZEI – Zentrale in der 73 Yersin, ✆ 829 7073. Eine Straftat muss zunächst der Polizeidienststelle in dem Stadtbezirk gemeldet werden, in dem sie sich ereignet hat, bevor man sich mit dem entsprechenden Bericht zur Zentrale begibt. Während der Mittagszeit kann es passieren, dass niemand anzutreffen ist.

POST – Die **Hauptpost**, 🕓 tgl. 6–22 Uhr, mit Poste-Restante-Schalter befindet sich neben der Kathedrale am oberen Ende der Dong Khoi. Unter der Nummer ✆ 829 8540 eingehende Faxe können gegen eine geringe Gebühr in Empfang genommen werden. Die Stelle für die Aufgabe internationaler Pakete liegt hinter der Hauptpost in der 117 Hai Ba Trung, Empfang von Paketen in der Hausnummer 119 nebenan gegen Vorlage des Reisepasses und Zahlung einer geringen Zollgebühr (◷ Mo–Fr 7.30–12 und 13–16 Uhr). **Weitere Postämter** befinden sich in der 303 Pham Ngu Lao, in der 200 Cong Quynh (mit Poste Restante) und am Bahnhof Ga Saigon.

TAMPONS – Sind erhältlich bei ***Kim Thanh,*** 64 Ham Nghi, im ***Minimart,*** 101 Nam Ky Khoi Nghia, im ***Maxi-Mart,*** 3C Ba Thang Hai, im ***Hong Hoa Shop,*** 250 De Tham und in der Apotheke in der 214 De Tham.

TELEFON – Neben IDD-Telefon, Fax und Telex in der Hauptpost gibt es zahlreiche IDD-Telefonhäuschen in der Umgebung der De Tham und Pham Ngu Lao. Internationale Direktwahl ist auch von den meisten Hotels aus möglich, aber teurer.

VISAVERLÄNGERUNGEN – Visaverlängerungen müssen über ein Reisebüro oder einen Tourveranstalter abgewickelt werden. Das Verfahren für eine 30-tägige Verlängerung nimmt etwa 4 Tage in Anspruch und kostet US$25.

Wer ein Wiedereinreisevisum beantragen möchte, wendet sich an das Innenministerium, 254 Nguyen Trai, Ecke Nguyen Cu Trinh. ◷ Mo–Fr 8–11 und 13.30–16.30 Uhr.

VORWAHL – 08

WÄSCHEREIEN – Die meisten Hotels und Guesthouses bieten einen Wäscheservice an, wobei die Preise allerdings sehr stark variieren. In den exklusiveren Hotels wird auch eine chemische Reinigung angeboten. Mehrere Wäschereien und chemische Reinigungen konzentrieren sich in der Umgebung der Pham Ngu Lao, z.B. in der 107/1 Bui Vien.

WELLNESS – ***Spa Tropic,*** 187B Hai Ba Trung, ✆ 822 8895. Wer sich ein Verwöhnprogramm gönnen möchte, findet hier ein breit gefächertes Angebot von Anwendungen, darunter auch Aromatherapie. Eine Sitzung kostet um US$30.

ZAHNÄRZTLICHER NOTDIENST – ***Faculty of Dentistry,*** Office 9, 652 Nguyen Trai, ✆ 855 9225. Konsultation US$1.

Grand Dentistry, Sun Wah Tower, Erdgeschoss, 115 Nguyen Hue, ✆ 821 9446. Zahnklinik mit internationalem Standard; normale Untersuchung ab ca. US$30.

International SOS Clinic, 65 Nguyen Du, ✆ 829 8424. Pauschalgebühr von US$50 pro Konsultation.

Orthondontology Centre, gegenüber dem Hotel Metropole, 263–265 Tran Hung Dao, ✆ 836 0191. Spezialisiert auf Kiefer-, Gesichts- und Zahnbehandlung, Konsultation US$1.

Viet Phap, 153 Nguyen Van Tho, ✆ 825 0939. Empfehlenswerte Anlaufstelle, Konsultation US$3.

Nahverkehrsmittel

Zartbesaitete Besucher, die zum ersten Mal nach Ho-Chi-Minh-Stadt kommen, werden oft ganz blass angesichts der chaotischen Verkehrszustände auf den Straßen der Metropole. Unzählige Motorräder, Mopeds, Fahrräder und Cyclos bevölkern die Straßen und Boulevards der Stadt wie ein Insektenschwarm, der durch die steil ansteigende Zahl von Autos, Jeeps und Minibussen immer bedrohlichere Formen anzunehmen scheint.

Angesicht der relativ hohen Taxipreise und des Mangels an verlässlichen Busverbindungen sind **Cyclos** und **Honda Oms** die am weitesten verbreiteten öffentlichen Verkehrsmittel. Wer die Atmosphäre von Ho-Chi-Minh-Stadt jedoch noch eindringlicher spüren möchte, sollte zumindest einen Teil seiner Erkundungen **zu Fuß** unternehmen. Als Fußgänger im Straßenverkehr benötigt man aber nicht nur Nerven wie Drahtseile, sondern muss auch ein paar Besonderheiten beachten: So ist es beispielsweise ratsam, beim Gehen ein möglichst gleichmäßiges Tempo beizubehalten, denn motorisierte Verkehrsteilnehmer kommen überhaupt nicht damit zurecht, wenn man plötzlich stehen bleibt.

CYCLOS – Da über 50 000 Cyclos auf den Straßen von Ho-Chi-Minh-Stadt unterwegs sind, lässt sich fast jederzeit problemlos eines der urigen Transportmittel heranwinken. Dabei kann es sich aber durchaus auszahlen, wenn man etwas genauer hinschaut, denn viele Cyclo-Fahrer,

die im Stadtzentrum unterwegs sind, waren Soldaten in der südvietnamesischen Armee und sprechen daher ein paar Brocken Englisch, was die Sache erheblich vereinfacht. Mit Ausnahme der unmittelbaren Umgebung der Nobelhotels sind die Tarife im ganzen Stadtgebiet relativ einheitlich (Beispieltarife s. Kasten). Wer sich die Dienste eines Cyclo-Fahrers für einen halben oder ganzen Tag sichern möchte, kann mit US$1 pro Stunde kalkulieren, wobei der Tarif für eine einzelne Stunde i.A. höher liegt. Es ist zwar theoretisch möglich, dass zwei (sehr kleine) Passagiere in einem Cyclo fahren, doch der damit verbundene Aufpreis und eingeschränkte Komfort bedeuten unter dem Strich keine wirkliche Ersparnis.
Schließlich gilt es noch zu beachten, dass viele Straßen im Zentrum der Stadt für Cyclos gesperrt sind; wenn ein Fahrer also einen Umweg fährt oder seinen Fahrgast bereits ein Stück vorher absetzt, liegt es wahrscheinlich daran, dass er nicht näher an das Fahrtziel herankommt.

HONDA OMS – Das Motorradtaxi oder Honda Om (übersetzt „Honda-Umarmung") ist die schnellere Alternative zum Cyclo. Dabei sitzt der Fahrgast auf dem Sozius und klammert sich auf Gedeih und Verderb an seinem Fahrer fest. Zahlenmäßig sind Honda Oms sogar noch stärker vertreten als Cyclos, sodass die meisten Touristen irgendwann darauf zurückgreifen. In Acht nehmen sollte man sich vor Fahrern, die gleichzeitig als Zuhälter und Drogenhändler auftreten, und das sind nicht wenige. Wer einen zuverlässigen Fahrer gefunden hat, kann sich dessen Telefonnummer geben lassen und ihn bei Bedarf wieder anrufen. Die Preise liegen etwa in der Kategorie von Cyclos.

STADTBUSSE – Das öffentliche Verkehrsnetz von Ho-Chi-Minh-Stadt ist derart unterentwickelt, dass sich eine Fahrt mit dem Bus innerhalb der Stadt im Grunde nur anbietet, wenn man einen Abstecher nach **Cholon** machen möchte. Die klimatisierten Busse von ***Saigon Star Co*** verkehren tgl. von 5 bis 22 Uhr auf einer Strecke zwischen der Südseite des Mei Linh-Platzes und der Huynh Thoai Yen unterhalb des Binh Tay-Marktes. Wer von der Pham Ngu Lao kommt und nach Cholon möchte, geht das östliche Ende der Bui Vien hinunter bis zur Tran Hung Dao und steigt dort zu; auf der Rückfahrt halten die Busse auf der anderen Seite der Tran Hung Dao.

Fahrpreise für Cyclo, Honda Om und Bus

Mit Ausnahme von Taxis liegen die Preise für öffentliche Verkehrsmittel extrem niedrig und werden meist in Dong bezahlt. Die Fahrer nehmen zwar auch gern Dollar, doch das kommt teurer, sodass es ratsam ist, für solche Gelegenheiten immer eine Hand voll Dong in der Tasche zu haben.
Im Zentrum von Ho-Chi-Minh-Stadt kostet ein Fahrkilometer mit einem **Cyclo** oder einer **Honda Om** mindestens 5000 d, während der Standardtarif für einen **Stadtbus** bei ca. 2000–3000 d pro Kilometer liegt. Da bei den Tarifen für Cyclos und Honda Oms Verhandlungsspielraum besteht, sind die nachfolgenden Beispieltarife nur als Anhaltspunkte zu verstehen. Es ist zu beachten, dass Cyclo-Fahrer für einen zusätzlichen Fahrgast und/oder Gepäckstücke Zuschläge kassieren und dass mit „Zentrum" die Dong Khoi gemeint ist.

Pham Ngu Lao–Hauptpost: 8000–10 000 d
Bahnhof–Zentrum: 8000–10 000 d
Pham Ngu Lao–Cholon: 10 000–15 000 d
Zentrum–Pagode des Jadekaisers: 8000–10 000 d
Busbahnhof Mien Dong–Zentrum: 20 000 d

TAXIS – Die Zahl der Taxis auf den Straßen von Ho-Chi-Minh-Stadt ist in den letzten Jahren enorm gestiegen. Mehrere Unternehmen bieten Fahrzeuge mit Klimaanlage an, die in der Regel erschwinglich sind. Die so genannten **Airport Taxis**, ✆ 844 6666, und **Vinataxis**, ✆ 811 1111, kann man auch an der Straße heranwinken, doch wenn es schnell gehen muss, ist es sicherer, telefonisch ein Fahrzeug zu bestellen. Eine Tour innerhalb des Stadtzentrums kostet US$1–2, für eine Fahrt zum Flughafen sind ca. US$3–4 zu veranschlagen. Ein Taxistand befindet sich vor dem Hotel Rex im Zentrum.

Transport

BUSSE – Ho-Chi-Minh-Stadt verfügt über mehrere Busbahnhöfe, die sich über die ganze Stadt verteilen.

Richtung Norden: Die Busse Richtung Norden nach VUNG TAU, ins ZENTRALE HOCHLAND und nach NHA TRANG fahren vom weitläufigen Mien Dong-Busbahnhof ab, der 5 km nordöstlich des Zentrums in der Xo Viet Nghe Tinh liegt. In einige weit entfernte Städte fahren nur ein bis zwei Busse am Tag, und da diese in der Regel auch noch vor Sonnenaufgang losfahren, ist es ratsam, sich bereits im Voraus eine Fahrkarte zu besorgen. Die gibt es an dem Ticketschalter (🕓 tgl. 5–17 Uhr), der sich gegenüber dem einstöckigen, blauen Gebäude mit der Aufschrift „Phong Ve Toc Hanh" links des Eingangs zum Busbahnhof befindet. Von hier fahren auch alle halbe Stunde schnelle ac-Busse nach VUNG TAU, doch die Küstenstadt ist auch vom Ben Thanh-Busbahnhof aus zu erreichen, der nur fünf Gehminuten von der Pham Ngu Lao entfernt ist. Zwischen den beiden Busbahnhöfen verkehrt ein Pendelbus. Der Ben Thanh-Busbahnhof ist allgemein eine gute Anlaufstelle, denn er bietet auch Anbindung an andere Fernbahnhöfe der Metropole.

Richtung Südwesten: Wer eine Fahrt durch das Mekong-Delta unternehmen möchte, ohne sich einer organisierten Tour anzuschließen, kann sich mit dem Bus zum Busbahnhof Cholon begeben, von wo den ganzen Tag über häufig Busse nach MY THO, MY THUAN und in andere kleinere Städte im Mekong-Delta fahren. Bei allen anderen Reisezielen im Delta ist der 10 km westlich des Stadtzentrums im Bezirk An Lac gelegene Mien Tay-Busbahnhof (🕓 tgl. 3.30–16.30 Uhr) die erste Wahl, denn von hier fahren mehrere Busse täglich in alle größeren Städte des Deltas ab. Zum Mien Tay gelangt man entweder per Honda Om (US$3) oder mit dem Pendelbus von den Busbahnhöfen Ben Thanh, Cholon, An Suong/Tay Ninh und Mien Dong.

Richtung Nordwesten: Die meisten Busse von/nach TAY NINH und CU CHI halten am westlich des Zentrums im Bezirk Tan Binh gelegenen An Suong (oder auch Tay Ninh)-Busbahnhof an der Nationalstraße 22. Es besteht Pendelbusverkehr mit dem Ben Thanh, der seinerseits auch Direktverbindungen nach Cu Chi bietet, und mit den anderen Busbahnhöfen. Die übrigen Busse von/nach Tay Ninh nutzen den Mien Dong. Wesentlich billiger und einfacher zu bewerkstelligen ist eine Fahrt nach Cu Chi/Tay Ninh allerdings mit einem Open-Tour-Bus von Sinh Café oder Kim Travel (s.S. 192), die vor den jeweiligen Büros in der De Tham, einer Nebenstraße der Pham Ngu Lao, abfahren.

Nach Kambodscha: Direktbusse nach Kambodscha und in die Hauptstadt PHNOM PENH (US$20) fahren täglich von der 145 Nguyen Du südwestlich der Kathedrale Notre Dame ab (Abfahrt gegen 5.30 Uhr, Ankunft ca. 14.30 Uhr, Fahrkartenverkauf im Bus). Es ist zu beachten, dass diese Verbindung nicht immer gewährleistet ist, sodass eine vorherige telefonische Erkundigung unter ✆ 822 2496 zu empfehlen ist. Doch auch hier haben die Traveller-Cafés möglicherweise das bessere Angebot: Sinh Café fährt täglich mit ac-Bussen direkt nach Phnom Penh (Abfahrt 8.45 Uhr vor der Geschäftsstelle in der De Tham, im Herzen des von Budget-Travellern bevorzugten Viertels in der Umgebung der Pham Ngu Lao; Ankunft 17 Uhr, US$6). Eine weitere Alternative für Fahrten nach Kambodscha besteht darin, sich mit mehreren Personen ein **Taxi** in der Pham Ngu Lao zu nehmen und damit bis zum **Grenzübergang Moc Bai** zu fahren (US$20–25 für ein voll besetztes Auto). Dort kann man zu Fuß über die Grenze gehen und auf der kambodschanischen Seite mit dem wartenden ac-Bus (US$5) nach Phnom Penh weiterfahren. Noch billiger kommt man zur Grenze, wenn man entweder mit einem Open-Tour-Bus von einem der Traveller-Cafés Richtung Cao Dai-Tempel in Tay Ninh (US$4) oder mit dem öffentlichen Bus Richtung Provinz Tay Ninh fährt und unterwegs in Go Dau (ca. 12 km vor der Grenze) aussteigt; von dort geht es dann per Honda Om (US$1–2) weiter bis zum Grenzübergang Moc Bai. Das **Visum** (US$30) ist beim kambodschanischen Konsulat erhältlich (s.S. 194), wobei die Ausstellung bis zu drei Tage in Anspruch nehmen kann. Einige Reisebüros und Tourveranstalter beschaffen das Visum für eine geringe Gebühr. An der Grenze gibt es jedoch auch Visa on Arrival (1 Monat). Momentan ist die politische Lage in Kambodscha zwar recht stabil, doch insgesamt ist die

Situation unberechenbar, und gelegentlich ist es auch schon vorgekommen, dass Touristen zur Zielscheibe von Guerilla-Gruppen wurden. Es empfiehlt sich daher, die aktuellen Nachrichten zu verfolgen und etwaige **Sicherheitshinweise** oder Reisewarnungen zu beachten, die für deutsche Staatsbürger vom Auswärtigen Amt herausgegeben werden.

Open-Tour-Busse: Zahlreiche Traveller-Cafés in der Gegend der Pham Ngu Lao und De Tham verkaufen Tickets für die so genannten Open-Tour-Busse, die kreuz und quer in ganz Vietnam unterwegs sind (Namen und Adressen s.S. 192/193, Touren). Beim Kauf eines Tickets (einfache Fahrt) von Ho-Chi-Minh-Stadt nach HANOI (ca. US$20) oder HUÉ (ca. US$15) ist es möglich, die Reise an verschiedenen Punkten zu unterbrechen, einschließlich Da Lat und Nha Trang. Fahrkarten für kürzere Strecken sind ebenfalls erhältlich, z.B. von Ho-Chi-Minh-Stadt nach NHA TRANG (US$7), DA LAT (US$5), CA NA (US$6), HOI AN (US$15) und CU CHI / TAY NINH (US$4). Die Fahrkarten können im Voraus gekauft werden; diverse Zweigstellen der Veranstalter gibt es im ganzen Land (weitere Informationen s.S. 56, Praktische Tipps). In Ho-Chi-Minh-Stadt konzentrieren sich die Anlaufstellen für Fahrkarten und Informationen rund um die Open-Tour-Busse sowie die Haltestellen selbst in der Umgebung der De Tham und Pham Ngu Lao.

Fahrtzeiten und Häufigkeit der öffentliche Busse: Es ist so gut wie unmöglich, Aussagen über die Häufigkeit zu machen, mit der die öffentlichen Überlandbusse verkehren. Trotz fester Fahrpläne fahren sie nicht los, wenn sie leer sind. Bei einer längeren Reise ist es ratsam, sich früh auf den Weg zum Busbahnhof zu machen, denn die meisten Langstreckenbusse fahren zwischen 5 und 9 Uhr ab und nur noch sehr wenige nach Mittag. Auch bezüglich der Fahrtdauer lassen sich kaum exakte Aussagen treffen. Bei den unten aufgeführten Fahrtzeiten handelt es sich um die durchschnittliche Dauer, mit der für die Fahrt zu rechnen ist.

Busse nach:

BUON MA THUOT (7 Std.); CA MAU (8 1/2 Std.); CAN THO (4 Std.); CHAU DOC (6 Std.); DA LAT (7 Std.); DA NANG (21 Std.); HANOI (41 Std.); HA TIEN (9 Std.); HUÉ (25 Std.); MY THO (2 Std.); NHA TRANG (10 Std.); PHAN THIET (4 Std.); QUI NHON (13 Std.); VUNG TAU (2 Std.).

EISENBAHN – Die aus Richtung Norden eintreffenden Züge nutzen den 3 km nordwestlich der Stadt in der Nguyen Thong gelegenen **Bahnhof Ga Saigon**, ✆ 823 0105. Das Fahrkartenbüro ist von 7.30–11 und 13–15 Uhr geöffnet, Tickets gibt es aber auch in den Reisebüros in der Pham Ngu Lao und Umgebung. Auf dem Vorplatz wartet eine ganze Schar von Cyclo-Fahrern auf Kundschaft, doch angesichts der Entfernung ins Zentrum ist man mit einem Taxi (ca. US$4) besser bedient – selbst wenn man es telefonisch bestellen muss (✆ 842 4242 oder 811 1111).

Da die vietnamesischen Züge oft überbucht sind, empfiehlt es sich, so lange wie möglich im Voraus zu reservieren. Das gilt vor allem, wenn eine Schlafkoje anvisiert wird (Näheres s.S. 55). Einige Tourveranstalter, Traveller-Cafés, Reisebüros und Hotels nehmen gegen eine geringe Gebühr Reservierungen vor. Kostenlose Buchungen per Computer übernimmt als offizielle Vertretung der vietnamesischen Eisenbahn die ***Saigon Railways Tourist Service Company***, 275C Pham Ngo Lao, ✆ 836 7640. Ansonsten kann man sich auch persönlich zum Hauptbahnhof Ga Saigon begeben. Beim Betreten der Haupthalle ignoriert man als Tourist am besten die Schalter zur Rechten und begibt sich direkt zum **Informationsschalter für Ausländer und Übersee-Vietnamesen**, ✆ 843 6527 oder 844 0218, ⏲ tgl. 7.30–11.30 und 13.30–16.30 Uhr. Dort werden Reservierungen vorgenommen und Fahrplanauskünfte erteilt. An der gegenüber liegenden Wand gibt eine riesige Tafel in englischer Sprache Auskünfte zu Ankunfts- und Abfahrtszeiten, Fahrpreisen und Vorschriften.

Züge nach:

DA NANG 4x tgl. in 16–19 Std.;
DIEU TRI 4x tgl. in 11–13 Std.;
HANOI 4x tgl. in 32–41 Std.;
HUÉ 4x tgl. in 21–23 Std.;
MUONG MAN 3x tgl. in 4–5 Std.;
NAM DINH 3x tgl. in 36–39 Std.;
NHA TRANG 5x tgl. in 9–10 Std.;

NINH BINH 3x tgl. in 38–40 Std.;
QUANG NGAI 3x tgl. in 13–16 Std.;
THAP CHAM 3x tgl. in 7–9 Std.;
VINH 4x tgl. in 33–35 Std.

FLÜGE – Da die meisten ausländischen Touristen mit dem Flugzeug in Ho-Chi-Minh-Stadt eintreffen, ist der 7 km nordwestlich des Stadtzentrums in der Truong Son gelegene **Flughafen Tan Son Nhat** häufig der erste Eindruck, den der Besucher von Vietnam bekommt. Am Flughafen gibt es u.a. einen Duty-Free-Shop, einen Geldwechselschalter (◷ tgl. 10–23 Uhr) und eine Postfiliale mit Telefonservice (◷ tgl. 7.30–22 Uhr). Unmittelbar hinter der Gepäckausgabe befindet sich ein Schalter von *Saigontourist,* wo man Stadtpläne kaufen und Zimmer in den exklusiveren Hotels reservieren kann. Eine bessere Anlaufstelle ist aber der Schalter von *SASCO (Southern Airports Services Company),* wo kostenlose Stadtpläne ausgegeben und **Informationen** erteilt werden. Er befindet sich rechter Hand, nachdem man die Ankunftshalle verlassen hat, und bietet auch **Gepäckaufbewahrung** an (◷ tgl. 7.30–21 Uhr, US$2 pro Tasche und Tag, US$3 für größere Gegenstände). Im Terminal gibt es zwei kleine Restaurants, ein größeres befindet sich auf dem Parkplatz vor dem Gebäude.
Ins Stadtzentrum kommt man am besten mit dem **Taxi**. Touristen werden beim Verlassen des Terminals gleich von einer ganzen Horde Taxifahrer begrüßt, während etliche Schlepper mit Hotelbroschüren wedeln. Fahrzeuge mit Taxameter legen die Strecke in die Innenstadt für US$3–4 zurück, bei einer größeren Gruppe lohnt sich aber u.U. ein Minibus für ca. US$2 p.P. Einige Fahrer empfehlen die Hotels, die ihnen Provision zahlen, doch wer bereits weiß, wo er unterkommt, sollte sich nicht beirren lassen. Bei allen Taxifahrten empfiehlt es sich, vor Fahrtbeginn auf dem Einsatz des Taxameters zu bestehen, damit am Ende keine unnötigen Diskussionen über den Fahrpreis aufkommen. Wer wenig Gepäck dabei hat, kann auch mit einem **Motorradtaxi** für ca. US$2 in die Stadt fahren. Ist keines zu sehen, muss man nur ein paar Hundert Meter gehen, bis außerhalb der Flughafentore ein Motorrad oder Cyclo herangewunken werden kann (siehe unter „Nahverkehrsmittel").

Bei der Abreise empfiehlt sich für den Weg zum Flughafen ebenfalls das Taxi. Wer extrem knapp bei Kasse ist, kann auch im Sinh Café oder bei einem der anderen Tourveranstalter in der Pham Ngu Lao ein Ticket für den Shuttle-Bus zum Flughafen kaufen (US$1–2, je nach Anzahl der Fahrgäste). Wer mit einem Cyclo fährt, muss bereits vor den Flughafentoren aussteigen und den Rest laufen; Honda Oms fahren dagegen bis vor den Eingang zum Terminal.
Es ist zu beachten, dass bei allen internationalen Flügen eine **Abflugsteuer** von US$12 erhoben wird. **Fluginformationen** sollten im Büro der jeweiligen Fluggesellschaft eingeholt werden.

Flüge nach:
BUON MA THUOT 5x wöchentl. in 1 Std.;
DA LAT 1x tgl. in 1 Std.;
DA NANG 2–3x tgl. in 1 1/4 Std.;
HAI PHONG 5x wöchentl. in 2 Std.;
HANOI 6–8x tgl. in 2 Std.;
HUÉ 1–2x tgl. in 1 3/4 Std.;
NHA TRANG 2–3x tgl. in 1 1/4 Std.;
PHU QUOC 6x wöchentl. in 1 Std.;
PLEI KU 3x wöchentl. in 1 1/4 Std.;
QUI NHON 4x wöchentl. in 1 1/4 Std.

Fluggesellschaften:
Air France, 130 Dong Khoi, ✆ 829 0981.
British Airways, 114A Nguyen Hue, 1. Stock, ✆ 822 4141.
Cathay Pacific, Jardine House, 58 Dong Khoi, ✆ 822 3203.
China Airlines, 132–134 Dong Khoi, ✆ 825 1388.
China Southern Airlines, Somerset Chancellor House, 1. Stock, 21–23 Nguyen Thi Minh Khai, ✆ 823 5588.
Emirates, 114A Nguyen Hue, 1. Stock, ✆ 825 6576.
Garuda, 132–134 Dong Khoi, ✆ 829 3644.
KLM, 2A–4A Ton Duc Thang, am Saigon-Fluss, ✆ 823 1990.
Lao Airlines, 181 Hai Ba Trung, ✆ 822 6990.
Lufthansa, 132–134 Dong Khoi, ✆ 829 8529.
Malaysia Airlines, 132–134 Dong Khoi, ✆ 829 2529.
Qantas, 114A Nguyen Hue, 1. Stock, ✆ 823 8844.
Royal Cambodia Airlines, 343 Le Van Sy, ✆ 844 0126.

Siem Reap Airways, 132–134 Dong Khoi, ✆ 823 9288.
Singapore Airlines, Saigon Tower, 29 Le Duan, ✆ 823 1588.
Thai Airways, 65 Nguyen Du, ✆ 829 2809.
Vietnam Airlines, 116 Nguyen Hue, ✆ 829 2118, und 265 De Tham, ✆ 836 9630.

SCHIFFE – Die einzigen regelmäßigen Fährverbindungen sind die **Tragflügelboote** von und nach VUNG TAU (1 1/4 Std.; US$10), die am **Passagier-Teminal von Ho-Chi-Minh-Stadt** (Anleger Bach Dang) in der 2 Ton Duc Thang, gegenüber der Kreuzung mit der Ham Nghi, festmachen. Derzeit verkehren Mo–Fr sechs und Sa/So sieben Fähren täglich. Tickets und weitere Informationen gibt es am Schalter von *Vina Express* am Anleger, ✆ 829 7892, ⌚ tgl. 6.30–11 und 13.30–16.30 Uhr.
Daneben existieren noch mehrere Anleger für Fähren und Boote vom/ins Mekong-Delta: Die aus MY THO und BEN TRE treffen in der Regel ca. 1,5 km südlich des Ho-Chi-Minh-Museums an der Ton That Thuyet ein; andere nutzen auch die Anleger Cau Khanh Hoi und Cau Calmette unweit der Ham Nghi. Fähren aus weiter entfernten Häfen legen entweder unmittelbar hinter dem Binh Tay-Markt in Cholon an oder ein kleines Stück unterhalb des Marktes nahe der Kreuzung von Chu Van An und Tran Van Kieu.
Da inzwischen die kambodschanische Grenze bei Chau Doc auch für Ausländer wieder geöffnet ist, kombinieren viele Traveller eine kleine Schiffsfahrt durch das Delta mit einer Reise nach **Kambodscha**. Verschiedene Veranstalter in der Umgebung der Pham Ngu Lao bieten entsprechende Touren für ca. US$10 an.

Die Umgebung von Ho-Chi-Minh-Stadt

Wenn einem das Chaos auf den Straßen von Ho-Chi-Minh-Stadt zu viel wird, empfiehlt sich ein Tagesausflug, mit dem man die Stadt bereits ein gutes Stück hinter sich lassen kann. Angesichts der langsamen und unregelmäßigen öffentlichen Verkehrsmittel ist es allerdings zweckmäßig, eine solche Tagestour über ein Reisebüro (s.S. 192/193) zu buchen, auch wenn die Strecke von öffentlichen Bussen befahren wird. Die beliebteste Tour führt zu zwei der faszinierendsten Sehenswürdigkeiten des Landes: den **Tunneln von Cu Chi**, die 20 Jahre lang zunächst den Vietminh-Agenten und später den Vietcong-Kadern als Unterschlupf dienten, und dem ebenso wunder- wie sonderbaren **Heiligen Stuhl der Cao Dai** in Tay Ninh, Zentrum der faszinierendsten urvietnamesischen Religion. Von der Metropole in südwestlicher Richtung führt die Nationalstraße 1 nach **My Tho** (s.S. 213), wo sich ein guter Blick auf den Mekong bietet. Nordöstlich von Ho-Chi-Minh-Stadt liegt an der Nationalstraße 1 die monotone Satellitenstadt **Bien Hoa**, wo die Nationalstraße 51 Richtung Südosten zu den Stränden von **Vung Tau** (s.S. 302) abzweigt.

Die Tunnel von Cu Chi

Während des Vietnamkriegs galten einige Dörfer im Bezirk Cu Chi als Hochburg des Vietcong. Die Kämpfer mussten ständig auf der Hut vor den Amerikanern sein, die danach trachteten, sie kaltzustellen. Die Vietcong-Guerillas entzogen sich dem Zugriff, indem sie buchstäblich vom Erdboden verschwanden und sich vergruben. Das Resultat war das legendäre Tunnelsystem von Cu Chi, das heute in einem kleinen Abschnitt besichtigt werden kann. Dabei kriechen die Touristen auf allen vieren durch die unterirdischen Gänge und bekommen einen Eindruck davon, was Widerstand im Untergrund wirklich bedeutet. Die Stollen wurden teilweise erweitert, damit auch korpulentere Besucher aus dem Westen hindurchpassen, trotzdem handelt es sich noch immer um ein dunkles, schweißtreibendes und klaustrophobisches Abenteuer, dem man sich nur aussetzen sollte, wenn man sicher ist, keine subterrane Panikattacke zu erleiden.

Teile des Tunnelsystems können in zwei verschiedenen Orten besichtigt werden, nämlich in **Ben Dinh** und 15 km weiter in **Ben Duoc** (⌚ beide tgl. 7.30–17 Uhr, Eintritt von ca. US$5 normalerweise nicht im Tourpreis enthalten). Die meisten Touren für Ausländer haben Ben Dinh zum Ziel, während Ben Duoc die zusätzliche, recht zweifelhafte Attraktion eines aus dem Verkehr gezogenen Hubschraubers bietet. Wer sich nicht in einen Minibus (ca. US$4 p.P.) zwängen möchte, kann sich für die gleiche Tour auch ein **Taxi** teilen (ca. US$40 für 4 Personen). **Busse** für die 40 km lange Strecke nach Cu Chi fahren von den Busbahnhöfen Ben Thanh und An Suong/Tay Ninh in Ho-Chi-Minh-Stadt ab (s.S. 198). Im Ort Cu Chi ist die Fahrt aber noch nicht zu Ende, denn die Tunnel liegen noch 20 km entfernt, was mit einem Motorradtaxi ca. US$5 kostet. Zu den Tunneln geht es beim Postamt Cu Chi von der Nationalstraße rechts ab.

Die **Führung** durch Ben Dinh beginnt in einem **Klassenzimmer**, wo anhand einer Wandkarte der Querschnitt des Tunnelsystems erläutert wird und ein patriotischer Schwarzweißfilm Hintergrundinformationen liefert. Von dort geht es in den Busch, wo der Guide auf tödliche Tarnbomben, kaschierte Falltüren und einen abgewrackten Panzer hinweist, doch am beeindruckendsten sind immer noch die **Tunnel** selbst. Während man unten ist, kann man sich kaum vorstellen, dass Menschen hier manchmal wochenlang gelebt haben sollen, ohne einen Lichtstrahl zu erblicken. Anhand mehrerer Modelle wird veranschaulicht, wie aus Blindgängern auf einfallsreiche Weise tödliche Minen gebaut wurden. Außerdem wird demonstriert, wie der verräterische Rauch von den unterirdischen Feuerstellen mit einem ausgeklügelten Abluftsystem an weit entfernte Öffnungen geleitet wurde. Wer der Versuchung nicht widerstehen kann, selbst auch einmal Guerillero zu spielen, kann eine AK-47 schultern und ein bisschen auf dem Schießstand ballern (US$1 pro Schuss). Abgerundet wird die Führung meistens mit einer höchst willkommenen Stärkung in Form von Tee und gekochten Wurzeln – damals häufig die einzige Nahrung, die den Tunnelbewohnern zur Verfügung stand.

Geschichte

Als bei Cu Chi die ersten Spaten in die Erde gerammt wurden, befand sich dort noch die Kautschukplantage einer französischen Reifenfirma. Es waren antikolonialistische **Vietminh**, die hier Ende der 40er Jahre des 20. Jhs. die ersten Gräben aushoben. Diese dienten zunächst nur als Waffenverstecke, wurden aber schon bald zum unverzichtbaren Unterschlupf für die Widerstandskämpfer selbst. Über ein Jahrzehnt später kontrollierten die **Vietcong**, unter denen sich auch zahlreiche ansässige Dorfbewohner befanden, diese unerschütterlich regierungsfeindliche Region und begaben sich ebenfalls buchstäblich in den Untergrund. 1965 war das Tunnelsystem bereits auf eine Gesamtlänge von 250 km angewachsen und zog sich kreuz und quer unter Cu Chi und den umliegenden Gebieten hindurch. Unmittelbar jenseits des Saigon-Flusses befand sich das berüchtigte Guerilla-Machtzentrum mit der Bezeichnung **Eisernes Dreieck**. Dank des Tunnelnetzes waren die Zellen des Vietcong in der Lage, sich zusammenzuschließen und Saigon nach Belieben zu infiltrieren. Ein Abschnitt führte waghalsigerweise sogar direkt unter dem US-amerikanischen Armeestützpunkt Cu Chi hindurch.

Auch wenn der in dieser Region vorherrschende feste Lehmboden ideale Voraussetzungen für das Ausheben von Tunneln bot und oberhalb des Wasserspiegels des Saigon-Flusses lag, so sahen sich die **Gräberkolonnen** dennoch einer Vielzahl von Hindernissen gegenüber. Da waren nicht nur die Schlangen und Skorpione, die sie bei ihrer Arbeit mit Hacke und Stemmeisen aufscheuchten, sondern vor allem das Problem, die ausgehobene Erde so unauffällig wie möglich beiseite zu schaffen, indem man beispielsweise Bombenkrater damit zuschüttete oder sie im Schutz der Dunkelheit in den Fluss kippte. Nachdem ein Tunnel gegraben war, mussten seine Wände und Decken abgestützt werden, doch dafür gab es nach den Flächenbombardements der Amerikaner nicht mehr genügend Holz, sodass die Tunnelgräber sogar Eisenpfosten von den Zäunen der feindlichen Stützpunkte stehlen mussten. Die Stollen hatten oft nur eine Ausdehnung von 80 cm Höhe und 80 cm Breite und waren teilweise in vier Etagen angelegt. Die **Lüftungsschächte** zum Verteilen und Abführen von Rauch und Geruchsentwicklung der unterirdischen Öfen wurden mit Laub, Ästen und Termitennestern getarnt. Um die Deutschen Schäferhunde der Amerikaner in ihrem Geruchssinn zu täuschen, wurde in der Umgebung der Abzugslöcher Pfeffer verschüttet, und manchmal wuschen sich die Vietcong-Kämpfer sogar mit der gleichen Seife, die auch von den GIs verwendet wurde.

Leben im Tunnel

Die **Lebensbedingungen** unter der Erde waren entsetzlich. In den Tunneln roch es faulig, und gegen Nachmittag wurde es so heiß, dass sich die Bewohner flach auf den Boden legen mussten, um

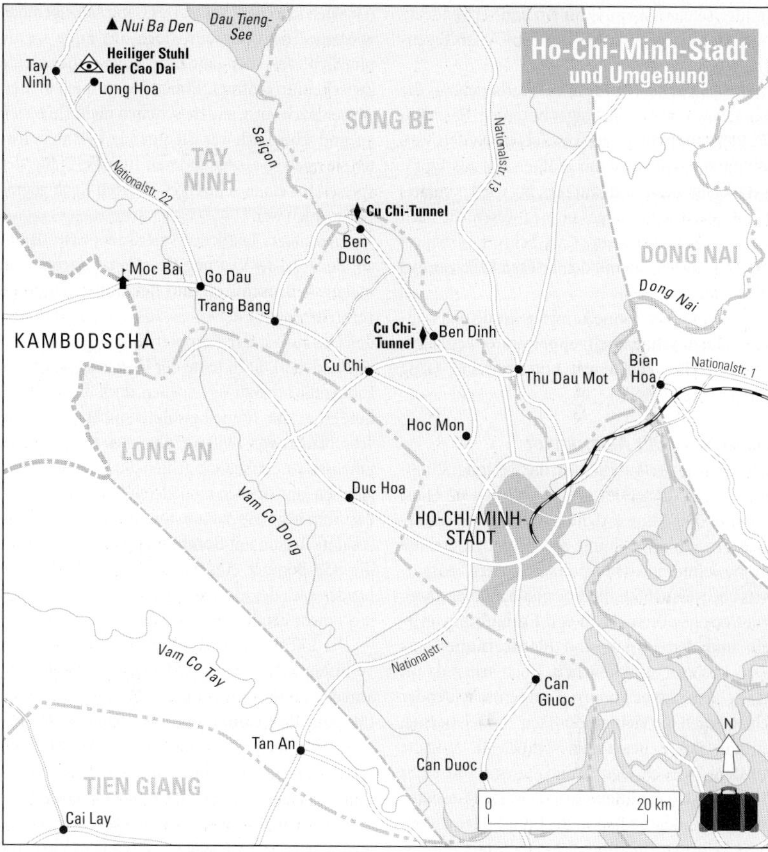

überhaupt noch Sauerstoff zum Atmen zu haben. Es herrschte absolute Finsternis, und einige Langzeitbewohner litten sogar unter vorübergehender Blindheit, wenn sie das Tageslicht wieder erblickten. Bisweilen war es erforderlich, mehrere Wochen am Stück unter der Erde zu verbringen – in der Gesellschaft von Fledermäusen, Ratten, Schlangen, Skorpionen, Tausendfüßlern und Feuerameisen. Einige dieser ungebetenen Gäste wurden kurzerhand für die Sache rekrutiert: Kisten mit Skorpionen und hohle Bambusstäbe mit Giftschlangen wurden in den Gängen versteckt – in der Hoffnung, dass sie zufällig von feindlichen Soldaten umgestoßen würden.

Die mehrstöckigen Tunnelkomplexe enthielten Latrinen, Brunnen, Versammlungsräume und Schlafsäle, selbst behelfsmäßige **Krankenstationen** kratzten die unermüdlichen Gräber aus dem Lehmboden. Operationen wurden im Lichtschein von Fackeln und Taschenlampen durchgeführt, wobei die medizinischen Instrumente aus Munitionssplittern gefertigt waren. Das Blut des Patienten wurde in Flaschen aufgefangen und ihm direkt per Fahrradluftpumpe und mit einem Stück Gummischlauch wieder in die Adern befördert. Was an Medikamenten vorhanden war, erhielten die Vietcong durch Bestechung südvietnamesischer Soldaten in Saigon. Die Ärzte verabreichten auch

Kräuter, setzten Akupunktur ein und verwendeten sogar Honig wegen seiner antiseptischen Eigenschaften.

In den **Küchen** wurde alles verarbeitet, was die Tunnelbewohner in die Finger bekamen. Nachdem die Reis- und Obsternte vernichtet worden war, bestand die Nahrung zum größten Teil aus Tapiokastärke, Blättern und Wurzeln, bis wieder ausreichend Bombensplitter gesammelt waren, die nach Saigon gebracht und dort als Schrott verhökert werden konnten, um mit den Erlösen Lebensmittel zu kaufen.

Die Moral der Tunnelkämpfer wurde unter anderem durch **Schauspieltruppen** aufrechterhalten, deren Tournee von einem unterirdischen Gang zum nächsten führte.

Die Antwort der Amerikaner

Alle Versuche der Amerikaner, die Vietcong-Kämpfer aus ihren Verstecken zu jagen, blieben erfolglos. Mitte der 60er Jahre errichteten sie große **Militärbasen** in der Umgebung von Saigon, pferchten Dorfbewohner in „strategischen Dörfern" zusammen und versuchten die Guerilla-Kämpfer durch großflächiges Versprühen von **Entlaubungsmitteln** und den Einsatz von **Planierraupen** aus ihren Löchern zu scheuchen. Doch selbst damit gelang den Amerikanern kein entscheidender Schlag gegen die vietnamesischen Tunnelsysteme. Ein amerikanischer Soldat verglich die Aufgabe mit dem Versuch, den Grand Canyon mit einer Mistgabel zuzuschütten. Die GIs warfen Gasbomben oder Handgranaten in die Gänge oder stiegen sogar selbst in die Tunnel hinab – nur mit Taschenlampe, Messer und Pistole bewaffnet. Die Kämpfer, die auf solche unterirdischen Operationen spezialisiert waren, wurden unter der Bezeichnung **Tunnelratten** bekannt. Sie erwarteten nicht nur Fallen aus angespitzten Bambusstäben im Dunkeln, sondern auch „Bomben" aus Cola-Dosen und gesammelten Blindgängern. Die Eingänge zu den schmalen und niedrigen Tunneln waren oft so klein, dass die GIs gar nicht hineinkamen, selbst wenn sie einen Gang entdeckt hatten. Der unabhängige Kriegsberichterstatter Wilfred Burchett, der 1964 mit der NLF unterwegs war, empfand seinen westlichen Leibesumfang als deutliche Behinderung: „Bei einer anderen Gelegenheit blieb ich stecken, als ich von einem Tunnelabschnitt in den nächsten kriechen wollte. Der Gang sah eigentlich wie eine Sackgasse aus, doch am Ende wurde plötzlich von der anderen Seite eine kleine Zwischentür geöffnet. Einige zogen mich an den Armen nach vorn, andere schoben mein Hinterteil an, und schließlich war ich durch [...] Dann brachten sie mich zu einem anderen Tunneleingang, der speziell für einen schwergewichtigen Koch gegraben worden war."

Eine andere Taktik der Amerikaner zielte darauf ab, die Moral der Vietcong-Guerilla zu untergraben, indem sie **Broschüren und Bekanntmachungen** verbreiteten, mit denen sie aus den Ängsten und der Einsamkeit der Kämpfer Kapital zu schlagen versuchten. Danach hatte der Vietcong zwar mehr Fahnenflüchtige zu verzeichnen, doch die Aktionen hinderten die Tunnelbewohner nicht daran, die Tet-Offensive von 1968 vorzubereiten und in die Tat umzusetzen. Schließlich griffen die Amerikaner im gleichen Jahr zu noch radikaleren Maßnahmen, um das Tunnelsystem zu zerstören: Sie belegten die gesamte Region mit **Bombenteppichen**, für die sie die B52-Bomber einsetzten, die im Norden des Landes nach der Einstellung der Bombardierungen nicht mehr benötigt wurden.

Die Infrastruktur des Vietcong war nach den Verlusten während der Tet-Offensive schwer angeschlagen und wurde durch das amerikanische **Phoenix-Programm** (s.S. 99) noch weiter geschwächt, doch die Tunnel hatten längst ihren Teil dazu beigetragen, Amerika zu beweisen, dass dieser Krieg nicht zu gewinnen war. Dennoch: Mindestens 12 000 vietnamesische Guerilla-Kämpfer und Sympathisanten sollen während des Vietnamkriegs in dieser Region ums Leben gekommen sein. Die total verwüstete Landschaft war von Bombenkratern übersät und jeglicher Vegetation beraubt, die Luft auf Dauer von giftigen Dämpfen verpestet.

Der Heilige Stuhl der Cao Dai in Tay Ninh

Von Cu Chi führt die Nationalstraße 22 weiter Richtung Nordwesten durch eine idyllische, von Reisfeldern geprägte Ebene. Nach einigen Kilometern erreicht die Straße **Trang Bang**, wo der Fotograf Nick Ut eines der entsetzlichsten Bilder des Krieges aufnahm – es zeigt ein kleines, nack-

Widerstand im Untergrund: die legendären Tunnel von Cu Chi

tes Mädchen, das mit schweren Verbrennungen auf der Flucht vor einem Napalmangriff auf die Kamera zuläuft. Das Mädchen, Phan Thi Kim Phuc, ist heute in Kanada verheiratet und wurde 1997 zur Friedensbotschafterin der UNESCO ernannt. Trotz großflächiger Verbrennungen dritten Grades, die sie damals erlitt, strahlt sie bemerkenswert wenig Verbitterung aus und sagt von sich selbst: „Ich bin glücklich, weil ich ohne Hass leben kann."

An der Nationalstraße kennzeichnet ein Hinweisschild mit der Aufschrift „Tay Ninh 10 km, Long Hoa 4 km" die Abzweigung nach **Long Hoa** im Bezirk Tay Ninh, wo sich der rätselhafte **Große Tempel der Cao Dai** befindet, der auch als Heiliger Stuhl des Caodaismus bezeichnet wird. Die nach Long Hoa führende Landstraße wird von Räucherstäbchenfabriken gesäumt, deren Produkte wie Heuhaufen im Miniaturformat gebündelt am Straßenrand zum Trocknen ausgelegt sind.

Rund 4 km weiter ist der Markt von Long Hoa erreicht, von wo es nur noch 2 km bis zum Tempel sind. Die meisten Touristen besuchen den Ort im Rahmen einer organisierten Tour (s.S. 192/193), doch wer lieber allein unterwegs ist, kann auch einen der **Busse** nach Tay Ninh nehmen, die täglich vom Busbahnhof An Suong/Tay Ninh in Ho-Chi-Minh-Stadt abfahren; es empfiehlt sich, dem Fahrer zu sagen, dass man vor den Tempeltoren abgesetzt werden möchte.

Caodaismus

Es war **Ngo Van Chieu**, ein Staatsbeamter in der Abteilung für Verbrechensbekämpfung der französischen Verwaltung auf der Insel Phu Quoc, dem Anfang der 20er Jahre des 20. Jhs. erstmals die grundlegenden Glaubenssätze des Caodaismus offenbart wurden. Der Spiritist Ngo wurde während einer Séance von einem höheren Geistwesen kontaktiert, das sich selbst als Cao Dai („Hoher Ort") bezeichnete. Dieses Höchste Wesen vermittelte ihm die Grundlagen des caodaistischen Glaubens (s.S. 115). Nachdem Ngo kurz darauf nach Saigon versetzt wurde, begann er damit, seine Glaubenslehre zu verbreiten.

Im Oktober 1926 wurde die neue Religion von der französischen Kolonialverwaltung offiziell anerkannt. Der Caodaismus, der von der Hierarchie und seiner Terminologie her deutliche Parallelen zur katholischen Kirche aufweist, erfuhr schon bald regen Zulauf, auch weil die Betonung seiner Einfachheit eine große Anziehungskraft auf die unzufriedenen Kleinbauern ausübte. 1927 wurde in Tay Ninh der Heilige Stuhl des Caodaismus gegründet, und 1930 zählte die Sekte bereits 500 000 Anhänger. Ngo lehnte für sich das Amt des ersten Papstes ab, das schließlich von **Le Van Trung** bekleidet wurde, einem dekadenten Staatsbeamten aus Cholon, dem sein Fehlverhalten während einer Séance von Cao Dai höchstpersönlich vor Augen geführt wurde.

In einem von Instabilität gekennzeichneten Jahrhundert war es so gut wie unvermeidlich, dass der Caodaismus auch **politische Aktivitäten** entwickelte. Während des Zweiten Weltkriegs war die caodaistische Miliz antifranzösisch eingestellt und kämpfte auch im Ersten Indochinakrieg an der Seite des Vietminh gegen die kolonialen Besatzer, kollaborierte aber später mit den Franzosen gegen die Kommunisten. Mitte der 50er Jahre befand sich die Region Tay Ninh praktisch vollständig unter caodaistischer Herrschaft und bildete so etwas wie einen Staat im Staate. In *Der stille Amerikaner* beschreibt Graham Greene die schlagkräftige Cao Dai-Miliz als eine 25 000 Mann starke Privatarmee, bewaffnet mit Mörsern, die sie aus den Auspuffrohren alter Autos bastelten.

Später lieferten sich die Caodaisten noch einige Auseinandersetzungen mit der rivalisierenden Sekte Hoa Hao, doch in der Folge schwand ihre Macht immer weiter. Nach der Wiedervereinigung beschlagnahmte die kommunistische Regierung das gesamte caodaistische Land, gab es aber zehn Jahre später wieder zurück. Heute floriert die Religion weiterhin in ihren beiden Machtzentren, dem Bezirk Tay Ninh und dem Mekong-Delta.

Der Große Tempel der Cao Dai in Tay Ninh

Der Tempel

Ein großartiger Torbogen markiert den Eingang zum Gelände des 1927 erbauten Großen Tempels der Cao Dai. Nach dem Durchschreiten führt eine breit angelegte Straße an ausgedehnten Rasenflächen vorbei, die für Feierlichkeiten genutzt werden, und schließlich zum überaus exotischen Tempelkomplex, hinter dem sich links in der Ferne der **Nui Ba Den** erhebt, der Berg der Schwarzen Frau.

Beim ersten Anblick des Gebäudes empfindet man wahrscheinlich ähnlich wie Graham Greene, der es als „fernöstliche Walt-Disney-Fantasie mit Drachen und Schlangen in Technicolor" beschrieb. Trotz der leuchtenden Farben und der Rokoko-Überfrachtung gelingt es dem schrillen Bauwerk dennoch irgendwie, sich der Einordnung in die Kategorie Kitsch zu entziehen. Die Frontfassade wird von zwei eckigen **Türmen** im Pagodenstil eingefasst. Über dem zentralen Säulenvorbau im ersten Stock befindet sich ein Balkon mit dem **Göttlichen Auge**. Dieses zentrale, immer wiederkehrende Motiv des Tempels ist von einem Dreieck umgeben wie das Auge auf dem US-amerikanischen Ein-Dollar-Schein. Beide Türme sind mit einer Figur im Halbrelief versehen: der linke mit der Abbildung des ersten weiblichen Kardinals des Caodaismus, Lam Huong Thanh, der rechte mit dem ersten Papst der Sekte, Le Van Trung.

Auch das **Innere** des Gebäudes spiegelt die eklektische Ideologie des Caodaismus wider. Teils Kathedrale, teils Pagode, vereinigt es unter seiner gewölbten Decke ein wahres Potpourri aus Symbolen und Elementen in den leuchtenden Farben eines Hindu-Tempels. Norman Lewis beschrieb das Ensemble als „Rummelplatzarchitektur in extremer Form [...] Man erwartet jeden Moment, Gebrüll und schallendes Gelächter aus einer Geisterbahn in der Nähe zu hören". Männer betreten den Tempel durch einen Eingang in der rechten Mauer, Frauen benutzen eine Tür zu Linken, wobei alle Besucher ihre Schuhe ausziehen müssen. In der Eingangshalle hängt ein **Wandgemälde**, das die drei „Unterzeichner der Dritten Allianz zwischen Gott und Mensch" zeigt. Auf dem Bild ist zu sehen, wie der französische Dichter Victor Hugo (1802–1885) und der vietnamesische Poet Nguyen Binh Khiem (1492–1587) das caodaistische Motto „Gott und Menschheit, Liebe und Gerechtigkeit" in französischer und chinesischer Sprache auf eine Himmelstafel schreiben. Ihnen zur Seite hält der chinesische Staatsmann und Revolutionsführer Dr. Sun Yatsen (1866–1925) einen Tuschstein in der Hand, das Symbol der „Geburt der caodaistischen Lehre durch das Bündnis der chinesischen mit der christlichen Zivilisation", wie es auf einer Tafel in der Nähe geschrieben steht.

Touristen ist es gestattet, sich im **Kirchenschiff** zu bewegen, solange sie in den äußeren Gängen bleiben und sich nicht zwischen die von bunten Drachen umschlungenen **rosa Säulen** begeben. Die Verzierungen vor den Fenstern in den Außenwänden zeigen das von hellrosa Lotusblüten umgebene Göttliche Auge. Steigt man die flachen Stufen hinauf, gelangt man zu einem **Altar**, auf dem die Vasen, Früchte, Gemälde und Storchenfiguren kaum noch Platz finden. Der **Papststuhl**, dessen Armlehnen aus geschnitzten Drachen bestehen, befindet sich am Kopfende der Kammer. Darunter stehen noch sechs weitere Stühle für die Kardinäle, drei davon mit Adlern und die anderen drei mit Löwen als Armlehnen. Das beherrschende Element des Raumes ist jedoch eine große, von acht Furcht einflößenden Silberdrachen bewachte **Kugel** in Zartblau, die mit Sternen gesprenkelt ist und auf einem polierten, achteckigen Sockel ruht. Das aufgemalte und allgegenwärtige Göttliche Auge blickt den Betrachter durch Wolken hindurch an. Noch mehr paillettenbesetzte Sterne und flauschige Wolken sind an der himmelblau gestrichenen **Decke** zu sehen, in deren aus Löwen- und Schildkrötenmotiven bestehenden Friesen sich die Schwalben eingenistet haben.

Gottesdienste

Jeden Tag um 6, 12, 18 und 24 Uhr werden im Tempel Gottesdienste abgehalten. Die organisierten Touren sind meist so gelegt, dass sie rechtzeitig zum mittäglichen Gottesdienst ankommen. Andere Zeiten sind für einen Besuch ungünstiger, bieten aber auf der anderen Seite die Gelegenheit, sich ohne die Begleitmusik von mehreren Hundert klickenden und blitzenden Kameras auf das Wesentliche zu konzentrieren. Die Besucher werden an dem **Orchester** vorbeigeführt, das hinter dem vorderen Balkon mit traditionellen Instrumenten aufspielt, und nehmen schließlich ihren Platz auf der Galerie ein, wo sie das Geschehen beobachten und Fotos machen können. Die meisten Gläubigen sind in weiße Gewänder gekleidet, einige aber auch in gelbe, blaue und rote als Symbole der buddhistischen, daoistischen und konfuzianischen Elemente des Caodaismus. Die Priester tragen eckige Kopfbedeckungen, auf denen das Göttliche Auge prangt. Zu Beginn des Gottesdienstes nicke alle Gläubigen wie ein Maisfeld im Winde mit dem Kopf, zeitgleich mit dem Schlagen eines Gongs. Dann setzt ein schwermütiger, bedächtiger Singsang ein, während das wie ein Insektenschwarm klingende Streichorchester im eigenen Takt dazu spielt. Unter dem Klang der Gebete und Gesänge werden dem Höchsten Wesen Räucherstäbchen, Blumen, Alkohol und Tee als Opfergaben dargebracht.

Mekong-Delta

Highlights

Bootstouren Die Umgebung von Vinh Long lädt wie kaum eine andere Gegend zu reizvollen Bootsausflügen entlang schmaler Kanäle, vorbei an schwimmenden Märkten und Obstgärten ein.

Übernachtung in Privatunterkünften Gastaufenthalte in ländlichen Gemeinden werden immer beliebter und bieten die Gelegenheit, das Alltagsleben und die vietnamesische Kultur etwas besser kennen zu lernen.

Khmer-Pagoden Besonders um Tra Vinh gibt es viele farbenprächtige Khmer-Pagoden, deren Mönche gern mit ausländischen Besuchern ins Gespräch kommen.

Beeindruckende Vogelwelt Zu bestimmten Jahreszeiten können im Vogelschutzgebiet von Tam Nong nahe Cao Lanh Schwärme seltener Kraniche und anderer Zugvögel beobachtet werden.

Chau Doc Von dieser beliebten Zwischenstation auf dem Weg nach Kambodscha bieten sich Abstecher zu einem Cham-Dorf, zu Fischfarmen am Fluss oder zum nahen Sam-Berg an.

Insel Phu Quoc Traumhaft feine Sandstrände, ein gebirgiges Landesinnere sowie hervorragende Möglichkeiten zum Schnorcheln und Tauchen machen die Insel derzeit zu einem der „heißesten" Tipps.

Auf einer Fahrt durch die Obstplantagen, Reisfelder und Sumpflandschaft des Mekong-Deltas kann man schnell den Eindruck gewinnen, man wandle über die Seiten eines Geografie-Lehrbuches. Das flache Land, das sich wie ein großes Komma von Ho-Chi-Minh-Stadt nach Südwesten bis zum Golf von Thailand erstreckt, ist die **Reiskammer** Vietnams, ein landwirtschaftliches Wunder, das auf nur 10% der Landesfläche rund 38% des jährlichen Getreidebedarfs produziert. Reis ist zwar das Hauptanbauprodukt im Delta, aber auch Kokosnusspalmen, Obst und Zuckerrohr gedeihen prächtig auf dem nährstoffreichen Boden. Hier wird man auch eines der einprägsamsten Bilder eines Vietnam-Aufenthalts erblicken können: Bauern, die mit konischen Hüten auf dem Kopf ihre Felder bestellen. Die Vietnamesen nennen diese Region *Cuu Long* („Neun Drachen"), eine Anspielung auf die neun großen Mündungsarme des **Mekong**, die sich über die Ebene verteilen und im Lauf von Jahrtausenden von angeschwemmten Sedimenten geformt wurden. An der Grenze zu Vietnam hat der Mekong – nach dem Yangtse und dem Gelben Fluss Asiens drittlängster Strom – bereits eine 4000 km lange Reise hinter sich: Von seiner Quelle in der tibetischen Hochebene bahnt er sich den Weg durch das südliche China, fließt dann an Myanmar vorbei und entlang der laotisch-thailändischen Grenze nach Kambodscha, bis er in Vietnam ins Südchinesische Meer mündet. Schon immer haben **Überschwemmungen** das Delta heimgesucht. Seit indische Händler vor mehr als 1800 Jahren ihre fortschrittlichen Bewässerungsmethoden einführten, dient das Netzwerk der künstlichen Wasserläufe dazu, überschüssiges Wasser zu kanalisieren, doch bis heute fordert die Regenzeit immer wieder das ein oder andere Menschenleben.

Überraschenderweise wird im Delta erst seit relativ kurzer Zeit Landwirtschaft betrieben. Während der **kambodschanischen Herrschaft** war die Region bis Ende des 17. Jhs. nur dünn von den *Khmer krom* („Khmer von stromabwärts") besiedelt, deren Siedlungen von ausgedehnte Marschen umgeben waren. Im 18. Jh. erweiterten die vietnamesischen **Nguyen-Herrscher** kontinuierlich ihren Einflussbereich im Delta, doch in den 60er Jahren des 19. Jhs. nahm **Frankreich** die Regierungsgeschäfte in die Hand. Französische *colons* erkannten, welch immense Profite aus diesem fruchtbaren Landstrich zu gewinnen waren, und spornten die vietnamesischen Kleinbauern an, Teile des sumpfigen Deltas urbar zu machen und zu bestellen. Die Kleinbauern wiederum sahen, dass ihre kolonialen Herrscher gut für die Reisernten bezahlten und kamen dem Wunsch gerne nach. Dieselbe Landschaft, die den Franzosen zunächst von so großem Nutzen war, schützte ironischerweise später die Vietminh-Widerstandskämpfer, welche die Fremdherrscher zu stürzen versuchten; danach diente die Gegend in gleicher Weise den Vietcong, die hier gut versteckte Zellen unterhielten – und die Amerikaner dazu brachten, das Gebiet mit Bomben und Entlaubungsmitteln zu überziehen.

Zu den faszinierenden Eigenheiten des Mekong-Deltas gehört zweifelsohne dessen überaus große Vielfalt. Während manche vor allem von den Khmer-Pagoden oder den riesigen Reisfelder und Obstplantagen begeistert sind, nennen andere die Freundlichkeit der Menschen an erster Stellen. Fast alle sind sich jedoch einig darin, dass die Einzigartigkeit der Deltaregion in dem Gewirr der unzähligen Wasserstraßen, Kanäle und Nebenflüsse liegt. Die Bedeutung des Mekong lässt sich gar nicht genug hervorheben: Er ist der Lebensnerv der Reisfelder und Obstplantagen, wichtiger Transportweg für Gefährte aller Größen, von zierlichen Ruderbooten bis hin zu schwerfälligen Sampans, und nicht zuletzt Kulisse für alltägliche Aktivitäten – einige der größten Märkte der Region finden auf dem Wasser statt. Am schönsten lässt sich das Flussleben bei einem der **Bootsausflüge** kennen lernen, die in My Tho, Vinh Long, Can Tho und Chau Doc angeboten werden. Da alle Touren mehr oder weniger das gleiche Programm haben (Besuch eines schwimmenden Marktes und eines Heimgewerbes am Ufer), reicht es absolut aus, nur an einem dieser Ausflüge teilzunehmen. Angesichts der großen Auswahl an Hotels und Restaurants ist Can Tho ein bevorzugter Ausgangspunkt hierfür, allerdings wird man auf den dortigen schwimmenden Märkten auch mehr Touristen als Einheimische sehen. Als gute Alternative empfiehlt sich Vinh Long, von wo die Boote auf vielen verschiedenen Wegen durch die Kanäle der Insel An Binh den schwimmenden Markt von Cai Be ansteuern.

Im Delta gibt es über ein Dutzend Städte mit touristischen Einrichtungen, manche davon sehen

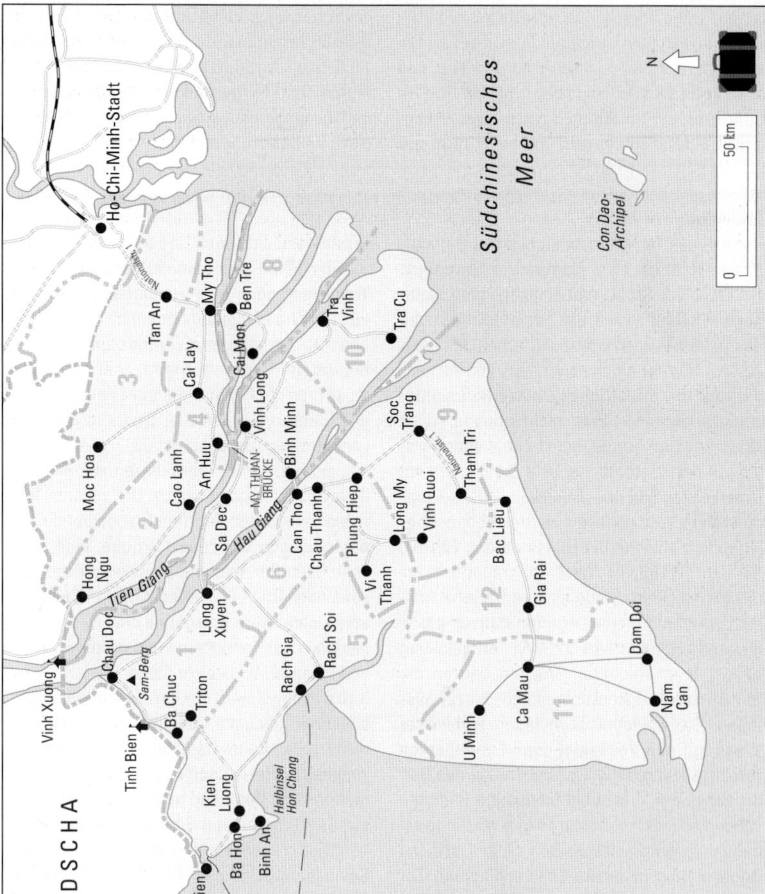
Mekong-Delta
KAMBODSCHA
Südchinesisches Meer
Ho-Chi-Minh-Stadt
Nationalstr. 1
Tan An
My Tho
Ben Tre
Cai Mon
Cai Lay
Moc Hoa
Cao Lanh
An Huu
Vinh Long
Binh Minh
MY THUAN-BRÜCKE
Sa Dec
Hau Giang
Can Tho
Chau Thanh
Phung Hiep
Long My
Vinh Quoi
Vi Thanh
Soc Trang
Thanh Tri
Bac Lieu
Gia Rai
Dam Doi
Ca Mau
Nam Can
U Minh
Tra Vinh
Tra Cu
Hong Ngu
Tien Giang
Chau Doc
Vinh Xuong
Sam-Berg
Ba Chuc
Triton
Tinh Bien
Long Xuyen
Rach Gia
Rach Soi
Kien Luong
Ba Hon
Binh An
Halbinsel Hon Chong
Ha Tien
Insel Phu Quoc
Duong Dong
Con Dao-Archipel
0
50 km
N
Provinzen:
1 An Giang
2 Dong Thap
3 Long An
4 Tien Giang
5 Kien Giang
6 Can Tho
7 Vinh Long
8 Ben Tre
9 Soc Trang
10 Tra Vinh
11 Ca Mau
12 Bac Lieu

aber nur selten Besucher, da sie nicht auf den klassischen Reiserouten durch die Region liegen. Ein beliebter erster Stopp ist seit jeher **My Tho**, und das zu Recht. Der Ort liegt nahe genug an Ho-Chi-Minh-Stadt, um im Rahmen eines Tagesausflugs besucht werden zu können, und bietet nicht nur einen reizvollen Einblick in das Leben am nördlichsten Nebenfluss des Deltas, dem Tien Giang, sondern auch zahlreiche Möglichkeiten für Bootstouren. Von My Tho sind das entspannte **Ben Tre** und die umliegenden, üppigen Obstplantagen nur einen Katzensprung entfernt.

Erkundung des Deltas

Die meisten Touristen besuchen das Deltagebiet im Rahmen einer **Bustour** mit Startpunkt Ho-Chi-Minh-Stadt, wobei aber keine Gelegenheit geboten wird, das gemächliche Leben des Deltas wirklich kennen zu lernen. Mit mehr Zeit zur Verfügung ist es weitaus befriedigender, auf die **öffentlichen Nahverkehrsmittel** zurückzugreifen – was nicht annähernd so schwierig und ermüdend ist wie weiter nördlich an der Küste, da es viele Siedlungen mit Unterkünften gibt und die einzelnen Reiseetappen relativ kurz gehalten werden können. Gelegentlich müssen die Busse an den **Fähren**, die den Verkehr im Delta überhaupt erst ermöglichen, einen Stopp einlegen, aber zumindest werden die erzwungenen Pausen durch fliegende Händler verkürzt. Mit Fertigstellung einiger lang ersehnter Brücken dürften die Reisezeiten in Zukunft um einiges kürzer ausfallen. Die Einheimischen legen viele ihrer Wege auf den **Passagier- und Frachtbooten** zurück, die durch die Wasserstraßen des Deltas schippern, und abenteuerlustige Touristen können es ihnen gleichtun. Auf zwei Dinge sei dabei aber hingewiesen: Zum einen sind diese Boote häufig in einem sehr schlechten Zustand, und zum anderen hat es wiederholt Berichte von ausländischen Fahrgästen gegeben, die ungeachtet des an Land ausgehandelten Preises dann auf dem Wasser abgezockt wurden. Wer sich von derlei nicht abschrecken lässt, findet im folgenden Kapitel einige der bequem zu erreichenden Fähranleger aufgeführt – auf die Abfahrtszeiten der Boote ist allerdings nur wenig Verlass.

Auf dem Landweg durch das Delta wird man mit einem komplizierten Straßengeflecht konfrontiert, das immer wieder durch kurze Strecken mit der Fähre unterbrochen ist. Von Ho-Chi-Minh-Stadt führt die **Nationalstraße 1** in südwestlicher Richtung nach My Tho, von wo eine Fähre über den nördlichsten Arm des **Tien Giang** nach Ben Tre übersetzt. Westlich von My Tho entsteht derzeit eine riesige Brücke, die tief greifende Veränderungen in der Region zur Folge haben wird, aber momentan muss man noch kreuz und quer durch die Gegend fahren, um von Ben Tre tiefer ins Delta vorzudringen. Einfacher ist es, via My Tho zur Nationalstraße zurückzukehren, die in westlicher Richtung weiterführt. Die meisten Touristen überqueren den Tien Giang über die beeindruckende **My Thuan-Brücke**, eine sinnvolle Route für solche Ziele wie Sa Dec, Vinh Long oder Tra Vinh, wenngleich von **Cao Lanh** eine kleine Fähre ablegt und eine direkte Verbindung nach Long Xuyen und weiter zur kambodschanischen Grenze bietet.

Neben Long Xuyen steuern Fähren auch das südlicher gelegene Can Tho an. Hier ist eine weitere Brücke im Bau, die nach ihrer Fertigstellung die Reise nach Can Tho etwas vereinfachen wird. Von **Can Tho** dringt die Nationalstraße 1 weiter nach Süden in die abgelegenen Mangrovensümpfe rund um Ca Mau vor. Solange die Straße von hier ins nordwestliche Rach Gia noch nicht fertig gestellt ist, empfiehlt sich für die Rückfahrt dieselbe Strecke. Eine zweite Straße führt von Can Tho ins nordwestliche Delta nach Long Xuyen, dem östlichsten Ort des Siedlungsvierecks, zu dem außerdem Chau Doc, Rach Gia und Ha Tien gehören. Von Chau Doc gibt es zwei Routen an die nordwestliche Küstenlinie des Deltas: Ha Tien kann per Boot oder Straße auf bzw. entlang dem an der Grenze zu Kambodscha verlaufenden **Vinh Te-Kanal** angesteuert werden, die Mehrzahl der Besucher wählt jedoch die Strecke via Long Xuyen und Rach Gia nach Ha Tien.

Cao Lanh ist wohl nur für Vogelliebhaber von Interesse, während die zeitlos schöne Flusslandschaft und die farbenfrohen Blumenmärkten von Sa Dec einen breiteren Touristengeschmack ansprechen. Nicht weit davon liegt Vinh Long, das als weiterer Ausgangspunkt für Bootsausflüge dient.

Die meisten Touristen verbringen zunächst ein oder zwei Nächte in den angenehmen Hotels von **Can Tho**, genießen die netten Restaurants und schöpfen neue Energie, bevor sie zur Besichtigung der faszinierenden **schwimmenden Märkte** in der Nähe aufbrechen. Ein schöner Ausflug führt von Can Tho ins äußere Delta, wo man das Sumpfland rund um **Ca Mau** per Boot erkunden kann. Auf dem Rückweg nach Can Tho empfiehlt sich ein Zwischenstopp in der Khmer-Hochburg **Soc Trang**, besonders während des farbenprächtigen Ghe Ngo-Festivals, bei dem die hiesige Khmer-Gemeinde spektakuläre Langboot-Rennen auf dem Fluss veranstaltet. Nordwestlich von Can Tho liegt nahe der kambodschanischen Grenze **Chau Doc**, eine lebendige Stadt mit dem **Sam-Berg** in unmittelbarer Nachbarschaft, der eine willkommene Abwechslung zum flachen Land der Umgebung darstellt. Durch die Öffnung der hiesigen Grenze nach Kambodscha besteht inzwischen die Möglichkeit, per Boot nach **Phnom Penh** zu reisen, was sich zu einer überaus beliebten Route entwickelt hat. Südlich von Chau Doc setzen vom geschäftigen Fischerhafen **Rach Gia** am Golf von Thailand Boote zur einsamen **Insel Phu Quoc** über, deren herrliche weiße Sandstrände mehr und mehr Touristen anziehen. Nordwestlich von Rach Gia erreicht man **Ha Tien**, eine angenehme, von Khmer-Dörfern umgebene Grenzstadt am äußersten Zipfel Südwestvietnams. Auf dem Weg dorthin empfiehlt sich ein Abstecher zum Strand von **Hon Chong**, den man durch eine in die Felsen gehauene Pagode erreicht.

In Anbetracht der saisonalen Überschwemmungen ist die Trockenperiode zwischen Dezember und Mai die beste **Reisezeit** für das Delta.

My Tho

Südwestlich von Ho-Chi-Minh-Stadt lassen die Busse auf der Nationalstraße 1 schon bald die wild wuchernden Stadtausläufer hinter sich und erreichen die ländliche Gegend der höher gelegenen Ebenen des Mekong-Deltas. Zu bescheiden ist das Delta, um seine ganze Schönheit sofort zu offenbaren, doch die Reisfelder, die sich in schimmerndem Gold und leuchtendem Grün hinter den verwahrlosten Siedlungen erstrecken und nur vom Weiß vereinzelter Ahnengräber unterbrochen werden, geben bereits einen Vorgeschmack aus das, was Reisende noch erwartet. 70 km hinter Ho-Chi-Minh-Stadt zweigt linker Hand die Straße zur liebenswerten Marktstadt My Tho am Nordufer des nördlichen Hauptarms des Mekong, Tien Giang oder „oberer Fluss" genannt, ab. Durch ihre Nähe zu Ho-Chi-Minh-Stadt passieren zahlreiche Touristen auf ihrem Weg in Richtung Delta die Stadt, die über entsprechend viele, wenngleich nicht jedermanns Geschmack findende Hotels, Restaurants und Cafés verfügt. Dafür wirkt die 200 000 Einwohner zählende Stadt nach der Hektik von Ho-Chi-Minh-Stadt geradezu erholsam – man kann über großzügige Boulevards spazieren und dem Gedränge im Zentrum jederzeit auf einem der Boote entfliehen.

Angesichts der **Geschichte** My Thos ist der in jüngster Zeit wachsende Besucherstrom kaum überraschend. Gegründet wurde die Stadt im späten 17. Jh. von chinesischen Einwanderern, die nach dem Zusammenbruch der Ming-Dynastie von Formosa (dem heutigen Taiwan) hierher flohen, und von Vietnamesen, die ein starkes Interesse daran hatten, in dieser traditionell von den Khmer dominierten Region Fuß zu fassen. Magisch angezogen von den immensen Reis- und Obsterträgen hielten zwei Jahrhunderte später die Franzosen Einzug und befanden die Gegend nicht nur einer Garnison für würdig, sondern verlegten auch einen (heute nicht mehr nutzbaren) Schienenstrang nach Saigon. Während des Vietnamkrieges schließlich bestimmte die ständige Präsenz des Militärs das Stadtbild. My Thos wirtschaftliche Bedeutung ist bis heute ungebrochen und wird bei einem Bummel über den quirligen Stadtmarkt eindrücklich zur Schau gestellt.

Vorrangiger Grund für einen Besuch der Stadt ist die Erkundung der umgebenden Wasserwege per Boot (s.S. 216), aber auch Landratten bekommen bei einem Spaziergang entlang der Uferstraße **30 Thang 4** einen guten Eindruck vom majestätischen Tien Giang. Den nicht abreißen wollenden Schiffsverkehr auf dem Fluss – von eleganten Sampans bis hin zu enormen, schweren und oftmals schmucklos schlichten Dschunken – beobachtet man am besten von dem kleinen Park am östlichen Ende der Straße. Von dort bietet sich auch ein schöner Blick auf die leuchtend blauen Fischerboote, die an der Mündung des Bao Dinh-Kanals vertäut liegen, während sie über gefährlich durchhängende Planken be- und entladen werden. Die aufgemalten Katzenaugen am Bug der Boote gehen auf eine alte Tradition zurück dienten ursprünglich der Abschreckung von „Flussungeheuern", vermutlich Krokodilen. Am Abend, besonders an Wochenenden, geht es in dieser Ecke der Stadt sehr lebendig zu: Familien flanieren auf und ab, dazwischen bieten fliegende Händler Luftballons, Popcorn und sogar tropische Fische feil.

Folgt man dem Kanal entlang der Trung Trac nach Norden, steht man bald inmitten von My Thos riesigem, täglich stattfindendem **Markt**, der frühmorgens am geschäftigsten ist. Neben den üblichen Bergen von Früchten, Getreide und Tabak haben verschiedene Stände auch Schiffsausrüstung im Angebot, wobei die aufgetürmte Fischernetze kaum von den frischen Nudeln der benachbarten Händler zu unterschieden sind. Für interessierte Christen lohnt vielleicht noch ein Abstecher vom Markt nach Nordwesten zur schlichten, von Rosenapfelbäumen beschatteten **Kirche von My Tho**.

Jenseits der südlicheren der beiden Brücken über den Kanal verläuft die östliche Uferstraße Phan Thanh Gian, wo sich das kleine **chinesische Viertel** von My Tho erstreckt. Abgesehen vom hektischen Treiben gibt es dort allerdings kaum Aufregendes zu entdecken. Vor den Läden stapeln sich turmhoch Zuckerrohr, Wassermelonen und Fisch und warten auf ihren Transport nach Ho-Chi-Minh-Stadt, daneben gibt es auch halb ausgebrütete Hühnereier (samt Embryos darin), die als perfekte Ergänzung zu einem *bia hoi* gelten.

Von der Phan Thanh Gian lohnt ein Abstecher mit dem Cyclo nach Osten in die Nguyen Trung Truc und zur hübschen **Vinh Trang-Pagode**, deren Fassade im Stil eines indischen Fürstenpalasts gehalten ist. Seit ihrer Erbauung im Jahr 1849 wurde die Pagode drei Mal restauriert, zuletzt 1990. In der 60er Jahren sollen sich hier Vietcong-Soldaten versteckt haben, heute leben in dem Komplex lediglich Mönche. Der Eingang zur Rechten führt in das Herz des Tempels, dessen winziger Innenhof von den Schlafzellen der Mönche flankiert wird. Links hinter dem Miniatur-Berg zur Linken befindet sich die Haupthalle, zu erkennen an ihren dunklen Holzsäulen und den zahllosen vergoldeten Holzschnitzereien. Interessanter sind jedoch die völlig unterschiedlichen Einflüsse im Dekor der Pagode – klassische Säulen, griechisch-antike Urnen und Fruchtschalen sowie glasierte Ziegel ähnlich den portugiesischen *azulejos*. Bei einem Teich mit riesigen Elefantenohrfischen befinden sich unweit der Pagode Gräber verschiedener Mönche, während sich der Pfad rechts der kunstvollen Eingangstore durch Obstgärten windet. ⌚ tgl. 7.30–12 und 14–17 Uhr.

Auf dem Rückweg in die Stadt lohnt es, nach der kleinen **Räucherstäbchen-Fabrik** an der Kreuzung der Anh Giac und Nguyen Trung Truc Ausschau zu halten, was angesichts der Säcke voller Sägemehl und Bündel trocknender Stäbchen vor dem Gebäude kein Problem sein dürfte. Die Stäbchen selbst werden aus Bambusspänen hergestellt, die man zuerst in einer Mischung aus parfümiertem Sägemehl und Klebstoff, anschließend in gelber Farbe rollt.

Übernachtung

Cong Doan*–**, 30 Thang 4, neben der Post, ✆ 874324. Spartanische, aber helle DZ, z.T. mit Blick auf den Fluss.

Rang Dong*–**, 300 m weiter westlich in der gleichen Straße, ✆ 874400, bietet etwas nettere Zimmer mit ac.

Huong Duong*, in einer Seitenstraße der Trung Trac, ✆ 872011. Düster und schmuddelig, daher wohl nur bei absolut knapper Kasse anzuraten.

Song Tien*–**, Trung Trac, nahe dem *Huong Duong*, ✆ 872009, verbirgt hinter seinem abstoßenden, 6-stöckigen Äußeren große und saubere Zimmer.

Chuong Duong***, 30 Thang 4, gegenüber der Post, ✆ 870875. Beindruckendes Gebäude, gilt als beste Unterkunft der Stadt und bietet einen tollen Ausblick auf den Fluss; alle Zimmer schick eingerichtet, mit ac, Warmwasser und TV, in der oberen Etage außerdem mit Balkonen.

Wer nach einer erholsamen Unterkunft auf dem Land sucht, sollte die öffentliche Fähre nach Ben Tre nehmen und dort im ***Thao Nhi Guest House*** absteigen (s.S. 220, Ben Tre).

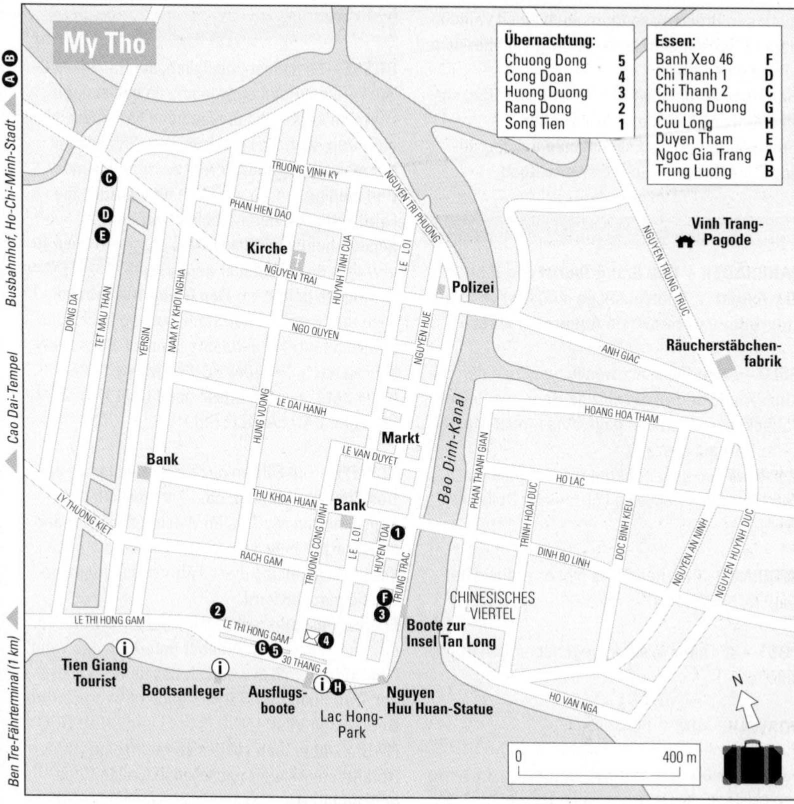

Essen

Der Großteil der Restaurants konzentriert sich am Nordende der Tet Mau Than in der nordwestlichen Ecke der Stadt mit Blick über einen Park. Leider liegen fast alle Restaurants von My Tho ziemlich weit von den Hotels am Fluss entfernt, sodass man die Distanzen am besten mit einem Cyclo überbrückt.

Chi Thanh 1, Tet Mau Than, und ***Chi Thanh 2,*** um die Ecke in der Nguyen Trai, locken mit exzellent zubereiteten vietnamesischen Gerichten allabendlich wahre Menschenmengen an

Duyen Tham, etwas südlich des *Chi Thanh 1.* Es werden Eiscreme, Kuchen und frische Kokosnüsse geboten.

Ngoc Gia Trang, weiter im Nordwesten, hinter dem *Chi Thanh 2,* an der Nordseite der Nguyen Trai. Großes Lokal, das vorwiegend Tourgruppen bewirtet, aber auch Einzelpersonen willkommen heißt. Große Auswahl an Speisen, hübsche Gartenanlage.

Trung Luong, noch ein paar Kilometer weiter außerhalb, gleich nach dem Ortsschild auf der rechten Seite, ist ähnlich dem *Ngoc Gia Trang.*

Cuu Long, 30 Thang 4, gegenüber dem *Cong Doan Hotel,* eines von diversen, mitunter lohnenden Restaurants am Fluss.

Chuong Duong Hotel, 30 Thang 4, auf der Terrasse der Hotelrestaurants kann man nicht nur gute Meeresfrüchte kosten (große Portionen zu ver-

nünftigen Preisen), sondern auch einen wunderbaren Blick auf den Sonnenuntergang über dem Mekong genießen.
Banh Xeo 46, um die Ecke in der Trung Trac, serviert lockere Garnelen-Pfannkuchen.
Tagsüber bieten die **Essenstände** am oberen Ende der Nguyen Hue preiswerte Kost.

Sonstiges

FAHRRÄDER – ***Tien Giang Tourist*** und ***Ben Tre Tourist*** (s. Bootsausflüge im Delta) verleihen Fahrräder und vermitteln **Autos mit Fahrer**.

GELD – ***State Bank***, am westlichen Ende der Thu Khoa Huan; derzeit die einzige Bank, die Reiseschecks wechselt und gegen Visa- oder Masterkarte Bargeld auszahlt.
Agribank, am gegenüberliegenden Ende der Thu Khoa Huan, Ecke Le Loi; tauscht Dollar in Dong.

INTERNET – Internet-Cafés gibt es entlang der Nam Ky Khoi Nghia.

POST – 30 Thang 4, direkt gegenüber dem Bootsanleger.

VORWAHL – 073

Nahverkehrsmittel

Überall in der Stadt warten **Cyclos** auf Kundschaft, und an der Kreuzung von Trung Trac und Thu Khoa Huan findet man immer ein paar **Motorrad-Taxis**.

Touren

Wer die **Bootstour** nicht bereits in Ho-Chi-Minh gebucht hat, findet vor Ort zahlreiche Bootsbesitzer auf der Suche nach Kundschaft. Einige davon haben sehr günstige Preise, allerdings ist hier nicht garantiert, dass man den Ausflug auch wirklich genießen kann. Am besten organisiert sind die beiden staatlichen Unternehmen ***Tien Giang Tourist*** und ***Ben Tre Tourist*** (s. Bootsausflüge im Delta), deren Dienste jedoch nicht gerade billig sind.

Transport

BUSSE – Es ist fast unmöglich, die Häufigkeit der Busverbindungen anzugeben, da selbst nach Fahrplan verkehrende staatliche Fernbusse nicht abfahren, wenn sie leer sind. Die Abfahrtszeit der meisten Fernbusse liegt zwischen 5 und 7 Uhr, wenige fahren am Nachmittag. Auch die Fahrtzeiten können erheblich variieren; im Folgenden haben wir die jeweils normalerweise zu erwartende Fahrtdauer angegeben.
Fernbusse halten am **Tien Giang-Busbahnhof**, 3 km nordwestlich der Stadt, von wo Cyclos ins Zentrum fahren. Zahlreiche Express-Busse verkehren nach CHOLON/HO-CHI-MINH-STADT (1 3/4 Std.), weitere Busse nach CAN THO (2 1/2 Std.) und CAO LANH (2 Std.).

SCHIFFE – Die Fähren nach Ben Tre starten am **Ben Tre-Fährterminal**, ca. 1 km westlich des Zentrums von My Tho. Im Westen der Stadt entsteht derzeit eine 3 km lange Brücke, die nach ihrer Fertigstellung diese Fährverbindung überflüssig machen wird.
Fracht-/Passagierschiffe, die tiefer ins Delta vordringen, nutzen den Anleger unterhalb des Vong Nho-Markts, 200 m westlich des unteren Endes der Tran Hung Dao. Täglich gegen Mittag starten Boote nach VINH LONG (3 Std.) und CHAU DOC (17 Std.), aber man sollte sich rechtzeitig vor der Abfahrt am Anleger nach den aktuellen Gegebenheiten erkundigen, da sich sowohl die Preise als auch die Abfahrtszeiten ständig ändern.

Bootsausflüge von My Tho

Eine Bootstour auf dem Mekong ist zweifellos das Highlight eines Aufenthalts in My Tho. Die meisten Touristen nutzen die Stadt nur als Ausgangspunkt hierfür, da sie die Ausflüge bereits in Ho-Chi-Minh-Stadt organisiert haben. Wer das Ganze auf eigene Faust planen und selbst ein Boot mieten möchte, sollte sich zunächst über die möglichen Ziele im Klaren sein. Es gibt vier nahe gelegene Inseln: Tan Long, Thoi Son, Phung und Qui. Sie alle werden regelmäßig von Booten angesteuert, doch mehr Zeit auf dem Wasser verbringt man, wenn man die nördliche Küstenlinie der Provinz Ben Tre erkundet oder einfach den Fluss entlangfährt.

Die Fähre über den Mekong bei My Tho; zwei mit Kokosnüssen beladene Boote

Ong Dao Dua, der Kokosnuss-Mönch
Ong Dao Dua, der Kokosnuss-Mönch, wurde 1909 als Nguyen Thanh Nam im Mekong-Delta geboren. Im Alter von 19 Jahren reiste er nach Frankreich, wo er bis 1935 Chemie studierte. Nach seiner Rückkehr nach Vietnam heiratete er und zeugte ein Kind. Während einer längeren Meditationsperiode am Sam-Berg bei Chau Doc ersann er eine neue Religion, eine Mischung aus Buddhismus und Christentum, die unter dem Namen **Tinh Do Cu Si** bekannt wurde. Bis in die 60er Jahre hatte diese neue Sekte eine Gemeinde auf der Insel Phung etabliert, wo der Mönch seinen Anhängern gegenüber als Gebieter auftrat und von einem Thron in einer künstlichen Grotte herrschte, die nach dem Vorbild des Sam-Bergs gebaut worden war. Der Mönch wurde nicht nur für seine Lehre, sondern auch für seine Eigenarten berühmt: Sein Name beispielsweise geht auf die Geschichte zurück, nach der er drei Jahre meditierend verbracht und nichts anderes als Kokosnüsse gegessen haben soll.
Unglücklicherweise war es dem Kokosnuss-Mönch nicht beschieden, sein „Königreich" lange zu genießen: Sein Glaube an eine friedvolle Vereinigung Nord- und Süd-Vietnams (symbolisiert durch eine hinter seiner Grotte angebrachte Karte des Landes, auf der Hanoi und Saigon durch Säulen repräsentiert und über eine Brücke miteinander verbunden waren) brachte ihn in die Gefängnisse verschiedener südvietnamesischer Regierungen, und auch die Kommunisten waren seinem Glauben nach 1975 nicht mehr positiv gesinnt. Ong Dao Dua starb 1990.

Am billigsten kommt ein Ausflug auf dem Wasser mit einer der **öffentlichen Fähren** zu den Inseln: Diejenigen nach Tan Long legen gegenüber dem Huong Duong Hotel ab, Fähren nach Thoi Son entweder am Vong Nho-Markt oder am Binh Duc-Markt. Boote zur Insel Phung starten vom Ben Tre-Fährterminal, sodass man zunächst eine Fähre von My Tho hinüber nach Ben Tre nehmen muss.

Ein längeres Flusserlebnis in tropischer Umgebung genießt man eigentlich nur auf einem **gemieteten Boot** mit Führer. Zwei staatliche Unternehmen bieten solche Touren zu den Inseln an: *Tien Giang Tourist* hat drei Büros entlang der 30 Thang 4, wobei das Hauptbüro neben dem Anleger der Touristenboote im Gebäude Nr. 8 angesiedelt ist, ✆ 873184, ✉ dulichtg@bdvn.vnn.net; *Ben Tre Tourist* befindet sich in 4/1 Le Thi Hong Gam, ✆ 879103, ✉ mekongtourbentre@hcm.vnn.vn. Beide verlangen US$20–50, je nachdem wie lange man unterwegs sein möchte. Entlang der Trung Trac und der 30 Thang 4 gehen außerdem Schlepper auf Kundenfang, die diese Preise erheblich unterbieten – für US$10 sollte ein dreistündiger Ausflug auf einem Privatboot zu bekommen sein, was ausreichend Zeit bietet, um die Wasserwege entlang der Küste der Provinz Ben Tre zu erkunden und an einer Insel im Fluss anzulegen. Diese inoffiziellen Bootsführer sind jedoch nicht versichert, und auch die Kommunikation kann ein Problem darstellen; da außerdem die hiesige Polizei immer wieder gegen solche Privatanbieter vorgeht, sollte man sich vorab über die aktuelle Situation erkundigen, am besten schon in Ho-Chi-Minh-Stadt.

Die Inseln

Jenseits der von Pfahlbauten und Bootsanlegern zugewucherten Küstenlinie wartet **Tan Long** („Dracheninsel") mit fruchtbaren Breiapfel-, Kokosnuss- sowie Bananenplantagen und mit den viel gerühmten Longan-Obstgärten auf. Der weiße Schimmer, der die Insel aus der Ferne umgibt, rührt von den sonnengebleichten, das Licht reflektierenden Muscheln her, die zur Befestigung der Ufers ausgestreut wurden. **Thoi Son** („Einhorn-Insel") ist die größte der vier Inseln, und die meisten organisierten Touren mit Ausgangspunkt Ho-Chi-Minh-Stadt machen hier zum Mittagessen und zur Obstverkostung Halt. Entlang schmaler, von Nipapalmen gesäumter Kanäle können die Boote ins Innere der Insel vordringen. Beide Eilande liegen in der Provinz Tien Giang und fallen somit in die Zuständigkeit von *Tien Giang Tourist*.

Die beiden anderen, kleineren Inseln gehören zur Provinz Ben Tre und werden dementsprechend von *Ben Tre Tourist* bedient. Das jüngste Eiland der Gruppe ist die Insel **Qui** („Schildkröte"), die durch abgelagerte Flusssedimente entstand, mithilfe angepflanzter Mangroven befestigt wurde und heute üppige Longan-, Drachenfrucht-, Mango-, Papaya, -Ananas- und Jackfrucht-Pflanzungen beheimatet.

Direkt gegenüber an der Küste von Ben Tre ist ein kleiner Familienbetrieb angesiedelt, in der Süßigkeiten aus Kokosnüssen hergestellt werden. Man kann den Arbeitern zusehen, wie sie aus dem Fruchtfleisch der Kokosnuss den Saft herauspressen, der dann mit Zucker vermischt und erhitzt wird; am Ende dieses Prozesses lässt man die klebrige Masse trocknen und schneidet sie zu mundgerechten Stücken. Die Insel **Phung** („Phönix") gelangte durch eine skurrile religiöse Sekte zu Berühmtheit, welche von dem exzentrischen **Kokosnuss-Mönch**, Ong Dao Dua, gegründet wurde (s. Kasten). Aus seiner Ära ist kaum etwas erhalten, lediglich das Skelett der Anlage, die er unter freiem Himmel errichten ließ, gibt es noch zu sehen. Inmitten des Wirrwarrs rostender Treppen und Plattformen erkennt man den raketenförmigen Aufzug, der eigens für den Mönch gebaut wurde, um ihn auf seine private Meditationsplattform zu befördern. An anderer Stelle stehen neun von Drachen umwundene Säulen, welche die neun Arme des Mekong symbolisieren sollen und von caodaistischem Einfluss zeugen. Die Geschichte des Kokosnuss-Mönchs wird auf einer prachtvollen **Urne** erzählt (leider nur auf Vietnamesisch), die er höchstselbst aus Scherben französischen, japanischen und chinesischen Porzellans zusammengesetzt haben soll. Hinter der Urne erstrecken sich große **Obstgärten**, deren Früchte in den zahlreichen Cafés der Insel probiert werden können – ebenso wie der scharfe Reiswein von hier. Die Touristenunternehmen arrangieren inzwischen auch Privatunterkünfte auf den Inseln (ca. US$15 pro Nacht).

Die Küste von Ben Tre

Ein etwas größeres Abenteuer verspricht eine Bootsfahrt entlang der Küste der Provinz Ben Tre südlich von My Tho (mehr zu diesem Gebiet siehe unten) mit ihrem Labyrinth an Wasserwegen. Die schmalen Kanäle werden von Nipapalmen flankiert, deren lange Blattwedel über dem Wasser ineinander greifen und ein kathedralenartiges Dach bilden – fast könnte man meinen, Entdecker eines unbekannten Territoriums zu sein. Leuchtend blaue Eisvögel und in allen Farben schimmernde Schmetterlinge tragen das Ihre zu der Idylle bei. In der Regel umfasst das Tourprogramm auch den Besuch eines Bienenhauses, Reiswein-Herstellers und Zucker verarbeitenden Betriebs. Wem das geruhsame Leben auf dieser Seite des Flusses gefällt, kann einige Zeit im *Thao Nhi Guest House* verbringen, das nahe dem Ben Tre-Fährterminal liegt und günstige Bootsausflüge zur Beobachtung des Sonnenauf- oder Sonnenuntergangs über dem Mekong organisiert.

Ben Tre

Die wenigen Reisenden, die südlich von My Tho in die von Flüssen umschlossene Provinz Ben Tre vordringen, werden mit einigen der schönsten Landschaften belohnt, die das Mekong-Delta zu bieten hat. Berühmt für ihre Obstgärten und Kokosnusshaine (Vietnamesen nennen das Gebiet auch „Kokosnuss-Insel") hat sich die Provinz als ebenso fruchtbarer Nährboden für Revolutionäre erwiesen, die zunächst gegen die Franzosen und später gegen die Amerikaner aufbegehrten. Sie war auch eines der Gebiete, die die Vietcong während der Tet-Offensive 1968 einnahmen. Ein US-Major soll über den amerikanischen Bombenangriff auf die Provinzhauptstadt **Ben Tre** gesagt haben: „Um die Stadt zu retten, musste sie zerstört werden."

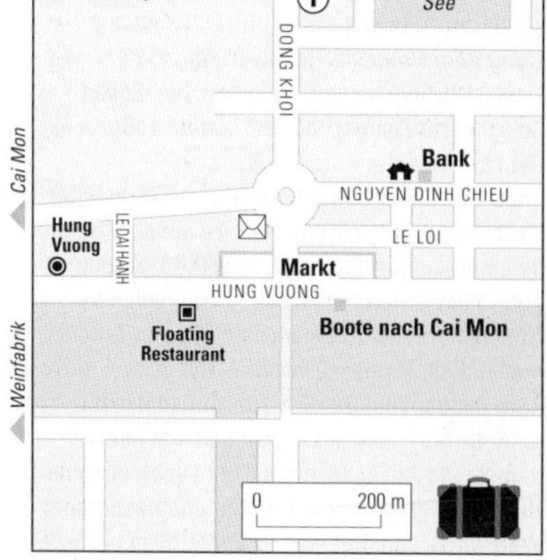

Heute präsentiert sich Ben Tre als angenehme und betriebsame Stadt, deren Wunden der Vergangenheit restlos verheilt sind. Welten entfernt scheinen die Touristenmenüs und Schlepper für Bootstouren des nahen My Tho zu sein. Zwar sind die Sehenswürdigkeiten dünn gesät, doch lassen sich in der entspannten, freundlichen Atmosphäre durchaus ein paar Tage verbringen und in der Umgebung schöne Ausflüge unternehmen.

Nach einem Besuch des quirligen **Markts** lädt die malerische Brücke zum Gang ans rustikalere Südufer des Ben Tre ein, wo Scharen von Booten vor einer Ansammlung strohgedeckter Häuser vertäut liegen. Mit einem Fahrrad oder Motorrad (von My Tho mitbringen oder an der Hotelrezeption fragen) kann das Wegelabyrinth auf dieser Seite des Flusses bestens erkundet werden. Einen Abstecher lohnt auch die **Weinfabrik** am Fluss, 450 m westlich der Brücke, wo *ruou trang* (vietnamesischer Reiswein) in riesigen tönernen Gefäßen vor sich hin gärt. Ein ganzer Berg voller Reishülsen markiert den Standort der Fabrik, aber man kann auch einfach seiner Nase folgen.

Übernachtung

Hung Vuong Hotel*** , am Fluss, ✆ 822408, in bester Lage; große, gut ausgestattete Zimmer, alle mit ac und TV, z.T. auch mit Badewanne und Blick auf den Fluss.
Ben Tre Hotel**–***, recht weit vom Fluss und Markt entfernt, gegenüber einem kleinen Park, ✆ 825332. Älteres Gebäude mit billigeren, aber sauberen Zimmern.
Dong Khoi Hotel***, Hai Ba Trung, ✆ 822240, liegt an einem kleinen See. Etwas überteuerte Zimmer, störend könnte außerdem der Lärm aus der Karaoke-Bar sein.
Thao Nhi Guest House*, nahe dem Fähranleger, ca. 11 km außerhalb von Ben Tre auf dem Gelände einer Longan-Plantage, ✆ 860009. Einzige gute Billig-Unterkunft, lockere, freundliche Atmosphäre, die zu einem mehrtägigen Aufenthalt einlädt; kleinere Zimmer mit Ventilator, größere mit ac. Vom Ben Tre-Fährterminal in die erste Straße nach links abbiegen und nach einem Schild Ausschau halten, das nach ein paar Hundert Metern rechts in einen unbefestigten Weg weist; von dort sind es noch 150 m.

Essen

Die Auswahl an Lokalen hält sich in Ben Tre in Grenzen. Wem die Restaurants in den Hotels ***Hung Vuong*** oder ***Dong Khoi*** nicht zusagen, kann das auf einem Boot untergebrachte ***Ben Tre Floating Restaurant*** aufsuchen, das seine besten Tage zwar bereits gesehen hat, sich aber allemal für einen Drink oder ein Abendessen anbietet (Hauptgerichte um US$2).
In der Umgebung des Markts gibt es zahlreiche **Essenstände**. Eine gute Speisenauswahl bietet auch das ***Thao Nhi Guest House***, darunter so Ausgefallenes wie „Elefantenohrfisch" *(Ca tai tuong)* oder auch riesige Garnelen; die Hängematten im Schatten laden nach dem Essen zu einer Siesta ein (auch für Nicht-Gäste).

Sonstiges

FAHRRÄDER – ***Ben Tre Tourist***, Dong Khoi in Richtung Stadtzentrum auf der linken Seite, ✆ 829618, die Zweigstelle verleiht Fahrräder und organisiert **Mietautos** und **Touren**.

GELD – ***State Bank***, Nguyen Dinh Chieu; wechselt Dollar.

VORWAHL – 075

Transport

Die **Fähren** aus My Tho setzen ihre Passagiere nach rund 40 Min. auf dem Wasser 11 km nördlich von Ben Tre ab. Von dort verkehren Busse in die Stadt (ca. 1/2 Std.), die entweder am **Phu Khuong-Busbahnhof**, 2 km vor dem Zentrum, oder am Truc Giang-See nahe der Hai Ba Trung halten.
Reisende mit eigenem Verkehrsmittel und etwas Abenteuerlust können entlang unbefestigter Straßen westlich der Stadt bis nach Vinh Long vordringen, was derzeit jedoch nur mit einem Motorrad geht. Weitaus einfacher ist es, nach My Tho zurückzukehren und von dort aus weiterzufahren.

Die Umgebung von Ben Tre

Vor dem Postamt im Zentrum von Ben Tre warten jede Menge Motorrad-Taxis, mit denen Touristen für ein paar Dollar eine dreistündige Rundtour zu den berühmten Obstgärten von Cai Mon im Südwesten unternehmen können. Nach zehn Minuten Fahrt in westlicher Richtung überquert man mit der **Ham Luong-Fähre** einen kleinen Fluss, nach weiteren fünf Minuten geht es nach rechts auf eine rotbraune Schotterstraße. Nun entfaltet die Landschaft ihre ganze Schönheit – tiefgrüne Reisfelder erstrecken sich bis zum Horizont, übersät mit „Inseln" voller Kokosnusspalmen, während entlang der Straße Bambushaine, Eukalyptusbäume und Zuckerrohr gedeihen. 20 Minuten nach der Fährstation erreicht man **Ba Vat**, über dem der betörende Duft von Kokosnüssen liegt, die hier verarbeitet werden. Die kleine Stadt wird von einem schmalen Fluss begrenzt, der im Schatten überhängender Nipapalmen dahinfließt.

Weitere 25 Minuten und mehrere wacklige Brücken später gelangt die Straße nach **Cai Mon**, eine idyllische Gemeinde, deren freundliche Bewohner vom Obstanbau leben. Spaziert man über die steile Brücke auf die andere Seite des winzigen Flusses, der durch den Ort plätschert, eröffnet sich eine ausgedehnte Ebene üppiger **Obstgärten**, die kilometerweit von schmalen, mit Enten bevölkerten Kanälen und verschlungenen Pfaden durchzogen ist, auf denen Kinder mit ihren handgemachten Papierdrachen entlangrennen. Die meisten der hier wachsenden tropischen Früchte reifen im Zeitraum zwischen März und Mai, doch die Ebene beeindruckt zu jeder Jahreszeit. Bei einem Spaziergang durch diese Gegend wird man nicht selten von einheimischen Bauern in deren strohgedeckte Hütten zu einer Kostprobe ihrer Produkte eingeladen.

Von My Tho nach Westen

Die einstündige Busfahrt von My Tho über die Nationalstraße 1 und die **My Thuan-Brücke** nach **Vinh Long** hält einige schöne Abschnitte durch riesige Longan-Plantagen und malerische Siedlungen am Fluss bereit. Von einem dieser Orte, **Cai Lay**, führt eine kleine Straße am östlichen Rand der **Dong Thap Muoi** oder **Schilfgras-Ebene** (mehr dazu im folgenden Kapitel) nach Norden. Heute beherbergt dieses ausgedehnte, von Cajeput-Bäumen und hüfthohen Gräsern bewachsene Marschland nur noch Störche, Kraniche und Reiher, früher jedoch diente es auch Guerillazellen als Unterschlupf, die von hier zuerst den Kampf gegen die Franzosen, später dann gegen die Amerikaner organisierten – ungeachtet der vom nahen **Moc Hoa** ausgehenden amerikanischen Bombenangriffe.

In den Reisfeldern nordöstlich von Cai Lay wurde im Januar 1963 die **Schlacht von Ap Bac** ausgefochten. Eine zahlenmäßig stark überlegene Gruppe von 350 Vietcong-Soldaten errang einen Sieg über Truppen der südvietnamesischen Armee (ARVN), die mindestens 150 verwundete und getötete Soldaten zu beklagen hatte. Die schlecht geführten und ebenso schlecht organisierten ARVN-Truppen beschossen sich zu einem gewissen Zeitpunkt sogar gegenseitig, während die kommunistischen Guerillas mit einfachsten Waffen fünf Helikopter vom Himmel holten. Vor dieser Schlacht war man davon ausgegangen, dass Südvietnam aus eigener Kraft würde siegen können, doch das Debakel bei Ap Bac überzeugte amerikanische Militärbeobachter schließlich von einem verstärkten Eingreifen der USA, um die kommunistische Gefahr auszulöschen.

Eine Straße zweigt 4 km vor der Brücke in nordwestlicher Richtung nach Cao Lanh (s.u.) ab, von wo eine Verbindung nach Long Xuyen und in Orte jenseits davon besteht. Die häufiger gewählte Route führt jedoch über die imposante Flussbrück ans Südufer des Mekong und von hier entweder nach Westen ins einnehmende Sa Dec oder gen Osten nach Vinh Long und Tra Vinh.

Cao Lanh und Umgebung

Bei An Huu trennt sich die Nationalstraße 30 von der Nationalstraße 1 und erreicht 34 km später das unauffällige Cao Lanh. Die Stadt ist wahrlich keine Schönheit und lohnt den Abstecher eigentlich nur bei einem gesteigerten Interesse an Schreitvögeln. Die Lage am westlichen Rand der **Schilfgras-Ebene** macht Cao Lanh zu einem idealen Ausgangspunkt für Ausflüge zu den Reihern und Kranichen, die in der nahen Sumpflandschaft nisten.

Aus Ho-Chi-Minh-Stadt kommend passiert man kurz vor dem Einbiegen in die Hauptdurchgangsstraße Nguyen Hue die zwei großen, mit Hammer und Sichel sowie dem roten vietnamesischen Stern geschmückten Betongebilde (die eigentlich Blütenblätter einer Lotusblume darstellen sollen) des **Kriegsdenkmals**. Auf der anderen Seite der Stadt markiert im Südwesten ein weiteres Monument in Form einer geöffneten Muschel die Grabstätte von Ho Chi Minhs Vater, **Nguyen Sinh Sac**. Damit erschöpft sich auch schon die Reihe der klassischen Sehenswürdigkeiten, aber die meisten Touristen kommen ohnehin wegen der Vögel.

Von den 130 Spezies des 45 km nordwestlich von Cao Lanh gelegenen **Tam Nong-Vogelschutzgebiets** sind es vor allem dir Kraniche mit ihren roten Köpfen, die die meisten Besucher anlocken. Bei ihrem Flug über das Marschland des Schutzgebiets entfalten die schlanken Vögel imposante Schwingen mit schwarzen Spitzen. Da die Kraniche ihre Nahrung nicht aus dem Wasser beziehen, sondern auf festem Untergrund danach suchen, migrieren sie während der Überschwemmungszeit (August bis November) nach Kambodscha. Informationen über die Vögel und ihr bevorzugtes Terrain bekommt man im *Center for Environment Education and Crane Protection* des Schutzgebiets. Am lohnendsten ist die Beobachtung der Vögel bei Sonnenaufgang, wenn sie zur Futtersuche ausschwärmen, oder bei Sonnenuntergang, wenn sie zu ihren Nistplätzen zurückkehren. Tam Nong lässt sich mit dem Motorrad-Taxi erreichen, schöner sind jedoch die vom örtlichen Touristenbüro organisierten Bootsausflüge hierher (um US$50 pro Boot).

Unterstützung seitens des Touristenbüros ist auch für einen Besuch des ehemaligen, tief im Cajeput-Wald verborgenen Guerilla-Stützpunkts Xeo Quit 20 km südöstlich von Cao Lanh vonnöten. Vietcong-Kämpfern bot die dichte Bewaldung der Gegend während des Vietnamkriegs ein perfektes Versteck, und von 1960 bis 1975 wurde der Widerstand gegen Amerika und die ARVN von hier organisiert. Da sich der sumpfige Untergrund nicht zum Bau eines Tunnelsystems wie bei Cu Chi (s.S. 202) eignete, errichtete man stattdessen sechs unterirdische Bunker aus Metall, die mit Teer und Harz abgedichtet wurden. Zwar vermuteten die Amerikaner die Existenz dieser Basis, warfen regelmäßig Bomben auf das Gebiet und versuchten sogar, mit Propaganda aus der Luft die Bewohner

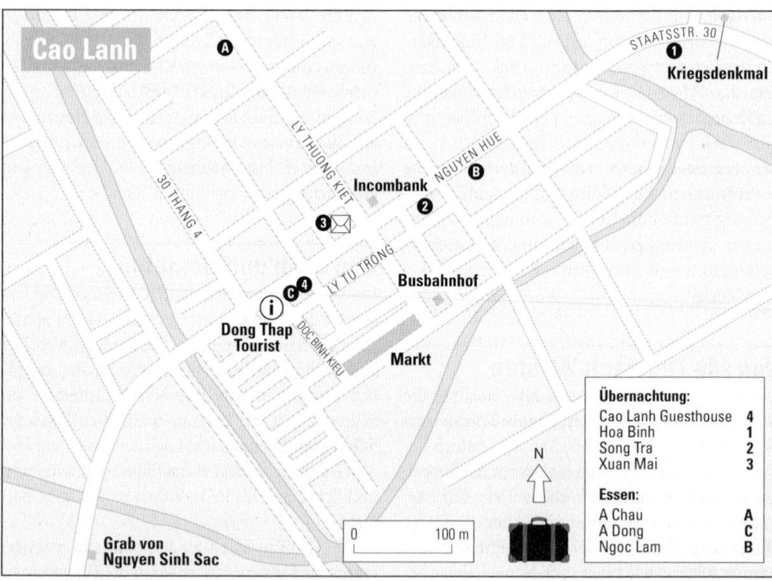

Fähre, Sa Dec, Long Xuyen

zu demoralisieren, aber mit ihrem Grundsatz „spurenfreies Laufen, rauchfreies Kochen, lautloses Sprechen" konnten die hiesigen Kader den gesamten Krieg überstehen, ohne aufgespürt zu werden. Der **Bootsausflug** (US$20–30 pro Boot) von der Long Hiep-Brücke nach Xeo Quit ist eine reizvolle Fahrt auf Kanälen, die von Eukalyptusbäumen gesäumt werden und in denen es von Süßwasserfischen und Garnelen nur so wimmelt. Xeo Quit wird häufig mit einem Ausflug zum **Vuon Co Thap Muoi** kombiniert, einem Vogelgarten 44 km nordöstlich von Cao Lanh, dessen Bambus- und Eukalyptushaine Reiher, weiße Störche und schwarze Ibisse beherbergen. Zehntausende Schreitvögel nisten hier während der Brutzeit, und bei Sonnenaufgang kann man sie zu Tausenden in die Luft abheben sehen, um auf Nahrungssuche zu gehen. Die Preise für einen solchen kombinierten Trip liegen bei US$50–60 pro Boot.

Übernachtung

Song Tra***, ✆ 852504, Cao Lanhs schickste Unterkunft in einem hübschen Gebäude mit rund 30 Zimmern, alle mit ac, Warmwasser und Satelliten-TV.

Hoa Binh***, gegenüber dem Kriegsdenkmal an der Nationalstraße 30, ✆ 851218, bietet freundliche, ähnlich ausgestattete DZ.

Xuan Mai***, 2 Le Quy Don, westlich der Post, ✆ 852852, schon etwas verwohnt, die größeren Zimmer mit Badewanne, Frühstück inkl.

Cao Lanh Guest House*, 72 Nguyen Hue, ✆ 851061, einzige Möglichkeit für Budget-Traveller. Gelegentlich fällt der Blick auf eine Kakerlake, die Zimmer sind aber noch akzeptabel.

Essen

Song Tra, dem Hotel-Restaurant mangelt es an Atmosphäre.

A Dong, Nguyen Hue, sauberes *com*-Lokal mit billigen und guten Reismahlzeiten sowie gebratenen Eiern zum Frühstück.

Ngoc Lam, Nguyen Hue, etwas östlich des Hotels *Song Tra*, ist bei Einheimischen sehr beliebt.

A Chau, 105b Ly Thuang Kiet, bietet ebenfalls eine große Speisenauswahl, darunter Hühnchen mit gebratenem Reis für ca. US$1.

Sonstiges

GELD – ***Incombank***, Ly Thuong Kiet, tauscht Dollars und Reiseschecks.

INFORMATIONEN UND TOUREN – ***Dong Thap Tourist***, 2 Doc Binh Kieu, nahe der Nguyen Hue, ✆ 855637, ✉ dothatour@hcm.vnn.vn. Steckt noch in den Kinderschuhen und bietet nur minimale Auskünfte. Touren in die Umgebung werden angeboten, besser organisiert man diese jedoch über einen Agenten in Ho-Chi-Minh-Stadt.

VORWAHL – 067

Transport

Die meisten **Busse** halten etwas südöstlich des zentralen Kreisverkehrs; nur die Express-Busse aus Ho-Chi-Minh-Stadt setzen ihre Passagiere nördlich des Kriegsdenkmals ab, bevor sie ihre Fahrt auf der Nationalstraße 1 fortsetzen. Wer aus der Gegend um Long Xuyen ankommt, überquert den Tien Giang mit der Cao Lanh-Fähre zu einer Haltestelle rund 4 km südwestlich der Stadt und benötigt für das letzte Stück ins Zentrum ein Motorrad-Taxi.

Vinh Long und Umgebung

Die von Wasser umschlossene und von Booten sowie wackeligen Pfahlbauten belagerte Insel, die das Herz von Vinh Long bildet, wirkt wie eine mittelalterliche Festung. Wer auf der Suche nach einem friedlichen Ort der Ruhe ist, wird zunächst enttäuscht sein: Das Zentrum von Vinh Long ist hektisch und laut, und die Straßen sind überfüllt von Bussen und Motorrädern. Ganz anders am Wasser, wo die Hotels, Restaurants und Cafés ein ungleich malerischeres und ursprünglicheres Bild als in My Tho abgeben. Hier kann man den Blick auf den vorbeifließenden **Co Chien** genießen, auf dem sich Sampans, Hausboote und vereinzelte Flöße aus Flussgras drängeln.

Ein Besuch Vinh Longs lohnt in erster Linie, um einen Eindruck vom Flussleben im Delta zu bekommen – mit Ausnahme der Insel An Binh (siehe unten) hat Vinh Long nämlich nicht gerade viele Sehenswürdigkeiten zu bieten. Schon vor langer

Zeit wurden Türen und Fenster des **Vinh Long-Museums** am Wasser verriegelt und verrammelt, aber Kriegsenthusiasten können nach wie vor durch den Garten laufen und den Panzer, Flammenwerfer, Helikopter sowie die Flugzeuge und Geschütze bestaunen, die rostend unter einem hässlichen Plastikhangar stehen.

Phan Thanh Gian Der 1796 in der Provinz Vinh Long geborene Mandarin-Diplomat Phan Thanh Gian war dazu ausersehen, in eine Kette von Ereignissen verwickelt zu sein, die über ein Jahrhundert vietnamesischer Geschichte beeinflussen sollten.

Am 31. August 1858 attackierten französische Marineeinheiten Da Nang und gaben als Grund die Verfolgung katholischer Missionare an – damit begann die koloniale Machtergreifung Frankreichs, die 1885 in der vollständigen Eroberung Vietnams ihren Höhepunkt fand. 1861 hatte das **Französische Expeditionskorps** die drei östlichen Provinzen von Cochinchina erobert, und obwohl es zu Volksaufständen gegen die Franzosen kam, beschloss Kaiser Tu Duc im folgenden Jahr den Ausverkauf seiner Heimat: Die drei Provinzen wurden im **Vertrag von Saigon** offiziell an die Franzosen abgetreten. Der Unterzeichnende jenes Vertrags war Phan Thanh Gian, der jedoch nur ein Jahr später die Gelegenheit haben sollte, die Situation wieder umzukehren, als er in Botschafterfunktion nach Paris zu Kaiser Napoleon III. reiste, um einen Langzeitfrieden auszuhandeln – es war das erste Mal, dass ein vietnamesischer Botschafter überhaupt nach Europa entsandt wurde.

Seine Bemühungen, das unter dem Vertrag aufgegebene Territorium zurückzuerhalten, scheiterten jedoch, und bis 1867 übernahmen die Franzosen auch das restliche Cochinchina. Nachdem er den rückgratlosen Tu Duc nicht davon hatte überzeugen können, Volksaufständen zu billigen, trat Phan Thanh Gian aus Protest gegen den französischen Einfall und Hués Ohnmacht in den Hungerstreik. Als er nach 15 Tagen immer noch am Leben war, schluckte er **Gift** – und sicherte sich somit seinen Platz in der langen Liste vietnamesischer Helden.

Von hier bietet es sich an, der farbenfrohen To Thi Huynh nach Westen in eine Ecke der Stadt zu folgen, die einige beeindruckende französische Kolonialgebäude birgt. Am auffälligsten darunter ist das in eigenwilligem Stil errichtete **Cau Lac Bo Huu Thi** in der Le Van Tam, hinter dessen geschlossenen Fensterläden man sich leicht herumspukende Geister französischer *colons* und Reishändler vorstellen kann.

Eindrücke ganz anderer Art hält ein 2 km langer Spaziergang bereit, der über die holprige, parallel zum Rach Long-Kanal verlaufende Straße nach Südosten zum **Van Thanh Mieu-Tempel** führt. In den winzigen, zum Wasser abzweigenden Gassen kann man beobachten, wie mit einfachsten Mitteln und in ebensolcher Umgebung Handwerker ihrer Arbeit nachgehen, und vielleicht bietet sich sogar die Gelegenheit, gemeinsam mit Einheimischen eine Tasse Tee zu trinken. Der Tempel selbst ist – für Südvietnam sehr unüblich – Konfuzius geweiht, dessen Konterfei über das Treiben wacht. Seine prächtige blaue Robe bildet einen starken Kontrast zum abgewetzten und mottenzerfressenen alten Baldachin darüber. Ein anderer Tempel in dem Komplex wurde zu Ehren des hiesigen Mandarins Phan Thanh Gian (siehe Kasten) errichtet, der in roten Gewändern und umgeben von schlanken Störchen abgebildet ist. Vor dem Tempel stehen zwei Kanonen, die 1860 auf die Franzosen abgefeuert wurden. Leider sind beide Tempel in der Regel verschlossen.

Bootsausflüge von Vinh Long

Nur 5 Minuten mit dem Boot vom nördlichen Zentrum über den Co Chien liegt eines der landschaftlich schönsten Gebiete im Delta, das von den Einheimischen als Insel betrachtet und **An Binh** genannt wird. Tatsächlich handelt es sich jedoch um ein ausgefranstes, aus vielen kleinen Teilen bestehendes Stück Land, das von einem ein feines Netz an Kanälen und Wasserrinnen durchzogen wird und im Osten bis in die Provinz Ben Tre reicht. Die zahlreichen Pfade dieser idyllischen Landschaft sind wie geschaffen für einen längeren Spaziergang.

Im Schatten eines Longan-Hains steht wenige Schritte nördlich des Fähranlegers die jahrhundertealte **Tien Chau-Pagode**. Im Innern der wohlgestalten hinteren Halle schlürfen Mönche genüsslich ihren Tee vor einer makabren Wandermalerei, die

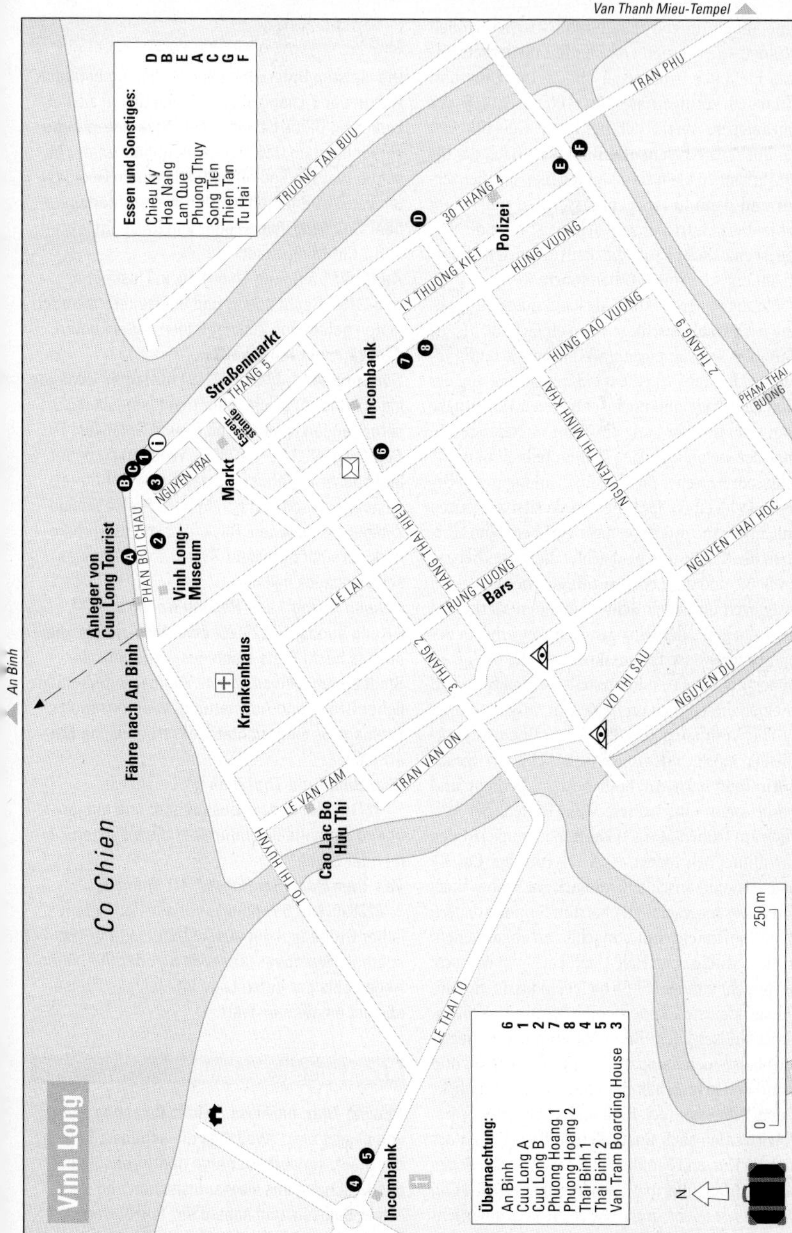
Vinh Long
Van Thanh Mieu-Tempel
An Binh
Provinzbusbahnhof
Co Chien
Fähre nach An Binh
Anleger von Cuu Long Tourist
Vinh Long-Museum
Krankenhaus
Markt
Essen-stände
Straßenmarkt
Incombank
Polizei
Bars
Cao Lac Bo Huu Thi
Incombank
PHAN BOI CHAU
NGUYEN TRAI
1 THANG 5
TRUONG TAN BUU
30 THANG 4
TRAN PHU
LY THUONG KIET
HUNG VUONG
HUNG DAO VUONG
2 THANG 9
PHAM THAI BUONG
NGUYEN THI MINH KHAI
HANG THAI HIEU
LE LAI
TRUNG VUONG
3 THANG 2
NGUYEN THAI HOC
VO THI SAU
NGUYEN DU
TRAN VAN ON
LE VAN TAM
TO THI HUYNH
LE THAI TO
250 m
N
Essen und Sonstiges:
Chieu Ky D
Hoa Nang B
Lan Que E
Phuong Thuy A
Song Tien C
Thien Tan G
Tu Hai F
Übernachtung:
An Binh 6
Cuu Long A 1
Cuu Long B 2
Phuong Hoang 1 7
Phuong Hoang 2 8
Thai Binh 1 4
Thai Binh 2 5
Van Tram Boarding House 3

arme Sünder in den zehn buddhistischen Höllen abbildet – sie werden von Pferden niedergetrampelt, Elefanten trompeten ihnen ins Ohr, und Schlangen vertilgen sie. Nur 100 m östlich des Fähranlegers verrät der beißende Gestank den Standort einer **Fischsoßenfabrik**. Fische, die für den Verkauf zu klein sind, werden hier am Ufer zerteilt und dann in riesigen Fässern zu *nuoc mam* fermentiert. Zufriedene „Wächterin" über die Anlage ist eine dicke Katze, die dank der vielen Abfälle ein äußerst luxuriöses Leben führt.

Für die weitere Erkundung kann man eine Richtung nach Wahl einschlagen und einfach die üppige Schönheit der Plantagen und Gärten An Binhs genießen. Alternativ zu einem Fußmarsch entlang der schmalen Pfade und noch schmaleren Holzbrücke kann man in Vinh Long ein **Boot** mieten oder an einer der vielen täglichen Touren teilnehmen. Die wenigsten Besucher unternehmen an mehreren Orten im Delta einen Bootsausflug, da sich die Touren schlichtweg mehr oder weniger gleichen: Man fährt durch die Kanäle und beobachtet die vorbeiziehenden Boote und das Leben am Wasser, besucht einen Obstgarten und einen schwimmenden Markt und besichtigt eines der winzigen Heimgewerbe, in denen beispielsweise Erdnusskrokant oder Süßigkeiten aus Kokosnüssen hergestellt werden. Wer sich für einen dieser Trips im Delta (mit Ausgangspunkt My Tho, Vinh Long, Can Tho, Chau Doc usw.) entscheiden möchte oder muss, ist mit einer morgendlichen Tour nach An Binh bestens bedient und könnte kaum eine bessere Wahl treffen. Bei Aufbruch am frühen Morgen kann man zunächst den schwimmenden Markt, ⌚ 5–11 Uhr, bei **Cai Be** ansteuern und anschließend nach An Binh weiterfahren, was insgesamt vier bis fünf Stunden dauert; einige Tourunternehmer machen an abgelegenem Ort zum Mittagessen Halt – natürlich gibt es Fisch. Der Verkehr auf dem Fluss bietet ein faszinierendes Bild aus kleinsten Ruderbooten bis hin zu großen, mit Reishülsen (dem Brennmaterial naher Ziegelöfen) beladenen Sampans, und wenn man ab und zu an Land geht, erhält man interessante Einblicke in den Lebensstil der Einheimischen. Immer beliebter werden auch **Gastaufenthalte** bei einer der rund ein Dutzend Familien in einer abgeschiedenen Ecke der Insel; Informationen hierüber erteilen *Cuu Long Tourist* (siehe unten) oder die Tourunternehmer in Ho-Chi-Minh-Stadt.

Übernachtung

Die meisten Unterkünfte von Vinh Long befinden sich in der 1 Thang 5. Wem keine davon zusagt, kann sein Glück bei einer der **Privatunterkünfte** versuchen (um US$12 pro Nacht), die immer beliebter werden und oft mitten in einem Obstgarten liegen; vermittelt werden diese Unterkünfte über *Cuu Long Tourist* oder von Reiseagenturen in Ho-Chi-Minh-Stadt.

An Binh**, 3 Hoang Thai Hieu, in Flussnähe, ✆ 823190. Recht düster und überteuert, die nach hinten gelegenen Zimmer leiden zudem unter dem Lärm der Karaoke-Bar.

Cuu Long 'A'**–***, ✆ 822494. Betagtes Gebäude mit schöner Aussicht, aber trostlosen, wenig ansprechenden Zimmern mit ac und Satelliten-TV.

Cuu Long 'B'****, ✆ 823656. Wesentlich neuer und besser in Schuss als das Schwesterhotel, deswegen auch deutlich höhere Preise. Einige Zimmer mit schönem Blick über die Uferpromenade, alle mit Satelliten-TV, ac und Warmwasser; Frühstück inkl.

Phuong Hoang 1 und ***Phuong Hoang 2*–******, 2 Hung Vuong, ✆ 825185. Zwei Mini-Hotels, die mit das beste Preis-Leistungs-Verhältnis der Stadt bieten. Jeweils ca. 12 Zimmer unterschiedlicher Größe und Ausstattung, aber unisono geschmacklos eingerichtet. Sehr freundliche Mitarbeiter.

Thai Binh I und ***Thai Binh II****, Le Thai To, ✆ 827161. Nahe dem Busbahnhof und entsprechend lärmanfällig, dafür aber die billigsten Zimmer der Stadt.

Van Tram Boarding House*, 4/1 Thang 5, ✆ 823820. Nur 5 Zimmer, aber alle von ordentlicher Größe und gut ausgestattet mit TV, Kühlschrank, Warmwasser sowie ac oder Ventilator. Angesichts der guten Lage und billigen Preise absolut empfehlenswert.

Essen und Unterhaltung

Phuong Thuy, am Fluss, gehört *Cuu Long Tourist* und besitzt zwar zweifellos die schönste Lage in der Stadt, serviert aber eine nur durchschnittliche Mischung aus vietnamesischen und westlichen Speisen, und sobald ein Tourbus ankommt, wird man für das Personal unsichtbar.

Das Highlight im Mekong-Delta: eine Bootstour durch das feine Netz von Kanälen und Wasserrinnen

Hoa Nang Café, neben dem *Cuu Long 'A'*, lädt zu einem kühlen Drink zum Sonnenuntergang über dem Mekong ein.
Song Tien, über dem *Cuu Long 'A'*, Eingang über das *Hoa Nang*, bietet eine recht guten Auswahl an Speisen bei schönem Blick auf den Fluss.
Chieu Ky Restaurant, ein Stück weiter entlang der 30 Thang 4, schlichtes Lokal mit einfachen Reisgerichten und Suppen.
Lan Que, 2 Thang 9, besitzt etwas mehr Klasse und ist bei Einheimischen wegen seiner Fischgerichte und solch fragwürdiger Delikatessen wie Schlange und Schildkröte beliebt.
Tu Hai, gegenüber, ist bescheidener, aber lebendiger.
Einfache **Essenstände** findet man in Nachbarschaft des überdachten Markts in der Bach Dang.

Eine Hand voll ebenso schlichter **Bars** ist im zentralen Abschnitt der Trung Vuong angesiedelt. Nach Einbruch der Dunkelheit gibt es in Vinh Long nur wenig zu tun; einziger Club der Stadt ist die ***Mekong Queen*** im *Cuu Long 'B' Hotel*, wo es teure Cocktails gibt.

Sonstiges

GELD – ***Incombank***, am Kreisverkehr im Westen der Stadt; tauscht Reiseschecks und zahlt gegen Visa- und Masterkarte Bargeld aus. Wer lediglich Dollar tauschen will, kann die zentralere Zweigstelle in der Hoang Thai Hieu nutzen.

INTERNET – ***Cuu Long 'B' Hotel*** oder billiger nördlich der *Phuong Hoang Hotels* in der Hung Vuong.

POST – zentral in der Hang Thai Hieu.

TOUREN – ***Cuu Long Tourist***, am oberen Ende der 1 Thang 5, organisiert **Bootstouren** auf dem Co Chien – allerdings zu satten Preisen. Man kann auch mit den privaten Bootsbesitzern sprechen, die offiziell zwar keine Touristen mitnehmen dürfen, aber an der Rückseite des Markts in der 1 Thang 5 ihre Dienste anbieten.

VORWAHL – 070

Transport

BUSSE – Fernbusse halten am **Provinzbusbahnhof** einige Kilometer südwestlich des Zentrums in der Nguyen Hue, von wo Xe Oms in die Stadtmitte fahren. Verbindungen bestehen u.a. nach TRA VINH (1 1/2 Std.) und SA DEC (50 Min.).
Wer aus Can Tho kommt, kann sich am Kreisverkehr am nördlichen Ende der Nguyen Hue, etwa 800 m westlich des Zentrums absetzen lassen; wer nach Can Tho fahren möchte, kann dort auch einen Bus heranwinken. Letzteres gilt auch für die normalen Busse nach HO-CHI-MINH-STADT, die jedoch auch vom Provinzbusbahnhof starten. Abfahrt der Express-Minibusse nach Ho-Chi-Minh-Stadt ist entweder in der 166a Nguyen Hue, nahe dem Busbahnhof, ✆ 824634, oder in der 15 Pham Hung, wenig nördlich des Kreisverkehrs, ✆ 831980; beide Busse können einen Hoteltransfer organisieren.
Busse aus Sa Dec (50 Min.) und Long Xuyen umfahren Vinh Long und benutzen die My Thuan-Brücke 7 km westlich von Vinh Long, sodass man mit dem Fahrer eine geeignete Stelle vereinbaren muss, an der Xe Oms für die Weiterfahrt in die Stadt bereit stehen. Wer auf dem Weg nach My Tho ist, nimmt am besten einen Bus Richtung Ho-Chi-Minh-Stadt und bittet den Fahrer, am Nga Ba Trung Luong-Kreisverkehr wenige Kilometer außerhalb von My Tho zu halten.

SCHIFFE – Reisende aus Ben Tre müssen von der Insel An Binh eine Fähre nehmen, die entweder am großen Fähranleger in der Stadt oder 3 km östlich des Zentrums von Vinh Long anlegt.

Tra Vinh

Südöstlich von Vinh Long durchquert man die klassische Delta-Landschaft aus leuchtend grünen Reisfeldern umgeben von Kokosnuss- und Nipapalmen und erreicht nach 65 km **Tra Vinh**, eine abgelegene Marktstadt, deren breite, baumgesäumte Straßen und verstreute koloniale Gebäude erst noch auf den großen Touristenansturm warten. Selbst wenn man hier nicht verweilen möchte, bietet sich dieser Abstecher als Tagesausflug von Vinh Long an. Diese Region des Deltas ist Khmer-Territorium, und je näher man Tra Vinh kommt, umso häufiger sieht man am Straßenrand die typischen, in leuchtenden Pastelltönen bemalten Pagoden mit ihren steil in den Himmel ragenden Dächern.

Die meisten Besucher kommen hierher, um die Störche im nahen Chua Hang (s.S. 230) zu sehen, doch der unaufdringliche Tra Vinhs lädt zu einem angenehmen ein- oder zweitägigen Aufenthalt in der Stadt ein. Anders als für diese Gegend wird Tra Vinh nicht von einem Arm des Mekong beherrscht; vom rund 1 km? großen Zentrum sind es ein paar Hundert Meter in östlicher Richtung bis zum Fluss. Der schönste Weg zum Wasser führt über den **Markt** und vorbei an der farbenfrohen chinesischen Ong-Pagode zur Uferstraße Bach Dang. Die Brücke 100 m nördlich des Fischmarkts bietet einen herrlichen Blick auf den **Fluss Tra Vinh**, der gemächlich und schnurgerade wie ein Kanal gen Norden fließt. An einigen Stellen kommt man vor lauter Booten beinahe trockenen Fußes über den Fluss, an dessen Ostufer sich strohgedeckte Pfahlbauten ausbreiten. Läuft man vom Stadtzentrum über die Le Loi nach Norden, gelangt man zu der von einem goldenen Dach gedeckten **Ong Met-Pagode**, deren Mönche Besuchern einen überaus freundlichen Empfang bereiten. Links dahinter steht die hübsche, cremefarbene **Tra Vinh-Kirche** mit einem lachsfarbenen Turm und einer Christusstatue, die in einer Nische über Haupteingang Schutz vor der tropischen Sonne sucht.

Übernachtung

Cuu Long Hotel***, an der Hauptstraße kurz vor der Stadt, ✆ 862615, 📠 866027. Nobelste Unterkunft der Umgebung mit überraschend gut ausgestatteten, fast eleganten Zimmern.

Thanh Tra Hotel*–**, am oberen Ende der Pham Thai Buong, ✆ 853626. Hübsche Fassade, hinter der allerdings Enttäuschendes wartet; viele Zimmer haben kein Fenster und insgesamt mangelt es dem Haus an Charakter.
Thanh Binh*, Le Thanh Ton, ✆ 858170, ℻ 858906, ist eine Budget-Alternative und bietet Zimmer mit ac oder Ventilator.
Phuong Dong*, um die Ecke, 1a Phan Dinh Phung, ✆ 865486, ähnlich ausgestattet.
Weiter westlich in der Le Than To entsteht ein neues Hotel, das einen guten Eindruck macht. Zwei angenehme Mini-Hotels befinden sich ca. 3 km außerhalb an der Straße nach Vinh Long.

Essen

Cuu Long Hotel, verfügt über ein Restaurant im Haus, dahinter gibt es noch eine strohgedeckte Bar mit einem Speisenangebot.
Thanh Tra Hotel, das Restaurant im Erdgeschoss des Hotels serviert ganz passables Essen.
Tuy Huong, am Markt, bietet in stilvollem und freundlichem Ambiente eine Auswahl an chinesischen und vietnamesischen Gerichten, zum Frühstück auch leckere *pho*.
Viet Hoa, Tran Phu, ein nettes, auf Meeresfrüchte spezialisiertes Lokal; zu Fuß läuft man von der Vorderseite des Marktes über die Dien Bien Phu 120 m nach Süden und biegt dann rechts ab.
An der Ostseite des Markts bieten **Essenstände** bis in die frühen Abendstunden *pho* und *com*.

Sonstiges

GELD – ***Agribank***, 70–72 Le Loi, westlich des Markts; wechselt Bargeld, aber nur Dollar.

INFORMATIONEN – ***Tra Vinh Tourist Company***, 64–66 Le Loi, ✆ 858556, ℻ 858768. Infos über Fahrpläne sowie Sehenswürdigkeiten in der näheren Umgebung.

VORWAHL – 074

Transport

BUSSE – Busse aus Richtung Vinh Long erreichen Tra Vinh im Südwesten und halten rund 800 m vom Stadtzentrum entfernt am **Busbahnhof** in der Nguyen Dang, nahe der Dien Bien Phu.

SCHIFFE – Fracht-/Passagierschiffe nach HO-CHI-MINH-STADT (3x wöchentl.) und BEN TRE (tgl.) starten von einem Pier nahe der Ly Tu Trong, etwas oberhalb der Brücke über den Fluss Tra Vinh. Auskünfte über den aktuellen Fahrplan erteilt das hiesige Informationsbüro (siehe oben)

Die Umgebung von Tra Vinh

Ba Om-See

Wenige Kilometer außerhalb der Stadt lohnen abseits der Straße nach Vinh Long der kleine Ba Om-See und seine Umgebung einen Ausflug. Die Straße dorthin zweigt 5 km südwestlich von Tra Vinh nach der zweiten von insgesamt zwei Khmer-Pagoden links ab. Auf dem Weg liegen einige Heimgewerbe, die **Reispapier** zur Herstellung von Frühlingsrollen produzieren – jedes Haus mit Trockenrahmen davor ist in ein solcher Kleinbetrieb, und man kann zusehen, wie Reisschleim über einem offenen Feuer vor sich hin dampft, anschließend getrockne und dann in Form gezogen wird.

Um den See, einem beliebten Picknickplatz junger Pärchen und Ausflügler aus Tra Vinh, stehen Liegestühle aufgereiht, und Getränke- und Snackverkäufer warten auf Kunden. Am Wochenende kann es recht voll werden, unter der Woche ist es meist ruhiger. Zu bestimmten Jahreszeiten überzieht den von hohen alten Bäumen umstandenen See ein Teppich von Lotusblüten, die am späten Nachmittag ganze Schwärme von Schwarzdrosseln anlocken. Der wahre Ursprung des Ba Om hat sich im Laufe der Zeit verloren, eine Version seiner Entstehungsgeschichte ist jedoch in einer unterhaltsamen Legende erhalten geblieben. Vor vielen Jahrhunderten stritten sich ein Mann und eine Frau aus einem Dorf dieser Gegend darüber, welches Geschlecht die Vermählungskosten zu übernehmen habe. Um die Auseinandersetzung beizulegen, wurde ein Wettkampf beschlossen: Die Frauen mussten einen viereckigen Teich bauen und die Männer einen runden; das Team, welches am folgenden Morgen den größeren Teich ausgehoben hatte, sollte von den Ausgaben befreit werden. Beide Gruppen buddelten den ganzen Tag und bis in die Nacht hinein, als sich abzeichnete, dass die Männer gewinnen würden. Dies ließ Ba Om, die Anführerin der Frauen, verzweifelt zu unlauteren Mitteln greife. Sie hängte eine Laterne auf, um das konkurrierende Team in dem Glauben zu wiegen, der Morgenstern sei aufgegangen. Die Männer beendeten tatsächlich ihre Arbeit und gingen zu Bett. Unterdessen fuhren die Frauen mit ihrer Buddelei fort und gewannen den Wettstreit. Bis zum heutigen Tag hat der Teich seine viereckige Form bewahrt – und die Einheimischen sagen, dass der männliche Bevölkerungsanteil der Stadt sein Versprechen im Großen und Ganzen eingehalten hat.

Das Areal auf der anderen Seite des Sees ist seit dem 11. Jh. für die Khmer von spiritueller Bedeutung, und heute steht dort die **Ang Vuong-Pagode**. Mit ihrem steilen Dach, ihrem vom Alter gezeichneten Äußeren und den umgebenden Frangipani-Bäumen bietet die Pagode einen erhebenden Anblick, umso mehr, wenn die Gesänge der hier lebenden Mönche widerhallen. Vor der Pagode steht eine von Steinlöwen bewachte Gruppe von Stupas, im Innern zeigen bunte Wandgemälde Szenen aus Buddhas Leben. Zur Erntezeit wird der Reis von den zur Pagode gehörenden Feldern neben dem Altar aufgehäuft, wo er von einem beeindruckenden goldenen und verschiedenen kleineren Shakyamuni-Darstellungen bewacht wird. In der Pagode leben mehrere kambodschanische Mönche, die sich hoch erfreut zeigen, wenn sie mit ausländischen Besuchern ihr Englisch üben können.

Einen Blick lohnt das **Museum der Khmer-Minderheitengruppe** gleich vor der Pagode. Die Ausstellung umfasst Musikinstrumente, Buddhastatuen, traditionelle Trachten und vermittelt einen Eindruck des Alltagslebens der Khmer. ⌚ 7.30–11 und 13.30–16.30 Uhr, Eintritt frei.

Chua Hang und Giong Lon

Ein unvergessliches Bild bieten die rund 100 **Störche**, die auf dem Gelände der **Hang-Pagode**, einer Khmer-Pagode etwa 6 km südlich der Stadt entlang der Dien Bien Phu, nisten. Ganz wichtig ist bei einem solchen Ausflug das Timing: Ideal ist die Regenzeit, wenn sich die meisten Vögel hier aufhalten, auf alle Fälle sollte man aber vor der Abenddämmerung kommen, um zu erleben, wie die prachtvollen Tiere im letzten Licht der untergehenden Sonne um die Baumwipfel schweben. Dieses einzigartige Schauspiel lässt sich umso mehr genießen, wenn es einem gelingt, die safrangelb gekleideten Mönche abzuschütteln, die natürlich wieder einmal ihre Englischkenntnisse auf Vordermann bringen wollen. Wer in der Mittagshitze eintrifft, während der die Vögel ihre Nester hüten, wird kaum mehr als eine Hand voll Tiere am Himmel zu Gesicht bekommen. Chua Hang selbst – ein steinerner Torbogen zur Linken der Hauptstraße markiert den Eingang zu dem Komplex – lohnt kaum die Erwähnung. Beherrscht wird die Anlage von einer **Shakyamuni-Statue**, umgeben von einer Art Heiligenschein aus bunten, blinkenden Lichtern und flankiert von Wandgemälden, die Szenen aus seinem Leben darstellen. Öffentliche Transportmittel verkehren nicht zur Pagode, aber ein Motorrad-Taxi hin und zurück sollte nicht mehr als US$2 kosten.

Ein wahres Storchenfest erwartet Besucher der **Giong Lon-Pagode** 43 km südöstlich von Tra Vinh. Die Anzahl der hier lebenden Tiere geht in die Tausende, die Anfahrt stellt jedoch ein nicht leichtes Unterfangen dar – es sei denn, man leistet sich ein Motorrad-Taxi (US$5–10 hin und zurück). *Tra Vinh Tourist* (s.S. 229) bietet ab Ho-Chi-Minh-Stadt übrigens eine 2-tägige Tour mit Abstecher zu den Störchen an.

Sa Dec

Eine Ansammlung von Ziegelbrennöfen kündigt die Ankunft in der charmanten, gut 20 km flussaufwärts von Vinh Long gelegenen Stadt Sa Dec an. Hier lebte die französische Schriftstellerin Marguerite Duras während ihrer Kindheit, und Jahrzehnte später dienten die stuckverzierten Ladenfassaden, die Herrenhäuser am Fluss und der überaus betriebsame Abschnitt des Mekong die Kulisse für die Verfilmung ihres Romans *Der Liebhaber*.

Auf dem Weg vom Busbahnhof ins Zentrum zweigen rechts die drei Hauptverkehrsstraßen Nguyen Hue, Tran Hung Dao und Hung Vuong ab. Entlang der Nguyen Hue erstreckt sich am Ufer unter einer Vielzahl von Sonnenschirmen Sa Decs ausgedehnter **Markt**. Ein Stück weiter beobachten alte Männer beim Dame-Spiel das Geschehen auf dem Wasser und bieten Frauen Früchte in Weidenkörben feil. Ungefähr auf halbem Weg entlang der Nguyen Hue legen die Fähren zum **Wohnhaus von**

Marguerite Duras ab, in dem sie ihre Kindheit verbrachte – es ist die Villa, die dem Bootsanleger am nächsten steht und in der heute eine Polizeiwache untergebracht ist. Offensichtlich hatte das Kolonialgebäude unter dem tropischen Klima schwer zu leiden; die grünen Fensterläden und das rot gedeckte Dach sind stark ausgeblichen, aber die glasierten Ziegel über den Fenstern schimmern noch immer in der Sonne.

Nach Erkundung der Stadt empfiehlt sich der Gang über die schmale Brücke über die Nguyen Hue und den Fluss. Am anderen Ufer steigt man links die Stufen hinunter und folgt der Uferstraße an Sa Decs **Cao Dai-Tempel** vorbei nach Westen, bis man nach etwa 25 Minuten eine Ansammlung von Cafés und das berühmte Blumendorf **Qui Dong** erreicht. Die über 100 hiesigen Gärtnereien züchten Farne, Obstbäume, Sträucher und Blumen, und die Dorfbewohner sind es mittlerweile gewohnt, dass fremde Besucher durch ihre ordentlich auf erhöhten Bambusplattformen arrangierten Blumenstöcke spazieren. Bevorzugtes Ziel der Touristen ist der 6000 ha große **Tu Ton-Rosengarten**, in dem nicht nur die unterschiedlichsten Rosensorten (darunter *Brigitte Bardot, Jolie Madame* und *Marseille*) gedeihen, sondern auch über 580 andere Spezies, von Orchideen, Nelken und Chrysanthemen bis hin zu Heilkräutern und Kiefern, die nach ganz Asien exportiert werden. Sonntags strömen Besucher aus Ho-Chi-Minh-Stadt nach Qui Dong und posieren zwischen den Blumen für Fotos. Besonders hektisch und farbenfroh geht es kurz vor dem Tet-Fest zu, wenn die blühende Pracht für den Transport zu den Blumenmärkten in den Städten vorbereitet wird.

Übernachtung und Essen

Sa Dec*–**, Hung Vuong, ✆ 861430, etwas in die Jahre gekommen, aber dennoch ganz reizvoll, etwas düsteres Restaurant im Haus. Ist derzeit und bis zum Ende der Renovierungsarbeiten im *Bong Hong Hotel,* Quoc Lo 80, das einzige Hotel der Stadt.

Quan Com Cay Sung, nahe dem *Sa Dec* in der Hauptstraße. Passables, bei Einheimischen beliebtes *com*-Lokal mit dem gängigen Angebot an Schweinefleisch-, Fisch- und Hühnchengerichten.

Com Thuy, daneben, serviert ebenfalls annehmbare Speisen; englische Speisekarte.

Sa Dec Hotel, das Hotelrestaurant wirkt etwas düster.

Chanh Ky, Quoc Lo 80, Familienbetrieb mit einer Auswahl an chinesischen Nudel- und Reisgerichten für weniger als US$1.

Sonstiges

INFORMATIONEN – Sa Dec besitzt kein eigenes Touristenbüro. Informationen sind eventuell im Touristenbüro in Cao Lanh zu bekommen, aber auch die freundlichen Mitarbeiter des *Sa Dec Hotel* können mitunter weiterhelfen.

VORWAHL – 067

Transport

Busse halten 300 m südöstlich des Zentrums – vom Busbahnhof nach links über die Brücke und dann geradeaus laufen. Wer weiter entfernte Ziele ansteuert, fährt am besten nach Vinh Long zurück und nimmt von dort einen Bus nach Ho-Chi-Minh-Stadt oder Can Tho.

Can Tho

Mit fast einer halben Million Einwohner ist Can Tho die größte Stadt der Region und bietet nach einem Aufenthalt in den ruhigeren abgeschiedenen Gegenden des Deltas das perfekte Kontrastprogramm. Wer sich dem Zentrum vom Fährterminal im Nordosten nähert, wird zunächst alles andere als begeistert sein: Can Tho ist von enormer Größe, doch hat man erst einmal die urbanen Wucherungen im Norden hinter sich gelassen, wartet ein überraschend reizvoller Uferbereich im Zentrum.

Die Lage am Zusammenfluss des Can Tho und Hau Giang macht die Stadt zu einem wichtigen Handelszentrum und Verkehrsknotenpunkt. Can Tho dient sich jedoch nicht nur als bloße Zwischenstation an: Die Stadt besitzt einige der besten Restaurants im Delta; zudem ist es nicht weit zu den fruchtbaren Reisfeldern der Provinz Can Tho, und an den Kreuzungspunkten der Kanäle und Flüsse durch die Ebene lassen sich einige interessante schwimmende Märkte entdecken. Als letzte Stadt musste sich Can Tho einen Tag nach dem Fall Saigons am 1. Mai 1975 der nordvietnamesischen Armee ergeben – ein Datum, das heute für die Wiedervereinigung des Landes steht.

Sehenswürdigkeiten im Zentrum

Obgleich es vor allem die Bootstouren sind, die Touristen anlocken, kann Can Tho auch an Land eine Hand voll Sehenswürdigkeiten bieten. Die breite Hoa Binh ist das Rückgrat der Stadt und zugleich Standort des **Ho Chi Minh-Museums**, das Fotografien und Waffen aus Kriegszeiten zeigt (leider ausschließlich mit vietnamesischen Erläuterungen). Wer bereits eines dieser Museen in Hanoi oder Ho-Chi-Minh-Stadt gesehen hat, kennt die Zusammenstellung bereits. Draußen auf dem Museumsgelände findet man die vertraute Sammlung von ausgebrannten Helikoptern und vor sich hin rostenden Flugzeugen. ⌚ Di, Do und Fr 8–11 und 14–16.30, Sa und So 8–11 und 19–21 Uhr, Eintritt frei. In unmittelbarer Nähe informiert das neu eröffnete und beeindruckende **Can Tho-Museum**, 1 Hoa Binh, über „die Geschichte des Widerstands der Menschen aus Can Tho gegen ausländische Aggressoren" sowie über wirtschaftliche und soziale Errungenschaften vor Ort. ⌚ Di, Mi und Do 8–11 und 14–17, Sa und So 8–11 und 18.30–21 Uhr, Eintritt frei.

Die 1946 erbaute **Munirangsyaram-Pagode**, 250 m südlich des Museums, lohnt nur einen Besuch, wenn die beeindruckenderen Khmer-Pagoden um Tra Vinh oder Soc Trang nicht auf dem Programm stehen. Den Eingang zur Anlage bildet ein massives Steintor, das an Angkor Wat erinnert. Falsche Erwartungen wecken die Treppengeländer in Form dreiköpfiger Schlangen, die sich entlang der Stufen zur Pagode geschmeidig hinaufwinden – mit Ausnahme zweier Statuen von Shakyamuni, eine in sitzender und eine in liegender Pose, ist die obere Halle völlig leer. Kaum interessanter präsentiert sich die Haupthalle darunter, deren bunte Rattanmatten auf dem Boden zumindest von der fortdauernden Aktivität der wenigen noch verbliebenen Mönche zeugen.

Von der Munirangsyaram-Pagode sind es 5 Minuten zu Fuß entlang der Nguyen Thai Hoc Richtung Osten bis zum **Hauptmarkt** der Stadt, der den gesamten mittleren Abschnitt der Hai Ba Trung einnimmt. Fans quirliger asiatischer Märkte werden von den Hunderten, provisorisch aufgebauten und mit exotischen Produkten voll beladenen Ständen absolut begeistert sein.

Jenseits des Marktgedränges und der überaus stimmkräftigen Baguetteverkäufer auf der anderen Seite an der Kreuzung der Hai Ba Trung und Ngo Quyen markiert eine imposante Silberstatue des winkenden Onkel Ho den Beginn der bescheidenen Flusspromenade Can Thos. Nächster Stopp ist nun die **Ong-Pagode**, die im späten 19. Jh. von dem wohlhabenden chinesischen Stadtbewohner Huynh An Thai erbaut wurde. Das Innere beherrscht ein rotgesichtiger Quan Cong mit ausladendem Kopfputz hinter einem metallgedeckten Altar, auf dem einige kunstvoll bemalte Weihrauchgefäße stehen. Zu seiner Rechten befindet sich Than Tai, zu dem am 1. Tag eines jeden Monats etliche Familien pilgern, um Geld und ein günstiges Schicksal zu erbitten. Ein kleiner Raum links der Haupthalle ist Quan Am gewidmet. Sehenswert ist auch der Verkaufsstand für Räucherstäbchen, an dem ein Kalligraf vergnügt chinesische Schriftzeichen auf rote Gebetsrollen pinselt.

Um den Stadtrundgang geruhsam abzuschließen, sollte man sich in eines der **Cafés** am Wasser begeben, eine frische Kokosnuss oder einen grünen Tee schlürfen und dabei dem nicht abreißen wollenden Bootsverkehr auf dem Can Tho zusehen.

Bootsausflüge und schwimmende Märkte

Jeden Morgen bricht eine Armada von Booten in das Labyrinth der Wasserwege auf, die sich durch die Provinz Can Tho ziehen. Ziel ist meist einer der **schwimmenden Märkte**, die zwar an die beinahe unnatürliche Schönheit und den Charme von Bangkoks Flussmärkten nicht heranreichen, aber interessante Einblicke in das Leben im Mekong-Delta gewähren. Sofern man nicht bereits eine ähnliche Bootstour in My Tho oder Vinh Long unternommen hat, sind diese Ausflüge absolut lohnenswert. Auf den Märkten ist alles zu bekommen, was ein durchschnittlicher Dorfbewohner im Laufe seines Lebens benötigt, angefangen von einem Haarschnitt bis hin zu einem Sarg, den Löwenanteil der Waren stellen jedoch Obst und Gemüse. Jeder Bootsbesitzer hängt – soweit möglich – ein Muster seines Produktangebots gut sichtbar an einen

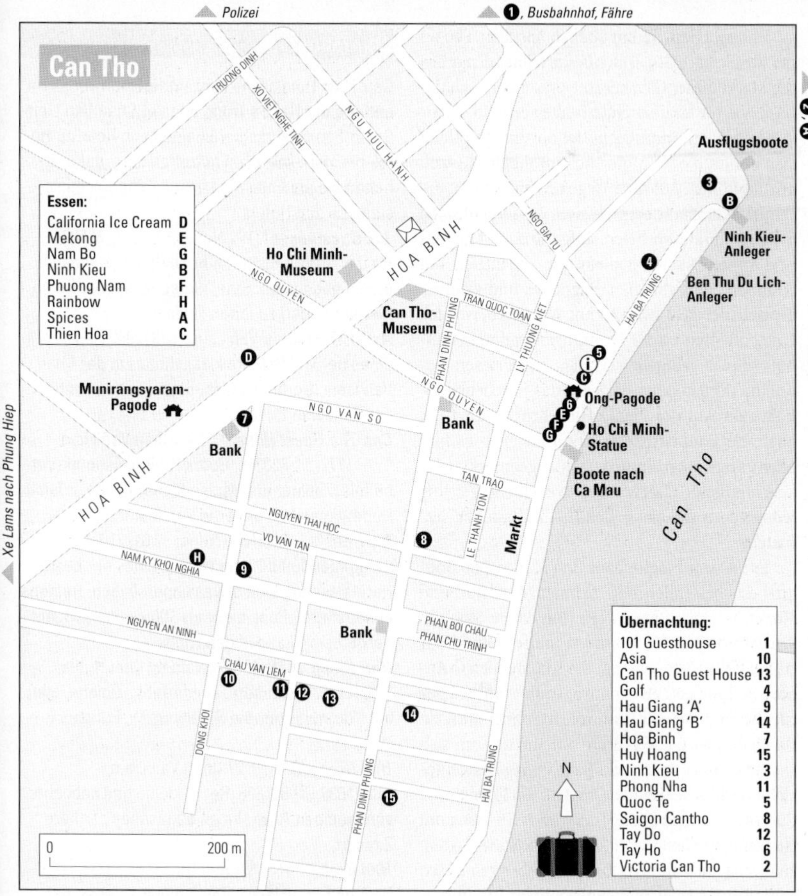

Bambusmast im Bug, die restliche Ware liegt leider meist verborgen unter Deck. Unter den vielen Wasserfahrzeugen befinden sich uralte Logger, so voll gestopft mit Gütern, dass sie jeden Moment zu sinken drohen, und Sampans, deren Ruderfrauen- und männer aufrecht im Boot stehen, um einen guten Druckpunkt für ihre scherenartigen Ruder zu haben. Nur wenige Schiffe sind angemalt, sodass Fotografen auf ein paar Früchte als Farbkleckse hoffen müssen.

Von den drei großen Märkten der Provinz befinden sich zwei westlich der Stadt. Die meisten Besucher zieht es zum 7 km entfernten Markt von **Cai Rang**, wo man sich allerdings in eine lange Schlange von Touristenbooten einreihen (und dabei noch die aufdringlichen Getränkeverkäufer abwimmeln) muss, bevor man ins Zentrum des Geschehens vorstößt. Der beste Tag für einen Besuch ist der Sonntag, wenn es besonders geschäftig zugeht. Weitere 10 km westlich findet der kleine Markt von **Phong Dien** statt, dessen Anziehungskraft besonders darin liegt, dass sich nur wenige Touristen hierher verirren und die Menschen entsprechend freundlich sind. Manchmal bekommt man von vorbeifahrenden Booten sogar Früchte zugeworfen, um sie zu probieren.

Phung Hiep, 32 km südlich von Can Tho an der Straße nach Soc Trang, besaß früher den größten Markt dieser Gebiet, heute präsentiert sich das nach wie vor faszinierende Treiben etwas bescheidener. Als Beförderungsmittel dorthin empfiehlt sich ein Auto oder Motorrad, um möglichst früh anzukommen. Auf dem Weg zum Fluss lohnt ein Bummel durch die engen Gassen des farbenfrohen Straßenmarkts, vorbei an aufgetürmten Longans und Annonen sowie haufenweise Tintenfisch und Krabben, Papierblumen, Baguettes und Chillies. Turbulenter geht es dann am Wasser zu, wo sich Dutzende Boote am Ufer drängen und man lauthals die angebotenen Waren angepriesen bekommt. Einen guten Blick auf das Geschehen erhält man von der Phung Hiep-Brücke, über die auch die Hauptstraße führt. Früher gab es hier auch einen berühmten Schlangenmarkt, der schrumpfende Tierbestand hat die Regierung jedoch dazu veranlasst, den Handel damit zu verbieten.

Es ist zwar möglich, alle drei Märkte **per Boot** zu besuchen, allerdings nehmen die Hin- und Rückfahrt nach Phong Dien (mit einem Stopp in Cai Rang) etwa fünf Stunden und die Rundtour nach Phung Hiep sogar um die acht Stunden in Anspruch. Eine gute Alternative ist die **Anfahrt per Straße**, und wer will, kann vor Ort immer noch ein Sampan für ca. US$2–3 pro Std. mieten, um sich ins Gewimmel zu stürzen. Nach Phong Dien empfiehlt sich eine Honda Om (ca. US$4 hin und zurück), während Phung Hiep von Ly Tu Trong mit Xe Lams bedient wird. Auf dem Rückweg kann man sich auch an den Obstgärten absetzen lassen und dort gegen einen kleinen Obolus herumspazieren und die Produkte probieren. Unabhängig vom gewählten Transportmittel sollte man früh am Morgen aufbrechen, denn am geschäftigsten geht es auf den Märkten zwischen 7 und 9 Uhr morgens zu. Jeder Bootsbesitzer, der erzählt, das Spektakel sei tagsüber nicht weniger beeindruckend, lügt schlichtweg.

Die meisten organisierten Touren haben einen der oben genannten Märkte zum Ziel und kehren dann gemütlich durch den Irrgarten pittoresker Kanäle nach Can Tho zurück, oft mit einer Pause in einem Obstgarten mit Gelegenheit von den Sternfrüchten, Breiäpfeln, Longans und Rambutans zu kosten.

Übernachtung

Can Thos Hotelszene konzentriert sich vor allem entlang der Hai Ba Trung und der Chau Van Liem. Cyclo-Fahrer kutschieren einen von Hotel zu Hotel, bis man eine Wahl getroffen hat – dafür erhalten sie am Ende eine bescheidene Kommission von den Hotels.

101 Guesthouse*, 101 Nguyen Trai, ✆ 825074. An der Straße Richtung Busbahnhof und damit etwas abgelegen. Gute, einfache Zimmer (nach hinten ruhiger) zu fairen Preisen.

Asia**, 91 Chau Van Liem, ✆ 812800, 📠 812779. Eines der vielen Mittelklassehotels in der Chau Van Liem. Geräumige, saubere Zimmer, einige mit Badewanne.

Can Tho Guest House**, 41 Chau Van Liem, ✆ 811772, 📠 820356. Gutes Preis-Leistungs-Verhältnis, Zimmer unterschiedlicher Größe, z.T. mit Badewanne und anderen Vorzügen.

Golf, ab****, 2 Hai Ba Trung, ✆ 812210, ✉ golfcanthohtl@hcm.vnn.vn. Eines der besten Hotels, wenngleich etwas unpersönlich. Bestens ausgestattet, Pool, mehr als 100 Zimmer, z.T. mit herrlichem Blick auf den Fluss.

Hau Giang 'A'**–**, 34 Nam Ky Khoi Nghia, ✆ 821139. 35 saubere, komfortable Zimmer, alle mit Warmwasser und Satelliten-TV, Frühstück inkl.

Hau Giang 'B'*–*, 27 Chau Van Liem, ✆ 821636, 📠 821806. Recht kleine und schlichte, von wenigen Ausnahmen abgesehen saubere Zimmer.

Hoa Binh–******, 5 Hoa Binh, ✆ 810218. Großes Mittelklasse-Hotel, günstig neben der Bank gelegen. 50 gemütliche, gut ausgestattete Zimmer, alle mit Teppichboden.

Huy Hoang*, 35 Ngo Duc Ke, ✆ 825833. Gut geführtes Budget-Hotel, das bei Tourgruppen sehr beliebt ist. Schlichte, aber nette Zimmer, diejenigen mit ac und Warmwasser haben ein gutes Preis-Leistungs-Verhältnis.

Ninh Kieu–******, 2 Hai Ba Trung, ✆ 824583. Hübsche Unterkunft, gute Preise, bestens ausgestattete Zimmer, die von kühlen gefliesten Fluren abgehen; alle Preise inkl. Frühstück. Einige der teureren Zimmer haben einen fantastischen Flussblick. Derzeit entsteht ein weiteres Gebäude am Fluss.

Handel auf dem schwimmenden Markt bei Cai Rang

_Phong Nha_*, 75 Chau Van Liem, ✆ 821615. Eine betagte Herberge für diejenigen, die mehr Wert auf einen günstigen Preis als auf gute Atmosphäre legen; die Zimmer sind mit Ventilator ausgestattet, die Bäder sind winzig, aber akzeptabel.

Quoc Te***–******, 12 Hai Ba Trung, ✆ 822080, 📠 821039. Die Zimmer sind gut ausgestattet, z.T. mit Balkonen und einer schönen Aussicht auf den Fluss. Die Preise sind passabel, Frühstück inkl.

Saigon Cantho****, 55 Phan Dinh Phung, ✆ 825831. Eine der eleganteren Adressen Can Thos und mehr um Geschäftsreisende als um Touristen bemüht. Geräumige Zimmer mit Teppich, 24 Std.-Service; Frühstück, Zeitungen, Früchte und Kaffee sind gratis; in der Nebensaison billiger.

Tay Do***–******, 61 Chau Van Liem, ✆ 821009. Wahrscheinlich die beste Mittelklasse-Option der Stadt; 40 sehr modern eingerichtete Zimmer mit Satelliten-TV, Frühstück inkl.

_Tay Ho_*, 36 Hai Ba Trung, ✆ 823392. Beengtes kleines Hotel in einer alternden Reihe von Ladengeschäften, vom Balkon kann man das Treiben in der Hai Ba Trung beobachten; einige wenige Zimmer haben ac.

Victoria Can Tho, ab*****, Cai Ke Ward, ✆ 810111, ✉ victoriact@hcm.vnn.vn. Im klassischen französischen Kolonialstil erbaut und eingerichtet, verfügt über alle Annehmlichkeiten, die man vom ersten Hotel des Deltas im internationalen Stil erwarten darf. Tolle Lage am Fluss gegenüber der Stadt, kostenloses Shuttle-Boot ins Zentrum, Pool und Tennisplatz stehen auch Nicht-Gästen offen.

Essen

Can Tho verfügt über jede Menge guter und erschwinglicher Restaurants, von denen die meisten vietnamesische Kost servieren. Diejenigen entlang der Hai Ba Trung sind in erster Linie auf ausländische Besucher ausgerichtet, während es die Einheimischen eher zu Lokalen rund um den Markt und in der Nam Ky Khoi Nghia zieht. Eine nicht sonderlich aufregende Auswahl an Snacks bieten tagsüber die **Essenstände** am oberen Ende des Marktes entlang der Hai Ba Trung. Brot, Croissants und Gebäck bekommt man bei ***Duc Phat,*** 91a Nguyen Trai, einer großen **Bäckerei**. Bei Lust auf **Eiscreme** empfiehlt sich ***Kem My California Ice Cream,*** 16a Hoa Binh, eine winzige Eisdiele, die selbst die größten Leckermäuler zufrieden stellt.

Hoang Cung Restaurant, 55 Phan Dinh Phung, im Erdgeschoss des *Saigon Can Tho Hotel.* Ordentliche westliche und vietnamesische Gerichte in schicker Umgebung zu passablen Preisen. ◷ 6–22 Uhr.

Mekong Restaurant, 38 Hai Ba Trung. Existiert schon über 40 Jahre und serviert seither fast unschlagbar schmackhafte vietnamesische und chinesische Speisen zu sehr günstigen Preisen – Tipp: gebratener Fisch in saurer Soße (US$1,50), außerdem gute vegetarische Auswahl. ◷ 24 Std., bis in die frühen Morgenstunden gut besucht.

Nambo Café-Restaurant, 50 Hai Ba Trung, ✆ 812024. Im Stil eines französischen Cafés der Kolonialzeit mit polierten Böden, Rattanmöbeln und hölzernen Deckenventilatoren; beim Dinieren auf dem Balkon im 1. Stock genießt man eine herrliche Aussicht auf die Aktivitäten am Wasser. Verlockende Salate, Sandwiches und Desserts für US$2–3. Am Abend oft sehr voll, daher besser einen Tisch reservieren. ◷ 9–23 Uhr.

Ninh Kieu, 2 Hai Ba Trung. Schicker Treffpunkt am Fluss mit herrlicher Terrasse. *Lau* für 2 Pers. ca, US$6, außerdem sehr leckere gegrillte Garnelen. ◷ 6–22 Uhr.

Phuong Nam, 48 Hai Ba Trung. Gute Auswahl an preiswerten wie schmackhaften westlichen und vietnamesischen Speisen. ◷ 7–23 Uhr.

Quoc Te, im *International Hotel,* 12 Hai Ba Trung. Charakterloses Hotel-Restaurant, das sich auf die – für westliche Gaumen – ganz besonderen vietnamesischen Delikatessen spezialisiert hat: Schildkröte, Schlange und Frosch. ◷ 6–22 Uhr.

Rainbow, 54 Nam Ky Khoi Nghia. Angenehmes Lokal, in dem es neben chinesischen auch westliche Gerichte gibt; 2 Pers. können hier für ca. US$7 essen. ◷ 9–14 und 16–21.30 Uhr.

Spices, im *Victoria Can Tho,* Cai Ke Ward. Edles Dinieren in stilvollem ethnischem Ambiente oder auf der romantischen Terrasse am Fluss; umfangreiche Speisekarte mit guten vietnamesischen, anderen asiatischen und westlichen Gerichten, z.B. Garnelen-Mousse auf Zuckerrohr und Rindfleisch-Feuertopf mit Erdnusssoße zu jeweils ca. US$5, am Wochenende manchmal Grill-Buffets. ◷ 6–22 Uhr.

Thien Hoa, 26 Hai Ba Trung. Lässt man sich von der aggressiven Verkaufstaktik der Eigentümerin nicht stören, so lassen sich üppig portionierte Suppen und andere vietnamesische Gerichte im schlichten Speiseraum oder an den Tischen im Freien genießen. ◷ 9–14 und 17–0 Uhr.

Sonstiges

EINKAUFEN – ***Ngo Quyen,*** 1 Ngo Quyen, in Nachbarschaft des Markts; verschiedene westliche Produkte, darunter Alkohol, Toilettenartikel und Konserven.

FAHRRÄDER – Wer ein Rad leihen will, erkundigt sich im Touristenbüro (s.u.) oder im nahen *Quoc Te Hotel.*

GELD – ***Vietcombank,*** 7 Hoa Binh, wechselt Bargeld und Reiseschecks und zahlt gegen Vorlage einer Visa- oder Masterkarte Bargeld aus, ◷ Mo–Fr 7.30–10.30 und 13.30–16.30 Uhr, Geldautomat ◷ 7.30–23 Uhr.

Vietincombank, 9 Phan Dinh Phung, ◷ Mo–Fr 7–11 und 13–17 Uhr;

Maritime Bank, 40 Phan Dinh Phung, ◷ Mo–Fr 7–11 und 13–17 Uhr; die beiden Letzteren wechseln zu ähnlichen Kursen Reiseschecks und Bargeld.

INFORMATIONEN – ***Can Tho Tourist,*** 20 Hai Ba Trung, ✆ 821852, ✉ thotour@hcm.vnn.vn; sehr hilfreich, kann Auto- und Bootsverleih, diverse Touren (s.u.) und Führer organisieren; mit Zweigstelle von *Vietnam Airlines.*

INTERNET – Mehrere Hotels bieten einen Internetzugang. Internet-Cafés findet man in der Vo Van Tan und Chau Van Liem – in der Chau Van Liem Nr. 29, neben dem *Hau Giang B Hotel,* gibt es zwei Stockwerke voller Terminals.

MEDIZINISCHE HILFE – **Krankenhaus,** Chau Van Liem, Ecke Hoa Binh.
Apotheke, 88–90 Ly Tu Trong und 34 Ngo Quyen.

POLIZEI – 67–69 Hung Vuong, nahe dem Busbahnhof.

POST – 2 Hoa Binh; Poste restante, Telefon-, Fax- und Eilpost-Service. ⌚ tgl. 6–20 Uhr.

VORWAHL – 071

Touren

TOUREN – ***Can Tho Tourist Travel Service Centre,*** 20 Hai Ba Trung, ✆ 821852, 📠 822719, ✉ canthotourist@hcm.vnn.vn, kann Bootstouren auf dem Fluss und zu den schwimmenden Märkten organisieren. Die meisten Boote von *Can Tho Tourist* starten am Ben Tau Du Lich-Anleger, ebenso die einstündigen Kreuzfahrten am Abend (Abfahrt 18.30 und 20.15 Uhr, US$2), bei denen traditionelle Musik gespielt wird.
My Khanh Tours, 3 Ngo Gia Tu, ✆ und 📠 825280, 💻 www.mykhanh.com, kleines, privates Unternehmen, das preislich attraktive Touren zu den schwimmenden Märkten, Tempeln und Korbwaren-Dörfern anbietet.
Die gleichen Ziele werden auch von privaten Bootsbesitzern angeboten, die in der Hai Ba Trung auf Kundenfang gehen; pro Std. ist mit US$2–3 zu rechnen, je nachdem, was für ein Boot man sich heraussucht.

Nahverkehrsmittel

Ein **Shuttlebus-Service** bedient in regelmäßigen Abständen die Hauptstraßen der Stadt – nach kleinen Bussen (30 Sitze) mit der Aufschrift „Xe Buyt" Ausschau halten.

Transport

BUSSE – Haltepunkt der meisten Busse ist der **Busbahnhof**, gut 1 km nordwestlich des Zentrums an der Kreuzung der Cach Mang Thang Tam und Hung Vuong. Die Nahverkehrsbusse aus Vinh Long setzen ihre Passagiere allerdings am Nordufer des Hau Giang in Binh Minh ab, von wo eine Fähre in die Stadt verkehrt. Die lange angekündigte Brücke über den Hau Giang nach Can Tho ist noch immer nicht fertig und soll nach vorsichtigen Schätzungen im Jahre 2005 eingeweiht werden.
Busse nach: BAC LIEU (3 Std.); CA MAU (4 Std.); CHAU DOC (2 1/2 Std.); HA TIEN (5 Std.); HO-CHI-MINH-STADT (4 Std.); LONG XUYEN (1 1/2 Std.); MY THO (2 1/2 Std.).

SCHIFFE – Es gibt ein Fracht-/Passagierboot nach CA MAU, das tgl. um 17 Uhr vom Pier am oberen Ende des Marktes abfährt (ca. 10 Std.) und nur ein paar Dollar pro Person kostet.

Soc Trang

Das an einem trägen Seitenarm des Mekong gelegene, ungepflegte Soc Trang wird von einer in Ost-West-Richtung verlaufenden Wasserstraße in zwei Hälften getrennt, wobei der Großteil der Stadt das Südufer einnimmt. Die Hauptachse ist die Hai Ba Trung, die über den Fluss führt und in den südlichen Außenbezirken zur Tran Hung Dao wird. Zwar lässt Soc Trang den Elan anderer Delta-Städte vermissen, kann jedoch eine Reihe nicht alltäglicher Attraktionen vorweisen. So erwacht die Stadt beispielsweise am 10. Tag des 10. Mondmonats (November/Dezember) zu ungeahntem Leben, wenn Tausende zum **Ghe Ngo-Festivals** zusammenströmen, um die traditionellen Khmer-Boote *(thuyen dua)* gegeneinander antreten zu sehen.

Khmer-Pagoden gibt es in dieser Ecke des Deltas zuhauf. Das Besondere an der südlich der Stadt gelegenen **Matoc-Pagode** sind die unzähligen goldfarbenen Flughunde, die in den umgebenden Bäumen hausen und einen spektakulären Anblick bieten, wenn sie sich bei Sonnenuntergang in die Lüfte erheben. Idealerweise kommt man gegen 17.30 Uhr, und wenn die Temperatur allmählich fällt und die bei allmählich sinkenden Temperaturen erwachenden Tiere ihre mattschwarzen Schwingen – einige bis zu 1,5 m breit – ausstrecken und putzen. Seit 400 Jahren beten Khmer-Mönche an diesem Ort, die heutige Pagode existiert jedoch erst seit rund 100 Jahren. Die bunten Wandgemälde im Innern erzählen das Leben von Buddha und tragen die Namen der Khmer-Gemeinden aus aller Welt, die sie finanziert haben. Der Weg zur Pagode führt vom Zentrum entlang der Le Hong Phong ca. 2 km nach Süden, dann rechts in einen Weg, der nach rund 800 m das Ziel erreicht.

Sollte die Matoc-Pagode das Interesse an den Khmer geweckt haben, bietet sich ein Besuch des **Khmer-Museums** an, zu dessen Exponaten Saiteninstrumente aus Schlangenhaut und Kokosnussschalen sowie einige farbenprächtige, getüpfelte Abdeckhauben für Nahrungsmittel in Form konischer Hüte gehören; ⌚ Mo–Sa 7–11 und 13–17 Uhr, Eintritt frei. Auf der anderen Straßenseite steht die **Kleang-Pagode**, eine zierliche, von einer zweistufigen Terrasse umgebene Khmer-Pagode. Ihre Türen und Fenster sind mit traditionellen grünen, roten und goldenen Khmer-Motiven verziert, und das leider oftmals verschlossene Innere birgt eine goldene Shakyamuni-Statue, um deren Kopf sich ein Rad bunter Lichter dreht. Sowohl das Museum als auch die Kleang-Pagode befinden sich am östlichen Ende der Nguyen Chi Thanh im Norden der Stadt.

Läuft man von hier die Mau Than 68 nach Süden, so passiert man zur Linken nach wenigen Minuten einen chinesischen Friedhof, der etwas von der Straße zurückgesetzt liegt. Nur 100 m weiter führt auf der rechten Seite ein winziger Eingang zur **Dat Set-Pagode**, die fast gänzlich aus Lehm erbaut ist und nur durch ein Dach aus Metallblech vor Regen geschützt ist. Die beeindruckende farbenfrohe Statuensammlung der Pagode lockt zahlreiche chinesische Besucher an. Viele der Figuren sind lebensgroß und stellen Tiere und Figuren aus der chinesischen Mythologie dar. Kaum minder imposant sind einige monströse Kerzen, deren größte es auf rund 200 kg bringt und eine Brenndauer von 70 Jahren haben soll. ⌚ tgl. 7.30–17 Uhr.

Übernachtung und Essen

Khanh Hung Hotel*–**, 15 Tran Hung Dao, ✆ 821026, im Süden der Stadt. Beste Unterkunft am Platze mit 55 Zimmern und Suiten unterschiedlichster Ausstattung.

Phong Lan II Hotel**–*, gegenüber dem Busbahnhof, ✆ 821757, hat schon bessere Tage gesehen.

Phong Lan I**, 124 Dong Khoi, am Südufer, ✆ 824229, ist empfehlenswerter. Zimmer z.T. mit Balkon und Blick auf den Fluss; mitunter kann ein Preisnachlass ausgehandelt werden, Frühstück inkl.

Zu den **Einkehrmöglichkeiten** gehören das ***Quan Com Hung***, Mau Than 68, nördlich des Flusses, serviert großzügige *com*-Portionen, Spezialität des Hauses ist jedoch *lau*. Häufig voll.

Hang Ky, um die Ecke in der Le Lai, nahe Le Loi, ist ebenso gut .

Alo! Quan, 2/1 Mau Than 68, in luftiger Lage am Fluss wenig nördlich der Brücke, bereitet so extravagante Zutaten wie Schlangenkopf, Schildkröte, Sumpfaal und Ziegenhoden zu leckeren Suppen und Pfannengerichten.

Als Snack empfiehlt sich die wenngleich etwas gewöhnungsbedürftige Spezialität *banh bia*, ein runder Kuchen mit einer Füllung aus gesüßten Bohnen oder Durian.

Sonstiges

INFORMATIONEN – ***Soc Trang Tourist***, 131 Nguyen Chi Thanh, gegenüber dem Busbahnhof (leichter zu finden ist der Eingang in der 68 Le Loi), ✆ 822024, ist sehr bemüht, aber nicht unbedingt sehr effektiv.

VORWAHL – 079

Transport

Der **Busbahnhof** befindet sich nördlich des Flusses in der Nguyen Chi Thanh. Fernbusse verlassen Soc Trang sehr früh am Morgen, Langschläfern empfiehlt es sich daher, mit einem Cyclo zur Kreuzung der Hung Vuong und Nationalstraße 1 zu fahren lassen und dort einen vorbeifahrenden Bus heranzuwinken.

Bac Lieu

Jenseits von Soc Trang bestimmt zunehmend das Wasser die Landschaft, und Nipapalmen säumen die Ufer der unzähligen Kanäle. Gut 40 km südwestlich von Soc Trang schwenkt die Nationalstraße 1 nach Süden und führt zunächst nach Bac Lieu, bevor sie sich den Weg weiter nach Ca Mau bahnt. Bac Lieu ist eine unscheinbare Stadt, deren Bewohner in erster Linie von der Garnelenzucht, der Austernfischerei und der Salzproduktion leben. Spektakuläre Sehenswürdigkeiten wird man hier nicht finden, dafür aber die einzigen Unterkünfte zwischen Soc Trang und Ca Mau.

Übernachtung und Essen

Bac Lieu*–*, Hoang Van Thu, ✆ 822437, größtes Hotel der Stadt, zentral gelegen. Im alten Flügel gibt es etwas trübselige Budget-Unterkünfte, in einem renovierten Teil helle, moderne und gut ausgestattete Zimmer mit Satelliten-TV und Warmwasser.
Hoang Cung*–*, 1b/5 Tran Phu, ✆ 823362, freundliches Mini-Hotel mit 19 sauberen, komfortablen Zimmern mit Bad; die teureren sind etwas größer und haben einen Balkon.
Im Erdgeschoss des *Bac Lieu* gibt es ein **Restaurant**, das recht gute Speisen serviert. Als Alternative stehen eigentlich nur die Läden und Stände in der Straße Richtung Busbahnhof zur Auswahl, wo man *banh bao,* Baguettes und *com* kaufen kann.

Sonstiges

INFORMATIONEN – ***Bac Lieu Tourist Company,*** ✆ 824272, günstig neben dem Hotel Bac Lieu gelegen, erfüllt seinen Zweck nur begrenzt.

VORWAHL – 0781

Transport

Zwischen dem 1,5 km nördlich der Stadt gelegenen **Busbahnhof** und dem Zentrum verkehren Cyclos. Für die Weiterreise empfiehlt sich der Weg direkt zur Nationalstraße 1 und dort einen der vorbeifahrenden Express-Busse anzuhalten.

Ca Mau

Parallel zum Bac Lieu-Kanal zur Linken führt die Hauptstraße westwärts auf die **Ca Mau-Halbinsel**, ein Gebiet, das 1997 kurzeitig in die Schlagzeilen geriet, als der Taifun Linda darüber hinwegfegte. Tausende verloren damals ihr Leben, geschätzte 200 000 Häuser stürzten ein, und ein Großteil der Fischereiflotte der Region wurde zerstört.

Nur wenige Reisende dringen so weit in den Süden vor, und diejenigen, die es tun, werden bald feststellen, dass die Wasserstraßen die effektivsten Transportwege sind – was die schlanken Fähren, die überall in den Dörfern entlang der Straße vertäut liegen, belegen. Weite Teile dieser extrem flachen Region bestehen aus abgelagertem Schlamm des Mekong, und die dazugehörigen Sumpfgebiete beheimaten eine Vielzahl von Stelzvögeln. Neben dem Reisanbau kommt der Garnelenzucht große Bedeutung zu, und unterwegs wird man immer wieder Zuchtteiche sehen, die durch ausgetrocknete, zerfurchte Schlammwälle begrenzt werden.

Ca Mau selbst, Vietnams südlichste Stadt nennenswerter Größe, ist wenig erhebend und präsentiert sich als chaotisches Durcheinander in einem entlegenen Winkel des Landes. Traurigerweise hat der Taifun Linda die Stadt auch einer ihrer touristischen Hauptattraktionen beraubt: Große Flächen des nahen Minh Hai-Mangrovenwalds wurden dem Erdboden gleichgemacht. Die Vietnamesen betrachten Ca Mau als eine Art Pionierstadt, und genau darin liegt vermutlich ihre einzige verbliebene Anziehungskraft. Bei einem Rundgang durch die Straßen stellen Besucher bald fest, dass sie selbst die Attraktion sind und das ungeteilte Interesse der Einheimischen auf sich ziehen. Man sollte sich davon jedoch nicht irritieren lassen und einfach genießen, von den ausgetretenen Touristenpfaden abgewichen zu sein.

Nördlich des gewundenen Flusses Ca Mau erstreckt sich zwischen der Ngo Quyen und der Phan Ngoc das Zentrum der Stadt. Hauptachse durch dieses Gebiet ist die von Südwest nach Nordost verlaufende Ly Bon. Ebenfalls am Nordufer befindet sich der **Markt**, eine wirre Ansammlung von Ständen aus Sackleinen und Segeltuch. Im Westen der Stadt lohnt der **Kulturpark** (geringe Eintrittsgebühr) am späten Nachmittag einen Besuch, um einige der 60 Vogelarten zu sehen, die am Ende des Tages zu ihren Nistplätzen zurückkehren.

Übernachtung

Ca Mau Hotel*–, 20 Phan Ngoc Hien, ✆ 831165. Große, passabel ausgestattete Zimmer, wobei man diejenigen meiden sollte, die an die Karaoke-Bar grenzen.
***Sao Mai Hotel**, in unmittelbarer Nachbarschaft, ✆ 831035. Budget-Unterkunft, einige Zimmer mit Warmwasser und ac, andere nur mit Gemeinschaftsbad.
Song Hung**, liegt zwischen den beiden, ✆ 822822. Kleines Hotel neueren Datums mit 9 gut eingerichteten Zimmern und hilfsbereiten Mitarbeitern.
Phuong Nam***, 91 Phan Dinh Phung, ✆ 831752, etwas in die Jahre gekommen. Komfortable Zimmer mit ac, Frühstück inkl.
***Tan Hung Guesthouse**, 11 Ly Bon, um die Ecke, ✆ 831622, weitere Budget-Option. Sehr schlichte Zimmer mit Gemeinschaftsbad.
Supermarket Hotel**–***, auf der anderen Seite des Flusses, ✆ 832789, 📠 836880, bot früher wohl einen imposanten Anblick, ist inzwischen jedoch heruntergekommen. Die Zimmer sind riesig, aber schäbig. Günstig für einen Einkauf im benachbarten Supermarkt, aber recht weit vom Zentrum gelegen.

Essen

Alle größeren Hotels verfügen über eigene Restaurants, die es jedoch an Atmosphäre vermissen lassen. Über das Zentrum verteilt liegen verschiedene Speiselokale, allerdings haben diese keine englischen Speisekarten.
Thieu Phat, neben dem *Ca Mau Hotel*, serviert einfache Reis- und Nudelgerichte.
257, 257 Ly Thai Ton, wird gerne von Einheimischen besucht und ist vor allem wegen seiner Fischgerichte beliebt.
Van Thuy, auf einer Insel im Dieu Hoa-See im Südosten der Stadt, zu erreichen über eine hübsche Holzbrücke. Nette Atmosphäre, aber nur durchschnittliches Essen.
der südöstlichen Ecke der Stadt niedergelassen hat, über eine attraktive Holzbrücke zugänglich ist, aber nur durchschnittliches Essen auftischt.
Huong Nam, 21 De Tham, bietet kleine Mahlzeiten zum Mitnehmen, u.a. Sandwiches. Wer beim Essen nicht stehen möchte, kann sich in das nahe Café, 17 De Tham, setzen und bei einem Kaffee oder ein Erfrischungsgetränk das Mitgebrachte verzehren.

Sonstiges

GELD – ***Vietcombank***, 4 Lac Long Quan, Tausch von Reiseschecks und Barauszahlung auf Kreditkarten; Dollars werden auch in der zentraler gelegenen Zweigstelle in der 53 De Tham gewechselt.
Vietincombank, 94 Ly Thuong Kiet, tauscht ebenfalls Reiseschecks.

INFORMATIONEN – ***Minh Hai Tourist***, 1 Ly Bon, ✆ 831828, 📠 837022, sehr hilfreich. Organisiert auch Touren in die Region.

INTERNET – 66 Ly Bon.

POST – Hauptpost in der Luu Tan Tai, ⏲ tgl. 6–22 Uhr, mit Internetzugang.

VORWAHL – 0780

Transport

BUSSE – Der **Busbahnhof** befindet sich 2 km südöstlich der Stadt; Xe Dap Lois fahren von dort ins Zentrum (die meisten Hotels befinden sich nahe der Kreuzung Phan Ngoc Hien und Ly Bon). Wer schnell nach HO-CHI-MINH-STADT möchte, kann den Express-Bus (7 Std.) nehmen, der gegenüber dem *Supermarket Hotel* abfährt.
Busse nach: BAC LIEU (1 Std.); CAN THO (4 Std.); HO-CHI-MINH-STADT (7 Std.); LONG XUYEN (5 Std.); SOC TRANG (2 Std.).

SCHIFFE – Da es um Ca Mau nur wenige Straßen gibt, bewegen sich die Einheimischen zumeist in Booten. Vom Bootsanleger A („Ben Tau A"), 1 km westlich des Zentrums, legen in der Regel die Boote in nördlicher Richtung ab, während die Fähren nach Süden und Rach Gia vom Bootsanleger B abfahren, der 2 km südlich des Zentrums auf der anderen Seite des Flusses nahe Cao Thang liegt. Abgesehen von der regelmäßigen Fähre nach RACH GIA (10 Std., etwas über US$1) gibt es noch ein teures Schnellboot (US$80), das die Strecke in weniger als drei Stunden zurücklegt. Die Fähren auf der Halbinsel können wie sonst die Busse einfach herangewunken werden. Es gibt auch Wassertaxis, die vom Pier hinter dem Ca Mau-Markt starten.

FLÜGE – Nahe der Stadt gibt es einen kleinen Flughafen, auf dem vielleicht irgendwann einmal Maschinen starten und landen werden.

Die Umgebung von Ca Mau

Das Cau Mau umgebende **Sumpfland** umfasst rund 1500 km^2 und zählt damit zu den größten der Welt. Früher war die Ca Mau-Halbinsel eine Hochburg des Widerstands gegen die Franzosen und Amerikaner und musste dafür einen hohen Preis bezahlen: Amerikanische Flugzeuge überzogen das Gebiet mit riesigen Mengen Agent Orange, um die Guerillas ihres schützenden Dschungeldachs zu berauben. Weiterer Schaden wurde der Landschaft durch die industrielle Garnelenzucht beigefügt, aber einzelne Flächen mit Mangroven- und Cajeput-Wald haben überlebt und werden von See-, Stelz- sowie Schwimmvögeln und sogar Honigbienen bevölkert, die sich an den Mangrovenblüten laben.

Sofern man es sich nicht leisten möchte, über die lokale Touristeninformation ein Privatboot zu chartern, muss man mit **öffentlichen Fähren** eine günstig gelegene Ortschaft ansteuern und von dort ein Boot für die Weiterfahrt in die Sümpfe mieten. Ohne ausreichende Sprachkenntnisse ist eine solche Variante jedoch wenig sinnvoll. Auf jeden Fall sollte man vor Abfahrt bei *Minh Hai Tourist* über die aktuelle Situation informieren, da der Zugang zu den Wäldern Beschränkungen unterliegt. Zur Zeit der Recherche waren die Mangrovenwälder nahe **Nam Can**, die Vogelschutzgebiete bei **Dam Doi** sowie der Cajeput-Wald bei **Vo Doi** gesperrt, damit sie sich von den Zerstörungen durch den Taifun erholen können. Der schönste Mangrovenwald erwartet Besucher im Naturreservat **Lam Truong 184**, ca. 60 km südlich von Ca Mau. *Minh Hai Tourist* kann die Fahrt dorthin arrangieren, ebenso zum **Ca Mau-Kap**, wo Schlammablagerungen das Land jedes Jahr um etwa 100 m wachsen lassen.

Interessant sind auch die Cajeput-Wälder bei **U Minh**, zu denen man eine preiswerte wie reizvolle Bootsfahrt vorbei an Nipapalmen und kleinen Cajeput-Hainen unternehmen kann; Abfahrt der Fähre in Ca Mau vom Bootsanleger A; von U Minh sind es noch gut 5 km, für die man ein privates Boot mieten und als Ziel „Rung U Minh Ha“ oder den Cajeput-Wald, „rung tra“ angeben muss. Das Ganze ist mit ca. 3 Std. zu veranschlagen. Die schlanken weißen Stämme der Cajeput-Bäume gedeihen prächtig in U Minhs seichtem, sumpfigen Gewässer, und eine Bootsfahrt durch diesen Wald ist ein geradezu meditatives Erlebnis. Unterwegs sind oftmals Bienenzüchter zu sehen, die Honigwaben von den bienenumschwärmten Bäumen pflücken.

Long Xuyen

Die Straße nordwestlich von Can Tho erreicht nach 60 km Long Xuyen, eine Stadt, die selbst nur wenig zu bieten hat, aber auf Grund ihrer Lage am Kreuzungspunkt zweier Hauptrouten in den Nordwesten der Deltaregion häufig als Zwischenstopp genutzt wird. Beherrscht wird das Stadtbild vom Turm der hässlichen **Kathedrale** aus Beton, der in Form zweier nach oben gestreckter Arme, deren Hände ein Kreuz umschließen, aufragt. Zahlreiche winzige Portale spenden dem trostlosen Innern des Gotteshauses Licht und beleuchten die vergoldeten Darstellungen der Kreuzwegstationen sowie ein weiteres Händepaar über dem Altar, das einen Globus umfasst.

Von nur mäßigem Interesse ist auch das **An Giang-Museum**, das sich derzeit noch in der 77 Thoai Ngoc Hau befindet, allerdings bald in die Ly Thuong Kiet, gegenüber dem Gebäude des Volkskomittees, verlagert werden soll. Der vordere Raum zeigt recht alltägliche Kleidungsstücke und Haushaltsgegenstände der Cham sowie Musikinstrumente der Khmer, in der zweiten Galerie im Rückteil des Gebäudes wartet jedoch eine wahre Schatztruhe voller Zeugnisse der Oc Eo-Kultur (s.S. 252, Kasten), darunter ein großer Lingam und ein eleganter, aber arg mitgenommener Buddha aus Holz. Zu sehen gibt es außerdem eine Steinpyramide, in der man die Asche der Toten aufbewahrte. ⌚ Di und Do 7.30–10.30, Sa und So 7.30–10.30 und 14–16.30 Uhr, Eintritt frei.

Long Xuyens schmuddeliger **Markt** vermag kaum jemanden lange zu begeistern. Besser läuft man bis zum westlichen Ende der Le Minh Nguon und Le Thi Nhieu weiter, wo sich ein quirliges Geschäftsviertel erstreckt. Auf dem Weg dorthin passiert man das prächtigste Gebäude der Stadt, die **My Phuoc-Gemeindehalle** mit ihrem drachenverzierten Dach.

Stolz verweist Long Xuyen darauf, der Geburtsort von Ton Duc Thang, des Nachfolgers von Ho Chi Minh als Präsident der Demokratischen Republik Vietnam, zu sein. Ein Besuch seiner Geburtsstätte und des Hauses, in dem er seine Kindheit verbrachte, auf der **Insel My Hoa Hung** führt in das **Ton Duc Thang-Ausstellungsgebäude**, das eine sehenswerte Sammlung von Fotos und Erinnerungsgegenständen zeigt, darunter die Fußeisen, die Ton Duc Thang im Gefängnis von Con Dao trug, sowie das Fahrrad des Premierministers. ◷ tgl. 7–11 und 13–17 Uhr, Eintritt frei. Die ruhige, ursprüngliche Insel lässt sich wunderbar mit dem Fahrrad erkunden. *An Giang Tourist* kann Übernachtungen in Privathäusern auf der Insel arrangieren.

Übernachtung

Dong Xuyen***, 9a Luong Van Cu, ✆ 942260, ✉ dongxuyen@hcm.vnn.vn. Beste und schickste Unterkunft, die fast einen gesamten Häuserblock einnimmt und elegante Zimmer mit Teppichboden zu fairen Preisen bietet; außerdem Sauna, Jacuzzi, Internetzugang.

Kim Anh Hotel–*******, 5–9 Thi Sach, ✆ 942551, ✉ kimanh-hotel@hcm.vnn.vn. Komfortable Zimmer und eine palastartige Suite in der obersten Etage des 8-geschossigen Gebäudes.

Long Xuyen*–***, 19 Nguyen Van Cung, ✆ 841927, ✉ longxuyenhotel@hcm.vnn.vn, ist günstiger und verfügt ebenfalls über gut gepflegte Zimmer.

An Giang*–***, 40 Hai Ba Trung, ✆ 841297, 📠 846716. Etwas kleine, aber saubere Zimmer.

Thai Binh 2*–**, 4–8 Nguyen Hue, ✆ 846453, 📠 846451, Budget-Unterkunft im Zentrum mit nichts sagenden, aber akzeptablen Zimmer.

Xuan Phuong*–**, ✆ 841041, 📠 846716, ist ähnlich.

An Long*–**, 279 Tran Hung Dao, ✆ 843298, eines von mehreren Hotels entlang der nach Süden aus der Stadt führenden Tran Hung Dao, bietet Zimmer zu annehmbaren Preisen.

Thoai Chau 2*–**, 283a Tran Hung Dao, ✆ 843882. Vergleichbarer Standard.

Hoa Binh**–***, 130 Tran Hung Dao, ✆ 857225, 📠 853035, kleines Hotel im Norden der Stadt auf der anderen Seite des Flusses mit gemütlichen, gut ausgestatteten Zimmern.

Essen

Alle großen **Hotels** der Stadt verfügen über eigene Restaurants, darunter das ***Kim Anh*** im 5. Stock, wo bei schöner Aussicht über die Stadt günstige vietnamesische Gerichte serviert werden, und das ***Long Xuyen***, das solch Spezialitäten wie Schlange, Schildkröte, Taube und Aal zur Auswahl hat.

Hoa Binh Restaurant, nahe dem Kim Anh, bietet eine reiche Auswahl an asiatischen Gerichten zu annehmbaren Preisen; hübscher Sitzbereich im Freien mit einem Brunnen

Tiem Com Huynh Loi, 252/1 Nguyen Trai. Köstliche wie preiswerte *pho, com* und *bun bo Hué*.

Hong Phat, um die Ecke, 242/4 Luong Van Cu. Schmackhafte chinesische und vietnamesische Fisch- und Fleischgerichte in hübscher Umgebung.

Sonstiges

GELD – ***Vietcombank***, 1 Hung Vuong, tauscht Reiseschecks und zahlt auf Visa- oder Masterkarte Bargeld aus.

INFORMATIONEN – ***An Giang Tourism***, 80e Tran Hung Dao, ✆ 841036, ✉ angiangtour@hcm.vnn.vn; hilfreiche Infos über die Stadt und ihre Umgebung.

INTERNET – ***Lan Vy Internet***, 48 Nguyen Thi Minh Khai.

VORWAHL – 076

Transport

Vietnam Airlines unterhält ein Buchungsbüro im *Dong Xuyen Hotel*.

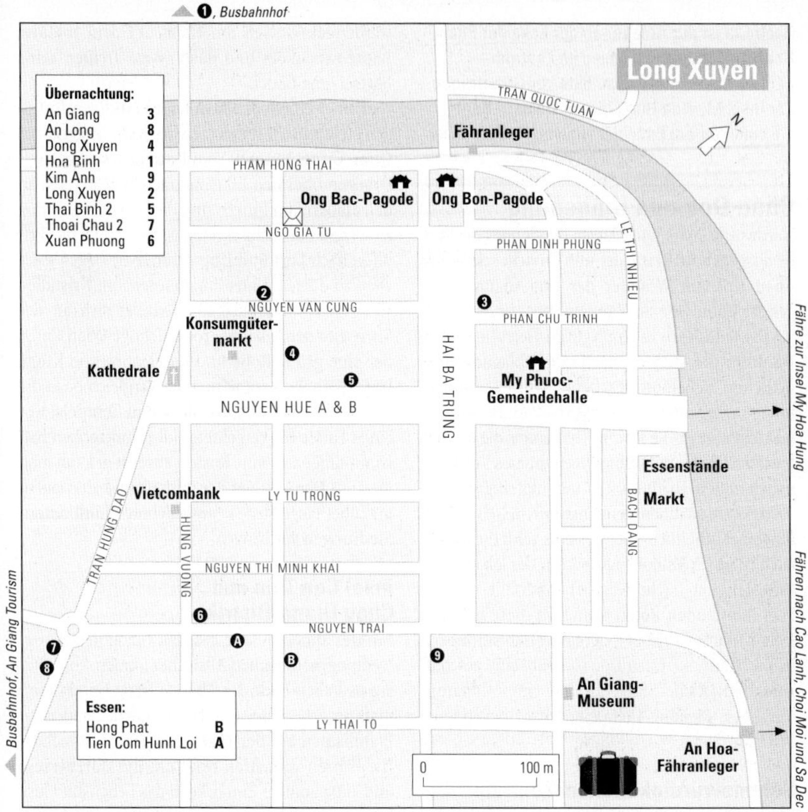

BUSSE – Busse von Ho-Chi-Minh-Stadt fahren entweder via Can Tho im Süden oder über Sa Dec, Choi Moi und den An Hoa-Fähranleger (s.u.). Busse aus Can Tho und Chau Doc halten ein paar Hundert Meter südlich der Stadt, gegenüber der 96 Tran Hung Dao – wer aus Chau Doc kommt, bittet am besten den Fahrer, an der Kathedrale aussteigen zu dürfen. Ziel einiger Regionalbusse aus Chau Doc und Rach Gia ist der **Binh Khanh-Busbahnhof**, ebenfalls in der Tran Hung Dao, aber im Norden der Stadt. Reisende nach Ho-Chi-Minh-Stadt oder Sa Dec können einen der hervorragenden **Minibusse** nehmen, die in der 58 Nguyen Trai, ✆ 840950, abfahren. Alternativ dazu kann man Fernbusse auch von der Kreuzung der Tran Hung Dao und Hung Vuong (hier fahren auch die Express-Busse nach Chau Doc vorbei) oder von den Fähranlegern Van Long und An Hoa nehmen.

Busse nach: CA MAU (5 Std.); CHAU DOC (1 Std.); HA TIEN (5 Std.); HO-CHI-MINH-STADT (5 Std.).

SCHIFFE – Die Fähre von Cao Lanh passiert auf ihrem Weg die kleine Insel Choi Moi östlich von Long Xuyen, bevor sie den zentral gelegenen **An Hoa-Fähranleger** am Ende der Ly Thai To erreicht. Am wichtigeren und größeren **Van Long-Fähranleger**, 7 km südlich der Stadt, führt die Nationalstraße via Sa Dec nach Ho-Chi-Minh-Stadt vorbei. Abfahrt der **Fracht-/Passagierschiffe** nach Tan Chau (mit Ziel Chau Doc) und

Rach Gia ist der Anleger an der Ecke der Pham Hong Thai und Le Thi Nhieu im Zentrum – genaue Zeiten und Preise bitte vor Ort erfragen. Zur Insel My Hoa Hung fahren kleinere Boote, die vom Pier am Ende der Nguyen Hue ablegen.

Chau Doc und Umgebung

Nordwestlich von Long Xuyen durchquert die Straße ausgedehnte Reisfelder und erreicht schließlich Chau Doc am Westufer des Hau Giang. Heute gehört Chau Doc zu Vietnam, bis zur Mitte des 18. Jhs. jedoch, als es den Nguyen-Herrschern zum Dank für die Mithilfe der Niederschlagung einer örtlichen Rebellion geschenkt wurde, stand es unter kambodschanischer Herrschaft. In dem Gebiet lebt eine große Khmer-Gemeinde, die mit den hiesigen Cham und Chinesen ein buntes Völkergemisch bilden. Nicht minder mannigfaltig sind die vertretenen Glaubensgemeinschaften: Neben Buddhisten, Katholiken und Moslems zählt die Region auch rund 1,5 Millionen Anhänger der lokalen Hoa Hao-Religion (siehe Kasten). Überfälle von Pol Pots mordenden Roten Khmer in diese Ecke des Deltas führten 1978 zur vietnamesischen Invasion in Kambodscha. Chau Doc ist heute eine geschäftige, freundliche Stadt, die auf einer Rundtour durch das Mekong-Delta einen ganz besonderen Platz verdient.

Sehenswürdigkeiten im Zentrum

Erste Station der Stadterkundung sollte die **Markthalle** sein, die im Straßenkarree der Quang Trung, Doc Phu Thu, Tran Hung Dao und Nguyen Van Thoai liegt. Leider wurde der ursprüngliche Kolonialbau mittlerweile durch eine monströse, zusätzlich durch hässliche rote Plastikziegel verunzierte Metallkonstruktion ersetzt. In der nahen Doc Phu Thu sind noch Spuren aus der Kolonialzeit erhalten, wenngleich man auch hier zwischen die prächtigen Ladenfassaden mit ihren überwölbten oberen Fensterreihen und ihren schmiedeeisernen Verzierungen charakterlose neue Gebäude gesetzt hat. Der betriebsamen Atmosphäre der umgebenden Straßen tut dies jedoch keinen Abbruch, und es ist allemal lohnend, sich den Weg entlang der üppig bestückten Stände voller Obst, Gemüse, Haushaltsprodukte, Fisch und Blumen zu bahnen. Die Stände reichen bis in die schmaler werdenden Gassen am Fluss, auf dem zahllose Boote schaukeln und das emsige Treiben seine Fortsetzung findet.

Hinter einem prachtvollen vierstufigen Torbogen steht mitten im Herzen der Marktgegend der **Quan Cong-Tempel**. Vom Dach aus wachen zwei Drachen über den Eingang und die Malereien an den Mauern. Im Innern sind die Schritte vorsichtig zu setzen: Zwei Schildkröten genießen hier das Privileg, nach Lust und Laune durch die Gegen kriechen zu dürfen. Unter einem roten, mit Kristallen verzierten Samtbaldachin befindet sich an der Stirnseite der bekannte rotgesichtige Quan Cong, der eine grüne Robe und juwelenbesetzte Krone trägt. Beinahe karg wirken im Vergleich dazu die hohen Hallen des nahen **Chau Phu-Tempels**; wer einen Faible für vergoldete Holzschnitzereien hat, kommt hier auf seine Kosten, ansonsten kann man die Tran Hung Dao weiter nach Nordwesten laufen und über lange Stege in ausgedehnte **Pfahlbauten-Siedlungen** vordringen.

Insel Con Tien und Chau Giang-Distrikt

Auf der anderen Seite des Hau Giang liegen zwei Siedlungen, die einen Abstecher lohnen. Vom Pier am östlichen Ende der Thuong Dang Le aus kann man zur Erkundung des wirren Durcheinanders an Pfahlbauten auf der **Insel Con Tien** aufbrechen. Die Fähren verkehren rund um die Uhr, bessere und entspanntere Einblicke in das Leben am Fluss bieten jedoch die organisierten Touren (die bevorzugte Variante) oder ein Ausflug an Bord eines privat gemieteten Boots. Sie bieten zudem Gelegenheit zu einer Stippvisite bei einer **Cham-Gemeinde** und einen kurzen Stopp an einem der **Hausboote**, die Wohnraum und **Fischaufzucht** in einem sind: Unter den Schiffen hängen Netze voller Fische, die durch eine Luke im Boden gefüttert werden. Informationen über die verschiedenen Möglichkeiten sind in den Unterkünften erhältlich.

Gegenüber der Hauptpost befindet sich jenseits der Ansammlung von Händlern, die kambodschanische Zigaretten verkaufen, und nach einigen Hausbooten ein zweiter Pier, von dem Boote den Cham-dominierten **Chau Giang-Distrikt** ansteuern. Rechts der Anlegestelle auf der anderen Uferseite fällt der Blick auf Holzhäuser im Kampong-Stil, Sarongs sowie weiße Gebetskappen, die ebenso

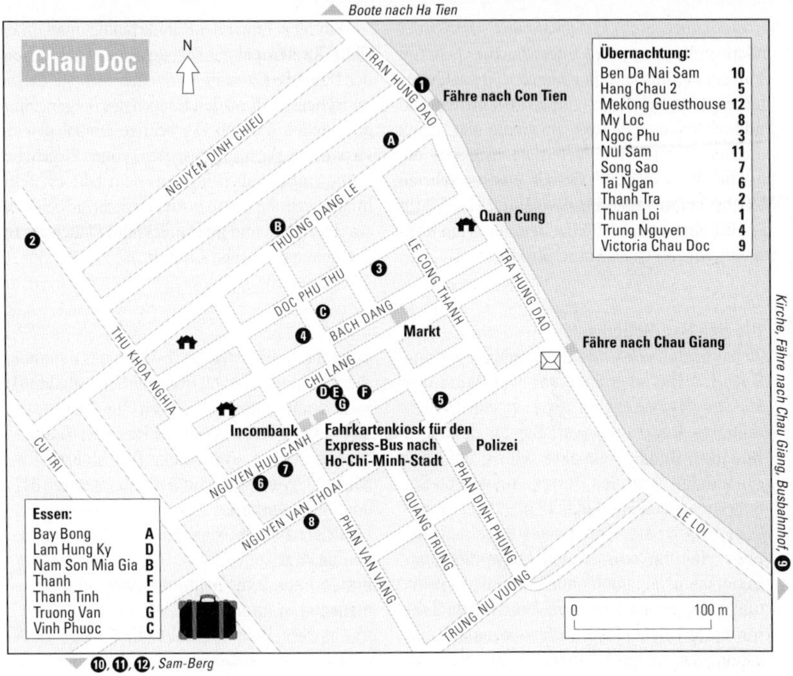

vom Einfluss des Islam zeugen wie die Zwillingskuppeln und das hübsche weiße Minarett der **Mubarak-Moschee**. Gleich hinter der Moschee setzt eine andere Fähre zurück zum Westufer über und legt etwas unterhalb des Hotels *Victoria Chau Doc* an. Nicht weit von dort steht die **St. Lorenz-Kirche** an einer Stelle, an der ein französischer Missionar im späten 19. Jh. den Grundstein für die ursprüngliche Kirche gleichen Namens legte. Neben dem Gotteshaus wacht eine Statue von St. Josef über einen hübschen Garten, und die Statuen zweier hiesiger katholischer Märtyrer überblicken den Innenhof.

Sam-Berg

Aus einem Meer von Reisfeldern ragt 5 km südwestlich von Chau Doc der kahle Berg Sam auf. Vietnamesische Touristen kennen die mehr hügel- als bergähnliche Erhebung unter dem Namen Nui Sam und strömen zu Tausenden zu den Pagoden und Schreinen um zu beten. Ein Ausflug hierher gehört mittlerweile zum festen, wenngleich etwas kitschigen Bestandteil eines jeden Besuchs in der Stadt. Von Chau Doc führt eine schnurgerade Straße zum Fuß des Bergs. Links der Straße verläuft ein Kanal, den Eukalyptusbäume und *vo* (einholbare Fischernetze) säumen, während sich auf der rechten Seite die weiten Reisfelder ausbreiten. Eine Reihe von Cafés aus denen laute Karaoke-Klänge dringen, kündigt den nahen Berg an.

Anders als sonst vielleicht üblich, muss man hier nicht bis zum Schluss auf das Beste warten: Gleich zu Beginn prunkt als Hauptattraktion die geschmacklich fragwürdige **Tay An-Pagode** aus dem Jahr 1847, vor deren Eingang sich eine bunte Gesellschaft aus Porträtfotografen, Bettlern, Räucherstäbchen- und Vogelverkäufern (einen eingesperrten Vogel freizulassen, soll Glück bringen) tummelt. In Touristenbroschüren wird der Baustil der Pagode als „hinduistisch-islamisch" gepriesen, und tatsächlich lässt der zentrale Turm an ein Minarett denken. Als Beschützer der Pagode fungieren die Statuen zweier Elefanten, einer schwarz, der andere weiß, sowie eine kahlgeschorene Quan Am Thi Kinh. Im Innern sind mehr als 200 knallbunte Statuen versammelt, die zumeist Gottheiten und Buddhas darstellen, und an einem der blank polierten Tische im hinteren Bereich sitzt die täuschend lebensechte Gestalt eines verehrten Mönchs. Ein Anbau rechts davon birgt eine Göttin mit 1000 Augen und 1000 Händen, auf deren Köpfen eine winzige Quan Am schaukelt.

Nur 50 m hinter der Pagode huldigt man im **Ba Chua Xu-Tempel** der Schutzpatronin der Region, der Dame Ba Chua, in Form einer Steinstatue, die im frühen 19. Jh. an den Hängen des Berges gefunden worden sein soll. Der heutige Tempel, den ein vierstufiges Dach aus glasierten grünen Ziegeln bekrönt, stammt allerdings aus dem Jahr 1972. Im Innern sitzt die Dame in vollem Staat, gekleidet in ein rotes Kleid und geschmückt mit Pfauenfedern, in einem marmornen Zimmer.

Die Hoa Hao-Religion

20 km östlich von Chau Doc liegt das winzige Dorf Hoa Hao, das Ende der 30er Jahre des 20. Jhs. Namensgeber für eine einzigartige religiöse Bewegung war. Die so genannte **Hoa Hao-Buddhistensekte** wurde vom berühmtesten Sohn des Dorfes, Huynh Phu So, gegründet. In seiner Kindheit stand der kränkliche Huynh unter Obhut eines Eremitenmönches, der ihn sowohl den konventionellen Buddhismus als auch geheimnisvollere spirituelle Disziplinen lehrte. Im Alter von 20 Jahren hatte Huynh 1939 im Trancezustand die Vision einer neuen Richtung des Buddhismus. Als er aus seiner Trance erwachte, stellte Huynh fest, dass er von seiner ererbten Krankheit geheilt war, und machte sich daran, seine gewonnenen Ideen von einer einfachen, aller Priester, Pagoden und allem Votivgaben entledigten, unmittelbaren Kommunikation zwischen dem Individuum und dem höchsten Wesen zu verbreiten. Die Glaubensrichtung besitzt stark asketische Elemente und erteilt Alkohol, Drogen und Glücksspielen eine klare Absage. Angezogen von der Schlichtheit der Sekte und von Gerüchten, dass Huynh ein Gesundbeter mit prophetischer Macht sei, war die Anhängerschaft vor allem unter der Landbevölkerung groß.

Fast zeitgleich mit ihrer Entstehung arbeitete die Hoa Hao-Sekte eine **politische Agenda** aus und gründete eine **Miliz**, um ihren zutiefst nationalistischen, anti-französischen und antikommunistischen Überzeugungen Geltung zu verschaffen. Waffen erhielt die Sekte von der japanischen Besatzungsarmee, der es sehr zupass kam, die französische Marionettenverwaltung (welche mit Duldung der Japaner die nominelle Gewalt über Vietnam ausübte) in Schach halten zu können. Die Franzosen ihrerseits betrachteten die Hoa Hao-Anhängerschaft mit Argwohn: Der „verrückte Mönch", wie sie Huynh nannten, wurde 1941 von ihnen verhaftet und danach in eine psychiatrische Klinik eingewiesen – wo er prompt seinen Arzt konvertierte. Als er 1945 wieder entlassen wurde, zeigte die ohnehin problematische, während des 2. Weltkriegs in Anbetracht derselben anti-kolonialistischen Ziele geschmiedete Allianz der Sekte mit den Vietminh tiefe Risse. Zwei Jahre später wurde Huynh von Vietminh-Agenten ermordet. Das Ende der Sekte wurde Mitte der 50er Jahre eingeläutet, als Ngo Dinh Diem mit seiner **Säuberung** von Dissidentengruppen begann. Ba Cut, der Guerilla-Kommandeur der Sekte, wurde gefangen genommen und 1956 geköpft, und bis Ende des Jahrzehnts waren die meisten Sektenanhänger in den Untergrund abgetaucht. Obwohl in den frühen 60er Jahren einige Mitglieder in den Reihen der Vietcong wieder auftauchten, fand die Hoa Hao-Sekte nicht mehr zu ihrer einstigen Dynamik zurück, und nach 1975 wurde jegliche verbliebene militärische oder politische Präsenz durch die Kommunisten ausgelöscht.

Heute soll es noch rund 1,5 Millionen Hoa Hao-Anhänger in Vietnam geben, die sich vor allem in der Gegend um Chau Doc konzentrieren. Einige der männlichen Anhänger pflegen bis heute das traditionelle Erscheinungsbild und tragen die typischen langen Bärte und binden ihr Haar zu einem Knoten.

Die Glasvitrinen zu beiden Seiten der Statue sind voller herrlicher Gewänder und anderer Gaben von Gläubigen, die zwischen dem 23. und 25. des 4. Mondmonats hierher pilgern, um dem zeremoniellen Bad und Bekleiden der Statue beizuwohnen. Beliebtes Ziel einheimischer Touristen ist auch die weiter oben gelegene, mehrstöckige **Chua Hang** (Höhlenpagode), wenngleich die winzige Grotte, nach der die Pagode benannt ist, nach dem anstrengenden Aufstieg eher eine herbe Enttäuschung darstellt.

Nach Besichtigung der religiösen Stätten wäre es schade, wenn man nicht auf den Berg selbst steigen würde – hierfür die Straße links des *Nui Sam Hotel* nehmen und nach ca. 300 m in den ersten Weg rechts einbiegen. Die lange Wanderung auf den Gipfel ist ziemlich ermüdend, sodass man vielleicht besser auf ein gemietetes Motorrad oder ein Xe Om zurückgreift. Es existieren sogar Pläne, eine Seilbahn zu errichten. Nach einem ersten kurzen Anstieg erreicht man in Nachbarschaft des neuen *Victoria Nui Sam* einen **Aussichtspunkt**, der besonders bei Sonnenuntergang einen traumhaften Blick auf den sich darunter ausbreitenden Flickenteppich der Felder bietet. Rechts davon steht ein mächtiger Tyrannosaurus Rex (eine von mehreren Plastikkreaturen einer kitschigen Anlage, darunter Nashörner, Elefanten und Zebras) sowie ein Observatorium, das ebenfalls schöne Ausblicke eröffnet. Groß ist der Kontrast zwischen den üppig grünen, von Hunderten Kanälen durchzogenen Reisfeldern und dem kahlen Berg, über dessen Hänge sich Gestrüpp und große Steinblöcke verteilen.

Zu Fuß sind es noch rund 20 Minuten zum Gipfel, wo Schilder das Fotografieren eines kleinen Außenpostens des Militärs verbieten – die vietnamesischen Soldaten haben die kambodschanische Grenze fest im Blick. Weder die Baracken der Soldaten noch das Gipfel-Café vermögen zu interessieren, dafür ist der Blick Richtung Westen sowie zurück nach Chau Doc absolut fantastisch.

Übernachtung

Chau Doc zählt zu den beliebtesten Zielen im Delta, und die Auswahl an Übernachtungsmöglichkeiten reicht von fensterlosen Bruchbuden bis hin zu luxuriösen Herbergen mit jeglichem Komfort. Die meisten Unterkünfte befinden sich nahe dem Zentrum, verschiedene Alternativen gibt es rund um den Sam-Berg, ca. 5 km südwestlich der Stadt.

Ben Da Nui Sam*–****, 91 Nui Sam, nahe dem Sam-Berg, ✆ 861746, ✉ bendanuisam@hcm.vnn.vn. Große, auf Familien ausgerichtete Ferienunterkunft mit komfortabel eingerichteten Zimmern.

Hang Chau II–****, 10 Nguyen Van Thoai, ✆ 868891. Exzellentes Mini-Hotel mit kühlem, gekacheltem Innern und 14 Zimmern mit Warmwasser, ac, Satelliten-TV und Kühlschrank; für ein paar Dollar extra bekommt man ein Zimmer mit schöner Aussicht.

Mekong Guesthouse*, Duong Len Vuon Tao Ngo, ✆ 861870, ✉ mekongguesthouse@yahoo.com. Sehr gutes Budget-Hostel in traumhafter Lage am Hang des Sam-Bergs (der Straße einige Hundert Meter folgen, dann sieht man die Unterkunft auf der rechten Seite); Zimmer mit Ventilator oder ac, außerdem ein Schlafsaal, freundliche Angestellte, kostenlose Fahrradbenutzung und riesiges Gelände zum Erkunden.

My Loc–***, 51 Nguyen Van Thoai, ✆ 866455. Ein neuer Anstrich könnte nicht schaden, aber freundliche Unterkunft mit angenehmer Atmosphäre. Für US$3 extra bekommt man ein Zimmer mit ac.

Ngoc Phu–***, 17 Doc Phu Thu, ✆ 866484. Ehemals das *Chau Doc*; etwas trostlose Lobby, aber durchaus passable Zimmer, von denen selbst die billigsten Zimmer über eine Toilette und Dusche verfügen.

Nui Sam***, Nui Sam, am Fuß des Sam-Bergs, ✆ 861999, ✉ ksnhnsag@hcm.vnn.vn. Komfortable Zimmer, in der Lobby befindet sich ein Postamt.

Song Sao*–****, 12–13 Nguyen Huu Canh, ✆ 561777. Hübsche Zimmer, alle bestens ausgestattet.

Tai Ngan*, 11 Nguyen Huu Canh, ✆ 866435, ✉ hoteltaingan@yahoo.com. Freundliches, kleines Hotel mit einer Auswahl an Zimmern (Ventilator oder ac) zu angemessenen Preisen.

Thanh Tra*, 77 Thu Khoa Nghia, ✆ 866788. Kleine, beengte Zimmer, oftmals ausgebucht.

Thuan Loi–***, 18 Tran Hung Dao, ✆ 866134. In herrlicher Lage am Fluss, unweit des Markts, bietet saubere, gemütliche Zimmer und vom

Restaurant sowie von den oberen Balkonen einen tollen Blick auf den Mekong.
Trung Nguyen**, 86 Bach Dang Street, ✆ 868674, ✉ trunghotel@yahoo.com. Schicke und zentral gelegene Unterkunft mit 15 kleinen, aber gut eingerichteten Zimmern.
Victoria Chau Doc*****, 32 Le Loi, 300 m östlich des Zentrums, ✆ 865010, ✉ victoriachaudoc@hcm.vnn.vn. Elegantes Hotel im Kolonialstil mit geschmackvoll eingerichteten Zimmern, z.T. mit fantastischer Aussicht auf den Fluss; die Bar im 4. Stock ist ideal, um den Sonnenuntergang zu genießen. Ein weiteres *Victoria* liegt am Westhang des Sam-Bergs und dürfte inzwischen eröffnet sein.

Essen

Chau Doc besitzt mehr Restaurants als die meisten anderen Städte im Mekong-Delta. Im Angebot ist vor allem typisch vietnamesische Kost, aber in einigen Lokalen bekommt man auch ein Steak oder Frühstückseier. Die Mehrzahl der folgenden Empfehlungen liegt im Stadtzentrum. Eine Hand voll von wenig überzeugenden und zudem überteuerten Lokalen findet man außerdem am Fuß des Sam-Bergs. Bei knapper Kasse bieten sich die **Essenstände** rund um den Markt an, insbesondere in der Tran Hung Dao, der Chi Lang und der Le Cong Thanh.
Bassac, im *Victoria Chau Doc*, 32 Le Loi. Fantasievolle westliche und asiatische Gerichte, z.B. Entenbrust mit fünf Gewürzen in Apfel-/Mandelsoße, die auf einer romantischen Terrasse am Mekong serviert werden. Hauptgerichte um US$4.
Bay Bong, 22 Thuong Dang Le. Köstliches Schweinefleisch aus dem Tontopf sowie Fisch süß-sauer zu sehr günstigen Preisen.
Lam Hung Ky, 71 Chi Lang, gegenüber dem Markt. Freundlicher Familienbetrieb, in dem es ungewöhnliche, chinesisch beeinflusste Speisen gibt, u.a. Rind mit Bittermelone und schwarzen Bohnen. Komplette Mahlzeit inkl. Bier ca. US$3,50.
Mekong Guesthouse, am Sam-Berg. Gute Auswahl billiger westlicher und vietnamesischer Gerichte, die in einem großen Garten serviert werden.
Nam Son Mia Gia, 100 Thuong Dang Le. Kleines, aber sauberes Lokal mit leckerem *hu tieu* – ein bisschen teurer als normal, aber das Geld wert.
Thanh, 40–42 Quang Trung. Sowohl bei Einheimischen als auch bei Touristen zu Recht sehr beliebt ob der großen Auswahl hübsch angerichteter vietnamesischer Speisen zu guten Preisen.
Thanh Tinh, 13 Quang Trung, neben dem *Truong Van*. Verlässliches vegetarisches Lokal mit billigen und guten Gerichten.
Truong Van, 15 Quang Trung. Überdurchschnittlich gutes *com*-Lokal in Marktnähe und daher oftmals voll. Geboten werden chinesische und vietnamesische Speisen.
Vinh Phuoc, 14 Quang Trung. Hübsches Lokal, das leckere Gerichte, z.B. Huhn mit Chilli und Zitronengras, zu Preisen knapp über US$1 serviert.

Sonstiges

GELD – ***Incombank***, 68–70 Nguyen Huu Canh. Nur Tausch von Dollars; wer mit Reiseschecks unterwegs ist, sollte sich bereits in Long Xuyen mit ausreichend Bargeld versorgen, da das gleiche Problem auch bei der Weiterfahrt nach Ha Tien besteht.

INFORMATIONEN – Das staatliche Touristenbüro *An Giang Tourist* besitzt keine Zweigstelle in Chau Doc, aber die meisten Unterkünfte können inzwischen mit Auskünften dienen und zudem bei der Planung von Touren sowie der Weiterfahrt behilflich sein.

VORWAHL – 076

Transport

Anstatt auf derselben Strecke wieder zurückzufahren, empfiehlt sich für die Weiterreise von Chau Doc die spannendere **Route nach Osten** - entweder per Bus via Triton und Kien Luong oder per Boot auf dem vietnamesisch-kambodschanischen Grenzkanal Vinh Te nach Ha Tien, von wo Verbindungen über Rach Gia nach Can Tho bestehen. Mehrmals tgl. verkehren Busse nach Triton (s.S. 250/251), wo man in einen anderen, weniger häufig verkehrenden Bus zur Küste um-

Fischfang und Fischzucht auf einem Hausboot in einer Cham-Gemeinde

steigt. Dieselbe Strecke lässt sich auch mit enem eigenen Motorrad oder mit einer Honda Om in Angriff nehmen, eventuell via Ba Chuc und Tap Duc oder über die Straße von Chau Doc nach Ha Tien, die mehr oder weniger parallel zum Vinh Te-Kanal verläuft. Es ist zwar eine holprige und ermüdende Reise, aber die traumhafte Landschaft macht diese Unannehmlichkeiten mehr als wett.

BUSSE – Der **Busbahnhof** lieg 2 km südöstlich der Stadt in der Le Loi, Transport von dort ins Zentrum mit Xe Dap Lois. Einige Minibusse halten auch im Zentrum an der Nguyen Van Thoai oder auf dem Platz an der Kreuzung der Thu Khoa Nghia und Thoung Dang Le. **Fahrkarten** für die Express-Minibusse nach Ho-Chi-Minh-Stadt (US$4) können am Kiosk in der 62 Nguyen Huu Canh gekauft werden.
Busse nach: CA MAU (7 Std.); CAN THO (2 1/2 Std.); HA TIEN (4 Std.); HO-CHI-MINH-STADT (5 Std.); LONG XUYEN (1 Std.).

SCHIFFE – Die Fähren nach CHAU GIANG starten vom Pier gegenüber der Hauptpost oder von der Anlegestelle etwa 100 m hinter dem *Victoria Chau Doc Hotel*. Abfahrt der Boote zur Insel CON TIEN ist der Pier am Ende der Thuong Dang Le, nahe dem Hotel *Thuan Loi;* sobald die neue Brücke nördlich der Stadt fertig gestellt ist, wird diese Fährverbindung vermutlich eingestellt. Kleinere Passagierboote verbinden Chau Doc mit PHU HIEP und legen am Phu Hiep-Fähranleger ab, der ein paar Kilometer südlich der Stadt in der Le Loi liegt.
Inzwischen gibt es auch eine direkte Fährverbindung nach PHNOM PENH (tgl., 4 Std.); die Tickets können in allen Hotels vor Ort reserviert werden, wenngleich die meisten Reisenden die Fahrt bereits in Ho-Chi-Minh-Stadt organisieren.
Ca. 400 m nördlich des Con Tien-Fähranlegers weist von der Tran Hung Dao ein Schild mit der Aufschrift „Ben Tau Ha Tien" in einen schmalen Steinweg und zum Abfahrtspunkt der Fracht-/Passagierboote über den Vinh Te-Kanal nach HA TIEN; ein regulärer Fahrplan existiert nicht, Informationen bitte in der jeweiligen Unterkunft erfragen; Abfahrt in der Regel früh am Morgen, 7–8 Std., ca. US$5.

In den Südwesten nach Ba Chuc und Tup Duc

Mit eigenem Transportmittel oder auf dem Rücksitz einer Honda Om lässt sich die fantastisch schöne Landschaft südwestlich von Chau Doc erkunden. Flüchtlinge vor Pol Pots kambodschanischem Regime ließen die hiesige Khmer-Population in den späten 70er Jahren rasant anwachsen, doch die Roten Khmer verfolgten sie und metzelten viele in wahllosen Massakern nieder. An eines erinnert ein erschütterndes Denkmal in Ba Chuc (s.u.), ca. 10 km von Triton und 50 km von Chau Doc entfernt.

Jenseits des Sam-Bergs breiten sich zu beiden Seiten der Straße leuchtend grüne, von zahllosen Kanälen durchzogene Reisfeldern aus. Hinter einer Linksabzweigung in **Nha Bang** schlängelt sich die abwechslungsreiche Straße durch eine Landschaft sanft gewellter Hügel, einige davon dunkel und mit Geröll übersät, andere grün und bewaldet. Zeitlose Schönheit kennzeichnet diese Gegend: Die Wasserwege in der Ferne werden von stacheligen *thot not* (Zuckerpalmen) flankiert, deren Wedel wie Schweife explodierender Feuerwerkskörper abstehen, und auch der eine oder andere Karren, vor den ein Rind oder ein Pony gespannt ist, lässt sich zwischen den Autos und Lastwagen entdecken.

Rechts führt eine Abzweigung zum **Cam-Berg**, mit 716 m der höchste Gipfel der Region, wo das neue *Lam Vien Cam Mountain Resort****, ✆ 076/760229, ✉ lamvientbagg@hcm.vnn.vn, in ländlicher Idylle Erholung und reichlich Unterhaltung bietet. Die dunklere Hautfarbe vieler Menschen in dem Gebiet, rot-weiß karierte Turbane sowie spitz zulaufende Tempel lassen keinen Zweifel daran, dass man sich auf Khmer-Territorium befindet. In **Triton**, 40 km von Chau Doc entfernt, zweigt kurz hinter dem Busbahnhof eine Straße nach Ba Chuc ab.

Ba Chuc kündigt sich durch reizvolle Bambushaine an, die das letzte Stück der Straße säumen. Die Hin- und Rückreise per Honda Om von Chau Doc sollte um die US$10 kosten. Nach kurzer Fahrt entlang der ramponierten Hauptstraße des Orts erblickt man zur Rechten mitten auf einem friedlichen Feld das **Denkmal** für die Tausende Opfer, die während zwölf Tagen im April 1977 von den Roten Khmer abgeschlachtet wurden. Das hässliche pinkfarbene Betondach vermag das Grauen beim

Betrachten des achteckigen Monuments nicht zu mindern: Hinter einer Glaseinfassung sind die ausgebleichten Schädel der Toten von Vietnams „Killing Fields" aufgestapelt, geordnet nach dem Alter, um zu verdeutlichen, wie jung und unschuldig viele der Ermordeten waren. Der Holztisch, der als Schrein fungiert, ist übersät mit Räucherstäbchen. Ein kleiner Raum neben dem Denkmal beherbergt eine Sammlung schockierender Schwarzweißfotos, die unmittelbar nach dem Massaker aufgenommen wurden und überall in der Landschaft verteilte, geschundene Körper zeigen. Einige der Bilder sind derart grausam, dass sich sensible Gemüter den Besuch zweimal überlegen sollten. Wer hartgesotten genug ist und hinterher noch Appetit hat, findet rund um das Denkmal mehrere Essenstände mit Snacks.

Von Triton bietet sich außerdem ein Abstecher zum ehemaligen Vietcong-Stützpunkt in **Tup Duc** an. Während des Vietnamkriegs erhielt Tup Duc den recht schändlichen Spitznamen „Zwei Millionen Dollar-Hügel", eine Bezugnahme auf den hohen Geldbetrag, den das US-Militär ausgegeben haben soll, um den Feind von den Hängen des Hügels zu vertreiben. Heute steckt die vietnamesische Regierung selbst Geld in dieses Gebiet, um es in eine große Ferienanlage zu verwandeln, die bereits Tretboote auf einem See, eine Straußenfarm, einen Blumengarten und Schießstand („nationale Verteidigung zu Unterhaltungszwecken"), ein Restaurant sowie Kioske für Erfrischungen am Fuß des Hügels umfasst. Auch ein kleines Museum und eine elektronische Simulation der Schlacht (beide zwischen 11 und 13 Uhr geschlossen) findet man hier, und in einer Höhle auf dem Hügel kann man die nachgestellte Szene einer Lagebesprechung der Vietcong sehen. Nicht selten hängen sich schließlich Kinder an die Besucher, um sie weiter hinauf zu den massiven Steinblöcken zu führen, die den Vietcong einen so hervorragenden Schutz boten. Unterwegs sieht man Erinnerungen an den vergeblichen Versuch der Amerikaner, den Hügel einzunehmen: ARVN- und US-Kritzeleien auf den Felsen sind symbolisch mit zwei schwarzen Strichen durchkreuzt, um deutlich zu machen, dass der Stützpunkt nie wirklich unter amerikanische Kontrolle fiel. Nachdem US-Truppen einen Stützpunkt „neutralisiert" hatten, verließen sie in der Regel den Ort wieder – was es den Vietcong-Kadern ermöglichte, einige Wochen, manchmal auch nur Tage später erneut Einzug zu halten. Wenn man sich durch die engen Passagen zwischen den Felsen quetscht, wird schnell klar, weshalb dies ein so perfekter Schlupfwinkel war. Anfahrt von Triton über die Straße, die am Ortsende rechts abbiegt und nach ca. 1 Std. Tup Duc erreicht; ⏲ tgl. 7–17 Uhr, geringe Eintrittsgebühr.

Wer von hier weiter zur Küste will, fährt von Tup Duc zurück Richtung Triton und biegt kurz vor der Stadt links ab. Begleitet von Reisfeldern und Eukalyptus-Plantagen folgt die Straße rund 30 km einem Kanal. In Vam Ray setzt man mit einer kleinen Fähre auf die andere Seite über, wo die Straße auf die große Küstenstraße, die Nationalstraße 80, trifft. Von der Kreuzung sind es noch 47 km in nordwestlicher Richtung bis Ha Tien bzw. 57 km nach Südosten bis Rach Gia.

Rach Gia und Umgebung

Gut 11 km südöstlich von Long Xuyen schwenkt die Hauptstraße, welche die **Provinz Kien Giang** mit dem Rest von Vietnam verbindet, gen Südwesten in Richtung Küste ab und folgt dem Cai San-Kanal. Einige Stunden später erreicht man die geschäftige Hafenstadt Rach Gia am Golf von Thailand. Die rund 150 000 Einwohner der Stadt verdienen ihren Lebensunterhalt mit dem Reisanbau und dem Fischfang im artenreichen Golf. Auf einem kleinen Eiland in der Mündung des Flusses Cai Lon erstreckt sich eingezwängt zwischen der Leo Loi und der Tran Phu das kleine Zentrum, doch die Stadt hat sich schon lange über die Brücken im Norden und Süden auf das Festland ausgebreitet. Auf den ersten Blick scheint Rach Gia eine laute, beengte und nicht unbedingt liebenswerte Stadt zu sein, aber wer hier ein wenig Zeit verbringt, wird sich dem maritimen Charme nicht entziehen können.

Sehenswertes

Die Sehenswürdigkeiten der Stadt erschöpfen sich mehr oder weniger in den Kriegssouvenirs und Oc Eo-Relikten – Tonscherben, Münzen und Knochen – des **Museums** in der 21 Nguyen Van Troi (⏲ Mo–Fr 7–11 und 13.30–17 Uhr, Eintritt frei) und einem Besuch der lebendigen **Märkte**. Läuft man jedoch auf der Bach Dang ein paar Hundert Meter nach

Westen, so landet man mitten im quirligen Alltagsleben. Zur Rechten verläuft der obere Kanal des Cai Lon, auf dem sich eine ganze Armada blauer Fischerboote drängt, die auf ihren rot angemalten Decks alle ein Korbboot als „rettende" Nussschale liegen haben. Oft sind die Schiffe wie für eine Parade herausgeputzt, und von ihren Masten und der Takelage wehen bunte Fahnen, unter denen Köche die Mahlzeiten für die Mannschaft zubereiten.

Oc Eo und das Königreich Funan

Zwischen dem 1. und 6. Jh. v.Chr. fielen die Westseite des Mekong-Deltas, das südliche Kambodscha sowie ein großer Teil der Küste des Golfs von Siam unter die Herrschaft des indisierten Königreichs Funan, eines frühen Vorläufers der großen Angkor-Zivilisation. Die überaus romantisierenden Annalen zeitgenössischer chinesischer Diplomaten beschreiben, wie das Königreich Funan geschaffen wurde, als ein indischer Brahmane auf Besuch in der Region die Tochter eines lokalen Schlangengottes heiratete, und wie die Schlange die Region bewohnbar machte, indem sie das Wasser der Überschwemmungsebenen einfach trank. Solche Legenden entbehren nicht einer gewissen Wahrheit: Indische Händler machten auf ihrem Weg nach China hier Halt, um Proviant aufzunehmen, und verbreiteten nicht nur ihren hinduistischen Glauben, sondern auch das Wissen um ihre fortschrittlichen Bewässerungssysteme und ihre Anbaumethoden für Nassreis.

Einer der wichtigsten Handelshäfen von Funan, Oc Eo, lag östlich von Rach Gia. Wie auch andere Städte des Königreichs war Oc Eo von einem Graben umgeben und bestand aus hölzernen Wohnhäusern, die auf Pfählen ruhten. In Anbetracht der Entdeckung von persischen, ägyptischen, indischen und chinesischen Artefakten in Oc Eo (darunter sogar eine Goldmünze mit dem Abbild des römischen Kaisers Marcus Aurelius) muss der Hafen jede Menge Händler aus der ganzen Welt empfangen haben.

Das Königreich Funan ging schließlich im 7. Jh. unter, als es vom benachbarten Königreich Chen La (s.S. 145) geschluckt wurde.

Am Ufer geht es zu wie in einem Ameisenhaufen: Männer und Frauen flicken Netze und legen sie zusammen, Kohlenverkäufer bieten Schiffskapitänen ihre Waren feil, und in den Straßencafés warten Fischer – von denen viele bereits mehr als eine BGI-Flasche intus haben – auf die nächste Flut.

Nachdem die Bach Dang einen scharfen Linksknick macht und zur Hoang Dieu wird, zweigt 50 m weiter ein Weg nach rechts zu den **Fischbetrieben** von Rach Gia ab. Vorbei an aufgebockten Booten, die einen neuen Anstrich erwarten, und Rahmen mit feinem Drahtgeflecht, an denen Fisch zum Trocknen hängt, gelangt man zu Wellblechhütten, in denen Frauen mit konischen Hüten auf den Köpfen über Bottichen voller Seepolypen und Tintenfische hocken, die sie für den Export in andere asiatische Länder säubern. Der übliche Lohn für diese Arbeit liegt bei unter US$2 pro Tag.

Eine weitere Ansammlung von Fischerbooten liegt eine Straße südlich von hier hinter dem *Vinh Hong Restaurant*. Als **Fähren** eingesetzte Ruderboote transportieren die Fischer zu ihren Schiffen zurück und nehmen auch Ausländer mit – vielleicht wird man sogar an Bord eines der Fischerboote eingeladen. Von den provisorischen Cafés in dieser Ecke der Stadt lassen sich wunderbare Sonnenuntergänge über der **Schildkröteninsel** beobachten, so genannt, weil ihre zwei Höcker wie der Panzer und der Kopf einer Schildkröte aussehen.

Von der Hand voll Pagoden der Stadt lohnt eigentlich nur der **Nguyen Trung Truc-Tempel**, 18 Nguyen Cong Tru, einen Besuch. Zwischen 1861 und 1868 war der Namensgeber Anführer antifranzösischer Guerilla-Aktionen in der westlichen Region des Deltas: Eine Statue im Zentrum von Rach Gia zeigt ihn wie er sein Schwert aus der Scheide zieht, um den Kopf eines Franzosen abzuschlagen. 1861 leitete Nguyen den Angriff, der im Beschuss des französischen Kriegsschiffes *Esperance* gipfelte. Nun ein gesuchter Mann, floh er nach Phu Quoc, von wo er die Kampagne weiterhin koordinierte. Erst nachdem die Franzosen 1868 seine Mutter als Geisel genommen hatten, stellte sich Nguyen und wurde im Oktober desselben Jahres durch ein Exekutionskommando im Zentrum von Rach Gia hingerichtet. Bis zum letzten Augenblick zeigte er sich starrsinnig, und seine letzten Worte könnten einer Rede Ho Chi Minhs entstammen: „So lange noch Gras auf dem Boden dieses

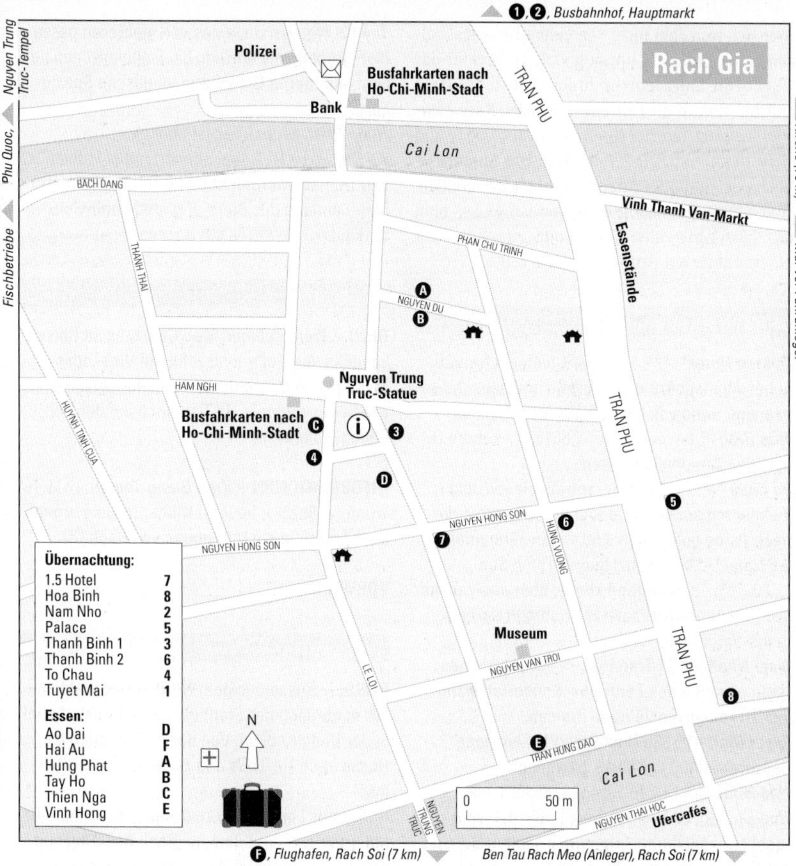

Landes wächst, werden sich die Menschen den Eindringlingen widersetzen."

Das grellbunte Tempeldach aus knalligen pinkfarbenen Ziegeln, die zu drachenverzierten, taubenblauen Firsten aufsteigen, macht das Gebäude schon von weitem erkennbar. Kernstück der Haupthalle ist ein Porträt von Nguyen in schwarzer Robe und mit einem Hut auf dem Kopf. Davor befindet sich ein gerahmtes Plakat mit anderen Anti-Kolonialisten des 19. Jhs., darunter Ky Con, Ham Nghi, Duy Tan und Phan Chu Trinh, das sich wie ein vietnamesisches Straßenverzeichnis liest. Zwei Gemälde über dem Eingang, eines mit der brennenden *Esperance*, führen das anti-koloniale Thema fort. Flankiert von zwei schlanken Störchen, die auf zwei frech dreinblickenden, gelben Schildkröten stehen, ruht auf dem Hauptaltar eine Messingurne, die die Asche von Nguyen Trung Truc enthalten soll.

Oc Eo

Oc Eos uralte Ruinen, 20 km östlich von Rach Gia gelegen, sind definitiv keinen Besuch wert. Die Zeit und die Museumskuratoren scheinen sich miteinander verbündet zu haben, um diesen ehemaligen Außenposten des Königreiches Funan (siehe Kasten) in seine Bestandteile zu zerlegen, und heute gibt es hier so wenig zu sehen, dass selbst das hiesige Touristenbüro von dem Ausflug dorthin abrät.

Wer sich trotzdem nicht von einem Besuch abhalten lässt, aber nicht unnötig viele Dollars für das Boot beim Touristenbüro in Rach Gia hinblättern möchte, nimmt die Fähre vom Ben Tau Rach Meo-Pier ins Dorf Tan Hoi (hin und zurück US$1) und läuft dann zum Dorf Vong The. Die Anfahrt ist auch per Auto oder Motorrad möglich, wobei die Route etwas schwierig zu finden ist, sodass man sich besser mit einem Führer oder zumindest mit einem Fahrer auf den Weg machen sollte.

Übernachtung

Palace Hotel*–*, ✆ 863049, bietet in freundlicher Atmosphäre einige große und hübsche sowie eine Hand voll billigere, kleinere Zimmer.
Hoa Binh, um die Ecke, ✆ 861523, saubere DZ mit allen Annehmlichkeiten.
To Chau*–, ✆ 863718, zentral gelegen, alle Zimmer mit ac, einige jedoch ohne Fenster, die nach vorne gelegenen sind zudem lärmanfällig.
1.5 Hotel*– (1. Mai), Nguyen Hung Son, ✆ 862103, überwiegend kleine, aber auch einige größere, teurere Zimmer mit guten Preis-Leistungs-Verhältnis.
Nam Nho*–, 21 Tran Phu, ✆ 866644, kleines Hotel westlich des Zentrums. Komfortable Zimmer zu konkurrenzfähigen Preisen.
Tuyet Mai*–, 33b Dien Bien Phu, ein paar Schritte weiter, ✆ 873048, ist ähnlich.
Hoa Binh 1*, 11 Ly Tu Trong, ✆ 863053, und
Hoa Binh 2*, 37 Hung Vuong, ✆ 861921, sind recht schäbig, haben aber die billigsten Betten der Stadt in winzigen Zimmern mit Ventilator und Gemeinschaftstoiletten

Essen

Meeresfrüchte sind in diesem geschäftigen Hafen die erste Wahl, wenngleich es keine herausragenden Restaurants gibt.
Hai Au, Nguyen Trung Truc, nach der Brücke im Südosten der Stadt; Terrasse in herrlicher Lage am Fluss, ist vermutlich das beste Speiselokal der Stadt und serviert *lau* und Fischspezialitäten.
Vinh Hong, Tran Hung Dao, ebenfalls am Fluss, hat Wasserbecken an den Wänden, aus denen die späteren Zutaten der Fischgerichte träge die Gäste beäugen.
Tay Ho, Nguyen Du, eines von mehreren passablen Lokalen im Zentrum, bei Einheimischen beliebt, nüchterne Umgebung, englische Speisekarte.
Hung Phat, gegenüber, ist ähnlich.
Ao Dai, 26 Ly Tu Trong, serviert gutes Frühstück; wer früh am Morgen nach Phu Quoc aufbricht, findet entlang des Piers *pho*- und Sandwich-Verkäufer.

Sonstiges

GELD – ***Vietcombank***, Mac Cuu, tauscht Reiseschecks und Dollar und zahlt auf Visa- oder Masterkarte Bargeld aus – diese Möglichkeiten existieren weder in Ha Tien noch auf der Hon Chong-Halbinsel.

INFORMATIONEN – ***Kien Giang Tourist***, 12 Ly Tu Trong, ✆ 862081; besorgt Mietautos und organisiert Touren in die Umgebung von Rach Gia.

VORWAHL – 077

Transport

BUSSE – Busse aus dem Norden steuern den 500 m nördlich der Stadt gelegenen **Busbahnhof** in der Dong Khoi an. Von dort fahren auch die Busse nach HA TIEN und zur Hon Chong-Halbinsel.
Busse aus Long Xuyen und weiter entfernten Orten erreichen die Küste bei Rach Soi, 7 km südöstlich von Rach Gia. Einige Busse fahren weiter in die Stadt zum *Palace Hotel*, andere beenden ihre Fahrt am **Rach Soi-Busbahnhof**, von wo ein Shuttle-Bus ins Zentrum verkehrt (das Gleiche gilt natürlich auch für die andere Richtung, wobei die Shuttle-Busse in der Tran Phu abfahren). Abfahrt der tgl. zwischen 18 und 24 Uhr 1x stdl. verkehrenden Express-Busse nach HO-CHI-MINH-STADT vom Zentrum; Fahrkarten sollte man im Voraus an einem der als „Toc Hanh" gekennzeichneten Schalter vor der *Vietcombank* oder gegenüber der *Kien Long Bank* kaufen.

SCHIFFE – Vom **Ben Tau Khach Bien-Pier**, 200 m westlich des Nguyen Trung Truc-Tempels, legen tgl. Fähren zur Insel PHU QUOC (s.S. 259) ab;

Schnellboot um 8 Uhr, 3 Std., US$8, normales Boot um 9 Uhr, 6–7 Std., US$4. Es ist ratsam, das Ticket für das Schnellboot vorab zu kaufen; Verkaufsstelle in der 14 Tu Dao, vom Pier um die Ecke, ✆ 877742, ✆ 877741.
Vom **Ben Tau Rach Meo-Pier**, 5 km südlich der Stadt entlang der Ngo Quyen, fahren Fracht-/Passagierboote nach CA MAU und zu anderen Zielen im Delta.

FLÜGE – Von Rach Gia bestehen Verbindungen nach HO-CHI-MINH-STADT, 5x wöchentl., 1 Std., und PHU QUOC, 5x wöchentl., 40 Min. Die Maschinen aus Ho-Chi-Minh-Stadt landen zuerst auf Phu Quoc und fliegen dann weiter nach Rach Gia. Am Flughafen stehen Shuttle-Busse für den Transport ins Zentrum bereit. Wer ein Taxi vorzieht, kann unter ✆ 878787 oder 912912 eines bestellen. Tickets und Informationen erhält man entweder direkt am Flughafen, ✆ 861848, oder bei *Kien Giang Tourist* (s. Sonstiges).

Halbinsel Hon Chong

Nach etwas über zwei Stunden erreicht man auf der Straße, die von Rach Gia gen Nordwesten nach Ha Tien führt, den Ort **Ba Hon**, einst eine hübsche Siedlung, aber inzwischen durch die industrielle Entwicklung verunstaltet. Einziger Grund hier überhaupt Halt zu machen, sind die tgl. Schiffsverbindungen zur Insel Phu Quoc; Schnellboot 2 Std., normale Fähre 4 Std.; Infos über genaue Abfahrtszeiten, Preise und Tickets bei *Kien Giang Tourist* in Rach Gia, s.S. 254, nachfragen.

Ungefähr 10 km hinter Ba Hon zweigt links die Straße zur **Halbinsel Hon Chong** ab. Eine Kette von Inseln vor der Küste hat dieser Region den Spitznamen „Mini-Ha Long" eingebracht, doch die Touristen zieht es vor allem in die Küstenorte. Gegenwärtig wird die Zahl der Urlauber noch von den Scharen ausländischer Ingenieure und Berater übertroffen, die für die nahen Zementfabriken arbeiten. Während Hon Chongs Umwelt noch nicht allzu sehr unter diesen Fabriken leidet, stört doch zumindest ihr hässlicher Anblick in der ansonsten wunderbaren Landschaft. Noch gehören Hon Chongs ruhige Gewässer und palmengesäumte Strände zu den attraktivsten des Deltas, auch wenn sie nicht mit denjenigen von Phu Quoc konkurrieren können.

Binh An gilt als größte Siedlung der Halbinsel, aber die meisten Unterkünfte der Gegend liegen ein paar Kilometer südlich des Dorfs; die Bus- und Honda Om-Fahrer wissen jedoch alle, wo sie einen absetzen sollen. Herrliche, noch weitgehend natürliche **Strände** laden vor fast allen Unterkünften zum Sonnenbaden ein, aber zum Schwimmen ist das Wasser hier zu seicht. Etwas besser ist es nahe dem *Hon Trem* (s.S. 256), der schönste Strand (kleine Eintrittsgebühr) liegt allerdings noch 1,5 km weiter südlich. Nach Passieren einiger Schraubenpalmen, Tamarinden und Zuckerpalmen endet der Küstenpfad an einer hoch aufragenden Klippe, in welche die **See- und Berg-Pagode** („Hai Son Tu") gehauen wurde: Ein niedriger Eingang führt von ihrer Vorhalle in eine Grotte im Herzen der Klippe, wo von Gaslampen angestrahlte Statuen von Quan Am und mehreren Buddhas stehen. Der enge Steinkorridor, der von hier zum Strand weiterführt könnte romantischer nicht sein. Dort angekommen, ragen unübersehbar die Zwillingsgipfel der **Vater und Sohn-Insel** („Hon Phu Thu") vor der Küste auf – sollte einem dieses Bild bekannt vorkommen, dann hat man es zuvor vermutlich auf dem Logo von *Kien Giang Tourist* gesehen. Der Strand selbst ist recht hübsch, aber leider übersät mit Cafés und Restaurants, deren Plastikstühle und Sonnenschirme die Idylle um einiges schmälern. Gegen eine kleine Gebühr kann man den Kindern folgen, die mit Taschenlampen bewaffnet eine Führung durch die nahe **Diamant-Höhle** unternehmen. Die dortigen Stalaktiten sollen Affen, Adlern und Buddhas ähneln.

Zu den umgebenden Inseln werden Bootstouren angeboten, was abhängig vom Boot für einen ganzen Tag mit mindestens US$40–60 zu Buche schlägt. Wen das nicht abschreckt, der sollte die Höhlen und von zahlreichen Affen bevölkerten Wäldern der ca. 1 1/2 Std. Fahrt entfernten **Insel Nghe** ins Auge fassen. Die schönste der Hand voll Höhlen in diesem Gebiet ist die **Hang Tien-Grotte**, die bei Einheimischen unter dem Namen Ca Sau-Grotte bekannt ist und vom Zentrum Binh Ans mit einem Sampan erreicht werden kann. Hier verbarg sich Nguyen Anh (der spätere Gia Long) auf seiner Flucht nach der Tay Son-Rebellion. Einheimische haben den Steinplatten der Höhle Beinamen verliehen, die sie nunmehr als Ngyen Anhs Thron, Sofa, Bett usw. ausweisen.

Übernachtung und Essen

Alle **Unterkünfte** südlich von Binh An liegen nur wenige Schritte vom Strand entfernt.

Green Hill Guesthouse**–*, ✆ 077/854369, freundliche Unterkunft in herrlicher Lage auf einem Hügel; die hübsch eingerichteten Zimmer haben ausnahmslos Meerblick und sind vermutlich die beste Wahl in dieser Gegend.

Phuong Thao Guesthouse*, ✆ 077/854357, folgt als nächstes und besitzt abgesehen von den günstigen Preisen für seine schmuddligen Ferienhütten mit wackligen Böden keine Vorzüge.

An Hai Son**, ✆ 759226, und ***My Lan*****, ✆ 077/759044, sind zwei neue und gut geführte Unterkünfte, beide mit netten Zimmern mit ac, TV und Kühlschrank sowie passablen Restaurants.

Binh An Guesthouse*–*, ✆ 077/854332, schäbige Zimmer mit Ventilator in barackenartigen Behausungen, aber auch wesentlich hübschere Doppelzimmer mit ac in einem neueren Flügel.

Hon Trem Hotel*, ✆ 077/854331, stand zur Zeit der Recherche kurz vor seinem Umbau. In Zukunft sollen die großen Holzvillen einem größeren Ferienkomplex mit Swimming Pool, Tennisplatz, Karaoke-Bar, Massagesalon und schicken, neuen Zimmern weichen, die dann natürlich höhere Preise haben.

Das Essen könnte in den **Restaurants** am Meer frischer nicht sein, denn die Meeresfrüchte werden direkt von den Fischern am Strand gekauft. Jedes Lokal stellt seine Auswahl in Schalen im Schatten aus und bietet die Möglichkeit, seine eigenen Garnelen zu grillen – auf den Sonnenuntergang muss man hier jedoch leider verzichten.

Transport

Die Strecke zwischen Binh An und Rach Gia wird von unregelmäßig verkehrenden **Bussen** bedient. Über Abfahrtszeiten informiert *Kien Giang Tourist.* Als Alternative kann man eine Honda Om nach Ba Hon nehmen (um US$2) und dort einen Bus nach Rach Gia oder Ha Tien heranwinken.

Ha Tien

Nach der Abzweigung zur Halbinsel Hon Chong überquert der Bus eine Brücke, die einen Flussarm voller blauer Fischerboote überspannt – mit eigenem Transportmittel ein lohnender Fotostopp – bevor er immer weiter in die nordwestliche Ecke des Deltas vordringt. Hinter Ba Hon folgt die Straße der Küste und wird rechts von ausgedehnten Nipapalmen-Arealen gesäumt, bis man 93 km nordwestlich von Rach Gia die einnehmende Stadt Ha Tien erreicht. Ungefähr 15 km davor bietet sich ein wunderschöner Blick auf die Khmer-Pagode von **Hon Heo**, die inmitten grüner Reisfelder an einem glitzernden See liegt.

Ha Tien selbst liegt von den Wellen des Golfs von Thailand umspült nur wenige Kilometer von der kambodschanischen Grenze entfernt. Trotz ihrer rund 100 000 Einwohner verströmt die Stadt das Flair eines abgeschiedenen Grenzorts; ein Eindruck, den die in die Jahre gekommene Pontonbrücke unterstreicht, die man auf der Fahrt in die Stadt möglicherweise überqueren muss Die neue Straßenbrücke westlich des Zentrums belegt allerdings, dass der Fortschritt inzwischen auch in diese Ecke Vietnams vorgedrungen ist.

Viele Besucher empfinden Ha Tien mit seinen vom Zahn der Zeit gezeichneten Kolonialgebäuden und den überall in der Sonne zum Trocknen ausgebreiteten Meeresfrüchten als malerischste und schönste Stadt des Deltas. Sie ist darüber hinaus einer der wenigen Orte dieser Region mit einer nennenswerteren Geschichte. Ha Tien wurde 1674 mit Erlaubnis der lokalen kambodschanischen Herrscher von dem chinesischen Immigranten **Mac Cuu** gegründet und entwickelte sich dank ihrer Lage an der Handelsroute zwischen Indien und China prächtig. Gegen Ende des 17. Jhs. warf Siam (das spätere Thailand) ein begehrliches Auge auf die Siedlung, und Mac Cuu war gezwungen, Hué um Hilfe zu bitten. Die daraus resultierende Allianz, die mit Kaiser Minh Vuong im Jahre 1708 geschmiedet wurde, garantierte den militärischen Beistand Vietnams und ließ Ha Tien weiterhin gedeihen. Mac Cuu starb 1735, doch die Herrschaft der Familie sollte noch weitere sieben Generationen währen, bis 1867 die Franzosen das Ruder übernahmen. In der Folgezeit entwickelte sich die Stadt zu einer Hochburg des Widerstands. Die Vietminh verschanzten sich in den umgebenden Hü-

Postamt, Ho-Chi-Minh-Stadt

Im Mekong-Delta

Reisfelder bei Phan Thiet

Strände an der Südküste, Mui Ne und Doc Let (o. r.)

Long Son Pagode, Nha Trang

Hoi An

Die verbotene Stadt, Hué

Grab von Kaiser Khai Dinh, nahe Hué

Huyen Khong-Höhle, Marmorberge

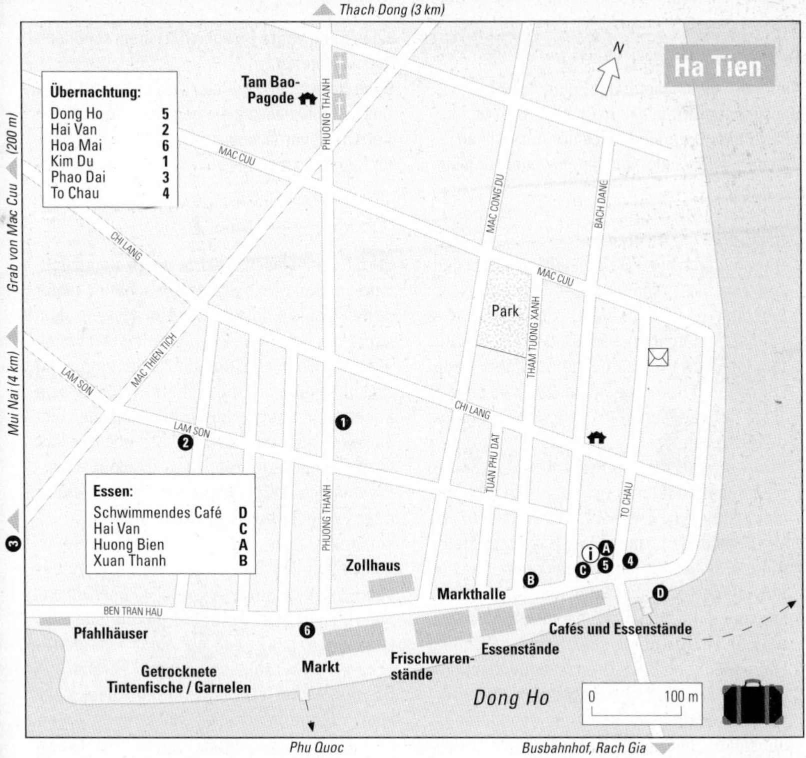

geln und griffen die französischen Truppen sogar vom südlich gelegenen **To Chau-Berg** aus an.

Nach einem Bummel über den lebendigen **Markt** in der Ben Tran Hau und einem Abstecher zu den Fischerbooten, die westlich davon ihre Waren entladen, hat man so ziemlich alle Attraktionen von Ha Tien gesehen. Wer will, kann den Spaziergang entlang der Mac Thien Tich und weiter auf der Mac Cuu nach Westen bis zu einem Mac Cuu geweihten Tempel am Fuße eines Hügels fortsetzen, auf dem er und seine Verwandten in traditionellen chinesischen Gräbern bestattet liegen. Hinter feuerroten Mauern glühen vor Mac Cuus Grabplatte drei elektrische „Räucherstäbchen" und halten die Erinnerung an Ha Tiens Gründungsvater aufrecht. Mac Cuus tatsächliche **Begräbnisstätte** befindet sich ganz oben auf dem Hügel und ist mit einem Yin-und-Yang-Symbol, zwei Schwertkämpfern sowie einem weißen Tiger und einem blauen Drachen geschmückt. Vom Hügel bietet sich eine schöne Aussicht über die Kokosnusspalmen bis hin zum Fluss.

Ein Stück weiter auf der Mac Thien Tich nach Norden erreicht man das von Bäumen umrahmte Gelände der heiteren **Tam Bao-Pagode**, die sich durch einen hübschen Lotusteich und eine riesige Statue von Quan Am auszeichnet. Hinter der gelben Pagode, die von Mac Cuu höchstselbst gegründet worden sein soll, erstreckt sich ein hübscher Blumengarten mit verstreuten Gräbern, um deren Pflege sich die hier ansässigen Nonnen kümmern. Die hintere Halle der Pagode beherbergt eine Statue der Göttin mit den 1000 Händen und 1000 Augen, die auf einer pinkfarbenen Lotusblüte sitzt. Fotos und Grabplatten hinter der Statue erinnern an die Toten der Stadt, während zu ihrer Linken schlichte Zeichnungen der zehn buddhistischen Höllen hängen.

Übernachtung

To Chau*, gleich hinter der Pontonbrücke, am südlichen Ende der To Chau, ✆ 852148. Altehrwürdige Unterkunft mit einer Auswahl an Zimmern mit ac oder Ventilator, wobei nur diejenigen nach vorne Balkone mit einem schönen Ausblick bieten.

Dong Ho*–*, gegenüber, ✆ 852141, altes koloniales Überbleibsel mit einigen prächtigen Zimmern nach vorne sowie einigen beengten Unterkünften nach hinten; leider versperren die mit

Radtouren um Ha Tien

Die Umgebung von Ha Tien lädt zu einem ganzen Tag der Erkundung per Rad ein. Nordwestlich der Stadt bietet sich sogar eine schöne Rundtour an, sodass man nicht einmal den gleichen Weg zurückfahren muss. Räder können von Hotels wie dem *Dong Hu* oder *To Chau* für wenig mehr als einen Dollar pro Tag geliehen werden.

Verlässt man die Stadt auf der Lam Son in westlicher Richtung, erreicht man bald das malerische, von Enten und Schweinen bevölkerte Umland, wo man Kinder auf ihren Hausbüffeln herumturnen sehen kann. Endlose Reisfelder, Kokosnusshaine und ausgedehnte Flächen mit Nipapalmen säumen die Straße, die sich am Fuß der flachen Hügel in Richtung kambodschanischer Grenze entlangschlängelt. Ein **Friedhof für Kriegsopfer** 2,5 außerhalb der Stadt dient als erster Orientierungspunkt; von dort sind es weitere 1,5 km bis zur ersten von zwei ausgeschilderten Abzweigungen nach **Mui Nai** („Hirschkopf-Halbinsel", geringe Eintrittsgebühr), wenngleich die Form eines Hirschkopfs auch bei genauem Hinsehen kaum irgendwo in den Hügeln auszumachen ist. Der abzweigende Weg führt durch ein pittoreskes Dorf und erreicht dann eine ruhige Bucht mit dunklem Sand.

Spätestens beim Anblick der **Mui Nai-Pagode** kurz hinter der Abzweigung wird klar, dass man sich wieder in Khmer-Territorium befindet. In Anbetracht ihrer kärglichen Ausstattung lohnt es jedoch kaum, sich an den aggressiven Gänsen vorbeizuschleichen, die den Hof der Pagode bewachen. Mehrere Hundert Meter weiter folgt die zweite Abzweigung nach Mui Nai, von der ein Pfad – markiert durch ein Tor, an dem eine kleine Eintrittsgebühr entrichtet werden muss – zum schönsten Strand in dieser Gegend führt. Die geradezu idyllische 400 m lange Sandbucht wird von Kokosnusspalmen beschattet, hinter denen üppig grüne Hügel aufragen. In dem sauberen seichten Gewässer lässt es sich schön schwimmen, und für Kinder wurde mit Plastikbojen extra ein sicherer Badebereich abgetrennt. Übernachtungsmöglichkeiten gibt es keine, aber die Hand voll Strandcafés lädt dazu ein, ein paar Krabben zu knacken, ein erfrischendes Stück Wassermelone zu essen oder einfach nur eine Kokosnussmilch zu schlürfen. Wer richtigen Hunger verspürt, kann auch das Restaurant *Hai Dang* aufsuchen, das eine große Auswahl an Speisen anbietet. Folgt man dem Pfad um die südliche Landzunge, stößt man auf einen fast identischen, aber wesentlich ruhigeren Strand.

Bei der Weiterfahrt entlang der Küste sieht man – lange bevor man ihn erreicht – den 48 m hohen Granitvorsprung, der die **Thach Dong** („Steinhöhle") beherbergt; knapp 4 km hinter Mui Nai liegt eine Kreuzung, deren rechte Abzweigung zum Fuß des Felsens führt, links geht es ins Grenzgebiet – ausgeschildert als „Frontier Area" – was die Route von vornherein ausschließt. Ein **Denkmal** in Form einer zusammengeballten Faust zur Erinnerung an die 130 Toten, die 1978 von den Roten Khmer in der Nähe ermordet wurden, markiert den Eingang zur Thach Dong; ◷ tgl. 7–18 Uhr. Dahinter führen Treppen zu einer **Höhlenpagode** hinauf, die von einer ganzen Kolonie Fledermäuse bewohnt wird. Die Schreine für Quan Am, Buddha und andere sind nicht herausragend, aber von den in den Fels gehauenen Aussichtspunkten bietet sich ein fantastischer Blick über die Hügellandschaft, die Reisfelder, das Meer und ins nahe Kambodscha. Von der Höhle sind es nur noch wenige Kilometer zurück nach Ha Tien.

Metall verkleideten Fensterläden ein wenig die Aussicht.
Kim Du**, 14 Phuong Thanh, ✆ 851929, ist die schönste Unterkunft der Stadt und bietet Zimmer mit ac, Satelliten-TV und Kühlschrank, Frühstück inkl.
Hai Van*, 646a Lam Son, ✆ 852872, scheint wie kein anderes Hotel auf ausländische Gäste eingestellt zu sein. Gesellige Atmosphäre, die größeren Zimmer mit ac sind empfehlenswert.
Hoa Mai*–**, 1–3 Duong Tran Hau, ✆ 852670, saubere und komfortable Zimmer mit Bad und ac oder Ventilator, z.T. mit Blick auf den Fluss.
Phao Dai Hotel*, in Nachbarschaft der neuen Brücke über den Fluss, ✆ 851849, wacht in majestätischer Lage über Ha Tien und sieht teurer aus als es ist. Saubere Zimmer mit Bad, diejenigen im Obergeschoss mit Ventilator sind ein richtiges Schnäppchen; große Gemeinschaftsbalkone mit prächtiger Aussicht über den To Chau, in die andere Richtung sogar bis zur Mui Nai-Bucht.

Essen

Xuan Thanh, am Fluss, serviert gute vietnamesische und auch ein paar westliche Gerichte in sauberer Umgebung zu günstigen Preisen, englische Speisekarte, häufig voll.
Hai Van, im gleichnamigen Hotel, ebenfalls am Wasser gelegen. Gutes Frühstück und eine große Auswahl vietnamesischer Speisen.
Huong Bien, um die Ecke in der To Chau, schlichtes Ambiente, aber ebenfalls gute Speisen, alle um US$1,50.
Das schwimmende Café neben dem Pier ist ideal, um bei einer Tasse Kaffee oder einer Erfrischung und einen Snack die Umgebung zu beobachten.
Entlang der Uferstraße gibt es diverse Cafés und **Essenstände**, einige davon mit einfachen *com*-Gerichten im Angebot.

Sonstiges

GELD – ***Kien Giang Tourist*** (s.u.), einziger Ort in der Stadt, wo Bargeld der meisten Währungen in Dong gewechselt wird.

INFORMATIONEN – ***Kien Giang Tourist***, Vertreter des Touristenbüros sind manchmal an der Rezeption des *Dong Ho Hotel* anzutreffen; Vermittlung von Führern sowie Verleih von Motor- und Fahrrädern.

VORWAHL – 077

Transport

BUSSE – Der **Busbahnhof** liegt einen kurzen Fußmarsch vom Zentrum entfernt am südlichen Ende der Pontonbrücke.
Busse nach:
CAN THO 5 Std.;
CHAU DOC 4 Std.;
HO-CHI-MINH-STADT 8 Std.;
LONG XUYEN 5 Std.;
RACH GIA 2 1/2 Std.

SCHIFFE – Vom Pier in der Ben Tran Hau legen Passagierboote in der Regel tgl. nach CHAU DOC, 7–8 Std., und zur Insel PHU QUOC, ab – aktuelle Abfahrtszeiten bitte erfragen. Allerdings dürfen Ausländer die Fähre von Ha Tien nach Phu Quoc derzeit nicht benutzen, obwohl Berichten zufolge dies in einzelnen Fällen trotzdem und problemlos möglich gewesen sein soll. Es ist jedenfalls sicherer und einfacher, die Fähre ab Rach Gia oder Ba Hon zu nehmen.

Phu Quoc

Es sind knapp 120 km von Rach Gia und rund 60 km von Ba Hon zur Insel Phu Quoc, die sich von ihrem schlanken südlichen Zipfel wie ein aus seiner Flasche befreiter Geist nach Norden ausbreitet. Die unmittelbar vor der kambodschanischen Südküste im Golf von Thailand gelegene Insel misst 46 km von Süd nach Nord und ist mit einer Fläche von 593 km^2 die größte Meeresinsel Vietnams. Offiziell gehört sie zur vietnamesischen Provinz Kien Giang, sie wird jedoch auch von den Kambodscha beansprucht, das sie Kho Tral nennt.

Die Geologie und Vegetation von Phu Quoc unterscheiden sich erheblich vom restlichen Delta und schaffen eine ebenso davon abweichende Atmosphäre. Phu Quocs isolierte Lage bot ein ideales Versteck für zwei der bekannteren Persönlichkeiten aus Vietnams Geschichte: **Nguyen Anh** verbarg sich hier im späten 18. Jh. auf der Flucht vor den Tay Son-Brüdern (s.S. 85/86), **Nguyen Trung Truc** (s.S. 252/253) in den 60er Jahren des 19. Jhs. vor den Franzosen. Auf der im ganzen Land für ihren schwarzen Pfeffer und ihre Fischsoße *(nuoc mam)* bekannten Insel leben heute über 75 000 Menschen sowie die stattliche Population einer einheimischen Hundeart (zu erkennen an einem aufgestellten, gegen den Strich entlang der Wirbelsäule verlaufenden Streifen im Fell).

Noch bis vor kurzem verirrten sich nur wenige ausländische Touristen nach Phu Quoc. Inzwischen hat in den dichten Wäldern und an den herrlichen Stränden jedoch ein Bauboom eingesetzt, der leider nichts Gutes verheißt. Schon jetzt die Insel ein beliebtes Ziel für die in Ho-Chi-Minh-Stadt arbeitenden Ausländer, die in den häufig ausgebuchten und regelmäßig verkehrenden Flugzeugen zu einem Kurzurlaub anreisen. Auf der neuerdings verlängerten Landepiste können nun nicht mehr nur 60-sitzige Propellerflugzeuge, sondern auch große Jets landen, und es existieren bereits Pläne für den Ausbau zu einen internationalen Flughafen mit Verbindungen nach Thailand und Singapur. Für die Investoren und die Einheimischen sieht Phu Quocs Zukunft rosig aus, und in freudiger Erwartung schießen überall Ferienhotels und Bars aus dem Boden. Noch herrscht eine gewisse Pionierstimmung, die Besuchern das Gefühl vermittelt, an irgendeinem entfernten Außenposten gelandet zu sein: Stromausfälle sind an der Tagesordnung, viele Orte können nur über schlechte Straßen erreicht werden, und die jungfräulichen Strände leiden noch in keinster Weise unter aufdringlichen Händlern. Zur Regenzeit von Mai bis Oktober geht es auf Phu Quoc relativ ruhig zu, weshalb sich in dieser Periode die Zimmerpreise leichter verhandeln lassen.

Duong Dong

Während eines Aufenthalts auf der Insel landet man früher oder später in der einzigen Siedlung nennenswerter Größe, Duong Dong, und sei es nur um zur Post zu gehen, eine E-Mail abzuschicken oder auf dem **Markt** neue Vorräte einzukaufen. Mit Ausnahme des kleinen **Leuchtturms** und des **Tempels** (Dinh Cau) auf einem Landvorsprung am Eingang zum Hafen, von wo man zumindest eine schöne **Aussicht** über die Küste genießt, gibt es ohnehin kaum etwas zu sehen. Hat man eine der hiesigen **Fischsoßen-Fabriken** besichtigt und einen Spaziergang am Meer absolviert, wo es zur Tintenfischsaison – üblicherweise zwischen Januar und Mai – am lebhaftesten zugeht, bleibt eigentlich nur noch ein Motorrad oder ein Xe Om zu mieten und die Umgebung zu erkunden.

West- und Nordküste

Hauptattraktion der Insel sind ihre traumhaften Strände. Ein Großteil der Hotels und Gästehäuser liegt südlich von Duong Dong an der **Westküste** und verteilt sich entlang des treffend benannten **Bai Truong** („Langer Strand“), der sich ca. 20 km bis an den Südzipfel der Insel ausdehnt. Zu fast allen Hotels gehört ein eigener Abschnitt weichen, goldgelben Sandstrands – ideal zum Sonnenbaden, Beobachten des Sonnenuntergangs und Schwimmen, allerdings tummeln sich im Wasser zuweilen auch winzige bösartige Kreaturen, die bei empfindlicher Haut Juckreiz oder ein leichtes Stechen verursachen können. Schon wenige Kilometer südlich von Duong Dong präsentiert sich der Strand als völlig menschenleere, traumhafte tropische Idylle. Wer mit dem Boot aus Rach Gia anreist, wird mit genau dieser Bilderbuchansicht als einem der ersten Eindrücke der Insel willkommen geheißen.

Nördlich der Stadt zeigt sich die Westküste etwas zerklüfteter, aber die wunderschönen Buchten entlang des **Ong Lang-Strands** sind definitiv einen Abstecher wert. Eine Hand voll heimeliger Unterkünfte bietet hier die perfekte Umgebung für beste Erholung. Leider ist auch diese Ecke nicht ganz von der Erschließungswut verschont geblieben, und am Nordende des Strands soll in Kürze ein Golfplatz eröffnen. Mehr als 70% der Insel sind bewaldet, und auf den Hügeln im Norden ist der Bestand besonders üppig. Strände sind in dieser Gegend allerdings spärlicher gesät und Unterkunftsmöglichkeiten nicht vorhanden.

Ostküste

Die Ostküste ist bislang nahezu unerschlossen und lohnt eine Erkundung vor allem während der Trockenzeit zwischen November und April. Eine gute geteerte Straße bietet hier angenehme Erholung von den staubigen Pisten der restlichen Insel. Eindrucksvollster Strand ist der **Bai Sao** („Sternstrand“), der wenig nördlich der T-Kreuzung

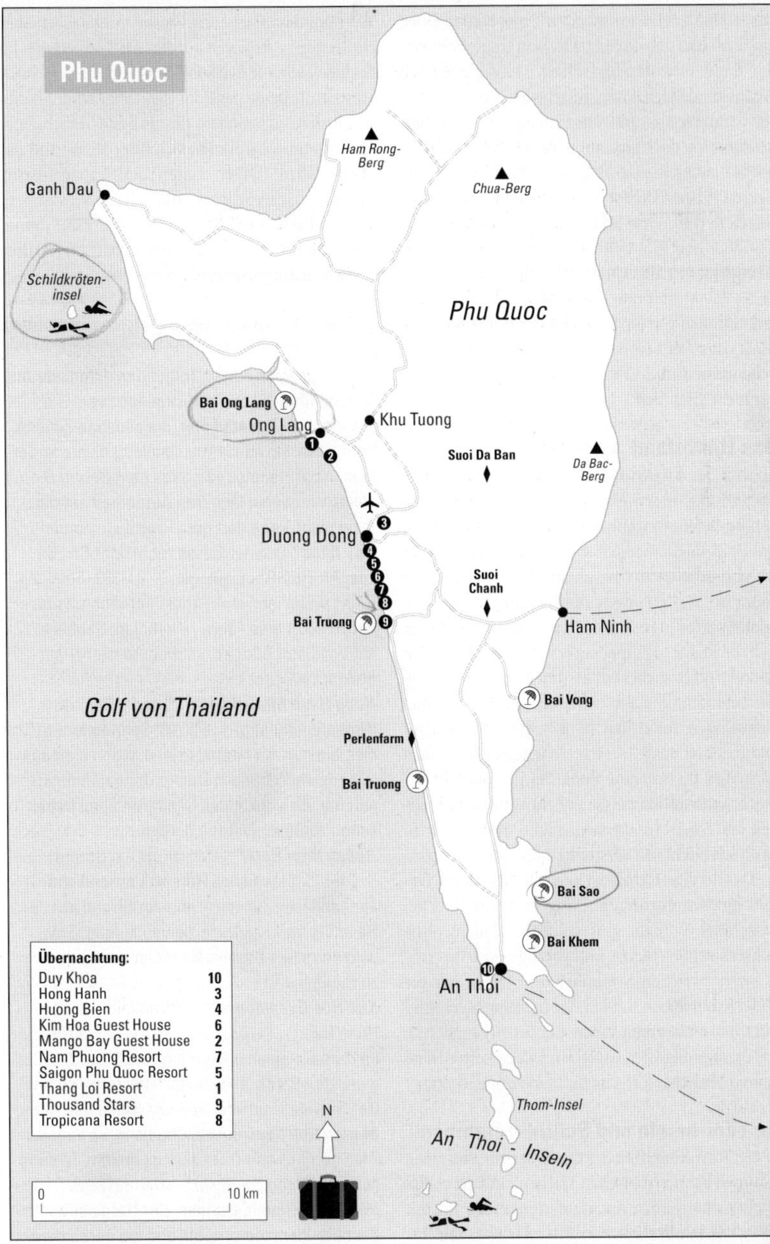
Phu Quoc
Ham Rong-Berg
Chua-Berg
Ganh Dau
Schildkröten-insel
Phu Quoc
Bai Ong Lang
Ong Lang
Khu Tuong
Suoi Da Ban
Da Bac-Berg
Duong Dong
Suoi Chanh
Batton
Bai Truong
Ham Ninh
Golf von Thailand
Bai Vong
Perlenfarm
Bai Truong
Bai Sao
Bai Khem
An Thoi
Thom-Insel
An Thoi - Inseln
Rach Gia
N
0
10 km
Übernachtung:
Duy Khoa 10
Hong Hanh 3
Huong Bien 4
Kim Hoa Guest House 6
Mango Bay Guest House 2
Nam Phuong Resort 7
Saigon Phu Quoc Resort 5
Thang Loi Resort 1
Thousand Stars 9
Tropicana Resort 8

ausgeschildert ist, wo die Straße aus Duong Dong auf die Ostküsten-Route trifft. Sein traumhaft weißer Sand und das blassblaue Meer ziehen am Wochenende viele Einheimische an, die den diversen Strandrestaurants ein einträgliches Geschäft bescheren – dasjenige am nördlichen Strandende hat besonders leckere Meeresfrüchte und die günstigeren Preise. Nicht minder strahlen weiß ist der **Bai Kem** (Eiscreme-Strand) etwas südlich von Bai Sao, aber hier gibt es keinen Schatten, der Strand ist übersät mit angespültem Abfall, und meist verbietet das Militär den Zutritt für Ausländer ohnehin. Nördlich von Bai Sao lohnt der **Bai Vong** einen Blick, das Wasser ist allerdings zu seicht zum Schwimmen und Erfrischungen sind so gut wie gar nicht erhältlich.

Das Hinterland

Abseits der Küsten lädt Phu Quoc zu herrlichen Erkundungstouren ein, wenngleich der Zustand der Straßen unweigerlich dafür sorgt, dass man am Ende des Tages mit einer dicken roten Staubschicht bedeckt sein wird. Überall auf der Insel und vor allem im Norden liegen **Pfefferplantagen**, leicht erkennbar an den 3 m hohen Pfählen, an denen sich die Pflanzen emporranken. An Orten wie **Khu Tuong** sind Besucher willkommen und dürfen sich ein wenig umschauen. In diesem zentralen Gebiet entspringen außerdem zwei bislang noch nicht kommerziell ausgeschlachtete **Quellen** – einfach nach **Suoi Da Ban** oder **Suoi Chanh** fragen. In der Trockenzeit führen sie meist kein Wasser und lohnen dann den Anfahrtsweg nicht, mitunter wird das Bild zudem von verstreutem Unrat verunziert.

Das bergige Terrain ist auch ein herrliches Terrain für **Wanderungen**. Da es keine markierten Wege oder Schilder gibt, sollte man nicht ohne Führer losmarschieren und vorzugsweise die Trockenzeit zwischen November und Dezember für derlei Exkursionen wählen. Die meisten Hotels und Gästehäuser können einen Führer organisieren. Die drei nördlichsten Gipfel sind wegen ihrer Nähe zu Kambodscha übrigens für Wanderer gesperrt.

An Thoi-Inseln und Schildkröteninsel

In den **Korallenriffen** der Gewässer vor Phu Quoc wimmelt es von tropischen Fischen, und die meisten Besucher verbringen mindestens einen Tag mit Schnorcheln oder Tauchen. Ein paar Korallen findet man dem Ong Lang-Strand vorgelagert, aber die besten Spots liegen vor den **An Thoi-Inseln** im Süden sowie vor der **Schildkröteninsel** im Nordwesten, die beide per Boot erreichbar sind. An diesen Riffen – das Erstere gilt als bestes Tauchrevier in Vietnam – kann man sich über Hirn- und Fächerkorallen treiben lassen und Papageifische, Skorpionfische, Schmetterlingsfische, riesige Seeigel und eine Vielzahl anderer Meeresbewohner entdecken. Mehr Infos zu Schnorchel- und Tauchanbietern unter „Touren".

Übernachtung

Abgesehen von den im Folgenden aufgelisteten Unterkünften gibt es zurückgesetzt vom Bai Truong viele **Privathäuser**, die günstige Zimmer vermieten. Ein ganze Ansammlung davon findet man in der Hauptstraße nahe dem *Huong Bien Hotel*. Wer einen längeren Aufenthalt auf der Insel plant, kann dort gute Preise aushandeln.

Duy Khoa*, in einer Gasse rechts der Straße zum An Thoi-Bootsanleger, ✆ 844832. Sinnvolle Wahl, wenn man in An Thoi übernachten muss, um von dort eine Fähre zu nehmen. Saubere DZ mit Ventilator oder ac, schöne Aussicht vom Balkon im 1. Stock.

Hong Hanh Mini-Hotel*–*****, gegenüber dem Flughafeneingang, ✆ 847708. Sehr einfache Zimmer, die nur von Interesse sind, wenn man aus irgendeinem Grund in Duong Dong nächtigen möchte; die stinkenden Sanitäranlagen haben schon zu Beschwerden geführt.

Huong Bien Hotel**–******, direkt am Strand, ✆ 846113. Staatliches Hotel mit ordentlichen, aber stillosen Zimmern, und der Strand vor der Haustüre wirkt nicht gerade einladend. Soll bald erweitert werden, daher ist mit Baulärm zu rechnen.

Kim Hoa Guesthouse**–******, abseits der Tran Hung Dao, ✆ 847039. Mehrere nette Holzbungalows sowie Zimmer in einem vom Strand zurückgesetzten Block, alle komfortabel eingerichtet. Der Service lässt allerdings zu wünschen übrig.

Mango Bay Guesthouse, Ong Lang-Strand, ca. 7 km nördlich von Duong Dong, unmittelbar südlich des *Thang Loi Resort*, ✆ 0913917369. Sehr ruhige Unterkunft, die man durch eine schöne Cashew-Plantage erreicht und die geräumige, elegante Zimmer sowie Bungalows mit Ventilator und großer Veranda bietet. Die Küste ist an dieser Stelle felsig, aber zu beiden Seiten gibt es einsame Sandbuchten.

Nam Phuong Resort**–*, abseits der Tran Hung Dao, ✆ 846319. Derzeit beste Budget-Unterkunft am Bai Truong. Recht kleine, aber saubere Zimmer mit Ventilator, einige davon mit Strandblick. Treffpunkt unabhängiger Touristenführer.

Saigon-Phu Quoc Resort, ab****, abseits der Tran Hung Dao, ✆ 846510. Gut ausgestattete, aber überteuerte Zimmer im Villen-Stil, die in einem Garten mit Blick auf den Strand liegen; u.a. kostenloser Shuttle-Bus und Pool. Ein Anbau mit günstigeren Unterkünften ist derzeit im Bau.

Thang Loi Resort–*****, Ong Lang-Strand, ca. 7 km nördlich von Duong Dong, ✆ 0918073494. Abgeschiedene Unterkunft mit 12 einfachen Bambus- und Holzhütten an einem jungfräulichen Strandabschnitt. Einfach ausgestattet – es gibt weder Warmwasser noch Ventilatoren und nur am Abend Elektrizität –, aber das Resort gewinnt zunehmend an Beliebtheit bei all jenen, die ein paar Tage in Ruhe verbringen möchten. Exzellente Schnorchelmöglichkeiten.

Thousand Stars*–******, 3 km südlich von Duong Dong am Bai Truong, ✆ 848203. Skurrile Anlage mit Statuen einer Meerjungfrau und von Delphinen am Strand sowie anderen seltsamen Gebilden auf dem Gelände. Beliebt bei Vietnamesen aus Übersee wegen der großen, komfortablen und gut ausgestatteten Zimmer und Bungalows. Die billigsten Zimmer liegen zurückgesetzt vom Strand und haben mit das beste Preis-Leistungs-Verhältnis an diesem Strandabschnitt.

Tropicana Resort*–******, abseits der Tran Hung Dao, ✆ 847127. Beliebtes Resort mit etwas überteuerten Bambusbungalows sowie einfachen Zimmern mit Veranda. Die Unterkünfte liegen in einem gepflegten tropischen Garten mit hübschem Bar-Restaurant und sind den extra Dollar wert.

Essen

Die Verpflegungsmöglichkeiten verbessern sich zusehends – zumindest ein positiver Aspekt der touristischen Erschließung der Insel. Jedes Strandhotel besitzt sein eigenes Restaurant, die meisten davon bieten ein passables Speisenangebot, einige sogar Meeresblick, aber insgesamt gesehen ist die Qualität sehr unterschiedlich und das Preisniveau häufig stark überhöht.

Zu den Besten zählt zweifelsohne das ***Tropicana Resort***, ohne Zweifel das beste. Das aus Bambus errichtete, strohgedeckte Restaurant mit Bar und Meerblick serviert eine ordentliche Auswahl westlicher und asiatischer Gerichte in lockerer Atmosphäre.

Thousand Stars, ca. 1 km weiter südlich am Bai Truong, bietet ebenfalls exzellentes Essen.

Hieu Family Restaurant, gleich südlich des *Tropicana* direkt am Strand gelegen, besteht aus kaum mehr als ein paar Pfählen, die ein Wellblechdach stützen, und ist um einiges billiger als die beiden oben genannten und aus diesem Grund häufig brechend voll. Geboten werden einfache Mahlzeiten.

Zur Zeit der Recherche waren zwei weitere Strandrestaurants/Bars noch im Bau, das ***Boat House***, nahe dem *Hieu Family Restaurant*, sowie der ***Beach Club***, südlich des *Thousand Stars*.

Die Restaurants im ***Mango Bay Guesthouse*** und ***Thang Loi*** am Ong Lang-Strand locken mit schönen Terrassen mit Meerblick und sehr gutem Essen.

Gop Gio, in Duong Dong, lebendiges Lokal, das viele Einheimische anzieht, aber auch eine englische Speisekarte bereithalten.

Sonstiges

GELD – ***Kien Long Bank*** (Western Union), 30 Thang 4, Duong Dong, tauscht US-Dollars sowie thailändische Baht in Dong, außerdemReiseschecks und zahlt gegen Vorlage einer Visa- oder Masterkarte Bargeld aus. Einige Hotels wie das *Tropicana* und das *Saigon Phu Quoc Resort* wechseln ebenfalls US-Dollars und Reiseschecks, allerdings zu ungünstigen Kursen.

INFORMATIONEN – Die meisten Resorts und Gästehäuser können mit Informationen behilflich sein.

Eine Zweigstelle des staatlichen Touristenbüros ***Kien Giang Tourist*** befindet sich im *Hoang Bien*

Hotel, allerdings scheinen die Mitarbeiter meist in der Pause zu sein.
Hilfreicher erweist sich das Touristenbüro im *Saigon-Phu Quoc Resort*, ✆ 846510, das auch verschiedene Touren organisiert (s.u.)

INTERNET – Bach Dang, von Süden kommend kurz vor der Brücke zum Markt auf der rechten Seite. Einen sehr teuren Internetzugang bieten das *Tropicana* und das *Saigon Phu Quoc Resort*.

MOTORRÄDER – Fast alle Resorts vermieten Motorräder für US$5–7 pro Tag, bei längerer Mietdauer gibt es Preisnachlässe. Vor der Abfahrt sollte man das Motorrad einem ausgiebigen Check unterziehen, da viele der Maschinen fast auseinander fallen.

POST – 30 Thang 4.

VORWAHL – 077

Touren

Die meisten Resorts und Gästehäuser können Führer für Wanderungen und Touren organisieren – eines der erfahrensten ist das *Thang Loi Resort*. Wer einen guten unabhängigen Führer sucht, sollte Huynh Van Anh (auch bekannt unter dem Namen Tony) kontaktieren, ✆ 0913197334, der die Insel wie seine Westentasche kennt.
Das Touristenbüro im *Saigon-Phu Quoc Resort*, ✆ 846510, bietet verschiedene Touren an, u.a. den Besuch einer hiesigen Perlenfarm am Bai Truong und einen Ausflug auf einem Fischerboot zum abendlichen Tintenfisch-Angeln.
Viele Resorts unternehmen **Schnorcheltrips** zu den Inseln vor der Küste und verlangen dafür rund US$10 p.P. inkl. Angeln und Mittagessen.
Rainbow Divers, ✆ 0913400964, www.divevietnam.com, ist ein gutes Unternehmen, das während der Saison fast jeden Tag um ca. 8 Uhr vom *Saigon-Phu Quoc Resort* zu **Tauchtouren** aufbricht; ein Tauchgang US$50, drei Tauchgänge US$100, nur Schnorcheln US$30, inkl. sämtlicher Ausrüstung und schmackhaftem Mittagessen. Im Programm sind auch PADI-Kurse im Meer sowie Kurse für Fortgeschrittene.

Transport

SCHIFFE – Nur wenige Besucher nehmen die langwierige Anreise mit der normalen **Fähre**, d.h. 6–7 Std. auf einem altersschwachen Schiff über die meist unruhige See, von Rach Gia auf sich. Als Alternative bietet sich das tägliche **Schnellboot**, ebenfalls mit Startpunkt Rach Gia, das die Reise auf 3 Std. verkürzt (hier werden bei der Abfahrt wohlweislich Spucktüten verteilt). Schiffe aus Rach Gia erreichen die Insel am **An Thoi-Anleger** in einer kleinen Siedlung im Süden der Insel. Von dort verkehren unregelmäßig Minibusse für US$1 nach Duong Dong – nach Bussen mit der Aufschrift „Huong Toan" Ausschau halten; wer sich mit dem Fahrer abspricht, kann vor Erreichen der Stadt eventuell am Hotel abgesetzt werden. Am Pier warten auch zahlreiche Honda Oms, die für ca. US$1 in die Stadt fahren. Ihre Rückreise nach RACH GIA treten das Schnellboot (3 Std., US$8) gegen 12 Uhr und die normale Fähre (6–7 Std., US$4) gegen 10 Uhr an, normale Wetterbedingungen vorausgesetzt. Generell ändern sich die Fahrpläne ständig, sodass es unbedingt ratsam ist, sich rechtzeitig über die aktuellen Zeiten zu erkundigen. Auch **Tickets** für das Schnellboot kauft man besser im Voraus; erhältlich im Büro in der 1 Tran Hung Dao, ✆ 980111.
Schiffe aus Ba Hon (s.S. 255) wiederum legen am **Ham Ninh-Pier** an, der etwa auf halber Höhe der Ostküste liegt. Für den Transport nach Duong Dong stehen Motorrad-Taxis bereit, US$1–2.
Das Schnellboot (tgl., 2 Std.) sowie die normale Fähre (tgl., 4–5 Std., US$4) zurück nach BA HON starten ebenfalls am Ham Ninh-Pier, meist gegen 10 Uhr.
Vom Norden der Insel bestehen auch Verbindungen nach Ha Tien, die Ausländer zur Zeit der Recherche jedoch nicht nutzen durften.

FLÜGE – Der Flughafen von Phu Quoc liegt am Rand von Duong Dong. Wartende Motorräder und Taxis fahren Ankömmlinge für weniger als US$1 zu den Hotels am Strand, nach vorheriger Absprache organisieren aber auch die meisten Hotels den Transfer vom Flughafen.
Es bestehen Flüge nach HO-CHI-MINH-STADT via Rach Gia (3x tgl. in der Hauptsaison, 1 Std.) und RACH GIA (5x wöchentl., 40 Min.).

Südliches und zentrales Hochland

Highlights

Dambri-Wasserfall Ein Spaziergang zu diesem beeindruckenden, ca. 50 m hohen Wasserfall lohnt selbst in der Trockenzeit.

Trekking-Touren Gelegenheit zu ausgedehnten Wanderungen bieten die Nationalparks Yok Don und Cat Tien.

Xuan Huong-See Bei einem Rundgang um den See im Zentrum von Da Lat lässt sich die wunderbar frische Luft genießen.

Lak-See Eine stimmungsvolle Paddeltour führt in der Morgendämmerung im Einbaum über den See.

Kaffee aus Buon Ma Thuot Die Cafés der Stadt laden zu einer Tasse frischem Kaffee ein, der in der Umgebung angebaut wird.

Bahnar-Dörfer In der Umgebung von Kon Tum kann man in einem Rong-Haus der Bahnar übernachten.

Der gebirgige Mittelteil Vietnams wird von den meisten Touristen vernachlässigt. Wen es nach einer anstrengenden und schweißtreibenden Reise durch die Küstenebenen dennoch in diese Gegend verschlägt, der empfindet die heimischen Bergvölker, die nebelverhangenen Gipfel und die donnernden Wasserfälle der Region im Allgemeinen als wohl tuenden Kontrast zu den tropischen Breiten des Landes. Dabei ist es gar nicht so leicht zu beschreiben, was genau die Anziehungskraft des zentralen Hochlands ausmacht. Das Reisen ist mit einigen Schwierigkeiten verbunden, die Straßen sind bisweilen unpassierbar, die lokalen Behörden machen viel Theater um unabhängig reisende Individualtouristen, und die Sehenswürdigkeiten der Region reißen auch nicht gerade zu Begeisterungsstürmen hin. Der Reiz des zentralen Hochlands liegt vielmehr in simpleren Genüssen wie der erfrischenden Bergluft oder Wanderungen und Radtouren, bei denen man den feuchten Nebel auf der Haut spürt. Hinzu kommt, dass die in Wollpullover, Schals und Pudelmützen gehüllten Hochlandbewohner eine Herzlichkeit ausstrahlen, die in anderen Teilen des Landes ihresgleichen sucht.

Das zentrale Hochland erstreckt sich von der kambodschanischen Grenze im Westen über die hohen Gipfel und breiten Plateaus des **Truong Son-Gebirges** hinweg und vom Fuß der Nationalstraße 1 im Süden Vietnams bis zu der Landenge, die sich nördlich von Da Nang wie ein Flaschenhals nach Hanoi in den Norden des Landes hinaufzieht. Nachdem die Brandrodung, einst das charakteristische Merkmal der Landwirtschaft in dieser Region, nach und nach eingestellt wurde, bringt der fruchtbare rote Boden heute beträchtliche **Naturreichtümer** hervor, darunter Kaffee, Tee, Kautschuk, Seide und Hartholz. Doch nicht alle Landstriche des zentralen Hochlands wurden von der groß angelegten Plantagenwirtschaft vereinnahmt, und einige Gebiete blieben glücklicherweise auch von dem während des Vietnamkriegs über großen Teilen der Region aus US-Flugzeugen abgeworfenen Napalm verschont. So werden auch heute noch große Teile der Landschaft von Urwäldern bedeckt, in denen zahlreiche **wilde Tiere** wie Elefanten, Bären und Gibbonaffen heimisch sind, die es irgendwie geschafft haben, auch die Zeiten zu überleben, in denen das zentrale Hochland ein beliebtes Jagdrevier war – wie geschaffen für den Müßiggang der Reichen aus Saigon und der Adeligen aus Hué.

Unter den insgesamt 2,5 Mill. Hochlandbewohnern befinden sich zahlreiche Angehörige **ethnischer Minderheiten**, die angesichts des chronischen Assimilationsdrucks aus Hanoi ständig um ihre Identität kämpfen müssen. Die Franzosen bezeichneten sie als **Montagnards** („Bergbewohner") oder auch weniger schmeichelhaft als Moï („Wilde"). Der Name Montagnards hat sich gehalten, auch wenn die so Bezeichneten selbst von der durch diesen Oberbegriff implizierten Vorstellung einer einheitlichen Bevölkerungsgruppe nichts wissen wollen. Die Völker des zentralen Hochlands, darunter Bahnar, Ede, Jarai, Sedang, Koho und Mnong, sind vom ethno-linguistischen Ursprung her mit Khmer, Malaien und Polynesiern verwandt. Die von den Franzosen während der Kolonialzeit verordnete Zwangsarbeit für Montagnards auf den Plantagen war wahrscheinlich einer der Gründe, warum es Vietminh-Agenten später gelang, unter den Bergbewohnern eine starke Antipathie gegen den Kolonialismus zu schüren. Im Vietnamkrieg erlangte das Hochland strategische Bedeutung, als dort mehrere US-amerikanische Armeestützpunkte errichtet wurden und die südvietnamesischen Streitkräfte im Gebirge von den Ortskenntnissen der Montagnards in ihren Reihen profitierten. Zum „Dank" wurden die Dörfer der Minderheiten nach strategischen Gesichtspunkten parzelliert, und ihr Land wurde systematisch mit Bombenteppichen belegt.

Nach Beendigung des Krieges zeigten die Kommunisten wenig Verständnis für den Wunsch der Montagnards nach Wahrung ihrer kulturellen Identität. Die Rebellenorganisation **FULRO** *(Front Unifié de Lutte des Races Opprimées,* Vereinigte Front für den Kampf unterdrückter Rassen, s.S. 120/121), die sich in den 60er Jahren gegründet hatte, um die Rechte der Bergstämme zu wahren, wurde von der Regierung systematisch geschwächt und schließlich zerschlagen. Über ein Jahrzehnt lang verfolgte Hanoi eine Politik der **zwangsweisen Vietnamisierung**, indem zahlreiche Dörfer zu neuen Siedlungen zusammengefasst wurden, wo sie leichter zu kontrollieren waren. In der jüngeren Vergangenheit führte die mit *doi moi* einhergehende **Liberalisierung** zu einer positiveren Haltung gegenüber den Minderheitenvölkern, deren unverwechselbare Kultur durch ihre starke Anziehungskraft für den

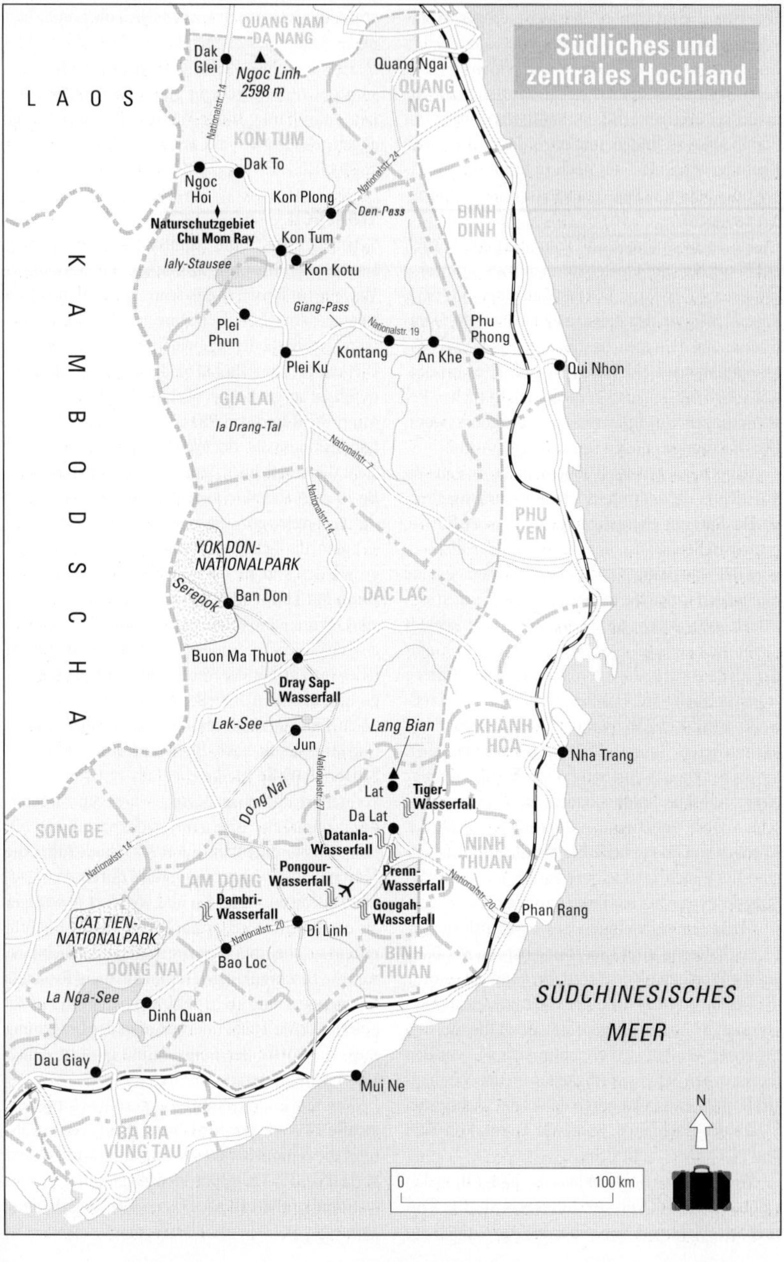

Südliches und zentrales Hochland
LAOS
KAMBODSCHA
QUANG NAM DA NANG
Dak Glei
Ngoc Linh 2598 m
Quang Ngai
QUANG NGAI
Nationalstr. 14
KON TUM
Dak To
Ngoc Hoi
Nationalstr. 24
Kon Plong
Den-Pass
Naturschutzgebiet Chu Mom Ray
BINH DINH
Kon Tum
Ialy-Stausee
Kon Kotu
Giang-Pass
Plei Phun
Nationalstr. 19
Phu Phong
Kontang
An Khe
Plei Ku
Qui Nhon
GIA LAI
Ia Drang-Tal
Nationalstr. 7
Nationalstr. 14
PHU YEN
YOK DON-NATIONALPARK
Serepok
Ban Don
DAC LAC
Buon Ma Thuot
Dray Sap-Wasserfall
Lak-See
Lang Bian
KHANH HOA
Jun
Nationalstr. 27
Nha Trang
Dong Nai
Lat
Tiger-Wasserfall
Da Lat
SONG BE
Datanla-Wasserfall
NINH THUAN
Nationalstr. 14
Pongour-Wasserfall
Prenn-Wasserfall
LAM DONG
Nationalstr. 20
Dambri-Wasserfall
Gougah-Wasserfall
Phan Rang
CAT TIEN-NATIONALPARK
Nationalstr. 20
Di Linh
Bao Loc
BINH THUAN
DONG NAI
La Nga-See
SÜDCHINESISCHES MEER
Dinh Quan
Dau Giay
Mui Ne
N
BA RIA VUNG TAU
0
100 km

Tourismus eine weitere Stärkung erfuhr. Ironischerweise streben inzwischen aber die meisten Angehörigen der Minoritäten nach einem moderneren Lebensstil, sodass es für Touristen zunehmend schwieriger wird, authentische Dörfer mit Pfahlbauten zu finden, und auch die traditionelle Kleidung wird meist nur noch zu festlichen Anlässen oder bei speziellen Veranstaltungen für Touristen getragen.

Für Individualreisende kann sich der Besuch eines solchen Bergdorfes durchaus als schwierig erweisen (Tipps zur Dorf-Etikette s.S. 532/533, Kasten), denn in den meisten Fällen läuft die Organisation über ein örtliches Touristenbüro und kostet eine Menge Geld. In jedem Fall ist es ratsam, sich möglichst genau über die jeweils aktuellen Bestimmungen zu informieren, besonders wenn Übernachtungen in den Dörfern geplant sind.

Hauptziel der meisten Touristen, die sich an den Aufstieg in die zentrale Hochlandregion machen, ist **Da Lat**, ein ehemaliger Erholungsort für die französischen *colons,* der angesichts der dichten, über der Stadt hängenden Nebelschwaden beinahe romantisch wirkt. Die meisten Besucher zeigen sich jedoch enttäuscht von Da Lat, denn in der Realität bleibt die einzig größere Stadt der Region hinter der Idylle zurück, die ihr von vielen Reiseführern zugeschrieben wird. Das liegt vor allem an der teilweise trostlosen Architektur und den noch erbärmlicheren Touristenfallen. Doch abgesehen davon hat Da Lat durchaus seine Reize, darunter einige hübsche Kolonialbauten und der von frischem Obst und Gemüse überquellende Markt. Nördlich von Da Lat beherbergt das zentrale Hochland noch mehrere kleinere Städte, deren Anziehungskraft weniger auf ihren touristischen Sehenswürdigkeiten als vielmehr auf den Dörfern und Landschaften in ihrer Umgebung beruht. Mit Blick auf die Problematik der Minderheitenrechte wurde die Region erst 1993 von der vietnamesischen Regierung für Ausländer geöffnet, doch die meisten Besucher wenden sich ohnehin nach wie vor den touristischen Sehenswürdigkeiten an der Nationalstraße 1 zu und bekommen daher die wichtigsten Städte des Hochlands, Buon Ma Thuot, Kon Tum und Plei Ku, nie zu Gesicht.

Wie man das Hochland erlebt, hängt in vielen Fällen sehr stark von der **Reisezeit** ab. Die Trockenzeit reicht von November bis April, doch am stimmungsvollsten präsentiert sich die Landschaft in der Regenzeit zwischen Mai und Oktober; andererseits kann der Regen aber auch für Probleme sorgen, denn die weniger guten Landstraßen stehen dann häufig unter Wasser, und auch einige abgelegene Dörfer sind mitunter nur sehr schwer zugänglich.

Transport

Gegenwärtig ist eine Minibustour mit Start in Hanoi oder Ho-Chi-Minh-Stadt die bevorzugte Variante für Reisen in das zentrale Hochland, doch ist es auch möglich, die Region auf eigene Faust mit dem Motorrad oder regionalen Bussen zu bereisen. Die Anfahrt nach **Da Lat** ist denkbar einfach, denn es führen ausgezeichnete Landstraßen von Ho-Chi-Minh-Stadt und von Phan Rang an der Küste ins Landesinnere. Bei der Weiterreise von Da Lat besteht die Möglichkeit, zunächst der **Nationalstraße 20** nach Süden zu folgen und nach rund 20 km die nach rechts abzweigende **Nationalstraße 27** zu nehmen, die sich Richtung Norden durch die Berge windet und in ihrem weiteren Verlauf nach **Buon Ma Thuot** auch den hübschen Lak-See passiert. Diese Landstraße wurde zwar erst kürzlich ausgebaut, doch besonders während der Regenzeit ist es ratsam, vor der Abreise aus Da Lat Erkundigungen über den aktuellen Straßenzustand einzuholen. Eine Alternative ist die direkte Fahrt von Ho-Chi-Minh-Stadt nach Buon Ma Thuot über die **Nationalstraße 14**, die ebenfalls erst vor kurzem verbreitert und ausgebessert wurde und irgendwann einmal eine Alternativstrecke nach Hanoi bilden soll. Nördlich von Buon Ma Thuot führt die Nationalstraße 14 schnurgerade durch das Dac-Lac-Plateau nach **Plei Ku** und von dort in weniger als einer Stunde weiter nach **Kon Tum**. Kon Tum erfreut sich bei Touristen zunehmender Beliebtheit, weil die Beschränkungen für unabhängig Reisende hier geringer sind als in der Umgebung von Plei Ku oder Buon Ma Thuot und weil es in der Umgebung mehrere Dörfer der Bergstämme gibt, in denen Übernachtungen möglich sind.

Von Kon Tum aus führt die attraktive **Nationalstraße 24** direkt zur Küste nach Quang Ngai, während die Nationalstraße 14 Richtung Norden dem Verlauf des Ho-Chi-Minh-Pfads folgt und später als **Nationalstraße 14B** nach Osten Richtung Da Nang abzweigt.

Wer kein eigenes Fahrzeug gemietet hat oder nicht im Rahmen einer teuren Tour mit einem Reiseveranstalter unterwegs ist, dem bleibt bei Ausflügen im zentralen Hochland nur die Möglichkeit, sich per **Honda Om** fortzubewegen. In Da Lat sind die Motorradtaxifahrer der Easy Riders eine der besten Informationsquellen, doch in der ländlichen Umgebung ist es nicht gerade einfach, einen Englisch sprechenden Fahrer zu finden; es lohnt sich aber zu suchen, besonders wenn abgelegenere Gebiete bereist werden sollen.

Es ist so gut wie unmöglich, Aussagen über die Häufigkeit zu machen, mit der **Busse** im zentralen Hochland verkehren. Denn öffentliche Überlandbusse fahren trotz fester Fahrpläne nicht los, wenn sie nur halb voll sind. Auch die auf den stärker frequentierten Strecken zusätzlich verkehrenden privaten **Minibusse** oder Pick-ups nehmen die Fahrt erst auf, wenn so viele Passagiere zugestiegen sind, dass sich die Fahrt lohnt. Bei einer längeren Reise ist es ratsam, sich früh auf den Weg zum Busbahnhof zu machen, denn die meisten Langstreckenbusse fahren zwischen 5 und 9 Uhr ab und nur noch sehr wenige nach Mittag. Auch bezüglich der **Fahrtdauer** lassen sich kaum exakte Aussagen treffen. Bei den in diesem Kapitel aufgeführten Fahrtzeiten handelt es sich jeweils um Durchschnittswerte.

Da Lat und das südliche Hochland

Die konischen Hüte der Zapfer, die auf den 67 km östlich von Ho-Chi-Minh-Stadt gelegenen Kautschukplantagen von **Dau Giay** arbeiten, fahren längst nicht mehr neugierig herum, wenn wieder einmal eine Minibus-Karawane auf dem Weg nach Da Lat im südlichen Hochland auf der Hauptstraße vorbeirast.

Während die **Nationalstraße 20** ihren Aufstieg beginnt, lockert sich das dichte Flechtwerk der Kautschukbäume nur gelegentlich auf, um reizende Ausblicke auf die schönen Täler freizugeben. Alle aus Ho-Chi-Minh-Stadt kommenden Touristenbusse halten kurz auf dem Damm, der den **La Nga-See** durchquert, wo sich die malerischen **Hausboote** aus Holz und Reet nur einen Kamerazoom entfernt auf dem Wasser wiegen. Die Einheimischen benutzen seltsam anmutende Tretboote zum Erreichen ihrer Behausungen, unter denen Fischzuchtanlagen ähnlich denen in Chau Doc (s.S. 244) liegen. Östlich von La Nga windet sich die Nationalstraße 20 über baumbestandene Berghänge hinauf, deren Gipfel fast ständig in ein dichtes Wolkenbett gehüllt sind. Nur gelegentlich wird das satte Grün der Landschaft vom roten Ziegeldach eines Bauernhofes oder der Silhouette grasender Rinder durchbrochen. Einige ungewöhnliche Felsformationen signalisieren schließlich die Ankunft in dem kleinen Nest **Dinh Quan**, 180 km südlich von Da Lat, wo die einst von intensiver vulkanischer Aktivität geprägte Landschaft an einen fremden Planeten denken lässt.

Nach und nach weichen die Berge den Tee-, Kaffee- und Maulbeerplantagen der Bao-Loc-Hochebene. Wer einen Zwischenstopp zwischen Ho-Chi-Minh-Stadt und Da Lat einlegen möchte, entscheidet sich am besten für die Plantagenstadt **Bao Loc**, denn in dem kleineren, 35 km weiter gelegenen Di Linh gibt es keine Übernachtungsmöglichkeiten. Außer bei einer ausgedehnten Rundreise über Phan Rang ist Da Lat die Endstation.

Bao Loc und Umgebung

Die Umgebung der mittelgroßen Stadt Bao Loc ähnelt einem Blatt Papier, das zusammengeknüllt und anschließend wieder glatt gestrichen wurde. Die zwischen die Hügelketten gezwängten Ebenen von Bao Loc bilden die Grundlage für eine reiche landwirtschaftliche Ausbeute. Neben **Tee** und **Kaffee** kultivieren die Einheimischen hier auch Maulbeersträucher, von deren Blättern sich die **Seidenraupe** ernährt.

Die herausragende Attraktion der Gegend ist der 150 km nördlich von Ho-Chi-Minh-Stadt und rund 50 km südlich von Bao Loc gelegene **Cat Tien-Nationalpark**, ✆/℻ 061/791227-8, ✉ cattien_nationalpark@fptnet.com.vn. Das über die Nationalstraße 209 erreichbare Schutzgebiet beherbergt den größten tropischen Flachlandregenwald Südvietnams und bietet fast 350 Vogel-, über 450 Schmetterlings- und über 100 Säugetierarten eine Heimat, darunter Wildkatzen, Elefanten, Affen und das seltene Java-Nashorn. Letzteres wird man aber kaum zu Gesicht bekommen, denn die wenigen Nashörner, die hier noch leben, sollen sich in einem für Besucher gesperrten Bereich aufhalten. Wer mit öffentlichen Verkehrsmitteln aus Ho-Chi-Minh-Stadt anreist, steigt am Mien-Dong-Bahnhof in einen Bus nach Da Lat und nennt dem Fahrer als Fahrtziel „Vuon Quoc Gia Cat Tien“ (Cat Tien-Nationalpark). Hat der Fahrer richtig verstanden, hält er bei Km 125 an der Kreuzung in der Nähe des Ortes Tan Phu. Von dort aus bedienen Motorradtaxis (US$2) den letzten, 25 km langen Streckenabschnitt über eine schmale, aber asphaltierte Landstraße. Bei der Anfahrt aus Richtung Norden zweigt unmittelbar südlich von Madagui eine ausgeschilderte (und ebenfalls asphaltierte) Straße nach rechts zum Park ab. Das Eintrittsgeld wird im Parkbüro entrichtet, einem Pfahlbau ca. 100 m vor dem Anlegepunkt der Fähre, welche die Besucher über den Dong-Nai-Fluss zum Hauptquartier des Parks befördert. Da der Nationalpark nur jeweils 70 Besucher gleichzeitig aufnehmen kann, ist es wichtig, vor der Abfahrt eine telefonische Reservierung vorzunehmen. Die Unterbringung erfolgt in einfachen Zimmern* mit Ventilator bzw. ac oder auf einem Zeltplatz (ohne Zelte), doch die Pläne für einen Ausbau der Anlagen (und eine Erhöhung der Preise) im Jahre 2004 liegen bereits in der Schublade. Es besteht auch die Möglichkeit, Fahrzeuge und Boote für Abstecher in die entlegeneren Winkel des Parks zu mieten, allerdings gibt es in der Gegend nur wenige Englisch sprechende Guides.

Es existieren ein Dutzend Wanderwege, die allerdings den Nachteil haben, dass die Ausgangspunkte meist nur mit einem gemieteten Jeep oder Pick-up samt Guide zu erreichen sind, sodass ein solcher Tagesausflug schnell US$15–20 verschlingt. Manche entscheiden sich daher für die so genannte „Nachtsafari“ (US$10), auch weil dabei die Aussicht besteht, Vertreter der angeblich 18 Säugetier- und 12 Reptilienarten zu Gesicht zu bekommen, die sich auf der Liste der gefährdeten Tierarten befinden.

Einige Reiseveranstalter in Ho-Chi-Minh-Stadt und Da Lat bieten organisierte Touren an, doch die meisten kennen sich im Nationalpark selbst nicht besonders gut aus. Eintritt US$1,30 pro Tag für die ersten zwei Tage, US$0,70 für jeden folgenden Tag.

Eine weitere interessante Attraktion der Gegend ist der beeindruckende, ca. 50 m hohe **Dambri-Wasserfall**. Die rund 18 km nordwestlich von Bao Loc gelegenen Fälle werden im Rahmen zahlreicher von Ho-Chi-Minh-Stadt aus veranstalteter Touren besichtigt, sind aber auch per Honda Om von Bao Loc aus zu erreichen. Wer sich als Individualtourist in Bao Loc aufhält, folgt der Straße, die neben dem Postamt nach Norden abzweigt, biegt an den ersten beiden Gabelungen jeweils links ab und folgt anschließend der Beschilderung. Die Landstraße zum Wasserfall führt durch eine hügelige, von Kaffee-, Tee- und Maulbeerplantagen geprägte Landschaft. Bei der Ankunft führen zwei Wege zu den Fällen, die in der Regenzeit als reißender Schwall in die Tiefe stürzen: Der Hauptweg hat einen Aussichtspunkt oberhalb der Fälle zum Ziel, wo ein hässlicher Zaun den Besucher vom Abgrund trennt. Von dort aus führt eine steile Treppe zum Fuß des Wasserfalls. Als Alternative für die Bequemeren steht auch ein Lift für 5000 d bereit. Ein weiterer Weg zweigt links ab und führt an einem Restaurant vorbei und eine steile Treppe hinunter zu einem Aussichtspunkt zwischen turmhohen Bäumen, der einen fantastischen Blick von vorn auf die Fälle eröffnet. Die beiden Wege sind durch eine über den Fluss führende Brücke miteinander verbunden, auf der die Gischt dem Besucher selbst während der Trockenzeit eine kleine Dusche verabreicht. Der Weg führt weiter flussabwärts zum Dasara-Wasserfall, einer kleineren Kaskade, doch dieser Abschnitt kann nach Regenfällen sehr rutschig werden. Auch wegen seiner Lage inmitten dichter Wälder ist der Dambri-Wasserfall um einiges attraktiver als die Wasserfälle in der Umgebung von Da Lat, und er ist der einzige, der auch in der Trockenzeit einen Besuch lohnt. Es gibt hier sogar ein Hotel mit schicken Zimmern: Das *Dambri**–**, ✆ 063/751517, 📠 751566, empfiehlt sich als Ausgangspunkt für ein paar schöne Tage in der freien Natur. 🕓 tgl. 7–17 Uhr, geringes Eintrittsgeld.

Hügelige Teeplantagen säumen die Landstraße in der Umgebung des urigen **Di Linh**. Zwischen die unscheinbaren Gebäude mischen sich immer wieder Häuser, die durch ihre alten Terrassen und Fensterläden auffallen und das Gefühl vermitteln, man befände sich irgendwo in der französischen Provinz. Das I-Tüpfelchen bildet die hübsche alte Dorfkirche.

Rund 25 km hinter Di Linh tauchen erstmals Pinien in der Landschaft auf, und die Beschilderung weist auf zwei weitere beeindruckende Wasserfälle in dieser Gegend hin: den **Pongour-Was-**

serfall zur Linken und den **Gougah-Wasserfall** zur Rechten. Ersterer liegt ca. 7 km abseits, während Letzterer nur 100 m von der Hauptstraße entfernt ist und während der Regenzeit eine kleine Stippvisite rechtfertigt. Von hier aus sind es noch etwa 40 km bis Da Lat, wobei der letzte, 10 km lange Streckenabschnitt von dicht bewaldeten Berghängen geprägt wird.

Übernachtung und Essen

Die Übernachtungsmöglichkeiten in Bao Loc sind recht begrenzt.

Bao Loc*–, ein kleines Stück südlich der Stadt an der Nationalstraße 20, ✆ 063/864107. Gutes Preis-Leistungs-Verhältnis, die Zimmer nach hinten raus bieten schöne Ausblicke auf die Umgebung. Unter den Einheimischen für seinen Massage-Service bekannt.

Hong Hoang*–, noch ein paar Hundert Meter weiter südlich, ✆ 063/863117. Kleinere Zimmer und insgesamt weniger ansprechend, aber immer noch akzeptabel.

Seri Bank Hotel–*****, etwas abseits der Nationalstraße an einem kleinen See, ✆ 063/864150. Das beste Haus am Platze, aber ein wenig überteuert. Freundliche Unterkunft mit Satelliten-TV, internationalem Direktwahltelefon und Geldwechsel.

An der Hauptstraße südlich des Stadtzentrums gibt es drei ordentliche Restaurants. Die beste Option ist das auch auf Reisegruppen eingestellte ***Lien Do***, das südlichste der drei. Daneben empfehlen sich das ***Na Hue*** und das ***Hung Phat*** in der Nähe des Hotels Bao Loc.

Da Lat

Inmitten der Hügel der **Lang Bian-Hochebene** und vom Cam Ly-Fluss eingefasst liegt in rund 1500 m Höhe die Stadt Da Lat, ehemals der führende Erholungsort in den Bergen für die Kolonialherren Vietnams. Die Stadt ist eine betörende Mischung aus labyrinthartigen Gassen, malerischen Kirchen, reich gefüllten Gemüsegärten und donnernden Wasserfällen, eingehüllt in die berauschenden Düfte von Pinien und verräuchertem Holz.

Fantasievolle Historiker deuten den Namen Da Lat als Abkürzung für den lateinischen Ausspruch *dat aliis laetitiam aliis temperiem* („Verleiht dem einen Freude und dem anderen Frische"), doch eine weitaus wahrscheinlichere Erklärung lautet, dass der Name auf den Fluss („da") des einheimischen Bergvolkes der Lat zurückgeht.

Ein gewisser Dr. Alexandre Yersin war der Erste, der 1893 während einer Forschungsreise durch das südvietnamesische Hochland die gesundheitsfördernden Eigenschaften des gemäßigten Klimas von Da Lat erkannte. Sein später veröffentlichter Reisebericht muss seine Leser schwer beeindruckt haben, denn vier Jahre später ordnete Paul Doumer, seines Zeichens Generalgouverneur von Indochina, die Errichtung eines Sanatoriums und Höhenkurortes an, wo die unter dem feuchtheißen Klima Saigons ächzenden *colons* frische Kräfte tanken sollten und sich nebenbei noch ein wenig bei der Jagd vergnügen konnten. Nach dem Genfer Abkommen von 1954 musste das gallische Kontingent seine Wintermäntel endgültig einpacken, doch bis dahin hatten bereits die Kathedrale, der Bahnhof sowie mehrere Villen und Hotels der Stadt ihren architektonischen Stempel aufgedrückt und die „French Connection" war ein für allemal geschmiedet. In stillschweigender Übereinkunft sahen während des Vietnamkriegs sowohl Hanoi als auch Saigon von einer Bombardierung der Stadt ab, sodass sich Da Lat zu großen Teilen auch heute noch so präsentiert wie vor einem halben Jahrhundert.

Man sollte sich jedoch davor hüten, mit zu großen Illusionen nach Da Lat zu kommen, denn mit ihren 135 000 Einwohnern ist die Stadt alles andere als ein idyllisches Provinznest. Angesichts der tristen Architektur beschrieb der Reiseschriftsteller Norman Lewis Da Lat in den 50er Jahren des 20. Jhs. als „trostlosen kleinen Kurort", und auch heute noch stehen die Relikte aus der Kolonialzeit und die Pagoden Seite an Seite mit einigen der finstersten Beispiele osteuropäischer Bausünden in ganz Vietnam. Hinzu kommt, dass mit den örtlichen Attraktionen versucht wird, die Vorliebe der einheimischen Touristen für Tretboote in Schwanenform, Pony-Trek-Guides in voller Cowboy-Montur und andere Scheußlichkeiten zu befriedigen, während sich das Nachtleben der Stadt so blutleer ausnimmt wie in einem Skiort außerhalb der Saison. Doch trotz allem ist und bleibt Da Lat ein schrulliges koloniales Kuriosum, ein wohl tuendes Tonikum für hitzegeplagte Touristen und ein großartiger Ort zum Entspannen für Körper und Geist. Wer sich durch die kühle Brise zu Aktivitäten anregen lässt, findet Möglichkeiten zum Mountainbiking und Klettern sowie zum Wandern in die Dörfer der Bergvölker. Dazu ist allerdings eine Genehmigung und ein Reisebegleiter erforderlich. Weitere Informationen zu möglichen Freizeitaktivitäten erteilen die in Da Lat ansässigen Veranstalter von Abenteuertouren (s. Sonstiges).

Cho Da Lat

Das Zentrum Da Lats erstreckt sich auf der Westseite des künstlichen **Xuan Huong-Sees**, der 1919 entstand, als die Franzosen den Cam Ly-Fluss aufstauten und den See „Grand Lac" nannten. Der französische Einfluss ist im Stadtkern immer noch sichtbar. Dort bedecken die gewundenen, von Steinhäusern mit roten Ziegeldächern gesäumten Gassen und Treppen eine Anhöhe, die von den Straßen Le Dai Hanh und Phan Dinh Phung eingefasst wird. Hauptanziehungspunkt ist jedoch der Markt **Cho Da Lat**, ein trister Stahlbetonbau, der ein atemberaubendes Sortiment an Obst und Gemüse bereithält. Neben einem prächtigen Blumenmeer werden Erdbeeren, Rote Bete, Fenchel, Avocados, Brombeeren und Kirschen verkauft, die in den Gärten um Da Lat angebaut werden. In Beuteln abgepackter Artischockentee und kandierte Erdbeeren werden ebenfalls an vielen Ständen angeboten. Das durch eine erhöhte Fußgängerbrücke mit dem oberen Abschnitt der Le Dai Hanh verbundene Obergeschoss nimmt sich dagegen vergleichsweise blass aus, obwohl die Haushaltswarenabteilung noch einiges hergibt, z.B. Kürbisflaschen, Lackwaren sowie von den Bergvölkern hergestellte Taschen und Stoffe. Montagnards, die ihre Habe in verzierten Rucksäcken transportieren, sind auf dem Markt kein ungewöhnlicher Anblick, ganz besonders am frühen Morgen, wenn sie sich hier zum Feilschen mit den Standbesitzern einfinden.

Rund um den Xuan Huong-See

Die um den glasklaren Xuan Huong-See führende Rundstrecke ist 7 km lang und lässt sich gut zu Fuß oder mit dem Fahrrad bewältigen. Wer am Westufer des Sees startet und sich Richtung Nordosten über die **Nguyen Thai Hoc** bewegt, lässt schon bald den Trubel der Innenstadt hinter sich, während sich zur Linken der Straße das ausgedehnte Gelände des **Golfclubs** von Da Lat erstreckt.

Eine kleine Insel im See und eine meistens anwesende Traube von Minivans signalisiert die Ankunft bei den **Blumengärten** von Da Lat zur Linken. Auf dem Gelände führen Wege an Hortensien, Rosen, Orchideen, Weihnachtssternen, Formsträuchern und einer Gärtnerei vorbei. Herausragendes gibt es hier nicht zu sehen, doch am Wochenende wimmelt es in den Gärten von Vietnamesen, die sich gegenseitig neben den Blumenbeeten fotografieren. Es werden Pudelmützen und einige extrem kitschige Souvenirs zum Verkauf angeboten, während die Besitzer der **Stände** außerhalb der Gärten Knäuel einer rotbraunen Farnfaser unter die Leute zu bringen versuchen, die als *cu ly* bezeichnet wird und Blut stillende Eigenschaften besitzt. 🕓 tgl. 6–18 Uhr, geringes Eintrittsgeld.

In ihrem weiteren Verlauf beschreibt die **Ba Huyen Thanh Quan** einen weiten Bogen um den See, vorbei an grasenden Kühen und Pferden. Sobald sie die Richtung nach Süden wechselt, lugt zur Linken der Schieferglockenturm des **Grand Lycée Yersin** aus den Baumwipfeln hervor. Wo die Ba Huyen Thanh Quan in die Yersin übergeht, hat man die Wahl zwischen zwei Routen: nach Westen bzw. zurück in die Stadt oder nach Osten die Nguyen Trai hinauf zum stillgelegten **Bahnhof Ga Da Lat**, der 1938 erbaut wurde und atmosphärisch die damalige Zeit heraufbeschwört. Unter dem mit sanften Konturen versehenen Ziegeldach und hinter den bunten Art-déco-Fenstern der Fassade erinnern die Fahrkartenschalter aus Marmor und Glas an einen Bahnhof in der französischen Provinz. Draußen befindet sich der Rangierbahnhof in einem reizvollen Zustand des Verfalls: Kühe grasen inmitten uralter Lokomotiven, und zwischen den Schienen wachsen Blumen und Gräser. Von 1933 bis Mitte der 60er Jahre verkehrten die Züge der Zahnradbahn zwischen Da Lat und Thap Cham (s.S. 315) und darüber hinaus, bis wiederholte Sabotageakte des Vietcong den Eisenbahnbetrieb schließlich zum Erliegen brachten. Heute werden hier noch zwei kleine Züge für **nostalgische Bahnfahrten** betrieben (ca. US$5, Abfahrt je nach Nachfrage bei mindestens zwei ausländischen Passagieren). Sie fahren durch die Landschafts- und Gemü-

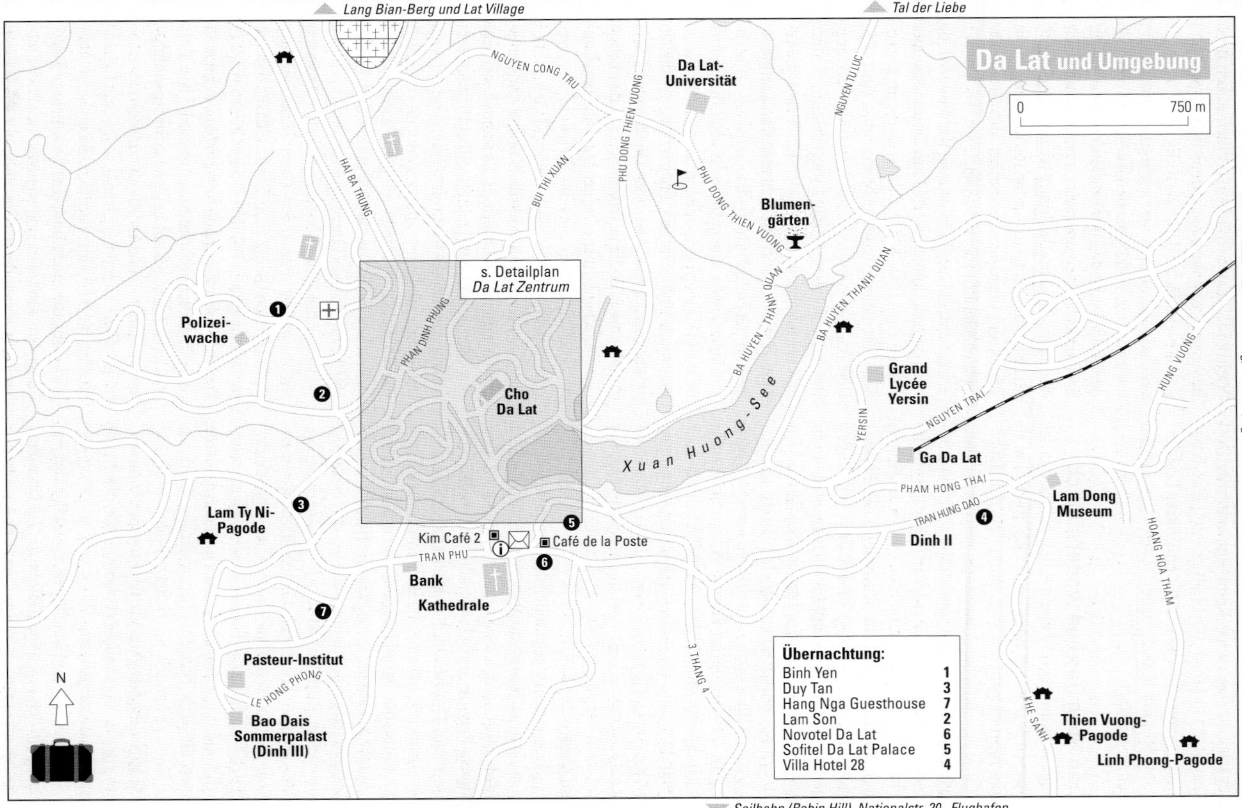

Lang Bian-Berg und Lat Village
Tal der Liebe
Trai Mat
Phan Rang, Trai Mat, Tiger-Wasserfall
Seilbahn (Robin Hill), Nationalstr. 20 , Flughafen
Da Lat und Umgebung
0
750 m
NGUYEN CONG TRU
Da Lat-
Universität
PHU DONG THIEN VUONG
NGUYEN TU LUC
HAI BA TRUNG
BUI THI XUAN
PHU DONG THIEN VUONG
Blumen-
gärten
BA HUYEN THANH QUAN
BA HUYEN THANH QUAN
s. Detailplan
Da Lat Zentrum
PHAN DINH PHUNG
Polizei-
wache
Cho
Da Lat
Xuan Huong-See
Grand
Lycée
Yersin
YERSIN
NGUYEN TRAI
HUNG VUONG
Ga Da Lat
PHAM HONG THAI
TRAN HUNG DAO
Lam Dong
Museum
Dinh II
HOANG HOA THAM
Lam Ty Ni-
Pagode
Kim Café 2
Café de la Poste
TRAN PHU
Bank
Kathedrale
3 THANG 4
Pasteur-Institut
LE HONG PHONG
Bao Dais
Sommerpalast
(Dinh III)
N
Übernachtung:
Binh Yen 1
Duy Tan 3
Hang Nga Guesthouse 7
Lam Son 2
Novotel Da Lat 6
Sofitel Da Lat Palace 5
Villa Hotel 28 4
KHE SANH
Thien Vuong-
Pagode
Linh Phong-Pagode

segärten in das einige Kilometer entfernte Dorf **Trai Mat** (40 Min.). Dort hält der Zug eine halbe Stunde – ausreichend Zeit für eine kurze Besichtigung der Linh Phuoc-Pagode –, bevor er nach Da Lat zurückfährt.

Tran Hung Dao und weiter südlich

Vom Bahnhof Ga Da Lat ein Stück zurück auf der Nguyen Trai zweigt links die Pham Hong Thai ab und führt bergauf zur Tran Hung Dao, der Hauptstraße des südlichen Stadtrands. Von dort schlängeln sich zwei schmale Landstraßen Richtung Süden und bieten sich für eine nette Radtour in die Umgebung von Da Lat an. Eine davon, die **Hoang Hoa Tham**, führt zur farbenfrohen **Linh Phong-Pagode**, deren Eingangstor von dem grimmigen Gesicht eines Drachen mit hervorstehenden Augen geziert wird. Hinter den knallgelben Türen, den blauen Keramikdrachen auf dem Dach und den roten, mit chinesischen Inschriften verzierten Säulen ist die eigentliche Pagode ein wenig enttäuschend. Dafür sind die hier lebenden Nonnen sehr freundlich, und die äußerst friedliche Umgebung bietet einzigartige Ausblicke auf das landwirtschaftlich entwickelte und baumbestandene Tal, aus dem vereinzelt Rauchsäulen aus Holzfeuern aufsteigen.

Die fast genau gegenüber der Pham Hong Thai von der Tran Hung Dao abzweigende Straße **Khe Sanh** führt zu einer weiteren Pagode, der **Thien Vuong-Pagode**. Sie ist bemerkenswert wegen ihres Trios aus 4 m hohen, karamellfarbenen Sandelholzstatuen (Shakyamuni im Zentrum wird von der Göttin der Barmherzigkeit und einem Schüler Amitabhas flankiert), die 1958 aus Hongkong hierher gebracht wurden. Ebenfalls beachtenswert ist die riesige **Buddhastatue** 100 m oberhalb der Pagode auf einem Hügel, die den Erleuchteten auf einer Lotusblüte sitzend darstellt. An den Ständen in der Umgebung der Pagode werden wie gewöhnlich kandierte Erdbeeren, Artischockentee und *cu ly* an die vorwiegend vietnamesischen Touristen verkauft. Es handelt sich dabei vor allem um junge Mädchen, die aus ganz Vietnam hierher kommen, um für ihr persönliches Wohlergehen und eine glückliche Ehe zu beten.

Die Reichen und Mächtigen, die in der Vergangenheit in den prächtigen **Villen** von Da Lat wohnten, bevorzugten als Wohngegend den südlichen Stadtrand. Die pastellfarbenen Villen stehen noch heute und verleihen mit ihrem Balkenwerk und den Schieferdächern der Tran Hung Dao eine besondere Note, auch wenn viele Häuser leider kaum noch vor dem Verfall zu retten sind. Etwas oberhalb der Straße ist an deren westlichem Ende eines der beeindruckenderen Beispiele zu sehen: **Dinh II**, die ehemalige Residenz des französischen Generalgouverneurs, die heute als Gästehaus für vietnamesische Regierungsangestellte dient und für die Öffentlichkeit nicht zugänglich ist.

Auf einem Hügel am Anfang der Hung Vuong steht das sehr lohnenswerte **Lam Dong Museum**, 4 Hung Vuong, ✆ 822339. Es ist in einem reizenden Kolonialhaus untergebracht, das einst Bao Dais Ehefrau gehörte, der Kaiserin Nam Phuong. Die Ausstellungsstücke sind sorgfältig angeordnet und vermitteln einen reizvollen Einblick in die ereignisreiche Geschichte der Region. Die Sammlung beginnt mit einigen Cham-Artefakten aus jüngeren archäologischen Ausgrabungen und beinhaltet neben in Gräbern gefundenen Reisgefäßen, Keramikwaren und Schmuck auch einige gefährlich aussehende Speere. Das erste Obergeschoss vermittelt eine gründliche Einführung in das Leben einheimischer Ethnien wie der Ma, Koho und Churu. Eine Landkarte zeigt die Verteilung der verschiedenen Völker in der Provinz, daneben sind viele ihrer Kunsthandwerksobjekte und Haushaltsgerätschaften zu besichtigen. Es handelt sich um eines der besten Museen im Hochland, wenngleich sich die Ausstellung im zweiten Obergeschoss zum Indochina- und Vietnamkrieg nur unwesentlich von ähnlichen Präsentationen im ganzen Land unterscheidet. 🕒 Di–Sa 7.30–11.30 und 13.30–16.30 Uhr, geringes Eintrittsgeld.

Weiter die Hung Vuong in östlicher Richtung entlang zweigt eine kleine Gasse rechts ab zum **Dinh I**, 1 Tran Quang Dieu, ✆ 823704. Es handelt sich um einen von Bao Dais vielen Palästen in der Region, ist aber kein unbedingtes Muss, wenn man Dinh III besichtigt, den Sommerpalast Bao Dais (s.u.), der fester Bestandteil vieler Stadtrundfahrten ist, denn von der Anordnung und den Einrichtungsgegenständen her ähneln sich beide Gebäude sehr. Dinh I bietet allerdings die besseren Ausblicke auf die Stadt und eine friedlichere Lage. Außerdem verlaufen sich weniger Besucher hierher, sodass sich der Ort in Ruhe genießen lässt.

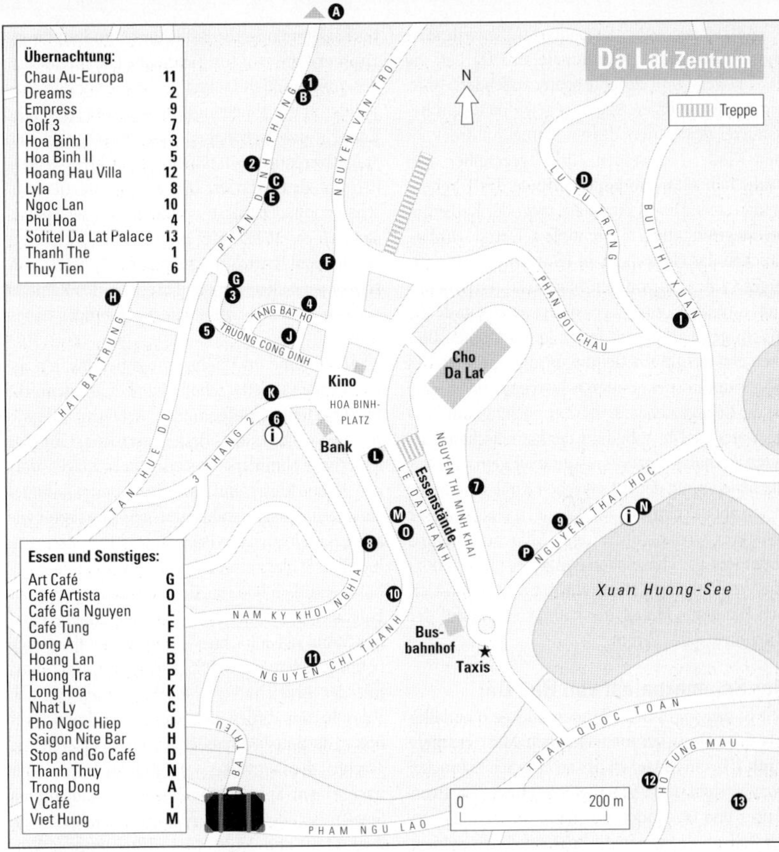

Bao Dai nutzte das Gebäude zum Arbeiten, und der Konferenzraum im Obergeschoss mit einer Landkarte Vietnams verströmt eine offizielle und geschäftliche Atmosphäre. An den Wänden der anderen Zimmer hängen interessante Fotos, darunter auch eines, das Bao Dai in einem Rennwagen zeigt, und eines von seinen Konkubinen. Wie in Dinh III sind die Einrichtungsgegenstände Klassiker aus den 30er Jahren des 20. Jhs. Weitere interessante Details sind der Eingang zu einem unterirdischen Geheimgang und eine altertümliche Telefonvermittlungsanlage am Eingang des Gebäudes. ⌚ 7.30–11.30 und 13.30–16.30 Uhr, geringes Eintrittsgeld.

Tran Phu

Westlich von Dinh II geht die Tran Hung Dao in die Tran Phu über, wo sich zwei der bedeutendsten Gebäude Da Lats aus der französischen Kolonialzeit befinden. Da wäre zunächst das herrlich restaurierte **Palace Hotel**, das heute zum Sofitel-Imperium gehört. Nach seiner Errichtung in den 20er Jahren des 20. Jhs. war es das gesellschaftliche Herz des kolonialen Da Lat. Ein erfrischender Drink auf der Hotelterrasse ist angesichts der wundervollen Aussicht auf den Xuan Huong-See und die sorgsam gepflegten Rasenflächen ein Luxus, den man sich ruhigen Gewissens gönnen sollte.

Auf der gegenüber liegenden Straßenseite steht die altrosafarbene **Kathedrale** von Da Lat, die 1931 geweiht und elf Jahre später vollendet wurde. Sie ist dem heiligen Nikolaus gewidmet, dem Beschützer der Armen, dessen Statue mit drei kleinen Kindern zu seinen Füßen gegenüber dem schlichten Altar am anderen Ende des Kirchenschiffs steht. Die 70 Buntglasfenster der Kathedrale, die größtenteils in Grenoble gefertigt wurden, tauchen das Gotteshaus in ein warmes und sonniges Licht, das von den blassrosa gestrichenen Innenwänden zurückgeworfen wird und die prächtigen Farben der frisch geschnittenen Blumen erst richtig zur Geltung bringt. Inmitten des insgesamt unspektakulären Interieurs der Kirche ist die Collage neben dem Altar noch mit am interessantesten. Die Abbildung der katholischen Märtyrer Vietnams wurde aus Altpapier gemacht, was die Erneuerung der katholischen Kirche Vietnams versinnbildlichen soll. Die Knochen einiger dieser Märtyrer werden unter dem Altar aufbewahrt. Ihren weniger glanzvollen Beinamen „Hühnerkirche" verdankt die Kathedrale übrigens einem kleinen Hahn aus Metall, der kaum sichtbar auf der Kirchturmspitze thront.

Der Sommerpalast von Bao Dai

Mit Bullaugen in den Wänden und dem auffällig aus dem Dach hervorstechenden Mast erinnert **Dinh III** vom Aussehen her an eine Schiffsbrücke. Man erreicht den ehemaligen Sommerpalast von Kaiser Bao Dai, indem man 500 m westlich von der Kathedrale links in die Le Hong Phong einbiegt und sich erneut links hält, wenn zur Rechten das breite Herrenhaus auftaucht, in dem das **Pasteur-Institut** untergebracht ist. Dinh III erinnert tatsächlich an einen Palast, wenngleich niemand so etwas wie den Buckingham Palace erwarten sollte. Das Gebäude wurde von 1933 bis 1938 errichtet, denn schließlich musste Bao Dai zwischen seinen Ausflügen zur Elefantenabschlachtung ja irgendwo unterkommen. Der senfgelbe Hauptteil des Gebäudes mit den auffälligen weißen Fugen wird von **Gärten** mit Rosen und Pinien umgeben. Der erste Raum zur Rechten hinter den großen blauen Metalllaternen beiderseits des Vordereingangs war Bao Dais **Arbeitszimmer** und wird heute von einer Büste des Ex-Kaisers beherrscht. Außerdem enthält es seinen Motorradhelm und eine kleine Büchersammlung. Die Büffelhörner im **Empfangszimmer** stammen von Tieren, die Bao Dai höchstpersönlich während seiner Jagdstreifzüge durch die Wälder in der Umgebung von Da Lat erlegte. Die Kaiserin gab sich lieber etwas beschaulicheren Freizeitvergnügen hin und klimperte hier gelegentlich auf dem Klavier. Der eleganteste Gemeinschaftsraum des Palastes ist der **Fest**- bzw. **Speisesaal**, doch angesichts der nach Möbelpolitur riechenden Einrichtungsgegenstände ist es nur schwer vorstellbar, dass in dieser dunklen Kammer einst kaiserliche Festivitäten stattgefunden haben sollen.

Die Räume im Obergeschoss beschwören die königlichen Geister schon eher herauf, denn die **kaiserlichen Schlafgemächer** sehen aus, als wären die Tücher zum Abdecken gerade erst für eine neuerliche Sommersaison zurückgeschlagen worden. Neben Kaiser und Kaiserin, in deren Kammer eine nach Zahnarztstuhl aussehende Chaiselongue steht, hatten auch die Prinzen und Prinzessinnen hier ihre Schlafzimmer. Das schönste Gemach gehörte natürlich Bao Dai, der auch den Luxus eines Balkons hatte, um „frische Luft zu schnappen und den Mond zu beobachten". Draußen auf dem Gang befindet sich noch eine absonderliche Mini-Sauna mit der Bezeichnung *Rouathermique*. Um den Palast herum werden die üblichen Attraktionen geboten, darunter Ponyreiten und Anprobieren von Trachten der Bergvölker, während der Ausgang nur nach einem Spießrutenlauf zwischen mehreren Souvenirständen hindurch zu erreichen ist. ⏲ tgl. 7.30–11.30 und 13.30–16.30 Uhr, geringes Eintrittsgeld.

Beim Rückweg in die Stadt fällt zur Linken unweigerlich ein märchenhaft anmutendes Gebäude ins Auge, das **Verrückte Haus von Hang Nga**. Bei Touristen erfreut es sich großer Beliebtheit, während sich die Geister der Einheimischen an dem ungewöhnlichen Bauwerk spalten. Das bizarre Haus, dessen Äußeres an knorrige Baumstämme erinnert, dient heute als Guesthouse (s. Übernachtung), doch auch Tagesbesucher sind willkommen, sich in den nicht belegten Zimmern umzuschauen, deren Einrichtung angesichts der vielen Spiegel und Pilze teilweise an *Alice im Wunderland* erinnert. Außerdem gibt es hier einen kleinen Hofgarten und ein Café, an dessen Wänden einige alte Fotos Aufschluss darüber geben, wie eine derart

Das Hochland Vietnams birgt einen Reichtum an Stoffen

groteske Konstruktion überhaupt zu einer Baugenehmigung kam: Als Tochter des ehemaligen Präsidenten Truong Chinh hatte die Besitzerin und Architektin Hang Nga freie Hand und brauchte sich um die üblichen Auflagen gar nicht zu scheren. ⌚ tgl., geringes Eintrittsgeld.

Lam Ty Ni-Pagode

Ein Besuch der Lam Ty Ni-Pagode in der nördlich der Le Hong Phong verlaufenden Thien My zählt zu den seltsamsten Attraktionen eines Aufenthalts in Da Lat. Dabei geht es nicht um die Pagode an sich, sondern um ihren einzigen Bewohner: Vien Thuc. Der so genannte „Verrückte Mönch" von Da Lat wird von seinen Hunden vorgewarnt, wenn sich Gäste an seiner Tür einfinden, und nicht selten macht er gar nicht auf. Als Dichter, Gärtner, Baumeister und Künstler ist Vien Thuc ein „Mönchdampf in allen Gassen", doch sein ganzer Stolz ist seine Malerei, die er in Form von Fingerschmierereien an den Wänden bereits im zarten Alter von zehn Jahren aufnahm, als er in die Pagode einzog. Sein übliches Gewand, eine dunkelbraune Mönchskutte mit spitzer Kapuze, ist meist mit Farbe beschmiert, sein Atelier ist ein Labyrinth aus Schuppen hinter der Pagode, die bis unters Dach mit über 100 000 Aquarellen und Ölgemälden voll gestopft sind. Die Ölfarbe ist so dick aufgetragen, dass die Bilder beinahe dreidimensional erscheinen. Die Arbeiten tragen Titel wie *Goldener Drache beim Baden im Milchstraßenfluss* oder *Schwermütige Musik im Schoße einer menschlichen Welt*, doch die große Mehrheit sind Selbstporträts – ein bemerkenswerter Umstand angesichts der Tatsache, dass Buddha seine Anhänger gerade zur Überwindung des Egos ermahnt.

Doch Vien Thuc ist noch für eine weitere Eigenschaft berühmt, die nicht unbedingt dem Ideal des Buddhismus entspricht, nämlich für seinen ausgeprägten Geschäftssinn. Seine Bilder stehen allesamt zum Verkauf, und seine Verhandlungen führt er nach Einschätzung der *New York Times* mit dem

„Geschick eines Autohändlers". Trotz allem ist Vien Thuc keineswegs verrückt, sondern allenfalls ein wenig exzentrisch, und wie bei den meisten Menschen schwanken seine Launen zwischen freundlich, teilnahmslos und aggressiv, sodass man als Besucher nie genau weiß, wie man empfangen wird.

Übernachtung

Aufgrund der anhaltenden Beliebtheit bei ausländischen und vietnamesischen Touristen verfügt Da Lat über eine große Palette an Übernachtungsmöglichkeiten, die von der billigen und schmutzigen Absteige bis zum Luxushotel mit internationalem Standard reicht. Wer einen Besuch über die **Feiertage** plant, ganz besonders zu Tet, sollte entweder früh anreisen oder im Voraus reservieren.

Die dichteste Konzentration an **Budget-Hotels** findet sich in dem Straßengewirr in der Umgebung des Kinos und an der Phan Dinh Phung. Es ist ratsam, sich zu vergewissern, dass der Zimmerpreis Warmwasser beinhaltet, was in großen Teilen Südvietnams Luxus, in Da Lat aber eine Notwendigkeit darstellt. Wer ein Hotel in der Phan Dinh Phung bezieht, sollte um ein nach hinten gelegenes Zimmer bitten, denn vorn an der Hauptstraße kann es sehr laut werden.

Einige Unterkünfte mit gutem Preis-Leistungs-Verhältnis gibt es auch in der Nguyen Chi Tanh, manche bieten Ausblick auf den See. Unter den vornehmeren Hotels befinden sich einige ebenfalls in der Innenstadt, doch die meisten liegen südlich und westlich des Stadtzentrums in ländlicher Umgebung. Wer das Geld locker sitzen hat, kann sich möglicherweise auch eine der kolonialzeitlichen Villen in der Tran Phu oder der Tran Hung Dao mieten; Auskünfte dazu erteilen die Touristeninformationen in Da Lat.

Binh Yen*–**, 7/2 Hai Thuong, ✆ 823631. Schöne Lage, etwas versteckt am oberen Ende der Hai Thuong mit Blick auf die Stadt. Die Angestellten sind hilfsbereit, die Zimmer eher durchschnittlich, aber alle mit Warmwasser und TV; die größeren 3-Bett-Zimmer bieten ein gutes Preis-Leistungs-Verhältnis. Dient als Unterkunft bei Touren von TM Brothers.

Chau Au-Europa*–***, 76 Nguyen Chi Tanh, ✆ 822870, ✉ europa@hcm.vnn.vn. Professionell geführtes Hotel mit einer Auswahl an unterschiedlichen Zimmern, allesamt strahlend sauber und anheimelnd. Für einen Zuschlag von US$5 bekommt man ein Zimmer mit Ausblick. Das Personal ist äußerst freundlich und hilfsbereit, Frühstück bei einigen Zimmern im Preis enthalten.

Dreams*–**, 151 Phan Dinh Phung, ✆ 833748, ✉ dreams@hcm.vnn.vn. Funkelnagelneues Minihotel, gut ausgestattete und makellos saubere Zimmer mit modernem Bad. Internet-Zugang zum Nulltarif von 19–22 Uhr, üppiges Gratisfrühstück und hilfsbereites Personal.

Duy Tan***, 83 Duong 3 Thang 2, zehn Gehminuten vom Stadtzentrum entfernt, ✆ 823564. Freundliche Mittelklasseunterkunft im Motel-Stil mit sauberen, aber etwas farblosen Zimmern. Wer sich im Obergeschoss einquartiert, vermeidet den Blick auf den Parkplatz. Frühstück inklusive.

Empress, ab****, 5 Nguyen Thai Hoc, ✆ 833888. Kleines, aber attraktives Gebäude im Kolonialstil mit Blick auf den See. Geschmackvoll eingerichtete Zimmer und alle möglichen Extras.

Golf 3*–********, 4 Nguyen Thi Minh Khai, ✆ 826042, ✉ golf3hot@hcm.vnn.vn. Exklusiver Hotelturm der Golf-Gruppe mitten im Stadtzentrum mit Auswahl zwischen komfortablen Suiten und preiswerten Standardzimmern.

Hang Nga Guesthouse–********, 3 Huynh Thuc Khang, ✆ 822070, 📠 831480. Das „Verrückte Haus" (s.S. 276) ist eine fantastisch verspielte, an knorrige Baumstämme erinnernde Konstruktion. Die thematisch unterschiedliche Einrichtung der Zimmer weckt Assoziationen zu *Alice im Wunderland*, doch das Platzangebot ist beschränkt. Hauptproblem ist die übertriebene Kommerzialisierung, denn angesichts des nie abreißenden Stroms von Touristen, die 5000 d für eine Besichtigung zahlen, müssen sich die Hotelgäste vorkommen wie Tiere im Zoo.

Hoa Binh I*, 64 Truong Cong Dinh, ✆ 822787. Das Budget-Hotel ist eine beliebte Anlaufstelle für Rucksacktouristen. Alle Zimmer haben Warmwasser und eigenes Bad, einige sogar einen Balkon mit gutem Ausblick auf den belebten Platz. Alternativ gibt es nach hinten heraus auch ruhigere Zimmer mit Terrasse. Café im Erdgeschoss.

Hoa Binh II*, 67 Truong Cong Dinh, ✆ 822787. Gemütliches kleines Hotel im Stil einer französischen auberge, direkt um die Ecke vom gleichnamigen Schwesterhotel und mit ebenso gutem Preis-Leistungs-Verhältnis: Alle Zimmer haben Warmwasser und ein großes Bad, das Personal ist genauso freundlich wie nebenan.

Hoang Hau Villa**–**, 8a Ho Tung Mau, unmittelbar unterhalb der Hauptpost, ✆ 821431. Attraktives Minihotel mit gut ausgestatteten Zimmern, teilweise mit Balkon. Frühstück inklusive, Kunstgalerie und Café in der Lobby.

Lam Son*–*, 5 Hai Thuong ✆/℻ 822362. Gemütliche Unterkunft auf einem Hügel unmittelbar außerhalb des Zentrums mit einigen geräumigen Zimmern im Altbauflügel und in der Nebensaison Aussicht auf Preisnachlässe.

Lyla**–**, 5 Nam Ky Khoi Nghia, ✆ 820051, ✉ lylahotel@hcm.vnn.vn. Kleines Minihotel mit geschmackvoll möblierten Zimmern, z.T. mit Blick auf den See. Gut geführter Familienbetrieb mit schickem Restaurant im Erdgeschoss.

Ngoc Lan**–***, 42 Nguyen Chi Thanh, ✆ 822136. Zentral gelegenes Hotel mit riesigen Zimmern und „allem modernen Komfort" plus Blick aus der Vogelperspektive auf den Xuan Huong-See.

Novotel Da Lat***, 7 Tran Phu, ✆ 825777, ✉ novotel@bdvn.vnd.net. Das schön restaurierte Kolonialgebäude spielt die zweite Geige hinter dem nahe gelegenen Sofitel Da Lat Palace. Angenehme und gut durchlüftete Zimmer mit elegantem Interieur und polierten Holzfußböden. Preisnachlässe in der Nebensaison sind möglich.

Phu Hoa*–*, 8 Tang Bat Ho, ✆ 822194. Die 34 Zimmer dieses betagten Hotels sind nicht besonders attraktiv und die Angestellten nicht immer freundlich, aber die billigste Übernachtung kostet nur US$4 und die Lage könnte nicht zentraler sein. Als Gruppe lohnt es sich, mehrere Zimmer mit je drei Doppelbetten zu nehmen.

Sofitel Da Lat Palace, ab*****, 12 Tran Phu, ✆ 825444, ✉ sofitel@bdvn.vnd.net. Nach aufwändigen Renovierungsarbeiten erstrahlt Da Lats schönstes Kolonialgebäude beinahe wieder im alten Glanz der 30er Jahre. Alle Zimmer sind hervorragend ausgestattet, ganz besonders die Präsidentensuite. Die Getränkepreise auf der Gartenterrasse sind angesichts der Atmosphäre nicht zu hoch, und auf dem Dach gibt es noch eine Bar.

Thanh The*–*, 118 Phan Dinh Phung, ✆ 822180. Wurde zur Zeit der Recherche gerade renoviert, wird aber nach Wiedereröffnung wohl im Bereich der Budget-Hotels einzuordnen sein.

Thuy Tien*, 7 Duong 3 Thang 2, ✆ 822125. Abgesehen von den scheußlichen Wandfarben gibt es hier komfortable und einladende Zimmer mit Satelliten-TV und modernem Bad. Touristeninformation im Empfangsbereich.

Villa Hotel 28***, 28 Tran Hung Dao, ✆ 822764. Uriges Gebäude im Stil einer französischen Herberge. Die Zimmer mit schönem Ausblick im Hauptgebäude sind denen im modernen Anbau vorzuziehen. Alle 13 Zimmer haben Warmwasser; Frühstück im Preis inbegriffen; gemütlicher Aufenthaltsraum mit offenem Kaminfeuer.

Essen und Unterhaltung

Da Lat bietet eine gute Auswahl an Restaurants mit vietnamesischer, chinesischer und französischer Küche. Die meisten befinden sich entweder in der Phan Dinh Phung oder in der Nähe des Kinos im Stadtzentrum. **Essenstände** gibt es ebenfalls zuhauf: *Pho, com* u.Ä. bekommt man in der Markthalle am unteren Ende der Le Dai Hanh. Hier gibt es auch ein paar vegetarische Stände, ausgewiesen als *com chay*. **Exotische Speisen** wie Schnecken, Wachteleier oder Schalentiere aus riesigen, dampfenden Kesseln servieren die Stände auf den Treppenstufen zwischen Kino und Markt. Wer eine Radtour plant, kann sich auf dem Markt im Stadtzentrum ein **Picknick** aus Brot, Käse, Kuchen und frischen Beeren aus der Umgebung zusammenstellen.

Nachtleben bedeutet in Da Lat für die meisten Einheimischen, ein Tässchen Kaffee in einem der stimmungsvollen **Cafés** der Stadt einzunehmen. Die einzige Möglichkeit zum Tanzen bieten die Hotel-Discos.

RESTAURANTS – ***Art Cafe,*** 70 Truong Cong Dinh. Im Herzen des Billighotelviertels mit stilvollem Bambusdekor und ansprechenden Gerichten knapp über US$1, z.B. mit Schweinefleisch gefüllte Paprikaschoten oder in Kräuterblätter eingerolltes Rinderhackfleisch. Außerdem Burger, Spaghetti, vegetarische Gerichte und billige Cocktails. ◷ 10 Uhr bis spät abends.

Café Artista, 9 Nguyen Chi Thanh. Gemütliches Café-Restaurant mit Violinen an den Wänden und abendlicher Pianomusik, dazu westliche Gerichte wie Spaghetti, getoastete Sandwiches und Brot mit Tsatsiki. ◷ 7–24 Uhr.

Dong A, 82 Phan Dinh Phung. Nicht viel fürs Auge, aber Speisekarte mit großer Auswahl einschließlich einiger vegetarischer Gerichte. ◷ 8–22 Uhr.

Hoang Lan, 118 Phan Dinh Phung, neben dem Hotel Thanh The. Nüchternes, aber angesehenes Restaurant mit vorwiegend einheimischer und chinesischer Küche. Die vietnamesische Fleisch-Gemüse-Suppe *ta pin lu* lohnt es zu probieren. ◷ 8–22 Uhr.

Huong Tra, 1 Nguyen Thai Hoc. Beliebtes Restaurant, nicht zuletzt wegen der schönen Lage am See. Reisgerichte aus dem Tontopf sind eine Spezialität des Hauses, aber auch Kaninchen und Frosch bereichern die Speisekarte. ◷ 6–21 Uhr.

Long Hoa, Duong 3 Thang 2. Das aufmerksame Personal des Restaurants mit der Atmosphäre eines französischen Cafés serviert sättigende Portionen vietnamesischer Gerichte und Steaks. Als Aperitif lockt ein Erdbeerwein, zum Dessert empfiehlt sich der hausgemachte Joghurt. Ein Essen für zwei Personen kostet ca. US$7, der hintere Speisesaal ist etwas ruhiger. ◷ 11–21 Uhr.

Lyla, 18 Nguyen Chi Thanh. Kleiner Familienbetrieb unter dem gleichnamigen Hotel, mit gestärkten Tischdecken und elegantem Ambiente. Vietnamesische und westliche Küche (z.B. Burger und Spaghetti) für ca. US$2 pro Gericht. ◷ 6.30 Uhr bis spät abends.

Nhat Ly, 88 Phan Dinh Phung. Bei Vietnamesen und Ausländern gleichermaßen beliebtes Restaurant. Die umfangreiche Speisekarte mit sehr moderaten Preisen beinhaltet auch mehrere vegetarische Gerichte. ◷ 9–21 Uhr.

Pho Ngoc Hiep, 58 Tang Bat Ho. Spezialität des Hauses sind die dampfenden Schüsseln gefüllt mit leckerer *pho* in riesigen Portionen. ◷ 7–22 Uhr.

Trong Dong, 220 Phan Dinh Phung. Service und Speisekarte sind beeindruckend, z.B. köstliches gebratenes Zuckerrohr, umhüllt von einer Garnelenpaste, und ein spezieller vietnamesischer Salat (mit Garnelen, Erdnüssen, Schweinefleisch und Kräutern, dazu Krabben-Chips) in elegantem Ambiente. ◷ 9.30–23 Uhr.

Thanh Thuy, 2 Nguyen Thai Hoc. Restaurant am See mit guter Speisekarte und viel Atmosphäre, aber manchmal von Reisegruppen überlaufen. ◷ 7 Uhr bis spät abends.

V Café, 1/1 Bui Thi Xuan. Etwas weit vom Hotelviertel entfernt, aber durchaus lohnend wegen der gemütlichen Atmosphäre und der guten Küche, darunter auch hervorragender Kuchen. Sehr günstige Preise. ◷ 8.30–22.30 Uhr.

Viet Hung, 7 Ngyuyen Chi Thanh. Eines von mehreren Cafés, die zumindest teilweise Blick auf den See haben. Vietnamesische Küche und auf den westlichen Gaumen zugeschnittenes Fast Food (Suppen, Pizza, Fruchtsäfte und Pancakes). Bei Bestellung eines Frühstücks 30 Min. kostenlose Internet-Nutzung. ◷ 6.30–24 Uhr.

CAFÉS, BARS UND DISCOS – ***Café de la Poste***, Tran Phu, gegenüber der Post. Das moderne Café im französischen Stil gehört zur Sofitel-Kette, ist also ebenso elegant wie teuer (festes Menü US$7,50). Der Billardtisch passt nicht zu dem ansonsten sehr vornehmen Ambiente. ◷ 10–22.30 Uhr.

Café Gia Nguyen, 1 Nguyen Chi Thanh. Das beliebte und farbenfroh dekorierte Terrassencafé liegt oberhalb der Le Dai Hanh und ist damit der ideale Ort zum Beobachten des Stadtlebens. Wenn es draußen zu frisch wird, kann man sich auch bei Kerzenschein ins Innere zurückziehen. Recht gute Auswahl an Eiscremes und Kaffeesorten. ◷ 6.30–23 Uhr.

Café Tung, 6 Khu Hoa Binh. In der Vergangenheit lebendes Café mit Lederpolstern, dunkel lasiertem Holz und alten Singles von Nancy Sinatra und Jacques Brel an den Wänden. ◷ 6–22 Uhr.

Golf 3 Disco, 4 Nguyen Thi Minh Khai. Die Disco im Keller des Hotels ist einer der wenigen Orte in Da Lat, wo auch mal richtig Party gemacht wird. ◷ 19–24 Uhr, Eintritt US$2.

Larry's Bar, im Hotel Sofitel Da Lat Palace. Holzvertäfelte Kellerbar, die etwas zu bemüht eine

rustikale europäische Atmosphäre zu erzeugen versucht. Das zwanglose Ambiente täuscht über die relativ hohen Preise hinweg. ⌚ 16–24 Uhr.
Saigon Nite Bar, 11a/1 Hai Ba Trung. Die einzige unabhängige Bar Da Lats im westlichen Stil. Freundliches Personal, Billardtisch, Darts und ein recht guter CD-Mix. Die Gästebücher beinhalten eine Chronik angetrunkener, aber durchaus zufriedener Kunden. ⌚ 15 Uhr bis spät abends.
Skyview Café, Golf 3 Hotel. Das Café im obersten Stock des Hotels ist ein netter Ort, um bei einem Bierchen zu entspannen und auf das Treiben in der Stadt herabzublicken. ⌚ 13–23 Uhr.
Stop and Go Café, 2a Ly Tu Trong. Faszinierendes Café auf dem Anwesen des aus Da Lat stammenden Dichters und Malers Duy Viet. Hier kann man sich bei einem Kaffee oder Bier die Bilder des Künstlers anschauen, während selbiger Gitarre spielt oder Gedichte vorträgt. Im Gästebuch finden sich sogar Fotos und Unterschriften von Persönlichkeiten wie John F. Kennedy Jr. ⌚ 7–20.30 Uhr.

Aktivitäten

ABENTEUERSPORT / WANDERN – ***Hardy Da Lat,*** 66 Phan Dinh Phung, ✆ 836840, ✉ hardydl@hcm.vnn.vn, und ***Phat Tire Venture,*** 73 Truong Cong Dinh, ✆/℡ 829422, 💻 www.phattireventures.com, liegen dicht beieinander im Billighotelviertel. Beide bieten mehrtägige Wanderungen ab US$15 pro Tag, einschließlich Genehmigung, Reiseleitung und Verpflegung. Außerdem im Programm: Mountainbiking, Klettern, Abseiling und Canyoning.

GOLF – ***Da Lat Palace Golf Club,*** Phu Dong Thien Vuong, ✆ 821201, 18-Loch-Golfplatz.

TENNIS – Die Hotels ***Sofitel Da Lat Palace*** und ***Novotel*** verfügen über Tennisplätze.

Sonstiges

GELD – Wechsel von Reiseschecks und Fremdwährung sowie Auszahlung von Bargeld auf Visa und MasterCard bieten die ***Agribank,*** 216 Tran Phu, und die ***Vietincombank,*** 46-48 Khu Hoa Binh.

FAHRRÄDER / MOTORRÄDER – **Mountainbikes** kann man in den Hotels Novotel und Sofitel Da Lat Palace mieten. Die Hotels Duy Tan, Hoa Binh und Binh Yen vermieten **Motorräder**. Auch die Touristeninformationen helfen weiter.

INFORMATIONEN – Mehrere Touristeninformationen in Da Lat vermitteln Guides, Mietwagen und Touren. Die größten sind Da Lat Tourist Travel Services und Da Lat Travel Service. Für eine Wanderung in die Minderheitendörfer ist eine Genehmigung der Polizei und die Begleitung eines offiziell registrierten Reiseleiters erforderlich. Wenn man sich einer ein- oder mehrtägigen Tour mit einem der beiden Abenteuersportanbieter (s.o.) anschließt, braucht man sich nicht selbst darum zu kümmern.
Da Lat Travel Service, im Eingangsbereich des Hotels Thuy Tien, 7 Duong 3 Thang 2, ✆ 822125, ✉ ttdhhd@hcm.vnn.vn.
Da Lat Tourism Service Company (Kim Café 2), 9 Le Dai Hanh, ✆ 822479, ✉ dltoseco@hcm.vnn.vn.
Da Lat Tourist Travel Services, 2 Nguyen Thai Hoc, ✆ 822520, 💻 www.dalattourist.com.

INTERNET – Viele Hotels und Gästehäuser bieten Internet-Zugang an, der für Gäste manchmal sogar kostenlos ist. Ansonsten kannn man im ***Viet Hung Café,*** 7 Nguyen Chi Thanh, für 4000 d pro Std. ins Internet.

MEDIZINISCHE HILFE – ***Lam Dong Hospital,*** 4 Pham Ngoc Thach, ✆ 822154.

POLIZEI – 9 Tran Binh Trong, ✆ 822032.

POST – 14 Tran Phu, mit Poste Restante, internationalen Telefonen im Selbstwählverfahren (IDD), Fax-Service und DHL-Kurierdienst. ⌚ tgl. 6.30–21 Uhr.

VORWAHL – 063

Nahverkehrsmittel

Die hübschen Pferdedroschken, die einst das Straßenbild von Da Lat prägten, gehören mittlerweile bis auf wenige Ausnahmen der Vergangenheit an. Da die Stadt für Cyclos zu hügelig ist, sind Besucher auf **Honda Oms** (auch als „Simsons" bezeichnet) und Taxis angewiesen. Es herrscht kein Mangel an Motorradtaxis, wobei die Fahrer mit den besten Englischkenntnissen sich meist in der Nähe der Budget-Hotels und Restaurants aufhalten. Einen sehr guten Ruf genießt eine besondere Gruppe von Motorradtaxifahrern mit der Bezeichnung **Easy Riders**, die allesamt große Maschinen fahren und recht gut Englisch sprechen. Sie sind normalerweise leicht im Zentrum um den Markt aufzufinden, ansonsten kann man sie über das Hotel Phu Hoa, ✆ 822194, kontaktieren. Ein Tagesausflug in die Umgebung kostet ca. US$8–10 und beinhaltet eine beliebige Kombination aus Pagoden, kolonialzeitlichen Villen, Wasserfällen, Minderheitendörfern, einer Seidenraupenfarm und einer Räucherstäbchenfabrik.

Taxis sammeln sich in der Nähe des Marktes am unteren Ende der Le Dai Hanh und zwei Blocks oberhalb des Kinos. Eine Tagesrundfahrt kostet ungefähr US$20. Noch teurer kommt ein Mietwagen mit Chauffeur, der von den Touristeninformationen vermittelt wird; in diesem Fall sollte man darauf achten, dass man sich mit dem Fahrer auch verständigen kann.

Das **Fahrrad** bietet sich für Erkundungen des Stadtzentrums und der unmittelbaren Umgebung an. Mehrere Hotels und die meisten Touristeninformationen vermieten Fahrräder und Mountainbikes.

Transport

BUSSE – Die Busse aus Ho-Chi-Minh-Stadt, Nha Trang und anderen Orten kommen am Busbahnhof von Da Lat an, der günstig am westlichen Ende des Xuan Huong-Sees liegt. Die meisten Touristen entscheiden sich jedoch für einen der **Open-Tour-Busse**, die vor den Büros der jeweiligen Betreiber halten:

Kim Travel 2, 9 Le Dai Hanh, ✆ 822479;

Sinh Café, im Hotel Trung Cang, 4a Bui Thi Xuan, ✆ 822663;

TM Brothers, im Hotel Binh Yen, 7/2 Hai Thuong, ✆ 823631.

Busse nach: BUON MA THUOT (4–6 Std.); DA NANG (16 Std.); HO-CHI-MINH-STADT (6 Std.); NHA TRANG (5 Std.) und PHAN RANG (3 Std.).

FLÜGE – Der bescheidene **Lien Khuong Airport**, ✆ 843373, liegt 29 km südlich von Da Lat an der Straße nach Ho-Chi-Minh-Stadt. Die Busse von ***Vietnam Airlines*** (US$3) pendeln zwischen dem Flughafen und dem Büro der Fluggesellschaft in der 40 Ho Tung Mau, ✆ 822895, ⌚ tgl. 7.30–11.30 und 13–16.30 Uhr.

Eine Honda Om vom Flughafen in die Stadt kostet ca. US$3, ein Taxi rund US$10.

Jeweils 1x tgl. geht ein Flug nach HANOI (3 1/2 Std.) und HO-CHI-MINH-STADT (50 Min.).

Die Umgebung von Da Lat

In der Umgebung Da Lats gibt es einige spektakuläre Naturlandschaften, die sich für anspruchsvolle **Wanderungen**, **Radtouren** und **Abenteuersportarten** anbieten. Von den örtlichen Attraktionen sollte man dagegen nicht zu viel erwarten, denn diese sind auf den Geschmack vietnamesischer Touristen ausgerichtet: Ponyreiten, Posieren in Minderheitentrachten für Erinnerungsfotos und kitschige Souvenirstände. In der Trockenzeit (Dezember bis Mai) lohnt keiner der Wasserfälle in der Gegend einen Abstecher, abgesehen vielleicht von den **Tigerfällen**. Reizvoller ist da schon eine **Bootsfahrt** auf einem der Seen der Umgebung oder eine **Seilbahnfahrt** vom Robin Hill zum Tuyen Lam-See. Ein weiterer beliebter Ausflug führt mit dem Zug nach **Trai Mat**, um die hübsch verzierte **Linh Phuoc-Pagode** zu bewundern. Ein **authentisches Minderheitendorf** zu finden ist nicht einfach, denn die meisten sind inzwischen ans Elektrizitätsnetz angeschlossen und haben sich der Hauptströmung der vietnamesischen Kultur angepasst. Wer eine der wenigen noch verbliebenen traditionellen Gemeinden besuchen möchte, kann sich an einen der Abenteuersportveranstalter in Da Lat wenden (s. Sonstiges) und sollte sich auf eine anstrengende Trekking-Tour gefasst machen.

Nördlich von Da Lat

Thung Lung Tinh Yeu, das 5 km nördlich der Stadt gelegene **Tal der Liebe**, bietet das typisch kitschige Unterhaltungsprogramm für Touristen. Dabei sind die ruhigen Seen und bewaldeten Hügel des Tals im Grunde sehr verlockend, doch die aus den Souvenirständen am Eingang plärrende Musik und der Lärm der Motorboote macht viel von der Atmosphäre kaputt, sodass die Behauptung von Lam Dong Tourist „Das poetische und romantische Tal ist wirklich eine Reise wert“ unter dem Strich etwas kühn erscheint. Bao Dai und seine Höflinge sollen in den 50er Jahren des 20. Jhs. in diesem Tal, das nach dem Bau eines Staudamms im Jahre 1972 vom **Da Thien-See** teilweise überflutet wurde, gejagt haben. ⏲ tgl. 6–17 Uhr.

Wer einen Abstecher in das Tal der Liebe unternimmt, wird auch den weiter im Norden thronenden Doppelgipfel des 2160 m hohen **Lang Bian** zu Gesicht bekommen. Um die Entstehung des Berges rankt sich wie üblich eine schmalzige Legende: Der Überlieferung zufolge stand die Liebe des Jünglings Lang vom Stamm der Lat zu dem Mädchen Bian vom Stamm der Chill unter einem ungünstigen Stern, denn da ihre Stämme verfeindet waren, konnten die beiden nicht heiraten. Bian starb schließlich an gebrochenem Herzen – die Gipfel des Lang Bian sollen ihren Busen verkörpern, wie er seinen letzten Atemzug tut. Doch Bians Tod sollte nicht umsonst gewesen sein, denn ihr Vater wurde so sehr von Schuldgefühlen geplagt, dass er den Stammesfehden ein Ende bereitete, indem er alle Stämme der Umgebung zum Volk der Koho vereinte.

Es ist möglich, auf den von Pinien bestandenen Gipfel des Lang Bian zu klettern oder zu fahren. Von dort soll an einem klaren Tag sogar die Küste zu sehen sein. In der Nähe des Gipfels thront das neue Resort-Hotel und Restaurant *Thung Lung Tram Nam****, ✆ 063/839088, mit schicken Zimmern und großartigen Ausblicken. Trotz der neuen, zum Hotel hinaufführenden Straße bevorzugen viele eine Kletterpartie auf den Berg. Der vierstündige Aufstieg zu Fuß beginnt bei den 12 km nördlich von Da Lat gelegenen und über die Xo Viet Nghe Tinh zu erreichenden neun Dörfern, die zusammen die **Gemeinde Lat** bilden. Die strohgedeckten Bambus-Pfahlbauten werden hauptsächlich von Lat, aber auch von Chill und Ma bewohnt, allesamt Angehörige des Koho-Volkes, das seinen Lebensunterhalt mit dem Anbau von Reis, Hülsenfrüchten und Gemüse verdient. Touristeninformationen wie Da Lat Travel Service beharren darauf, dass man eine **Genehmigung** (ca. US$5) für eine Tour zu den Dörfern oder auf den Berg kauft, wobei der letztendlich zu zahlende Betrag offensichtlich auch von der Laune der Mitarbeiter abhängt. Im günstigsten Fall zahlt man nur für das Permit und kann dann einen Honda-Fahrer engagieren oder mit dem Fahrrad fahren; im schlimmsten Fall müssen für den Besuch der Gemeinde US$10 (US$15 bei Besteigung des Lang Bian) pro Tag für einen offiziellen Guide und zusätzlich US$15–20 für ein Auto berappt werden. Die Bestimmungen sind aber ständig im Fluss, sodass es nicht schaden kann, sich bei den Reiseveranstaltern in Da Lat nach den aktuellen Bedingungen zu erkundigen.

Wer ein Motorrad oder eine Honda Om für einen Tag gemietet hat, kann eine Fahrt nach Lat mit einer Spritztour zu den **Seen und Wasserfällen von Ankroet** verbinden, die 8 km hinter Lat an der Landstraße ausgeschildert sind. Der Wasserfall ist abgeschiedener und attraktiver als die meisten in der Gegend, die Straße ist aber während der Regenzeit möglicherweise in schlechtem Zustand.

Südlich von Da Lat

Nach Verlassen der Stadt über die Nationalstraße 20 Richtung Süden zweigt eine Zufahrtsstraße nach rechts zum **Robin Hill** ab, wo es eine große **Seilbahnstation** gibt. Die Fahrten (⏲ 7.30–11.30 und 13.30–17 Uhr, US$3 hin und zurück) eröffnen fantastische Ausblicke auf die von Pinien bestandenen Berge in der Umgebung Da Lats. Die Seilbahnfahrt führt in rund zwölf Minuten zum 2 km unterhalb gelegenen **Tuyen Lam-See** (⏲ 7–17 Uhr). Am Ufer des ruhigen und hübschen Gewässers gibt es einige Kioske mit Erfrischungen; Bootsfahrten (US$15–20 pro Boot) sind möglich. Unmittelbar neben der Seilbahnstation am See steht die **Truc Lam-Pagode**, ein moderner Tempel im chinesischen Stil, in dem ein Meditationszentrum untergebracht ist. Der See ist auch über die Straße zu erreichen: Etwa 5 km südlich des Zentrums von Da Lat zweigt von der Nationalstraße 20 bei der Abfahrt vom Berg eine Straße zum See ab. (Zur Zeit der Recherche wurde gerade eine zweite, unmittelbar östlich der Nationalstraße 20 verlaufende Straße gebaut, mit dem Ziel, zwei Einbahnstraßen zu schaffen, von denen jeweils eine den Verkehr aus Da Lat heraus- bzw. in die Stadt hineinführt. Es war allerdings noch nicht klar, welche Straße den Verkehr in welche Richtung aufnehmen wird, sodass bei der Anfahrt mit möglichen Umleitungen zu rechnen ist).

Nur 200 m weiter südlich führt eine weitere Abzweigung nach rechts zum **Datanla-Wasserfall**, ausgeschildert als „Thac Datanla". In der Sprache der Koho bedeutet *datanla* „Wasser unter Blättern", eine recht passende Beschreibung für den Ort. Vom Parkplatz führt eine steile, 15-minütige Kraxelei durch äußerst üppige Vegetation hinunter zum unspektakulären Wasserfall. Das schlammige Wasser stürzt auf eine ebene Fläche, die von einer hölzernen Fußgängerbrücke überspannt wird, von der aus das übliche Erinnerungsfoto geschossen werden kann. In der Trockenzeit ist dieser Wasserfall (wie die meisten in der Umgebung von Da Lat) eine große Enttäuschung und kann für einen Besuch nicht empfohlen werden. ⌚ 7–17 Uhr, geringes Eintrittsgeld.

Der **Prenn-Wasserfall** liegt noch einmal 6 km weiter südlich links der Nationalstraße 20; ⌚ 7–17 Uhr, geringes Eintrittsgeld. Dass es sich um eine besondere Attraktion für vietnamesische Touristen handelt, erkennt man an den zahlreichen Reisebussen und einer ganzen Horde von Zigaretten- und Kaugummiverkäufern. Im Gegensatz zu Datanla ist hier der eigentliche Wasserfall die Attraktion, der über eine breite, überhängende Kante in ein großes Becken donnert bzw. tröpfelt (je nach Jahreszeit). Der um das Becken verlaufende Rundweg führt direkt hinter den Wasserschleier. In der Umgebung des Prenn-Wasserfalls warten die üblichen kitschigen Attraktionen wie Seilbrücken- und Baumhausattrappen, Souvenirgeschäfte und ein Teich mit ein paar lethargischen Krokodilen. Wer sich genauso träge fühlt und die paar Stufen hinunter zum Fuß des Wasserfalls nicht laufen möchte, kann auch für 5000d in eine Seilbahn steigen. Am Parkplatz kümmert sich das Prenn Restaurant um hungrige Besucher, daneben steht eine moderne, achteckige Pagode.

Früher einmal galt das 18 km südlich von Da Lat und unmittelbar westlich der Nationalstraße 20 gelegene **„Hühnerdorf"** (Lang Con Ga) als gute Adresse für die Besichtigung eines Minderheitendorfes, doch heute unterscheidet es sich überhaupt nicht mehr von einem normalen vietnamesischen Dorf – abgesehen von dem bizarren, 5 m hohen Zementhahn, der auf einem Sockel in der Ortsmitte thront und stolz mit aufgerissenem Schnabel zum Krähen ansetzt. Die einheimischen Koho-Frauen stürzen sich verzweifelt auf jeden Besucher, um ihre Textilien loszuschlagen, die auch an vielen provisorischen Ständen im ganzen Dorf angeboten werden. Ob potenzieller Käufer oder nicht – in jedem Fall interessant anzuschauen sind die primitiven Webstühle, in die sich die Frauen bei der Arbeit zwängen müssen. Außerhalb des Dorfes ist es möglich, ohne Genehmigung durch die Felder und Hügel der Umgebung zu streifen.

Östlich von Da Lat

70 km östlich der Stadt liegt das noch zum Einzugsbereich von Da Lat zählende Dorf **Trai Mat**. Der über eine Landstraße oder per Eisenbahn (s.S. 272/274) erreichbare Ort eignet sich hervorragend für einen kurzen Ausflug. Die Fahrt führt durch eine der schönsten Landschaften der Region mit terrassenförmig angelegten Feldern und mustergültig gepflegten Gemüsegärten, wobei die etwas erhöht liegende Straße eine ausgezeichnete Aussicht bietet.

Im Vergleich dazu erscheint das Dorf selbst auf den ersten Blick ein wenig schäbig, doch lohnt auf jeden Fall eine Besichtigung der **Linh Phuoc-Pagode**. Es handelt sich um ein unglaublich reich verziertes Gebäude, bei dem nach Art der Mosaikkunst kleine Scherben aus zerbrochenem Porzellan und Glas mit äußerster Sorgfalt im Zement angeordnet wurden. Zunächst fällt aber der riesige Drache im Hof zur Rechten des Hauptgebäudes ins Auge, der aus 12 000 sorgfältig zerbrochenen Bierflaschen geschaffen wurde. Das Innere der Pagode, wo sich Mosaikdrachen um die Säulen der Haupthalle winden, ist noch kunstvoller ausgeschmückt, während die Treppe zur Linken ins Obergeschoss mit seinen bunt verzierten Galerien, Schreinen und guten Ausblicken führt. In der sehr stimmungsvollen Haupthalle ertönt gelegentlich der tiefe Klang der von Gläubigen geläuteten Glocken. ⌚ 6–18 Uhr.

Rund 4 km hinter Trai Mat führt eine ausgeschilderte Abzweigung nach links zum **Tiger-Wasserfall**, der allerdings erst nach einer Abfahrt von mehreren Kilometern über eine heikle Serpentinenstraße erreicht ist. Bei der Anfahrt mit dem Minibus endet die Fahrt bei einem Parkplatz auf halber Strecke, von wo aus es gegen Bezahlung mit einem Jeep oder Motorradtaxi weitergeht. Oberhalb des Wasserfalls gibt es zwei Restaurants;

in der Nähe stehen die Statuen eines primitiven Jägers und eines riesigen, ausgehöhlten Tigers, in den die Besucher hineinklettern können, um aus seinem Maul wieder herauszuschauen und ein Erinnerungsfoto schießen zu lassen. Eine steile Betontreppe führt hinunter zum Fuß des Wasserfalls, der aus großer Höhe hinabstürzt und gute Fotogelegenheiten bietet. Der Ort ist besonders bei vietnamesischen Touristen sehr beliebt, sodass man sich keinen Illusionen hinzugeben braucht, man wäre hier allein in der Natur. Die Becken und Felsen am Fuß der Fälle sind ideal für ein Picknick. ⏲ 7.30–17 Uhr, geringes Eintrittsgeld.

Das zentrale Hochland

Nördlich von Da Lat erstrecken sich die ausgedehnten Plateaus des zentralen Hochlands, das vor allem wegen seiner landschaftlichen Reize und seiner Bergbewohner interessant ist.

Der erste Zwischenstopp ist gewöhnlich der **Lak-See**, ein hübsches, von Minderheitendörfern umgebenes Gewässer an der Nationalstraße 27. Der See liegt rund 60 km südlich von **Buon Ma Thuot**, einer recht unattraktiven Stadt, aber einem guten Ausgangspunkt für Abstecher zu den Langhäusern des Ede-Volkes, Wanderungen durch den **Yok Don-Nationalpark** und nicht zuletzt für Elefantenausritte. Von Buon Ma Thuot stößt die Nationalstraße 14 weiter nach Norden vor bis **Plei Ku**, wo man (in Begleitung eines offiziellen Fremdenführers) die Dörfer der Jarai besuchen kann. Von Plei Ku ist es noch eine gute Stunde auf der Nationalstraße 14 schnurstracks gen Norden, bis das liebenswerte Städtchen **Kon Tum** erreicht ist. Dort ist keine Genehmigung erforderlich, um in der Umgebung die Dörfer ethnischer Minderheiten wie der Bahnar zu besuchen, deren Attraktion die großen, gemeinschaftlich genutzten **Rong-Häuser** sind. Von Kon Tum führt die Nationalstraße 24 in östlicher Richtung über einen hohen Gebirgspass zur Küste nach Quang Ngai. Als abenteuerlichere Alternative folgt die Nationalstraße 14 auf ihrem Weg nach Norden durchs Hochland dem Verlauf des Ho-Chi-Minh-Pfades, während die Nationalstraße 14B nach Osten abzweigt und in Da Nang auf die Küste trifft.

Buon Ma Thuot

Abgesehen von dem Reiz der Minderheitendörfer und Wasserfälle in seiner Umgebung hat Buon Ma Thuot nur wenig zu bieten. Wer im Rahmen eines Abstechers von der viel befahrenen touristischen Küstenstrecke oder direkt aus Ho-Chi-Minh-Stadt hier ankommt und ein großes Langhausdorf erwartet, wird von dem schachbrettartig angelegten und gesichtslosen Straßenbild unweigerlich enttäuscht. Um die **Langhäuser** der traditionellen **Bergvölker** – die in dieser Region zum größten Teil dem Volk der Ede angehören – zu besichtigen, muss man sich schon an den nördlichen Stadtrand nach **Ako Dhong** bzw. in die weitere Umgebung nach **Ban Don** in der Nähe des Yok Don-Nationalparks begeben oder ein noch abgelegeneres Dorf der Montagnards besuchen. Inzwischen haben sich so viele Ede unter die rund 150 000 Einwohner von Buon Ma Thuot gemischt, dass täglich bei Sonnenuntergang sogar die neuesten Nachrichten über eine Lautsprecheranlage in der Sprache der Ede verkündet werden. Obwohl die Provinz Dak Lak den Fremdenverkehr in diesen Dörfern auf recht entspannte Weise handhabt, sind vor allem einige Gegenden nahe der kambodschanischen Grenze zumindest theoretisch für Traveller vollständig gesperrt, und daneben gibt es Dörfer, in denen ausländische Gäste nicht übernachten dürfen. Detaillierte Auskünfte hierzu erteilt die Touristeninformation im Zentrum von Buon Ma Thuot (s. Sonstiges).

Buon Ma Thuot, 160 km westlich von Ninh Hoa gelegen, ist das administrative Zentrum der Provinz Dak Lak und die inoffizielle Hauptstadt des westlichen Hochlands. Während der französischen Kolonialherrschaft verdankte die Stadt ihre Entwicklung dem fruchtbaren roten Boden, der den Anbau von Kaffee, Tee, Kautschuk und Hartholz begünstigte. Der Ort wurde zum Zentrum der **Plantagen**, die sich in der Umgebung immer weiter ausbreiteten, während sich ihre Besitzer und andere Kolonialherren bei der Jagd auf Elefanten, Leoparden und Tiger amüsierten, die einst in großer Zahl in dieser Region heimisch waren. Ex-Kaiser Bao Dai persönlich machte das Jagen so viel Spaß, dass er sich unweit von Buon Ma Thuot am **Lak-See** ein Haus bauen ließ, das über eine Privatstraße mit seinem Sommerpalast in Da Lat verbunden war. Später traten die Amerikaner an die

Stelle der Franzosen, waren aber schon lange wieder verschwunden, als die Nordvietnamesische Armee (NVA) im März 1975 einmarschierte und Buon Ma Thuot beim Vorstoß nach Saigon als erster Dominostein fiel. In jüngerer Vergangenheit haben die natürlichen Ressourcen, vor allem der **Kaffeeanbau**, dafür gesorgt, dass sich Buon Ma Thuot zu einer vergleichsweise wohlhabenden Stadt entwickelte, leicht abzulesen an der großen Zahl von Hondas und Jeeps auf den Straßen und dem Überangebot an Restaurants und Cafés.

Sehenswürdigkeiten

Das Zentrum von Buon Ma Thuot hat für Besucher nicht viel Sehenswertes zu bieten. Eine Ausnahme bildet die 1951 erbaute **Khai-Doan-Pagode**, eine interessante Kombination aus Langhaus der Ede und kaiserlichen Architekturelementen à la Hué. Die Pagode steht westlich des Zentrums in der Phan Boi Chau an einem Hang neben einem großen Bo-Baum, unter dem eine Buddhafigur in Meditationshaltung sitzt. Die über Treppen zugängliche Pagode, deren Fassade aus großen, gestrichenen Holzplatten besteht, hat in etwa die Ausmaße eines Langhauses, doch das verzierte, zweischichtige Dach ist klassische Hué-Architektur. Unmittelbar unterhalb des Daches verläuft ein Fries aus goldfarbenen Paneelen, auf denen Szenen aus dem Leben Buddhas dargestellt sind. Ein jüngerer Anbau aus Ziegeln und Zement beherbergt den Altar mit weiteren Buddha-Bildnissen, während die hellen Säulen mit Drachen verziert sind. Die Pagode wurde zu Ehren von Hoang Thi Cuc errichtet, Gemahlin von Kaiser Khai Dhin und Mutter des letzten Kaisers Bao Dai.

Die einzige weitere Sehenswürdigkeit in Buon Ma Thuot ist das südlich des **Siegesdenkmals** in der Le Duan gelegene **Dak Lak Museum**. Es besteht aus zwei Teilen, dem Historischen Museum und dem Volkskundemuseum, ist aber kein Muss, wenn man bereits andere Kriegsmuseen in Vietnam oder das ausgezeichnete Lam Dong Museum in Da Lat gesehen hat. Wer Letzteres noch nicht besucht hat, findet möglicherweise das Volkskundemuseum (Eingang in der Nguyen Du) interessant. Die Ausstellungsstücke konzentrieren sich auf die ethnischen Minderheiten der Region und beinhalten beispielsweise eine Weste aus Baumrinde, einige ungewöhnliche Steingongs, Beerdigungsstatuen in Form von Pfauen und Stoßzähnen sowie Instrumente zum Abrichten von Elefanten. 🕓 tgl. 7.30–10.30 und 14–16.30 Uhr, Eintritt für jedes Museum US$5 bei 1–5 Personen.

Wer sich für das Leben der Minderheiten in dieser Region interessiert, kann sich zu Fuß oder per Honda Om an den nördlichen Stadtrand begeben, wo das gepflegte Ede-Weberdorf **Ako Dhong** einen Besuch lohnt. Dazu folgt man zunächst der Phan Chu Trinh Richtung Nordosten und biegt dann links in die ins Dorf führende Tran Nhat Duat ein. Die stabilen, auf Pfählen errichteten Langhäuser mit ihren Ziegeldächern stehen gleichmäßig aufgereiht an der Straße, die sauberen Höfe und frisch geschnittenen Hecken verleihen dem Dorf die Atmosphäre eines wohlhabenden Vororts. Der verführerische Duft röstender Kaffeebohnen liegt in der Luft, und ein aus den Häusern ans Ohr dringendes sanftes Klack-Klack verrät die Weber bei der Arbeit. Die Einheimischen sind sehr gastfreundlich und laden Besucher gern in ihre Häuser ein, damit sie ihnen bei der Arbeit zusehen können oder vielleicht ein Stück abkaufen. Das ist durchaus zu empfehlen, denn die Arbeiten sind qualitativ hochwertig und preislich sehr attraktiv; so kostet hier beispielsweise eine bunt bestickte Umhängetasche umgerechnet nicht einmal US$2.

Übernachtung

Das empfehlenswerteste unter den zahlreichen Hotels in Buon Ma Thuot ist das ***Dam San******, 212–214 Nguyen Cong Tru, ☎ 851234, ✉ damsanhotel@dng.vnn.vn. Die gepflegten und unter Verwendung einheimischer Stoffe geschmackvoll eingerichteten Zimmer bieten größtenteils reizende Ausblicke nach Süden auf die Kaffeefelder. Pool und Tennisplätze sind ebenfalls vorhanden, der einzige Nachteil ist die relativ große Entfernung von der Stadtmitte.

Vor allem im Zentrum gibt es zahlreiche Unterkünfte der unteren und mittleren Preisklasse, die allerdings allesamt mehr oder weniger stillos sind. Die folgenden drei Hotels verfügen über alle modernen Einrichtungen, einschließlich Satelliten-TV:

Cao Nguyen****, 65 Phan Chu Trinh, in der Nähe des Siegesdenkmals, ☎ 855962, 📠 851912.

Thang Loi****, 1 Phan Chu Trinh, gegenüber dem Siegesdenkmal, ☎ 857615, 📠 857622.

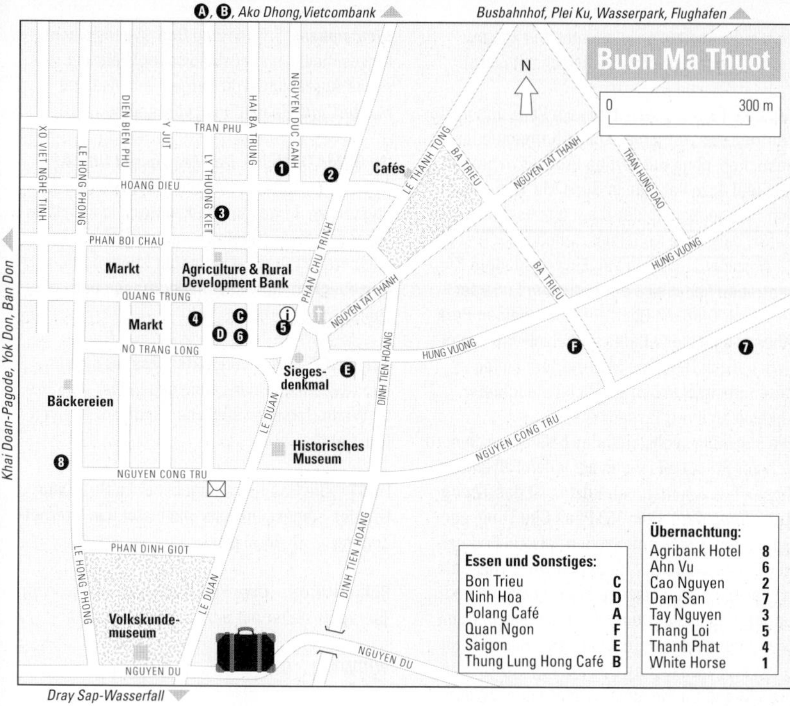

White Horse–*******, 9–11 Nguyen Duc Canh, ✆ 815656, 📠 815588. Nagelneues Hotel mit dem besten Preis-Leistungs-Verhältnis dieses Trios.

Die größte Konzentration an Hotels findet sich in der Ly Thuong Kiet, darunter auch einige gute Budget-Unterkünfte:

Tay Nguyen***, 110 Ly Thuong Kiet, ✆ 851009, 📠 852250. Preisgünstiges Hotel in Zentrumsnähe mit großen, zweckmäßig eingerichteten Zimmern, einige davon mit drei Betten.

Thanh Phat*–**, 41 Ly Thuong Kiet, ✆ 854857, 📠 813366. Sauberes Minihotel, Zimmer wahlweise mit Ventilator oder ac.

Weitere empfehlenswerte Budget-Hotels sind:

Agribank Hotel*, 111 Le Hong Phong, ✆ 857828, 📠 851338. Vernünftiges Billighotel, sämtliche Zimmer mit Warmwasser und ac.

Ahn Vu*–**, 7 Hai Ba Trung, ✆/📠 814045. Ebenfalls empfehlenswerte Budget-Unterkunft in zentraler Lage, von freundlicher Familie geführt.

Essen

RESTAURANTS – ***Bon Trieu***, Hai Ba Trung.Wegen seiner leckeren Rindfleischgerichte beliebt.

Dam San, 212–214 Nguyen Cong Tru. Eines der besten Hotelrestaurants in Buon Ma Thuot.

Ninh Hoa, Ly Thuong Kiet. So berühmt für seine *nem* (Frühlingsrollen), dass es inzwischen zwei Nachahmer zu beiden Seiten gefunden hat.

Quan Ngon, 72–74 Ba Trieu. Jede Menge Atmosphäre und abenteuerliches Ambiente, denn der Gast wird von einem Zoo aus präparierten Tieren begrüßt. Zwerghirsch, Wiesel, Stachelschwein und Seeaal sind im Angebot; wer sich nicht entscheiden kann, sollte es mit gegrilltem Stachelschwein und Tauben-Reis-Suppe versuchen – und zum Runterspülen ein großes BGI.

Saigon, in einer Seitenstraße der Hung Vuong unweit des Siegesdenkmals. Das schlichte Restaurant serviert z.B. gefüllten Tofu, Garnelen, *com suon* und ausgezeichnetes *thit kho tau* (lang gekochtes Schweinefleisch mit Eiern).

CAFÉS – Es wäre fast schon ein Verbrechen, das Zentrum des vietnamesischen Kaffeeanbaus zu besuchen, ohne das fertige Produkt zu probieren, und dazu hat man in Buon Ma Thuot reichlich Gelegenheit. In der Stadt gibt es derart viele Cafés, dass eine Koffeinentziehungskur hier keine Aussicht auf Erfolg hat. Eine besondere Konzentration findet sich am südlichen Ende der **Le Thanh Tong** mit Blick auf einen kleinen Park. Abends sind diese Cafés rappelvoll und von einem ganzen Heer von Motorrädern umlagert, deren Besitzer in den spärlich beleuchteten Lokalen an ihren Tassen nippen.
Die stimmungsvollsten Cafés befinden sich nördlich der Stadt und lohnen auf jeden Fall einen Abstecher. Am faszinierendsten ist das ***Thung Lung Hong Café,*** Hem 153 Phan Chu Trinh, am Boden eines steil abfallenden Tals am Ende einer Seitenstraße der Phan Chu Trinh. Das Café ist bei den Einheimischen äußerst beliebt und angesichts des dürftigen Nachtlebens in Buon Ma Thuot auch ein Geschenk des Himmels für auswärtige Besucher. Das ***Polang Café*** in der Tran Khanh Du hat eine faszinierende, an den Eingang eines Langhauses erinnernde Fassade. Die Einrichtung weist Muster und Motive der Bergvölker auf, während einige Tische und Stühle aus den knorrigen Stümpfen der Kaffeesträucher gefertigt wurden – eine besonders fantasievolle Verwendung der Pflanze. Auf der Karte stehen Kaffee, Tee, Cocktails, Reiswein und Fast Food zu sehr vernünftigen Preisen.
Am unteren Ende der Le Hong Phong im Stadtzentrum bieten mehrere **Bäckereien** den ganzen Tag über frische Sandwiches an.

Sonstiges

WASSERPARK – ***Dak Lak Aquapark,*** Nguyen Chi Thanh, ✆ 950381. Eine nette Abkühlung beschert das erst vor kurzem eröffnete Erlebnisbad 4 km nordöstlich der Stadt. Eintritt US$2.

GELD – ***Agriculture and Rural Development Bank,*** 37 Phan Boi Chau. Bei der zentral gelegene Bank kann man Bargeld wechseln.
Vietcombank, 5 Tran Hung Dao. Wechsel von Reiseschecks und ausländischer Währung sowie Auszahlung von Bargeld auf Visa und MasterCard; Geldautomat vorhanden.

INFORMATIONEN – ***Dak Lak Tourist Office,*** 3 Phan Chu Trinh, ✆ 852108, ✉ daklaktour@dng.vnn.vn. Mitten im Stadtzentrum in unmittelbarer Nähe des Hotels Thang Loi. Das sehr hilfsbereite Personal vermittelt Mietwagen, Reisebegleitung, Visaverlängerungen und Touren.

INTERNET – Preiswert surfen lässt es sich in dem kleinen Internet-Laden gegenüber dem Hotel White Horse am südlichen Ende der Nguyen Duc Canh.

POST – Die Hauptpost liegt in der Le Duan südlich des Siegesdenkmals und bietet u.a. Internet-Zugang. 🕓 7–20.30 Uhr.

REISEBÜROS – ***Dam San Tourist,*** kleiner privater Tourveranstalter mit Sitz im Hotel Dam San.

VORWAHL – 050

Transport

BUSSE – Der **Busbahnhof** befindet sich in der Nguyen Tat Thanh, 2 km nordöstlich des Zentrums, ✆ 952603. Täglich verkehren 4 ac-Expressbusse nach NHA TRANG (4 Std.; US$3–4) und 3 Expressbusse nach HO-CHI-MINH-STADT (7 Std.; US$6–7). Außerdem bestehen Verbindungen nach DA NANG (12 Std.) und PLEI KU (4 Std.).

FLÜGE – Der **Flughafen** liegt nur wenige Kilometer außerhalb an der Straße nach Da Lat. ***Vietnam Airlines,*** 67 Nguyen Tat Thanh, ✆ 955055, betreibt einen Pendelbusverkehr zwischen Flughafen und Stadt (US$1,50).
Flüge nach:
DA NANG 5x wöchentl. in 1 1/4 Std.;
HANOI 5x wöchentl. in 3 1/2 Std.;
HO-CHI-MINH-STADT 1x tgl. in 1 Std.

Die Umgebung von Buon Ma Thuot

Nachdem alle Sehenswürdigkeiten in Buon Ma Thuot besichtigt wurden, was nicht allzu lange dauern dürfte, wird es Zeit für einen Streifzug durch das Hochland der Umgebung. Südwestlich der Stadt gibt es einige beeindruckende **Wasserfälle**, während die Route Richtung Nordwesten den **Yok Don-Nationalpark** und das touristische Dorf **Ban Don** zum Ziel hat. Rund 60 km südlich von Buon Ma Thuot liegt an der Nationalstraße 27 nach Da Lat der friedliche **Lak-See**, ein lohnenswerter Zwischenstopp für eine Übernachtung oder sogar mehrere Tage Aufenthalt in der freien Natur.

Die Wasserfälle

Rund 30 km südwestlich von Buon Ma Thuot gibt es mehrere Wasserfälle (jeweils geringes Eintrittsgeld und Parkplatzgebühr), die es sich besonders in der Regenzeit zu besichtigen lohnt. Sie alle aufzusuchen dürfte aber nur für den ultimativen Wasserfall-Enthusiasten in Frage kommen. Die beeindruckendsten und beliebtesten sind die benachbarten Fälle Dray Sap und Dray Nur.

Eine schlichte, aber komfortable Übernachtungsmöglichkeit in idyllischer Umgebung gibt es am **Trinh Nhu-Wasserfall**. Die Anfahrt von Buon Ma Thuot erfolgt über die Nationalstraße 14 in südwestlicher Richtung, bevor nach ungefähr 20 km in dem Dorf Ea Ting eine Straße nach links abzweigt. Nur 1 km weiter führt eine erneute Abzweigung nach links zum Trinh Nhu-Wasserfall, der über einen steilen Weg zugänglich ist. Oberhalb der Fälle bietet sich ein Restaurant mit kleinen, einladenden Pavillons und Blick auf den Fluss für eine Erfrischung oder ein Mittagessen an. Hier gibt es auch Übernachtungsmöglichkeiten, entweder in Bungalows** aus Beton mit Strohdach (✆ 050/882587, 📠 882167) oder auf dem Fußboden in einem der beiden Langhäuser (US$5 pro Nacht; Matratze, Laken, Kissen und Moskitonetz werden gestellt). Gäste erhalten kostenlos eine Angel, mit der sie in dem Teich hinter dem Restaurant ihr Glück versuchen können.

Zwei weitere Wasserfälle, der halbmondförmige **Dray Sap** und der benachbarte **Dray Nur**, liegen rund 10 km von Ea Ting entfernt. Nach einem kurzen Abstieg über eine Treppe vom Parkplatz führt eine hölzerne Hängebrücke nach links zum Dray Nur-Wasserfall, der zwar nicht so breit ist wie sein Nachbar, aber in der Trockenzeit mehr Wasser führt. Dafür ist der Pegel gegen Ende der Regenzeit im September häufig so hoch, dass der kurze Zugang zum Wasserfall unpassierbar wird. Der 15 m hohe und über 100 m breite Dray Sap trägt seinen Beinamen „Rauchfälle" nicht umsonst, denn es liegt ständig eine erfrischende Gischt in der Luft, die auf der Haut allerdings erst zu spüren ist, nachdem man durch Bambushaine und über mehrere Felsen an den Rand des Beckens gekraxelt ist, das durch die herabstürzenden Wassermassen gebildet wurde. Der Ort ist am Wochenende und an Feiertagen häufig überlaufen, doch unter der Woche stellt er ein angenehmes Ziel für einen Tages- oder Halbtagesausflug dar.

Unmittelbar nach Passieren des Kartenhäuschens an der Zufahrt zum Dray Sap zweigt eine Straße nach rechts ab und erreicht nach 7 km die **Gia Lo-Fälle**, einen weiteren Wasserfall in der Region, in dessen Umgebung Möglichkeiten zum **Camping** bestehen.

Yok Don-Nationalpark und Ban Don

Wer Buon Ma Thuot über die Phan Boi Chau in westlicher Richtung verlässt, erreicht nach 45 km den Eingang zu Vietnams größtem Wildreservat. Der **Yok Don-Nationalpark** steckt mit seinen 115 000 ha Fläche wie ein Keil zwischen der kambodschanischen Grenze und dem Serepok-Fluss. Die asphaltierte Landstraße zum Park garantiert eine schöne Fahrt, und wer am frühen Morgen aufbricht, sieht die Angehörigen der Bergvölker aus ihren Spaltbambushütten kommen und sich mit Bastkörben voller Werkzeuge auf dem Rücke zur Feldarbeit begeben.

Der Nationalpark bietet Lebensraum für über 60 Säugetierarten, darunter Tiger, Leoparden und Bären, sowie für über 450 Vogelarten, vom Pfau bis zum Nashornvogel. Die meisten leben jedoch in einem 90 000 ha großen Gebiet, das sich vom östlichen Teil des Parks bis zur kambodschanischen Grenze erstreckt und ausschließlich von den Parkhütern betreten werden darf. Yok Don beherbergt auch zahlreiche exotische Tiere, ist aber vor allem für seine **Elefanten** bekannt. Elefantenjäger machten über Jahrhunderte fette Beute in den üppigen Wäldern der Region, und heute ist ein Ritt auf dem Rücken der Dickhäuter die Hauptattraktion des

Parks. Ganz billig ist das Vergnügen allerdings nicht: US$30 (mit viel Feilscherei vielleicht etwas weniger) müssen hingeblättert werden, damit zwei Personen eineinhalb Stunden am östlichen Parkrand umhertrotten dürfen – wer in der Gruppe reist, sollte sich schon frühzeitig ein paar Elefanten reservieren. Eine zweitägige Safari mit einer Übernachtung stößt tiefer ins Innere des Nationalparks vor und kostet US$200 für zwei Personen (US$180 für eine Person). Für diese Tour eignet sich die Trockenzeit am besten, wenn sich die Tiere auf der Suche nach Nahrung und Wasser zum **Yok Don-Berg** begeben und sich die Aussichten verbessern, etwas Interessantes zu Gesicht zu bekommen. Im Hauptquartier des Parks können auch noch längere Safaris arrangiert werden. Wer sich nur einen Tag im Nationalpark aufhält, kann an einem Elefanten-Trek (ca. US$50) oder einer ganztägigen Wanderung (ca. US$20) in das Parkinnere teilnehmen. Für die Übernachtung stehen mehrere hüttenartige Unterkünfte mit je zwei Einzelbetten und Bad zur Verfügung (US$10). Das Personal im Hauptquartier des Nationalparks, ✆ 050/793049, 📠 783156, nimmt **Reservierungen** entgegen und erteilt Preisauskünfte sowie weitere Informationen (nach Hung fragen).

Die drei zu der Gemeinde **Ban Don** zusammengefassten Dörfer liegen ein paar Kilometer abseits des Park-Hauptquartiers am Ufer des Serepok, in dem es von Krokodilen wimmelt. Bei den hier ansässigen Minderheiten handelt es sich um Khmer, Thai, Lao, Jarai und Mnong, doch den Löwenanteil macht auch in dieser Region die ethnische Gruppe der **E De** aus. Das Gesellschaftssystem dieses Volkes ist matriarchalisch ausgerichtet, d.h. nach der Heirat nimmt der Mann den Namen der Frau an, zieht in das Haus ihrer Familie ein und heiratet im Falle des Todes seiner Frau eine ihrer Schwestern, damit der Familie die männliche Arbeitskraft erhalten bleibt. Unter den teilweise mit Holzverzierungen versehenen Pfahlbauten der Gemeinde befinden sich auch einige Langhäuser.

Das dörfliche Leben von Ban Don steht mittlerweile im Zeichen des Fremdenverkehrs. Die Bewohner präsentieren sich als touristenfreundliche Einheit unter Federführung des *Ban Don Tourist Centre*, ✆ 050/783019. Während ohne Unterlass Reisebusse mit vietnamesischen Touristen in das Dorf einfallen, würden die meisten Besucher aus dem Westen angesichts der ungezügelten Kommerzialisierung und der selbst für geringe „Attraktionen" verlangten Eintrittsgelder am liebsten auf dem Absatz wieder kehrtmachen. Wer dennoch bleibt, kann sich gegen ein geringes Entgelt über eine wacklige Hängebrücke aus Bambus durch ein Gewirr von Banyan-Wurzeln kämpfen oder das älteste Haus des Dorfes besichtigen, dessen Renovierung scheinbar eine unendliche Geschichte ist. Zu den weiteren Attraktionen des Dorfes zählen teure Elefantenritte und ein Überangebot an Souvenirständen.

Ban Don kann auf eine lange und ruhmreiche Tradition der Elefantenzähmung zurückblicken, doch wegen der schwindenden Zahl wilder Elefanten ist diese Kunst wohl zum Aussterben verdammt. Wer Glück hat, wird Zeuge der jährlich im Anschluss an das Tet-Fest stattfindenden Elefantenrennen. Jenseits des letzten Ortsteils von Ban Don liegt ein Friedhof mit den Gräbern berühmter Elefantenausbilder, darunter auch der legendäre Y Thu Knu (1850–1924), der größte Jäger von allen. Er fing in seinem Leben 244 Dickhäuter ein, unter denen sich auch ein viel versprechender weißer Elefant befand, den er dem König von Siam zum Geschenk machte. Dieser verlieh ihm im Gegenzug den Ehrentitel *khusunop*, was so viel wie „Großer Elefantenjäger" bedeutet. Y Thu Knu liegt in dem viereckigen Grab; das spitz zulaufende davor ist die Ruhestätte seines Neffen, der ebenfalls als außerordentlich erfolgreicher Elefantenjäger in die Lokalgeschichte einging. Weitere Gräber in der Nähe sind mit Elefantenbildern und Holzschnitzereien von auf Stoßzähnen thronenden Pfauen verziert – Elefantenstoßzähne zählen zu den wertvollsten Grabbeigaben, die man ins nächste Leben mitnehmen kann.

Da weder der Nationalpark noch das Dorf von öffentlichen Bussen angefahren werden, muss man sich entweder einer Gruppenreise anschließen oder ein Auto bzw. eine Honda Om mieten. Die Hin- und Rückfahrt mit dem Motorradtaxi dürfte um US$10 kosten.

Lak-See

Rund 60 km südlich von Buon Ma Thuot passiert die Nationalstraße 27 den friedlichen Lak-See, der sich wegen seiner reizenden Lage wachsender Beliebtheit als Ausflugsziel erfreut, nicht zuletzt weil die Nationalstraße zwischen Buon Ma Thuot und Da Lat erst kürzlich ausgebaut wurde. Da Ex-Kaiser Bao Dai einige der schönsten Plätze im südlichen Vietnam für seine zahlreichen Paläste beanspruchte, verwundert es nicht, dass sich auch hier die Überreste eines solchen befinden – herrlich gelegen auf einem kleinen Berg mit Blick auf den See. Gegenwärtig bietet die von Graffiti verschmierte Ruine keinen schönen Anblick, doch Dak Lak Tourist plant an dieser Stelle den Bau eines kleinen Museums zu Ehren von Bao Dai in Kombination mit einem Minihotel und dem unvermeidlichen Souvenirladen. Eine neue Straße windet sich nach oben, eine andere verläuft um den Fuß des Berges herum. Beide eröffnen spektakuläre Ausblicke auf den See, vor allem bei Sonnenuntergang.

In einer geschützten Bucht östlich des Berges gibt es eine einfache Unterkunft*, ✆ 050/586184. Der Umbau einer ehemaligen Kaserne bietet schlichte, aber recht passable Zimmer mit zwei Einzelbetten und Ventilator, teilweise mit eigenem Bad. Daneben stehen unter hohen, Schatten spendenden Bäumen zwei Langhäuser (US$5) für Übernachtungen zur Verfügung. In einem schwimmenden Restaurant serviert das in traditionelle Kleidung gehüllte Mnong-Personal akzeptable Speisen.

Das volle Programm eines Minderheitendorfes mit grunzenden Schweinen und gackernden Hühnern bietet das **Dorf Jun**, eine florierende Mnong-Gemeinde an der Westflanke des Berges mit zahlreichen Langhäusern in Ufernähe. Dort gibt es auch eine Zweigstelle von *Dak Lak Tourist*, ✆ 050/586268, und ein Langhaus, das für Übernachtungen (US$5) zur Verfügung steht; Moskitonetze und Matratzen werden gestellt, die Gemeinschaftstoilette befindet sich draußen. Das Touristenbüro organisiert auch Festessen mit Reiswein (US$60 pro Gruppe) und **Elefantenausritte** um den See (90 Min. für zwei Personen US$30). Außerdem bieten einheimische Ruderer **Bootsfahrten** mit dem Einbaum auf dem herrlich ruhigen See an, was besonders am frühen Morgen ein großartiges Erlebnis sein kann (US$10 pro Stunde für zwei Personen über Dak Lak Tourist, billiger bei direkter Absprache mit einem einheimischen Ruderer). Außerdem organisiert das Touristenbüro geführte **Treks** in die bewaldeten Berge der Umgebung.

Der Fremdenverkehr am Lak-See ist zwar größtenteils auf organisierte Reisegruppen ausgerichtet, doch eine individuelle Anfahrt von Buon Ma Thuot ist ebenfalls möglich, entweder per Honda Om oder mit einem der beiden frühmorgens abfahrenden Busse. Reservierungen und Anfragen bearbeitet das Büro von Dak Lak Tourist in Buon Ma Thuot unter ✆ 050/852108.

Plei Ku und Umgebung

Nördlich von Buon Ma Thuot windet sich die Nationalstraße 14 auf dem Weg nach Plei Ku durch die abwechselnd hügeligen und flachen Abschnitte des **Dak Lak-Plateaus**, vorbei an Kautschukplantagen, Hartholzwäldern und Kaffeepflanzen. Die Berge westlich der Nationalstraße und das darunter liegende, zerklüftete Terrain bildeten einen der bedeutendsten Kampfschauplätze im Vietnamkrieg. Es war ein Angriff der Nordvietnamesischen Armee auf Plei Ku im Februar 1965, der schließlich die Operation „Rolling Thunder“ nach sich zog (s.S. 97). Die erste größere konventionelle Schlacht wurde acht Monate später im **Ia Drang-Tal** südwestlich von Plei Ku geschlagen. Mehrere Hundert Amerikaner fielen bei Ia Drang, allerdings auch ein Vielfaches mehr auf kommunistischer Seite, was die USA zum Anlass nahmen, den Sieg in dieser Schlacht auf der Grundlage einer bloßen Zählung der Toten für sich zu beanspruchen. Ein Jahrzehnt später, im März 1975, wurde Plei Ku aufgegeben, nachdem NVA-Truppen in Buon Ma Thuot eingefallen waren. Während sich die Befehlshaber des Südens mit Hubschraubern in Sicherheit brachten, mussten sich 200 000 südvietnamesische Soldaten und Zivilisten ohne Unterstützung unter dem Feuer der NVA-Geschosse zur Küste durchschlagen.

Von Plei Ku blieb durch die Bombardements gegen Ende des Krieges so wenig übrig, dass die Stadt beinahe komplett wiederaufgebaut werden musste. Die Reinkarnation der 90er Jahre, die heute zu sehen ist, erstreckt sich auf einem sanft ansteigenden Hang und entbehrt jeglichen Charmes. Es lässt sich kaum ein Grund finden, längere Zeit in Plei Ku zu bleiben, denn für eine Besichtigung der wenigen für Ausländer zugänglichen Minderheitendörfer ist eine Genehmigung nebst Guide erforderlich, und viel zu sehen gibt es dort ohnehin nicht. Wer ein

Minderheitendorf ohne staatliche Aufsicht erkunden möchte, sollte noch 50 km bzw. eine Autostunde Richtung Norden nach Kon Tum weiterfahren, wo Touristen diesbezüglich weniger Restriktionen zu erwarten haben.

In Plei Ku lässt sich nicht allzu viel unternehmen, abgesehen von einem frühmorgendlichen Bummel über den Markt und die zentrale, in Ost-West-Richtung verlaufende **Tran Phu**, wo die Straßenhändler Auberginen, Schalotten, Pastinaken und Knoblauch verkaufen. Wer schlechtes Wetter erwischt, kann noch einen Blick in die beiden Museen der Stadt werfen. Das **Ho-Chi-Minh-Stadt-Museum** (🕓 Mo–Sa 7–11 und 13.30–16 Uhr) gegenüber vom Hotel Plei Ku ist gut geordnet, hält aber kaum Überraschendes bereit. Nur unwesentlich interessanter ist das **Gia Lai Museum**, 28 Quang Trung, 🕓 7.30–11 und 13.30–16 Uhr, Eintritt US$1, Kartenkauf im Voraus in der Touristeninformation. Immerhin gibt es hier in der ersten Galerie eine beeindruckende Sammlung von Gongs und Reisweinkrügen und in der vierten Galerie die Repliken eines Bahnar-Grabes und eines Langhauses zu besichtigen.

In diesen nördlichen Ausläufern des zentralen Hochlands sind die ethnischen Gruppen der **Jarai** und – mit Ausnahmen – die **Bahnar** gegenüber den Ede in der Überzahl, wenngleich sich bereits viele an die Hauptströmung der vietnamesischen Kultur angepasst haben. Hinzu kommt, dass Plei Kus Touristenbehörde Gia Lai Tourist sehr auf den Schutz der wenigen noch verbliebenen traditionellen Siedlungen der Region bedacht ist und Individualtouristen nicht gestattet, die Gegend auf eigene Faust zu erkunden. Wer sich der Regelung widersetzt und eines der Dörfer ohne Genehmigung und offiziellen Guide aufsucht, wird auch bei den Dorfbewohnern auf wenig Gegenliebe stoßen, denn die erhalten einen Teil der Einnahmen, die „offizielle" Besucher einbringen.

Übernachtung

Die Übernachtungsmöglichkeiten in Plei Ku sind alles andere als aufregend.

Hung Vuong**–***, Hung Vuong, Ecke Le Loi, ✆ 824270. Der ruhige, nach hinten weisende Flügel ist zu bevorzugen, weil in den vorderen Zimmern der Verkehrslärm stört.

Plei Ku**–***, 124 Le Loi, ✆ 824628, 📠 822151. Die meisten Touristen landen in diesem Hotel, dessen teuerste Zimmer sehr geräumig und komfortabel sind.

Thanh Lich*–**, 86 Nguyen Van Troi, ✆ 824674. Das beliebteste Budget-Hotel der Stadt mit einer Auswahl an schmuddeligen, aber billigen Zimmern.

Vinh Hoi*–**, 39 Tran Phu, ✆ 824644. Man hat die Wahl zwischen billigen Zimmern mit Gemeinschaftsbad und einigen gehobeneren ac-Zimmern mit eigenem Bad.

Yaly***, Hung Vuong, Ecke Tran Hung Dao, ✆ 824843. Vernünftiges Hotel gegenüber der Hauptpost. Die besseren Zimmer sind mit Teppich und Badewanne versehen.

Essen

Café Tennis, 61 Quang Trang. Guter Anlaufpunkt für eine ordentliche Tasse Kaffee.

Hung Long, Trang Hung Dao. Neben den leckeren Reisgerichten ist Hühnchen mit Lotuswurzeln zu empfehlen.

My Tam, 3 Quang Trung. Einfaches Restaurant, das leckere Reisgerichte serviert.

Nem Ninh Hoa, Quang Trung. Das winzige Lokal bringt köstliche Frühlingsrollen auf den Tisch.

Ngoc Lam, 127 Phan Dinh Phung. Das nördlich der Stadt gelegene Restaurant lockt mit seinen Wald- und Wildgerichten (u.a. Hirschbraten) besonders Einheimische an.

Thien Thanh, in nördlicher Richtung die Le Loi entlang am Hotel Plei Ku vorbei, bis eine steil nach unten führende Gasse rechts abzweigt und das Restaurant ausgeschildert ist. Gute Auswahl an vietnamesischen Speisen in attraktiver Atmosphäre. Landschaftsgarten mit kleinen Teichen und weitem Blick über die Reisfelder.

Sonstiges

GELD – Die **Bank** in der 12 Tran Hung Dao wechselt Reiseschecks und zahlt Bargeld auf Visa und MasterCard aus. Vor der Weiterfahrt nach Norden sollte man seine Bankgeschäfte hier erledigen, denn in Kon Tum gibt es keine entsprechenden Einrichtungen.

INFORMATIONEN – ***Gia Lai Tourist***, 215 Hung Vuong, ✆ 874571, ✉ gialaitourist@fptnet.com.vn. Die Touristeninformation neben dem Hotel Hung Vuong erteilt Auskünfte und arrangiert teure, maßgeschneiderte Trekking-Touren zu den Kampfschauplätzen des Vietnamkriegs und Übernachtungen in den Dörfern der Minderheiten.

INTERNET – Internet-Zugang bieten zahlreiche Einrichtungen in Plei Ku, z.B. der Shop in der 10 Nguyen Dinh Chieu unmittelbar nördlich des Zentrums.

VORWAHL – 059

Transport

BUSSE – Der Fernbusbahnhof liegt oberhalb der großen 3-Straßen-Kreuzung 600 m südöstlich des Zentrums. Von dort führt eine kurze Fahrt per Honda Om über die Hung Vuong, die den südlichen Stadtrand bildet und von der die anderen Hauptstraßen nach Norden abzweigen. Sobald eine breite Treppe in der Straßenmitte auftaucht, ist die nach Norden abzweigende Le Loi erreicht, die den östlichen Stadtrand markiert. Die Busse nach **Kon Tum** (Ausgangspunkt für die Dörfer der Bahnar) halten östlich vom Markt auf einer Freifläche nahe der Kreuzung Le Lai und Tran Phu. Für die Weiterfahrt empfiehlt es sich aber eher, einen der über die Le Loi Richtung Norden fahrenden Minibusse heranzuwinken. Die Minibusse nach **Qui Nhon** grasen auf der Suche nach Fahrgästen vor der Abfahrt zunächst die Le Loi und den östlichen Abschnitt der Hung Vuong ab.
Busse nach BUON MA THUOT (4 Std.);
DA NANG (10 Std.); KON TUM (1 Std.) und
QUI NHON (4 Std.).

FLÜGE – Vom 7 km nordöstlich der Stadt gelegenen **Flughafen**, ✆ 823058, fahren Taxis und Honda Oms ins Zentrum von Plei Ku. ***Vietnam Airlines***, 55 Quang Trung, ✆ 824680 (So geschlossen) nimmt Reservierungen für Anschlussflüge entgegen.
Flüge nach:
DA NANG 6x wöchentl. in 50 Min.;
HANOI 6x wöchentl. in 3 1/4 Std.;
HO-CHI-MINH-STADT 6x wöchentl. in 1 Std.

Dörfer der Jarai und Bahnar

Nachdem man die Stadt am Hotel Plei Ku vorbei über die Le Loi verlassen hat, geht diese in die Landstraße nach Kon Tum über und wird schon bald von Kaffee-, Tee- und Reisplantagen gesäumt. Eine Abzweigung 7 km nördlich der Stadt führt bereits nach 500 m zum vulkanischen See **Bien Ho**, der Plei Ku mit Trinkwasser versorgt. Vom Aussichtspunkt ist das Gewässer recht hübsch anzusehen, rechtfertigt aber im Grunde nicht mehr als einen fünfminütigen Zwischenstopp.

Rund 16 km nördlich von Plei Ku führt eine Abzweigung links der Straße durch eine schöne Landschaft und an einigen Dörfern der Jarai vorbei zum 23 km entfernten, erst vor kurzem errichteten Staudamm bei Yaly. Die Besichtigung des Jarai-Dorfes **Plei Phun** ist nur in Begleitung eines von Gia Lai Tourist vermittelten, offiziellen Guides möglich (ca. US$16), der seinen Gästen das Haus des Stammesoberhauptes, den Dorffriedhof und die Quelle zeigt. Das einzig wirklich Interessante ist der Friedhof, wo jedes Familiengrab von grob behauenen Hartholzstatuen umgeben ist, die Figuren in unterschiedlichen Stimmungslagen darstellen. Früher steckten die Jarai Bambusrohre durch die Erde in das frische Grab, um ihre Toten zu verpflegen, heute werden dagegen meist Schüsseln mit Obst und Reis auf die Gräber gestellt.

Wer sich für die technischen Details der hydroelektrischen Stromerzeugung interessiert, kann sich gegen ein geringes Entgelt einer eineinhalbstündigen Führung durch das am Ende der Straße gelegene **Wasserkraftwerk Yaly** anschließen, dessen Talsperre eine Fläche von 650 ha bedeckt. Das Kraftwerk erzeugt jährlich 720 Megawatt Strom und ist damit nach Hoa Binh das zweitgrößte Vietnams. Der Bau dauerte neun Jahre und wurde erst 2001 fertig gestellt.

Eine Gruppe aus vier abgelegenen, aber leicht zugänglichen **Bahnar-Dörfern** liegt 38 km östlich von Plei Ku auf dem Weg nach Qui Nhon. Die Siedlungen **Dek Tu**, **De Cop**, **De Doa** und **Dek Rol** liegen allesamt sehr dicht beieinander auf einem relativ kleinen Areal aus Wäldern und Bächen. In den gepflegten und schönen Dörfern gibt es zahlreiche kleine Pfahlbauten aus Spaltbambus und Stroh zu besichtigen, und jedes Dorf hat sein eigenes beeindruckendes Rong- bzw. Gemeinschaftshaus mit einem steil aufragenden Reetdach, wo

Zeremonien abgehalten und lokale Angelegenheiten entschieden werden. Aber auch diese Dörfer bewegen sich langsam in Richtung Modernität, zu erkennen an der ständig wachsenden Zahl von Aluminiumdächern und dem einen oder anderen batteriebetriebenen Fernsehgerät. In Dek Tu gibt es noch einen Bahnar-Friedhof, wo die Praxis des Fütterns der Toten auch heute noch gang und gäbe ist. Anders als bei den Jarai hat hier jeder Verstorbene sein eigenes Grab mit einem kleinen, abgeschrägten Dach. Aus Bambusstangen gefertigte Leitern lehnen an den Gräbern, um den Toten die Reise in ihr neues Leben zu erleichtern. Wie in Plei Phun ist auch hier die Begleitung eines Guides vorgeschrieben. Es besteht die Möglichkeit einer Übernachtung in De Cop, dem größten der vier Dörfer, wo Gia Lai Tourist ein Pfahlhaus unterhält. Von dort aus können die drei übrigen Dörfer jeweils in einer Tageswanderung besichtigt werden. Ein zweitägiges Programm kostet ca. US$12 p.P. bei einer fünfköpfigen Gruppe. Südöstlich von Plei Ku gibt es noch abgelegenere Siedlungen, darunter **An Khe** und **Ayunpa**, die im Rahmen einer längeren Trekking-Tour besucht werden können.

Bergab nach Qui Nhon

Noch vor vier Jahrzehnten durchstreiften Tiger den **Giang-Pass**, über den die heutige **Nationalstraße 19** zwischen Plei Ku und dem tiefer gelegenen Qui Nhon führt. Der Reiseschriftsteller Norman Lewis, der hier in den 50er Jahren des 20. Jhs. vorbeikam, fand einen militärischen Außenposten der Franzosen vor. Das Fort steht heute nicht mehr, doch dafür liegen zahlreiche **Bahnar-Dörfer** an der Straße, die sich durch eine majestätische Bergwelt zur Küste hinab windet.

Das spektakulärste Panorama bietet sich etwa 65 km hinter Plei Ku, bevor die Landschaft allmählich immer flacher wird. Kurz hinter dem etwas verwahrlost wirkenden Ort An Khe führt die Nationalstraße in einem Knick auf den **An-Khe-Pass**, der einen herrlichen Blick auf die weit unten gähnende Küstenebene mit dem Fluss Ha Giao eröffnet. Bei der Fahrt durch **Vinh Son** und nach Überquerung der Brücke, die in die etwas größere, 50 km von Qui Nhon entfernte Stadt **Phu Phong** führt, befindet man sich bereits mitten in der von Reisfeldern geprägten Küstenebene. Phu Phong liegt im Zuständigkeitsbereich des **Distrikts Tay Son**, dessen berühmteste Söhne, die Tay Son-Brüder, in den 70er Jahren des 18. Jhs. einen Volksaufstand organisierten, der die erste erfolgreiche Vereinigung Vietnams zur Folge hatte. Weil sie die Landwegnahme und den Hunger ihrer Landsleute nicht mehr mit ansehen konnten, stellten Nguyen Nhac, Nguyen Lu und Nguyen Hue 1771 eine Bauernarmee auf die Beine, um ihrem Zorn Nachdruck zu verleihen. Die Erfolge dieser Armee übertrafen alle Erwartungen: 1788 war die Trinh-Dynastie im Norden und die Nguyen-Dynastie im Süden geschlagen, und Nguyen Hue hatte sich selbst zum Kaiser Quang Trung von Vietnam proklamiert – eine Position, die er ein Jahr später noch weiter zu stärken wusste, indem er in der Schlacht von Dong Da die Chinesen aus Nordvietnam vertrieb. Nach Quang Trungs Tod im Jahre 1792 war die Tay Son-Dynastie ihres charismatischen Anführers beraubt, und schon zehn Jahre später ergriff der von den Franzosen unterstützte Nguyen Anh aus der Nguyen-Dynastie erneut die Macht. Trotz ihrer kurzen Dauer steht die Tay Son-Dynastie für eine Periode des Wohlstands, in der wirtschaftliche Reformen vorangebracht und Bildungsprogramme besonders gefördert wurden.

Den Eskapaden der Brüder ist das 3 km außerhalb von Phu Phong gelegene und per Honda Om zu erreichende **Quang Trung Museum** gewidmet, dessen mittelmäßige Sammlung aus Waffen, Bekleidung und Rüstungen im Grunde nur während des Dong Da-Festes einen Besucht lohnt, denn dann finden Vorführungen der Kampfsportarten statt, die hier das ganze Jahr über trainiert werden. 🕓 Di–So 7–11 und 14–16.30 Uhr, geringes Eintrittsgeld.

Die Gegend jenseits von Phu Phong ist von zahllosen Ziegelbrennöfen gekennzeichnet, deren geriffelte Dächer in der Hitze zu schmelzen scheinen. Informationen zur Stadt Qui Nhon selbst.

Kon Tum

Knapp 50 km nördlich von Plei Ku überquert die Nationalstraße 14 auf ihrem Weg nach Norden den Dakbla-Fluss und erreicht den südlichen Rand von Kon Tum. Das verschlafene, gastfreundliche Städtchen dient als Sprungbrett für Abstecher in die Dörfer der **Bahnar** und anderer Minderheitengruppen wie der **Sedang, Gieh Trieng** und **Rongao**. Insgesamt gibt es in der Provinz ungefähr 650 Minderheitendörfer, von denen bislang nur rund 30 von Ausländern besucht wurden, sodass es in der Umgebung noch sehr viel zu entdecken gibt. Da die lokalen Behörden in Kon Tum im Gegensatz zu denjenigen der südlicheren Provinzen des zentralen Hochlands nicht auf Genehmigungen und Guides für Touristen bestehen, kann die Region weitgehend ohne Einschränkungen erkundet werden. Es ist aber dennoch unbedingt anzuraten, die eigenen Reisepläne mit der örtlichen Touristeninformation auf ihre Durchführbarkeit hin zu besprechen.

Unter der Bezeichnung Phan Dinh Phung bildet die Nationalstraße 14 den westlichen Stadtrand von Kon Tum. In Richtung Osten oberhalb des Flusses verläuft die Nguyen Hue, und zwischen diesen beiden Achsen breitet sich die Innenstadt aus. Ähnlich wie Buon Ma Thuot und Plei Ku hatte auch Kon Tum schwer unter dem Vietnamkrieg zu leiden, doch ein Bummel über die Nguyen Hue offenbart noch immer die Präsenz einiger Gebäude aus der Ära der Franzosen, darunter zwei Kirchen und eine Hand voll Geschäfte mit rot gefliesten Terrassen und tief hängenden Dächern, die vom Zahn der Zeit schwarz gefärbt wurden. An der Ecke Tran Phu steht die beeindruckende, weiß getünchte **Tan Huong-Kirche**. Weiter östlich ragt die 1913 von den Franzosen erbaute **Holzkirche** auf, die seit ihrer Restaurierung Mitte der 90er Jahre wieder in altem Glanz erstrahlt. Über dem Vordereingang thront eine Jesusfigur hinter Glas, während in einem Buntglasfenster das klassische christliche Symbol der Taube mit lokalen Darstellungen eines Bahnar-Dorfes und eines Elefanten verschmilzt. Auf dem Gelände steht vor dem maßstabgetreuen Nachbau eines Rong-Hauses die Statue des französischen Bischofs, der im 19. Jh. die Diözese Kon Tum gründete.

Hinter der Kirche kümmert sich ein spartanisches, aber sauberes Waisenhaus um elternlose Kinder aller Altersgruppen. Besucher werden freundlich empfangen und bekommen meistens hausgemachten Wein und Croissants angeboten, wofür eine kleine Spende als Gegenleistung nur recht und billig ist. Ein weiterer Ableger des Waisenhauses liegt etwas versteckt unten am Fluss an der Ly Thai To; da sich dorthin nur wenige Besucher verirren, ist mit einer entsprechend freundlichen Begrüßung zu rechnen.

Das **Katholische Seminar und Minderheitenmuseum** in der 56 Tran Hung Dao ist allein schon seiner beeindruckenden Architektur wegen einen Besuch wert. Das Museum enthält eine Sammlung von Kunsthandwerksobjekten, Werkzeugen und Textilien der einheimischen Bergvölker und eine Ausstellung zur Geschichte des Christentums in den Bergen Vietnams. Da die offiziellen Öffnungszeiten nicht immer genau eingehalten werden, kann es vorkommen, dass man vor verschlossenen Türen steht. In einem solchen Fall empfiehlt es sich, einen Besuch über eines der lokalen Büros von Kon Tum Tourist zu arrangieren. ⏲ 7.30–10.30 und 14–16 Uhr.

Kon Tum hat den Vorteil, dass man sich nicht weit fortbewegen muss, um die Atmosphäre eines Minderheitendorfes zu spüren, denn zwei Bahnar-Dörfer liegen unmittelbar am östlichen Stadtrand. Über die Nguyen Hue Richtung Osten gelangt man nach **Kon Tum Konam**, während die Tran Hung Dao in gleicher Richtung direkt nach **Kon Tum Kopong** führt, wo sich ein wundervolles Beispiel eines Rong-Hauses befindet, das den auffälligen Mittelpunkt eines Bahnar-Dorfes bildet. Ein solches Gemeinschaftshaus wird auf robusten Pfählen errichtet und hat eine Plattform mit Eingang entweder an beiden Seiten oder in der Mitte, wie es hier der Fall ist. Das Innere besteht in der Regel aus Spaltbambus und wird von einem turmhohen Strohdach bedeckt, das in vielen Fällen bis zu 15 m in die Höhe ragt. Das Rong-Haus dient nicht nur als Veranstaltungsort für Feste und Versammlungen der Gemeinde, sondern auch als Dorfgericht. Wer eines Verstoßes gegen die Stammesregeln für schuldig befunden wird, muss die rituelle Schlachtung eines Schweins und eines Huhns vornehmen und anschließend vor der Dorfgemeinschaft um Vergebung bitten.

Übernachtung

Bislang ist die Auswahl an Hotels in Kon Tum nicht besonders groß.

Dakbla*****, 2 Phan Dinh Phung, ✆ 863333, nicht zu verwechseln mit dem schmuddeligen Dakbla 2 in der Nähe. Großes und modernes Hotel mit zweckmäßigen Zimmern, alle mit Satelliten-TV, Badewanne und Warmwasser, einige mit Balkon und Ausblick auf den Dakbla-Fluss.

Family Guest House*–, zwei Ableger in der 55 und 61 Tran Hung Dao, ☏/℻ 865748. Die beste Alternative für den schmalen Geldbeutel. Saubere Zimmer, sehr freundliche und hilfsbereite Besitzer.
Quang Trung–*****, 168 Ba Trieu, ☏ 862249. Liebenswertes Hotel nördlich des Zentrums, dessen preiswerte Zimmer (ac oder Ventilator, Warmwasser) wesentlich gemütlicher sind, als die schmucklose Rezeption vermuten lässt.

Essen und Unterhaltung

90 Restaurant, schickes Restaurant in der 90 Nguyen Hue.
Café Eva, 1 Phan Chu Trinh. Ausgezeichneter einheimischer Kaffee in einem dreistöckigen Café im Stile eines Pfahlhauses; geführt von einem lokalen Bildhauer und mit dessen Arbeiten dekoriert. Im Garten stehen Holzskulpturen mit verzerrten Gesichtern zwischen Springbrunnen, während ein kleiner Wasserfall die Rückwand des Hauses hinunterplätschert.
Dakbla, 168 Nguyen Hue. Die in englischer und französischer Sprache abgefasste Speisekarte hält überraschend raffinierte vietnamesische und westliche Gerichte bereit. Daneben werden einige Souvenirs der ethnischen Minderheiten verkauft.
Dakbla Hotel Restaurant, 2 Phan Dinh Phung. Idyllische Lage und Panoramablick auf den Fluss von der auf Stelzen errichteten Holzterrasse. Umfangreiche Speisekarte mit preiswerten Gerichten, darunter auch einige vegetarische Optionen, und einer der besten Orte für einen kühlen Drink bei Sonnenuntergang.
Hiep Thanh, 129 Nguyen Hue. Zuverlässige Adresse für solide vietnamesische Speisen.
Ein nennenswertes Nachtleben gibt es in Kon Tum nicht, doch die beiden Bars ***Ngoc Lan*** und ***Paradise*** in der Phan Chu Trinh verleiten ihre Gäste am Wochenende auch schon mal zum Tanzen.

Sonstiges

FAHRRÄDER UND MOTORRÄDER – Zweiräder kann man in den meisten Hotels der Stadt ausleihen.

GELD – ***Investment and Development Bank,*** Nguyen Hue, unweit der Tran Phu.

INFORMATIONEN – ***Kon Tum Tourist,*** ☏ 861626, ✉ kontumtourist@dng.vnn.vn. Die Touristeninformation im Erdgeschoss des Dakbla-Hotels mit einer weiteren Filiale im Hotel Quang Trung erteilt Informationen zu Besuchen in den Minderheitendörfern der Umgebung und bietet eine breite Palette an maßgeschneiderten Touren in sämtlichen Preiskategorien, darunter Trekking, Flussfahrten und Ausflüge zu traditionellen Tanzveranstaltungen. Auch wer hier keine Tour buchen möchte, bekommt bereitwillig Auskunft. Ein gewisser Mr. Huynh ist eine wahre Goldgrube an Informationen über die Umgebung im Allgemeinen und die Kultur der Minderheiten im Besonderen.

INTERNET – Eine von mehreren Optionen ist der zentral gelegene Shop in der 183 Tran Hung.

POST – Die Hauptpost befindet sich in der 205 Le Hong Phong.

VORWAHL – 060

Transport

Der **Busbahnhof** von Kon Tum liegt nordwestlich der Stadt in der Phan Dinh Phung. Von dort empfiehlt sich eine Fahrt per Honda Om ins 2 km entfernte Stadtzentrum. Die Busfahrt nach PLEI KU dauert ca. 1 Std.

Die Umgebung von Kon Tum

Rund um Kon Tum gibt es mehrere Dutzend Bahnar-Dörfer, die – anders als in der Umgebung von Plei Ku – ohne große behördliche Einschränkungen besucht werden können, wenngleich es bei geplanten Übernachtungen ratsam ist, zuvor Rücksprache mit der örtlichen Touristeninformation zu halten. In einigen Dörfern, darunter auch das 2 km westlich der Phan Dinh Phung gelegene und über die Ba Trieu zu erreichende **Kon Robang,** haben die Rong-Häuser neue Dächer aus Aluminium erhalten und dadurch viel von ihrer ursprünglichen Atmosphäre eingebüßt. Ein paar Kilometer weiter westlich liegt **Kon Hongo**, das von Rongao bewohnt wird, die eine der kleineren Minderheitengruppen der Region bilden. Dort weben die Frauen im Schatten ihrer einfachen Holzhütten, Ochsenkarren zuckeln über die staubige Dorfstraße, und die Kinder planschen im Dakbla-Fluss.

Rund 5 km östlich der Stadt liegt **Kon Kotu**, das am haufigsten besuchte Bahnar-Dorf der Gegend. Es ist inzwischen per Asphaltstraße mit Kon Tum verbunden, aber auch im Rahmen eines angenehmen Spaziergangs über Feldwege zu erreichen, und bietet die Möglichkeit einer Übernachtung im Rong-Haus (detaillierte Auskünfte erteilt die Touristeninformation). Die Anfahrt per Straße erfolgt zunächst über die Tran Hung Dao in östlicher Richtung aus der Stadt heraus, vorbei an den Pfahlbauten, Maniok- und Zuckerrohrplantagen im Hauptverbreitungsgebiet der Bahnar. Schließlich überquert man die Brücke in **Kon Klor**, neben der rechter Hand ein sehr beeindruckendes Rong-Haus steht, dessen Dach durch sein attraktives Muster auffällt. Rund 200 m hinter der Brücke zweigt eine Straße links ab nach Kon Kotu.

Der selbst ernannte König der Sedang

Das Bergvolk der Sedang spielt eine entscheidende Rolle in einer der sonderbarsten Episoden während der französischen Kolonialherrschaft in Vietnam. Sie erinnert an die Ereignisse in Joseph Conrads Novelle *Herz der Finsternis,* in der sich ein mysteriöser Reisender namens Kurtz in den Tiefen Belgisch-Kongos selbst zum König ernennt – eine Geschichte, die Francis Ford Coppola später für seinen Film *Apocalypse Now* adaptierte.

Die Lebensgeschichte des französischen Hochstaplers **Marie-David de Mayréna** war gelinde gesagt äußerst bewegt. Mitte der 60er Jahre des 19. Jhs. wurde er mit der französischen Armee nach Cochinchina abkommandiert, kehrte aber nach einer Weile zunächst nach Paris zurück, um dort sein Glück als Bankier zu versuchen. Nachdem dieser Versuch gescheitert war, machte er sich in den 80er Jahren des 19. Jhs. wieder auf nach Vietnam und ließ sich als Pflanzer in der Nähe von Ba Ria nieder, bis ihm der Gouverneur 1888 den Auftrag erteilte, das Hochland zu erforschen.

Als Mayréna Kon Tum erreichte, war von den rund 100 Trägern und Soldaten, mit denen er ursprünglich aufgebrochen war, nur noch einer übrig, nämlich ein Franzose namens Alphonse Mercurol. Durch die in Kon Tum stationierten französischen Missionare war Mayréna in der Lage, Zusammenkünfte mit den Häuptlingen der örtlichen Stämme zu arrangieren. Es dauerte nicht lange, bis die Stammesführer dem Zauber seiner „blauen Augen" und seines „kühnen, zuversichtlichen Blickes" erlagen und Mayréna sich klammheimlich als **König Marie I. von Sedang** ausrufen konnte, während Mercurol den Titel „Marquis von Hanoi" annahm. Drei Monate lang regierte Mayréna von einer Strohhütte aus, über der die Nationalflagge wehte (ein weißes Kreuz auf blauem Grund mit einem roten Stern im Zentrum). Er erließ Gesetze, stellte eine Armee auf und erklärte sogar dem Nachbarvolk der Jarai den Krieg.

Da es Mayréna aber mehr auf Geld abgesehen hatte als auf Herrschaftsansprüche, brach er schließlich nach drei Monaten seine Zelte im Hochland ab und machte sich auf die Weiterreise – in der Hoffnung, aus seinem „Titel" ein wenig Kapital schlagen zu können. In seinem Buch *Dragon Ascending* („Aufsteigender Drache") berichtet *New York Times*-Korrespondent Henry Kamm, dass Mayréna sich mit seinen Höflingen auf Pump für einige Tage im Continental Hotel in Saigon einquartierte; als Bezahlung erhielt der damalige Hotelchef lediglich einen für Dekorationszwecke geeigneten Nationalen Orden des Königreichs der Sedang.

Nach seiner Rückkehr nach Europa widmete sich Mayréna zwecks Beschaffung von Barmitteln dem Verkauf frei erfundener Titel und falscher Bergbaukonzessionen, doch natürlich waren seine Geschichten alles andere als wasserdicht, sodass er schließlich 1890 erneut nach Südostasien floh. Er starb in Armut auf der malaysischen Insel Tioman – angeblich an einem Schlangenbiss.

Die meisten Behausungen hier sind aus Bambus gebaut und mit Rattanband befestigt, wenngleich auch schon einige Holzhäuser mit Ziegel- oder Aluminiumdächern zu sehen sind und das neue Schulgebäude aus Backstein errichtet wurde. Die größte Beachtung verdient allerdings das makellose Rong-Haus des Dorfes, in dem auch gelegentlich Gruppen übernachten, die sich auf einer von Kon Tum Tourist organisierten Trekking-Tour befinden. Die Bambuswände, der Fußboden und das unglaublich hohe Strohdach des Gemeinschaftshauses wurden ohne einen einzigen Nagel errichtet!

Es gibt noch viele weitere interessante Dörfer an der Landstraße Richtung Osten nach **Kon Plong**, der einzigen größeren Ansiedlung zwischen Kon Tum und der Küstenstadt Quang Ngai. 36 km hinter Kon Tum liegt linker Hand ein Sodra-Dorf, 1 km weiter folgt zur Rechten ein Jolong-Dorf mit einer ganz anderen Art Rong-Haus, ohne das von anderen Gruppen bevorzugte Hochdach. Um jenes Dorf zu erreichen, muss zunächst eine ziemlich prekäre Hängebrücke überwunden werden, die hoch über dem Dakbla-Fluss baumelt. Hinter Kon Plong erklimmt die Nationalstraße 24 den 1200 m hoch gelegenen **Den-Pass** mit seinem reizenden Bestand an Pinien. Der Pass markiert auch den Ausgangspunkt für eine der vielen von Kon Tum Tourist organisierten Trekking-Touren in dieser Gegend.

Wer Kon Tum über die Asphaltstraße Richtung Westen verlässt, erreicht nach 30 km das Dorf **Sa Thay** und wenig später das **Naturschutzgebiet Chu Mom Ray**. Es erstreckt sich über 50 000 ha einer zerklüfteten und von urwüchsigem Wald bedeckten Gebirgsregion nahe der kambodschanischen Grenze. Zur Zeit der Recherche konnte das Naturschutzgebiet nur mit Guide und Genehmigung betreten werden, doch es existieren Pläne, einen Nationalpark einzurichten, wodurch das Gebiet wahrscheinlich leichter zugänglich würde. Wenn es einmal so weit ist, wird Chu Mom Ray einzigartige Gelegenheiten bieten, die hier lebenden seltenen Affen und andere bedrohte Tierarten zu beobachten. Aktuelle Informationen zum Stand der Dinge hält Kon Tum Tourist bereit.

Am Rande des Naturschutzgebietes liegen mehrere **Jarai-Dörfer**, die einen Besuch wert sind, denn hier sind die Traditionen noch größtenteils intakt: Auf Stelzen gebaute Langhäuser aus Spaltbambus und Stroh beherbergen mehrere Familien gleichzeitig; auf riesigen Webstühlen wird noch per Hand gewoben, und auf den Friedhöfen stehen die ebenso wundersamen wie unheimlichen Statuen aus Holz.

Weiterreise von Kon Tum

Noch bis vor kurzem musste man von Kon Tum zunächst denselben Weg zurückfahren, den man gekommen war, um zur Küste oder weiter nach Norden zu gelangen. Dank besserer Straßen haben Reisende neuerdings aber die Wahl, entweder über die Nationalstraße 24 hinunter zur Küste nach **Quang Ngai** zu fahren oder der Nationalstraße 14, dem berühmten **Ho-Chi-Minh-Pfad**, Richtung Norden zu folgen, wo später die Nationalstraße 14B zur Küste nach **Da Nang** abzweigt. Da viele Abschnitte dieser Fernstraße erst vor kurzem ausgebaut wurden, ist es ein Vergnügen, sie zu befahren.

Rund 42 km nördlich von Kon Tum beginnt der Distrikt **Dak To**, wo im Vietnamkrieg lang anhaltende Kämpfe ausgefochten wurden wie sonst kaum irgendwo. Westlich der Landstraße nach Dak To liegt die so genannte „Rocket Ridge", eine Bergkette, deren Beiname auf die schweren Bombardements jener Zeit mit Napalm und konventionellen Waffen zurückgeht. Im Zentrum von Dak To, dessen Bewohner vorwiegend Sedang sind, steht ein Rong-Haus, und mit ein wenig Entdeckergeist sind in den Dörfern der Umgebung von Dak To noch weitere Langhäuser der Sedang zu finden. Nur 30 km westlich von hier bei **Ngoc Hoi** soll bis 2005 die Grenze nach Süd-Laos für den internationalen Tourismus geöffnet werden, was faszinierende neue Reisemöglichkeiten in dieser Region eröffnen würde.

Nördlich von Dak To führt die Straße durch **Dak Glei**, wo sich ein weiteres spektakuläres Rong-Haus befindet. Unmittelbar östlich erstreckt sich unberührter Dschungel, aus dem der 2598 m hohe **Ngoc Linh** aufragt, der die höchste Erhebung im zentralen Hochland bildet, zur Zeit der Recherche für Ausländer aber leider nicht zugänglich war. Im weiteren Verlauf erschließt die Route eine kaum besiedelte Landschaft aus herrlich üppiger Vegetation, bevor die Nationalstraße 14B bei **Nam Giang** nach Osten abzweigt und zur Küste hinunter nach Hoi An und Da Nang führt.

Die zentrale Südküste

Highlights

Faulenzen am Strand An den einsamen Stränden von Ho Coc oder Ca Na kann man die Seele baumeln lassen.

Architektur der Cham Die beeindruckenden Türme Po Klong Garai bei Phan Rang zählen zu den am besten erhaltenen Cham-Denkmälern des Landes.

Suhlen im Schlamm Schlammbäder in den Thermalquellen Thap Ba bei Nha Trang sorgen für angenehme Erholung.

Unterwasserwelt Tauch- oder Schnorcheltouren führen zu den Inseln vor der Küste von Nha Trang.

Mui Ne In einem schicken Strandhotel lässt sich ein Sonnenurlaub der entspannten Art genießen.

Halbinsel Hon Gom Die herrliche Landschaft mit menschenleeren, von Sanddünen gesäumten Stränden lädt zu Erkundungstouren ein.

Nachdem Staub und Dreck aus Ho-Chi-Minh-Stadt abgeschüttelt sind, ist es Zeit für die Weiterreise nach Norden durch die lang gezogenen Ebenen, die die zentrale Südküste Vietnams bilden. Das in diesem Kapitel behandelte Gebiet erstreckt sich von den Feuchtlandschaften des Mekong-Deltas bis hinauf zu den Zentralprovinzen. Es wird im Osten vom Südchinesischen Meer und im Westen vom Truong Son-Gebirge begrenzt. Die wichtigen Verkehrsadern dieser Region sind die Nationalstraße 1 und die transvietnamesische Eisenbahn. An einigen Stellen fallen die zerklüfteten Berge jäh in das strahlende Türkisblau des Meeres hinab, sodass sich Straße und Schiene über steil ansteigende Pässe winden müssen, von denen sich bezaubernde Ausblicke auf die sich darunter entfaltende Landschaft eröffnen.

Ein Großteil der Bevölkerung dieser Region bestreitet seinen Lebensunterhalt vom **Fischfang** im Meer. In den überfüllten Häfen und Flussmündungen der Küstenstädte rangeln unzählige Fischerboote um ein kleines Liegeplätzchen, wo sie auf das Einsetzen der nächsten Flut warten können. Folgerichtig sind auch die am Straßenrand zum Trocknen aufgehängten Fische und Meeresfrüchte in dieser Gegend ein gewohnter Anblick. Die hier ansässigen Bauern überlassen den Reisanbau größtenteils ihren Landsleuten im Mekong-Delta und konzentrieren sich stattdessen auf **Kokos- und Kautschukplantagen**, die Aufzucht von **Garnelen**, die winterliche **Salzgewinnung** und den **Obstanbau**.

Historisch gesehen war diese Region im heutigen Vietnam lange Zeit die Domäne des indisierten Handelsreiches **Champa**. Auf dem Höhepunkt seiner Blüte wurde das Königreich von seefahrenden Kaufleuten aus aller Welt hofiert, ab dem 10. Jh. jedoch geriet es durch den Marsch der Viet nach Süden immer mehr in Bedrängnis. Heute sind vom Volk der Cham lediglich ein paar Enklaven in der Umgebung von Phan Thiet und Phan Rang übrig geblieben, doch ihre heiligen Türme, die einst den gesamten Landstrich dominierten, erinnern noch als verwitterte Ruinen an die einstige Größe des Cham-Reiches. Am imposantesten sind diese Bauwerke weiter nördlich in den Zentralprovinzen in dem von Hügeln bestandenen Becken, in dem die beeindruckenden Ruinen von My Son zu besichtigen sind.

Die Machtkämpfe zwischen Cham und Viet waren noch gar nicht so lange her, da wussten die Franzosen aus den Zwistigkeiten, die am Hof von Hué nach dem Tod von Kaiser Tu Duc zwischen zwei verfeindeten Gruppen entbrannt waren, Kapital zu schlagen. Heimlich schlichen sie sich in die Region, annektierten kurzerhand das Territorium und erklärten es zum französischen **Protektorat Annam**. Zahllose vietnamesische Kleinbauern wurden damals zur Zwangsarbeit auf den nach und nach von den Franzosen errichteten Plantagen verpflichtet. Später hatte der **Vietnamkrieg** eine weitere Entwurzelung der einheimischen Bevölkerung zur Folge. Mehrere Hunderttausend Landbewohner mussten ihre Häuser verlassen und wurden in so genannte „strategische Dörfer" umgesiedelt. Ihr Land wurde zur „Freifeuerzone" erklärt und von den Flächenbombardements der US-Flugzeuge, die auf den zahlreichen Luftstützpunkten der Region stationiert waren, buchstäblich dem Erdboden gleichgemacht.

Dieser zwischen der Metropole Ho-Chi-Minh-Stadt und den kulturellen Höhepunkten Hué und Hoi An gelegene Küstenabschnitt bildet zwar das Sprungbrett für Reisen in das zentrale Hochland, wird aber ansonsten eher als recht langweiliges Intermezzo zwischen lohnenderen Reisezielen wahrgenommen. Obwohl auch dieser Küstenabschnitt mit recht interessanten und landschaftlich schönen Attraktionen aufwarten kann, erleben ihn die meisten Touristen nur auf der Durchreise. Dabei ist wegen der großen Entfernungen aber in der Regel mindestens ein Zwischenstopp in der Region notwendig. Dann gilt es sich zu entscheiden zwischen einem der friedlichen und teilweise wirklich paradiesischen Strände oder einem Reiseziel von vorwiegend kulturellem Interesse.

Wer aus Richtung Ho-Chi-Minh-Stadt kommt und ans Meer möchte, muss sich schon bald entscheiden. Die Nationalstraße 1 führt noch ein Stück weiter durchs Landesinnere, bis sie in Phan Thiet das Südchinesische Meer erreicht. Doch so lange muss man sich gar nicht gedulden, denn bereits bei Bien Hoa zweigt eine Landstraße Richtung Südosten nach **Vung Tau** ab, ein ehemaliges Seebad der Franzosen und heute eine recht interessante Hafenstadt mit reichen Ölvorkommen vor der Küste und durchschnittlichen Stränden. Weitaus bessere Bademöglichkeiten bieten sich weiter nord-

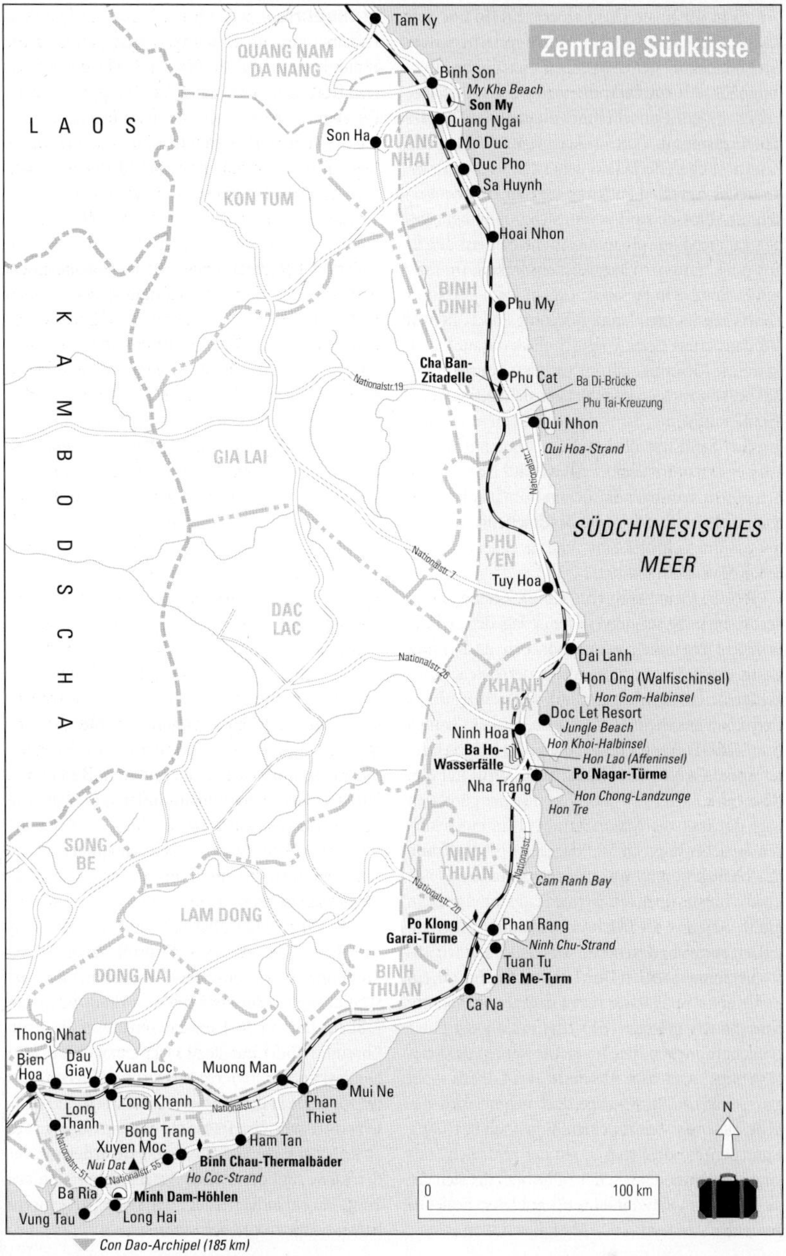

Con Dao-Archipel (185 km)

DIE ZENTRALE SÜDKÜSTE

östlich an der Küste, beispielsweise in **Ho Coc**. Der Küste vorgelagert liegt im Südchinesischen Meer ein Archipel mit der ehemaligen französischen Gefängnisinsel **Con Dao**, die wahlweise per Fähre oder mit dem Hubschrauber zu erreichen ist. Da der Tourismus in Vietnam noch weitgehend in den Kinderschuhen steckt und daher erst wenige Strände an der zentralen Südküste für den Fremdenverkehr erschlossen sind, lassen sich mit einem eigenen Fahrzeug und ein wenig Abenteuergeist durchaus noch ein paar Fleckchen entdecken, wo man seine einsamen Fußabdrücke in den jungfräulichen Sand setzen kann. Allerdings nicht in **Mui Ne**, das bereits einen Vorgeschmack darauf bietet, in welche Richtung sich der Vietnam-Tourismus in Zukunft entwickeln könnte: Hier steht ein schicke Strandhotel neben dem anderen an einem schönen Streifen Sand mit Blick auf das aquamarinblaue Wasser. Die touristische Enklave Mui Ne lockt neben einem ständigen Besucherstrom aus Übersee auch viele in Ho-Chi-Minh-Stadt lebende Ausländer an, die sich hier eine Auszeit von der hektischen Metropole gönnen.

Wer die Meinung vertritt, ein mit Sonnenbaden verbrachter Tag sei ein verlorener Tag, den zieht es vielleicht ein Stück weiter nördlich nach **Phan Rang**, wo die beeindruckendsten der vielen Turmkomplexe zu besichtigen sind, die während der Herrschaft des ehemals mächtigen Reiches Champa (s.S. 316/317, Kasten) entstanden. Der nahe gelegene Strand **Ca Na** kann sich nicht ernsthaft mit Mui Ne messen, bietet sich aber wegen seiner günstigen Lage direkt an der Nationalstraße 1 für einen kurzen Zwischenstopp an. Wer dagegen bis **Nha Trang** durchhält, bekommt von allem etwas: faszinierende Cham-Türme, einen attraktiven Stadtstrand und ein großes Angebot an Tauch- und Schnorcheltouren. Zu den etwas abgelegeneren Stränden, die einen Abstecher lohnen, zählen **Doc Let** und **Sa Huynh**, ein wenig mehr Zivilisation bietet dagegen **Qui Nhon**, eine günstig gelegene Zwischenstation ein gutes Stück nördlich von Nha Trang. Die Narben des Krieges treten in diesem Abschnitt des Landes nicht ganz so offensichtlich zutage, doch nehmen sich viele Besucher die Zeit für einen Aufenthalt in **Quang Ngai**, dem nördlichsten Punkt der zentralen Südküste Vietnams, denn in der Nähe befindet sich der düstere Schauplatz, an dem US-Soldaten 1968 das grauenhafte Massaker von **My Lai** verübten.

Transport

Es ist so gut wie unmöglich, Aussagen über die Häufigkeit zu machen, mit der die **Busse** verkehren. Trotz fester Fahrpläne fahren die öffentlichen Überlandbusse nicht los, wenn sie leer sind. Auch die auf den stärker frequentierten Strecken zusätzlich verkehrenden **privaten Minibusse oder Pick-ups** nehmen die Fahrt erst auf, wenn so viele Passagiere zugestiegen sind, dass sich die Fahrt lohnt.

Auf der Nationalstraße 1 fahren beinahe permanent Busse in beide Richtungen, sodass man praktisch zu jeder Tageszeit einen heranwinken kann. Abseits der Nationalstraße ist es hingegen ratsam, früh aufzubrechen, wenn man einen Bus bekommen will – die meisten Langstreckenbusse fahren zwischen 5 und 9 Uhr ab, und nur noch sehr wenige nach Mittag. Auch bezüglich der **Fahrtdauer** lassen sich kaum exakte Aussagen treffen. Bei den in diesem Kapitel aufgeführten Fahrtzeiten handelt es sich um die durchschnittliche Dauer, mit der für die jeweilige Fahrt zu rechnen ist.

Vung Tau

Von **Bien Hoa**, das unmittelbar nordöstlich von Ho-Chi-Minh-Stadt liegt, zweigt die Nationalstraße 51 Richtung Südosten ab und führt durch den bescheidenen Ort **Long Thanh**, der unter den Einheimischen wegen seines beeindruckenden Obst- und Gemüsemarktes bekannt ist, nach **Ba Ria.** Von dort erschließt eine Landstraße das sumpfige Land der **Halbinsel Vung Tau** mit ihren Garnelenfarmen, bis sie schließlich die Stadt Vung Tau erreicht, wo sich die südlichsten Strände der vietnamesischen Ostküste befinden.

Mit jedem Tag verliert die rund 125 km südöstlich von Ho-Chi-Minh-Stadt auf einer in die Mündung des Saigon-Flusses ragenden, hammerkopfförmigen Halbinsel gelegene Stadt Vung Tau („Bucht der Boote") etwas von ihrem früheren Charme. Dabei handelte es sich einmal um ein blühendes, an die Riviera erinnerndes Seebad, das jedoch heute in dieser Hinsicht nur noch ein Schatten seiner selbst ist. Dem Stadtzentrum mangelt es an jeglicher Finesse, während die **Ölförderung** vor der Küste und der ständig wachsende Hafen aus Vung Tau ein industrielles Ballungsgebiet gemacht haben. Seitdem wird dem Tourismus nicht mehr so

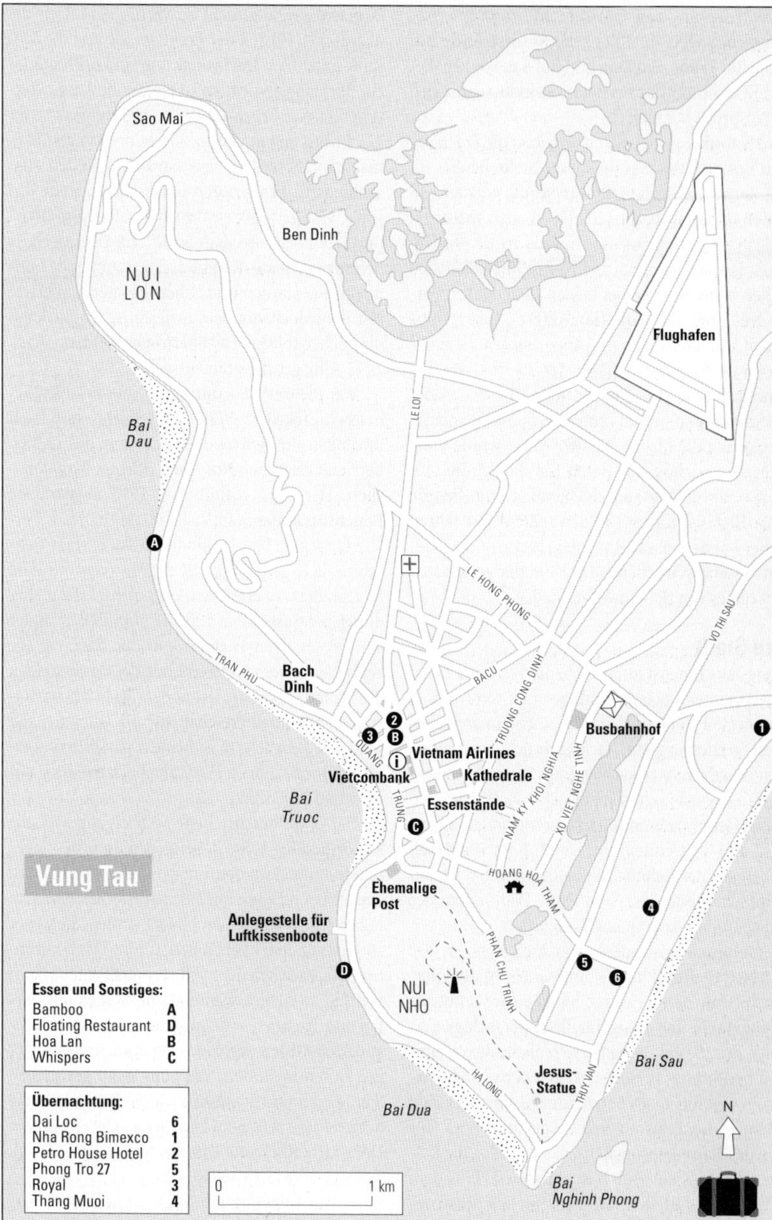
Vung Tau
Sao Mai
Ben Dinh
NUI LON
Flughafen
Bai Dau
LE LOI
LE HONG PHONG
VO THI SAU
TRAN PHU
Bach Dinh
BACU
TRUONG CONG DINH
Busbahnhof
QUANG TRUNG
Vietnam Airlines
Vietcombank
Kathedrale
NAM KY KHOI NGHIA
XO VIET NGHE TINH
Bai Truoc
Essenstände
HOANG HOA THAM
Ehemalige Post
Anlegestelle für Luftkissenboote
PHAN CHU TRINH
NUI NHO
HA LONG
Jesus-Statue
THUY VAN
Bai Sau
Bai Dua
Bai Nghinh Phong
N
0
1 km
Essen und Sonstiges:
Bamboo A
Floating Restaurant D
Hoa Lan B
Whispers C
Übernachtung:
Dai Loc 6
Nha Rong Bimexco 1
Petro House Hotel 2
Phong Tro 27 5
Royal 3
Thang Muoi 4
Alternativer Anleger für Luftkissenboote, Boote nach Con Dao, Ba Ria und Ho-Chi-Minh-Stadt

viel Bedeutung beigemessen, und trotz gewisser Anstrengungen zur Pflege der **Stadtstrände Bai Dau, Bai Truoc, Bai Dua** und **Bai Sau** können diese allesamt nur das Prädikat zweitklassig für sich in Anspruch nehmen.

Historiker gehen davon aus, dass die Portugiesen das tiefe Wasser an dieser Stelle bereits im 15. Jh. als Ankerplatz für ihre Schiffe nutzten. Um die Wende vom 19. zum 20. Jh. erholten sich die in Saigon lebenden Franzosen in dem Ort, den sie Cap Saint Jacques nannten, und bauten ihre kolonialen Villen in die Flanken der beiden küstennahen Berge **Nui Lon** und **Nui Nho**. Aufgrund der politischen Veränderungen im Lande wurden die Franzosen in der zweiten Hälfte des 20. Jhs. von den amerikanischen GIs abgelöst. Als auch diese wieder verschwunden waren und die kommunistische Regierung die Macht ergriffen hatte, wurde Vung Tau zum wichtigsten Hafen für die Schiffe, mit denen die aus Vietnam flüchtenden **Boat People** (s.S. 104/105, Kasten) in den späten 70er Jahren außer Landes gebracht wurden. Heute ist die Stadt ein beliebtes Wochenendziel für die gestressten Bewohner von Ho-Chi-Minh-Stadt.

Die Stadt

Vung Taus Innenstadt bietet bemerkenswert wenig Interessantes, doch die sauberen und von Bäumen gesäumten Boulevards laden zu einem angenehmen Spaziergang ein. Nach Einbruch der Dunkelheit ist auf den Straßen allerdings Vorsicht geboten, denn es wurde schon mehrfach von Diebstählen durch Heranwachsende nach der Methode „wegreißen und wegrennen" berichtet. Eine Hand voll Villen aus der Kolonialzeit befinden sich noch am nördlichen Ende der Tran Hung Dao und an der Küstenpromenade Quang Trung.

Unmittelbar nördlich von hier steht an der Adresse 12 Tran Phu die imposante „Weiße Villa" **Bach Dinh**, deren Fassade hinter einer Vorhut aus Frangipanis und Bougainvilleen hervorlugt. Das Ende des 19. Jhs. erbaute Herrenhaus diente einigen berühmten Persönlichkeiten der vietnamesischen Geschichte als Feriendomizil, darunter Paul Doumer, Generalgouverneur von Indochina (für den das Haus ursprünglich gebaut wurde), die Kaiser Thanh Thai und Bao Dai sowie Präsident Thieu. Die kürzlich vorgenommenen Renovierungsarbeiten vermögen die jahrzehntelange Vernachlässigung nicht zu vertuschen, doch die klassischen Büsten der Frontfassade und die Mosaike unter dem Dachvorsprung sind noch immer ein Blickfang. Im Innern ist eine Sammlung „wertvoller antiker Gegenstände" zu besichtigen, die im 17. Jh. aus einem vor der Insel Con Dao gesunkenen Schiffswrack geborgen wurden. Zu den Ausstellungsstücken gehören so atemberaubende Objekte wie „getrocknete Früchte", „Bartpinzetten" und „Steinreste aus dem Schiff". Im Obergeschoss befinden sich aus Kambodscha stammende buddhistische Statuen und Scherben alter Töpferwaren, die jedoch von dem majestätischen Blick auf die Bucht auf jeden Fall übertroffen werden. 🕒 tgl. 7–17 Uhr, geringes Eintrittsgeld.

Wer die weiteren, nur mäßig interessanten Sehenswürdigkeiten Vung Taus nicht verpassen möchte, sollte sich an die Besteigung des südlich der Stadt gelegenen **Nui Nho** („Kleiner Berg") machen. Der dort befindliche, 1910 entstandene **Leuchtturm** der Stadt sieht aus, als hätte als Vorlage für seinen Bau die kindliche Skizze einer Weltraumrakete gedient. Er ist zu Fuß oder mit dem Motorradtaxi zu erreichen. Die Anfahrt erfolgt über die kleine Gasse Hem 150, die unmittelbar hinter dem ehemaligen Postamt von der Ha Long abzweigt, oder vom anderen Ende der Gasse südlich des Strandes Bai Sau. Der in den Tagen der französischen Kolonialherrschaft für die Öffentlichkeit gesperrte Leuchtturm ist heute zugänglich und eröffnet einen schönen Panoramablick auf die Halbinsel und das Meer.

Der oben beschriebene Spaziergang bzw. die Motorradfahrt sollte lieber gegen Ende des Tages unternommen werden, um der glühenden Hitze zu entgehen, und kann mit einem Abstecher zur 33 m hohen **Jesus-Statue** kombiniert werden, die weiter südlich auf dem kleinen Berg thront. Das berühmteste Wahrzeichen der Stadt vermittelt einen Hauch von Rio de Janeiro, während Cherubinen mit Harfen und Trompeten die Ankunft an der mit ausgestreckten Armen wartenden Figur ankündigen. Wer die Stufen im Innern der vom Wind gerüttelten Statue erklimmt, kann sich wie ein Papagei auf die Schulter Jesu setzen und aus Schwindel erregender Höhe den Blick auf das Meer genießen. 🕒 tgl. 7.30–11.30 und 13.30–17 Uhr.

Wenn Schwimmen und Sonnenbaden das Hauptmotiv für einen Abstecher nach Vung Tau sind, kommt am ehesten der gelbe Sand von **Bai Sau** („Hinterer Strand") in Frage, der mit Abstand breiteste, längste (5 km) und beste Strand der Stadt, was hier aber nicht viel heißt. Mit hässlichen Betonklötzen als Kulisse ist der etwas ungepflegte Streifen Sand nicht gerade ein Tropenparadies, doch sonntags, wenn die Liegestühle und Sonnenschirme ausgeklappt werden und die Ananas- und Bananenverkäufer ausschwärmen, lässt es sich hier aushalten. Zur Zeit der Recherche mussten die billigen Essenstände am Strand gerade ihren Platz räumen, um moderneren Einrichtungen Platz zu machen, darunter auch **Ocean Park**, ein Komplex, der 700 m Strand einnimmt, mit Spielen, Rettungsschwimmern, Duschen und einem eleganten Restaurant. Es bleibt abzuwarten, in welcher Weise sich die Veränderungen auf die Beliebtheit des Strandes auswirken werden.

Übernachtung

Die meisten Hotels und Guesthouses liegen am Strand Bai Sau. Dort gibt es auch die größte Auswahl, vom komfortablen Hotel bis zur billigen Absteige. Die nobleren (und teureren) Unterkünfte befinden sich dagegen größtenteils im Stadtzentrum.

Dai Loc*, 87 Thuy Van, ✆ 852933. Freundliche Familienatmosphäre, die gepflegten Zimmer hinter dem gleichnamigen Restaurant bieten ein gutes Preis-Leistungs-Verhältnis. Besitzer Mr. Si tischt nicht nur gutes Essen auf, sondern vermietet auch Fahrräder und Motorräder und fungiert als auskunftsfreudige Informationsquelle in Reisefragen.

Nha Rong Bimexco*–**, am nördlichen Ende der Thuy Van, ✆ 859916, 📠 853470. Mehrere Holzhäuser am Strand mit bis zu vier Schlafplätzen.

Petro House Hotel*–********, 63 Tran Hung Dao, ✆ 852014, ✉ petro.htl@hcm.vnn.vn. Eine der nobleren Unterkünfte im Zentrum mit schicken und attraktiven Zimmern, aufmerksamem Personal und guten Einrichtungen für Geschäftsreisende.

Phong Tro 27*, 170A Hoang Hoa Tham, ✆ 858124. Eines der besten Budget-Hotels der Stadt mit ca. 60 recht sauberen Zimmern, nur ein paar Schritte vom Strand entfernt.

Royal*–********, 36 Quang Trung, ✆ 859852, 📠 859851. Für Angebot und Ausstattung gilt das Gleiche wie beim Petro House. Das Hotel liegt direkt am Wasser, viele Zimmer bieten reizvolle Ausblicke aufs Meer.

Thang Muoi***, 151 Thuy Vanh, ✆ 852665, 📠 859876. Unterkunft der mittleren Preisklasse am Strand Bai Sau, mit etwas ältlichen, aber eleganten Zimmern auf einem ruhigen Gelände dem Strand gegenüber.

Essen und Unterhaltung

Da in Vung Tau recht viele Ausländer leben, präsentiert sich die Restaurantszene etwas kosmopolitischer als in einer normalen vietnamesischen Stadt. Die französische Küche ist besonders stark vertreten, doch man findet auch Spaghetti und Hamburger. Außerhalb des Zentrums wird die Speisekarte zunehmend traditioneller. In der Innenstadt gibt es auch einige **Bars**, in denen vornehmlich die ausländische Gemeinde verkehrt, während einige der nobleren Hotels auch eine eigene Disco oder zumindest eine Tanzfläche zu bieten haben. Die Bars an der Nguyen Trai, am unteren Ende der Quang Trung und in der nahe gelegenen Truong Cong Dinh bilden den Mittelpunkt des so genannten „Nachtlebens" von Vung Tau.

Am südlichen Ende der Tran Hung Dao gibt es mehrere spottbillige **Imbissstände**, wo man einfach mit dem Finger auf das gewünschte Essen zeigt.

Bamboo, 7 Tran Phu. Strandrestaurant mit Garten nördlich der Stadt, das den Eindruck erweckt, als wäre es direkt aus Südfrankreich hierher verpflanzt worden. Die umfangreiche Speisekarte beinhaltet auch gegrilltes Kängurufleisch und Salat aus roten Venusmuscheln.

Floating Restaurant, 150 Ha Long. Spezialität: Seafood auf vietnamesische oder chinesische Art in einem kreisrunden Gebäude über dem Wasser. Im Erdgeschoss befindet sich der Hai Ly Club, wo sich nach dem Abendessen ein paar Kalorien wegtanzen lassen.

Hoa Lan, 27 Trung Nhi. Billiges Essen in beschwingter Umgebung in einem ebenso großen wie schlichten Restaurant, das Frittiertes, Salate und Reisgerichte für ca. US$1 serviert.

Ma Maison, 63 Tran Hung Dao, dem Hotel Petro House angegliedert. Ausgefallene Speisen in einem äußerst stilvollen Restaurant. Die Gerichte auf der internationalen Speisekarte sind überraschend erschwinglich.
Whispers, 15 Nguyen Trai. Eines der beliebtesten Speiselokale bei der ausländischen Gemeinde; Serviert traditionelle gebratene Gerichte und qualitativ gute westliche Speisen.

Sonstiges

GELD – ***Vietcombank,*** 27 Tran Hung Dao. Wechsel von Reiseschecks und Barauszahlungen auf Visa und MasterCard. 🕓 Mo–Fr 7–11.30 und 13.30–16 Uhr.

INFORMATIONEN – ***Vung Tau Tourist,*** 29 Tran Hung Dao, ✆ 857527, ✉ vungtautour@ hcm. vnn.vn.

INTERNET – Mehrere Hotels bieten Internet-Zugang, doch billigere Tarife sind in den entsprechenden Läden in der Ba Cu zu bekommen.

POST – **Postamt,** 408 Le Hong Phong. 🕓 7–20.30 Uhr, So geschlossen.

VORWAHL – 064

Nahverkehrsmittel

Für die Fortbewegung in Vung Tau und Umgebung stehen **Cyclos, Honda Oms** und **Taxis** zur Verfügung. Wer gern unabhängig unterwegs ist, findet im *Dai Loc,* 87 Thuy Van, ✆ 852933, oder in einem der größeren Hotels mehrere **Fahrrad- und Motorradvermietungen**.

Transport

BUSSE – Minibusse halten am Platz unterhalb der Kathedrale in der Tran Hung Dao, die anderen Busse nutzen den Busbahnhof in der 192 Nam Ky Khoi Nghia. An beiden Halteplätzen stehen Cyclos zur Weiterfahrt bereit.
Busse nach: BA RIA (1/2 Std.); DA LAT (6 Std.); HO-CHI-MINH-STADT (2 Std.); HUÉ (25 Std.); NHA TRANG (7 Std.).

FLÜGE – Bei ***Vietnam Airlines,*** in der Tran Hung Dao neben der Touristeninformation, ✆ 856099, kann man innervietnamesische und internationale Flüge sowie Hubschrauberflüge zur Insel CON DAO (3x wöchentl.; US$150 hin und zurück) buchen.

SCHIFFE – Die Luftkissenboote aus Ho-Chi-Minh-Stadt legen meistens am südlichen Ende des Bai Truoc („Vorderer Strand") an, nur bei hohem Seegang machen sie an einem geschützteren Anleger 12 km außerhalb von Vung Tau fest, von wo kostenlose Pendelbusse in die Stadt fahren.
Fähren nach CON SON 1–2x wöchentl. in 15 Std.
Luftkissenboote nach HO-CHI-MINH-STADT Mo–Fr 6x tgl., Sa–So 7x tgl. in 1 1/4 Std.

Die Umgebung von Vung Tau

Abgesehen von seiner hübschen gelben Kirche mit den zwei Türmen hat **Ba Ria** nichts Sehenswertes zu bieten. Dennoch ist es gar nicht so unwahrscheinlich, dass man hier landet, weil vom Busbahnhof neben dem Markt am westlichen Stadtrand die Busse in die nordöstlich von Vung Tau gelegenen Küstenorte abfahren. Je weiter man in Richtung Nordosten vorstößt, desto attraktiver werden die Strände, doch wegen der Nähe zu Ho-Chi-Minh-Stadt muss man schon eine Weile fahren, um den Scharen einheimischer Touristen zu entgehen, die sich hier am Wochenende und an den Feiertagen tummeln.

Ein paar Kilometer östlich von Ba Ria gabelt sich die Straße, und die Abzweigung rechter Hand führt nach weiteren 12 km in den Urlaubsort **Long Hai**, der 20 km nordöstlich von Vung Tau unterhalb eines beeindruckenden Bergmassivs liegt. Der einst bei französischen Feriengästen sehr beliebte Ort lockt heute vor allem Vietnamesen an, die den breiten Strand und die Fischerdorfatmosphäre ansprechender finden als Vung Tau. Am östlichen Ortsrand türmen sich Dünen auf, während auf der Westseite ein traditionelles Fischerdorf mit Pfahlbauten und einer großen Flotte aus Fischkuttern und Korbbooten mit bunten Flaggen angesiedelt ist. Long Hai ist mit dem **Bus** vom Bahnhof Mien Dong in Ho-Chi-Minh-Stadt zu erreichen. Bei der Anfahrt aus Vung Tau fährt der Bus zunächst nach Ba Ria, wo man umsteigen muss oder mit einem der vielen wartenden Honda Oms weiterfahren kann. Nur wenige Ausländer übernachten in Long Hai, doch es gibt einige Hotels. Zu den besten zählt das am Ende der in das Dorf führenden Straße gelegene *Military Guest House**–**, ✆ 064/868316. Es bietet einfache Zimmer, wahlweise mit Ventilator oder ac, und Ausblicke auf einen breiten, von Schatten spendenden Kasuarinen gesäumten Strand. An der zum Guesthouse hinauf führenden Straße gibt es mehrere Essenstände.

Viele Besucher lassen den Ort inzwischen links liegen und steuern direkt das östlich der Stadt gelegene Feriengebiet mit seinen **Strandhotels** an. Das *Anoasis Beach Resort,* ab*****, ✆ 064/868227, 🖳 www.anoasisresort.com.vn, ist eine liebevoll restaurierte, ehemalige Residenz von Kaiser Bao Dai mit Blick auf einen einsamen Küstenabschnitt. Die einzelnen Bungalows mit Strohdach liegen geschützt zwischen von Pinien bewachsenen Hügeln und strahlen mit ihrer fantastischen Bambuseinrichtung und den riesigen Badewannen eine ganz besondere Atmosphäre aus. Zu den Annehmlichkeiten gehören auch ein Business Center, ein Swimming Pool und ein reizendes Restaurant mit Terrasse unter freiem Himmel. Erst kürzlich gewann das Strandhotel den äußerst begehrten Preis des Magazins *The Guide* für das „beste Resort-Hotel Vietnams". Nicht-Gäste können die Einrichtungen für US$10 pro Tag am Wochenende oder US$6 pro Werktag nutzen. Zur Zeit der Recherche wurde unmittelbar östlich von hier gerade ein weiteres großes Strandhotel gebaut.

Etwas weiter entfernt liegt das *Thuy Duong Resort****–*****, ✆ 064/886215, ✉ tranchauld@hcm.vnn.vn, das einen passenden Namen trägt, denn „thuy duong" heißt auf Vietnamesisch Kasuarine – und tatsächlich säumen Exemplare dieser anmutigen Baumart den schönen Strandstreifen. Die Anlage bietet eine gute Alternative der mittleren Preisklasse zu den schmuddeligen Zimmern in Long Hai oder dem Luxus des *Anoasis.* Die Unterkünfte reichen von angenehmen und relativ preiswerten Hütten am Strand bis zu luxuriösen Suiten im Hauptgebäude des Hotels.

Folgt man der Küstenstraße weiter Richtung Osten, führt unmittelbar hinter dem Strandhotel Thuy Duong eine ausgeschilderte Abzweigung nach links zu den **Höhlen von Minh Dam** hinauf, die 1948 von den Kommunisten als Unterschlupf genutzt wurden. Von oben eröffnen sich wunderbare Ausblicke auf die Reisfelder der Küstenebene am Horizont im Nordosten und auf den mit großen Granitfindlingen übersäten Küstenstreifen direkt unterhalb. Die über in den Fels gehauene Stufen und wackelige Bambusleitern zugänglichen Höhlen sind keine echten Grotten, sondern eher Hohlräume zwischen übereinander liegenden Felsen. Mit ein wenig Fantasie kann man sich durchaus vorstellen, wie die Vietminh- und Vietcong-Soldaten hier hausten, kochten und schliefen. Auf dem Berg kam es damals regelmäßig zu kleineren Scharmützeln, von denen auch die Einschusslöcher in den Felswänden stammen, und in den Felsspalten klemmen noch immer Räucherstäbchen zum Gedenken an diejenigen, die hier gefallen sind. Da der Weg zu den Höhlen viele Gabelungen aufweist, kommt man hier oben kaum ohne Guide zurecht.

Die Küstenstraße von Ba Ria windet sich hinauf zum Marktplatz von **Dat Do**, einem attraktiven Dorf 25 km östlich von Ba Ria. Jenseits von Dat Do führt dieselbe Landstraße weiter nach Osten durch Bambuswälder, Eukalyptusbäume und Kokospalmen nach **Xuyen Moc** und anschließend in das kleine Dorf **Bong Trang**, von wo eine Landstraße zum **Ho Coc-Strand** abzweigt. Ho Coc ist ein bezaubernder, 5 km langer Streifen aus goldenem Sand mit Korbbooten und Liegestühlen, klarem Wasser und schönen Dünen im Hintergrund. Wie die meisten Strände in dieser Gegend ist auch Ho Coc am Wochenende von Tagesausflüglern überlaufen, dafür aber unter der Woche so gut wie menschenleer. Am Strand stehen zwei Unterkünfte zur Auswahl. *Khu Du Lich Bien***–***, ✆ 064/878175, ist die bessere der beiden und liegt bei der Ankunft am Strand auf der linken Seite. Die Übernachtungsmöglichkeiten reichen von der bescheidenen Bambushütte am Strand mit Ventilator und eigenem Bad bis zu komfortabel eingerichteten Unterkünften mit Kühlschrank und TV, die auf „Baumstümpfe" aus Beton gebaut wurden und daher gute Ausblicke in die Ferne bieten. Rechter Hand befindet sich das *Hang Duong Ho Coc**–***, ✆ 064/878145, das im Vergleich recht schäbig erscheint, aber über einige große Zimmer verfügt, die für Gruppen interessant sein könnten, weil sie bis zu sieben Personen Platz bieten. Da die Zimmer jedoch ein Stück abseits des Strandes liegen, haben sie keinen guten Ausblick. Beiden Hotels ist ein

Restaurant mit jeweils nicht sehr umfangreicher Speisekarte angegliedert. Die Busse aus Ho-Chi-Minh-Stadt, Vung Tau und Ba Ria zuckeln bis nach Xuyen Moc, wo Motorradtaxis für die Weiterfahrt bereitstehen.

Rund 10 km weiter östlich liegen die **heißen Quellen von Binh**, ✆ 064/871131, ✉ saigon binhchau@hcm.vnn.vn. Zur Zeit der Recherche wurde der Komplex vollständig umgestaltet und um eine Driving-Range für Golffreunde, Tennisplätze, einen Beachvolleyballplatz, Billardtische und Ochsenkarrenfahrten zu den Quellen erweitert. Das schwefelhaltige Wasser, das hier wie verrückt in den Bächen und Brunnen blubbert, weist enorme Temperaturunterschiede auf. Während ältere Menschen ihren schmerzenden Gliedern mit einem Fußbad Linderung zu verschaffen hoffen, kochen sich andernorts Besucher in dem beinahe kochenden Wasser Eier für ein Picknick. Für umgerechnet etwas mehr als US$1 bekommt man die Gelegenheit zu einem Bad im Mineralwasser des „Träumenden Sees", einem gemeinschaftlichen Schwimmbecken; verlockender ist jedoch das private Minibecken für etwa US$2 pro Person und Stunde. Der Hauptkomplex verfügt auch über Sauna, Massageservice, Schlammbäder, ein großes Restaurant und fünf kleine, komfortable Hotels *–*** im Bungalowstil mit Namen wie Sunrise, Peace oder Cherry. Es fahren keine öffentlichen Verkehrsmittel zu den Thermalbädern, doch bei Übernachtungen in einem der Hotels auf dem Gelände ist der Transport inklusive. Reservierungen und Abholung organisiert das Büro in Ho-Chi-Minh-Stadt unter ✆ 08/9970677.

Wer über ein eigenes Transportmittel verfügt (entweder ein Motorrad oder ein Auto mit Fahrer), kann die an der Küste entlang führende **Nationalstraße 55** zwischen Binh Chau und **Ham Tan** erkunden, die durch Cashew-Plantagen und an riesigen Sanddünen vorbei führt. Die Strecke liegt so fernab der touristischen Pfade, dass dort mehr Ochsenkarren verkehren als motorisierte Fahrzeuge. Ab und zu zweigen Sandpisten ab und führen zu einsamen Stränden, wo nur einige wenige oberhalb der Flutmarke festgemachte Korbboote darauf schließen lassen, dass hier tatsächlich ein paar Menschen leben. Sobald der Distrikt Ham Tan erreicht ist, zweigt eine Straße nach rechts ab zum Fischerdorf **Lagi**, das erst ansatzweise auf den Fremdenverkehr eingestellt ist, was sich an einigen wenigen Übernachtungsmöglichkeiten zeigt. Am empfehlenswertesten sind die einfachen Ventilator- oder ac-Zimmer im *Nhat Anh**, ✆ 062/844199. Von Ham Tan führt die Nationalstraße 55 Richtung Norden und trifft später wieder auf die **Nationalstraße 1**, doch wer von diesem Küstenabschnitt noch nicht genug hat, kann auch auf einer schmalen, asphaltierten Landstraße weiterfahren, die auf den meisten Landkarten gar nicht eingezeichnet ist. Sie führt noch weitere 20 km Richtung Nordosten an der Küste entlang, bis auch sie einen Knick landeinwärts macht. Die Straße verläuft durch eine sehr schöne Landschaft mit abgelegenen Fischerdörfern im Schatten von Kokospalmen und durch Drachenfruchtplantagen, bevor sie die Küste verlässt und schließlich rund 30 km vor Phan Thiet wieder in den gnadenlosen Verkehr der Nationalstraße 1 einmündet.

Der Con Dao-Archipel

Rund 185 km südlich von Vung Tau liegen 14 Inseln im Südchinesischen Meer, die zusammen den Con Dao-Archipel bilden. Eigentlich befindet sich die Inselgruppe näher am Ufer des Mekong-Deltas, doch die Hubschrauber und Fähren, die sie mit dem Festland verbinden, starten in Vung Tau. Wäre der **befestigte Außenposten**, den die britische Ostindische Kompanie hier 1703 errichtete, zu größerer Blüte gelangt, könnte sich **Con Son**, die mit Abstand größte der Inseln, heute vielleicht zu einem kleinen Hongkong oder Singapur entwickelt haben, wenn man sich seine günstige Lage auf dem Seeweg nach China vor Augen hält. Doch bereits innerhalb von drei Jahren hatten die Bugi-Söldner, die von den Engländern zwecks Bau und Befestigung des Stützpunktes von der ostindonesischen Insel Sulawesi rekrutiert worden waren, ihre britischen Herren ermordet und dem frühen Kolonisierungsexperiment ein vorzeitiges Ende bereitet. Das damals unter dem Namen Poulo Condore bekannte Eiland Con Son trat noch immer auf der Stelle, als der amerikanische Seefahrer John White die „hohen Gipfel" der Insel ein gutes Jahrhundert später im Jahre 1819 erspähte. White hielt das Eiland für einen brauchbaren natürlichen Hafen, wenn auch geplagt von „widerlichen Kriechtieren und ohne gutes Süßwasser".

Schließlich fand die Insel doch noch ihre Bestimmung, als sie Jahrzehnte später von den Franzosen als Standort einer **Sträflingskolonie** für antikoloniale Aktivisten ausgewählt wurde. Da auf Con Son ein grausames Regiment herrschte, erhielt der Ort schon bald den Beinamen „Teufelsinsel". Die Gefangenen siechten in erbärmlichen Gruben dahin, den so genannten „Tigerkäfigen", die statt eines Daches ein Metallgitter aufwiesen, auf dem die Wächter sie von hoch oben einschüchtern konnten. Im Laufe des 20. Jhs. entwickelte sich die Sträflingskolonie zu einer Art inoffizieller „Universität der Revolution", in der die Altgedienten ihren grünen Mithäftlingen die Feinheiten der marxistisch-leninistischen Lehre beibrachten, während die harten Bedingungen, unter denen die Häftlinge einsaßen, die Lektionen entsprechend untermauerten. Wer sich auf den Weg nach Con Son macht, findet dort ein **Museum**, das den Kampf gegen die französische Kolonialherrschaft thematisiert, und natürlich auch das eigentliche Gefängnis. Wer sich dagegen lediglich für das Dasein der Gefangenen auf der Insel interessiert, ist wahrscheinlich mit den nachgebauten Verliesen im Museum für Kriegsverbrechen (War Remnants Museum) von Ho-Chi-Minh-Stadt (s.S. 159) ebenso gut bedient.

Die heutigen Inselbewohner leben vom Fischfang und bauen Cashewnüsse, Erdnüsse und Teakholz an, während einige sich auch exotischeren Tätigkeiten wie dem Perlentauchen oder dem Sammeln von Schwalbennestern verschrieben haben. Con Son ist von Korallen umgeben und beherbergt dichte Wälder und schöne Strände, an denen Schildkröten ihre Eier ablegen, doch gegenwärtig ist die **Anreise** für die meisten Touristen noch zu zeitaufwändig bzw. zu teuer. Es gibt aber Gerüchte, dass schon bald eine Verbindung per Luftkissenboot aufgenommen werden soll. Die neuesten Informationen hierzu erteilt das in Ho-Chi-Minh-Stadt ansässige Hauptbüro von *Greenlines*, ✆ 08/9406083. Bis es so weit ist, veranstaltet die *Southern Service Flight Company* dreimal wöchentlich Hubschrauberflüge (US$150 hin und zurück) zu den Inseln. *Con Dao Transportation*, 35 Truong Cong Dinh in Vung Tau, ✆ 064/859089, betreibt je nach Wetterlage ein bis zwei Nachtfähren pro Woche (rund US$30 p.P.). Auf der Insel gibt es derzeit nur ein paar staatliche **Hotels** der mittleren Preisklasse, zu deren Gästen vorwiegend Reisegruppen zählen.

Phan Thiet

Von Bien Hoa führt die Nationalstraße 1 in östlicher Richtung durch Thong Nhat und Dau Giay (wo die Nationalstraße 20 Richtung Norden nach Da Lat abzweigt) sowie durch unzählige Hektar Gummiplantagen nach Xuan Loc. Von dessen Trabantenstadt Long Khanh sind es noch 100 km bis zur Küste mit dem Fischereihafen Phan Thiet. Auf den letzten 50 km zeigt sich am Horizont bereits der Fuß des Truong Son-Gebirges.

Phan Thiet, die bescheidene Hauptstadt der Provinz Bin Thuan, breitet sich beiderseits des Flusses Ca Ty aus und ist die Heimat einer ansehnlichen Fischfangflotte. Abgesehen von ein paar kleineren Sehenswürdigkeiten kann man hier nicht viel besichtigen oder unternehmen, doch nur ein kurzes Stück weiter die Küste hinauf liegt etwas abseits der Nationalstraße 1 der am schnellsten wachsende Strand- und Badeort Vietnams, Mui Ne. Auch Phan Thiet selbst hat einen recht attraktiven Strand zu bieten, der sich bei den Vietnamesen großer Beliebtheit erfreut, während Ausländer in Phan Thiet fast immer nur auf der Durchreise sind.

Von der **Tran Hung Dao-Brücke**, über die Phan Thiets Hauptstraße den Fluss überquert, fällt der Blick auf eine der wenigen interessanten Sehenswürdigkeiten der Stadt, nämlich eine Flotte von Fischkuttern, die ein perfektes Postkartenmotiv abgeben. Biegt man am südwestlichen Ende der Brücke links ab, erreicht man nach einem Bummel über die Trung Trac schon bald das Zentrum der Aktivitäten, den direkt am Kai gelegenen **Fischmarkt**. Hier sollte der Besucher jedoch auf eine nicht zu unterschätzende Attacke auf den Geruchssinn gefasst sein, denn der Markt ist in einen Gestank eingehüllt, der den in dieser Region Vietnams so zahlreich vertretenen *nuoc mam*-Fabriken in nichts nachsteht. Jeden Morgen, insbesondere zwischen Juni und Oktober, wenn die Fangquoten ihren Höchststand erreichen, entfaltet sich auf dem Markt eine Atmosphäre wie auf einem Rummelplatz. Dann drängen sich in Ehren ergraute Fischer, Fischverkäuferinnen und Kauflustige um die großen, von unzähligen Fliegen heimgesuchten Weidenkörbe mit Fischen und Meeresfrüchten. Nördlich der Brücke versuchen die Fischer in Korbbooten und mit Bergarbeiterlampen vor der Stirn ihr Glück auch noch nach Einbruch der Dunkelheit.

Von der Brücke aus in die andere Richtung verläuft die Trung Trac zwischen dem Fluss und dem südwestlich gelegenen Stadtzentrum und erreicht schließlich das direkt am Flussufer gelegene **Ho-Chi-Minh-Museum**. Es zeichnet Hos Leben nach, von seinen jungen Jahren im Ausland bis zu seinem Tod 1969, hinterlässt aber alles in allem einen recht faden Eindruck. Für etwas Auflockerung sorgen lediglich einige persönliche Erinnerungsstücke, darunter sein weißer Kittel, sein Wanderstock, seine Sandalen und sein Stahlhelm sowie ein ungewöhnlicher Schnappschuss, der ihn beim Volleyballspielen zeigt. Die Reihen lackierter Holztische in der sehr stimmungsvollen **Duc Thanh-Schule** nebenan wurden seit Hos hiesigem Kurzaufenthalt als Lehrer nicht mehr verändert und beschwören beim Besucher auf eindringliche Weise ein längst vergangenes Zeitalter herauf. ⌚ beide Di–So 7.30–11.30 und 13.30–16.30 Uhr, geringes Eintrittsgeld.

Am anderen Flussufer zweigt hinter der Tran Hung Dao-Brücke die Vo Thi Sau nach rechts ab zum **Stadtstrand**. Der zuerst ins Blickfeld rückende, etwas verwahrlost wirkende Streifen Sand sieht nicht besonders einladend aus, doch 700 m weiter nordöstlich folgt ein erbaulicherer, von Schatten spendenden Pinien bestandener Strand, an dem auch zwei schicke Hotels stehen. Für den Rückweg in die Stadt kann man alternativ auch die Nguyen Tat Thanh nehmen und beim **Siegesdenkmal** links abbiegen. Das Monument zeigt einige mit Maschinengewehren bewaffnete und erwartungsvoll in die Zukunft blickende Patrioten auf dem Sockel eines pfeilförmigen Betonturms.

Übernachtung

Doi Duong Hotel**, am Strand, ✆ 822108, 📠 825858. Schickes Hochhaushotel mit über 70 gut ausgestatteten Zimmern, Swimming Pool, Tennisplätzen und zwei Restaurants.

Hotel 19–4*–**, Tu Van Tu, ✆ 821794. Der moderne Block mit einem älteren Flügel im Motel-Stil ist die beste Option in der Nähe des Busbahnhofs.

Novotel Ocean Dunes Resort, ab*****, am Strand, ✆ 822393, ✉ novpht@hcm.vnn.vn. Mammutkomplex mit 18-Loch-Golfplatz, zwei Swimming Pools und kostenlosem Fahrradverleih. Die Zimmer mit Meeresblick kosten US$20 extra.

Phan Thiet Hotel**–**, 276 Tran Hung Dao, ✆ 819907. Geräumige Zimmer im Stadtzentrum mit gutem Preis-Leistungs-Verhältnis und inklusive Frühstück.

Essen

Nam Thanh Lau, an der Südwestseite des Platzes unterhalb der großen Brücke. Eines von wenigen attraktiven Restaurants in Phan Thiet. Hervorragendes Seafood in großen Portionen und zu günstigen Preisen.

Sea Horse Restaurant, im Novotel Ocean Dunes Resort. Das etwas gehobenere Restaurant kredenzt Gerichte wie gebratenen Schwertfisch mit provenzalischer Soße oder Kürbisravioli mit Basilikum für ca. US$5,50.

Sonstiges

GELD – ***Incombank***, die Filiale in der Tran Hung Dao wechselt US-Dollars, doch wer Reiseschecks einlösen oder Bargeld auf Visa und MasterCard ausgezahlt haben möchte, muss sich in die größere Zweigstelle in der Nguyen Tat Thanh in unmittelbarer Nähe des Siegesdenkmals begeben.

INFORMATIONEN – ***Binh Thuan Tourist***, 82 Trung Truc, unmittelbar südwestlich der Tran Hung Dao-Brücke, ✆ 816821, ✉ binhthuantourist@hcm.vnn.vn, hält Informationen über die Umgebung von Phan Thiet bereit.

INTERNET – Mehrere Geschäfte in der Tran Hung Dao bieten Internet-Zugang.

POST – Das **Postamt** befindet sich in der Nguyen Tat Thanh.

VORWAHL – 062

Transport

Die Busse halten am **Busbahnhof**, ca. 2 km nördlich des Zentrums. In der Nähe befinden sich ein paar passable, aber stillose Hotels.

Für den Weitertransport ins Zentrum sorgen Honda Oms und Cyclos. Busse verkehren von hier nach HO-CHI-MINH-STADT (4 Std.) und NHA TRANG (5 Std.).

Mui Ne

Von einem verschlafenen Fischernest, das früher von einheimischen wie ausländischen Besuchern gleichermaßen ignoriert wurde, hat sich Mui Ne inzwischen zu einem der heißesten Strandtipps in ganz Vietnam gemausert. Das hat der Ort nicht zuletzt einer Sonnenfinsternis Mitte der 90er Jahre zu verdanken, für die dieser Strand als optimaler Beobachtungspunkt ausgemacht worden war. Unter den Schaulustigen müssen sich damals auch einige geschäftstüchtige Leute befunden haben, die sofort das Potenzial des erstklassigen Strandes erkannten. Heute erfreut sich Mui Ne vor allem bei in Vietnam lebenden Ausländern großer Beliebtheit, die hier ihr Wochenende verbringen. Doch auch viele besser betuchte Touristen blättern gern US$50 am Tag hin, um sich in einem der luxuriösen Strandhotels verwöhnen zu lassen. Preiswerte Unterkünfte sind ebenfalls vorhanden, aber knapp bemessen und zwängen sich etwas verloren zwischen die weitläufigen Anlagen der großen Resorts.

Mui Ne liegt 22 km östlich von Phan Thiet und ist über die Küstenstraße zu erreichen. Nach rund 8 km taucht rechts der Straße der im 8. Jh. errichtete **Po Shanu-Turm** auf, dessen Sandstein allerdings nicht so reich mit Ornamenten verziert ist wie andere Türme weiter nördlich. Der größte Teil der Strecke präsentiert sich außerhalb der Regenzeit öde und ausgetrocknet, doch je näher man Mui Ne kommt, desto mehr Kokospalmen tauchen auf und formen schon bald eine schattige Allee, an der sich zwischen den Hotels ab und zu ein Blick auf den goldgelben Sand und das klare Wasser erhaschen lässt. Nach mehreren Kilometern, auf denen sich eine Hotelanlage an die andere reiht, erreicht die Straße den Ort und Hafen Mui Ne, wo zahlreiche kleine Fischerboote auf dem Wasser schaukeln. Links (nördlich) der Landstraße befinden sich unmittelbar vor Erreichen des Dorfes mehrere kleine **Fischsoßenfabriken**, wo einige Besucher tatsächlich zwischen den stinkenden Fässern herumschnüffeln. Biegt man im Dorf links ab, rückt nach wenigen Kilometern die berühmteste Attraktion von Mui Ne ins Blickfeld – die an die Sahara erinnernden **Sanddünen**, von denen sich spektakuläre Ausblicke eröffnen. Da der Sand sehr weich ist, sind die Dünenberge nicht einfach zu erklimmen, doch wer es schafft, wird mit einem unglaublichen Panorama belohnt. Der Sand kann außerdem sehr heiß werden, sodass man nicht gerade in der Mittagssonne auf die Dünen klettern sollte.

Die Aktivität Nummer eins in Mui Ne ist nach wie vor Relaxen am **Strand**, doch der Ort lockt zwischen August und April auch immer wieder **Surfer** an, weil dann gute Windverhältnisse herrschen. Jedes Jahr im Februar steht Mui Ne sogar auf der Liste der Austragungsorte für die Asien-Tour der Windsurfer.

Die entspannte Atmosphäre ist zweifellos einer der Hauptanziehungspunkte, doch Mui Ne entwickelt sich immer mehr zu einer touristischen Enklave, weil kein größerer vietnamesischer Ort in der Nähe liegt. Wer sowieso nur am Strand faulenzen möchte, wird sich davon nicht abschrecken lassen, doch wer auch etwas Kontakt mit Einheimischen sucht oder ab und zu mal das Tanzbein schwingen möchte, ist etwas weiter nördlich in Nha Trang wahrscheinlich besser aufgehoben.

Übernachtung

Da man in erster Linie nach Mui Ne kommt, um sich am Strand auf die faule Haut zu legen, ist die Wahl der Unterkunft die wichtigste Entscheidung, die man hier zu treffen hat. Ideal wäre es, einen Blick in mehrere Hotels der in Frage kommenden Preisklasse zu werfen, doch das ist wohl nur mit einem eigenen Fahrzeug praktikabel, da die Unterkünfte sich über einen insgesamt 10 km langen Küstenabschnitt verteilen. Es ist zu beachten, dass es sich manchmal durchaus lohnt, um den Preis zu feilschen, weil ständig neue Hotels aufmachen und viele Unterkünfte in der Nebensaison oder bei längerem Aufenthalt Preisnachlässe gewähren. Mui Ne kann mit einigen sehr attraktiven Strandhotels aufwarten und hat auch einige billigere Hotels zu bieten, doch letztlich reduziert sich immer alles auf die Frage nach dem Preis-Leistungs-Verhältnis. Bei den preiswerten Unterkünften ist allerdings hinzuzufügen, dass sich kein Hotel in Mui Ne mit den großartigen Budget-Hotels von Nha Trang messen kann. Da es keine Straßennamen und Hausnummern gibt, wird die Lage der Unterkünfte an der Küstenstraße in Kilometern (von Phan Thiet aus gerechnet) angegeben.

Bamboo Village Seaside Resort**–*****,** Km 11,8, ✆ 847007, ✉ bamboo–village@hcm.vnn.vn. Wahlweise ac oder Ventilator in 37 attraktiven Bambusbungalows in einer herrlichen Gartenanlage um einen Pool und Restaurantbereich.

Blue Ocean Resort**,** Km 12, ✆ 847322, 💻 www.blueoceanresort.com. Kleine, aber schicke Zimmer in einem gepflegten Garten mit Pool. Ableger von Sheridan's Irish Bar and Restaurant gegenüber der Rezeption.

Coco Beach*,** ab**, Km 12,5, ✆ 847111, ✉ paradise@cocobeach.net. Hotel unter französischer Leitung mit 34 geschmackvollen, strohgedeckten Holzbungalows und einigen Familienvillen mit Veranden, Stoffen im Cham-Design, ac und allem modernen Komfort in einer tropischen Gartenanlage etwas abseits des Strandes. Wegen der entspannten Atmosphäre und des freundlichen Personals ein Dauerfavorit bei den Urlaubsgästen.

Full Moon Beach Guesthouse*–****,** Km 13, ✆ 847008, ✉ fullmoon@windsurf-vietnam.net. Strohgedeckte Bambushütten mit Veranda oder geräumige Zimmer, alle auf Pfählen gebaut und mit eigenem Bad. Preise verhandelbar.

***Hiep Hoa**–**,** Km 13,3, ✆ 847262, ✉ hiephoatourism@yahoo.com. Freundliche Unterkunft mit nur 8 einfachen, aber gepflegten Ventilator- oder ac-Zimmern auf sehr kleinem Gelände mit Zugang zu einem schönen Strand.

Mui Ne Sailing Club**–*****,** Km 11, ✆ 847440, ✉ info@sailingclubvietnam.com. Wunderbar gestaltete Anlage mit strohgedeckten Bungalows und senfgelben Wänden. Fantasievolle Einrichtung unter reichlicher Verwendung lokaler Stoffe. Swimming Pool, beliebte Bar und Restaurant auf dem Gelände.

Nhan Hoa**–,** Km 16, ✆ 847371. Die billigeren Zimmer haben Ventilator und Gemeinschaftstoilette, die teureren verfügen über gut ausgestattete Balkone. Alle Zimmer sind sauber und bieten ein gutes Preis-Leistungs-Verhältnis.

Palmira Resort**,** Km 11, ✆ 847383, ✉ cocogarden@palmiraresort.com. Der Art-déco-Stil und die blassen Pastelltöne des von einem vietnamesisch-russischen Paar geleiteten Hotels mit faszinierendem Pool-Bereich erinnern an Miami Beach, doch die gut ausgestatteten Zimmer sind preiswert und bieten für US$5 extra auch Meerblick.

Phu Hai Resort*,** ab***, Km 8, ✆ 812799, ✉ info@phuhairesort.com. Das derzeit größte Strandhotel in Mui Ne mit über 80 Villen inmitten üppiger tropischer Vegetation. Großer Pool mit Wasserfall, Tennisplätze, Fitness Center und stilvolles Restaurant.

Rang Dong**–,** Km 19, ✆ 848645. Vernünftiges Budget-Hotel mit geräumigen und recht passablen Zimmern, wahlweise mit Ventilator oder ac; TV und Warmwasser vorhanden.

Red Sun–***,** Km 13, ✆ 847387. Kleiner, schattiger Komplex mit 8 Zimmern, einige davon mit Ventilator und Gemeinschaftsbad, andere mit ac und eigenem Bad. Schlicht, aber sauber und mit gutem Preis-Leistungs-Verhältnis.

Sea Breeze Resort*–****,** Km 13,7, ✆ 847373, 💻 www.muineseabreeze.com. Interessante Unterkunft der mittleren Preisklasse. Attraktive A-frame-Bungalows mit Strandblick oder schicke, gemütliche Zimmer zu günstigen Preisen.

Small Garden**–,** Km 11, ✆ 847012, ✉ smallgarden@hcm.vnn.vn. Passender Name für diese von einem schweizerisch-vietnamesischen Paar geleitete Unterkunft. Die Zimmer reichen von dünnwandigen „Wandschränken" im Haus bis zu Bungalows mit Balkon und Strandblick. Die kostenlose Nutzung der Küche für Gäste lässt ein Gemeinschaftsgefühl aufkommen.

Swiss Village Resort*,** ab**, Km 12, ✆ 847399, ✉ swissvill@hcm.vnn.vn. Die 60 gepflegten und geschmackvoll eingerichteten Zimmer stehen in einer üppigen Grünanlage. Rabatte während der Nebensaison.

Victoria Phan Thiet Resort*,** ab**, Km 9, ✆ 813000, ✉ victoriapt@hcm.vnn.vn. Inmitten tropischer Gärten stehen 50 Bungalows mit Meerblick. Die großen Räume sind geschmackvoll im europäischen Stil gestaltet und bieten jeglichen modernen Komfort. Organisation von Ausflügen und kostenlose Nutzung von Mountainbikes für Gäste.

Fischfang an einem der schönsten Strände Mui Nes

Vietnam-Austria House**–*****, Km 13,5, ✆ 847047. Ein charmantes österreichisch-vietnamesisches Paar heißt die Gäste in ihrem passend benannten Guesthouse willkommen. Blitzsauberes und reich ausgeschmücktes Haus mit leicht kitschigen Details, aber einwandfreie Zimmer mit Ventilator und Gemeinschaftsbad sowie zwei preisgünstige Bungalows in Strandnähe mit eigenem Bad.

Essen und Unterhaltung

Die **Hotels** in Mui Ne versuchen so gutes Essen auf den Tisch zu bringen, dass die Gäste erst gar keine Notwendigkeit verspüren, abends noch durch die Gegend zu laufen. Wem aber der Sinn nach einem Tapetenwechsel oder ein wenig körperlicher Betätigung steht, der findet mehrere **Restaurants**, die es sich auszuprobieren lohnt, und auch einige, in denen sich ein paar Dollar sparen lassen. Alle Strandhotels servieren gutes Essen zu entsprechend hohen Preisen, doch es gibt auch Alternativen. Einige geschäftstüchtige Ladenbesitzer mit Grundstücken auf der vom Strand abgewandten (und damit billigeren) Seite der Küstenstraße haben kleine, aber schicke Restaurants mit einer guten Auswahl an vietnamesischen und westlichen Speisen zu sehr vernünftigen Preisen aufgemacht. Einige dieser Lokale konzentrieren sich gegenüber dem Blue Ocean Resort, wobei das ***Hoang Vu*** besonders empfehlenswert ist (Tipp: Brathähnchen mit Erdnusssoße für US$2). Auf dieser Straßenseite gibt es auch zwei ordentliche italienische Restaurants: das ***Good Morning Vietnam,*** das es auch in Hanoi und Ho-Chi-Minh-

Stadt gibt, und das peppigere ***Luna d'Autunno*** mit seiner geschmackvollen Einrichtung aus Bambus, einer Auswahl an Weinen und Holzofenpizza für ca. US$5.

Mit dem **Nachtleben** ist es in Mui Ne nicht besonders weit her, denn in der Regel ziehen sich die Urlaubsgäste früh am Abend auf ihre Zimmer zurück, doch häufig versammelt sich eine Gruppe von Nachtschwärmern im ***Jibes*** (bei Km 13,5 im zentralen Strandabschnitt), wo ab und zu Spontanpartys stattfinden. Das Bier kostet hier weniger als in den meisten Strandbars, eine interessante Speisekarte gibt es auch. Die Bar eignet sich gut zum Austauschen von Reiseerlebnissen und zum Sammeln von Informationen über lohnende Ausflugsziele in der Umgebung.

Sonstiges

GELD – Neben dem Swiss Village Resort gibt es eine **Bank**, wo man Bargeld oder Reiseschecks wechseln und Barauszahlungen auf Visa oder MasterCard bekommen kann. ⏲ Mo–Fr 7.30–12 und 13–16.30 Uhr.

Die meisten Hotels am Strand wechseln ebenfalls Geld, aber zu ungünstigeren Kursen.

INTERNET – Internet-Zugang bieten viele Hotels, wobei die Tarife zuweilen aber sehr hoch und die Verbindungen frustrierend langsam sind. Das ***Coco Café*** verlangt derzeit 250 d pro Minute.

SURFEN – Unterricht im Wind- und Kitesurfen erteilt das ***Jibes***, das ungefähr in der Mitte der Bucht liegt, für US$12–15 pro Stunde.

VORWAHL – 062

Nahverkehrsmittel

Da keine Shuttle-Busse auf der Küstenstraße verkehren, ist man für den Transport auf die lokalen **Motorradtaxis** angewiesen. Alternativ dazu kann man sich auch ein **Fahrrad** (US$1–2 pro Tag) oder ein **Motorrad** (US$5–7 pro Tag) von einem der Strandhotels und Guesthouses oder beim Coco Café leihen.

Von/nach Phan Thiet kostet die Fahrt per Honda Om ca. US$1,50 und per Taxi US$5.

Transport

Täglich kommen **Open-Tour-Busse** aus Nha Trang und Ho-Chi-Minh-Stadt in Mui Ne an.

Die Busse von **Kim Travel** halten in unmittelbarer Nähe des Full Moon Beach Guesthouse am Hanh Café 2, Km 14, Ham Tien, Informationen unter ✆ 847347. Das Personal im Café verkauft nicht nur Fahrkarten für die Weiterfahrt nach HO-CHI-MINH-STADT (3–4 Std.) und NHA TRANG (ca. 5 Std.) für jeweils US$6, sondern arrangiert auch Touren in die Umgebung, vermietet Autos, Motorräder und Fahrräder und verkauft Zugfahrkarten.

Die Busse von **TM Brothers** nutzen als Halteplatz das Coco Café, ✆ 847195, das sich ein paar Meter weiter an der Hauptstraße befindet. Dort werden auch Tickets für die Weiterfahrt verkauft und lokale Transportmittel organisiert.

Das **Blue Ocean Resort**, ✆ 847322, betreibt **Express-Minibusse**, die fast jeden Tag ins Zentrum von HO-CHI-MINH-STADT fahren, aber teurer sind als die anderen Busse (US$9 einfache Fahrt, US$16 hin und zurück). Dafür sind sie aber schneller und werden wegen ihres besonderen Fahrplans (mit einem Bus sonntags um 16 Uhr) gern von den Hauptstadtbewohnern für einen Wochenendausflug genutzt.

Ca Na

Hinter Phan Thiet macht die Nationalstraße 1 einen Knick landeinwärts, worin auch der Grund dafür liegt, dass Mui Ne so lange praktisch unentdeckt bleiben konnte. Auf diesem Abschnitt wird die Straße nicht nur von Reisfeldern und Eukalyptusbäumen gesäumt, sondern auch von zahlreichen Ständen, an denen die exotische Drachenfrucht (s.S. 50) angeboten wird, die bevorzugt in dieser Gegend wächst.

Etwas abseits der Landstraße sind die Plantagen mit den Kakteen zu erkennen, die die rote Drachenfrucht hervorbringen. Schließlich erreicht man gut 100 km Luftlinie nordöstlich von Phan Thiet bei Ca Na wieder die Küste, die hier als schmaler Streifen zwischen den Bergen zur Linken und dem aufgewühlten, türkisblauen Wasser des Südchinesischen Meeres zur Rechten eingezwängt ist.

Ca Na ist nicht viel mehr als ein gut sortierter Versorgungspunkt für Touristen auf der Durchreise. Wer genügend Zeit hat, findet hier auch ein paar Übernachtungsmöglichkeiten. Angesichts seiner Lage direkt an der Nationalstraße ist Ca Na ein beschaulicherer Ort, als man vermuten würde. Jenseits der am Strand vertäuten Korbboote ist das Wasser relativ sauber und lädt auch zum Schnorcheln ein, wobei man aber die Einheimischen fragen sollte, wo man gefahrlos ins Wasser gehen kann, denn die vorgelagerten Korallen sind scharf wie Rasierklingen. Wer etwas mehr Einsamkeit sucht, findet ein paar Kilometer weiter südlich einige ganz ordentliche Dünen und einen weiteren guten Strand. Eine Viertelstunde Fußmarsch nördlich der Hotelzone liegt das eigentliche Dorf Ca Na, zu erkennen an den blauen Fischerbooten, die für die vietnamesische Küste so typisch sind. Auf der anderen Seite des Dorfes führt eine Treppe zu einer Pagode hinauf, die hier in den Berg gebaut wurde. Oben angekommen gibt es nicht sehr viel zu besichtigen, aber der Blick aufs Meer ist märchenhaft.

Übernachtung und Essen

Ca Na*–, 150 m den Strand hinauf, ✆ 068/861320. Zimmer mit ac und Warmwasser in einem Neubau etwas abseits vom Strand und mehrere schicke Bungalows direkt am Wasser.
Hai Son, ✆ 068/861339, ✉ haison–hotel@hcm.vnn.vn. Zeigt bereits leichte Alterserscheinungen, hat aber einfache und saubere Zimmer mit Ventilator, einige davon mit Hintertür zum Strand.
Vietnam Scuba**, 3 km vor Ankunft in Ca Na an der Nationalstraße 1, ✆ 062/853917, 📠 853918. Geschmackvolle und gut ausgestattete Bungalows mit Balkon und Blick auf das azurblaue Meer. Der hauseigene, von der Sonne ausgebleichte Anleger ist Ausgangspunkt für **Tauchtouren**. Ein ganzer Tag inklusive sämtlicher Ausrüstung kostet US$75. Alternativ dazu gibt es ein Pauschalpaket aus Übernachtung, Tauchausflug und allen Mahlzeiten für US$130 pro Tag. Bei entsprechender Nachfrage werden auch nächtliche Tauchgänge angeboten.
Die Hotels *Ca Na* und *Hai Son* haben jeweils ein eigenes **Restaurant**, wobei das Essen im *Ca Na* insgesamt etwas preiswerter ist. Ansonsten gibt es noch das dazwischen liegende ***Ca Na Quan*** mit einem Kiosk, an dem Kekse, Knabberzeug und Getränke verkauft werden. Die Spezialität der Restaurants in Ca Na ist Fisch und Seafood.

Phan Rang und Thap Cham

Die zahlreichen Weinspaliere an der Nationalstraße sind die größte Überraschung auf der Fahrt von Ca Na nach Phan Rang. Der Weinanbau ist eine Spezialität der **Provinz Ninh Thuan**, die daher auch ein leicht mediterranes Flair versprüht. Die Provinzhauptstadt Phan Rang ist eine aufreibende und unattraktive Stadt, deren Zentrum von der Hauptstraße Thong Nhat in zwei Hälften geteilt wird. Im Westen ist Phan Rang bereits mit der Nachbarstadt Thap Cham zusammengewachsen, deren Name „Cham-Türme" bedeutet und bereits den entscheidenden Hinweis für den Hauptgrund eines Aufenthalts in dieser Gegend liefert: Sie war einst die Heimat des Cham-Königreichs Panduranga, dessen architektonisches Vermächtnis nirgendwo so gut erhalten ist wie in dem hiesigen Komplex **Po Klong Garai**. Wer sich nicht für uralte Ruinen begeistern kann, interessiert sich vielleicht für den nahe gelegenen **Strand Ninh Chu**, einen breiten Streifen aus hervorragendem Sand, an dem es unter der Woche herrlich ruhig sein kann, während am Wochenende die Vietnamesen in Scharen einfallen. Am Strand gibt es einige ausgezeichnete Hotelanlagen, die den trostlosen Unterkünften in der Stadt auf jeden Fall vorzuziehen sind. Selbst wenn weder Strände noch Cham-Ruinen in der Reiseplanung eine Rolle spielen, kann eine Übernachtung in Phan Rang notwendig werden, wenn man sich auf dem Weg ins zentrale Hochland und nach Da Lat befindet.

Die Stadt

Auch wenn ihre Königreiche bereits vor langer Zeit untergingen, leben immer noch mehrere Tausend Cham in der Provinz. Eine Einführung in ihren Lebensstil gibt das rosa und grau angestrichene **Cham-Museum**. Um dorthin zu gelangen, biegt man zunächst an der Touristeninformation von der Thong Nhat nach Osten ab und geht bis zum Haus 17 Nguyen Trai, wo die nach links abbiegende Straße parallel zu den Schienen zum Museum führt. Die Sammlung ist eine kunterbunte Mischung, die u.a. Tonscherben, Schmuck, eine Cham-Schreibmaschine und eine nachgebildete Shiva-Statue beinhaltet. Ein hilfsbereiter, Englisch sprechender Führer ist meistens zugegen, um zusätzliche Informationen zu geben. 🕓 Mo–Fr 8–11 und 14.30–17 Uhr, geringes Eintrittsgeld.

Nicht weit vom Museum entfernt liegt die 1900 erbaute **Kirche**, deren beeindruckender Turm schon von weitem ins Auge fällt, wenn man sich der Stadt von Süden her über die Brücke nähert. Von nahem hat das Gebäude aber außer dem Turm nichts Besonderes zu bieten, wenngleich es insgesamt einen gewissen morbiden Charme ausstrahlt. Ansonsten beschränken sich die Sehenswürdigkeiten im Stadtzentrum auf den beeindruckenden, 150 Jahre alten **Quan Cong-Tempel** in der Thong Nhat. Die verblichenen, rosafarbenen Wände werden von drei aufeinander folgenden Dächern gekrönt, die reich mit fantasievollen Figuren und Drachen verziert sind und von eigens aus China importierten, roten Holzpfeilern gestützt werden. Die Statue des Quan Cong befindet sich in der dritten und letzten Kammer, eingerahmt von kunstvollen vergoldeten Holzschnitzereien und einem Spalier aus Speeren.

Manchmal bekommt man auf dem **Markt** unmittelbar unterhalb der Pagode einige Cham beim Einkaufen zu Gesicht, doch für aufschlussreichere Begegnungen mit den Angehörigen dieser Minderheit muss man sich schon nach Tuan Tu begeben (s.S. 318).

Das Königreich Champa

Die bereits arg verwitterten, aber dennoch faszinierenden Türme, die so zahlreich in der Landschaft zwischen Phan Thiet und Da Nang aufragen, sind das einzige Vermächtnis des indisierten Königreichs Champa, das über 1400 Jahre im heutigen Zentral- und Südvietnam herrschte.

Der chinesischen Geschichtsschreibung zufolge gründete ein Mann namens **Khu Lien** (der spätere König Sri Mara) im Jahre 192 n.Chr. einen unabhängigen Staat, nachdem er mehrere Fürstentümer an der Küste in der Region um Quang Tri unter seine Herrschaft gebracht hatte. Khu Lien gründete Champa, das die Chinesen als Lin Yi bezeichneten, um dem Expansionsstreben der aus Norden immer weiter vordringenden Han-Chinesen ein Bollwerk entgegenzusetzen. In der Folge vereinigte der neue Staat einen lang gezogenen Küstenstreifen von Phan Thiet bis Dong Hoi unter seiner Führung, und Ende des 4. Jhs. bestand Champa bereits aus den vier Provinzen **Amaravati** (die Region um Hué und Da Nang), **Vijaya** (Qui Nhon und Umgebung), **Kauthara** (Nha Trang und Umgebung) und **Panduranga** (das Gebiet zwischen dem heutigen Phan Thiet und Phan Rang). Die erste Hauptstadt des vereinigten Königreichs wurde im 4. Jh. in Amaravati gegründet und hieß **Simhapura** („Löwenstadt"). In unmittelbarer Nähe der Hauptstadt errichteten die Cham vor den Toren des heutigen Hoi An ihre heiligste Stätte, die Tempelstadt **My Son** (s.S. 366–369).

Eingezwängt zwischen den Khmer im Süden und den (anfangs unter chinesischer Herrschaft stehenden) Fürstentümern der Viet im Norden, war Champas Geschichte von ständigen Fehden mit den benachbarten Völkern geprägt. Zwischen dem 3. und 5. Jh. folgten die Beziehungen zu den **Chinesen** einem zyklischen Muster aus Widerstand und Tributzahlungen und erreichten 446 n.Chr. ihren Tiefpunkt, als die Chinesen in Simhapura einfielen und eine 50 t schwere Buddhastatue aus massivem Gold mitnahmen. Im 12. und 13. Jh. wüteten Kriege zwischen Cham und **Khmer**, wobei eine verhängnisvolle Vergeltungsoffensive der Cham mit der Zerstörung von Angkor endete. Als der Kriegstreiber **Binasuor** 1361 Champas Thron bestieg, folgten drei Jahrzehnte der Expansion, die erst mit seinem Tod im Jahre 1390 ein Ende fand. Danach eroberten die **Viet** alle zuvor verlorenen Gebiete zurück und nahmen bald auch die Region um Indrapura ein. 1471 unterwarfen die von Le Thanh Ton angeführten Viet bei einem entscheidenden Vorstoß nach Süden die Provinz Vijaya. Daraufhin verlegten die Cham ihre Hauptstadt noch einmal weiter nach Süden, wurden aber in der Folge immer weiter an den Rand gedrängt. Für ein paar

Die Cham-Türme

Etwas erhöht auf dem Granithügel Trau thronen erhaben die Cham-Türme **Po Klong Garai**, die weitaus sehenswerter sind als die „Attraktionen" im Stadtzentrum. Der Anfang des 14. Jhs. unter der Herrschaft von König Jaya Simharvarman III. entstandene Komplex besteht aus einem *kalan* bzw. Heiligtum, einem kleineren Torturm und einem Raum, unter dessen bootförmigem Dach früher Opfergaben dargeboten wurden. Am interessantesten ist jedoch der 25 m hohe *kalan,* der bereits von weitem durch seine wie Tupfer wirkenden Verzierungen beeindruckt. Aus der Nähe erkennt man über den mit eingravierten Cham-Inschriften versehenen Türpfosten ein Basrelief des tanzenden, sechsarmigen Shiva; die Bögen ringsum sind mit aus dem Sandstein gemeißelten Flammen verziert. In weiteren Nischen der Außenwände sitzen Götter im Lotussitz. In längst vergangenen Zeiten „fütterten" die Bauern das Reittier Shivas, den in der Vorhalle stehenden Stier Nandi, mit Opfergaben, um damit die Voraussetzungen für eine reiche Ernte zu schaffen. Heutzutage wird die rituelle Fütterung nur noch beim jährlich im Oktober stattfindenden **Kate-Fest** (dem Neujahr der Cham) vorgenommen, was immer wieder ein großes Spektakel ist. Weiter im Innern des *kalan* befindet sich ein *mukhalingam,* ein stilisierter Phallus, der den Cham-König Po Klong Garai darstellen soll, nach dem der Komplex auch

Jahrhunderte beanspruchten die Cham-Könige zumindest noch nominell die Herrschaft über die Region um Phan Rang und Phan Thiet, doch als 1697 der letzte unabhängige Cham-König starb, verkam der kleine noch verbliebene Rest Champas zu einem Vasallenstaat der Viet. Doch selbst diese kleine Enklave wurde in den 20er Jahren des 19. Jhs. von Minh Mang zerstört, und der letzte Cham-König musste nach Kambodscha fliehen.

Heute leben die schätzungsweise 100 000 Nachfahren des Cham-Reiches in der Umgebung von Phan Rang und Phan Thiet. Daneben existieren noch kleinere Gruppen in Tay Ninh und Chau Doc.

Champas Ökonomie gründete sich auf den Fischfang, die Landwirtschaft, insbesondere den Nassreisanbau, und den Seehandel mit Indien, China, Japan und arabischen Ländern über die Häfen in Hoi An und Qui Nhon. Besonders der Kontakt mit indischen Händlern im 4. Jh. hatte großen Einfluss auf die Kultur, Landwirtschaft und Religion der Cham. Wenngleich der Buddhismus im 9. Jh. zeitweilig eine Blüte erlebte, blieb bis in die zweite Hälfte des 14. Jhs., als der Islam Einzug hielt, der **Hinduismus** die vorherrschende Religion in Champa. Orthodoxe Hindu-Götter, insbesondere Shiva, verschmolzen mit ehemaligen Cham-Königen – entsprechend dem Glauben, dass Könige *devaraja* waren, d.h. Reinkarnationen von Gottheiten. Zu Ehren ihrer Götter ließen die Cham-Könige die sakralen Bauwerke errichten, die auch heute noch in der Region zu sehen sind. Im Mittelpunkt eines typischen **Tempelkomplexes** der Cham steht das Sanktuarium, nämlich der im Innern normalerweise pyramidenförmige *kalan,* der einen Lingam enthält, d.h. eine phallische Darstellung Shivas. Der Lingam befand sich auf einem Sockel, der mit Rinnen versehen war, damit bei den Reinigungs- und Opferritualen Wasser und Blut ablaufen konnten. Nachdem sie sich gesäubert und in der *mandapa* (Meditationshalle) gebetet hatten, durchschritten die Gläubigen den Torturm und betraten den *kalan* durch das normalerweise nach Osten weisende Vestibül des Heiligtums. Alle benötigten Ritualobjekte wurden in einem benachbarten Raum aufbewahrt, der in der Regel ein bootförmiges Dach hatte.

Cham-Türme tauchen in regelmäßigen Abständen an der ganzen Küste zwischen Phan Thiet und Da Nang auf, doch viele sind nicht zugänglich oder aber so verwittert, dass kaum noch etwas zu erkennen ist. Die beeindruckendsten Zeugnisse der noch erhaltenen Champa-Zivilisation sind die Po Klong Garai-Türme (s.o.), die Thap Doi-Türme (s.S. 338), der Po Re Me-Turm (s.S. 318), My Son (s.S. 366–369) und die Po Nagar-Türme (s.S. 324–326).

benannt ist. Am Vorabend des Festes werden auf dem Gelände traditionelle Lieder und Tänze der Cham dargeboten, am nächsten Morgen folgt eine lebhafte Prozession, mit der das Gewand des Königs zum Turm gebracht wird. ⏲ tgl. 7–18 Uhr, geringes Eintrittsgeld.

Die Anfahrt zu den Cham-Türmen erfolgt über die Landstraße nach Da Lat, von der nach 7 km eine Straße Richtung Norden abzweigt und nach weiteren 500 m den Komplex erreicht (US$2–3 hin und zurück per Honda Om von Phan Rang). Wenn man auf dem Rückweg den Trau-Hügel wieder hinunterfährt, sind oberhalb des Steintors **Unterstände** zu erkennen, die während des Indochinakrieges von den Franzosen errichtet wurden, um den nahe gelegenen Rangierbahnhof vor den Angriffen des Vietminh zu schützen.

Sollte Po Klong Garai weiteres Interesse an der Architektur der Cham geweckt haben, lohnt sich möglicherweise die etwas schwierigere Anfahrt zum **Po Re Me-Turm**, dem einzigen noch verbliebenen von drei Türmen, die wahrscheinlich im 16. Jh. entstanden, also während der Endphase der Turmarchitektur der Cham. Wie sein berühmteres Pendant steht auch dieser Turm (der seinen Namen dem letzten Cham-König verdankt) in erhöhter Lage auf einem schönen Hügel, doch seine sich zu einem Lingam verjüngenden vier Stockwerke sind gedrungener und weisen nicht so viele Raffinessen auf wie Po Klong Garai. Der Glanzpunkt ist ein herrliches Basrelief am Eingang zum *kalan,* das Shiva in Form des schnauzbärtigen Königs Po Re Me darstellt, der seine Arme schwingt und von zwei Nandi-Stieren bewacht wird. Auch Po Re Me steht während des Kate-Festes im Mittelpunkt diverser Feierlichkeiten der Cham. Die Anfahrt von Phan Rang erfolgt über die Nationalstraße 1 Richtung Süden, bis nach 8 km eine Straße Richtung Westen nach Hau Sanh abzweigt. Der Zufahrtsweg ist allerdings schwierig zu finden, sodass es sich empfiehlt, ein Motorradtaxi zu nehmen.

In der Umgebung von Phan Rang leben auch heute noch Angehörige des Volkes der Cham. Das Dorf **Tuan Tu** ist die Heimat von über 1000 Cham, die an ihren Turbanen zu erkennen sind, die sie statt der konischen Hüte als Kopfbedeckung bevorzugen. Die größtenteils moslemische Gemeinde versammelt sich in einer schlichten, 1966 erbauten Moschee, die weder Verzierungen noch ein Minarett aufweist. Vergnüglicher als das Dorf selbst ist die Fahrt dorthin, denn die häufig von Ochsengespannen versperrte Sandpiste führt durch eine reizvolle Landschaft aus Kakteen, Reisfeldern und Weinbergen. Tuan Tu liegt knapp 4 km von Phan Rang entfernt, die unbefestigte Straße zweigt 350 m jenseits der Brücke am südlichen Ende der Stadt hinter der BP-Tankstelle nach Osten ab. Die Fahrt mit einer Honda Om dürfte hin und zurück nicht mehr als US$1–2 kosten.

Der Strand Ninh Chu

Für Müßiggänger besteht eine Alternative zur Besichtigung der Cham-Türme von Phan Rang in einem Abstecher zum Strand Ninh Chu, einem recht sauberen und breiten Halbmond aus Sand, der zwar nicht ganz goldgelb, aber zumindest feinkörnig ist. Auch wenn Ninh Chu nicht die gleiche Anziehungskraft für ausländische Touristen besitzt wie Mui Ne oder Nha Trang, so eignet sich der Strand doch gut zum Schwimmen, Sonnenbaden, Joggen und Spielen. Da es hier inzwischen auch einige komfortable Hotelanlagen gibt, ist ein Aufenthalt zumindest unter der Woche durchaus eine Überlegung wert, denn dann ist es hier meistens sehr ruhig. Am Wochenende sollte man dagegen auf Gruppen lärmender Teenager gefasst sein. Um nach Ninh Chu zu gelangen, biegt man unmittelbar oberhalb des Busbahnhofs beim Postamt in die Nguyen Van Troi ein und fährt noch 5 km bis zum Strand.

Übernachtung

Die Übernachtungsmöglichkeiten in der Stadt sind wenig inspirierend, doch am Strand Ninh Chu gibt es einige interessante und ungewöhnliche Unterkünfte.

PHAN RANG – ***Ninh Thuan********–******, Le Hong Phong, ✆ 827100. Zimmer mit Satelliten-TV und Warmwasser.
Thong Nhat*****–******, 343 Thong Nhat, ✆ 827201. Die Teppiche in den Zimmern und die Badewannen sorgen für etwas mehr Gemütlichkeit als im Ninh Thuan. Satelliten-TV und Warmwasser sind ebenfalls vorhanden.

NINH CHU – ***Den Gion Resort,*** ab*****, ✆ 874223, 💻 www.dengionninhchu.com.

Cleverer Mix aus Moderne und Cham-Stil im mittleren Strandabschnitt. Die rostroten Töpferwaren bilden einen schönen Kontrast zur Holzeinrichtung der sauberen Zimmer. Swimming Pool, Tennisplätze, zwei Restaurants und 600 m Strand.

Hoang Cau**, ✆ 890077, 📠 890252. Bizarres Hotel direkt neben dem Den Gion Resort mit eigenem kleinen Wasserpark. Die Unterkünfte sollen aussehen wie alte Baumstümpfe, was man mit schluderigen Zementarbeiten zu erreichen versuchte. Sie liegen zwar auf sehr engem Raum zusammen und sind von außen alles andere als hübsch, doch innen bieten sie viel Platz und das Preis-Leistungs-Verhältnis ist gut. Sehr beliebt bei vietnamesischen Urlaubern.

Ninh Chu*–*****, ✆ 873900. Am entfernten (nördlichen) Ende der Bucht, wo es häufig ruhiger ist als im zentralen Abschnitt. Erinnert noch am ehesten an ein normales Hotel. Saubere Zimmer im gepflegten Hauptgebäude und einige hässliche „Bungalows" am Strand.

Phong Lan*–****, ✆ 890027, 📠 890216. Eine weitere bei Vietnamesen sehr beliebte Unterkunft etwas abseits des Strandes gegenüber dem Den Gion Resort. Ausländer zahlen sowohl im Altbau als auch im Neubau, wo alle Zimmer über ac und Warmwasser verfügen, höhere Preise.

Essen

Die Auswahl an und Qualität der Restaurants in Phan Rang ist mehr als bescheiden. Die Hotels ***Thong Nhat*** und ***Ninh Thuan*** haben nichts sagende Restaurants, das ***Ninh Chu*** bietet ein Speiselokal und ein Café mit Blick auf den Strand. Die Restaurants im ***Den Gion Resort*** am Strand Ninh Chu sind nicht billig, aber das Essen ist gut und das Personal sehr aufmerksam. In der Stadt serviert das unmittelbar oberhalb des Quan Cong-Tempels in der Thong Nhat gelegene Restaurant ***Nam Thanh*** *com* und *pho* zu günstigen Preisen.

Sonstiges

GELD – Die ***Agribank*** am südlichen Ende der Thong Nhat wechselt Dollars, aber keine Reiseschecks.

INFORMATIONEN – Die ***Touristeninformation,*** 505 Thong Nhat, über einem Motorrad-Ausstellungsraum an der Ecke Nguyen Trai, ✆ 836405. vermittelt Touren, die allerdings nicht billig sind, weshalb viele sich lieber von Honda Oms durch die Gegend kutschieren lassen.

VORWAHL – 068

Transport

BUSSE – Die in Phan Rang ankommenden Busse halten am Busbahnhof 300 m nördlich vom Hotel Thong Nhat.

Busse nach: DA LAT (3 Std.); HO-CHI-MINH-STADT (8 Std.); NHA TRANG (2 Std.) und PHAN THIET (3 Std.).

EISENBAHN – Der **Bahnhof** liegt 7 km nordwestlich der Stadt in Ga Thap Cham.

Züge nach:
DA NẠNG 3x tgl. in 12 1/2–13 1/2 Std.;
HO-CHI-MINH-STADT 3x tgl. in 6 3/4–7 1/2 Std.;
HUÉ 3x tgl. in 16–17 Std.;
NHA TRANG 3x tgl. in 1 1/2– 2 1/4 Std.

Nha Trang

Von Phan Rang führt die Nationalstraße 1 zunächst durch Zuckerrohrplantagen und später durch kalkweiße Salztonebenen und an Garnelenfarmen vorbei in die Großstadt Nha Trang, die sich rund 260 km nördlich von Phan Thiet unterhalb der breiten Mündung des Flusses Cai ausdehnt. Nha Trang verdankt seine Spitzenposition unter den beliebtesten Touristenzielen Vietnams nicht nur seiner hervorragenden Lage, sondern zum Teil auch eigenen Anstrengungen. Dass sich hier heute eine Stadt mit über 300 000 Einwohnern befindet, zeugt von den großen Veränderungen seit den Tagen, als die Cham diese Gegend als Eatrang („Schilfrohrfluss") bezeichneten. Als die Nguyen-Fürsten dem Königreich Champa Mitte des 17. Jhs. das Land entrissen, thronten die beeindruckenden **Cham-Türme Po Nagar** bereits seit über 700 Jahren auf einem Berg hoch über dem Cai. Sie sind nach wie vor das Wahrzeichen Nha Trangs, doch heute kommen die großen Touristenscharen vorwiegend der wundervollen Küste wegen. Nha Trang besitzt den schöns-

Cham-Türme Po Nagar, Hon Chong-Landzunge

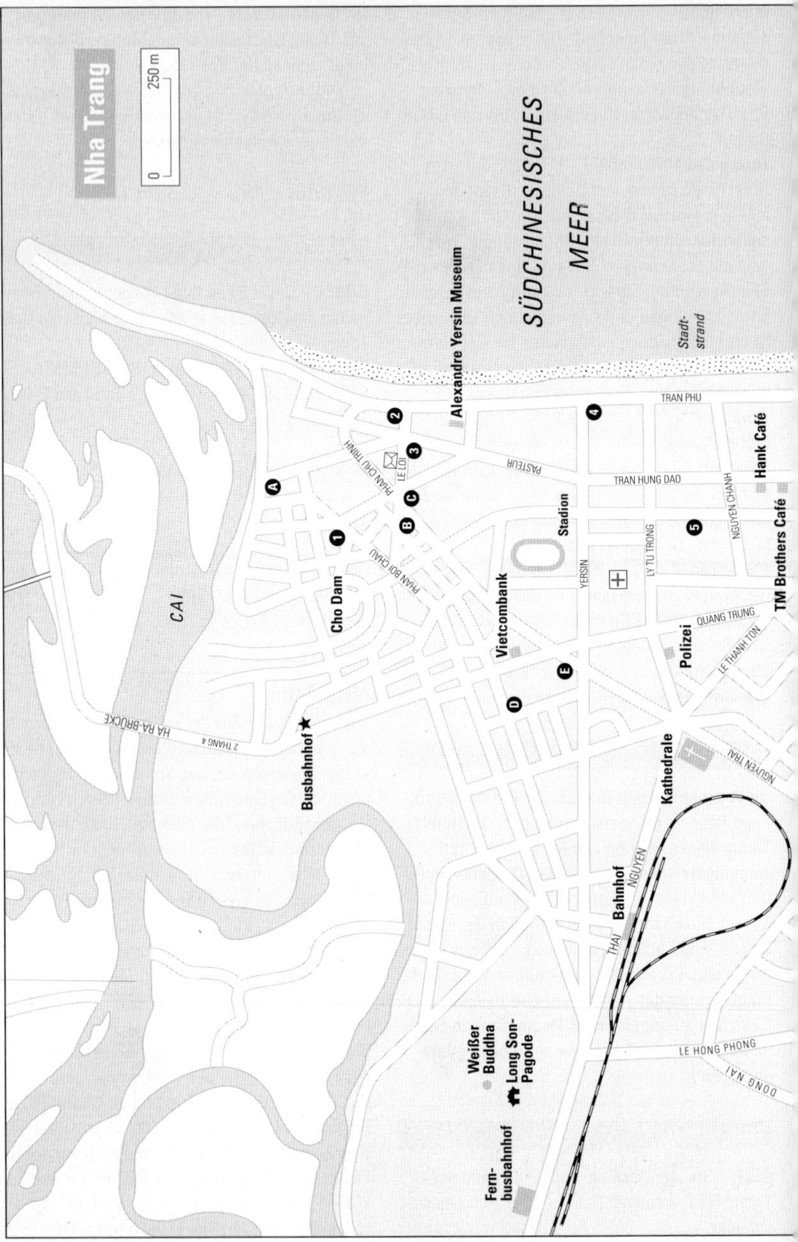

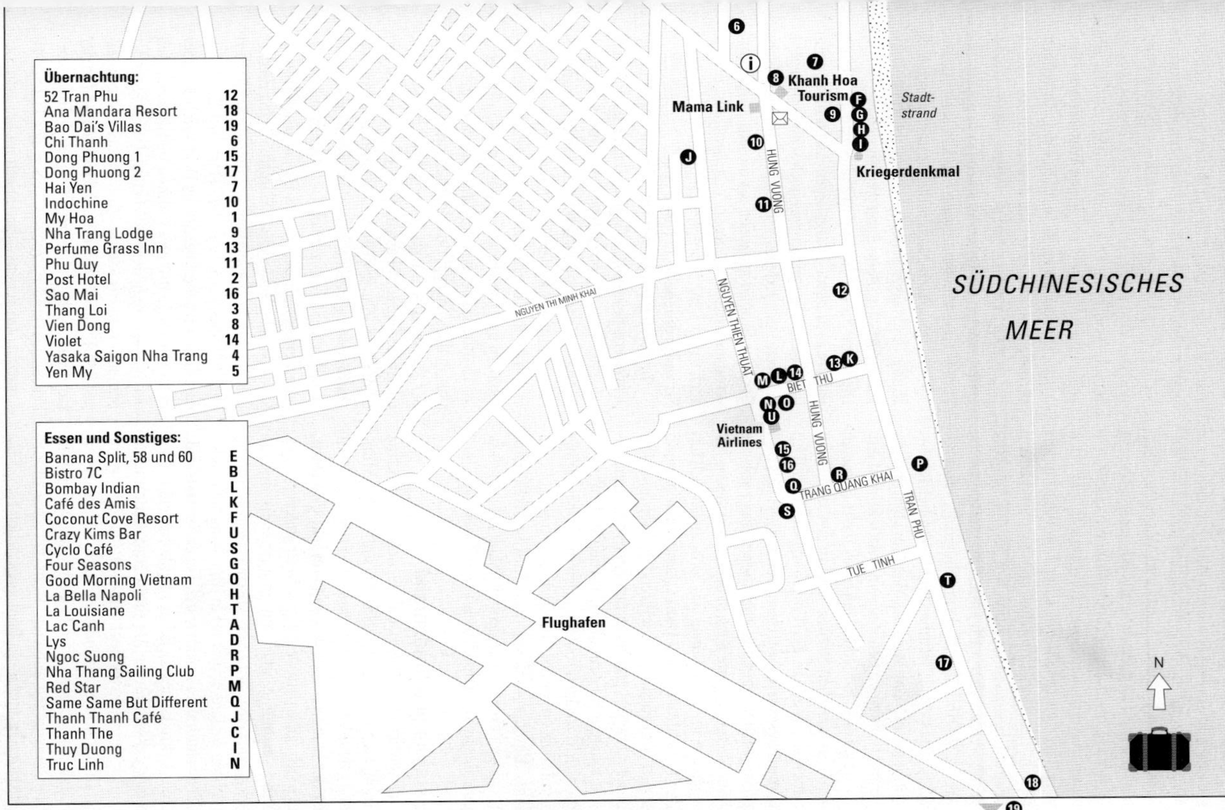
Übernachtung:
52 Tran Phu 12
Ana Mandara Resort 18
Bao Dai's Villas 19
Chi Thanh 6
Dong Phuong 1 15
Dong Phuong 2 17
Hai Yen 7
Indochine 10
My Hoa 1
Nha Trang Lodge 9
Perfume Grass Inn 13
Phu Quy 11
Post Hotel 2
Sao Mai 16
Thang Loi 3
Vien Dong 8
Violet 14
Yasaka Saigon Nha Trang 4
Yen My 5
Essen und Sonstiges:
Banana Split, 58 und 60 E
Bistro 7C B
Bombay Indian L
Café des Amis K
Coconut Cove Resort F
Crazy Kims Bar U
Cyclo Café S
Four Seasons G
Good Morning Vietnam O
La Bella Napoli H
La Louisiane T
Lac Canh A
Lys D
Ngoc Suong R
Nha Thang Sailing Club P
Red Star M
Same Same But Different Q
Thanh Thanh Café J
Thanh The C
Thuy Duong I
Truc Linh N
Khanh Hoa Tourism
Mama Link
Stadt-strand
Kriegerdenkmal
HUNG VUONG
NGUYEN THI MINH KHAI
NGUYEN THIEN THUAT
BIET THU
Vietnam Airlines
TRANG QUANG KHAI
TRAN PHU
TUE TINH
Flughafen
SÜDCHINESISCHES MEER
N

ten **Stadtstrand** Vietnams und bietet damit hervorragende Voraussetzungen zum Faulenzen am Meer, während die fliegenden Händler Taschenbücher, frische Ananas, T-Shirts und Massagen anbieten. **Tauchen** ist hier ebenfalls ein großes Thema; mehrere einheimische Unternehmen bieten Kurse an und veranstalten beliebte Tagesausflüge zu den vorgelagerten **Inseln** mit einer Kombination aus Besichtigungen, Schnorchelvergnügen und einem Seafood-Festessen an Bord. Am Strand von Nha Trang werden aber auch andere Wassersportarten wie Jet-Ski und Gleitsegeln angeboten. Es ist zu beachten, dass im November und Dezember Regenzeit herrscht; dann wird das Meer unruhig, und der Strand büßt einen Großteil seiner Attraktivität ein.

Nha Trang hat jedoch noch viel mehr zu bieten als einen hübschen Streifen Sand. In den Straßen im Süden der Stadt in der Umgebung der **Biet Thu** wimmelt es von hervorragenden Budget-Hotels und preiswerten Restaurants, dazu locken einige stilvolle Boutiquen und nette Bars, in denen es sich sehr gut aushalten lässt. Die Innenstadt konzentriert sich um den farbenfrohen **Cho Dam** („Zentralmarkt") und strotzt vor Lebendigkeit, während der Weg hinauf zu den Po Nagar-Türmen an den ebenso zahlreichen wie fotogenen Fischkuttern vorbeiführt. Wem all dies nicht zusagen sollte, für den dürfte Nha Trang zumindest ein praktischer Zwischenstopp auf dem langen Weg von Hanoi nach Ho-Chi-Minh-Stadt (oder umgekehrt) sein, denn die Stadt hat sehr viele gute Restaurants und Hotels vorzuweisen.

Zentrum und Stadtstrand

Das Gewirr von Straßen, die das Zentrum von Nha Trang ausmachen, erstreckt sich südlich der Mündung des Flusses Cai. Rastloses Herz der Innenstadt ist der halbkreisförmige **Zentralmarkt Cho Dam**, der sich auf einem dem Fluss abgerungenen Stück Land ausbreitet und von morgens bis abends Schauplatz eines äußerst hektischen Treibens ist. Die meisten Neuankömmlinge in Nha Trang zieht es jedoch schnurstracks zum erstklassigen **Stadtstrand**, einer 6 km langen Sichel aus feinkörnigem gelben Sand, dessen oberer Abschnitt fünf Gehminuten östlich des Marktes liegt. Die sich Tag für Tag am Strand einfindenden Touristen werden sogleich von Händlern belagert, die alle möglichen Waren und Dienstleistungen anbieten. Wem das alles zu viel wird, der kann auf ein Boot ausweichen (s.S. 332, Touren) oder zum südlichen Ende des Strandes jenseits des Ana Mandara Resort fliehen, wo es sich ungestört sonnenbaden lässt. Zwei Strandrestaurants stellen dort kostenlos Liegestühle zur Verfügung, und das Vien Dong Hotel lässt auch Nicht-Gäste an seinen Swimming Pool (Eintritt US$1,50). Es gibt sogar einen kleinen, aber feinen **Wasserpark** (Eintritt US$1,30) am südlichen Ende der Küstenpromenade Tran Phu, unmittelbar nördlich des Strandhotels Ana Mandara. Um der Mittagssonne zu entgehen, warten die Einheimischen bis ungefähr eine Stunde vor Sonnenuntergang mit dem Schwimmen, sodass am späten Nachmittag lauter kreischende Kinder im Wasser planschen. Vorsicht ist bei Dunkelheit geboten, denn dann treiben sich regelmäßig Diebe am Strand herum, weshalb man auf keinen Fall etwas unbeaufsichtigt liegen lassen sollte, wenn man nach Sonnenuntergang noch schwimmen geht. Während des Krieges verbrachten amerikanische GIs ihre Erholungspausen an diesem Strand und veranstalteten zeitgenössischen Berichten zufolge auch Cyclo-Rennen auf der von Palmen gesäumten **Strandpromenade**, der Tran Phu.

In den letzten Jahren hat sich die von Budget-Travellern bevorzugte Gegend weiter nach Süden verschoben und konzentriert sich inzwischen nur ein paar Gehminuten von einem guten Strandabschnitt entfernt in der Umgebung der Biet Thu, wo es von Budget-Hotels, billigen Restaurants, Bars, Geschäften und schicken Boutiquen nur so wimmelt.

Es gibt Unmengen von Strandcafés in der Tran Phu, in die man sich zurückziehen kann, wenn es in der Sonne zu heiß wird. Eine andere Alternative ist ein Abstecher zum Pasteur-Institut am oberen Ende der Tran Phu, in dem das **Alexandre Yersin Museum** untergebracht ist. Es ist dem Leben und Schaffen des schweizerisch-französischen Wissenschaftlers gewidmet, der aus Da Lat einen Höhenkurort machte und sich 1893 in Nha Trang niederließ, nachdem er ganz Südostasien als Schiffsarzt bereist hatte. Als Yersin 1943 starb, wurde er von den Einheimischen bereits als Held verehrt – aber nicht etwa wegen seines größten Beitrags zur Welt der Wissenschaft, der Entdeckung des Erregers der Beulenpest in Hongkong 1894, sondern wegen seiner Lehrtätigkeit im Gesundheitswesen und in der Landwirtschaft und seiner Fähigkeit, Taifune vorherzusagen und damit das Leben der Fischer zu schützen. Auf Yersins Schreibtisch im Museum lie-

Der malerische Strand von Nha Trang

gen unter Glas seine eigenen Übersetzungen von Horaz ins Französische. Zu besichtigen sind auch die Barometer und Teleskope, die er für seine Wettervorhersagen verwendete, und ein Modellboot, das ihm zum Dank von den örtlichen Fischern geschenkt wurde. Am deutlichsten aber wird dem Besucher Yersins Wissensdurst beim Betrachten seiner umfangreichen Bibliothek mit französischen, englischen, lateinischen und vietnamesischen Sachbüchern aus so verschiedenen Wissensgebieten wie Medizin, Gartenbau, Astrologie oder Bakteriologie. Es werden regelmäßig Führungen veranstaltet, und es gibt auch ein kurzes Video über Yersins Leben zu sehen. Das von ihm selbst 1896 gegründete Institut wird auch heute noch genutzt, wie unschwer an den Weißkitteln zu erkennen ist, die hier unentwegt durch das Gebäude wuseln. ⌚ Mo–Fr 7–11.15 und 14–16.30, Sa 14–16.30 Uhr, Eintritt US$2.

Kathedrale und Long Son-Pagode

Wer sich vom Pasteur-Institut Richtung Südwesten durchschlängelt, gelangt nach wenigen Minuten zur Thai Nguyen, wo sich zwei der weniger spektakulären Sehenswürdigkeiten Nha Trangs befinden. Das östliche Ende der Straße wird vom grauen Backstein der **Kathedrale** beherrscht, die ihren Schatten über einen ansteigenden Kopfsteinpflasterweg wirft, der im Bogen von der Nguyen Trai zum Haupteingang der Kirche hinaufführt. Unter den hohen und gewölbten Decken im Innern des von außen völlig schmucklosen Gotteshauses befinden sich Buntglasfenster mit Abbildungen von Jesus, Maria, Josef, der Jungfrau von Orléans und der heiligen Theresa.

Wer sich beim Anstieg zur Kathedrale beobachtet fühlt, verspürt wahrscheinlich den irritierenden Effekt der riesigen weißen Buddha-Statue, die 800 m weiter westlich an der Thai Nguyen auf einem Berg sitzend über die **Long Son-Pagode** wacht. Von weißen Orchideen gekrönte Torpfosten aus Stein markieren den Eingang zu der in den 30er Jahren des 20. Jhs. gebauten Pagode, die damals einen einfacheren Bau mit Strohdach ersetzte. Ein beeindruckender, 700 kg schwerer Bronzebuddha steht am Kopfende des Altars, während die Dachvorsprünge von den üblichen Drachen geziert werden. Das hervorstechendste Merkmal der Pagode und Nha Trangs größtes Wahrzeichen ist jedoch der riesige **Weiße Buddha**, der 152 Treppenstufen höher auf dem dahinter liegenden Berg thront. Die Statue wurde 1963 zum Gedenken an den Kampf der Buddhisten gegen das repressive Diem-Regime errichtet. Der wie eine Lotusblüte geformte Sockel enthält Bilder der Mönche und Nonnen, die sich aus Protest gegen die Unterdrückung öffentlich selbst verbrannten, darunter auch der Mönch Thich Quang Duc (s.S. 161, Kasten).

Die Cham-Türme Po Nagar

Nördlich des Stadtzentrums führt die 2 Thang 4 in Form zweier Brücken über den **Cai-Fluss** und bietet unterwegs wunderbare Ausblicke auf Nha Trangs imposante Fischereiflotte. Westlich der Ha Ra-Brücke stehen unzählige Palmen, während sich im Osten baufällige Pfahlbauten buchstäblich über Wasser halten. Der Löwenanteil der Flotte aus blauroten Fischerbooten liegt östlich der Xom Bong-Brücke, von der sich sehr schön die Aktivitäten der Fischer beobachten lassen, wie sie vor dem Einsetzen der nächsten Flut ihre Decks schrubben und klar Schiff machen. Kleine, mit Harz abgedichtete Weidenkorbboote gleiten zwischen den Fischkuttern hindurch, und auf einem Felsen im Wasser steht ein kleines Räucherstäbchenhaus, wo die Fischer Opfergaben darbringen, bevor sie aufs Meer hinausfahren. Jenseits der Boote im Osten ist Nha Trangs neueste Brückenkonstruktion zu erkennen, die die Tran Phu mit den Küstenorten weiter nördlich verbindet und ein weiteres Beispiel für die kontinuierliche Entwicklung der Stadt darstellt.

Direkt an der Xom Bong-Brücke, nur 1,5 km nördlich des Stadtzentrums, liegt auch Nha Trangs größte Sehenswürdigkeit, die **Cham-Türme Po Nagar**. Von den schätzungsweise zehn Türmen, die zwischen dem 7. und 12. Jh. von den hinduistischen Cham (Näheres s.S. 316/317, Kasten) auf dem Berg Cu Lao errichtet wurden, sind nur noch vier erhalten, deren rote Ziegelwände aber über die Jahrhunderte so verwitterten, dass eine Restaurierung der Türme unumgänglich wurde. Doch trotz dieser Arbeiten verströmen die uralten Türme noch immer sehr viel Atmosphäre und garantieren den Scharen junger Postkartenverkäufer gute Geschäfte. Besucher betreten den Komplex über eine gewundene Treppe, auf der es von Bettlern wimmelt, während die Cham-Gläubigen damals wohl zunächst die *mandapa* (Meditations- und Opfergabenhalle) betreten hätten, deren Steinsäulen noch immer auf der Bergflanke zu erkennen sind; von dort hätten sie dann direkt die Treppe zum Hauptturm erklommen.

Der größte und beeindruckendste Turm des Komplexes ist der knapp 23 m hohe **Nordturm**, der 817 von Harivarman I. gebaut wurde und Yang Ino Po Nagar geweiht ist, der Schutzgöttin, Mutter des Königreiches und Manifestation von Shivas Gemahlin Uma. Die restaurierten Abschnitte sind an den etwas helleren Farbtönen zu erkennen, während die Lotusblüte und die wichtigsten den Turm zierenden Motive noch im Original erhalten sind, ebenso wie der Sturz über der äußeren Tür, auf dem ein auf dem Rücken eines Stiers tanzender, vierarmiger Shiva von Musikern flankiert wird. Die beiden Sandsteinsäulen, von denen der Türsturz gestützt wird, tragen Cham-Inschriften. Im Innern führt eine Vorhalle, die sich zur Decke hin pyramidenförmig verjüngt, in das Hauptheiligtum, dessen rußige Dunkelheit etwas gewöhnungsbedürftig ist. Die goldene Statue, die hier ursprünglich einmal stand, wurde im 10. Jh. von den Khmer geraubt und durch die schwarze Uma-Statue aus Stein ersetzt, die heute hier zu sehen ist – allerdings ohne Kopf, der wiederum von den Franzosen mitgenommen wurde und heute in einem Pariser Museum zu besichtigen ist. Die zehn Arme von Uma im Lotussitz werden heute von einem gelben Gewand und einem puppenartigen Gesicht verdeckt, die später hinzugefügt wurden. Yang Ino Po Nagar wird noch immer als die Beschützerin der Stadt verehrt, und jedes Jahr im März wird die Statue beim **Merian-Fest** gebadet.

Der aus dem 7. Jh. stammende **Zentralturm**, der sich weder in der Höhe noch in der Feinheit der Arbeiten mit dem *kalan* messen kann, ist dem Gott Cri Cambhu geweiht und wird unablässig von

Der Weiße Buddha der Long Son Pagode

kinderlosen Paaren durchschritten, die an seinem Lingam für Fruchtbarkeit beten. Die Hauptkammer enthält Kerzenhalter, Weihrauchurnen und Blumenvasen, dem schweren Steinaltar wurde eine mit einem Tuch drapierte Glasplatte hinzugefügt.

Der **Südturm** ist das kleinste der vier Bauwerke und besticht von Westen betrachtet durch seine langsam zerbröckelnde Schönheit und seinen geneigten Rumpf, der ganz entfernt an die Sphinx erinnert.

Im Innern des **Nordwestturms** sind halbfertige Statuen in den Stein gehauen. Gerade noch erkennbar an der westlichen Fassade ist die Vorderansicht eines Elefanten, dessen Stoßzähne und verschlungener Rüssel sich mit den Jahren schwarz verfärbt haben. Von den **Granitfelsen** hinter dem Turm eröffnen sich großartige Ausblicke über den Cai-Fluss nach Nha Trang und die endlose Landschaft aus Kokospalmen weiter westlich – auf jeden Fall interessanter als das nicht besonders aufregende **Museum** (🕒 tgl. 7.30–17 Uhr), dessen bescheidene Steinstatuen und alte Fotografien mit den Exponaten im Museum von Da Nang (s.S. 371–374) nicht mithalten können. 🕒 tgl. 6–18 Uhr, geringes Eintrittsgeld.

Die Thermalquellen Thap Ba

Eine unmittelbar nördlich der Po Nagar-Türme Richtung Westen verlaufende Straße führt durch die Vororte Nha Trangs zu den Thermalquellen Thap Ba, ✆ 835335, 📠 835287. Dort erhält der Besucher reichlich Gelegenheit, seinem Körper etwas Gutes zu tun. Wer die gleiche Ansicht vertritt wie die Broschüre („Ein Bad im Mineralschlamm ist sehr interessant"), kann sich eine halbe Stunde in einer schmierigen Wanne mit Dickflüssigem suhlen (US$2), um die wundersame Wirkung am eigenen Leibe zu spüren. Nachdem der Schlamm auf der Haut getrocknet ist, lockt eine belebende Dusche, gefolgt von ein paar Schwimmzügen im Mineralwasserbecken oder einer Brause unter einem Mineralwasserfall. Den Abschluss bildet die Massage mit einem unter Hochdruck stehenden Wasserstrahl. Das Heilwasser der Quellen soll besonders bei Stress, Arthritis und Rheumatismus für Linderung sorgen. In den meisten Hotels in Nha Trang kennt das Personal die Thermalquellen und vermittelt Transportmöglichkeiten. 🕒 tgl. 8.30–17.30 Uhr, Preise je nach gewählter Anwendung.

Die Landzunge Hon Chong

Nach Überquerung der neuen Brücke am nördlichen Ende der Tran Phu erreicht man die von der Brandung gepeitschten **Granitfelsen** der Landzunge Hon Chong (🕒 tgl. 6.30–18 Uhr, geringes Eintrittsgeld). Es ist durchaus möglich, zu den Felsen hinunterzuklettern. Der größte darunter soll der lokalen Legende zufolge den Handabdruck eines Riesen aufweisen, der hier beim Anblick einer badenden Fee kurzzeitig ins Straucheln geriet und sich abstützen musste. Die Landspitze oberhalb der Felsen ist ein angenehm luftiger Ort, wo man sich eine der frischen Kokosnüsse genehmigen kann, die an den einfachen Cafés und Souvenirständen verkauft werden. Im Nordwesten ist die Bergformation **Nui Co Tien** („Feenberg") zu erkennen, so benannt wegen ihrer drei Gipfel, die an den Kopf, die Brüste und die Beine einer Frau erinnern. Unmittelbar jenseits der Landzunge liegt der **Strand Hon Chong**, der etwas verwahrloster und steiniger ist als der Stadtstrand, aber dafür nicht so überlaufen. Am nördlichen Strandende warten zahlreiche billige Fischrestaurants auf Kundschaft. Die Gegend hat sich bislang eine sehr natürliche Atmosphäre bewahren können, doch die neue Küstenstraße nach Norden wird wahrscheinlich schon in naher Zukunft den Bau von Hotels und touristischen Einrichtungen nach sich ziehen. Bei Dunkelheit bieten sich sehr beeindruckende Ausblicke von der neuen Straße auf die Bucht und den zentralen Strand.

Das Nationale Institut für Ozeanographie

Rund 6 km südlich von Nha Trang befindet sich das Nationale Institut für Ozeanographie. Es ist in einem 1923 erbauten kolonialen Anwesen untergebracht, das zur Zeit der Recherche gerade renoviert wurde. Es handelt sich um ein veritables Frankensteinlabor aus Krügen und Glasbehältern mit konservierten Krustentieren, Fischen, Seegräsern und Korallen. In einem Raum des Museums sind die Skelette eines 18 m langen Buckelwals, eines Hammerhais und eines Bogenmund-Gitarrenrochens zu bestaunen. Wer bereits zum Schnorcheln im Meer war, erkennt in dem aus rund 20 Becken bestehenden Aquarium möglicherweise einige der bunten Fische und Seepferdchen wieder. Im Vorhof tummeln sich in drei großen Teichen Pfeil-

Die Cham-Türme Po Nagar

schwanzkrebse, Suppenschildkröten und diverse einheimische Fischarten. ⌚ tgl. 7.30–11.30 und 13.30–16.30 Uhr, Eintritt US$1.

Unmittelbar hinter dem Museum befindet sich der **Anleger Cau Da**, Ausgangspunkt für Bootsfahrten zum Mini-Archipel vor der Küste Nha Trangs.

Inseln vor der Küste

Das größte Vergnügen eines Aufenthalts in Nha Trang dürfte ein Ausflug zu den Inseln sein, die wie Tupfer in den küstennahen Gewässern verstreut liegen. Einige befinden sich nur einen Steinwurf entfernt, andere sind erst nach einer mehrstündigen Bootsfahrt zu erreichen. Wer unabhängig über das Meer schippern möchte, muss tief in die Tasche greifen und sich ein eigenes Boot am **Anleger Cau Da** chartern (ab US$50 pro Boot und Tag). *Khanh Hoa Tourism* oder *Bao Dai's Villas* vermitteln ebenfalls Charter-Boote. Am anderen Ende der Preisskala sind die spottbilligen lokalen Fähren angesiedelt, die zwischen Nha Trang und einigen Inseln verkehren. Eine gute Alternative sind die zahlreichen in Nha Trang ansässigen Tourveranstalter (s. Sonstiges).

Die vom Anleger Cau Da aus gesehen am nächsten gelegene Insel ist **Hon Mieu**, mit der auch eine Fährverbindung besteht (15 Min., US$1 hin und zurück). Die Fähre legt in Tri Nguyen an, einem zwar farbenfrohen, aber nicht ausgesprochen malerischen Fischerdorf. Von dort führt ein Spaziergang in wenigen Minuten zum **Tri Nguyen Aquarium**, bestehend aus einer Ansammlung von zu Aufzucht- und Forschungszwecken angelegten Salzwasserbecken und einem kleinen Gebäude mit Aquarium. Wem angesichts der vielen Fische, Krebse, Schildkröten und Minihaie bereits das Wasser im Munde zusammenläuft, der findet auf dem Gelände ein auf Stelzen über den Teichen gebautes Fischrestaurant. In der Nähe gibt es einen Tret- und Ruderbootverleih, und südöstlich vom Aquarium befindet sich in dem kleinen Fischerdorf Bai Soi ein Kieselsteinstrand. Als Übernachtungsmöglichkeit stehen auf der Insel zwei kleine, strohgedeckte Bambus-Bungalows* mit Warmwasser und eigenem Bad zur Verfügung. Weitere Informationen erteilt Khanh Hoa Tourism (s. Sonstiges).

2 km südöstlich von Hon Mieu und von Bai Soi deutlich erkennbar liegt die Insel **Hon Tam** mit einem ordentlichen Strand. Das seichte Gewässer um die Insel bietet gute Bedingungen zum Schnorcheln. Da die Korallen allerdings täglich durch Bootsanker beschädigt werden und immer mehr Besucher auf die Insel strömen, könnte es mit der Idylle schon bald vorbei sein. Westlich des Landestegs liegt das einfache Strandhotel *Hon Tam Resort**–****, ✆ 829100, wo passable ac- und Ventilatorzimmer mit eigenem Bad zur Verfügung stehen. Dazu gibt es ein teures Seafood-Restaurant und Freizeitaktivitäten wie Jet-Ski, Volleyball und Tauchtouren. Auf der Ostseite des Anlegers bietet eine neue Anlage mit Luxus-Bungalows eine ruhigere Übernachtungsmöglichkeit.

Die Insel **Hon Tre** („Bambusinsel") sieht aus wie ein Krokodil in einem großen See. Die Klippen verleihen der größten Insel vor der Küste Nha Trangs eine spektakuläre Kulisse und bilden einen scharfen Kontrast zum weißen Sandstrand Bai Tru, der nur zu bestimmten Zeiten im Jahr zugänglich ist. Die Insel befindet sich größtenteils in der Hand des Militärs, doch daneben gibt es auch ein paar zivile Dörfer und den Ferienort **Con Se Tre**. Letzterer wird momentan stark ausgebaut und ist eine Mischung aus einer Hotelanlage am Strand und einem historischen Museumsdorf, das die Atmosphäre des vietnamesischen Landlebens zu vermitteln versucht. Das gelingt nicht ganz, doch das Ensemble aus strohgedeckten Hütten, Bambusbrücken und Attraktionen wie traditionellen vietnamesischen Spielen und Korbbootausflügen nimmt sich alles in allem recht nett aus – natürlich dürfen auch die allgegenwärtigen Souvenirgeschäfte mit einheimischem Kunsthandwerk nicht fehlen. Wer die Überfahrt mit der öffentlichen Fähre machen möchte, kann sich zum oberhalb von Cau Da gelegenen Pier im Dorf Chua begeben. Die Fähre legt im äußersten Nordwesten der Insel im Dorf Vung Me an. Von Cau Da fährt eine Fähre mit unregelmäßigen Abfahrts- und Ankunftszeiten zur Dam-Bucht im Südosten der Insel.

Zwei kleinere Inseln liegen vor der Südküste von Hon Tre. Die erste heißt **Hon Mot** („Eine Insel") und hat nur einen Steinstrand, bietet aber gute Bedingungen zum Schnorcheln. Die zweite heißt **Hon Mun** („Ebenholz-Insel") und verdankt ihren Namen den dunkel aufragenden Klippen. In den Höhlen der Felswände nisten Salangane, Meeresvögel, deren aus seidenartigem Speichelsekret bestehende Nester von den Einheimischen eingesammelt und für mehrere Tausend Dollar pro Kilo verkauft werden – zur Verwendung in Suppen, Aphrodisiaka und medizinischen Wässerchen. Auf Hon Mun gibt es keinen nennenswerten Strand, aber eines der besten Schnorchelreviere der Region mit großartigen Korallen. Hon Mun ist inzwischen Teil eines Meeresschutzgebietes, was die zahlreichen Ausflugsboote aber nicht davon abhält, hier täglich auf ihrem ersten Stopp festzumachen.

Übernachtung

Von der Tatsache, dass es in Nha Trang bereits von Hotels wimmelt, scheinen sich die Investoren nicht abschrecken zu lassen, denn die Zahl der Unterkünfte in der Stadt nimmt immer noch zu. Dennoch sollte berücksichtigt werden, dass Nha Trang nicht nur ausländische Touristen, sondern auch sehr viele Vietnamesen anzieht, sodass es in Ferienzeiten und an Feiertagen zu Engpässen kommen kann und die Preise entsprechend anziehen. Ebenso ist zu beachten, dass man in vielen Hotels bei Wahl eines billigeren Zimmers in einem schmuddeligen Anbau fernab vom Hauptgebäude landen kann, sodass ein paar Dollar mehr hier durchaus gut angelegt sein können. Im Allgemeinen lässt sich aber festhalten, dass Nha Trang die besten Budget-Unterkünfte außerhalb von Ho-Chi-Minh-Stadt und Hanoi aufzuweisen hat, wobei sich auch in den versteckten Nebenstraßen ausgezeichnete Übernachtungsmöglichkeiten bieten.

52 Tran Phu**–***, 52 Tran Phu, ✆ 524228, ✉ ctthanhdat@dng.vnn.vn. Brandneue Anlage am Strand mit Zimmern zu sehr vernünftigen Preisen, alle mit ac und Warmwasser.

Ana Mandara Resort, über US$150, Tran Phu, ✆ 829829, ✉ resvana@dng.vnn.vn. Nha Trangs luxuriösestes Strandhotel liegt ein Stück südlich des Hauptstrands. Attraktive Bungalow-Villen und Suiten mit allen Annehmlichkeiten und einigen traditionellen Accessoires, darunter von ethnischen Minderheiten gefertigte Wandteppiche und Holzkübel zum Waschen unter freiem Himmel. Zwei Swimming Pools, Tennisplätze, neuer Whirlpool und Strandrestaurant; Preisnachlässe in der Nebensaison.

Bao Dai's Villas***–*****, Tran Phu, ✆ 590147, ✉ baodai@dng.vnn.vn. Die fünf Villen waren einst das Feriendomizil des letzten Kaisers von Vietnam und bieten heute Zimmer und Suiten in einer weitläufigen und gepflegten Gartenanlage. Wer sich einmal richtig in Unkosten stürzen will, quartiert sich in den todschicken Gemächern Bao Dais ein. Die Lage weit südlich des Stadtzentrums ist allerdings alles andere als günstig. Einige Unterkünfte bieten grandiose Ausblicke aufs Meer, ebenso wie das Restaurant auf der Hotelterrasse, das auf jeden Fall einen Besuch wert ist.

Chi Thanh**, 17B Hoang Hoa Tham, ✆ 822092, ✉ chi–thanh–hotel@yahoo.com. Minihotel mit preiswerten Zimmern – die großen mit ac, die kleinen mit Ventilator.

Dong Phuong 1**–***, 103 Nguyen Thien Thuat, ✆ 825896, ✉ dongphuongnt@dng.vnn.vn. Äußerst beliebter Familienbetrieb und eine der zahlreichen Budget-Unterkünfte in dieser Gegend. Eher zweckmäßige, aber geräumige Zimmer von der kleinen Kammer mit Ventilator bis zum riesigen ac-Penthouse. Rabatte verhandelbar, kostenloser Shuttle-Service und unglaublich hilfsbereites Personal.

Dong Phuong 2**–***, 96A6/1 Tran Phu. Dieselben Besitzer wie das Dong Phuong 1. Direkt am Strand mit Blick aufs Meer und Dachrestaurant.

Hai Yen***–****, 40 Tran Phu, ✆ 822828, ✉ haiyenhotel@dng.vnn.vn. Steht im Schatten des benachbarten Vien Dong, aber die Zimmer sind gut ausgestattet und komfortabel. Friseur, Souvenirladen und Geldwechsel im Erdgeschoss. Teilt sich den Swimming Pool mit dem Vien Dong.

Indochine**–***, 14 Hung Vuong, ✆ 815333, ✉ indochinehotel@yahoo.com. Schickes und günstiges Hotel der mittleren Preisklasse mit 50 Zimmern, alle mit ac und Warmwasser.

My Hoa**–***, 7 Hang Ca, ✆ 810111, ✉ myhoahotel@dng.vnn.vn. Das elegante Minihotel als Familienbetrieb in zentraler Lage ist eine ausgezeichnete Budget-Unterkunft. Saubere Zimmer mit Satelliten-TV, Warmwasser und Dusche; Obst, Tee und Kaffee als kostenloser Willkommensgruß.

Nha Trang Lodge****–*****, 42 Tran Phu, ✆ 810500, ✉ nt-lodge@dng.vnn.vn. Derzeit Nha Trangs schickstes Hotel mit über 120 Zimmern auf 13 Etagen, davon einige mit fantastischem Blick auf den Strand.

Perfume Grass Inn**–***, 4A Biet Thu, ✆ 826345, ✉ huanaz@dng.vnn.vn. Preiswerte Unterkunft mit sehr viel Atmosphäre. Einige Zimmer mit Holzfußboden, andere mit Ruhesesseln und Badewanne, allesamt geschmackvoll eingerichtet. Nettes und billiges Café im Erdgeschoss.

Phu Quy**–***, 54 Hung Vuong, ✆ 810609, ✉ phuquyhotel@dng.vnn.vn. Gastfreundliches und preiswertes Minihotel in Familienbesitz. Die Zimmer mit ac oder Ventilator sind klein, und die mittleren haben keine Außenfenster, aber alle sind tadellos sauber und haben ein eigenes Bad. Kleine Dachterrasse mit Liegestühlen.

Post Hotel**–***, 2 Le Loi, ✆ 821252, ✉ posthotel@dng.vnn.vn. Die etwas bedrückenden Zimmer in den Korridoren stehen in deutlichem Kontrast zu der vornehmen weißen Fassade, verfügen aber über allen modernen Komfort. Die Zimmer mit Meerblick sind teurer, die beiden ac-Zimmer im obersten Stockwerk dagegen ein echtes Schnäppchen. Preisnachlässe verhandelbar.

Sao Mai**–**, 99 Nguyen Thien Thuat, ✆ 827412, ✉ saomaiht@dng.vnn.vn. Verlässliches Budget-Hotel mit Schlafsaal für US$3. Der zweite Ableger in der 96B Tran Phu in Strandnähe ist geringfügig teurer.

Thang Loi**–***, 4 Pasteur, ✆ 822523, ✉ 4pasteur@dng.vnn.vn. Helle, geräumige und fröhlich gestrichene Zimmer mit eigenem Bad in günstiger Lage unmittelbar östlich des Stadtzentrums.

Vien Dong**–******, 1 Tran Hung Dao, ✆ 821606, ✉ viendonghtl@dng.vnn.vn. Professionell geführte Anlage mit Swimming Pool, Tennisplätzen, Satelliten-TV, Geldwechsel und ordentlichem Restaurant. Die Zimmer im Hauptgebäude sind tadellos sauber, die am Pool nicht ganz so sehr. Live-Musik und traditionelle Tänze sorgen für abendliche Unterhaltung im Restaurant.

Violet*–**, 12A Biet Thu, ✆ 814314, ✉ ctminhhoang@dng.vnn.vn. Gepflegtes Minihotel in der angesagten Biet Thu mit hilfsbereitem Personal, geräumigen ac- und kleineren Ventilator-Zimmern.

Yasaka Saigon Nha Trang, ab*****, 18 Tran Phu, ✆ 820090, ✉ sg-nthotel@dng.vnn.vn. Eines der beeindruckendsten Hochhaushotels Nha Trangs in Spitzenlage an der Strandmeile Tran Phu. Alle Zimmer mit Blick aufs Meer, in den höheren Etagen mit fantastischer Aussicht, allesamt gut ausgestattet von schick bis kitschig. Fitness Center und Konferenzraum, Swimming Pool, Disco und Tennisplätze. Preis inklusive Flughafentransfer und Frühstück.

Yen My*–**, 22 Hoang Hoa Tham, ✆ 829064, ✉ yenmyhotel@hotmail.com. Von einer freundlichen Familie geleitetes Minihotel mit sehr billigen Ventilatorzimmern. Gute Wahl für den kleinen Geldbeutel.

Essen

Ordentlich essen in Nha Trang? Kein Problem, denn schon an der Strandpromenade Tran Phu reiht sich ein luftiges Café-Restaurant an das nächste, um für das leibliche Wohl der ausgedörrten und hungrigen Sonnenanbeter zu sorgen. Die nobleren Speiselokale liegen weiter landeinwärts im Stadtzentrum und in der Phan Chu Trinh, wo mehrere Fisch- und Seafood-Restaurants um Kundschaft buhlen. Auch direkt am Wasser lässt es sich trefflich speisen, während die Wellen an den Strand schwappen. Die ganz billigen Esslokale und Imbisse konzentrieren sich in der Umgebung der Biet Thu.

Banana Split, 58* und *60, 58–60 Quang Trung. Ein für Vietnam typisches Beispiel von Nachahmungsgeschäft: Zwei Cafés nebeneinander machen sich unter dem gleichen Namen Konkurrenz und beanspruchen jeweils für sich, das Original zu sein. Beide bieten exakt das Gleiche, nämlich leckeres Eis und billige, aber fantasielose Speisen. 🕓 7–23 Uhr.

Bistro 7C, 7C Le Loi. Das Bistro unter deutscher Leitung serviert gutes Frühstück (US$1–2). Bratwurst, Spaghetti oder Gulasch kosten um US$2. Fassbier der Sorte San Miguel für weniger als US$1 und Happy Hour von 18–22 Uhr. 🕓 9 Uhr bis spät.

Bombay Indian, 15 Biet Thu. Beliebtes Restaurant mit authentischen indischen Gerichten wie Tintenfisch-Masala, Hühnchen-Korma oder vegetarischen Biryani, die sich mit einem Lassi herunterspülen lassen. Während man aufs Essen wartet, gibt's kostenlose Piña Colada. 🕓 15–22 Uhr.

Café des Amis, 2D Biet Thu. Inhaber dieses Dauerfavoriten und abends oft rappelvollen Cafés sind zwei Ex-Akademiker aus Hué. Serviert werden gut zubereitete vietnamesische und westliche Gerichte mit einer guten vegetarischen Auswahl. Besonders empfehlenswert: gedünsteter Fisch mit Ingwer. 🕓 7.30 Uhr bis spät.

Coconut Cove Resort, Tran Phu, gegenüber dem Hotel Hai Yen. Entspannter und weniger windgepeitscht als die meisten Strandcafés. Die Einrichtung folgt dem Motto „Einsame Insel", die gemischte und nicht ganz billige Speisekarte beinhaltet vietnamesische Gerichte, Sandwiches, Salate und sogar Pizza. Nach dem Essen lockt die attraktive, aus einem einzigen Baumstamm geschnitzte Log Bar. 🕓 Restaurant 7–24 Uhr, Bar 17 Uhr bis spät.

Cyclo Café, 5A Tran Quang Khai. Entzückende Einrichtung und freundliches Ambiente, dazu eine solide Speisekarte aus vietnamesischen, italienischen und vegetarischen Gerichten. Empfehlenswert. 🕓 7 Uhr bis spät.

Four Seasons, Tran Phu. Schickes Strandrestaurant zwischen La Bella Napoli und Coconut Cove Resort mit Seafood-Spezialitäten für ca. US$2 und guter Auswahl an Milchshakes und Eiscreme. 🕓 6–23 Uhr.

Good Morning Vietnam, 19B Biet Thu. Eine weitere Filiale der landesweiten Kette serviert zuverlässig gute Pasta und Pizza für ca. US$3–4 pro Gericht. Dachterrasse zum Relaxen mit weichen Kissen und Satelliten-TV. 🕓 10–23 Uhr.

La Bella Napoli, Tran Phu, unmittelbar nördlich der Thuy Duong. Zählt zu den besten italienischen Restaurants der Stadt. Pizza, Pasta, Seafood à la italiana, guter Kaffee und Eiscreme. ⏲ 8.30–23 Uhr.

La Louisiane, Tran Phu. Ideal für einen Snack am Strand (Kuchen und Gebäck sind hervorragend) und eine kostenlose Erfrischung im hauseigenen Pool. Manch einer bucht hier eine der Wassersportattraktionen des dem Restaurant angegliederten Anbieters *Wave Killer* (s.S. 332, Aktivitäten). ⏲ 7.30 Uhr bis spät.

Lac Canh, 44 Nguyen Binh Kiem. Bei den Einheimischen sehr beliebtes Restaurant. Einige rümpfen vielleicht die Nase über das etwas schroffe Personal und den Tränen in die Augen treibenden Qualm der am Tisch zubereiteten Grillgerichte, doch das Essen entschädigt für sämtliche Unannehmlichkeiten. ⏲ 9–21.30 Uhr.

Lys, 117A Hoang Van Do. Das in Familienbesitz befindliche Restaurant verdankt seine enorme Beliebtheit vor allem solchen Spezialitäten wie Rehfleisch, Wildschwein und in Wein gedünsteter Ente. Im fantasielosen Speisesaal im Erdgeschoss gibt es zum Frühstück leckere *pho* und *bun bo Hué*. ⏲ 9–21.30 Uhr.

Ngoc Suong, 16 Tran Quang Khai. Elegantes Fischrestaurant in versteckter Lage unweit des Budget-Viertels. Preise nach Gewicht. ⏲ 11–22.30 Uhr.

Red Star, 14 Biet Thu. Das im Herzen des Budget-Viertels gelegene Restaurant ist sehr gut auf Traveller eingestellt. Besonders beliebt sind das Frühstück, die Milchshakes und die Currys. ⏲ 8 Uhr bis spät.

Same Same But Different, 111B Nguyen Thien Thuat. Eines von zahlreichen Restaurants im Budget-Viertel, die eine große Auswahl an vietnamesischen und westlichen Gerichten anbieten, darunter auch gutes Müsli zu sehr vernünftigen Preisen. ⏲ 7–22 Uhr.

Thanh Thanh Café, 10 Nguyen Thien Thuat, ✆ 824413. Umfangreiche Speisekarte mit preiswerten vietnamesischen, westlichen und vegetarischen Gerichten. Besondere Stärke: Holzofenpizza mit Lieferservice im Stadtgebiet. ⏲ 8–22 Uhr.

Thanh The, 3 Phan Chu Trinh. Helles, zur Straße hin offenes Seafood-Restaurant. Zu empfehlen sind die gegrillten Garnelen mit Knoblauch (US$4). ⏲ 7.30 Uhr bis spät.

Thuy Duong, Le Thanh Ton, Ecke Tran Phu. Dinieren bei Kerzenschein in geschmackvoller Umgebung auf der Terrasse am Strand. Die frischen Meeresfrüchte werden aus einem Aquarium ausgewählt. Bei Touristen und Einheimischen gleichermaßen beliebt. Ein durchschnittliches Gericht kostet US$2,50. ⏲ 6–23 Uhr.

Truc Linh, 21 und 11 Biet Thu. Zwei sehr unterschiedliche Lokale, aber beide mit tollem Essen. Das erste in der Nr. 21 (⏲ 17–23 Uhr) gehört zum Villa Hotel und ist ein elegantes Seafood-Restaurant mit einer Fassade aus Backstein und Bambus. Das zweite in der Nr. 11 (⏲ 6–22 Uhr) ist ein schmuckloses Speiselokal an der Straßenecke, das einige großartige Suppen und frittierte Speisen serviert. Tipp: das zweite zum Mittag- und das erste zum Abendessen wählen.

Unterhaltung

Wenn es um die Wahl des bevorzugten Reiseziels für einen Strandurlaub geht, hat Nha Trang gegenüber Mui Ne den Vorteil, dass es ein äußerst lebendiges Nachtleben vorzuweisen hat. Es existieren zahlreiche Läden, die man ausprobieren kann, und auch mehrere Hotels haben eigene Discos, wobei man sich allerdings vor Ort erkundigen muss, welche Adressen gerade angesagt sind. Die Discos am Strand sind in der Regel etwas teurer als die in der Stadt, doch alle bieten großzügige **Happy Hours**. Sofern nicht gerade Polizeikontrollen stattfinden, bleiben die meisten Kneipen bis in die frühen Morgenstunden geöffnet.

Crazy Kims Bar, 19 Biet Thu. Die Cocktails sind einen halben Meter hoch und die Happy Hour reicht von 10–22 Uhr. Tolle CD-Sammlung, Partystimmung und Katerfrühstück sorgen für große Beliebtheit bei in Vietnam lebenden Ausländern, Touristen und mutigen Einheimischen, die hier bis in die Morgenstunden abtanzen. Die Einnahmen aus dem Verkauf der T-Shirts kommen Nha Trangs Straßenkindern zugute. ⏲ 10 Uhr bis spät.

Jack's Bar, 96A/8 Tran Phu. Die Bar am südlichen Ende des Strandes macht von außen nichts her, ist aber im Innern durchaus ansprechend. Pool-Billard-Tische oben und unten, Terrasse mit gutem Ausblick und frischer Brise, umfangreiche Speisekarte für jeden Geschmack. 🕒 8 Uhr bis spät.

Jungle Pub, 90A Hung Vuong. Die gut beleuchtete Bar am Rande des Budget-Viertels bietet einen Billardtisch, TV-Spielfilme, eine Auswahl an westlichen Speisen und jede Menge Biersorten, Weine und Cocktails. 🕒 15 Uhr bis spät.

Nha Trang Sailing Club, 72–74 Tran Phu. Seit einigen Jahren ist der Club die Lieblingsadresse für eine gemischte Gruppe von „Party Animals", die hier regelmäßig abfeiern. Die Klientel der vornehmen Strandbar besteht vorwiegend aus gut betuchten, in Vietnam lebenden Ausländern und Massen von Touristen. Je später der Abend, desto weniger vornehm geht es zu. 🕒 7 Uhr bis spät.

Shorty's, 1E Biet Thu, nur ein paar Schritte vom Strand entfernt. Freundliche Bar mit Billard zum Nulltarif, TV (Spielfilme und Sport) im Obergeschoss, guter Büchertauschbörse und großer Auswahl an vietnamesischen und westlichen Speisen. Gut zum Ausspannen. 🕒 8 Uhr bis spät.

Einkaufen

LEBENSMITTEL – ***Mini-Mart***, 66 Quang Trung. ***Thien Hoa Bakery***, 76A Ly Thanh Ton.

SOUVENIRS – ***Bambou***, 15 Biet Thu. Original Designer-T-Shirts für US$7 und andere farbenfrohe Souvenirs.

Cua Hang Luu Niem Gift Shop, 8 Phan Boi Chau. Gemälde, Keramik, traditionelles Kunsthandwerk und Antiquitäten.

Vietnam Pure Silk, 19 Le Thanh Ton. Maßgeschneidertes und Bekleidung aus Seide von der Stange, außerdem Stickwaren, Kunstgegenstände und Souvenirs der ethnischen Minderheiten.

Aktivitäten

BADMINTON – Die Hotels ***Hai Yen*** und ***Vien Dong*** haben Badminton-Plätze.

FITNESS – ***Olympia Gymnasium***, 47A/1 Nguyen Thien Thuat. Voll ausgerüstetes Fitness Center. 🕒 Mo–Sa 5.30–10 und 14–20 Uhr.

SCHWIMMEN – Das Hotel ***Vien Dong*** ermöglicht auch Nicht-Gästen für ca. US$1,50 pro Tag die Benutzung seines Pools.

TAUCHEN – Nha Trang ist das Zentrum des Tauchsports in Vietnam, was an der Zahl der hier ansässigen Veranstalter unschwer zu erkennen ist. Lediglich zwischen Oktober und Dezember lohnt sich das Tauchen nicht, denn dann ist das Wasser oft aufgewühlt und trübe, doch während der Trockenzeit von Januar bis Mai machen sich täglich Boote auf die Fahrt zu einer der über 20 Tauchreviere der Region. Eine typische Tagestour mit zwei Tauchgängen und Mittagessen kostet ca. US$50 für erfahrene Taucher, mit Unterricht wird es teurer.

Octopus Diving Club, 62 Tran Phu, 📞 810629, und ***Rainbow Divers***, im Nha Trang Sailing Club, 📞 829946, 💻 www.divevietnam.com, sind zwei zuverlässige Unternehmen, die auch PADI-Kurse anbieten, darunter den Anfängerkurs „Discover Scuba Diving" für US$70.

TENNIS – Die Hotels ***Vien Dong*** und ***Bao Dai's Villas*** haben Tennisplätze.

WASSERSPORT UND GLEITSEGELN – ***Wave Killer***, im Restaurant La Louisiane an der Strandpromenade Tran Phu, vermietet Wassersportausrüstung. Für nur US$10 kann man die Badenden am Strand 15 Min. lang mit dem **Jet-Ski** in Panik versetzen, wobei aber zu beachten ist, dass der Mieter für sämtliche Schäden oder Verletzungen selbst haftet. Umweltfreundlicher ist da schon das **Gleitsegeln**: Ein rund 7-minütiger Flug über die Bucht kostet US$10. **Windsurfing**-Ausrüstung und Jet-Skis kann man auch im ***Nha Trang Sailing Club***, 📞 829946, leihen.

Touren

Zahlreiche in Nha Trang ansässige Tourveranstalter bieten verschiedene **Tagesausflüge zu den Inseln** an, die in der Regel einen Zwischenstopp zum Schnorcheln und ein Seafood-Mittagessen an Bord beinhalten – und das alles für höchstens US$6 p.P. Derzeit werden fünf verschiedene Bootstouren zu den Hauptinseln angeboten, für die an unzähligen Stellen in ganz

Nha Trang Tickets verkauft werden. Dabei ist zu beachten, dass jede Bootstour sich an ein bestimmtes Publikum richtet. Wer sich also auf einen friedlichen und erholsamen Ausflug freut, sollte lieber kein Ticket für ein Boot kaufen, auf dem Partystimmung und laute Musik zu erwarten sind, wie beispielsweise bei den Touren von Mama Hanh, zu buchen über ***Nam Long Tours,*** 52 Tran Phu, ✆ 824494. Die aktuelle Empfehlung der Tourismusbehörde sind die Fahrten von ***Mama Linh,*** 2A Hung Vuong, ✆ 826693.
Ein etwas teurerer Bootsausflug (ca. US$10) beinhaltet einige der Inseln und führt schließlich zum 15 Min. Bootsfahrt von Nha Trang entfernten Feriengebiet **Con Se Tre** auf Hon Tre, der größten Insel vor der Küste Nha Trangs. Ein Seafood-Mittagessen im Hotelrestaurant ist im Preis enthalten, bevor es am Nachmittag auf Schnorcheltour geht. Es stehen viele unterschiedliche Unterkünfte zur Übernachtung bereit, und bisweilen werden auch abendliche Touren zum Resort mit Grillen am Strand und traditionellen Liedern und Tänzen angeboten. Tickets und weitere Informationen gibt es bei ***Con Se Tre Tourist,*** 100/16 Tran Phu, ✆ 811163. Weitere Veranstalter siehe unter Sonstiges.
Zahlreiche Anbieter haben außerdem **Minibus-Touren ins zentrale Hochland** im Angebot.

Sonstiges

APOTHEKEN – Eine Apotheke befindet sich in der 23D Biet Thu.

AUTOVERMIETUNGEN – Die meisten Tourveranstalter und das Vien Dong Hotel vermitteln Mietwagen für US$30–35 pro Tag. Mama Linh in der Hung Vuong verleiht Minibusse für ca. US$50 pro Tag im regionalen Umkreis und für US$70 bei längeren Touren.

BÜCHERTAUSCH – ***Shorty's,*** 1B Biet Thu. Unschlagbar, wenn es um den Nachschub an Lesestoff für den Strand geht. Gute Auswahl an Romanen und Sachbüchern, denen noch der Geist längst weitergereister Traveller innewohnt.

FAHRRÄDER UND MOTORRÄDER – Es gibt fast niemanden in Nha Trang, der einem nicht ein Zweirad vermieten möchte. Dazu zählen auch die meisten Hotels. Der Preis pro Tag beläuft sich auf US$1 für ein Fahrrad und US$3–5 für ein Motorrad. Danach gilt es nur noch zu prüfen, ob das Gefährt auch straßentauglich ist.

GELD – ***Agribank,*** 2 Hung Vuong, wechselt Fremdwährung und zahlt gegen Vorlage von Visa oder MasterCard Bargeld aus.
Vietcombank, 17 Quang Trung, wechselt Bargeld und Reiseschecks und ermöglicht Barabhebungen gegen Vorlage von Visa und MasterCard.

INTERNET – In Nha Trang gibt es Hunderte von Anbietern, sodass es kein Problem sein dürfte, Internet-Zugang zu bekommen. Eine gute Adresse ist 8C Biet Thu, Ecke Hung Vuong, wo die Online-Verbindung 100 d pro Minute kostet.

MEDIZINISCHE HILFE – **Krankenhaus**: 19 Yersin, unterhalb des Stadions, ✆ 822168.

POLIZEI – 5 Ly Tu Trong, ✆ 822400.

POST – Die **Hauptpost** in der 4 Le Loi bietet Fax-Service, internationale Telefone (IDD), Poste Restante und DHL-Kurierschalter (So geschlossen). ⏲ tgl. 6.30–22 Uhr.
Eine kleinere **Postfiliale** mit Telekommunikations-Center gibt es gegenüber dem Hotel Vien Dong in der 50 Le Thanh Ton, ⏲ 6.30–24 Uhr. Eine weitere Filiale befindet sich in der 23C Biet Thu, ⏲ tgl. 6.30–21.30 Uhr.

TOURVERANSTALTER – Die meisten der nachfolgend aufgelisteten Tourveranstalter nehmen Buchungen für Bootsausflüge zu den Inseln und Reservierungen von Open-Tour-Bustickets für Reiseziele im ganzen Land entgegen. Einige haben ganztags geöffnet, andere machen von 11.30 bis 13.30 Uhr eine lange Mittagspause.
Con Se Tre Tourist, 100/16 Tran Phu, ✆ 811163.
Hanh Café, 26 Tran Hung Dao, ✆ 814227, ✉ hanhcafe@dng.vnn.vn.
Khanh Hoa Tourism, 1 Tran Hung Dao, ✆ 823709, ✉ khtourism.dng.vnn.vn. Das offizielle staatliche

Büro und damit auch die beste Adresse für Visaverlängerungen.
Mama Linh, 2A Hung Vuong, ✆ 826693.
My A Tours, 10 Hung Vuong, ✆ 826195, ✉ myaco.nt@dng.vnn.vn.
Nam Long Tours, 52 Tran Phu, ✆ 824494. Anlaufstelle für Touren mit den Partyschiffen von Mama Hanh und Tauchausflüge von Rainbow Divers.
Sinh Café, 10 Biet Thu, ✆ 811981, ✉ sinhcafent@dng.vnn.vn.
TM Brothers Café, 22 Tran Hung Dao, ✆ 814556, ✉ huuhanhnguyen@hotmail.com.

VORWAHL – 058

Nahverkehrsmittel

Nha Trang ist keine riesige Stadt und lässt sich daher durchaus zu Fuß bewältigen, besonders wenn die tägliche Wanderung sowieso nur vom Hotel zum Strand und zurück führt. Wer seinen Radius auszudehnen gedenkt, kann sich ein **Fahrrad** leihen (s.o., Sonstiges) und so auf vergnügliche Weise die Gegend erkunden.
Für weniger aktive Urlauber stehen jederzeit **Cyclos** und **Honda Oms** zur Verfügung. Ausgewachsene **Autorundfahrten** durch die Region vermittelt die Tourismusbehörde der Provinz, Khanh Hoa Tourism.

Transport

BUSSE – Der **Fernbusbahnhof**, 58 Duong 23 Thang 10, ✆ 820227, liegt 2 km westlich des Stadtzentrums und ist in einer kurzen Cyclo-Fahrt zu erreichen. ⏲ tgl. 4–22 Uhr.
Busse nach:
BUON MA THUOT (4 Std.); DA LAT (5 Std.); DA NANG (12 Std.); HANOI (32 Std.); HO-CHI-MINH-STADT (10 Std.); HUÉ (15 Std.).

EISENBAHN – Der **Bahnhof**, ✆ 822113, befindet sich ein paar Hundert Meter östlich des Busbahnhofs in derselben Straße, die hier aber Thai Nguyen heißt. ⏲ Fahrkartenbüro tgl. 7.30–11 und 13.30–21 Uhr.
Züge nach:
DA NANG 4x tgl. in 9–12 1/2 Std.;
HANOI 3x tgl. in 24–32 Std.;
HO-CHI-MINH-STADT 5x tgl. in 7 1/4–11 1/4 Std.;
HUÉ 4x tgl. in 12–16 1/4 Std.

FLÜGE – Der **Flughafen**, ✆ 823797, liegt ein paar Kilometer südlich von Nha Trang. Für den Weitertransport in die Stadt stehen Taxis und Cyclos bereit.
Vietnam Airlines hat ein Büro in der 91 Nguyen Thien Thuat, ⏲ tgl. 7.30–11 und 14–16.30 Uhr, und eine Zweigstelle im Büro von Khanh Hoa Tourism, 1 Tran Hung Dao, ⏲ Mo–Fr, gleiche Uhrzeiten.
Flüge nach:
DA NANG 1x tgl. in 1 1/4 Std.;
HANOI 1x tgl. in 1 3/4 Std.;
HO-CHI-MINH-STADT 3x tgl. in 1 1/4 Std.

Die Umgebung von Nha Trang

Nördlich von Nha Trang lassen sich über die Nationalstraße 1 zunächst noch mehrere Sehenswürdigkeiten in der näheren Umgebung der Stadt erreichen. Am besten lässt sich diese Gegend mit einem geliehenen Motorrad erkunden. Alternativ steuern auch Omnibusse vom regionalen Busbahnhof aus diese Ziele an, wobei die Rückfahrt mit einem der zahlreichen Busse erfolgen kann, die gegen Abend die Nationalstraße Richtung Nha Trang befahren.

Die Inseln Lao, Thi und Heo

Jenseits der Cham-Türme verläuft die Hauptstraße weiter nach Norden über den **Ru-Ri-Pass**, bis nach 14 km das Dorf Da Chung erreicht ist. Dort ist zur Rechten ein Weg nach „Dao Khi" ausgeschildert, der nach ein paar Hundert Metern am Anleger für Überfahrten nach **Hon Lao** („Affeninsel") endet. Die Insel macht ihrem Namen alle Ehre, denn sie beheimatet eine Kolonie neugieriger Affen, und ein Bootsausflug zu den lustigen Tieren ist besonders mit Kindern ein toller Spaß. Die Überfahrt kostet hin und zurück US$3 p.P. und nimmt ungefähr eine Stunde in Anspruch. Die Boote legen etwa viertelstündlich ab bzw. sobald sich sechs Passagiere eingefunden haben. Eine Führung auf der Insel ist im Preis enthalten. ⏲ 7.30–17 Uhr.

Korbboote am Strand von Doc Let nahe Nha Trang

Die benachbarte Insel **Hon Thi** hat einen ganz netten Strand, der sich gut zum Baden eignet. Auf der weiter östlich gelegenen Insel **Hon Heo** rauscht der Orchideenfluss mit seinen malerischen Wasserfällen zwischen spektakulären Klippen und Wäldern. Es verkehren Boote sowohl von der Affeninsel als auch vom Festlandanleger hierher.

Die Ba Ho-Wasserfälle

Eine heilende Wirkung wird dem Wasser der drei Becken an den Ba Ho-Fällen zugeschrieben. Der Ort ist mehrere Kilometer weiter nördlich an der Nationalstraße 1 bei einem Steintor nach links ausgeschildert. Die Wasserfälle selbst sind trotzdem nicht ganz leicht zu finden: Nach Durchfahren eines Dorfes muss man sich bei einer Gabelung rechts halten und der Straße bis zum Parkplatz folgen. Von dort sind es noch ungefähr 3 km bis zum untersten der drei Fälle, wobei manch großer Felsbrocken zu überwinden ist (daher robustes Schuhwerk mitnehmen). Das Wasser ist wunderbar klar und ideal für ein erfrischendes Bad. Weiter geht es einen steilen Weg durch üppigen Wald hinauf zum zweiten Becken – das in den Tourismusbroschüren nicht ganz unpoetisch als „Spiegel" beschrieben wird, „den eine Fee aus schierer Gedankenlosigkeit hier zurückließ" – und schließlich zum dritten und letzten Pool.

Für die Anfahrt mit öffentlichen Verkehrsmitteln nimmt man am regionalen Busbahnhof von Nha Trang den Bus Richtung Ninh Hoa-Distrikt und teilt dem Fahrer das gewünschte Fahrtziel mit. Eine Fahrt mit der Honda Om von der Abzweigung an der Nationalstraße kostet dann noch um die 5000 d.

Die Halbinsel Hon Khoi

Nachdem man die Kreuzung mit der nach Buon Ma Thuot führenden Landstraße hinter sich gelassen hat, folgt als Nächstes der vorzügliche **Strand Doc Let**. Er ist ausgeschildert und liegt am Ende einer 12 km langen Straße, die 38 km nördlich von Nha Trang von der Nationalstraße 1 Richtung Osten abzweigt und die Halbinsel Hon Khoi erschließt. In Doc Let lässt es sich gut aushalten: Die Kasuarinen und der blendend weiße Sand laden zu einem perfekten Tag am Strand ein, für den allerdings ein geringes Eintrittsgeld zu entrichten ist. Wer hier übernachten möchte, wendet sich an das *Doc Let Beach Resort***–***, ✆ 058/849663, 📠 849506. Dort gibt es Strandhütten mit ac oder Ventilator und Standardzimmer mit Ventilator etwas abseits des Strandes in einem Betonblock. Alle Zimmer haben ein eigenes Bad, einige auch Satelliten-TV. Zur Anlage gehören auch ein großes Restaurant, ein Souvenirladen, ein Reiseschalter für die Buchung von Überfahrten zu den Inseln und ein eigenes Fischerboot.

Sollten der blütenweiße Sand und die Einsamkeit der Hon Khoi-Halbinsel die Abenteuerlust beflügelt haben, besteht die Möglichkeit zu einem Aufenthalt im *Jungle Beach Resort***–***, ✆ 0-913429144, ✉ syl@dng.vnn.vn. Das von einem kanadisch-vietnamesischen Paar geleitete Strandhotel zählt zu den abgelegensten Hotelanlagen an der gesamten vietnamesischen Küste. Es stehen einfache Zimmer im Haus und ein paar Bungalows im Garten zur Verfügung, doch fast alle Besucher schlafen schließlich draußen unter den Sternen. Im Zimmerpreis sind sämtliche Mahlzeiten enthalten, und das Essen ist ausgezeichnet. Es gibt einen herrlichen, einsamen Strand und Wanderwege auf den Berg, die es sich zu erkunden lohnt. Der begeisterungsfähige Besitzer Sylvio arrangiert **Trekking- und Kajaktouren** (April bis September) und Ausflüge zum **Angeln**. Nicht wenige Gäste haben hier schon eine ganze Woche oder zwei verbracht.

Der Ort ist nicht leicht zu finden; er liegt am entlegenen Ende der Landstraße an der Nordostküste der Halbinsel, noch hinter den Schiffswerften und dem von Garnelenfarmen geprägten Dorf Ninh Phuoc. Wer sich vorher telefonisch anmeldet, wird vom Personal hingelotst. Ein Taxi von Nha Trang kostet ca. US$13.

Hon Gom und Hon Ong

Die meisten Touristen legen die gut 400 km lange Küstenstrecke zwischen Nha Trang und Hoi An in der Regel ohne längeren Aufenthalt in einem Tour-Bus zurück. Diese Entscheidung hat durchaus ihre Berechtigung, denn die Gegend ist bislang noch nicht besonders gut erschlossen, wenngleich auch an diesem Küstenabschnitt hervorragende Plätzchen zu finden sind. Mit der Erschließung könnte es aber schon sehr bald losgehen, denn eine neue Landstraße durch die Halbinsel **Hon Gom** macht jetzt die endlosen Strände beiderseits dieser wie ein Schwanenhals geformten Landzunge zugänglich. Hier dürften schon bald die ersten Strandhotels entstehen, doch bevor es so weit ist, kann man noch die Gelegenheit nutzen und mit dem eigenen Fahrzeug auf die Halbinsel fahren, um den Anblick der wilden Sanddünen und der wie Tupfer in der Bucht liegenden Inseln zu genießen.

Die Halbinsel ist 30 km lang, wird aber von der Landstraße bislang nur zur Hälfte erschlossen. Immerhin führt diese bereits bis zum Dorf Dam Mon, wo Schnellboote für die nur fünfminütige Überfahrt zur Insel **Hon Ong** („Walfischinsel") ablegen – ein erheblicher Zeitgewinn verglichen mit der zweistündigen Bootsfahrt von Van Gia an der Nationalstraße 1.

Auf der Insel befindet sich das wunderbar friedliche Strandhotel *Whale Island Resort*****, ✆ 058/840501, 💻 www.whaleislandresort.com. Die einfachen, aber geschmackvollen Bungalows stehen inmitten dichter Vegetation und bieten herrliche Ausblicke auf die Bucht, wo sich zwischen Mai und August häufig Buckelwale und Walhaie tummeln. Im Whale Island Resort sind alle Mahlzeiten im Preis enthalten: Der ist für Budget-Traveller allerdings immer noch ziemlich happig, doch bei einem längeren Aufenthalt ist ein Preisnachlass zu erwarten. Der Veranstalter Rainbow Divers (s.S. 332, Nha Trang, Aktivitäten) nutzt die Anlage als Basis für Tauchtouren, außerdem verfügt das Hotel über Katamarane, Kanus, Korbboote und Schnorchelausrüstung, die von den Gästen gegen ein geringes Entgelt genutzt werden können. Die Reservierung funktioniert am einfachsten im Internet über die Website des Hotels. Wer aus Richtung Nha Trang anreist, sollte sich telefonisch ankündigen, damit die Abholung am Anleger arrangiert werden kann.

Dai Lanh und weiter nördlich

Zurück auf der Nationalstraße 1 passiert man Richtung Norden noch einige beeindruckende, aber unerschlossene Strände. Ein gutes Beispiel findet sich 83 km von Nha Trang entfernt unmittelbar jenseits der Halbinsel Hon Gom in dem kleinen Fischerdorf **Dai Lanh**, dessen Anziehungskraft vor allen Dingen darin besteht, dass man hier absolut gar nichts unternehmen kann. Mit seinen Lehmziegeldächern und der bescheidenen Flotte aus blauen Fischerbooten bildet das Dorf einen malerischen Blickfang am kilometerlangen Strand, der sich um die Bucht Vung Ro windet.

Der Strand mit seinen Kasuarinen und dem heißen, weißen Sand liegt zwischen dem klaren und türkisblauen Wasser des Südchinesischen Meeres und einer grün bewachsenen Bergkette. Die meisten Open-Tour-Busse legen hier auf dem Weg nach Hoi An einen kurzen Zwischenstopp ein. In Dai Lanh gibt es einige Restaurants, aber leider noch keine akzeptable Übernachtungsmöglichkeit.

Jenseits von Dai Lanh muss sich der Reisende bis kurz vor Qui Nhon gedulden, bevor wieder einige idyllische Strände ins Blickfeld rücken. Rund 30 km südlich der Stadt zweigt eine neue Landstraße von der Nationalstraße 1 ab und windet sich an einigen geschützten und unberührten Buchten vorbei die Küste hinauf. Etwa 15 km südlich von Qui Nhon liegt an dieser neuen Straße das Strandhotel *Bai Dai Resort*****–*****, ✆/℻ 056/893310, ✉ baidairesort@dng.vnn.vn. Die Anlage verfügt über 60 luxuriöse Zimmer und Suiten an einem ruhigen Strand und bietet ihren Gästen diverse Wassersportmöglichkeiten.

Qui Nhon

Im Vergleich mit der attraktiven Konkurrenz von Hoi An im Norden und Nha Trang im Süden lockt die mittelgroße Hafenstadt Qui Nhon nur wenige ausländische Besucher an, was für einen bestimmten Typ Traveller gerade ihren besonderen Reiz ausmacht. Die Stadt liegt auf einer schmalen Landzunge, die wie eine Harpunenspitze in das Südchinesische Meer ragt. Objektiv betrachtet ist der Strand von Qui Nhon einfach nicht so schön wie viele andere an dieser Küste, doch etwas südlich der Stadt liegen einige reizende Buchten.

Qui Nhon verdankt seine Entstehung Anfang des 11. Jhs. der Migration der Cham, die unter dem Druck der Viet immer weiter nach Süden zurückweichen mussten. Die Cham nannten das Reich, das sie in dieser Gegend gründeten, Vijaya („Sieg"). Sein Zentrum war die Zitadelle Cha Ban (s.S. 340/341), während sich Qui Nhon (das damals noch Sri Bonai hieß) zum Handelszentrum entwickelte. Jahrhunderte später schwappte der Tay-Son-Aufstand auch in diesen Landesteil über. Während des Vietnamkriegs fungierte die Stadt als Hafen und Versorgungszentrum der US-Truppen und als Sammellager für Flüchtlinge, die vor den grauenhaften Bombardierungen ihrer umliegenden Dörfer davonliefen. Doch trotz der historischen Bedeutung gibt es hier nichts zu sehen, was das Herz höher schlagen ließe, solange man kein überdurchschnittlich ausgeprägtes Interesse an **Cham-Türmen** hat. Die meisten Besucher halten sich nur zum Tanken oder für eine Übernachtung in Qui Nhon auf.

Die Stadt

Im Zentrum von Qui Nhon gibt es kaum etwas zu sehen, wenngleich die gut erhaltene **Long Khanh-Pagode** in der 141 Tran Cao Van vielleicht eine kurze Besichtigung lohnt. Das heutige Heiligtum steht an der Stelle, an der ein chinesischer Händler im 18. Jh. eine Pagode errichten ließ. Sie befindet sich auf einem Gelände, das von einem großen weißen Buddha und zwei Türmen beherrscht wird, von denen einer eine Trommel und der andere eine große Glocke enthält. An der rückwärtigen Wand des Haupttheiligtums und unterhalb des lasierten Holzdachs liefert ein Wandgemälde mit dem Motiv eines Bodhi-Baums die passende Kulisse für den großen Buddha aus Kupfer, der in meditativer Pose auf dem Altar sitzt, unter ihm das Porträt der vielarmigen Chuan De, einer Manifestation der Göttin der Barmherzigkeit. Der Raum hinter dem Pagodenhof beherbergt eine faszinierende Statue des sagenhaften Buddha mit 1000 Augen und 1000 Händen, der die weiße Figur des Avalokiteshvara auf seinem Kopf trägt.

Ansonsten gibt es noch eine ziemlich zusammengewürfelte Sammlung von Artefakten im **Binh Dinh Museum** in der Nguyen Hue zu besichtigen, darunter einige schöne Beispiele von Cham-Mauerwerk. 🕓 Mo–Fr 7–11 und 14–16.30 Uhr, Eintritt frei.

Die am leichtesten zugänglichen Cham-Denkmäler in der Umgebung von Qui Nhon sind die 2 km westlich der Stadt gelegenen **Thap Doi** („Doppeltürme"). Trotz ihrer unattraktiven Lage in einer schäbigen Seitenstraße ziehen die Türme den Besucher sogleich in ihren Bann. Die beiden gedrungenen und erst kürzlich restaurierten Türme in einem hübschen Garten entstanden im ausgehenden 12. Jh. Sandsteinpilaster, kunstvolle Bögen und die Sandsteinstatuen des geflügelten Garuda, Vishnus Reittier, verleihen den Gebäuden eine spirituelle Aura. Der Weg nach Thap Doi führt zunächst Richtung Westen über die Tran Hung Dao aus der Stadt hinaus, bevor man rechts in die Thap Doi einbiegt, wo die Türme nach 100 m zur Rechten erscheinen. ◷ tgl. 7–11 und 13.30–17 Uhr.

Die Strände

Der Strandabschnitt vor dem Qui Nhon Hotel ist der beliebteste der Stadt, denn er ist ziemlich breit, recht sauber und von Touristen nicht gerade überlaufen, sodass man sich als Besucher aus dem Westen auf neugierige Blicke gefasst machen kann. Bei Ebbe wird man Zeuge eines unheimlichen Schauspiels, wenn im Sand ein verrosteter Jeep als trauriges Überbleibsel aus dem fast vergessenen Vietnamkrieg auftaucht. Unmittelbar vor der Küste liegen die rechteckigen Netze der vielen **Fischfallen** auf der Wasseroberfläche. Von der Spitze des die Stadt schützenden Felsvorsprungs wacht eine riesige Statue von Quang Trung über die Bucht. Nur wenige Gehminuten östlich des Hotels Qui Nhon gibt es direkt am Strand einen **Zoo**, wo Affen, Schlangen, Bären, Pelikane und Schildkröten unter wirklich erbärmlichen Bedingungen dahinvegetieren.

Von der Innenstadt verläuft die Nguyen Hue an der Küste entlang Richtung Südwesten und führt zunächst durch das Fischerdorf, das besonders am Nachmittag teilweise gute Fotomotive liefert, wenn der tägliche Fang angelandet wird. Die Verlängerung der Nguyen Hue heißt An Duong Vuong und führt zu einigen netten Stränden jenseits der Hotels, bevor die Landstraße nach 5 km die von Kieselsteinen übersäte **Hoang Hau-Bucht** erreicht. Der Name heißt übersetzt „Bucht der Königin" und soll ein bevorzugter Aufenthaltsort von Bao Dais Gemahlin gewesen sein. ◷ tgl. 7–19 Uhr, geringes Eintrittsgeld.

Wer auf der Suche nach etwas Ruhe und Entspannung ist, sollte noch knapp 4 km weiterfahren bis zu einem der saubersten und attraktivsten Strände der Region, dem 3 km langen **Qui Hoa**, der seltsamerweise nur über das Gelände eines Lepra-Krankenhauses zugänglich ist. Wie in der Hoang Hau-Bucht wird auch hier ein geringes Eintrittsgeld erhoben.

Mit der neuen, die Küste weiter südlich erschließenden Landstraße werden aller Wahrscheinlichkeit nach die zuvor unzugänglichen Strände für den Tourismus geöffnet. Aktuelle Informationen hierzu gibt es bei *Barbara's On The Beach* (s.u. Übernachtung).

Übernachtung

Von den zahlreichen Unterkünften in Qui Nhon sind die meisten, gelinde gesagt, nicht gerade überwältigend. Da aber zur Zeit der Recherche einige neue Hotels gebaut wurden, könnte sich das schon bald ändern. In der Stadt gibt es einige preiswerte Minihotels, die es sich in Betracht zu ziehen lohnt.

Anh Thu*–****, im Zentrum neben der Post, ✆/℻ 056/823043. Kleine, aber saubere Zimmer in einem freundlichen Familienbetrieb.

Barbara's Backpackers*, 18 Nguyen Hue, ✆ 892921. Ziemlich trostloses Budget-Hotel.

Barbara's On The Beach*, am Strand, ✆ 846992, ✉ nzbarb@yahoo.com. Neue Unterkunft, die sich sicher schon bald zu einem Favoriten unter den Rucksacktouristen entwickeln wird. Gut konzipierte DZ, Zweibettzimmer und Dorms (Schlafsaalbett US$3) in einer renovierten Kolonialvilla an einem schönen Strandabschnitt. Hier gibt es auch einen Fahrrad- und Motorradverleih sowie Informationen zu Reisezielen in der Umgebung und für die Weiterreise – falls es gelingt, Barbara aus ihrem Siesta-Sessel zu locken.

Hai Au–*******, 489 An Duong Vuong, ✆ 846473, ✉ ks.haiau@dng.vnn.vn. Das moderne, aber etwas abgelegene Hotel zählt gegenwärtig zu den besten und größten in Qui Nhon. Tennisplätze und Business Center mit Internet-Anschluss vorhanden.

Hai Ha***, 5 Tran Binh Trong, ✆ 891295, ℻ 892300. In einer ruhigen Seitenstraße unweit von Barbara's Backpackers mit 16 recht schicken Zimmern, alle mit ac, aber z.T. etwas düster.

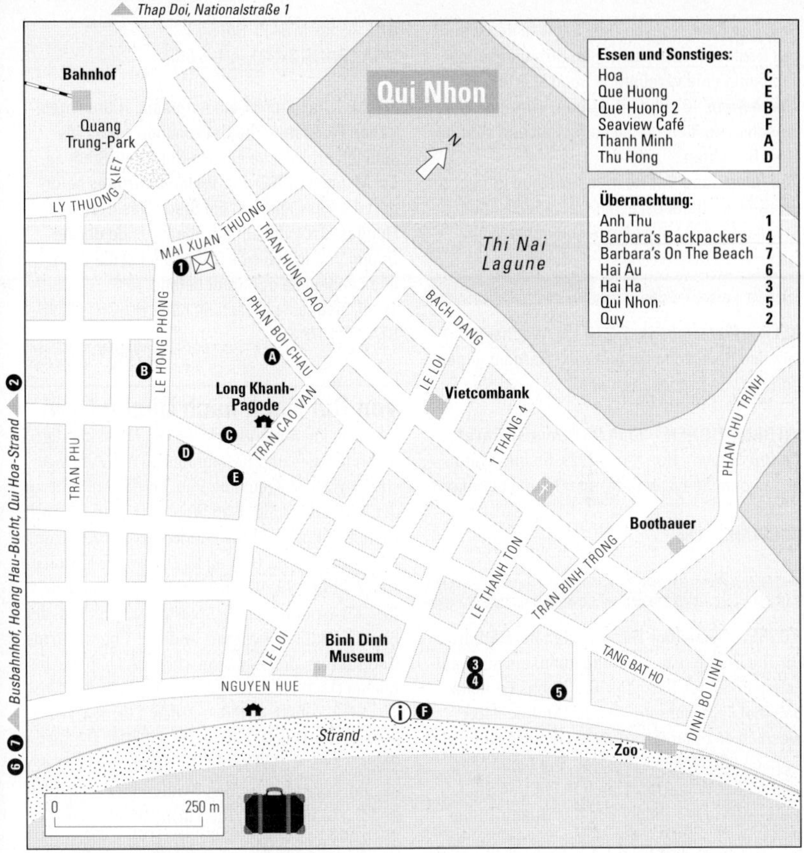

Qui Nhon–*******, 8 Nguyen Hue, ✆ 892401. Von der Qualität her mit dem Hai Au zu vergleichen, aber mit dem zweifelhaften Vorzug, direkt im Zentrum des belebtesten Strandabschnittes der Stadt zu liegen.

Quy*–***, 9 Chu Van An, ✆ 813567, 📠 812188. Vom Standard her mit dem Hai Ha vergleichbar, aber etwas billiger.

Essen

Hoa, 124 Tang Bat Ho. Wer gern *nem* mag, is(s)t hier richtig. Eines vom mehreren guten Restaurants in der Tang Bat Ho.

Kiwi Café, im Barbara's Backpackers, serviert billige und gute Kost für Rucksacktouristen. Barbaras andere Filiale ein paar Kilometer westlich des Stadtzentrums beansprucht für sich, die beste westliche Küche der Stadt zu bieten. Also nichts wie hin und herausfinden, ob's stimmt.

Que Huong, 125 Tang Bat Ho. Das dreistöckige Eckrestaurant genießt einen hervorragenden Ruf unter den Einheimischen und ist am frühen Abend regelmäßig brechend voll.

Que Huong 2, 185 Le Hong Phong. Ähnlich wie die gleichnamige Filiale, aber zweistöckig. Auf der Speisekarte findet sich auch „browned rolling froggy"... Guten Appetit!

Seaview Café, Nguyen Hue. Zählt zu den wenigen Restaurants am zentralen Strandabschnitt und bietet eine vernünftige Speisekarte.
Thanh Minh, 151 Phan Boi Chau. Winziges vegetarisches Restaurant mit einfachen und spottbilligen Gerichten.
Thu Hong, Tang Bat Ho. Das helle und luftige, zur Straße hin offene Lokal mit vietnamesischen Standardgerichten ist keine schlechte Wahl.

Sonstiges

GELD – ***Vietcombank***, 152 Le Loi. Wechselt Dollars und Reiseschecks und zahlt Bargeld gegen Vorlage von Kreditkarten aus.

INFORMATIONEN – ***Binh Dinh Tourist Travel Centre***, Nguyen Hue, ✆ 822329. Kleines Büro neben dem Seaview Café, aber häufig unbesetzt.

VORWAHL – 056

Transport

BUSSE – **Open-Tour-Busse** halten bei Barbara's On The Beach (s.o., Übernachtung) am südwestlichen Ende des Strandes. Qui Nhons **Fernbusbahnhof** liegt mehrere Honda-Om-Kilometer westlich des Stadtzentrums an der Kreuzung von Tay Son und Nguyen Thai Hoc. Die beste Möglichkeit der Weiterfahrt nach PLEI KU (4 Std.) bietet sich in der Umgebung des Quang Trung-Parks, wo zahlreiche Minibusse auf der Suche nach Fahrgästen umherkreuzen. Wie immer gilt: Fahrpreis vor dem Einsteigen vereinbaren!
Busse nach: DA NANG (8 Std.); NHA TRANG (3 Std.); QUANG NGAI (4 Std.).

EISENBAHN – Reservierungen von Zugfahrkarten können am Schalter des Zweiglinienbahnhofs von Qui Nhon am Quang Trung-Park vorgenommen werden. Die Hauptlinie zwischen Ho-Chi-Minh-Stadt und Hanoi verläuft ein gutes Stück westlich von hier; die nächste Haltestelle ist Dieu Tri.
Züge nach:
DA NANG 3x tgl. in 4 1/2–5 1/2 Std.;
HO-CHI-MINH-STADT 3x tgl. in 12 1/2–15 1/2 Std.;
HUÉ 3x tgl. in 8–10 Std.;
NHA TRANG 3x tgl. in 4–5 Std.

FLÜGE – Auf dem 35 km nördlich der Stadt gelegenen **Flughafen** Phu Cat kommen sechs Maschinen pro Woche aus Ho-Chi-Minh-Stadt an. Ein Minibus (US$2) von ***Vietnam Airlines*** befördert die Passagiere in die Stadt. Das Büro der Fluggesellschaft liegt am oberen Ende der An Duong Vuong, wo sich früher einmal die Start- und Landepiste der Stadt befand.
1x tgl. fliegt eine Maschine nach HO-CHI-MINH-STADT (1 1/2 Std.).

Von Qui Nhon nach Quang Ngai

Rund 10 km nordwestlich von Qui Nhon kündigen mehrere Cafés und Restaurants an der Zubringerstraße vor der Kreuzung Phu Tai die Ankunft an der Nationalstraße 1 an. Von dort sind es noch weitere 9 km Richtung Norden bis zur Kreuzung an der **Brücke Ba Di** (Cau Ba Di), wo die Nationalstraßen 1 und 19 zusammentreffen und Busse nach Plei Ku (4 Std.) auf Fahrgäste warten. Von der Brücke deutlich sichtbar sind die Cham-Türme **Banh It** (von den Einheimischen als Thap Bac bezeichnet) auf einer Bergspitze oberhalb des Flusses. Eine Zufahrtsstraße zu den Türmen zweigt jenseits der Brücke nach rechts ab. Der Ort bietet fantastische Ausblicke auf die Landschaft mit der beeindruckenden weißen Statue eines sitzenden Buddha weiter unten. Die Türme wurden zur Zeit der Recherche gerade einer dringend nötigen Restaurierung unterzogen.

Nördlich von Ba Di stößt die Nationalstraße 1 weiter vorwärts in Richtung Sa Huynh. Wer mit dem eigenen Fahrzeug unterwegs ist, kann 2 km westlich der Nationalstraße und 27 km nördlich von Qui Nhon die letzten Spuren der **Cha Ban-Zitadelle** besichtigen, der ehemaligen Hauptstadt von Vijaya. Dieser Ort stellte vom frühen 11. Jh. bis 1471 das Zentrum des Königreichs Champa dar, bevor er schließlich von Le Thanh Ton erobert wurde, wobei 50 000 Cham ihr Leben ließen. Die Tay-Son-Brüder benannten den Ort in Hoang De um und machten ihn Mitte der 70er Jahre des 18. Jhs. zu ihrem Stützpunkt (s.S. 294). Danach verfiel die Stätte allerdings zusehends, sodass heute nur noch das mehrere Kilometer lange Viereck einer Schutzmauer zu sehen ist und der Canh Tien-Turm, ein rechteckiges Ziegel- und Sandsteingebäude, das von Sandsteinpilastern und einem mit Zinnen versehenen Dach geziert wird.

Nach der Fahrt durch ein fruchtbares Gebiet mit ausgedehnten Kokosplantagen und den Kleinstädten **Phu Cat**, **Phu My** und **Hoai Nhon**, die allesamt schwer unter dem Vietnamkrieg zu leiden hatten, erreicht die Nationalstraße 1 bei **Sa Huynh** erneut die Küste. Das verschlafene Nest mit seiner Flotte aus blauen Fischerbooten und einem breiten, goldgelben und von Palmen gesäumten Sandstrand ist eine willkommene und erholsame Zwischenstation auf der Fahrt von Nha Trang nach Hoi An. Folgerichtig legen auch die meisten Open-Tour-Busse hier, wo das Rauschen des Verkehrs auf der Nationalstraße vom Rauschen der aufregenden Brandung überlagert wird, einen kleinen Stopp ein. Am besten lässt sich die Einsamkeit des Ortes genießen, indem man hier eine Übernachtung einlegt. Die einzige Möglichkeit dazu bietet 2 km südlich des Ortes das entspannte *Sa Huynh Hotel**–**, ✆ 055/860311. Die 16 einfachen Ventilator- und 11 schickeren ac-Zimmer befinden sich in kasernenartigen Blöcken oberhalb des Strandes. Das Hotel hat auch ein Restaurant, doch empfehlenswerter ist das *Thuy*, das nur an einem winzigen Schild zu erkennen ist, aber ausgezeichnetes Seafood zu supergünstigen Preisen serviert. Das Restaurant liegt nur ein kleines Stück die Nationalstraße hinauf auf der rechten Seite.

Garnelenfarmen, Salztonebenen und ausgedehnte Reisfelder prägen die Landschaft nördlich von Sa Huynh. Hinter **Duc Pho**, das Ende der 40er Jahre als Erholungsbasis für ausgelaugte Vietminh-Kämpfer fungierte, und den Tabakplantagen von **Mo Duc** ist schon bald Quang Ngai erreicht.

Quang Ngai

Der lang gezogene Ort Quang Ngai am Südufer des Flusses Tra Khuc liegt rund 130 km südlich von Da Nang. Noch bis vor kurzem verlief die Nationalstraße 1 mitten durch die Stadt, was Quang Ngai nicht gerade zu einem angenehmen Ort machte. Heute führt die größte Verkehrsader Vietnams als Umgehungsstraße östlich um Quang Ngai herum, wodurch es im Zentrum ungewohnt still geworden ist.

Die lange Tradition des Widerstands gegen die Franzosen in dieser Gegend fand während des Vietnamkriegs gegen die Amerikaner ihre Fortsetzung, wofür die Region im Gegenzug mit einem der größten Bombenteppiche des gesamten Krieges belegt wurde. Der US-amerikanische Kriegsberichterstatter Jonathan Schell konnte 1967 das Fazit ziehen, dass 70% der Dörfer in der Umgebung von Quang Ngai zerstört waren. Ein Jahr später richtete Amerika sein Augenmerk auf das Dorf **Son My**, wo sich eines der furchtbarsten Kapitel des Vietnamkriegs zutrug, das Massaker von My Lai (s.S. 342/343, Kasten). Die bewegende Gedenkstätte und das Museum sind heute die einzigen lohnenswerten Stationen bei einem Besuch dieser ansonsten völlig normalen vietnamesischen Gemeinde.

Son My

Von der Betonstele unmittelbar rechts hinter der Brücke nördlich von Quang Ngai sind es noch 12 km in östlicher Richtung bis nach Son My, wo US-amerikanische Soldaten Anfang 1968 ein abscheuliches Massaker an vietnamesischen Zivilisten verübten. Heute erinnert die in einem Park gelegene **Gedenkstätte Son My** im Ortsteil Tu Cung an das berüchtigte Ereignis. Wer durch den friedlichen Park schlendert, der durch eine niedrige Mauer von den umliegenden Reisfeldern abgetrennt ist, wird von blankem Entsetzen begleitet, von einem deutlich spürbaren Gefühl des Todes. Bei einem Spaziergang durch die Grünanlage wird der Besucher von einem schaurigen Punkt zum nächsten geführt und schmerzhaft an die unbeschreiblichen Gräueltaten erinnert, die hier verübt wurden: Einschusslöcher in den Bäumen, Fundamente niedergebrannter Häuser (jedes trägt eine Steintafel zum Gedenken an die Verluste der jeweiligen Familie) und ausgebombte Schutzkeller. Nach drei eindringlichen Statuen von mit dem Tod ringenden Menschen endet der durch das Zentrum der Anlage führende Weg an einem großen Mahnmal im sowjetischen Stil, das eine Frau zeigt, die inmitten der Toten ein Baby im Arm hält und trotzig ihre rechte Faust in die Höhe reckt.

Nach der Besichtigung der Gartenanlage ist ein Besuch in dem zweiten der beiden Gebäude an seiner Westseite lohnenswert. Dort befindet sich eine Tafel mit den Namen aller Toten und eine Sammlung verrosteter Militärobjekte

Eine grauenvolle **Fotogalerie** dokumentiert die Ereignisse vom 16. März 1968; es finden sich Schnappschüsse von amerikanischen Hubschraubern, die GIs in den Reisfeldern außerhalb des Dorfes absetzen, aber auch ergreifende Aufnahmen von den letzten Momenten im Leben der Dorfbewohner. Vielleicht noch bewegender sind aber die ganz trivialen Erinnerungsstücke, wie z.B. ein Teller, der von einer Kugel durchbrochen wurde, als Frau Nguyen Thi Doc gerade mit ihrer Familie am Frühstückstisch saß. ⏲ tgl. 7–18 Uhr, Eintritt ca. US$3. **Busse** nach Son My fahren gelegentlich vom Busbahnhof in Quang Ngai ab, doch am besten ist das Dorf per Honda Om zu erreichen.

In krassem Kontrast zu Son My steht der 3 km östlich von My Lai gelegene, abgeschiedene Strand **My Khe**, der mehrere Kilometer lang ist und sich sehr gut zum Baden eignet. Der Strand wird von kleinen Dörfern gesäumt, und im Wasser liegen Fischerboote vertäut. Ein großes neues Hotel namens My Tra 3 befand sich zur Zeit der Recherche gerade im Bau, ebenso wie eine neue Brücke als Zufahrtsweg. Die Zimmer dürften nach Fertigstellung über alle modernen Einrichtungen verfügen und um US$35 kosten.

Auf dem Rückweg vom Strand lohnt sich noch ein Aufstieg auf den **Berg An**, die letzte nennenswerte Attraktion in dieser Gegend. Oben angekommen wird schnell klar, warum das amerikanische

Das Massaker von My Lai

Das in der aus mehreren Dörfern bestehenden Gemeinde **Son My** verübte Massaker an der Zivilbevölkerung ist das schändlichste Kapitel des Engagements der Vereinigten Staaten in Vietnam. Die Ereignisse nahmen mit der Morgendämmerung des 16. März 1968 ihren Lauf, nachdem der US-Geheimdienst zu dem Ergebnis gekommen war, dass das 48. Bataillon der Nordvietnamesischen Armee, das auch an der Tet-Offensive auf Quang Ngai einen Monat zuvor beteiligt gewesen war, sich in dem Dorf Son My verschanzt haben müsste. Ein Teil der Sondereinheit, die abkommandiert worden war, um das 48. Bataillon aufzuspüren, war die **Kompanie Charlie**, deren 1. Zug von Lieutenant William Calley angeführt wurde. Die Kompanie hatte den Auftrag, den Ortsteil **My Lai 4**, der von den Einheimischen als **Tu Cung** bezeichnet wurde, im Rahmen einer Strafexpedition nach dem Schema *search and destroy* zu durchkämmen. Als Neuankömmlinge in Vietnam hatte die Kompanie Charlie auf der Jagd nach dem immer wieder ausweichenden 48. Bataillon bereits empfindliche Verluste hinnehmen müssen, die ihr ausnahmslos durch Heckenschützen und versteckte Bomben bereitet worden waren. Da die GIs den Feind noch nie in großer Zahl zu Gesicht bekommen hatten und nicht einmal in der Lage waren, Zivilisten von Vietcong-Guerillas zu unterscheiden, befanden sie sich in einer Gemütsverfassung, die von extremer Frustration und Ohnmacht geprägt war. Da bot Son My die willkommene Gelegenheit, einige Rechnungen zu begleichen.

Bei einer Einsatzbesprechung am Vorabend der Offensive wurden die für die Operation vorgesehenen GIs informiert, dass sich alle Zivilisten bis spätestens 7 Uhr auf dem Markt befinden würden; alle Übrigen, die sich danach noch im Dorf aufhielten, müssten zwangsläufig aktive Sympathisanten des Vietcong sein. Einige GIs erinnerten sich später, dass ihnen aufgetragen wurde, keine Frauen und Kinder zu töten, doch bei den meisten blieb nur hängen, dass keine Gefangenen genommen werden sollten. Wie dem auch sei – es folgte ein Massaker, dessen grauenhaften Verlauf Neil Sheehan mit frostiger Nüchternheit in seinem Buch *A Bright Shining Lie* (dt. *Die Große Lüge,* Europa Verlag 1992) schildert. Es kam zu Vergewaltigungen, in deren Folge die Frauen getötet wurden. Alte, Frauen, Kinder und sogar Babys wurden gnadenlos hingerichtet, und nicht einmal die Haustiere wurden verschont. In die Schutzkeller unter den Häusern warfen die Soldaten Handgranaten und die daraus fliehenden Menschen erschossen sie kaltblütig. Schließlich wurde das ganze Dorf niedergebrannt.

Alles in allem starben über 500 Menschen, davon allein 347 in Tu Cung. Nicht ein einziger

Militär hier einen Beobachtungsposten errichtete, denn das Panorama über die flache Landschaft der Umgebung ist wirklich spektakulär. Wer schon einmal hier oben ist, kann auch der Thien An-Pagode aus dem 17. Jh. einen Kurzbesuch abstatten.

Übernachtung

Central Hotel–*******, 784 Quang Trung, ✆ 829999, ✉ central@dng.vnn.vn. Das zu den am günstigsten gelegenen Unterkünften der Stadt zählende Hotel befindet sich nahe des Busbahnhofs. Die Zimmer sind groß und komfortabel, das Personal ist freundlich und sehr hilfsbereit. Swimming Pool und Restaurant sind vorhanden.

Kim Thanh Hotel*–***, 19 Hung Vuong, ✆ 823471. Ein sauberes und freundliches Hotel mit persönlicher Note. 23 Zimmer, z.T. mit Balkon.

Hung Ha*–**, 495 Quang Trung, ✆ 815772. Das als Familienbetrieb geführte Minihotel bietet preiswerte ac-Zimmer mit Warmwasser.

My Tra 1*–******** , am nördlichen Ende der Quang Trung, ✆ 842986, ✉ ks-mytra@dng.vnn.vn. Ein Großes Hotel am breiten Tra-Khuc-Fluss mit Swimming Pool und Restaurant.

Petro-Song Tra–*******, am nördlichen Ende der Quang Trung, ✆ 822665, ✉ pvstc@dng.vnn.vn. Ein weiteres großes Hotel am Fluss mit Pool und Restaurant.

Schuss wurde im Gegenzug auf die GIs abgefeuert, die als einziges Opfer einen ihrer Männer zu beklagen hatten, der sich absichtlich selbst in den Fuß geschossen hatte, um nicht an dem Gemetzel teilnehmen zu müssen. Das 48. Bataillon bekamen die US-Boys nie zu Gesicht.

Eine Zeitlang war die militärische Befehlskette noch in der Lage, die Nachricht von dem Massaker unter Verschluss zu halten, während die Armeezeitung *Stars and Stripes* und sogar die *New York Times* den Einsatz als Erfolg verbuchten. Erst im November 1969 kam die schreckliche Wahrheit ans Licht, und zwar durch den persönlichen Einsatz des ehemaligen GIs Ronald Ridenhour und des Enthüllungsjournalisten Seymour Hersh sowie die in ihrer Grausamkeit **unwiderlegbaren Farbdias** des Armeefotografen Ron Haeberle. Als das Massaker schließlich auf der Titelseite des US-Nachrichtenmagazins *Newsweek* erschien, lautete die Schlagzeile „An American Tragedy". Nach Meinung des britischen Journalisten John Pilger lenkte diese Schlagzeile von der Tatsache ab, dass es in erster Linie eine *vietnamesische* Tragödie war.

Von den 25 Männern, die schließlich wegen Mordes bzw. Vertuschung des Massakers unter **Anklage** kamen, wurde lediglich Lieutenant William Calley für schuldig befunden. Er hatte jedoch gerade einmal drei Tage seiner Strafe (lebenslange Haft mit Zwangsarbeit) verbüßt, als Präsident Nixon intervenierte und die Strafe in Hausarrest umwandelte. Drei Jahre später kam Calley auf Bewährung frei.

Man würde es sich allzu leicht machen, wenn man die Kompanie Charlie als eine Einheit Durchgedrehter abtäte, die jenseits allerMaßstäbe operierte. Eine realistischere Sichtweise legt nahe, dass die Amerikaner durch die Art und Weise, mit der sie diesen Krieg führten – großflächige, wahllose Napalm- und Raketenangriffe und der *body count* als militärisches Erfolgsbarometer – ein Klima schufen, in dem das Leben der vietnamesischen Bevölkerung eine derartige Abwertung erfuhr, dass es beinahe zwangsläufig zu einem Ereignis wie My Lai kommen musste. Wenn das willkürliche Töten aus der Luft gerechtfertigt war, war dann das wahllose Töten aus der Nähe nicht die logische Konsequenz?

Michael Bilton und Kevin Sim, deren Buch *Four Hours in My Lai* (Penguin Books 1993) nach wie vor der umfassendste Bericht des Massakers ist, kommen zu dem Schluss, dass die Aufdeckung von My Lai Ende 1969 den Abschied von der Meinung bedeutete, der Krieg sei ein moralisch ehrenwertes Unternehmen. Die Mutter eines amerikanischen Soldaten drückte es mit einfacheren Worten aus: „Ich gab ihnen einen guten Jungen, und sie machten einen Mörder aus ihm."

Essen

In Quang Ngai gibt es keine überragenden Restaurants, doch das Lokal auf der Terrasse des Hotels ***My Tra*** bietet zumindest ein angenehmes Ambiente unter freiem Himmel. Während das Essen in den Hotels durchweg eher mittelmäßig ist, gibt es neben dem Hotel Kim Thanh die recht sauberen und preiswerten *com*-Restaurants ***Mimosa*** und ***Bac Son***. Das etwas versteckte ***Long Hue*** liegt beim Postamt um die Ecke in der 93 Phan Ding Phung. Die **Essenstände** in der Hung Vuong Nr. 7 und Nr. 9 servieren *ram* (in Reispapier eingewickeltes gegrilltes Fleisch oder Garnelen mit leckerer Erdnusssoße).

Sonstiges

GELD – ***Vietcombank,*** am westlichen Ende der Hung Vuong, wechselt Reiseschecks und Dollars und zahlt Bargeld gegen Vorlage von Visa, MasterCard und JCB aus.
Vietincombank, 89 Hung Vuong, wechselt ebenfalls Reiseschecks und Dollars.

INFORMATIONEN – ***Quang Ngai Tourist,*** 310 Quang Trung, ✆ 822836. Nicht gerade ein sprudelnder Quell an Informationen 150 m nördlich der Hung Vuong.

INTERNET – Einer von mehreren Läden in Quang Ngai, die Internet-Zugang anbieten, befindet sich in der 102 Phan Dinh Phung.

POST – Das **Postamt** liegt ungefähr 100 m westlich der Quang Trung an der Kreuzung von Hung Vuong und Phan Dinh Phung.

VORWAHL – 055

Transport

Das Zentrum von Quang Ngai wird von der Kreuzung der Quang Trung mit der Richtung Westen verlaufenden Hung Vuong gebildet.

BUSSE – Der **Busbahnhof** liegt in der Le Thanh Ton, nur gut 500 m südlich des Zentrums und 50 m östlich der Quang Trung. Von hier verkehren Busse nach DA NANG (4 Std.) und NHA TRANG (7 Std.).

EISENBAHN – Der Bahnhof liegt 3 km westlich der Stadt in der Hung Vuong. Der Wiedervereinigungsexpress zwischen Hanoi und Ho-Chi-Minh-Stadt hält hier.

Zentralprovinzen

Highlights

Hoi An In dieser bezaubernden Stadt mit ihrem reichen kulturellen Erbe geht es auf eine Zeitreise in die Vergangenheit.

My Son Die geheimnisvollen Ruinen sind eine eindringliche Erinnerung an das einst blühende Königreich Champa.

Non Nuoc An diesem weiten, weißen Puderzuckerstrand kann man wunderbar ein paar Tage ausspannen.

Hué Vietnams ehemalige kaiserliche Hauptstadt beherbergt einige der eindrucksvollsten Sehenswürdigkeiten des Landes – von den Tempeln und Palästen der Zitadelle bis zu den Gärten der Kaisergräber.

Phong Nha-Höhle Mit dem Boot geht es in eines der ausgedehntesten, größtenteils noch unerforschten Höhlensysteme Asiens.

Fahrradtour von Tam Coc nach Hoa Lu Eine Märchenlandschaft aus Kalksteinfelsen bildet die Kulisse für eine gemütliche Radtour durch die fruchtbaren Reisfelder bei Ninh Binh.

Cuc Phuong-Nationalpark Im ausgezeichneten Zentrum zur Rettung bedrohter Primaten lassen sich einige der am stärksten gefährdeten Tierarten der Welt aus der Nähe beobachten.

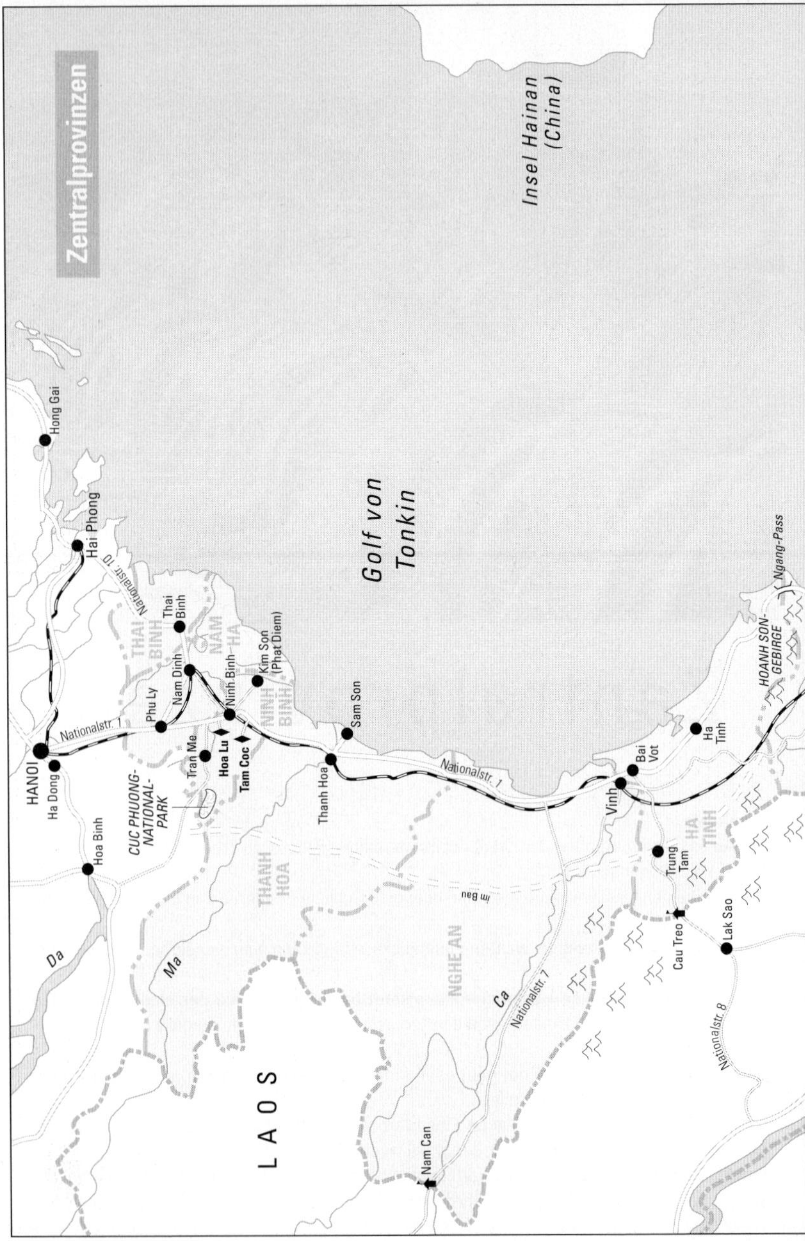
Zentralprovinzen
Insel Hainan
(China)
Golf von
Tonkin
Hong Gai
Hai Phong
Nationalstr. 10
Thai
Binh
THAI
BINH
NAM
HA
Nam Dinh
Ninh Binh
Kim Son
(Phat Diem)
NINH
BINH
Phu Ly
Nationalstr. 1
HANOI
Ha Dong
Tran Me
Hoa Lu
Tam Coc
CUC PHUONG-
NATIONAL-
PARK
Sam Son
Thanh Hoa
Nationalstr. 1
Hoa Binh
Da
Ma
THANH
HOA
im Bau
NGHE AN
Ca
Nationalstr. 7
Vinh
Bai
Vot
Ha
Tinh
HA
TINH
Trung
Tam
Cau Treo
Lak Sao
Nationalstr. 8
HOANH SON-
GEBIRGE
Ngang-Pass
L A O S
Nam Can

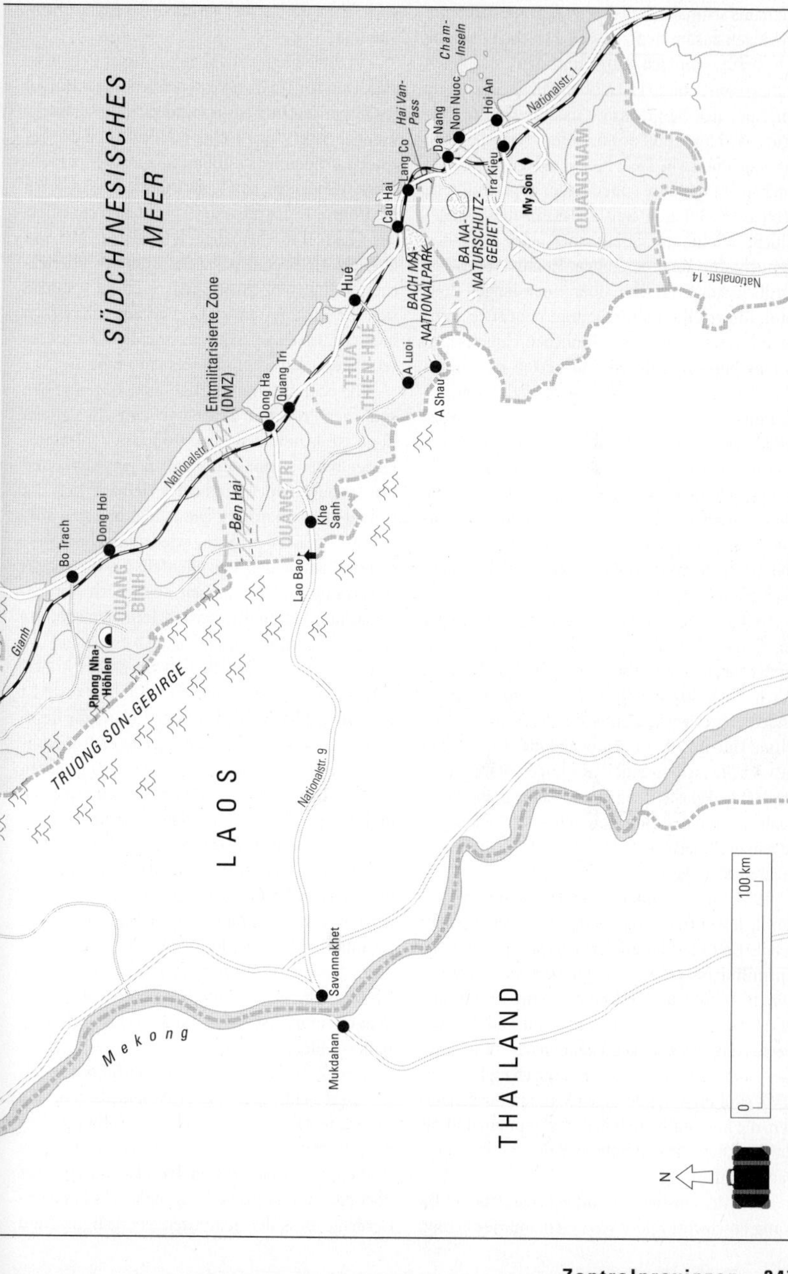
SÜDCHINESISCHES MEER
Entmilitarisierte Zone (DMZ)
Nationalstr. 1
Bo Trach
Dong Hoi
Dong Ha
Quang Tri
Hué
Cau Hai
Lang Co
Hai Van-Pass
Da Nang
Non Nuoc
Cham-Inseln
Hoi An
Tra Kieu
My Son
QUANG NAM
BA NA-NATURSCHUTZ-GEBIET
BACH MA-NATIONALPARK
THUA THIEN-HUE
A Luoi
A Shau
Nationalstr. 14
QUANG TRI
Ben Hai
Khe Sanh
Lao Bao
QUANG BINH
Gianh
Phong Nha-Höhlen
TRUONG SON-GEBIRGE
LAOS
Nationalstr. 9
Savannakhet
Mukdahan
Mekong
THAILAND
0
100 km
N

Vietnams schmale „Taille" setzt sich aus mehreren Provinzen zusammen, die sich zwischen der lang gezogenen, sandigen Küste und dem mächtigen Truong Son-Gebirge erstrecken. Einige zerklüftete Ausläufer des Bergmassivs, das die Grenze zwischen Vietnam und Laos markiert, reichen bis an das Südchinesische Meer heran und teilen die Küstenebene in mehrere voneinander abgeschnittene Gebiete fruchtbaren Reislandes. In der Frühgeschichte Vietnams bildete einer jener Ausläufer, nämlich die 1000 m hohen Hoanh Son-Berge nördlich von Dong Hoi, über einen langen Zeitraum hinweg die kulturelle und politische Trennungslinie zwischen dem nördlichen, chinesischen Einflussbereich und dem indisierten Königreich Champa im Süden. Als das unabhängige Volk der Viet im 11. Jh. immer mächtiger wurde, drang es mit seiner Armee weiter nach Süden vor bis zur nächsten natürlichen Grenze, dem „Wolkenpass" Hai Van südlich von Hué. Dort konnten sich die Cham zunächst einer weiteren Invasion entgegenstemmen, bis ihr großartiger Tempelkomplex My Son im 15. Jh. von den Viet erobert und ihr Königreich schließlich zerschlagen wurde.

In der Folge stritten sich andere Widersacher um dieses Gebiet, allen voran die Fürstengeschlechter der Nguyen und Trinh, deren ständiger Rivalität durch einen Sieg der Nguyen aus dem Süden ein Ende bereitet wurde. Unter der Nguyen-Dynastie wurde **Hué** im 19. Jh. Hauptstadt des Landes und entwickelte sich zu einer prächtigen Stadt, deren großartige Paläste, Tempel und Kaisergräber auch heute noch zu den Höhepunkten einer Vietnamreise zählen, ungeachtet der Zerstörung, die sie in mehreren Kriegen erleiden mussten.

1954 wurde Vietnam entlang des nur 100 km nördlich von Hué verlaufenden 17. Breitengrades geteilt. Hier markierten der Ben Hai-Fluss und die **Entmilitarisierte Zone** (engl. *Demilitarized Zone*, kurz DMZ) bis zur Wiedervereinigung 1975 de facto die Grenze zwischen Nord- und Südvietnam. Heute ist in dieser Gegend kaum noch etwas zu sehen, doch die verlassenen Kampfschauplätze der DMZ sind ergreifende Gedenkstätten für diejenigen, die hier auf beiden Seiten kämpften, und für die Zivilisten, die den bitteren Krieg mit ihrem Leben bezahlten.

Auch der einstige US-Luftwaffenstützpunkt **Da Nang** beschwört Bilder vom Vietnamkrieg herauf, doch sehenswert ist hier vor allem das kleine Cham-Museum.

Ein unbedingtes Highlight in dieser Region ist die kleine, am Thu Bon-Fluss gelegene Stadt **Hoi An** mit ihrem Zentrum aus traditionellen Holzhäusern wohlhabender chinesischer Kaufleute und den beeindruckenden Versammlungshallen der chinesischen Gemeinden. Landeinwärts von Hoi An liegen die Überreste des einstigen spirituellen Zentrums der Cham: Die ehemalige Tempelstadt **My Son** überlebt als beeindruckender Komplex überwucherter Ruinen in einem versteckten Tal, während sich die Küste in dieser Gegend aus zahlreichen menschenleeren, weißen Sandstränden zusammensetzt, die zu den schönsten Vietnams zählen.

Alle oben genannten Highlights liegen in den südlichen Provinzen Zentralvietnams. In starkem Kontrast dazu leiden die nördlichen Zentralprovinzen unter einem sehr unwirtlichen Klima und wurden außerdem während des Vietnamkriegs am stärksten bombardiert. Die Städte mussten ausnahmslos nach dem Krieg wiederaufgebaut werden und empfehlen sich allenfalls als Übernachtungsstopps auf der langen Reise nach Norden. Tatsächlich fahren die meisten Touristen von Hué aus direkt nach Hanoi durch, doch es gibt auf der Strecke zwischen den beiden Großstädten zwei Orte, die es sich zu besuchen lohnt. Der erste ist die **Phong Nha-Höhle** bei Dong Hoi, wo die Besucher mit Booten in den Schlund eines ausgedehnten Systems von unterirdischen Flüssen gefahren werden. Ganz im Norden der Zentralprovinzen und damit schon in unmittelbarer Nähe von Hanoi ist **Ninh Binh** Ausgangspunkt für mehrere Attraktionen, darunter schöne Flussfahrten, uralte Tempel und Naturschutzgebiete mit Regenwäldern. Wer mit dem Auto oder Minibus unterwegs ist, unterbricht seine Reise von Hué nach Hanoi normalerweise in **Vinh**, doch wenn man die Höhlen besucht und in Dong Hoi übernachtet, kann man es am nächsten Tag durchaus bis nach Ninh Binh schaffen.

Wer als Ausländer über Land nach **Laos** zu reisen beabsichtigt, hat zwei Möglichkeiten: Ein Grenzübergang befindet sich in **Lao Bao** und ist über die Nationalstraße 9 von Dong Ha aus zu erreichen, der zweite in **Cau Treo** ist von Vinh aus über die Nationalstraße 8 zugänglich. Es kursieren Gerüchte, dass der neue Grenzübergang in **Nam**

Can, 230 km nordwestlich von Vinh, ebenfalls für Ausländer geöffnet werden soll. Wer sich dafür interessiert, kann vor Ort die neuesten Informationen einholen.

Reisezeit

Zentralvietnam bildet die Übergangszone zwischen Nord- und Südvietnam und weist daher besonders komplizierte klimatische Verhältnisse auf. Allgemein gilt, dass die Regenzeit in der Gegend von **Da Nang und Hué** von September bis Februar dauert, wobei die meisten Niederschläge zwischen Ende September und Dezember fallen. Während dieser Periode kommt es relativ häufig vor, dass Landstraßen oder Eisenbahnstrecken gesperrt werden müssen. In Hué, das besonders viel Regen abbekommt, können selbst während der „Trockenzeit" von März bis September mehrere Tage hintereinander sintflutartige Regenfälle niedergehen, die sich zu einer jährlichen Niederschlagsmenge von 3000 mm addieren. Alles in allem ist das Frühjahr von Februar bis Ende Mai die beste Zeit für eine Reise in den südlichen Teil der Zentralprovinzen, bevor Hitze und Feuchtigkeit im Sommer einen erneuten Höhepunkt erreichen (die Durchschnittstemperatur liegt dann bei ca. 30 °C). Eine weitere empfehlenswerte Reisezeit ist unmittelbar nach Ende des Sommers, bevor der große Regen einsetzt.

Die Region **nördlich des Hoanh Son-Gebirges** zeichnet sich durch ein trockeneres Klima und eine ausgeprägtere Regenzeit aus, wobei auch hier im September und Oktober die meisten Niederschläge fallen. Während die Sommer heiß und trocken sind, können zwischen August und November mit starken Regenfällen einhergehende **Taifune** für verheerende Überschwemmungen sorgen.

Transport

Es ist so gut wie unmöglich, Aussagen über die Häufigkeit zu machen, mit der die **Busse** verkehren. Trotz fester Fahrpläne fahren die öffentlichen Überlandbusse erst los, wenn sie voll sind. Auch die privaten Transportmittel, bei denen es sich häufig um **Minibusse** oder **Pick-ups** handelt, nehmen die Fahrt erst auf, wenn so viele Passagiere zugestiegen sind, dass sich die Fahrt lohnt. Auf der **Nationalstraße 1** verkehren beinahe permanent Busse zu den Hauptreisezielen, sodass man praktisch zu jeder Tageszeit einen heranwinken kann. Wer Orte abseits der Nationalstraße aufsuchen möchte, sollte sich schon früh auf den Weg zum Busbahnhof machen, denn die meisten Langstreckenbusse fahren zwischen 5 und 9 Uhr ab, und nur noch sehr wenige nach Mittag. Auch bezüglich der **Fahrtdauer** lassen sich kaum exakte Aussagen treffen. Bei den in diesem Kapitel aufgeführten Fahrtzeiten handelt es sich um die durchschnittliche Dauer, mit der für die Fahrt zu rechnen ist.

Hoi An

Die Fahrt nach Hoi An durch eine Landschaft aus sandigem Buschland und weitläufige Vororte mit moderner Architektur ist eher enttäuschend, dafür ist der historische Stadtkern umso attraktiver. Die teilweise noch aus dem 16. Jh. stammenden Gebäude weisen eine architektonische Mischung aus chinesischen, japanischen, vietnamesischen und europäischen Einflüssen auf. In seiner Blütezeit war der inzwischen vor sich hin dösende Thu Bon-Fluss ein bedeutender Wasserweg, auf dem die Schiffe der großen Handelsnationen um einen Anlegeplatz rangelten, und bis heute hat sich in den netten Straßen dieser kleinen und liebenswerten Stadt eine anziehende historische Atmosphäre gehalten. Die bemerkenswertesten Denkmäler Hoi Ans sind die 200 Jahre alten Wohnhäuser wohlhabender chinesischer Kaufleute, deren Nachfahren noch heute in den kühlen und dunklen Gebäuden inmitten faszinierender Antiquitäten und Familienerbstücke leben. Zwischen den nüchternen Holzfassaden markieren reich verzierte Tore aus glänzenden Dachziegeln und sich windenden Drachen die Eingänge zu den **chinesischen Versammlungshallen**. Sie bilden den gesellschaftlichen und spirituellen Mittelpunkt der chinesischen Gemeinden von Hoi An, die immerhin ein Viertel der gesamten Einwohnerschaft ausmachen.

Seit 1999 steht die Altstadt von Hoi An als Weltkulturerbe auf der Liste der UNESCO und hat sich inzwischen als Touristenziel fest etabliert. Für manchen Besucher ist die Stadt mit ihrer Fülle von Boutiquen, Kunstgalerien und den sich rasch ausbreitenden Hotels sogar schon einen Schritt zu weit in Richtung Touristenfalle getappt. Die meisten belassen es bei einer Stippvisite, doch nur wer sich für einen längeren Aufenthalt entscheidet, wird den subtilen Charme der Stadt spüren, der von ihren liebenswerten Bewohnern und den faszinierenden Spuren der Vergangenheit ausgeht.

Mindestens ein ganzer Tag ist nötig, um die Sehenswürdigkeiten im Zentrum und die köstlichen kulinarischen Spezialitäten Hoi Ans zu würdigen – danach sind die meisten Besucher bereits der Stadt verfallen. Ohne Probleme kann man mehrere Tage hier verbringen, die sich mit Tagesausflügen zu den stimmungsvollen Cham-Ruinen von **My Son**, Fahrradtouren durch die umliegende Landschaft, eine gemächliche Sampan-Fahrt auf dem Thu Bon-Fluss oder Abstechern zu den anderen Sehenswürdigkeiten in der Nähe (s.S. 364–366, Die Umgebung von Hoi An) füllen lassen. Wer die Möglichkeit hat, sollte das erst kürzlich eingeführte **Vollmondfest**, das einmal im Monat jeweils am 14. Tag des Mondkalenders stattfindet, in seine Reiseplanung aufnehmen. Dann wird die Innenstadt für den Verkehr gesperrt, und in den von Lampions erleuchteten Straßen werden traditionelle Theaterstücke und Tänze aufgeführt.

Geschichte

Über mehrere Jahrhunderte kam Hoi An eine wichtige Rolle im südostasiatischen **Seehandel** zu, der möglicherweise sogar bis ins 2. Jh. v.Chr. zurückreicht, als die so genannte Sa Huynh-Kultur Waren mit China und Indien auszutauschen pflegte. Richtig ins Rollen kam der Handel aber erst Mitte des 16. Jhs., als immer mehr chinesische, japanische und europäische Schiffe in den hiesigen Hafen einliefen, der damals noch **Faifo** hieß. Der jährliche Frühjahrsmarkt entwickelte sich zu einem Schaufenster für Waren aus aller Welt: Aus Südostasien kamen Seiden- und Brokatstoffe, Elfenbein, Duftöle, feines Porzellan und eine Fülle von Arzneien und Heilmitteln; Europa lieferte Textilien, Waffen, Schwefel, Blei – und 1614 auch den ersten christlichen Missionar. Während des viermonatigen Marktes mieteten sich die Kaufleute Häuser und Lager, wobei sich viele auch dauerhaft niederließen und vietnamesische Frauen heirateten, denen ein besonders ausgeprägter Geschäftssinn nachgesagt wird. Auch Steuereintreiber verrichteten hier ihre Arbeit im Dienste des kaiserlichen Staatssäckels, und immer mehr Handwerker, Geldverleiher und Bürokraten ließen sich in der Stadt nieder.

Die wirtschaftlichen Aktivitäten standen ganz im Zeichen der japanischen und chinesischen Kaufleute, die sich in großer Zahl in Faifo niederließen, wobei jede Gemeinde ihren eigenen Gouverneur und eigene Gesetze hatte und ihre kulturelle Identität weiter pflegte. Als der japanische Shogun 1639 ein Auslandsreiseverbot aussprach, schrumpfte die „Japanische Straße“ auf ein halbes Dutzend Familien zusammen, bis schließlich nur noch ein paar unverwechselbare architektonische Denkmäler übrig waren. Nachdem sich die Chinesen von ihrem größten Konkurrenten befreit sahen, gewannen sie zunehmend an Einfluss und Wohlstand. Ihre Zahl nahm ständig zu, denn jede neue politische Umwälzung in China sorgte für eine weitere Einwanderungswelle. Die Neuankömmlinge schlossen sich einer der selbstverwalteten Gemeinden an, deren jeweiliger Mittelpunkt eine auch als religiöses Zentrum dienende Versammlungshalle war.

Im ausgehenden 18. Jh. begann der Thu Bon-Fluss durch Schwemmsand immer mehr zu verschlammen – ausgerechnet zu dem Zeitpunkt, da die Märkte in China gewaltsam geöffnet wurden. Damit waren die Tage des Hafens gezählt. Die Franzosen versuchten noch, die Wirtschaft durch die Errichtung eines Verwaltungszentrums in Faifo und den Bau einer Eisenbahnlinie von Tourane (Da Nang) wiederzubeleben, aber ohne Erfolg. Als ein Taifun die Gleise 1916 wegspülte, wurden sie nie wieder repariert. Erstaunlicherweise blieb die Stadt, die 1954 in Hoi An umbenannt wurde, sowohl im Indochinakrieg als auch im Vietnamkrieg von größeren Schäden verschont und hat sich bis heute dank ihrer schmalen Gassen und der Geschäftshäuser mit Holzfassaden und moosbewachsenen Dachziegeln eine ausgesprochen altertümliche Atmosphäre bewahrt.

Orientierung

Hoi Ans **historischer Kern** besteht lediglich aus drei kurzen, parallel zum Fluss verlaufenden Straßen. Die älteste und immer noch bedeutendste Straße ist die **Tran Phu**, die vom berühmtesten Wahrzeichen der Stadt, der überdachten Japanischen Brücke im Westen, bis zum Markt im Osten reicht. Einen Block südlich davon verläuft die **Nguyen Thai Hoc** mit einer schönen Gruppe von Bürgerhäusern aus Holz, traditionellen Heilkräu-

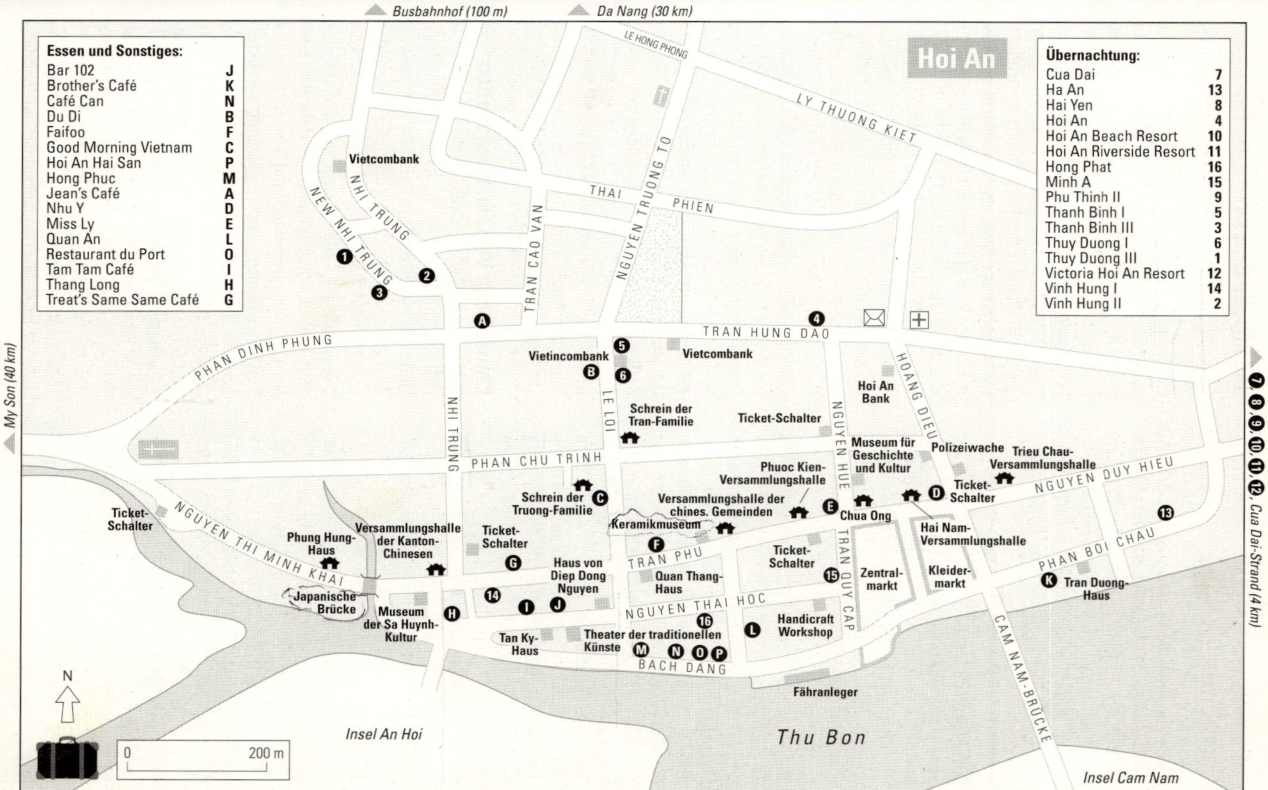

Busbahnhof (100 m)
Da Nang (30 km)
My Son (40 km)
7, 8, 9, 10, 11, 12, Cua Dai-Strand (4 km)
Hoi An
Essen und Sonstiges:
Bar 102 J
Brother's Café K
Café Can N
Du Di B
Faifoo F
Good Morning Vietnam C
Hoi An Hai San P
Hong Phuc M
Jean's Café A
Nhu Y D
Miss Ly E
Quan An L
Restaurant du Port O
Tam Tam Café I
Thang Long H
Treat's Same Same Café G
Übernachtung:
Cua Dai 7
Ha An 13
Hai Yen 8
Hoi An 4
Hoi An Beach Resort 10
Hoi An Riverside Resort 11
Hong Phat 16
Minh A 15
Phu Thinh II 9
Thanh Binh I 5
Thanh Binh III 3
Thuy Duong I 6
Thuy Duong III 1
Victoria Hoi An Resort 12
Vinh Hung I 14
Vinh Hung II 2
LE HONG PHONG
LY THUONG KIET
THAI PHIEN
NGUYEN TRUONG TO
TRAN CAO VAN
NHI TRUNG
NEW NHI TRUNG
Vietcombank
TRAN HUNG DAO
PHAN DINH PHUNG
Vietincombank
Vietcombank
LE LOI
Schrein der Tran-Familie
Ticket-Schalter
Hoi An Bank
HOANG DIEU
NGUYEN HUE
Museum für Geschichte und Kultur
Polizeiwache
Trieu Chau-Versammlungshalle
PHAN CHU TRINH
NGUYEN DUY HIEU
Phuoc Kien-Versammlungshalle
Versammlungshalle der chines. Gemeinden
Chua Ong
Ticket-Schalter
Schrein der Truong-Familie
Keramikmuseum
Hai Nam-Versammlungshalle
Ticket-Schalter
NGUYEN THI MINH KHAI
Phung Hung-Haus
Versammlungshalle der Kanton-Chinesen
Ticket-Schalter
TRAN PHU
Ticket-Schalter
Zentral-markt
Kleider-markt
PHAN BOI CHAU
Tran Duong-Haus
Japanische Brücke
Haus von Diep Dong Nguyen
Quan Thang-Haus
TRAN QUY CAP
NGUYEN THAI HOC
Museum der Sa Huynh-Kultur
Tan Ky-Haus
Theater der traditionellen Künste
Handicraft Workshop
BACH DANG
Fähranleger
CAM NAM-BRÜCKE
N
0 200 m
Insel An Hoi
Thu Bon
Insel Cam Nam

tergeschäften sowie zahlreichen Galerien, Boutiquen und Antiquitätenläden. Direkt am Flussufer zieht sich schließlich die **Bach Dang** entlang, wo sich ein Fähranleger und manch attraktives Café-Restaurant mit Blick auf den Fluss befindet. Unmittelbar nördlich dieses zentralen Stadtkerns liegen noch einige weitere Sehenswürdigkeiten, darunter zwei weniger häufig besuchte Kaufmannshäuser, die ebenfalls eine Besichtigung l ohnen.

Eintrittskarten für die Sehenswürdigkeiten von Hoi An

In Hoi An kann man ein Ticket kaufen, das zur Besichtigung der bekanntesten Sehenswürdigkeiten berechtigt und dessen Erlös zum Erhalt des historischen Zentrums beitragen soll.

Ein Ticket kostet ca. US$3,50 und ermöglicht die Besichtigung von insgesamt fünf Objekten, die man sich aus den folgenden aussuchen kann: entweder der **Tempel der Japanischen Brücke** oder der **Chua Ong-Tempel**, ein **Museum** (Museum für Geschichte und Kultur, Keramikmuseum oder Museum der Sa-Huynh-Kultur), eine der **chinesischen Versammlungshallen** (Phuoc Kien, Trieu Chau oder die der Kanton-Chinesen), eines der **Kaufmannshäuser** (Tan Ky, Phung Hung oder Quan Thang) oder ein **Familienschrein** (Schrein der Familie Tran) sowie die **Werkstatt für Kunsthandwerk** *Hoi An Handicraft Workshop* in der 9 Nguyen Thai Hoc. Wer mehr als fünf der genannten Sehenswürdigkeiten besichtigen möchte, muss sich eine weitere Karte kaufen.

Die Tickets sind an sechs verschiedenen **Verkaufsstellen** erhältlich: 52 Nguyen Thi Minh Khai, 19 Nhi Trung, 5 Hoang Dieu, 12 Phan Chu Trinh, 37 Tran Phu und 78 Le Loi. Gruppen von über acht Personen haben Anspruch auf eine Führung, die ansonsten ca. US$3,50 extra kostet.

Öffnungszeiten der Verkaufsstellen und der im Ticket enthaltenen Objekte: tgl. 6.30–18 Uhr. Die Öffnungszeiten für die nicht im Ticket enthaltenen Sehenswürdigkeiten sind bei den jeweiligen Beschreibungen aufgeführt.

Japanische Brücke

Am westlichen Ende der Tran Phu befindet sich das Wahrzeichen Hoi Ans, eine kleine, überdachte Brücke aus rot angestrichenem Holz. Das malerische Bauwerk existiert bereits seit Mitte des 16. Jhs. und wurde in der Folge einige Male wieder in derselben einfachen Bauweise rekonstruiert. Der lokalen Legende zufolge wurde die Brücke gebaut, nachdem Japan mehrfach von verheerenden Erdbeben heimgesucht worden war, für die einflussreiche Geomanten ein rastloses Ungeheuer verantwortlich machten, dessen Kopf in Indien, dessen Schwanz in Japan und dessen Herz in Hoi An liegen sollte. Die einzige Lösung des Problems sah man im Bau einer Brücke, die mit ihren Steinpfeilern bildlich gesprochen ein Schwert in das Herz des Ungeheuers rammen sollte – und die nebenbei auch noch für einen praktischen Übergang ans andere Ufer des schlammigen Flüsschens sorgte. Unter dem Dach der schmalen Brücke befinden sich mehrere Stelen und vier Statuen (zwei Hunde und zwei Affen), die den Schluss nahe legen, dass die Arbeiten im Jahr des Affen aufgenommen und im Jahr des Hundes beendet wurden. Der kleine, über dem Wasser hängende **Tempel** wurde später hinzugefügt und ist dem daoistischen Gott Tran Vo Bac De („Kaiser des Nordens") gewidmet, der von den Seefahrern als Herrscher über Wind, Regen und andere „böse Einflüsse" verehrt wird.

Chinesische Versammlungshallen

Hoi Ans chinesische Einwohnerschaft organisierte sich von Anfang an entsprechend ihrer jeweiligen Herkunftsregion in China (Fujian, Guangdong, Chaozhou oder Hainan). Jede dieser Gemeinden unterhielt ihre eigene Versammlungshalle, der eine Doppelrolle als Gemeindezentrum und religiöse Stätte zukam, während eine fünfte Halle allen lokalen Gruppen offen stand und von chinesischen Kaufleuten besucht wurde, die sich nur vorübergehend in der Stadt aufhielten. Die zahlenmäßig stärkste Gruppe stammte aus Fujian (Phuoc Kien), und folgerichtig ist die **Phuoc Kien-Versammlungshalle** in der 46 Tran Phu auch ein entsprechend imposantes Bauwerk mit einem betont auffälligen Eingang aus drei Torbögen, der erst Anfang der 70er Jahre des 20. Jhs. hinzugefügt wurde. Die Halle diente ab Ende des 17. Jhs. zunächst als Pagode, nachdem der Legende zufolge eine buddhis-

ZENTRALPROVINZEN

Die Phuoc Kien-Versammlungshalle, Gemeindezentrum der Fujian-Chinesen

tische Statue mit einem Klumpen Gold in ihrem Innern am Flussufer angespült worden war. Ungefähr ein Jahrhundert später übernahmen die Chinesen das verfallende Bauwerk, machten einen Tempel daraus und widmeten ihn Thien Hau, der Göttin des Meeres und Beschützerin der Seefahrer. Ihre 200 Jahre alte Statue aus Pappmaché steht auf dem Hauptaltar und wird von zwei Helfern flankiert, dem grünhäutigen Thien Ly Nhan und dem rothäutigen Thuan Phong Nhi. Alle drei zusammen sehen oder hören jedes in Seenot geratene Schiff in einem Umkreis von weit über 1000 km. Ein zweites Heiligtum rechts hinter dem zentralen Altar beherbergt eine besonders von Paaren und schwangeren Frauen verehrte Gottheit: Die beeindruckende Van Thien und ihre Gehilfinnen, die „zwölf himmlischen Ammen", bestimmen ab dem Zeitpunkt der Empfängnis über die wesentlichen Merkmale eines Kindes, einschließlich der schicksalsschweren Frage des Geschlechts. Wenn man aus dem Hauptgebäude herauskommt, lohnt ein Blick auf das mit farbenfrohen Holzfriesen und zarten Motiven in Stein verzierte Vordach.

Ebenfalls sehr lohnenswert ist ein Spaziergang zur **Trieu Chau-Versammlungshalle** am östlichen Stadtrand in der 157 Nguyen Duy Hieu. Die im ausgehenden 18. Jh. von Chinesen aus Chaozhou (Trieu Chau) errichtete Halle ist wegen ihrer faszinierenden Holzschnitzarbeiten berühmt. In der Altarnische sitzt der vergoldete Ong Bon, ein General der chinesischen Kriegsmarine, der dem Volksglauben nach über Wind und Wellen herrscht. Auf dem die Statue umgebenden Fries wimmelt es derart von realitätsgetreuen Vögeln, Tieren und Insekten, dass man es fast schon summen und surren hört. Auf dem eigentlichen Altartisch sind Szenen vom Leben an Land und in den Tiefen des Ozeans dargestellt, während auf Paneelen zu beiden Seiten zwei dekorative Damen des chinesischen Kaiserhofes mit der neuesten japanischen Haarmode abgebildet sind.

Auf dem Weg zur Trieu Chau-Halle liegt in der 10 Tran Phu die **Hai Nam-Versammlungshalle**. Sie wurde von der aus Hainan (Hai Nam) stammenden Gemeinde gegründet und besticht ebenfalls durch einen mit reichen Verzierungen versehenen und vergoldeten Altar, doch das wirklich Faszinierende ist ihre Geschichte. Im Jahre 1851 plünderte ein vietnamesischer General mit seinen Gefolgsleuten drei Handelsschiffe, tötete 107 Besatzungsmitglieder und ließ die Schiffe schwarz anstreichen, um sie als Piratenschiffe zu kennzeichnen. Doch der einzige Überlebende berichtete Kaiser Tu Duc von dem Massaker, der den General daraufhin ohne Federlesen zum Tode verurteilte und anordnete, die Beute an die Opfer der Familien zurückzugeben. Als die Halle später im 19. Jh. gebaut wurde, widmete man sie den Opfern des Verbrechens. ⏲ 7–11.30 und 14–17 Uhr, nicht im Ticket enthalten.

Unmittelbar östlich der Japanischen Brücke ist die **Versammlungshalle der Kanton-Chinesen** nicht zu verfehlen. Der auffällig bunte Torbogen am Eingang ist neueren Datums, während die Halle selbst Ende des 18. Jhs. von Einwanderern aus Kanton (Guangdong) gebaut wurde. Die Halle weist keine besonders herausragenden Elemente auf, doch insgesamt handelt es sich um einen angenehmen Ort mit zahlreichen Pflanzen im Hof und Verzierungen in Form von Drachen und Karpfen (s. Kasten). Der Hauptaltar ist dem rotgesichtigen Quan Cong geweiht, einem chinesischen General der Han-Dynastie, der wegen seiner Loyalität, Ehrlichkeit und seines beispielhaften Auftretens auch heute noch hohes Ansehen genießt.

Zu guter Letzt liegt mitten im Stadtzentrum die **Versammlungshalle der chinesischen Gemeinden** (Chua Ba), die 1740 als Dachorganisation für alle chinesischen Einwohner Hoi Ans gegründet wurde. Der Altar wird von einer Thien Hau-Statue geziert, wenngleich die Halle heute in erster Linie als Sprachenschule fungiert, in der chinesische Kinder und Erwachsene aus Hoi An die chinesische Sprache lernen und pflegen. Die Schule wurde 1975 von der Regierung geschlossen und durfte erst 1990 ihre Pforten wieder öffnen. ⏲ 7–11.30 und 14–17 Uhr, nicht im Ticket enthalten.

Kaufmannshäuser

Die Mehrzahl der original erhaltenen Holzhäuser Hoi Ans befindet sich in der Tran Phu und südlich davon Richtung Fluss. Das berühmteste von allen ist das **Tan Ky-Haus** in der 101 Nguyen Thai Hoc. Es handelt sich um ein wunderschön erhaltenes, zweistöckiges Geschäftshaus, das im ausgehenden 18. Jh. erbaut wurde und in einem für Hoi An typischen architektonischen Stil vietnamesische, japanische und chinesische Einflüsse vereinigt. Errichtet wurde es damals in achtjähriger Bauzeit von einem Mitglied aus der zweiten Generation der Tan Ky-Familie, die China Ende des 16. Jhs. auf der Flucht vor politischer Verfolgung den Rücken gekehrt hatte. Das lange und schmale Gebäude besteht aus einem Laden im vorderen Teil, einem kleinen Innenhof und Lagerräumen im hinteren Bereich mit direkter Anbindung an den Fluss, über den die Waren angeliefert wurden. Das Haus beherbergt heute ein wundervolles Sammelsurium von Gegenständen, die sich im Laufe von sieben Generationen angesammelt haben, in denen die Familie durch den Handel mit Seide, Tee und Reis zu Wohlstand gelangte. Das Gebäude besteht aus dunklem Hartholz, für die Hauptbalken fand das termitenresistente Holz des Jackfruitbaumes Verwendung. Das Können der ansässigen Holzschnitzer wird im gesamten Gebäude offenkundig, doch am faszinierendsten sind die Einlegearbeiten, darunter besonders beachtenswert die beiden Wandtafeln mit Gedichten und Perlmuttmotiven, die wie mit dem Pinsel gemalt wirken und grazile Vögel im Flug darstellen. Französisch und Englisch sprechendes Personal ist zugegen und beantwortet Fragen, doch bisweilen wird das Haus von Besuchern geradezu belagert. Daher empfiehlt es sich, wenn möglich zu einer ruhigeren Zeit (morgens oder am späten Nachmittag) zu kommen, um das historische Ambiente genießen zu können.

Schräg gegenüber steht in der 80 Nguyen Thai Hoc das **Haus von Diep Dong Nguyen**. Es wurde gegen Ende des 19. Jhs. für einen chinesischen Kaufmann gebaut und später zu einer Apotheke umgebaut. Heute sind in den Schaukästen aus Glas alte und verstaubte Familienerbstücke zu besichtigen.

Ein kleines Stück jenseits der Japanischen Brücke steht in der 4 Nguyen Minh Khai das **Phung Hung-Haus**. Es befindet sich seit acht Generationen

Die kleinen architektonischen Geheimnisse von Hoi An

In Hoi An kommt man nicht weit, ohne **mythischen Kreaturen** mit Fischkörper und Drachenkopf zu begegnen. Dieses Fabelwesen ist zwar in ganz Nordvietnam zu finden, scheint sich aber bei den Architekten Hoi Ans ganz besonderer Beliebtheit erfreut zu haben. Eines der auffälligsten Beispiele dient als Wetterfahne auf der Versammlungshalle der Fujian-Chinesen (s. Foto), doch es finden sich auch zahlreiche traditionellere Darstellungen auf Laternenmasten oder im Balkenwerk von Gebäuden. Der für Erfolg und Reichtum stehende **Karpfen**, der sich in einen **Drachen** verwandelt, deutet darauf hin, dass man sich alles im Leben erst verdienen muss. Denn um zu einem Drachen zu werden und somit Unsterblichkeit zu erlangen, muss ein Fisch drei Tore passieren – genau wie der Schüler, der drei Prüfungen ablegen muss, um Mandarin zu werden. Zum Erreichen beider Ziele bedarf es viel Geduld und harter Arbeit.

Ein weiteres typisches Merkmal der Architektur Hoi Ans sind die über dem Eingang von Häusern oder religiösen Gebäuden wachenden **„Augen"**. Dazu werden zwei dicke Holznägel von rund 20 cm Durchmesser zum Schutz gegen böse Mächte in den Türsturz getrieben – eine Praxis, die erstmals bei Pagoden in Nordvietnam angewandt wurde.

Die am weitesten verbreiteten Abbildungen auf Häusern sind die Symbole **Yin und Yang**, die im 19. Jh. in der Architektur in Mode kamen. Manchmal sind sie von einer Chrysanthemenblüte umgeben, wie beim Tan Ky-Haus, bisweilen finden sie sich aber auch als achteckiger Talisman.

im Besitz einer Familie, die um 1780 aus Hué nach Hoi An kam, um hier mit Zimt und Hartholz aus dem zentralen Hochland sowie Seide und Glas zu handeln. Das große, zweigeschossige Haus zeigt einen vorwiegend vietnamesischen Baustil, wenngleich die 80 Eisenholzsäulen und die kleinen Oberlichter aus Glas japanische Einflüsse verraten, während Balkon und Fensterläden im chinesischen Stil gehalten sind. Der Wohnbereich im Obergeschoss enthält einen kleinen Ahnenaltar und einen weiteren großen Schrein, der von der Decke hängt und der Schutzgöttin Thien Hau geweiht ist. Hier wurde für die wohlbehaltene Rückkehr der Familienmitglieder gebetet, wenn diese sich mit dem Schiff auf Handelsreise befanden. Auf einem Tisch vor dem Altar steht eine Schale mit sieben Würfeln, die geworfen wurden, um den günstigsten Zeitpunkt für die Abreise zu ermitteln. Die heutigen Würfel sind aus Plastik und haben die aus Knochen oder Marmor gefertigten Originale ersetzt.

Etwas bescheidener präsentiert sich das **Quan Thang-Haus** in der 77 Tran Phu. Der Grundstein wurde Anfang des 18. Jhs. von einem Kapitän aus Fujian gelegt. Früher war das einstöckige Geschäftshaus mit Innenhof ein Zentrum für den Handel mit medizinischen Pflanzen und Kräutern. Auffällig sind die mit Schnitzereien verzierten Trennwände aus Teakholz im vorderen Zimmer.

Familienschreine

Auf den ersten Blick erscheint die einen Block nördlich parallel zur Tran Phu verlaufende Phan Chu Trinh unspektakulär, doch in der Straße verbergen sich zwei Familienschreine, die von wohlhabenden chinesischen Kaufleuten errichtet wurden und architektonisch statt der kommerziellen eher die religiöse Ader ihrer Bauherren widerspiegeln. Das zentrale Element ist jeweils ein imposantes Heiligtum, das den Ahnenaltar beherbergt und unter dem Schutz des Familienoberhauptes steht.

Der 200 Jahre alte **Schrein der Familie Tran** befindet sich auf einem von Mauern umgebenen Grundstück an der Kreuzung der Phan Chu Trinh mit der Le Loi. Bei hausgemachtem Lotusblütentee und gezuckerter Kokosnuss erfährt der Besucher etwas über das Gebäude und die Familientraditionen, die inzwischen 13 Generationen, d.h. bis zum Anfang des 18. Jhs., zurückreichen, als sich ein Vorfahre der Familie in Hanoi niederließ. Der Umzug nach Hoi An wurde der Familiengeschichte zufolge dadurch veranlasst, dass einer der Söhne eine vietnamesische Frau heiratete. Da seine Eltern diesen Schritt missbilligten, machte sich der Spross gen Süden davon, um in Hoi An sein Glück im Handel mit Seide, Pfeffer und Elfenbein zu suchen. Wie durch ein Wunder wurde sein „Fehltritt" schließlich doch verziehen, und die ganze Familie stand plötzlich vor der Tür.

Die nachfolgenden Generationen waren ebenfalls sehr erfolgreich und hatten sogar einen Mandarin in ihren Reihen, dessen Zeremonienschwert mit den kaiserlichen Insignien zusammen mit einem Porträt im Empfangszimmer zu besichtigen ist. Auf dem Altar stehen rechteckige Bestattungskästen mit einer Namenstafel und biografischen Details der verstorbenen Familienoberhäupter und ihrer Ehefrauen. Die geschnitzten Lotusblüten sind ein Hinweis auf Anhänger des Buddhismus. Jedes Jahr versammelt sich die gesamte Familie – das sind im Falle der Tran mehr als 80 Personen – um den Altar, um den Vorfahren ihre Ehrerbietung zu erweisen und Familienangelegenheiten zu besprechen.

Der kleinere, aber aufwändiger gestaltete **Schrein der Familie Truong** versteckt sich in einer kleinen Gasse, die neben der Hausnummer 69 von der Phan Chu Trinh abzweigt. Die Vorfahren der Truong flohen – wie viele ethnische Chinesen, die heute in Hoi An leben – Anfang des 18. Jhs. nach dem Zusammenbruch der Ming-Dynastie aus China. Die Zeremonie der Grundsteinlegung fand um 5 Uhr morgens am fünften Tag des elften Mondmonats statt, einem besonders verheißungsvollen Zeitpunkt, handelte es sich doch um die Stunde der Katze am Tag der Katze im Monat der Maus im Jahr der Maus! Ende des 19. Jhs. unternahmen einige Mitglieder der Familie ihre erste Reise in die Heimat ihrer Vorfahren nach Fujian. Bei ihrer Rückkehr nach Hoi An hatten sie das unhandliche Souvenir von vier mit feinen Schnitzereien versehenen Holztrennwänden für ihr Heiligtum im Gepäck.

Auch im Stammbaum dieser Familie findet sich so mancher Mandarin, doch am faszinierendsten ist neben einigen Geschenken vom Hof in Hué eine Holztafel, die der Ehefrau der fünften Generation von Kaiser Bao Dai verliehen wurde, weil sie ihrem Ehemann zeitlebens treu blieb, obwohl sie bereits mit 25 Jahren und drei Kindern Witwe geworden war.

🕓 7.30–12 und 14–17 Uhr, nicht im Ticket enthalten, kleine Spende erwünscht.

Museen

In Hoi An gibt es einige recht bescheidene historische Museen, von denen das **Keramikmuseum** in der 80 Tran Phu am interessantesten ist. Es befindet sich in einem traditionellen Holzgebäude, das eine Mischung aus Wohn- und Lagerhaus darstellt. Das Museum beleuchtet die Geschichte des Keramikhandels in Hoi An, der seinen Höhepunkt im 15. und 16. Jh. erreichte. Die Mehrzahl der Ausstellungsstücke aus Vietnam, China und Japan stammen aus dem 16. und 17. Jh., während einige wenige islamische Fragmente, die auf den Cham-Inseln gefunden wurden, bis ins 9. oder 10. Jh. zurückdatieren. Der hintere Raum im Erdgeschoss beherbergt eine kleine Ausstellung über die Architektur von Hoi An.

Das **Museum der Sa-Huynh-Kultur** befindet sich in einem zweistöckigen Gebäude aus der französischen Ära in der 149 Tran Phu. Es beschäftigt sich mit einer ganz bestimmten Kultur, die zwischen dem 2. Jh. v.Chr. und dem 2. Jh. n.Chr. an der zentralvietnamesischen Küste eine Blütezeit erlebte. Der Name stammt von dem 130 km südlich von Hoi An gelegenen Ort Sa Huynh, wo 1902 die ersten Zeugnisse dieser Kultur entdeckt wurden (s.S. 341). Die Ausstellung in den beiden Räumen beinhaltet u.a. mehrere meterhohe Bestattungsurnen aus Ton, in denen die Asche der Toten zusammen mit einer Vielzahl von Grabbeigaben aufbewahrt wurde. Keramikfragmente unter den Beigaben deuten auf Handelsverbindungen zum China der Han-Dynastie hin, während Schmuckstücke aus Achat Kontakte mit dem südlichen Indien nahe legen. Im Obergeschoss befindet sich eine ebenso unpassende wie vorhersehbare Ausstellung zu den Kriegen gegen Frankreich und die USA.

Weiter östlich in der Tran Phu wird die Nordseite des Marktplatzes von der farbenfrohen Fassade des **Chua Ong-Tempels** beherrscht, der sein Dasein im 17. Jh. als Pagode begann und später General Quan Cong gewidmet wurde. Hinter dem Tempel ist in einer ebenfalls sehr schönen ehemaligen Pagode das **Museum für Geschichte und Kultur** untergebracht. Neben einigen Kopien alter Landkarten von Faifo liegt die Hauptanziehungskraft dieses kleinen und informativen Museums in seinem ruhigen Hof und den mit Holzschnitzereien versehenen Türen, auf denen die vier heiligen Tiere dargestellt sind: Kranich, Drache, Schildkröte und der mythische *kylin*.

Markt und Umgebung

Auf dem **Markt** von Hoi An herrscht trotz der großen Zahl von Touristen noch immer die Atmosphäre eines typischen, traditionellen Bauernmarktes. Wie die meisten Märkte zeigt sich auch dieser am frühen Morgen von seiner besten Seite, was besonders für die Stände mit frischen Lebensmitteln am Flussufer gilt. Interessant sind die Gefäße mit kleinen, konservierten Mandarinen, einer regionalen Spezialität. Daneben finden sich Einreibemittel und Heilkräuter, sauber gestapelte Korbwaren, Klumpen aus unraffiniertem Rohrzucker und alle möglichen Sorten Reis. Wenn man den Marktplatz Richtung Fluss überquert, kommt man am Fähranleger in der Uferstraße **Bach Dang** heraus, die jeden Herbst mit schöner Regelmäßigkeit vom Hochwasser führenden Thu Bon überschwemmt wird. Das ist natürlich alles andere als förderlich für den Zustand der alten Gebäude Hoi Ans – gelegentlich passiert es, dass ein altersschwaches Dach oder eine Wand einstürzt –, und die Bausubstanz leidet insgesamt unter der zunehmenden Verschmutzung des Wassers. Das schlimmste Hochwasser der letzten Jahre war 1999 zu verzeichnen, als der Wasserpegel über zwei Meter anstieg und enorme Schäden an den flussnahen Restaurants und Häusern verursachte. Die meiste Zeit kann man allerdings trockenen Fußes über die Bach Dang spazieren oder die Szenerie auf dem Fluss beobachten, während man gemütlich unter der bunten Markise eines Cafés am Flussufer sitzt. Am interessantesten ist es dort zwischen 6 und 7 Uhr morgens, wenn die Fischerboote ihren Fang anlanden.

Östlich des Marktes erstreckt sich als Verlängerung der Bach Dang die Phan Boi Chau, wo die Stadt plötzlich ein spürbar europäisches Flair bekommt. Jalousien, Fensterläden, Balkone und Stuckarbeiten kennzeichnen ein kleines **französisches Viertel**, dessen Wohnhäuser Ende des 19. Jhs. entstanden. Im Innern fallen sie durch riesige Räume mit hohen Decken und enorm große Dachböden auf, wodurch sie sich deutlich von den chinesischen Behausungen unterscheiden. Eine kurze Führung wird im **Tran Duong-Haus** in der 25 Phan Boi Chau angeboten, dem Heim eines geschäftstüchtigen Mannes, in dessen Besitz sich auch einige antike Einrichtungsgegenstände befinden (kleine Spende erwünscht).

Übernachtung

Die Zahl der Hotels in Hoi An nimmt erstaunlich schnell zu. Zwar haben die lokalen Behörden der Bautätigkeit im Zentrum inzwischen einen Riegel vorgeschoben, doch zu spät, um einige Schandflecken in den alten Straßen noch verhindern zu können. Eine ganz neue Enklave von Hotels mit verzierten, pseudochinesischen Fassaden und kleinen Swimming Pools ist nördlich des Zentrums in der Nhi Trung entstanden. Immer mehr neue Hotels werden außerdem östlich der Stadt in der Richtung Strand verlaufenden Cua Dai erbaut, während am Strand selbst zwei protzige

Resorthotels ihre Pforten geöffnet haben. Zwar herrscht immer noch Mangel an ordentlichen Budget-Unterkünften, doch i.A. lässt sich sagen, dass das Preisniveau gesunken und der Standard besser geworden ist. In den meisten Hotels kann man verhandeln, und selbst zu Spitzenzeiten herrscht keine Bettenknappheit mehr. Sollte sich die Zimmersuche dennoch schwierig gestalten, hilft es meist, wenn man sich etwas außerhalb umschaut.

Cua Dai***, 18A Cua Dai, ✆ 862231, ✉ cuadaihotel@dng.vnn.vn. Luftige Gemeinschaftsbereiche und Rattansofas verleihen dem kleinen Hotel am östlichen Stadtrand einen Hauch von Kolonialatmosphäre. Einfache, aber gut ausgestattete Zimmer, einige mit Balkon, diejenigen im rückwärtigen Neubau sind etwas schicker. Kein Pool, aber Tee und Kaffee gratis.

Ha An***, 6 Phan Boi Chau, ✆ 863126, ✉ tohuong@fpt.vn. Gastfreundliches, als Familienbetrieb geführtes Hotel in ruhiger Wohngegend. Große Lobby und 10 Zimmer, die zwar nicht riesig sind, aber sehr schön eingerichtet in einer Stil-Mischung aus traditionellen und zeitgenössischen Elementen. Alle Zimmer mit eigenem Bad, ac, Telefon und TV.

Hai Yen***, 22A Cua Dai, ✆ 862445, ✉ kshaiyen@dng.vnn.vn. Wenn man das bonbonfarbene Treppenhaus hinter sich hat, ist das ruhige Hotel mit kleinem Pool und Garten an der Straße zum Strand eine gute Wahl. Einigermaßen geräumige, komfortable Zimmer mit Badewanne, außerdem Restaurant, Internet-Zugang, Fahrradverleih und Reiseschalter für Buchungen und Tickets.

Hoi An*–********, 6 Tran Hung Dao, ✆ 861373, 🖳 www.hoiantourist.com. Das staatliche Hotel im Kolonialstil und ehemalige Quartier der US-Marines wurde zum 3-Sterne-Hotel umfunktioniert und bietet 160 ungewöhnlich geräumige und gut ausgestattete Zimmer in drei relativ flachen Blöcken inmitten einer Grünanlage. Außerdem Restaurant, Bar, Geldwechsel, Touranstalter und Tennisplätze. Ein weiteres großes Plus ist der Swimming Pool, der auch Nicht-Gästen offen steht (Eintritt US$2).

Hoi An Beach Resort*****, Cua Dai-Strand, ✆ 927011, 🖳 www.hoiantourist.com. Durch eine ruhige Straße vom Cua Dai-Strand getrennt; das geringfügig billigere der beiden neuen Resorthotels am Strand. Elegante Zimmer in kühlen Sandfarben und mit großzügig bemessenem Bad. Die besten Zimmer sind die mit Blick auf den Fluss. Zwei Pools, ein privater Strand und ein empfehlenswertes Restaurant mit lokalen Speisen zu günstigen Preisen. Transport in die Stadt und zurück zum Nulltarif.

Hoi An Riverside Resort*****, an der Straße nach Cua Dai, ✆ 864800, ✉ hoianriver@dng.vnn.vn. Romantisches Hotel am Fluss 3 km außerhalb von Hoi An mit Villen zu jeweils zwei Wohneinheiten in üppiger Grünanlage. Zimmer in vier Kategorien mit Blick auf Fluss oder Garten, wahlweise vietnamesische oder japanische Einrichtung, Letztere mit Tapeten aus Reispapier, Futon usw. Pool, Restaurant, Transport in die Stadt und zurück.

Hong Phat***, 41 Nguyen Thai Hoc, ✆ 910100, ✉ quanghuy.ha@dng.vnn.vn. Stimmungsvolles, 350 Jahre altes Haus mit 4 Zimmern, die alle im Erdgeschoss liegen und kein Außenfenster haben. Im traditionellen Stil eingerichtet, aber mit Komfort wie ac und modernem Bad. Reservierung erforderlich.

Minh A*–**, 2 Nguyen Thai Hoc, ✆ 861368. Kleines Guesthouse direkt am Markt von Hoi An mit nur 5 Zimmern. Die Einrichtungen des alten Geschäftshauses sind einfach, d.h. keine Klimaanlage und Zutritt zum gemeinschaftlich genutzten Bad/WC durch die Küche, aber daher auch eine gute Gelegenheit, das Leben in einem traditionellen Wohnhaus kennen zu lernen.

Phu Thinh II**–***, 144 Cua Dai, ✆ 923923, 🖳 www.phuthinhhotels.com. Angesichts der eindrucksvollen Lobby, des Pools und Gartenrestaurants bietet das neue Hotel unmittelbar außerhalb der Stadt ein überraschend gutes Preis-Leistungs-Verhältnis. Die Zimmer im Erdgeschoss sind die billigsten, während die der obersten Preisklasse Balkone mit Blick auf den Garten und die Reisfelder der Umgebung bieten.

Thanh Binh I**, 1 Le Loi, ✆ 861740, ✉ vothihong@dng.vnn.vn. Hotel in zentraler Lage mit billigen und einladenden ac-Zimmern mit Kühlschrank, Badewanne und Satelliten-TV. Gute Wahl für den kleineren Geldbeutel, auch weil Gäste den Pool des Schwesterhotels Thanh Binh III benutzen dürfen.

Thanh Binh III**, New Nhi Trung, ✆ 916777, ✉ vothihong@dng.vnn.vn. Die Hotels an der New Nhi Trung unterscheiden sich nicht groß voneinander, doch das Thanh Binh III hat eine Terrasse mit Swimming Pool. In den Zimmern im Erdgeschoss kann es allerdings lauter werden.
Thuy Duong I*–**, 11 Le Loi, ✆ 861574, ✉ thuyduongco@dng.vnn.vn. Das freundliche kleine Hotel ist eine feste Adresse in der Traveller-Szene und bietet wahlweise Zimmer mit Ventilator und etwas größere mit ac. Gäste dürfen den Pool des Thuy Duong III benutzen.
Thuy Duong III***, New Nhi Trung, ✆ 916565, ✉ thuyduongco@dng.vnn.vn. Von der Tatsache, dass die Open-Tour-Busse von Sinh Café hier halten, sollte man sich nicht irritieren lassen. Die Zimmer sind komfortabel, gepflegt und preiswert, wobei es im Erdgeschoss um den Swimming Pool herum laut werden kann.
Victoria Hoi An Resort, ab*****, Cua-Dai-Strand, ✆ 927040, 💻 www.victoriahotels-asia.com. Die teuren Bungalows im nobelsten Hotel Hoi Ans liegen direkt an einem reizenden Strand, während die billigsten Zimmer in zweistöckigen Villen untergebracht sind. Alle Annehmlichkeiten eines Strandhotels von internationaler Klasse, einschließlich eines guten, aber teuren Restaurants, kostenlosen Transports von und nach Hoi An und einer ganzen Reihe von Aktivitäten gegen Aufpreis.
Vinh Hung I**–***, 143 Tran Phu, ✆ 861621, ✉ quanghuy.ha@dng.vnn.vn. Reizendes chinesisches Kaufmannshaus in unschlagbarer Lage, ausgezeichneter Service. Das Highlight: zwei hervorragend restaurierte Zimmer im Obergeschoss mit Balkon, Holzvertäfelung, Antikmöbeln, Himmelbett, kleinem Bad. Da diese Zimmer sehr gefragt sind, wird eine Reservierung empfohlen. Die anderen Zimmer in einem modernen Anbau im hinteren Bereich sind traditionell eingerichtet, aber dunkel und bieten relativ wenig fürs Geld.
Vinh Hung II***, New Nhi Trung, ✆ 863717, ✉ quanghuy@dng.vnn.vn. Der jüngste Ableger des Vinh Hung-Imperiums überzeugt durch den gewohnt guten Service. Die teureren Zimmer sind im traditionellen chinesischen Stil eingerichtet, die billigeren sind preislich angemessen, aber wenig aufregend. Kleiner Pool auf der Terrasse, Restaurant und Internet-Zugang.

Essen

Hoi An überzeugt durch eine gute Auswahl an **Restaurants**, die teils einheimische Spezialitäten anbieten (s.S. 360, Kasten) oder recht exklusive internationale Gerichte servieren. Abends erinnert die Uferstraße Bach Dang mit ihren vor den Lokalen aufgereihten Tischen und Stühlen eher an Südeuropa als an Vietnam. Auch in der Tran Phu herrscht kein Mangel an beliebten Speiselokalen, die sich bis zur Nguyen Hue am Markt hinziehen. Immer mehr Restaurants eröffnen auch in der Le Loi und um die Ecke in der Phan Dinh Phung, die sich zu einer Art Backpacker-Zentrum entwickelt hat. Es gibt in Hoi An inzwischen sogar **Kneipen**, von denen sich die besten in restaurierten Kaufmannshäusern befinden.
Bar 102, 102 Nguyen Thai Hoc. Der neueste Tupfer in Hoi Ans blühender Kneipenszene befindet sich in einem auf der UNESCO-Liste stehenden Gebäude. Die Bar unter französischer Leitung serviert eine große Auswahl an einheimischen und importierten Biersorten, Cocktails mit und ohne Alkohol, Tapas und Mezze.
Brother's Café, 27 Phan Boi Chau. Das Essen ist nicht ganz billig, aber der Garten dieser sehr schönen Kolonialzeitvilla am Ufer des Thu Bon eignet sich perfekt für einen Drink in aller Ruhe. Das sollte weidlich ausgekostet werden, denn der billigste Kaffee kostet hier fast US$2 und ein Bier um US$3.
Café Can, 74 Bach Dang. Gastfreundliches Restaurant mit Spezialitäten aus Hoi An und festem 3-Gänge-Menü für günstige US$3.
Du Di, 12 Le Loi. Das einfache, saubere und gastfreundliche Backpacker-Restaurant serviert überdurchschnittliche Traveller-Kost von Müsli über Hamburger mit Pommes bis zu lokalen Gerichten.
Faifoo, 104 Tran Phu. Die Einheimischen halten das *banh bao* in diesem alteingesessenen und attraktiven Restaurant für das beste der Stadt. Für US$5 bekommt man ein 5-Gänge-Menü mit Spezialitäten aus Hoi An.
Good Morning Vietnam, 34 Le Loi. Der Ableger der beliebten Kette aus Ho-Chi-Minh-Stadt setzt sein Erfolgsrezept – echt italienische Pasta und Pizza zu moderaten Preisen (ca. US$3) und ein wenig mediterranes Flair – jetzt auch in Hoi An

um. Es gibt hier auch gute, frische Salate und köstliche, hausgemachte Nachspeisen, z.B. leckere Schokoladencreme. Wer etwas zum Nachspülen braucht, bestellt eine Flasche Chianti oder Valpolicella.

Hoi An Hai San, 64 Bach Dang. Das Seafood-Restaurant bietet eine bizarre Mischung aus vietnamesischen, türkischen und skandinavischen Gerichten (mit entsprechender Musik) und zählt zu den schickeren Restaurants am Fluss.

Spezialitäten aus Hoi An

In Hoi An gibt es ausgezeichnetes Essen in allen Variationen, einschließlich einiger leckerer lokaler Spezialitäten. Die berühmteste ist ***cao lau,*** ein köstliches Nudelgericht aus dicken Reismehlnudeln, Sojabohnensprossen und Croutons in einer leichten, mit Minze und Sternanis gewürzten Suppe. Darüber legt man dünne Scheiben Schweinefleisch und serviert das Ganze mit gegrillten Reismehl-Crackern oder knusprigem Reispapier. Der Legende nach handelt es sich nur dann um das echte *cao lau,* wenn das zum Kochen verwendete Wasser aus einem ganz bestimmten Brunnen der Stadt stammt.

Liebhaber von Meeresfrüchten kommen mit ***banh bao*** („Weiße Rose") auf ihre Kosten – zart gewürzte, gedämpfte Teigtaschen aus Maniokmehl mit einer Füllung aus fein gewürfeltem Krebs- oder Garnelenfleisch. Mehr Geschmack erhält die Speise durch Zugabe von Zitrone, Zucker, *nuoc mam* und kross gebratenen Zwiebeln.

Ebenfalls sehr beliebt ist eine lokale Variante von ***hoanh thanh chien*** (gebratene Wanton-Teigtaschen), wobei eine Garnelen- und Krebsfüllung anstelle von Schweinefleisch verwendet wird.

Für den kleinen Hunger zwischendurch bietet Hoi An sogar einen eigenen Kuchen an. Er nennt sich ***banh it*** und besteht aus einer dampfenden Paste aus grünen Bohnen, die zusammen mit gezuckerten Kokosnusssplittern in Bananenblätter gewickelt wird – die dreieckigen Pakete werden auch auf dem Markt verkauft und in mehreren Geschäften der Stadt, von denen sich das bekannteste in der 22 Tran Phu befindet.

Drei feste Menüs stehen zur Auswahl, das teuerste sind türkische Mezze (Vorspeisen) für US$8; für etwa den gleichen Preis lässt sich auch à la carte speisen. Die Portionen sind nicht gerade riesig, aber die Qualität stimmt und das Essen wird ansprechend präsentiert.

Hong Phuc, 86 Bach Dang. Freundliches und zu Recht beliebtes Lokal mit gutem Preis-Leistungs-Verhältnis in hervorragender Lage am Fluss unter der Leitung zweier mehrsprachiger Cousinen. Spezialität des Hauses ist gegrillter Fisch im Bananenblatt, aber ebenso köstlich ist Tintenfisch mit Zitrone und Knoblauch oder mit Chili, Knoblauch und Sesam. Wer einen Tisch auf dem Balkon haben möchte, sollte schon früh kommen. Um die Geheimnisse der Küche zu ergründen, kann man sich für einen nachmittäglichen Kochkurs anmelden (US$10), bei dem die Zubereitung von vier verschiedenen Gerichten erlernt wird. Happy Hour 17–19.45 Uhr.

Jean's Café, 48 Phan Dinh Phung. Die günstigen Preise und der joviale Wirt haben diesem kleinen Café auf die Backpacker-Landkarte verholfen. Serviert werden neben vietnamesischen Gerichten auch alle bekannten Favoriten wie Pizza, Nudeln, Sandwiches und Omelettes.

Nhu Y, 2 Tran Phu. Das Restaurant unter Leitung des Besitzers des Hotels Cua Dai genießt einen guten Ruf in punkto Service und Preis-Leistungs-Verhältnis. Die Spezialität sind Grillgerichte, z.B. Thunfisch mit Kurkuma. Empfehlenswert ist auch das feste Menü aus Vorspeise, Auswahl zwischen zwei Hauptgerichten und Dessert für unter US$4.

Miss Ly (Cafeteria 22), 22 Nguyen Hue. Hübsches kleines Speiselokal mit verdientermaßen gutem Ruf für *cao lau* und *banh bao,* die zu den besten in Hoi An zählen. Das feste vietnamesische Menü (US$3) empfiehlt sich, um von allem ein bisschen zu probieren. Außerdem gute Auswahl an vegetarischen Gerichten.

Quan An, 18 Hoang Van Thu. Das einfache Restaurant am Fluss serviert köstliche einheimische Speisen zu sehr vernünftigen Preisen. Besonders empfehlenswert sind die Entengerichte, aber auch die vorzüglichen Wanton-Teigtaschen sind nicht zu verachten. Die Wartezeit bis zum Essen lässt sich gut mit einem kühlen Glas *bia tuoi* (einer lokalen Biersorte vom Fass) überbrücken.

Restaurant du Port, 70 Bach Dang. Das natürlich-freundliche Restaurant am Fluss bringt gut zubereitete vietnamesische Gerichte auf den Tisch. Das 4-Gänge-Menü für weniger als US$4 ist das Geld auf jeden Fall wert.

Tam Tam Café, 2F/110 Nguyen Thai Hoc, ✆ 862212. Die stilvolle Bar unter französischer Leitung serviert u.a. Sandwiches, Salate und Apfelkuchen. Die gemütlichen Sofas im hinteren Bereich eignen sich gut zum Ausspannen. Lange Öffnungszeiten, Musik, Pool-Billard und günstiges Bier in der Happy Hour von 16–21 Uhr. Im Obergeschoss befindet sich ein exklusives internationales Restaurant (Reservierung empfohlen), ideal für ein herzhaftes Steak mit Wein – nicht billig, aber lohnend.

Thang Long, 136 Nguyen Thai Hoc. Gutes und frisches Essen in großzügigen Portionen am ruhigeren Ende des Flusses. Draußen gut zum Entspannen und Beobachten des Treibens auf dem Fluss, drinnen zum Surfen im Internet.

Treat's Same Same Café, 158 Tran Phu. Fröhliche Mischung aus Kneipe und Restaurant mit guter Musik, schattigem Innenhof, Pool-Billard und günstiger Happy Hour von 16–21 Uhr. Ein zweiter, nicht ganz so beliebter Ableger befindet sich in der 31 Phan Dinh Phung und bezeichnet sich als „Same Same But Different".

Unterhaltung

FESTE – **Kulturfest**: In den letzten Jahren veranstaltete die Provinz Quang Nam meist im Frühjahr (kein festgelegter Termin) ein einwöchiges „Fest des kulturellen Erbes" in Hoi An und My Son, in dessen Mittelpunkt Cham-Tänze und Volkslieder stehen.

Mittherbstfest: Anlässlich dieses großen Festes, das landesweit am 14. Tag des 8. Mondmonats gefeiert wird, lassen die Menschen Laternen auf dem Fluss treiben.

Vollmondfest (14. Tag des Mondkalenders): Einmal im Monat werden alle Fahrzeuge aus dem Zentrum Hoi Ans verbannt, elektrisches Licht wird durch bunte Seidenlaternen ersetzt, und die Ladenbesitzer kleiden sich in traditionelle Kostüme, um das Vollmondfest zu feiern. Die touristische Veranstaltung ist jedes Mal ein großes Ereignis mit traditioneller Musik, öffentlich ausgetragenen Partien im Chinesischen Schach und den unvermeidlichen Essenständen, die an der Japanischen Brücke und am Fluss mit lokalen Spezialitäten locken.

TRADITIONELLE MUSIK UND TANZ – Infolge des Zustroms von Touristen entwickelt sich Hoi An langsam zu einem Zentrum der darstellenden Künste.

Hoi An Handicraft Workshop, 9 Nguyen Thai Hoc. Montags bis samstags finden hier um 10.15 und 15.15 Uhr kleine Konzerte mit volkstümlicher Musik statt, die auch im Ticket enthalten sind (s.S. 352, Kasten).

Traditional Arts Theatre, 75 Nguyen Thai Hoc. Hinter dem großen Namen verbirgt sich ein voll gestopfter Raum, in dem an den meisten Abenden ein entzückendes, einstündiges Potpourri aus traditioneller Musik und volkstümlichen Tänzen geboten wird. 🕓 Mo–Sa 21 Uhr, Eintritt US$3.

Einkaufen

BÜCHER – Auf der Suche nach neuem Lesestoff helfen die Secondhand-Buchläden in der 52 und 48 Le Loi mit einer großen Auswahl weiter. Sie bieten ebenso wie die Buchhandlung ***Anh Khoa*** in der 18A Pham Dingh Phung Büchertausch an.

KUNSTHANDWERK UND SOUVENIRS – Der Tourismus hat zu einer Wiederbelebung des lokalen Kunsthandwerks geführt, doch daneben gibt es auch zahlreiche Läden mit zweitklassigen Souvenirs. Wer gern stöbert, kann gut und gern einige Stunden in den Geschäften und Galerien der Tran Phu, Nguyen Thai Hoc und Le Loi verbringen, während unmittelbar oberhalb der Japanischen Brücke mehrere alte Häuser zu Ausstellungsräumen umfunktioniert wurden. Hier und da finden sich noch traditionelle Werkstätten, wo nach althergebrachten Methoden einheimische Kunsthandwerksobjekte hergestellt werden, darunter Stickereien, Holzschnitzereien, Töpferwaren und Seidenstoffe. Der Eintritt ist frei, doch werden die Besucher nachher in den Ausstellungsraum geführt, der gleichzeitig als Souvenirladen dient, wobei aber keinerlei Kaufverpflichtung besteht.

Hoi An Handicraft Workshop, 9 Nguyen Thai Hoc. Die beste Anlaufstelle für Kunsthandwerk.
House of Traditional Handicrafts, 41 Le Loi.
Kim Bong, 108 Nguyen Thai Hoc. Traditionelle Tischlerei; die Familie hat auch noch einen kleinen Stand in der 49 Le Loi, wo seit Generationen Seidenlaternen hergestellt werden.

TEXTILIEN UND SCHUHE – Hoi An genießt einen guten Ruf auf dem Gebiet der Seidenstoffherstellung und des Schneiderhandwerks, wobei die Preise i.A. günstiger sind als in Hanoi oder Ho-Chi-Minh-Stadt. Die Geschäfte sind inzwischen über die ganze Stadt verteilt, doch seinen Ursprung hat dieser Produktionszweig auf dem Markt, wo auch heute noch reihenweise Schneider neben Stapeln mit bunten Stoffen an ihren Nähmaschinen sitzen und für ein paar Dollar innerhalb weniger Stunden sehr schöne Kleidungsstücke herstellen. Dabei zahlt es sich aus, verschiedene Stellen anzusteuern und sich fertige Kleidungsstücke zeigen zu lassen, bevor man einen Auftrag erteilt. Wer ausreichend Zeit hat, kann sich zunächst ein einzelnes Stück anfertigen lassen, um zu prüfen, wie es um Qualität und Passform bestellt ist. Es folgt eine Liste mit Geschäften, die in dem Ruf stehen, zuverlässige Arbeit abzuliefern:
Bi Bi Silk, 13 Phan Chu Trinh. Gute Auswahl an Leinen-, Woll- und Seidenstoffen.
Mr. Xe, 71 Nguyen Thai Hoc. Der kleine Schneider lässt sich auch von großer Konkurrenz nicht kleinkriegen.
Thoi Trang, 4 Tran Phu. Spezialität Herrenanzüge.
Yaly, 47 Nguyen Thai Hoc ✉ yalyshop@dng.vnn.vn. Etwas exklusiverer Laden.
Zur Komplettierung des Outfits kann man sich auch **Schuhe** nach Maß anfertigen lassen. Die meisten der oben genannten Geschäfte übernehmen das, doch daneben gibt es noch jede Menge Schuhläden in der Hoang Dieu Richtung Cam Nam-Brücke.

Touren

FLUSSTOUREN – Die Sampan-Besitzer in der Bach Dang bieten Flussfahrten für ca. US$1 pro Stunde oder fahren mit größeren Booten bestimmte Ziele an, z.B. die Holzschnitzerdörfer oder die Cua Dai-Mündung (s.S. 364/365). Die Preise für solche Bootsausflüge bewegen sich zwischen US$3 und US$5 pro Stunde für ein 8-Personen-Boot, wobei es sich durchaus zu handeln lohnt.

TOURVERANSTALTER UND REISEBÜROS – Die Reiseagenturen und Tourveranstalter in der Tran Hung Dao, Phan Dinh Phung und Nhi Trung veranstalten in erster Linie Ausflüge nach My Son und zu den Holzschnitzerdörfern in der Umgebung von Hoi An, besorgen aber auch allesamt Zug- und Flugtickets für die Weiterreise ab Da Nang und bearbeiten Anträge für Visaverlängerungen gegen eine geringe Gebühr. Ein Vergleich lohnt, da Preise und Programm z.T. sehr unterschiedlich sind.
An Phu Tourist, 29 Phan Dinh Phung, ✆ 862643, ✉ anphutourist@hotmail.com. Zählt wie Sinh Café zu den größten Tourveranstaltern.
Seventeen's, ✆ 861947, ✉ seventeenstours@yahoo.com oder laochamsailing@hotmail.com. Der lokale Anbieter hat gegenüber den Großen einige interessante Alternativen im Programm, z.B. Kanutouren auf dem Thu Bon und Ausflüge zu den Cham-Inseln (s.S. 366). Außerdem Minibusse nach Da Nang, Hué, Nha Trang usw. mit Zwischenstopps an interessanten Punkten.
Sinh Café, 2 Phan Dinh Phung, ✆ 863948, 💻 www.sinhcafevn.com.

Sonstiges

APOTHEKEN – Neben mehreren kleinen Läden nahe des Krankenhauses gibt es die gut sortierte Apotheke ***Bac Ai*** in der 68 Nguyen Thai Hoc.

FAHRRÄDER UND MOTORRÄDER – In fast allen Hotels sowie vielen Geschäften und Reisebüros kann man günstig Fahrräder leihen (unter US$0,50 pro Tag) oder Motorräder mieten (US$2–3 pro Tag) – Letztere sind ein beliebtes Transportmittel für Abstecher nach My Son. Motorräder gibt es auch bei Herrn My, der sein Geschäft gegenüber der 6 Le Loi betreibt.

GELD – Außer den nachfolgend genannten Banken nehmen auch Sinh Café und An Phu

Tourist (s. Touren) Geldwechsel und Barauszahlungen vor.
Hoi An Bank, 4 Hoang Dieu.
Vietcombank, Hauptniederlassung 21 Nhi Trung; im Wechselbüro in der 37 Tran Hung Dao gibt es einen Geldautomaten (◷ tgl. 7–23 Uhr, nur Visa und MasterCard), außerdem Wechsel von Bargeld und Reiseschecks sowie Barauszahlungen am Schalter auf Kreditkarte.
Vietincombank, 9 Le Loi.

INFORMATIONEN – Lokale Informationen erteilen die Hotels oder die zahlreichen privaten Reisebüros.

INTERNET – Die Gebühren für den Internet-Zugang betragen in Hoi An zwar nur 100 d pro Minute, doch dafür sind die Verbindungen manchmal unerträglich langsam. Das Zentrum der Aktivitäten liegt in der Phan Dinh Phung und in der New Nhi Trung. ***Sinh Café*** in der 2 Phan Dinh Phung und das Restaurant ***Thang Long*** (siehe unter „Essen") sind zwei der ganz wenigen Adressen mit Zugang zu einem Drucker.

MEDIZINISCHE HILFE – **Krankenhaus**: 4 Tran Hung Dao, ✆ 861218.

POLIZEI – 8 Hoang Dieu, ✆ 861204.

POST – Die auffällige und gut organisierte Hauptpost befindet sich in der 4B Tran Hung Dao, ◷ 6–13 und 14–21 Uhr. Eine Filiale gibt es in der 19 Phan Dinh Phung.

VORWAHL – 0510

WÄSCHEREIEN – Mehrere Wäschereien in der Tran Hung Dao bieten ihre Dienste für ca. US$0,50 pro Kilo Wäsche an.

Nahverkehrsmittel

Während sich das Fahrrad für Touren in die Umgebung von Hoi An empfiehlt, sind die Sehenswürdigkeiten im Zentrum der Stadt am besten **zu Fuß** zu erreichen, zumal dort erhebliche Verkehrsbeschränkungen gelten. Die Vorschriften sind Bestandteil eines dringend notwendigen Programms zur Rettung der Altstadt vor den negativen Folgen ihres Ruhmes. So sind die Straßen südlich der Phan Chu Trinh und westlich der Hoang Dieu für Autos gesperrt, und in der Umgebung des Marktes und der Japanischen Brücke dürfen gar keine Kraftfahrzeuge fahren. Radfahren ist dagegen überall erlaubt.

Transport

Die meisten Besucher kommen entweder per Taxi oder Honda Om aus dem 30 km entfernten **Da Nang**, wo sich der nächstgelegene Bahnhof und Flughafen befindet, oder mit einem der Open-Tour-Busse, die meistens vor den jeweiligen Buchungsbüros oder den angegliederten Hotels halten.

BUSSE – Die **Regionalbusse** nutzen den städtischen Busbahnhof 500 m nördlich des Zentrums. Die zwischen Hoi An und DA NANG verkehrenden Busse (weniger als US$1, Abfahrt ca. alle 30 Min., letzter Bus um 17 Uhr) sind jedoch nur als letzten Ausweg zu empfehlen, denn sie sind oft bis unters Dach voll gestopft und benötigen bis zu 2 Std. für die 30 km lange Strecke. Regionalbusse nach QUANG NGAI brauchen 4 Std. Für die Weiterreise aus Hoi An sind die **Open-Tour-Busse** die erste Wahl. Einige der Richtung Norden nach DA NANG (US$2–3) und HUÉ (US$2–4) fahrenden Busse halten auch kurz bei den Marmorbergen, am Hai Van-Pass und am Strand von Lang Co. Wer allerdings unterwegs längere Zwischenstopps einlegen möchte, z.B. am Strand von Non Nuoc oder im Cham-Museum, ist mit einem Mietwagen (US$8–10) oder einer Honda Om (US$3–5) besser bedient. Nach der Besichtigung setzt der Fahrer seine Fahrgäste auf Wunsch am Hotel, Bahnhof oder Flughafen ab. Die Vermittlung übernehmen die Hotels und Reisebüros in Hoi An.

Die Open-Tour-Busse Richtung Süden nach NHA TRANG (US$5–8) legen Zwischenstopps in Sa Huynh, Song Cau und Dai Lanh ein. Alle Open-Tour-Anbieter haben Büros in Hoi An, wo Tickets gekauft und Reservierungen vorgenommen werden können (s.S. 362, Touren). Fahrkarten sind zwar so gut wie überall erhältlich, doch wer sichergehen möchte, dass sein Ticket auch gültig ist, sollte es lieber direkt beim jeweiligen Veranstalter kaufen.

SCHIFFE – Von der Anlegestelle in der Bach Dang unweit des Marktes fahren kleine Fähren zu den Dörfern am Thu Bon-Fluss.

Die Umgebung von Hoi An

Für kleinere Ausflüge von Hoi An empfiehlt sich eine Radtour bis zum weißen Sandstrand **Cua Dai** oder ein gemütlicher Ausflug im Sampan zu den Inseln im Thu Bon-Fluss, wobei die Bootsfahrt das eigentliche Erlebnis darstellt. Die meisten Flusstouren haben die flachen Inseln in der Flussmündung und die **Holzschnitzerdörfer** am Ufer zum Ziel, doch inzwischen besteht auch die Möglichkeit, die ein gutes Stück vor der Küste gelegenen **Cham-Inseln** zu besuchen, die wegen ihrer Seeschwalben-(Salanganen-)Nester berühmt sind.

Hoi An ist auch ein guter Ausgangspunkt für Touren landeinwärts nach **My Son** (s.S. 366–369), wo einst das Herz des alten Königreichs Champa mit seinen heiligsten Stätten schlug. Bei der Fahrt von Hoi An Richtung Norden bieten sich der **China Beach** und die **Marmorberge** (s.S. 380–382) an der Straße nach Da Nang für einen Zwischenstopp an, sie können aber auch im Rahmen eines Tagesausflugs von Hoi An aus besichtigt werden.

Cua Dai-Strand

Eine beliebte Radtour führt von Hoi An in östlicher Richtung zum 4 km entfernten Strand Cua Dai. Natürlich wird auch dieser blendend weiße Sand von den unausweichlichen Straßenhändlern patrouilliert, doch die Belästigung lässt sich in Grenzen halten, wenn man sich einfach etwas vom Zentrum der Aktivitäten entfernt oder sich für den Tag einen Liegestuhl mit Sonnenschirm an einem der vielen Cafés oder Restaurants nimmt. Als Gegenleistung wird der Verzehr eines Getränks erwartet.

Der Strand Cua Dai

Einige dieser Lokale servieren auch ausgezeichnetes Seafood – allerdings empfiehlt sich vor einer Bestellung die Überprüfung der Preise.

Den strengen Parkvorschriften zufolge muss das Fahrrad bzw. Motorrad für eine Hand voll Dong auf dem Parkplatz ein paar Hundert Meter vom Strand entfernt abgestellt werden. Diese Vorschrift gilt nicht, wenn man eines der beiden weiter südlich an der Strandstraße gelegenen Resorthotels ansteuert (s. Übernachtung). Cua Dai ist auch per Honda Om (US$2 hin und zurück) oder mit dem Auto (US$5) zu erreichen, wobei man einfach mit dem Fahrer eine Uhrzeit für die Rückfahrt vereinbart.

Cam Nam

Eine noch kürzere Radtour führt entweder über die Cam Nam-Brücke oder die An Hoi-Brücke auf die Insel Cam Nam. Dort schlängeln sich Sandwege in allen Richtungen zwischen kleinen Ländereien und Privathäusern hindurch. Die erste kleine Straße, die rechts hinter der Cam Nam-Brücke abzweigt, führt zu einem großartigen Aussichtspunkt, von dem aus Hoi An zu sehen ist. Wer von hier aus um die Südseite der Insel herumfährt (oder von der Cam Nam-Brücke einfach der Schotterstraße folgt), kommt zu einer Reihe von Restaurants am Fluss, in denen *banh dap* (ein Sandwich mit frischen, knusprigen Reis-Cracker und einer Meeresfrüchtesoße zum Eintunken) und *hen tron* (gebratene Venusmuscheln) serviert werden.

Die Holzschnitzerdörfer

Im Laufe des 16. und 17. Jhs. entstanden in der Umgebung von Hoi An einige Dörfer, die von fähigen Kunsthandwerkern und Holzschnitzern bewohnt wurden. Die Arbeiten der berühmten Holzschnitzergemeinde aus dem Dorf **Kim Bong** können überall in Hoi An bewundert werden. Die meisten Tischler und Zimmerleute haben das Dorf inzwischen verlassen, doch einige wenige leben nach wie vor auf der **Insel Cam Kim** und verdienen ihren Lebensunterhalt mit dem Bau von Holzbooten oder dem Anfertigen von Möbeln für den Export. Die große Insel ist in einer zehnminütigen Bootsfahrt flussaufwärts (Richtung Westen) vom Fähranleger in Hoi An zu erreichen. Einer der wenigen noch verbliebenen Bootsbauschuppen befindet sich direkt neben der Bootsanlegestelle, doch es lohnt sich, ein Fahrrad mitzunehmen und auch den Rest der Insel zu erkunden. Cam Kim ist auch ein beliebter Zwischenstopp auf der Bootstour zurück von My Son.

Cham-Inseln (Cu Lao Cham)

Rund 10 km vor der Küste von Hoi An ist deutlich eine kleine Gruppe bergiger Inseln auszumachen. Es handelt sich um den Archipel der Cu Lao Cham oder Cham-Inseln, auf denen Fischer, Angehörige der Kriegsmarine und Sammler der begehrten Vogelnester leben. Die Inselbewohner sammeln die Seeschwalbennester bereits seit Ende des 16. Jhs., und heute leistet der staatlich kontrollierte Handel einen erheblichen Beitrag zur lokalen Wirtschaft, denn die Delikatesse, der außergewöhnliche Heilkräfte zugeschrieben werden, bringt pro Kilogramm bis zu US$2500 ein. Jedes Frühjahr, wenn die kleinen, grauschwarzen Seeschwalben (Salanganen) zu Tausenden in den Höhlen und Felsspalten der Inseln nisten, bauen die Bewohner Bambusgerüste an die Felswände oder klettern an Seilen nach oben, um die winzigen Gebilde, die nur etwa die Größe eines Hühnereis erreichen, von den Felsen zu holen.

Auf der 3000 Einwohner zählenden Hauptinsel gibt es keinen Strom, und bis 1995 war es wegen des Marinestützpunktes selbst Vietnamesen untersagt, die Insel zu besuchen. Heute ist es möglich, einen Bootsausflug zur Hauptinsel zu machen (2 Std. pro Strecke), wo man an unverschmutzten Stränden baden, über Korallenriffe hinweg schnorcheln und in einem Fischerdorf spazieren gehen kann. Während der Brutzeit sind die kleineren Inseln, auf denen Seeschwalben nisten, erwartungsgemäß für den Tourismus gesperrt.

Es kursieren zwar Gerüchte über den Bau eines Strandhotels, doch bislang existieren noch keine offiziellen Unterkünfte auf den Inseln. Die Reisebüros in Hoi An bieten Tagesausflüge für ca. US$15–20 p.P. an (Mindestteilnehmerzahl 4 Personen), der Veranstalter *Seventeen's* arrangiert auch längere Touren mit Übernachtung an Bord oder im Zelt. Die beste Zeit für einen Abstecher auf die Inseln ist das Frühjahr (März bis Juni), wenn das Meer relativ ruhig ist und es langsam wärmer wird.

My Son

Vietnams atmosphärischste Stätte der Erinnerung an die Kultur der Cham ist der 40 km südwestlich von Hoi An gelegene Tempelkomplex My Son. Der Ort liegt in einem Tal und ist von dicht bewaldeten Bergen umgeben, aus denen der treffend benannte „Katzenzahnberg" herausragt. My Son ist sicher kein vietnamesisches Angkor Wat, wurde aber mittlerweile offiziell als Weltkulturerbe der UNESCO anerkannt und hat seinen Platz auf der touristischen Landkarte zweifellos verdient. Die üppige Vegetation, von der die Stätte bis vor kurzem quasi überwuchert war, wurde größtenteils entfernt, doch die beinahe greifbare Stimmung verblühter Erhabenheit hängt auch heute noch mit dem Moder der Ruinen in der Luft. Verstärkt wird diese Atmosphäre nicht nur von mehreren auf dem Gelände verstreuten Lingam und Sanskrit-Stelen, sondern auch durch die abgeschiedene ländliche Lage, deren Ruhe nur gelegentlich von den Holzsammlern unterbrochen wird, die auf den Wegen und Lichtungen der umliegenden Kaffeeplantagen und Eukalyptuswälder ihrer Arbeit nachgehen.

Ausgrabungen in My Son haben gezeigt, dass hier bereits seit dem 4. Jh. Cham-Könige beigesetzt wurden und die Stätte wahrscheinlich von den Herrschern der frühen Champa-Hauptstadt **Simhapura** errichtet wurde, die rund 30 km nordöstlich lag, wo sich heute auf dem Weg zur Nationalstraße 1 die Stadt Tra Kieu befindet (Näheres zum Königreich Champa s.S. 316/317, Kasten). Die Steintürme und Heiligtümer, deren Überreste heute zu besichtigen sind, wurden zwischen dem 7. und 13. Jh. errichtet, wobei die aufeinander folgenden Dynastien dem heiligen Ort immer neue Tempel hinzufügten, bis die Stätte in ihrer Blütezeit

My Son, die heilige Tempelstadt der Cham

ungefähr 70 Gebäude umfasste. Die einzigen Bewohner von My Son, das als Domäne der Götter und Gottkönige galt, waren Priester, Tänzer und Bedienstete.

Die Ruinen von My Son wurden Ende des 19. Jhs. von französischen Archäologen entdeckt, die alle Gebäude nach einer ausführlichen Bestandsaufnahme in verschiedene Gruppen einteilten und sie nüchtern mit den Buchstaben A, B, C usw. bezeichneten. Innerhalb dieser Gruppen erhielt jedes Bauwerk eine eigene Nummer. Die Franzosen hatten eine Menge zu bewundern, denn die Cham verfügten über eine hoch entwickelte **Maurerkunst** – anstelle von Mörtel verwendeten sie ein Harz, das sie mit gemahlenen Weichtierschalen und zerschlagenen Ziegeln mischten und das lediglich haarfeine Fugen zwischen den einzelnen Schichten hinterließ. Nachdem jedoch die Vietcong hier in den 60er Jahren einen Stützpunkt errichtet hatten, wurden viele einzigartige Gebäude von amerikanischen B-52-Bombern zerstört, allen voran der bemerkenswerte Turm A1. Die Krater auf dem Gelände und das mit Einschusslöchern durchsetzte Mauerwerk zeugen von dieser tragischen Episode in der Geschichte My Sons.

Nachfolgend werden einige der beachtenswerteren Gebäude beschrieben, doch am meisten hat man von einem Besuch in My Son, wenn man einfach der Nase nach in Ruhe über das Gelände streift. Dabei sollte man sich aber auf keinen Fall zu weit von den Türmen und gekennzeichneten Wegen entfernen, denn im Boden lauern möglicherweise noch **nicht detonierte Minen**!

🕓 tgl. 6.30–16.30 Uhr, Eintritt US$3,50 einschließlich 3 km Jeep-Transport vom Ticketbüro bis zu den eigentlichen Ruinen.

Gruppen B, C und D

Die interessantesten Gruppen der Ruinen von My Son sind die Einheiten B, C und D, bei deren Betrachtung man sich mit ein wenig Fantasie vorstellen kann, wie ein solcher Tempelkomplex und das Leben dort während der Blüte von My Son ausgesehen haben mag.

Archäologen gehen davon aus, dass **Gruppe B** der geistige Mittelpunkt von My Son war. Vom zentralen *kalan* (Tempelturm), dem **Heiligtum B1**, ist neben dem Sockel nur noch ein Lingam übrig, der vor ein paar Jahren unter dem Fundament entdeckt wurde. Ganz in der Nähe wurden in Stein gemeißelte Grabinschriften gefunden, die darauf hinweisen, dass das Gebäude dem Gottkönig Bhadresvara, einem Mischwesen aus Shiva und König Bhadravarman (4. Jh.), geweiht war und im 11. Jh. unter König Harivarman IV. an der Stelle eines früheren Holztempels errichtet wurde. Im Gegensatz zu B1 befinden sich andere Bauwerke der Gruppe B noch in relativ gutem Zustand, vor allem der beeindruckende **Lagerraum B5** mit seinem gewölbten, bootsförmigen Dach, dessen Außenwände mit Ziersäulen und Götterstatuen geschmückt sind. Im sich nach oben verjüngenden Inneren wurden früher Votivgaben und andere rituelle Gegenstände aufbewahrt. An der Westmauer zeigt ein sehr schönes Basrelief zwei Elefanten, die ihren Rüssel um den Stamm einer Kokospalme schlingen. Die Skulptur des unter den 13 Köpfen des Schlangengottes Naga sitzenden Vishnu zierte einst das Dach von **B6**, fiel aber den Bombardierungen im Vietnamkrieg zum Opfer – im Gegensatz zu dem ovalen Behälter für das heilige Wasser im Innern, das für Reinigungszeremonien und rituelle Waschungen der Statuen verwendet wurde. Die zwei kleineren Tempel **B3** und **B4** an der Südseite von B1 waren Shivas Kindern Skanda und Ganesha geweiht. Im Umkreis der Gruppe B sind die Überreste von sieben kleinen Schreinen postiert, die zu Ehren der Götter der Elemente und der Wächter der Himmelsrichtungen errichtet wurden.

Östlich des Fundaments von B1 und in exakter Ausrichtung mit ihm befindet sich **D1** (s.u.), die

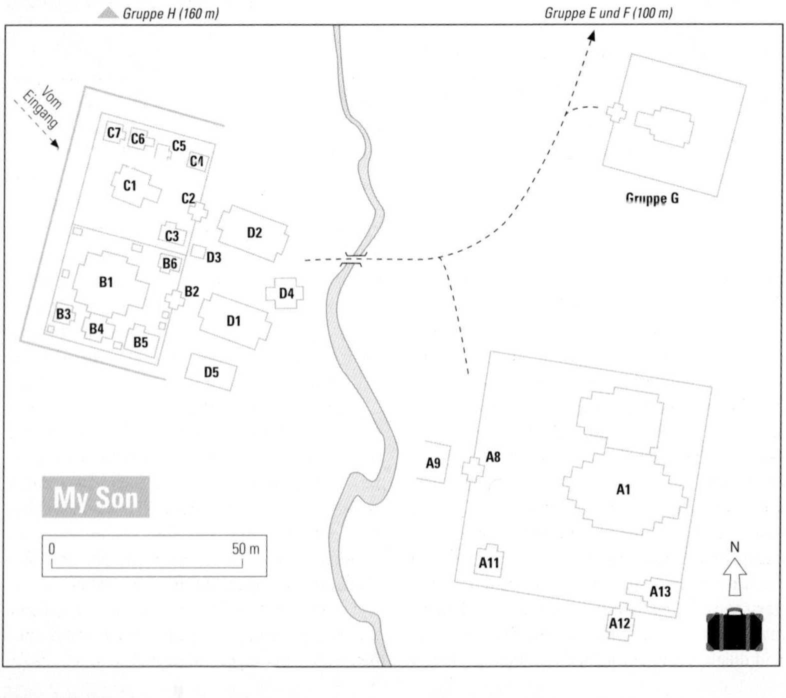

ehemalige *mandapa* (Halle), wo die Priester meditierten, bevor sie durch das inzwischen verfallene Tor **B2** zum Gottesdienst gingen.

Eine ähnliche Anordnung findet sich nebenan in der **Gruppe C**, die sich deutlich vom Komplex B unterscheidet und ursprünglich durch eine Mauer von ihr getrennt wurde. Der zentrale *kalan* **C1** steht auch heute noch und ist recht gut erhalten, wenngleich sich die Shiva-Statue, als deren Behausung er ursprünglich gebaut wurde, längst im Museum von Da Nang befindet. In C1 wird nur noch der Sockel von den Statuen stehender Götter an den Wänden bewacht, die ebenso bleiben durften wie der mit Reliefs versehene Sturz über dem Eingang.

Östlich von B und C bilden zwei längliche, mit Fenstern versehene Meditationshallen die **Gruppe D**. Sie wurden später zu bescheidenen **Galerien** umfunktioniert. Die bereits erwähnte **D1** beherbergt einen Lingam, die Überreste eines Shiva-Reliefs und eine Statue von Nandi, Shivas heiligem Reitstier. **D2** enthält eine schöne Darstellung des tanzenden, vielarmigen Shiva sowie eine beeindruckende Statue von Vishnus Fahrzeug Garuda neben der zum östlichen Eingang führenden Treppe. Da zwischen den beiden Galerien mehrere Steintafeln mit Sanskrit-Inschriften liegen, wurde dieser Bereich von frühen Archäologen als **Stelenhof** bezeichnet. Außer den Grabtafeln standen früher auch Altäre und Götterstatuen in diesem Hof, von denen heute nur noch die Sockel übrig sind, an deren Seiten sich Reliefs mit Abbildungen tanzender Frauen befinden, die ihre Arme zu den Göttern erheben.

Weitere Gruppen

Von Gruppe D weisen Schilder den Weg in östlicher Richtung zu den Gruppen A und G. Besonders verheerend waren die Bombenschäden in der Umgebung von **Gruppe A**, wo von dem einst spektakulären *kalan* **A1** nur noch ein Haufen umgestürzter Säulen und Stürze übrig ist, der an ein zusammengefallenes Kartenhaus erinnert. Ungewöhnlich war die Tatsache, dass A1 über einen östlichen und einen westlichen Eingang verfügte. Im Innern wird der riesige Sockel eines Lingam von mehreren 15 cm großen, fein ausgearbeiteten Figuren im Gebet umgeben. Auf dem Weg vom Komplex der Gruppen B, C und D zu A1 kommt man an der *mandapa* **A9** und dem Tor **A8** vorbei. **A11** diente früher einmal als Lagerraum.

Von der 60 m nördlich von Gruppe A auf einem Hügel gelegenen **Gruppe G** sind ebenfalls nur noch Ruinen erhalten. In den Ecken des Hauptheiligtums sind noch groteske Figuren mit Hörnern, scharfen Reißzähnen und Glupschaugen auszumachen. In der südwestlichen Ecke des *kalan* steht der mit Brüsten verzierte Sockel eines Lingam.

Transport

Die meisten Besucher kommen im Rahmen einer **geführten Tour** aus Hoi An hierher (US$2 p.P. plus Eintritt, Anbieter s.S. 362, Touren). Eine beliebte Alternative für einen Teil des Rückwegs besteht in einer Bootsfahrt mit Zwischenstopps bei zwei Holzschnitzerdörfern am Fluss (US$4 plus Eintritt). Inzwischen besteht aber dank einer bei Duy Xuyen Richtung Westen nach My Son von der Nationalstraße 1 abzweigenden Schotterstraße auch die Möglichkeit, ein **Motorrad** in Hoi An zu leihen und die Stätte in Eigenregie zu besuchen. Wer sich dafür entscheidet, sollte am besten früh da sein (gegen 7 Uhr), um den Massen und der Hitze zu entgehen.

Da Nang

Am Südufer einer ausgedehnten, gut geschützten Bucht liegt Da Nang, der größte Hafen Zentralvietnams und die drittgrößte Stadt des Landes. Ihren stärksten Wachstumsschub erfuhr die Stadt während des Vietnamkriegs, als in dem benachbarten Luftstützpunkt das größte Kontingent von US-Truppen in ganz Südvietnam stationiert war. Wer heute durch das Zentrum Da Nangs schlendert, wird aber eher die ehemalige Präsenz der Franzosen spüren, die in den grünen Boulevards und Kolonialbauten an der Flusspromenade offenkundig wird. Hält man sich die Größe der Stadt mit rund 700 000 Einwohnern sowie ihre Geschichte und ihre Rolle als Verkehrsknotenpunkt mit wichtigen Straßen-, Eisenbahn- und Flugverbindungen vor Augen, kommt Da Nang als unerwartet liebenswerter Ort daher.

Auch wenn das **Cham-Museum** mit seiner einzigartigen Sammlung von Skulpturen die einzige bedeutende Sehenswürdigkeit Da Nangs ist, eignet sich die Stadt gut als Ausgangsbasis für die Erkundung des umliegenden Küstenabschnitts. Einige der besten **Strände** Vietnams liegen nur wenige Kilometer außerhalb der Stadt (s.S. 379). Die etwas weiter entfernten Ziele My Son und Hoi An können im Rahmen von Tagesausflügen besucht werden.

Geschichte

Während des 16. und 17. Jhs. ankerten die auf das Entladen in Faifo (Hoi An) wartenden Handelsschiffe gern in der nahe gelegenen Bucht von Da Nang, bis Hoi Ans Flussmündung schließlich versandete und sich Da Nang zu einem wichtigen eigenständigen **Hafen** entwickelte. Ab 1802, als Hué zur Hauptstadt Vietnams wurde, diente Da Nang als Hauptankunftsort für ausländische Delegationen. Der neue Kaiser Gia Long hatte Frankreich schon zuvor als Gegenleistung für die Unterstützung bei seiner Thronbesteigung einen Stützpunkt in Da Nang (das bei den Franzosen **Tourane** hieß) versprochen, der aber erst 1888 Wirklichkeit wurde, nachdem die Franzosen den Hafen wiederholt angegriffen hatten.

Als Vietnam 1954 entlang des nur 200 km nördlich von Da Nang verlaufenden 17. Breitengrades geteilt wurde, bot sich die Stadt als Basis für die Bomberverbände an, die von hier aus leicht auf das von den Kommunisten beherrschte Territorium vordringen und Schläge gegen den weiter westlich verlaufenden Ho-Chi-Minh-Pfad führen konnten. Die Stadt wuchs ebenso schnell wie der südvietnamesische Luftstützpunkt der Amerikaner und erhielt nach 1965 noch einen weiteren Schub, als die Vereinigten Staaten ihre Kriegsanstrengungen deutlich verstärkten. Angekündigt wurde dies durch die Ankunft der ersten amerikanischen Bodentruppen am 8. März 1965. Als eine aus zwei Bataillonen der US-Marines bestehende Vorhut am Strand Nam O (Red Beach) in der Bucht von Da Nang an Land ging, lieferten sie der Presse willkommene Fotomotive mit amphibischen Landefahrzeugen, Hubschraubern und jungen Vietnamesinnen, die ihnen Blumenkränze überreichten. Die Marines waren abkommandiert worden, Da Nangs mächtigen **US-Luftwaffenstützpunkt** zu verteidigen. Mit den unablässig eintreffenden Kontingenten wurde die Militärbasis immer größer, sodass sich Da Nang schließlich zu einer Art amerikanischen Kleinstadt entwickelte. Die meisten US-Soldaten bekamen bei der Ankunft auf dem Militärflugplatz von Da Nang ihren ersten Eindruck von Vietnam. Ihre Erholungspausen von den Einsätzen verbrachten die GIs mit Vorliebe am berühmten **China Beach**.

Zur gleichen Zeit schwoll die Bevölkerung der Stadt um Tausende **Flüchtlinge** an, bei denen es sich größtenteils um Dorfbewohner handelte, die aus den „Freifeuerzonen" evakuiert worden waren, aber auch um Menschen, die hier einfach nur Geld verdienen wollten – Arbeiter, Köche, Wäscherinnen, Zuhälter, Prostituierte und Drogenhändler lebten alle zusammen in der Umgebung der Militärbasis in einer Art Slum mit der Bezeichnung „Dogpatch" (Hunderevier). Da Nangs Bevölkerung stieg von 20 000 in den 40er Jahren auf über 50 000 im Jahr 1955 bis auf schätzungsweise eine Million während des Vietnamkriegs. Die Militärbasis und ihre Umgebung wurde regelmäßig von nordvietnamesischen Mörsern unter Beschuss genommen, doch zu den gewalttätigsten Ausbrüchen kam es, als zwei südvietnamesische Generäle sich hier auf einen Machtkampf einließen. Im Zuge seiner offenen Buddhistenverfolgung entmachtete Vize-Luftwaffenmarschall Ky, damals Ministerpräsident Südvietnams, im März 1966 General Thi, den beliebten regionalen Machthaber in Hué. Daraufhin kam es zu Demonstrationen, die sich von Hué bis nach Da Nang ausbreiteten, wo loyale Thi-Truppen in einer Art **kleinem Bürgerkrieg** den Flugplatz unter ihre Kontrolle brachten. Nach einigen Muskelspielchen ließ Ky den Aufstand zwei Monate später gewaltsam niederschlagen, wobei mehrere Hundert Aufständische und viele Zivilisten ums Leben kamen. In dem vorhergehenden Chaos hielten die belagerten Rebellen kurzzeitig 40 westliche Journalisten in Da Nangs größter Pagode, Chua Tinh Hoi, als Geiseln fest, während die Buddhisten auf der Straße demonstrierten.

Als die Nordvietnamesische Armee schließlich am 29. März 1975 einmarschierte, um Da Nang zu befreien, schlug ihnen kaum noch Widerstand entgegen. Kommunistische Einheiten hatten sich bereits ihren Weg Richtung Süden gebahnt, während die südvietnamesischen Soldaten in Panik einen Platz in einem Flugzeug oder auf einem Schiff zu ergattern versuchten und dabei auch auf unbewaffnete Zivilisten schossen. Viele ertranken bei dem Versuch, die Fischerboote schwimmend zu erreichen; Flugzeuge und Panzer wurden einfach dem Feind überlassen. Binnen kurzer Zeit war Da Nang so gut wie leer gefegt von südvietnamesischen Soldaten, die die mächtige Militärbasis „einem Dutzend Vietcong-Kadern überließen, die weiße Taschentücher auf der Ladefläche eines Lkw schwenkten", wie es der Journalist John Pilger beschrieb. Nach 1975 wurden mehrere Tausend in Da Nang lebende Flüchtlinge wieder in ihre Heimatdörfer umgesiedelt oder zur Urbarmachung von Land in die Provinz geschickt. Da Nangs militärische Fraktion verfügt auch heute noch über beträchtlichen Einfluss, der jedoch insgesamt langsam schwindet, was sich auch darin zeigt, dass in der Stadt inzwischen ein liberaleres Klima herrscht, der Argwohn gegenüber Ausländern nachlässt und die regionale Wirtschaft einen Aufschwung zu verzeichnen hat.

1997 wurde Da Nangs Verwaltung von der Provinz Quang Nam getrennt und in die Hände der Zentralegierung gelegt, womit sich die Stadt jetzt in der Gesellschaft von Hanoi, Ho-Chi-Minh-Stadt und Hai Phong befindet. Dieser Schritt ist Teil eines Vorhabens, Da Nang sowohl auf nationaler wie auch internationaler Ebene als regionales Tourismus- und Handelszentrum zu etablieren. Die Stadt hofft auch, von der groß angekündigten „Trans-Asien-Verbindung" zu profitieren, dem geplanten Ausbau der durch Laos verlaufenden Südostasienroute 9, die Vietnam mit Thailand verbindet. Hohe Priorität genießt daneben die Verbesserung der städtischen Infrastruktur: Auf dem Luftweg bestehen bereits Direktverbindungen mit Bangkok, Hongkong und Siem Reap, die neuen Hafenanlagen nördlich der Stadt in Lien Chieu sind fertig, und die dringend benötigte Brücke über den Han-Fluss ist für den Straßenverkehr freigegeben.

Orientierung

Das längliche Oval Da Nang nimmt eine kleine Landspitze ein, die von Süden her in die Bucht von Da Nang ragt. Die Stadt richtet sich nach Osten aus, wo die Uferpromenade **Bach Dang** am Han-Fluss verläuft. Auf der anderen Seite des Flusses schützt die schmale Halbinsel Son Tra die Stadt vor dem Südchinesischen Meer. Der Straßenplan folgt in etwa einem Gittermuster um die beiden Hauptstraßen **Le Duan** und **Le Loi/Phan Chu Trinh**. Das kommerzielle Herz Da Nangs schlägt in der **Hung Vuong** und deren Umgebung zwischen den beiden zentralen **Märkten**, dem großen und beinahe erdrückenden Cho Con im Westen und dem bedächtigeren Cho Han am Fluss. Zwei Blocks südlich des Han-Marktes erstreckt sich jenseits der lachsfarbenen Kathedrale das koloniale Da Nang mit einigen Holz- und Stuckhäusern am östlichen Ende der **Tran Quoc Toan**. Wer von dort nach rechts in die Bach Dang einbiegt, erreicht nach 750 m Fußweg am Fluss entlang das **Cham-Museum**, die einzige wirkliche Touristenattraktion der Stadt. Geht man die Bach Dang nach links Richtung Norden, kommt man an einigen schön restaurierten Verwaltungsgebäuden aus der französischen Ära vorbei, in denen heute zum Teil Volkskomitees und Hotels untergebracht sind.

Das Cham-Museum

Selbst wer sich nur auf der Durchreise befindet, sollte ein Stündchen für das kleine Cham-Museum in der 2 Duong 2 Thang 9 reservieren. Das gilt vor allem, wenn die Cham-Ruinen von My Son auf dem Besichtigungsplan stehen. Es sollte erwähnt werden, dass es sich bei der am Kiosk erhältlichen Broschüre *Cham Sculpture Museum* (US$1,30) eher um eine akademische Arbeit mit historischem Hintergrund über die künstlerische Entwicklung der Cham handelt als um einen Führer durch die Ausstellung.

Das Museum liegt inmitten eines Parks mit Frangipani-Bäumen am südlichen Ende der Bach Dang. Die ausgestellten Figuren aus Terrakotta und Sandstein sind anmutig, manchmal auch streng, und verschaffen dem Betrachter einen faszinierenden Einblick in eine von den Künsten inspirierte Kultur, die über ein Jahrtausend den größten Teil des südlichen Vietnam beherrschte (Näheres zum Königreich Champa s.S. 316/317, Kasten). Ende des 19. Jhs. begannen französische Archäologen mit dem Sammeln von Statuen, Friesen und Altären, die aus den einst im Hinterland von Da Nang verstreuten blühenden Städten und Heiligtümern der Cham stammten. Das Museum wurde 1916 von den Franzosen in einem attraktiven Gebäude eingerichtet, in dessen Gestaltung auch Cham-Motive eingeflossen sind. Es handelt sich zweifelsohne um die weltweit umfangreichste Sammlung von Cham-Kunst, doch viele der besten Statuen sollen außer Landes geschafft worden und in europäischen Privatsammlungen gelandet sein.

Ein längst überfälliger Anbau im hinteren Bereich des Museums soll 2004 fertig gestellt werden,

Da Nang
0
500 m
Monkey Mountain (10 km), Bai But (7 km)
My Khe (China) Beach (2 km)
Son Tra-Halbinsel
Bucht von Da Nang
NGO QUYEN
BACH DANG DONG
NGUYEN CONG TRU
BACH
HAN-BRÜCKE
Han-Markt
VID Public Bank
Konsulat von Laos
THAN QUY CAP
LY THUONG KIET
NGUYEN DU
LY TU TRONG
TRUNG
An Phu Tourist
Vietnam Airlines
LE DUAN
PHAN DINH PHUNG
TRANH DAO
YEN BAI
HUNG VUONG
NG THAI HOC
NGUYEN CHI THANH
LE LOI
Polizeiwache
JUANG
Vietcombank
Vietnamtourism
NGUYEN THI MINH KHAI THI
Cao Dai-Tempel
NGO GIA TU
Con-Markt
DONG DA
ONG ICH KHIEM
LY THAI TO
CAO VAN
HAI PHONG
Bahnhof Da Nang
1
2
3
4
5
A
B
C
D
E
F

My Khe (China) Beach (3 km)
Non Nuoc-Strand, Marmorberge (15 km), Hoi An (32 km)
Busbahnhof Lien Tinh (500 m), Nationalstr. 1
Da Nang Airport (1 km)
Han
Anleger für Tragflügelboote
Cham-Museum
Kathedrale
Incombank
ATM
Danatours
BACH DANG DONG
NGUYEN VAN TROI BRIDGE
NGUYEN VAN TRO
BACH DANG
TRAN PHU
TRAN QUOC TOAN
THAI PHIEN
LE HONG PHONG
HOANG VAN THU
LE DINH DUONG
PHAN CHU TRINH
HOANG DIEU
TRUNG NU VUONG
ONG ICH KHIEM
NGUYEN VAN LINH
NGUYEN TRI PHUONG
N
Einbahnstraße
Übernachtung:
Bamboo Green Central 9
Bamboo Green Riverside 5
Daesco 7
Dai A 8
Da Nang 2
Elegant 3
Hai Van 4
Saigon Tourane 1
Tan Minh 6
Tien Thinh 10
Essen und Sonstiges:
Bamboo Bar C
Cool Spot & Christie's Restaurant F
Hana Kim Dinh D
Kim Do H
Mien Trung B
Phi Lu G
Tu Tai E
Viet Nam A

doch bis dahin sind die Exponate noch nach ihrem jeweiligen Ursprungsort in vier Räumen untergebracht: Im vom Eingang aus gesehen linken Flügel stehen Skulpturen aus My Son (4. bis 11. Jh.), im angrenzenden Gebäude Bildhauereien aus Tra Kieu (Simhapura, 4. bis 10. Jh.), in einem Raum dahinter Stücke aus Dong Duong (Indrapura, 8. bis 10. Jh.) und schließlich im rechten Flügel Skulpturen aus der Provinz Binh Dinh (11. bis 15. Jh.). Immer wiederkehrende Motive der Cham-Kunst sind Löwen, Elefanten und Hindu-Gottheiten, allen voran Shiva, der Gründer und Beschützer von Champa, der entweder als energischer Mann mit vollen Lippen oder als Lingam dargestellt wird. Daneben finden sich aber auch Darstellungen von Vishnu, Garuda, Ganesha und dem Stier Nandi. Buddha-Figuren nahmen in der Indrapura-Kunst des 9. Jhs., einer Periode der schrittweisen Aufnahme von indonesischen und Khmer-Elementen, eine bedeutende Stellung ein. Das auffälligste Motiv aber ist Uroja, eine weibliche Brust als Symbol für die „Mutter" aller Cham-Könige.

Die ersten beiden Räume sind eine Demonstration von Cham-Kunst auf dem Höhepunkt ihrer Blüte. Ein massiver, quadratischer Altarsockel aus dem späten 7. Jh. aus dem Tempelzentrum My Son gilt als Meisterwerk der frühen Handwerkskunst der Cham, vor allem sein Fries mit der Abbildung von Tänzerinnen und einem Flötenspieler. Als absoluten Zenit der künstlerischen Fertigkeiten betrachten die meisten Experten und Laien jedoch die beiden geschmeidigen Tänzerinnen mit Mona-Lisa-Lächeln, deren weiche, rundliche Körper scheinbar nur von Perlenketten verhüllt werden. Sie sind im zweiten Raum zu sehen. Das beherrschende Exponat der Tra Kieu-Periode ist ein monumentaler Altar aus dem 7. Jh., dessen Sockelfries mit Szenen von der Hochzeit der Prinzessin Sita aus dem hinduistischen Epos *Ramayana* versehen ist.

Als sich das Volk der Viet im 11. Jh. immer weiter nach Süden ausbreitete, zogen sich die Cham gezwungenermaßen zurück, und ihre Bildhauerei entwickelte einen kühnen kubischen Stil. Diese Arbeiten sind zwar nicht so fein wie die früheren Werke, aber dennoch bestechen die stämmigen Fabeltiere aus dieser Periode durch einen eigenen, spielerischen Charme und erfreuliche Robustheit. ⌚ tgl. 7–17 Uhr, Eintritt US$1,30.

Cao Dai-Tempel

Da Nangs 1956 erbauter Cao Dai-Tempel steht gegenüber dem Krankenhaus in der 63 Hai Phong und rangiert in seiner Bedeutung gleich hinter seinem großen Bruder in Tay Ninh (s.S. 207). Ein älterer Erzbischof leitet unter Mithilfe von 15 Priestern eine Gemeinde, die angeblich 50 000 Mitglieder zählt. Der nur selten von Touristen besuchte Tempel ist eine kleinere und schlichtere Version von Tay Ninh. Im Innern dominieren das allsehende Auge des Höchsten Wesens und Gemälde der wichtigsten Heiligen des Caodaismus, nämlich Laotse, Konfuzius, Jesus und Buddha (Einzelheiten zur Glaubenslehre der Caodaisten s.S. 115–117). Von 1975 bis 1986 war das Gebäude gesperrt, und es durften keine Gottesdienste abgehalten werden. Inzwischen versammeln sich die Gläubigen wieder viermal am Tag um 6, 12, 18 und 24 Uhr zum Gebet. Die Öffnungszeiten des Tempels sind aber unberechenbar. Falls gerade kein Gottesdienst stattfindet, steht man möglicherweise vor verschlossenen Türen.

Übernachtung

Die meisten Hotels in Da Nang sind entweder auf Geschäftsleute oder Reisegruppen eingestellt. In der Nebensaison ist es durchaus möglich, den Preis zu drücken, doch für Budget-Traveller bietet Hoi An insgesamt wesentlich mehr Auswahl und attraktivere Unterkünfte. Die Hotels liegen überall im Zentrum Da Nangs verstreut, die teureren konzentrieren sich in der Bach Dang und deren Nebenstraßen. Wer gern am Meer übernachtet, findet am nahe gelegenen My Khe-Strand das luxuriöse Resorthotel Furama (s.S. 380).

Bamboo Green Central**, 158 Phan Chu Trinh, ✆ 822996, ✉ bamboogreen1@dng.vnn.vn. Nobles, bei Reisegruppen und Geschäftsleuten beliebtes Hotel mit ordentlichen, wenngleich etwas farblosen Zimmern. Alles in allem eines der besten Hotels der Stadt.

Bamboo Green Riverside**, 68 Bach Dang, ✆ 832591, ✉ riversidets@dng.vnn.vn. Der neueste Spross der Bamboo-Kette ist etwas billiger, hat aber auch kleinere Zimmer, davon einige mit Balkon und die meisten mit Blick auf den Fluss. Internet-Zugang, Restaurant, Bar und Reiseschalter.

Cao Dai-Tempel in Da Nang

Daesco*, 155 Tran Phu, ✆ 892807, ✉ daescohotel@dng.vnn.vn. Weiteres Business-Hotel mit vernünftig ausgestatteten Zimmern, alle mit Balkon; es lohnt sich aber, etwas draufzulegen für die besser eingerichteten „Superior"-Zimmer. Internet-Zugang, Fitness Center und Restaurant im obersten Stockwerk.

Dai A*, 51 Yen Bai, ✆ 827532, ✉ daiahotel@dng.vnn.vn. Das gastfreundliche Haus in zentraler Lage bietet einfache, aber gepflegte ac-Zimmer mit Bad und Satelliten-TV. Beliebte Option für die etwas kleinere Brieftasche.

Da Nang*–*, 1–3 Dong Da, ✆ 821986, ✉ dananghotel@dng.vnn.vn. Im renovierten Westflügel des ausgedehnten Komplexes, der einst den Offizieren der US Army als Quartier diente, gibt es recht komfortable ac-Zimmer mit Telefon und Satelliten-TV. Wer sich in den ganz billigen Zimmern des heruntergekommenen und schmuddeligen Ostflügels einquartiert, muss schon ziemlich verzweifelt sein.

Elegant**, 22A Bach Dang, ✆ 892893, ✉ elegant@dng.vnn.vn. Effizientes Business-Hotel am Flussufer, das seinem Namen alle Ehre macht. Sowohl durch das Dekor als auch durch die Qualität der Einrichtungen hebt sich das Hotel von seinen Konkurrenten in dieser Preisklasse ab. Restaurant, Bar, kleines Business Center und Geldwechsel.

Hai Van**–*, 2 Nguyen Thi Minh Khai, ✆ 821300, 📠 821300. Könnte ein paar Eimer Farbe vertragen, doch ansonsten ein vernünftiges Budget-Hotel mit gutem Preis-Leistungs-Verhältnis. Große, einfache ac-Zimmer mit Bad, Warmwasser, TV und Telefon, weitere Annehmlichkeiten gegen Aufpreis.

Saigon Tourane**, 5 Dong Da, ✆ 821021, 💻 www.saigontourane.com.vn. Das exklusivste Hotel der Stadt erfreut durch ein Restaurant mit internationaler Küche, Piano-Bar, Wellness Club und Business Center. Die 82 Zimmer sind etwas farblos, aber sehr komfortabel und entsprechen dem 3-Sterne-Standard. Leider etwas abgelegen.

Tan Minh, 142 Bach Dang, ✆ 827456, ✉ tanminhhotel@dng.vnn.vn. Beliebtes Hotel am südlichen Ende der Uferpromenade unweit des Cham-Museums. Schlichte, aber angemessene ac-Zimmer mit Telefon und Kühlschrank. Die im hinteren Bereich sind ruhiger und ein klein wenig billiger.

Tien Thinh, 448 Hoang Dieu, ✆ 834566, ✉ tthotel@dng.vnn.vn. Kleines, gastfreundliches Hotel mit gutem Service und ausgezeichnetem Preis-Leistungs-Verhältnis. Helle und einwandfreie Zimmer mit Badewanne, Satelliten-TV und IDD-Telefon als Standard. Einziger Nachteil ist die Lage außerhalb des Zentrums.

Essen

Wenn es um das leibliche Wohl geht, herrscht in Da Nang kein Mangel, denn hier findet sich alles, vom einfachen Straßenstand bis zum Luxusrestaurant. Viele Speiselokale konzentrieren sich am westlichen Ende der Hai Phong und in den Straßen südlich der Hung Vuong, vor allem in der Nguyen Chi Thanh. Einen Snack am Vormittag versprechen die kleinen **Bäckereien** am nördlichen Ende der Phan Chu Trinh. Daneben gibt es ein paar ganz anständige **Kneipen**, wo man unter anderem ein Pils der einheimischen Sorten *Da Nang Export* und *Bière la Rue* zischen kann.

Bamboo Bar, 11 Bach Dang. Gemütliche Mischung aus Kneipe und Restaurant mit billigem Bier, guter Musik, Pool-Billard zum Nulltarif und luftiger Terrasse. Leckere hausgemachte Speisen nach westlicher und vietnamesischer Art zu vernünftigen Preisen, z.B. Kartoffelpüree, gebackener Thunfisch mit Gemüse und Frühlingsrollen. Fahrrad- und Motorradverleih.

Cool Spot and Christie's Restaurant, 112 Tran Phu. Bar und Restaurant in japanisch-australischem Besitz. Reicht nicht ganz an die Atmosphäre der Bamboo Bar heran, ist aber die richtige Adresse für einen Zitronenkuchen oder *yakitori* (Geflügelspieße) zwischendurch. Essen kann man an der Bar oder im Restaurant im Obergeschoss, wo sich auch eine kleine Bücherbörse befindet.

Hana Kim Dinh, 15 Bach Dang. Da Nangs Variante des vornehmen Speisens in einem schwimmenden Restaurant nördlich der Han-Brücke, entweder im ac-Speisesaal oder draußen auf den Terrassen, aber nicht so teuer wie es aussieht. Qualitativ guter Mix aus westlichen und asiatischen Gerichten mit Fischspezialitäten. Alternativ kann man sich auch auf einem der bequemen Rohrstühle niederlassen, um einfach nur in Ruhe etwas zu trinken.

Kim Do, 180 Tran Phu. Da Nangs bekanntestes Restaurant serviert eine breite Palette an chinesischen Gerichten. Komfortables Speisen im klimatisierten Saal bei sanfter Musik und aufmerksamem Service, wenngleich für manchen ein wenig zu touristisch. Die Portionen sind nicht immer die größten, aber bei vernünftiger Auswahl kann man hier für ca. US$10 p.P. recht gut essen. Wer seine Dong locker sitzen hat, kann sich hier auch ein Seeschwalbennest für US$16 genehmigen.

Mien Trung, 9 Bach Dang. Großes, zur Straße offenes Restaurant am Fluss, das vorwiegend von Einheimischen frequentiert wird. Das minimale Dekor wird durch eine große Auswahl an preiswerten vietnamesischen Gerichten wieder wettgemacht. Hungrig geht hier niemand nach Hause.

Phi Lu, 225 Nguyen Chi Thanh. Quirliges und von Einheimischen bevorzugtes chinesisches Restaurant. Nicht so vornehm und stilvoll wie das Kim Do, aber auch nicht so teuer – Hauptgerichte um US$2–3, oder ein sättigendes Gericht mit Nudeln oder gebratenem Reis für knapp über US$1.

Tu Tai, 62 Hai Phong. Die locker-flockige Straßenküche serviert leckeren *com ga* (Reis mit Hühnchen) und weitere Reisgerichte. Sollte kein Platz mehr frei sein, sind auch die Nudeln bei *Mi Quang* auf der anderen Straßenseite nicht schlecht.

Viet Nam, 53–55 Ly Tu Trong. Der Weg zu diesem ausgezeichneten und beliebten Restaurant lohnt sich wegen der gut zubereiteten und preiswerten Gerichte in kleinen, mittleren oder großen Portionen. Tipp: frische Forelle.

Sonstiges

GELD – ***Incombank***, 36 Tran Quoc Toan. Wechselt Reiseschecks und zahlt Bargeld gegen Kreditkarte aus.

VID Public Bank, 2 Tran Phu. Bietet einen eingeschränkten Service für die Hotels im Norden der Stadt.

Vietcombank, 140 Le Loi. Zahlt Bargeld gegen Kreditkarte und Reiseschecks aus und unterhält einen rund um die Uhr geöffneten Geldautomaten vor dem Orient Hotel in der 97 Phan Chu Trinh.

INFORMATIONEN – Einen einfachen Informationsdienst unterhält ***An Phu Tourist*** in der 147 Le Loi.

Die Bücherstände am Flussufer verkaufen **Stadtpläne** von Da Nang und englischsprachige Lokalzeitungen.

INTERNET – ***Club Internet***, 90 Hai Phong, hat jede Menge Computer. Zwei weitere Möglichkeiten gibt es in der 51 und 64 Tran Quoc Toan.

MEDIZINISCHE HILFE – **Krankenhaus**:
Benh Vien C, 74 Hai Phong, gegenüber vom Cao Dai-Tempel, ✆ 821480.

POLIZEI – Die **Ausländerpolizei**, 78 Le Loi, ist die richtige Anlaufstelle bei Verlust des Reisepasses oder ähnlichen Schwierigkeiten.

POST – **Hauptpost**, 60 Bach Dang, am Fluss. Der Poste-Restante-Schalter befindet sich aber im **Foreign Services Post Office** in der 66 Le Duan. Weitere **Filialen**: 80 Hung Vuong, 41 Tran Quoc Toan und 20 Dong Da.

REISEBÜROS – ***An Phu Tourist***, 147 Le Loi, ✆ 818366, ✉ anphucndn@yahoo.com. Das effizienteste Reisebüro Da Nangs bietet diverse Tagesausflüge an, die größtenteils auf die Klientel der Budget-Traveller zugeschnitten sind.

Danatours, 25 Hoang Dieu, ✆ 825653, ✉ danamarle@dng.vnn.vn.

Vietnamtourism, 83 Nguyen Thi Minh Khai, ✆ 823660, ✉ vitoursdad@dng.vnn.vn.

SEIDENSTOFFE UND SCHNEIDEREIEN – Mehrere Geschäfte finden sich am nördlichen Ende der Phan Chu Trinh (Tipp: der *Hanh Silk Shop* in der Hausnummer 91), doch die beste Qualität und die günstigsten Preise gibt es in Hoi An.

VISA FÜR LAOS – **Laotisches Konsulat**, 16 Tran Quy Cap, ✆ 821208. Ein 30 Tage gültiges Touristenvisum für Laos kostet ca. US$50–60, ein Transitvisum für 7 Tage US$25–40, je nach Nationalität. In jedem Fall werden zwei Passfotos benötigt und die Visa an Ort und Stelle ausgestellt.

VORWAHL – 0511

Nahverkehrsmittel

Die Erkundung der Stadt zu Fuß ist recht zeitaufwändig, denn Da Nang ist sehr großflächig und die Sehenswürdigkeiten liegen relativ weit auseinander. Viele Hotels, die Bamboo Bar (siehe unter Essen) und Danatours haben einen **Fahrradverleih**, wobei der gängige Tarif ca. US$1 pro Tag beträgt. Es herrscht auch kein Mangel an **Cyclos** und **Honda Oms**.

Mietwagen (US$20–40 pro Tag) mit Fahrer und **Motorräder** für Selbstfahrer (US$5–8) verleihen die Reisebüros und die meisten Hotels.

Ein Taxi kann man über ***Airport Taxi***, ✆ 825555, oder ***Dana Taxi***, ✆ 815815, rufen.

Wer die Umgebung südlich von Da Nang erkunden möchte, kann eine Honda Om nach **Non Nuoc** (Marmorberge und Strand, US$2) oder nach **Hoi An** nehmen. Die einfache Fahrt nach Hoi An (45 Min.) kostet um US$3 einschließlich Wartezeit bei den Marmorbergen. Für die gleiche Tour mit einem Taxi oder Mietwagen werden ca. US$10–15 fällig.

Transport

Wer die Küste hinauf über den spektakulären Hai Van-Pass **Richtung Hué** fahren möchte, hat die Qual der Wahl zwischen der Eisenbahn und der Nationalstraße 1. Auf der Straße geht es wesentlich höher hinaus, sie verläuft aber weiter im Landesinneren und wird oft von Wolken verhüllt.

BUSSE – Die **Open-Tour-Busse** nutzen als Haltestelle in der Regel das Cham-Museum am südlichen Ende der Bach Dang. Die Busse von An Phu Tourist halten dagegen vor dem Büro des Veranstalters in der 147 Le Loi. Die Tourveranstalter (siehe unter Reisebüros) übernehmen Fahrkartenkauf und Reservierung. Auf dem Weg nach Norden legen die Open-Tour-Busse am Hai Van-Pass und am Lang Co-Strand kurze Zwischenstopps ein. Alternativ dazu kann man auch ein Auto mit Fahrer (US$25–45) für die dreistündige Tour mieten und die Landschaft ohne festen Zeitplan genießen.

Eine beliebte Option sind die Open-Tour-Busse nach HOI AN (US$3), die vormittags mit Zwischenstation Marmorberge abfahren und nachmittags direkt durchfahren. Weitere Open-Tour-Busse fahren täglich nach NHA TRANG (US$8–10), DA LAT (US$13–15) und in andere Städte auf der Strecke nach HO-CHI-MINH-STADT (US$16–17).

Der **Busbahnhof** Lien Tinh liegt 4 km westlich des Zentrums in der 33 Dien Bien Phu. Von dort fahren **internationale Busse** direkt nach SAVANNAKHET in Laos (4x wöchentl. Mo, Mi, Do und So um 18.30 Uhr, Fahrtzeit 24 Std., US$17). Sie nutzen den für Ausländer geöffneten Grenzübergang Lao Bao, westlich von Dong Ha (Näheres s.S. 419, Kasten). Dort kommt es häufig zu Verzögerungen, weil die Grenze erst um 7 Uhr öffnet. Fahrkarten gibt es in den Reisebüros und Hotels.

Die **Regionalbusse** nach HUÉ fahren gegenüber dem Lien Tinh-Busbahnhof ab. Die Busse nach HOI AN sind jedoch viel zu voll und unsicher, um ernsthaft in Erwägung gezogen zu werden.

Busse nach: DONG HA (5 Std.); HOI AN (1 1/2–2 Std.); Hué (3–4 Std.); SAVANNAKHET (24 Std.); QUANG NGAI (5 Std.); QUI NHON (11 Std.).

EISENBAHN – Der **Bahnhof** liegt 2 km westlich des Stadtzentrums in der 122 Hai Phong. Auf dem Weg nach Norden überquert die Eisenbahn den spektakulären Hai Van-Pass. Die schnellste Verbindung ist der am frühen Nachmittag abfahrende E2. Tipp: Nach einem Platz auf der rechten Seite fragen, denn nach Osten bietet sich, wenn der Zug an den Klippen entlangfährt, die beste Aussicht.

Züge nach:
HANOI 5x tgl. in 15–20 Std.;
HO-CHI-MINH-STADT 5x tgl. in 16–21 Std.;
HUÉ 5x tgl. in 2 1/2–3 Std.;
NHA TRANG 5x tgl. in 9–12 Std.

FLÜGE – Da Nangs **Flughafen** liegt nur 3 km südwestlich der Stadt. In der Ankunftshalle befinden sich zwei Taxischalter, die Fahrten nach Hoi An für vernünftige US$10 anbieten. Wer in die Stadt möchte, fährt etwas billiger mit einem der vor dem Terminal wartenden Taxis (mit Taxameter höchstens US$2).

Vietnam Airlines bietet mindestens drei Flüge täglich nach HO-CHI-MINH-STADT. Inzwischen gibt es auch internationale Direktverbindungen mit BANGKOK, HONGKONG und SIEM REAP. Wer mit einem internationalen Flug in Da Nang ankommt, sollte wissen, dass man am Flughafen **kein Geld wechseln** kann. Es empfiehlt sich daher, einige kleine Dollar-Scheine mitzunehmen, um das Taxi ins Zentrum bezahlen zu können, wo man dann bei einer der Banken wechseln kann.

Fluggesellschaften:
Pacific Airlines, 35 Nguyen Van Linh, ✆ 583538;
PB Air, am Flughafen, ✆ 656060,
🖳 www.pbair.com;
Siem Reap Airways, 84 Nguyen Van Linh,
✆ 582361;
Vietnam Airlines, 35 Tran Phu, ✆ 821130.

Flüge nach:
BANGKOK 3x wöchentl. in 2 3/4 Std.;
BUON MA THUOT 5x wöchentl. in 1 1/4 Std.;
HANOI 3–5x tgl. in 1 1/4–1 3/4 Std.;
HO-CHI-MINH-STADT 3–6x tgl., 1 1/4–1 3/4 Std.;
HONGKONG 2x wöchentl. in 2 3/4 Std.;
NHA TRANG 1–2x tgl. in 1 1/4 Std.;
PLEI KU 6x wöchentl. in 50 Min.;
SIEM REAP 3x wöchentl. in 1 3/4 Std.

SCHIFFE – Auf der Strecke von Da Nang nach HUÉ verkehrt neuerdings ein **Tragflügelboot**, das 1x tgl. vom Pier vor dem Cham-Museum ablegt. Die Fahrt dauert 2 Std. und kostet ca. US$4.

Die Umgebung von Da Nang

In der Umgebung Da Nangs sind vor allem die zahlreichen **Strände** interessant. Beginnend mit dem Nam O (Red Beach) im Norden, wo die ersten US-Marines an Land gingen, geht es weiter über den breiten und weißen Sandstreifen My Khe, den der Stadt am nächsten gelegenen sauberen Strand – besser bekannt als China Beach –, und schließlich die ganze Küste hinunter über Non Nuoc bis nach Hoi An. Diese Strände sind für internationale Investoren die begehrtesten in ganz Vietnam, wenngleich bislang erst ein einziges Resorthotel an diesem attraktiven und bisher wenig besuchten Küstenabschnitt fertig gestellt wurde. An dieser Stelle ist jedoch eine Warnung angebracht: Diese Küste ist für ihre **heimtückischen Strömungen** berüchtigt, die im Winter, wenn der Monsun aus Nordosten das Meer aufwühlt, besonders gefährlich sind. Tagsüber werden die großen Badestrände von Rettungsschwimmern beaufsichtigt, und die sicheren Stellen zum Schwimmen sind mit Flaggen gekennzeichnet. Die besten Strandmonate sind April bis August, die Hochsaison für vietnamesische Urlauber liegt in den Monaten Juli und August.

Auf dem Weg nach Süden kommt man zunächst an alten Einrichtungen der US Army vorbei, die heute von der Volksarmee genutzt werden, bis plötzlich zur Linken die zweite große Touristenattraktion an diesem Küstenabschnitt ins Bild rückt. Es handelt sich um die so genannten **Marmorberge**, bei denen die Busse auf den Fahrten von oder nach Hoi An meist einen Zwischenstopp einlegen. Die fünf Felskegel aus Kalk- und Marmorgestein sind nicht nur mit zahlreichen heiligen Höhlen durchsetzt, um die sich viele Legenden ranken, sondern auch mit unzähligen Souvenirständen. Seit Generationen ist das Dorf **Non Nuoc** am Fuß der Berge ein Zentrum der Bildhauerei, wo mehr oder minder begabte Steinmetze religiöse Statuen, Gedenksteine und Imitate von Cham-Figuren anfertigen. Noch weiter südlich liegen Hoi An (s.S. 349) und My Son (s.S. 366), die im Rahmen eines Tagesausflugs von Da Nang besucht werden können.

Monkey Mountain

Der Monkey Mountain liegt an der Nordspitze der lang gezogenen Halbinsel Son Tra, die Da Nang und seinen Hafen vor den schlimmsten Auswirkungen der Wintermonsune schützt.

Das hügelige Ende der Halbinsel heißt auf Vietnamesisch Nui Tien Sa, was so viel wie „hinabsteigende Engel" bedeutet, eine Anspielung auf himmlische Wesen, die sich früher der Legende nach des Öfteren zu einer Partie Schach auf dem Gipfel niederließen. Bekannter ist die größtenteils als militärisches Sperrgebiet ausgewiesene Landzunge aber unter der Bezeichnung Monkey Mountain, die sie den hier lebenden wilden Affen verdankt. Gegenwärtig führt eine viel befahrene Landstraße zum 15 km vom Zentrum Da Nangs entfernten Hafen **Tien Sa**, vorbei an europäischen Gräbern aus dem 19. Jh. Ein paar Touristen haben es mit eigenem Fahrzeug schon am Militär vorbei zur ersten Ansammlung von Observatorien in Tien Sa geschafft und von dort ein herrliches Panorama genossen, doch i.A. nehmen Besucher eher die Nordspitze der Landzunge ins Visier, wo man an mehreren Stellen zu Höhlen und Stränden hinabklettern kann.

Eine neue Straße führt jetzt an der Südküste der Landzunge entlang und sorgt für leichteren Zugang zur sandigen Bucht **Bai But**, die rund 8 km vom Stadtzentrum entfernt liegt. Am Wochenende füllt sich der Strand mit Tagesausflüglern aus Da Nang, doch unter der Woche ist dies ein guter Ort, um dem Lärm und hektischen Treiben der Stadt zu entfliehen. Erfrischungen und preiswertes Seafood serviert ein einfaches Restaurant hinter dem Strand. Die Fahrt mit einer Honda Om nach Bai But und zurück kostet um US$5, einschließlich zwei Stunden Wartezeit.

China Beach

Da Nangs nächstgelegener Strand, **My Khe**, erstreckt sich weniger als 3 km südöstlich des Zentrums am südlichen Ende der Son Tra-Halbinsel. Aufgrund der geringen Entfernung zur Stadt ist er bei Tagesanbruch und Sonnenuntergang relativ belebt, tagsüber dagegen größtenteils menschenleer. Besser bekannt ist My Khe unter dem Namen China Beach, denn hier wurden die GIs während des Vietnamkriegs mit Hubschraubern eingeflogen, um sich von den Strapazen ihrer Einsätze zu erholen. Die einzige Unterkunft am Strand ist das nicht gerade billige Hotel *My Khe****–****, ✆ 0511/ 836125, ✆ 836123. Es profitiert sehr von seiner Lage, wobei es sich lohnt, ein wenig mehr für ein Zimmer im Neubau zu bezahlen. Die Stände am Strand verkaufen superfrisches Seafood. Eine Fahrt per Honda Om vom Zentrum dürfte nicht mehr als US$1 kosten.

Weitere 3 km südlich liegt an der Straße nach Hoi An und zu den Marmorbergen der Strand **Bac My An** mit dem 5-Sterne-Hotel *Furama Resort*, ✆ 0511/847888, 💻 www.furamavietnam.com. Der 40-Millionen-Dollar-Bau inmitten dicht bewachsener Gärten gilt als das beste Strandhotel Vietnams. Geboten werden luxuriös ausgestattete Zimmer, internationale Küche, zwei Swimming Pools, ein bewachter Strand und eine Reihe von Freizeitaktivitäten, darunter Tennis, Golf, Tauchen, Kajakfahren auf dem Meer und Windsurfen. Die Preise entsprechen dem hohen Standard von Service und Unterbringung.

Marmorberge

Auf dem weiteren Weg nach Hoi An wird ein unattraktiver Streckenabschnitt schließlich von Vietnams südlichsten Kalksteinfelsen abgelöst, den so genannten Marmorbergen. Trotz des großen Rummels ist nur eine der Höhlen in den Hügeln wirklich sehenswert, aber insgesamt kann man sich an diesem Ort gut die Beine vertreten und herrliche Ausblicke genießen. Für die Besichtigung der Höhlen ist eine Taschenlampe erforderlich, und trotz der guten Beschilderung empfiehlt es sich, am Ticketschalter die Umgebungskarte zu kaufen.

Der lokale Mythos berichtet vom Schildkrötengott, der an dieser Küste ein göttliches Ei ausbrütete, aus dem eine Nymphe schlüpfte; die Schale zerbrach in fünf Teile, die heute von den fünf Hügeln symbolisiert werden.

Schon vor Jahrhunderten kamen die Cham hierher, um ihre hinduistischen Götter zu ehren. Später stellten sie buddhistische Altäre in den Höhlen auf, die sich in der Folge zu einem Pilgerziel entwickelten, das als heilige Stätte sogar von den Nguyen-Kaisern aufgesucht wurde. Als Ho Chi Minh starb, wurde das Marmorgestein aus diesen Bergen für den Bau seines Grabmals in Hanoi verwendet, doch seitdem ist der Abbau verboten. Auf Vietnamesisch heißen die Berge Ngu Hanh Son, eine Anspielung auf die fünf Elemente: Thuy Son (Wasserberg) und Moc Son (Holzberg) östlich der Zufahrtstraße sowie Tho Son (Erdberg), Kim Son (Gold- bzw. Metallberg) und Hoa Son (Feuerberg) westlich davon.

Der mit 107 m höchste und bedeutendste Hügel ist der **Thuy Son** (🕓 5–17 Uhr). Auf seiner südlichen Flanke führen zwei Treppen hinauf, die ursprünglich für den Besuch von Kaiser Minh Mang angelegt wurden. Der Haupteingang westlich der Hauptstraße (aus Da Nang kommend der erste Eingang) führt auf den ausgehöhlten Gipfel, der zu allen Seiten von zerklüfteten Felsen umgeben ist, zwischen denen sich zahlreiche Grotten verbergen. Auf halbem Weg steht an einer Wegkreuzung die **Tam Thai-Pagode**. Wer dort links abbiegt, passiert einen schmalen Hohlweg, geht unter einem natür-

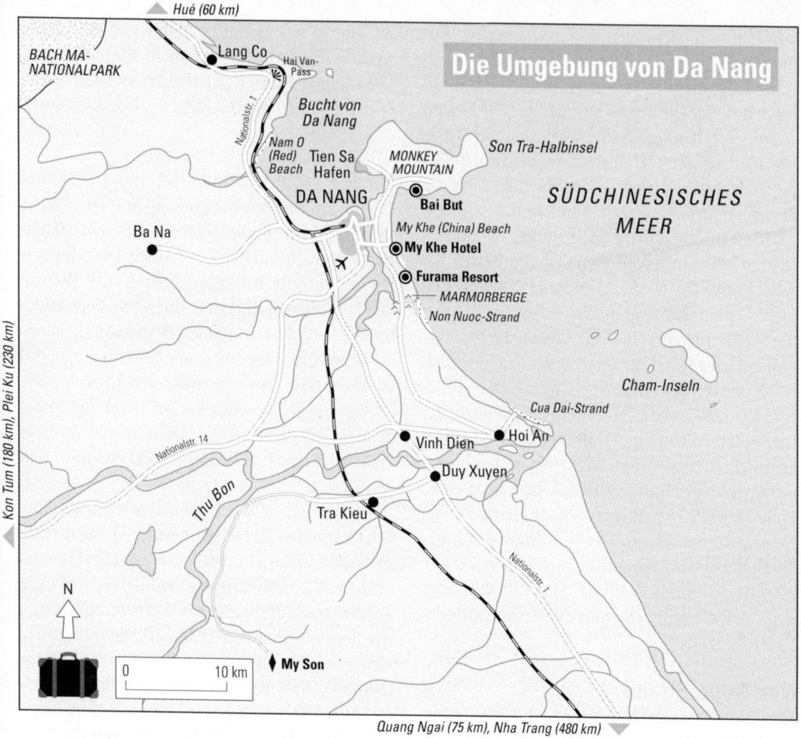

lichen Felsbogen hindurch und betritt schließlich die Vorkammer der beeindruckendsten Grotte inmitten eines ganzen Labyrinths ähnlicher Höhlentempel. Man folgt dem Weg links an der Sandsteinstatue von Quan Am vorbei und geht einige steile, dunkle Treppenstufen hinunter in das unheimliche, von Räucherspiralen durchdrungene Halbdunkel der **Huyen Khong-Höhle**. Geradeaus am jenseitigen Ende der 30 m hohen Grotte befindet sich ein großer, sitzender Buddha, während kleine Altäre und Schreine in seiner Umgebung zu Ehren hinduistischer, buddhistischer, daoistischer und konfuzianischer Gottheiten errichtet wurden. Die Einheimischen weisen gern auf Stalaktiten hin, die faltigen Gesichtern ähneln, doch das Interessanteste an der Höhle ist ihre Decke, durch die mittags die Sonnenstrahlen wie Scheinwerfer eindringen. Eine Wandtafel erinnert an eine treffsichere, aus Frauen bestehende Einheit der Vietcong-Guerilla, die hier während des Vietnamkriegs stationiert war und mit gerade einmal 22 Flugabwehrraketen 19 amerikanische Flugzeuge abschoss.

Auf dem Weg zurück zur Tam Thai-Pagode steigt der unter zwei weiteren Felsbögen hindurchführende Pfad zunächst leicht an, bevor es hinuntergeht in Richtung des östlichen Ausgangs, wobei sich grandiose Ausblicke auf den Non Nuoc-Strand und die Cham-Inseln im Süden sowie den Monkey Mountain im Norden bieten. Auf halbem Weg nach unten kommt man an der **Linh Ung-Pagode** vorbei; dahinter verbirgt sich die **Tang Chon-Höhle**, in der sich neben zwei hinduistischen Altären der Cham aus dem 10. Jh. auch zwei Buddhafiguren befinden, von denen eine sitzt und die andere steht.

Der Weg endet am Fuß des Berges im Dorf **Non Nuoc**. Bereits seit dem 15. Jh. ist dieser Ort von Steinmetzen bewohnt, die ihren Lebensunterhalt aus dem weißen, grauen und rosafarbenen Marmor hauen. Heute werden in den meisten Werkstätten allerdings in Massenproduktion Souvenirs hergestellt, für die eigens Marmor aus der Provinz Thanh Hoa herangeschafft wird. Dennoch ist es faszinierend, den Steinmetzen bei der Arbeit über die Schulter zu gucken – dazu braucht man nur den eindeutigen Geräuschen zu folgen.

Die **Anfahrt** aus Da Nang zu den 12 km entfernten Marmorbergen lässt sich am besten per Auto, Honda Om (US$2) oder Fahrrad bewerkstelligen. Unmittelbar hinter dem ersten Hügel zweigt die Straße Huyen Tran Cong Chua nach links ab, und ein paar Hundert Meter weiter liegt ebenfalls auf der linken Seite der Haupteingang. Unregelmäßig zwischen 7 und 17 Uhr fahren auch Busse aus Da Nang die Phan Chu Trinh hinunter und halten an der Kreuzung in Non Nuoc. Wer sich mit dem beengten Platzangebot abfindet, kann auch einen Pick-up nach Hoi An nehmen und sich in Non Nuoc absetzen lassen. Von Non Nuoc die Küste hinunter nach Hoi An sind es noch weitere 20 km, die sich per Honda Om (US$2) oder im Gedränge eines der vorbeikommenden Busse zurücklegen lassen.

Non Nuoc-Strand

Fährt man vom Dorf Non Nuoc noch 500 m in östlicher Richtung weiter, macht die asphaltierte Straße einen scharfen Rechtsknick und führt schließlich zum Strand Non Nuoc, der als „New China Beach" angepriesen wird.

Der ausgedehnte, fast menschenleere Strand aus sauberem weißen Pudersand liegt weit genug von Da Nang entfernt, um ein relativ ungestörtes Strandvergnügen zu garantieren. In der Nähe des Parkplatzes befindet sich neben mehreren Cafés, Restaurants und Souvenirständen auch das Hotel *Non Nuoc Seaside Resort*, ✆ 0511/836216, 📠 836335. Der Komplex aus den 70er Jahren wurde zur Zeit der Recherche gerade renoviert, um als 4-Sterne-Hotel wieder aufzumachen. Besser ist es, man fährt bis zur Straßenbiegung zurück und dann Richtung Strand, wo sich das äußerst gastfreundliche *Hoa's Place**, ✆ 0511/969216, ✉ hoasplace@hotmail.com, befindet. Es handelt sich um ein herrlich entspanntes Guesthouse, in dem saubere Zimmer zu einem günstigen Preis zur Verfügung stehen und ebenso preiswerte wie gesellige Mahlzeiten angeboten werden. Die Betreiber vermitteln Mietmotorräder (US$3) oder Fahrten per Honda Om nach Hoi An oder Da Nang (einfache Fahrt in beide Richtungen ca. US$2–3).

Ba Na

Der 48 km westlich von Da Nang in 1500 m Höhe gelegene Erholungsort Ba Na bietet eine willkommene Abwechslung von der Küste. Die Sommerfrische wurde in den 20er Jahren des 20. Jhs. von den Franzosen erschlossen. Nach einer kurzen Blütezeit in den 30er Jahren wurde der Ort allerdings schon wieder aufgegeben, um ihn dem Dschungel zu überlassen. Dank der hohen jährlichen Niederschlagsmenge und der konstant bei 17–20 °C liegenden Temperaturen ist der Berg von dichtem Wald bewachsen, der ungefähr 500 Pflanzen- und 250 Tierarten eine Heimat bietet.

In den letzten Jahren haben die lokalen Behörden viel Geld in Ba Na investiert, um die alten französischen Villen in Gästehäuser und Restaurants umzugestalten, Wanderwege anzulegen, eine neue Zufahrtstraße und sogar eine Seilbahn zu bauen – ein Riesenhit bei den Einheimischen, die extra hierher fahren, um die weit unten glitzernden Lichter von Da Nang zu bewundern. Allerdings ist auch die **Aussicht** bei Tag keineswegs zu verachten, denn sie reicht an guten Tagen bis zum Hai Van-Pass, zur Halbinsel Son Tra und zu den Marmorbergen. Wegen des Klimas präsentiert sich die hiesige Bergwelt oft stimmungsvoll in Nebel gehüllt, doch es ist auch typisch für Ba Na, dass es an den unteren Hängen regnet, während der Gipfel häufig über den Wolken liegt und herrlichen Sonnenschein genießt.

Abgesehen vom Ausblick bilden die **Waldwege** die Hauptattraktion von Ba Na. Man kann auf ihnen durchaus einen halben Tag lang zwischen den verfallenen Villen umherspazieren. Es ist aber ratsam, die Sommerwochenenden zu meiden, denn dann kann es hier sehr voll werden.

Die Hin- und Rückfahrt per **Honda Om** von Da Nang kostet ungefähr US$10 einschließlich Wartezeit, ein **Auto** mit Fahrer ist mit rund US$20 zu veranschlagen. In den Reisebüros von Da Nang werden auch diverse **Bustouren** angeboten, die vorzugsweise im Sommer stattfinden und als Tagesausflug ca. US$15 p.P. kosten.

Über den Hai Van-Pass nach Lang Co

Von Da Nang windet sich die Nationalstraße 1 Richtung Norden im Zickzack über den „Wolkenpass" Hai Van und eröffnet dabei großartige Ausblicke auf die Bucht und den leuchtend weißen Sandstrand Lang Co weiter nördlich. Von dort kann man sich auf den Weg in die Berge machen, um die Wanderwege des Bach Ma-Nationalparks (s.u.) zu erforschen. Alle drei Orte können in einem langen Tagesausflug von Da Nang aus besucht werden oder auf dem Weg über die Nationalstraße 1 nach Hué.

Der **Hai Van-Pass** ist der erste und spektakulärste von drei Ausläufern des Truong Son-Gebirges. Er schiebt sich rund 30 km nördlich von Da Nang, jenseits einer von Gräbern übersäten und wüstenähnlichen Region, über die schmale zentralvietnamesische „Taille". Diese über 1000 m hohe Barriere fungiert auch als Klimagrenze, denn sie verhindert im Winter das Vordringen kalter und feuchter Luftströme nach Süden. Der Name Hai Van („Wolkenpass") rührt daher, dass die höheren Lagen dieses Ausläufers oft in eine dicke Wolkendecke gehüllt sind.

Die strategische Bedeutung des Gebirges, das früher die Grenze zwischen den Reichen Dai Viet und Champa bildete, wird auch an den zahlreichen Festungen, Bunkern und Verteidigungsmauern ersichtlich, die hier nacheinander von den Streitkräften der Nguyen-Dynastie, der Franzosen, der Japaner und der US-Amerikaner errichtet wurden. In der etwas friedlicheren Gegenwart ist der Pass Schauplatz eines groß angelegten Bauprojekts, mit dem ein neuer Straßentunnel der Nationalstraße 1 durch die Berge geführt werden soll. Der Touristenverkehr wird sich jedoch weiterhin über den rund 500 m hohen Pass schleppen, denn von dort bieten sich bei gutem Wetter fantastische Ausblicke über die weit geschwungene Bucht von Da Nang und auf Abschnitte der Eisenbahnstrecke, die sich in Schlaufen und durch Tunnel ihren Weg durch die Berge bahnt.

Beim Abstieg vom Pass in wärmere Gefilde rückt nach einer Haarnadelkurve weiter unten eine Landzunge mit weißer Spitze ins Blickfeld, die in eine mit Fischernetzen übersäte, aquamarinblaue Lagune ragt. Leider wird das beliebte Fotomotiv inzwischen von einer neuen Straßenbrücke verschandelt. Die Originalbrücke über die Lagune genießt den zweifelhaften Ruhm, 1947 das erste Ziel für die Bombenangriffe der Vietminh gewesen zu sein; die Reste der Brückenpfeiler ragen noch heute aus dem Wasser. Auf der sandigen Halbinsel versteckt sich zwischen Kokospalmen der Ort **Lang Co** – nur der weiße Kirchturm verrät seine Präsenz. Lang Co ist ein beliebter Zwischenstopp auf der Strecke von Da Nang nach Hué. Am schmalen Strand, der neuerdings von einer Reihe von Strommasten verunziert wird, kann man nach dem Mittagessen noch kurz ins Wasser hüpfen. Ganz sauber ist dieser Strandabschnitt allerdings nicht, weshalb es sich empfiehlt, zum Schwimmen lieber etwas weiter nach Norden auszuweichen, denn außerhalb des Fischerdorfes ist der Sand sauberer.

Übernachtung und Essen

Lang Co ist fest für die touristische Erschließung vorgemerkt und besitzt bereits ein Strandhotel und ein paar bescheidene Guesthouses.

Anh Nguyen*, an der Nationalstraße nördlich des Ortes, ✆ 054/874448. Makellos saubere Zimmer mit eigenem Bad und Warmwasser.

Chi Na*, in der Nähe vom Anh Nguyen, ✆ 054/874597. Freundliche Unterkunft mit einigen einfachen, aber sauberen Zimmern zu etwas niedrigeren Preisen.

Lang Co Beach Resort****, gegenüber dem Chi Na, ✆ 054/873555, ✉ langco@dng.vnv.vn. Das staatliche Hotel ist ein auffälliger Komplex aus Villen im Hué-Stil mit grünen Dächern, Swimming Pool und dem Imitat einer überdachten Brücke. Die Zimmer sind groß, hell und gut ausgestattet, auf die Sauberkeit des Strandes wird peinlich genau geachtet.

Thanh Tam**, an der Nationalstraße ca. 1,5 km nördlich des Ortes, ✆ 054/874456. Alles in allem die beste Übernachtungsmöglichkeit in Lang Co. Am schönsten sind die Zimmer mit Meeresblick.

Alle genannten Unterkünfte haben ein Restaurant oder zaubern zumindest eine warme Mahlzeit auf den Tisch. Die beste Adresse für einfache Hausmannskost ist das *Chi Na*. Lang Co ist im Übrigen berühmt für sein frisches Seafood.

Transport

Lang Co liegt ca. 40 km nördlich von Da Nang und 65 km südlich von Hué. Der **Bahnhof** befindet sich an der Westseite der Lagune, die öffentlichen **Busse** halten an beliebigen Punkten der Nationalstraße, die Open-Tour-Busse von Sinh Café beim Hotel Thanh Tam, diejenigen von An Phu Tourist vor dem arg heruntergekommenen Tourist Hotel am südlichen Ende der Hotelmeile.

Bach Ma-Nationalpark

Ein gutes Stück abseits der touristischen Hauptroute liegt der Nationalpark Bach Ma, der gegenwärtig als Reiseziel für den Ökotourismus ausgebaut wird. Für begeisterte Ornithologen und Botaniker lohnt sich der Abstecher allemal, denn die Region ist nicht nur Heimat von 230 Vogel- und 1400 Pflanzenarten, sondern beherbergt auch 83 Säugetierarten, darunter der Asiatische Schwarzbär, Leoparden und die jüngsten Neuentdeckungen, das Saola-Rind und der Riesenmuntjak, außerdem nicht ganz so scheue andere Hirscharten und Makaken. Zum Schutz dieser außergewöhnlichen Artenvielfalt wurde hier 1991 ein Nationalpark eingerichtet, der 22 000 ha immergrüner Wälder umfasst und von einer fast ebenso großen Pufferzone umgeben ist.

Das Hochland wurde früher von den Franzosen als Sommerfrische genutzt, und auch Kaiser Bao Dai unterhielt hier mehrere Luxusvillen. Die Mehrheit der Gebäude, Tennisplätze und Rosenbeete ist mittlerweile verfallen, doch wurden einige Villen auch als Unterkünfte für Touristen restauriert.

Eine Warnung vorab: Bach Ma zählt zu den feuchtesten Regionen Vietnams und bezieht in seinen Hochlagen unglaubliche 8000 mm Niederschlag jährlich. Die **beste Reisezeit** ist von Mai bis Anfang September, doch selbst dann sollte man darauf vorbereitet sein, nass zu werden. Außerdem ist warme Kleidung anzuraten, denn in der Höhe wird es mitunter recht frisch.

Am Eingang zum Nationalpark befindet sich das **Besucherzentrum**, ✆ 054/871330, 🖳 www.bachma.vnn.vn. Das Personal verkauft Eintrittskarten und vermittelt Transport- und Übernachtungsmöglichkeiten (s.S. 385). Wärmstens zu empfehlen und preiswert sind die Wanderkarte und die ausgezeichnete englischsprachige Broschüre. Bei der Gelegenheit kann man auch gleich einen kurzen Blick in die Ausstellung werfen, die sich in erster Linie an Kinder richtet, aber dennoch sehr informativ ist. Nicht unbedingt erforderlich, aber ebenfalls empfehlenswert ist die Buchung einer **Führung** (ca. US$6 pro Tag, US$10 in englischer Sprache) durch den Park, die vor allem der eigenen Sicherheit dient, denn man kann sich leicht verlaufen. Es ist zu beachten, dass es zur „Waldetikette" gehört, sich die Getränke und Mahlzeiten sowie das Tragen des Gepäcks zu teilen. Wer einen positiven Beitrag zur beschwerlichen Aufgabe der **Wiederaufforstung** leisten möchte, kann an dem Programm der Parkleitung teilnehmen, einen jungen Baum zu kaufen und dabei zu helfen, ihn in einem der kahlen Abschnitte des Nationalparks zu pflanzen. 🕒 tgl. März–Sep 7–17, Okt–Feb 7.30–16.30 Uhr.

Von der steilen Asphaltstraße, die vom Eingang 16 km in den Park bis fast auf den Gipfel des Berges Hai Vong Dai (1450 m) führt, zweigen sechs kurze **Naturpfade** ab. Der erste nennt sich **Fasanenweg** (Pheasant Trail, 2,5 km), beginnt an der Wegemarke bei Km 7 (alle Kilometerangaben beziehen sich auf die Entfernung von der Nationalstraße 1 und *nicht* vom Parkeingang) und führt zu mehreren Wasserfällen und Teichen, die auch zum Schwimmen einladen. Auf dem Weg sind bisweilen die Rufe der schwarzen Gibbons oder der sieben verschiedenen Fasanenarten zu vernehmen, die im Park heimisch sind. Mit etwas Glück sieht man auch die 50 cm langen Regenwürmer, die von den Einheimischen gekocht und als Mittel gegen Malaria gegessen werden.

Der kurze, aber sehr steile **Parashorea-Weg** (Parashorea Trail, 300 m) beginnt bei Km 14 und ist nach den turmhohen Bäumen benannt, von denen er gesäumt wird. Rund 2 km weiter führt der **Rhododendronweg** (Rhododendron Trail, 1,5 km) zur Spitze eines Wasserfalls, der gute Ausblicke auf den Dschungel bietet.

Der **Fünfseenweg** (Five Lakes Trail, 2 km) bei Km 17,5 hat fünf Becken zum Ziel, die von einem Wasserfall gespeist werden und zum Baden einladen.

Der **Gipfelweg** (Summit Trail) führt vom Ende der Asphaltstraße 500 m zur Spitze des Hai Vong Dai hinauf, von wo sich sehr schöne Ausblicke auf die Cau Hai-Lagune und die umliegende Bergwelt eröffnen. Anstatt vom Gipfel denselben Weg zurück zu gehen, kann man auch den Abstieg über den **Naturkundeweg** (Nature Exploration Trail, 2,5 km) wählen, der an den Ruinen alter Villen vorbeiführt und bei Km 17 wieder auf die Straße trifft. An der Kreuzung befindet sich das **Orchideenhaus** (Orchid House), wo mit großer Sorgfalt fast 100 in Bach Ma und anderen Regionen Vietnams beheimatete Arten aufgezogen werden.

Übernachtung und Essen

Wer im Nationalpark übernachten möchte, kann den **Zeltplatz*** bei Km 18 nutzen oder eines der beiden einfachen **Guesthouses***, von denen sich das eine in der Nähe des Gipfels und das andere am Parkeingang befindet. In der Hochsaison von Juni bis August ist eine Reservierung (über das Besucherzentrum) ratsam. Am Eingang gibt es ein kleines **Restaurant**, wo man auch Kekse, Wasser und Snacks kaufen kann. Volle Mahlzeiten werden in dem Guesthouse am Gipfel serviert, müssen aber im Voraus bestellt werden. Alternativ dazu kann man sich auch eigene Verpflegung vom Markt in Cau Hai mitbringen.

Transport

Bei weitem am einfachsten ist die Anfahrt nach Bach Ma mit dem eigenen Fahrzeug. 26 km nördlich von Lang Co (40 km südlich von Hué) zweigt in dem Dorf **Cau Hai** (Distrikt Phu Loc) eine ausgeschilderte Straße nach Westen zum 3 km entfernten Park ab. Eine Alternative sind die öffentlichen und die Open-Tour-Busse, die ihre Fahrgäste auf Wunsch an der Kreuzung in Cau Hai aussteigen lassen, wo eine Honda Om (US$1,30) für den letzten Streckenabschnitt genommen werden kann. Die Hin- und Rückfahrt per Honda Om von **Lang Co** kostet mindestens US$10.

Hinweis: Autos sind im Nationalpark erlaubt, Motorräder und Fahrräder hingegen nicht. Stattdessen müssen sich Besucher einen der parkeigenen Jeeps mieten, die ihre Passagiere zum Gipfel und wieder zurück befördern (US$16); das Absetzen oder Aufnehmen von Fahrgästen entlang der Strecke ist dabei nicht möglich.

Hué

Im Gegensatz zu Hanoi, Ho-Chi-Minh-Stadt und den meisten anderen Großstädten blieb Hué von der rasanten wirtschaftlichen Entwicklung weitgehend unberührt und hat sich, trotz seiner von Katastrophen gekennzeichneten Geschichte, eine einzigartige kulturelle Identität bewahrt. Hué ist ein friedlicher Ort mit Kleinstadtcharakter, vielen Seen, Kanälen und üppigem Grün. Seine Vorzüge und Liebreize wurden in Form unzähliger romantischer Ergüsse seiner hochgeschätzten poetischen Zunft gewürdigt. Seit dem frühen 19. Jh., als Hué die Hauptstadt Vietnams wurde, ist die Stadt auch ein Lehrzentrum und kann heute stolz auf nicht weniger als fünf Universitäten verweisen. Hier liegt nicht nur eine deutlich spürbare Kultiviertheit, sondern auch eine lässige, von einer langen Tradition des Buddhismus herrührende Toleranz in der Luft. In jüngerer Vergangenheit hat die französische Kultur einen starken Eindruck hinterlassen – man könnte Hué sogar als die frankophilste aller vietnamesischen Städte bezeichnen.

Es macht sich bezahlt, Hué in gemächlichem Tempo zu erkunden, denn die Stadt hat derart viele historische Sehenswürdigkeiten zu bieten, dass sich hier problemlos mehrere Tage mit interessanten Besichtigungen füllen lassen. Hué gliedert sich in drei klar voneinander abgegrenzte Stadtbezirke, die alle ihren ganz eigenen Charakter aufweisen. Die im 19. Jh. entstandene, mit einer Umfassungsmauer versehene **Zitadelle** am Nordufer des Parfümflusses beherbergt neben der einst prachtvollen **Kaiserstadt** auch ausgedehnte, hübsche Wohnbezirke und üppige Gärten. Östlich davon liegt auf der anderen Seite des Dong Ba-Kanals **Phu Cat**, das ursprüngliche Kaufmannsviertel der Stadt, wo früher die Handelsschiffe anlegten und sich heute ein dicht bevölkertes Geschäftsviertel mit Kaufhäusern, chinesischen Versammlungshallen und Pagoden ausbreitet. Was ehedem als **Europäische Stadt** bezeichnet wurde, ist ein Dreieck zwischen dem Südufer des Parfümflusses und dem Phu Cam-Kanal und bildet Hués modernes Verwaltungszentrum, wo auch die meisten Hotels und Einrichtungen für Touristen zu finden sind.

Am südlichen Stadtrand erhebt sich eine hügelige, mit Pinien bewaldete Landschaft, in der zahlreiche Gräber und abgeschiedene Pagoden verstreut liegen, darunter auch die von den Nguyen-Herrschen erbauten, palastartigen **Kaisergräber**. Mitten hindurch windet sich der **Parfümfluss**, der seinen etwas euphemistischen Namen angeblich den Baumharzen und Blüten verdankt, die er mit sich führt. Er passiert auf seinem Weg den viel bewunderten, siebenstöckigen Turm der **Thien Mu-Pagode**. Wer genügend Zeit hat, kann eine vergnügliche Fahrradtour zum **Thuan An-Strand** unternehmen oder ein Bad in den landeinwärts gelegenen Becke des Thermalbades **Thanh Tan** nehmen. Außerdem ist Hué Ausgangspunkt für Tagesausflüge zur Entmilitarisierten Zone.

Angesichts dieses reichen Schatzes an Sehenswürdigkeiten rangiert Hué zweifellos unter den herausragenden touristischen Zielen Vietnams. Angebot und Qualität der Unterbringung liegen allgemein über dem Durchschnitt, was auch für die Restaurants der Stadt gilt, in denen die zu Recht berühmten kulinarischen Spezialitäten Hués kredenzt werden. Trotz alledem verbringt die Mehrzahl der Besucher nicht sehr viel Zeit in der Stadt, was zum einen an den hohen Eintrittspreisen liegt, die das Budget vieler Touristen sprengen, zum anderen aber auch an dem oft schlechten **Wetter**. In keiner Stadt Vietnams regnet es mehr als in Hué, wobei die mit Abstand meisten Niederschläge sich auf nur drei Monate von Oktober bis Dezember verteilen. Dann steht die Stadt regelmäßig ein paar Tage unter Wasser, was der historischen Architektur nicht gerade gut tut. Heftige Niederschläge sind hier aber grundsätzlich zu allen Jahreszeiten möglich.

Geschichte

Das Land, auf dem Hué heute liegt, gehörte einst zum Königreich der **Cham**, bis diese im Jahre 1306 im Rahmen eines Friedensvertrags Gebiete nördlich von Da Nang gegen die Hand einer vietnamesischen Prinzessin tauschten. Die ersten Vietnamesen, die sich in der Region niederließen, errichteten ihr Verwaltungszentrum nahe dem heutigen Hué in einem Ort namens Hoa Chan. Im Jahre 1558 übernahm **Fürst Nguyen Hoang** aus Hanoi kommend das Amt des Distriktgouverneurs und begründete damit die Herrschaft des Fürstengeschlechts der Nguyen über das südliche Vietnam – eine Herrschaft, die über die folgenden 200 Jahre andauern sollte. Im ausgehenden 17. Jh. verlegten die Fürs-

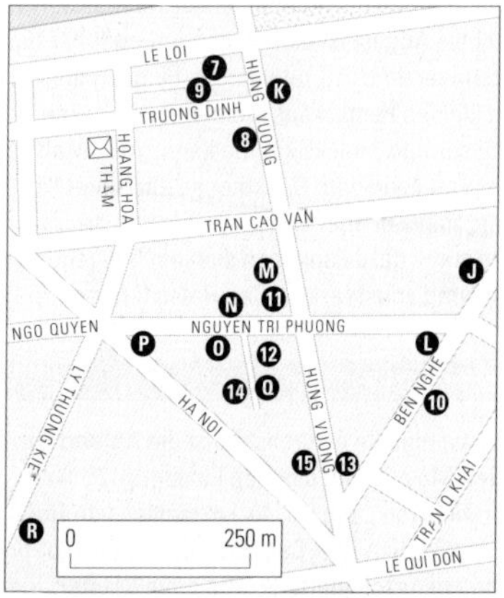

Essen und Sonstiges:		Übernachtung:	
Bun Bo Hué	R	An Phuoc	6
Banh Khoai Hanh	P	Binh Duong II	16
Café 3	S	Binh Minh I	12
Café on Thu Wheels	Q	Binh Minh II	10
Club Garden	F	Century Riverside Inn	3
Co Do	L	Dong Duong	8
DMZ Bar	T	Duy Tan	11
Dong Tam	C	Huong Giang	1
Hang Me	E	Le Loi	17
La Carambole	D	Mimosa	5
Lac Thien	H	Saigon Morin	7
Mandarin Café	M	Thai Binh I	14
Minh & Coco	K	Thai Binh II	9
Omar Khayyam's	O	Thang Long	15
Quoc Huy	B	Thanh Noi	2
Song Huong Floating Restaurant	G	Thanh Thuy	4
		Vong Canh	13
Stop & Go Café	J		
Tropical Garden	A		
Xuan Trang Café	N		

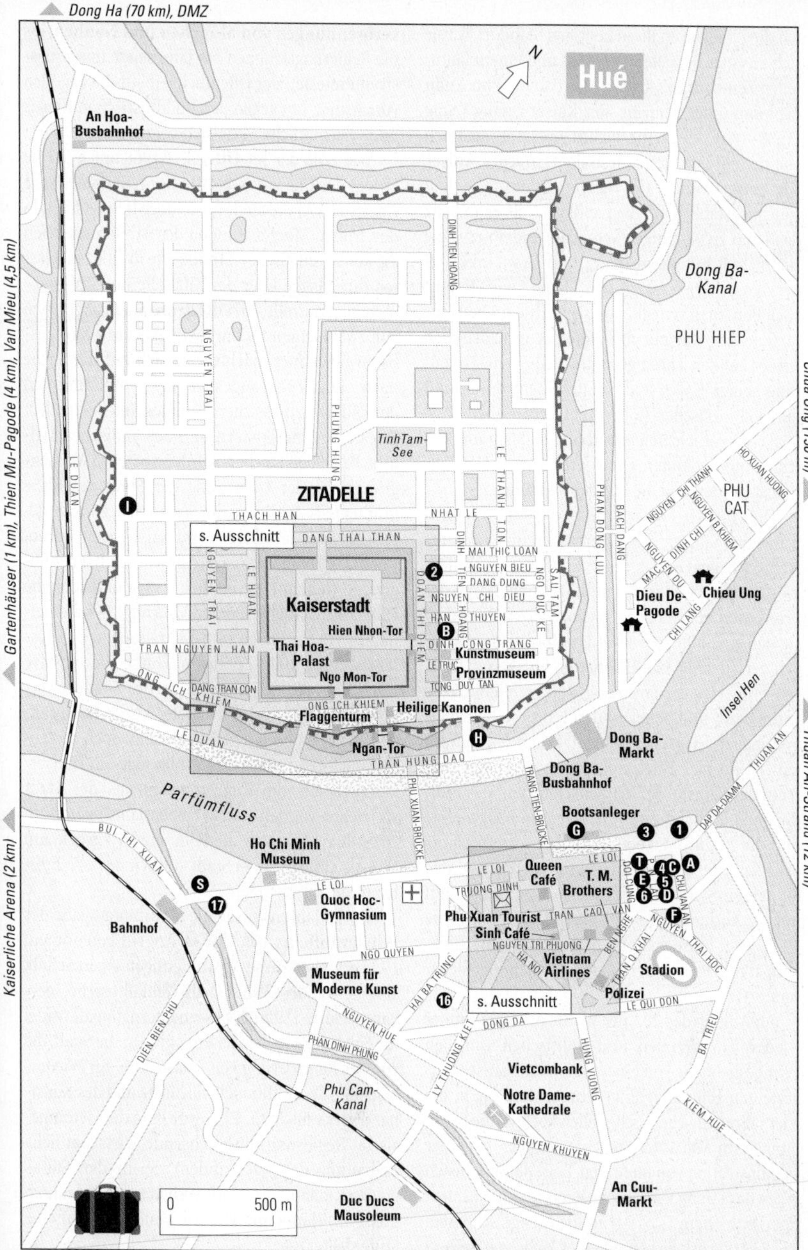
Dong Ha (70 km), DMZ
Hué
N
An Hoa-Busbahnhof
Dong Ba-Kanal
PHU HIEP
Chua Ong (150 m)
Gartenhäuser (1 km), Thien Mu-Pagode (4 km), Van Mieu (4,5 km)
NGUYEN TRAI
DINH TIEN HOANG
PHUNG HUNG
Tinh Tam-See
LE THANH TON
LE DUAN
ZITADELLE
THACH HAN
NHAT LE
PHAN DONG LUU
BACH DANG
HO XUAN HUONG
NGUYEN CHI THANH
NGUYEN B.KHIEM
PHU CAT
s. Ausschnitt
DANG THAI THAN
MAI THIC LOAN
NGUYEN BIEU
DANG DUNG
NGUYEN CHI DIEU
HAN THUYEN
NGO DUC KE
SAU TAM
DOAN THI DIEM
LE HUAN
Kaiserstadt
Hien Nhon-Tor
Thai Hoa-Palast
Ngo Mon-Tor
TRAN NGUYEN HAN
DINH CONG TRANG
Kunstmuseum
LE TRUC
Provinzmuseum
TONG DUY TAN
ONG ICH KHIEM
DANG TRAN CON
Heilige Kanonen
Flaggenturm
Ngan-Tor
TRAN HUNG DAO
NGUYEN DINH CHI
MAC DINH CHI
NGUYEN DU
CHI LANG
Dieu De-Pagode
Chieu Ung
Insel Hen
Dong Ba-Markt
Dong Ba-Busbahnhof
THUAN AN
Thuan An-Strand (12 km)
Parfümfluss
PHU XUAN-BRÜCKE
TRANG TIEN-BRÜCKE
Bootsanleger
DAP DA-DAMM
BUI THI XUAN
Ho Chi Minh Museum
LE LOI
Queen Café
T. M. Brothers
DOI CUNG
CHU VAN AN
Quoc Hoc-Gymnasium
TRUONG DINH
Phu Xuan Tourist
TRAN CAO VAN
Sinh Café
BEN NGHE
NGUYEN THAI HOC
Bahnhof
NGUYEN TRI PHUONG
HA NOI
Vietnam Airlines
TRAN Q KHAI
Stadion
NGO QUYEN
Museum für Moderne Kunst
HAI BA TRUNG
s. Ausschnitt
Polizei
LE QUI DON
Kaiserliche Arena (2 km)
DIEN BIEN PHU
NGUYEN HUE
DONG DA
PHAN DINH PHUNG
LY THUONG KIET
HUNG VUONG
BA TRIEU
Vietcombank
Phu Cam-Kanal
Notre Dame-Kathedrale
KIEM HUE
NGUYEN KHUYEN
An Cuu-Markt
Duc Ducs Mausoleum
0
500 m
Nam Giao, Kaisergräber
An Cuu-Busbahnhof (2 km)
Phu Bai Airport (14 km)

ten die Zitadelle an ihren heutigen Standort, wo sie sich zu einer bedeutenden Stadt und einem kulturellen Zentrum entwickelte, das damals **Phu Xuan** hieß und unter dem Tay Son-Kaiser Quang Trung (1788–1801) kurzzeitig auch Hauptstadt war. Doch erst der nächste vietnamesische Herrscher, **Kaiser Gia Long**, Gründer der Nguyen-Dynastie, verhalf Hué buchstäblich auf die Landkarte, als er ab 1802 das Land zu vereinigen versuchte, indem er seine Hauptstadt mit allem Drum und Dran, inklusive der dynastischen Altäre, von Thang Long (Hanoi) nach Phu Xuan verlegte und sie in **Hué** umbenannte. Gia Long war nur mit Hilfe der französischen Armee auf den Thron gekommen, doch die Gestaltung seiner Kaiserstadt folgte einem durch und durch chinesischen Konzept, mit einer allein dem Souverän vorbehaltenen Verbotenen Stadt im Zentrum und separaten Quartieren für die Verwaltungsbeamten und die Zivilbevölkerung.

Die Nguyen-Kaiser (s. Kasten) waren konfuzianische, konservative Herrscher und i.A. argwöhnisch gegenüber allen Einflüssen aus dem Westen, hatten aber der militärischen Stärke der **Franzosen** nur wenig entgegenzusetzen. Nachdem sie den Kolonialisten 1884 Landbesitz nordwestlich der Zitadelle von Hué hatten überlassen müssen, eroberten die Franzosen 1885 schließlich die ganze Stadt und beließen den Kaiser lediglich als nominellen Herrscher im Amt. Unter den Nguyen entwickelte sich Hué zu einem bedeutenden Zentrum der Künste, der Wissenschaft und des Buddhismus, wobei die sündhaft teuren Bauprojekte und der luxuriöse Lebensstil aber nur durch erdrückende Steuern zu finanzieren waren. Hué verlor seinen Status als vietnamesische Hauptstadt mit der **Abdankung von Kaiser Bao Dai** im Jahre 1945. Zwei Jahre später wurden zahlreiche Holztempel und Paläste der Stadt von einem Großfeuer zerstört.

Ab Anfang des 20. Jhs. wurde die Stadt immer wieder von sozialen und politischen Unruhen heimgesucht, die von einer antikolonialistisch eingestellten Elite angeführt wurden und bis in die 60er Jahre schwelten. Schließlich kochten die Spannungen im Mai 1963 über, als Soldaten bei einer Demonstration von mehreren Tausend Buddhisten gegen das streng katholische Regime von Präsident Ngo Dinh Diem (s.S. 94) in die Menge schossen. Die Proteste eskalierten in einer Welle von **Selbstverbrennungen von Mönchen und Nonnen**, bis die Regierungstruppen am Jahresende unter massiven Protesten der Öffentlichkeit auf die Pagoden vorrückten, um gegen den buddhistischen Klerus und vermeintliche Aktivisten vorzugehen.

Während der **Tet-Offensive** 1968 brach in Hué erneut das Chaos aus, als die Nordvietnamesische Armee (NVA) die Stadt für 25 Tage besetzt hielt. In den frühen Morgenstunden des 31. Januar fielen die kommunistischen Streitkräfte in Hué ein, hissten ihre Flagge über der Zitadelle und übernahmen die Kontrolle über die ganze Stadt, abgesehen von zwei kleinen Militärkomplexen. Mit Namenslisten bewaffnet machten sie sich auf die Suche nach Regierungsangestellten, Sympathisanten des südvietnamesischen Regimes, Intellektuellen, Priestern, Amerikanern und ausländischen Helfern. Fast 3000 Leichen wurden später in Massengräbern in der Umgebung der Stadt gezählt – größtenteils Zivilisten, die erschossen, zu Tode geprügelt oder lebendig begraben worden waren. Doch das Töten war noch nicht vorbei: Bei der folgenden **Gegenoffensive** fielen sage und schreibe 5000 Nordvietnamesen und Vietcong, 384 südvietnamesische Soldaten und 142 GIs, dazu mindestens weitere 1000 Zivilisten. Durch die massive Feuerkraft, die sich gegen die in der Zitadelle verschanzten NVA-Kräfte richtete, wurde Hué praktisch dem Erdboden gleichgemacht, doch es dauerte noch zehn weitere qualvolle Tage mit Häuserkämpfen, bis die Kommunisten aus der Stadt vertrieben worden waren. Sieben Jahre später, am 26. März 1975, war die NVA wieder zurück, um Hué als erste größere Stadt südlich des 17. Breitengrades zu „befreien".

Vor 20 Jahren wurde die Mammutaufgabe des **Wiederaufbaus** von Hué in Angriff genommen. 1993 erhielten diese Anstrengungen einen Schub, als Hué von der UNESCO als Weltkulturerbe anerkannt wurde. Dadurch flossen internationale Mittel für eine ganze Reihe von Projekten in die Stadt, die von der Renovierung von Palästen bis zur Wiederbelebung der traditionellen Künste und des Kunsthandwerks reichten. 1995 würdigte die vietnamesische Regierung die wachsende wirtschaftliche Bedeutung der Stadt, indem sie ihr den Status einer unabhängigen Stadt verlieh und sie dadurch quasi mit Hanoi und Ho-Chi-Minh-Stadt auf eine Stufe stellte.

Zitadelle

Die glorreichen Tage Hués nahmen Anfang des 19. Jhs. ihren Anfang, als Kaiser Gia Long eine riesige Zitadelle konzipierte, die aus drei konzentrischen Einfriedungen bestehen und sich hinter einem exponierten Flaggenturm ausbreiten sollte. Innerhalb der Außenmauer der Zitadelle plante er die **Kaiserstadt** mit Verwaltungsbüros, Parks und dynastischen Tempeln, in deren Mittelpunkt die kaiserlichen Paläste der **Verbotenen Purpurstadt** liegen sollten. Obwohl diese kaiserlichen Bauwerke im Laufe der Zeit Kriegen, Bränden, Taifunen, Überschwemmungen und Termiten Tribut zollen mussten, sind sie noch immer Hués größte Touristenattraktion, zumal einige von ihnen nach Renovierungen inzwischen wieder im alten Glanz erstrahlen. Abgesehen von einem Museum gibt es außerhalb der Kaiserstadt keine speziellen Sehenswürdigkeiten in der Zitadelle, doch es handelt sich um ein angenehmes Viertel zum Radfahren, was ganz besonders für den nördlichen Sektor gilt, wo es viele Seen gibt und sich die üppigen **Gärten** ausbreiten, für die Hué berühmt ist.

Gemäß einer alten Tradition wurde für den Bau der Zitadelle ein geomantisch **verheißungsvoller Standort** ausgesucht, um die alles entscheidende Harmonie zwischen dem Kaiser und seinen Untertanen, zwischen Himmel und Erde sowie zwischen Mensch und Natur nicht zu stören. Aus diesem Grund ist der Komplex nach Südosten ausgerichtet, wo die Anhöhe Nui Ngu Binh schädliche Einflüsse abwehren soll, während zu beiden Seiten zwei kleine Inseln im Parfümfluss für das Gleichgewicht zwischen dem gutmütigen Blauen Drachen und dem aggressiven Weißen Tiger sorgen. Nur für den Fall, dass das noch nicht ausreichen sollte, wurde der gesamte, 520 ha große Komplex mit 7 m hohen und 20 m dicken Mauern aus Ziegeln und Erde umgeben, die mit Hilfe französischer Baumeister errichtet wurden. Zu guter Letzt folgte ganz außen herum noch ein Wassergraben bzw. Kanal. Acht Dörfer mussten umgesiedelt werden, bevor die Bauarbeiten 1805 beginnen konnten. Während der folgenden 30 Jahre waren Zehntausende Arbeiter damit beschäftigt, mehr als 300 Paläste, Tempel, Grabmäler und weitere kaiserliche Gebäude fertig zu stellen, wobei auch Materialien aus der früheren Kaiserstadt in Hanoi nach Hué transportiert werden mussten.

Die Nguyen-Dynastie

1802 besiegte Nguyen Anh, einer der südlichen Nguyen-Fürsten, mit Unterstützung des französischen Bischofs Pigneau de Béhaine die Tay Son-Dynastie. Als Nguyen Anh unter dem Namen Gia Long den Kaiserthron bestieg, begründete er damit die Nguyen-Dynastie, die Vietnam von Hué aus bis zur Abdankung von Kaiser Bao Dai 1945 regierte. Insgesamt elf Nguyen-Kaiser wurden in Hué beigesetzt, die Ausnahmen sind Ham Nghi und Bao Dai, der 1997 nach vier Jahrzehnten des Exils in Paris starb.

Gia Long 1802–1820
Minh Mang 1820–1841 (4. Sohn von Gia Long)
Thieu Tri 1841–1847 (ältester Sohn von Minh Mang)
Tu Duc 1847–1883 (zweitältester Sohn von Thieu Tri)
Duc Duc 1883 (ältester Adoptivsohn von Tu Duc; nach drei Tagen entthront)
Hiep Hoa 1883 (Bruder von Tu Duc; regierte nur vier Monate, wurde vermutlich vergiftet)
Kien Phuc 1883–1884 (Adoptivsohn von Tu Duc; regierte acht Monate)
Ham Nghi 1884–1885 (jüngerer Bruder von Kien Phuc; ging ins Exil nach Algerien, wo er begraben liegt)
Dong Khanh 1885–1889 (älterer Bruder von Ham Nghi und Kein Phuc)
Thanh Thai 1889–1907 (Sohn von Duc Duc; ging ins Exil nach Réunion)
Duy Tan 1907–1916 (Sohn von Thanh Thai; ging ins Exil nach Réunion)
Khai Dinh 1916–1925 (Sohn von Dong Khanh)
Bao Dai 1926–1945 (Sohn von Khai Dinh)

Flaggenturm und Heilige Kanonen

Der massive, 10 km lange äußere Festungswall um die Zitadelle ist heute noch ebenso erhalten wie sein prominentestes Wahrzeichen, der über den südlichen Zinnen wachende **Flaggenturm** Cot Co alias Ky Dai („Ritter des Königs"). Der 1807 errichtete „Turm" besteht in Wirklichkeit aus drei niedrigen Backsteinterrassen mit einem Flaggenmast als höchstem Punkt, der während der Tet-Offensive 1968 auch kurzzeitig die Vietcong-

Flagge mit dem gelben Stern trug. In der Zitadellenmauer befinden sich zehn Tore. Betritt man den Komplex durch das Ngan-Tor östlich des Flaggenturms, so gelangt man auf einen Paradeplatz, der von den **Neun Heiligen Kanonen** flankiert wird, die Anfang des 19. Jhs. aus von der Tay Son-Armee erbeuteten Bronzegegenständen gegossen wurden. Die Kanonen repräsentieren die vier Jahreszeiten und die fünf Elemente (Erde, Feuer, Metall, Holz und Wasser). Ursprünglich standen sie als symbolische Beschützer der Zitadelle vor dem Ngo Mon-Tor.

Die Kaiserstadt

Ein zweiter Verteidigungswall mit Wassergraben innerhalb der Zitadelle umgibt die Kaiserstadt, die dem gleichen symmetrischen Grundriss um eine Nord-Süd-Achse folgt wie die Verbotene Stadt in Peking. Die im Volksmund als *Dai Noi* („Große Einfriedung") bezeichnete Stadt hat vier Tore – eines in jeder Mauer –, von denen das nach Süden weisende **Ngo Mon** das mit Abstand beeindruckendste ist und auch den Haupteingang zur Kaiserstadt bildet. In seiner Blütezeit muss der Komplex wirklich Ehrfurcht einflößend gewesen sein mit seinen glänzend gelben und grünen Dachziegeln, Pavillons aus rotem und vergoldetem Lack und Lotusteichen.

Arg vernachlässigt wurden viele dieser Gebäude bereits vor den erbitterten Kämpfen, die während der Tet-Offensive 1968 in der Kaiserstadt tobten, und 1975 standen nur noch 20 von ehemals 148 Gebäuden zwischen den Gemüsebeeten. Einige werden derzeit aufwändig restauriert, und diejenigen, die schon fertig sind, allen voran der **Thai Hoa-Palast** und der **The Mieu-Komplex**, sind faszinierend anzuschauen. Daneben zeugen der reizende Kaiserliche Lesepavillon und zwei achteckige Musikpavillons von der schöngeistigen Seite der Dynastie. Der Rest der Kaiserstadt, besonders ihr nördlicher Sektor, ist ein grasbewachsenes Gebiet voller Vögel und Schmetterlinge, wo noch immer alte Fundamente und Einschusslöcher in den Mauerruinen zu sehen sind. ⏲ tgl. 7–17 Uhr, Eintritt US$3, optionale Führung US$3.

Ngo Mon-Tor

1833 ließ Kaiser Minh Mang ein früheres, wesentlich weniger auffälliges Tor durch einen majestätischen Eingang zur Kaiserstadt ersetzen. Das als Meisterwerk der Nguyen-Architektur betrachtete Südwesttor Ngo Mon („Mittagstor") hat fünf Eingänge: Der mittlere, mit Steinen gepflasterte Durchgang durfte nur vom Kaiser benutzt werden, zwei kleinere zu beiden Seiten waren für die Zivil- und Militärmandarine vorgesehen, für die es nur zu Backstein reichte, während zwei weitere große Eingänge an den Außenseiten den kaiserlichen Elefanten vorbehalten waren. Das Gros des Ngo Mon besteht aus massiven Steinplatten, auf die ganz oben ein eleganter Pavillon aufgesetzt wurde, der als **Wachturm der Fünf Phönixe** bezeichnet wird, denn seine neun Dächer sollen von oben betrachtet an fünf fliegende Vögel erinnern. Beachtenswert ist das mittlere Dach, unter dem der Kaiser eintrat. Es ist mit glänzenden gelben Ziegeln gedeckt, die auf fast allen kaiserlichen Dächern Hués zu finden sind. Die Monarchen nutzten den Wachturm für zwei größere jährliche Zeremonien: die Ausrufung des neuen Jahres nach dem Mondkalender und die Verkündigung der Prüfungsergebnisse der Verwaltungsbeamten, die hier anhand eines Lackgemäldes dargestellt ist. In diesem Pavillon musste der letzte Nguyen-Kaiser Bao Dai 1945 abdanken, indem er der neuen Regierung die Symbole seiner Macht übergab – ein 10 kg schweres Siegel aus massivem Gold und sein mit Jade überzogenes Schwert.

Thai Hoa-Palast

Nach Durchschreiten des Ngo-Mon-Tores geht man auf der symmetrischen Achse der Kaiserstadt nach Norden zwischen zwei quadratisch angelegten Teichen hindurch und an einem Paar *kylin* (mythischen Tieren und Friedensboten) vorbei zum Thai Hoa, dem „Palast der Höchsten Harmonie". Es handelt sich nicht nur um den spektakulärsten aller Paläste Hués, dessen Inneres durch eine aufwändig gestaltete Verarbeitung aus roten und goldenen Lackarbeiten besticht, sondern auch um den bedeutendsten. In diesem so genannten Thron-Palast wurden große Zeremonien wie Krönungen oder kaiserliche Geburtstage gefeiert und Gesandte aus dem Ausland empfangen. Bei derartigen Gelegenheiten saß der Kaiser mit einer goldenen Tunika und einer mit neun Drachen geschmückten Krone auf einem erhöhten Podium unter einem spektakulären, vergoldeten Baldachin. Dabei blickte er

Schulsport vor dem Flaggenturm

nach Süden auf die **Esplanade der Großen Empfänge**, einen mit Steinen gepflasterten Ehrenhof, wo sich die Mandarine neben den achtzehn Stelen aufstellten, die als Symbole für die jeweils neun Ränge standen – Verwaltungsbeamte links und Militärmandarine rechts.

In den 20er Jahren des 20. Jhs. wurde ein französischer Reisender Zeuge dieses farbenfrohen Spektakels mit „Parfümträgern in Königsblau und Fächerträgern in Himmelblau, die mit riesigen gelben Federfächern wedelten, Musikern, Wachposten und den Rängen der Mandarine mit ihren seltsamen Hüten und fantastischen, mit purpurnen Stickereien versehenen Drachen, die sich inmitten von Weihrauchwolken bis auf die Nasenspitzen verneigten – und das alles in einer Umgebung aus blutrotem und mit Gold überzogenem Lack".

Der Palast wurde ursprünglich 1805 errichtet, doch das heutige Gebäude stammt aus dem Jahr 1833, als die französischen Bodenfliesen und die verglasten Türen hinzugefügt wurden. Es war das einzige größere Gebäude in der Kaiserstadt, das keine Bombenschäden davontrug. Dennoch wurden die 80 mit Drachen und Wolken verzierten Eisenholzsäulen des Thronsaales mit der Zeit von Termiten und Feuchtigkeit so sehr in Mitleidenschaft gezogen, dass sie kurz vor dem Zusammenbruch standen, als 1991 endlich Restaurierungsarbeiten aufgenommen wurden. Dabei musste jede einzelne Säule mit einem Gewicht von zwei Tonnen von Hand ersetzt und anschließend mit zwölf Schichten Lack versiegelt werden, von denen jede einen Monat zum Trocknen benötigte. Hinter dem Thronsaal, wo sich früher der Kaiser auf seinen großen Auftritt vorbereitete, befindet sich heute ein

Souvenirladen mit Büchern und Kassetten mit Volksliedern aus Hué. Der Shop beherbergt auch zwei große Dioramen mit Darstellungen der Kaiserstadt und des Flaggenturms auf dem Höhepunkt ihrer Blüte.

Die Verbotene Purpurstadt

Vom Thai Hoa-Palast pflegte der Kaiser nach Norden durch das Große Goldene Tor in den dritten und letzten ummauerten Komplex zu schreiten, die Verbotene Purpurstadt. Dieser von einem niedrigen Wall umschlossene Abschnitt beherbergte die private Residenz des Kaisers, die Wohnquartiere des Hofarztes und der neun Ränge kaiserlicher Konkubinen plus Küchen und Vergnügungspavillons. Viele dieser Gebäude wurden bei dem Großfeuer 1947 ein Opfer der Flammen, sodass ein Großteil der Verbotenen Purpurstadt als Freifläche zurückblieb. Heute handelt es sich um einen sehr stimmungsvollen Ort, zwischen dessen Mauerfragmenten und überwucherten Terrassen noch die Geister längst vergangener Zeiten zu spuken scheinen.

Einige Bauwerke blieben erfreulicherweise von den Flammen verschont, darunter die restaurierten **Hallen der Mandarine**, die sich rechts und links in einem Hof unmittelbar hinter dem Thai Hoa-Palast gegenüberstehen. Dort warfen sich früher die Zivil- und Militärmandarine in Schale, bevor sie zur Audienz beim Monarchen erschienen. Das „Rechte Haus" (tatsächlich steht es zur Linken, doch maßgeblich war die Perspektive des Kaisers) ist das sehenswertere mit seinen kunstvollen Wandmalereien und dem gewaltigen Spiegel mit vergoldetem Rahmen, einem Geschenk der Franzosen an Kaiser Dong Khanh. Das Gebäude enthält auch eine Ausstellung mit alten Fotos von Hué und kaiserlichen Kleidungsstücken. Ein Stück nordöstlich von hier kommt man an der Rückseite des 1826 erbauten **Kaiserlichen Theaters** vorbei, das heute zur Kunsthochschule gehört, und stößt etwas weiter auf den **Lesepavillon Thai Binh**, eine ansprechende, zweistöckige Bibliothek inmitten von Bonsai-Gärten. Der Pavillon wurde unter Thieu Tri erbaut und von Khai Dinh restauriert, der auch die kitschigen Mosaike hinzufügen ließ. Die einzigen anderen Gebäude, die hier noch stehen, sind zwei achteckige Pavillons, die der Kaiser aufsuchte, um Musik zu hören und Zwiesprache mit der Natur zu halten.

Die Ahnenaltäre

Der zweite Hauptkomplex mit Sehenswürdigkeiten liegt einen kurzen Fußweg entfernt in der südwestlichen Ecke der Kaiserstadt. Auch hier sind alle Gebäude an einer Achse ausgerichtet, beginnend mit dem „Pavillon der Ewigen Klarheit" **Hien Lam Cac**, einem anmutigen, dreigeschossigen Bauwerk mit einigen beachtenswerten Holzarbeiten. Es folgen die **Neun Dynastischen Urnen**, die als Inbegriff der Handwerkskunst von Hué betrachtet werden. Sie wurden während der Regentschaft von Minh Mang aus Bronze gegossen und tragen als Verzierungen Darstellungen von Bergen, Flüssen, Regenwolken und wilden Tieren, dazu ein oder zwei Einschüsse von Querschlägern. Jede Urne ist einem anderen Kaiser geweiht; diejenige ganz in der Mitte, die mit 2600 kg auch die größte ist, wurde zu Ehren von Gia Long aufgestellt. Die Gefäße stehen in einem Hof gegenüber dem langen und niedrigen Gebäude **The Mieu**, dem 1822 von Minh Mang zu Ehren seines Vaters errichteten dynastischen Tempel der Nguyen. Seitdem wurde je ein Altar für jeden der folgenden Kaiser hinzugefügt, mit Ausnahme von Duc Duc, Hiep Hoa (der nur ganz kurz regierte) und Bao Dai, der 1997 im Exil starb. Die drei antifranzösischen Regenten Ham Nghi, Thanh Thai und Duy Tan mussten sich bis zur Unabhängigkeit 1954 gedulden, ehe auch sie ihre Altäre bekamen. Bei einem Blick ins Innere sieht man die Reihe von Altartischen, wobei die meisten mit einem Porträt oder Foto des jeweiligen Monarchen versehen sind. Neben jedem Altar steht ein Bett mit Schlafmatte, Kissen und weiteren Gegenständen sowie ein Schrein, der die Begräbnistafeln für den Kaiser und seine Gemahlin(nen) beherbergt. An den Todestagen der Regenten werden auch heute noch Gedenkfeiern im The Mieu abgehalten, denen auch die Mitglieder der Kaiserfamilie in vollem Hofstaat beiwohnen.

Verlässt man The Mieu durch den Westausgang, kommt man an einer 170 Jahre alten Pinie vorbei, die in die Form eines fliegenden Drachen getrimmt wurde, und gelangt auf einen Weg, der nach Norden zum nächsten Komplex führt. Dort befindet sich der durch seine feinen Schnitzarbeiten hervorstechende Tempel **Hung Mieu**, der den Vorfahren der Nguyen und ganz speziell den Eltern von Gia Long gewidmet ist. Noch weiter nördlich steht **Dien Tho**, die Residenz der Königinmutter, die trotz der

Hué: Eingang zur Verbotenen Purpurstadt; „Pavillon der Ewigen Klarheit" Hien Lam Cac

derzeitigen Renovierungsarbeiten einen kurzen Abstecher lohnt. Der in einer Kombination aus vietnamesischen und französischen Architekturstilen errichtete Palast diente später Bao Dai als Privatresidenz. In den Empfangszimmern im Erdgeschoss stehen heute antike Einrichtungsgegenstände, passend zu den Fotos des Palastes, wie er sich in den 30er Jahren des 20. Jhs. präsentierte.

Museen

Anstatt die Kaiserstadt durch das Ngo Mon-Tor zu verlassen, kann man auch das gut erhaltene östliche Cua Hien Nhon („Tor der Menschlichkeit") nehmen und erreicht nach einem kurzen Spaziergang das **Kunstmuseum** in der 3 Le Truc. Das Bewundernswerteste an dem Museum ist das Gebäude, in dem es untergebracht ist: Der 1845 im Innern der Kaiserstadt erbaute **Long An-Palast** wurde 1909 an seinen jetzigen Standort verlegt und zur Nationalen Universitätsbibliothek umfunktioniert, bevor Khai Dinh im Jahre 1923 ein dynastisches Museum daraus machte. Der Palast wurde 1995 in prächtigen Brauntönen renoviert und beherbergt u.a. wertvolle antike Einrichtungsgegenstände mit Intarsien aus Perlmutt. 🕓 7–19 Uhr, Eintritt US$1,50.

Direkt gegenüber in der Le Truc steht das **Provinzmuseum**, das zur Zeit der Recherche leider geschlossen war. Nach der Wiedereröffnung lohnt sich eine Besichtigung u.a. wegen des gut präsentierten Materials zu Hué in der Zeit des Vietnamkriegs. Fotos, Dokumente und Originalfilme beschäftigen sich sowohl mit den buddhistischen Demonstrationen von 1963 als auch mit den erbitterten Kämpfen von 1968.

ZENTRALPROVINZEN

Phu Cat

Das bürgerliche und kommerzielle Leben Hués entwickelte sich außerhalb der Zitadelle auf einer dreieckigen Insel, die heute in die Bezirke Phu Cat, Phu Hiep und Phu Hau aufgeteilt ist. Dieses Stadtviertel ist von einer völlig anderen Atmosphäre geprägt, denn es handelt sich um eine quirlige, dicht bevölkerte und baufällige Gegend, in deren Mittelpunkt die Straße Chi Lang im Bezirk Phu Cat liegt, wo sich neben einigen einstöckigen Holzhäusern mit roten Dachziegeln auch noch ein paar reicher verzierte Geschäftshäuser aus der Kolonialzeit befinden. Das Viertel war einst die Heimat der chinesischen Gemeinde, woran noch fünf **Versammlungshallen** in der Chi Lang erinnern. Alte Bäume säumen den Dong Ba-Kanal an der Südwestseite der Insel, wo es in den 60er Jahren auf der Bach Dang zu Demonstrationen gegen die Regierung kam, in deren Zentrum die **Dieu De-Pagode** stand.

Absolut zwingend ist ein Abstecher auf die Insel nicht, vor allem wenn man bereits die chinesischen Tempel in Hoi An oder Ho-Chi-Minh-Stadt gesehen hat, doch im Allgemeinen bildet das Viertel einen lebhaften Kontrast zu den ansonsten eher beschaulichen Straßen Hués.

Chinesische Versammlungshallen

Die chinesischen Einwanderer gliederten sich in fünf Gemeinden um ihre jeweiligen Versammlungshallen. Die interessanteste ist die **Chua Ong** in der 319 Chi Lang, die Mitte des 19. Jhs. von Fujian-Chinesen gegründet und mehrfach wiederaufgebaut wurde, u.a. nachdem 1968 ein in der Nähe liegendes US-Munitionsschiff von Raketen der Vietcong in die Luft gejagt worden war und mit ihm die Pagode und einige umliegende Häuser. Überraschenderweise steht kein Buddha auf dem Hauptaltar, dafür aber die Statuen mehrerer Ärzte mit General Quan Cong zur Rechten und Thien Hau zur Linken, beide Beschützer der Seefahrer. Es heißt, dass Quan Cong zunächst auf dem Hauptaltar gestanden hätte, bis 1918 eine verheerende Cholera-Epidemie ausbrach und der General durch die Ärzte ersetzt wurde, woraufhin die Seuche angeblich schon bald gebannt war. Von den anderen Hallen ist noch die **Chieu Ung** in der 223 Chi Lang beachtenswert, deren vergoldeter Altar mit sehenswerter Schnitzkunst verziert ist. Die Pagode wurde im 19. Jh. von Chinesen aus Hai Nam gegründet und seitdem mindestens zwei Mal wiederaufgebaut.

Dong Ba-Markt

Auf dem Weg nach Phu Cat liegt vor der südöstlichen Ecke der Zitadelle die weitläufige Dong Ba-Markthalle, das größte Einkaufszentrum Hués. Die Obst-, Gemüse- und Fischverkäufer müssen aus Platzmangel schon auf die umliegenden Flächen ausweichen, während in der Halle im Erdgeschoss Hués spezieller Beitrag zur Welt der Mode verkauft wird, der *non bai tho* oder **Gedichthut**. Es handelt sich um einen konischen Hut mit schwarzen Scherenschnitten zwischen zwei Lagen durchsichtiger

Palmblätter, die aber nur zu sehen sind, wenn man den Hut gegen das Licht hält. Der Markt ist vom Stadtzentrum aus zu Fuß zu erreichen, doch mehr Spaß macht es, vom Bootsanleger am Dap Da-Damm ein Sampan zu nehmen und den Markt auf dem Wasserweg anzufahren.

Europäische Stadt

Obwohl die Franzosen Vietnam ab 1884 de facto beherrschten, ließen sie den Kaiser als Marionette in seiner Zitadelle und errichteten ihr Verwaltungszentrum auf der gegenüber liegenden Seite des Parfümflusses. Die Hauptstraße der Europäischen Stadt war die am Ufer verlaufende Le Loi, wo nicht nur das Amt für französische Einwohner stand, sondern auch andere wichtige Gebäude wie das **Nuoc Hoc-Gymnasium** und das Hotel Frères Morin, das heute Saigon Morin heißt. Die Wohngebiete erstreckten sich südlich des Flusses bis an den Phu Cam-Kanal und waren durch die Clemenceau-Brücke, die nach der Machtübernahme der Kommunisten in Trang Tien-Brücke umbenannt wurde, mit der Zitadelle verbunden. Abgesehen vom Gymnasium ist das **Ho Chi Minh Museum** die einzige große Sehenswürdigkeit in diesem Viertel, denn in Hué verbrachte Ho viele Jahre seiner Kindheit.

Der orientalisch anmutende Kirchturm der **Kathedrale Notre Dame** beherrscht die Silhouette im Süden. Die außergewöhnliche Mischung aus gotischen und kubistischen Elementen entstand als Werk eines einheimischen Architekten Ende der 50er Jahre des 20. Jhs. Die Kirche vereinigt die 20 000 Seelen umfassende katholische Gemeinde Hués unter ihrem Dach und lohnt einen Blick im Vorbeifahren, denn das Innere ist weniger sehenswert.

Bewunderer zeitgenössischer vietnamesischer Kunst finden in der 1 Pham Boi Chau das **Museum für moderne Kunst**. Im Grunde handelt es sich um eine Ausstellung der Werke der 1920 in Hué geborenen Künstlerin Diem Phung Thi. Die alte Villa bildet den perfekten Rahmen für ihre klobigen „Module“, die sie aus der chinesischen Kalligraphie entwickelte. ⌚ tgl. 7.30–11 und 14–17 Uhr.

Ho Chi Minh Museum

Geboren wurde Ho Chi Minh bei Vinh in der Provinz Nghe An, doch insgesamt zehn Jahre seiner Schulzeit verbrachte er in Hué (1895–1901 und 1906–1909), wo sein Vater als Verwaltungsmandarin tätig war. Das moderne Ho Chi Minh Museum in der 7 Le Loi setzt jene Jahre in den Kontext des antikolonialen Kampfes gegen die Franzosen und spannt den Bogen weiter zu den Friedensdemonstrationen 1960 in Hué bis zur Wiedervereinigung. Das interessanteste Material sind die Familienfotos und einige seltene Ansichten der Stadt vom Anfang des 20. Jhs. Das Haus in dem Dorf Duong No auf dem Weg zum Strand Thuan An (s.S. 414), in dem Ho eine Zeitlang mit seinem Vater lebte, ist noch zu besichtigen, doch seine Grundschule in der Nähe des Dong Ba-Marktes existiert nicht mehr. ⌚ Di–So 7.30–11 und 13.30–16.30 Uhr, geringes Eintrittsgeld.

Quoc Hoc-Gymnasium

Ho Chi Minh war der berühmteste Schüler des Quoc Hoc-Gymnasiums, das schräg gegenüber dem Museum in der Le Loi steht. Die Schule wurde 1896 als Nationales Gymnasium gegründet und widmete sich der Ausbildung von Adelssöhnen und zukünftigen Verwaltungsbeamten, die hier die Geschichte ihres europäischen „Vaterlandes“ studierten, wobei bis 1945 der gesamte Unterricht in französischer Sprache abgehalten wurde. Ho hatte das Gymnasium noch nicht einmal ein Jahr besucht, als er wegen seiner Teilnahme an Demonstrationen gegen die Regierung von der Schule verwiesen wurde. Weitere Revolutionäre, die das Gymnasium besuchten, waren der spätere Ministerpräsident Pham Van Dong, General Giap und Parteisekretär Le Duan – sogar der ehemalige südvietnamesische Präsident Ngo Dinh Diem war hier Gymnasiast. In den 60er Jahren stand Quoc Hoc berechtigterweise in dem Ruf, intellektuelle Dissidenten heranzubilden, und nach der Wiedervereinigung 1975 wurden einige Lehrkräfte in Umerziehungslager gesteckt.

Übernachtung

Die Mehrzahl der Unterkünfte Hués liegt südlich des Parfümflusses. Die **Nobelhotels** stehen direkt am Fluss, die **Budget-Hotels** und **Guesthouses** verteilen sich auf die dahinter liegenden Straßen, vor allem auf die Backpacker-Enklaven Hung Vuong und Nguyen Tri Phuong sowie die Pham Ngu Lao. Einige Hotels gibt es inzwischen auch innerhalb der Zitadelle, doch das bessere Preis-Leistungs-Verhältnis ist bislang noch südlich des Flusses anzutreffen. Dank der dramatischen Zunahme privater Hotels hat Hué momentan fast das ganze Jahr ein Überangebot an Zimmern zu verzeichnen, wodurch sich die Aussichten verbessern, den Preis nach unten zu drücken. Die nachfolgend aufgeführten Unterkünfte sind auf der Karte verzeichnet (s.S. 386/387).

An Phuoc**, 26 Pham Ngu Lao, ✆ 824925, 📠 826090. Das Hotel in einer ruhigen Nebenstraße bietet gute, saubere Zimmer, die mit Stuck und Tuschebildern im chinesischen Stil verschönert wurden. Die teuersten Zimmer mit Balkon.

Binh Duong II*–**, 8 Ngo Gia Tu, ✆ 846466, ✉ binhduong1@dng.vnn.vn. Ein wenig abseits des Geschehens, aber in einer interessanten Wohngegend und mit ungewöhnlich hellen und gepflegten Zimmern. Gutes Preis-Leistungs-Verhältnis mit ac, Satelliten-TV, Kühlschrank und stilvollem Bad, aber kein Telefon.

Binh Minh I**, 36 Nguyen Tri Phuong, ✆ 825526, ✉ binhminhhue@dng.vnn.vn. Das helle, gastfreundliche Hotel in hervorragender Lage bietet saubere, gemütliche Zimmer, einige mit Balkon. Beliebte Unterkunft, weil man etwas für sein Geld bekommt.

Binh Minh II**, 45 Ben Nghe, ✆ 849007, ✉ binhminhhue@dng.vnn.vn. Größere und etwas schickere Zimmer als im Binh Minh I, aber mit der gleichen freundlichen Atmosphäre.

Century Riverside Inn*–********, 49 Le Loi, ✆ 823390, 💻 www.centuryhotels.com. Internationales Hotel am Ufer des Parfümflusses mit Swimming Pool, Bar, Postschalter und Souvenirläden. Die komfortablen, aber etwas stillosen Zimmer sind teilweise sehr klein und überteuert.

Dong Duong**–***, 2 Hung Vuong, ✆ 823866, ✉ indochine-hotel@dng.vnn.vn. Das elegante Hotel in zentraler Lage abseits der Hauptstraße ist eine ordentliche Wahl der mittleren Preisklasse, wenn man sich an die besseren Zimmer im neuen Hauptblock hält. Sie sind nicht gerade riesig, aber recht hübsch und gut ausgestattet. Die billigeren Zimmer im hinteren Altbau sind eindeutig überteuert.

Duy Tan**, 12 Hung Vuong, ✆ 825001, ✉ nkduytan@dng.vnn.vn. Großes staatliches Hotel mit geräumigen, altmodischen Zimmern, aber keine schlechte Wahl, da es mehr Ruhe bietet als viele der hektischen Budget-Hotels.

Huong Giang*–********, 51 Le Loi, ✆ 822122, 💻 www.huonggiangtourist.com. Eines der drei Top-Hotels der Stadt. 1962 gebaut und gut renoviert, mit Pool, Gärten, Tennisplatz und weiteren 4-Sterne-Einrichtungen. Gemütlicher als das benachbarte Century Riverside Inn, kommt aber in punkto Service und Zimmergröße an das Saigon Morin nicht heran. Die größeren Zimmer mit Blick auf den Fluss bieten mehr fürs Geld.

Le Loi 2**–***, 2 Le Loi, ✆ 824668, 💻 www.leloihuehotel.com. Labyrinthartiges Hotel aus unattraktiven Betonblöcken, aber nahe am Bahnhof und wegen der renovierten Zimmer nicht schlecht, wenn man sonst nicht weiß wohin. Meiden sollte man aber die überteuerten Zimmer im Altbau.

Mimosa*–**, 46/6 Le Loi, ✆ 828068. Eines von mehreren kleinen Guesthouses in einer von der Le Loi abzweigenden Gasse. Attraktiver Familienbetrieb mit sauberen ac- oder Ventilator-Zimmern und Gemeinschaftsterrassen.

Saigon Morin, ab*****, 30 Le Loi, ✆ 823526, 💻 www.morinhotel.com.vn. Hués berühmtestes Hotel aus der französischen Ära wurde rosa angestrichen, auf 4-Sterne-Standard renoviert und soll demnächst noch ein zusätzliches Stockwerk erhalten, hat sich aber dennoch etwas kolonialen Charme bewahrt, z.B. den entzückenden Hofgarten. Die Zimmer sind recht groß, wenn auch ein wenig farblos, und lassen in punkto Ausstattung keine Wünsche offen, u.a. Minibar, Badewanne und Fön. Außerdem Dachbar, zwei Restaurants, kleiner Pool (US$3 für Nicht-Gäste), Internet-Zugang etc. Die Preise entsprechen der Lage und dem gebotenen Service.

Thai Binh I**, 10/9 Nguyen Tri Phuong, ✆ 828058, ✉ ksthaibin@dng.vnn.vn. Tadellos sauberes, freundliches und beliebtes Hotel mit gut ausgestatteten Zimmern in einer ruhigen Gasse neben dem Binh Minh I.

Thai Binh II–*******, 2 Luong The Vinh, ✆ 828 058, ✉ ksthaibin@dng.vnn.vn. Von außen mit seinen sechs Stockwerken keine Schönheit, aber die Zimmer sind einwandfrei, hell, luftig; alle mit gutem Bad, Möbeln aus Kiefernholz und Balkon.

Thang Long*–**, 16 Hung Vuong, ✆ 826462, ✉ dinhxuanglong@dng.vnn.vn. Die gut ausgestatteten Zimmer sind etwas ältlich, aber mehr als ordentlich und machen dieses Hotel zu einer guten Wahl. Da es keinen Aufzug gibt, werden die Zimmer billiger, je höher man geht.

Thanh Noi***, 3 Dang Dung, ✆ 522478, ✉ thanhnoi@dng.vnn.vn. Eines der wenigen Hotels nördlich des Flusses nahe der Zitadelle, mit Dekoration im kaiserlichen Stil. Tipp: Mehrere Zimmer zeigen lassen, denn einige sind ein wenig muffig. Kleiner Swimming Pool und etwas Grün ums Haus herum.

Thanh Thuy, 46/6 Le Loi, ✆ 824585, ✉ thanhthuy66@dng.vnn.vn. Eine Hand voll einfacher, aber sauberer Zimmer mit Gemeinschaftsbad in derselben ruhigen Gasse abseits der Le Loi wie das Mimosa.

Vong Canh*–***, 25 Hung Vuong, ✆ 824130, ✉ vongcanhhotel@dng.vnn.vn. Freundlicher Familienbetrieb mit erst kürzlich hinzugekommenem Anbau an der Rückseite. Große Auswahl an stilvollen, geräumigen Zimmern mit ausgezeichneten Bädern; Internet-Zugang.

Essen

Nicht nur die Menschen aus Hué behaupten, dass ihre Küche die beste Vietnams sei. Der kulinarische Speisezettel der Stadt ist eine Kombination aus speziellen Gerichten, die ihren Ursprung in der kaiserlichen Küche haben, vegetarischen Mahlzeiten, die mit herausragender Sorgfalt in den Pagoden zubereitet werden, und den ebenso einfachen wie köstlichen „bescheidenen Mahlzeiten", die die Grundlage der lokalen Hausmannskost bilden (Näheres zu Hués kulinarischen Spezialitäten s.S. 399, Kasten).

Ein Großteil der einheimischen Küche hat seinen Ursprung am **Kaiserhof**, darunter viele äußerst raffinierte Tafelfreuden, die der Kaiserfamilie wie Kunstwerke kredenzt und entsprechend delektiert wurden. Einige der großen Hotels wie das Saigon Morin und Huong Giang servieren heute „kaiserliche Mahlzeiten" für Touristen mit traditioneller Musik und der Gelegenheit, sich in kaiserlichen Kostümen zu blamieren. Die Speisen sind köstlich und die Portionen reichlich, richten sich aber bei Preisen von über US$80 für zwei Personen eher an Reisegruppen und betuchte Geschäftsleute.

Wer es auf süße Leckereien abgesehen hat, findet in der 44 Nguyen Tri Phuong neben dem Hotel Binh Minh I die **Konditorei *Mai Huong***, eine gute Adresse für Kaffee und Feingebäck. Eine nette Alternative ist auch Hués berühmtester *chè*-Laden in einer Gasse neben der 29 Hung Vuong, wo es zu Spottpreisen erfrischende **Getränke** gibt, die aus süßen grünen Bohnen unter Zugabe von Kokosnuss *(chè xanh dua)*, Obst *(chè trai cay)* oder, mit etwas Glück, Lotussamen *(chè hat sen)* gemacht werden.

Die meisten nachfolgend aufgeführten und auf der Karte (s.S. 386/387) verzeichneten Lokale liegen **südlich des Parfümflusses** in der Nähe der Ho-tels und Guesthouses, doch inzwischen haben auch ein paar Restaurants **in der Zitadelle** aufgemacht, die sich für eine Mittagspause während der Besichtigungstour anbieten oder auch selbst einen Abstecher wert sind. Mehrere kleinere Hotels servieren meist ganztägig ordentliches Essen, und auch Cafés oder billige lokale Gaststätten sind in der ganzen Stadt reichlich zu finden.

Bun Bo Hué, 11B Ly Thuong Kiet. In diesem großen, beliebten und peinlich sauberen Restaurant kann man mit Einheimischen scharfe *bun bo* frühstücken.

Banh Khoai Hanh, 4 Nguyen Tri Phuong. Das sehr kleine Lokal serviert das beste *banh khoai* der Stadt und liegt versteckt hinter einem uralten Banyan-Baum gegenüber dem Eingang zur Schule in der Le Loi.

Café 3, 3 Le Loi. Das billige und fröhliche Straßencafé gegenüber dem Hotel Le Loi bringt westliche und vietnamesische Standardgerichte auf den Tisch, von der Frühlingsrolle bis zum Fruchtcocktail. Veranstaltet außerdem eine interessante Auswahl an Touren.

Café on Thu Wheels, 10/2 Nguyen Tri Phuong. Die kleine Café-Bar befindet sich im Besitz der dynamischen Frau Thu und ist ein Renner unter Rucksacktouristen. Hauptgründe dafür sind das gute Essen, die laute Musik und das freundliche Personal, das auch ausgezeichnete Motorradtouren durch Hué und Umgebung veranstaltet. Wer sich ein neues Wortspiel mit „Thu" ausdenkt, kann den Spruch zu den anderen an die mit Graffiti übersäten Wände und Decken schreiben.

Club Garden, 8 Vo Thi Sau, ✆ 826327. Eines von mehreren nobleren Restaurants in dieser Straße; bietet klassische vietnamesische Küche mit preiswerten festen Menüs (US$8–15). Wer einen Tisch draußen bekommen kann, sollte zuschlagen.

Co Do, 22 Ben Nghe. Kleines und preiswertes Restaurant ohne Schnickschnack mit begrenzter Speisekarte aus einheimischen Gerichten. Zitronengras und Chili sind die vorherrschenden Geschmacksrichtungen zu Tintenfisch, Hühnchen oder Garnelen. Für manche vielleicht zu stark gewürzt, aber die Zutaten sind alle sehr frisch und die Speisen gut zubereitet.

Dong Tam, 48/7 Le Loi. Das von einer buddhistischen Familie geführte vegetarische Restaurant ist eine Oase der Ruhe. Die knappe Speisekarte beinhaltet vegetarisches *banh khoai,* gemischte Platten zu günstigen Preisen und ein ordentliches festes Menü für weniger als US$2. Am besten zur Mittagszeit, wenn die Zutaten am frischesten sind und man im Hofgarten sitzen kann.

Hang Me, 20 Pham Ngu Lao. Eine feste lokale Größe mit Spezialität *banh beo, banh loc* und *banh nam.* Nach einem blauen Haus etwas abseits der Straße Ausschau halten!

La Carambole, 19 Pham Ngu Lao, ✆ 810491. Das innovative und attraktive Restaurant unter französisch-vietnamesischer Leitung serviert neben einheimischen Speisen auch qualitativ gute internationale Gerichte, z.B. Quiche, Sandwiches, flambierte Bananen etc. Weitere Pluspunkte sind die Auswahl an festen Menüs (ab ca. US$4) und der aufmerksame Service. Reservierung empfohlen.

Lac Thien, 6 Dinh Tien Hoang, auf der Seite der Zitadelle. Das zu den freundlichsten und interessantesten Restaurants der Stadt zählende *Lac Thien* wird von einer taubstummen Familie geführt, die sich mit Zeichensprache verständlich macht. Das Essen ist ausgezeichnet und besteht aus Hués Standardgerichten, wobei die Preise trotz der Bekanntheit vernünftig geblieben sind. Nicht zu verwechseln mit anderen Lokalen in dieser Straße, die ähnlich klingende Namen tragen.

Mandarin Café, 12 Hung Vuong. Das bescheidene Café abseits der Hauptstraße ist eine feste Adresse für Backpacker und bringt billige, aber sehr leckere vietnamesische und westliche Speisen auf den Tisch. Der Besitzer und Fotograf Herr Cu und sein Personal sind darüber hinaus ausgezeichnete Informationsquellen und vermitteln Bootsausflüge, Fahrrad- und Autoverleih sowie Touren.

Minh & Coco, 1 Hung Vuong. Das Erfolgsrezept der beiden Schwestern besteht aus einem fröhlichen Empfang und riesigen Portionen zu Niedrigstpreisen. Das ***Thuy Tien*** nebenan teilt sich dieselbe Markise mit Minh & Coco und ist genauso zu empfehlen. Obwohl die beiden harte Konkurrenten sind, kann man sie nur schwer auseinander halten – beide verwenden sogar denselben Partytrick zum Öffnen der Bierflaschen.

Omar Khayyam's, 34 Nguyen Tri Phuong. Indisches Restaurant mit gutem Preis-Leistungs-Verhältnis und zu Recht beliebt wegen seiner authentischen nordindischen Küche mit guter Auswahl an *thali* und vegetarischen Gerichten.

Quoc Huy, 43 Dinh Cong Trang. Gute Adresse für eine Verschnaufpause in einem ruhigen Hof unmittelbar östlich der Kaiserstadt. Das saubere und freundliche Lokal hat einige recht seltsame Gerichte auf dem Speisezettel, z.B. in Bier gekochtes Rindfleisch oder Hühnchen, aber sämtliche Mahlzeiten werden frisch zubereitet.

Saigon Morin, 30 Le Loi. Neben seinem todschicken europäischen Restaurant (Menüs ab ca. US$10) betreibt das 4-Sterne-Hotel auch ein überraschend billiges Café mit einer guten Auswahl an vietnamesischen und internationalen Gerichten für US$1 (plus Steuern), wobei aber die Getränke den Preis in die Höhe treiben. Das Essen ist gut zubereitet und wird in großen Portionen serviert.

Song Huong Floating Restaurant, Le Loi, unmittelbar östlich der Trang Tien-Brücke. Wer einen der wenigen Tische unter freiem Himmel ergattern kann, wird einen friedlichen und luftigen Ort bei einem Kaffee oder spätnachmittäglichen Bier genießen können. Das Essen ist nicht schlecht, es gibt ein festes Menü für ca. US$3.

Stop & Go Café, 10 Ben Nghe. Die reizend chaotische Kombination aus Café und Biergarten wird von dem genialen, silberhaarigen Herrn Do geleitet. Er serviert eine Standardauswahl an westlichen und einheimischen Gerichten, die

Spezialitäten aus Hué

Ein gutes Argument für einen verlängerten Aufenthalt in Hué sind die zahlreichen kulinarischen Spezialitäten, die man am besten an bzw. in den einfachen Straßenständen und -küchen genießen kann. Das berühmteste Gericht der Stadt nennt sich *banh khoai*, ein kleiner, knusprig-gelber **Pfannkuchen** aus Ei und Reismehl, der mit Garnelen, Schweinefleisch und Sojabohnensprossen gebraten und mit einer speziellen Erdnuss-Sesam-Soße *(nuoc leo)* verzehrt wird. Dazu gibt es grüne Beilagen wie Sternfrucht, Kochbanane, Kopfsalat und Minze. Bekannt ist Hué auch für seine Nudeln und eine eigene, scharfe Version der **Reis-Nudelsuppen**, die je nach verwendetem Fleisch als *bun bo* (Rindfleisch), *bun ga* (Hühnchen) oder *bun bo gio heo* (Rind- und Schweinefleisch) bezeichnet und mit Zitronengras, Garnelen und Basilikum verfeinert werden.

Es gibt sogar spezielle Snacks, die meistens gegen vier oder fünf Uhr nachmittags gegessen werden. Wer *banh beo* bestellt, bekommt ein ganzes Tablett mit verschiedenen **Küchlein** aus gedämpftem Reismehlteig, belegt mit Gewürzen, getrockneten und gemahlenen Garnelen und etwas Schweinehackfleisch; hinzu kommt ein Schuss gesüßte *nuoc mam*. *Banh nam* bzw. *banh lam* folgt einem ähnlichen Prinzip, ist aber rechteckig geformt, in einem Bananenblatt gedünstet und wird ebenfalls mit *nuoc mam* verzehrt. Maniokmehl anstelle von Reismehl kommt bei *banh loc* zum Einsatz; der Belag besteht aus ganzen Garnelen, Schweinefleischscheibchen und Gewürzen. Das Ganze wird ebenfalls in einem Bananenblatt gedünstet, doch in diesem Fall erhält die *nuoc mam* einen Schuss Schärfe durch Zugabe von Chili. Schließlich gibt es noch ram it, bestehend aus zwei kleinen Klecksen Teig aus Klebreismehl, einer gebraten und einer gedämpft, die dann in eine scharfe Soße getunkt werden.

Ein Gericht aus Hué, um das die meisten Besucher aus gesundheitlichen Gründen einen Bogen machen, ist *com hen*, dessen Hauptbestandteil ein kleines **Schalentier** aus der Miesmuschelfamilie *(hen)* ist, das in der Umgebung der Insel Hen im Parfümfluss und weiter flussabwärts in der Mündung aus dem Schlick gebuddelt wird. Es gilt als beliebtes und sehr leckeres Frühstück im Sommer, wenn die Muschel Hauptsaison hat, ist aber gelegentlich auch zu anderen Jahreszeiten in Restaurants am westlichen Ende der Truong Dinh zu bekommen. Die Zubereitung von *com hen* ist eine komplizierte Angelegenheit, die Hauptzutaten sind hen, Reisfadennudeln, Garnelensoße und Chili.

sich gut mit einem Glas Reiswein herunterspülen lassen, und veranstaltet Motorradtouren durch Hué und Umgebung sowie nach Norden zur Entmilitarisierten Zone.

Tropical Garden, 5 Chu Van An. Unter derselben Leitung wie das Restaurant Club Garden mit ähnlicher Speisekarte, aber größerem Garten und allabendlichen Darbietungen traditioneller Musik (19–21 Uhr).

Vuon Y Thao, 3 Thach Han, ✆ 523018. Es lohnt sich, etwas mehr springen zu lassen für ein Essen in diesem Restaurant am westlichen Rand der Zitadelle, wo man wundervoll präsentierte kaiserliche Speisen (US$7 pro Menü) im Garten einer kolonialzeitlichen Villa genießen kann. Reservierung erforderlich, auf Bestellung auch traditionelle Musikvorführungen.

Xuan Trang Café, 5 Nguyen Tri Phuong. Überdurchschnittliches Backpacker-Restaurant mit umfangreicher Speisekarte und günstigen Preisen (Menüs ab US$1,30). Tipp: Eiscreme und die Spezialitäten aus Hué. Eine weitere Filiale befindet sich in der 14 Hung Vuong.

Unterhaltung

Unter den Nguyen-Kaisern war Hué nicht nur die politische, sondern auch die kulturelle und künstlerische Hauptstadt Vietnams. Aus Volkskultur, komplexen Hofzeremonien und religiösen Ritualen entwickelte sich mit der Zeit eine reiche Tradition eigener Tänze und Lieder. Ein Großteil davon ging leider im Laufe der letzten 50 Jahre verloren, doch es werden beträchtliche Anstrengungen unternommen, den aus Hué stammenden Volksliedern **Ca Hué** wieder mehr Geltung zu verschaffen, indem sie beispielsweise auf abendlichen Bootsfahrten über den Parfümfluss dargeboten werden. Außerdem haben die lokalen Behörden eine **Kunst-Biennale** ins Leben gerufen, bei der nicht nur Volkslieder, Drachenflüge, Wasserpuppentheater und andere einheimische Traditionen geboten werden, sondern auch internationale Gruppen auftreten.

Historisch gesehen war der Parfümfluss ein Ort des Vergnügens, wo Freudenmädchen in ihren Sampans umherkreuzten und Künstler den Adel mit Lyrik und Musik unterhielten. Während die Prostitution offiziell nicht mehr existiert, basieren die heutigen **Volksmusikkonzerte** auf den alten Traditionen, indem sie die wunderbare Schönheit der Stadt preisen oder die zehn Zauber einer Frau aus Hué, die mit langen Haaren, verträumten Augen, wallendem Ao Dai und konischem Hut am Fluss auf ihren Liebsten wartet. Ein weiteres beliebtes musikalisches Thema ist eine improvisierte Brautwerbung zwischen einem Jungen und einem Mädchen, und gelegentlich sind auch die rhythmischen Gesänge der Sampan-Ruderer zu hören oder die hypnotischen, dem Blues nicht unähnlichen Klänge der Chau Van-Musik, von der die Trance-Tänze im Hon Chen-Tempel begleitet werden. Auch die Instrumente sind sehr faszinierend, vor allem die Schlaginstrumente mit vier Kaffeetassen aus feinem Porzellan und einem mit alten Münzen verzierten Holzinstrument. Eintrittskarten (US$3–4) sind über die Hotels und Reisebüros zu beziehen. Alternativ dazu gibt es Gratiskonzerte im Restaurant *Tropical Garden* und im Hof des Hotels *Saigon Morin*.

Wer abends lieber ein Bier trinken geht, kann in einer der beiden beliebtesten **Kneipen** der Stadt einkehren. Die ***DMZ Bar*** in der 44 Le Loi bietet mehrere Biersorten, Pool-Billard und Tanzfläche, das freundliche ***Café on Thu Wheels*** lockt mit billigem Bier und lauter Musik. Als entspanntere Adressen für einen Drink empfehlen sich die Dachbar des ***Saigon Morin*** (🕒 18.30–23 Uhr), das schwimmende Restaurant ***Song Huong*** und das ***Stop & Go Café*** (Adressen s. Essen).

Touren

Alle nachfolgend aufgeführten Veranstalter vermitteln auch Mietfahrzeuge und Fahrkarten für die Weiterreise mit verschiedenen Transportmitteln und organisieren zuverlässige Stadtführungen durch Hué sowie Ausflüge zu den Sehenswürdigkeiten in der Umgebung, einschließlich Kreuzfahrten auf dem Parfümfluss sowie Touren zur Entmilitarisierten Zone und zum Bach Ma-Nationalpark.

Café on Thu Wheels, 10/2 Nguyen Tri Phuong, ☏ 832241, ✉ minhthu1970@hotmail.com. Spezialisiert auf Motorradtouren.

Mandarin Café, 12 Hung Vuong, ☏ 534485, ✉ mandarin@dng.vnn.vn. Bietet ebenfalls Motorradtouren an.

Phu Xuan Tourist, 12 Hung Vuong, ☏ 848686.

Queen Café, 8 Hung Vuong, ☏ 849643, ✉ phigreentravel@yahoo.com.

Sinh Café, 7 Nguyen Tri Phuong, ☏ 845022, ✉ sinh5hue@dng.vnn.vn.

Stop & Go Café, 10 Ben Nghe, ☏ 827051, ✉ stop-and-go-cafe@yahoo.com. Ein weiterer Spezialist für Motorradtouren.

Sonstiges

APOTHEKEN – Gut sortierte Apotheken gibt es im Europäischen Viertel in der 9 Hoang Hoa Tham (Eingang um die Ecke in der Tran Cao Van) und in der 37 Ben Nghe.

GELD – ***Vietcombank***, 78 Hung Vuong, wechselt Bargeld und Reiseschecks und hat einen Geldautomaten (🕒 nur während der normalen Schalterstunden). Das Wechselbüro der gleichen Bank in der Hung Vuong vor dem Hotel Saigon Morin ist nicht nur günstiger gelegen, sondern hat auch längere Öffnungszeiten (🕒 Mo–Sa 7–22 Uhr) und einen Geldautomaten, der rund um die Uhr in Betrieb ist.

INFORMATIONEN – Die besten Informationsquellen sind die Hotels und Tourveranstalter. Besonders hilfsbereit ist das Personal im ***Mandarin Café***, 12 Hung Vuong.

Alle Hotels und Reisebüros geben einfache fotokopierte **Stadtpläne** heraus; detaillierte Karten finden sich dagegen in den großen Hotels und an den Bücherständen in der Le Loi.

INTERNET – Einige Internet-Cafés konzentrieren sich in der Backpacker-Enklave um die Hung Vuong und Nguyen Tri Phuong.

MEDIZINISCHE HILFE – **Krankenhaus**: ***Hué Central Hospital***, 16 Le Loi, ✆ 822325.

POLIZEI – Die richtige Anlaufstelle, wenn man z.B. seinen Reisepass verloren hat, ist die **Ausländerpolizei**, 77 Ben Nghe.

POST – **Hauptpost**, 8 Hoang Hoa Tham, bietet in dem grandiosen neuen Gebäude neben den gewohnten Diensten auch Internet-Zugang. Günstig gelegene **Filialen** gibt es in der 38 Le Loi und im Bahnhof.

VORWAHL – 054

Nahverkehrsmittel

Während des Berufsverkehrs (7–9 und 16–18 Uhr) kann es selbst auf Hués breiten Boulevards eng werden, doch i.A. ist das **Fahrrad** das beste Transportmittel für eine Besichtigung der verstreut liegenden Sehenswürdigkeiten der Stadt, was besonders für die Kaisergräber gilt. Die meisten Hotels und Guesthouses sowie einige wenige Cafés verleihen Drahtesel (weniger als US$1 pro Tag) und **Motorräder** (US$4–5 am Tag).

Eine beliebte Variante sind die geführten **Motorradtouren** durch Hué und Umgebung (US$5–6), die von mehreren Veranstaltern angeboten werden (s. Touren), wobei man entweder auf dem Sozius sitzt oder eine eigene Maschine fährt. Dieselben Anbieter helfen in der Regel auch bei der Vermittlung von **Mietwagen** (US$20–30 pro Tag). Daneben herrscht aber auch in Hué kein Mangel an **Cyclos**, **Honda Oms** oder **Taxis** – folgende Unternehmen betreiben Fahrzeuge mit Taxameter:

Gili Taxi, ✆ 828282,
Hué Taxi, ✆ 818181,
Mai Linh Taxi (ML), ✆ 898989.

Transport

BUSSE – Die **Open-Tour-Busse** halten vor ihren zentral gelegenen Büros in der 7 bzw. 11 Nguyen Tri Phuong. Es ist zu beachten, dass einige Straßen in Hué, einschließlich der Nguyen Tri Phuong und Ben Nghe, gerade neue Hausnummern erhalten. Die Situation ist recht verworren, doch wenn möglich wurden im Kapitel Hué immer die neuen Hausnummern verwendet. Open-Tour-Veranstalter mit Niederlassung in Hué sind ***Sinh Café***, ***Queen Café*** und ***TM Brothers*** (Kontakt über *An Phu Tourist*, 11 Nguyen Tri Phuong, ✆ 833897).

Wer weiter nach **Laos** möchte, nimmt am besten den Tour-Bus zur Entmilitarisierten Zone (DMZ) um 6 Uhr morgens bis DONG HA und findet dort Anschluss an den um 9 Uhr abfahrenden Tour-Bus nach SAVANNAKHET (fährt nur an ungeraden Tagen). Die gesamte Fahrt dauert rund 10 Std. und kostet US$16–17.

Hué hat zwei **Fernbusbahnhöfe**: Die Busse aus/nach Süden halten am Busbahnhof **An Cuu**, 3 km südöstlich des Zentrums an der Nationalstraße 1. Eine Fahrt per Honda Om oder Cyclo zwischen der Stadt und dem Busbahnhof kostet ca. US$1. Die Busse in/aus Richtung Norden (HANOI) nutzen den Busbahnhof **An Hoa**, 4 km nordwestlich des Zentrum ebenfalls an der Nationalstraße 1. Von dort kostet eine Fahrt per Honda Om oder Cyclo in die Stadt bzw. umgekehrt US$1,50.

Busse nach: DA NANG (3–5 Std.); DONG HA (2 1/2 Std.); DONG HOI (5 Std.).

EISENBAHN – Der **Bahnhof** liegt ca. 1,5 km vom Zentrum entfernt am äußersten westlichen Ende der großen Le Loi, die parallel zum Südufer des Parfümflusses verläuft. Es ist zu beachten, dass die Züge für die Weiterreise aus Hué immer schnell ausgebucht sind, was besonders für die Schlafwagen nach Ho-Chi-Minh-Stadt und Hanoi gilt, sodass es sich empfiehlt, sich die Fahrkarte so früh wie möglich zu besorgen; ⌚ Ticketbüro tgl. 7–11.30 und 13.30–18 Uhr.

Züge nach:
DA NANG 5x tgl. in 2 1/4–3 Std.;
DONG HA 4x tgl. in 1–1 1/4 Std.;
DONG HOI 5x tgl. in 2 3/4–3 1/2 Std.;

HANOI 5x tgl. in 13–16 Std.;
HO-CHI-MINH-STADT 5x tgl. in 19–24 Std.;
NHA TRANG 5x tgl. in 11 1/4–15 Std.;
NINH BINH 2x tgl. in 14 Std.

FLÜGE – Hués **Flughafen Phu Bai** liegt 15 km südöstlich der Stadt. Der Transport zu den Hotels im Zentrum erfolgt per privat betriebenem Shuttle-Bus (US$1,60) oder per Taxi mit Taxameter (ca. US$7). Über die Rezeption des Hotels kann möglicherweise ein Abholservice arrangiert werden.
Vietnam Airlines unterhält ein Büro im Hotel Thuan Hoa, 7 Nguyen Tri Phuong, ✆ 824709. Es bestehen Flugverbindungen nach HANOI (2–3x tgl., 1 1/4 Std.) und HO-CHI-MINH-STADT (2x tgl., 1 1/4 Std.).

SCHIFFE – Die Tragflügelboote für die zweistündige Fahrt nach DA NANG legen vom **Pier** neben dem Hotel Huong Giang ab.

Die Umgebung von Hué

Einen Großteil ihres Lebens verbrachten die Nguyen-Kaiser innerhalb der Mauern ihrer Zitadelle, doch zu bestimmten Anlässen kamen sie hervor, um an bedeutenden Ritualen teilzunehmen, die an symbolträchtigen Orten in Hué stattfanden. Heute sind diese Orte eher aufgrund ihrer Geschichte als der Sehenswürdigkeiten auf dem Gelände interessant, wenngleich beispielsweise die vermodernde **Kaiserliche Arena** noch die Atmosphäre früherer Spektakel erahnen lässt.

Auf keinen Fall auslassen sollte man einen Abstecher zu mindestens zwei der **Kaisergräber**. Es handelt sich um beeindruckende architektonische Bauwerke, die unterschiedliche Stilrichtungen vereinen und in denen der Geist der Nguyen-Kaiser weiterlebt. Mit einer Bootstour über den **Parfümfluss** gelangt man zu den interessantesten Kaisergräbern und hat zudem die Möglichkeit, an der **Thien Mu-Pagode** und am **Hon Chen-Tempel** einen Zwischenstopp einzulegen.

Wer die Zeit hat und Bewegungsdrang verspürt, kann eine Fahrradtour zum **Thuan An-Strand** unternehmen, eine attraktive Fahrt durch das Mündungsgebiet des Parfümflusses mit Fischzuchtanlagen zu beiden Seiten, wenngleich der Strand selbst niemanden vom Sattel reißt. Landeinwärts lockt ein Ausflug zu den **heißen Quellen von Thanh Tan**. Die weitesten Tagesausflüge von Hué sind ein Blitzabstecher zur **Entmilitarisierten Zone** (s.S. 418) und eine Fahrt zum **Bach Ma-Nationalpark** (s.S. 384).

Nam Giao

An erster Stelle im zeremoniellen und religiösen Leben der Nation stand der „Himmelsaltar" Nam Giao, wo sich der Kaiser mittels heiliger Rituale, die hier von 1807 bis 1945 ungefähr alle drei Jahre abgehalten wurden, die Legitimation seiner Herrschaft bestätigen ließ. Die Zeremonien fanden auf den drei Terrassen einer Anhöhe statt, von denen zwei eckig waren und eine rund – als Symbole für Himmel, Erde und Menschheit. Vor einem solchen Anlass unterzog sich der Monarch einer Selbstreinigung, indem er eine strenge vegetarische Diät einhielt und seine Konkubinen mehrere Tage sich selbst überließ. Sodann führte er mit der Unterstützung von rund 5000 Helfern die Opferrituale durch, mit denen die Stabilität des Landes und der Dynastie gesichert werden sollten. Nam Giao liegt 3 km südlich vom Zentrum Hués am Ende der Dien Bien Phu.

Van Mieu

Der Konfuzianismus war bereits seit dem 11. Jh. die vorherrschende Staatsreligion in Vietnam, und die Nguyen bildeten eine ganz besonders traditionelle Dynastie. Am Anfang seiner Herrschaftsperiode stiftete Gia Long 1808 einen nationalen Tempel für Konfuzius, den er Van Mieu bzw. Van Thanh („Literaturtempel") nannte und der seinen Namensvetter in Hanoi ersetzen sollte. Von dem Komplex ist nicht viel erhalten, außer einer Sammlung von 32 Steinstelen mit den Namen von 297 Absolventen der Beamtenprüfungen von 1822 bis 1919. Unter kleinen Schutzvorrichtungen stehen zwei weitere Stelen mit Edikten, die von Minh Mang und Thieu Tri erlassen wurden, um Beschimpfungen von Eunuchen und Verwandten der kaiserlichen Linie mütterlicherseits unter Strafe zu stellen. Einen guten Blick auf die kaiserliche Landungsbrücke und das Tempeltor bietet sich im Rahmen einer Bootsfahrt auf dem Parfümfluss (s.S. 404, Kasten). Bei der Anfahrt auf dem Landweg liegt Van Mieu nur 500 m westlich der Thien Mu-Pagode (s.S. 404–406).

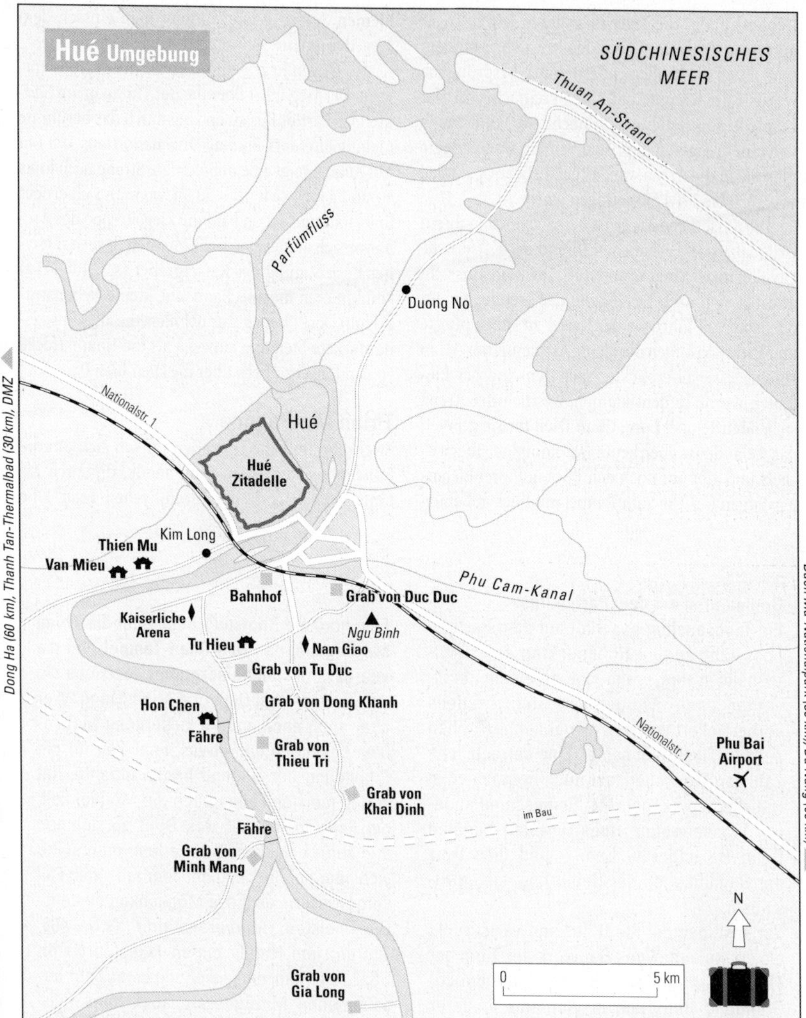

Die Kaiserliche Arena

Am Van Mieu gegenüber liegenden Ufer des Parfümflusses steht die Kaiserliche Arena *(Ho Quyen)*, in der die Monarchen Kämpfe zwischen Elefanten und Tigern veranstalten ließen. Dabei handelte es sich aber keineswegs nur um einfache Schaukämpfe, denn der Elefant symbolisierte die absolute Macht des Herrschers, während dem Tiger die Rolle des Rebellen zukam. Die Freiluftarena wurde am Standort einer ehemaligen Cham-Festung errichtet, um die Botschaft der kaiserlichen Macht zu unterstreichen. Die Kämpfe müssen recht einseitig gewesen sein, denn der Elefant durfte natürlich niemals verlieren, weshalb zeitgenössischen Berichten zufolge die Tiger in späteren Jahren sogar an einem Pfahl festgebunden wurden, nachdem man ihnen die Krallen entfernt hatte. Ursprünglich wurden die Kämpfe auf einer Freifläche vor der Zitadelle abgehalten, doch nachdem Minh Mang von einem Tiger angegriffen worden war, verlegte man sie in die Arena, wo das gefährliche Spektakel von 1830 bis 1904 ausgetragen wurde.

Die Kaiserliche Arena ist beinahe noch in ihrem Originalzustand erhalten, während der Kaiserliche Pavillon inzwischen verrottet ist. Die beste Aussicht eröffnet sich nach Besteigung der Treppe, die auf den Nordwall führt, wo der Kaiser zu sitzen pflegte und Richtung Süden die kleine Arena mit nur 44 m Durchmesser überblickte. Nach dem Tod der Elefanten wurde in dem kleinen, westlich der Arena stehenden Tempel **Long Chau Dien** für sie gebetet; das Gelände ist aber heute fast komplett überwuchert und gibt nur noch den Blick auf zwei Elefantenstatuen frei. Um zum Tempel mit Blick auf einen kleinen See zu gelangen, folgt man einfach dem Weg, der um die Südseite der Arena herumführt.

Ho Quyen liegt 4 km vom Zentrum Hués entfernt. Der Weg führt über die Bui Thi Xuan am Südufer des Parfümflusses entlang durch das berühmte Metallgießerdorf Phuong Duc. Beim Haus 198 Bui Thi Xuan zweigt eine unbefestigte Straße nach links ab und gabelt sich nach 20 m, wo man sich erneut links hält und schon bald die Ziegeltreppe der Arena vor sich auftauchen sieht. Wer den Besuch mit einer Besichtigung der Kaisergräber (s.S. 408–414) kombinieren möchte, kann eine kleine Nebenstraße vom Dorf Phuong Duc nehmen, die allerdings eine stärkere Steigung aufweist als die Hauptstrecke zu den Kaisergräbern über die Dien Bien Phu.

Thien Mu-Pagode

Zwei sehr ähnliche Legenden ranken sich um die Entstehung der Thien Mu-Pagode, die auch als Linh Mu („Pagode der himmlischen Frau") be

Bootstouren auf dem Parfümfluss

Ein Tagesausflug per Boot auf dem Parfümfluss zählt zu den Höhepunkten eines Aufenthalts in Hué, wenn man an einem nebelverhangenen Morgen an der Zitadelle vorbeituckert und das gemächliche Treiben auf dem Fluss beobachtet. Eine beträchtliche Zahl von Menschen lebt auch heute noch in Hausbooten auf dem Parfümfluss und anderen Wasserwegen Hués wie den Kanälen Dong Ba und Phu Cam – und dies trotz der Bemühungen der Regierung, sie umzusiedeln.

Verlässt man die Stadt flussaufwärts, rückt als erstes auffälliges Bauwerk der Turm der **Thien Mu-Pagode** ins Blickfeld, die bei der Gründung Hués und in Vietnams jüngerer Geschichte eine wichtige Rolle spielte, aber auch aufgrund ihrer schönen Lage berühmt ist. Später, dort wo der Fluss zwischen von Pinien bewachsenen Hügeln einen Schlenker nach Süden macht, kommt man zum **Hon Chen-Tempel**, der noch auf die Zeit der Cham zurückgeht, die früher über diese Region herrschten.

Eine normale Bootstour beinhaltet die **Thien Mu-Pagode**, den **Hon Chen-Tempel** und die interessantesten **Kaisergräber**, meistens die von Tu Duc, Khai Dinh und Minh Mang. Wer aber auch noch andere kaiserliche Mausoleen besuchen und etwas mehr Zeit für die Erkundung der Gegend haben möchte, hat in den meisten Fällen auch die Möglichkeit, ein Fahrrad mit auf das Boot zu nehmen und zurück nach Hué zu radeln; man sollte sich aber bei Buchung der Tour auf jeden Fall vergewissern, ob diese Möglichkeit besteht. Die meisten Tourveranstalter (s.S. 400, Touren) und Hotels bieten Flusstouren ab US$1,50 p.P. an, einschließlich eines sehr bescheidenen Mittagessen, aber ohne Führung. Es ist zu beachten, dass auch alle Eintrittsgelder extra bezahlt werden müssen. Wer lieber unabhängig unterwegs ist, kann bei den gleichen Reisebüros ein eigenes Boot für US$20–30 pro Tag chartern oder sich direkt zum Bootsanleger an der Trang Tien-Brücke begeben, wo der normale Preis um US$2–3 pro Stunde liegen dürfte.

zeichnet wird und auf dem Standort eines ehemaligen Cham-Tempels errichtet wurde. Im Jahre 1601 brach Fürst Nguyen Hoang aus Hanoi auf, um die Herrschaft über die Gebiete im Süden zu übernehmen. Bei seiner Ankunft am Parfümfluss traf er auf eine ältere Frau, die ihm auftrug, mit einem glimmenden Räucherstäbchen den Fluss entlang Richtung Osten zu gehen und seine Stadt dort zu errichten, wo das Räucherstäbchen aufhören würde zu brennen. Fürst Hoang betrachtete diese Frau als eine Botschafterin der Götter und ließ daher später ihr zu Ehren eine Pagode an der Stelle bauen, an der er sie getroffen hatte. Einer anderen Version zufolge erschien die weißhaarige Frau mit einer roten Hemdbluse und grünen Hose bekleidet auf einem kleinen Berg, der wie ein Drachenkopf geformt war, und sagte voraus, dass ein Fürst kommen würde, um eine Pagode an jenem Ort zu bauen und dem Land immerwährenden Wohlstand zu bringen. Wie dem auch sei – beide Geschichten schreiben jedenfalls Fürst Nguyen Hoang die Gründung der Pagode im Jahre 1601 zu, womit sie die älteste Hués ist.

In den 30er und 40er Jahren des 20. Jhs. stand die Thien Mu-Pagode im Mittelpunkt der buddhistischen Opposition gegen den Kolonialismus und wurde 1963 auf einen Schlag berühmt, als einer ihrer Mönche, der ehrwürdige Thich Quang Duc, nach Saigon fuhr und sich aus Protest gegen Repressionen durch Präsident Diems Regime selbst verbrannte (s.S. 161, Kasten). Die Fahrt von Thien Mu nach Saigon legte der Mönch in seinem taubenblauen Auto der Marke Austin zurück, das heute direkt hinter dem Hauptgebäude ausgestellt ist, zusammen mit einer Kopie des berühmten Fotos von der Selbstverbrennung, das damals die ganze Welt schockierte. Thien Mu ist der Regierung auch heute noch als Brennpunkt buddhistischer Proteste gegen Unterdrückung ein Dorn im Auge.

Seiner turbulenten Geschichte zum Trotz ist die Pagode ein friedlicher Ort, deren luftige und von schattigen Pinien gesäumte Terrasse weite Ausblicke über den Parfümfluss eröffnet. Egal ob die Anreise über die Straße oder den Fluss erfolgt, der achteckige und siebenstöckige **Stupa** aus Backstein ist nicht zu übersehen. Er wurde in den 40er Jahren des 19. Jhs. von Kaiser Thieu Tri gebaut. Jede Stufe symbolisiert eine von Buddhas Inkarnationen auf der Erde. Links und rechts des Stupas stehen zwei **Pavillons**, von denen einer eine riesige Glocke beherbergt, die 1710 gegossen wurde, über zwei Tonnen wiegt und sogar noch in der Stadt zu hören gewesen sein soll. Der zweite Pavillon enthält eine große, 1715 errichtete Stele mit Aufzeichnungen zur Geschichte des Buddhismus in Hué. Weiter landeinwärts befindet sich das Hauptheiligtum, vor dem ein vergoldeter Maitreya-Buddha steht.

Die meisten Besucher kommen mit dem Ausflugsboot zur Thien Mu-Pagode. Sie ist aber auch durchaus mit dem Fahrrad von Hué aus zu erreichen (6 km, 30 Min.). Dazu folgt man zunächst der Le Duan (Nationalstraße 1) südlich der Zitadelle Richtung Südwesten bis zu den Bahnschienen und fährt dann einfach immer weiter am Fluss entlang, wo die Landstraße schließlich einsamer wird. Wer genügend Zeit hat, kann seine Fahrradtour noch verlängern und von der Thien Mu am Van Mieu-Tempel (s.S. 402) vorbei einer einsamen Landstraße am Fluss folgen oder auch die „Gartenhäuser" im Dorf Kim Long besichtigen.

Hon Chen-Tempel

Von Thien Mu fahren die Boote zunächst weiter westwärts und passieren den Van Mieu-Tempel am rechten Ufer, bevor der Fluss einen Knick nach Süden macht und nach einer Weile der felsige Bergrücken mit dem Hon Chen-Tempel (Eintritt US$1,60) ins Blickfeld kommt, der seinen Namen „Jadeschüssel" wegen der Hohlform der ihn überragenden Anhöhe trägt. Die Stätte wurde bereits von den Cham als heilig verehrt; sie beteten hier zu ihrer göttlichen Beschützerin Po Nagar, die von den Vietnamesen als Muttergöttin Y A Na übernommen wurde. Kaiser Minh Mang ließ den Hon Chen-Tempel in den 30er Jahren des 19. Jhs. restaurieren, doch es war Dong Khanh, der eine besondere Schwäche für die Göttin entwickelte, nachdem sie vorausgesagt hatte, dass er Kaiser werden würde. Er ließ den Tempel 1886 vergrößern, erklärte sich selbst zu Y A Nas jüngerem Bruder und wird heute neben seiner Lieblingsgöttin von den Gläubigen im Hauptheiligtum **Hue Nam** verehrt, das zur Rechten des Landestegs zu finden ist. Es handelt sich um den interessantesten von mehreren Schreinen und Tempeln auf dem Hügel, vor allem wegen seines einzigartigen, neunstufigen Altars und eines kleinen Heiligtums im Obergeschoss, das über zwei steile Treppen zugänglich ist.

Zwischen der Unabhängigkeit und 1986 waren Feste im Hon Chen offiziell verboten, inzwischen sind sie aber wieder erlaubt und finden zwei Mal jährlich in der Mitte des 3. und 7. Mondmonats statt. Die Feierlichkeiten gehen auf uralte Rituale zurück und beinhalten auch Trance-Tänze, die von Medien aufgeführt werden, bei denen es sich meistens um Frauen in hellen Kostümen handelt, die sich von einer pulsierenden musikalischen Begleitung in andere Sphären transportieren lassen.

Der Hon Chen-Tempel liegt 9 km von Hué entfernt und ist nur über den Fluss zugänglich. Wer sich nicht an einer Tour beteiligen möchte, kann sich auch ein Sampan mieten, und zwar entweder an der Fährstation direkt gegenüber dem Tempel (zugänglich über die am Fluss entlang führende Landstraße) oder vom Anleger Minh Mang. In beiden Fällen ist mit ein paar Dollar für die Hin- und Rückfahrt zu rechnen.

Gartenhäuser

Auf dem Weg zur Thien Mu-Pagode liegt am Nordufer des Flusses **Kim Long**, ein friedliches Dorf mit ruhigen Gassen und Kanälen, wo sich im ausgehenden 19. Jh. Mandarine und andere Offizielle des Kaiserhofes Häuser bauten und üppige Gärten anlegten. Die sieben interessantesten dieser „**Gartenhäuser**" wurden unter Denkmalschutz gestellt und sind zwar für die Öffentlichkeit zugänglich, aber noch bewohnt. Eintritt wird nicht verlangt, allerdings ist eine Spende erwünscht (US$1 ist angemessen). Man sollte aber in konservativer Kleidung erscheinen und nicht gerade zu den Essenszeiten aufkreuzen.

Die Häuser liegen in der **Gasse Phu Mong**, die zwischen der 68 und 70 Kim Long vom Flussufer Richtung Norden verläuft. Die Abzweigung befindet sich gut 1 km westlich der Bahnschienen und

Thien Mu-Pagode

ZENTRALPROVINZEN

trägt die Beschilderung „Tourism Centre Garden House". Das erste der Häuser liegt zur Rechten hinter dem Eingangstor zur Nr. 20 und wurde von einem der dienstältesten Generäle Kaiser Gia Longs gebaut. Es handelt sich um ein relativ einfaches Bauwerk, bestehend aus einem dem General geweihten Tempel und dem Wohnhaus, in dem seine Nachkommen heute leben. Weiter geht es die Gasse Phu Mong entlang und die erste Abzweigung nach rechts, wo sich auf der linken Seite hinter einem Maschendrahtzaun in der 2 Diem Tham Quan das nächste Haus verbirgt. Dieses Haus gehörte ursprünglich einem Außenminister unter Kaiser Tu Duc und zählt zu den wenigen, die noch mit dem originalen Verbindungsgang zwischen Haus und Tempel versehen sind. Vor dem Tempel steht ein Wasserbecken mit einer Mauer dahinter als Symbole für den See und den Berg, die nach geomantischen Vorstellungen böse Einflüsse von der Familie fernhalten. Der hinter der Mauer wachsende Mangosteen-Baum, eine Rarität in Hué, soll sich aus einem Samen entwickelt haben, den der Mandarin von Kaiser Tu Duc geschenkt bekam.

Zu den interessantesten Gartenhäusern zählt das letzte, **An Lac Vien** in der 1C Phu Mong. Der Weg dorthin führt zunächst rund 500 m weiter die Phu Mong hinauf, bevor man rechts abbiegt und der Gasse bis zum Ende folgt. Das Haus wurde 1888 von einem kleineren Mandarin unter Thanh Thai gebaut. Sein Enkel hält eine englischsprachige Broschüre bereit und führt Besucher durch das mit Familienerbstücken voll gepackte Haus und durch den Garten, der sein ganzer Stolz ist. Dort baut er alle möglichen Arten von Obst für den Familienaltar an (Bananen, Kakis, Pflaumen und Papaya, um nur einige zu nennen), dazu Gemüse und diverse medizinische Kräuter und Pflanzen, während der Kanal am unteren Ende des Gartens als Fischzuchtanlage dient.

Die Kaisergräber

Diese weisen Könige von Annam, sie bringen den Tod zum Lächeln.

Charles Patris, Ende des 19. Jhs.

Im Gegensatz zu früheren vietnamesischen Dynastien, die ihre Könige im so genannten Ahnendorf bestatteten, errichteten die Nguyen sich selbst prächtige kaiserliche Grabmäler und wählten dafür das Tal des Parfümflusses inmitten der hügeligen und bewaldeten Landschaft südlich von Hué. Aus historischen Gründen blieb es beim Bau von nur sieben Kaisergräbern, von denen aber jedes für sich ein einzigartiger Ausdruck der Persönlichkeit des jeweiligen Monarchen ist, da das Mausoleum in den meisten Fällen bereits zu Lebzeiten des Kaisers geplant wurde, um ihm nach dem Tod als Palast zu dienen. Wie nirgendwo sonst in Hué erzielten die Nguyen-Kaiser hier eine derart perfekte Harmonie zwischen menschlichem Bauwerk und natürlicher Umgebung, dass die Begräbnisstätten neben der Kaiserstadt zu den herausragenden Sehenswürdigkeiten Hués gehören.

Es dauerte in vielen Fällen mehrere Jahre, bis ein geeigneter Ort gefunden war, der den hohen ästhetischen Ansprüchen der Kosmologen des Hofes genügte. Künstliche Seen, Wasserfälle und Hügel wurden hinzugefügt, um einerseits die geomantische Qualität des Standortes zu verbessern, andererseits aber auch äußerst malerische **Landschaftsgärten** für die Kaisergräber zu kreieren, zu deren schönsten Beispielen die von Tu Duc und Minh Mang gehören. Obwohl es in den Details Abweichungen gibt, bestehen alle Kaisergräber aus drei Elementen: einem **Tempel** zu Ehren des verstorbenen Herrschers und seiner Gattin, einer großen **Stele** aus Stein mit biografischen Einzelheiten und einer Geschichte über seine Herrschaft, die meistens von seinem Nachfolger verfasst wurde, und dem eigentlichen kaiserlichen **Grab**. Der Haupttempel beherbergt die Begräbnistafeln und Gegenstände aus dem Besitz des Kaiserpaares, von denen viele im Laufe der Zeit gestohlen wurden. In der Nähe des Haupttempels stehen Nebengebäude, in denen die Konkubinen des Kaisers nach dessen Tod lebten. Vor jedem Stelenhaus befindet sich ein gepflasterter Ehrenhof als Pendant zur Esplanade der Großen Empfänge in der Kaiserstadt, wo sich die Zivil- und Militärmandarine in Reih und Glied aufstellten, um den Kaiser zu ehren, doch in diesem Fall bestehen die Hofbeamten, Pferde und Elefanten aus Stein. Die Militärmandarine sind leicht an ihren Schwertern zu erkennen, während die Verwaltungsbeamten Zepter in der Hand halten. In der Nähe aufgestellte Obelisken stehen für die Macht des Herrschers. Schließlich folgt auf dem höchsten Punkt das von einer dicken Mauer umgebene und mit einer Tür verschlossene Grab des Kaisers. Der

Begräbnisort wurde traditionell als Maßnahme gegen Grabräuber und Staatsfeinde geheim gehalten, und in Extremfällen wurden sogar all diejenigen, die an der Beisetzung beteiligt gewesen waren, unmittelbar darauf getötet.

Die Kaisergräber haben etwas Berauschendes. Sie sind teilweise grandios, bestechen in der Mehrzahl aber durch ihre schlichte Eleganz. Es kann durchaus passieren, dass man bei einem Spaziergang durch die ruhigen Gärten die Zeit und alles um sich herum vergisst. Von den sieben Mausoleen sind die kontrastierenden Kaisergräber von **Tu Duc**, **Khai Dinh** und **Minh Mang** nicht nur die attraktivsten und am besten erhaltenen, sondern auch die am einfachsten zu erreichenden. Da sie in den von Hué aus angebotenen Bootstouren enthalten sind, kann es dort recht voll werden, wovon sich aber niemand abhalten lassen sollte. Wer dennoch darauf besteht, lieber etwas abseits der ausgetretenen Touristenpfade zu wandeln, findet mit den Mausoleen von **Gia Long**, **Dong Khanh** und **Thieu Tri** drei lohnenswerte Alternativen. Die letzte der sieben Stätten, der Tempel und das Grab von **Duc Duc**, nimmt sich sehr bescheiden aus, liegt aber am nächsten an Hué und wird auch heute noch von Mitgliedern der kaiserlichen Familie gepflegt. Selbst wer viel Zeit hat, wird wahrscheinlich nicht alle Kaisergräber besichtigen wollen, auch angesichts der **Eintrittspreise** von je US$3,50 für die ersten drei und US$1,30 für die anderen. ⌚ tgl. 7–17 Uhr. Die Wochenenden empfiehlt es sich wegen des Andrangs nach Möglichkeit zu meiden.

Für die Fahrt zu den Kaisergräbern kann man sich ein **Fahrrad** oder ein **Motorrad** leihen oder sich einer geführten **Motorradtour** anschließen, die normalerweise mindestens ein Mausoleum beinhaltet (Tourveranstalter s.S. 400). Die beliebteste Variante ist jedoch ein **Bootsausflug** auf dem Parfümfluss (s.S. 404, Kasten). Eine solche Tour beinhaltet normalerweise zwei längere Spaziergänge, während man mit dem eigenen fahrbaren Untersatz die Überfahrt mit der Fähre selbst organisieren muss, dafür aber mehr Zeit für eine ausgiebige Besichtigung hat und nicht auf die drei großen Kaisergräber beschränkt ist. Ein guter Kompromiss besteht darin, ein Fahrrad mit an Bord eines Ausflugsbootes zu nehmen und von der letzten Station zurück nach Hué zu radeln.

Grab von Tu Duc

Kaiser Tu Duc war ein romantischer Dichter, der in einer Zeit über Vietnam zu herrschen versuchte, in der die westliche Welt die Unabhängigkeit des Landes bedrohte. Er war zwar der Nguyen-Monarch mit der längsten Regierungszeit, erwies sich aber letztlich als schwacher Herrscher, der es vorzog, sich in den von ihm selbst geschaffenen märchenhaften Gärten von der Außenwelt abzuschotten. Das Grab von Tu Duc ist mit seinen eleganten Pavillons und den Pinien, die sich auf der glatten Oberfläche der friedlichen Seen spiegeln, das harmonischste aller Kaisergräber. Der eingefriedete, 12 ha große Park wurde in nur drei Jahren (1864–1867) fertig gestellt, sodass Tu Duc bis zu seinem Tode 16 Jahre Boot fahren, fischen, meditieren, Tee trinken und viele seiner 4000 Gedichte verfassen konnte, die er neben mehreren bedeutenden philosophischen und historischen Werken verfasst haben soll. Irgendwie fand er auch die Zeit für 50-Gänge-Menüs, 104 Ehefrauen und ein ganzes Dorf mit Konkubinen in seiner Parkanlage, wenngleich er keine Kinder zeugte – einer Theorie zufolge wegen einer früheren Pockenerkrankung. Es überrascht nicht wirklich, dass Tu Duc sich auch als Tyrann präsentierte, der den 3000 Arbeitern, die mit dem Bau seines Grabmals beschäftigt waren, so sehr zusetzte, dass diese 1866 einen Aufstand wagten, der auf brutale Weise niedergeschlagen wurde.

Nach Betreten der Stätte durch das südliche Tor **Vu Khiem** führen Backsteinwege an einem mit Wasserlilien und Lotusblüten bedeckten See entlang zu einem kleinen dreistufigen **Bootspavillon**, von dem aus der größere **Xung Khiem-Pavillon** am anderen Ufer zu sehen ist. Dort trank Tu Duc seinen Wein und verfasste Gedichte. Das Wort *khiem* („bescheiden") taucht übrigens im Namen aller Gebäude des Komplexes auf. Vom See aus führt der Weg durch das dreigeteilte **Khiem Cung-Tor**, dessen mittlere, gelbe Tür dem Kaiser vorbehalten war, in das Innere eines zweiten ummauerten Komplexes, der auch den Haupttempel **Hoa Khiem** beherbergt. Letzterer diente Tu Duc vor seinem Tod als Büro. Die kaiserlichen Begräbnistafeln sind hier insofern ungewöhnlich, als die mit einem Drachenmotiv versehene Tafel von Tu Duc kleiner ist als die mit einem Phönix dekorierte Platte der Kaiserin. Dahinter stehen ein zweiter Tempel, **Luong Khiem**, der ehedem als kaiserliche Residenz diente, und rechts das elegante **kaiserliche Theater**. Hinter den Lagerräumen gegenüber befanden sich einst die Quartiere der zahlreichen Konkubinen Tu Ducs.

Im Mittelpunkt der zweiten Gebäudegruppe weiter nördlich liegt das **Grab des Kaisers** mit dem Ehrenhof und dem **Stelenhaus** davor. Tu Ducs Stele wiegt 20 Tonnen und ist mit Abstand die größte. Ungewöhnlich ist, dass Tu Duc seine eigene Lobschrift verfasste, für die er 4000 Schriftzeichen benötigte. Hinter der Stele liegt ein nierenförmiger Teich als Symbol für den Halbmond, dahinter führt eine Bronzetür auf einen eingefriedeten Platz mit dem schlichten Grab, das hinter einer Wand mit den Schriftzeichen für Langlebigkeit geschützt liegt. Kaiser Kien Phuc, einer von Tu Ducs Adoptivsöhnen, liegt hier ebenfalls begraben, an einer Stelle unmittelbar nördlich des Sees.

Bei der **Anfahrt** auf dem Landweg liegt Tu Ducs Grabmal 7 km vom Zentrum Hués entfernt. Wer per Boot ankommt und den 2 km langen Spaziergang über eine unbefestigte Straße vom Anleger bis zum Mausoleum scheut, kann sich eine der am Flussufer wartenden Honda Oms schnappen

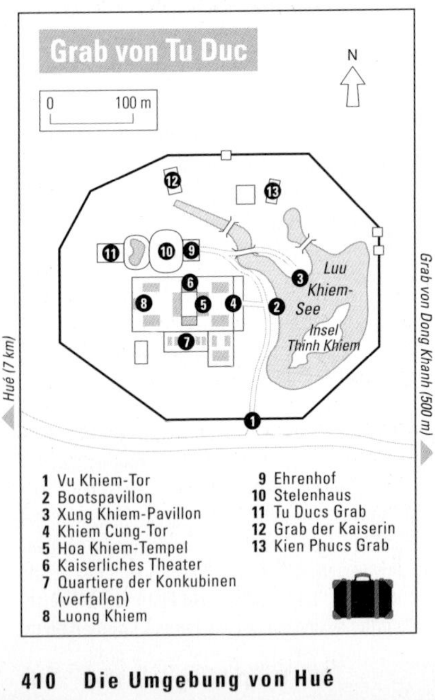

(ca. US$1,50–2 hin und zurück). Der Weg zum Grab führt an zum Trocknen ausgelegten Räucherstäbchen vorbei und an Einheimischen, die hier die berühmten konischen Hüte Hués herstellen und verkaufen.

Grab von Khai Dinh

Als absoluter Gegensatz zum vorherigen ist das Grab von Khai Dinh eine monumentale Kombination aus europäischem Barock, reichen Verzierungen im sino-vietnamesischen Stil und sogar einigen Anleihen aus der Architektur der Cham. Sein schönstes Merkmal ist die Lage hoch oben auf einem bewaldeten Hügel, doch es lohnt sich auch, die gut 130 Stufen hinaufzuklettern, um einen Blick in das Heiligtum selbst zu werfen, das noch in seinem Originalzustand erhalten ist. Khai Dinh war der vorletzte Nguyen-Kaiser, und sein Grabmal bedeutet eine radikale Abkehr von denjenigen seiner Vorgänger, denn es finden sich hier weder Gärten noch Wohnquartiere, sondern lediglich ein einziger Gebäudekomplex. Khai Dinh war ein eitler Mann, der als Marionette der Franzosen sehr von der französischen Lebensart und Architektur angetan war. Obschon er nur neun Jahre an der Macht war, dauerte es elf Jahre (1920–1931) bis zur Fertigstellung seines Mausoleums, das so viel Geld verschlang, dass zusätzliche Steuern erhoben werden mussten.

Der Zugang erfolgt über mehrere grandiose, mit Drachenmotiven verzierte Treppen, die zunächst auf den **Ehrenhof** mit einer ungewöhnlich vollständigen Ehrengarde von Staatsbeamten führen und weiter zum Stelenhaus. Nach einem Aufstieg über vier weitere Terrassen ist der **Haupttempel** erreicht, der aus Stahlbeton besteht und mit einem Dach aus Schieferplatten versehen ist, die eigens aus Frankreich importiert wurden. Die extravaganten Räume des Tempels stehen in krassem Gegensatz zu seinem dunklen Äußeren. Wände, Decken, Einrichtungsgegenstände – alles ist über und über mit Verzierungen versehen. Ein Großteil der üppigen Ornamentik, die nicht so kitschig daherkommt, wie man vermuten könnte, besteht aus Glas- und Porzellanmosaiken. Unter dem zentralen Baldachin, der aus Stoff zu bestehen scheint, tatsächlich aber aus Zement ist, sitzt eine vergoldete Bronzestatue des Kaisers in Lebensgröße mit dem Zepter in der Hand, während sich sein Altar und die Begräbnistafel dahinter im höher liegenden Zwischenge-

Grab von Khai Dinh

schoss befinden. Ein Porträt des Kaisers ist auf dem Weihrauchtisch im Vorzimmer zu besichtigen. Khai Dinh war auch für seine Vorliebe für besonders extravagante Kleidung bekannt. Es wird sogar gemunkelt, dass er einst eine bunte Lichterkette aus Frankreich mitbrachte und so lange in seinem Palast damit herumlief, bis die Batterien alle waren…

Auf dem Landweg liegt Khai Dinhs Grabmal 10 km vom Zentrum Hués entfernt. Wer per Boot ankommt, hat einen 1,5 km langen Fußweg vor sich, der zunächst in östlicher Richtung durch ein Tal mit einer riesigen Quan Am-Statue zur Rechten führt, bis das Grabmal schließlich auf dem Hügel gegenüber auftaucht.

Grab von Minh Mang

Die Offiziellen bei Hofe benötigten 14 Jahre, um einen geeigneten Standort für das Grab von Minh Mang zu finden, wofür der verantwortliche Mandarin gleich doppelt befördert wurde. Der eigentliche Bau dauerte nur drei Jahre (1841–1843), beschäftigte aber nicht weniger als 10 000 Arbeiter. Minh Mang, der zweite Nguyen-Kaiser, war ein fähiger, autoritärer Monarch, der wegen seines ernsten Wesens und seines Argwohns gegenüber religiöser Infiltration aus dem Westen für das höchste Staatsamt ausgewählt worden war. Seine Leidenschaft galt der Architektur – es war Minh Mang, der nach Gia Longs Tod die Zitadelle von Hué fertig stellte. Sein Grabmal gestaltete er nach traditionellem chinesischen Vorbild, wobei alle Hauptgebäude symmetrisch an einer Ost-West-Achse ausgerichtet sind. Einen sanften Kontrast zur Wucht und Erhabenheit des Grabmals bilden die 15 ha vorzüglich gestalteter Landschaftsgärten, von denen fast ein Drittel aus Seen besteht, auf deren Oberfläche sich die hübschen Pavillons mit ihren roten Dächern spiegeln.

Im Innern der Anlage sind die niedrigen Anhöhen, auf denen alle Hauptgebäude stehen, durch einen Prozessionsweg miteinander verbunden. Auf Ehrenhof und Stelenhaus folgt der **Haupttempel** (Sung An), in dem Minh Mang und die Kaiserin, die bereits im Alter von 17 Jahren verstarb, verehrt werden. Trotz dieses frühen Verlustes brachte es Minh Mang noch zur Vaterschaft von 142 Kindern, die ihm von 33 Ehefrauen und 107 Konkubinen geschenkt wurden. Der wunderschön restaurierte, aber ansonsten nicht sehr interessante Tempel wurde 1885 von einheimischen Christen verwüstet, die damit gegen Minh Mangs virulenten Antikatholizismus protestieren wollten. Weiter westlich steht **Minh Lau**, der elegante, zweigeschossige „Pavillon des Reinen Lichts", inmitten von Frangipani-Bäumen, die als Symbole der Langlebigkeit gelten, während etwas weiter zwei Steingärten im Muster des chinesischen Schriftzeichens für ein langes Leben angelegt sind. Ein zeremonieller Weg führt vom Pavillon über einen halbmondförmigen See zum kreisrunden **Grabhügel**.

Bis die neue Brücke über den Fluss fertig ist, gestaltet sich der Weg zu Minh Mangs Grabmal etwas kompliziert: Von Khai Dinhs Grab folgt man zunächst der Straße Richtung Westen bis zum Parfümfluss (1,5 km) und biegt am Ufer links ab. Sobald die Dorfpost zur Linken auftaucht, liegen gegenüber die **Sampans**, die den Fährdienst über den Fluss versehen (weniger als US$1 p.P. hin und zurück). Nach einem 200 m langen Spießrutenlauf durch die Souvenirverkäufer ist der Eingang zum Mausoleum erreicht. Hinweis: Vom selben Anleger fahren auch die Sampans zu Gia Longs Grabmal und zum Hon Chen-Tempel ab.

Grab von Gia Long

Als erster Nguyen-Herrscher konnte Gia Long die Lage seiner Grabstätte noch frei wählen und entschied sich für einen ausgedehnten, 16 km von Hué entfernt am Westufer des Parfümflusses gelegenen Standort inmitten schöner Natur. Leider wurde sein Grab während des Vietnamkriegs so schwer beschädigt, dass heute nicht mehr allzu viel davon zu sehen ist, außer einigen schönen Reliefs und dem Doppelgrab mit Giebeldach, in dem Gia Long und seine Gemahlin bestattet wurden. Es handelt sich um das am wenigsten besuchte Kaisergrab Hués, ist aber wegen der schönen Bootsfahrt und des friedlichen Spaziergangs durch einen sandigen Pinienwald durchaus zu empfehlen – wenngleich sich schon einige Besucher beklagt haben, dass sie während der gesamten 2 km von einem Konvoi aufdringlicher Erfrischungsgetränkeverkäufer verfolgt wurden. Der Zugang zum Komplex erfolgt von Norden her. Wieder sind Haupttempel, Grab und Stelenhaus allesamt an einer horizontalen Achse ausgerichtet, mit Blick nach

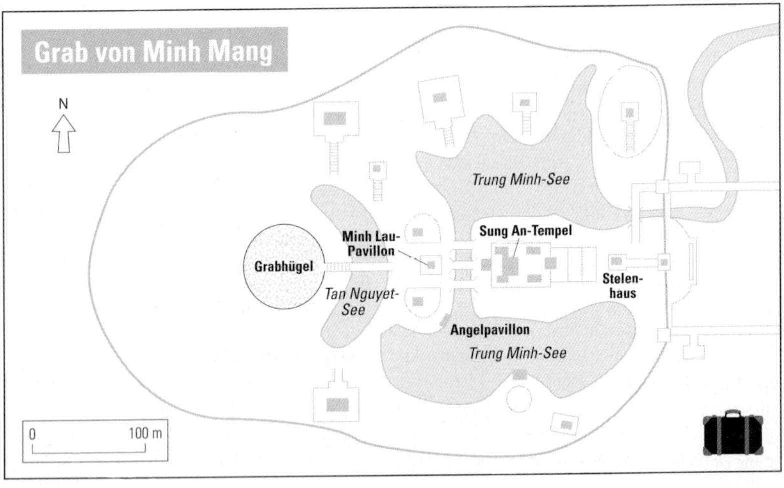

Süden über einen See auf den Berg Thien Tho. Der Bau des Grabmals wurde 1814 begonnen und kurz nach dem Tod des Kaisers 1820 fertig gestellt.

Am einfachsten ist Gia Longs Grabmal auf dem Landweg zu erreichen. Man fährt bis zur Fährstation Minh Mang, von wo es mit einem Sampan weitergeht (Fahrtdauer 20 Min. pro Weg, ca. US$6 einschließlich Wartezeit).

Grab von Dong Khanh

Dong Khanh verstarb plötzlich im Alter von nur 25 Jahren nach drei Jahren auf dem Thron und kam daher nicht mehr dazu, seine letzte Ruhestätte zu planen. Er wurde in der Nähe des Tempels beigesetzt, den er seinem Vater geweiht hatte. Das in der freien Natur errichtete Grab von Dong Khanh fällt dementsprechend bescheiden aus, besitzt aber einen gewissen rustikalen Charme und ist vor allem gut erhalten. Dong Khanh wurde 1885 von den Franzosen als nominelle Spitze des neuen Protektorats auf den Thron gehievt. Er war ein biegsamer Herrscher mit einer Schwäche für französischen Wein, Parfüm und Wecker.

Das Mausoleum besteht aus zwei Teilen, dem Haupttempel einerseits und dem Grab mit Stele in einer separaten Umfriedung auf einer leichten Anhöhe 100 m nordwestlich. Der Komplex wurde größtenteils nach 1889 von Dong Khanhs Sohn Khai Dinh erweitert, erfuhr aber auch später noch einige Veränderungen. Der **Haupttempel** beherbergt die interessantesten Objekte. Was zunächst ins Auge fällt, sind die Türen und Fenster aus Buntglas, doch wesentlich attraktiver sind die schon etwas verblichenen Wandmalereien auf beiden Seitenwänden mit Szenen aus dem täglichen Leben. An den Eisenholzsäulen des Tempels hängen 24 Glasmalereien und illustrierte Gedichte von konfuzianischer Liebe, und an den beiden Enden der ersten Reihe sind zwei Stiche zu bewundern, auf denen Napoleon und die Schlacht von Waterloo abgebildet sind. Die drei Hauptaltäre wurden zu Ehren Dong Khanhs mit seinen Gemahlinnen zu jeder Seite aufgestellt, während seine sieben Konkubinen einen eigenen Altar im Hinterzimmer bekommen haben. Auf keinen Fall verpassen sollte man den Altar zu Ehren von Y A Na in einem kleinen Nebenraum hinter dem Eingang rechts. Dong Khanh konsultierte die Göttin häufig im Hon Chen-Tempel und widmete ihr einen eigenen Altar, nachdem sie ihm im Traum erschienen war und vorhergesagt hatte, dass er Kaiser werden würde.

Dong Khanhs Grabmal liegt nur 500 m von Tu Ducs Mausoleum entfernt. Die **Anfahrt** erfolgt über die Straße, die südöstlich um die Stätte herumführt. Eine Abkürzung ist der zwischen den Erfrischungsständen abzweigende Fußweg über den Hügel, auf dem man sich zwei Mal an den Gabelungen links halten muss, bis auf der rechten Seite hinter ein paar Bäumen Dong Khanhs Grab und der Tempel auftauchen.

Grab von Thieu Tri

Kaiser Thieu Tri war der Sohn von Minh Mang und teilte nicht nur die architektonischen Vorlieben seines Vaters, sondern auch dessen Aversion gegenüber allen ausländischen Einflüssen. Es heißt, er habe sämtliche Gegenstände aus dem Westen, die er in den kaiserlichen Palästen vorfand, zerstören lassen. Das Grab von Thieu Tri ist nach dem gleichen Grundschema angelegt wie das von Minh Mang – allerdings ohne die schönen ummauerten Gärten – und in zwei nebeneinander liegende Abschnitte unterteilt. Da das Mausoleum kleiner ist, war auch die Bauzeit kürzer (1847–1848). Das auffälligste Merkmal der Anlage besteht darin, dass sie nach Nordwesten ausgerichtet ist, also in eine traditionell unheilträchtige Himmelsrichtung, und viele Vietnamesen sahen darin den Grund dafür, dass ihr Land einige Jahre später unter das Joch der Franzosen geriet. Ehrenhof, Stelenhaus und Grab sind arg vernachlässigt, doch der Tempel selbst ist in ordentlichem Zustand. Er enthält zahlreiche Gedichte in Perlmutt oder auf Glas gemalt, denn Thieu Tri war ein sehr produktiver Poet, der so manche Strophe aus dem Stegreif zu Papier bringen konnte.

Die **Anfahrt** zu dem 6 km vom Zentrum Hués entfernten Grab erfolgt über die Straße, die zu Khai Dinhs Grab führt, nur dass man hinter der Cau Lim-Brücke rechts abbiegt, und zwar gegenüber der „Social Welfare School" bei einem verblassten Schild mit der Aufschrift „Lang Thieu Tri".

Grab von Duc Duc

Drei Kaiser liegen im Mausoleum von Duc Duc begraben, das zwar von allen Kaisergräbern am nächsten an der Stadt liegt, aber nur selten besucht wird. Duc Duc und seine Gemahlin wurden auf einem eingefriedeten Gelände beerdigt, während die Kaiser Thanh Thai und Duy Tan in zwei separaten Gräbern hinter dem 1899 erbauten Haupttempel beigesetzt wurden. Duc Duc wurde 1883 von seinen dienstältesten Höflingen zur Abdankung gezwungen, nachdem er gerade einmal drei Tage als Kaiser auf dem Thron gewesen war. Er starb ein Jahr später im Gefängnis, während sein Sohn Thanh Thai 1907 ebenfalls den Thron räumen musste, nachdem eine antifranzösische Verschwörung ruchbar geworden war. Die Franzosen setzten daraufhin Thanh Thais acht Jahre alten Sohn Duy Tan auf den Thron, der jedoch neun Jahre später nach einem weiteren revolutionären Komplott aus dem Palast fliehen musste und schließlich mit seinem Vater ins Exil auf die französische Insel Réunion im Indischen Ozean ging. Duy Tan kam 1945 bei einem Flugzeugabsturz ums Leben, als er im Zweiten Weltkrieg auf Seiten der Alliierten kämpfte, während Thanh Thai 1947 nach Vietnam zurückkehren durfte und in den 50er Jahren in Saigon starb. Die Nachfahren der kaiserlichen Familie, zwei Französisch sprechende Enkel Bao Dais, leben noch heute in den Tempelgebäuden und sind im Besitz einer historischen Sammlung von Familienfotos, einschließlich einiger Aufnahmen von der Beerdigung Thanh Thais.

Das Grabmal liegt nach 100 m auf der rechten Seite in der Duong Duy Tan, die gegenüber der 74 Tran Phu abzweigt. Es findet sich in der Regel jemand, der Besucher gegen eine kleine Spende herumführt.

Tu Hieu-Pagode

Im Laufe eines Tagesausflugs zu den Kaisergräbern lohnt sich ein kurzer Umweg für eine Besichtigung der Tu Hieu-Pagode, die in den Pinienwäldern nordöstlich von Tu Ducs Grab verborgen liegt. Tu Hieu ist zwar nicht die berühmteste, aber dafür eine der schönsten Pagoden Hués und kann sogar eine Verbindung zum Kaiserhof aufweisen, denn hier wurden die kaiserlichen Eunuchen nach ihrem Tode verehrt. Die Pagode wurde 1843 gegründet und beherbergt auch heute noch eine aktive Gemeinde von 40 Mönchen, die ihre nicht sehr zahlreichen Besucher herzlich empfangen. Der Hauptaltar ist Shakyamuni geweiht, über dem die buddhistische Trinität thront, während in einem Nebengebäude die Altäre für mehrere berühmte Mandarine und die Eunuchen zu finden sind. Zwischen beiden Gebäuden liegt ein kleiner Hof, der von Orchideen und einer 100 Jahre alten Sternfruchtranke verschönert wird.

Die **Anfahrt** zur Pagode erfolgt von der Nam Giao-Kreuzung aus über die zu Tu Ducs Grab führende Straße, wobei man kurz vor Erreichen des höchsten Punktes der Anhöhe nach zwei hohen Säulen mit der Aufschrift „Tu Hieu" Ausschau halten sollte. Dort geht es rechts ab über eine unbefestigte Straße und an der Gabelung links bis zum dreiteiligen Tor der Pagode, hinter dem ein friedlicher, mondsichelförmiger See liegt. Der Eintritt zur Tu Hieu-Pagode ist frei.

Thuan An-Strand

Nordöstlich von Hué mündet der Parfümfluss in eine ausgedehnte und verästelte Lagune. Sie wird von einer lang gezogenen, sandigen Landzunge geschützt, deren nördlicher Teil der Thuan An-Strand bildet. An diesem Punkt landete im August 1883 Konteradmiral Courbet mit seinem 1000 Mann starken französischen Expeditionskorps, von dem sich die vietnamesischen Herrscher schließlich „überzeugen" ließen, das französische Protektorat anzuerkennen. Heute präsentiert sich Thuan An als ruhiger Ort, an den sich die Bewohner Hués gern zurückziehen, um der Sommerhitze zu entfliehen. Der Strand selbst ist nicht mit Cua Dai bei Hoi An oder Da Nangs China Beach zu vergleichen, aber dennoch recht schön, wenn man erst einmal die mit Abfällen verunreinigten Abschnitte und die lästigen, bisweilen sogar aggressiven Liegestuhlvermieter hinter sich gelassen hat. Im südlichen Teil des Strandes ist es insgesamt ruhiger, und der Sand ist sauberer. Es gibt auch einige kleine Seafood-Restaurants in Strandnähe, doch empfiehlt es sich, vor einer Bestellung nach den Preisen zu fragen.

Thuan An liegt 14 km von Hué entfernt. Die Landstraße führt durch flache Reisfelder und über einen Damm, der während der Monsunzeit (Ende September bis Anfang März) oft unter Wasser steht, und auch das Meer kann dann sehr rau werden. Der Weg führt durch das 8 km vor den Toren Hués gelegene Dorf Duong No, wo Ho Chi Minh einst mit seinem Vater lebte. Die Strecke eignet sich gut für eine angenehme Radtour. Alternativ dazu fährt ein lokaler Bus von Hués Busbahnhof

Dong Ba ab, der neben dem Dong Ba-Markt am Nordufer des Flusses zu finden ist. Die Fahrt dauert eine halbe Stunde, doch es ist zu beachten, dass der letzte Bus zurück bereits gegen 16 Uhr abfährt. Wer mit dem eigenen Fahrzeug zum Strand fährt, muss eine geringe Parkplatzgebühr entrichten.

Die heißen Quellen von Thanh Tan

Wer bei einem Aufenthalt in Hué einen halben Tag erübrigen kann und mal etwas anderes erleben möchte, findet 33 km nordwestlich der Stadt die entspannenden Thermalbäder von Thanh Tan, ✆ 054/553192, 🖳 www.thanhtan.com, Eintritt US$1. Die Anlage liegt sehr schön am Rande der Berge inmitten weitläufiger Landschaftsgärten. Das aus dem Boden sprudelnde, 60 °C heiße Wasser wird über Kanäle in mehrere Becken und private Bäder geleitet und lässt sich am besten an kalten Wintertagen genießen. An den Wochenenden ist die Anlage das ganze Jahr über gut besucht. Die einheimischen Frauen baden meist nicht im Badeanzug, sondern in Shorts und T-Shirt, während die Männer Badehosen tragen. Ein Handtuch gehört auf jeden Fall ins Gepäck, und manche bringen auch ein Picknick mit, doch auf dem Gelände gibt es auch ein vernünftiges Restaurant. Wer Durst bekommt, kann beim Baden auch eine Flasche Thanh Tan-Mineralwasser trinken.

Mit dem eigenen Fahrzeug erfolgt die **Anfahrt** von Hué aus Richtung Norden über die Nationalstraße 1 bis nach An Lo, wo unmittelbar nach Überquerung des Song Bo-Flusses eine ausgeschilderte Straße links abzweigt. Einige Veranstalter in Hué bieten Touren nach Thanh Tan an, die um US$5 einschließlich Eintritt kosten, während für einen Mietwagen rund US$15–20 für einen halben Tag zu veranschlagen sind.

Quang Tri

Quang Tri und Quang Binh, die Provinzen beiderseits der so genannten Entmilitarisierten Zone (engl. *Demilitarized Zone,* kurz DMZ), waren während des Vietnamkriegs die am schwersten bombardierten Regionen des Landes. Dort gab es auch die meisten Opfer, sowohl unter der Zivilbevölkerung als auch auf Seiten der amerikanischen und vietnamesischen Soldaten.

Die amerikanischen Truppen waren jedoch nicht die ersten, die in dieser Region schwere Verluste hinnehmen mussten. Bereits in den 50er Jahren des 20. Jhs. hatte dieser Abschnitt der heutigen Nationalstraße 1 nördlich von Hué von französischen Soldaten den Beinamen *La rue sans joie* („Die Straße ohne Freude") erhalten, nachdem die Franzosen sich hier den ununterbrochenen Angriffen immer wieder abtauchender Vietminh-Einheiten ausgesetzt sahen, die in Guerilla-Manier aus stark befestigten Dörfern an der Küste heraus operierten. Zwei Jahrzehnte später, während der Osteroffensive von 1972, überrannten kommunistische Streitkräfte die gesamte Region, entrissen der südvietnamesischen Armee (ARVN) die rund 60 km von Hué entfernte Stadt Quang Tri und hielten sie vier Monate besetzt, während die amerikanischen B-52-Bomber die Stadt und die umliegende Landschaft mit schwerstem Feuer belegten, bevor Quang Tri unter riesigen Verlusten auf beiden Seiten zurückerobert werden konnte, wobei auch unter der Zivilbevölkerung zahlreiche Opfer zu beklagen waren. Quang Tri wurde buchstäblich von der Landkarte radiert, und an seiner Stelle wurde eine kleine Stadt mit dem offiziellen Namen **Trieu Hai** wiederaufgebaut, die man aber nicht unbedingt gesehen haben muss. Beachtenswert ist eines der Wahrzeichen der Stadt, die kleine, mit Einschusslöchern übersäte Ruine der **Long Hung-Kirche**, die 55 km von Hué entfernt östlich der Landstraße liegt und als Gedenkstätte für die Opfer von 1972 dient. Kurz darauf führt ein Weg auf der anderen Seite der Nationalstraße über 4 km Richtung Süden zur beeindruckenderen Ruine der **La Vang-Kirche**. Daneben steht ein bemerkenswertes Denkmal von Pilzen, die an *Alice im Wunderland* erinnern und als Symbol für ein ungewöhnliches Ereignis stehen, denn 1798 soll den verfolgten Katholiken an dieser Stelle die Jungfrau Maria erschienen sein.

Die Stadt selbst breitet sich rechts der Nationalstraße an der Tran Hung Dao aus, der letzten Asphaltstraße vor dem Quang Tri-Fluss. Es gibt nicht sehr viel zu sehen, doch wer im eigenen Fahrzeug unterwegs ist, kann einen Blick auf die nicht uninteressanten Überreste der **Quang Tri-Zitadelle** (Eintritt US$1) werfen. Das quadratische, ummauerte Bauwerk, das aussieht wie eine kleinere Version der Zitadelle in Hué, wurde ursprünglich

1806 unter der Nguyen-Dynastie aus Lehm gebaut und 1827 durch Ziegel verstärkt. Die Zitadelle diente nacheinander den Franzosen und der ARVN als Stützpunkt, bevor sie 1972 eingenommen und zerstört wurde. Einige Mauerreste und der Wassergraben sind noch erhalten, und das Südtor, durch das die Besucher das Gelände betreten, wurde wieder aufgebaut. Im Innern befinden sich ein Kriegerdenkmal, die Ruinen eines französischen Gefängnisses aus dem 19. Jh. mit 14 winzigen, nur 2 x 2 m großen Zellen und ein kleines **Kriegsmuseum** (Eintritt US$1). Dort gibt es zwar keine Erläuterungen in englischer Sprache, doch dafür zeigen einige ausgezeichnete Fotos Szenen von den erbitterten Kämpfen, die hier Ende 1972 stattfanden, bis die ARVN die Stadt nach 81 Tagen schließlich wieder unter ihre Kontrolle brachte. Es muss davor gewarnt werden, die Wege zu verlassen, denn es ist nicht auszuschließen, dass hier noch immer scharfe **Minen oder Bomben** herumliegen. Die Anfahrt zur Zitadelle führt über die Tran Hung Dao an einem Markt zur Linken vorbei, bevor man nach 2 km in die unbefestigte, zum Eingang führende Straße Ly Thai To einbiegt.

Zurück auf der Nationalstraße 1 überqueren Eisenbahn und Straße auf einer gemeinsamen Brücke den Quang Tri-Fluss. Von dort sind es nur noch 13 km bis Dong Ha, das zur Provinzhauptstadt aufstieg, als Quang Tri von der Landkarte verschwand.

Für die meisten Besucher ist diese Gegend nur eine karge, manchmal aber auch sehr schöne Landschaft, wo es nichts Spezielles zu sehen gibt, der aber eine derart dichte Atmosphäre von Trostlosigkeit und Verlassenheit entströmt, dass sie kaum jemanden unberührt lässt. Die meisten Besucher schließen sich in Hué einer organisierten Tour an (empfohlene Veranstalter s.S. 400, Touren), es ist aber auch möglich, Dong Ha als Ausgangsbasis zu wählen oder nur einige ausgewählte Orte auf der Fahrt nach Norden zu besichtigen.

Dong Ha

Als ehemaliger Kommandostützpunkt der US-Marine und spätere Basis der ARVN wurde Dong Ha 1972 völlig zerstört, hat sich aber im Gegensatz zu Quang Tri wieder aufgerappelt, nicht zuletzt dank der Stellung als Verwaltungszentrum und der Lage am östlichen Ende der Nationalstraße 9, die durch Laos bis nach Savannakhet am Mekong führt (Näheres zum grenzüberschreitenden Verkehr s.S. 419). Die Zukunft sieht viel versprechend aus, denn es wurde ein neuer Hafen gebaut, um Laos zu versorgen, das über keine eigene Küste verfügt. Außerdem werden entlang der Grenze gerade mehrere Sonderwirtschaftszonen eingerichtet, und es existieren Pläne für einen Ausbau der Nationalstraße 9 als Teil des groß angelegten Projekts einer transasiatischen Route bis nach Thailand. Als nächstgelegene Stadt zur Entmilitarisierten Zone zieht Dong Ha auch zahlreiche Touristen an, von denen allerdings nur wenige hier übernachten, denn die Mehrheit bevorzugt das nicht weit entfernte Hué.

Dong Ha besteht im Prinzip nur aus zwei Straßen: Die Nationalstraße 1 heißt innerorts Le Duan und bildet auf ihrem Weg nach Norden die Hauptarterie der Stadt, während die Nationalstraße 9 an der Kreuzung im Zentrum nach Westen abzweigt. Der **Busbahnhof** liegt unmittelbar nördlich dieser Kreuzung. Der **Markt** und die Brücke über den Cua Viet-Fluss markieren 2 km jenseits des Busbahnhofs die nördliche Stadtgrenze. Dort zweigt die Tran Hung Dao nach links ab und führt zur **Post** (zu erkennen an dem hohen Funkmast), während neben dieser Kreuzung die Überreste von drei US-Panzern vor sich hin rosten.

Übernachtung und Essen

Das Übernachtungsangebot in Dong Ha besteht aus einer Reihe trostloser und feuchter staatlicher Gästehäuser. Zum Glück gibt es einige wenige Ausnahmen:

Phung Hoang II**, 146 Le Duan, ca. 500 m südlich des Busbahnhofs, ✆ 854567, ✉ victoryqt@dng.vnn.vn. Die mit Abstand beste Unterkunft der Stadt bietet saubere und komfortable Zimmer mit eigenem Bad.

Thuong Mai*–**, 1 Phan Boi Chau, ✆ 856489, 858337. Schon etwas schäbiger, die billigeren Zimmer haben Kaltwasserduschen. An der Tran Hung Dao zwischen Markt und Postamt ausgeschildert.

Trung Tan Quan Guesthouse*, 201 Le Duan, ca. 100 m südlich des Busbahnhofs, ✆ 852972, ✉ ttquan@dng.vnn.vn. Nur zwei Zimmer mit

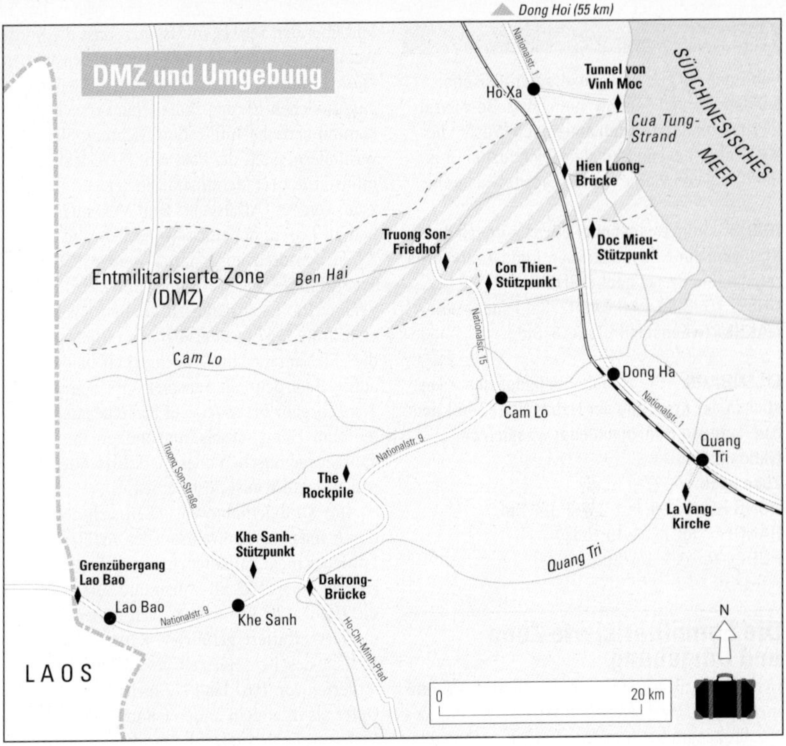

Ventilator, einigermaßen sauberen Gemeinschaftstoiletten und Warmwasserdusche. Sowohl das *Thuong Mai* als auch das *Trung Tan Quan Guesthouse* servieren billige und akzeptable Mahlzeiten, doch die besten **Restaurants** in Dong Ha sind zuallererst das ***Tan Chau II***, 222 Le Duan, in der Nähe des Hotels Phung Hoang II, gefolgt vom ***Hiep Loi*** an der Abzweigung der Nationalstraße 9. Ansonsten herrscht an der Nationalstraße 1 kein Mangel an einfachen Straßenküchen mit *com* und *pho.*

Sonstiges

GELD – Die **Bank** von Dong Ha befindet sich in der 1 Le Quy Don, der ersten größeren Straße links, wenn man vom Busbahnhof die Nationalstraße 1 Richtung Norden hoch fährt. Dort werden US-Dollars gewechselt (aber keine Reiseschecks) und Barauszahlungen gegen Visa und Mastercard vorgenommen.

INFORMATIONEN / TOUREN – Das Reisebüro ***Thuong Mai***, ✆ 855289, ✉ tmqttour@dng.vnn.vn, im gleichnamigen Hotel und das ***Trung Tam Quan Guesthouse*** erteilen Informationen und vermitteln Mietwagen und Guides. Beide verkaufen auch Fahrkarten für **Open-Tour-Busse** und für Touren in die Entmilitarisierte Zone (US$10–11), wobei die Teilnehmer in den aus Hué kommenden Bus zusteigen. Das Guesthouse bietet auch geführte Motorradtouren (US$15) und Motorradverleih (US$7 pro Tag) an.

INTERNET – Internet-Zugang bietet das ***Trung Tam Quan Guesthouse***.

VORWAHL – 053

Transport

Von Dong Ha aus führt die alte französische Landstraße und heutige Nationalstraße 9 parallel zur Entmilitarisierten Zone nach Westen bis zur Grenze bei **Lao Bao**, dem wichtigsten Grenzübergang von Vietnam nach Laos (s. Kasten).

BUSSE – Vom **Busbahnhof** etwas nördlich der Kreuzung der Nationalstraßen 1 und 9 verkehren regelmäßig Busse nach DONG HOI (2 Std.), HUÉ (2 1/2 Std.), LAO BAO (2 Std.) und SAVANNAKHET (wechselnde Tage; 8 Std.).

EISENBAHN – Der **Bahnhof** befindet sich 2 km südlich der Kreuzung der Nationalstraßen 1 und 9 in Richtung Hué unmittelbar westlich der Nationalstraße 1.
Züge nach:
DONG HOI 4x tgl. in 1 1/4–2 1/4 Std.;
HANOI 4x tgl. in 12–15 Std.;
HUÉ 4x tgl. in 1 1/4 Std.

Die Entmilitarisierte Zone und Umgebung

Gemäß den Bestimmungen des **Genfer Abkommens** von 1954 wurde Vietnam entlang des 17. Breitengrades durch eine vorläufige Demarkationslinie geteilt, mit der Maßgabe, dass 1956 landesweite freie Wahlen zur Wiedervereinigung des Landes stattfinden sollten. Die Demarkationslinie verlief am Ben Hai-Fluss, der zu beiden Seiten durch einen 5 km breiten Streifen Niemandsland abgeriegelt wurde, die so genannte **Entmilitarisierte Zone** bzw. DMZ (*Demilitarized Zone)*. Alle kommunistischen Soldaten und Sympathisanten sollten sich nördlich der Pufferzone in der Demokratischen Republik Vietnam sammeln, während die Republik Vietnam im Süden den Nicht-Kommunisten und diversen oppositionellen Kräften überlassen wurde. Die geplanten Wahlen fanden aber niemals statt, und so blieb der Ben Hai bis zur Wiedervereinigung 1975 de facto die Grenze zwischen Nord- und Südvietnam.

In Wirklichkeit waren beide Seiten der DMZ alles andere als entmilitarisiert, und ohnehin war die Grenze relativ leicht zu umgehen – durch den Ho-Chi-Minh-Pfad im Westen (s.S. 422, Kasten) und über den Seeweg im Osten, sodass die Nordvietnamesen Mittel und Wege fanden, den auf den Fluss blickenden amerikanischen Stützpunkten auszuweichen. Zu den skurrileren Versuchen, die kommunistische Infiltration Richtung Süden zu verhindern, zählte der Plan von US-Verteidigungsminister Robert McNamara, einen elektronischen Zaun von der Ostküste bis zum Mekong hochziehen zu lassen, der mit seismischen und akustischen Sensoren ausgestattet werden sollte, um Truppenbewegungen erkennen und Ziele für Bombenangriffe lokalisieren zu können. Auch wenn erste Tests 1967 recht erfolgreich verliefen, wurde die „McNamara-Linie" doch schon bald wieder aufgegeben, denn die Sensoren sprachen auch auf Tiere an, ganz besonders auf Elefanten, und konnten vom Feind mittels Tonbandaufnahmen von Fahrzeuggeräuschen oder marschierenden Truppen absichtlich ausgelöst werden.

Die Nordvietnamesen ließen sich aber auch durch massives konventionelles Artillerie- und Luftfeuer nicht aufhalten, nahmen die Entmilitarisierte Zone 1972 im Sturm und verschoben so die Grenze 20 km weiter nach Süden. Die besonders erbittert geführten Kämpfe im Gebiet südlich des Ben Hai *(I Corps Military Region)* forderten von 1967 bis 1972 mehr amerikanische Opfer als irgendein anderer Kampfschauplatz in Vietnam. Zahlen über die nordvietnamesischen Verluste in jenem Zeitraum liegen nicht vor, doch Schätzungen zufolge waren bis zu 30% der über der Entmilitarisierten Zone abgeworfenen Bombenlast Blindgänger, die seit 1975 für 10 000 Tote und Schwerverletzte verantwortlich gewesen sein sollen. Die über diesem Landstrich entfesselte Feuerkraft, einschließlich Napalm und Entlaubungsmitteln, war derart immens, dass über Jahre rein gar nichts auf den von Bomben getroffenen oder von Chemikalien verseuchten Böden mehr wachsen wollte. Inzwischen wurden die Hügel der Region beinahe vollständig wieder aufgeforstet und bilden heute eine grüne Landschaft aus Pinien, Eukalyptusbäumen, Kaffeesträuchern und Akazien.

Ein Teil der Zivilbevölkerung nördlich der Entmilitarisierten Zone vermochte dem Dauerfeuer zu entkommen, indem er sich in tief unter der Erde gelegene Tunnelsysteme zurückzog, deren berühmtestes bei **Vinh Moc** zu besichtigen ist.

Über die Grenze nach Laos

Es gibt inzwischen mehrere für Ausländer geöffnete **Grenzübergänge** zwischen Vietnam und Laos. Am häufigsten wird der 83 km westlich von Dong Ha an der Nationalstraße 9 gelegene Grenzposten bei **Lao Bao** genutzt. Die Fahrt dorthin führt auf einer passablen Straße über nebelverhangene Berge, und die Überquerung der Grenze verläuft in der Regel problemlos, außer dass zwischen beiden Kontrollpunkten ungefähr 1 km zu Fuß zurükkzulegen ist. Zwischen Dong Ha und der Grenze pendeln regelmäßig lokale **Busse** und **Minibusse** (2 Std., US$2–3), wobei einige schon im Dorf Lao Bao anhalten, so dass man für die letzten 3 km noch eine **Honda Om** nehmen muss. Auf der laotischen Seite warten Busse nach Savannakhet, wo es Anschluss per Bus und Flugzeug nach Vientiane gibt; man kann auch über den Mekong nach Mukdahan in Thailand übersetzen.

Eine schnellere und komfortablere Alternative ist der klimatisierte **Touristenbus**, der morgens direkt von Dong Ha nach Savannakhet durchfährt (8 Std., US$13). Zur Zeit der Recherche fuhr er nur an ungeraden Tagen gegen 9 Uhr aus Dong Ha ab und kehrte an geraden Tagen aus Savannakhet zurück, doch soll es schon bald eine tägliche Verbindung geben. Eine weitere Alternative ist der **Nachtbus** von Da Nang nach Savannakhet (Näheres s.S. 378).

Ein weiterer Grenzübergang nach Laos befindet sich in **Cau Treo**, 105 km südwestlich von Vinh an der Nationalstraße 8. Morgens zwischen 5 und 9 Uhr fahren **öffentliche Busse** von Vinhs Busbahnhof Ben Xe Cho Vinh bis nach Trung Tam, der letzten größeren Ortschaft vor der Grenze. Von dort werden die 25 km nach Cau Treo entweder in einem Minibus oder per Xe Om (unter US$2) zurückgelegt, oder noch besser **per Anhalter** mit einem der Lastwagen, die bis nach Lak Xao durchfahren, das 35 km hinter der Grenze in Laos liegt. Es fährt auch ein **Touristenbus** von Hanoi in die laotische Hauptstadt Vientiane (22 Std., US$22–25) via Vinh (12–14 Std., US$20); Abfahrt um 19 Uhr in Hanoi, Ankunft in Vinh gegen Mitternacht. Wer über Cau Treo von Laos **nach Vietnam** einreist, findet normalerweise wartende Minibusse nach Trung Tam vor. Falls nicht, kostet ein Auto nach Vinh mit ein wenig Verhandlungsgeschick um US$30.

Seit kurzem soll es an beiden Grenzübergängen **Visa** on Arrival für Laos geben (15 Tage, US$30), jedoch macht es Sinn, bei Travellern vor Ort noch einmal nachzufragen. Sicherer ist es, das Visum vorher beim laotischen Konsulat in Da Nang (s.S. 377) oder in der Botschaft in Hanoi (s.S. 487) zu beantragen.

Anders als die Tunnel von Cu Chi bei Ho-Chi-Minh-Stadt wurden die hiesigen in erster Linie von der Zivilbevölkerung gegraben und sind noch in ihrer ursprünglichen Form erhalten.

Die anderen Hauptsehenswürdigkeiten der Region liegen allesamt südlich des Ben Hai-Flusses, doch selbst ein langer Tag würde nicht ausreichen, um alles zu besichtigen. Die interessantesten der nachfolgend beschriebenen Orte sind in den organisierten Touren enthalten, die ihren Ausgangspunkt in Hué haben. Wer nur wenig Zeit hat, sollte die Vinh Moc-Tunnel oben auf die Prioritätenliste setzen, zusammen mit einer Fahrt über die Nationalstraße 9 nach **Khe Sanh**, die sich sowohl aufgrund der schönen Landschaft unterwegs als auch der ernüchternden Eindrücke vom historischen Schlachtfeld lohnt.

Hinweis: Obwohl es inzwischen möglich ist, die Entmilitarisierte Zone ohne Reiseleitung zu besuchen, ist diese Vorgehensweise nicht zu empfehlen, da die meisten Stätten nicht gekennzeichnet sind und – was viel wichtiger ist – die Guides wissen, welche Wege gefahrlos betreten werden können, denn auch heute noch werden einheimische Bauern gelegentlich von **Bomben und Minen** aus dem Vietnamkrieg verletzt oder getötet. Einheimische Guides warten in Dong Ha auf Kundschaft (s.S. 417).

Nach Norden zu den Tunneln von Vinh Moc

Die amerikanische Front bestand aus einer Reihe von Stützpunkten, die auf einer lang gezogenen Kette niedriger Hügel errichtet wurden und nach Norden auf die Entmilitarisierte Zone und die nackte Ebene des Ben Hai-Flusses ausgerichtet waren. Heute gibt es hier nicht mehr viel zu sehen, doch östlich der Nationalstraße 1 passiert man rund 14 km nördlich von Dong Ha einen dieser ehemaligen Stützpunkte, **Doc Mieu**. Bevor die NVA Doc Mieu 1972 eroberte, war die Basis von zentraler Bedeutung für die Verteidigung des Südens gewesen. Von hier aus nahm die amerikanische Artillerie die über das Meer führenden Infiltrationsrouten unter Beschuss, und eine Zeitlang befand sich hier auch die Kommandozentrale der „McNamara-Linie", von der die in Da Nang stationierten Bomber angefordert wurden, um Ziele entlang des Ho-Chi-Minh-Pfades mit Feuer zu belegen.

Direkt hinter Doc Mieu führt die Nationalstraße 1 in die Entmilitarisierte Zone und an Reisfeldern vorbei zur **Hien Luong-Brücke**, die den praktisch auf dem 17. Breitengrad verlaufenden Ben Hai überspannt. Bis zu ihrer Zerstörung 1967 war die Originalbrücke zur Hälfte rot und zur Hälfte gelb angestrichen und setzte somit ein deutliches Zeichen, dass es sich hier um die physische und ideologische Grenze zwischen den beiden Teilen Vietnams handelte. Die heutige Eisenträgerbrücke wurde 1973 wieder aufgebaut und 1975 als Symbol der Wiedervereinigung offiziell eröffnet, bildet aber noch immer eine bedeutende psychologische Barriere zwischen Nord- und Südvietnam.

In dem 7 km nördlich des Ben Hai und 28 km von Dong Ha entfernten Ort **Ho Xa** zweigt eine ausgeschilderte Straße rechts ab und erreicht nach 15 km einen eindrucksvollen Tunnelkomplex, in den sich während der schlimmsten amerikanischen Bombardements über 1000 Menschen zurückzogen und dort manchmal ohne Unterbrechung wochenlang lebten. Ein restaurierter Abschnitt der **Vinh Moc-Tunnel** ist für Besucher geöffnet und ein beeindruckendes Zeugnis für den Mut und die Zähigkeit der Dorfbewohner. Die 15-minütige Führung ist nichts für klaustrophobisch veranlagte Menschen, doch immerhin sind diese Tunnel mit ihren teilweise fast 2 m hohen Decken größer angelegt als die in Cu Chi. Ein kleines Museum am Eingang liefert Hintergrundinformationen. ⌚ tgl. 7–17 Uhr, Eintritt US$1,60, einschließlich Führung in englischer Sprache und Taschenlampe.

Als die Amerikaner ihre Bombenangriffe auf den nördlichen Teil der Entmilitarisierten Zone 1966 intensivierten, begannen die Bewohner des Bezirks Vinh Linh sich im roten Lateritboden zu vergraben: Über 50 Tunnel hoben sie über die nächsten zwei Jahre aus. Die Schutzbunker wurden zwar auch von nordvietnamesischen Soldaten genutzt, dienten aber in erster Linie dem Schutz der Zivilbevölkerung. Fünf Tunnel gehörten zu Vinh Moc, einem Dorf direkt an der Küste, wo 250 Bewohner über zwei Jahre lang Stollen mit einer Gesamtlänge von mehr als 2 km aushoben, in denen alle 600 Dorfbewohner von Anfang 1967 bis 1969 über verschiedene Zeiträume lebten. Danach siedelte die Hälfte der Einwohner in die relativ sichere Provinz Nghe An um. Das Tunnelsystem hatte drei Ebenen in 10, 15 und 20–23 m Tiefe (die unterste Ebene ist aber nicht mehr zu besichtigen) mit recht guter Belüftung, Süßwasserbrunnen und später auch einem Generator und Licht. Das unterirdische Dorf verfügte über eine Schule, ein Lazarett und einen Entbindungsraum, in dem 17 Kinder geboren wurden. Jeder Familie wurde ein winziger Raum zugeteilt, der für vier Personen kaum mehr Platz bot als ein Einzelbett. Die Menschen konnten nur bei Nacht heraus, und der Mangel an frischer Luft und Sonnenlicht stellte sie vor erhebliche Probleme, sodass besonders Kleinkinder nach Möglichkeit immer in der Nähe der Tunnelöffnungen untergebracht wurden.

1972 konnten die Dorfbewohner von Vinh Moc ihre unterirdische Existenz verlassen und ihre Häuser wieder aufbauen, und ein Jahr später kamen auch ihre Verwandten aus Nghe An wieder zurück.

Truong Son-Friedhof und Con Thien-Stützpunkt

Gut 30 km nordwestlich von Dong Ha erreicht man über die Nationalstraßen 9 und 15 den **Märtyrerfriedhof Truong Son**. Er ist den schätzungsweise 25 000 Männern und Frauen gewidmet, die ihr Leben auf dem Truong Son-Pfad verloren, der in der westlichen Welt besser als Ho-Chi-Minh-Pfad bekannt ist (s.S. 422/423, Kasten). Viele Leichen wurden nie geborgen, doch auch so verteilen sich 10 036 Gräber auf 14 ha Friedhofsfläche inmitten wispernder Haine aus immergrünen Bäumen. Die Gräber sind nach fünf geografischen Regionen unterteilt, mit je einer Gedenkkapelle im Zentrum, wo die Namen aller Gefallenen mit Grabnummer aufgelistet sind. Auf jedem einzelnen

Grabstein steht *liet si* („Märtyrer") neben allen bekannten persönlichen Daten des Verstorbenen: Name, Geburtsdatum und -ort, Datum der Aufnahme in die Armee, militärischer Rang und Todesdatum.

Die Anfahrt zum Friedhof erfolgt über die Nationalstraße 9 Richtung Westen, bis nach 12 km in dem Ort Cam Lo die Nationalstraße 15 nach Norden abzweigt und nach weiteren 22 km den Friedhof erreicht.

Auf der Strecke liegt ungefähr 12 km hinter Cam Lo der ehemalige **Stützpunkt Con Thien**. Das einzig Interessante ist hier der Blick nach Norden auf die früheren Stellungen der NVA, die sich beängstigend nah am gegenüber liegenden Ufer des Ben Hai befanden. Als größte amerikanische Anlage in der Entmilitarisierten Zone war Con Thien ursprünglich von der Eliteeinheit *Green Berets* angelegt und 1966 den US-Marines übergeben worden, die mit ihren großkalibrigen Geschützen von dort weit ins Innere Nordvietnams feuern konnten. Vor der Tet-Offensive 1968 geriet der Stützpunkt als Teil eines Ablenkungsmanövers der NVA massiv unter Beschuss und wurde bei einem Vorstoß der nordvietnamesischen Infanterie sogar kurzzeitig umstellt. Die Amerikaner antworteten mit allem, was ihr Arsenal hergab, einschließlich Langstreckenfeuer von Kriegsschiffen im Südchinesischen Meer und Flächenbombardements durch B-52-Bomber. Die Nordvietnamesen mussten sich daraufhin vorübergehend wieder zurückziehen, eroberten den Stützpunkt dann aber im Sommer 1972 endgültig.

Khe Sanh

In ihrem Verlauf Richtung Westen erreicht die Nationalstraße 9 langsam die Ausläufer des Truong Son-Gebirges. An der Stelle, wo die Straße einen Knick nach Süden macht, wird das Tal von einem einzelnen, glattwandigen Felsturm dominiert, der 230 m hoch aufragt und den Amerikanern unter der Bezeichnung **Rockpile** ein Begriff ist. Eine Zeitlang nutzten die von Hubschraubern abgesetzten amerikanischen Einheiten den Berg dazu, ihre Artilleriegeschosse auf weiter entfernte Ziele in der Entmilitarisierten Zone und in Laos zu richten, doch ab 1968 wurde die Stellung aufgegeben. Die Nationalstraße führt weiter über einen nicht sehr hohen Pass und anschließend durch ein malerisches Tal an der **Dakrong-Brücke** vorbei, die Teil eines Ablegers des Ho-Chi-Minh-Pfades ist, bevor sie erneut ansteigt in eine immer dichter bewaldete Landschaft und 63 km westlich von Dong Ha schließlich **Khe Sanh** erreicht, das heute offiziell **Huang Hoa** heißt. Die trostlose Grenzatmosphäre der Straßensiedlung wird durch den ins nur 19 km entfernte Laos führenden Schmugglerpfad noch verstärkt (Näheres zur Überquerung der Grenze s.S. 419, Kasten). Der Ort liegt am äußeren Rand einer windgepeitschten Hochebene, die im Vietnamkrieg zu einem der entscheidenden Kriegsschauplätze werden sollte.

Die Bedeutung der **Schlacht von Khe Sanh** lag nicht in ihrem unmittelbaren Ergebnis, sondern darin, dass sie ein weltweites Medieninteresse auf sich zog und zusammen mit der zeitgleich laufenden Tet-Offensive bewies, wie vollkommen sinnlos die Bemühungen der USA waren, den Feind in seinem eigenen Land kontrollieren zu wollen. 1962 waren amerikanische Elitetruppen in der Bergfestung Khe Sanh stationiert worden, um Angehörige des einheimischen Minderheitenvolkes der Bru im Kampf gegen Aufständische auszubilden. Vier Jahre später wurden die ersten Marines in die Gegend abkommandiert, um einen vorgelagerten Stützpunkt nahe der laotischen Grenze einzurichten, die Nationalstraße 9 zu sichern und den Feind in seinem Vormarsch über den Ho-Chi-Minh-Pfad zu behindern. Die Scharmützel in der Umgebung von Khe Sanh nahmen zu, bis amerikanische Geheimdienstberichte Ende 1967 auf einen massiven Truppenaufmarsch der Nordvietnamesischen Armee (NVA) hinwiesen. Dabei sollte es sich um bis zu 40 000 nordvietnamesische Soldaten handeln, denen 6000 Marines mit ein paar Hundert Südvietnamesen und Bru gegenüberstanden. Schon bald präsentierten die westlichen Medien und die amerikanischen Generäle die Konfrontation als entscheidenden Prüfstein für die Glaubwürdigkeit des Engagements der USA in Südvietnam und zogen Parallelen zu Dien Bien Phu – berühmt ist US-Präsident Johnsons Ausspruch: „I don't want any damn Dinbinfoo".

Der Angriff der NVA kam in den frühen Morgenstunden des 21. Januar 1968, als der amerikanische Stützpunkt plötzlich unter massives Raketenfeuer geriet. Nachdem auch ein Munitionsdepot, Benzintanks und Tränengaslager getroffen wurden, herrschten blankes Entsetzen und reinstes Chaos.

Es folgte ein scheinbar endloses, Nerven zerreißendes Artilleriesperrfeuer der NVA, bei dem Tag für Tag mehrere Hundert Bomben auf den Stützpunkt niedergingen, unterbrochen nur durch verlustreiche Gegenangriffe der US-Infanterie in den umliegenden Hügeln. In einer Operation mit dem Codenamen „Niagara" forderte General Westmoreland Luftunterstützung an, um die feindlichen Geschütze zum Schweigen zu bringen und die Belagerung durch eine in diesem Krieg beispiellose Serie von Bombenangriffen zu durchbrechen. In neun Wochen ging rund um die Uhr eine Bombenlast von insgesamt rund 100 000 Tonnen auf die Region nieder; alle fünf Minuten wurde ein konventioneller Angriff geflogen, hinzu kamen Napalm und Entlaubungsmittel. Es mag unglaublich erscheinen, aber die NVA hatte sich so gut verschanzt und getarnt, dass sie nicht nur diesem Bombardement widerstand, sondern trotz entsetzlicher Verluste, die auf 10 000 Mann geschätzt werden, sogar noch Gelegenheit fand, zurück zu schießen. Auf Seiten der USA fielen ungefähr 500 Soldaten in Khe Sanh (die offiziellen Zahlen berichten von 248 amerikanischen Gefallenen, davon allein 43 bei einem Hubschrauberabsturz), bevor es Anfang April einer Einsatzkolonne gelang, nach Khe Sanh vorzudringen und die bis dahin mehr als 70 Tage andauernde Belagerung zu durchbrechen. Mittlerweile hatten sich die NVA-Truppen bereits Stück für Stück zurückgezogen, waren bis Mitte März praktisch komplett aus der Region verschwunden und hatten die amerikanischen Kräfte vor dem Start der Tet-Offensive erfolgreich von den Ballungsgebieten im Süden des Landes abgelenkt. Drei Monate später zogen sich auch die Amerikaner still und heimlich zurück und hinterließen eine Hochebene, die einer rauchenden

Der Ho-Chi-Minh-Pfad

Bis zum Ende seiner Nutzung hatte sich der Ho-Chi-Minh-Pfad von einem groben Geflecht aus Vieh- und Dschungelpfaden zu einem höchst effektiven **logistischen Netzwerk** entwickelt, das sich von der nordvietnamesischen Stadt Vinh bis in die Provinz Tay Ninh am Rande des Mekong-Deltas erstreckte. Anfangs dauerte es noch bis zu einem halben Jahr, den gesamten Weg von Norden nach Süden zurückzulegen, wobei die Menschen meistens bei Nacht mit ihrer schweren Ladung aus Reis- und Salzrationen, Medikamenten und Ausrüstung unterwegs waren. Über vier Jahre soll ein Mann namens Nguyen Viet Sinh insgesamt über 50 t Gepäck transportiert und dabei 40 000 km zurückgelegt haben, was einem Fußmarsch um die ganze Welt entspricht. Bis 1975 war der „Pfad", der aus mindestens drei Hauptarterien und mehreren Zubringern zu diversen Kampfschauplätzen bestand und insgesamt 15 000 km lang war, jedoch so weit ausgebaut, dass er auch mit schweren Lastwagen und sogar Panzern befahren und in nur einer Woche zurückgelegt werden konnte.

Der Ho-Chi-Minh-Pfad wurde durch ausgeklügelte **Luftabwehrstellungen** verteidigt und war in regelmäßigen Abständen mit **Versorgungsstationen** versehen, darunter Kraftstoff- und Wartungsdepots, Munitionslager, Lebensmittelläden und Krankenhäuser, die häufig unterirdisch oder in Höhlen untergebracht waren und allesamt per Feldtelefon miteinander verbunden waren. Zuletzt wurde sogar eine Pipeline entlang der Strecke gebaut, um Kraftstoff aus Vinh zu einem Depot in Loc Ninh zu transportieren.

Dieser enorme logistische Kraftakt erforderte die Mitarbeit Tausender Männer und Frauen als Wartungskräfte, Pioniere, Schützen und medizinisches Personal, während bis zu 50 000 jugendliche Freiwillige im Schutz der Dunkelheit Brücken reparierten und Bombenkrater zuschütteten.

Das Konzept für den Pfad entstand 1959, als **General Giap** die neu geschaffene Logistikgruppe 559 damit beauftragte, eine sichere Route auszukundschaften, über die Menschen und Material durch ganz Zentralvietnam geschleust werden konnten, um die kommunistischen Gruppen im Süden zu unterstützen. Zunächst bahnten kommunistische Politkader den Weg, 1964 folgte die erste Abordnung aus 10 000 regulären Soldaten, und seinen Höhepunkt erlebte die Route 1968, als 150 000 Männer zur Vorbereitung der **Tet-**

Mondlandschaft aus Kratern und Asche glich und für Jahre durch Chemikalien und Sprengstoff verseucht war. Selbst die noch stehen gebliebenen Bäume waren wertlos, weil ihr Holz mit Metallsplittern gespickt war.

Erst in den letzten Jahren hat der Boden in der Umgebung von Khe Sanh wieder so etwas wie Vegetation hervorgebracht, und inzwischen blühen auf den grünen Hügeln Kaffeeplantagen. Einige Teenager bieten noch immer „echte" *dog-tags* (als „Hundemarken" bezeichnete Identifikationsmarken amerikanischer Soldaten) an, während die Guides auf die Überreste des ehemaligen Flugfelds hinweisen, doch ansonsten erinnert hier nichts mehr an die Kämpfe, denn vor ihrem Abzug aus Khe Sanh hatten die amerikanischen Soldaten den Befehl erhalten, alles in die Luft zu sprengen und dem Erdboden gleichzumachen. Die einzige Gedenkstätte ist ein kleines **Museum**, das 2 km nördlich von Khe Sanh an die Belagerung erinnert und vor dem Hintergrund der schönen Berglandschaft umso ergreifender wirkt. 🕓 tgl. 7–17 Uhr, Eintritt US$1,60.

Dong Hoi

Nördlich der Entmilitarisierten Zone verengt sich Vietnam auf gerade einmal 50 km vom Meer bis zur laotischen Grenze. An der Küste ragen enorme Sanddünen bis zu 80 m in die Höhe und bewegen sich pro Jahr ungefähr 10 m landeinwärts, trotz aller Anstrengungen, sie durch die Anpflanzung von Schraubenbäumen und Kakteen in Schach zu halten. Die schmale Küstenebene wird vom zerklüfteten Truong Son-Gebirge an ihrer Ausdehnung gehindert und von kurzen, überschwemmungs-

Offensive gen Süden marschierten. Vom logistischen Aufwand, von den Ausmaßen und von der Entschlossenheit her war diese immense Anstrengung mit Dien Bien Phu zu vergleichen; dieses Mal zog sie sich aber über 15 Jahre hin und wurde zu einem Symbol der Vietnamesen für ihre Opferbereitschaft und ihren Siegeswillen.

Ein Großteil des südlichen Ho-Chi-Minh-Pfades verlief durch **Laos** und **Kambodscha**, teilweise über Wege, die sich bereits im Krieg gegen die Franzosen bewährt hatten, teilweise auch durch Flussbetten, aber stets durch das schwierigste gebirgige Terrain im Angesicht von Blutegeln, Schlangen, Malaria und Ruhr.

Als wäre das alles noch nicht genug, sahen sich die Menschen unterwegs fast ununterbrochen amerikanischem Beschuss ausgesetzt. Anfang 1965 nahmen die **Luftangriffe** an Schärfe zu, neben konventionellen Bomben wurden auch Napalm und Entlaubungsmittel eingesetzt und später zudem flächendeckende Bombardements durch B-52-Bomber.

Im Frühjahr 1965 flog die US Air Force täglich schätzungsweise 300 Bombenangriffe gegen den Versorgungspfad und warf in acht Jahren insgesamt 2 Mill. Tonnen Bombenlast ab, größtenteils über Laos, um den Strom an Menschen und Material zu unterbrechen. Später experimentierten die Amerikaner auch mit seismischen und akustischen Sensoren, um Truppenbewegungen und Ziele zu lokalisieren, doch vollständig vermochten sie den Strom nie zu unterbinden, und so flossen die Mittel, die zu einer Fortführung des Krieges notwendig waren, weiterhin in den Süden.

Heute beschäftigen sich die Söhne der vietnamesischen Soldaten, die den Ho-Chi-Minh-Pfad aus dem Boden stampften, mit einer Wiederbelebung bestimmter Streckenabschnitte als Teil eines umstrittenen Projekts der Regierung zum Bau einer zweispurigen Nationalstraße von Hanoi nach Ho-Chi-Minh-Stadt durch den Westteil des Landes. Die 1690 km lange **Truong Son-Straße** (auch als Ho-Chi-Minh-Straße bezeichnet) soll eine Alternative zur überschwemmungsanfälligen Nationalstraße 1 bieten und die wirtschaftliche Entwicklung in einigen der ärmsten Regionen des Landes vorantreiben.

Die Gegner des Projekts argumentieren, dass durch die Straße, die 2010 fertig gestellt sein soll, mehrere bedeutende Schutzgebiete für wilde Tiere gefährdet werden.

anfälligen Flüssen entwässert. Einer davon, der Son, hat dabei ein ausgedehntes unterirdisches Entwässerungssystem herausgebildet, das eine der wenigen Sehenswürdigkeiten in dieser Region darstellt, die Phong-Nha-Höhle (s.u.).

Die erste größere Stadt nördlich des 17. Breitengrades ist Dong Hoi, die von den Bombenangriffen im Vietnamkrieg dem Erdboden gleichgemacht wurde. Doch Dong Hoi ist aus den Ruinen auferstanden und hat sich mittlerweile zu einer blühenden Provinzhauptstadt mit über 60 000 Einwohnern gemausert. Sie wurde in großzügi-gem Maßstab mit ordentlichen Straßen, einem großen Theater und einer attraktiven Uferpromenade am Fluss angelegt, hat aber keine besonderen Sehenswürdigkeiten aufzuweisen. Die meisten Touristen, die in der Stadt Station machen, befinden sich auf dem Weg zur Phong Nha-Höhle, einem wahrhaft beeindruckenden System unterirdischer Grotten.

Der Tourismus entwickelt sich langsam zum Big Business in Dong Hoi, denn Phong Nha lockt immer mehr Besucher an, und die Investoren haben bereits ein Auge auf die Strände der Region geworfen.

An der zentralen Kreuzung der Stadt von Nationalstraße 1 und Tran Hung Dao steht das Wahrzeichen der Stadt, der Funkmast der dazugehörigen **Post**. Südlich dieser Kreuzung heißt die Nationalstraße 1 Quang Trung, nördlich davon Ly Thuong Kiet.

Richtung Osten erreicht die Tran Hung Dao nach 50 m die am Ufer des breiten Nhat Le verlaufende Quach Xuan Ky, wo gerade eine neue Brücke über den Fluss gebaut wird.

Geht man die Quach Xuan Ky nach Süden hinunter und biegt an ihrem Ende nach rechts in die Me Suot ein, gelangt man zu einem lebhaften **Markt** und einem Bereich mit überdachten Ständen, wo im Sommer Gläser mit eiskaltem *chè*, einem aus süßen Bohnen hergestellten Getränk, verkauft werden.

Übernachtung

Die Übernachtungsmöglichkeiten in Dong Hoi haben sich sprunghaft verbessert, nachdem an der Nationalstraße 1 einige private Hotels wie Pilze aus dem Boden geschossen sind. Wer allerdings einen leichten Schlaf hat, entscheidet sich besser für eine der Unterkünfte abseits der Hauptstraße.

Dong Hoi Hotel***, 50 Quang Trung, ✆ 822289, 📠 828117. Altmodisches staatliches Hotel an der Nationalstraße, aber die Zimmer liegen etwas zurück und sind insgesamt keine schlechte Wahl, wenn man sonst nicht weiß wohin.

Huu Nghi**–***, 22 Quach Xuan Ky, ✆ 822567, 📠 822763. Hotel am Flussufer im Süden der Stadt nahe der Kreuzung mit der Tran Hung Dao. Sieht nicht gerade viel versprechend aus, aber der neue Anbau ist vielleicht einen Blick wert.

Kim Lien**, 4 Le Van Huu, ✆ 822154. Saubere, freundliche und gut ausgestattete Unterkunft.

Phong Nha–*******, 5 Truong Phap, ✆ 824971, 📠 824973. Bis das neue Luxushotel auf der anderen Seite des Flusses am My Canh-Strand aufmacht (frühestens 2004), ist dies Dong Hois bestes Hotel. Nicht sehr zentral, aber in angenehmer Lage an der Flussmündung ca. 500 m nördlich der Stadt. Tipp: Nach einem Zimmer mit Meeresblick fragen!

Phuong Dong***, 20 Quach Xuan Ky, ✆ 822276, 📠 822404. Fantasielose und überteuerte Zimmer.

Thanh Binh**, Le Van Huu, ✆ 822181, 📠 823132. Als Nachbar des Kim Lien ebenfalls in einer Seitenstraße unmittelbar nordwestlich des Denkmals versteckt.

Essen

Dong Hois beliebtestes Restaurant, an dem auch alle Reisebusse halten, ist das ***Anh Dao***, unmittelbar westlich der Nationalstraße 1 neben der Brücke am südlichen Stadtrand. Der Besitzer ist aus Hué zugezogen und serviert preiswerte vietnamesische und internationale Gerichte. Spezialitäten aus Hué wie *banh beo* und *banh khoai* sowie die üblichen Reis- und Nudelgerichte gibt es auch in mehreren kleinen Restaurants in der **Co Tam**, einen Block nördlich vom Markt. Wie immer beherbergt auch der **Markt** selbst einige billige und lebhafte Essenstände. Tipp: Ausschau halten nach den Schildern mit der **einheimischen Spezialität** *chao luon*, einer dicken Aalsuppe, die von Straßenküchen verkauft wird.

Sonstiges

GELD – ***Vietcombank***, 54 Nguyen Huu Canh. Die Le Loi vom Denkmal aus Richtung Westen gehen und nach ca. 100 m rechts in die Nguyen Huu Can abbiegen. Die Bank wechselt ausländisches Bargeld und Reiseschecks und nimmt Barauszahlungen gegen Kreditkarte vor.

INFORMATIONEN – ***Quang Binh Tourism***, am Flussufer neben dem Hotel Phuong Dong in der 20 Quach Xuan Ky, ✆ 828228. Die offizielle Touristeninformation der Provinz vermittelt Mietwagen und Englisch sprechende Guides, wobei sich der Transport nach Phong Nha aber auch ganz einfach über das Hotel organisieren lässt.

VORWAHL – 052

Transport

Da es auf der Fahrt nach Norden kaum lohnende Zwischenstationen gibt, fahren die meisten Touristen gleich bis Ninh Binh oder sogar Hanoi durch. Für Reisende auf der Nationalstraße 1 bietet sich eine Übernachtung in **Vinh** an. Motorradfahrer und andere, die unterwegs eine Unterkunft brauchen, finden auch in den Städten **Ha Tinh** und **Thanh Hoa** ein entsprechendes Angebot.

BUSSE – In Dong Hoi gibt es keinen Langstrecken-Busbahnhof; man stellt sich einfach an die Nationalstraße und winkt einen der vorbeifahrenden Busse heran

Busse nach: DONG HA (2 Std.); HUÉ (4–5 Std.); VINH (4 Std.).

EISENBAHN – Zum 3 km außerhalb der Stadt gelegenen **Bahnhof** geht es auf der Tran Hung Dao Richtung Westen.

Züge nach:
DONG HA 4x tgl. in 1 3/4–2 1/2 Std.;
HANOI 5x tgl. in 10–12 Std.;
HUÉ 5x tgl. in 2 1/2–4 Std.;
NINH BINH 2x tgl. in 9–10 Std.;
VINH 5x tgl. in 3 1/2–5 Std.

Phong Nha-Höhle

Seit Menschengedenken übt der unterirdische, in der Phong Nha-Höhle ans Tageslicht tretende Son-Fluss eine mystische Anziehungskraft auf die einheimische Bevölkerung aus. Als früheste Verehrer sind die Cham im 9. und 10. Jh. bekannt. Ihnen folgten die Vietnamesen, die hier in Dürreperioden ihre **Schutzgeister** um Regen anriefen und damit allen Überlieferungen zufolge sehr erfolgreich waren. Als die Europäer im 20. Jh. mit der Erforschung der Höhlen begannen, zog sich der Regenmacher jedoch angeblich dauerhaft in seine unterirdischen Gefilde zurück. Die Forscher ließen sich davon nicht abhalten und hatten bis Anfang der 50er Jahre bereits ein 2 km langes Tunnelsystem vermessen, während die steigende Zahl von Besuchern die Entstehung eines kleinen Hotels begünstigte. In den folgenden Kriegen wurde die weitere Erkundung auf Eis gelegt, und Phong Nha fungierte als sicheres Lager – die Spuren eines amerikanischen Raketenangriffs sind noch an der Klippe über dem Höhleneingang zu sehen. Erst eine britische Expedition, die 1990 die Erlaubnis für weitere Nachforschungen erhielt, stieß weiter flussaufwärts erstmals tief ins Innere des Kalksteinmassivs vor und machte dabei eine Entdeckung, die das Herz jedes Hobbyhöhlenforschers höher schlagen lässt: ein 8 km langes System aus unterirdischen Wasserwegen, riesige Kammern voller zauberhafter Felsformationen und faszinierende Seitenkanäle, die auf weitere Erkundungen warten.

Weniger Wagemutige können eine lohnende, halbstündige Tour mit einem Ausflugsboot über die friedlichen Verästelungen des Son-Flusses unternehmen. Das Boot dringt nur 600 m in die Höhle vor und fährt dabei an gerippten Kalksteinwänden und riesigen, von mehrfarbigen Scheinwerfern beleuchteten Stalaktiten und Stalagmiten vorbei, was durchaus ausreicht, sich von der Höhle und ihren Ausmaßen nachhaltig beeindrucken zu lassen. Das Boot setzt die Passagiere am anderen Ende der Höhle ab, wo eine Cham-Inschrift zu besichtigen ist und ein Weg durch eine trockene Grotte wieder zurück zum Eingang führt. Anschließend kann man über Stufen in der Vorderwand des Felsens zu einer weiteren trockenen Höhle mit Blick auf das Tal hinaufklettern. Es ist aber zu beachten, dass der Bootsbetrieb **nach schweren Regenfällen** eingestellt werden kann, wenn der Wasserspiegel zu hoch wird.

Für die **Fahrt zur Höhle** halten die Hotels und Quang Binh Tourism in Dong Hoi Mietwagen bereit (ab US$25–30 für einen halben Tag). Alternativ dazu ist auch eine lange Xe Om-Fahrt möglich (US$8–10 hin und zurück einschließlich Wartezeit). Einige Veranstalter in Hué bieten bereits Touren nach Phong Nha an, doch bei fünf Stunden Fahrt pro Weg kann man nicht mehr von einem gemütlichen Tagesausflug sprechen, und die meisten übernachten ohnehin in Dong Hoi.

Ist der Transport erst einmal geregelt, ist das Auffinden der Höhle kein Problem: 15 km Richtung Norden über die Nationalstraße 1 nach Bo Trach fahren, wo ein Hinweisschild nach links Richtung Phong Nha zeigt, dann weitere 30 km (1 Std.) nach Westen bis in den Ort **Son Trach**; das letzte Stück führt dabei über die neue Truong Son-Straße. Der ganze Ort hat sich den Bedürfnissen der Bootsausflügler angepasst. Es gibt ein Besucherzentrum für den Verkauf von **Eintrittskarten** (🕓 6–18 Uhr, Eintritt US$1,60 plus US$4 pro Boot), zwei Guesthouses*, ✆/📠 052/675016 (Zimmer mit Ventilator und Kaltwasser) und Restaurants. Eine gute Wahl ist das *Phong Nha Quan* gegenüber dem Tor zum Besucherzentrum, wo es zwar keine Speisekarte gibt, aber die erhältlichen Gerichte problemlos in der offenen Küche eingesehen werden können.

Über den Ngang-Pass nach Vinh

Einige Kilometer nördlich von Dong Hoi wird die Fahrt auf der Nationalstraße 1 unterbrochen, weil der reißende Gianh per Fähre überquert werden muss. Der Fluss bildete schon im 17. und 18. Jh. die Grenze zwischen den Fürstengeschlechtern der Nguyen im Süden und der Trinh im Norden. Das fast menschenleere und wilde Land in der Umgebung des Ngang-Passes signalisiert die Ankunft in Vietnams ärmsten Provinzen, Ha Tinh und Nghe An, an. Dürren im Sommer, Überschwemmungen im Winter und Taifune von August bis November sind für häufige Missernten verantwortlich, und entsprechend ernst ist in dieser Region das Problem der Unterernährung.

Zu den wenigen hoffnungsvollen Merkmalen dieses Landstrichs zählen die außerordentlich dichten Hochlandwälder an der Grenze zu Laos, in denen **seltene Tierarten** wie Elefant und Tiger beheimatet sind. In den letzten zehn Jahren haben Wissenschaftler hier zwei neue Säugetierarten entdeckt, die zuvor nur einheimischen Jägern bekannt waren: das scheue **Saola-Rind** und den etwas zahlreicher vertretenen, an einen Hirsch erinnernden **Riesenmuntjak**. Die Regierung hat den Umfang der Naturschutzgebiete inzwischen auf fast 160 000 ha ausgedehnt und bringt gerade ein Programm zum Schutz der stark gefährdeten Arten auf den Weg. Die Aufzucht weiter verbreiteter Hirscharten ist ein großes Geschäft in Nghe An, denn junge Geweihe werden wegen ihrer medizinischen Eigenschaften geschätzt und erzielen daher hohe Preise.

150 km nördlich von Dong Hoi erreicht die Nationalstraße 1 die große, farblose Stadt **Ha Tinh**. Die vom Hoanh Son-Gebirge landeinwärts gezwungene Eisenbahn macht einen Bogen um Ha Tinh und erreicht die Küste erst wieder in Vinh, doch darüber muss sich kein Zugreisender den Kopf zerbrechen, denn in Ha Tinh gibt es ohnehin nichts zu sehen, und die meisten Touristen fahren gleich durch nach Vinh, wo es eine größere Auswahl an Hotels gibt. Wer dennoch eine Unterkunft benötigt, findet in der Hauptstraße gegenüber dem Funkmast an der Post das zentral gelegene *Binh Minh Hotel****, ✆ 039/856825 (Tipp: Zimmer im hinteren Gebäude nehmen). Da kein Busbahnhof in der Nähe ist, winkt man an der Hauptstraße in die gewünschte Richtung fahrende **Busse** einfach heran. In der Hauptstraße reihen sich in typischer Manier billige Straßenrestaurants aneinander.

Vinh

Beiderseits der Nationalstraße 1 erstreckt sich nur 48 km nördlich von Ha Tinh die großflächige und graue Stadt Vinh. Die Nationalstraße bringt nicht nur Staub mit sich, sondern auch Touristen, die hier einen Zwischenstopp auf der Fahrt von Hué nach Hanoi einlegen oder die Stadt als Station für eine Reise nach Laos nutzen. Wohnblöcke im sowjetischen Stil und sozialistische Stadtplanung sind vielleicht in gewisser Hinsicht historisch interessant, rauben der von einer traurigen Vergangenheit gebeutelten Stadt allerdings jeglichen Reiz. Dass es die meisten Reisenden hier dennoch ganz gut aushalten, lässt sich mit der Auswahl an recht ordentlichen Hotels begründen.

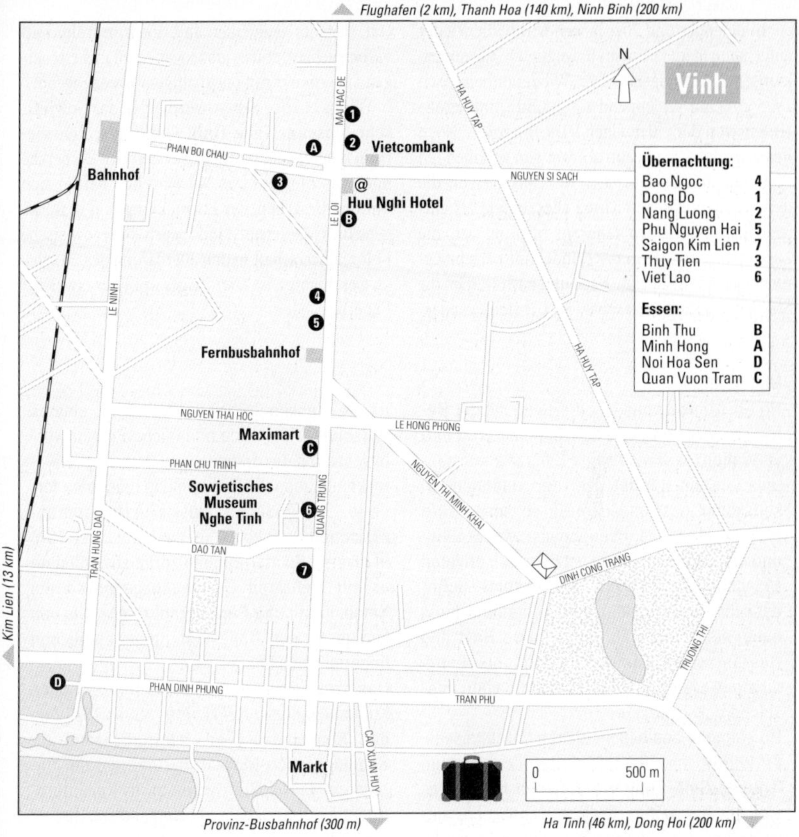

In der Provinz Nghe An schwingt ein gewisser Stolz über die eigene Geschichte mit, denn die Region hat, ihrer Tradition als politischer Unruheherd getreu, eine große Zahl bedeutender Revolutionäre hervorgebracht, von denen viele in Straßennamen verewigt wurden: Le Hong Phong, Nguyen Thi Minh Khai, Phan Boi Chau und allen voran Ho Chi Minh. Hos Geburtsort und das Haus, in dem er seine Kindheit verbrachte, befinden sich in dem 14 km von Vinh entfernten Dorf **Kim Lien**, das für die Vietnamesen so etwas wie ein Wallfahrtsort ist, von den meisten ausländischen Besuchern indes als recht steril empfunden wird. Der Strand und Erholungsort **Cua Lo** liegt 19 km nördlich der Stadt und besteht aus mehreren überteuerten Hotels an einem langen, relativ menschenleeren Strand mit weißem Sand, wo allerdings so viel Müll herumliegt, dass man es dort nicht lange aushält.

Die Stadt

Vinh wurde im 20. Jh. von der Geschichte nicht gerade begünstigt. Als Industriehafen und wichtige Station auf den großen Landrouten bildete die Stadt, deren Bevölkerung für ihre rebellischen Tendenzen bekannt war, sowohl während des Indochinakriegs als auch im Vietnamkrieg ein nahe liegendes Ziel. In den 50er Jahren wurden große Teile Vinhs von französischen Bomben zerstört, und im Anschluss daran legten die Vietminh den Rest der Stadt lieber in Schutt und Asche, als sie dem Feind zu überlassen.

In den 60er und 70er Jahren wurde die wieder aufgebaute Stadt zu einem bevorzugten Ziel amerikanischer Luftangriffe. Der Wiederaufbau nach 1975 ging nur schleppend voran und wurde größtenteils von der ehemaligen DDR finanziert. Noch heute wird das Stadtzentrum von den verfallenden Plattenbauten ostdeutschen Stils beherrscht, die dem vietnamesischen Klima alles andere als entgegenkommen. Doch langsam beginnt sich die Lage zu bessern, denn der Handel mit Laos bringt mehr Geld in die Region. Nach und nach werden die Straßen der Stadt neu asphaltiert, Gehsteige gepflastert, elegante neue Villen und Hotels in fröhlichen Farben gebaut, und es gibt sogar einen mehrstöckigen Supermarkt mit reichhaltigem Warenangebot.

Vinhs einzige Sehenswürdigkeit, das **Sowjetische Museum Nghe Tinh**, wurde einer Renovierung unterzogen, war aber zur Zeit der Recherche noch geschlossen. Das Museum beschäftigt sich mit den Ursachen, der Entwicklung und den Folgen eines Massenaufstands gegen die französische Kolonialherrschaft in den 30er Jahren des 20. Jhs. (s. Geschichte), ist aber insgesamt eher etwas für Experten.

Ho Chi Minh

Ho Chi Minhs Leben ist derart eng mit der Befreiung Vietnams von der Kolonialherrschaft verwoben, dass sich seine Biografie größtenteils wie ein Bericht über den Unabhängigkeitskampf des Landes im 20. Jh. liest. Da Ho mehrere Dutzend Pseudonyme verwendete und nie Tagebuch führte, ist über den privaten Menschen so gut wie nichts bekannt – außer dass er sehr gebildet war, zeitlebens ledig blieb, als Ästhet galt und sich mit Haut und Haaren seiner „Familie" verschrieben hatte, die nicht weniger als das gesamte vietnamesische Volk umfasste.

Ho stammte aus bescheidenen Verhältnissen. Er wurde am 19.5.1890 unter dem Namen Nguyen Sinh Cung als jüngstes Kind eines kleinen Verwaltungsbeamten geboren, der wegen seiner antikolonialen Einstellung vom kaiserlichen Hof in Hué entlassen worden war. Eine Zeitlang besuchte Ho das Quoc Hoc-Gymnasium in Hué, wurde aber der Schule verwiesen, weil er sich an Studentenprotesten beteiligt hatte, und verließ Vietnam 1911 auf einem Dampfschiff Richtung Frankreich. Es folgten mehrere Wanderjahre, die er u.a. als Arbeiter in den Werften von Brooklyn (New York) und als Konditormeister im Londoner Carlton Hotel verbrachte. Nach dem Ersten Weltkrieg kehrte er nach Frankreich zurück, wo er sich seinen Lebensunterhalt mit dem Retouchieren von Fotografien verdiente. In Paris entwickelte sich Ho unter dem Pseudonym **Nguyen Ai Quoc** („Nguyen der Patriot") zunehmend zum aktiven **Nationalisten** und erregte während der Friedenskonferenz von Versailles einiges Aufsehen, als er eine öffentliche Petition vorbrachte, mit der er eine demokratisch gewählte, konstitutionelle Regierung in Indochina forderte. Eine Zeitlang schloss sich Ho den französischen Sozialisten an, doch als diese 1920 in diverse Splittergruppen zerfielen, gründete er mit mehreren Gesinnungsgenossen die **Kommunistische Partei Frankreichs**, die von Lenins totaler Opposition gegen jeglichen Imperialismus beseelt war.

Hos aktive Rolle innerhalb des französischen Kommunismus trug Früchte, als er 1923 von der Kommunistischen Internationalen zur Schulung nach Moskau berufen wurde. Bereits ein Jahr später wurde er als Komintern-Agent nach Südchina abkommandiert. Binnen weniger Monate baute er dort Vietnams erste marxistisch-leninistische Organisation auf, die **Revolutionäre Jugendliga**, und zog damit eine Gruppe leidenschaftlicher junger Vietnamesen an, die darauf brannten, mehr über die neue Ideologie zu erfahren. 1927 wandte sich jedoch Chiang Kai-shek, der Anführer der chinesischen Nationalisten, gegen die Kommunisten, woraufhin Ho das Land verlassen musste. Eine Zeitlang lebte er als buddhistischer Mönch getarnt in Thailand, bevor er 1930 in Hongkong auftauchte, wo ihm eine entscheidende Rolle bei der **Gründung der Kommunistischen Partei Vietnams** zukam. Inzwischen hatten die französischen Behörden Ho wegen umstürzlerischer Aktivitäten in Abwesenheit zum Tode verurteilt. Während seines Aufent

Ho Chi Minhs Geburtsort Kim Lien

Ho Chi Minh wurde 1890 in dem kleinen, 14 km westlich von Vinh gelegenen Dorf **Hoang Tru** in der Gemeinde Kim Lien geboren. Bei den beiden einfachen Häusern aus Bambusflechtwerk mit Palmblätterdach handelt es sich um Rekonstruktionen aus dem Jahr 1959, die heute von Süßkartoffelfeldern umgeben sind. Hos Geburtshaus soll die allein stehende Hütte zur Linken sein (wenn man auf das Gelände zugeht), dahinter steht der aus Ziegelsteinen gebaute Familienaltar. Im Alter von sechs Jahren zog Ho in ein Haus in das 2 km westlich gelegene **Lang Sen** („Lotusdorf"), wo er mit seinem Vater in einer sehr ähnlichen Umgebung lebte. Das Haus in Sen ist ein Nachbau von 1955. Im Innern ist nicht besonders viel zu sehen, aber der Ort ist friedlich und von flatternden Schmetterlingen erfüllt.

Ein **Museum** in der Nähe beleuchtet mit Erinnerungsstücken und vielen Fotos, die man wahrscheinlich vorher schon irgendwo gesehen hat, Hos Reisen in ferne Länder. ◷ tgl. April–Sep 7.30–11 und 14.30–17, Okt–März 8.30–11.30 und 14–17 Uhr.

halts in Hongkong wurde er unter fadenscheinigen Gründen verhaftet, wieder auf freien Fuß gesetzt und anschließend erneut inhaftiert, bevor ihm schließlich mit Hilfe des Personals die Flucht aus dem Gefängniskrankenhaus gelang, nachdem die Schwestern und Ärzte alle Welt, einschließlich der französischen Polizei, davon überzeugt hatten, dass Ho an Tuberkulose gestorben sei.

Ho tauchte erneut für ein paar Jahre unter, bis sich die Aufregung um seine Person gelegt hatte, und ließ sich erst Ende der 30er Jahre wieder an der Südgrenze Chinas blicken. Von dort aus betrat er Anfang 1941 erstmals nach 30 Jahren wieder vietnamesischen Boden. Er trug eine chinesische Hemdbluse, aus Gummireifen gefertigte Sandalen und hatte nichts weiter dabei als einen kleinen Rattankoffer und seine geliebte Schreibmaschine. Er war 51 Jahre alt, litt an Ruhr, Malaria und Tuberkulose und stand unmittelbar vor der wichtigsten Aufgabe seines Lebens. In den nordvietnamesischen Bergen schloss sich Ho, der erst jetzt unter dem Namen Ho Chi Minh („Der die Erleuchtung bringt") bekannt war, mit Vo Nguyen Giap, Pham Van Dong und anderen jungen Militanten zusammen. Gemeinsam legten sie den Grundstein für den erwarteten nationalen Aufstand, indem sie eine vereinte patriotische Front gründeten, die Liga für die Unabhängigkeit Vietnams – besser bekannt unter der Abkürzung **Vietminh**. Daneben sorgten sie für die Ausbildung der Guerilla-Einheiten, aus denen sich später die Vietnamesische Volksarmee entwickeln sollte. Doch die Ereignisse wandten sich gegen Ho: 1942 wurde er als französisch-japanischer Spion verhaftet, nachdem er wieder nach China eingereist war, wo er um Unterstützung für seine nationale Sache hatte werben wollen. Über ein Jahr vegetierte er in diversen chinesischen Gefängnissen dahin und verfasste in jener Zeit eine Gedichtsammlung, die später unter dem Titel „Gefängnistagebuch" veröffentlicht wurde.

Als die japanische Besetzung Vietnams im August 1945 endete, war die Vietminh bereit, die politische Verantwortung zu übernehmen. Der zu jener Zeit bereits sehr kranke Ho Chi Minh führte seine Vietminh nach der August-Revolution für kurze Zeit an die Macht und das Land 1954 endgültig in die Unabhängigkeit. Als **Präsident der Demokratischen Republik Vietnam** leitete „Onkel Ho" sein Land während der folgenden 15 Jahre über den bisweilen steinigen Weg des Sozialismus und bemühte sich dabei unermüdlich um die Wiedervereinigung, zunächst durch Verhandlungen und später durch Krieg. Das vereinigte Vietnam sollte Ho allerdings nicht mehr erleben. Anfang 1969 wurde sein Herz dramatisch schwächer und hörte am 2. September, dem vietnamesischen Nationalfeiertag, ganz auf zu schlagen. Seitdem haben sich Mythen und Fakten zu einem Kult vermengt, der Ho Chi Minh an die Spitze des Pantheons der vietnamesischen Nationalhelden brachte – ganz im Einklang mit der konfuzianischen Tradi-tion, aber entgegen seinem ausdrücklichen Wunsch.

Die Anfahrt nach Kim Lien per **Auto bzw. Motorrad** erfolgt zunächst über die am Markt von Vinh vorbeiführende Phan Dinh Phung, danach folgt man der Beschilderung über eine schön asphaltierte neue Landstraße bis zur Abzweigung nach Lang Sen und Kim Lien. Die ausgeschilderte Route führt zunächst zu Hos Geburtsort und dann in einer Schleife zu einem Parkplatz beim Museum und Hos Elternhaus, das etwas weiter hinten liegt und über einen Weg an einem kleinen Lotusteich vorbei zugänglich ist. Eine Fahrt mit der **Xe Om** aus Vinh dürfte einschließlich Wartezeit rund US$3 kosten, wobei aber vorher unmissverständlich klarzustellen ist, dass beide Orte besichtigt werden sollen.

Übernachtung

Als wichtiger Verkehrsknotenpunkt verfügt Vinh über eine große Zahl von Hotels, sodass man sich als Gast in einer guten Verhandlungsposition befindet. Der größte Nachteil besteht darin, dass viele Hotels direkt an der Nationalstraße liegen, weshalb man wenn möglich immer ein Zimmer nach hinten heraus nehmen sollte. Wenn man einige heruntergekommene Blöcke im sozialistischen Stil ignoriert, bietet sich immer noch eine vernünftige Auswahl unter den nachfolgend aufgeführten Hotels.

Bao Ngoc*, 99 Le Loi, ✆ 569999, ℻ 585097. Das freundliche, grasgrüne „Rubinhotel" unmittelbar nördlich des Busbahnhofs wurde mit Hilfe der Edelsteinminen von Nghe An finanziert. Die gründlich geschrubbten ac-Zimmer mit eigenem Bad, Satelliten-TV, Telefon und Kühlschrank bieten ein gutes Preis-Leistungs-Verhältnis.

Dong Do**, 14 Mai Hac De, ✆ 846989, ℻ 531646. Das etwas ältliche, aber vernünftig gepflegte Haus bietet einfache ac-Zimmer mit eigenem Bad. Eine der besseren Optionen für den kleinen Geldbeutel, in angenehmer Entfernung zum Bahnhof.

Nang Luong***, 2 Mai Hac De, ✆ 844788, ℻ 848873. Etwas mehr Komfort in Bahnhofsnähe bietet dieses Hotel mit altmodischen, aber geräumigen Zimmern. Weitere Pluspunkte: kleiner Swimming Pool und herzliche Gastfreundschaft.

Phu Nguyen Hai***, 79 Le Loi, ✆ 848429, ✉ ctpnh@hn.vnn.vn. Das kirschrote Hotel fungiert gleichzeitig als Juweliergeschäft und ist direkt neben dem Busbahnhof nicht zu verfehlen. Dank Doppelverglasung hält sich der Lärm in erträglichen Grenzen. Tipp: Mehrere Zimmer anschauen, denn einige zeigen bereits deutliche Altersspuren.

Saigon Kim Lien****, 25 Quang Trung, ✆ 838899, 💻 www.saigon-tourist.com/saigon-kimlien. Vinhs Spitzenhotel wurde 1990 zu Ho Chi Minhs 100. Geburtstag eröffnet. Die Preise sind angesichts der komfortablen und gut proportionierten Zimmer überraschend erschwinglich. Empfehlenswertes Restaurant, Bar, Pool, Business Center und Geldwechsel (nur Bargeld). Das Personal hilft mit der Vermittlung von Transportmöglichkeiten und allgemeinen Informationen.

Thuy Tien*, 36 Phan Boi Chau, ✆ 853814. Die Zimmer mit Ventilator und Warmwasser (ab US$7) sind durchaus akzeptabel, wenn man eine billige Unterkunft in Bahnhofsnähe sucht.

Viet Lao, 37A Quang Trung, ✆ 564911, ℻ 565004. Eines der gepflegteren Hotels im Ostblockstil und eine gute Adresse für die Buchung von Bustickets nach Laos. Ein 3-Bett-Zimmer mit Warmwasser und Ventilator kostet US$8, für US$12 bekommt man ac, TV und Telefon.

Essen

Wenn es ums Essen geht, bietet Vinh nicht ganz so viel Auswahl. Neben den nachfolgend aufgeführten Restaurants gibt es noch eine ganze Reihe von **Straßenküchen** in der Le Loi, wobei sich eine Gruppe vor dem Busbahnhof konzentriert und eine weitere Richtung Huu Nghi Hotel und die Phan Boi Chau hinunter. Zu empfehlen sind z.B. das ***Minh Hong*** in der 3 Phan Boi Chau und das ***Binh Thu*** in der 72 Le Loi.

Noi Hoa Sen, in der Mitte eines Sees am westlichen Ende der Phan Dinh Phung. Das angenehme und preiswerte Speiselokal bietet sich bei schönem Wetter an.

Quan Vuon Tram, 49B Le Loi. Beliebtes Restaurant zum Abendessen. Im Biergarten wird krügeweise *bia hoi* serviert, dazu gibt es Hühner-Curry, scharfes Rindfleisch, Schweinefleischspieße u.Ä. Speisekarte in englischer Sprache vorhanden.

Saigon Kim Lien Hotel, 25 Quang Trung. Das Hotelrestaurant ist das nobelste Lokal in Vinh und serviert asiatische und europäische Gerichte zu verhältnismäßig günstigen Preisen. Gutes Frühstücksbuffet für US$1,30.

Sonstiges

GELD – ***Vietcombank,*** 9 Nguyen Si Sach, mit 24 Std. betriebsbereitem Geldautomaten.

INFORMATIONEN – Die beste Informationsquelle ist das Hotel ***Saigon Kim Lien*** in der 25 Quang Trung.

INTERNET – Ein Internet-Café gibt es in der 2 Nguyen Si Sach.

POST – Die **Hauptpost** liegt knapp 1 km östlich des Hotels Saigon Kim Lien neben dem auffälligen Funkturm. Günstiger gelegene Filialen gibt es vor dem Bahnhof und in der 73 Le Loi.

VORWAHL – 038

Transport

Vinhs Hauptverkehrsachse ist die Nationalstraße 1, die im Zentrum Quang Trung und im weiteren Verlauf Le Loi heißt. Autos und Motorräder können über die meisten Hotels gemietet werden, und Xe Oms stehen überall in der Stadt bereit. Einzelheiten zu Reisen nach **Laos** über die 105 km südwestlich von Vinh gelegene Grenze bei Cau Treo s.S. 419, Kasten.

BUSSE – Der **Fernbusbahnhof Ben Xe Vinh** liegt an der Quang Trung, 500 m nördlich vom Hotel Saigon Kim Lien.
Die öffentlichen Busse nach TRUNG TAM (und zur Grenze nach Laos, s.S. 419, Kasten) nutzen den **Provinz-Busbahnhof Ben Xe Cho** Vinh am südlichen Ende der Quang Trung hinter dem Markt. Einige **Open-Tour-Busse** setzen ihre Passagiere auf Wunsch in Vinh ab, wobei aber zuvor mit dem betreffenden Unternehmen die Weiterreise geklärt werden sollte.
Busse nach: DONG HA (6–7 Std.); DONG HOI (4 Std.); HUÉ (8–10 Std.); NINH BINH (5 Std.); THANH HOA (4 Std.); TRUNG TAM (2 Std.); VIENTIANE/Laos (1x tgl., 12–14 Std.).

EISENBAHN – Der **Bahnhof** von Vinh liegt 2 km westlich der Quang Trung am Ende der Phan Boi Chau; ◷ Ticketbüro 7.30–10.30, 14–16.30 und 20–21.30 Uhr.
Züge nach:
DONG HA 4x tgl. in 5–7 1/2 Std.;
DONG HOI 5x tgl. in 4–5 Std.;
HANOI 5x tgl. in 6–6 1/2 Std.;
HUÉ 5x tgl. in 6–9 Std.;
NINH BINH 2x tgl. in 4 Std.

FLÜGE – Der **Flughafen** liegt eine kurze Taxifahrt (US$1,50–2) nördlich der Stadt und bietet ausschließlich Verbindungen nach HO-CHI-MINH-STADT (5x wöchentl. in 2 3/4 Std.).

Thanh Hoa

Nördlich von Vinh verbreitert sich die schmale „Taille“ Vietnams langsam zum nördlichen Delta, und es beginnt die Region, die von den Franzosen als Tonkin bezeichnet wurde. Die Fahrt nach Thanh Hoa, wo ein gutes Bier gebraut wird, aber ansonsten nicht viel los ist, dauert nicht lange. Die gleichnamige Provinz ist die Heimat einer beeindruckenden Zahl vietnamesischer Könige, unter denen sich auch der schillernde Le Loi befindet, der hier 1385 geboren wurde. Geht man in der Geschichte noch weiter zurück, sind vor allem die wertvollen archäologischen Zeugnisse einer Siedlung aus der Jungsteinzeit zu erwähnen, die im Tal des Ma-Flusses gefunden wurden, allen voran die glanzvollen Trommeln aus der Bronzezeit, die in dem nordwestlich von Thanh Hoa gelegenen **Dorf Dong Son** ausgegraben wurden, wo es heute aber so gut wie nichts mehr zu sehen gibt. Die einzige andere bemerkenswerte Stätte in der Umgebung von Thanh Hoa ist die **Ham Rong-Brücke**, die 3 km nördlich der Stadt den Ma-Fluss überspannt und im Vietnamkrieg unter der Bezeichnung „Dragon's Jaw“ (Drachenkiefer) beinahe legendären Status erlangte. Drei Jahre versuchten die Amerikaner vergeblich, die stark befestigte, 160 m lange Straßen- und Eisenbahnbrücke zu zerstören. Sie verwandelten diesen Flecken Erde mit ihren Bombardements buchstäblich in eine Mondlandschaft und verloren dabei sage und schreibe 70 Flugzeuge – mehr als gegen jedes andere einzelne Objekt im Norden. Schließlich fand im Mai 1972 eine lasergesteuerte Bombe ihr Ziel, doch der Erfolg war nur von kurzer Dauer, denn die NVA errichtete flugs eine Pontonbrücke und nur kurze Zeit später eine feste Ersatzbrücke. Der Name „Drachenkiefer" bezieht sich auf eine gewundene Hügelkette mit neun Gipfeln westlich des Flusses. Dieser „Drache" hat einen allein stehenden kleinen Hügel am Ostufer im „Maul", der als Nui Ngoc oder „Rubinberg" bezeichnet wird.

Thanh Hoa selbst ist eine großflächige Stadt, die kein wirkliches Zentrum aufweist und auch keine Wahrzeichen besitzt, von dem riesigen **Postamt** an der Kreuzung der Nationalstraße 1 mit der Le Loi einmal abgesehen.

Die meisten Touristen fahren durch bis Hanoi, das nur 150 km weiter nördlich liegt, oder zumindest bis Ninh Binh. Wer dennoch in Thanh Hoa eine Übernachtungsmöglichkeit sucht, findet ein paar ganz passable Hotels oder ein Zimmer mit Meeresblick in **Sam Son** (s.u.), einem ganz netten Ferienort mit einem breiten Sandstrand 16 km südöstlich der Stadt.

Übernachtung

Das Angebot an Übernachtungsmöglichkeiten in Thanh Hoa wird sich deutlich verbessern, wenn Ende 2004 das neue 3-Sterne-Hotel *Sao Mai* in der Phan Boi Chau eröffnet. Bis dahin muss man mit den folgenden Unterkünften vorlieb nehmen:

THANH HOA – ***68 Han Thuyen Guesthouse*****, 68 Han Thuyen, ✆ 850359. Gastfreundlicher Newcomer mit einer Reihe sauberer Zimmer zu günstigen Preisen; ca. 300 m nördlich des Zentrums von der Nationalstraße 1 nach links abbiegen.
Loi Linh Guesthouse**, 22 Tran Phu, ✆ 853309. Das einfache, saubere und gastfreundliche Haus mit auffälliger blau-violetter Fassade bietet einige der billigsten Zimmer in Thanh Hoa. Vom Zentrum die Nationalstraße 1 nach Norden und dann auf der linken Seite.
Thanh Hoa*–***, 25A Quang Trung, westlich der Nationalstraße 1 im Stadtzentrum von Thanh Hoa, ✆ 852517, ✉ dulichth@hn.vnn.vn. Großes, staatliches Hotel, in dem die meisten Besucher landen, weil es so leicht zu finden ist. Komfortable, wenngleich recht teure Zimmer im Neubau, dazu ein Restaurant und so etwas Ähnliches wie ein Garten. Die billigsten Zimmer im Altbau bieten kein gutes Preis-Leistungs-Verhältnis.

SAM SON – Im Strandort Sam Son gibt es zwischen den unansehnlichen Betonklötzen inzwischen auch einige attraktivere private Hotels. Wer kein eigenes Fahrzeug zur Verfügung hat, muss pro Weg einen Dollar für die Fahrt mit der Xe Om einkalkulieren.
Hoa Hong*, ✆ 821505, 📠 822479. Recht preiswertes Hotel am Strand.
Huong Ly*, 21 Le Loi, ✆/📠 821079. Einfache Zimmer mit Ventilator und Warmwasser für ca. US$5 an der Landstraße nach Thanh Hoa in ca. 100 m Entfernung vom Strand.
Song Ma*, ✆ 822293, 📠 856648. Eines der schönsten Hotels am Strand.

Essen

Das Restaurant im Hotel ***Thanh Hoa*** ist nicht schlecht, bietet aber kaum Atmosphäre. Etwas mehr Lokalkolorit versprechen die einfachen Lokale nicht weit davon, z.B. das ***Tuan Dung*** in der 31 Tran Phu. Einige weitere Restaurants konzentrieren sich an der Kreuzung mit der Phan Chu Trinh, wo das etwas exklusivere ***Da Lan*** in der 630 Quang Trung teures Seafood serviert.

Sonstiges

GELD – In der von der Nationalstraße 1 nach Westen abzweigenden Phan Chu Trinh gibt es mehrere Banken.

INFORMATIONEN – Die beste Informationsquelle ist das Englisch sprechende Personal in den Hotels und Gästehäusern der Stadt.

VORWAHL – 037

Transport

BUSSE – Der **Nord-Busbahnhof** liegt 300 m nördlich der Kreuzung mit der Phan Chu Trinh an der Nationalstraße 1. Die Busse Richtung Süden nutzen den ungünstig gelegenen **Busbahnhof Nga Ba Voi**, 3 km südlich der Stadt an der Nationalstraße 1.

Busse nach: HANOI (3 1/2 Std.); NINH BINH (1 1/2 Std.); VINH (4 Std.).

EISENBAHN – Der **Bahnhof** befindet sich in der Phan Chu Trinh, die von der Nationalstraße 1 nach Westen abzweigt.

Züge nach:
HANOI 4x tgl. in 3 1/2 Std.;
NINH BINH 2x tgl. in 1 1/4 Std.;
VINH 3x tgl. in 2 1/2 Std.

Ninh Binh und Umgebung

Die Provinzhauptstadt Ninh Binh ist eine weitere staubige Stadt, die sich zu beiden Seiten der Nationalstraße 1 ausdehnt. Sie ist nicht viel attraktiver als die Städte weiter südlich, aber etwas kleiner und hat in ihrer Umgebung die schönen Zuckerhutberge am westlichen Horizont zu bieten. Während Ninh Binh selbst nicht viel Sehenswertes vorzuweisen hat, verbirgt sich in den Hügeln der Umgebung die entzückende Naturlandschaft **Tam Coc**, wo Sampans durch die Kalksteintunnel der „Halong-Bucht in den Reisfeldern" gleiten.

Nicht weit von hier erinnern zwei stimmungsvolle dynastische Tempel an eine der historischen Hauptstädte Vietnams, **Hoa Lu**. Beide Sehenswürdigkeiten können im Rahmen eines Tagesausflugs mit dem Auto oder Motorrad besichtigt werden, oder sogar mit dem Fahrrad über ländliche Nebenstraßen.

Östlich von Ninh Binh ragt der massive Bau der **Kathedrale von Phat Diem** aus den Reisfeldern, einer außergewöhnlichen Kombination aus westlicher und fernöstlicher Architektur für eine aktive katholische Gemeinde. Im weiteren Umkreis von Ninh Binh liegt **Cuc Phuong**, einer von Vietnams am leichtesten zugänglichen Nationalparks mit einigen großartigen, jahrhundertealten Bäumen. Bootsausflüge werden auch in **Kenh Ga** angeboten, wo man eine Kalksteinhöhle besichtigen kann, sowie im Naturschutzgebiet **Van Long**. Beide Ausflugsziele liegen an der Landstraße nach Cuc Phuong. Die letztgenannten Sehenswürdigkeiten sind aber alle recht weit von Ninh Binh entfernt. Für die Kathedrale ist ein halber Tag zu veranschlagen,

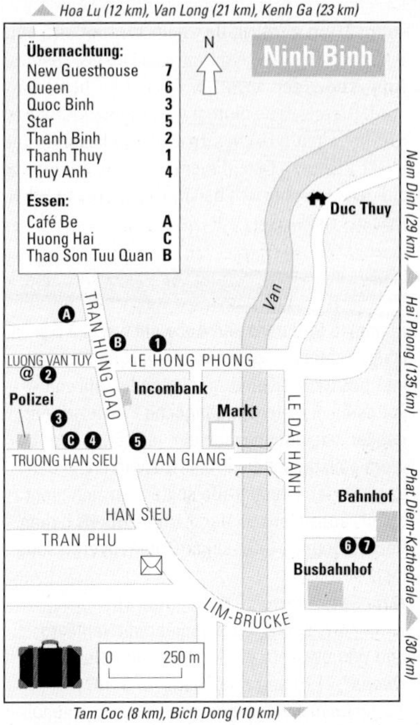

während sich Cuc Phuong und entweder Kenh Ga oder Van Long in einem langen Tagesausflug miteinander kombinieren lassen.

Hanoi liegt nur 90 km bzw. zwei Autostunden von Ninh Binh entfernt, sodass sich die Rundfahrt Hoa Lu–Tam Coc und Höhlentempel Bich Dong auch im Rahmen einer beliebten und preiswerten Tagestour von der Hauptstadt aus in Angriff nehmen lässt. Wer jedoch etwas mehr Zeit für die Besichtigung zur Verfügung haben möchte, sollte Ninh Binh als Ausgangsbasis wählen.

Zwei Funkmasten dienen als nützliche Orientierungspunkte in Ninh Binh. Der höhere thront über dem Postamt im Süden der Stadt, während der kleinere 2 km weiter nördlich an der Nationalstraße 1 (Tran Hung Dao) den Stadtrand markiert. Exakt auf halber Strecke zwischen den beiden zweigt die Le Hong Phong an einer großen Kreuzung nach Osten ab und führt in ihrem weiteren Verlauf auf die Straße nach Hai Phong. Ninh Binh selbst bietet nur eine einzige Sehenswürdigkeit, die man aber auch guten Gewissens auslassen kann: 2 km nördlich der Stadt klemmt sich eine malerische kleine Pagode an den Fuß des „Berges" **Non Nuoc**, der auch als Duc Thuy bezeichnet wird. Diese gerade einmal 60 m hohe Anhöhe ist für ihre alten lyrischen Inschriften bekannt und blickt Richtung Osten über ein Kraftwerk hinweg auf den metaphorisch benannten „Berg der Schlafenden Frau".

Übernachtung

In punkto Standard und Auswahl werden die Übernachtungsmöglichkeiten in Ninh Binh immer besser, weil eine zunehmende Zahl von Touristen die leicht zugängliche Provinz zu entdecken beginnt und sich der verstärkte Wettbewerb günstig auf die Preise auswirkt. Von der Lage an der Hauptstraße sollte man sich nicht abschrecken lassen, denn einige Hotels haben bereits Doppel- oder sogar Dreifachverglasung installiert.

New Guesthouse*, 3 Hoang Hoa Tham, ✆ 872137. Sechs nette Zimmer mit Ventilator und Warmwasser direkt neben dem Bahnhof.

Queen*, 21 Hoang Hoa Tham, ✆ 871874, ✉ luongvn2001@yahoo.com. Kleines, freundliches Hotel mit einfachen, aber sauberen Zimmern und angenehmem Essbereich auf dem Dach. Unweit des Bahnhofs in einer netten, von Bäumen gesäumten Straße.

Quoc Binh**, 9 An Thanh, ✆ 881605. Wie aus dem Ei gepelltes Guesthouse in einer kleinen Gasse im Westen der Stadt. Die ac-Zimmer mit TV, Kühlschrank und recht großem Bad bestechen durch ihr gutes Preis-Leistungs-Verhältnis.

Star*, 267 Tran Hung Dao, ✆ 871522, ✉ starhotel@hn.vnn.vn. Die Zimmer sind klein und etwas laut, haben aber allesamt ac, TV und eigenes Bad.

Thanh Binh*–**, Luong Van Tuy, ✆ 872439. Die schicken, gut ausgestatteten Zimmer nahe der Nationalstraße sind eine gute Alternative, falls das Thuy Anh und Thanh Thuy voll belegt sein sollten. Das Essen ist ebenfalls empfehlenswert.

Thanh Thuy*–**, 128 Le Hong Phong, ✆ 871811, ✉ tuc@hn.vnn.vn. Freundlicher Familienbetrieb mit zehn Zimmern und Plänen für weitere zwölf. Das billigste Zimmer hat Ventilator und Gemeinschaftsbad, das teuerste ac und eigenes Bad. Kleines, aber ordentliches Restaurant mit begrenzter Auswahl an ebenso schmackhaften wie frischen Gerichten. Außerdem gute Adresse für lokale Informationen und Veranstalter sehr empfehlenswerter Motorradtouren.

Thuy Anh**–***, 55A Truong Han Sieu, ✆ 871 602, ✉ thuyanhhotel@hn.vnn.vn. Ninh Binhs schickstes Hotel bietet einen effizienten Service und makellos gepflegte Räumlichkeiten, vom Zimmer mit Ventilator und Gemeinschaftsbad bis zu riesigen Zimmern mit hochwertiger Ausstattung. Das Essen im Restaurant wird mit der gleichen Liebe zum Detail zubereitet, und abends öffnet im 6. Stock eine Bar mit Ausblick auf die Stadt, wo man sich gut von den Strapazen eines anstrengenden Besichtigungstages erholen kann. Komplettiert wird das Angebot durch zahlreiche Touren und Transportmöglichkeiten, einschließlich guter Leihfahrräder und -motorräder.

Essen

Wenn es ums Essen geht, lässt die Auswahl in Ninh Binh noch zu wünschen übrig. Von den Hotelrestaurants bietet das ***Thuy Anh*** die beste Qualität fürs Geld, während das ***Thanh Thuy*** billige und gute Backpacker-Kost auf den Tisch bringt. Ansonsten locken die **Straßengrills** in der Umgebung des Marktes und die **Cafés** in den Straßen westlich der Tran Hung Dao, wo sich der kleine Hof hinter dem ***Café Be*** in der 142 Cu Chinh Lan als nettes Plätzchen für einen Kaffee oder ein Bier anbietet.

Schließlich gibt es noch zwei Restaurants mit gutem Preis-Leistungs-Verhältnis:

Huong Hai, 36 Truong Han Sieu, in unmittelbarer Nähe des Hotels Thuy Anh. Serviert u.a. das ausgezeichnete Fischgericht *lau ca*.

Thao Son Tuu Quan, 144 Le Hong Phong. Großzügige Portionen und freundlicher Service.

Sonstiges

FAHRRÄDER UND MOTORRÄDER – Mietzweiräder gibt es u.a. im Hotel ***Thuy Anh*** in der 55A Truong Han Sieu. Der durchschnittliche Preis für ein Motorrad liegt bei ca. US$5–6 pro Tag, der für ein Fahrrad bei weniger als US$1.

GELD – ***Incombank***, an der Hauptstraße Tran Hung Dao. Barauszahlungen gegen Kreditkarte und Wechsel von Reiseschecks und Bargeld (nur Dollar und Euro).
INFORMATIONEN – Die Partnerhotels der Open-Tour-Veranstalter bieten Informationen, Touren und Transportmöglichkeiten. Das Personal in den Hotels ***Thuy Anh***, ***Thanh Thuy*** und ***Queen*** kennt sich besonders gut in der Gegend aus.

INTERNET – ***Olympia Internet Café***, 55 Luong Van Tuy. Daneben bieten auch viele Unterkünfte Internet-Zugang an.

VORWAHL – 030

Transport

BUSSE – Der erfreulich gut organisierte **Busbahnhof** liegt im Osten der Stadt, vom Postamt aus nur einen kurzen Fußweg über den Van-Fluss. Die **Open-Tour-Busse** halten an ihren Partnerhotels und -Guesthouses.
Busse nach: HAI PHONG (3 Std.); HANOI (2 Std.); KIM SON / PHAT DIEM (1 Std.); SON LA (8 Std.); THANH HOA (1 1/2 Std.); VINH (5 Std.).

EISENBAHN – Der winzige **Bahnhof** von Ninh Binh befindet sich ebenfalls im Osten der Stadt, etwas nördlich des Busbahnhofes.
Züge nach:
DONG HOI 2x tgl. in 10 Std.;
HANOI 2x tgl. in 2 1/2 Std.;
HUÉ 2x tgl. in 13–14 Std.;
VINH 2x tgl. in 4 Std.

Tam Coc und Bich Dong

Der Film *Indochine* verhalf den 7 km südwestlich von Ninh Binh gelegenen drei **Höhlen von Tam Coc** zu einem festen Platz auf dem Reiseplan der Vietnam-Touristen, sodass mittlerweile auch die Regierung Geld in die Entwicklung der Region pumpt. Die Zufahrtstraße wurde ausgebaut, ein beeindruckendes Besucherzentrum befindet sich gerade im Bau, und die Ufer des Kanals werden inzwischen von Beton gesäumt, aber glücklicherweise nur bis zur ersten Brücke. Die Behörden versuchen sogar, gegen die übereifrigen Händler durchzugreifen, die in der Nähe der Sampans teilweise recht aggressiv Stickereien und Erfrischungsgetränke unter die Leute zu bringen versuchen. Trotzdem lässt sich fast jeder von dieser mystischen und wunderschönen Wasserlandschaft verzaubern. Die zweistündige Sampan-Fahrt ist ein absolutes Highlight: Das Boot schlängelt sich durch rundliche Karsthügel inmitten einer überfluteten Landschaft, in der Fluss und Reisfelder miteinander verschmelzen. Für Leben sorgen die Bergziegen hoch oben auf den Klippen und die hellen, pfeilschnell über das Wasser flitzenden Eisvögel. Ziel der Fahrt ist Tam Coc, das aus den drei langen und dunklen Tunnelhöhlen Hang Ca, Hang Giua und Hang Cuoi besteht, die sich durch Erosion in die Kalksteinhügel gefressen haben und nach starken Regenfällen selbst für die kleinen Sampans kaum ausreichend hoch sind. Auf dem Rückweg kann man auf Wunsch einen Zwischenstopp am **Thai Vi-Tempel** einlegen, der nur einen kurzen Fußweg vom Fluss entfernt liegt. Das Gebäude an diesem friedlichen und stimmungsvollen Flecken Erde stammt aus dem 13. Jh. und ist dem Gründer der Tran-Dynastie geweiht.

Wer nach der Bootstour noch etwas Zeit hat, kann der vom Anleger in Van Lam Richtung Südwesten führenden Straße folgen und erreicht nach ungefähr 2 km den Höhlentempel **Bich Dong** („Jadegrotte"). Aus dem Fels gehauene und von dicken Banyan-Wurzeln umschlungene Stufen führen eine Bergwand mit zahlreichen Schreinen hinauf bis zum Eingang der Höhle, die angeblich Anfang des 15. Jhs. von zwei Mönchen entdeckt wurde. Auf der Felswand darüber steht in zwei riesigen Schriftzeichen „Bich Dong". Man erzählt sich, dass der Vater von Nguyen Du (dem Autor der klassischen *Geschichte von Kieu*), der mit dem Bau des Komplexes beauftragt worden war, die Zeichen im 18. Jh. in den Stein meißelte. Heute sind die Höhlenwände von Graffiti überzogen, doch die drei Buddhas sitzen immer noch ungerührt auf ihren Lotusthronen neben einem vorstehenden Felsen in der Form eines Kopfes, der demjenigen, der ihn berührt, ein langes Leben gewähren soll. Nach einem Gang durch die Höhle kommt man an einem höheren Punkt des Berges wieder heraus; von dort führt eine Treppe zum dritten und letzten Tempel mit einem Aussichtspunkt über die unter Wasser stehende Landschaft.

Essen

Einige auf Reisegruppen eingestellte **Restaurants** und **Cafés** liegen an der Straße kurz vor dem Dorf Van Lam, dem Eingangstor zur Wasserlandschaft; die kleineren darunter sind nicht schlecht. Mehrere billige **Nudel- und Reisstände** gibt es am Eingang zum Höhlentempel Bich Dong.

Sonstiges

Eintrittskarten für US$3,60 p.P. beinhalten die Bootstour sowie den Eintritt für Bich Dong. Sie werden derzeit an einem Kiosk neben dem **Bootsanleger in Van Lam** verkauft, was sich aber schon bald ändern könnte, wenn das neue Besucherzentrum – bei der Einfahrt ins Dorf rechter Hand – seine Pforten öffnet. Um den größten Besuchermassen in Tam Coc aus dem Weg zu gehen, sollte man sich entweder frühmorgens oder am Nachmittag auf den Weg machen – die **Boote** verkehren von 6.30 bis 17 Uhr.

Transport

Die einfachste und vergnüglichste Anfahrt führt mit einem in den Hotels und Guesthouses in Ninh Binh gemieteten **Fahrrad** bzw. **Motorrad** nach Tam Coc. Die Abzweigung von der Nationalstraße 1 mit dem Hinweis „Bich Dong" liegt 4 km südlich der Stadt vor einer Zementfabrik. Wer die Anfahrt per **Xe Om** bevorzugt, muss mit ca. US$3 einschließlich Wartezeit rechnen. Wer noch weiter will, nach Hoa Lu (s.u.), kann eine entzückende, 10 km lange **Radtour** über eine teilweise unbefestigte Nebenstraße durch Reisfelder und Karstlandschaft unternehmen. Diese Nebenstraße zweigt auf dem Weg von Tam Coc zurück zur Nationalstraße bei einem Teich und hinter einem großen, alten Banyan-Baum nach links ab und führt von dort als asphaltierte Straße in nördlicher Richtung durch ein kleines Dorf. Die Beschilderung zeigt nach **Hang Mua** (Eintritt US$1,30), einem Vergnügungspark 2 km hinter der Abzweigung, wo man durch eine trockene Tunnelgrotte laufen und eine steile Treppe hinaufklettern kann, um den Ausblick auf das Tal von Tam Coc zu genießen. Danach führt die Strecke im Prinzip immer gen Norden, aber gegen Ende ist der Verlauf nicht mehr ganz eindeutig, sodass man an den Kreuzungen nach *„di Hoa Lu"* fragen sollte.

Hoa Lu

Rund 12 km nordwestlich von Ninh Binh liegt als weiteres lohnendes Ausflugsziel der Ort Hoa Lu, wo sich im 10. Jh. die Hauptstadt des frühen, unabhängigen vietnamesischen Königreichs Dai Co Viet befand. Die befestigten kaiserlichen Paläste der Dinh- und Le-Könige bestehen heute nur noch aus archäologischen Überresten, doch ihre dynastischen Tempel, im 17. Jh. entstandene Nachbauten der Originale aus dem 11. Jh., stehen noch immer friedlich in einem engen, von bewaldeten Kalksteinhügeln umgebenen Tal. Die eigentlichen Tempelbauten und die hübschen, ummauerten Innenhöfe sind unspektakulär, doch die inneren Heiligtümer ziehen den Besucher in ihren Bann, denn es handelt sich um geheimnisvolle dunkle Höhlen, wo bei Kerzenlicht die in Räucherschwaden gehüllten Statuen der Könige verehrt werden.

Erste Station einer Besichtigung sollte der imposantere Tempel **Den Dinh Tien Hoang** sein, der sich vom Parkplatz und Ticketbüro kommend auf der linken Seite befindet. Er ist König Dinh Tien Hoang alias Dinh Bo Linh gewidmet, der 968 n.Chr. die Macht an sich riss und seine Hauptstadt von Co Loa im Delta des Roten Flusses weiter nach Süden in dieses sichere Tal verlegte, um vor einer drohenden Intervention aus China besser geschützt zu sein. Das vergoldete Bildnis Dinh Tien Hoangs ist im Heiligtum des Tempels zusammen mit Bildern seiner drei Söhne zu sehen. Dinh Tien Hoang wurde als unehelicher Sohn eines Provinzgouverneurs nahe Hoa Lu geboren und galt als reformfreudiger Monarch, der mit fester Hand regierte. Angeblich soll er vor seinem Palast eine bronzene Urne und einen Tiger im Käfig aufgestellt und dazu verfügt haben: „Wer sich der Gesetzesübertretung schuldig macht, wird gekocht und gefressen". Schließlich wurden der König selbst und seine beiden ältesten Söhne, während sie einen Alkoholrausch ausschliefen, im Jahre 979 Opfer eines Attentäters, der verschiedenen Quellen zufolge ein geistesgestörter Mönch oder ein Auftragsmörder aus dem Palast gewesen sein soll.

In der darauf folgenden Phase der Anarchie ergriff Le Hoan, Oberbefehlshaber von Dinh Tien Hoangs Armee und angeblicher Liebhaber der Königin (die er später auch heiratete), die Macht und erklärte sich 980 zum König Le Dai Hanh. Der zweite Tempel, **Den Le Dai Hanh**, ist seiner Frühen Le-Dynastie gewidmet, die 25 Jahre später ins Chaos stürzte, als sich die drei Söhne des Königs um die Thronfolge stritten. Le Dai Hanh wird im hinteren Heiligtum des Tempels zusammen mit seinem ältesten Sohn und Königin Duong Van Nga verehrt. Auf dem Weg nach draußen weist ein Schild auf eine benachbarte archäologische Ausgrabungsstätte hin, wo einige Fundamente, Fliesen und Scherben aus dem 10. Jh. freigelegt wurden.

Wer nach dem Besuch der beiden Tempel noch Bewegungsdrang verspürt, kann die Stufen auf den angrenzenden „Sattelberg" **Nui Ma Yen** erklimmen, von dem sich ein schönes Panorama auf Hoa Lu und seine Umgebung eröffnet.

Am schnellsten kommt man nach Hoa Lu, wenn man sich ein Motorrad für den Tag mietet oder mit einer Xe Om fährt (US$4–5 hin und zurück). Wer genügend Zeit hat, sollte aber unbedingt eine Radtour unternehmen und diese mit Tam Coc verbinden (Wegbeschreibung s.S. 436, Fahrtdauer mindestens 1 Std.). Zurück nach Ninh Binh kann man sich entweder durch die Nebenstraßen schlängeln, wo man sicherlich mehrmals nach dem Weg fragen muss, oder sich Richtung Osten halten, um die letzten 6 km zwischen den Lastwagen und Bussen auf der Nationalstraße 1 zurückzulegen.

Hoa Lu ist als Ausflugsziel nicht minder beliebt als Tam Coc, sodass die Tempel überlaufen sein können, vor allem am Vormittag und frühen Nachmittag, wenn die Reisegruppen aus Hanoi ankommen. Die Straßenhändler sind auch hier sehr eifrig, um es milde auszudrücken, dürfen die Besucher aber glücklicherweise nicht bis in die Tempel verfolgen. Der **Eintrittspreis** für beide Tempel beträgt US$2.

Phat Diem

Bei der Fahrt von Ninh Binh Richtung Südosten wird schnell deutlich, dass man sich in einer christlichen Enklave befindet, denn zu allen Seiten sprießen Kirchtürme aus den flachen Reisfeldern, und angeblich gehen 95% der Bevölkerung des Bezirks regelmäßig in die Kirche. Diese Küstengemeinden im nördlichen Vietnam zählten zu den ersten, die im 16. Jh. von portugiesischen Missionaren bekehrt wurden. Ihren besonderen religiösen Eifer verdankt diese Region dem Jesuiten Alexandre de Rhodes, der hier 1627 predigte. Das größte Monument lokaler Frömmigkeit ist die jahrhundertealte, aus Stein gebaute Kathedrale Phat Diem im 30 km von Ninh Binh entfernten Dorf **Kim Son**. Da das Gotteshaus keine regelmäßigen Öffnungszeiten hat, sollte man sich vor der Abfahrt in Ninh Binh danach erkundigen.

Die erste Überraschung ist der monumentale **Glockenpavillon** der Kathedrale, dessen dreifacher Torbogen und geschwungene Dächer leicht mit dem Eingang zu einem vietnamesischen Tempel verwechselt werden könnten, wären da nicht einige auf das Christentum hindeutende Kreuze und Engel zu sehen. Der gesamte Pavillon besteht aus zurecht gehauenen Steinen, ebenso wie die gleichermaßen beeindruckende Fassade der dahinter liegenden Kathedrale. Beide Gebäude stehen auf mehreren Hundert Bambuspfeilern, die in den sumpfigen Boden getrieben wurden. Das von 52 enormen Eisenholzsäulen gestützte Ziegeldach erstreckt sich 74 m lang über einem kühlen, dunklen und friedlichen Kirchenschiff. Der **Altar** wurde aus einem einzigen Marmorblock gefertigt, während das Altarbild aus rotem und goldenem Lack das ansonsten nüchterne Innere verschönert. Zwölf Priester halten hier täglich Gottesdienste für eine aus 140 000 Katholiken bestehende Diözese ab.

Die Kathedrale wurde von Pater Tran Luc alias Père Six konzipiert und gestaltet, dessen Grab hinter dem Glockenturm zu finden ist. Die Vorbereitungen dauerten über zehn Jahre, denn die Steine und das Holz mussten eigens aus den Provinzen Thanh Hoa und Nghe An herangeschafft werden. Danach betrug die eigentliche Bauzeit im Jahre 1891 angeblich gerade einmal drei Monate. Während des Indochinakriegs bildete die Katholische Kirche eine einflussreiche politische Macht in Vietnam, denn sie war unabhängig von der französischen Verwaltung, stand aber auch in Opposition zu den Kommunisten. Der damalige Bischof von Phat Diem, Monseigneur Le Huu Tu, war unverblümt antifranzösisch eingestellt und ein erklärter Nationalist, doch da seine Diözese am Rande des Herrschaftsgebiets der Regierung stand, versorgten ihn die Franzosen mit Waffen, damit er eine Miliz von 2000 Mann unterhalten konnte, die eine Infiltration durch die Vietminh verhindern sollte. Im Dezember 1951 starteten die Vietminh jedoch einen Großangriff auf das Dorf und eroberten es mit Leichtigkeit, weshalb die Franzosen argwöhnten, dass die Katholiken ihnen Informationen über feindliche Aktivitäten in der Region vorenthielten oder die Vietminh gar aktiv unterstützten. Als französische Fallschirmjägertruppen abgesetzt wurden, um die Gegend wieder unter Kontrolle zu bringen, zogen sich die Vietminh zurück, ließen aber ein beachtliches Waffenarsenal mitgehen. Der Schriftsteller Graham Greene hielt sich zu jener Zeit im Auftrag des *Life Magazine* in Phat Diem auf und beobachtete die Kämpfe vom Glockenturm der Kathedrale, um diese Szene später in seinem Roman *Der stille Amerikaner* zu verwenden.

Vom Busbahnhof in Ninh Binh begeben sich häufig öffentliche **Busse** auf die einstündige Fahrt nach Kim Son, wobei aber zu beachten ist, dass der letzte Bus bereits um 15.30 Uhr zurückfährt. Der Ort liegt aber auch nah genug an Ninh Binh, um ihn mit einem gemieteten **Motorrad** zu erreichen (die Fahrt per **Xe Om** kostet hin und zurück ca. US$4). Wer einen eigenen fahrbaren Untersatz hat, nimmt die Landstraße, die von der Lim-Brücke in Ninh Binh geradewegs nach Osten führt. In Kim Son angekommen, geht es nach Überquerung einer schmucken überdachten Brücke nach 100 m rechts ab zur Kathedrale. Den Eingang erreicht man, indem man gegen den Uhrzeigersinn um die Außenmauer herumgeht.

Cuc Phuong-Nationalpark

Vietnams erster Nationalpark wurde 1962 in einem engen Tal zwischen bewaldeten Kalksteinhügeln an den Grenzen der Provinzen Ninh Binh, Thanh Hoa und Hoa Binh gegründet und besteht aus über 200 km^2 immergrünen tropischen Regenwalds. Cuc Phuong ist gut auf den Tourismus eingestellt und erfährt einen ständigen Zustrom von Besuchern, die vor allem vom ausgezeichneten Zentrum zur Rettung bedrohter Primaten angelockt werden, aber auch durch den leichten Zugang zu einem beeindruckenden Urwald. Wer genügend Zeit mitbringt, kann ausgedehnte Spaziergänge durch den Nationalpark unternehmen, in einem Dorf der Muong-Minderheit übernachten und den vielschichtigen Wald erleben. Die schönste Zeit für Wanderungen durch die Berglandschaft ist von Oktober bis Januar, wenn die Moskitos und Blutegel Urlaub machen und es relativ kühl ist – das ist aber auch die Hochsaison. Die Blumen präsentieren sich im Februar und März von ihrer schönsten Seite, während im April und Mai Myriaden von Schmetterlingen den Wald beim „Schmetterlingsfest" in eine farbenprächtige Landschaft verwandeln.

Der Nationalpark ist auch heute noch nicht vollständig erforscht, beherbergt aber Schätzungen zufolge an die 300 **Vogel**- und 90 **Säugetierarten**, von denen einige überhaupt erst in Cuc Phuong entdeckt wurden, beispielsweise das rotbäuchige Eichhörnchen *Callosciurus erythrinaceus* und ein in unterirdischen Flüssen heimischer Fisch. Mehrere Fledermaus- und Affenarten, darunter auch der extrem gefährdete Pandalangur, leben im Nationalpark, während die höheren Lagen von Bären und Leoparden durchstreift werden. Doch die Wilderei fordert ihren Tribut, sodass man als Tourist anstelle der exotischeren Fauna wohl eher Schmetterlinge, Vögel und vielleicht mal eine Zibetkatze oder ein Baumhörnchen zu sehen bekommt. Garantiert ist dem Besucher indes eine überaus üppige **Vegetation**, einschließlich Tausend Jahre alter Bäume, die als lebende Fossilien bis zu 70 m in die Höhe ragen; daneben gibt es Baumfarne, kilometerlange Korkenzieherlianen und eine wahre Schatzgrube an Heilpflanzen zu sehen.

Einige Tiere, die von der Wilderei bislang verschont geblieben sind, können im **Zentrum zur Rettung bedrohter Primaten** (💻 www.primatecenter.org) beobachtet werden, das sich in der Nähe des Parkeingangs befindet. Das Personal in dem 1993 eröffneten Zentrum kümmert sich nicht nur um gerettete Tiere, sondern versucht sie auch wieder in der Natur anzusiedeln. Dazu werden diese in einem angrenzenden Gebiet ausgesetzt, das ihrer natürlichen Umgebung entspricht, aber noch von Tierschützern überwacht wird. Daneben werden auch wichtige Forschungsprogramme zum Erhalt und zur Aufzucht der bedrohten Arten durchgeführt. Im Zentrum halten sich meist zwischen 60 und 100 Tiere auf, darunter auch der Pandalangur mit seinem auffälligen schwarzen Körper und den weißen „Shorts", der Cat Ba oder Goldkopflangur und der Graue Kleideraffe *Pygathrix cinereus*, dazu diverse Loris und Gibbons. Hier bietet sich die einzigartige Gelegenheit, diese äußerst seltenen Arten aus nächster Nähe zu beobachten. ⌚ tgl. 9–11 und 13.30–16 Uhr.

Der beliebteste von mehreren **Wanderwegen** im Park beginnt am 18 km hinter dem Eingang gelegenen Parkplatz A. Über sieben dunstige Kilometer führt ein ausgetretener Pfad in ungefähr zwei Stunden durch typischen Regenwald bis zum großartigen **Cho Xanh-Baum**, einem 45 m hohen, 1000 Jahre alten Exemplar der Spezies *Terminalia myriocarpa*, dessen Erhabenheit lediglich durch die Aussichtsplattform etwas geschmälert wird. Wieder zurück auf dem Boden führt eine Abzweigung an einer unmarkierten T-Kreuzung zurück zur Straße und weiter nach oben zum Parkplatz B, dem Ausgangspunkt für den „Abenteuer-Trail", eine 18 km lange Wanderung durch den Nationalpark zu den **Muong-Dörfern**, die für ihre über dimensionalen Wasserräder aus Holz bekannt sind. Eine Besichtigung der Dörfer erfordert einen Guide (US$15) und eine Übernachtung im Dorf (US$5 ohne Essen).

Viel Wirbel wird um die **prähistorischen Höhlen** von Cuc Phuong gemacht, von denen die Grotte Dong Nguoi Xua am einfachsten zugänglich ist. Sie liegt nur 300 m abseits der Straße in 7 km Entfernung vom Parktor. Am Eingang zur Höhle brennen Räucherstäbchen, und in der Nähe befinden sich drei Gräber, die Schätzungen zufolge über 7000 Jahre alt sind, doch im Grunde gibt es hier nichts zu sehen, was den steilen Anstieg rechtfertigen würde.

Übernachtung und Sonstiges

Eintrittskarten (US$2,60 einschließlich Primatenzentrum) gibt es im Besucherzentrum, wo man auch **Unterkünfte*–***** buchen kann, die von unerwartet komfortablen, wenngleich nicht ganz billigen Bungalows und Bambus-Chalets bis zu einem einfachen Hostel reichen und teils beim Hauptquartier, teils im Innern des Parks liegen. Es lassen sich auch **geführte Trekking-Touren** einschließlich Übernachtung in einem Muong-Dorf organisieren. Die Buchungen werden im Besucherzentrum und in einigen Hotels in Ninh Binh vorgenommen, z.B. im Thuy Anh und im Thanh Thuy (s.S. 434). Es ist zu beachten, dass Cuc Phuong recht hoch gelegen ist und es daher besonders in den Winternächten recht frisch werden kann.

Transport

Der **Eingang zum Nationalpark** liegt 45 km nordwestlich von Ninh Binh. Die Anfahrt erfolgt zunächst Richtung Norden über die Nationalstraße 1, wo nach ca. 10 km eine ausgeschilderte Straße links abzweigt. Unmittelbar hinter dem Parktor liegt das Primatenzentrum und dahinter das **Besucherzentrum**, ✆ 030/848006, ✉ dulichcucphuong@hn.vnn.vn. Von dort sind es noch weitere 18 km bis in das Innere des Waldes. Da keine öffentlichen Busse verkehren, muss man sich entweder ein **Auto** bzw. **Motorrad** in Ninh Binh leihen oder die Strecke per **Xe Om** zurücklegen (ca. US$8 hin und zurück). Ein Besuch des Nationalparks ist auch im Rahmen eines Tagesausflugs von Hanoi aus möglich und wird von mehreren Veranstaltern angeboten (s.S. 486/487).

Van Long und Kenh Ga

Der in 23 km Entfernung von Ninh Binh an der Landstraße nach Cuc Phuong gelegene Ort **Tran Me** ist Ausgangspunkt für zwei sehr unterschiedliche, aber lohnenswerte Bootstouren. Es ist möglich, beide an einem Tag zu absolvieren oder eine von beiden mit einem Besuch in Cuc Phuong oder Hoa Lu zu kombinieren.

Der malerischere der beiden Ausflüge führt durch die seichten und von Schilf bewachsenen Lagunen des **Naturschutzgebietes Van Long**, das rund 2 km östlich von Tran Me nach rechts ausgeschildert ist. Die Landstraße endet am Ticketbüro, wo US$1,60 p.P. für eine 90-minütige Tour zu entrichten sind, während der man in einem tief liegenden Bambus-Sampan mit Staken durch die Feuchtgebiete und Kalksteinfelsen navigiert wird. Ein Fernglas im Gepäck ist empfehlenswert, denn in den Felsen lebt eine kleine, isolierte Population von Pandalanguren und das Schilfbett bietet zahlreichen durchziehenden Wasservögeln Schutz. Gegenwärtig bestehen noch gute Aussichten, dass man die Landschaft in relativer Ruhe genießen kann und nur die unheimlichen Schreie der Affen und Vögel die Stille durchbrechen, doch das wird wohl nicht mehr lange so bleiben. Die Souvenirhändler dürfen zwar nicht auf den Booten mitfahren, versammeln sich aber schon am Ticketbüro, sobald ein Touristenfahrzeug in Sicht kommt, und es wird bereits gemunkelt, dass bald die ersten Restaurants am Deich entstehen sollen.

Die zweite Bootstour startet etwa 7 km südlich von Tran Me am Ufer eines Kanals. Die kleine Straße dorthin zweigt unmittelbar hinter dem Postamt ab, das schon von weitem an seinem Funkturm zu erkennen ist. Die 45-minütige Fahrt (US$3–5 p.P. je nach Größe der Gruppe; Dauer der Hin- und Rückfahrt mindestens 2 Std.) führt in einem schmalen Motorboot durch eine Landschaft, die sicherlich ihre Reize hat, aber nicht ganz an Tam Coc oder Van Long herankommt. Hauptziel des Ausflugs ist der Besuch in dem Ort **Kenh Ga**, der nur auf dem Wasserweg zugänglich ist. In dem „schwimmenden Dorf" gibt es zwar einige Häuser und sogar eine schmucke Kirche, doch viele Familien leben noch auf Hausbooten, und insgesamt dreht sich in dem Ort alles ums Wasser: In kleinen Werften werden Lastkähne mit Betonrumpf gebaut, die später Kies und Steine flussabwärts transportieren. Außerdem werden Fischzuchtanlagen betrieben, während ganze Scharen von Enten und Sampans umherschwirren, wobei Letztere von den Einheimischen häufig mit den Füßen gerudert werden.

Kenh Ga („Hühnerkanal") bezieht seinen Namen vermutlich von einer heißen Quelle, wo die Einheimischen ihre Hühner in das beinahe kochende Wasser tauchten, damit sie leichter zu rupfen waren. Die Heilkräfte des Wassers sollen sich besonders bei Verdauungsstörungen und Hautkrankheiten bewährt haben. Es wurden Einrichtungen zum Baden geschaffen, die allerdings inzwischen ziemlich heruntergekommen sind. Da empfiehlt es sich eher, gleich das letzte Etappenziel des Ausflugs anzusteuern, die **Van Trinh-Grotte**, ein wenig besuchtes Höhlensystem, wo der Guide auf knorrige Felsen hinweist, die mit etwas Fantasie Bilder von Schildkröten, Drachen, Elefanten und verschrumpelten Gesichtern heraufbeschwören. Obwohl die lokale Touristenbehörde bereits Laternen installieren und Betonwege legen lässt, benötigt man hier unbedingt ein Paar feste Schuhe – ganz besonders während der Trockenzeit, wenn die Boote wegen des niedrigen Wasserstandes früher festmachen und der letzte Kilometer zu Fuß zurückgelegt werden muss.

Essen

Es gibt billige Essenstände in **Tran Me**, doch die beste Adresse ist das kleine Restaurant neben dem Ticketbüro in **Kenh Ga**. Man benötigt aber einen Sprachführer, denn dort spricht niemand Englisch, und es gibt keine Speisekarte. Eine gute Wahl ist z.B. frischer Fisch aus der Region mit den ausgezeichneten Frühlingsrollen. Wer sein Essen vor dem Aufbruch zur Bootstour bestellt, findet die Mahlzeit bei der Rückkehr fertig zubereitet vor.

Transport

Van Long und Kenh Ga sind mit dem **Auto** oder **Motorrad** zu erreichen. Eine Fahrt mit der **Xe Om** von NINH BINH kostet hin und zurück mindestens US$6. Einige Hotels in Ninh Binh und Veranstalter in HANOI bieten **organisierte Touren** zu beiden Orten an, bei Preisen ab ca. US$15 p.P. für einen Tagesausflug.

Hanoi und Umgebung

Highlights

Pho Zusammen mit Einheimischen an den Straßenküchen eine von Hanois traditionellen Frühstückssuppen mit Rindfleisch und Nudeln schlürfen.

Altstadt Ein Bummel durch das faszinierende Straßengewirr, das seit Jahrhunderten Hanois wirtschaftliches Herz bildet.

Opernhaus Das imposante Vorzeigestück französischer Kolonialarchitektur ist außen so prächtig wie innen.

Ho Chi Minh-Mausoleum Hier kann man „Onkel Ho" die Aufwartung machen, der gegen seinen Willen einbalsamiert wurde und einen eigenartig bewegenden Anblick bietet.

Literaturtempel Inmitten der chaotischen Straßen der Stadt ist dieser Tempelkomplex mit seinen grünen Rasenflächen ein Ort der Ruhe und zugleich Vietnams wichtigstes konfuzianisches Heiligtum sowie ein bedeutendes Studienzentrum.

Tran Quoc-Pagode Hanois ältestes religiöses Bauwerk liegt auf einer Insel im Westsee und zieht einen beständigen Strom von Gläubigen und Touristen an.

Museum für Ethnologie Dieses außerordentlich informative Museum entführt in die unglaublich vielfältige und kreative Welt der ethnischen Minderheiten Vietnams.

Wasserpuppenspiel Eine kuriose und charmante Kunst, die sich in den Überschwemmungsebenen des Deltas des Roten Flusses entwickelte.

Bia hoi-Bars Am Abend trifft man sich in Biergärten oder an den Ständen von Straßenhändlern, um ein paar Gläser des erfrischenden einheimischen Gebräus zu trinken.

Vor rund 4000 Jahren wurde zwischen den Lagunen und dem Sumpfland des Deltas des Roten Flusses die vietnamesische Nation geboren. Die längste Zeit ihrer Unabhängigkeit wurde sie von Hanoi aus regiert, Vietnams kleiner, aber eleganter Hauptstadt im Herzen des nördlichen Deltas. Zwar lässt die geschichtsträchtige Region das geschäftige Flussleben und die landschaftliche Schönheit des Mekong-Deltas vermissen, doch dafür bietet sie einen unglaublichen Reichtum an historischen und religiösen Sehenswürdigkeiten – trotz unzähliger Kriege und einer manchmal unwirtlichen natürlichen Umgebung, die nur teilweise von einem ausgetüftelten, jahrhundertealten Netzwerk an Kanälen und Dämmen gezähmt wurde.

Trotz der politischen und historischen Bedeutung und der rund drei Millionen Einwohner wirkt Hanoi überraschend zurückhaltend und wesentlich persönlicher als Ho-Chi-Minh-Stadt. Im Zentrum liegen ein baumgesäumter See und schattige Boulevards mit noblen französischen Stuckvillen, aber trotz dieser ersten Eindrücke platzt Hanoi aus allen Nähten. Nirgendwo tritt dies deutlicher zu Tage als in dem verkehrsreichen und turbulenten Straßengewirr der **Altstadt**, seit dem 15. Jahrhundert das wirtschaftliche Herz der Stadt. Noch weiter zurück reichen eine Hand voll der über 600 Tempel und Pagoden Hanois, die aus der ursprünglichen Stadt des 11. Jahrhunderts stammen, darunter insbesondere der **Literaturtempel**, der sowohl Vietnams bedeutendstes konfuzianisches Heiligtum als auch seine erste Universität umfasst. Andere Besucher zieht es wegen jüngerer Ereignisse nach Hanoi, beispielsweise ins **Museum für Militärgeschichte** oder in das **Ho Chi Minh-Mausoleum**, wo der unglaubliche Überlebenswille des Landes während der Kriege des 20. Jahrhunderts dokumentiert ist.

Das **moderne Hanoi** zeichnet sich durch eine zunehmend optimistische Grundstimmung aus. Im Vergleich zu früher ist wesentlich mehr Geld im Umlauf, und die wohlhabenderen Bewohner Hanois sind durchaus bereit, ihren Verdienst in den immer schickeren Restaurants, Cafés und Boutiquen auszugeben, die überall in der Stadt aus dem Boden schießen. Heute gibt es glitzernde Einkaufszentren und Supermärkte mit teuren Importen im Angebot, in schneller Abfolge öffnen und schließen an jeder Ecke neue Cybercafés, und fast jeder rast auf einem Motorrad durch die Gegend anstatt das höchst unzeitgemäße Fahrrad zu benutzen. Um die zunehmende Anarchie besser in den Griff zu bekommen, haben die Behörden unter anderem Gesetze erlassen, welche den Verkehr drosseln und die wilde Bautätigkeit in der Altstadt eindämmen sollen. Dieses Vorgehen ist an einen ehrgeizigen, auf 20 Jahre angelegten Entwicklungsplan gekoppelt, der sich mit dem Problem der Überbevölkerung beschäftigt und dieser durch die Schaffung neuer Satellitenstädte entgegenzuwirken versucht. Trotzdem hat die Stadt weder ihren Charme vergangener Tage noch ihren besonderen Charakter verloren. Die Einwohner Hanois sind bekannt für ihr reserviertes Verhalten, aber auch für eine geringere Anfälligkeit für Korruption sowie eine größere Gastfreundlichkeit als ihre Landsleute im Süden. Zwei Jahrzehnte lang war die Stadt von der nichtkommunistischen Welt abgeschnitten, inzwischen deutet jedoch alles darauf hin, dass sie schon bald den hohen Servicestandard anderer asiatischer Metropolen erreichen wird.

Zu Unrecht ist Hanoi als Ausgangspunkt für eine Erkundung von Vietnam noch immer weniger gefragt als Ho-Chi-Minh-Stadt – die meisten Touristen beginnen ihre Reise im Süden und arbeiten sich langsam nach Norden vor. Dabei bietet sich Hanoi als ideale Basis für **Ausflüge** in die Ha Long-Bucht oder nach Sa Pa und in die Berge im Norden an, wo man die ausgetretenen Pfade verlassen und das Leben im ländlichen Vietnam kennen lernen kann. Näher an der Hauptstadt finden sich weitere Attraktionen, vor allem religiöse Stätten wie die **Duftpagode**, die spektakulär inmitten von Kalksteinhügeln liegt. Historische Tempel markieren die Orte, an denen aus der bronzezeitlichen Dong Son-Kultur die ersten vietnamesischen Königreiche Van Lang und danach Au Lac hervorgingen, die von der schneckenförmigen Zitadelle **Co Loa** etwas nördlich der heutigen Hauptstadt regiert wurden.

Der fruchtbare Boden im Delta des Roten Flusses hat eine der dichtesten ländlichen Bevölkerungsstrukturen Südostasiens entstehen lassen, und in einem Meer aus Reisfeldern verteilen sich kleine, von Bambuszäunen umgebene Dörfer, die teilweise seit Generationen denselben Erwerbszweigen verhaftet sind, beispielsweise der Töpferei, Zimmerei oder Schlangenzucht. Während die be-

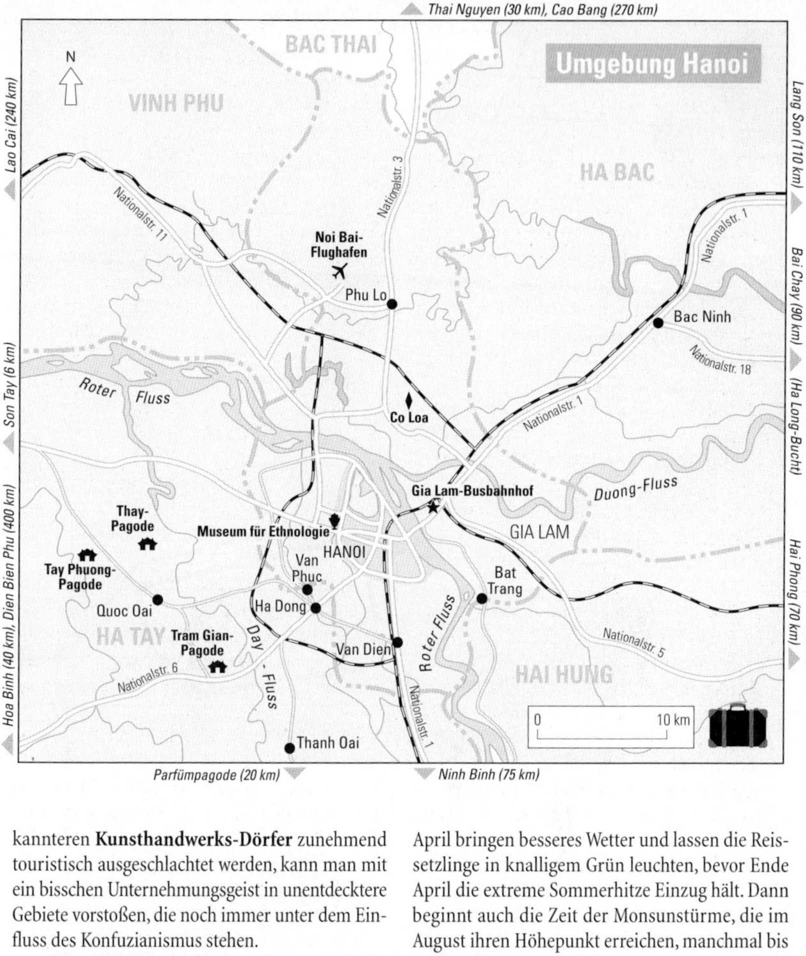

kannteren **Kunsthandwerks-Dörfer** zunehmend touristisch ausgeschlachtet werden, kann man mit ein bisschen Unternehmungsgeist in unentdecktere Gebiete vorstoßen, die noch immer unter dem Einfluss des Konfuzianismus stehen.

Als beste **Reisezeit** für Hanoi eignet sich die Zeit von Oktober bis Dezember, wenn warme, sonnige Tage (25–30 °C) vorherrschen und die Luftfeuchtigkeit unter 80% liegt, obgleich es nachts recht kühl werden kann. Von Januar bis März kommt es durch das Zusammenspiel von hoher Luftfeuchtigkeit und kalten Winden aus China häufig zu einem feinen Nebel, der sich manchmal mehrere Tage lang über die Stadt legt. Während dieser Zeit pendeln die Temperaturen um die 20 °C, können aber innerhalb weniger Stunden um bis zu zehn Grad fallen. Die Monate März und April bringen besseres Wetter und lassen die Reissetzlinge in knalligem Grün leuchten, bevor Ende April die extreme Sommerhitze Einzug hält. Dann beginnt auch die Zeit der Monsunstürme, die im August ihren Höhepunkt erreichen, manchmal bis Anfang Oktober anhalten und im gesamten Delta immer wieder zu schweren Überschwemmungen führen.

Hanoi

Als im 7. Jahrhundert die Armee der Tang-Chinesen nach Vietnam einmarschierte, wählte sie als Kapitale ihres neuen Protektorats eine kleine **Festung am Roten Fluss**, die ganz optimistisch den Namen Annam („Befriedeter Süden“) erhielt. Drei

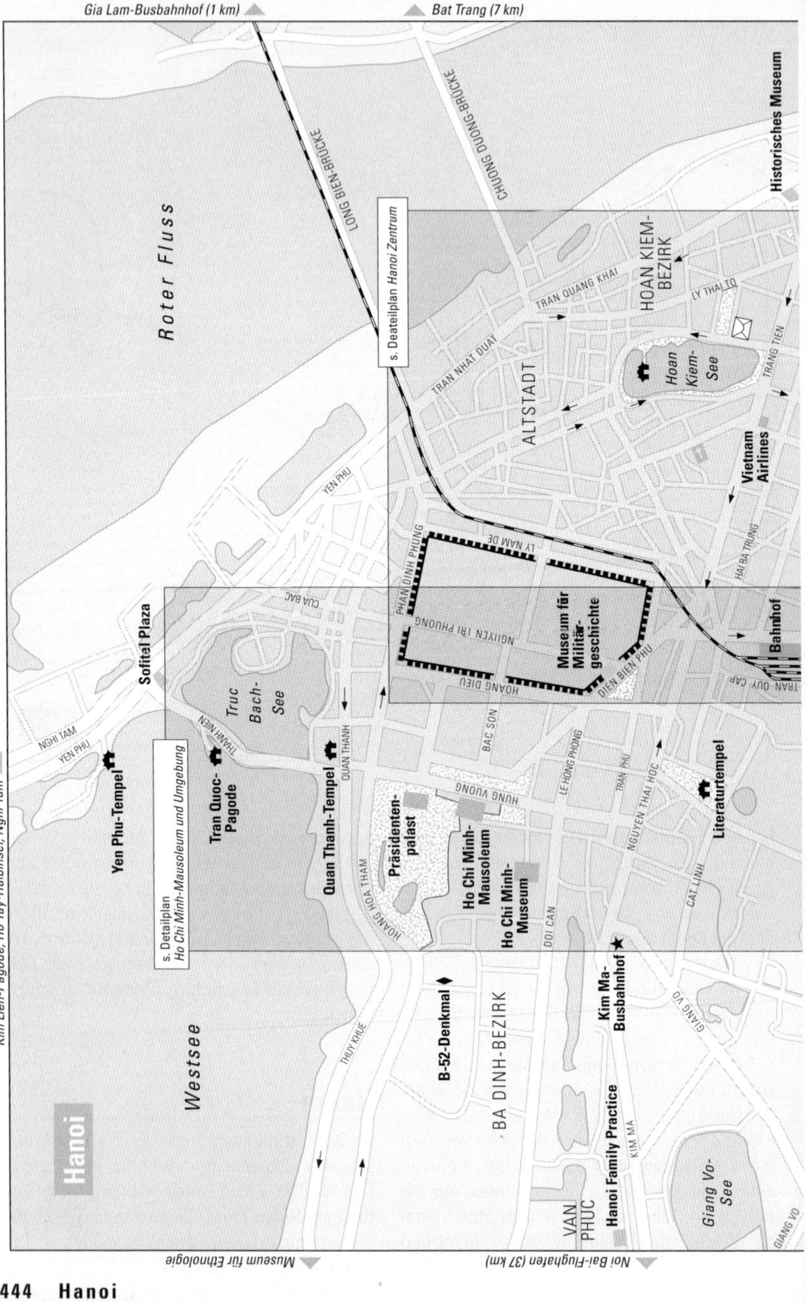
Hanoi
Gia Lam-Busbahnhof (1 km)
Bat Trang (7 km)
Kim Lien-Pagode, Ho Tay-Halbinsel, Nghi Tam
Museum für Ethnologie
Noi Bai-Flughafen (37 km)
Roter Fluss
Westsee
Truc Bach-See
Hoan Kiem-See
Giang Vo-See
LONG BIEN-BRÜCKE
CHUONG DUONG-BRÜCKE
s. Deateilplan Hanoi Zentrum
s. Detailplan Ho Chi Minh-Mausoleum und Umgebung
ALTSTADT
HOAN KIEM-BEZIRK
BA DINH-BEZIRK
VAN PHUC
Historisches Museum
Vietnam Airlines
Bahnhof
Museum für Militärgeschichte
Sofitel Plaza
Yen Phu-Tempel
Tran Quoc-Pagode
Quan Thanh-Tempel
Präsidentenpalast
Ho Chi Minh-Mausoleum
Ho Chi Minh-Museum
Literaturtempel
B-52-Denkmal
Kim Ma-Busbahnhof
Hanoi Family Practice
TRAN QUANG KHAI
TRAN NHAT DUAT
LY THAI TO
TRANG TIEN
HAI BA TRUNG
TRAN QUY CAP
YEN PHU
NGHI TAM
THANH NIEN
CUA BAC
QUAN THANH
PHAN DINH PHUNG
LY NAM DE
NGUYEN TRI PHUONG
HOANG DIEU
DIEN BIEN PHU
BAC SON
HUNG VUONG
LE HONG PHONG
TRAN PHU
NGUYEN THAI HOC
HOANG HOA THAM
DOI CAN
CAT LINH
GIANG VO
KIM MA
THUY KHUE

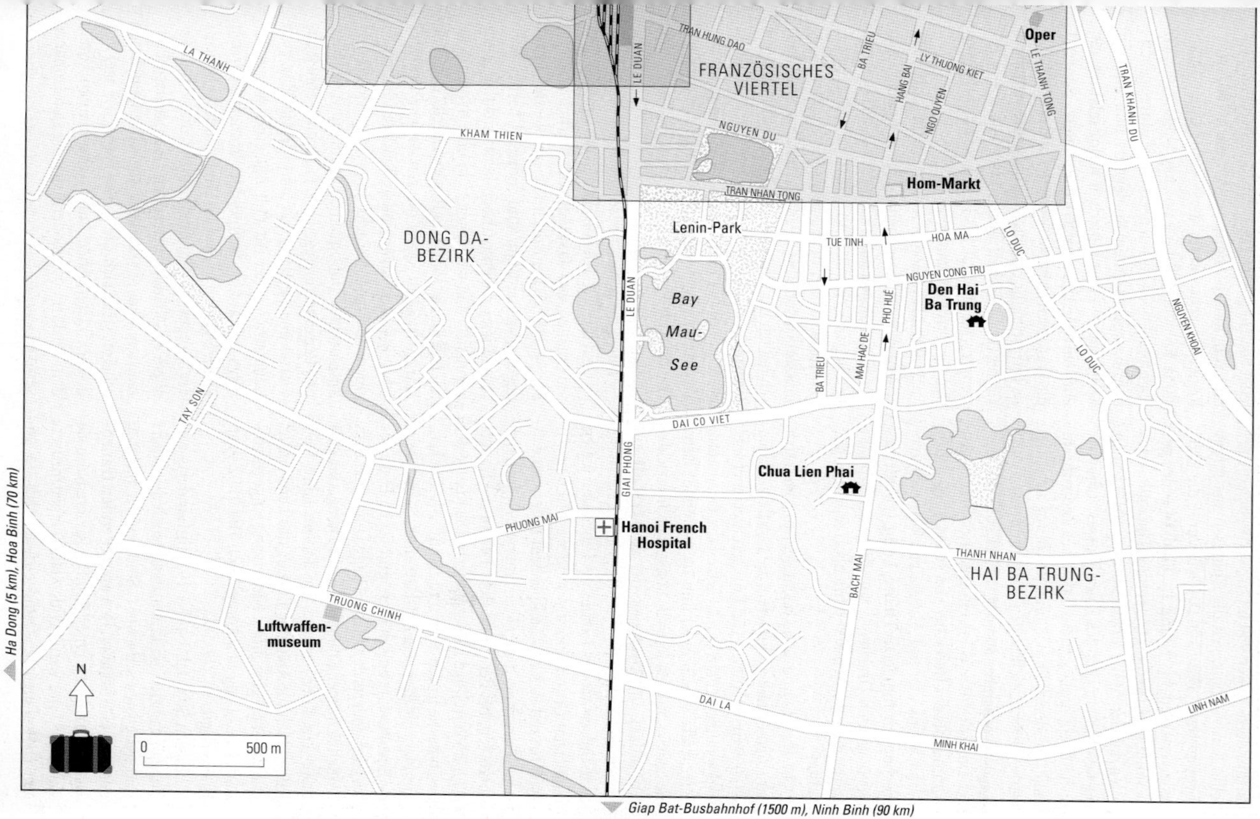

Oper
LE THANH TONG
TRAN KHANH DU
NGUYEN KHOAI
LO DUC
FRANZÖSISCHES VIERTEL
TRAN HUNG DAO
LY THUONG KIET
NGO QUYEN
HANG BAI
BA TRIEU
NGUYEN DU
TRAN NHAN TONG
Hom-Markt
LE DUAN
LA THANH
KHAM THIEN
DONG DA-BEZIRK
TAY SON
Lenin-Park
HOA MA
TUE TINH
NGUYEN CONG TRU
PHO HUE
MAI HAC DE
Den Hai Ba Trung
Bay Mau-See
DAI CO VIET
GIAI PHONG
Chua Lien Phai
PHUONG MAI
Hanoi French Hospital
BACH MAI
THANH NHAN
HAI BA TRUNG-BEZIRK
TRUONG CHINH
Luftwaffen-museum
DAI LA
LINH NAM
MINH KHAI
N
0
500 m
Ha Dong (5 km), Hoa Binh (70 km)
Giap Bat-Busbahnhof (1500 m), Ninh Binh (90 km)

Jahrhunderte später, 939 n.Chr., vertrieben die rebellischen Vietnamesen die Chinesen aus ihrem „Großen Nest", *Dai Lam*. Danach wurde die Zitadelle verlassen, bis **König Ly Thai To** – der gemeinhin als Gründungsvater von Hanoi gilt – das Potenzial der Stätte erkannte und 1010 seinen eigenen Hof am Ufer des Roten Flusses etablierte. Er hatte ein großes wirtschaftliches Zentrum im Auge, „in dem Männer und Reichtum aus allen vier Himmelsrichtungen zusammenkommen konnten". Scheinbar standen die Zeichen gut, denn der Legende zufolge flog ein goldener Drache gen Himmel, als der Herrscher von seiner königlichen Barkasse ans Ufer trat. Mit einigen kurzen Unterbrechungen fungierte **Thang Long** („Stadt des aufsteigenden Drachen") von diesem Zeitpunkt an für die nächsten 800 Jahre als Hauptstadt der Nation.

Ly Thai To und seine Nachfolger machten sich daran, eine Stadt zu kreieren, die für die nächsten „10 000 Generationen von Königen" geeignet war, und wählten gemäß den Gesetzen der Geomantik vorteilhafte Standorte für ihre Tempel und Paläste. Sie ließen schützende Wälle konstruieren, errichteten entlang der Ostmauer der **Kaiserstadt** ein Kunsthandwerker- und Händlerviertel, riefen die erste Universität des Landes ins Leben und legten damit den Grundstein des modernen Hanoi. Ab 1407 befand sich das Land erneut unter chinesischer Besatzung, dieses Mal dauerte es jedoch nur kurze Zeit, bis der große Held **Le Loi** die Hauptstadt im Jahre 1428 zurückeroberte. Die Könige der Le-Dynastie legten Seen und Sumpfland trocken, um Platz für ihre neuen Paläste und die wachsende Bevölkerung zu schaffen, und gegen Ende des 15. Jahrhunderts durchlebte Thang Long unter dem großen Reformer, König Le Thanh Thong, eine **goldene Ära**. Kurz nach seinem Tod im Jahre 1497 jedoch hielt die Anarchie Einzug, das Land zerfiel und die Stadt ging ihrem Niedergang entgegen, bis Kaiser Gia Long den königlichen Hof 1802 nach Hué verlegte.

In den 30er Jahren des 19. Jahrhunderts war Thang Long zu einer Provinzhauptstadt degradiert und lediglich als Ha Noi („Stadt an der Biegung des Flusses") bekannt. Den **angreifenden französischen Truppen** unter Kapitän Rivière hatte sie daher 1882 nur wenig Widerstand entgegenzusetzen. Die anfängliche „Östliche Hauptstadt" (abgeleitet von *Dong Kinh*) des französischen Protektorats von Tonkin mauserte sich nach 1887 zum Regierungszentrum für die gesamte Union Indochina. Königliche Paläste und alte Monumente wichen prächtigen Residenzen, Verwaltungsgebäuden, baumgesäumten Boulevards und anderen Kennzeichen einer typischen **Kolonialstadt**, die eher europäisch als asiatisch anmutete. Während die Franzosen elegante Bauwerke und eine moderne Infrastruktur errichteten, führte die vietnamesische Gemeinschaft ein größtenteils davon getrenntes, meist ärmliches Leben, was den Nährboden für Revolten schuf.

Während der Augustrevolution im Jahre 1945 strömten Tausende einheimischer Sympathisanten der Nationalisten auf die Straßen von Hanoi und beteiligten sich später an seiner Verteidigung gegen zurückkehrende französische Truppen – sie mussten jedoch bis 1954 warten, bis ihre Stadt schließlich zur **Hauptstadt eines unabhängigen Vietnam** wurde. Schwer wiegendere Schäden erlitt Hanoi bei den Luftangriffen während des Vietnamkriegs, besonders im Zuge der perfiden „Weihnachtsbombardierung" von 1972 (s.S. 466, Kasten).

Durch die politische Isolation und den Mangel an Geld blieb in den Folgejahren ein Großteil dessen erhalten, was das städtische Erscheinungsbild der 50er Jahre kennzeichnete: verblasster, etwas angeschlagener Glanz und enorme Überbevölkerung. Vieles davon ist noch heute sichtbar, auch wenn sich Hanoi zusehends in eine dynamische internationale Hauptstadt verwandelt. Die freie Marktwirtschaft sowie die seit Anfang der 90er Jahre ins Land strömenden Touristen haben zu einem enormen Zuwachs an privaten Hotels und Restaurants, Boutiquen, Kunsthandwerksläden und Reiseagenturen geführt. Tatsächlich ähnelt das Viertel um die Hang Bac und die Ma May, zwei Hauptstraßen der Altstadt mit einer Menge typischer Traveller-Treffpunkte, immer mehr der Pham Ngu Lao in Ho-Chi-Minh-Stadt. Angesichts des Tempos, in dem immer mehr alte – und veraltete – Gebäude glitzernden Hochhäusern Platz machen und der Verkehr täglich zuzunehmen scheint, stellt sich die große Frage, wie viel von dieser historischen und charmanten Stadt dem Ansturm der Modernisierung standzuhalten vermag.

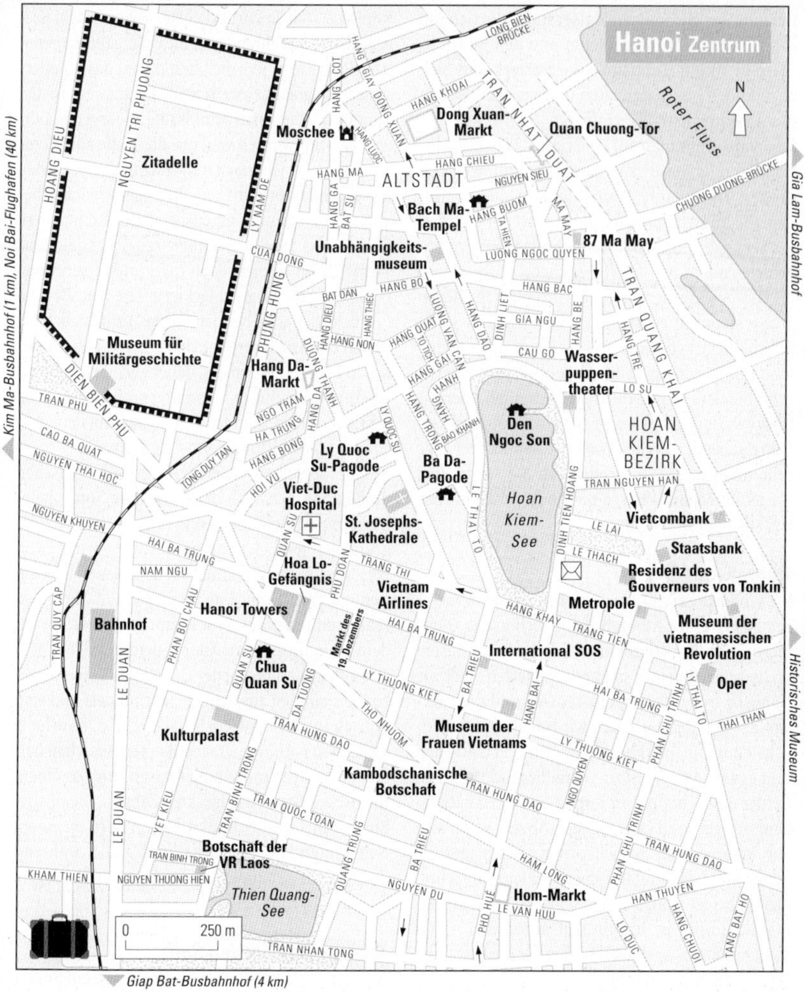

Das Zentrum

Das kompakte Zentrum Hanois wird im Osten vom Roten Fluss und im Norden sowie im Westen von der Bahnlinie begrenzt. Heutiger Mittel- und bestens geeigneter Orientierungspunkt ist der **Hoan Kiem-See**, der zwischen der überfüllten, aber sehr interessanten **Altstadt** im Norden und den baumgesäumten, im Schachbrettmuster angelegten Boulevards des **Französischen Viertels** im Süden liegt. Der nach dem See benannte Bezirk ist das wirtschaftliche Herz und beherbergt neben Banken und Büros der Fluggesellschaften auch die Hauptpost sowie die meisten Hotels, Restaurants, Einkaufsstraßen und Märkte. Westlich davon beherrschen jenseits der Bahnlinie einige der beeindruckendsten Bauwerke Hanois das weite, offene

Gelände der ehemaligen **Kaiserstadt**, die sich um das Ho Chi Minh-Mausoleum und den Ba Dinh-Platz in ihrem Zentrum konzentriert und sich nach Süden bis zu den alten ummauerten Gärten des Literaturtempels erstreckt. Im Norden des Zentrums stößt man auf eine riesige Wasserfläche, verwirrenderweise **Westsee** genannt, wo sich diverse interessante Tempel und Pagoden befinden. Die hübschen Dörfer, die es einst am Ufer dieses Sees gab, mussten leider fast alle teuren Wohngebieten oder Luxushotels weichen.

Die wichtigsten Sehenswürdigkeiten liegen größtenteils innerhalb der zentralen und westlichen Viertel, für deren ausgiebige Erkundung man mindestens zwei Tage benötigt. Jedes Viertel kann bequem zu Fuß durchstreift werden, aber zur Überwindung größerer Distanzen empfehlen sich Fahrräder oder Cyclos. Weitere zwei bis drei Tage sollte man einplanen, wenn man die verstreuten Attraktionen am Westsee und in den Außenbezirken abklappern möchte.

Hoan Kiem-See

Die schönste Zeit für einen Besuch am Hoan Kiem-See ist der frühe Morgen, wenn sich in der Dämmerung Walker, Jogger und Tai chi-Enthusiasten versammeln. In einer so überbevölkerten Stadt wie Hanoi ist freier Platz ein hohes Gut, und der Parkstreifen entlang des Ufers wird den unterschiedlichsten Bedürfnissen gerecht: Am geschäftigsten geht es zur Mittagszeit zu, wenn fliegende Händler, Bettler und Schuhputzer ihren Geschäften nachgehen, ruhiger wird es erst gegen Abend, wenn sich alte Männer zum Schachspielen treffen und die Bänke unter den romantischen Weiden von Liebespaaren belegt sind. Der See selbst ist recht klein – man kann ihn in 30 Minuten umrunden – und nicht besonders spektakulär, aber für die Bewohner Hanois die Seele ihrer Stadt.

Ein gedrungener, dreistufiger Pavillon, der **Schildkrötenturm**, ziert eine winzige Insel im Ho Hoan Kiem („See des zurückgegebenen Schwertes"). Der Name des Gewässers geht auf die Legende des bekannten vietnamesischen Helden Le Loi zurück, der im 15. Jahrhundert einen erfolgreichen Aufstand gegen die Chinesen anführte. Es ist überliefert, dass Le Loi bei einem seiner Angelausflüge auf dem See ein glänzendes Schwert ins Netz ging. Als er nach zehnjähriger Schlacht in Gestalt von König Le Thai To zurückkehrte, wollte er dem Seegeist danken. Während er seine Opfergabe vorbereitete, donnerte es plötzlich heftig, und das Wunderschwert flog aus seiner Scheide geradewegs in den Mund einer goldenen Schildkröte, die von den Göttern gesandt worden war, um die Waffe zurückzufordern. Heute lebt noch mindestens eine der zähen Riesenschildkröten im See, aber wahrscheinlich bekommt man nur ein herausgeputztes Exemplar zu Gesicht, das 1968 in Gefangenschaft landete. Das Tier wird auf einer zweiten Insel im See zur Schau gestellt, die über die rot lackierte **The Huc-Brücke** („Brücke der aufgehenden Sonne") zugänglich ist. Neben der Brücke erhebt sich ein 9 m hoher Obelisk in Form eines Pinsels, daher auch **Schreibpinsel-Turm** genannt, auf dem drei große chinesische Schriftzeichen verkünden: „ein Pinsel, mit dem man auf den blauen Himmel schreiben kann".

Auf derselben Insel verbirgt sich zwischen uralten Bäumen auch der **Den Ngoc Son** („Jadebergtempel"), ein kleiner, im 14. Jahrhundert gegründeter Tempel, der einer illustren Truppe von Persönlichkeiten gewidmet ist: dem Nationalhelden General Tran Hung Dao, der 1288 die Mongolen schlug und hier auf dem Hauptaltar zu sehen ist, dem Literaturgott Van Xuong, dem Physiker La To sowie dem Kampfsportler Quan Vu. Die Tempelgebäude stammen aus dem 19. Jahrhundert und sind typisch für die Nguyen-Dynastie. In der Vorhalle sollte man nach den Drachenköpfen Ausschau halten, dargestellt mit Knollennasen und zu einem manischen Grinsen gebleckten Zähnen. Die riesige, über 2 m lange Schildkröte residiert in einem Nebenraum der ersten heiligen Halle, während die anderen Gebäude Souvenirläden beherbergen. 🕓 tgl. 8–18 Uhr.

Spaziergang um den See

Als erste Orientierungshilfe bietet sich ein kurzer Spaziergang um den Hoan Kiem-See an, der zu jeder Jahreszeit einen Besuch lohnt, vor allem aber im Juni und Juli, wenn die Flammenbäume in voller Blüte stehen. In den 60er Jahren waren die Wege wie viele andere in der Stadt übersät mit Hunderten kleiner Luftschutzräume – von Beton umrandete Löcher, die groß genug für eine Person und mit einem Schachtdeckel versehen waren. Läuft man vom Schreibpinsel-Turm nach Süden, stößt man etwa auf halbem Weg unweigerlich auf das

Parfümpagode bei Hanoi

Ho-Chi-Minh-Mausoleum, Hanoi

Literaturtempel, Hanoi

Den Ngoc Son, Hanoi

Hang Dau Go, Ha Long-Bucht

Schwimmende Häuser, Ha Long-Bucht

Reisernte in Sa Pa, Hoher Norden

Markttreiben in Sa Pa (o.) und Bac Ha

Thac Bac-Wasserfall, bei Sa Pa

8A5

graue Marmorgebäude des Hanoier **Volkskomitees**. Wiederum südlich davon erstreckt sich am nördlichen Rand des Französischen Viertels das grüne Rechteck des **Indira Gandhi-Parks**, wo sich in den 90er Jahren des 19. Jahrhunderts die koloniale Highsociety zu wöchentlichen Konzerten im Musikpavillon zusammenfand. Der nächste Häuserblock wird vom **Hauptpostamt** eingenommen. Gegenüber steht ein kleiner Ziegelturm, einziger Überrest des riesigen Pagodenkomplexes Chua Bao An, den französische Stadtplaner 1892 abrissen.

Nach Umrundung des südlichen Seeufers und überstandenen Souvenirläden in der Hang Khay, bietet sich ein Abstecher zur westliche gelegenen **St. Josephs-Kathedrale** am anderen Ende der Pho Nha Tho an. Unterwegs passiert man den überwölbten Eingang zur Ba Da-Pagode, die eine beeindruckende Sammlung von Buddhas beherbergt. Die neugotische Kathedrale stammt aus den frühen 80er Jahren des 19. Jahrhunderts und zeigt sich von außen recht verwittert, ist in ihrem hohen Kirchenraum aber noch immer imposant. Ins Auge fallen zunächst der reich verzierte Altar sowie die Buntglasfenster, die meisten davon französische Originale. Interessant sind daneben die Votivtafeln mit lateinischen, französischen und vietnamesischen Inschriften rund um die Kapelle der Jungfrau Maria im nördlichen Seitenschiff sowie ein schwarzes Marmorgrab an der gegenüberliegenden Wand, wo 1990 der ehemalige Kardinal von Vietnam begraben wurde. Über dem Grab steht eine von mehreren Statuen, die den Märtyrertod gestorbenen vietnamesischen Heiligen gedenken – in diesem Fall André Dung Lac, der 1839 auf Befehl des zutiefst anti-christlichen Kaisers Minh Mang hingerichtet wurde. Der Haupteingang der Kathedrale steht während Messen offen (nach langer Unterbrechung durfte die Messe erstmals wieder am Weihnachtsabend 1990 zelebriert werden), zu anderen Zeiten muss man die kleine Eingangstüre in der südwestlichen Ecke benutzen.

Der Weg von der Kathedrale entlang der Ly Quoc Su führt in nördlicher Richtung zur kleinen **Ly Quoc Su-Pagode**, die eine sehenswerte Statuensammlung beherbergt. Ly Quoc Su (auch als Minh Khong bekannt) war ein buddhistischer Lehrer, Heiliger und königlicher Ratgeber, der den halluzinierenden König Ly Than Tong von der Vorstellung heilte, ein Tiger zu sein. Quoc Sus Bildnis befindet sich auf dem Hauptaltar, eingerahmt von Darstellungen des weiß-bärtigen Tu Dao Hanh (s.S. 496, Thay-Pagode) und eines unbekannten tantrischen Mönches. Das Gebäude, ursprünglich ein Tempel, stammt aus dem 12. Jahrhundert und wurde erst später zu einer Pagode umfunktioniert, indem man lediglich einige Buddhas hinzufügte. Vor dem Altar befinden sich zwei Gruppen von Statuen: Vier weltliche, weibliche Figuren sitzen fünf, mit Symbolen ihres Standes ausgestatteten Mandarinen aus dem 19. Jahrhundert gegenüber. Zwei wesentlich ältere, vermutlich aus dem 16. Jahrhundert stammende und mit ungewöhnlich ausgeprägten Zügen dargestellte Steinfiguren vervollständigen das Ensemble: Tu Dao Hanhs bezaubernde Mutter sitzt bei den Frauen, ihr Ehemann bei den Männern.

Von der Ly Quoc Su-Pagode geht es nun wieder zurück zum Hoan Kiem-See und weiter nach Norden, wo das Thuy Ta-Café zu einer willkommenen Rast abseits des Verkehrs einlädt. Hier kann man ein Bier genießen, während über dem Den Ngoc Son auf der anderen Seite des Sees die Sonne untergeht.

Altstadt

Jenseits der Cau Go erstrecken nördlich des Hoan Kiem-Sees sich die hektischen Straßen der Altstadt. Hanoi ist die einzige Stadt in Vietnam, die ihr altes Händlerviertel erhalten hat, ein hoffnungslos überfüllter Quadratkilometer, der bis weit ins 19. Jahrhundert hinein hinter massiven Mauern und schweren Holztoren abgeschottet war. Abgesehen von einem Tor am östlichen Ende der Hang Chieu wurden die Mauern abgetragen, aber beim Blick auf die Karte erkennt man sofort das Gewirr schmaler Straßen, die sehr sinnträchtige Namen tragen (s.S. 452, Kasten). Ausgesprochene Sehenswürdigkeiten gibt es nur wenige, sodass man sich am besten ohne ein bestimmtes Ziel durch die vielen kleinen Nebenstraßen treiben lässt, was zu jeder Tageszeit ein faszinierendes Erlebnis ist. Eine ganz besondere Atmosphäre herrscht jedoch am Abend, wenn der Verkehr langsam abflaut, die bunten Stände in ihrer ganzen Pracht zum Vorschein kommen, und alles nach draußen strömt, um unter den schummrigen Straßenlaternen zu entspannen und ein Schwätzchen zu halten.

Ein Großteil des Lebens in der Altstadt findet auf den Bürgersteigen statt, die zugleich als Werkstätte für Steinmetze und Blechschmiede und als Ausstellungsplatz für die unterschiedlichsten Waren fungieren, von Heilkräutern und flatternden Gebetsfahnen bis hin zu ganzen Reihen Remy Martin und in Hochglanzpapier eingewickelter Schokolade. Die Sinne werden von diesem Chaos so beansprucht, dass man dabei leicht die **architektonischen Schätze** aus den Augen verliert, die faszinierende Einblicke in die Geschichte des Viertels bieten, allen voran die Kaufmannshäuser aus dem 15. Jahrhundert, die in dieser Art sonst nur in Hoi An (s.S. 354) zu finden sind. Hanois treffend bezeichnete **Tunnel- oder Röhrenhäuser** entwickelten sich von Marktständen in schmale Läden mit nur einem Stockwerk, wobei die Fenster unter den sanft geschwungenen, roten Ziegeldächern nicht höher waren als eine passierende königliche Palankin (ostindische Sänfte). Einige der Häuser sind nur 2 m breit, was zum einen auf die Steuern zurückzuführen ist, die sich nach der Hausbreite zur Straße hin richteten, und zum anderen auf die Unterteilung infolge von Erbschaften. Dafür erstrecken sich die dahinter liegenden Lager- und Wohnräume manchmal bis zu 60 m, immer wieder unterbrochen von offenen Innenhöfen, um für Licht und Durchlüftung zu sorgen. Ein exzellent restauriertes Beispiel eines solchen Gebäudes findet sich in der **87 Ma May** und kann täglich zwischen 9 und 17 Uhr besucht werden. An den meisten der heutigen Fassaden weisen verblichene Fensterläden, altersschwache Balkone und von der Witterung gezeichneter Stuck auf die europäischen Einflüsse des frühen 19. Jahrhunderts hin, als die Straßen um Bürgersteige erweitert wurden. Einige Hausbesitzer waren jedoch entweder zu wohlhabend oder zu mächtig, um sich dieser Veränderung unterzuordnen, sodass ihre Häuser am westlichen Ende der Hang Bac sowie in der Ma May heute aus dem Rahmen fallen. Letztere Straße beherbergt in der Nr. 64 sogar noch ihr eigenes **Gemeinschaftshaus** *(dinh)*, das traditionell als Versammlungsort und Schrein für den Schutzpatron des Viertels diente, in diesem Falle ein Mandarin des 14. Jahrhunderts und Gesandter des chinesischen Hofes.

Hang Buom und Bach Ma-Tempel

Läuft man die Ma May nach Norden in die **Hang Buom**, lassen sich unterwegs einige architektonische Kuriositäten entdecken, die stellvertretend für das kunterbunte Mischmasch an Baustilen in diesem Viertel stehen: einfache einstöckige Ladengeschäfte, einige noch immer mit traditionellen holzvertäfelten Türen (besonders beachtenswert sind die Exemplare der Hausnummern 10–14), kunstvolle Stuckarbeiten und Art déco-Verzierungen aus Kolonialtagen sowie sowjetischer Schick der 60er und 70er Jahre des 20. Jahrhunderts – alles einfach auf das schlichte Tunnelhaus aufgesetzt. In der Hang Buom liegt auch der älteste und am meisten verehrte Andachtsort des Viertels, der **Bach Ma-Tempel**. Er wurde im 9. Jahrhundert gegründet und später dem Weißen Pferd *(Bach Ma)*, Thang Longs Schutzgeist, gewidmet. Die Legende erzählt, dass es als himmlischer Aufseher der Stätte fungierte und König Ly Thai To dabei half, seine Zitadellenmauern zu errichten, die zuvor ohne ersichtlichen Grund immer wieder eingestürzt waren. Das heutige Gebäude stammt größtenteils aus dem 18. Jahrhundert und besitzt als auffälligstes Merkmal zwei ausdrucksvolle, dickbäuchige Tempelwächter, die vor dem Altar stehen und eine beeindruckende Zahl lackierter Goldzähne zur Schau tragen. An der Seite stehen ein Festwagen mit dem Pferd und ein alter Palankin, die jedes Jahr am 12. Tag des 2. Mondmonats anlässlich des Gründungstags des Tempels zum Einsatz kommen.

Bei Erkundung des Viertels entdeckt man zwischen den Häusern zahlreiche andere heilige Stätten: Tempel, Pagoden, *dinh* sowie erhabene Banyanbäume. Vermutlich etwas überraschend ist der Anblick der Moschee in der Hang Luoc, die in den 90er Jahren des 19. Jahrhunderts von einer indischen Islamgemeinde erbaut wurde und die einzige Moschee in ganz Nordvietnam ist.

Dong Xuan und Long Bien-Brücke

Östlich der Moschee nimmt der größte überdachte Markt der Stadt, der **Dong Xuan**, einen ganzen Block ein. Hinter seiner originalen Fassade von 1889 verbergen sich drei Stockwerke voller Kleidung und Haushaltswaren, während Nahrungsmittel im hinteren Teil zu finden sind und sich bis auf den angrenzenden Straßenmarkt verteilen, auf dem riesige Berge frischen Gemüses feilgeboten werden.

Eine Straße weiter östlich führen zwei Rampen, eine für Radfahrer und eine für Fußgänger, auf die **Long Bien-Brücke**, eine 1700 m lange Straßen- und Eisenbahnbrücke, die 1902 fertig gestellt und

Die Schildkrötenpagode am Hoan Kiem-See

ursprünglich nach dem Generalgouverneur Indochinas, Paul Doumer, benannt wurde. Bis zum Bau der Chuong Duong-Brücke in den 80er Jahren des 20. Jahrhunderts war die Long Bien die einzige Brücke über den Roten Fluss und daher von enormer strategischer Bedeutung. Obgleich sie während des Vietnamkriegs zu den am heftigsten umkämpften Orten Vietnams gehörte, vermochten die amerikanischen Bomben das Bauwerk nie ganz zu zerstören.

Unabhängigkeitsmuseum, To Tich und Hang Quat

Südlich der Brücke, in der Hang Ngang Nr. 48, verlas Ho Chi Minh 1945 die Unabhängigkeitserklärung der Demokratischen Republik Vietnam. Das Haus, in dem er während jener turbulenten Monate lebte, beherbergt heute das **Unabhängigkeitsmuseum**. Eine Ausstellung im Erdgeschoss zeigt eine ganze Reihe Fotos von Onkel Ho mit strahlenden Kindern, lohnender ist die Besichtigung der beiden mit massiven westlichen Möbeln bestückten Räume im 1. Stock, wo er schlief, schrieb und debattierte. ⌚ Mo–Sa 8–16.30 Uhr, Eintritt frei.

Vom Museum ist es nur ein kurzer Fußmarsch zurück zum Hoan Kiem-See. Auf dem Weg dorthin liegt hinter der Cau Go der traditionelle Straßenmarkt, der unter einem behelfsmäßigen, aus Säcken gefertigten Dach frisches Fleisch, Fisch und Gemüse verkauft werden. In dieser südlichen Ecke der Altstadt, vor allem in der Hang Gai, findet man die größte Konzentration von Seiden- und Stickereiläden. Bevor man das Gassengewirr wieder verlässt, sollte man noch einen Abstecher durch die

Kleine Straßennamenkunde

Die Entstehung der Straßennamen in der Altstadt geht fünf Jahrhunderte zurück, als das Viertel unter 36 Handwerksgilden aufgeteilt war. Jede dieser Gilden konzentrierte sich um einen ihrem jeweiligen Schutzpatron geweihten Tempel oder Gemeinschaftshaus *(dinh)*. Auch heute noch sind einige Straßen auf spezielle Handwerkskünste spezialisiert, einige wenige sogar auf das ursprüngliche Gewerbe bzw. dessen modernes Äquivalent. Zu den schillerndsten Beispielen gehören die mit leuchtenden roten Fahnen geschmückte Hang Quat, in der es Lackwaren für Beerdigungen und Feste gibt, und die Hang Ma, wo seit mindestens 500 Jahren Papierwaren hergestellt werden. Heutzutage baumelt kitschiger Flitterkram über knallbunten Votivobjekten, darunter Modelle von Fernsehern, Autos und gefälschte Dollarscheine, die als Opfergabe für die Vorfahren Verwendung finden. Eine Auswahl der interessanteren Straßen inklusive deren heutigem Angebot ist im Folgenden aufgelistet. Das vietnamesische Wort *hang* bedeutet übrigens „Ware".

Straßenname	Bedeutung	Heutiges Warenangebot
Hang Bo	Bambuskörbe	Kurzwarenhändler
Hang Buom	Segel sowie Süß- und Konditoreiwaren	Importierte Nahrungsmittel und Alkohol
Hang Chieu	Grasmatten	Matten, Seile, Bambusrollos
Hang Dau	Öl	Schuhe
Hang Duong	Zucker	Kleidung
Hang Gai	Hanfwaren	Seide, Schneider, Souvenirs
Hang Hom	Holztruhen	Klebstoffe, Farbe, Lacke
Hang Ma	Votivobjekte aus Papier	Papierwaren
Hang Quat	Zeremonielle Fächer	Religiöse Gegenstände
Hang Thiec	Blechwaren	Blechwaren, Spiegel
Hang Vai	Stoffe	Bambusleitern
Ha Trong	Trommelhäute	Taschenflicker, Polsterer
Lan Ong	Medizingelehrter aus dem 18. Jahrhundert	Traditionelle Medizin Handtücher

Hoan Kiem-See, Eingang zum Den Ngoc Son („Jadebergtempel)

To Tich unternehmen, eine kurze Gasse mit Drechslereien und kleinen Restaurants, die lecker duftende Grillspieße mit Schweinefleisch und dampfende Schüsseln *pho* servieren, um danach zwischen leuchtend roten Gebetsfahnen die **Hang Quat** entlangzuschlendern.

Französisches Viertel

Nach den hektischen Straßen der Altstadt sind die prächtigen Boulevards und breiten Bürgersteige von Hanois Französischem Viertel südlich und östlich des Hoan Kiem-Sees eine wahre Erholung. Hauptattraktion ist auch hier die Architektur, wobei die einzelnen Sehenswürdigkeiten über ein Areal von mehreren Kilometern verstreut liegen, sodass sich für die Erkundung ein Fahrrad oder Cyclo empfiehlt. Die erste französische Konzession wurde 1874 auf einem wenig zuträglichen Stück Land am Ufer des Roten Flusses, südwestlich des heutigen Opernhauses, gewährt. Nachdem die Franzosen ab 1882 die völlige Kontrolle über Hanoi innehatten, schufen sie eine Stadt, die ihrem neuen Protektorat angemessen war. Begonnen wurde mit dem Gebiet zwischen der alten Konzession und dem Bahnhof, 2 km weiter westlich, wo entlang der im Schachbrettmuster angelegten und von Bäumen gesäumten Boulevards nach und nach elegante Villen entstanden. In den 30er und 40er Jahren des 20. Jahrhunderts erstreckte sich das Gebiet bereits bis zum heutigen Lenin-Park.

Opernhaus

Im Zuge ihrer städtebaulichen Maßnahmen zerstörten die Franzosen viele alte vietnamesische Monumente, darunter eine der ältesten Pagoden

Hanois, Bao Thien, die der Kathedrale weichen musste. Die abgerissenen Bauwerke wurden jedoch durch einige prächtige Gebäude im Pariser Stil ersetzt, darunter die Oper (heute offiziell Stadttheater genannt) am östlichen Ende der Trang Tien. In Anlehnung an die neobarocke Garnier-Oper in Paris stattete man auch dieses Gebäude mit ionischen Säulen und grauen Schieferplatten aus, die eigens hierfür aus Frankreich importiert wurden. Als das Theater (das auf trocken gelegtem Terrain steht) 1911 nach zehnjähriger Bauzeit seine Pforten öffnete, war es das Juwel in der Krone des französischen Hanoi und zugleich der physische und kulturelle Mittelpunkt der Kolonialstadt – allerdings nur bis 1945, dem Jahr, in dem die Vietminh vom Balkon des Opernhauses die Augustrevolution proklamierten. Nach der Unabhängigkeit bekam das Publikum sozialistischen Realismus und Revolutionstheater vorgesetzt, aber auch dieses Programm hat inzwischen einen Wandel erfahren. Mittlerweile erstrahlt das Gebäude nach einer umfassenden Schönheitskur wieder in altem Glanz, allerdings können die wunderbar erhaltenen Kristalllüster, die Pariser Spiegel und die geschwungenen Marmortreppen im Innern nur von denen bestaunt werden, die das Glück haben, zu einer der sporadischen Aufführungen zu kommen. Doch auch ein Blick auf die Fassade lohnt, vor allem im nächtlichen Schein der Flutlichter oder noch besser bei Vollmond.

Historisches Museum

Eine Straße östlich der Oper liegt versteckt zwischen Bäumen am Fluss das Historische Museum von Hanoi, 1 Trang Tien. Auch wenn das Gebäude nicht sogleich ins Auge fällt, kann man es an seinem einzigartigen „neo-vietnamesischen" Architekturstil erkennen, eine kuriose Mischung aus vietnamesischem Palast und französischer Villa. Das Museum wurde in den 30er Jahren des 20. Jahrhunderts von der École Française d'Extrême Orient gegründet und legte nach 1954 seinen Ausstellungsschwerpunkt auf die Entwicklung Vietnams von der Altsteinzeit bis zur Unabhängigkeit. Zu den Exponaten gehören viele Gipsabdrücke, die in chronologischer Reihenfolge auf zwei Stockwerke verteilt sind. Das Erdgeschoss reicht bis 1400, der 1. Stock zeichnet die Geschichte bis August 1945 nach.

Herausragendes zeigt die im **Erdgeschoss** untergebrachte Ausstellung über die **Dong Son-Kultur**, eine hoch entwickelte Zivilisation der Bronzezeit, die zwischen 1200 und 200 v.Chr. im Delta des Roten Flusses ihre Blüte erlebte. Die umfangreiche Sammlung reicht von Speerspitzen über Kochutensilien bis hin zu einer Lampe in Form einer zierlichen Figurine, die beeindruckendsten Zeugnisse der Kreativität der Dong Son-Kultur sind jedoch die riesigen zeremoniellen Bronzetrommeln, die dazu benutzt wurden, die Toten auf ihrem Weg zu ihrer letzten Ruhestätte zu begleiten, den Monsun herbeizuflehen oder Fruchtbarkeitsriten zu zelebrieren. Als Prunkstück gilt die außerordentlich gut erhaltene **Ngoc Lu-Trommel**, deren Oberflächenschmuck aus kunstvoll gearbeiteten Figuren von Wildtieren, Vögeln und Booten auf überaus hoch entwickelte Gusstechniken schließen lässt – noch eingehender kann man die Details anhand der Pauszeichnung betrachten, die nahebei ausgestellt ist. Weitere bemerkenswerte Ausstellungsstücke sind ein schlanker Amitabha-Buddha aus dem 11. Jahrhundert, blassgrüne Töpferwaren und Amulette aus derselben Periode sowie eine Gruppe hölzerner Pfähle von der ruhmreichen Schlacht im 13. Jahrhundert am Bach Dang-Fluss (s.S. 81).

Das **Obergeschoss** dominiert eine 3 m hohe Stele mit der aufgeschriebenen Lebensgeschichte von Le Loi, der im 15. Jahrhundert den Widerstand gegen die chinesische Besatzung anführte. Die interessantesten Ausstellungsstücke in dieser Abteilung stammen jedoch aus der Nguyen-Dynastie des 19. Jahrhunderts sowie aus der Zeit der französischen Herrschaft. Besonders sehenswert ist eine Reihe von Tuschzeichnungen des königlichen Hofes von Hué aus den 90er Jahren des 19. Jahrhunderts, daneben bestickte Seidenwaren und Möbel mit Einlegearbeiten aus Elfenbein, die von den zurückgezogen in der Zitadelle lebenden Kaisern benutzt wurden. Außerhalb der Festungsmauern dagegen befand sich das Land erneut in Aufruhr, was letztendlich in den Unabhängigkeitskampf unter Führung von Ho Chi Minh mündete; allein die im Museum aufgezeigte königliche Dekadenz und Brutalität der Franzosen macht deutlich, weshalb die Nationalisten eine so breite Unterstützung von Seiten des Volkes erhielten. 🕒 Di–So 8–11.30 und 13.30–16.30 Uhr, Eintritt US$1.

Museum der vietnamesischen Revolution

Der Fortführung der Geschichte ist das Museum der vietnamesischen Revolution, 216 Tran Quang Khai, gewidmet, das eine Straße nördlich in einem klassischen Kolonialgebäude untergebracht ist. Es präsentiert den „patriotischen und revolutionären Kampf des vietnamesischen Volkes" von den ersten anti-französischen Bewegungen Ende des 19. Jahrhunderts bis zum Wiederaufbau nach 1975. Ein Großteil der Geschichte wird anhand von Originaldokumenten nachgezeichnet, darunter die ersten von Ho Chi Minh verfassten Untergrund-Zeitungen und Revolutionsschriften, und durch Porträts von Vietnams berühmtesten Revolutionären ergänzt. Um einiges lebendiger gestaltet sich die Abteilung über den Unabhängigkeitskrieg sowie die kleine, aber gut präsentierte Ausstellung über den Vietnamkrieg, ein Thema, dem sich das Museum für Militärgeschichte (s.S. 460) noch eingehender widmet. 🕓 Di–So 8–11.30 und 13.30–16 Uhr.

Residenz des Gouverneurs von Tonkin und das Metropole

Läuft man vom Opernhaus die Ly Thai To in nördlicher Richtung, erreicht man zwei Häuserblocks davon entfernt die Kreuzung mit der Ngo Quyen, die von zwei sehr unterschiedlichen Gebäuden beherrscht wird. Das beeindruckende Bauwerk im Art déco-Stil mit rundem Säulengang, einst die Französische Bank von Indochina, beherbergt in ihren erhabenen Hallen heute die **Staatsbank**. Schräg gegenüber steht eines der schönsten Kolonialgebäude Hanois, die liebevoll restaurierte **Residenz des Gouverneurs von Tonkin** aus dem Jahre 1918, inzwischen umfunktioniert zum Staatsgästehaus. Gewöhnliche Besucher erhalten leider keinen Zutritt ins Gebäudeinnere, können aber vom Eingang einen Blick auf die eleganten schmiedeeisernen Geländer werfen, die mit Einschusslöchern aus der Revolution von 1945 übersät sind. Erst in jüngerer Zeit hatte das Gebäude übrigens einen Auftritt in dem Film *Indochine* (s.S. 579).

Geradezu nüchtern erscheint im Gegensatz dazu die leuchtend weiße, neo-klassizistische Fassade des **Metropole**, 15 Ngo Quyen, heute Heimat des Hotel Sofitel Metropole, das 1901 als Grand Metropole Palace eröffnete und schon bald zu einem der führenden Hotels in Südostasien avancierte. Nach der Unabhängigkeit änderte das Hotel seinen Namen in Thong Nhat bzw. Reunification Hotel, blieb sich jedoch ansonsten treu, inklusive der hauseigenen Ratten und tödlichen Verkabelung. Erst 1990 nahm sich Pullman-Sofitel des Hauses an und verwandelte es in eines der besten internationalen Luxushotels der Stadt. Das Gästebuch des Metropole umfasst solch illustre Namen wie Graham Greene, der erstmalig 1952 hier abstieg, sowie Jane Fonda, die 20 Jahre später ganze zwei Wochen für ihre berühmte Rundfunkübertragung für die amerikanischen Truppen blieb.

Trang Tien

Die Trang Tien ist die Hauptader des Französischen Viertels und noch immer eine geschäftige Einkaufsstraße, in der man nicht nur Buchläden und Kunstgalerien findet, sondern auch das Einkaufszentrum Trang Tien Trade Plaza mit seinen schicken Boutiquen und seinem etwas eigenartigen Supermarkt. Südlich der Trang Tien erstreckt sich das größte Wohngebiet des französischen Hanoi, eine Gegend baumbeschatteter Boulevards mit eleganten, aber renovierungsbedürftigen Villen, die derzeit sehr gefragt sind, um sie zu Botschaften, Büros oder Residenzen für zugezogene Ausländer umzubauen. Ironischerweise haben diese Häuser, ebenso wie diejenigen der Altstadt, größtenteils nur deswegen überlebt, weil das Geld für die Sanierung des gesamten Viertels fehlte. So tragen sie nach wie vor die gesamte Skala der europäischen Architektur des frühen 20. Jahrhunderts zur Schau, vom eleganten Neo-Klassizismus über den Modernismus der 30er Jahre bis zum Art déco, und selbst orientalische Einschläge lassen sich hie und da erkennen.

Ein guter Ausgangspunkt für einen Bummel durch das Viertel ist die Hang Bai, der man bis zur Querstraße Ly Thuong Kiet folgt und dann nach Westen abbiegt. Gleich um die Ecke liegt das renovierte **Museum der Frauen Vietnams**, 36 Ly Thuong Kiet, das eine ganz andere Sichtweise auf die Landesgeschichte ermöglicht. Einmal mehr ist es das 20. Jahrhundert, welches das fesselndste Material liefert, während die Ausstellung von Trachten der ethnischen Minderheiten im Obergeschoss nur einen kurzen Rundgang lohnt; 🕓 Di–So

8.30–11.30 und 13.30–16 Uhr. Zwei Straßen weiter westlich erstreckt sich der kleine überdachte Cho 19–12 („Markt des 19. Dezembers"), auf dem überwiegend Gemüse und Fleisch – unter anderem gegrillter Hund – verkauft werden. Dahinter überragen zwei Türme die Überreste des von den Franzosen erbauten **Hoa Lo-Gefängnisses**, 1 Hoa Lo, von amerikanischen Kriegsgefangenen mit dem Spitznamen „Hanoi Hilton" belegt, einer sarkastischen Anspielung auf die schlimmen Haftbedingungen und die oftmals brutale Behandlung. Das Gefängnis gelangte in den 60er Jahren des 20. Jahrhunderts zu Berühmtheit, als amerikanische Häftlinge – zumeist Piloten und Crewmitglieder – weltweit in propagandistischen Fernsehkampagnen gezeigt wurden. Das angeschlossene Museum beschäftigt sich jedoch überwiegend mit der kolonialen Periode vor 1954, als die Franzosen hier viele Nationalistenführer einkerkerten, darunter nicht weniger als fünf zukünftige Generalsekretäre der kommunistischen Partei Vietnams. Einige der Zellen, die noch bis 1994 in Gebrauch waren, blieben erhalten, desgleichen rostige Fesseln und Folterinstrumente. In anderen Räumen informieren Fotos und andere Exponate über die bekannteren politischen Gefangenen, aber leider wurden nur die Überschriften ins Englische übersetzt. ⌚ Di–So 8–11.30 und 13.30–16.30 Uhr.

An der nächsten Kreuzung in westlicher Richtung geht es nun links in die Quan Su, wo man den überwölbten Eingang der **Chua Quan Su** („Botschafterpagode") findet. Sie wurde im 15. Jahrhundert als Teil eines Gästehauses für Botschafter aus benachbarten buddhistischen Ländern gegründet, das derzeitige Gebäude stammt allerdings von 1942. Die Quan Su ist eine der aktivsten Pagoden Hanois. Am 1. und 15. Tag des Mondmonats drängen sich Andächtige und Bettelmönche im Vorhof, während im Innern eine mit gewundenen Drachen verzierte Eisenlampe über dem dicht besetzten Gebetsbereich hängt und sich hinter dicken Weihrauchschwaden karminrot lackierte Buddhas abzeichnen. Der von uralten Bäumen beschattete Komplex ist Sitz diverser Forschungsinstitutionen und ein Zentrum buddhistischer Lehren, was die gut bestückte Bibliothek und die Schulzimmer im hinteren Bereich erklärt. In den Läden um die Pagode werden buddhistische Kultgegenstände verkauft.

Ho Chi Minh-Mausoleum und Umgebung

Hanois bedeutendste kulturelle und historische Monumente sind im Bezirk unmittelbar westlich der Altstadt angesiedelt, wo die Ly-Könige im 11. Jahrhundert ihre Kaiserstadt errichteten. Sowohl der ehrwürdige **Literaturtempel** als auch die malerische **Einsäulenpagode** stammen aus dieser Zeit, ansonsten blieb jedoch nichts von den zinnoberroten Palästen der Ly-Könige erhalten – die letzten Überreste wurden im späten 19. Jahrhundert abgerissen, um Platz für die wachsende französische Verwaltung zu schaffen. Das beeindruckendste Kolonialgebäude dieser Gegend ist die würdevolle Residenz des Generalgouverneurs von Indochina, heute bekannt als **Präsidentenpalast**. Nach 1954 wichen einige der umgebenden Gärten dem Ba Dinh-Paradeplatz, dem Gebäude der Nationalversammlung sowie zwei wichtigen Pilgerzentren: dem **Ho Chi Minh-Mausoleum** und dem **Ho Chi Minh-Museum**. Der nahe gelegene Botanische Garten jedoch hat überlebt und bietet eine willkommene Abwechslung zu der hektischen Betriebsamkeit des modernen Hanoi. Östlich des Ba Dinh-Platzes umschließt die **Zitadelle** ein militärisches Sperrgebiet, dessen herausstechendstes Merkmal der **Cot Co-Flaggenturm** in der südwestlichen Ecke der Anlage ist. Gleich daneben befindet sich eines der lohnendsten Museen der Stadt, das **Museum für Militärgeschichte**. Obwohl es in diesem Bezirk sehr viel zu sehen gibt, lässt sich alles an einem einzigen Tag erkunden, wenn man früh morgens mit einem Besuch im Mausoleum und den umgebenden Stätten beginnt und sich das Militärmuseum und den Literaturtempel für den Nachmittag aufhebt.

Ba Dinh-Platz und Ho Chi Minh-Mausoleum

Der ausgedehnte **Ba Dinh-Platz**, 2 km westlich des Hoan Kiem-Sees, bildet den zeremoniellen Mittelpunkt des Landes. Hier verlas Ho Chi Minh am 2. September 1945 vor rund einer halben Million Menschen die Unabhängigkeitserklärung, und hier wird der Unabhängigkeit jedes Jahr am Nationalfeiertag mit Militärparaden gedacht. An der Ostseite des Platzes finden in der Nationalversammlung die Parteikongresse statt, während die Westseite von dem strengen, grauen Monstrum des **Ho Chi**

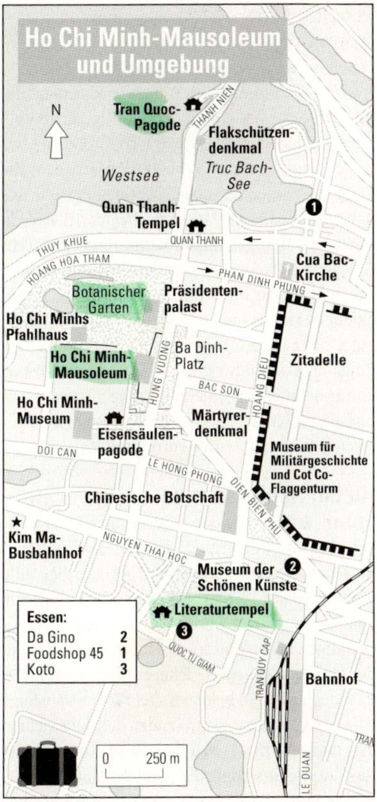

Minh-Mausoleums dominiert wird. Wie es bei den großen kommunistischen Führern üblich ist, wurde auch Ho Chi Minh nach seinem Tod 1969 einbalsamiert, aber erst ab 1975 „ausgestellt". Das Mausoleum ist vermutlich Hanois meistbesuchte Sehenswürdigkeit und zieht vor allem an den Wochenenden und nationalen Feiertagen wahre Menschenmassen an; ob Schulklassen oder betagte Weggefährten, sie alle erweisen Ho die Ehre.

Besucher des Mausoleums müssen ihre Taschen und Kameras in einem der Empfangszentren abgeben – am günstigsten liegt das in der 8 Hung Vuong –, und werden anschließend von Soldaten in makelloser Uniform zum Mausoleum eskortiert. Man sollte sich respektvoll benehmen, d.h. **angemessene Kleidung** (keine Shorts oder Trägershirts) tragen, Hüte oder Mützen abnehmen und sich im Heiligtum still verhalten. Jedes Jahr wird das Mausoleum übrigens für zwei Monate geschlossen (Oktober und November), wenn Hos Leichnam „restauriert" wird.

In der marmornen Eingangshalle des Gebäudes wird man von Ho Chi Minhs am meistzitierter Maxime begrüßt: „Nichts ist wichtiger als Unabhängigkeit und Freiheit". Dann geht es die Treppen hinauf in einen kalten, dunklen Raum, wo der charismatische Held unter Glas liegt, eine kleine, blasse Figur mit dünnen Händen, die auf einer schwarzen Decke ruhen, und von schwachem Licht angestrahlt. Trotz des recht makabren Anblicks fällt es schwer, von dieser feierlichen Atmosphäre unberührt zu bleiben. Tatsache ist jedoch, dass es Hos letzter Wunsch war, eingeäschert zu werden und seine Asche zwischen dem Norden, der Mitte und dem Süden des Landes aufzuteilen, wobei jede Stätte nur durch einen schlichten Unterstand markiert werden sollte. Das prächtige Gebäude, in dem er heute begraben liegt, passt so gar nicht zu diesem bescheidenen, egalitären Mann. 🕓 April–Sep Di–Do 7.30–10.30, Sa und So 7.30–11 Uhr; Dez–März Di–Do 8–11, Sa und So 8–11.30 Uhr, Eintritt frei.

Präsidentenpalast und Wohnhaus von Ho Chi Minh

Folgt man nach Verlassen des Mausoleums der Menschenmenge, so gelangt man automatisch durch das Seitentor auf das Gelände des **Präsidentenpalastes**. Der Palast wurde 1901 als bescheidener Wohnsitz für den Generalgouverneur von Indochina erbaut – mit geschwungenen Treppenaufgängen, Fensterläden in Form von Jalousien und kunstvollen schmiedeeisernen Toren aus der Belle Époque – und dient heute als Empfangskulisse bei Staatsbesuchen. Das Gebäude ist der Öffentlichkeit nicht zugänglich, aber man kann es von außen bewundern, während man durch die Palastgärten zum **Wohnhaus von Ho Chi Minh** spaziert. Nach der Unabhängigkeit ließ Präsident Ho Chi Minh 1954 hinter dem Palast einen schlichten Wohnsitz für sich selbst errichten, und zwar in der Pfahlbauweise wie sie die ethnischen Minderheiten Vietnams bevorzugen – eine einfache, von Bambuswänden umgebene Konstruktion, die zur Seite hin offen ist. Im Erdgeschoss befindet sich der Empfangsraum, ausgestattet mit Schreibtisch, Telefonen und Tisch, die von Ho und dem Politbüro benutzt wurden, der Arbeitsraum und das Schlafzimmer im Obergeschoss sollen genau so erhalten sein, wie Ho die Räume hinterlassen hat, nur spärlich möbliert, schlicht und blitzeblank poliert. Ho soll hier die letzten elf Jahre seines Lebens (selbst während des Vietnamkriegs) gewohnt und seinen Garten und Fischteich gepflegt haben. Es ist überliefert, dass er in der kleinen Hütte nebenan starb. ◷ Di–Do, Sa und So 7.30–11 und 14–16 Uhr.

Einsäulenpagode

Ganz in der Nähe von Hos Pfahlhaus konkurriert die Einsäulenpagode mit dem Schildkrötenturm als Wahrzeichen von Hanoi. Dies ist die ungewöhnlichste der vielen Hundert Pagoden, die von den frommen buddhistischen Königen der Ly-Dynastie im 11. Jahrhundert in Auftrag gegeben wurden, und stellt eine blühende vietnamesische Kunst zur Schau. Das winzige hölzerne Heiligtum – Quan Am gewidmet, deren Statue sich im Innern verbirgt – umfasst nur drei Quadratmeter und steht auf einer einzelnen Säule, die aus der Mitte eines künstlichen Sees aufragt. In ihrer Form soll sie an eine Lotusblume erinnern, das buddhistische Symbol der Erleuchtung. Tatsächlich handelt es sich jedoch nicht um das ursprüngliche Bauwerk (darauf lässt schon die Betonsäule schließen), sondern um einen Nachbau aus der Zeit nach dem Rückzug der französischen Truppen, welche die Pagode 1954 zerstörten.

Die Ursprünge der Pagode liegen im Ungewissen, aber einer bekannte Legende erzählt, dass sie 1049 von König Ly Thai Tong, einem leidenschaftlichen Buddhisten ohne männlichen Nachkommen, gegründet wurde. Im Traum soll dem König die Göttin Quan Am erschienen sein, die auf ihrem Lotusthron saß und ihm einen Knaben überreichte. Bald darauf heiratete der König ein Dorfmädchen, die ihm einen Sohn und Erben gebar, woraufhin Ly Thai Tong als Dank eine Pagode in Form einer Lotusblüte errichten ließ. Die Tatsache, dass der König bereits 1022, sechs Jahre vor seiner Thronbesteigung, einen Sohn empfangen hatte, lässt eine weniger romantische Version der Geschichte glaubwürdiger erscheinen: König Ly Thai Tong träumte, dass ihn Quan Am zu sich auf ihren Lotusthron eingeladen hatte; die königlichen Berater hielten dies für ein schlechtes Omen und rieten ihm, eine Pagode zu gründen, wo sie für ein langes Leben ihres Herrschers beten konnten.

Was auch immer die Wahrheit sein mag, die meisten Besucher empfinden die Pagode als enttäuschend – einerseits wegen ihrer Größe und der in Beton ausgeführten Restaurationsarbeiten, andererseits wegen der übermächtigen Präsenz des nahen Ho Chi Minh-Museums. Hinter der Pagode wächst ein **Heiliger Feigenbaum**, anscheinend ein Ableger des Baumes, unter dem der Buddha zur Erleuchtung gelangte und der Ho Chi Minh bei einem Besuch in Indien 1958 überreicht wurde. Zu guter Letzt sollte man noch einen Blick durch den Eingang in der südwestlichen Ecke werfen, wo sich ein anheimelnder Innenhof voller Topfpflanzen und Bonsaibäume befindet, in dem ein Mönch gelegentlich Akupunkturen vornimmt.

Ho Chi Minh-Museum

In dem blendend weißen Gebäude nur 200 m westlich der Einsäulenpagode ist das Ho Chi Minh-Museum untergebracht, das mit sowjetischer Hilfe erbaut und am 19. Mai 1990, dem 100. Geburtstag von Ho, eingeweiht wurde. Das Museum feiert Ho Chi Minhs Leben und seine Schlüsselrolle, die er in der Landesgeschichte spielte; es überrascht nicht, dass auch dies ein beliebtes Ziel für Schulausflüge ist. Die Exponate an den Wänden der Halle richten den Blick auf Hos Leben und die „vietnamesische Revolution" im Kontext der internationalen Entwicklung des Sozialismus. Ausgestellt sind Dokumente, Fotografien sowie diverse persönliche Besitztümer, darunter eine Verkleidung, mit deren Hilfe Ho von Hongkong flüchtete (mehr über Hos Lebensgeschichte s.S. 428/429, Kasten). Parallel dazu werden in einem inneren Ring verschiedene „räumliche Bilder" gezeigt, sechs Darstellungen mit bedeutenden Orten und Ereignissen, von Hos Geburtsort in Nghe An über die Pac Bo-Höhle bis zu einer allegorischen Darstellung der Wiedervereinigung Vietnams. Die meisten Ausstellungsgegenstände tragen englische Beschriftungen, aber das schummrige Licht und die winzigen Buchstaben erschweren das Lesen. Die surreale Konzeption des Museums lohnt zwar einen Besuch, doch sollte man nicht erwarten, mehr über das Wesen des Mannes zu erfahren. ◷ Di–Do, Sa und So 8–11.30 und 14–18 Uhr.

Personenkult um Ho Chi Minh: Mausoleum (o.) und Museum

Museum für Militärgeschichte und Cot Co-Flaggenturm

Vom Ho Chi Minh-Museum geht es nun in östlicher Richtung am Ba Dinh-Platz vorbei zur Dien Bien Phu, einer Straße, die von knorrigen Bäumen, ehemaligen Kolonialbauten und dazwischen einigen überladen wirkenden Villen gesäumt wird. Etwa 500 m vom Platz entfernt steht noch immer die Statue Lenins gegenüber einem weißen Gebäude, welches das **Museum für Militärgeschichte**, 28 Dien Bien Phu, beherbergt. Offiziell behandelt das Museum die Geschichte der Volksarmee ab dem Zeitpunkt ihrer Gründung im Jahre 1944, tatsächlich aber präsentiert man hier die Landesgeschichte von den 30er Jahren des 20. Jahrhunderts bis heute, eine Periode, die von dem Französischen und dem Vietnamkrieg geprägt war, wobei China und Kambodscha kaum Erwähnung finden.

Ganzer Stolz des Museums ist die russische MIG 21, die zusammen mit vielen anderen Kriegsgeräten – darunter Waffen aus der Schlacht von Dien Bien Phu (s.S. 550/551, Kasten) und Flakgeschütze aus dem Vietnamkrieg – den Vorhof ziert. Im zweiten Innenhof finden sich Wrackteile verschiedener amerikanischer Flugzeuge, alle gegen einen Baum aufgetürmt. Die eigentliche Ausstellung ist im 1. Stock des Arkadengebäudes untergebracht und zeichnet in chronologischer Abfolge die Armeegeschichte vom Nghe Tinh-Aufstand im Jahre 1930 über die Augustrevolution bis zum „Volkskrieg" gegen die Franzosen mit Höhepunkt in der entscheidenden Schlacht von Dien Bien Phu nach. Bei ausreichender Nachfrage wird das Diorama der Schlacht von einem Video in englischer Sprache begleitet; trotz des unüberhörbar propagandistischen Untertons vermag das filmische Archivmaterial absolut zu faszinieren. Wie zu erwarten sind die Stars der Aufführung General Giap und Ho Chi Minh – nach den allgegenwärtigen unbewegten Bildern kommt es fast einem Schock gleich, Ho plötzlich in Aktion zu sehen. In einer separaten Abteilung im hinteren Gebäudeteil

Wie werde ich ein Mandarin?

Die Prüfungen für die Zulassung zum **kaiserlichen Staatsdienst** wurden im 11. Jahrhundert von den Ly-Königen im Zuge ihrer Reformen eingeführt, mit deren Hilfe die Stabilität des Landes über mehrere Jahrhunderte hinweg gesichert werden sollte. Die Prüfungen basierten auf dem chinesischen System, umfassten jedoch auch buddhistische und taoistische Texte sowie konfuzianische Klassiker. Es sollte jedoch bis ins 15. Jahrhundert dauern, bis der akademische Erfolg und nicht allein die adlige Abstammung oder die guten Beziehungen über den Eintritt in den Staatsdienst entschieden. Ab dieser Zeit stand das System **allen Männern** offen, ausgenommen „Verrätern, Rebellen, unmoralischen Menschen und Schauspielern". In der Praxis jedoch kamen nur wenige Kandidaten, die nicht der Oberschicht angehörten, über die niedrigste Stufe hinaus.

Erste Hürde waren die **regionalen Prüfungen** *(thi huong)*, nach deren erfolgreicher Bewältigung die Studenten (im Alter zwischen 16 und 61 Jahren) ausgerüstet mit ihrer Schlafmatte, einem Tuschestein und einem Schreibpinsel nach Hanoi gingen. Hier nahmen sie an den nächsthöheren **nationalen Prüfungen** *(thi hoi)* teil, die bis zu sechs Wochen dauern konnten und sowohl den poetischen Stil und das Wissen um klassische Texte als auch administrative Fähigkeiten der Kandidaten bewerteten. In den 70er Jahren des 19. Jahrhunderts wurde gar der Verkauf von Spirituosen an die Aspiranten untersagt. Wer erfolgreich alle Stufen durchlaufen hatte, bekam die Doktorwürde *(tien si)* zugesprochen und wurde zum dritten abschließenden Examen zugelassen, die so genannte **Palastprüfung** *(thi dinh)*, welcher der König selbst vorstand. In manchen Jahren wurden lediglich drei *tien si* gewährt, während die Zahl der Kandidaten manchmal bis zu 6000 Teilnehmer betrug. Zwischen 1076 und 1779 fanden fast 300 Prüfungen statt, verzeichnet sind jedoch nur 2313 *tien si*. Nach erfolgreich bestandener Prüfung übergab der König seinen neuen Mandarinen eine Mütze, eine Robe, einen Schirm sowie ein Pferd, auf dem sie in einem Triumphzug nach Hause zurückkehren konnten.

wird auf ganz ähnliche Weise der Vietnamkrieg abgehandelt, u.a. mit einem Film über den unbarmherzigen Feldzug genSüden zur „Befreiung" Saigons im Jahre 1975. Ebenfalls sehr gut dokumentiert ist die allgemeine Mobilisierung, inklusive seltener Fotos des Ho Chi Minh-Pfads (s.S. 422/423, Kasten) und des ständigen Kampfs, die Konvois in Bewegung zu halten. ⌚ Di–Do, Sa und So 8–11.30 und 13–16.30 Uhr.

Auf dem Museumsgelände erhebt sich auch der 30 m hohe **Cot Co-Flaggenturm**, einer der wenigen Überreste der Zitadelle von Kaiser Gia Long aus dem frühen 19. Jahrhundert, an dem anstatt der gelben Fahne des Kaisers heute die Nationalflagge weht. 1812 fügten vietnamesische Architekten der ansonsten europäisch angehauchten Zitadelle mehrere Türme hinzu, und als die Franzosen die Festung in den 90er Jahren des 19. Jahrhunderts dem Erdboden gleichmachten, ließen sie den Cot Co als Aussichtsposten und Signalturm stehen. Von oben kann man bis zu den Eisenbögen der Long Bien-Brücke im Osten blicken und sich auch einen Überblick über die heutige Zitadelle verschaffen, wo sich nicht nur das Hauptquartier der Armee verbirgt, sondern auch Relikte der Kaiserstadt aus dem 15. Jahrhundert, die für die Jahrtausendfeier der Stadt im Jahre 2010 nach und nach restauriert werden. Bislang sieht man nur das Nordtor der Zitadelle (in der Phan Dinh Phung gegenüber der Chau Bac-Kirche), dessen Mauerwerk unter der französischen Bombardierung im Jahre 1882 schwer gelitten hat.

Nationalmuseum der Schönen Künste

Folgt man der Hoang Dieu vom Museum für Militärgeschichte in südlicher Richtung, vorbei an der pompösen chinesischen Botschaft, und biegt rechts in die Cau Ba Quat ab, steht man bald vor einem dreistöckigen Kolonialgebäude mit schokoladenbraunen Fensterläden. Das Nationalmuseum der Schönen Künste, 66 Nguyen Thai Hoc, unternimmt einen Streifzug durch die wichtigsten Entwicklungsstufen vietnamesischer Kunst. Obwohl es sich oft um Reproduktionen handelt, sind einige wunderbare Stücke darunter, insbesondere in der Abteilung der buddhistischen Kunst des 17. und 18. Jahrhunderts, die u.a. mit meisterhaften Statuen der 18 Arhats aus der Tay Phuong-Pagode (s.S. 498) glänzt. Unbedingt sehenswert sind außerdem die Sammlung mit Volkskunst sowie die kleine, aber interessante Ausstellung von Künstlern des 20. Jahrhunderts, in der die Entwicklung vom europäisch geprägten Stil über den sozialistischen Realismus bis zum Auftauchen einer ganz eigenen vietnamesischen Kunstrichtung verfolgt werden kann. ⌚ Di–So 9.15–17 Uhr.

Literaturtempel

Auf der anderen Seite der verkehrsreichen Nguyen Thai Hoc liegt Hanois bedeutendster Tempelkomplex, der Literaturtempel (Van Mieu), der zugleich Vietnams wichtigstes konfuzianisches Heiligtum und dessen historisches Lehrzentrum ist. Er stellt außerdem einige der wenigen Überreste der ursprünglichen Stadt der Ly-Könige dar und hat in den 900 Jahren seit seiner Einweihung im Jahre 1070 trotz Rekonstruktions- und Renovierungsarbeiten nichts von seinem harmonischen Erscheinungsbild eingebüßt.

Die Anlage wird durch das zweistufige Van Mieu-Tor in der Quoc Tu Giam betreten und entspricht in ihrem Grundriss dem Geburtsort von Konfuzius im chinesischen Qufu. Von den fünf aufeinander folgenden ummauerten Innenhöfen beherbergen die ersten beiden gepflegte Rasenflächen und stattliche Bäume und sind nur durch einen einfachen Pavillon getrennt. In den dritten Innenhof gelangt man durch den imposanten Khue Van Cac, einen mit einem zweistufigen Dach gedeckten Torbogen aus dem Jahre 1805, dessen oberes Stockwerk von vier strahlenförmigen Sonnen verziert wird. Mittelpunkt des dritten Hofes ist die Quelle Himmlischer Klarheit, ein ummauerter Teich, zu dessen beiden Seiten die wertvollsten Relikte des Tempels stehen: 82 **Stelen**, die jeweils auf einer Steinschildkröte ruhen. Auf jeder Stele sind nicht nur die Resultate der staatlichen Prüfungen verzeichnet, die zwischen 1442 und 1779 an der Nationalakademie abgehalten wurden (wenngleich es diesen Brauch erst seit 1484 gibt), sondern auch eine Kurzbiografie der erfolgreichen Kandidaten. Im Laufe der Jahre sollen geschätzte 30 Stelen verloren gegangen oder zerstört worden sein, doch die beiden ältesten von 1442 und 1448 nehmen eine zentrale Stellung ein und stehen sich zu beiden Seiten des Teiches gegenüber.

Das Tor des großen Erfolges führt in den vierten Innenhof und zu den Gebäuden des Haupttempels. Links und rechts davon befinden sich je zwei Pavillons, die einst Altare zu Ehren der 72 Schüler von Konfuzius enthielten, aber heute Verwaltungsbüros und Souvenirläden beherbergen. Zum vietnamesischen Neujahrsfest Tet finden in diesem Innenhof Kalligrafie-Wettbewerbe und „menschliche Schachspiele" statt, bei denen anstelle von Holzfiguren Menschen auf den Pflastersteinen des Hofes hin und her „geschoben" werden.

Am Nordrand des Hofes steht die **Zeremonienhalle** des Tempels, ein langes, flaches Gebäude, dessen geschwungenes Ziegeldach von zwei gewundenen, einen Vollmond umklammernden Drachen gekrönt wird. Hier brachten der König und seine Mandarine vor dem Konfuzius-Altar ihre Opfer dar, begleitet von donnernden Trommeln und Bronzeglocken, die zwischen den wundervollen Säulen aus Eisenholz widerhallten. Unmittelbar hinter der Zeremonienhalle liegt das **Tempelheiligtum**, einst selbst dem König verboten, wo Konfuzius mit seinen vier Hauptschülern umgeben von leuchtenden Rot- und Goldfarben sitzt.

Der fünfte und letzte Hof beherbergte die **Nationalakademie**, Vietnams erste Universität, die 1076 gegründet wurde, um Prinzen und hohe Beamte in der konfuzianischen Lehre zu unterrichten. Später fanden hier dreimal jährlich die Prüfungen statt, mit Hilfe derer die ranghöchsten Mandarine des Landes ausgewählt wurden, ein Brauch, der fast ohne Unterbrechung bis 1802 anhielt, als Kaiser Gia Long die Landeshauptstadt nach Hué verlegte. 1947 zerstörten französische Bomben die Akademiegebäude, aber inzwischen steht hier ein eleganter zweistöckiger Pavillon mit einem Museum und einem Altar zu Ehren der drei Monarchen: König Ly Thanh Tong, Gründer von Van Mieu; Ly Than Tong, der die Universität hinzufügte; sowie Le Thanh Tong, Urheber der Stelen. Die Ausstellungsstücke stammen vornehmlich aus der Zeit ab dem 18. Jahrhundert, darunter Fotos des Tempels aus den 20er Jahren des 20. Jahrhunderts sowie Textbücher der Studenten, Tuschesteine und andere Gegenstände wie beispielsweise eine Kürbisflasche für Wein für die modebewussten Studenten des 19. Jahrhunderts. Bei entsprechender Nachfrage finden hier manchmal auch Aufführungen traditioneller Musik statt. 🕓 tgl. April–Sep 7.30–18 Uhr, Okt–März 8–17 Uhr.

Westsee

Irgendwann in grauer Vorzeit kehrte einmal ein Mönch aus China zurück, voll bepackt mit einer gewaltigen Menge Bronze, die er als Dank für die Heilung des erkrankten Kaisers erhalten hatte. Den größten Teil des Metalls übergab er dem Staat, doch aus einem kleinen Klumpen fertigte der Mönch eine Glocke, deren Klang so rein war, dass man sie im ganzen Land bis hinter die Berge hörte. Den Ton vernahm auch ein goldenes Büffelkalb in der kaiserlichen Schatzkammer Chinas. Das Tier folgte dem Klang der Glocke, von dem es annahm, es sei der Ruf seiner Mutter. Plötzlich verstummte die Glocke jedoch, und das Kalb lief ziellos im Kreis, bis es ein großes Loch getrampelt hatte, das sich mit Wasser füllte: der **Westsee** oder *Ho Tay*. Einige behaupten, das goldene Büffelkalb befinde sich noch immer auf dem Grund des Sees und könne nur von einem Mann mit Hilfe seiner zehn leiblichen Söhne gerettet werden.

Prosaischer betrachtet präsentiert sich der Westsee als seichte Lagune, die entstand, als der wasserreiche Rote Fluss seinen Lauf nach Osten verlagerte und dabei einen schmalen Streifen Land zurückließ; dieser wurde über die Jahrhunderte hinweg mit massiven Dämmen befestigt, welche den See vom Fluss trennten. Traditionell diente der See als Ort der Erholung und spiritueller Einkehr für die Könige, die an seinem Ufer Sommerpaläste und religiöse Einrichtungen erbauen ließen, darunter Hanois älteste Pagode, **Tran Quoc**. Im 17. Jahrhundert errichteten Dorfbewohner einen Damm durch die südöstliche Ecke des Sees und schufen damit einen kleinen Fischteich, der heute **Truc Bach** genannt wird und von kleinen Cafés umgeben ist.

Im Laufe der letzten zehn Jahre hat sich der Westsee erneut zu Hanois schickster Adresse entwickelt, und an seinem Ufer bzw. in der näheren Umgebung sind einige exklusive Wohnresidenzen, Clubs sowie eine ganze Reihe von internationalen Fünf-Sterne-Hotels entstanden. Derzeit lädt das Ostufer noch zu einem beschaulichen Ausflug auf dem Fahrrad ein und bietet Gelegenheit, ein oder zwei Sehenswürdigkeiten entlang der Wegstrecke zu erkunden. Um zum neuen, südwestlich des Sees gelegenen **Museum für Ethnologie** zu gelangen, ist hingegen ein Auto oder der Bus vorzuziehen. Die Attraktionen entlang des Damms liegen nur rund

Vietnams wichtigstes konfuzianisches Heiligtum: der Literaturtempel

500 m nördlich des Präsidentenpalastes und lassen sich gut mit einem Besuch der Monumente um den Ba Dinh-Platz kombinieren.

Der Damm und der Truc Bach-See

Der Name **Truc Bach** leitet sich von einem Sommerpalast ab, der im 18. Jahrhundert von den regierenden Trinh-Herrschern erbaut und in dem später lästige Konkubinen sowie andere „auf Abwege geratene Frauen" gefangen gehalten wurden, um dort feine weiße Seide *(truc bach)* zu weben. Von dem ursprünglichen Palast ist nichts erhalten, aber am Südostufer des Sees steht noch der **Quan Thanh-Tempel** aus dem 11. Jahrhundert, der im Auftrag von König Ly Thai To erbaut wurde und dem Wächter des Nordens, Tran Vo, gewidmet ist, der die Stadt vor Übel wollenden Geistern schützt. Der Quan Thanh wurde mehrmals erneuert (zuletzt 1893), was ihn im Laufe der Zeit seiner ursprünglichen Architektur fast vollständig beraubte. Lohnend ist der ruhige, schattige Innenhof mit der **Statue** von Tran Vo, die 1677 in schwarzer Bronze gegossen wurde und auf dem Hauptaltar steht. Die fast 4 m hohe und vier Tonnen schwere Figur stellt den taoistischen Gott zusammen mit seinen beiden Machtsymbolen dar, einer Schlange und einer Schildkröte; geschaffen wurde sie vom Kunsthandwerker Trum Trong, dessen eigene steinerne Darstellung dem Gott zur Seite sitzt. Im Schreinzimmer befinden sich auch wertvolle Sammlungen von Gedichten aus dem 17. und 18. Jahrhundert und „Parallelsätzen" (mit weisen Sprüchen beschriftete Tafeln, die paarweise an nebeneinander stehenden Säulen hängen), einige davon mit kunstvollen Einlegearbeiten aus Perlmutt. ⏲ tgl. 8–16.30 Uhr.

Das Eingangstor zum Quan Thanh befindet sich nur wenige Schritte südlich des **Dammes** in der Thanh Nien, einem von Flammenbäumen gesäumten Boulevard, der im Sommer, wenn vom Wasser eine kühlende Brise herüberweht und Straßenhändler auf dem Rasenstreifen ihre Stände aufbauen, ein beliebter Picknickplatz ist. Dort wo die Straße in einer sanften Kurve nach rechts schwenkt, steht auf der Seite des Truc Bach ein kleines **Denkmal** zu Ehren der Flakschützen, die hier während des Vietnamkrieges stationiert waren. Das Denkmal erinnert insbesondere an den Fallschirmabsprung von Marineleutnant John McCain, der im Oktober 1967 zunächst im Truc Bach-See und danach im „Hanoi Hilton" landete, wo er mehr als fünf Jahre überlebte, später zum US-Senator avancierte und sich in dieser Funktion für eine Normalisierung des Verhältnisses zwischen Amerika und Vietnam engagierte.

Auf dem weiteren Spaziergang über den Damm passiert man Hanois älteste religiöse Einrichtung, die **Tran Quoc-Pagode**, die auf einer winzigen Insel nahe der Thanh Nien im Westsee thront. Die wahren Ursprünge der Pagode sind ungewiss, im Allgemeinen wird sie jedoch der frühen Ly-Dynastie des 6. Jahrhunderts zugeschrieben, als die 1000-jährige Herrschaft der Chinesen für kurze Zeit unterbrochen war. Eine Steinstele von 1639 erzählt, dass die Pagode im frühen 17. Jahrhundert – als der Buddhismus eine Wiederbelebung erfuhr – von ihrem ursprünglichen Platz am Ufer des Roten Flusses zu ihrem heutigen, weniger gefährdeten Standort umgesetzt wurde. Zu sehen ist sie an der Vorderseite der Pagode, die allerdings nur über den rückwärtigen Gebäudeteil zugänglich ist, und zwar über einen schmalen, nur knapp über dem Wasser verlaufenden Ziegelweg, der von einer Reihe beeindruckender Ziegelstupas flankiert wird. Ausstattung und Grundriss sind typisch für die Pagoden Nordvietnams, im Innern gibt es jedoch nichts, was besondere Beachtung verdienen würde. Besucher werden übrigens gebeten, keine Shorts zu tragen. ⏲ tgl. 7–11.30 und 13.30–18 Uhr.

Die Umgebung des Westsees

Trotz fortschreitender Urbanisierung am Ostufer des Westsees gibt es hier einige verstreute, wenngleich nur mäßig interessante Sehenswürdigkeiten, die per Fahrrad oder Auto abgeklappert werden können. Das Nordufer hat im Gegensatz dazu seinen ländlichen Charakter weitgehend bewahrt. Mit dem Fahrrad lässt sich auch der ganze See umrunden (etwa 13 km), wobei man am besten der Yen Phu Avenue folgt, anstatt sich in die endlose Schlange von Lastwagen und Bussen auf der Nghi Tam einzureihen.

Bereits nach einem kurzen Wegstück entlang der Yen Phu markiert ein Bogen zur Linken – mit der Inschrift „Lang Yen Phu" – den Beginn einer schmalen Gasse zum **Yen Phu-Tempel**, dessen massige Eingangshalle und vergnügtes Statuenensemble vor dem Altar einen Abstecher lohnen. Bei der Weiterfahrt auf der Hauptstraße passiert man ungewöhnlich opulente Villen, bei deren Erbauung der Fantasie freien Lauf gelassen wurde – nur so erklärt sich die sonderliche Stilmischung einiger Gebäude, die gleichzeitig an eine spanische Hacienda und an ein französisches Schloss erinnern. Hier bekommt man einen Eindruck der blinden Bauwut, die sich eine Zeit lang über jegliche Planungskontrollen hinwegsetzte. Das prominenteste Beispiel hierfür liegt in der östlich verlaufenden Nghi Tam, wo illegale Bauarbeiten bis zu 200 m lange Risse in den 1000 Jahre alten Hochwasserschutzvorrichtungen der Stadt verursachten. Nach einer Untersuchung, bei der ein paar Köpfe rollten, wurden einige Bausünden ganz bzw. zur Hälfte abgerissen und am Straßenrand sich selbst überlassen.

Etwa 1 km hinter dem Damm strahlen die roten Dächer der **Kim Lien-Pagode**, die sich besonders durch ihre kunstvollen Schnitzarbeiten und die unverputzten Ziegelwände eines Nachbaus aus dem 18. Jahrhundert auszeichnet. In dem umgebenden Bezirk **Nghi Tam** wurden traditionell Blumen gezüchtet, und je nach Jahreszeit entdeckt man zwischen den immer weiter vorrückenden Gebäuden bis heute Flächen voller Chrysanthemen, Pfirsich- oder Goldorangenbäume. Frühaufsteher sollten bei Sonnenaufgang hierher kommen, wenn sich Hanois Blumenverkäufer auf einem staubigen Platz versammeln, um bei den Großhändlern des hiesigen **Blumenmarktes** ihre Ware auszusuchen.

Zweigt man links in die Xuan Dieu und danach erneut links in die Dang Thai Mai ab, so gelangt man auf die **Ho Tay-Halbinsel**, an deren Ufer nicht nur diverse nette Restaurants, sondern auch der **Phu Tay Ho** zu finden sind. Dieser Tempel ist der Muttergöttin Thanh Mau gewidmet, die im 17. Jahrhundert einem berühmten Schüler auf seinem Boot im See in Gestalt eines wunderschönen Mädchens erschien. Ihren Namen verriet sie nicht, sondern lächelte nur geheimnisvoll, rezitierte einige Gedichte und verschwand wieder. Als der Schüler jedoch aufgrund des Gedichts ihre Identität ausfindig machte, errichteten einheimische Dorfbewohner einen Tempel, wo sie ihr bis heute gelegentlich in Trance huldigen – genauso wie es im Hon Chen-Tempel von Hué geschieht. Der Phu Tay Ho zieht nur wenige Touristen an, und bei den Besuchern handelt es sich vor allem um junge Vietnamesen, die eine Gefälligkeit erbitten, indem sie unter den Banyanbäumen ihre falschen Dollarnoten verbrennen. Die auf den Fassaden abgebildeten Fledermäuse symbolisieren nach chinesischem Glauben fünf Wünsche: nach einem langen Leben, Sicherheit, Erfolg, Glück und Gesundheit.

Das **Museum für Ethnologie** ist zwar mit einem längeren Spaziergang über die Nguyen Van Huyen in die Vororte von Hanoi verbunden, lohnt den Aufwand aber in jedem Fall und insbesondere für diejenigen, die auf der Reise durch Vietnam auch eines der Minderheitengebiete besuchen. Auf zwei Etagen werden die Ausstellungsstücke präsentiert, und die Besucher erhalten eine Menge Informationen (auf Vietnamesisch, Englisch und Französisch) über alle wichtigen ethnischen Gruppen. Musikinstrumente, Spiele, traditionelle Trachten und andere Gegenstände des täglichen Lebens füllen die Vitrinen und werden durch Musikaufnahmen, Fotos, zahlreiche lebensgroße Modelle sowie fesselnde Videoaufnahmen von Festen und schamanistischen Riten in einen lebendigen Kontext gesetzt. Die unglaubliche Bandbreite an Kreativität veranschaulicht auf eindrucksvolle Weise, welche Arbeit Ethnologen eigentlich leisten – das Museum fungiert gleichzeitig als Forschungsinstitut, welches damit betraut ist, Vietnams 54 ethnische Haupt- sowie deren verwirrende Anzahl von Untergruppen zu beschreiben (mehr über die Minderheiten s.S. 532/533, Kasten). Auf dem Gelände befinden sich außerdem eine wachsende Anzahl von typischen Wohnstätten der Minderheiten sowie ein Café und ein kleiner Laden mit Stoffen, Lack- und Korbwaren im Angebot, die zu festen Preisen verkauft werden. Einmal monatlich (derzeit jedes zweites Wochenende) ist das Museum Schauplatz verschiedener Veranstaltungen, die von Musikdarbietungen über Wasserpuppenspiele bis zu Kunst- und Kunsthandwerksvorführungen reichen. Um hierher zu gelangen, folgt man der Thuy Khue am südlichen Seeufer entlang und biegt dann nach Westen ab, wo das Museum nach etwa 6 km auf der linken Seite der Hoang Quoc Viet ausgeschildert ist. Der Stadtbus Nr. 14 hält an der Hauptstraße ungefähr 500 m vom Museum entfernt; ein Taxi von der Altstadt kostet um die US$4. ⏲ Di–So 8.30–17.30 Uhr, Führungen auf Englisch US$2.

Auf dem Weg zurück ins Zentrum von Hanoi kann man noch einen kurzen Abstecher ins Dorf Ngoc Ha unternehmen, wo das ramponierte Fahrgestell eines amerikanischen **B-52 Bombers** halb versunken in einem kleinen See liegt. Der Bomber war eines der 23 Flugzeuge, die im Dezember 1972 abgeschossen wurden, und dient heute als Denkmal für all diejenigen, die während der „Weihnachtsbombardierung" ihr Leben ließen. Der Huu Tiep-See befindet sich am östlichen Ende der Hoang Hoa Tham, wo neben der Hausnummer 55 ein rotes Schild mit der Aufschrift „B-52" in eine schmale Gasse und zum etwa 100 m entfernten Denkmal weist.

Die Weihnachtsbombardierung

Im Dezember 1972 befahl Präsident Nixon schwere Bombenangriffe auf Hanoi und Haiphong, wobei vor allem Transportwege, Elektrizitätswerke, Fabriken und Militäreinrichtungen als Ziele anvisiert werden sollten, weil man hoffte, damit die Pariser Friedensverhandlungen zu beeinflussen. Die umstrittene, so genannte Weihnachtsbombardierung hatte beträchtliche Schäden in zivilen Bezirken und forderte geschätzte 1300 Tote in Hanoi, wobei die Viertel südwestlich des Bahnhofs am meisten betroffen waren. Am 26. Dezember starben mehr als 200 Menschen in und um die Kham Thien, der schändlichste Anschlag jedoch traf das Bach Mai-Krankenhaus, in dem wie durch ein Wunder nur 18 Menschen getötet wurden, obwohl allein auf die Kardiologieabteilung sieben Bomben fielen. Zu dieser Zeit fürchteten die Nordvietnamesen, Hanoi könne ganz von der Landkarte gelöscht werden, und entwarfen bereits Pläne für eine neue Hauptstadt; letztlich kam das Zentrum Hanois jedoch relativ unbeschadet davon.

Südliche Bezirke

Südlich des französischen Viertels weichen die Kolonialvillen allmählich recht gewöhnlichen städtischen Wohnblocks, während die Stadt westlich der Le Duan (Nationalstraße 1) schnell in dörfliche Vororte übergeht. Entlang der großen Durchfahrtsstraßen, welche die südlichen Bezirke durchschneiden, entstehen zwar immer mehr Hochhäuser, aber noch wird nicht alles von der wuchernden und überbevölkerten Stadt vereinnahmt, und dazwischen breiten sich immer wieder Reste landwirtschaftlicher Flächen und kleine Seen aus. Die wenigen Attraktionen dieses Gebiets liegen weit verstreut und stehen bei kaum jemandem auf dem Pflichtprogramm, wer jedoch ein wenig mehr Zeit zur Verfügung hat, kann durch die Erkundung der Außenbezirke ganz neue Einblicke in das vietnamesische Alltagsleben gewinnen.

Zwischen der Le Duan und dem Roten Fluss liegt das Viertel **Hai Ba Trung**, benannt nach einem uralten Tempel, der gleichzeitig die größte Sehenswürdigkeit in dieser Gegend darstellt. Der **Den Hai Ba Trung** gedenkt zweier heldenhafter Schwestern, welche die erste bekannte Rebellion gegen die chinesischen Besatzer anführten und 40 n.Chr. für kurze Zeit ein unabhängiges Königreich gründeten (s.S. 81). Als die Revolte niedergeschlagen wurde, stürzten sich die Trung-Schwestern in einen Fluss, um der Gefangenschaft zu entgehen, und als mehrere Jahrhunderte später zwei Steinfiguren am Ufer des roten Flusses angeschwemmt wurden, glaubte man darin die erstarrten Körper der beiden Heldinnen zu erkennen. 1142 errichtete man an dieser Stelle einen Schrein, der jedoch im 19. Jahrhundert an den heutigen Standort verlegt wurde. Leider lassen die Tempelverwalter nur widerwillig Besucher ein, mit Ausnahme vielleicht am 1. und 15. Tag des Mondmonats oder während des Tempelfests, das im Februar stattfindet (am 5. und 6. Tag des 2. Mondmonats) und bei dem die Statuen mit Wasser aus dem Roten Fluss gewaschen und danach neu gekleidet werden.

Die **Pagode der Lotussekte** (Chua Lien Phai) versteckt sich in einem Gassengewirr 1 km südwestlich des Den Hai Ba Trung. Am interessantesten an diesem Gebäude ist die Geschichte seiner Gründung durch den Adelsherren Trinh Thap, der in seinem Garten einen Felsen in Form einer Lotuswurzel ausbuddelte. In der Annahme, dies sei ein Zeichen Buddhas, rasierte er seinen Kopf und verwandelte seinen Palast in die Lotuspagode, wo 1734 seine Asche beigesetzt wurde. In dem großen, idyllischen Komplex leben heute Anhänger der Lotussekte. Um hierher zu gelangen, zweigt man neben der Bach Mai Nr. 182 in die kleine Gasse und läuft in westlicher Richtung, bis der ummauerte Komplex zur Rechten auftaucht, der an einem wackligen Stupa unmittelbar hinter dem Eingangsbogen zu erkennen ist.

Aus einen Sumpfgebiet, das Hanoi bis 1960 auch als Müllhalde diente, entstand nördlich der Lien Phai-Pagode der **Lenin-Park**. Auf dem malerischen grünen Gelände stehen einige wunderbare Bäume, aber abgesehen vom jährlichen Tet-Blumenfest besitzt der Park keine nennenswerten Reize – sieht man einmal von den schiefen Betonbänken ab, die langsam wieder im Sumpf zu verschwinden scheinen. ⌚ tgl. 6–22 Uhr.

Gleich westlich des Parks erstreckt sich auf der anderen Seite der Le Duan im Viertel **Dong Da** ein Gebiet dicht gedrängter, ein- und zweistöckiger Häusern, die unter der „Weihnachtsbombardierung" im Dezember 1972 besonders arg zu leiden hatten. Der vietnamesischen Abwehr gelang es aber während des Angriffs rund 20 B-52 Bomber vom Himmel zu holen. Eines der Flugzeuge, welches einen amerikanischen Bomber abschoss, ist im **Luftwaffenmuseum**, etwa 1 km westlich der Bach Mai in der Truong Chinh, ausgestellt. Da die vietnamesische Luftwaffe erst 1959 gegründet wurde, beschäftigt sich das Museum in erster Linie mit dem Vietnamkrieg sowie mit der Kampagne gegen Pol Pot und dem darauf folgenden Eindringen der Chinesen in Vietnam 1979. Zu den interessantesten Exponaten gehören Fotos von heroischen Flugzeugbesatzungen und von den Anstrengungen, die Landebahnen offen und die wenigen Flugzeuge der Luftwaffe einsatzbereit zu halten. Man kann auch Onkel Hos edlen, mit rotem Samt überzogenen Flugzeugsitz bestaunen, der aus einem auf dem Freigelände ausgestellten MIG 4-Helikopter stammt. ⌚ tgl. 7.30–11 und 13.30–17 Uhr.

Übernachtung

Hanois Hotelszene ist in den vergangen Jahren so stark gewachsen, dass mittlerweile in allen Preislagen ein Überangebot besteht. Eine ganze Reihe neuer Luxushotels hatte gerade den Betrieb aufgenommen, als die asiatische Wirtschaftskrise zuschlug, sodass die Preise am oberen Ende der Hotelskala enorm gefallen sind und hier wirkliche Schnäppchen gemacht werden können – es lohnt sich, nach Preisnachlässen und Sonderangeboten zu fragen. Auch bei den Budget-Unterkünften sind die Preise durch zahllose Neueröffnungen im gleichen Maße gefallen wie ihr Standard gestiegen ist. Insgesamt wird man jedoch feststellen, dass Übernachtungen in Hanoi teurer sind als in Ho-Chi-Minh-Stadt. Ein Zimmer zu finden, ist selbst während des vietnamesischen Neujahrsfestes (Tet), wenn das ganze Land auf den Beinen zu sein scheint, kein Problem. Zu beachten gilt, dass viele Hotels gleichlautende Namen haben (besonders beliebt sind die Bezeichnungen *Classic* und *Prince*), und man daher die genaue Adresse benötigt, wenn man per Cyclo oder Taxi anreist.

Die beliebtesten Hoteladressen liegen im **Französischen Viertel**, angeführt von dem ehrwürdigen Metropole und seinem neueren Nachbarn, dem Hilton Hanoi Opera. In den ruhigeren Straßen dieses Bezirks findet man auch zahlreiche moderne Business-Hotels sowie ein paar staatliche Unterkünfte, von denen einige inzwischen renoviert sind und passable, wenngleich nicht wirklich billige Preise bieten. Wer auf der Suche nach einem Billigquartier ist, schaut sich am besten im Straßengewirr von Hanois **Altstadt** sowie in der Gegend **westlich des Hoan Kiem-Sees** um, wo typische Traveller-Cafés sowie Dutzende Privathotels eine Menge billiger Übernachtungsmöglichkeiten bieten, von einfachsten Dorms bis zu feudalen Zimmern mit ac und eigenem Bad.

FRANZÖSISCHES VIERTEL – ***Army*******, 33c Pham Ngu Lao, neben dem Verteidigungsministerium, ✆ 825 2896, ✉ armyhotel@fpt.vn. Mittelklassehotel in ruhiger Nebenstraße, das für seine zentrale Lage passable Preise hat. Gut ausgestattete und geräumige Zimmer, wenngleich etwas altmodisch, in zwei Flachbauten mit Blick über einen großen Pool (US$3,50 für Nicht-Gäste).

Dan Chu****, 29 Trang Tien, ✆ 825 4937, 💻 www.danchuhotel.com. Altes französisches Hotel, das zwar nostalgisches Flair verströmt, aber etwas teuer ist. Alle Zimmer mit ac, Telefon, Satelliten-TV und Mini-Bar, die billigeren Zimmer sind aber recht klein und haben keine Fenster.

De Syloia****, 17a Tran Hung Dao, ✆ 824 5346, 💻 www.desyloia.com. Hinter der kolonial anmutenden Fassade verbirgt sich ein elegantes Business-Hotel mit 33 tadellos eingerichteten Zimmern, einige davon allerdings ziemlich klein. Guter Service, passables Restaurant und Fitnessraum.

Guoman**, 83a Ly Thuong Kiet, nahe Bahnhof, ✆ 822 2800, 🖳 www.guomanhotels.com. Größeres Business-Hotel in neo-kolonialem Stil mit hohem Servicestandard, geschmackvoll eingerichteten Zimmern, Fitness- und Business Centre und sowie mehreren Restaurants.
Hilton Hanoi Opera, ab*****, 1 Le Thanh Tong, ✆ 933 0500, 🖳 www.hilton.com. Unbestrittene Top-Adresse im Zentrum Hanois, im passenden Stil zum benachbarten Opernhaus gestaltet. 269 helle und geräumige Zimmer mit fürstlichen Badezimmern und lokalem Touch bei der Einrichtung. 3 Restaurants, Business Centre, Reiseagentur, Fitnessraum sowie Pool im Freien (nur im Sommer).
Lotus*–**, 42v Ly Thuong Kiet, ✆ 826 8642, 🖳 www.lotus-guesthouse.com. Eines von Hanois alten Gästehäusern mit Zimmern im Dorm-Stil. Nette Atmosphäre, gute und ruhige Lage, daher recht gefragt. Dorm-Bett US$4, die etwas beengten Zimmer mit Bad gibt es ab US$8. Reservierung empfohlen.
Melia, über US$150, 44b Ly Thuong Kiet, ✆ 934 3343, 🖳 www.solmelia.com. Hanois neuestes Hochhaushotel zielt auf wohlhabende Reisende und Manager. Luxuriöse, schick eingerichtete Zimmer, Pool im Freien, Fitnessraum, Business Centre, mehrere Restaurants.
Nikko, über US$ 150, 84 Tran Nhan Tong, ✆ 822 3535, 🖳 www.hotelnikkohanoi.com.vn. Luxuriöses Hotel am südlichen Rand des Französischen Viertels mit gut ausgestatteten Zimmern, die einem Fünf-Sterne-Hotel gerecht werden. In japanischem Besitz und daher entsprechend minimalistisch eingerichtet, dafür mit dem sehr guten Restaurant Benkay und einer Sushi-Bar. Außerdem Business Centre, Fitnessclub und Pool im Freien.
Saigon***, 80 Ly Thuong Kiet, ✆ 942 4499, 🖂 saigonhotelhn@fpt.vn. Älteres staatliches Hotel, das unter der Konkurrenz des gegenüberliegenden, etwas besseren Guoman leidet. Geräumige, etwas eigenartig geschnittene Zimmer mit Bad, Telefon, Satelliten-TV und ac. Die Bar auf dem Dach hat nur abends von April bis September geöffnet.
Sofitel Metropole, ab*****, 15 Ngo Quyen, ✆ 826 6919, 🖳 www.accorhotels.com/asia. Trotz zunehmender Konkurrenz nach wie vor eines der gefragtesten Hotels der Stadt. Die 1901 eröffnete Unterkunft beherbergte bereits Graham Greene, Charlie Chaplin und Jane Fonda. Die Zimmer im modernen Opern-Flügel bieten zwar internationalen Luxus, lassen aber den Charme des Originalgebäudes mit seinen Holzböden, alten Möbeln und Bambusverkleidungen an den Wänden vermissen. Business Centre, kleiner Pool im Freien, Fitnessclub sowie mehrere Restaurants, allen voran das Spices Garden, das hochklassige vietnamesische Kost serviert.
Somerset Grand Hanoi***, 49 Hai Ba Trung, ✆ 934 2342, 🖂 enquiry.hanoi@the-ascott.com. Mit dem Slogan „Kollektivübernachtung" beworbene Apartments, mit bis zu drei Schlafzimmern und komplett eingerichteten Küchen. Service wie im Hotel, bestens ausgestattet, u.a. mit Pool, Fitnessraum und Kinderspielzimmer.
Sunway, ab*****, 19 Pham Dinh Ho, ✆ 971 3888, 🖳 www.allsonhotels.com. Preisgekröntes kleineres Vier-Sterne- -Hotel, dessen hoher Standard und komfortable Zimmer die etwas ungünstige Lage wieder wettmachen. Restaurant im Haus, Live-Musik in der Lobby-Bar, Fitnesscentre.
Thuy Nga**, 4 Ba Trieu, ✆ 934 1256, 🖂 thuyngahotel@hn.vnn.vn. Eines der wenigen Mittelklassehotel in dem Viertel mit netten, gut gepflegten Zimmern, wenngleich man für die Lage – einen Steinwurf vom Hoan Kiem-See entfernt – nicht zu knapp zur Kasse gebeten wird.

ALTSTADT UND WESTLICH DES HOAN KIEM-SEES – ***Anh Dao****, 37 Ma May, ✆ 826 7151, 🖳 www.camellia-hotels.com. Beliebtes, freundliches und gut geführtes Budget-Hotel in einer der lebhaftesten Straßen der Altstadt. Alle Zimmer mit Bad, Telefon, Satelliten-TV und ac, einige mit Balkon und Holzfußboden; gutes Preis-Leistungs-Verhältnis.
Anh Sinh, 7 Dong Thai, ✆ 828 2970, 🖂 anhsinh7@yahoo.com. Kleines Hotel mit funktionellen, sauberen Zimmer in einer ruhigen Nebenstraße, bei Rucksacktouristen beliebt.
Camellia II*, 31 Hang Dieu, ✆ 828 5704, 🖂 camellia2@fpt.vn. Angejahrte Unterkunft mit sauberen und ausreichend komfortablen Zimmer, sehr freundliche Mitarbeiter.

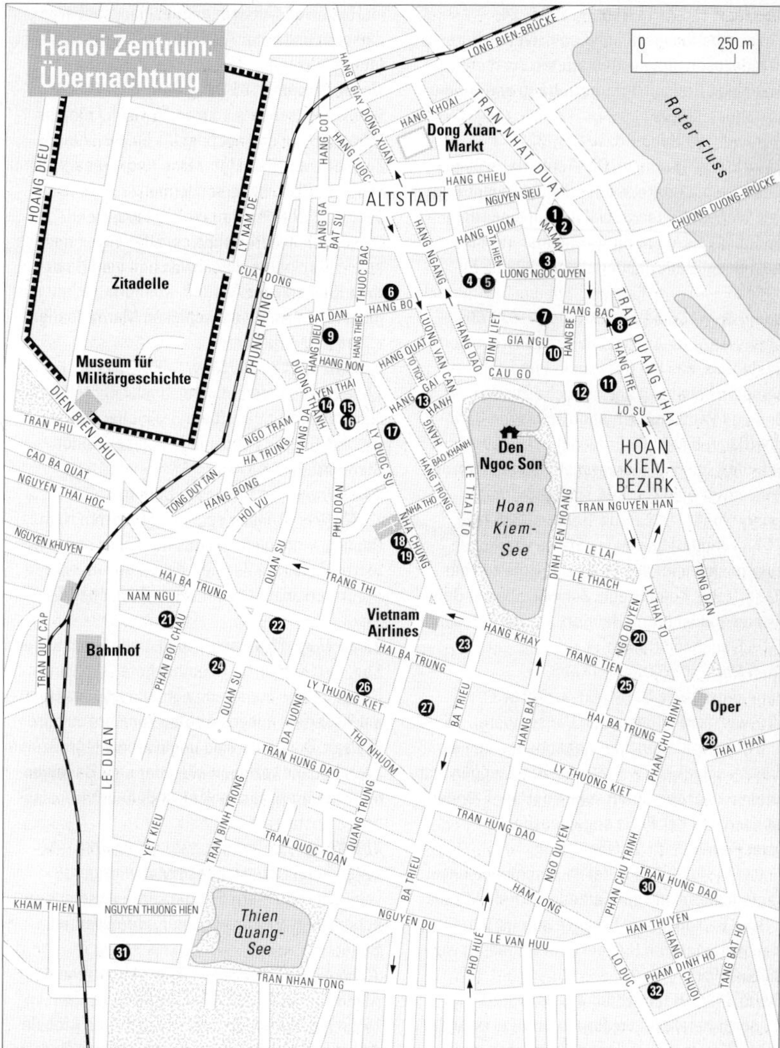

Übernachtung:

Anh Dao	2	Guoman	24	Nikko	31	Sunshine	3
Anh Sinh	1	Hanoi Spirit Club	10	North 2	16	Sunway	32
Army	29	Hilton Hanoi Opera	28	Prince I	4	Thien Thuy	11
Camellia II	9	Lotus	27	Queen Travel	7	Thien Trang	18
Classic I	5	Lucky	17	Saigon	21	Thu Giang	15
Dan Chu	25	Melia	26	Salute	12	Thuy Nga	23
De Syloia	30	Nam Hai	14	Sofitel Metropole	20	Trong Nghia	8
Fortuan	6	Nam Phuong	19	Somerset Grand Hanoi	22	Win	13

Classic I***, 22a Ta Hien, ✆ 826 6224, 💻 www.hanoiclassichotel.com. Neues Hotel mit 40 tadellosen, gut ausgestatteten Zimmern zu passablen Preisen. Internetzugang und Tourveranstalter im Haus.
Fortuan**, 68 Hang Bo, ✆ 828 1324, ✉ fortuan@hn.vnn.vn. Die Aufenthaltsräume haben wenig Charme, aber die mit Bambusmöbeln eingerichteten Schlafzimmer sind recht gemütlich. Es lohnt, für die Zimmer mit Balkon und neuem Badezimmer etwas mehr zu bezahlen.
Hanoi Spirit Club*, 50 Hang Be, ✆ 826 7356, 💻 www.azqueencafe.com. Großes, renoviertes Gästehaus, das bei Rucksack- und Fahrradtouristen beliebt ist und schliche Zimmer mit Bad und Ventilator, z.T. auch ac, sowie Dorm-Unterkunft bietet. Im Erdgeschoss des Hauses befinden sich ein Tourveranstalter, ein Internet-Café sowie eine Bar und ein Restaurant.
Lucky–*******, 12 Hang Trong, ✆ 825 1029, ✉ luckyhotel@hn.vnn.vn. Etwas verblichen, aber noch immer das beste der Hotels in der Hang Trong. Komfortable Zimmer, alle mit Badewanne, Kühlschrank, Telefon, ac und Satelliten-TV, z.T. auch mit Balkon.
Nam Hai****, 55 Duong Thanh, gegenüber Hang Da-Markt, ✆ 928 6630, 💻 www.namhaihotel.com. Die schweren Möbel und holzvertäfelten oder gekachelten Zimmer in diesem schicken Zwei-Sterne-Hotel mögen manchem zu viel des Guten sein, aber der Standard ist hoch und der Preis angemessen.
Nam Phuong*–**, 26 Nha Chung, ✆ 824 6894. Kleines Hotel im zunehmend angesagtem Viertel um die Kathedrale. Helle Zimmer, z.T. mit Balkon, gutes Preis-Leistungs-Verhältnis. Hat allerdings den Ruf, ein paar Regeln zu viel aufzustellen.
North 2*–**, 5 Tam Thuong, ✆ 828 5030, ✉ north-hotel@fpt.vn. Eines von zwei freundlichen Hotels in Familienbesitz in einer ruhigen Gasse der Altstadt. Einfache, aber absolut ausreichende Einrichtung; alle Zimmer mit Bad (einige sind ein wenig beengt), Satelliten-TV, Kühlschrank und Telefon. Das ***North 1***, 15 Hang Ga, ✆ 826 7242, ist ähnlich.
Prince I***, 51 Luong Ngoc Quyen, ✆ 828 0155, 💻 www.hanoiprincehotel.com. Hübsches Hotel im Herzen der Altstadt mit riesigen, sauberen Zimmern und guter Ausstattung, u.a. kostenloser Internetzugang.
Queen Travel***, 65 Hang Bac, ✆ 826 0860, 💻 www.queencafe.com.vn. Wird im Frühjahr 2004 eröffnen und mit bestens eingerichteten Zimmern, einer Dachterrasse und orientalischem Flair den Blick sicherlich lohnen.
Salute***, 7 Hang Dau, ✆ 825 8003, ✉ salutehotelvn@yahoo.com. Relativ elegantes, aber bezahlbares Hotel zwischen dem Hoan Kiem-See und der Altstadt. Komfortable, gut ausgestattete Zimmer mit schicken Marmorbädern, z.T. auch mit Balkonen.
Sunshine***, 42 Ma May, ✆ 926 1559, 💻 www.sinhcafetour.com/sunshinehotel01.html. Nagelneue Unterkunft unter gleicher Leitung wie das Classic I und mit demselben hohen Standard.
Thien Trang**–***, 24 Nha Chung, ✆ 826 9823, 📠 828 6717. Ähnlich dem benachbarten Nam Phuong, wenngleich etwas hübscher und etwas teurer. Tadellose Zimmer; diejenigen im oberen Stockwerk bieten einen tollen Blick über die Stadt.
Thien Thuy***, 9 Hang Thung, nahe Hoan Kiem-See, ✆ 934 3608, ✉ thienthuyhotel@hn.vnn.vn. Gut geführtes malaiisch-vietnamesisches Hotel mit 20 perfekt ausgestatteten Zimmern zu fairen Preisen. Die Bäder sind ungewöhnlich großzügig gestaltet und verfügen alle über eine Badewanne. Im Erdgeschoss soll ein indonesisch-malaiisches Restaurant eröffnen.
Thu Giang*, 5a Tam Thuong, ✆ 828 5734. Unterkunft in Familienbesitz mit winzigen, schlichten Zimmern. Für die karge Ausstattung entschädigt die Lage in einer interessanten Gegend.
Trong Nghia**, 9a Hang Mam, am Ostrand der Altstadt, ✆ 826 7365, ✉ nghiahotel@hn.vnn.vn. 15 Zimmer mit traditionellen, schweren Möbeln und schicken Bädern bzw. einer kleinen Dusche in den billigeren Zimmern.
Win***, 34 Hang Hanh, ✆ 288 7371, 📠 824 7448. Etabliertes und nach wie vor beliebtes Hotel in der angesagten Hang Hanh mit ihren Cafés. 10 große und helle Zimmer, modern eingerichtet, aber etwas teuer.

Essen

Hanois Essen kann hinsichtlich der Qualität und des Variantenreichtums mittlerweile absolut mit Ho-Chi-Minh-Stadt konkurrieren. Das breite Angebot reicht von wackligen **Essenständen** und **Straßenküchen** bis zu einer wachsenden Anzahl eleganter internationaler **Restaurants**, die zumeist um den Hoan Kiem-See und im Französischen Viertel liegen Auch an **Cafés** jeglicher Art herrscht kein Mangel, seien es Kaffeehäuser, die aus nur einem Raum bestehen und das dicke, starke einheimische Gebräu servieren, oder angesagte Lokale westlichen Stils mit Cappuccino und Café latte, was natürlich seinen Preis hat. Naschkatzen werden sich über die z.T. erstklassigen **Konditoreien** sowie die Hand voll **Eisdielen** freuen, die mit ihrer gebotenen Geschmacksvielfalt jedem Gaumen gerecht werden.
Obwohl Hanoi die Hauptstadt des Landes ist, muss man auch hier **früh essen gehen**: Egal wie die angekündigte Schließzeit lauten mag, servieren die einheimischen Lokale meist nur bis 20 Uhr etwas zu essen, wobei der meiste Betrieb zwischen 18 und 19 Uhr herrscht. Nur die Lokale im westlichen Stil und die Restaurants in den Top-Hotels haben diesen Zeitplan auf ein bis zwei Stunden nach hinten verschoben.

ESSENSTÄNDE UND STRASSENKÜCHEN – Am meisten für sein Geld, und eine typische Atmosphäre obendrein, bekommt man an den **Essenständen** oder in den etwas teureren **Straßenküchen**. Die Auswahl ist in der Regel sehr begrenzt und umfasst einfache Reis- und Nudelgerichte, darunter zwei **Spezialitäten** Hanois: die allgegenwärtige *pho*-Nudelsuppe sowie *bun cha*, kleine gegrillte Schweinefleisch-Burger, die mit einer Schale Reisnudeln serviert werden und ein leckerer Snack sind. Verbreitet angeboten werden auch *bun bo* (Nudeln mit Rindfleisch) und *bun ga* (Nudeln mit Huhn), verlockend ist außerdem *banh goi*, frittierte Teigtaschen gefüllt mit Fadennudeln, Schweinehack und Pilzen, die mit einer dünnen, süßen Soße aus Petersilie und Chili serviert werden – besonders gut sind sie am Stand unter dem riesigen Banyanbaum neben dem Eingang zur Ly Quoc Su-Pagode.

Essenstände und Straßenküchen verteilen sich über die ganze Stadt, im Folgenden haben wir uns auf die Nennung derjenigen in günstiger Lage in der **Altstadt** und in den Straßen **westlich des Hoan Kiem-Sees** beschränkt. Während die Essenstände naturgemäß stärkeren Standortschwankungen unterworfen sind, handelt es sich bei den Straßenküchen um festere, meist zu mehreren versammelte Einrichtungen. Oft kann kein erkennbarer Name ausgemacht werden, und die Unterschiede sind generell gering, ein paar heben sich aber doch von der Masse ab und sind im Folgenden aufgelistet; man kann sich auch einfach in eine der ebenfalls unten aufgeführten **Restaurantstraßen** begeben, wo dann die Qual der Wahl besteht.

Stände und Straßenküchen: ***Bun Bo Nam Bo***, 67 Hang Dieu, am südlichen Ende der Hang Dieu, gegenüber dem Hang Da-Markt in der Altstadt. Hanois berühmtester *bun bo*-Laden serviert großzügig gefüllte Schüsseln mit magerem Rindfleisch und Nudeln sowie einem Berg gerösteter Erdnüsse und Knoblauch obendrauf.
Com Bia Ma May, 72 Ma May. Beliebte und günstige Straßenküche in der Altstadt mit einer Auswahl an fertigen Mahlzeiten und passablem Bier vom Fass *(bia hoi)*.
Dac Kim, 1 Hang Manh, nahe Hang Quat in der Altstadt. In Hanois bekanntestem *nem*-Lokal bekommt man riesige Berge frittierter Frühlingsrollen, *bun cha* und grünen Salat.
Pho Gia Truyen, 49 Bat Dan, am Westrand der Altstadt. Hier soll es die beste *pho bo* der Stadt geben, zubereitet mit Wasser, das mit einer geheimen Zusammenstellung von Kräutern gereinigt wurde. Die Suppe hat einen ganz eigenen Geschmack, und das Fleisch ist unglaublich saftig – besonders wenn man sich für *chinh* (durchgebraten) entscheidet. Ab 7 Uhr reicht die Warteschlange bis vor die Tür.
Hoang Lon, 70 Hoa Ma. Inmitten einer Reihe großer Lokale östlich des Lenin-Parks; genießt einen ungebrochen guten Ruf und serviert *bittet* (Steak) und *opla* (Omelette) mit Pommes oder Baguette.
Huyen Dung, 4 Ly Thai To, in der Altstadt. Steak, Eier und Pommes Frites, die man besser in diesem Teil der Welt nicht erwarten darf. Den ganzen Tag geöffnet und ideal für ein reichhaltiges

Frühstück oder ein deftiges Mittagessen nach einer durchzechten Nacht.

Linh Anh, 108 Nguyen Huu Huan, am Ostrand der Altstadt. Straßenküche mit Tischen drinnen und im Freien, bekannt vor allem für das Reis mit Huhn und speziellen Kräutern, aber auch die anderen Gerichte sind lecker. Mittag- und Abendessen; englische Speisekarte.

Mien Luon, 87 Hang Dieu, gegenüber dem Hang Da-Markt. Würzige Nudeln mit knusprigen Mini-Aalen, *luon*.

Pho Tu Do, 39 Cau Go, wenig nördlich des Hoan Kiem-Sees. Beliebter Treffpunkt für eine morgendliche *pho*-Suppe – man sollte vor 8 Uhr da sein.

Pho Lam, 7 Nam Ngu, gegenüber dem Restaurant Indochine. Den ganzen Tag über hervorragende Hühner- oder Rindfleisch-*pho*. Wer Lust auf etwas Abwechslung hat, kann sich ein rohes Ei hinzugeben lassen.

Thanh Van, 14 Hang Ga. Etwas ab vom Schuss in der nördlichen Altstadt, aber gut für *banh cuon*, eine Art frische Frühlingsrolle.

Xuan Loc, 90 Hang Trong, unmittelbar westlich des Hoan Kiem-Sees. Exzellente *bun cha*, die mit viel frischem Salat serviert werden.

Restaurantstraßen: ***Dinh Liet,*** Altstadt. Das südliche Ende dieser Straße ist bekannt für die vielen *pho*-Küchen.

Duong Thanh, gegenüber dem Hang Da-Markt. Eine Ansammlung kleiner Lokale, die insbesondere von Leuten auf Einkaufstour frequentiert werden: In der Nr. 49 gibt es *chao ca* (dicker Reisschleim mit Fisch) und in der Nr. 41 *xoi ga* (Klebreis mit Huhn).

Hang Bac/Hang Mam, Altstadtgasse am östlichen Ende der Hang Bac, wo diese zur Hang Mam wird. Diverse gut besuchte Essenstände, in denen es vor allem zur Mittagszeit hoch her geht. Im Angebot sind verschiedene Nudel- und Reisgerichte sowie solch Delikatessen wie Aale, Schnecken und Krabben. Wer sich damit nicht anfreunden kann, sollte vielleicht einen Snack aus Reisnudeln mit gebratenem Tofu, Gurke und Minze probieren.

Le Van Huu, am südlichen Rand des Französischen Viertels, versammelt gleich mehrere beliebte Lokale, darunter das Mai Anh in der Nr. 32, wo es gute *pho ga* gibt. Das gegenüberliegende Quan Com Pho (s.S. 477, Restaurants) ist etwas teurer.

Nguyen Binh Khiem/Tran Nhan Tong, etwas südwestlich der Le Van Huu. Die Lokale in diesen beiden Straßen servieren mittags *com binh dan* („Volksessen"), d.h. es besteht die Wahl zwischen mehreren fertigen Mahlzeiten; man sollte unbedingt vor 12.30 Uhr auftauchen, sonst ist schon alles leergefegt. Einen besonders guten Ruf genießt die Nr. 14 in der Nguyen Binh Khiem.

Tong Duy Tan, in der südwestlichen Ecke der Altstadt. Hier reiht sich ein Lokal an das nächste, wobei jedes auf ein bestimmtes Gericht spezialisiert ist – beispielsweise *ga tan,* Hühnerbrühe nach chinesischer Art mit medizinischen Kräutern, Hülsenfrüchten, Pflaumen und Lotussamen, oder *chao,* dicke Reissuppe mit schmalen Streifen Huhn, Fisch oder gekochtem Rindfleisch. Etwas nervig können hier die Schlepper der Restaurants sein.

To Tich, nordwestlich des Hoan Kiem-Sees, zwischen der Hang Gai und der Hang Quat. Der Treffpunkt für einen Snack am späten Abend.

RESTAURANTS – Am unteren Ende der Preisskala liegen die günstigen einheimischen **Restaurants**, die ein hervorragendes Preis-Leistungs-Verhältnis bieten und eine Stufe über den Straßenküchen liegen. Zwar lassen Einrichtung und Atmosphäre oft zu wünschen übrig, aber das zumeist leckere, schmackhafte Essen macht alles wieder wett. Wiederum eine Stufe darüber folgt die wachsende Anzahl von Lokalen im westlichen Stil, die neben Salaten, Pizzas und Hamburger für heimwehkranke Reisende auch dem westlichen Gaumen angepasste vietnamesische Gerichte zu moderaten Preisen bieten. In diese Rubrik gehören auch die klassischen **Traveller-Cafés**, die nebenbei als Reisebüros und beliebte, wenngleich recht funktionelle Treffpunkte fungieren; Gourmets werden hier kaum zufrieden zu stellen sein, aber insgesamt hat sich der Standard beträchtlich verbessert, und man bekommt in der Regel zu jeder Stunde des Tages etwas zu essen. Darüber hinaus gibt es immer mehr Top-Restaurants, die vietnamesische oder internationale Küche in stilvoller Umgebung bieten.

Hanoi Zentrum: Essen und Sonstiges

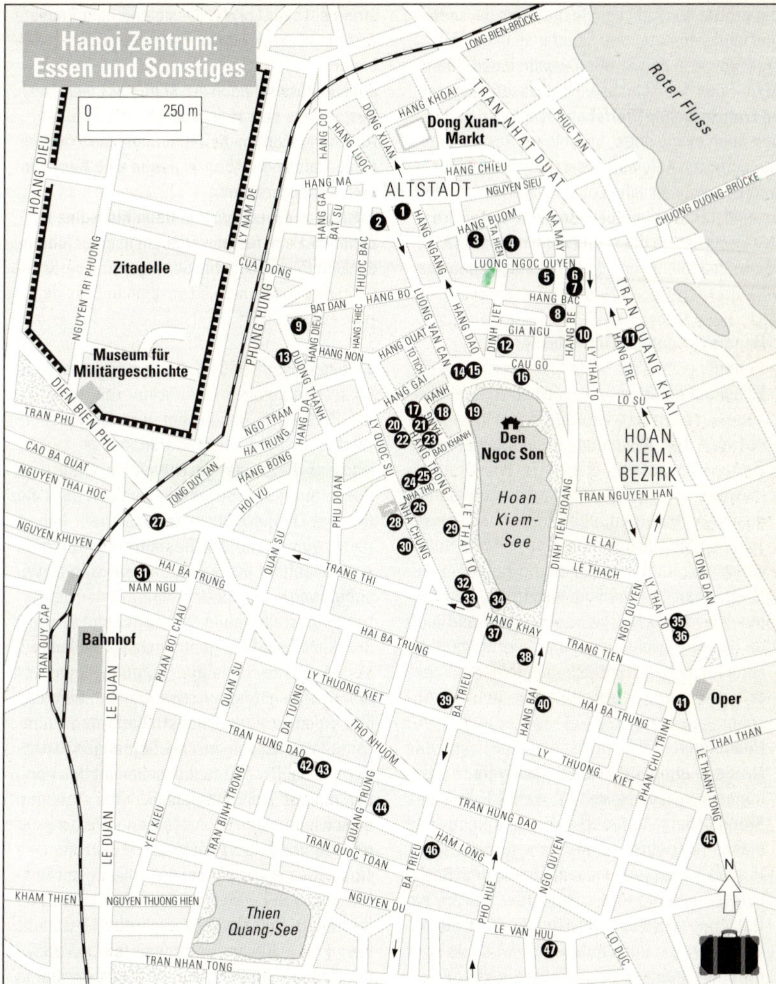

Essen und Sonstiges:

69 Bar & Restaurant	6	Cha Ca La Vong	2	Hoa Sua	43	Paris Deli	41
Al Fresco's	40	Ciao Café	38	Hoang Tra	28	Pepperonis I	22
Asean Food	46	Com Chay Nang Tam	42	Ily Café	7	Pepperonis II	17
Au Lac	35	Les Comptoirs	36	Indochine	31	Quan Bia Minh	12
Baguette et Chocolat	1	Dakshin	25	Kangaroo Café	23	Quan Com Pho	47
Bittet	3	Dong Kinh	16	Kinh Do Café	27	Rendez-Vous Café	29
Bobby Chinn	37	Emperor	45	La Salsa	26	Tamarind Café	5
Café des Arts	18	Fanny	32	Le Tonkin	44	Tandoor	8
Café Giang	15	Gekko Bar & Restaurant	21	Little Hanoi	4	Thang Long Cha Ca	9
Café Lam	10	Highlands Coffee	33	Little Hanoi	14	Three Mountains Café	39
Café Pho Co	15	Highlands Coffee kiosk	34	Moca	24	Thuy Ta	19
Café Puku	20	Highway 4	11	No Noodles	30	Vijit Thai	13

Die größte Auswahl von Restaurants der unteren und mittleren Kategorie findet man in der **Altstadt** sowie in den Straßen westlich des Hoan Kiem-Sees. Die schicksten Etablissements sind im **Französischen Viertel** angesiedelt, das daneben auch einige nette, bezahlbare Restaurants in restaurierten Kolonialhäusern sowie weniger formelle einheimische Lokale und Cafés für den schmaleren Geldbeutel bietet. Weiter außerhalb des Zentrums, in der Gegend um das Ho Chi Minh-Mausoleum und den Westsee, liegen verstreut ein paar Lokale, die sich für eine Pause während einer Erkundungstour der Gegend anbieten.

Zum Schluss sei noch erwähnt, dass viele der Restaurants sehr klein sind: In der folgenden Auflistung wurden die Telefonnummern derjenigen Lokale angegeben, in denen eine **Reservierung** ratsam erscheint.

Altstadt und westlich des Hoan Kiem-Sees:

Bittet, 51 Hang Buom, versteckt in einer langen, dunklen Passage im rückwärtigen Teil eines

Hanois besondere Delikatessen

In Hanoi gibt es ein fantastisches Angebot an **Essen auf der Straße**. Zusätzlich zu den traditionellen Favoriten wie *bun cha* und *pho* findet man häufig solche „Delikatessen" wie Ziege, Hund, Ratte, Schlange und Stachelschwein. Einige Besucher mögen davon abgeschreckt werden, aber der Verzehr dieser Tiere ist tief in der vietnamesischen Kultur verwurzelt, und eine Einladung zu einem solchen Essen ist unbedingt als Ehre zu betrachten. Wer seine Neugier befriedigen und einige dieser Gerichte einmal probieren möchte, kann folgenden Empfehlungen folgen – Vegetarier hingegen überspringen diesen Abschnitt am besten.

Hundefleisch *(thit cho)* ist eine Spezialität des Nordens und wird zumeist im Winter – aber niemals zwischen dem 1. und 10. Tag des Mondmonats – gegessen. Für eine Kostprobe dieses Gerichts sollte man das Zentrum Hanois verlassen und am Deich des Roten Flusses entlang in die **Nghi Tam** fahren, wo Dutzende von Pfahlhaus-Restaurants liegen; als bestes gilt derzeit das *Tran Muc*, als Indiz für gute Qualität darf ansonsten der Andrang in den einzelnen Lokalen gelten. Traditionellerweise sitzt man beim Essen auf dem Boden und genießt den schönen Blick auf die umgebende Landschaft. Hundefleisch soll wärmende Eigenschaften haben, Glück bringen und kommt häufig auf den Tisch, wenn sich alte Freunde treffen. Zumeist wird es gekocht *(luoc)* oder gegrillt *(cha nuong)* serviert und kommt fast immer in Begleitung von grüner Banane und Tofu *(rua man)* auf den Tisch. Selbst mit ein paar Krügen Reiswein dazu kostet ein solches Gericht nur um die US$2 pro Person. Im Restaurant wird übrigens erwartet, dass man mit den Händen isst.

Das **Schlangendorf Le Mat**, 4 km außerhalb des Zentrums im Bezirk Gia Lam und über die Chuong Duong-Brücke zu erreichen, beheimatet eine Reihe von Restaurants, in denen es Schlangenfleisch gibt und die sich inzwischen ganz auf das Geschäft mit den Touristen eingestellt haben; entsprechend „beeindruckend" sind die gebotenen Vorstellungen, bei denen die Schlangen mitunter sogar vor den Gästen getötet werden. Danach wird das Tier in allen erdenklichen Varianten zubereitet, von Suppe bis zu Schlangenbauch-Schnitzeln. Der Ehrengast bekommt das noch schlagende Herz aufgetischt, aber Achtung: Es soll eine höchst stimulierende Wirkung auf das zentrale Nervensystem besitzen. Das *Quoc Trieu* ist zwar nicht das billigste der Restaurants von Le Mat, genießt aber einen verlässlichen Ruf; für ein komplettes 11-Gänge-Menü ist inklusive Getränken mit ca. US$10 pro Kopf zu rechnen. Wer das Ganze lieber in einer sterileren Version, d.h. ohne die blutigen Stückchen, zu sich nehmen möchte, sollte das *Highway 4* (siehe unter Restaurants) aufsuchen, wo ein 7-Gänge-Schlangenmenü zusammengestellt wird; für eine solche Mahlzeit müssen sich mindestens vier Personen zusammenfinden und sich rechtzeitig anmelden. Einige Touristen wurden während ihres Aufenthaltes in Le Mat **bestohlen**, sodass erhöhte Wachsamkeit nicht verkehrt ist.

Tunnelhauses. Kleines, lebendiges Restaurant, das für wenig Geld *bittet* (die vietnamesische Verballhornung des französischen *biftek*) mit Pommes Frites und Unmengen Knoblauch sowie Salat und knuspriges Brot serviert. Im Angebot sind auch Meeresfrüchte. ◷ 17–21 Uhr.

Café des Arts, 11b Bao Khanh, ✆ 828 7207. Beliebt bei der frankophilen Gemeinschaft. Teures französisches Café-Restaurant mit Dachterrasse, vielen gemütlichen Sitzgelegenheiten und einem Ruf für seine hervorragende Küche (mit entsprechenden Preisen). Hier kann man sich in Verschwendungssucht üben und eine gute Flasche Wein genießen. Das billigere *Stop Café* im Erdgeschoss ist ein Ableger. ◷ 9.30–23 Uhr.

Cha Ca La Vong, 14 Cha Ca. Hat zwar schon bessere Tage gesehen, ist aber eine lokale Institution. Auf der Speisekarte steht nur ein Gericht: *cha ca,* gebratener Fisch mit frischem Dill, der in einer tönernen Pfanne am Tisch zubereitet und mit kalten Reisnudeln, Chili und Erdnüssen gegessen wird – mit US$4 ein vergleichsweise teurer Genuss. ◷ 10–22 Uhr.

Dakshin, 94 Hang Trong. Großes und zu Recht beliebtes vegetarisches indisches Restaurant – bereits beim Lesen der Speisekarte läuft einem das Wasser im Munde zusammen, und die großzügigen Portionen, die überdies sehr authentisch schmecken, lassen einen gerne wieder kommen. Hauptgerichte um US$2 bzw. Thali knapp über US$3 inkl. Erfrischungsgetränk. ◷ 11–15 und 18–23 Uhr.

Dong Khinh, 73 Cau Go. Kantonesisches Restaurant mit Blick auf den Hoan Kiem-See; besonders zu empfehlen ist das tägliche Dim sum-Mittagsbuffet mit rund 40 Auswahlmöglichkeiten (11–14 Uhr, US$5). ◷ 7–22 Uhr.

Gekko Bar & Restaurant, 14b Bao Khanh, ✆ 928 6125. Romantisches kleines Restaurant, das überwiegend französisch beeinflusste, exzellente Küche, wobei die Meeresfrüchte besonders empfehlenswert sind. Nicht billig, aber jeden Dong wert. ◷ 11.30–22.30 Uhr.

Highway 4, 5 Hang Tre. Zwischen einem Restaurant und einer Bar angesiedelt; preislich moderate nordvietnamesische Küche (z.B. *lau* und Gerichte aus dem Tontopf) sowie etwas innovativere Speisen wie Frühlingsrollen mit Fisch. Dazu gibt es traditionelle Liköre, rund 30 verschiedene an der Zahl, deren medizinische Wirkung auf der englischen Speisekarte erklärt wird. Die irrgartenähnlichen Räumlichkeiten verteilen sich über drei Stockwerke und finden ihren Höhepunkt in einer fantastischen Dachterrasse. ◷ 9–2 Uhr, Essen bis 23 Uhr.

Ily Café, 97 Ma May. Schickes, beliebtes Café-Restaurant in europäischem Stil mit einer großen Speisenauswahl an vietnamesischen, thailändischen, indischen und westlichen Gerichten und vielen vegetarischen Optionen zu moderaten Preisen; außerdem gibt es hier einen Billardtisch und gelegentlich Film- oder Musikvideo-Aufführungen. ◷ 8–23 Uhr.

Kangaroo Café, 18 Bao Khanh. Gutes Traveller-Café unter australischer Leitung; frische Naturkost-Speisen, die so weit wie möglich aus Bio-Produkten hergestellt werden, darunter auch eine Vielzahl vegetarischer Gerichte. Zu empfehlen sind das ganztägig erhältliche Frühstück sowie die Würstchen mit Kartoffelbrei. ◷ 7.30–22 Uhr.

Little Hanoi, 25 Ta Hien, ✆ 926 0168. Gemütliches, freundliches und günstiges Restaurant in einer geschäftigen Nebenstraße, das zwischen Panflöten und Bambus-Schnickschnack köstliche vietnamesische Standardgerichte anbietet. Tipp: gebratener Thunfisch mit süß-saurer Soße oder die Spezialität des Hauses, Brathuhn mit fünf Geschmacksrichtungen. Gegenüber in der Nr. 14 existiert seit kurzem ein Ableger des Lokals, aber man sollte trotzdem reservieren. ◷ 7–23 Uhr.

Little Hanoi, 21 Hang Gai. Kleines intimes Café-Restaurant (nicht zu verwechseln mit dem anderen Little Hanoi) an verkehrsreicher Kreuzung nahe dem Hoan Kiem-See; günstige Salate, Suppen, belegte Baguettes (auch außer Haus) und andere kleine Mahlzeiten sowie große Auswahl an Getränken. ◷ 7.30–23 Uhr.

No Noodles, 20 Nha Chung. Diese exzellente Sandwich-Bar ist schon seit Jahren eine Institution in Hanoi und bietet u.a. knusprige französische Baguettes mit üppigem Belag (auch zum Mitnehmen) sowie leckeres Tandoori-Huhn. ◷ 9–21 Uhr.

Pepperonis I & ***Pepperonis II,*** 29 Ly Quoc Su & 31 Bao Khanh. Pizzeria-Kette westlicher Prägung mit zwei Filialen in der Umgebung der Kathedrale; besonders beliebt ist das Buffet mit Pasta und Salaten (Mo–Fr 11.30–13.30 Uhr, US$1,60), wobei frühzeitiges Erscheinen ratsam ist, um noch einen Tisch zu ergattern. Pizzas US$1,30–5, Pasta unter US$3. ⌚ 8–23 Uhr.

Café Puku, 2F, 60 Hang Trong. Bequeme Sofas, gute Musik und die lebendige Atmosphäre locken zahlreiche ausländische Einwohner Hanois an. Zu den Spezialitäten des Hauses gehören Bagels und hausgemachte Lasagne, die tgl. wechselnde Speisekarte ist ansonsten neuseeländisch angehaucht. Dies ist auch ein guter Ort, um sich mit aktuellen Infos zu versorgen. In der Altstadt soll demnächst ein Imbiss-Ableger aufgemacht werden. ⌚ 7.30–22 Uhr.

Quan Bia Minh, 7a Dinh Liet. Terrassen-Restaurant mit Bar, lockere Atmosphäre, große Auswahl an billigen wie guten vietnamesischen und westlichen Speisen. ⌚ 8 Uhr bis Mitternacht.

La Salsa, 25 Nha Tho. Erstklassige spanische und südfranzösische Küche im Herzen des angesagten Viertels um die Kathedrale. Die saisonal wechselnde Speisekarte sowie der Sangria, die authentischen Tapas und die stimmungsvolle Atmosphäre locken vor allem ausländische Bewohner der Stadt an. ⌚ 10 Uhr bis Mitternacht.

69 Bar & Restaurant, 69 Ma May. Traditionelles Haus mit rustikalem Ambiente, das in eine lebhafte Bar mit Restaurant umgewandelt wurde. Die Speisekarte umfasst auch ein paar ungewöhnliche Gerichte, darunter Klebreis und andere Spezialitäten des Nordens; außerdem gibt es eine große Auswahl an Reisweinen. ⌚ 8 Uhr bis spät abends.

Tamarind Café, 80 Ma May. Etwas teuer, aber lohnend wegen seines innovativen und ansprechend zubereiteten vegetarischen Essens und der frischen Fruchtsäfte; auch die Einrichtung passt dazu: gemütliche Sofas, geflieste Böden und im hinteren Teil kunstvolle Sitzplattformen im asiatischen Stil. Handspan Adventure Travel hat hier eine Zweigstelle. ⌚ tgl. 6–23 Uhr.

Tandoor, 24 Hang Be. Indischer Dauerbrenner unter der gleichen Leitung wie das Dakshin (s.o.). Schlichte Einrichtung, aber fantastische Currys: Fisch-Tikka, Tandoori-Huhn sowie eine große Auswahl an leckeren vegetarischen Gerichten. Der Thali-Mittagstisch kostet weniger als US$4. ⌚ 11–14 und 18–22 Uhr.

Thang Long Cha Ca, 31 Duong Thanh. Beliebt bei Einheimischen – eine neuere und weniger touristische Version des Cha Ca Van Long (s.o.). Auch hier gibt es nur ein Gericht: selbst zubereiteter gebratener Fisch mit viel frischem Dill für US$4 pro Kopf, aber die Portionen sind sehr großzügig.

Vijit Thai, 16a Duong Thanh, ✆ 828 9065. Bei der einheimischen Thai-Gemeinde wegen der authentischen Speisen geschätzt, die von einem thailändischen Koch zubereitet werden. Im Obergeschoss befindet sich ein typisch thailändischer Speiseraum mit Matten, Kissen und niedrigen Tischen, noch reizvoller speist man an einem der (vorab zu reservierenden) Tische im hinten gelegenen, winzigen Garten.

Französisches Viertel: ***Al Fresco's***, 23 Hai Ba Trung, im 1. Stock, ✆ 826 7782. Schwesterrestaurant des Pepperonis mit lockerer Atmosphäre und guter amerikanischer sowie internationaler Küche in großen Portionen, z.B. ribs, Salate, australische Steaks sowie eine Auswahl an Pizzas. ⌚ 9–22.30 Uhr.

Asean Food (ehemals *Mother's Pride*), 53 Ba Trieu. Schlichtes Halal-Restaurant mit erstklassigen malaiischen Currys, Sambal und anderen Spezialitäten sowie einigen westlichen Gerichten

Bobby Chinn, 1 Ba Trieu, ✆ 934 8577. Hanois dekadentestes Lokal lockt mit Girlanden aus Seidenrosenknospen, stimmungsvoller Musik, zeitgenössischer vietnamesischer Kunst und einem lässigen Chill-out-Bereich, abgetrennt durch hauchdünne Seidenschleier, wo man an ägyptischen Wasserpfeifen *(shisha)* nuckeln kann. Das Essen ist überraschenderweise bezahlbar und besteht aus einer Kombination der asiatischen und kalifornischen Küche, dazu gehört offensichtlich u.a. Wasabi-Mus, über grünem Tee geräucherte Ente mit schwarzem Klebreis und zum Nachtisch Trauben in Ziegenkäse mit Pistazien.

Com Chay Nang Tam, 79a Tran Hung Dao. Kleines vegetarisches Restaurant (benannt nach der Gestalt der vietnamesischen Cinderella) in einer ruhigen Seitenstraße der Tran Hung Dao. Die Einrichtung ist etwas betagt, aber das Essen schmeckt lecker und ist nicht teuer; empfehlenswert u.a. *goi bo,* ein Salat aus Bananenblüten, Sternfrucht und Ananas, oder eines der günstigen Menüs für unter US$3,50. ⌚ 11–13.30 und 17–22 Uhr.

Emperor, 18b Le Thanh Tong, ✆ 826 8801. Das vielleicht beste vietnamesische Restaurant Hanois in der oberen Preisklasse, sowohl was das Ambiente als auch die Qualität des Essens angeht. Den geschmacklichen Schwerpunkt bildet die süße und pikante Küche Südvietnams mit Gerichten wie Riesengarnelen mit Tamarinde, Rindfleisch mit Honig oder Ente mit Mandarinensoße. Menüs kosten US$15–20, aber man kann auch schon für weniger als US$10 p.P. essen, wenn man von der Speisekarte auswählt. Sofern möglich, sollte man einen Tisch in dem wunderbaren traditionellen Pfahlhaus reservieren, das wesentlich schöner ist als die neue Villa. ◷ 11 –14 und 17.30–22.30 Uhr.

Hoa Sua, 28a Xom Ha Hoi, ✆ 942 4448. Wunderschön angerichtete Speisen mit deutlich französischem Einschlag, gegessen wird im begrünten Patio oder in den eleganten Speiseräumen einer Kolonialvilla (liegt mitten im Gewirr der Seitenstraßen und ist nur schlecht ausgeschildert – nicht aufgeben!). Das Lokal gehört zu einer gemeinnützigen Berufsschule, die benachteiligten Kindern die Möglichkeit gibt, im Restaurantgeschäft Fuß zu fassen. Live-Musik Sa 19–22 und So 10–13 Uhr. ◷ 7–22 Uhr.

Indochine, 16 Nam Ngu, ✆ 942 4097. Etabliertes Restaurant mit ausgezeichneten authentischen vietnamesischen Spezialitäten zu passablen Preisen, von Meeresfrüchte-Frühlingsrollen über *lau* bis zu den berühmten Garnelen auf Zuckerrohr, die entweder in der Kolonialvilla oder im Innenhof serviert werden. Bei Tourgruppen beliebt, eine Reservierung ist daher ratsam. Di, Do und So traditionelle vietnamesische Musik von 19.30–21.30 Uhr. ◷ 11–14 und 17.30–22 Uhr.

Le Tonkin, 14 Ngo Van So, ✆ 943 3457. Schwesterrestaurant des Indochine mit ähnlichem Erfolgsrezept: bezahlbare Speisen in eleganter Atmosphäre, besonders stimmungsvoll im Garten zu genießen; eine fantastische Einführung in die vietnamesische Küche. Traditionelle Live-Musik Mo, Mi, Fr und So 19.30–21.30 Uhr. ◷ 11–14 und 17.30–22 Uhr.

Quan Com Pho, 29 Le Van Huu. Gepflegtere Version einer Straßenküche (und fast genauso billig), die wie geschaffen dafür ist, *pho ga, bun cha* und andere Spezialitäten Hanois zu probieren. Bei Einheimischen, Ausländern und Touristen gleichermaßen beliebt. ◷ 10.30–14 und 16.30–22 Uhr.

Außenbezirke: ***Da Gino,*** 11b Dien Bien Phu. Bietet sich für einen Zwischenstopp bei der Erkundung der Umgebung des Literaturtempels an. Pizza, Pasta, Salate und eine Auswahl an Fleischgerichten, zum Nachtisch u.a. Tiramisu oder Cassata. Pizza inkl. Nachtisch ca. US$10. ◷ 11–23.30 Uhr.

Foodshop 45, 45 Tran Vu. Kleines indisches Restaurant mit Blick auf den Truc Bach-See, aus dessen winziger Küche eine verblüffende Vielfalt von günstigen Gerichten hervorgezaubert werden. ◷ 10.30–14 und 17–23 Uhr.

Koto, 61 Van Mieu. Sehr beliebtes Restaurant im Deli-Stil, in dem ehemalige Straßenkinder im Rahmen eines Sozialisierungsprojekts arbeiten. Hier kann man den Tag mit einem Müsli oder Pfannkuchen beginnen und zu späterer Stunde ein Sandwich oder in Ingwer marinierten, gegrillten Thunfisch genießen – aber unbedingt Platz für den Nachtisch lassen, denn der Ingwerkuchen und die Ingwereiscreme sind himmlisch. Hauptgerichte US$3–5, wobei alle Einnahmen zurück in das Projekt fließen. ◷ 7–16 Uhr.

CAFÉS, BÄCKEREIEN UND EISDIELEN – Hanois französisches Erbe zeigt sich besonders deutlich in der Café-Kultur der Stadt. Die zahllosen kleinen **Cafés** Hanois bieten zwar nur ein Minimum an Gemütlichkeit, aber fantastischen einheimischen Kaffee. Mittelpunkt der Café/Bar-Szene ist die Bao Khanh/Hang Hanh, eine geschäftige Straße nahe dem Hoan Kiem-See, die vor allem junge Vietnamesen anlockt. Neben einer wachsenden Zahl eleganter Cafés westlichen Stils, von denen viele Essen servieren, sorgen auch einige **Konditoreien** mit leckeren Kuchen sowie **Eisdielen**, die Joghurt und Eiscreme der abenteuerlichsten Geschmacksrichtungen verkaufen, für leibliche Genüsse.

Eine interessante traditionelle Süßigkeit ist *chè,* eine dicke, süße, suppenartige Speise aus Bohnen, Gelee, Kokosnuss und verschiedenen Früchten, die in einer Reihe von Lokalen nahe dem Hang Da-Markt, am südlichen Ende der Hang Dieu, angeboten wird. Im Winter wird das Ganze auch heiß serviert, was den süßen Geschmack noch verstärkt.

Au Lac, 57 Ly Thai. Viel besuchtes Gartencafé mit Bar/Restaurant; angenehm, um einen Cappuccino oder ein Glas Wein zu schlürfen, während man den Fitness-Freaks im gegenüberliegenden Metropole beim Schwitzen zusieht. Auch das Essen hier hat einen guten Ruf.
Baguette et Chocolat, 11 Cha Ca. Ableger des Hoa Sua (s.o.) im Herzen der Altstadt mit Bäckerei im Erdschoss und gemütlichen Sofas im 1. Stock. Serviert werden Kaffee, Tee, Kekse und Kuchen, Sandwiches sowie andere kleine vietnamesische und westliche Mahlzeiten.
Café Giang, 7 Hang Gai. Winzig und schäbig wirkend, aber berühmt ist für seine vietnamesische Variante des Cappuccinos, dem *café trung,* einem köstlichen und extrem starken Kaffee mit dem Schaum eines geschlagenen Eis, auch als *cocao trung* oder *bia trung* zu haben.
Café Lam, 60 Nguyen Huu Huan. Heruntergekommenes, aber stimmungsvolles kleines Café, beliebt bei Künstlern und jungen Intellektuellen, von denen einige ihre Rechnung mit Bildern zahlten, die nun die Wände schmücken.
Café Pho Co, 11 Hang Gai. Bezauberndes Café über dem Hoan Kiem-See. Nicht leicht zu finden; Eingang durch den Kunst-/Souvenirladen, dann den begrünten und von Vogelgezwitscher durchdrungenen Innenhof durchqueren und am Familienaltar vorbei die Treppe hinauflaufen, bis man die zwei wunderbaren Dachterrassen mit Blick auf den See erreicht. Neben Getränken gibt es auch kleine Mahlzeiten, die Bestellung hierfür gibt man am besten schon im Erdgeschoss auf.
Ciao Café, 2 Hang Bai. Freundliches Café, das amerikanische Diner-Ambiente mit italienischem Minimalismus verbindet. Frühstück, Pizzas, Sandwiches, Eiscreme und Cocktails.
Les Comptoirs, 59a Ly Thai To. Kleines Café, das auch als Buchladen fungiert und zum darüber liegenden Press Club (s.S. 481) gehört. Große Auswahl an Tee- und Kaffeesorten sowie Essen aus dem angeschlossenen Feinkostgeschäft.
Fanny, 48 Le Thai To. Eisdiele in französischem Besitz mit Hanois bester Eiscreme sowie den besten Eiscremetorten und Sorbets. Nicht billig, aber sehr gut.
Highlands Coffee, 6F, 38 Le Thai To. Dachterrassen-Café mit unschlagbarer Aussicht auf den Hoan Kiem-See und die Kathedrale, serviert tagsüber Getränke und Snacks. Etwas umständlich zu finden – den Parkplatz überqueren und mit dem Aufzug im hinteren Gebäudeteil hinauffahren. Nett ist auch der dazugehörige kleine Kiosk am südwestlichen Seeufer.
Hoang Tra, 2 Nha Chung, nahe der Kathedrale. An der Theke des winzigen Lokals finden nur sechs Gäste Platz; verkauft werden Teesorten aus der Region, Geschmacksrichtungen u.a. Jasmin, Ingwer, Bergapfel und Lotus, im Sommer auch eine Spezialmischung.
Kinh Do Café, 252 Hang Bong. Das „Café 252" gelangte zu Berühmtheit, als Cathérine Deneuve die erhältlichen Joghurtsorten rühmte, die im Übrigen noch immer Lob verdienen, ebenso wie die hausgemachten Konditoreiwaren. Die Einrichtung hat sich über die Jahre nur wenig verändert, mittlerweile wird aber eine größere Auswahl an Essen geboten, darunter gut zubereitete vietnamesische Gerichte. Beliebt bei Einheimischen, Touristen und frankophilen Filmfans.
Moca, 14–16 Nha Tho, im angesagten Viertel um die Kathedrale. Hier kann man beim cremigsten und schaumigsten Café latte der Stadt die Leute durch die riesigen Glasfenster beobachten. Im Winter lockt der wärmende Kamin.
Paris Deli, 6 Phan Chu Trinh, gegenüber der Oper. Teure Bäckerei mit Café in französischem Stil; exzellenter Kaffee, Tee und Kuchen sowie Sandwiches, andere kleine Snacks und gute, aber etwas mickrig portionierte Hauptgerichte, Speisen auch zum Mitnehmen.
Rendez-Vous Café, 136 Hang Trong.
Helles, freundliches Café/Bistro am See, zwischen 11 und 14 Uhr gutes Buffet für US$2 oder westliche Gerichte für US$3. Allabendlich Live-Musik. 🕒 7 Uhr bis Mitternacht.
Three Mountains Café, 34 Ba Trieu. Lässiges Café-Restaurant in geschmackvoll eingerichteter französischer Villa (im Winter wird der offene Kamin in Betrieb genommen). Große Auswahl an frischen Säften und Obstshakes, außerdem gutes Essen. Bereits zum Inventar gehört ein Duo mit Klavier und Violine.
Thuy Ta, 1 Le Thai To. Café am Seeufer, gut für ein Frühstück, den Nachmittagstee oder ein Bier am Abend. Zum Essen gibt es Konditoreiwaren, Eiscreme sowie verschiedene kleine Gerichte.

Tipps für Selbstversorger:
Märkte, Supermärkte und Feinkostgeschäfte
Bei dem riesigen Angebot an frischen Früchten, Brot und Essen zum Mitnehmen, das überall auf den **Märkten** oder bei Straßenhändlern (besonders in der Altstadt) zu finden ist, lässt sich leicht selbst ein formidables Menü zusammenstellen. Auch sind in den letzten Jahren immer mehr **Supermärkte, Bäckereien** und **Feinkostgeschäfte** hinzugekommen, die Aufschnitt, Pasteten, Milch, Yoghurt, importierte Trocken- und Dosennahrung sowie die unterschiedlichsten Käsesorten – und nicht nur den allgegenwärtigen *La Vache Qui Rit* – anbieten. Natürlich muss man für diese Köstlichkeiten wesentlich tiefer in die Tasche greifen als für das landesübliche Essen.

Märkte
Cho Dong Xuan, Dong Xuan. Hanois größter überdachter Markt hält seine Nahrungsmittel ganz hinten im Erdgeschoss versteckt, wobei die Gemüsestände bis auf die Straße hinausquillen und sich in Richtung Fluss erstrecken.
Cho Hang Da, Hang Da. Kleiner überdachter Markt: Im Erdgeschoss gibt es Lebensmittel, u.a. würzige Pilze und getrockneten Fisch, im Obergeschoss Secondhand- und neue Kleidung, an den Ständen im Freien importierte Süßwaren, Weine und Spirituosen.
Cho Hom, Pho Hué. Großer Markt, der im rückwärtigen Teil des Erdgeschosses eine Lebensmittelabteilung hat.
Cho 19–12, zwischen Hai Ba Trung und Ly Thuong Kiet. Marktstraße mit frischen Lebensmitteln, bis Sonnenuntergang geöffnet.

Supermärkte
Citimart, Hanoi Towers, 49 Hai Ba Trung. Gut sortierter Mini-Markt, der in erster Linie auf die im Haus wohnenden oder arbeitenden Ausländer abzielt und daher etwas höhere Preise als die anderen Supermärkte verlangt.
Fivimart, 210 Tran Quang Khai & 10 Trang Vu. Die zwei großen Läden bieten eine respektable Auswahl importierter Markenware (auch Getränke) zu passablen Preisen.
Intimex, 22–23 Le Thai To, in einer Gasse am südwestlichen Ende des Hoan Kiem-Sees. Ordentliches Angebot an Lebensmitteln und Haushaltswaren auf zwei Stockwerken.
The Trade Centre, 7 Dinh Tien Haong. Günstig in der Altstadt gelegen; bescheidene Auswahl an getrockneten Lebensmitteln, Konserven und Toilettenartikeln.
Vinaconex, 4F, Trang Tien Trade Plaza, Trang Tien. Sehr begrenztes Frischwarenangebot, aber große Auswahl an importierten Lebensmitteln und Weinen; befindet sich in Hanois hübschem, neuem Einkaufszentrum.
Western Canned Foods, 66a Ba Trieu. Der Name spricht für sich – Hanois größtes Angebot an importierten Lebensmitteln und Weinen, wenngleich die Preise etwas über der Norm liegen.

Feinkostgeschäfte und Bäckereien
Annam, 11 Ly Dao Thanh. Teure europäische Importe – von Keksen und Schokolade über Gewürze bis zu Marmite, daneben auch vietnamesische Produkte zu ebenfalls hohen Preisen.
Au Delice, 19 Han Thuyen. Unbestritten Hanois bester Gourmetladen mit exquisitem Angebot an Wurst- und Fleischwaren, Pasteten, Käsesorten und Weinen.
Le Beaulieu Gourmand, 56 Ly Thai To. Das Feinkostgeschäft des Sofitel Metropole hat ein kleines, aber feines Sortiment importierter Waren, darunter Ziegenkäse und frisches Brot, Kuchen und Konditoreiwaren.
B Deli, 30b Duong Thanh. Parma-Schinken, Mozzarella, Barilla-Soßen und andere Köstlichkeiten gegen das Heimweh werden in diesem, von Italienern geführten Laden verkauft, desgleichen kleine Mahlzeiten.
Croissant, 35 Quang Trung. Die Bäckerei des Hoa Sua (s.S. 478, Baguette et Chocolat) bietet exzellente Brote, Kuchen und Snacks.
The Deli, 59a Ly Thai To, im Erdgeschoss des Press Club (s.S. 481). Hausgemachte Brote, Quiches, Sandwiches und dergleichen, entweder zum sofortigen Genuss oder zum Mitnehmen. Außerdem großes Weinsortiment.
Hanoi Gourmet, 1b Ham Long. Der Weg zu diesem kleinen Feinkostgeschäft lohnt sich – leckere Auswahl an Käsesorten, Wurst und französischen Weinen, Salate und Sandwiches zum Verzehr vor Ort oder zum Mitnehmen.

Unterhaltung

Für eine Hauptstadt gibt sich Hanoi recht verschlafen: Die meisten **Bars** außerhalb der großen Hotels haben gegen Mitternacht schon geschlossen, und bei den **Nachtclubs** verhält es nicht viel anders. Zur Zeit der Recherche waren die Behörden intensiv darum bemüht, bei Bars und Clubs eine mitternächtliche **Sperrstunde** durchzusetzen, aber ein, zwei Lokale schlüpfen immer durchs Netz und haben bis in die frühen Morgenstunden geöffnet bzw. warten zumindest, bis der letzte Gast das Haus verlassen hat. In der Clubszene finden sich mittlerweile ein paar recht flotte Kneipen mit ordentlicher Musik und importierter Licht- und Tontechnik. Aktuelle Infos bieten die englischsprachigen Magazine *Vietnam Discovery, The Guide, Time Out* oder *Vietnam Pathfinder.*

Bei jungen vietnamesischen Männern sehr beliebt sind **Pool** und **Billard**, weswegen in den meisten Bars und Cafés mindestens ein solcher Tisch steht. Liebhaber von **Gesellschaftstänzen** sind bestens aufgehoben im *Dong Do-Tanzclub,* 18 Luong Ngoc Quyen, ⌚ 9.30–11.45, 15.30–17.45 und 20.30–22.30 Uhr. Selbst wer nicht ein so leidenschaftlicher Fan von **klassischer westlicher Musik** ist, sollte wenn möglich ein Konzert oder Ballett im Opernhaus, 1 Trang Tien, besuchen, und sei es nur wegen der prächtigen Umgebung aus rotem Plüsch, Spiegeln und Kronleuchtern. In der Sparte **traditioneller Unterhaltung** gehört das Wasserpuppenspiel, Vietnams charmanter Beitrag zur Marionettenwelt, ganz oben auf die Liste der Attraktionen. Lohnenswert sind auch Besuche von *cheo*-Aufführungen, eine Art traditionelles Theater, oder eine der regelmäßigen Veranstaltungen im Museum für Ethnologie.

BARS, KNEIPEN UND CLUBS – Hanois Bar- und Clubszene kann nicht gerade als wild bezeichnet werden, doch das Angebot verbessert sich zusehends. In einigen Lokalen finden inzwischen sogar regelmäßig Live-Auftritte statt. Nach wie vor am lebhaftesten geht es in den Bia hoi-Bars zu, wo das einheimische Bier gleich krugweise serviert wird (s. Kasten). Hanois Jugendliche hingegen bevorzugen eher intime Cafés, Billardhallen oder Karaoke-Bars.

Apocalypse Now, 5c Hoa Ma. Ableger der ursprünglichen Bar in Ho-Chi-Minh-Stadt. Düsteres Ambiente, verruchte Reputation und laute Musik – eine der besten Adressen zum Tanzen. Fr und Sa nachts herrscht Hochbetrieb, aber vor 23 Uhr verpasst man nichts. ⌚ 21 Uhr bis Mitternacht.

Bamboo Bar, 46 Hang Vai. Unspektakuläre Einrichtung und kleine Getränkekarte, aber eines

Bia hoi-Bars

Das Biertrinken scheint in Vietnam eine rein männliche Angelegenheit zu sein, wovon man sich jedoch nicht abschrecken lassen sollte. Die *bia hoi*-Bars laden in geselliger, freundlicher und vor allem typisch vietnamesischer Umgebung zu einem preiswerten Bier ein. Viele dieser Bars, die man vor allem im Französischen Viertel finden kann, servieren auch exzellentes **Essen**, das oft günstiger ist als in einem Restaurant. Die folgende Liste enthält einige der lebendigeren und einfacher zu findenden Lokale. Zu beachten gilt, dass die **letzte Runde** in der Regel schon gegen 21 Uhr bestellt werden muss.

8 Chan Cam, Bier und Essen an einer viel befahrener Straßenkreuzung nördlich der Kathedrale.

59 Ly Thuong Kiet, große Bar schräg gegenüber dem Melia Hotel. Gutes Bier und exzellentes Essen.

72 Ma May, günstige Straßenküche mit annehmbarem Bier.

34a Phan Chu Trinh, eine von mehreren Kneipen nahe der Kreuzung mit der Ham Long – nach einem Schild mit der Aufschrift *Bia Suu* Ausschau halten. Im 1. Stock wird hervorragendes Essen serviert.

Nguyen Huu Huan/Hang Thung, um diese Kreuzung im Osten der Altstadt gibt es mehrere beliebte *bia hoi*-Bars.

Ta Hien/Luong Ngoc Quyen. Auch an dieser Kreuzung im Herzen der Altstadt liegen drei winzige Bars, die bei Rucksacktouristen und ausländischen Bewohnern gleichermaßen beliebt sind.

Tong Dan, am südlichen Ende der Tong Dan in Richtung Oper kann man zwischen mehreren guten und großen Bars wählen.

der wenigen Lokale, das immer bis früh morgens geöffnet hat, manchmal sogar bis Sonnenaufgang. ◷ ab 17 Uhr.

Funky Monkey, 15b Hang Hanh. Nicht mehr so gut besucht wie früher, aber immer noch immer recht ausgelassen. Laute Musik vom DJ, Billard, Happy Hour für Bier 16–20 Uhr. ◷ bis Mitternacht.

Highway 4, 5 Hang Tre. Lockere Bar mit Restaurant, wo man authentische Liköre mit Heilwirkung testen kann. In Anbetracht der gesundheitsförderlichen Wirkung sind vier Gläschen für weniger als US$2 praktisch geschenkt. ◷ 9–2 Uhr.

Jazz Club, 31 Luong Van Can. Jeden Abend ab 20.30 Uhr Live-Jazz mit dem charismatischen und höchst virtuosen Quyen Van Minh, Hanois Antwort auf Ronnie Scott. Den ganzen Tag über Essen und Drinks. ◷ 10 Uhr bis Mitternacht.

Labyrinth, 7 Ta Hien. Freundliche und gemütliche kleine Bar, ganz in Rot eingerichtet. Brettspiele und gelegentlich Live-Musik. ◷ 18–2 Uhr.

Le Maquis Bar, 2a Ta Hien, ein paar Türen weiter. Ähnlich heimelig, zieht die alternative Studentenszene an. Am lebhaftesten nach Mitternacht, wenn sich hier lebende Ausländer auf ein Bier und einen Snack treffen. ◷ 17–2 Uhr.

Met Pub, im Sofitel Metropole Hotel, 15 Ngo Quyen. Pub im englischen Stil – dunkles Holz, niedrige Decken, Dartscheibe – mit großer Getränkeliste und einer großen Auswahl an Zeitungen. Mittags- und Abendbuffets für US$6–10, Live-Musik 19–22 Uhr. Bei schönem Wetter ist die *Bamboo Bar* am Pool stimmungsvoller.

New Century, 10 Trang Thi. Hanois größter und lebendigster Nachtclub zieht eine bunte Schar von Gästen an. Die Live-Bands, Lasershow und tolle Tanzmusik entschädigen für die teuren Drinks. Eintritt US$2,60 inkl. eines Getränks. ◷ 20–2 Uhr.

Phuc Tan Bar, 49 Phuong Phuc Tan, ✆ 932 3244. Für einen Drink zu fortgeschrittener Stunde lohnt der Weg in diese von einem Franzosen geleitete Bar; richtig Stimmung kommt erst gegen 2 Uhr auf. ◷ ab 18 Uhr.

Polite Pub, 5 Bao Khanh. Entspanntes Lokal mit etwas mehr Atmosphäre als das benachbarte ***GC,*** 6 Bao Khanh; beide bieten Getränke zu günstigen Preisen und schenken zur Happy Hour (17–20 Uhr) mit das billigste Bier in ganz Hanoi aus. Großer Pooltisch, Musik und Cocktails. ◷ 16–2 Uhr.

Press Club, 59a Ly Thai To. Hanois schicker Treffpunkt für Geschäftsleute pflegt koloniales Ambiente bis ins kleinste Detail; es besteht die Auswahl zwischen der Eleganz der alten Welt in der behaglichen *Library Bar* und der zwangloseren *Terrace Bar,* zumindest sofern das Wetter es erlaubt. Natürlich hat eine solche Umgebung ihren Preis.

Quan Ly, 82 Le Van Huu. Kleine Bar unter Leitung des einheimischen Weinkenners Mr. Ly, der selbst über 20 Sorten vietnamesischen Weines kreiert hat. Ein ruhiger Platz, um sich bei einer Flasche Wein die Zeit zu vertreiben. Wer zu tief ins Glas geschaut hat, sollte Lys spezielle Teemischung probieren, die anscheinend jeden Kater heilt.

Relax Bar, 60 Ly Thong Kiet. Rustikale kleine Bar mit viel Bambus, Vogelkäfigen, Teich und Brunnen. ◷ 10–1 Uhr.

R&R Tavern, 47 Lo Su. Rock & Roll-Bar unter amerikanischer Führung. Fr abends spielt die Hausband *White Eagles* vor ausgelassenem Publikum, wer es etwas ruhige möchte, sollte Do nachmittags kommen, um einem klassischen Streichquartett zu lauschen – seltsam, aber wahr. Gutes Kneipen-Essen. ◷ 8 Uhr bis Mitternacht.

Spotted Cow, 23c Hai Ba Trung. Laute und bierselige Bar unter australischer Führung mit Bier vom Fass und Dartscheibe. So nachmittags scheint sich in den kleinen Räumlichkeiten die Hälfte aller Ausländer von Hanoi zu drängen. Hier fühlt man sich in die 70er Jahre zurückversetzt.

Summit Lounge, 20F, Sofitel Plaza, 2 Yen Phu. Bietet zweifellos den besten Blick über Hanoi und lohnt vor allem einen Besuch zur Happy Hour (16.30–20 Uhr). Ab 20.15 Uhr Live-Musik. ◷ 16.30 Uhr bis Mitternacht.

The Wave, Sofitel Plaza, 2 Yen Phu. Gehört mit dem New Century (s.o.) zu den besten Nachtclubs der Stadt, ist aber weit gemütlicher als die Konkurrenz und mehr im Stil einer eleganten Lounge-Bar eingerichtet. Regelmäßig Musik vom DJ, mitunter auch Live-Auftritte einheimischer Bands, außerdem Billard, Dart sowie Fr und Sa den ganzen Abend Happy Hour (nur Bier vom Fass und Erfrischungsgetränke). ⌚ 18–2 Uhr, Eintritt frei.

Z Café, 17 Tong Dan. Regelmäßige Live-Auftritte und eine Poolhalle machen diese große und moderne Café-Bar zum Liebling der Jugend in Hanoi. ⌚ 10–23.30 Uhr.

TRADITIONELLE UNTERHALTUNG – Das **Wasserpuppenspiel** (*mua roi nuoc* – wörtlich: Puppen, die auf dem Wasser tanzen), ist eine faszinierende und typisch vietnamesische Kunstform mit Ursprung im Delta des Roten Flusses (mehr über die Entstehung s.S. 131). Die traditionellen Vorführungen bestehen aus kurzen Szenen über das ländliche Leben oder historische Ereignisse und werden von stimmungsvoller Musik untermalt. Die beliebteste und beste Truppe Hanois, die *Thang Long Water Puppet Troupe*, lädt im kleinen, klimatisierten ***Kim Dong Theatre***, 57 Dinh Tien Hoang, ✆ 824 5117, zu fesselnd dargebotenen Aufführungen; tgl. 17.55, 18.30, 20 und 21.15 Uhr sowie So zusätzlich 9.30 Uhr, Eintritt US$2,60 auf den vorderen bzw. US$1,30 auf den hinteren Sitzen, für Kamera- oder Videoaufnahmen muss extra bezahlt werden.

Auch die Kunstform **Cheo** hat ihre Wurzeln im Delta des Roten Flusses (mehr hierzu s.S. 130/131), ähnelt jedoch der chinesischen Oper und ist daher auch ohne Vietnamesischkenntnisse einigermaßen verständlich. Angespornt vom Erfolg der Wasserpuppen gibt die *Hanoi Cheo Theatre Group* inzwischen abendliche Vorführungen in zauberhafter Umgebung vor dem Den Ngoc Son am Hoan Kiem-See; sofern das Wetter es erlaubt tgl. um 20 Uhr, Eintritt US$1,30. Sollte das Appetit auf mehr gemacht haben, wirft man am besten auch einen Blick auf die Programme des ***Hong Ha Theatre***, 15 Duong Thanh, und des ***Hanoi Cheo Theatre***, 15 Nguyen Dinh Chieu.

Auftritte **folkloristischer Musikgruppen** finden im Literaturtempel, gelegentlich auch im Museum für Ethnologie statt.

Unter der Schirmherrschaft des *Vietnam Arts Resource and Information Centre*, 32 Pho Hao Nam, ✆ 511 6302, ✉ mociford@hn.vnn.vn, wird das Angebot an traditioneller Kultur zusehends erweitert. Ein Besuch des Centre ist nur nach vorheriger Anmeldung möglich, aktuelle Informationen sind aber auch telefonisch Telefon oder per E-Mail erhältlich.

KINO – ***National Cinema Centre***, 87 Lang Ha, ✆ 514 1789, zeigt Filme in englischer Sprache sowie vietnamesische Streifen mit englischen Untertiteln; Programm in der lokalen englischsprachigen Presse.

Fansland, 84 Ly Thuong Kiet, ✆ 942 4484, ähnlich dem National Cinema Centre.

Hanoi Spirit Club, 50 Hang Be, ✆ 826 7356. In der Bar werden jeden Abend DVD-Filme kostenlos gezeigt.

Press Club, 59a Ly Thai To, ✆ 934 0888. Jeden zweiten So um 19.30 Uhr bekannte internationale Streifen; US$3,50.

Alliance Française, 24 Trang Tien, ✆ 942 2970, 💻 www.ambafrance-vn.org, zeigt Filme in französischer Sprache und bietet außerdem ein umfassendes Kulturprogramm. Mitgliedschaft US$6,50 (benötigt werden zwei Fotos und der Ausweis). ⌚ Mo–Fr 8–12 und 14–17 Uhr.

Einkaufen

Was das Einkaufen von Kunsthandwerk, Seide, Accessoires und Souvenirs angeht, bietet Hanoi nicht nur die beste Auswahl und Qualität, sondern auch die günstigsten Preise im Land. Zu den Besonderheiten der Region gehören Stickereien, Sandelholz- und Steinschnitzereien, sowie Einlege- und Lackarbeiten. Ein Einkaufsbummel lohnt vor allem in der südlichen Altstadt sowie in den Straßen rund um die St. Joseph-Kathedrale. Wenngleich viele der besseren Geschäfte zunehmend feste Preise haben, wird in den meisten Läden erwartet, dass man **handelt** (Tipps hierzu s.S. 68, Kasten), was natürlich auch für die Marktstände gilt. In Hanoi gibt es über 50 **Märkte**, die in erster Linie Lebensmittel verkaufen (s.S. 479, Kasten); eine größere Bandbreite an Waren findet man auf dem **Cho Dong Xuan** sowie auf dem **Cho Hang Da**. Der **Cho Hom** in der Pho Hué ist umgeben von **Einkaufsstraßen**, die jeweils auf bestimmte Produkte spezialisiert sind: In der Tran Nhan Tong werden Hemden und Jacken angeboten, und die Phung Khac Khoan, nahe der Tran Xuan Soan, ist ein Einkaufsparadies für Stoffe.

Einer von Hanois ungewöhnlicheren und farbenprächtigeren Märkten ist der **Blumenmarkt**, der jeden Morgen an der Kreuzung der Yen Phu mit der Nghi Tam Avenue abgehalten wird; für dieses Erlebnis muss man allerdings früh aufstehen, denn der Handel beginnt bereits gegen 5 Uhr (6 Uhr im Winter) und dauert nur rund eine Stunde. Es handelt sich dabei in erster Linie um einen Großmarkt, auf dem sich die Scharen fliegender Blumenverkäufer mit Ware versorgen, sodass die Preise hier etwas billiger sind als in der Stadt. Neben frischen Schnittblumen werden hier auch Weidenkörbe, Farne und bunte Zierbänder verkauft.

ANTIQUITÄTEN – Antiquitäten dürfen aus Vietnam offiziell nicht ausgeführt werden, was die Händler jedoch nicht daran hindert, „antiken" Schmuck oder Uhren und wunderschöne Kopien alter religiöser Statuen anzubieten; wer in die Versuchung kommt, sich ein Stück von „kultureller oder historischer Bedeutung" zu kaufen, sollte sich unbedingt – auch wenn es sich um eine Fälschung handelt – eine Exportlizenz beschaffen, die vom ***Ministerium für Kultur und Information,*** 47 Hang Dau, ausgestellt wird.

BÜCHER, LANDKARTEN UND ZEITUNGEN –
Bookworm, 15a Ngo Van So, große Auswahl an neuen und Secondhand-Büchern in englischer Sprache; auch Ankauf.
Love Planet Travel, 25 Hang Bac, über 6000 Secondhand-Bücher in verschiedenen Sprachen zum Verkauf, Tausch oder Ausleihen; ebenfalls auch Ankauf.
In der Trang Tien gibt es mehrere staatlich geführte Buchläden, von denen ***Savina,*** 44 Trang Tien, ***Hanoi Bookshop,*** 34 Trang Tien, und ***Foreign Language Bookworld,*** um die Ecke in der 32 Hai Ba Trung, die größte Auswahl haben. Die Stände in der Trang Tien verkaufen englische Druckerzeugnisse, darunter Raubdrucke von Reiseführern und Sprachführern.
Reiseführer und gebundene Romane findet man auch in den Souvenirläden der meisten Top-Hotels.
In der Altstadt und um den Hoan Kiem-See bieten Kinder Bücher, Postkarten und Karten feil. Standardkarten von Hanoi werden von Straßenhändlern, Buchläden und an Ständen in der Trang Tien angeboten. Am nützlichsten sind die Karten mit einem Straßenregister und einem vergrößerten Kartenausschnitt der Altstadt.
Eine ordentliche Auswahl fremdsprachiger Zeitungen und Magazine bieten der *Hanoi Bookshop* (s.o.), einige Läden in der Umgebung der Hauptpost in der Trang Tien sowie die großen Hotels, allen voran das Nikko und das Sofitel Metropole. Auch im ***Press Club,*** 59a Ly Thai To, liegen entsprechende Presseprodukte aus.

KUNSTHANDWERK – ***Lan Handicrafts,***
38 Nha Chung, 🖳 www.lan-handicrafts.com. Gemeinnützige Einrichtung mit Waren von behinderten und benachteiligten jungen Vietnamesen, v.a. Decken und andere Produkte aus Seide, Patchworkarbeiten aus Baumwolle, Grußkarten, Spielzeug und weiteres fantasievolles Kunsthandwerk.
Vietnamese House, 92 Hang Bac,
🖂 vietnamesehouse@hn.vnn.vn. Schachteln und Vasen aus Stein mit attraktiven modernen Mustern sowie Kunst und Antiquitäten.
Craft Link, 43 Van Mieu, 🖂 craftlink@hn.vnn.vn. Gemeinnützige Organisation, die mit kleinen Herstellern traditionellen Kunsthandwerks zusammenarbeitet, insbesondere mit ethnischer Minderheiten. In Zusammenarbeit mit dem Museum für Ethnologie werden außerdem verschiedene Veranstaltungen sowie jeden November ein Wohltätigkeitsbasar organisiert, zu dem viele der Kunsthandwerker, auch aus Minderheitendörfern, anreisen.
Craft Window, 99 Nguyen Thai Hoc,
🖳 www.craftwindow.com, u.a. Taschen, Artikel aus Bambus und Lackarbeiten.
Tribal Pan Flutes, 42a Hang Bac, verkauft ebenfalls Kunsthandwerk der ethnischen Minderheiten.
Auch die normalen Souvenirläden bieten Kunsthandwerk der ethnischen Minderheiten an, vor allem die für Sa Pa bekannten Taschen, Jacken und Schmuckstücke der Hmong und Dao. Obwohl man kaum einen Unterschied erkennt, wird ein Großteil dieser Produkte heute von Fabriken in Hanoi produziert, zum einen um der großen Nachfrage gerecht zu werden und zum anderen

um ein Stück vom Kuchen abzubekommen. Natürlich behaupten alle, ihre Ware sei authentisch und sehr gut gearbeitet, aber man sollte generell etwas Vorsicht walten lassen.

LACKARBEITEN – Ein weiterer Verkaufsschlager der Souvenirläden in der Altstadt sind Lackarbeiten: Stäbchen, Schachteln, Schüsseln, Vasen – die Liste der Produkte ließe sich endlos fortsetzen. Natürliche Lacke erkennt man an ihren gedämpften Tönen, meist schwarz oder rostrot, aber heutzutage werden vielfach synthetische Lacke verarbeitet, die in allen Farben des Regenbogens daherkommen.

Minh Tam, 2 Hang Bong. Verwendung von hochwertigen Lacken und außergewöhnliche Designs.

Anh Duy Lacquer, 25 Hang Trong.

MUSIKINSTRUMENTE – Musikliebhaber werden sich für die traditionellen vietnamesischen Musikinstrumente begeistern, die von einer Reihe kleiner Werkstätten in der Hang Manh sowie um die Ecke in der Hang Non hergestellt und verkauft werden.

Thai Khue Music Shop, 1a Hang Manh. Eine Schatztruhe voller günstiger und ungewöhnlicher Instrumente. In der gleichen Straße gibt es noch viele ähnliche Läden.

SEIDE UND TEXTILIEN – Verglichen mit Thailand ist die vietnamesische **Seide** von etwas schlechterer Qualität, dafür sind die Preise niedriger, und die hiesigen Schneider leisten hervorragende – und außergewöhnlich schnelle – Arbeit.

In der Hang Gai am südlichen Rand der Altstadt konzentrieren sich so viele Seidengeschäfte, dass man bereits von der „Seidenstraße" spricht; der Wettbewerb ist hart, aber man sollte sich vorsehen, denn auch in angeseheneren Läden ist man vor Ramsch nicht gefeit. Um die Kathedrale siedeln sich immer mehr schicke Designerboutiquen an, die hohe Qualität zu hohen Preisen liefern.

Auch **Stickereien** und **Hohlsaumarbeiten** geben hübsche und leicht verpackbare Souvenirs ab. Die standardmäßigen Designs reichen von traditionellen vietnamesischen Mustern über Weihnachtsmänner bis zu Vögeln, aber man kann sich auch etwas nach eigenen Vorstellungen anfertigen lassen.

Ebenfalls sehr beliebt als Mitbringsel sind bestickte und bedruckte **T-Shirts**, deren Auswahl zwar begrenzt ist, die jedoch in fast allen Souvenirläden, vor allem in der Hang Gai und der Trang Tien, angeboten werden. Restbestände von **Armeebekleidung**, darunter fesche Boxershorts in Tarnfarbe, findet man in der Le Duan südlich des Bahnhofs.

Co, 18 Nha To, ✉ conhatho@yahoo.com. Wunderschöne handgearbeitete Seidenbekleidung.

Indigo, 65 Ma May. Laden für den fairen Handel mit einem kleinen Angebot an blau gefärbten Stoffen, Bekleidungsartikeln und Taschen.

Ipa-Nima, 59b Hai Ba Trung, ✉ ipanima@ipanema.com. Bekannt für seine exzentrischen Schnitte.

Kana, 41 Hang Trong. Traditionelle vietnamesische Designs;

Khai Silk, 121 Nguyen Thai Hoc, Filialen in der 96 Hang Gai und im Hotel Sofitel Metropole, ✉ khaisilk@hn.vnn.vn; bekanntes Seidegeschäft, das teure, aber hochwertige vietnamesische Seide (Rohseide, Taft, Satin usw.), Baumwoll- und Leinenstoffe sowie Kleidung verkauft und einen exzellenten Ruf als Maßschneiderei besitzt.

Kenly Silk, 108 Hang Gai, 💻 www.kenlysilk.com. Zählt neben dem Khai Silk zu Hanois bekanntestem Seidegeschäfte und bietet ähnlich gute Qualität und Dienste.

La Hang, 55 Tran Nhan Tong. Vermutlich Hanois bekanntester traditioneller Schneider.

Marie-Linh, 1 & 74 Hang Trong, 💻 www.marie-linh.com. Ähnliches Angebot.

Pinocchio, 129 Hang Bong, traumhafte handgearbeitete Schuhe aus Seide oder Leder mit lackierten Holzsohlen.

Tan My, 66 Hang Gai. Renommiertes Geschäft mit drei Stockwerken voller handbestickter Bettwäsche, Tisch- und Steppdecken sowie Seidenbekleidung und Seidenstoffe (auch Maßanfertigung).

Tuyet Lan, 10 Ly Quoc Su, 💻 www.tuyetlanembroidery.com. Traditionelle und zeitgenössische Muster sowie traumhafte Kinderbekleidung.

Stoffe und einen Schneiderservice bieten auch:

Cocoon, 30 Nha Chung, ✉ cocoonvn@hotmail.vn;
F-Silk, 82 Hang Gai & 49 Hai Ba Trung,
✉ fsilk@hn.vnn.vn;
Thanh Ha Silk, 114 Hang Gai & 46 Hang Trong,
✉ thanhsilk@fpt.vn;
Tien Dung Silk Art, 51 Hang Gai,
✉ thiendungsilk@fpt.vn.

ANDERE SOUVENIRS – Praktisch alle Souvenirläden, allen voran die in der Hang Gai und Trang Tien, verkaufen **Seidenlaternen**, **Wasserpuppen**, **Silberschmuck** sowie handbemalte **Grußkarten** (auf Papier oder Seide).
Verschiedene kleine Läden in der Hang Bong haben **Transparente und Abzeichen** der Kommunistischen Partei sowie vietnamesische Flaggen im Angebot.

KUNSTGALERIEN – Da vietnamesische Kunst zunehmend internationale Anerkennung findet, schießen in Hanoi immer mehr Kunstgalerien aus dem Boden. Viele davon ähneln Souvenirläden und bieten Gemälde unterschiedlicher Qualität, aber zu erschwinglichen Preisen, während einige der großen Galerien – beispielsweise die ***Apricot Gallery,*** 40b Hang Bong, 🖳 www.apricot-artvietnam.com, und die ***Red River Gallery,*** Trang Tien – nurmehr den Profit vor Augen und sich zu richtiggehenden Wirtschaftsunternehmen gemausert haben. Es gibt es jedoch auch ein paar Galerien, die experimentellere Arbeiten ausstellen und viel versprechende neue Künstler präsentieren.
Art Gallery, 2F, 43 Trang Tien, über dem Buchladen, 🖳 www.ceae-artgallery.com. Staatliche Galerie mit teilweise interessanten Wechselausstellungen sowie einer permanenten Ausstellung zeitgenössischer und traditioneller Kunst.
Art Vietnam, 30 Hang Than,
🖳 www.vietnamesefineart.com. Riesige Ausstellungsräume auf vier Etagen mit Werken führender zeitgenössischer Künstler. Die Galeriebesitzerin Suzanne Lecht organisiert auch kulturelle Veranstaltungen und vermittelt auf Wunsch Atelier-Touren.
Co Do, 46 Hang Bong, 🖳 www.codogallery.com. Relativ protzige Ausstellungsräumlichkeiten auf drei Stockwerken, wobei Lackgemälde in der Überzahl sind; gelegentlich auch Ausstellungen.
Duc's House on Stilts, Dock 82, Duong Buoi, Ba Dinh-Bezirk, ✆ 762 5452. Nguyen Manh Duc ist einer der innovativsten Installations- und Performance-Künstler Vietnams. Sein Atelier – untergebracht in einem Muong-Pfahlhaus aus Hoa Binh – gilt als Zentrum für außergewöhnliche Kunst.
Hanoi Studio, 13 Trang Tien, ✉ hanoistudio@fpt.vn. Kommerzielle Galerie, in der gelegentlich interessante und schön präsentierte Ausstellungen lokaler Künstler stattfinden.
Mai Gallery, 3b Ngo Phan Huy Chin, versteckt in einer Nebenstraße, zeigt Arbeiten der interessantesten und wichtigsten zeitgenössischen Künstler Vietnams.
Nam Son Gallery, 41 Trang Tien. Führende Kunstgalerie mit zeitgenössischen Werken, die jedoch eher dem Mainstream zuzurechnen sind; steht unter der Schirmherrschaft des Ministeriums für Kultur und Information. Man sollte auch der hübschen Fassade einen Blick gönnen.
Salon Natasha, 30 Hang Bong,
🖳 www.artsalonnatasha.com. 1990 eröffnete Privatgalerie der in Russland geborenen Natasha und ihres Künstler-Ehemanns Vu Dan Tan, zugleich zwangloser Treffpunkt für die experimentierfreudigeren Künstler Hanois. Auf Nachfrage organisiert Natasha auch Atelierbesuche.
Studio Mai Hien–Anh Khanh, 99 Nguyen Thai Hoc, 2. Stock, im hinteren Teil des Innenhofes. Berühmtes Malerpaar, das neben den Ausstellungsräumen in der Nguyen Thai Hoc auch ein Atelier im Dorf Ngoc Thy, Bezirk Gia Lam, ✆ 827 1216, besitzt, wo Besucher ebenfalls willkommen sind; das Muong-Pfahlhaus in dem gepflegten Garten bildet die wunderschöne Kulisse für die ausgestellten Werke und ist gleichzeitig ein Zentrum für Performance- und Installationskunst.
Studio Trinh Tuan–Cong Kim Hoa, 2F, 17 Ly Quoc Su, ✆ 824 597. Vietnams führende Lackkünstler leben und arbeiten in dieser kleinen Atelier-Galerie; Besuche bitte telefonisch anmelden.
Viet Fine Arts Gallery, 96 Hang Trong,
🖳 www.vietfinearts.com. Schicke neue Galerie auf drei Etagen mit wechselnden Ausstellungen bekannter zeitgenössischer Künstler.
Vietnamese Fine Art Exhibition House, 16 Ngo Quyen, ✉ huongxuyen@hn.vnn.vn. Lohnt mitunter den Besuch.

Gallery Salon des Beaux Arts, 4 Xom Ha Hoi. Präsentiert in reizvoller alter Villa Werke vietnamesischer Meister.

Aktivitäten

GOLF – Hanoi besitzt eine Reihe von **Golfplätzen,** zwei davon in den südwestlichen Vororten: ***Thang Long Golf,*** 17 Ngoc Khanh, ✆ 846 3095, und ***Lang Ha Driving Range,*** 16a Lang Ha, ✆ 835 0909. Der ***King's Island Golf Course,*** 45 km westlich von Hanoi bei Dong Mo in der Provinz Ha Tay, ✆ 034/834666, darf unter der Woche auch von Nicht-Mitgliedern bespielt werden (18 Loch)

JOGGEN – Informationen über die von den ***Hanoi Hash House Harriers*** organisierten Läufe, sind auf deren Webseite, 💻 www.hhhh.wso.net, oder in der Spotted Cow-Bar erhältlich.

SCHWIMMEN UND FITNESS – Alle Top-Hotels verfügen über Swimming Pools und Fitnessclubs, die gegen eine Gebühr meist auch Nicht-Gästen offen stehen. Sehr beliebt im Sommer sind der große Pool des ***Hotel Army*** (US$3,50 für Nicht-Gäste) und der auf dem Gelände des *Ho Tay Peninsula Villa and Serviced Apartments* am Westsee gelegene ***Sao Mai-Pool,*** 10 Dang Thai Mai, ◷ Juni bis Mitte Sep tgl. 6–20.30 Uhr, Eintritt US$1.

Touren

In den letzten Jahren hat sich in Hanoi im Dienstleistungssektor für Touristen einiges getan, und zu den typischen **Traveller-Cafés,** die meist Café, Bar, Restaurant und Reisebüro miteinander verbinden, sind unzählige spezialisierte **Reiseveranstalter** hinzugekommen. Noch unübersichtlicher gestaltet sich die Lage aufgrund der Tendenz, dass Neuzugänge häufig den gleichen oder ähnlich klingende Namen wie ihre erfolgreichen Konkurrenten annehmen; beispielsweise gibt es derzeit in der Altstadt eine ganze Menge Läden, die alle zum *Ho Chi Minh's Sinh Café* gehören wollen. Um keine bösen Überraschungen zu erleben, wendet man sich am besten an eine der etablierten und verlässlichen Agenturen, von denen einige im Folgenden aufgelistet sind. Bevor man sich entscheidet, sollten Umfang und Art der verschiedenen Angebote genau geprüft werden. Dies gilt nicht nur für ausgedehnte Touren sondern auch für die zahlreichen möglichen Tagestrips in die Umgebung von Hanoi.

Neben **individuell zusammengestellten** und organisierten Touren mit Mietwagen, Führer und Übernachtung, was sich beispielsweise in Anbetracht schlechter Verbindungen mit öffentlichen Transportmitteln für eine Fahrt in die nördlichen Provinzen anbietet, kann man an Exkursionen mit **fester Routen und Zeitplanung** teilnehmen, was häufig die billigste und einfachste Art für die Erkundung abgelegener Regionen darstellt.

Die beliebtesten **Tagesausflüge** führen zur Duftpagode (ab US$10) sowie nach Tam Coc–Bich Dong oder Hoa Lu (ab US$12). Die Preise für **längere Exkursionen** in die Ha Long-Bucht beginnen bei US$15 für eine zweitägige Tour und erhöhen sich auf US$40 plus für eine dreitägige Bootstour durch die Bucht inklusive einer Nacht an Bord und einem Besuch im Cat Ba-Nationalpark. Ein weiteres verlockendes Angebot ist eine **Trekkingtour** in Sa Pa, die auf eigene Faust wesentlich schwieriger durchzuführen ist. Die meisten Veranstalter bieten ein viertägiges Standardprogramm mit einem Besuch des Wochenendmarktes in Sa Pa oder Bac Ha sowie Wanderungen zu diversen Minderheitendörfern; ein einfacher Trip ist bereits für US$25 zu haben, aber für bessere Transportmittel und Unterkünfte oder längere Wanderungen mit Übernachtungen in Minderheitendörfern muss man mit bis zu US$90 rechnen. Außerdem gibt es noch lohnenswerte zweitägige Trips nach **Mai Chau,** die um US$20 kosten und eine Übernachtung in einem Pfahlhaus einschließen.

Buffalo Tours, 11 Hang Muoi, ✆ 828 0702, 💻 www.buffalotours.com. Anspruchsvoller Anbieter mit Abenteuertrips (Trekking, Kajak- und Radtouren usw.) und weniger wilden „Entdeckungstouren" im Programm. Die Preise liegen eher im oberen Bereich, aber die Touren sind gut organisiert und werden an die Wünsche der Kunden angepasst.

Explore Indochina, 💻 www.exploreindochina.com. Von wahren Enthusiasten durchgeführte

und individuell zugeschnittene Abenteuertreks zu Fuß oder per Motorrad abseits ausgetretener Pfade. Die Motorradtouren können recht anstrengend sein und sollten daher nur von Leuten mit Erfahrung gebucht werden.
Free-Wheelin' Tours (Companie Bourlingue), 51 Dao Duy Tu, ☏ 928 0003, 🖳 www.freewheelin-tours.com. Sehr empfehlenswerte, ebenfalls auf individuelle Wünsche zugeschnittene Motorradtouren durch weniger bekannte Gebiete Vietnams – eine tolle Art, das Land hautnah zu erleben.
Handspan Adventure Travel, 80 Ma May & 36 Nguyen Huu Huan, ☏ 926 0446, 🖳 www.handspan.com. Spezialist für Abenteuertouren mit dem Ziel, den Teilnehmern „wahre Vietnam" näher zu bringen. Die Auswahl reicht von Seekajaktrips in der Ha Long-Bucht bis zu Mountainbike- und Motorradtouren durch den Norden des Landes. Die Preise liegen über dem Durchschnitt, aber die Touren sind gut organisiert (prima Ausrüstung und Unterstützung durch Begleitfahrzeuge) und werden nur in kleinen Gruppen durchgeführt. Das Ma May-Buchungsbüro von Handspan befindet sich im vegetarischen Restaurant Tamarind (s. Essen).
Hanoi Spirit House, 50 Hang Be, ☏ 826 7356, 🖳 www.azqueencafe.com. Bietet preiswerte und nette, auf den breiten Geschmack ausgerichtete Touren, außerdem Essen und Unterkunft sowie Internetzugang und kostenlose Filmvorführungen. Hat mit die billigsten Preise in Hanoi, allerdings darf man keinen Top-Service erwarten.
Hanoi Toserco, 18 Luong Van Can, ☏ 828 7552, 🖳 www.tosercohanoi.com. Hanois Heimatbasis der Open Tour-Busse des Sinh Café. Veranstaltet auch billige Touren für Rucksacktouristen. Die Zweigstelle in der 33 Luong Van Can verfügt über ein Café und Internetzugang.
Kangaroo Café, 18 Bao Khanh, ☏ 828 9931, 🖳 www.kangaroocafe.com. Café unter australischer Leitung, empfiehlt sich mit innovativen und gut organisierten Abenteuertouren in kleinen Gruppen. Das Angebot wird abgerundet durch die hilfreichen Mitarbeiter und das einfache Restaurant, in dem leckeres westliches und vegetarisches Essen auf den Tisch kommt.
Love Planet Travel, 25 Hang Bac, ☏ 828 4864, 🖳 www.loveplanettravel.com. Freundlicher und verlässlicher Anbieter mit jahrelanger Erfahrung im Reisebereich. Toller Allround-Service zu fairen Preisen, Touren zu z.T. ungewöhnlichen Zielen, Ticketbeschaffung und hilfreiche Tipps.
Queen Travel, 65 Hang Bac, ☏ 826 0860, 🖳 www.queencafe.com.vn. Individuell gestaltete Touren in kleinen Gruppen, daneben interessante Abenteuertrips. Die neuen Räumlichkeiten sollen ein Hotel (Eröffnung voraussichtlich 2004), Restaurant, Reisebüro und Internetzugang umfassen.

Sonstiges

BOTSCHAFTEN UND KONSULATE – **China**, 46 Hoang Dieu, ☏ 845 3736;
Deutschland, 29 Tran Phu, ☏ 845 3836, 📠 845 3838, 📠 845 3838, ✉ germanemb.hanoi@fpt.vn;
Kambodscha, 71 Tran Hung Dao, ☏ 942 4788;
Laos, 22 Tran Binh Trong, ☏ 822 9084;
Österreich, Prime Center, 53 Quang Trung, ☏ 943 3050, 📠 943 3055, ✉ hanoi-ob@bmaa.gv.at;
Schweiz, 44B Ly Thuong Kiet, ☏ 934 6589, 📠 934 6591, ✉ vertretung@han.rep.admin.ch;
Informationen über Visa für China und Laos s.S. 492.

EINWANDERUNGSPOLIZEI – 89 Tran Hung Dao.

FOTOZUBEHÖR – Überall in der Stadt kann man normale Farbfilme kaufen und entwickeln lassen; die Qualität reicht üblicherweise aus, aber passionierte Fotografen sollten mit der Entwicklung warten, bis sie zu Hause sind. Diafilme sind schwerer zu finden, aber eine verlässliche Quelle ist ***Nguyen Long,*** 17a Ba Trieu, wo auch Reparaturen an Kameras durchgeführt werden können.

FAHRRÄDER – Aufgrund des stetig zunehmenden Verkehrs ist es zwar längst nicht mehr so angenehm, mit dem Fahrrad durch die Gegend zu düsen, aber es ist nach wie vor ein billiges und effizientes Hilfsmittel zur Erkundung der Stadt. Sollte das Hotel oder Gästehaus keine Räder zur Verfügung haben, kann man sich an die Verleiher in der Hang Bac oder Ta Hien wenden. In der Altstadt sind die Preise generell etwas niedriger als in anderen Gegenden und betragen ca. US$1 pro Tag, wobei bei längerer Mietdauer Nachlässe herausgehandelt werden können. Wenn man das Fahrrad irgendwo abstellen möchte, sollte man die geringe Gebühr für einen überwachten Fahrradparkplatz *(gui xe dap)* zahlen, anstatt das Risiko platter Reifen oder eines Diebstahls einzugehen. In der Trang Tien und Hang Khay ist das Parken komplett verboten und im übrigen Zentrum – zumindest theoretisch – nur innerhalb der markierten Flächen erlaubt. Reparaturdienste findet man praktisch an jeder Straßenecke.

GELD – ***Vietcombank,*** Hauptfiliale 198 Tran Quang Khai, ◷ Mo–Fr 8–18 Uhr (Geldwechselschalter) bzw. Mo–Fr 8–15.30, Sa 9–15 Uhr (alle anderen Dienste), Barauszahlungen auf Kreditkarte und telegrafische Geldüberweisungen. Zweigstellen u.a. in der 108 Cau Go, 23 Phan Chu Trinh, 2 Hang Bai und 78 Nguyen Du.
Geldautomaten gibt es in der Hauptfiliale sowie vor der Hauptpost und an den Hanoi Towers, 49 Hai Ba Trung.
ANZ Bank, 14 Le Thai To, besitzt ebenfalls einen Geldautomaten, allerdings nur für Abhebungen mit Visa- oder Masterkarte.
Citibank, 17 Ngo Quyen, der Geldautomat spuckt nur auf Citibank-Karte Bargeld aus.
Sacombank, 87 Hang Bac, ◷ Mo–Sa 8–19, So 8–16 Uhr, außerdem Geldautomat für Auszahlungen auf Visa- und Masterkarte.
Die Wechselstuben in der Hauptpost und in deren Umgebung bieten zwar bessere Kurse als die Banken, verwirren ihre Kunden aber gerne mit Bergen kleiner Scheine, und manche falten die Noten auch, um sie dann doppelt abzuzählen – man sollte sich am besten gar nicht darauf einlassen.
Neben den Banken wechseln auch verschiedene Reisebüros und Goldgeschäfte Bargeld; eine verlässliche Adresse mit passablen Kursen ist die Wechselstube in der 31 Hang Trung.
Wer am Ende seiner Reise Dong übrig hat, kann diese in der Wechselstube in der Ankunftshalle des Flughafens in Dollar zurücktauschen, allerdings nur gegen Vorlage einer Quittung des Geldautomaten oder der Bank und eine Gebühr von US$2.

GOETHE INSTITUT – 54–56 Hang Duong, ✆ 923 0035.

INFORMATIONEN – Die großen staatlichen Reisebüros wie ***Vietnamtourism,*** 30a Ly Thuong Kiet, ✆ 826 4089, 💻 www.vn-tourism.com, oder ***Vinatour,*** 54 Nguyen Du, ✆ 942 2986, 💻 www.vinatour.com.vn, sind eher daran interessiert, ihre Touren zu verkaufen als mit Informationen zu dienen. Eine wesentlich bessere Quelle hierfür sind die etablierten und verlässlichen privaten Reisebüros und Traveller-Cafés, die hilfreiche Informationen über Visa, Touren, Transport usw. ausgeben. Die meisten organisieren auch eintägige Stadttouren (US$12–20 inkl. Eintrittsgebühren und Mittagessen).
Eine Auflistung nützlicher Adressen und Veranstaltungshinweise enthält u.a. das monatlich erscheinende Touristenmagazin *Vietnam Discovery,* das eigentlich US$1 kostet, zur Zeit der Recherche aber meist kostenlos in einschlägigen Cafés, Restaurants, Bars usw. auslag. Hilfreich sind außerdem *The Guide,* eine Beilage der monatlichen Vietnam Economic Times, *Time Out,* das wöchentlich zusammen mit der Vietnam Investment Review produziert wird; und der kostenlose, monatlich veröffentlichte *Vietnam Pathfinder.* Wer nach Hanoi zieht oder einen längeren Aufenthalt plant, sollte in eine Ausgabe des *Hanoi Guide* investieren (um US$10), der jährlich von der Hanoi International Women's Group herausgegeben wird.

INTERNET – In der Traveller-Enklave der Altstadt gibt es diverse Internet-Cafés; die besten waren zur Zeit der Recherche das ***Amazon Internet Café,*** 15 Hang Non, und ***Café Kim,*** 20 Hang Non. Im Französischen Viertel kann das ***Song Pho Internet Café,*** 60 Tho Nhuom, empfohlen werden. Die Stunde kostet derzeit ca. 3000d.

MEDIZINISCHE VERSORGUNG – ***Hanoi French Hospital,*** 1 Phuong Mai, bietet Einrichtungen auf internationalem Niveau und nicht allzu überzogene Preise – zumindest für einfache Behandlungen; Ambulanz, ✆ 574 0740, ◷ Mo–Fr 8–16, Sa 8–11 Uhr, die Konsultation kostet US$40–55; auch zahn- und augenärztliche Behandlungen, Chirurgieabteilung sowie Notfalldienst und Ambulanz rund um die Uhr, ✆ 504/74 1111.
Hanoi Family Practice, Rm 109–112, A1 Van Phuc, Ambulanz, ✆ 843 0748, ◷ Mo–Fr 8.30–17.30,

Sa 8.30–12.30 Uhr, Standardgebühr US$50; Notfalldienst rund um die Uhr, ✆ 0903 401 919.
International SOS, 31 Hai Ba Trung, ✆ 934 0555, ⌚ Mo–Fr 8–19, Sa 8–12 Uhr, Routineuntersuchungen für Mitglieder und Reisende, auch zahnärztliche Behandlung, US$55–65.
Viet Duc Hospital, 14 Phu Doan, ✆ 825 3531, das beste der einheimischen Krankenhäuser, hat auch einige Englisch sprechende Ärzte. Gebühren für eine Konsultation beginnen bei US$15.
Hanoi Family Dental Clinic, A2 Van Phuc, ✆ 823 0281, ⌚ Mo–Fr 8.30–12.30 und 13.30–16.30 Uhr; Notfalldienst rund um die Uhr, ✆ 0903 446 126; Preise ab US$35.
Apotheken: gibt es im Hanoi Family Practice, Hanoi French Hospital und International SOS (s.o). Eine große Auswahl importierter Arzneimittel verkaufen die Apotheken in der 3 Trang Thi, 2 Hang Bai und 119 Hang Gai, traditionelle Medizin ist in der Lan Ong oder im ***National Institute of Traditional Medicine,*** 26 Nguyen Binh Khiem, ✆ 943 1018, zu bekommen, wo einige Angestellte auch Englisch sprechen.

MOTORRÄDER – Mit einem gemieteten Motorrad durch die Innenstadt zu fahren, ist nur etwas für die Allermutigsten, aber zur Erkundung der näheren Umgebung gibt es kaum ein besseres Transportmittel. Maschinen können über Gästehäuser, Reisebüros oder die Verleiher in der Hang Bac und der Ta Hien gemietet werden. Je nach Größe und Marke ist mit US$4–10 pro Tag inklusive Helm zu rechnen. Auch Motorräder sollten besser nur auf einem bewachten Motorradparkplatz *(gui xe may)* abgestellt werden. Bei der Anmietung ist in der Regel der Pass oder die Ausreisekarte als Sicherheit zu hinterlegen, was man ohne Bedenken tun kann.
Verlässliche Maschinen und faire Preise bieten u.a. ***Cuong's Motorbike Adventure,*** 40 Luong Ngoc Quyen, ***Nguyen Nghia,*** 26 Hang Bac, sowie ***Mr Dao,*** 42 Hang Bac. Im Französischen Viertel sind das ***Meeting Café,*** 59b Ba Trieu, oder das ***Memory Café,*** 33b Tran Hung Dao, zu empfehlen.
Für Motorradreparaturen wendet man sich am besten an den Bike-Fanatiker Cuong (s.o.), der schlichtweg alles wieder in Gang bekommt, aber eine Schwäche für Minsks hat; er kauft, verkauft und vermietet auch Motorräder. Ersatzteile bekommt man in der Phu Doan, direkt hinter der Kathedrale, sowie in der Thinh Yen am südlichen Ende der Pho Hué. Der ***Minsk Club,*** 💻 www.minskclubvietnam.com, organisiert gelegentlich Exkursionen sowie andere Veranstaltungen; Infos hierüber sind im Restaurant Highway 4 und von Cuong zu erhalten.

NOTRUF – **Polizei** ✆ 113,
Feuerwehr ✆ 114,
Krankenwagen ✆ 115.
Falls möglich, sollte man eine Vietnamesisch sprechende Person mit dem Anruf betrauen.

POST – **Hauptpost,** 75 Dinh Tien Hoang, ⌚ tgl. 6.30–21.30 Uhr. Der Haupteingang führt zu den allgemeinen Post- und den Telefonschaltern, während die internationalen Post- und Paketdienste, ⌚ Mo–Fr 7.30–11.30 und 13–16.30 Uhr, neben dem Bereich für postlagernde Sendungen in der südlichen Halle des Gebäudeblocks liegen. Nützliche Zweigstellen befinden sich in der 66 Trang Tien, 66 Luong Van Can, 20 Bat Dan, 38 Quang Trung sowie im Erdgeschoss der Hanoi Towers, 49 Hai Ba Trung.
Kurierdienste bieten u.a. ***Fedex,*** 6 Dinh Le, ✆ 824 9054;
DHL, 1 Le Thach, ✆ 08/844 6203.

REISEBÜROS – Im Folgenden einige verlässliche, aber mehr auf konventionelle Wünsche ausgerichtete Reisebüros; weitere empfehlenswerte Adressen von Reiseveranstaltern und Traveller-Cafés s.u., Touren.
Ann Tours, 18 Duong Thanh, ✆ 923 1366, ✉ anntours@yahoo.com;
Explorer Tours, 75 Hang Bo, ✆ 923 0713, 💻 www.explorevietnam.net;
ODC Travel, 43 Hang Bo, ✆ 828 8729, ✉ odctravel@hn.vnn.vn;
Rainbow Tours, 80 Tran Nhat Duat, ✆ 928 3008, 💻 www.rainbowvietnam.com;
Exotissimo, 26 Tran Nhat Duat, ✆ 828 2150, 💻 www.exotissimo.com, recht teuer;
New Indochina, 4c Dang Thai Than, ✆ 933 0599, ✉ new-indochina@fpt.vn, auf Studenten spezialisiert, kümmert sich u.a. um alle Belange im Zusammenhang mit STA-Tickets.

SPRACHKURSE – ***Hanoi Foreign Language College***, 1 Pham Ngu Lao, ✆ 826 2468, bietet Vietnamesischunterricht ab US$7 pro Std. und organisiert Studentenaustausche sowie Studentenvisa.

WÄSCHEREIEN – Die meisten Hotels und Gästehäuser bieten einen Wäschereidienst, die Top-Hotels sogar einen Reinigungsdienst. Als Alternative bieten sich die billigen Wäschereien *(giat la)* in der 9 Luong Ngoc Quyen, 59 Hang Be, 39 Ma May oder in der Ta Hien; in der Regel kann man die Wäsche am nächsten Tag wieder abholen, berechnet wird pro Kilo (ca. US$1).

VORWAHL – 04

Nahverkehrsmittel

Hanois verkehrsreiches Zentrum, besonders die überfüllten Straßen der Altstadt, lassen sich am besten **zu Fuß** erkunden, wobei man für längere Strecke auf ein **Cyclo** oder **Motorradtaxi** zurückgreifen kann. Eine als solche zu bezeichnende Verkehrsdisziplin ist in Hanoi nicht existent: Die Teenager brausen unerschrocken auf ihren Hondas durch die Gegend, und kaum einer gibt Blinksignale oder schaut sich um. Trotz des chaotischen Verkehrs stellt das **Fahrrad** ein gutes Fortbewegungsmittel dar – zumindest für Leute mit starken Nerven. Wer lieber auf Nummer sicher gehen will und die Ausgabe nicht scheut, kann ein **Taxis** in Anspruch nehmen. Die **Stadtbusse** dienen in erster Linie als Transportmittel zu den außerhalb gelegenen Busbahnhöfen.

CYCLOS UND XE OMS – Die Cyclos in Hanoi sind breiter als ihre Gegenstücke in Ho-Chi-Minh-Stadt und können zwei Personen befördern, wenn man sich ein wenig dünn macht. Eine Fahrt innerhalb des Stadtzentrums sollte um die US$0,50 kosten, wobei der Preis unbedingt vorab auszuhandeln ist. Zur Sicherheit notiert man auf ein Stück Papier alles Wesentliche – den Betrag, die Währung (Dong oder Dollar), die Anzahl der Passagiere und ob es sich um eine einfache oder um eine Hin- und Rückfahrt handelt –, damit es hinterher nicht zu „Missverständnissen" kommt. Auch wer am Ende der Fahrt den bereits abgezählten Betrag bereit hält, kann sich das ein oder andere Ärgernis ersparen. Während einer Cyclo-Fahrt sollte man Wertsachen fest im Griff behalten bzw. diese bei Nacht gar nicht erst mitnehmen, was besonders für allein reisende Frauen gilt. Cyclos dürfen einige Straßen im Zentrum Hanois nicht befahren, vor allem diejenigen um den Hoan Kiem-See (Dinh Tien Hoang und Le Thai To) und in der Altstadt, sodass man nicht überrascht sein darf, wenn die Fahrtroute etwas umständlich erscheint oder man um die Ecke des eigentlichen Zielorts abgesetzt wird.
Xe Oms (Motorradtaxis), die man an jeder Kreuzung findet, konkurrieren mit dem Cyclo als billiges Beförderungsmittel in der Innenstadt. Sie sind um einiges schneller als das Cyclo und haben sogar etwas günstigere Preise, aber dafür schlängeln sie sich in halsbrecherischer Manier durch den Verkehr, was ohne Helm (der für Kunden nicht zur Verfügung gestellt wird) durchaus ein gewisses Risiko birgt. Eine Xe Om Fahrt im Zentrum kostet etwas unter US$0,50, eine längere Strecke in die Vororte und zum Westsee etwas über US$0,50, aber selten mehr als einen Dollar.

STADTBUSSE – Nach jüngst erfolgten Modernisierungsanstrengungen verfügt Hanoi jetzt über neue Busse, Busspuren, Wartehäuschen und verständliche Routenpläne. Das Netz reicht nun sogar bis zum Noi Bai-Flughafen und verbindet die weit voneinander entfernten Busbahnhöfe. Die **Linie Nr. 3** verkehrt zwischen Gia Lam und Giap Bat mit Stopps in der Hang Tre (bzw. in der Tran Quang Khai auf der Fahrt in südlicher Richtung), Phan Chu Trinh, Tran Hung Dao sowie vor dem Bahnhof. Für die Fahrt vom Zentrum nach Gia Lam oder Giap Bat sollte man mit etwa 30 Minuten rechnen. **Linie Nr. 2** (Tran Quan Du–Ba La) bedient den Literaturtempel (10 Min.) und Ha Dong (40 Min.); Haltestellen findet man an der nordwestlichen Ecke des Hoan Kiem-Sees sowie in der Trang Thi gegenüber Vietnam Airlines. Auf den meisten Strecken verkehren die Busse von 5–20 Uhr alle 15–20 Minuten; außerhalb der Hauptverkehrszeiten (7–9 Uhr sowie nach 16 Uhr) herrscht kaum Gedränge. Die Fahrkarten werden stark subventioniert und kosten unabhängig von der Entfernung weniger als US$0,20.

TAXIS – Offizielle Taxis mit Taxameter versammeln sich vor den größeren Hotels sowie am nördlichen Ende des Hoan Kiem-Sees. Kürzere Strecken liegen bei ca. US$1, eine Fahrt in einen Vorort kostet ca. US$2. Die Preise werden übrigens in Dong angezeigt, auch wenn man meinen könnte, es handle sich um Dollar: 20.00 auf dem Taxameter bedeutet 20 000d und *nicht* US$20.
CP Taxi, ✆ 826 2626;
Hanoi Taxi, ✆ 853 5353;
Noi Bai Taxi, ✆ 873 3333.

Transport

BUSSE – Die drei Busbahnhöfe Hanois liegen mehrere Kilometer außerhalb, was einen Fußmarsch vom oder ins Zentrum unmöglich macht. Busse aus dem Süden halten am **Giap Bat-Busbahnhof**, Giai Phong, 6 km südlich des Zentrums, ✆ 864 1467. Die meisten Busse aus dem Nordosten (Lang Son und Cao Bang) steuern den **Gia Lam-Busbahnhof**, 4 km außerhalb am Ostufer des Roten Flusses, ✆ 827 1529, an, während die Express-Busse aus Haiphong, Ha Long sowie aus dem Nordwesten (Son La, Mai Chau und Lao Cai) den **Kim Ma-Busbahnhof**, an der Kreuzung der Giang Vo und Kim Ma, 2 km westlich des Zentrums, ✆ 845 2846, nutzen.
Einige private Busunternehmen setzen ihre Passagiere an günstiger gelegenen, allerdings inoffiziellen und daher nicht festgelegten Haltepunkten im Zentrum ab; die Open-Tour-Busse beispielsweise beenden ihre Fahrt in der Tran Nhat Duat östlich der Altstadt. Busse aus Mai Chau und Hoa Binh haben ihre Endstation manchmal schon in Ha Dong, einem Vorort von Hanoi, 10 km außerhalb des Zentrums, von wo jedoch regelmäßig Stadtbusse verkehren (ca. 40 Min.).
Eine verlässliche Aussage über die **Häufigkeit**, mit der die Busse verkehren, lässt sich kaum treffen. Selbst laut Fahrplan verkehrende Busse fahren nicht, wenn sich nicht genügend Passagiere einfinden. Das Gleiche gilt für Privatunternehmen, deren zumeist altersschwache Minibusse eine Fahrt nur dann antreten, wenn sich die Sache finanziell lohnt. Es ist ratsam, sich ein oder zwei Tage vor der geplanten Abfahrt am jeweiligen Busbahnhof über die aktuellen Verbindungen erkundigen und die Fahrkarte im Busbahnhof und nicht im Bus selbst kaufen.
Entlang der Nationalstraße 1 verkehrt ein fast endloser Strom an Bussen, und man kann dort praktisch zu jeder Tageszeit ein Fahrzeug heranwinken. Abseits der Nationalstraße sollte man die Reise früh antreten, da die meisten Busse zwischen 5 Uhr und 9 Uhr aufbrechen und nur wenige ihre Fahrt am Nachmittag beginnen. Auch die **Fahrtdauer** kann stark variieren – die folgenden Angaben beziehen sich auf die durchschnittliche Fahrtzeit in einem öffentlichen Bus.
Busse nach:
BAI CHAY 3 Std.;
CAO BANG 10 Std.;
HAIPHONG 2 Std.;
HOA BINH 2 Std.;
HUÉ 20 Std.;
LANG SON 2–3 Std.;
MAI CHAU 3 1/2 Std.;
NINH BINH 2 Std.;
SON LA 12 Std.;
THAI NGUYEN 3 Std.;
THANH HOA 4–5 Std.

MIETWAGEN – Infolge des chaotischen Verkehrs eignet sich ein Auto kaum zum Abklappern der Sehenswürdigkeiten in den zentralen Vierteln, bietet jedoch für Tagesausflüge in die Umgebung wesentlich mehr Flexibilität als eine organisierte Tour. Fast alle Reisebüros können Mietwagen organisieren; die Preise liegen bei US$25 pro Tag für einen Wagen mit Fahrer bzw. bei US$35 für einen neueren Wagen mit Klimaanlage. Da nur wenige Fahrer Englisch sprechen, sollte man eventuell für weitere US$10–15 pro Tag einen Führer anheuern.

EISENBAHN – Hanois **Hauptbahnhof**, 120 Le Duan, liegt ca. 1 km westlich des Zentrums. Bei Ankunft aus Ho-Chi-Minh-Stadt sowie allen anderen Orten im Süden und China verlässt man den Hauptbahnhof auf die Le Duan. Züge aus dem Osten und Norden (Haiphong, Lang Son und Lao Cai) halten hingegen auf Gleisen im hinteren Teil des Bahnhofs, dessen Ausgang in eine mit Marktständen überfüllte schmale Straße namens Tran Quy Cap führt.

Fahrkarten für und Informationen über den **Reunification Express** sind am Schalter mit der Aufschrift „Booking Office for Foreigners" in der Halle links neben dem Eingangsbereich erhältlich; ⏲ tgl. 7.30–12.30 und 13–22.50 Uhr. Tickets für die Weiterreise sollten möglichst früh besorgt werden, besonders für Schlafwagenplätze nach Hué und Ho-Chi-Minh-Stadt, da Hartliegen bereits mehrere Tage und Weichliegen sogar mehrere Wochen im Voraus ausverkauft sind. Ein gesonderter Schalter in der Halle zur Rechten des Eingangsbereichs verkauft Fahrkarten für Nahverkehrszüge und die internationalen Verbindungen nach China (siehe Kasten); ⏲ tgl. 7–12 und 12.30–19 Uhr. Züge nach **China** fahren vom Hauptbahnhof, alle anderen mit Zielen in **östlicher und nördlicher Richtung**, darunter Lao Cai und Haiphong, von einem Nebengebäude in der Tran Quy Cap. Die Züge nach Lao Cai werden gerne überbucht, sodass frühzeitiges Erscheinen ratsam ist, um den gebuchten Platz auch wirklich zu bekommen. Wer auf Probleme bei der Beschaffung von Fahrkarten stößt, wendet sich am besten an eines der Reisebüros, die ihre Fahrscheine in der Regel en gros von Zwischenhändlern einkaufen.

Züge nach:
DA NANG 5x tgl., 14–20 Std.;
DONG DANG 2x tgl., 5 Std.;
DONG HA 4x tgl., 12–16 Std.;
DONG HOI 5x tgl., 9–13 Std.;
HAIPHONG 3x tgl., 2–3 Std.;
HO-CHI-MINH-STADT 5x tgl., 30–41 Std.;
HUÉ 5x tgl., 11–17 Std.;
LAO CAI 3x tgl., 8–9 Std.;
NINH BINH 2x tgl., 2 1/2 Std.;
THANH HOA 4x tgl., 3–4 Std.;
VINH 4x tgl., 5 1/2–7 Std.

Einreise nach China und Laos

Die **Grenzen** zwischen Vietnam und seinen nördlichen Nachbarn sind mittlerweile für Ausländer geöffnet. Da sich die Visabestimmungen und Einreiseformalitäten jedoch häufig ändern, sollte man sich bei der entsprechenden Botschaft über die aktuellen Regelungen informieren.

Nach **China** können Ausländer derzeit via Lao Cai, Dong Dang (bei Lang Son) und Mong Cai einreisen. Der **Direktzug** zwischen Hanoi und Beijing (50 Std.) verlässt Hanoi dienstags und freitags gegen 19 Uhr und Beijing montags und freitags; für diese Strecke sind nur Fahrkarten für Weichliegen erhältlich, die man rechtzeitig im Voraus reservieren sollte. In Vietnam darf man die Züge nur in Hanoi besteigen, kann jedoch in Dong Dang in den klimatisierten chinesischen Zug umsteigen. Auf der anderen Seite der Grenze sind Fahrtunterbrechungen in Nanning, Guilin usw. möglich. Die Preise für die Zugtickets werden entsprechend den internationalen Bestimmungen in Schweizer Franken angegeben und dann in Dong umgerechnet. Beim Ticketkauf muss man seinen Pass mit einem gültigen Visum für China vorlegen. **Visa** erteilt die Chinesische Botschaft, 46 Hoang Dieu, ✆ 845 3736, ⏲ Mo–Fr 8.30–11 Uhr. Ein einmonatiges Touristenvisum wird innerhalb von vier Arbeitstagen ausgestellt und kostet ca. US$30, zahlbar nur in Dollar. Wer es ganz eilig hat, kann einen Expressdienst beauftragen, der das Visum innerhalb eines Tages beschafft und dafür US$60 berechnet.

Momentan nutzen Traveller vor allem zwei Grenzübergänge nach **Laos**: Lao Bao (bei Dong Ha) sowie Cau Treo westlich von Vinh. Klimatisierte Direktbusse fahren über Nacht von Hanoi via Cau Treo nach Vientiane (22 Std.); Fahrkarten hierfür und weitere Informationen sind in Reisebüros in Hanoi erhältlich. Seit kurzem soll es am Grenzübergang Visa on Arrival für Laos geben (15 Tage, US$30). Sicherer ist es, sich schon im Voraus um das Visum zu kümmern, was nur einen Tag Bearbeitungszeit erfordert. Die zuständige Stelle in Hanoi ist die Laotische Botschaft, 22 Tran Binh Trong, ✆ 822 9084, ⏲ Mo–Fr 8–12 und 13–16 Uhr. Siebentägige Transitvisa kosten US$30, während ein reguläres Touristenvisum für einen einmonatigen Aufenthalt mit US$50 zu Buche schlägt (nur in Dollar bezahlbar).

FLÜGE – Hanois neuer internationaler **Noi Bai-Flughafen**, ✆ 886 6527, liegt 35 km nördlich der Stadt. Neben einem Informationsschalter für Touristen (🕓 tgl. 8–19 Uhr) gibt es dort zwei Wechselstuben (🕓 tgl. 7–22 Uhr) und einen Geldautomaten. Ins Zentrum gelangt man am günstigsten mit dem **Stadtbus** Nr. 7, der vor der Ankunftshalle abfährt und am Hoan Kiem-See hält; Betrieb zwischen 5 und 21 Uhr alle 15–20 Minuten, 2 Std., ca. US$0,20. Schneller ist der Shuttle-Service mit dem **Noi Bai-Minibus**, der ebenfalls vor der Ankunftshalle abfährt und u.a. südlich des Hoan Kiem-Sees in Nähe des Büros von Vietnam Airlines hält; Betrieb 5–17.30 Uhr, 45 Min.–1 Std., US$2. Mit dem **Taxi** kostet die 45-minütige Fahrt ins Zentrum ca. US$10, wobei man darauf bestehen sollte, auch wirklich zu dem genannten Hotel gebracht zu werden – viele Fahrer schlagen eine andere Unterkunft vor, aber nur, weil sie dort im Falle einer erfolgreichen Vermittlung eine Kommission zu erwarten haben. Reisebüros und Hotels können für US$8–10 ein Auto zum Flughafen organisieren.

Bei internationalen Abflügen wird eine **Flughafensteuer** von US$14 erhoben, bei Inlandsflügen ist sie meist bereits im Ticketpreis enthalten.

Fluggesellschaften:

Aeroflot, 4 Trang Thi, ✆ 825 6742;
Air France, 1 Ba Trieu, ✆ 825 3484;
Cathay Pacific, 49 Hai Ba Trung, ✆ 826 7298;
China Airlines, 18 Tran Hung Dao, ✆ 824 2688;
China Southern Airlines, 360 Kim Ma, ✆ 771 6611;
Japan Airlines, 63 Ly Thai To, ✆ 826 6693;
Lao Airlines, 269 Kim Ma, ✆ 846 4573;
Malaysia Airlines, 15 Ngo Quyen, ✆ 826 8820;
Pacific Airlines, 100 Le Duan, ✆ 518 1503;
SAS, 49 Hai Ba Trung, ✆ 934 2626;
Singapore Airlines, 17 Ngo Quyen, ✆ 826 8888;
Swiss, 44b Ly Thuong Kiet, ✆ 934 4844;
Thai International, 44b Ly Thuong Kiet, ✆ 826 6893;
Vietnam Airlines, 1 Quang Trung, ✆ 825 0888.

Flüge nach:

DA NANG 4x tgl., 1 1/4–1 3/4 Std.;
DIEN BIEN PHU 1x tgl., 1 Std.;
HO-CHI-MINH-STADT 10–11x tgl., 2 Std.;
HUÉ 2–3x tgl., 1 Std. 10 Min.–1 Std. 40 Min.);
NHA TRANG 1x tgl., 2 Std.

Die Umgebung von Hanoi

Wie ein „großer warmer Strom Tomatensuppe" – so die Beschreibung des Journalisten James Cameron – fließt der **Rote Fluss** durch das Delta und speist unterwegs Ziegelöfen, fruchtbares Farmland und die am dichtesten bevölkerten Provinzen des Landes. Obwohl sich das nördliche Delta nur selten über den Meeresspiegel erhebt, wird es seit so vielen Jahrhunderten entwässert und bewirtschaftet, dass es dort tatsächlich nur noch wenig Wasser zu sehen gibt. Die Landschaft wird von uralten, im Durchschnitt stattlichen 14 m hohen Dämmen durchzogen und ist übersät mit Tempeln, Pagoden, Kirchen, Familiengräbern, Gemeinschaftshäusern und zahllosen anderen Zeugnissen früherer Generationen.

Wirklich fesselnde Sehenswürdigkeiten gibt es nicht, wenngleich der Höhlenschrein der **Duftpagode** einer der heiligsten Orte des ganzen Landes ist. Die Fahrt von Hanoi dorthin zählt zu den beliebtesten Tagestouren, allerdings empfinden manche Besucher die schlichte der Grotte nach dem langen Aufstieg und der Schar fliegender Händler entlang der Strecke als ziemlich enttäuschend.

Mehr Reiz besitzen die vielen historischen Bauwerke, unter denen die **Thay-Pagode** und die **Tay Phuong-Pagode** besonders herausragen; beide liegen mitten im Delta und sind schöne Beispiele traditioneller vietnamesischer Architektur. Auch könnte man Monate damit verbringen, die Siedlungen des Deltas zu erkunden, allen voran die **Kunsthandwerksdörfer**, die ursprünglicher sind als die meisten anderen in Vietnam und sich jeweils auf ein Handwerk – beispielsweise Stickereien, konische Hüte oder Nudeln – spezialisiert haben. Die Anreise auf eigene Faust gestaltet sich ohne Führer sehr schwierig, wenn nicht gar unmöglich; einzige Ausnahme hiervon ist das interessante Töpferdorf **Bat Trang**, das in unmittelbarer Nähe von Hanoi liegt. Ein lohnendes Ziel für einen halbtägigen Ausflug von der Hauptstadt ist auch **Co Loa**, eine uralte Zitadelle nördlich des Roten Flusses, die zwar nur wenig von ihrer früheren Pracht bewahrt hat, aber große historischer Bedeutung besitzt.

Duftpagode

An steilen, aus den Reisfeldern aufragenden Kalksteinhügeln findet das Delta des Roten Flusses 60 km südwestlich von Hanoi ein abruptes Ende. Der östlichste dieser bewaldeten Ausläufer beheimatet Vietnams berühmteste Pilgerstätte, die Duftpagode (Chua Huong), die im „Gebirge des wohl riechenden Pfades" angesiedelt ist und nach duftenden Frühlingsblumen benannt worden sein soll. Am bequemsten lässt sich die Pagode in der Provinz Ha Tay im Rahmen einer organisierten **Tagestour** von Hanoi (US$10–30 inkl. Mittagessen und Eintritts) oder per **Mietwagen** mit Fahrer erreichen. Man kann natürlich auch ein **Motorrad** leihen und die Strecke auf eigene Faust zurücklegen (2–3 Std.): die Nationalstraße 6 durch Ha Dong bis zum Kilometerstein 14 folgen, an dem die Straße die Bahnlinie kreuzt; dort links in die nach Süden verlaufende QL21B abbiegen und via Thanh Oai sowie Van Dinh nach Duc Khe am Suoi Yen (Yen-Fluss) fahren, wo Boote für den Weitertransport bereitstehen. In der Eintrittsgebühr von US$1,60 ist die Hin- und Rückfahrt per Boot bereits inbegriffen.

An beiden Bootsanlegestellen, sowohl in Duc Khe als auch am Beginn der Wanderung zur Chua Thien Chu (s.u.), findet man mehrere recht teure **Essenstände**. Ein mittelmäßiges Essen kostet hier rund US$2, die Getränkepreise sind gar exorbitant hoch bemessen, sodass man sich am besten schon in Hanoi mit allem Nötigen eindeckt.

Die Duftpagode – nur eines von über 30 ähnlichen Bauwerken in diesen Hügeln – versteckt sich in einer spektakulären, rund 50 m hohen **Grotte**, die das Ziel einer nicht allzu interessanten Wanderung auf den Berg darstellt. Um einiges angenehmer gestaltet sich dagegen der Beginn der Reise, eine einstündige Bootsfahrt zwischen Karsthügeln durch ein stilles überflutetes Tal, in dem Fischer und Bauern ihrer Arbeit nachgehen. Traditionellerweise bringt man unterwegs am **Den Trinh** ein Opfer dar. Der Tempel aus dem 17. Jahrhundert (zuletzt 1951 rekonstruiert und 1997 renoviert) wurde zu Ehren der Trinh-Herrscher errichtet, die erheblichen Anteil an der Erbauung des Hauptkomplexes hatten. Vom Bootsanleger am Fuß der Duftpagode führt ein mit Steinen markierter Weg im Schatten von knorrigen Frangipani-Bäumen zur **Chua Thien Chu** („Pagode, die zum Himmel führt") aus dem 17. Jahrhundert, vor der ein wunderbarer Glockenpavillon mit dreistöckigem Dach steht. Der Ehrenplatz auf dem Hauptaltar der Pagode gebührt Quan Am, der Göttin der Barmherzigkeit; das ursprüngliche Bronzebildnis wurde in den 70er Jahren des 18. Jahrhunderts von Tay Son-Rebellen gestohlen, und es kursiert das Gerücht, sie hätten die Statue zu Kanonenkugeln eingeschmolzen. Besucher der Chua Thien Chu sollten respektvoll gekleidet sein, d.h. lange Hosen oder Röcke und lange Hemden tragen. Rechter Hand der Pagode führt ein Pfad steil hinauf zur Duftpagode, die ebenfalls Quan Am gewidmet ist. Für die 3 km lange Wanderung (1–2 Std.) sollte man sich zuvor mit ausreichend Trinkwasser versorgen, wenn man nicht auf die überteuerten Getränkedosen zurückgreifen will, die Kinder am Wegesrand aus ihren Kühlboxen verkaufen. Die Hauptgrotte entpuppt sich als gähnende Öffnung neben einer tiefen, mit Kletterpflanzen und Bäumen bestandenen Bodenmulde und trägt die Inschrift „größte Höhle unter dem südlichen Himmel". 120 Treppenstufen führen zum Eingang hinunter, wo aus dem Dunkel von Weihrauch umhüllte vergoldete Buddhas auftauchen – für die weitere Erkundung ist eine Taschenlampe recht nützlich.

Die Route ist inzwischen so überlaufen, dass Berichten zufolge einige Führer den Aufstieg nur noch ziemlich leidenschaftslos in Angriff nehmen und stattdessen versuchen, kleinere Pagoden in der Umgebung schmackhaft zu machen – wer jedoch dafür bezahlt hat, die Duftpagode zu sehen, sollte sich nicht davon abbringen lassen. Allerdings handelt es sich um eine anstrengende Wanderung, die bei nasser Witterung sogar recht gefährlich werden kann; man benötigt gute Laufschuhe und viel Trinkwasser, besonders in den heißen Sommermonaten. Von anderen Reisenden war zu hören, dass sie von den Bootsführern auf aggressive Weise um ein Trinkgeld angegangen wurden – dies beruht jedoch allein auf freiwilliger Basis und ist keineswegs verbindlich, da die Bootsfahrt bereits im Ticketpreis enthalten ist. Wer etwas geben möchte, sollte sich auf ein paar Tausend Dong beschränken. Während der **Festmonate** März und April (vom 6. Tag des 2. Mondmonats bis zum Ende des 3. Mondmonats) sollte man die Duftpagode im Übrigen meiden, weil dann Tausende von Menschen hierher strömen, um sich am Chua Thien Chu zu reinigen,

Bootstour zur Duftpagode

bevor sie im Gänsemarsch den Berg hinaufsteigen und andere Pilger mit den Worten *Nam mo A Di Da Phat* („Gelobt sei Amitabha Buddha") grüßen.

Thay-Pagode

Die Thay-Pagode oder Chua Thay („Pagode des Meisters") – auch bekannt als Thien Phuc Tu („Pagode des Himmlischen Segens") – wurde unter der Regierung von König Ly Nhan Tong (1072–1127) gegründet und präsentiert sich als außergewöhnlich große Anlage, die im Schutz einer Kalksteinklippe an einem malerischen See liegt. Da dies kein klassisches Touristenziel ist, wird man vermutlich ein **Auto mit Fahrer** oder ein **Motorrad** mieten müssen, um die 30 km von Hanoi ins Dorf Sai Son (zwischen Ha Dong und Son Tay) zurückzulegen. Die einfachste Route führt über die Nationalstraße 6 nach Ha Dong, wo es vor dem Postamt *(buu dien)* rechts in die TL72/TL80 nach Quoc Oai geht; nach rund 4 km weist rechts ein Schild zur Pagode. In der geringen Eintrittsgebühr ist die Begleitung eines meist sachkundigen, englischsprachigen Führers inbegriffen. Vor allem sonntags herrscht Hochbetrieb, da viele Bewohner Hanois die Pagode zum Ausflugsziel nehmen.

Der namensgebende Meister war der asketische Mönch und Heiler **Tu Dao Hanh** (auch als Minh Khong bekannt), der „seinen Finger verbrannte, um für Regen zu sorgen, und der Krankheiten mit heiligem Wasser heilte", um nur einige seiner vollbrachten Wunder zu erwähnen. Er war der ranghöchste Mönch der Pagode und ein vollendeter Wasserpuppenspieler, was den reizenden Theaterpavillon am See erklärt. Der Legende zufolge wurde Tu Dao Hanh zuerst als ein Buddha wiedergeboren und dann als zukünftiger König Ly Than Tong, womit König Ly Nhan Tongs Gebete um einen Nachfolger Erhörung fanden. Um die Angelegenheit weiter zu verkomplizieren, rettete der Mönch später das Leben von Ly Than Tong. Wie dem auch sei, die Thay-Pagode ist dem Kult um Tu Dao Hanh und seinen drei Reinkarnationen als Mönch (der Meister), Buddha und König geweiht.

Trotz zahlreicher Restaurierungen im Lauf der Jahrhunderte, strahlt das dunkle, gedämpfte Innere der Pagode noch immer eine eindringliche Atmosphäre aus. Fast 100 **Statuen** füllen die Gebetshallen: Die Ältesten datieren bis auf die Gründung der Pagode zurück, aber am auffallendsten sind die beiden riesigen, aus Ton und Pappmaché gefertigten **Wächter** aus dem 17. Jahrhundert, die jeweils rund 1000 kg wiegen und die größten Statuen in ganz Vietnam sein sollen. Auf dem höchsten Altar dahinter steht eine Buddha-Trinität aus dem 16. Jahrhundert sowie eine Holzstatue des Meisters aus dem 13. Jahrhundert, hier dargestellt als Bodhisattva in gelbem Gewand und auf einem Lotusthron sitzend.

Ein weiterer Altar zur Linken zeigt den Meister in Gestalt von König Ly Than Tong, ebenfalls gelb angezogen und in Begleitung zweier dunkelhäutiger, kniender Figuren, die anscheinend kambodschanische Sklaven darstellen sollen. Zur Rechten befindet sich ein geheimnisvolles, prachtvoll dekoriertes Holzzimmer. Die sterblichen Überreste des Mönches sowie eine Statue mit deutlich herausgearbeiteten Beinen ruhen in diesem letzten, gut verschlossenen Heiligtum (ein Foto der Statue auf dem Altar zeigt deren glänzende Augen, die aus einem hageren, unglücklichen Gesicht starren), das nur einmal jährlich enthüllt wird: Punkt 13 Uhr am 5. Tag des 3. Mondmonats macht sich der älteste Mann des Dorfes daran, Tu Dao Hanh mit Duftwasser zu waschen und ihm auf die Beine zu helfen. Traditionellerweise war dieses Ereignis nur für die Augen der Mönche bestimmt, mittlerweile darf der Waschung jeder beiwohnen – zumindest wenn man dem Gedränge gewachsen ist. Die Feierlichkeiten ziehen Tausende von Menschen an, dauern drei Tage und umfassen tägliche Prozessionen sowie ein berühmtes **Wasserpuppen-Festival** (5.–7. Tag des 3. Mondmonats).

Vor der Pagode befinden sich zwei hübsche überdachte Brücken mit gewölbten Dächern aus dem Jahre 1602, die der Sonne und dem Mond gewidmet sind: Die eine führt zu einer kleinen Insel, auf der in einem winzigen taoistischen Tempel die Geister der Erde, des Wassers und des Himmels angebetet werden; die zweite Brücke führt zu einer ausgetretenen Treppenflucht, welche den Gipfel des Kalksteinhügels zum Ziel hat. Kurz vor seinem Tod folgte Tu Dao Hanh diesem Weg zur Thanh Hoa-Höhle hinauf, heute ein geheiligter Ort, der sich hinter einer Wand aus Luftwurzeln von Banyanbäumen verbirgt und zwischen einer kleinen Pagode und einem Tempel zu Ehren der Eltern des Mönches liegt. Die heiligen Stätten sind zwar

Duftpagode

gut gepflegt, aber außer dem Blick über die Pagodendächer hinweg auf die Delta-Landschaft gibt es hier nichts Besonderes zu sehen.

Tay Phuong-Pagode und Tram Gian-Pagode

Nur 6 km westlich der Thay-Pagode thront die wesentlich kleinere **Tay Phuong-Pagode** („Pagode des Westens") auf einem 50 m hohen Kalksteinhügel, der die Form eines Büffels haben soll. Sie gehörte zu den ersten in Vietnam erbauten Pagoden und verzaubert mit ihrer unschätzbaren Sammlung von über 70 **Statuen** aus Jackfruit-Holz, von denen einige in Hanois Museum der Schönen Künste ausgestellt sind. Prunkstücke sind die 18 Arhats am Hauptaltar, verblüffend lebensechte Darstellungen buddhistischer Asketen wie sie die Bildhauer des 18. Jahrhunderts sahen; auch hier kann eine Taschenlampe gute Dienste leisten, um die Einzelheiten der Statuen zu erkennen. Da Tay Phuong außerdem ein bedeutendes konfuzianisches Heiligtum ist, befinden sich auf dem Altar auch Darstellungen der Schüler des Weisen, ein jeder mit einem Geschenk für ihren Meister, darunter einige kostbare Gegenstände, beispielsweise ein Buch oder ein Symbol für Langlebigkeit, aber auch die zu üblichen Buddha-Bildnisse. Tay Phuongs besondere **architektonischen Merkmale** sind seine schweren, elegant geschwungenen und mit Phönixen und Drachen verzierte Doppeldächer, die unverputzten Ziegelwände sowie der einladende Zugang über 237 ausgetretene rote Ziegelsteinstufen. Fliegende Händler aus dem nahen Dorf verkaufen die lokale Spezialität *banh che lam*, Bonbons aus Klebreis, vermischt mit grünen Bohnen und Zucker.

Der Ausflug zu den Thay- und Tay Phuong-Pagoden kann mit einem kurzen Abstecher zur **Tram Gian-Pagode** kombiniert werden, die rund 7 km südlich des Dorfes Quoc Oai bzw. 3 km von der Nationalstraße 6 entfernt liegt. Aus Hanoi kommend ist die Pagode am Kilometerstein 22 rechts ausschildert. Auch dieser große und friedliche Tempel, der auf einem bewaldeten Hügel steht, ist für seine große Statuensammlung bekannt. Die Figuren sind zwar nicht so kunstvoll wie diejenigen in der Tay Phuong, aber auch hier stehen über 150 Exemplare, noch mehr Arhats in den Seitenkorridoren (neben einigen absonderlichen Darstellungen der Unterwelt) sowie eine beeindruckende Gruppe auf dem Hauptaltar. Dazwischen sitzt der unverwechselbare schmerbäuchige und lachende Maitreya, der sorgenfreie Buddha, der sich kontrastvoll von den schwarzen ausgemergelten Figur hinter ihm abhebt. Der Legende zufolge handelt es sich hierbei um den mumifizierten und lackierten Körper von Duc Thanh Boi (Heiliger Boi), der im 13. Jahrhundert in der Nähe geboren wurde. Er wird mit zahlreichen Wundern in Verbindung gebracht, unter anderem der Rettung des Landes vor einer katastrophalen Dürre gerettet zu haben, indem er es regnen ließ. Duc Thanh Boi musste nach seinem Tod allerdings noch ein Jahrhundert warten, bis er in den Stand eines Heiligen erhoben wurde.

Die Kunsthandwerksdörfer

Jahrhundertelang haben sich die Dörfer um Vietnams größere Städte auf einen bestimmten Handwerkszweig spezialisiert, ursprünglich um mit ihren Waren den lokalen Markt zu versorgen. Einige haben dank ihrer kunstfertigen Bewohner auch nationale Berühmtheit erlangt. Heute ist nur noch wenigen dieser Gemeinden Wohlstand beschieden, allen voran den bekannten, nahe Hanoi gelegenen Dörfer **Dong Ky** in der Provinz Ha Bac (Holzschnitzereien), Bat Trang (Töpferwaren) und Van Phuc (Seide). Es handelt sich hierbei um gut organisierte, kommerzielle Unternehmen, innerhalb derer ganze Familienverbände an kunsthandwerklichen Produkten arbeiten und es gewöhnt sind, dass sie von Fremden bei der Ausübung ihrer Tätigkeit beobachtet werden, teilweise besitzen sie schon eigene Verkaufsräume. Die meisten anderen Dörfer sind weit weniger touristisch, und je abgelegener sie liegen, desto argwöhnischer tritt man Besuchern gegenüber. Trotzdem lohnt es, sich einen Führer zu engagieren und einige dieser Orte aufzusuchen, um einen Eindruck von dem zermürbenden Lebens- und Arbeitsstil zu bekommen, der sich seit Jahrhunderten kaum verändert zu haben scheint.

Das Töpferdorf **Bat Trang** liegt auf der anderen Seite des Roten Flusses in Hanois Gia Lam-Bezirk und kann über die gebührenpflichtige Chuong Duong-Brücke leicht erreicht werden (Achtung:

Fahrradfahrer müssen die einige Kilometer weiter nördlich gelegene Long Bien-Brücke benutzen). Hinter der Brücke biegt man in die erste Straße rechts ab und erreicht nach rund 10 km in südlicher Richtung auf der rechten Seite den Dorfeingang. Hin- und Rückfahrt mit einem Xe Om sollten inklusive Wartezeit weniger als US$7 kosten. Seit dem 15. Jahrhundert produziert Bat Trang **Ziegel** und **Tonwaren**, und den ältesten Teil des Dorfes umgibt noch eine mittelalterliche Aura: Zwischen hohen Mauern verlaufen schmale Gassen voller Kohleklumpen (das Brennmaterial für die Öfen), die zum Trocknen in der Sonne liegen; um dieses Viertel zu erreichen, zweigt man am Ende der Hauptstraße rechts ab und arbeitet sich dann langsam in nordwestlicher Richtung vor. Durch winzige Türeingänge erhascht man Blicke auf Innenhöfe mit Bergen von Brennformen und handbemalten Schüsseln, während überall drumherum die klobigen Ziegelschornsteine der 800 Öfen des Dorfes aufragen. Etwa 2000 Familien leben in Bat Trang und produzieren entweder in kleinen Werkstätten traditionelle kobaltblaue **Keramikwaren** oder in Fließbandmanier Pflanzentöpfe und dick glasierte Treppengeländer (ein Beitrag zu Hanois Bauboom). Das Dorf hat sich in den letzten Jahren vergrößert, und überall sind Zeichen neuen Reichtums erkennbar, insbesondere die schicken neuen Villen in den Nebenstraßen. Leider hat der Erfolg auch Probleme mit sich gebracht: zunehmende Luftverschmutzung und über die Jahre hinweg ein stetiger Anstieg von Atemwegserkrankungen. Die Verkaufsräume entlang der Hauptstraße bieten alle mehr oder weniger die gleichen Produkte und die gleichen Preise und kümmern sich auf Wunsch auch um den Versand der gekauften Ware ins Heimatland. Die Preise sind nicht unbedingt niedriger als in Hanoi, doch die Auswahl ist wesentlich größer.

Im Seidendorf **Van Phuc**, 11 km westlich von Hanoi auf der Nationalstraße 6, wird häufig ein Zwischenstopp auf dem Weg zur Duftpagode oder zu den Pagoden Thay und Tay Phuong eingelegt – der Ort liegt etwa 1 km nördlich des Postamts von Ha Dong an der Straße nach Quoac Hai. Sobald man das Zufahrtstor hinter sich gelassen hat, hört man schon das Geklapper der elektrischen Webstühle. Besucher sind in allen rund 30 Werkstätten willkommen und erhalten sogar eine kurze Erklärung zu den Arbeitsvorgängen, aber sofern man keine Seide kaufen möchte, wird nichts zu einem längeren Aufenthalt verleiten. Die Stoffe sind geringfügig billiger als in Hanoi, während fertige Stücke wie Schals und Kleidung manchmal nur halb so viel wie in der Stadt kosten.

Konische Hüte sind das Haupterzeugnis des Dorfes **Chuong** (auch Phuong Trung genannt), das wenige Kilometer südlich von Thanh Oai an der Straße zur Duftpagode liegt. Am schönsten ist ein Besuch an einem Markttag (sechs Mal in jedem Mondmonat), wenn die Hüte zu goldenen Pyramiden aufgetürmt werdem. Zu anderen Zeiten kann man die Kunsthandwerker dabei beobachten, wie sie die getrockneten Blätter geschickt an Bambusrahmen befestigen. Traditionellerweise werden die Entwürfe auf die unterschiedlichen Bedürfnisse abgestimmt: dick und robust zum Arbeiten auf den Feldern, feiner für Tempelgänge und andere spezielle Ereignisse, flach und gemustert für modebewusste Aristokraten. Heute produzieren die meisten Familien nur den klassischen konischen Hut für den Alltagsgebrauch, aber zwei haben sich darauf spezialisiert, kunstvollere Entwürfe für Theater- und Tanzgruppen zu kreieren.

Die meisten Reiseagenturen in Hanoi bieten zu einigen dieser Handwerksdörfer organisierte **Tagestouren** an, die pro Person US$15–25 kosten. Ein paar Dörfer verlangen von ihren Besuchern übrigens eine geringe Eintrittsgebühr.

Co Loa-Zitadelle

Die frühesten unabhängigen vietnamesischen Staaten bildeten sich in den Überschwemmungsebenen des Roten Flusses, entweder auf niedrigen Hügeln oder geschützt hinter robusten Uferwällen. Aus den Nebeln der Legenden tauchte Van Lang als erstes Reich auf, das die Hung-Könige von einer Anhöhe aus regierten. Heute markieren nurmehr einige dynastische Tempel diesen Ort, der sich nördlich von Viet Tri in der Provinz Vinh Phu befindet. Später verlagerte sich das Geschehen näher Richtung Hanoi (genauer gesagt 16 km nördlich der heutigen Haupstadt), als König An Duong von 258 bis 207 v.Chr. Au Lac von der mächtigen Zitadelle Co Loa regierte. Von den einst massiven Erdwällen ist heute kaum noch etwas erkennbar, und so lohnt es wirklich nur, einen Zwischenstopp auf der Durchfahrt einzulegen, um einen Blick auf die stillen Tempel mit ihrer interessanten Geschichte zu werfen.

König An Duong erbaute seine Zitadelle Co Loa („Stadt der Alten Schnecke") im Zentrum dreier konzentrischer, schneckenförmiger Wälle, die von so großen Gräben getrennt waren, dass sie sogar von Schiffen befahren werden konnten. Der äußere Wall war 8 km lang, 6 bis 8 m breit, mindestens 4 m hoch und wurde von einem Bambuszaun gekrönt. Nach der chinesischen Invasion im späten 2. Jahrhundert v.Chr. wurde Co Loa verlassen, aber 939 n.Chr. leitete Ngo Quyen an diesem höchst symbolischen Ort die nächste Periode unabhängiger Herrschaft ein. Archäologen haben reiche Funde in Co Loa gemacht, darunter 20 000 eiserne Speerspitzen, die in Hanois Historischem Museum ausgestellt sind und zumindest einer der Au Lac-Legenden Glaubwürdigkeit verliehen haben. Es wird erzählt, dass die heilige Goldene Schildkröte dem König An Duong eine magische, aus einer Klaue angefertigte Armbrust übergab, die 1000 Pfeile zugleich abschießen konnte. Nachdem ein hinterlistiger chinesischer Prinz An Duongs Tochter, Prinzessin My Chau, geheiratet hatte, überredete er sie, ihm die Armbrust zu zeigen, und stahl diese, um alsdann eine Invasion zu organisieren. König An Duong und seine Tochter mussten fliehen, woraufhin My Chau ihren Verrat erkannte und ihrem Vater großmütig den Vorschlag machte, sie zu töten. Als der König seiner Tochter den Kopf abschlug und ihren Körper in einen Brunnen warf, verwandelte sie sich in glänzende rosafarbene Perlen.

Von Hanoi kommend ist der Co Loa-Tempelkomplex auf der rechten Seite der viel befahrenen Nationalstraße 3 ausgeschildert. Die von Bäumen gesäumte Zufahrtsstraße verläuft parallel zu einem Wall, der auf den ersten Blick an einen der Dämme im Delta erinnert, aber ein Überbleibsel der Befestigungen der Zitadelle sein soll. Nach ein paar Kilometern wird zunächst die Statue eines Bogenschützen erreicht. Dort zweigt man nach links (nach Westen) ab und gelangt zum Haupttempel, dem **Den An Duong Vuong**, an einem See. Auf dem Hauptaltar im Innern des Tempels steht eine schwarze Bronzestatue des Königs aus dem 16. Jahrhundert, ein Nebenaltar zeigt Kim Quy, die Goldene Schildkröte. Noch interessanter ist die zweite Gebäudegruppe, 100 m nördlich des Bogenschützen, wo in einem großen ummauerten Innenhof eine wunderschön schlichte, von mächtigen Holzsäulen gestützte und zu den Seiten hin offene Halle steht und man den kleinen Tempel der Prinzessin **Den My Chau** findet. Der unglückseligen Person wird hier in der überraschenden Gestalt eines plumpen sesselförmigen Steins gedacht, der zwar in elegantes besticktes Tuch gehüllt und mit Juwelen bedeckt ist, aber keinen Kopf erkennen lässt. 🕒 tgl. 8–17 Uhr, Eintritt US$1.

Ha Long-Bucht
und nördliche Küste

Highlights

Cat Ba Mit seinem malerischen Hafen, den Stränden und Trekkingrouten durch den nahen Nationalpark eignet sich dieser Ort am besten als Basis für eine Erkundung der Region.

Bootstrip in der Ha Long-Bucht Eine Fahrt durch das Labyrinth der aus dem türkisfarbenen Wasser aufragenden Kalksteinspitzen ist ein unvergessliches Erlebnis.

Hang Thien Cung Die „Grotte des Himmlischen Palastes" gilt als sehenswerteste Höhle in der Ha Long-Bucht – farbige Lichter beleuchten ihre sanften Konturen und lassen sie wie ein Gebilde aus einer Märchenwelt erscheinen.

Kajaktouren Immer mehr Veranstalter bieten Kajaktrips durch einsamere Gebiete der Ha Long-Bucht an – ein Paddelerlebnis der surrealen Art.

Die mystische Landschaft der Ha Long-Bucht macht die Nordostküste Vietnams zu einem der beliebtesten Touristenziele des Landes. Aus dem smaragdgrünen Meer ragen Tausende von Kalksteininseln heraus, zu solch bizarren Formen erodiert, dass Vergleiche mit Hühnern und Drachen, Sektkorken und sogar General de Gaulles Nase nicht aus der Luft gegriffen scheinen. Es gehört zu den absoluten Highlights von Vietnam, durch diese stillen, verschwiegenen Kanäle zu navigieren, vorbei an schaukelnden, bunten Fischerbooten, und zwischendurch immer mal wieder anzuhalten, um Höhlen zu erkunden oder unter überhängenden Klippen schwimmen zu gehen. Die Bucht ist so groß, dass sich die Touristenhorden fast völlig verlaufen, mit Ausnahme des üblichen Sprungbretts für Bootstouren, **Bai Chay**, das den Ansturm kaum verkraftet. Ein rapide wachsender Bezirk voller Mini-Hotels bestimmt heute das Bild dieses einst so angenehm altmodischen Seebads mit seinen Boulevards und Parks. Einen völligen Kontrast hierzu bildet das benachbarte **Hong Gai**, eine Industriestadt mit begrenzten touristischen Einrichtungen, die sich der Fischerei, der Kohle und dem florierenden Grenzhandel mit China verschrieben hat – wenngleich es noch fast 150 km via **Cam Pha**, einer klassischen Minenstadt, zu den boomenden Märkten von **Mong Cai** und dem ruhigen Strand bei **Tra Co** nahe der chinesischen Grenze sind. Allerdings spielen solche Entfernungen kaum eine Rolle, da die Tragflügelboot-Verbindungen entlang der Küste das Reisen in dieser Region unerwartet einfach machen.

In entgegengesetzter Richtung an der Küste ist **Hai Phong** die zweitgrößte Stadt Nordvietnams und der einzige größere Hafen des Landes. Hat man die industriellen Randgebiete erst einmal hinter sich gelassen, enthüllt die Stadt ein überraschend angenehmes Zentrum mit einer Ansammlung von Gebäuden aus dem 19. Jh., die einen Aufenthalt durchaus rechtfertigen, ebenso wie der nahe **Do Son-Strand**. Die meisten Reisenden ignorieren Hai Phong jedoch und fahren direkt zur Insel **Cat Ba**, die unmittelbar vor der Küste liegt. Von Cat Ba-Stadt sind die südöstlichen Gewässer der Ha Long-Bucht leicht zu erreichen, weswegen der Ort eine gute Alternative zu Bai Chay als Ausgangspunkt für die Erkundung der Bucht darstellt. Die Insel selbst rühmt sich einer sehr schönen Landschaft, darunter der **Cat Ba-Nationalpark**, ein Wald- und Meeresreservat, das die übliche Mischung aus Glück und Geduld erfordert, um etwas Größeres als eine Mücke zu erspähen. Seit die Insulaner die Vorzüge des Tourismus erkannt haben, schießen in der Stadt die Hotels aus dem Boden, und zwischen Juni und August kann es sehr voll werden, aber der geschäftige Hafen konnte sich eine gewisse Authentizität bewahren, und eine Fahrt in einem Korbboot durch die Bucht vermittelt einen faszinierenden Einblick in den Alltag der hiesigen Menschen, die seit alters her im Einklang mit dem Meer leben.

Hai Phong

Der Verkehr von Hanoi zur Nordostküste drängt sich auf der Nationalstraße 1 über den Roten Fluss und zweigt dann gen Osten auf die Nationalstraße 5 ab, die durch die ertragreichsten Reisfelder des nördlichen Deltas führt. Ein Lastwagen nach dem anderen schiebt sich über die Straße, quetscht sich an Radfahrern und Ochsenkarren vorbei, bis die riesige Zementfabrik ins Blickfeld kommt, welche die Ausläufer von Hai Phong beherrscht. Man sollte Hai Phong jedoch nicht vorschnell abschreiben, denn das Zentrum dieser noch einigermaßen überschaubaren und ordentlichen Stadt überrascht mit einem älteren Distrikt, der zwar keine nennenswerten Sehenswürdigkeiten, aber eine reizvolle Atmosphäre und Schatten spendende alte Flammenbäume bietet. Breite Prachtstraßen mit gepflegten Kolonialvillen lassen auf einen gewissen Wohlstand schließen, und die Stadt strahlt ein kosmopolitisches Flair aus, das in der großen Anzahl von Import-Export-Unternehmen und gut gekleideten Geschäftsleuten zum Ausdruck kommt, die in den Hotel-Lobbys über Abschlüsse und Joint Ventures verhandeln.

Hai Phong liegt rund 100 km von Hanoi entfernt am Ufer des Cua Cam, einem der wichtigsten Kanäle im Delta des Roten Flusses. Ursprünglich ein kleines Fischerdorf und militärischer Außenposten entwickelte sich Hai Phong im 17. Jh. zu einem bedeutenden **Hafen**, in erster Linie aufgrund seiner Nähe zur Hauptstadt, denn die Standortbedingungen waren ansonsten nicht eben günstig – 20 km vom offenen Meer entfernt mit seichten, sich immer wieder verändernden Kanälen, ohne

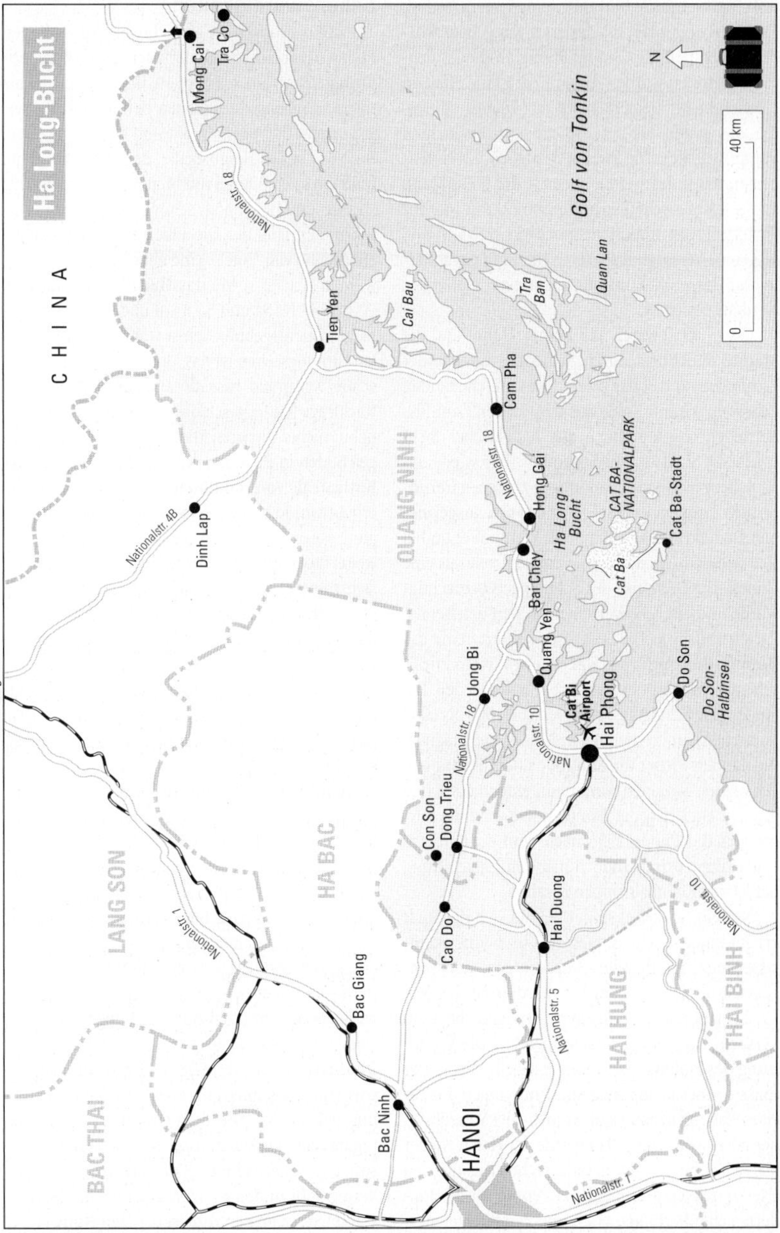
Ha Long-Bucht
CHINA
Mong Cai
Tra Co
Nationalstr. 18
Golf von Tonkin
N
0
40 km
Tien Yen
Cai Bau
Tra Ban
Quan Lan
Cam Pha
QUANG NINH
Nationalstr. 18
Hong Gai
Ha Long-Bucht
CAT BA-NATIONALPARK
Cat Ba-Stadt
Cat Ba
Bai Chay
Quang Yen
Dinh Lap
Nationalstr. 4B
Uong Bi
Nationalstr. 18
Nationalstr. 10
Cat Bi Airport
Hai Phong
Do Son
Do Son-Halbinsel
Lang Son
LANG SON
Nationalstr. 1
HA BAC
Con Son
Dong Trieu
Cao Do
Hai Duong
Nationalstr. 5
Nationalstr. 10
HAI HUNG
THAI BINH
Bac Giang
Bac Ninh
HANOI
BAC THAI
Nationalstr. 1
Ninh Binh

Frischwasserquelle und mit wenig festem Grund. Es dauerte bis 1817, bis der erste Kai gebaut wurde, und erst 1874 – als Hai Phong an die Franzosen abgetreten wurde – begann sich eine Stadt zu entwickeln. Mit bemerkenswerter Willenskraft legten die ersten Siedler die moskitoverseuchten Sümpfe trocken. Die Zweifel bezüglich des Hafens bestanden indes weiter, aber als die 9000 Mann starke französische Expeditionsstreitkraft (die zur Sicherung von Tonkin ausgeschickt worden war) 1883 eine Versorgungsbasis in Hai Phong etablierte, war dessen Zukunft als wichtigster Hafen des Nordens gesichert.

Gegen 1910 waren Hai Phong, Hanoi und die Märkte Südchinas durch Schienen miteinander verbunden, und entlang dem Cua Cam entstanden Fabriken, die mit Kohle aus dem nahen Cam Pha betrieben wurden. Doch aus historischer Sicht spielte die Stadt erst im November 1946 wieder eine Rolle: Wachsende Spannungen zwischen französischen Truppen und Soldaten der neu ausgerufenen Demokratischen Republik Vietnam entluden sich in einem Streit über die Zollkontrolle, als eine chinesische Dschunke des Schmuggels verdächtigt wurde und ein Feuergefecht zwischen den beiden Parteien auslöste. Die Franzosen konterten mit der **Bombardierung** von Hai Phongs vietnamesischem Viertel, wobei Hunderte Zivilisten den Tod fanden (die Schätzungen reichen von 1000 bis 6000 Menschen), und erlangten erst nach mehrtägigen Aufständen wieder die Kontrolle über die Straßen. Die beiden Nationen waren nun jedoch auf Krieg gepolt – ein Krieg, der damit endete, dass die Bürger von Hai Phong 1955 nach dem Zusammenbruch Französisch-Indochinas der Einschiffung der letzten Kolonialtruppen zusahen.

Nur ein Jahrzehnt später befand sich die Stadt erneut unter Beschuss, diesmal durch amerikanische Flugzeuge, die eines der wenigen Industriezentren in Nordvietnam bombardierten. Im Mai 1972 befahl Präsident Nixon in dem aussichtslosen Versuch, den Norden einzuschüchtern, die **Verminung des Hafens**, aber weniger als ein Jahr später musste Amerika unter den Bestimmungen des Pariser Waffenstillstandsabkommens die Minen wieder beseitigen. Ende 1973 wurde der Hafen wieder als sicher betrachtet, gerade rechtzeitig für den Exodus der verzweifelten **Boat People**, die zu Hunderten auf überfüllten Fischerbooten flüchteten.

Sehenswürdigkeiten

Trotz seiner jüngeren Geschichte blieb das alte Hai Phong überraschend gut erhalten. Das halbmondförmige Zentrum aus dem 19. Jh., in dem sich die meisten Sehenswürdigkeiten befinden, liegt zwischen dem Ufer des Tam Bac und den Bahngleisen. Im Norden der Hauptstraße, der Dien Bien Phu, findet man ein Viertel mit breiten, ruhigen Prachtstraßen und Hai Phongs schönster **Kolonialarchitektur**. Entlang der Dien Bien Phu selbst stehen eine Reihe von Hotels, eine eher langweilige Auswahl an Läden sowie das **Hai Phong Museum**, 🕓 Do 14–16, Sa und So 8–10 und 14–16 Uhr, geringe Eintrittsgebühr. Selbst während der offiziellen Öffnungszeiten ist das Museum mit der klassischen weinroten Fassade aufgrund mangelnder Nachfrage häufig geschlossen, wobei man hier ohnehin nichts verpasst. Stattdessen sollte man sich gen Süden in Richtung des viereckigen Turms der **Kathedrale von Hai Phong** wenden, die im 19. Jh. erbaut wurde und nach jahrelanger Vernachlässigung nun sehr schmuck aussieht. Von hier geht es weiter über die geschäftige Hoang Van Thu zum lachsroten **Theater**. Das Gebäude entstand Anfang des 20. Jhs. aus Materialien, die allesamt aus Frankreich herbeigeschifft worden waren, und blickt auf einen großen, offenen Platz. Einheimische gedenken an dieser Stelle der 40 Revolutionäre, die während der Straßenschlachten im November 1946 „nach einem heldenhaften Kampf gegen französische Eindringlinge" zu Tode kamen.

In früheren Zeiten führte der Bonnal-Kanal an diesem Platz vorbei und verband den Tam Bac mit dem Cua Cam. Einen Großteil der Strecke zieren heute Gärten, die grüne Lunge der Stadt, aber das westliche Kanalende hat als Tam Bac-See überlebt. Die breiten, schattigen Boulevards am Ufer und die Gärten laden zu einem angenehmen Spaziergang ein, und die wuchtige Bronzestatue der Stadtheldin Le Chan (s.u.), ganz im sowjetischen Stil entworfen, trägt ihren Teil zur Anziehungskraft dieser Anlage bei. Nördlich des Sees liegt Hai Phongs **Kaufmannsviertel**, ein heruntergekommenes Gewirr von Straßenmärkten zwischen der Tran Trinh und der Cho Sat. Die alten Hallen für den **Samstagsmarkt** wurden inzwischen durch einen kreisrunden, sechsstöckigen Block ersetzt, aber drum herum tobt in den Straßen das Leben. Ebenfalls von Interesse im Zentrum ist der **Den Nghe** an der

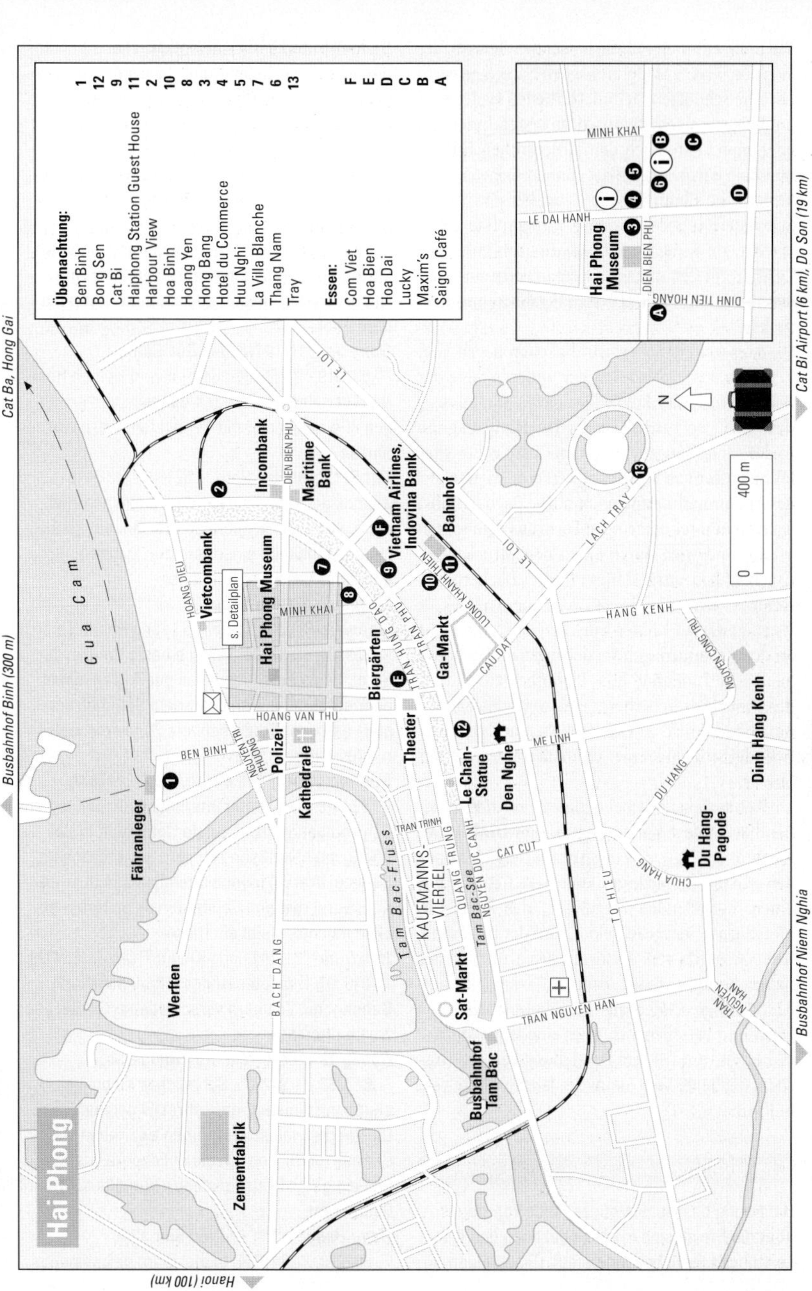
Hai Phong
Übernachtung:
Ben Binh 1
Bong Sen 12
Cat Bi 9
Haiphong Station Guest House 11
Harbour View 2
Hoa Binh 10
Hoang Yen 8
Hong Bang 3
Hotel du Commerce 4
Huu Nghi 5
La Villa Blanche 7
Thang Nam 6
Tray 13
Essen:
Com Viet F
Hoa Bien E
Hoa Dai D
Lucky C
Maxim's B
Saigon Café A
Busbahnhof Binh (300 m)
Cat Ba, Hong Gai
Hanoi (100 km)
Busbahnhof Niem Nghia
Cat Bi Airport (6 km), Do Son (19 km)
Cua Cam
Fährenleger
Werften
Zementfabrik
Kathedrale
Polizei
Vietcombank
s. Detailplan
Hai Phong Museum
Incombank
Maritime Bank
Vietnam Airlines, Indovina Bank
Bahnhof
Biergärten
Theater
Ga-Markt
Le Chan-Statue
Den Nghe
KAUFMANNS-VIERTEL
Tam Bac-Fluss
Tam Bac-See
Sat-Markt
Busbahnhof Tam Bac
Dinh Hang Kenh
Du Hang-Pagode
BEN BINH
HOANG VAN THU
NGUYEN TRI PHUONG
HOANG DIEU
MINH KHAI
DIEN BIEN PHU
LE LOI
TRAN HUNG DAO
TRAN PHU
LUONG KHANH THIEN
CAU DAT
LACH TRAY
HANG KENH
NGUYEN CONG TRU
ME LINH
TRAN TRINH
CAT CUT
QUANG TRUNG
NGUYEN DUC CANH
TO HIEU
DU HANG
CHUA HANG
BACH DANG
TRAN NGUYEN HAN
LE DAI HANH
DINH TIEN HOANG
N
0
400 m

Me Linh, ein ungewöhnlich beengter Tempel, der sich durch seine Skulpturen einen Namen gemacht hat. Die schönsten Steinmetzarbeiten findet man an dem massiven Steintisch im ersten Innenhof, aber man sollte auch den farbenfrohen Friesen oberhalb davon einen Blick gönnen. Der weibliche General Le Chan, der die Rebellion der Trung-Schwestern (s.S. 81) anführte, wird am Hauptaltar verehrt; am 8. Tag jedes 2. Mondmonats bekommt Le Chan ein Geburtstagspräsent in Form eines Tellers mit ihrem Lieblingsessen: Krabben mit Reisnudeln.

Zwei weitere Sehenswürdigkeiten liegen vom Zentrum aus gesehen auf der anderen Seite der Bahngleise, etwa 2 km südlich davon. Das lohnendere Ziel von beiden ist die **Du Hang-Pagode** in der Chua Hang, einer netten Gasse voller alter Wohnhäuser von Kunsthandwerkern, wo man ungestört umherbummeln kann. Die Pagode selbst stammt in ihrer derzeitigen Form aus dem späten 17. Jh. und wird durch einen beeindruckenden Glockenturm, ausgestattet mit drei Dächern, betreten. Interessanterweise weist die Architektur einen gewissen Khmer-Einschlag auf, erkennbar an den vasenförmigen Verzierungen an Dach und Säulen im Innenhof. Eine Bibliothek zur Linken des Innenhofs beherbergt eine wertvolle Sammlung buddhistischer Gebetsbücher, und dahinter befindet sich ein kleiner ummauerter Garten mit Stupas.

Wer noch kein Gemeinschaftshaus *(dinh)* gesehen hat, sollte 1 km gen Osten zum **Dinh Hang Kenh** in der Nguyen Cong Tru spazieren. Es handelt sich um ein niedriges, anmutiges Gebäude mit einem ausladenden Ziegeldach, das an einem künstlichen See steht. Leider wird der imposante Anblick durch verwahrloste Gärten und immer näher heranrückende Fabriken beeinträchtigt. 32 mächtige Säulen aus Eisenholz stützen das Dach und verteilen sich über eine lange, dunkle Halle, bekannt für ihre Darstellung von 308 Drachen, die heute vom Staub der Jahrhunderte verhüllt sind.

Übernachtung

Hai Phong besitzt eine ganze Reihe von Hotels, aber die Preise sind in der Regel hoch und die Leistungen nicht besonders gut. Die wenigen Budget-Unterkünfte sind entsprechend früh ausgebucht. Die meisten Hotels konzentrieren sich um die Dien Bien Phu, die Hauptschlagader der Stadt, sowie um den Bahnhof und den Fähranleger.

Ben Binh***, 6 Ben Binh, ✆ 842260, 📠 842524. Beeindruckendes Gebäude in einer Gartenanlage gegenüber dem Fähranleger. Die geräumigen, hohen Zimmer im Obergeschoss sind netter als die kleineren (und teureren) im Erdgeschoss. Gut bei später Ankunft oder früher Abfahrt mit dem Boot.

Bong Sen***, 16 Nguyen Duc Canh, ✆ 631019, 📠 855184. Hinter einem kleinen Restaurant gelegen; sauber, freundlich und gemütlich. Kleine Zimmer mit TV, Telefon, Warmwasser und ac.

Cat Bi***, 30 Tran Phu, ✆ 921837, 📠 921181. 2-stöckige, etwas heruntergekommene Unterkunft, aber mit akzeptablen Preisen und geräumigen, gemütlich eingerichteten Zimmern. In günstiger Lage zum Bahnhof.

Haiphong Station Guest House**–*** (ehemals *Phuong Dong)*, 75 Luong Khanh Thien, ✆ 855391, 📠 921347. Mit die beste Wahl in der Stadt, besonders wenn man per Zug ankommt oder abfährt, da unmittelbar am Bahnhofsvorplatz gelegen. Große saubere Zimmer in meist ruhiger Lage.

Harbour View******, 4 Tran Phu, ✆ 827827, 📠 827828. Hotel unter internationaler Leitung am Ostrand der Stadt; nobelste Unterkunft in Hai Phong mit luxuriösen Zimmern und tadellosem Service. Warum jedoch irgendjemand über die Kräne und rostigen Schiffsrümpfe im Hafen blicken möchte, bleibt ein Rätsel.

Hoa Binh***, 104 Luong Khanh Thien, ✆ 859029, 📠 846907. Beliebtes Budget-Hotel nahe dem Bahnhof mit Zimmern verschiedener Größe, aber wenig Charakter.

Hoang Yen–*******, 7 Tran Hung Dao, ✆ 842383, 📠 842205. Schmuckes Kolonialgebäude mit Fensterläden, attraktiv gelegen. Die Zimmer selbst versprühen zwar nicht viel Charme, bieten jedoch die übliche Ausstattung und ein gutes Preis-Leistungs-Verhältnis. Mit Restaurant.

Hong Bang**–*** , 64 Dien Bien Phu, ✆ 842229, 📠 841044. In die Jahre gekommenes, aber freundliches und gut geführtes Hotel, das besonders bei Geschäftsleuten beliebt ist. Düstere Gemeinschaftsräume, aber die kleineren Zimmer haben konkurrenzfähige Preise und die größeren eine Badewanne.

Hotel du Commerce**, 62 Dien Bien Phu, ✆ 842706, 📠 842560. Hotel im Kolonialstil mit einem gewissen altmodischen Charme und hilfsbereiten Angestellten. Die großen, hellen Zimmer sind ein bisschen schmuddelig, verfügen jedoch über alle nötigen Einrichtungen und gehören zu den billigsten Übernachtungsmöglichkeiten mitten im Zentrum.

Huu Nghi, ab***, 60 Dien Bien Phu, ✆ 823310, 📠 823245. Das edelste Etablissement in der Hauptgeschäftsstraße ist in einem nichts sagenden 11-stöckigen Block untergebracht, einem der höchsten Gebäude der Stadt. Beliebt bei Geschäftsleuten.

La Villa Blanche–******* (auch *Navy Guesthouse* oder *Nha Khach Hai Quan* genannt), 5 Tran Hung Dao, ✆ 842863, 📠 842278. Beeindruckendes weißes Kolonialgebäude gegenüber dem Park sowie zwei nette neue Villen dahinter. Teure Unterkunft mit allen Annehmlichkeiten, darunter Video, aber die ohnehin recht kleinen, billigeren Zimmer sind überfüllt mit dunklen Möbelstücken.

Thang Nam**–***, 55 Dien Bien Phu, ✆ 747216, 📠 745674. Beliebtes, ordentliches Hotel in der Hauptgeschäftsstraße unter Leitung von Vietnamtourism. Auswahl an kleinen und großen Zimmern (Letztere mit Badewanne) zu passablen Preisen.

Tray, ab*****, 47 Lach Tray, ✆ 828555, 📠 828666. Etwas ab vom Schuss am Südrand der Stadt, aber gutes Angebot, darunter Swimming Pool, Fitness Center und Jacuzzis.

Essen und Unterhaltung

In Hai Phong besteht kein Mangel an guten Lokalen, wenngleich nur wenige Restaurants eine englische Karte besitzen.

Com Viet, 6 Tran Binh Trong, ✆ 859152, Ableger eines Hanoi-Lokals und schickster Treffpunkt der Stadt, wo adrett gekleidetes Servicepersonal in einem geräumigen Speiseraum vietnamesische Gerichte serviert; die Preise sind nicht so hoch wie man vielleicht meint – viele Speisen kosten US$1–3.

Hoa Dai, 39 Le Dai Anh, spezialisiert auf Meeresfrüchte; bei Einheimischen sehr beliebt.

Lucky, 22 Minh Khai, kleines, aber verlässliches Lokal mit einer großen Auswahl an gut zubereiteten Gerichten; besonders lecker sind die Gemüsesuppe und die frittierten Shrimps.

Maxim's, 31 Dien Bien Phu, zentral gelegen; tischt diverse westliche Gerichte auf.

Saigon Café, 107 Dien Bien Phu, bietet eine begrenzte Auswahl an Pastagerichten sowie Cocktails und Live-Musik am Abend.

Mehrere der großen Hotels in der Dien Bien Phu servieren westliches Frühstück.

In den **Biergärten** und Speiselokalen östlich des Theaters in der Tran Hung Dao tummeln sich größtenteils vietnamesische Besucher. Die meisten dieser Lokale haben keinen Namen, aber die überschwänglichsten Empfehlungen bekommen die Nr. 22, 27 und das ***Hoa Bien*** in der Nr. 25.

Alternativ dazu kann man an den **Essenständen** nahe dem Bong Sen Hotel oder in den Gassen rund um Hai Phongs größten **Markt**, Cho Ga, einen Snack zu sich nehmen, beispielsweise Frühlingsrollen.

Abends trifft sich alles in der Nguyen Duc Canh, um in einer der **Eisdielen** einzukehren oder sich um die flackernden Lichter der Zuckerrohr- und Kokonussmilchverkäufer zu versammeln.

Hai Phongs Nächte gehören den **Karaoke-Bars**, von denen Dutzende über das gesamte Stadtgebiet verteilt liegen – üblicherweise schwach beleuchtete, wenig anziehende Orte. Der Nachtclub ***Trai Tram*** in der Dinh Tien gegenüber dem Theater zieht die modebewusste Jugend der Stadt an.

Sonstiges

FAHRRÄDER – Es gibt keinen offiziellen Fahrradverleih, aber oft können die Hotels weiterhelfen.

GELD – Die folgenden Banken tauschen Bargeld und Reiseschecks: ***Incombank***, 36 Dien Bien Phu; ***Indovina Bank***, 30 Tran Phu; ***Maritime Bank***, 25 Dien Bien Phu; ***Vietcombank***, 11 Hoang Dieu.

INFORMATIONEN – ***Vietnamtourism,*** 57 Dien Bien Phu, ✆ 842432; hilft mit allgemeinen Informationen sowie Vermittlung von Führern und Leihwagen. ⌚ Mo–Sa 7–12, 13.30–17.30 Uhr.
Haiphong Tourism, 15 Le Dai Hanh, ✆ 842989; hier wird kaum Englisch gesprochen.
Stadtpläne werden an Buchständen in der Dien Bien Phu, nahe der Kreuzung mit der Minh Khai, verkauft.

INTERNET – Es gibt mehrere **Internet-Cafés** in der Stadt, eines der größten befindet sich in der 133 Dien Bien Phu.

MEDIZINISCHE HILFE – ***Ben Vien Viet-Tiep (Vietnam-Czech Friendship General Hospital),*** 1 Nha Thuong, ✆ 846236.

POST – **Hauptpost** in der Nguyen Tri Phuong, Ecke Hoang Van Thu; eine **Filiale** befindet sich in der 36 Quang Trung.

VORWAHL – 031

Nahverkehrsmittel

Zur Überwindung größerer Distanzen ist ein Auto unumgänglich: Man sollte mit US$40 pro Tag rechnen, wenn man den **Leihwagen** über *Vietnamtourism* bucht, etwas weniger kosten **Taxis** ohne Taxameter, die üblicherweise in der Nguyen Duc Canh, etwas südlich des Tam Bac-Sees zu finden sind. Ein Taxi mit Taxameter bekommt man über ***Haiphong Taxi,*** ✆ 841999.
Das Zentrum kann man gut zu Fuß erkunden, aber überall in der Stadt stehen auch **Cyclos** als Transportmittel zur Verfügung.

Transport

BUSSE – Busse aus dem Süden und Westen halten üblicherweise am **Niem Nghia-Busbahnhof**, Tran Nguyen Han, etwa 3 km bzw. 12 Min. per Cyclo südwestlich des Zentrums. Die meisten Fahrzeuge aus Hanoi setzen ihre Passagiere am zentrumsnäheren **Tam Bac-Busbahnhof** ab, der nahe dem Samstagsmarkt bzw. dem westlichen Ende des Tam Bac-Sees liegt. Ankömmlinge aus Bai Chay und dem Nordosten landen am **Binh-Busbahnhof** am Nordufer des Cua Cam, 300 m von der Anlegestelle der Flussfähre entfernt (wer aus dieser Richtung anreist, sollte sich jedoch für die Fähre oder das Tragflügelboot von Hong Gai nach Hai Phong entscheiden, eine landschaftlich weitaus attraktivere Reise).
Busse nach: BAI CHAY (3 Std.); HANOI (alle paar Min., 2 Std.); NAM DINH (4 Std.); NINH BINH (5 Std.).

EISENBAHN – Hai Phongs **Bahnhof** befindet sich im Südosten der Stadt und kann vom Zentrum aus zu Fuß erreicht werden. Schließfächer (groß genug für einen Rucksack) machen es möglich, während eines kurzen Zwischenstopps in Hai Phong eine Runde durch die Stadt zu drehen. Man findet sie in einem Nebenraum („reception room") der großen Tickethalle, wo übrigens auch Fahrkarten für die Fähren nach Cat Ba verkauft werden. Von Hai Phong fährt 2–3x täglich ein Zug nach HANOI (2–2 1/2 Std.).

FLÜGE – Hai Phongs **Cat Bi Airport**, ✆ 849242, liegt 7 km südöstlich der Stadt. Ein Taxi, ✆ 841999, zum oder vom Flughafen kostet um US$5. Flugverbindungen bestehen nach HO-CHI-MINH-STADT (5x wöchentl., 2 Std.) und DA NANG (3x wöchentl., 1 3/4 Std.).
Vietnam Airlines unterhält ein Büro in der 30 Tran Phu, neben dem Cat Bi Hotel, ✆ 921242, ⌚ tgl. 8–11.30 und 13.30–15 Uhr.

SCHIFFE – Der **Fähranleger** befindet sich am Südufer des Cua Cam, etwa 500 m nördlich des Zentrums, und ist zu Fuß über die Ben Binh zu erreichen. Hier legen sowohl die normalen **Fähren** nach CAT BA (1x tgl., 4–5 Std.) und HONG GAI (4x tgl., 3 1/2 Std.) als auch die **Tragflügelboote (Hydrofoil)** nach CAT BA (6–7x tgl., 50 Min.), HONG GAI (2x tgl., 1 1/4 Std.) und MONG CAI (1x tgl., 4 Std.) ab.

Cat Ba

Cat Ba ist die größte Insel eines Archipels im Westen der Ha Long-Bucht, besitzt aber dennoch nur eine Siedlung nennenswerter Größe – **Cat Ba-Stadt**, früher ein kleines Fischerdorf, das mehr und mehr vom Tourismus vereinnahmt wird. Die rest-

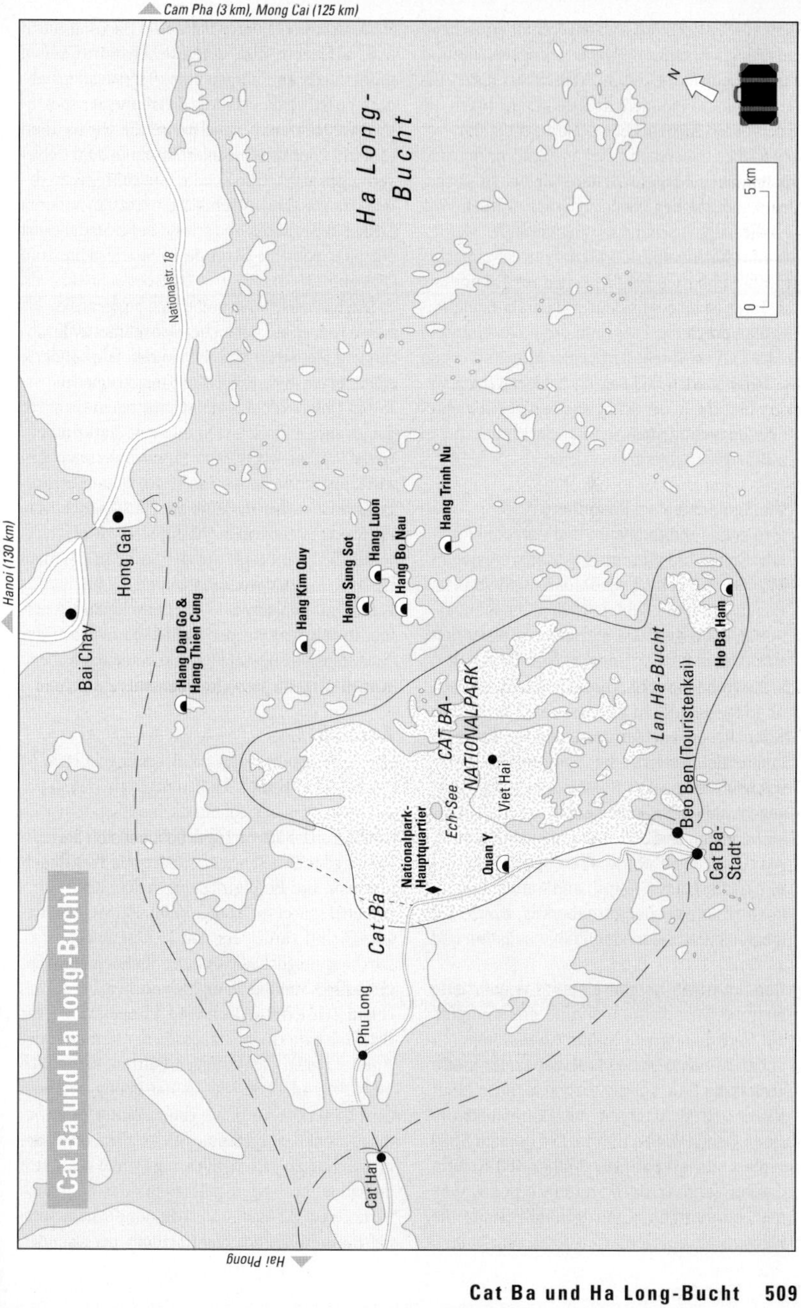
Cat Ba und Ha Long-Bucht
Cam Pha (3 km), Mong Cai (125 km)
Hanoi (130 km)
Hai Phong
Ha Long-Bucht
Nationalstr. 18
Bai Chay
Hong Gai
Hang Dau Go & Hang Thien Cung
Hang Kim Quy
Hang Sung Sot
Hang Luon
Hang Bo Nau
Hang Trinh Nu
Cat Ba-Nationalpark
Lan Ha-Bucht
Ho Ba Ham
Beo Ben (Touristenkai)
Cat Ba-Stadt
Viet Hai
Ech-See
Quan Y
Nationalpark-Hauptquartier
Cat Ba
Phu Long
Cat Hai
0
5 km
N

liche Insel präsentiert sich dagegen überraschend ursprünglich, teilweise sogar unzugänglich, und nur eine einzige befestigte Straße führt durch Täler und über bewaldete Kalksteinhügel bis in die fruchtbaren Küstenebenen. Zum Schutz der verschiedenen Ökosysteme, die von Korallenriffen und küstennahen Mangrovensümpfen bis zu ausgedehnten tropischen Wäldern reichen, wurden 1986 fast die halbe Insel und die angrenzenden Gewässer zum **Nationalpark** erklärt. Eine der einfachsten und schönsten Möglichkeiten zur Erkundung des Parks ist eine Bootstour von Cat Ba-Stadt, wobei man durch das Labyrinth der Kalksteininseln in der **Lan Ha-Bucht** fährt, einer Miniaturversion der benachbarten Ha Long-Bucht, aber weitaus weniger besucht. In der Bucht verstreut liegen mehrere **Perlenzuchtfarmen**, die manche Veranstalter in ihr Besuchsprogramm integrieren.

Die Schlachten am Bach Dang

Ihre zwei ruhmreichsten und entscheidensten Schlachten focht die vietnamesische Marine im Bach Dang-Delta östlich von Hai Phong. Die erste Schlacht 938 n.Chr. markierte das Ende der 1000-jährigen chinesischen Besatzung. Es war **General Ngo Quyen**, der seine Rebellen zum Sieg führte und die weit überlegene Macht mittels eines brillanten Schachzugs zur Aufgabe zwang. Bei Flut lockte der General die chinesische Flotte flussaufwärts, über Hunderte mit Stahlspitzen versehene Pfähle hinweg, die unsichtbar im Schlamm des Deltas eingebuddelt waren. Als das Wasser abzufließen begann, befahl er einen erneuten Angriff und trieb die feindlichen Boote wieder flussabwärts, wo sie auf die nun herausragenden Pfähle aufliefen und sanken.

Rund drei Jahrhunderte später wiederholte sich die Geschichte während des Kampfes zur Vertreibung von **Kublai Khans** mongolischen Armeen. Dieses Mal war es der große **Tran Hung Dao**, der die Vietnamesen in einer Reihe von Schlachten mit Höhepunkt am Bach Dang (1288) anführte. Die geniale Strategie hatte erneut Erfolg: Über 400 Schiffe gingen verloren oder wurden erobert, was den ehrgeizigen Khan schließlich in die Flucht trieb.

Andere Bootstouren haben die Ha Long-Bucht (s.S. 515) zum Ziel, deren Sehenswürdigkeiten größtenteils im Rahmen eines Tagesausflugs abgeklappert werden können, oder eine der spektakulären **Höhlen**, beispielsweise die Ho Ba Ham (s.S. 519). Auf verschiedenen Inseln in dem Gebiet verbergen sich weiße Korallensandstrände, an denen das Wasser deutlich klarer ist als an anderen Stellen in der Bucht, und selbst Cat Ba-Stadt besitzt ein paar passable **Strände** in Spaziernähe zum Zentrum.

Archäologische Ausgrabungen belegen, dass die vielen Höhlen auf Cat Ba bereits vor über 6000 Jahren von Menschen bewohnt waren. Jahrhunderte später boten diese Höhlen zu Kriegszeiten den perfekten Unterschlupf – aus strategischen Gründen gab es auf Cat Ba schon immer eine starke militärische Präsenz. Als 1979 die Auseinandersetzungen mit China aufflackerten, sahen sich Hunderte Insulaner chinesischer Herkunft zur Flucht gezwungen, ein Exodus, der bis in die nächste Dekade andauerte, als die Boat People auf der Suche nach einem besseren Leben davonsegelten und die Inselbevölkerung auf weniger als 15 000 Einwohner reduzierten. Inzwischen hat der Wohlstand in Form des Tourismus Einzug gehalten und dementsprechend schnell steigt die Einwohnerzahl wieder.

Anreise

Der einfachste Weg, nach Cat Ba zu gelangen, ist per Tour von **Hanoi** – für weniger als US$30 pro Person kann man nicht nur die Insel, sondern auch die Ha Long-Bucht erkunden (s.S. 514/515). Individualreisende nehmen am besten das **Tragflügelboot** von **Hai Phong**, das neben dem alten Fährterminal startet (6–7x tgl., 50 Min., US$6). Da das letzte Schiff zurück erst um 16 Uhr ablegt, ist es durchaus möglich, die Insel im Rahmen eines Tagesausflugs von Hai Phong zu besuchen; bei ausreichend Zeit lohnt jedoch eine Übernachtung vor Ort. Eine billigere und langsamere Alternative der Anreise bieten die normalen **Fähren**, die täglich um 6.30 und 13.30 Uhr in Hai Phong abfahren (2 1/2 Std., US$4,50). Bei gutem Wetter ist es bequemer, auf dem Dach eines dieser alten, überladenen Kähne zu reisen, allerdings sollte man sich unbedingt bestätigen lassen, dass das Boot auch wirklich Cat Ba-Stadt und nicht nur die nahe Insel Cat Hai zum Ziel hat. Wer trotzdem hier strandet,

Ha Long-Bucht; schwimmende Häuser nahe der Insel Cat Ba

nimmt die kleine Fähre hinüber ins Dorf Phu Long auf Cat Ba und legt die letzten 30 km nach Cat Ba-Stadt mit dem Nahverkehrsbus (1 Std., US$2,50) oder einen Motorradtaxi zurück.

Die in Hai Phong startenden Fähren und Tragflügelboote bahnen sich ihren Weg den Cua Cam flussabwärts an einer Prozession schwankender Kohlelastkähne vorbei und durch einen Irrgarten aus Sandbänken und sich immer wieder verändernden Kanälen. Nach Durchquerung des **Bach Dang-Deltas**, einem der berühmtesten Kampfschauplätze der vietnamesischen Geschichte (s.S. 510, Kasten), fahren sie in südlicher Richtung über das offene Meer zur Westküste von Cat Ba. Dieser zweite Teil der Reise, wenn man im Schatten von immer spektakuläreren Klippen auf den in einer Bucht an der Südspitze der Insel versteckten Ort Cat Ba zusteuert, ist zweifellos landschaftlich am reizvollsten.

Etwas schwieriger gestaltet sich die Anreise von **Bai Chay** oder Hong Gai, da diese Route nur von Touristenbooten bedient wird. Eine Alternative besteht allein darin, per Fähre oder Tragflügelboot von Hong Gai nach Hai Phong zu fahren und dort nach Cat Ba umzusteigen. Die Touristenboote aus Bai Chay müssen am Touristenkai (auch Beo Ben genannt) von Cat Ba anlegen, der von der Stadt durch einen Hügel getrennt ist – den Transfer übernehmen Motorradtaxis und kostenlose Shuttle-Busse (nur für Touristengruppen mit vorgebuchtem Hotel). Gelegentlich kann es bei der Ankunft oder Abfahrt zu ziemlicher Verwirrung kommen, da die örtliche Polizei den Booten nur ein paar Minuten zum Anlegen gönnt, und einige Schiffe deswegen mehrere Male in den Hafen hinein- und wieder hinausfahren müssen, während die Passagiere ratlos umherstehen. Es gibt ein Hotel am Anleger, aber keinen Grund, sich in diesem Teil der Insel länger aufzuhalten.

Cat Ba-Stadt

Cat Ba-Stadt liegt zwischen grünen Hügeln und dem Meer in einer hufeisenförmigen Bucht, in der es von Korb- und bunten Fischerbooten wimmelt. Der Ort liegt an der Westküste der Insel und ist daher wie geschaffen für die Beobachtung romantischer Sonnenuntergänge über den vorgelagerten Inseln. Das reizende, beinahe europäisch wirkende Fischerdorf hat sich trotz des zunehmenden Tourismus – der vor allem in einer ganzen Reihe neuer Hotels und Restaurants entlang der von Bäumen gesäumten Hafenzone zum Ausdruck kommt – eine gewisse Beschaulichkeit bewahrt und strahlt viel Atmosphäre aus. Der Ort teilt sich in zwei Bereiche, die durch einen kleinen Landvorsprung voneinander getrennt sind: Sämtliche touristische Einrichtungen konzentrieren sich um den neuen Fähranleger; 800 m westlich davon liegt das ursprüngliche Fischerdorf mit seinem quirligen Markt und den dazugehörigen *bia hoi*-Ständen. Unmittelbar hinter dem Pier erhebt sich auf einem kleinen Hügel das Kriegerdenkmal der Stadt, das 1953 während Ho Chi Minhs Besuch auf der Insel eingeweiht wurde. Folgt man dem Pfad auf der Rückseite des Hügels nach oben, so gelangt man zu einem ruhigen, luftigen Platz mit schönem Blick über den Hafen. Wer das Leben auf dem Wasser lieber aus nächster Nähe in sich aufnehmen will, kann eines der Korbboote (im Grunde genommen ein Wassertaxi) chartern, die sich um die Hafentreppen versammeln; nach hartnäckigen Preisverhandlungen sollte ein Stundenpreis von US$1–2 möglich sein.

Eine steile Straße führt Richtung Osten zu zwei kleinen, sandigen **Stränden** (geringe Eintrittsgebühr) auf der anderen Seite der Halbinsel, die den östlichen Arm des Hafens bildet. Der beliebtere der beiden Strände wird zuerst erreicht und besitzt einige grundlegende Einrichtungen wie Duschen, Toiletten, einen Getränkestand und ein Restaurant. Von hier sind es zehn Minuten zu Fuß über einen Weg entlang der Klippen zum zweiten, ruhigeren Strand, wo ebenfalls Snacks und Getränke gekauft werden können. Etwas weiter östlich der Stadt zweigt von der ersten Strandstraße eine weitere Straße zu einem dritten Strand ab. Alle drei Strände haben recht schönen Sand, aber nur wenig Schatten.

Cat Ba-Nationalpark

Einer der größten Anziehungspunkte von Cat Ba ist die wilde, unberührte Landschaft. Um einen Geschmack davon zu bekommen, empfiehlt sich eine Bootsfahrt (am besten organisiert über Veranstalter in Cat Ba-Stadt oder Hanoi) durch die Lan Ha-Bucht zum Cat Ba-Nationalpark (geringe Eintrittsgebühr, wenn man nicht mit einer Tourgruppe unterwegs ist). Berühmtester Bewohner des Parks ist eine einzigartige Unterart des gefährdeten Goldkopf- oder Cat Ba-Langur *(Trachypithecus francoisi poliocephalus,* auf Vietnamesisch *vooc),* ein Affe, der nur in fünf isolierten Gemeinschaften in den Wäldern Vietnams und Südchinas zu finden ist. Außerdem wurden im Park über 700 Pflanzenarten katalogisiert, darunter mehr als 100 Gewächse von medizinischem Nutzen.

Von Cat Ba-Stadt geht es mit dem Boot an Kalksteinfelsen und Perlenzuchtfarmen in der Lan Ha-Bucht vorbei, bis das Boot nach etwa einer Stunde an einer Mole am südlichen Ende des Nationalparks anlegt. Von dort spaziert man gemütlich zunächst auf einem Pfad durch einen kurzen Tunnel und dann über eine befestigte Straße mitten durch üppiges Grün nach **Viet Hai**. Der Ort hat auf die zunehmenden Besucherzahlen mit der Einrichtung von ein paar Restaurants reagiert, präsentiert sich aber ansonsten eher von seiner schläfrigen Seite und besteht nach wie vor überwiegend aus Lehmhäusern mit Strohdächern. Das fruchtbare Tal um das Dorf wird von Bergen eingerahmt. Ein steiler Anstieg auf den Gipfel des östlichen Kamms führt zu einem der klassischen Aussichtspunkte über die Halong-Bucht und die vielen kleinen Eilande östlich von Cat Ba. Mit etwas Glück erspäht man auf dem Weg nach oben einen Langur, aber zumeist tummeln sich die Tiere an den unzugänglichen Klippen nahe dem Meeresufer. Bei Regenwetter sollte man sich gut überlegen, ob man den Aufstieg wagen möchte, da ein Ausrutscher tödlich enden kann. Das Mittagessen im Dorf stellt eine willkommene Pause nach diesem anstrengenden Marsch dar. Danach geht es wieder zurück zum Boot und nach Cat Ba-Stadt.

Das Parkgelände lässt sich auch auf dem Landweg erreichen: Von Cat Ba-Stadt schraubt sich die Straße steil hinauf und bietet dabei schöne Ausblicke über entfernte Inseln und verborgene Höhlen, bevor sie durch eine Reihe von Hochtälern führt. Nach 8 km liegt rechter Hand nahe der Straße die **Quan Y-Höhle** (geringe Eintrittsgebühr). Während des Vietnamkriegs diente sie als Militärkrankenhaus und konnte bis zu 150 Patienten gleichzeitig aufnehmen. 8 km weiter kommt das Parkhauptquartier in Sicht, wo man sich einen der Guides (ca. US$10 pro Tag) nehmen sollte, da bereits einige Besucher auf den unmarkierten Pfaden gefährlich in die Irre gelaufen sind. Zur **Ausrüstung** gehören feste Schuhe, viel Wasser, ein gutes Insektenschutzmittel und ein Kompass. Die beliebteste Route führt von hier über 8 km (anstrengende 2–3 Std.) durch ein Gebiet mit *kim giao*-Bestand (im Volksmund „Essstäbchen-Baum" genannt, weil sein Holz – das anscheinend empfindlich auf Gift reagiert – früher zur Herstellung der kaiserlichen Essstäbchen verwendet wurde) bis zum **Ech-See**, der seinen Namen den hier lebenden Fröschen *(ech)* verdankt, von denen jedoch die meisten inzwischen verspeist wurden.

Übernachtung

Dank eines Baubooms bietet ein Großteil der Unterkünfte auf Cat Ba ein sehr gutes Preis-Leistungs-Verhältnis. Zwar handelt es sich zumeist um schlichte Budget-Hotels, aber die meisten sind sauber und gemütlich und verfügen über Warmwasser, TV und ac. Für ein Zimmer mit Aussicht – in der Regel auf die Bucht – zahlt man ein paar Dollar extra. Offiziell müssen alle Hotels im Winter US$10 pro Zimmer (bis zu 3 Betten) und während der sommerlichen Hochsaison von Juli bis September US$15 pro Zimmer verlangen, aber in der Nebensaison sind viele Besitzer zu Verhandlungen bereit. Die meisten Hotels befinden sich nur einen Steinwurf entfernt vom neuen Pier und in Hörweite des Horns der 6 Uhr-Fähre, sodass man getrost alle Schlepper ignorieren kann, die einen am Pier anreden – sie sind dafür bekannt, dass sie Touristen übers Ohr hauen. Einen Versuch wert sind das ***Hoang Huong****, ✆ 888274, und das große ***Gieng Noc****, ✆ 888243, beide am östlichen Ende der Bucht gelegen, sowie das ***Giang Son*****, ✆ 888214, am westlichen Ende der Bucht. Nahe dem Pier liegen das ***Van Anh**–******, ✆ 888201, und das ***Noble House******, ✆ 888363, die beide etwas schicker sind. Als eleganteste Unterkunft im Ort gilt das ***Princes********, ✆ 887666, in derselben Straße wie das Postamt gelegen. Ebenfalls in dieser Straße befinden sich zwei wenig anziehende, aber billige Alternativen: das ***Sea River*–*****, ✆ 888671, und das ***Pacific****, ✆ 888331, das einen teuren Internet-Zugang bietet. Zwei etwas günstigere Ausweichmöglichkeiten in Meernähe sind das ***Vien Dong****** (auch *Far Eastern* genannt), ✆ 888555, und das ***Huong Cang*–*****, ✆ 888399, mit kleinen, aber sauberen und gemütlichen Zimmern.

Essen und Unterhaltung

Die Anzahl an Restaurants auf Cat Ba steigt ständig. Die meisten bieten qualitativ gutes Essen – besonders Meeresfrüchte – zu passablen Preisen. Viele Lokale entlang der Promenade servieren tolle Gerichte wie frischen Tintenfisch mit gebratenem Reis und einem Bier dazu für ca. US$2. Eine Abwechslung auf der Seafood-Speisekarte stellen die großen Krabben mit ihrem saftigen Fleisch dar, die einige Restaurants in der Auslage zur Schau stellen.

Das ***Hoang Y*** ist ein guter Platz zum Frühstücken, und das ***Huu Dung*** (auch bekannt als *Coka Cola)* neben dem Hoang Huong Hotel genießt seit langem einen guten Ruf für seine große Auswahl an Suppen und Meeresfrüchten. In Richtung Markt gelegen ist das ***Flightless Bird Café*** unter vietnamesisch-neuseeländischer Leitung, die gleichzeitig bei der Organisation von Touren und Bootsausflügen behilflich ist.

Wer einem der schwimmenden Restaurants in der Bucht einen Besuch abstatten will, sollte unbedingt zuerst die Preise checken, da hier einige Reisende böse hereingelegt wurden.

Am Abend genießen viele Besucher ein Bier oder einen Wein, die von Verkäufern entlang der breiten Promenade angeboten werden, oder machen einen Spaziergang zum Ende der halbmondförmigen Bucht. Der Einfluss junger westlicher Touristen hat auch die Disco-Szene in Schwung gebracht, und zwar in Form zweier Läden namens ***New City*** und ***Song Xanh,*** die Seite an Seite in der Parallelstraße zur Promenade liegen (direkt hinter dem Princes Hotel) und gegen 21 Uhr zum Leben erwachen. In derselben Straße befindet sich eine kleinere Bar, ***Blue Note,*** wo Live-Musik gespielt wird; ⌚ anscheinend rund um die Uhr.

Sonstiges

GELD – Hotels und Restaurants wechseln Geld, aber nur Bares und nur zu schlechten Kursen. Es lohnt sich daher, bereits mit dem nötigen Kleingeld in der Tasche anzureisen.

POST UND TELEFON – Eine Möglichkeit für internationale Telefongespräche bietet das **Postamt**, schräg gegenüber dem Van Anh Hotel, ⌚ 7–12 und 12.30–21 Uhr.

TOUREN – Die meisten Hotels in Cat Ba-Stadt arrangieren **Bootstouren**, die sich in Angebot und Preis kaum unterscheiden (US$10–15 pro Person und Tag). Eine der lohnenswertesten Touren von Cat Ba führt gen Norden in die Lan Ha-Bucht, wo man entweder einen Spaziergang in den Nationalpark oder eine halbtägige Kreuzfahrt durch das Labyrinth der Kalksteininseln unternimmt, natürlich mit einem Zwischenstopp an einem der traumhaften weißen Korallenstrände zum Schwimmen, eventuell verbunden mit dem Besuch einer Perlenzuchtfarm. Das ***Son Tung Tourism Services Centre*** an der Promenade hat zwei typische Exkursionen im Programm: Ein Tagestrip inkl. Wanderung durch den Nationalpark, Mittagessen in einem Dorf, Bootsfahrt zurück nach Cat Ba-Stadt durch die Lan Ha-Bucht, Zwischenstopp zum Schwimmen und Besichtigung einer Perlenzuchtfarm kostet US$10 p.P.; für den halbtägigen Ausflug in die Lan Ha-Bucht mit Schwimmvergnügen, Schnorcheln und Perlenzuchtfarm werden US$8 verlangt. Etwas verlässlicher sind die Reiseagenturen ***Queen Travel, Red River Tours*** und ***Handspan,*** die ihren Sitz in Hanoi haben und vor Ort durch einen Agenten im *Giang Son Hotel,* ✆ 888214, vertreten sind; geboten werden kombinierte Wanderungen und Bootstouren für US$15–20 p.P.

Der gängige Preis für eine **Bootsmiete** beträgt US$3–7 pro Std., je nach Saison und Verhandlungsgeschick. Ein Mittagessen an Bord schlägt mit weiteren US$2 pro Person zu Buche. Kürzere Ausflüge zu nahe gelegenen Inseln sind ebenfalls möglich und manchmal sogar in Tagestouren inbegriffen.

Auch die **Ha Long-Bucht** lässt sich von Cat Ba aus als Rundtrip oder auf dem Weg nach Bai Chay erkunden. Man sollte mit US$50 für die Bootsmiete pro Tag rechnen; wenn man in Bai Chay abgesetzt werden will, wird ein kleiner Zuschlag erhoben.

Einige Anbieter organisieren auch **Kajaktouren** durch die ruhigen Gewässer der Lan Ha-Bucht mit einer Zeltnacht an einem einsamen Strand. Diese Ausflüge sind am besten für diejenigen geeignet, die Lust auf ein kleines Abenteuer haben und gute Schwimmer sind.

VORWAHL – 031

Nahverkehrsmittel

BUSSE – Die Haltestelle für die Nahverkehrsbusse befindet sich im Stadtzentrum nahe dem Marktplatz. Von hier verkehren wenige Busse täglich über die einzige Straße der Insel ins Dorf Phu Long (1 Std., US$2,50).

MOTORRÄDER – Wer das Eiland etwas genauer erkunden will, ist am besten mit einem Motorrad bedient: Xe Oms versammeln sich rund um den Marktplatz, und überall findet man Verleihstationen (um US$5 pro Tag für eine *Minsk)*.

Transport

Cat Ba-Stadt besitzt zwei Anlegestellen: Den Großteil des Jahres über nutzen die Fähren und Tragflügelboote aus Hai Phong den **neuen Hafen** unmittelbar am Stadtzentrum. Zwischen Mai und August jedoch sowie bei starkem Wind aus westlicher Richtung legen die Boote am **Touristenkai** an der Ostseite der Insel an (wo auch die Schiffe aus Bai Chay ankommen). Kostenlose Shuttle-Busse erwarten Touristengruppen und bringen sie zu ihren Unterkünften entlang der Promenade (10 Min.); für Individualreisende ohne Buchung stehen Xe Oms bereit. Nähere Informationen zur Anreise nach Cat Ba s.S. 510–512. Von Cat Ba verkehrt 2x tgl. eine **Fähre** (2 1/2–3 1/4 Std.) und 6–7x tgl. ein **Tragflügelboot** (50 Min.) nach HAI PHONG.

Ha Long-Bucht

Vom chinesischen Guilin bis zur Phang Nga-Bucht in Thailand sind Kalksteinformationen vor der Küste ein gewöhnlicher Anblick, nirgends aber tauchen sie in solch einer Fülle auf wie in der Ha Long-Bucht: An die 2000 Inseln übersäen die 1553 km^2 große Bucht, weitere 2000 verteilen sich entlang der Küste Richtung China. Die hiesige Legende berichtet von einem himmlischen weiblichen Drachen und ihren Kindern, die vom Jadekaiser ausgesandt wurden, um eine Invasion zu verhindern – sie spuckten große Mengen Perlen aus, welche Inseln und rasiermesserscharfe Bergketten formten und sich der feindlichen Flotte in den Weg stellten. Nach ihrem Sieg waren die Drachen so angetan von ihrem Werk, dass sie sich zum Bleiben entschlossen. Daher rühren der Name Ha Long („das Herabsteigen der Drachen“) und eine weitere Legende: die der Sichtung von Seeungeheuern in der Bucht.

Im Jahre 1469 stattete König Le Thanh Tong der Ha Long-Bucht einen Besuch ab und zeigte sich so beeindruckt von der Landschaft, dass er ein Gedicht schrieb, in dem er die Eilande mit den Figuren eines Schachbretts verglich. Seit damals versuchen die Besucher das Mysterium dieser Märchenwelt in Worte zu fassen – Europäer des 19. Jhs. glaubten in den Eilanden toskanische Kathedralen zu erkennen, während eine lokale Broschüre mit verträumten „grauhaarigen Feen“ wirbt; die Bucht selbst wird häufig als achtes Weltwunder bezeichnet. So viele Vorschusslorbeeren wecken natürlich unendlich hohe Erwartungen, die sich für den ein oder anderen Besucher nicht erfüllen. Das liegt in erster Linie daran, dass dieser Küstenstrich eine von Vietnams industrialisierteren Regionen ist, und eine wichtige Schifffahrtsroute mitten durch die Bucht in den Hafen von Hong Gai führt. Um weiteren Enttäuschungen vorzubeugen, sollte man auch auf die **Reisezeit** achten: Die schlimmsten Wintermonate sind der Februar und der März, aber auch schon im November häufen sich die kalten und regnerischen Tage, an denen die landschaftliche Schönheit der Bucht nur noch selten genossen werden kann.

Die benachbarten Städte Bai Chay und Hong Gai heißen heute offiziell **Ha Long-Stadt**, doch nur bei wenigen Einheimischen findet dieser Name Verwendung. Als Zentrum des Tourismus in der Ha Long-Bucht gilt **Bai Chay**, ein Strandort an der Nordküste, der eine große Auswahl an Unterkünften und Restaurants sowie Horden von Bootsleuten bietet. Wer es lieber etwas typischer mag und Bai Chays Kommerzialisierung ablehnt, kann zwischen zwei attraktiven Alternativen wählen. Die erste besteht darin, mit der Fähre über den schmalen Kanal ins östlich gelegene **Hong Gai** überzusetzen, eine Stadt mit einfachen touristischen Einrichtungen, aber dafür einem geschäftigen Alltagsleben. Alternative Nummer zwei sieht vor, die Bucht von Süden her zu erkunden und die Ausgangsbasis nach Cat Ba zu verlegen, was darüber hinaus eine schöne Fährfahrt von Hai Phong oder Hong Gai sowie eine Unterkunft am Rande eines netten Fischerdorfs einschließt.

Praktische Tipps

Die Ha Long-Bucht gilt als bedeutendstes Touristenziel in Nordvietnam, wobei die meisten Besucher im Rahmen einer **organisierten Tour** aus Hanoi anreisen, ein oder zwei Nächte in Bai Chay verbringen und während dieser Zeit eine Bootstour unternehmen. Jedes Reiseunternehmen in Hanoi hat eine solche Tour im Angebot (Näheres s.S. 486/487, Touren). Preislich sind die von den Traveller-Cafés in Hanoi angebotenen Trips unschlagbar, allerdings kommen uns immer wieder Beschwerden über lange Wartezeiten am Hafen und eine chaotische Organisation in Bai Chay zu Ohren. Tourgruppen mit Startpunkt Hanoi legen üblicherweise in **Con Son** eine Pause ein, wo ein kleiner Tempel den Ort markiert, an dem der Poet und Krieger Nguyen Trai (1380–1442) viele Jahre verbrachte. Die von Kiefern bewachsenen Hügel in der Umgebung sind sehr schön anzusehen, aber mit der Ha Long-Bucht als Ziel verweilt hier niemand lange.

Einige Traveller-Cafés in Hanoi, allen voran das *Queen Travel* und das *Love Planet Café*, versuchen inzwischen, alternative Ziele unter den unerforschten Inseln in der Ha Long-Bucht ins Programm zu nehmen. Eines dieser Eilande ist **Quan Lan**, eine abgelegene Landmasse mit nur 5000 Einwohnern östlich der Bucht. Zwar gibt es vor Ort nur sehr einfache Einrichtungen, aber dafür kann man ein paar friedliche Stunden am Sandstrand verbringen und zwei unberührte Grotten erkunden. Das *Love Planet Café* organisiert dreitägige Trips für US$49 pro Person (bei einer Gruppe von 2–6 Personen). Mitzunehmen sind Insektenschutzmittel, Seife, Handtuch, Klopapier und ein gutes Buch.

Wer das Ganze lieber auf eigene Faust unternimmt, kann einen der regelmäßig verkehrenden **Busse** von Hanoi oder Hai Phong nach Bai Chay zum Busbahnhof-West in der Ha Long nehmen. Reisende aus dem Norden werden am Busbahnhof-Ost abgesetzt, vom Zentrum Hong Gais etwa 1 km über die Le Thanh Tong. Die beiden Busbahnhöfe sind durch eine Passagierfähre miteinander verbunden (500 d). Eine langsamere, aber wesentlich interessantere Annäherung erfolgt per **Zug** von Hanoi nach Hai Phong und dann weiter per **Fähre** oder **Tragflügelboot** nach Hong Gai (insgesamt US$10–15). Fähre und Tragflügelboot passieren einige wunderbare Landschaftsabschnitte am Nordwestrand der Bucht – besonders faszinierend ist das Erlebnis bei Sonnenaufgang mit der 6 Uhr-Fähre – und legen dann am Hafen von Hong Gai an. Nicht zuletzt kann die Ha Long-Bucht auch mit einem gecharterten Boot von Cat Ba-Stadt aus erkundet werden, was einen leichten Zugang zu den weniger besuchten südlichen Bereichen ermöglicht.

Boostouren

Vor Ort ein **Boot zu mieten** ist kein Problem, kommt aber wesentlich teurer als eine organisierte Tour, wenn man die Kosten nicht mit anderen teilen kann. Am teuersten sind die Dschunken mit ihren rostroten Segeln, und obwohl sie in der Bucht elegant und friedlich hin und her schaukeln, werden sie fast die ganze Zeit von einem Motor angetrieben. Die meisten Hotels und einige Restaurants in Bai Chay können bei der Vermittlung eines Mietbootes helfen, ebenso das Büro von Quang Ninh Tourism (s.S. 523, Sonstiges). Die besten Preise erzielt man, wenn man persönlich zu den Bootsbesitzern am Anleger für Touristenboote geht, der etwa 2 km westlich der Stadt liegt; ähnliche Möglichkeiten bestehen rund um den Hafen in Hong Gai. Informationen über Bootstouren von **Cat Ba** sind auf S. 514 zu finden.

Die **Preise** sind überall mehr oder weniger die gleichen. In der Nebensaison zahlt man mit Verhandlungsgeschick um US$5 pro Stunde für ein kleines Boot (maximal zehn Personen), was zur Hochsaison im Hochsommer und an Ferienwochenenden auf über US$7 steigen kann. Da etwa eine Stunde benötigt wird, um mit dem Boot zu den Inseln zu gelangen, empfiehlt sich eher ein **Tagestrip** als zwei halbtägige Ausflüge. Innerhalb von 6–8 Stunden lässt sich von Bai Chay oder Hong Gai ein Großteil der westlichen Bucht erkunden, darunter einige der im Folgenden beschriebenen Höhlen sowie vielleicht ein Abstecher in die östliche Inselwelt auf dem Weg zurück. Eine interessante Variante ist eine **Übernachtung an Bord** (im Winter warme Kleidung mitnehmen), denn dann bleibt sogar Zeit für einen Trip durch die südliche Bucht einschließlich Cat Ba.

Die Ha Long-Bucht mit dem Boot erkunden

Die – meist ausgezeichneten – **Mahlzeiten** an Bord kosten pro Person US$2–4 extra (egal ob Mittag- oder Abendessen), je nachdem wie viele Meeresfrüchte man vertilgt. Auf die Bootsmiete aufschlagen muss man außerdem die Eintrittsgebühren für Höhlen und für die kostspieligen Getränke an Bord – am besten einen eigenen Wasservorrat mitnehmen! Vor Fahrtantritt sollte man den genauen Ablauf durchsprechen. Gezahlt wird erst am Ende des Trips. Es kann sich auch durchaus auszahlen, vor der Abfahrt einen Blick auf das Boot (und die Rattenlöcher) zu werfen, besonders wenn man über Nacht an Bord bleiben möchte. Gelegentlich wird über Diebstähle auf Touristenbooten berichtet, entweder durch die Besatzung oder durch Händler, die sich in Korbbooten nähern; als Vorsichtsmaßnahme sollte man immer jemanden auf dem Boot zurücklassen oder, wenn möglich, die Wertsachen im Hotelsafe an Land lassen.

Erst in jüngster Zeit kommt auch der **Abenteuersport** immer mehr ins Gespräch. **Seekajaktouren** in der Ha Long-Bucht (s.S. 514) sind bereits im Angebot, über Möglichkeiten zum Raften und Klettern wird noch diskutiert.

Höhlen und Inseln

Die Ha Long-Bucht wird durch einen breiten, in Nord-Süd-Richtung verlaufenden Kanal in zwei Bereiche geteilt: Der größere westliche Abschnitt rühmt sich der spektakuläreren Landschaft und der schönsten Höhlen, während im Osten ein reizvolles Gebiet kleinerer Inseln liegt, bekannt als Bai Tu Long („Kinder des Drachens"), das mit Ausnahme der **Dao Khi** („Affeninsel") mit ihrer Affenpopulation kaum besondere Sehenswürdigkeiten aufweist. Den Besuchern stehen derzeit 15 Höhlen offen, die mit finanzieller Unterstützung durch die UNESCO immer weiter erschlossen werden, d.h. eine adäquate Beleuchtung und Wege erhalten; einige der weniger frequentierten Grotten sind hingegen nach wie vor schwer zugänglich.

Die meisten Leute besuchen die Höhlen im Rahmen einer organisierten Tour, in deren Preis bereits das **Ticket** (US$2) enthalten ist, das zur Besichtigung von maximal fünf ausgewiesenen Höhlen berechtigt; ebenfalls inbegriffen ist der Transfer vom Hauptboot zur Höhle in einem Korbboot, sollte dies nötig sein. Individualreisende müssen den Ticket-Pass (erhältlich am Anleger für Touristenboote in Bai Chay) an jeder Höhle vorzeigen bzw. an den unbedeutenderen Höhlen eine geringe Eintrittsgebühr bezahlen.

Die berühmteste Höhle der Bucht liegt Bai Chay am nächsten: Tief im Innern des dritten und größten Raums der **Hang Dau Go** („Grotte der hölzernen Stangen") lagerte General Tran Hung Dao Hunderte von Stangen, bevor er 1288 zur Schlacht im Bach Dang-Delta aufbrach (s.S. 510, Kasten). Wie viele ältere Höhlen ist auch die Dau Go häufig durch Müll und Graffiti verunstaltet, dennoch lohnt die Insel einen Besuch, weil sich hier eine der schönsten Höhlen des Archipels befindet: Für den steilen Anstieg über 50 m zum Eingang der **Hang Thien Cung** („Grotte des Himmlischen Palastes") entschädigt ein 250 m langer, 20 m hoher rechteckiger Raum voller glitzernder Stalaktiten und Stalagmiten. Die Höhle wurde erst 1993 entdeckt und 1998 restauriert, um den Zugang für Besucher zu erleichtern.

Vorbei an versteckten Buchten, spitzen Bergrücken und Klippen aus geriffeltem Kalkstein geht es nun weiter gen Süden in ein Gebiet, das besonders viele Höhlen aufweist. Hier verbergen sich die **Ho Dong Tien** („Grotte des Feensees") und die bezaubernde **Dong Me Cung** („Labyrinth-Grotte"), wo 1993 uralte fossilierte menschliche Überreste gefunden wurden. Die gähnende Öffnung der **Hang Bo Nau**, umringt von einer ganzen Flotte von Sampans mit Korallen und Erfrischungsgetränken im Angebot, vermag das Interesse nur für kurze Zeit auf sich zu ziehen. Von den Treppen der **Hang Sung Sot** dagegen bieten sich tolle Ausblicke, und außerdem kann man hier zu einem hohen zweiten Raum hinaufklettern. Zu den anderen nahe gelegenen Höhlen gehören die **Hang Trong** („Trommel-Grotte") und die **Hang Trinh Nu** („Grotte der Jungfrau"), beide ohne herausragende Merkmale und übersät mit Abfall; von hier sind es rund 90 Minuten zurück nach Bai Chay.

Von den weiter entfernten Sehenswürdigkeiten zählt **Hang Hanh** zu den abenteuerlicheren Tagestrips mit Ausgangspunkt Bai Chay: Der Wasserstand muss eine ganz bestimmte Höhe haben (bei Gezeitenmitte), damit ein Korbboot in die 2 km lange Tunnel-Höhle hineinfahren kann. Die Miete eines solchen Bootes schlägt mit US$10 zusätzlich zu Buche, und ohne eine starke Taschen- oder

Auf dem Weg zu einer Lagune

Höhlenlampe lohnt sich die Aktion eigentlich nicht. Am südöstlichen Rand der Ha Long-Bucht beherbergt die Insel Dau Bo den **Ho Ba Ham** („Drei-Tunnel-See"), eine seichte Lagune umgeben von Kalksteinwänden und durch drei niedrige Tunnel, die nur mit einem Sampan und nur bei Ebbe befahren werden können, mit dem Meer verbunden. Die Besichtigung dieser Naturschönheit ist manchmal in Zweitagesausflügen ab Bai Chay eingeschlossen, aber wesentlich einfacher von Cat Ba aus zu organisieren.

Seit 1994 haben Fischer mehrere **neue Höhlen** in der Lan Ha-Bucht entdeckt, und zwar auf Veranlassung einer lokalen Initiative, die ihnen das Recht zugesteht, über einen bestimmten Zeitraum (üblicherweise zwischen drei und sechs Monaten) eine kleine Eintrittsgebühr zu erheben, sofern sie dafür Lichter, Treppen usw. in der Höhle installieren. Aktuelle Informationen und Empfehlungen erhält man von den Bootsleuten selbst – von denen viele gut Englisch sprechen – oder aber in den hiesigen Touristeninformationen. Einige wenige Höhlen sind noch immer unbeleuchtet, sodass man eine Taschenlampe mitnehmen sollte. Ebenso wichtig sind rutschfeste Schuhe für Besucher, die tiefer in die Höhlen eindringen möchten und zwangsläufig über schlüpfrige Steine klettern und sich durch enge Passagen winden müssen.

Der immense Anstieg der Besucherzahlen in dieser Region bringt eine Menge Probleme mit sich, nicht zuletzt Berge von Müll und eine Verschmutzung durch Motorboote. Besucher sollten keine Korallen von lokalen Händlern erstehen, die diese Souvenirs nur deshalb anbieten können, weil sie den verbliebenen Korallenriffen mit Sprengstoff zu Leibe rücken.

Bai Chay und Hong Gai

1994 wurden Hong Gai, Bai Chay und die sie umgebenden Distrikte zur neuen Provinzhauptstadt **Ha Long-Stadt** zusammengeschlossen, deren Name jedoch nur in offiziellen Dokumenten auftaucht. Die Einheimischen sind bislang den alten Bezeichnungen treu geblieben, ebenso die Fährunternehmen, die Minibusse usw. Auf diese Weise lernen auch Besucher schnell, die beiden Städte Bai Chay und Hong Gai, die jeweils einen ganz eigenen Charakter haben, auseinander zu halten. Bai Chay liegt westlich, Hong Gai östlich des schmalen Cua Luc-Kanals; eine Passagierfähre verbindet die beiden Orte miteinander.

Neonschilder und blinkende, bunte Lichter erhellen die Nacht entlang der Promenade von **Bai Chay**, einem der größten Ferienorte Nordvietnams, in dem sich vor einer pittoresken Kulisse bewaldeter Hügel die Hotels aneinander reihen. Zur Mittagszeit, wenn die Touristenbusse aus Hanoi einrollen und die Boote aus der Ha Long-Bucht zurückkehren, herrscht in der Stadt ein geschäftiges Treiben. Dafür wird es nachmittags wieder ziemlich ruhig. Abgesehen von einem Bummel entlang der Promenade und einem schnellen Blick auf den sehr mittelmäßigen Strand hat Bai Chay nichts zu bieten, was Besucher von einer Bootstour durch die Bucht abhalten könnte. Selbst die üblichen *bia hoi-* und *com pho-*Stände wurden durch T-Shirt-Anbieter und Café-Besitzer mit Speisekarten aus Plastik verdrängt. Etwas außerhalb der Stadt bieten das *Tuan Chau Island Resort*, ✆ 842115, ✉ eauloco@hn.vnn.vn, und der *Royal Amusement Park*, ✆ 847209, ✉ eroyaljvc@hn.vnn.vn, verschiedene Attraktionen

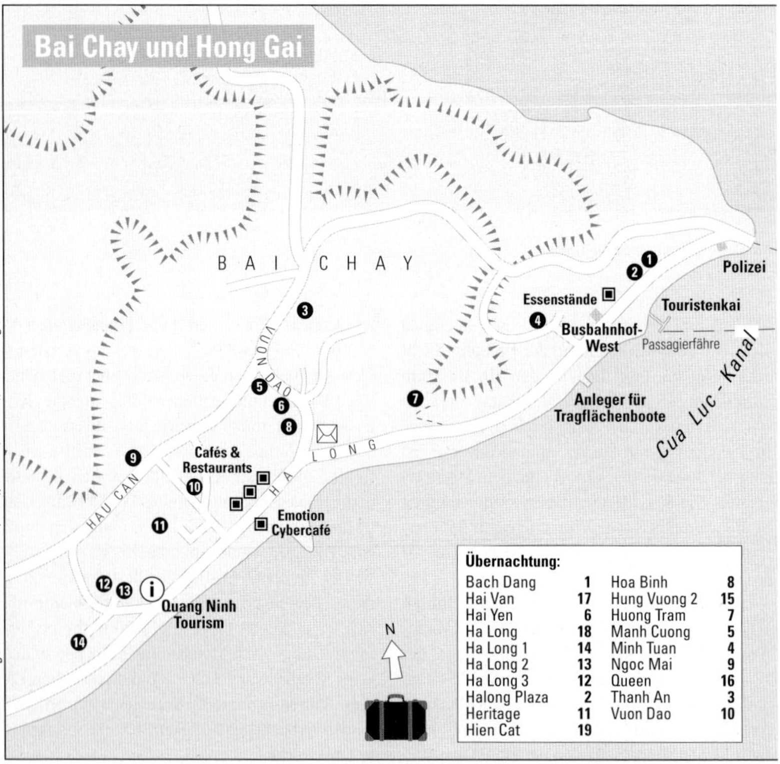

(etwa US$3 pro Kopf bzw. US$2 für Kinder). Ersteres veranstaltet eine Delphin-, Robben- und Seelöwen-Show, und Letzterer zeigt eine Kakteen- und Orchideen-Ausstellung sowie Wasserpuppentheater.

Im Gegensatz zu Bay Chai lockt **Hong Gai** mit einer unwiderstehlichen natürlichen Atmosphäre und einem attraktiven Hafen im Osten, in dem sich die Korbboote drängen. Während man die grauen, mit Kohlestaub überzogenen westlichen Viertel getrost außer Acht lassen kann, lohnt ein Bummel über die Wege am Fährhafen, wo sich ein malerisches Fischerdorf an den Fuß des Nui Bai Tho schmiegt. Dieser Berg wurde nach einer Gedichtsammlung *(bai tho)* benannt, die zur Lobpreisung der Schönheit der Ha Long-Bucht entstand. Die Gedichte sind in den Fels eingeritzt und beginnen mit demjenigen von König Le Thanh Tong aus dem Jahre 1468. Folgt man dem Pfad entlang der Klippen im Uhrzeigersinn von der Long Tien, passiert man auf dem Weg durch das Fischerdorf mehrere verwitterte Inschriften, aber niemand scheint so recht zu wissen, welches die königlichen Verse sind. Ebenfalls einen Blick wert ist die kleine, aber farbenfrohe **Long Tien-Pagode** in der Long Tien. In ihrem Innenhof finden regelmäßig Zeremonien statt, die einen faszinierenden Einblick in die hiesigen Rituale bieten.

Übernachtung

Trotz einer schnell wachsenden Anzahl von Hotels, kommt es immer noch gelegentlich zu **Zimmerknappheit**, besonders während der vietnamesischen Sommersaison (Juni bis Anfang

September) und an Ferienwochenenden. In den ruhigeren Wintermonaten dagegen, wenn die meisten ausländischen Touristen die Ha Long-Bucht besuchen, gestaltet sich die Zimmersuche unproblematischer und die **Preise** der Mini-Hotels fallen erheblich (um bis zu 50%). Im Folgenden sind die günstigeren Wintertarife aufgeführt. Die Unterkünfte in **Hong Gai** mögen einfach sein, aber dafür strahlt die Stadt eine gewisse Atmosphäre aus und es gibt eine Reihe von akzeptablen Budget-Hotels. **Bai Chay** verfügt über eine wesentlich größere Auswahl an Unterkünften, die fast alle in einer der beiden Hauptadern Ha Long oder Vuon Dao liegen. Die Hotels unterscheiden sich nicht großartig voneinander, aber in der Nebensaison kann man hier richtige Schnäppchen machen, was vor allem dem Bauboom zu verdanken ist, der die Preise fallen lässt.

BAI CHAY – ***Bach Dang*****–********, 2 Ha Long, ✆ 846330, 📠 845892. Eines der wenigen Hotels am östlichen Ende von Bai Chay, schon etwas in die Jahre gekommen und überteuert, aber sauber und freundlich. Große Zimmer, alle mit Balkon und Meeresblick, TV und IDD-Telefon.
Hai Yen***, 57 Vuon Dao, ✆ 846126, ✉ dhyen.qn@hn.vnn.vn. Nettes Mini-Hotel mit Standardzimmern und Internet-Zugang.
Ha Long 1, 2 und 3, an der Ha Long, ✆ 846320/1, 📠 846318/9. Ein Trio gut etablierter Hotels zwischen Bäumen. Das *Ha Long 1*, ab*****, bietet eine luxuriöse Unterkunft in einer umgebauten französischen Villa aus dem Jahre 1936. Wer kolonialen Träumen nachhängen will, kann für US$160 pro Nacht die Suite Nr. 208 mieten, in der Cathérine Deneuve während der Dreharbeiten zu *Indochine* wohnte. Die Unterkunft hat viel Atmosphäre, aber nur 16 Zimmer, die bei Interesse rechtzeitig reserviert werden müssen. Sowohl das *Ha Long 2****–****** aus den 70er Jahren als auch das *Ha Long 3****–****** sind beliebt bei Tourgruppen. Die Zimmer sind dem Standard entsprechend passabel eingerichtet – mit einem tollen Blick von den höher gelegenen Zimmern im *Ha Long 3* –, aber überteuert.
Halong Plaza, über US$150, 8 Ha Long, ✆ 845810, 📠 846867. Neues 4-Sterne-Hotel mit allen Einrichtungen, die man für dieses Geld erwarten kann, inkl. Pool, Feinkostladen und Business Center. Die Zimmerauswahl reicht von Standard-DZ mit bescheidenem Ausblick bis zu Luxus-Suiten mit Panoramablick über die Bucht.
Heritage, ab*****, 88 Ha Long, ✆ 846888, ✉ heritagehl.qn@hn.vnn.vn. Die Heritage-Gruppe hat ein altes Hotel umgestaltet und die erste wirkliche Luxusherberge der Stadt geschaffen – das internationale Ambiente hat natürlich seinen Preis.
Hoa Binh***, 39 Vuon Dao, ✆ 846009. Eines der besseren Mini-Hotels in der Vuon Dao, sauber und freundlich, mit Bootsverleih. Standardpreise, aber die Zimmer liegen etwas über dem Durchschnitt und sind mit TV, Kühlschrank und ac ausgestattet.
Huong Tram***, in der Ha Long, ✆ 846365, 📠 845930. Zu erreichen über einen steilen, ausgeschilderten Pfad, etwa 5 Min. zu Fuß östlich des Postamts. Freundliches Mini-Hotel mit guter Aussicht. Bootsverleih zu passablen Preisen und gute Infos über die Bucht.
Manh Cuong**–**, 79 Vuon Dao, ✆ 846342. Mini-Hotel in Familienbesitz, bietet nicht den besten Ausblick der Stadt, aber die großen, sauberen Zimmer gehören zu den besten ihrer Art in dieser Preisklasse.
Minh Tuan**–**, Ho Xuan Huong, ✆ 846200. Die einzigen billigen Betten nahe dem Busbahnhof, versteckt in einer Seitenstraße inmitten einer Ansammlung attraktiver alter Häuser. 10 kleine, aber saubere Zimmer, jedes mit Bad und Warmwasser, einige allerdings ohne Fenster.
Ngoc Mai****, Hau Can, ✆ 846123. Liebenswürdige und geräumige Unterkunft mit tollem Blick und allen nötigen Einrichtungen (inkl. Internet-Zugang) zu sehr fairen Preisen.
Thanh An**–**, Vuon Dao, ✆ 846959.
Dieses preislich konkurrenzfähige Hotel ist eine der höchstgelegenen Unterkünfte in Bai Chay. Die großen, tadellosen Zimmer lohnen den anstrengenden Spaziergang hierher, ebenso die hervorragende Aussicht von den Balkonen an der Vorderfront. Nur nicht an Taifune denken!
Vuon Dao–*******, in der Ha Long, ✆ 846427, ✉ vuondaoht.qn@hn.vnn.vn. Mittelklassehotel mit charakterlosem Äußeren, aber die billigeren Zimmer sind recht groß und haben ein gutes Preis-Leistungs-Verhältnis. Beliebt bei Tourgruppen.

HONG GAI – ***Hai Van*****, 76 Le Thanh Tong, ✆ 826279, 📠 827092. Kleines, freundliches Gästehaus. Unspektakuläre Zimmer, aber sauber und mit TV und ac.
Ha Long**, 82 Le Thanh Tong, ✆ 827269. Kleines Gästehaus mit hilfsbereiten Angestellten und der üblichen Ausstattung wie TV und ac.
Hien Cat*–**, 252 Ben Tau, ✆ 827417. Günstig direkt beim Fähranleger gelegen; kleines Gästehaus unter Familienführung mit spektakulärem Hafenblick; die beiden geräumigen Zimmer im oberen Stockwerk haben einen schönen Balkon, aber auch die kleineren Zimmer unten sind nicht schlecht (ebenfalls mit Mini-Balkon und mit Benutzung von Hong Gais aussichtsreichstem Badezimmer.
Hung Vuong 2***, 197 Le Thanh Tong, ✆ 626767. Kein Luxus-Etablissement, aber die großen und gemütlichen Zimmer mit Badewanne gehören zum Besten, was Hong Gai zu bieten hat.
Queen***, 70 Le Thanh Tong, ✆ 826383, 📠 827268. Anscheinend Hong Gais teuerste Unterkunft; kleine Zimmer mit Telefon, TV, Kühlschrank und ac – alles gut in Schuss, aber überteuert.

Essen

Die Spezialität in Ha Long sind natürlich frische **Meeresfrüchte**, darunter auch exzellenter Hummer und Krabben. Viele Restaurants in Bai Chay widmen sich der Bewirtung großer Tourgruppen und verbinden schlechte Qualität mit hohen Preisen. In Hong Gai dagegen gibt es auf dem geschäftigen Markt viele billige und nette Lokale, in denen allerdings keine geschmacklichen Konzessionen an Westler gemacht werden und nur wenige Leute Englisch sprechen.

BAI CHAY – Trotz des hohen Verkehrsaufkommens und der Postkartenverkäufer im pulsierenden Zentrum von Ha Longs Touristenmekka essen die meisten Besucher am liebsten in einem der Restaurants an der Ha Long, zwischen Postamt und Heritage Hotel. Es gibt kaum nennenswerte Unterschiede, aber das ***Phuong Oanh***, etwa 100 m westlich der Post, ist bekannt für sein gutes Preis-Leistungs-Verhältnis. Ebenfalls in dieser Ecke befinden sich das ***Binh Minh*** und das ***Phuong Vi***, die beide ordentliche Portionen servieren. Billigere Lokale findet man um die Ecke in der Vuon Dao – das ***Anh Tuyet*** z.B. ist sauber und freundlich.
Wenig westlich des Anlegers für die Touristenboote liegt zwischen Läden am Hang das ***Nha San Ha Long*** (auch *Ha Long Stilt House* genannt), ein attraktives, schattiges Lokal mit recht gutem Essen. Am östlichen Ende von Bai Chay wird die Auswahl begrenzter, doch um den Busbahnhof versammeln sich einige billige **Essenstände** mit *com* und *pho*.

HONG GAI – In Hong Gai isst man am besten an den **Essenständen** auf dem Markt, wo die frischen Zutaten direkt vom benachbarten Hafen geliefert werden. Darüber hinaus gibt es in der Long Tien und der nahen Le Quy Don viele Straßenküchen. Die hiesige Spezialität nennt sich *banh cuon*, ein Reispfannkuchen gefüllt mit Shrimps und Gemüse. Nach einer englischen Speisekarte sucht man in Hong Gai vergeblich, aber die freundliche Bedienung im ***Huy Hoang***, Le Thanh Tong, neben dem Ha Long Hotel, tut ihr Bestes, damit die Gäste nicht verhungern.

Sonstiges

GELD – Die größeren Hotels in Bai Chay wechseln Bargeld; Reiseschecks tauscht nur Hong Gais ***Vietcombank*** am östlichen Ende der Le Thanh Tong.

INFORMATIONEN – ***Quang Ninh Tourism***, an der Abzweigung zu den *Ha Long*-Hotels in Bai Chay, ✆ 846320, staatliches Büro; unabhängige Ratschläge bekommt man in den Hotels und Restaurants.

INTERNET – ***Emotion Cybercafé***, in der Ha Long im Stadtzentrum, ✆ 847354, ✉ emotion@ftp.vn. Zum Surfen gibt's Snacks, Fast Food und Getränke.

POLIZEI – Nicht weit vom Busbahnhof-West.

VORWAHL – 033

Transport

BUSSE – Ein großer Nachteil für Individualreisende in dieser Region besteht darin, dass ihnen häufig die doppelte oder gar dreifache Summe des angeschlagenen Preises abgeknöpft wird. Busse nach HANOI (4 Std.) und HAI PHONG (3 Std.) fahren vom **Busbahnhof-West** in Bai Chay ab, diejenigen nach MONG CAI (5 Std.) vom **Busbahnhof-Ost** in Hong Gai. Die beiden Busbahnhöfe sind durch eine Fähre miteinander verbunden.

SCHIFFE – Vom Fähranleger in **Hong Gai** starten 4x tgl. (6, 8.30, 11 und 16 Uhr, 2 1/2 Std.) Fähren und 2x tgl. (8 und 13 Uhr, 1 1/4 Std.) Tragflügelboote nach HAI PHONG. Eine weitere Anlegestelle für Tragflügelboote befindet sich in **Bai Chay**, etwa 100 m westlich des Busbahnhofs-West; von hier wird die landschaftlich schöne Strecke nach MONG CAI (2x tgl. um 8 und 13 Uhr, 3 Std.) in Angriff genommen.

Zur chinesischen Grenze

Nur wenige Reisende fahren entlang der Küste weiter nach Mong Cai, es sei denn sie interessieren sich für eine Nebenstrecke nach Lang Son, ein paar Ruhetage am Strand von Tra Co oder eine abenteuerliche Route nach China (allgemeine Infos über die Einreise nach China s.S. 492, Kasten). Während Mong Cai selbst nur wenig Sehenswertes zu bieten hat, genießt man auf der Anreise herrliche Ausblikke, und die Landschaft und windumtoste Küste nahe der Stadt laden zu weiteren Erkundungen ein. Mong Cai lässt sich entweder über die Straße oder das Meer erreichen, wobei die ruhige und schnelle Annäherung per **Tragflügelboot** nicht nur am einfachsten, sondern auch am schönsten ist, vor allem während der ersten Stunde der Fahrt, wenn das Boot an unzähligen hohen Karstinseln vorbeizieht. Das Tragflügelboot beendet seine Reise in einer geschützten Bucht nahe der Nordostgrenze Vietnams, von wo kleinere Schiffe den Transfer zum Ufer übernehmen (bei rauer See kann dies ziemlich riskant sein). Ausländer müssen ihren Pass und ihre Zollerklärung bei der Polizei vorlegen (ebenso bei der Abreise). Die letzten 15 km per Bus in die Stadt führen vorbei an Entenfarmen, Mangrovensümpfen und Reisfeldern, in denen sich Büffel suhlen. Schließlich erreicht man die staubigen Straßen von Mong Cai, die von Karaoke-Bars und Massage-Salons gesäumt werden.

Ein völlig anderes Bild eröffnet sich auf dem **Straßenweg**. Der erste Abschnitt mit Blick über die Ha Long-Bucht erscheint noch recht viel versprechend, aber auf der Straße drängeln sich die Lastwagen der riesigen Kohleminen von **Cam Pha**, dessen gesamte Umgebung unter einem grauen Staubschleier begraben liegt. Zum längeren Verweilen lädt die Gegend wahrlich nicht ein. Rund 20 km hinter Cam Pha erholt sich die Landschaft wieder etwas. Die Nationalstraße windet sich nun durch Hügelland, in dem Thais Landwirtschaft betreiben, während in tieferen Lagen die Mangroven immer weiter in sumpfige Salzwasserlagunen vordringen. Schließlich gelangt man in die dicht besiedelte Küstenebene, ein fruchtbarer Landstrich in den verschiedensten Grüntönen, dessen einzige größere Stadt nach Cam Pha, **Tien Yen**, die Abzweigung nach Lang Son markiert, das 100 km weiter westlich liegt und über eine holperige Straße erreichbar ist. Nördlich von Tien Yen erstreckt sich flaches Land, das überwiegend zum Reisanbau genutzt wird, bis plötzlich eine chaotische Ansammlung von hoch aufragenden Hotels und Apartment-Blocks das Ziel Mong Cai ankündigt.

Mong Cai und Umgebung

Seit die Grenze 1992 wieder für den Handel geöffnet wurde, erlebt Mong Cai einen Boom – die Märkte quellen über mit chinesischen Waren, von Äpfeln und Bier über Fernseher bis zu riesigen Bergen rosafarbenen Klopapiers. Die offene Grenze zieht auch Touristen an, vor allem neugierige Tagesausflüger aus China, die im Schlepptau eines Fähnchen schwingenden einheimischen Führers eine schnelle Runde über die Märkte drehen und hartnäckige Preisverhandlungen über Plastiksandalen und Nudelpackungen anzetteln. Da sich nur wenige Westler hierher verirren, wird kaum Englisch gesprochen (tatsächlich scheint man häufiger Chinesisch als Vietnamesisch zu hören), aber das kleine Stadtzentrum, mit einem großen Kreisverkehr als Mittelpunkt, bereitet keine Orientierungsschwierigkeiten, und die meisten Einheimischen sind äußerst freundlich.

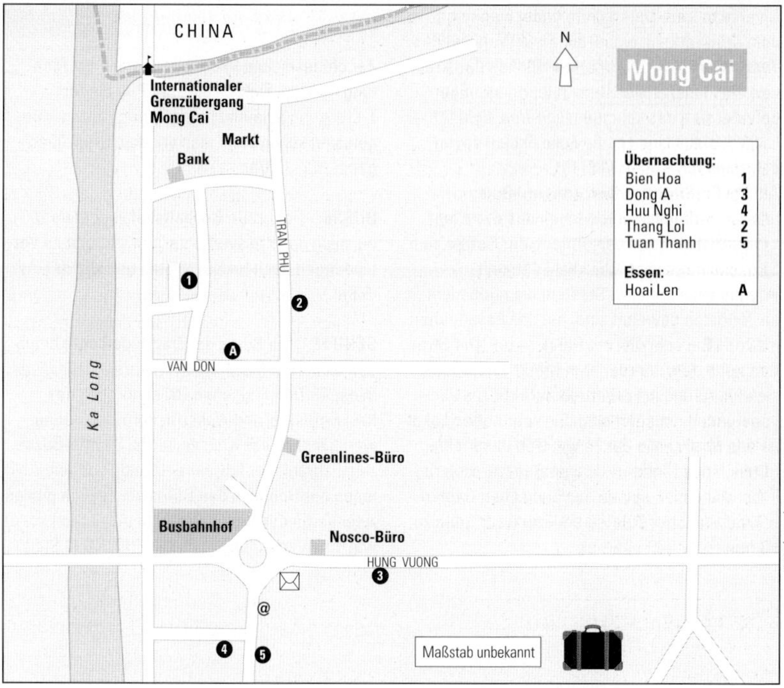

In der südöstlichen Ecke des Kreisverkehrs liegt das **Postamt** und unmittelbar südlich davon ein gutes **Internet-Café**. Ein gutes Stück nordwestlich des Kreisverkehrs markiert der quirlige **überdachte Markt** Mong Cais Dreh- und Angelpunkt. Er dehnt sich bis in die umliegenden Straßen aus und kommt erst spät am Abend zur Ruhe. Die Haltestelle für Nahverkehrsbusse befindet sich unmittelbar neben dem Markt.

Der windige Landstrich um Mong Cai hat einen ganz zeitlosen Charakter und ist definitiv eine Erkundung per Fahrrad oder Motorrad wert. Xe Oms können überall in der Stadt aufgetrieben werden und fahren für ein paar Dollar zu Zielen wie dem **Tra Co-Strand** 9 km südöstlich der Stadt; vor Ort warten sie so lange, bis man bereit für die Rückreise ist. Tra Co lohnt unbedingt den Abstecher und verlockt den ein oder anderen sogar zu einem längeren Aufenthalt, um sich von den Strapazen der Anreise zu erholen. Nur wenige westliche Besucher schaffen es bis hier, dafür kommen im Sommer umso mehr vietnamesische und chinesische Touristen. Der 17 km lange Strand kann zwar nicht unbedingt als herausragende Schönheit bezeichnet werden, eignet sich aber prima für friedliche Strandspaziergänge. Eine ungewöhnliche Sehenswürdigkeit findet sich in der einzigen Straße des Ortes: eine renovierte Kathedrale mit bunten Statuen und Heiligen rund um den Kirchturm.

Übernachtung und Essen

Mong Cais Unterkünfte ähneln sich ziemlich stark, doch ein paar der Budget-Hotels bieten sogar Zimmer mit Fernseher, Warmwasser und Klimaanlage.

Bien Hoa*, in einer Seitenstraße nordöstlich des Marktes, ✆ 033/882135. Empfehlenswert.

Thang Loi**, Tran Phu, ✆ 033/881002; bietet ebenfalls ein gutes Preis-Leistungs-Verhältnis.

Diverse teurere Unterkünfte findet man nahe dem Kreisverkehr, wobei die erste Wahl auf das ***Tuan Thanh*****, ✆ 033/881481, südlich des Kreisverkehrs fallen sollte. Unmittelbar gegenüber befindet sich das schmuddelige ***Huu Nghi*****, ✆ 033/881408, und um die Ecke östlich davon das ***Dong A*****, ✆ 033/881151.
Am Tra Co-Strand stehen mehrere Budget-Hotels zur Verfügung, unter denen das ***Gio Bien****, ✆ 033/885802, nahe dem Anfang der Straße zum Strand, eine verlässliche Wahl darstellt.
Wie in vielen anderen Städten, die noch nicht an Touristen gewöhnt sind, hat das Essengehen in Mong Cai sehr viel mit Glück zu tun. Die Straßen nahe dem überdachten Markt verwandeln sich am Abend in **Freiluftrestaurants**, die alle von Kunden umlagert sind. Ein sehr nettes Lokal ist das ***Hoai Len*** in der 14 Van Don unmittelbar nördlich des Marktes, dessen Besitzer sich redliche Mühe gibt, seinen ausländischen Gästen bei der Wahl der Zutaten erklärend zur Seite zu stehen.

Transport

Zur **chinesischen Grenze** ist es nur 1 km Richtung Norden: Einfach die Tran Phu bis zur T-Kreuzung hinauflaufen, dort nach links abbiegen, und schon steht man vor dem Grenzübergang, ⌚ 7–17 Uhr.

BUSSE – Der große **Busbahnhof** liegt etwa 200 m westlich des Kreisverkehrs. Von hier gibt es Verbindungen nach HANOI (9 Std.) und HONG GAI (5 Std.).

SCHIFFE – Die Büros der **Tragflügelboote** befinden sich östlich des Kreisverkehrs – *Greenlines* in der 43 Tran Phu, etwa 100 m nördlich des Kreisverkehrs, und *Nosco* in der Hung Vuong, wenig östlich des Kreisverkehrs. Shuttle-Busse zum Fähranleger fahren rechtzeitig vor dem Ablegen der Boote an den Büros ab. Täglich gibt es zwei Verbindungen nach BAI CHAY (3 Std.) sowie eine Verbindung nach HAI PHONG (4 Std.).

Der hohe Norden

Highlights

Wanderungen um Sa Pa Die Umgebung von Sa Pa bietet nicht nur überwältigende Landschaftseindrücke, sondern auch die Möglichkeit, mit farbenfroh gekleideten Montagnards in Kontakt zu kommen.

Wochenendmärkte Die Samstags- und Sonntagsmärkte von Bac Ha und Can Cau werden von vielen Blumen-Hmong besucht, deren Trachten zu den schönsten im ganzen Land gehören.

Thai-Dörfer In der Gegend um Mai Chau können Besucher in typischen Pfahlhäusern der Thai übernachten und Vorführungen traditioneller Tänze beiwohnen.

Ha Giang Die nördlichste und wildeste Provinz Vietnams beeindruckt mit einer atemberaubenden Landschaft.

Ba Be-Nationalpark In diesem friedlichen Park kann man Bootsausflüge auf dem Ba Be-See oder Wanderungen zu nahen Minderheitendörfern unternehmen.

Nördlich von Hanoi verbreitert sich Vietnam wie zu einem Fächer und erreicht zwischen den Grenzen von China und Laos seine maximale Breite von rund 600 km, ein Großteil davon Berge, die das Delta des Roten Flusses umschließen. Zwei Hauptarterien verbinden die Hauptstadt auf dem Schienen- und Straßenweg mit den vietnamesisch-chinesischen Grenzübergängen Lao Cai und Dong Dang. Die restliche Region ist zumeist wild und unzugänglich, beherbergt aber einige von Vietnams schönsten Landschaften, die nur spärlich bevölkert sind. Am beeindruckendsten ist der **Nordwesten**, wo der höchste Gebirgszug des Landes und dessen höchster Gipfel, der Fan Si Pan, unvermittelt aus dem Tal des Roten Flusses aufragen. Im Schatten des Fan Si Pan liegt **Sa Pa**, eine leicht zugängliche, ehemalige französische Bergstation, bekannt für ihre ethnische Minderheitenbevölkerung und ihre traumhafte Landschaft, die schöne Wandermöglichkeiten zu einsamen Weilern bietet. Im nahen **Bac Ha** lebt eine der bekanntesten Minderheitengruppen Vietnams, die prachtvoll gekleideten Blumen-Hmong, deren lebendige Märkte inzwischen zahlreiche ausländische Besucher anziehen. Ein weiteres beliebtes Touristenziel ist das historische Schlachtfeld von **Dien Bien Phu**, wo die Vietminh 1954 ihren entscheidenden Sieg über die Franzosen errangen. Wesentlich weniger Touristen folgen der landschaftlich schönen Strecke zurück nach Hanoi via **Son La**, **Moc Chau** und **Mai Chau** – hierfür benötigt man zwar ein bisschen mehr Zeit, wird dafür aber mit schönen Landschaftseindrücken belohnt.

Die wenig bereisten Provinzen im **Nordosten** des Roten Flusses verdienen ebenfalls Aufmerksamkeit, insbesondere die beeindruckende Landschaft und die Bergvölker in den Grenzgebieten der Provinzen **Ha Giang** und **Cao Bang**. Außerdem liegt in dieser Region der **Ba Be-Nationalpark**, in dem sich inmitten bewaldeter Kalksteinklippen und undurchdringlichen Dschungels der größte natürliche See des Landes verbirgt.

Es wird nicht überraschen, dass die Infrastruktur überall in den nördlichen Bergen ziemlich schlecht ist. Touristische Einrichtungen sind dünn gesät und einige Straßen in fürchterlichem Zustand. Dennoch erfreut sich dieses Gebiet zunehmender Beliebtheit bei Touristen, was nicht zuletzt daran liegt, dass die Traveller-Cafés in Hanoi neue Touren dorthin anbieten, während Individualreisende mit einem gemieteten Motorrad oder Jeep in unbekanntes Terrain vorstoßen.

Jüngere Geschichte

Abgelegene Hochebenen, dichte Vegetation und zerklüftetes Gelände – alles wie geschaffen für Guerilla-Aktivitäten – sowie das sichere Territorium auf der anderen Seite der Grenze machten den Norden des Landes zum perfekten Ort, um die vietnamesische Unabhängigkeitsbewegung aufzubauen. 1941 verbarg sich **Ho Chi Minh** für kurze Zeit in der Pac Bo-Höhle an der chinesischen Grenze und verlagerte seinen Standort später weiter südwestlich in die Provinz Tuyen Quang, von wo die Vietminh 1945 ihre Augustrevolution in Gang setzten. Diese nördlichen Provinzen wurden als Erste von der **französischen Herrschaft** befreit, während im Nordwesten einige Minderheitengruppen – allen voran die Thai, Hmong und Muong – die kolonialen Autoritäten unterstützten, sodass die Vietminh erst 1952 die Kontrolle über dieses Gebiet erlangten. Zwei Jahre später feierten sie in Dien Bien Phu nahe der laotischen Grenze ihren großen Sieg über die Franzosen. Um sich die Verbundenheit der Bevölkerung in diesen strategisch wichtigen Gebieten zu sichern, schuf Ho Chi Minh bald nach der Unabhängigkeit zwei **Autonome Regionen**, die den Minderheiten ein gewisses Maß an Selbstverwaltung zugestanden. 1975 wurden diese beiden Regionen jedoch aufgelöst und zu gewöhnlichen Provinzen degradiert. Zur gleichen Zeit versuchte die Regierung, die Minderheiten zu assimilieren, wenngleich mit weniger Erfolg als in anderen Orten Vietnams.

In den späten 70er Jahren des 20. Jhs. verschlechterten sich die **sino-vietnamesischen Beziehungen** zusehends, nicht zuletzt aufgrund der vietnamesischen Invasion Kambodschas. Die Lage spitzte sich immer weiter zu und erreichte am 17. Februar 1979 ihren Höhepunkt, als die Chinesen beschlossen, den „Vietnamesen eine Lektion zu erteilen“– um mit Deng Xiao Pings berühmten Worten zu sprechen –, und eine 200 000 Mann starke Truppe ins nördliche Vietnam entsandten. Die Chinesen überfielen die Grenzregion, zerstörten fast alle Grenzstädte sowie Brücken, Straßen und Ernten, aber die kampferprobte vietnamesische Armee hielt sich mehr als wacker, und 17 Tage nach ihrer Invasion waren die Eindringlinge wieder auf dem

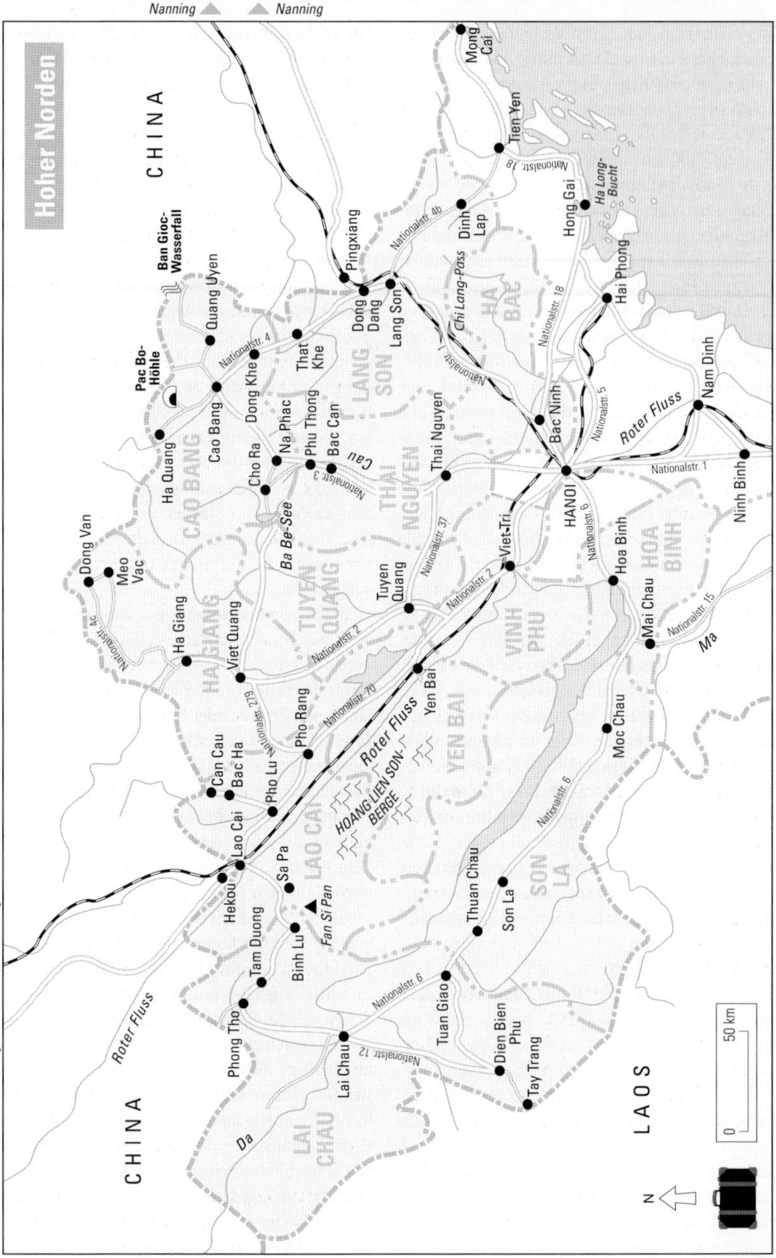
Hoher Norden
Nanning
Nanning
Kunming
Kunming
CHINA
CHINA
LAOS
Mong Cai
Tien Yen
Nationalstr. 18
Ha Long-Bucht
Hong Gai
Dinh Lap
Nationalstr. 4b
Pingxiang
Ban Gioc-Wasserfall
Quang Uyen
Dong Dang
Lang Son
Chi Lang-Pass
HA BAC
Nationalstr. 18
Hai Phong
Pac Bo-Höhle
Nationalstr. 4
That Khe
Dong Khe
LANG SON
Nationalstr. 1
Nam Dinh
Thanh Hoa (60 km)
Cao Bang
Na Phac
Phu Thong
Bac Can
Thai Nguyen
Bac Ninh
Nationalstr. 5
Roter Fluss
Ha Quang
CAO BANG
Cho Ra
Nationalstr. 3
Cau
THAI NGUYEN
HANOI
Nationalstr. 1
Ninh Binh
Dong Van
Meo Vac
Ba Be-See
Nationalstr. 37
Viet-Tri
Nationalstr. 6
Hoa Binh
HOA BINH
Ha Giang
Viet Quang
TUYEN QUANG
Tuyen Quang
Nationalstr. 2
Nationalstr. 2
VINH PHU
Mai Chau
Nationalstr. 15
Ma
Nationalstr. 4c
HA GIANG
Nationalstr. 279
Nationalstr. 70
Yen Bai
YEN BAI
Pho Rang
Roter Fluss
Moc Chau
Can Cau
Bac Ha
Pho Lu
HOANG LIEN SON-BERGE
Nationalstr. 6
Lao Cai
LAO CAI
Hekou
Sa Pa
Fan Si Pan
Thuan Chau
Son La
SON LA
Tam Duong
Binh Lu
Nationalstr. 6
Tuan Giao
Roter Fluss
Phong Tho
Lai Chau
Nationalstr. 12
Dien Bien Phu
Tay Trang
Da
LAI CHAU
0
50 km
N

Weg nach Hause, mit 20 000 Mann weniger als beim Einmarsch. Ein Großteil des infrastrukturellen und politischen Schadens aus diesem Krieg ist inzwischen wieder behoben. Ein weitaus hartnäckigeres Problem stellen die unmarkierten Minenfelder entlang der 1000 km langen Grenze dar. 1995 war die erste Phase der Entminung abgeschlossen, 2000 ha Land galten wieder als sicher, und 9000 umgesiedelte Familien konnten auf ihren Besitz zurückkehren. Es dürfte jedoch noch mehrere Jahre dauern, bis das gesamte Gebiet gefahrlos betreten werden kann.

Der **Grenzkrieg** lähmte natürlich auch den lokalen Handel mit China, aber binnen kurzem hatten die Schmuggler ihre Wege durch Panzerabwehrminen und Stacheldraht gefunden. 1989 wurden die Geschäfte halb offiziell wieder aufgenommen und 1992 endgültig zugelassen: Reis, Weizen, Metalle und Konfektionskleidung wandern seither ins südliche China, dafür gelangen Bier, Fahrräder und Elektronikgüter nach Vietnam – und nebenbei entwickelt sich eine zunehmend bedeutender werdende lokale Tourismusindustrie. Ein weiterer wichtiger Nebenzweig des grenzüberschreitenden Handels ist der Export gefährdeter Tiere, von denen viele im südlichen China auf dem Teller landen. Tierschutz-Organisationen in Hanoi arbeiten fieberhaft daran, diesen Geschäften Einhalt zu gebieten.

Die relativ dünn besiedelten Bergregionen nördlich von Hanoi sind wie geschaffen, um billige **Energie aus Wasserkraft** für das unter chronischem Strommangel leidende Land zu produzieren. So entstand Anfang der 90er Jahre der Hoa Binh-Stausee, der weite Teile des Da-Flusstals unter seinen Wassermassen begrub. Über 50 000 Thai und Hmong wurden dabei ohne Entschädigung umgesiedelt und ihrer Lebensgrundlage beraubt.

Praktische Tipps

Die gebirgige Landschaft Nordvietnams ist bislang weitgehend unerschlossen, was in erster Linie am begrenzten Straßennetz und den spärlichen öffentlichen Verkehrsmitteln liegt. Selbst wichtige Verkehrsadern entpuppen sich oft nur als einspurige Fahrbahnen, aber derzeit werden viele Straßen instand gesetzt, sodass sich die Zustände allmählich verbessern dürften. Schon jetzt ist es möglich, eine komplette Rundreise durch den Norden zu unternehmen, wobei nur wenige Teilstrecken doppelt befahren werden müssen. Allerdings sollte man für ein solches Unternehmen einige Wochen einplanen. Eine der beliebtesten Routen führt durch den Nordwesten und verbindet Sa Pa, Lai Chau, Dien Bien Phu, Son La und Mai Chau miteinander, während ein Rundtrip durch den Nordosten Ha Giang, den Ba Be-Nationalpark, Cao Bang und Lang Son einschließen könnte. Diese beiden Routen lassen sich miteinander verbinden, indem man von Sa Pa oder Bac Ha nach Ha Giang fahrt.

Eine Rundreise durch den Norden mit **lokalen Bussen** ist möglich, aber sehr unbequem, und viele Fahrer verlangen von Westlern das Doppelte oder gar Dreifache des üblichen Preises. Es scheint zudem fast unmöglich, die Häufigkeit der Busverbindungen in Erfahrung zu bringen, da selbst nach Fahrplan verkehrende staatliche Überland-Busse erst abfahren, wenn sie voll sind. Das Gleiche gilt für die privaten Dienste, meist Minibusse oder Pick-ups, welche die gefragtesten Routen bedienen und ebenfalls nur starten, wenn sich die Fahrt finanziell lohnt. Vorsicht ist auch bei den Reisezeiten angebracht, die je nach Gegebenheiten stark variieren können.

Wer einen **Mietwagens** hat, kann sich wesentlich freier bewegen, unterwegs in einem der Dörfer anhalten oder einen Abstecher nach links oder rechts machen. Zu empfehlen sind entweder ein geländegängiger Jeep oder Landcruiser (in Hanoi für rund US$60 pro Tag inkl. Fahrer für 3–4 Personen zu mieten) oder ein **Motorrad** (US$6–12 pro Tag). Bei Planung der Route sollte man mit einer Durchschnittsgeschwindigkeit von 30 km/h rechnen. Egal ob man mit öffentlichen Verkehrsmitteln oder einem eigenen fahrbaren Untersatz unterwegs ist, werden für eine Tour durch den Nordwesten rund sechs Tage reine **Fahrtzeit** benötigt – was sich auf vier Tage reduziert, wenn man die Abstecher nach Dien Bien Phu und Mai Chau ausklammert. Ein Rundtrip durch den gesamten Nordosten inklusive der Provinz Ha Giang verlangt mindestens sechs Tage Zeit, noch mehr, wenn man den Ba Be-See in Ruhe genießen, die Pac Bo-Höhle erkunden oder den Ban Gioc-Wasserfall bei Cao Bang besuchen möchte. Bei jedem Trip durch diese Gegend sollte man im Hinterkopf behalten, dass das Reisen auf den dortigen Straßen unvorhersehbar sein kann – besonders während der Regenzeit, wenn einige Straßen extrem gefährlich oder gar unpassierbar werden – und ein enormes Maß an **Flexibilität** erfordert.

Auf den lebendigen Märkten begegnet man häufig prachtvoll gekleideten Bergvölkern

Wer nur begrenzt Zeit zur Verfügung hat, kann auch einen zwei- bis dreitägigen **Ausflug von Hanoi** nach Sa Pa, Mai Chau und in den Ba Be-Nationalpark unternehmen, entweder mit öffentlichen Verkehrsmitteln oder mit einem gemieteten Fahrzeug. Als Alternative bieten sich die organisierten Touren an, die von Hanois Traveller-Cafés (s.S. 486/487) angeboten werden.

Nördlich von Hanoi gibt es übrigens nur noch wenige Möglichkeiten zum Tauschen von **Reiseschecks** – wenn, dann nur zu schlechten Kursen. Man sollte sich daher vor der Abfahrt aus der Hauptstadt mit ausreichend Bargeld eindecken, am besten einer Kombination aus Dong und Dollar.

Die beste **Reisezeit** für den Besuch der nördlichen Bergregionen ist von September bis November oder von März bis Mai, wenn das Wetter mit zumeist trockenen, sonnigen Tagen und klaren, kalten Nächten aufwartet. Der **Winter** kann ausgesprochen kühl sein, besonders im Nordosten, wo es zwischen Dezember und Februar immer wieder zu Nachtfrösten kommt. Zur Entschädigung gibt es atemberaubende Sonnenaufgänge über den mit Morgennebel bedeckten Tälern. Die **Regenzeit** dauert von Mai bis September und erreicht ihren Höhepunkt im Juli und August, wenn sintflutartige Wassermassen die Brücken auswaschen, unbefestigte Straßen in Schlammpisten verwandeln und obendrein den ein oder anderen Erdrutsch lostreten.

Als Hauptsaison ausländischer Touristen gelten die Monate September, Oktober und November, während in den regnerischen Sommermonaten Juli und August die Bewohner aus Hanoi in die Berge fahren, um der stickigen Hitze im Delta zu entkommen.

Ethnische Minderheiten

Im hohen Norden Vietnams leben – zumeist in isolierten Dörfern – rund fünf Millionen Angehörige ethnischer Minderheiten, beinahe zwei Drittel des gesamten Landes. Zu den größten ethnischen Gruppen gehören die **Thai** und **Muong** im Nordwesten, die **Tay** und **Nung** im Nordosten sowie die **Hmong** und **Dao**, die über die ganze Region verteilt sind. Historisch gesehen wanderten alle diese Menschen irgendwann aus dem südlichen China ein: Die Erstankömmlinge, insbesondere die Tay und Thai, besiedelten die fruchtbaren Täler, wo sie heute in relativem Wohlstand leben, während die späteren Einwanderer wie Hmong und Dao sich mit den ungastlichen, höher gelegenen Hängen begnügen mussten (mehr über die verschiedenen Gruppen s.S. 122–130). Trotz Versuchen der Regierung, diese Menschen in die vietnamesische Gesellschaft zu integrieren, führen die meisten einen Lebensstil, der sich über die Jahrhunderte nur wenig geändert hat. Einen guten Einblick in die traditionellen Kulturen und höchst unterschiedlichen Trachten der einzelnen Völker bieten das informative **Museum der Nationalitäten Vietnams** in Thai Nguyen und Hanois neues **Völkerkundemuseum** (s.S. 562 und S. 465).

Besuch in Minderheitendörfern

Eines der Highlights eines Trips in den hohen Norden von Vietnam ist für viele der Besuch in einem Minderheitendorf. Am einfachsten lässt sich dieser Wunsch mit einem eigenen **Transportmittel** erfüllen. Wer auf öffentliche Verkehrsmittel angewiesen ist, benötigt wesentlich mehr Zeit und sollte sich als Basis eine der größeren Städte in der Region herauspicken – beispielsweise Sa Pa, Bac Ha, Son La, Mai Chau oder Cao Bang – und von dort Ausflüge zu traditionellen Dörfern unternehmen, vielleicht sogar vor Ort übernachten. Als Alternative bietet sich eine der **organisierten Touren**, die überall in Hanoi angeboten werden (s.S. 486/487). Die üblichen Ziele sind Sa Pa und Bac Ha (am besten zeitlich abgestimmt auf den dortigen Wochenmarkt) oder Mai Chau. Eine solche Tour beinhaltet üblicherweise geführte Ausflüge zu mindestens zwei verschiedenen Minderheitengruppen sowie, im Fall von Mai Chau, eine Übernachtung in einem Pfahlhaus. Die viertägige Sa Pa-Tour kostet rund US$90 pro Person, je nach Art des Transportmittels und der Unterkunft, während eine zweitägige Tour nach Mai Chau inklusive Übernachtung bereits für US$25 zu haben ist.Sofern möglich, sollte man die Minderheitendörfer in einer **kleinen Gruppe** mit maximal vier Teilnehmern besuchen, da dies von den Einheimischen als weniger störend empfunden wird und einen intensiveren Kontakt zulässt. Um die **Ethik** des Kulturtourismus und seine negativen Auswirkungen auf die traditionellen Lebensweisen ist eine regelrechte Debatte entbrannt. Die meisten hiesigen Dorfbewohner begegnen Fremden gegenüber sehr gastfreundlich, schätzen den Kontakt mit Westlern und die materiellen Vorzüge, die dieser mit sich bringt. Unter Umständen trägt diese Art von Tourismus auch dazu bei, die Minderheiten vorerst gegen eine erzwungene „Vietnamisierung“ zu schützen, indem man für eine höhere Wertschätzung der kulturellen Vielfalt wirbt.

Dorf-Etikette

Für uns selbstverständliche Verhaltensweisen können bei einigen Minderheitengruppen Verwunderung, wenn nicht gar Verärgerung hervorrufen. Man sollte sich daher ständig bewusst machen, dass man ein Gast ist, und sich entsprechend benehmen. Am besten man geht unvoreingenommen an neue Situationen heran und begegnet den Menschen mit viel Feingefühl. Beim Besuch von Gebieten, in denen ethnische Minderheiten leben, sollten folgende einfache Regeln beachtet werden:

- **Anständige Bekleidung** tragen, d.h. lange Hosen oder langer Rock, T-Shirt oder Hemd.

• Beim **Fotografieren** die Privatsphäre achten und respektvoll auftreten; besonders bei älteren Menschen, die der Kamera mit Argwohn gegenüberstehen, immer zuerst um Erlaubnis fragen.
• Nur dann ein **Haus betreten**, wenn man eingeladen wurde (Schuhe ausziehen!).
• Kleine **Geschenke** wie frisches Obst vom Markt sind immer willkommen, auch wenn manche Menschen der Meinung sind, dass dies zum Betteln animieren kann – deswegen sollte man nur zum Zeichen des Dankes für irgendeinen erwiesenen Dienst oder für empfangene Gastfreundschaft etwas geben. Ein Kompromiss besteht darin, von den Dorfbewohnern hergestelltes **Kunsthandwerk** zu kaufen (in den meisten Gemeinden werden Stickereien, Textilien oder Korbwaren angeboten).
• Als Respektsbekundung sollte man sich mit den lokalen **Anredeformen** vertraut machen, entweder im Dialekt oder wenigstens auf Vietnamesisch (s.S. 582).
• Um negative **Auswirkungen auf die Natur** zu minimieren, sollten alle Abfälle wieder in die Stadt mitgenommen und die Verwendung von Holz und anderen knappen Ressourcen auf ein Mindestmaß beschränkt werden.
• Der Anbau und Konsum von **Opium** ist in Vietnam illegal und wird mit Geldstrafen oder Gefängnis geahndet. Man sollte die Produktion nicht fördern, indem man Opium kauft oder raucht.

Tipps für Wanderer

Ausländer dürfen inzwischen in Minderheitendörfern absteigen, was ganz neue Wandermöglichkeiten und eine kleine entsprechende Trekking-Industrie mit Zentrum in Sa Pa geschaffen hat. Die von den Traveller-Cafés in Hanoi angebotenen **Standardtouren** nach Sa Pa (s.S. 486) beinhalten üblicherweise zwei oder drei Wandertage zu Minderheitendörfern mit Übernachtung in einem dieser Dörfer oder in einem Gästehaus in Sa Pa, eventuell verbunden mit einem Abstecher zum Sonntagsmarkt in Bac Ha. Spezielle Agenturen in Hanoi stellen auch maßgeschneiderte Programme zusammen und vermitteln die nötigen **Führer**. Vor der Abfahrt sollte man sich aber unbedingt vergewissern, dass dieser ausreichend Englischkenntnisse besitzt und mit den Dörfern und Kulturen der unterschiedlichen ethnischen Minderheiten vertraut ist. Auch die meisten **Gästehäuser** in Sa Pa und Bac Ha bieten interessante Trekkingtouren, die von lokalen Guides durchgeführt werden. Es ist definitiv keine gute Idee, einfach in einem Minderheitendorf aufzutauchen und dort eine Unterkunft zu erwarten – so etwas kann den Gastgebern große Schwierigkeiten mit den Behörden bereiten. Die Übernachtungsmöglichkeiten sollten vor dem Start geklärt werden, am besten mit jemandem, der die derzeitige Lage gut kennt. Wer mit einem hiesigen Führer unterwegs ist, erweckt überdies weit weniger Aufsehen und wird meist freundlicher aufgenommen.

Wanderungen in den Bergen erfordern die passende **Ausrüstung**: Feste Schuhe, die bis über den Knöchel reichen, sind am besten geeignet, aber in der Trockenzeit lassen sich die meisten Wege auch mit Turnschuhen begehen; dünne, locker sitzende Kleidung mitnehmen (lange Hosen schützen vor Dornen und Blutegeln), ebenso einen Hut, Sonnenmilch, viel Wasser und ein Erste-Hilfe-Set. Wer die Nacht in einem Dorf verbringen will, sollte warme Kleidung dabeihaben, da die Temperaturen nachts unter den Gefrierpunkt fallen können. Gute Dienste leisten auch ein Schlafsack, ein Moskitonetz und etwas zum Essen, wobei Letzteres bei den organisierten Touren im Preis inbegriffen ist. Bei der Annäherung an die Minderheitendörfer können Hunde zum Problem werden, sodass man auf Wanderungen zur Sicherheit immer einen langen Stock mit sich führen sollte, der im Übrigen auch zum Aufscheuchen der vielen giftigen Schlangen in diesem Gebiet eingesetzt werden kann.

Der Nordwesten

Vietnams gebirgigste Provinzen erstrecken sich unmittelbar westlich des Tals des Roten Flusses und werden dominiert vom höchsten Bergkamm des Landes, dem Hoang Lien Son. Dort, wo der Rote Fluss Vietnam erreicht, liegt die Stadt **Lao Cai**, ein wichtiger Grenzübergang nach China und Ausgangspunkt zur ehemaligen Bergstation **Sa Pa** und dem nahen **Bac Ha**, die wegen ihrer Minderheitengruppen und ihrer farbenfrohen Wochenmärkte inzwischen fest in jedes Besuchsprogramm integriert sind. Von Sa Pa führt eine Straße gen Westen über die mächtige Flanke des **Fan Si Pan**, dem höchsten Gipfel des Landes, in das nach Süden verlaufende Song Da-Tal („Schwarzer Fluss"). Unterwegs passiert man die alten französischen Garnisonsstädte Lai Chau und Son La sowie eine Reihe spektakulärer Pässe und erreicht schließlich die Industriestadt Hoa Binh am Rande des nördlichen Deltas.

Die einzige klassische Sehenswürdigkeit entlang der Strecke ist das historische Schlachtfeld von **Dien Bien Phu** nahe der laotischen Grenze, aber die herrliche Landschaft lässt jeden Kilometer dieser Tour zum Genuss werden. Überall in der Region kontrastieren weite Gebirgslandschaften mit schmalen, intensiv bewirtschafteten Tälern. Mehr als irgendwo sonst in Vietnam haben die hiesigen **ethnischen Minderheiten** ihre Trachten, ihren Architekturstil und ihre Sprachen beibehalten. Das nach Sa Pa beliebteste Touristenziel in dieser Region ist **Mai Chau** nahe Hanoi, ein reizvolles Gebiet, in dem überwiegend Angehörige der Weißen Thai leben.

Lao Cai

Folgt man dem Tal des Roten Flusses von Hanoi in nordwestliche Richtung immer tiefer in die Berge hinein, so erreicht man nach etwa 300 km die Grenzstadt Lao Cai, Endstation für den Zug nach Sa Pa und eine beliebte Route nach China für Reisende auf dem Weg nach Kunming. Es gibt kaum einen Grund, in der Stadt selbst zu verweilen, aber für den Notfall stehen einige recht komfortable Hotels zur Verfügung (s. Übernachtung).

Lao Cai verströmt nichts von der wilden Geschäftigkeit anderer Grenzstädte und selbst sein **Markt** besteht nur aus einem kleinen Areal, auf dem medizinische Blätter, Wurzeln und Rinden von den Wäldern der Umgebung sowie billige chinesische Importgüter feilgeboten werden. Vietnamesische Händler gehen über die Grenze auf den Markt von Hekou, eine Ansammlung wackeliger Hütten, die man deutlich am gegenüber liegenden Flussufer erkennen kann. Aus der entgegengesetzten Richtung kommen in geringerer Zahl chinesische Touristen, die sich einen freien Tag in Vietnam gönnen.

Selbst vor dem Grenzkrieg von 1979 musste Lao Cai eine Reihe von Machtkämpfen über sich ergehen lassen. Die berüchtigtsten Bewohner der Stadt waren die so genannten „Schwarzen Flaggen", Überbleibsel der Tai Ping-Rebellenarmee, die aus China floh, um Lao Cai 1868 nach fast einjähriger Belagerung einzunehmen. Bei den Rebellen handelte es sich um notorische Banditen, welche die einheimische Bevölkerung terrorisierten, aber als die Franzosen entlang dem Roten Fluss vorstießen und ihre Stellung bedrohten, liefen Söldner der Schwarzen Flaggen zu den Vietnamesen über. Obgleich sie die ersten beiden französischen Kommandeure umbrachten, konnten die Schwarzen Flaggen die Kolonisierung Nordvietnams nur verzögern, nicht aufhalten. 1886 fiel Lao Cai schließlich an die Franzosen, aber noch bis Ende des 19. Jhs. trieben sich in den Bergen Räuberbanden herum.

Übernachtung und Essen

Fast alle **Hotels** in Lao Cai liegen in der zur Grenze führenden Nguyen Hue; ein weiteres Gästehaus hat sich gegenüber dem Bahnhof niedergelassen. Die Auswahl ist nicht groß, und gemessen an der Qualität sind die Preise hoch, aber zumindest an Wochenenden füllen sich die Zimmer mit Urlaubern von beiden Seiten der Grenze.
Als billigste Unterkunft gilt das kolonial aufgemachte ***Song Hong Guesthouse****, Nguyen Hue, gleich bei der Grenze, östlich der Bahngleise, ✆ 830004, dessen 14 Zimmer alle einen Balkon mit Blick über die Grenze nach China haben.
Zu den weiteren Unterkünften in der Nguyen Hue gehören das ***Hanoi****, ✆ 832486, das einfache Zimmer mit neuer Ausstattung besitzt, das ***Binh Minh****, ✆ 830085, und das ***Huyen Trang****,

Der Nordwesten Vietnams besticht durch seine weite Gebirgslandschaft

✆ 832199, alle Richtung Bahnhof gelegen.
Das hübscheste Hotel der Stadt ist das ***Duyen Hai******, ✆ 822083, ℻ 820177, ein 5-stöckiger Block am Westufer des Roten Flusses; um hierher zu gelangen, nimmt man die Coc Leu-Brücke über den Fluss und biegt gleich danach rechts ein, bis man nach rund 80 m vor dem Hotel steht.
Wer sich nach der Ankunft am Bahnhof ein wenig schwach auf den Beinen fühlt, kann das ***Gia Nga Guest House****, ✆ 830459, aufsuchen, eine einfache, aber saubere Unterkunft.
Die Straße vor dem Busbahnhof ist gesäumt von **Essenständen**. Ein weiterer Ort, um auf Nahrungssuche zu gehen, ist natürlich der Markt am Westufer des Roten Flusses. Das ***Thai Du,*** unmittelbar vor dem Bahnhof gelegen, eignet sich zur Einkehr vor oder nach einer Zugreise und bietet *bia hoi* sowie einfache Gerichte.

Sonstiges

INFORMATIONEN – ***Tulico Tourist Company,*** im Bahnhof, ✆ 832788, ✉ tulico@hn.vnn.vn, organisiert den Weitertransport sowie Trips nach Sa Pa und Bac Ha.

POST – neben dem Bahnhof am Ostufer des Roten Flusses.

VORWAHL – 020

Nahverkehrsmittel

In Lao Cai bewegt man sich am besten per Motorrad fort – Horden von **Xe Oms** bedienen die Strecken zwischen Bahnhof, Grenze und dem Busbahnhof auf der anderen Flussseite.

Transport

BUSSE – Lao Cais **Busbahnhof** befindet sich nahe dem Westufer des Roten Flusses, in unmittelbarer Nachbarschaft zum Marktgelände. Über die Coc Leu-Brücke gelangt man von hier zum Bahnhof (die Nguyen Hue nach Süden gehen) sowie zur chinesischen Grenze (1 km in nördliche Richtung). Vom Busbahnhof gibt es regelmäßige Verbindungen mit Nahverkehrsbussen nach SA PA (1 1/2 Std., um US$1) – man sollte sich einen Platz auf der linken Seite sichern, um die herrliche Aussicht zu genießen. Weniger empfehlenswert, zumindest für empfindsame Seelen, ist die Fahrt über steile Haarnadelkurven nach Sa Pa mit einem Xe Om (um US$5). Busse nach Sa Pa starten übrigens auch am Bahnhof.

Weiterfahrt nach China

Der Grenzübergang nach China (◷ 7–17 Uhr) befindet sich am Ostufer des Roten Flusses am Ende der Brücke nach Hekou. China ist Vietnam übrigens eine Stunde voraus, was bei der Einreise berücksichtigt werden sollte.

Pro Woche verkehren zwei Direktzüge zwischen Hanoi und **Kunming** im südwestlichen China (Näheres s.S. 492), aber man kann auch auf eigene Faust nach Lao Cai reisen, die Grenze zu Fuß überqueren und in China mit Bus oder Zug weiterfahren. Die Schlangen an der Grenze sind frühmorgens am längsten, wenn einheimische Händler auf ihren Tagespass für Hekou warten.

Wendet man sich nach Ankunft in China nach rechts, liegt nur fünf Fußminuten entfernt der Bahnhof von Hekou, wo täglich um 13.30 Uhr (chinesischer Zeit) ein Direktzug nach Kunming abfährt. Außerdem treten mindestens zwei Busse täglich die 12-stündige Fahrt (520 km) nach Kunming an. Die genauen Abfahrtszeiten müssen vor Ort erfragt werden.

Berichten zufolge kam es bei der **Einreise nach Vietnam** in Lao Cai gelegentlich zu Problemen, was bedeutet, dass man ein paar Dollar „Gebühr" für die Bearbeitung des Papierkrams bezahlen muss.

EISENBAHN – Der **Bahnhof** liegt etwa 3 km südlich der chinesischen Grenze am Ostufer des Roten Flusses. Um von hier in die Stadt zu gelangen, folgt man der Straße gen Norden Richtung Grenze und zweigt nach 2 km links ab, wo die Coc Leu-Brücke ans andere Flussufer und ins Zentrum von Lao Cai führt. Der Zug aus Hanoi wird von einer ganzen Reihe von **Touristenbussen** erwartet, die direkt vom Bahnhof nach SA PA (1 1/2 Std., US$2) fahren, desgleichen normale Nahverkehrsbusse (um US$1). 2x tgl. bestehen Zugverbindungen von Lao Cai nach HANOI (10–11 Std.).

Im **Nachtzug** zwischen Hanoi und Lao Cai kam es Berichten zufolge bereits mehrfach zu Diebstählen, und auf den Bahnsteigen in Hanoi treiben Taschendiebe ihr Unwesen. Man sollte seine Taschen daher immer abschließen oder im Zug unter dem Bett verstauen, wenn man ein wenig schlafen möchte. Beim Warten auf den Zug in Hanoi oder Lao Cai darf das Gepäck niemals aus den Augen gelassen werden.

Motorräder können für ca. US$6 im Zug befördert werden.

Sa Pa und Umgebung

Von Lao Cai windet sich eine Schotterstraße an den steilen, terrassierten Hängen der Hoang Lien Son-Gebirgskette entlang gen Westen. 40 km bzw. 90 Minuten später endet die Reise in Sa Pa, einer rasch wachsenden Stadt, die mit Blick auf den spektakulären Gipfel des **Fan Si Pan** am Westrand eines Hochplateaus liegt. Die erfrischenden Temperaturen und die entfernt an die Alpen erinnernde Landschaft zogen europäische Besucher an, die sich im frühen 20. Jh. in einer Sänfte von Lao Cai hier herauf tragen ließen. Um 1930 gab es hier bereits eine blühende Bergstation mit Tennisplatz, Kirche und über 200 Villen. Heute existieren nur noch eine Hand voll der alten Gebäude, der Rest fiel dem Zahn der Zeit zum Opfer, wurde 1979 bei der chinesischen Invasion zerstört oder wird derzeit im Zuge einer ungezügelten Bauwut in ein Hotel umgestaltet. Es bestehen sogar Pläne, Sa Pas Unterhaltungs- und Erholungspotenzial über die nächsten Jahre hinweg weiter zu steigern, was vermutlich bedeutet, dass eine Menge Karaoke-Bars und Angebote für Ponyausritte hinzu kommen

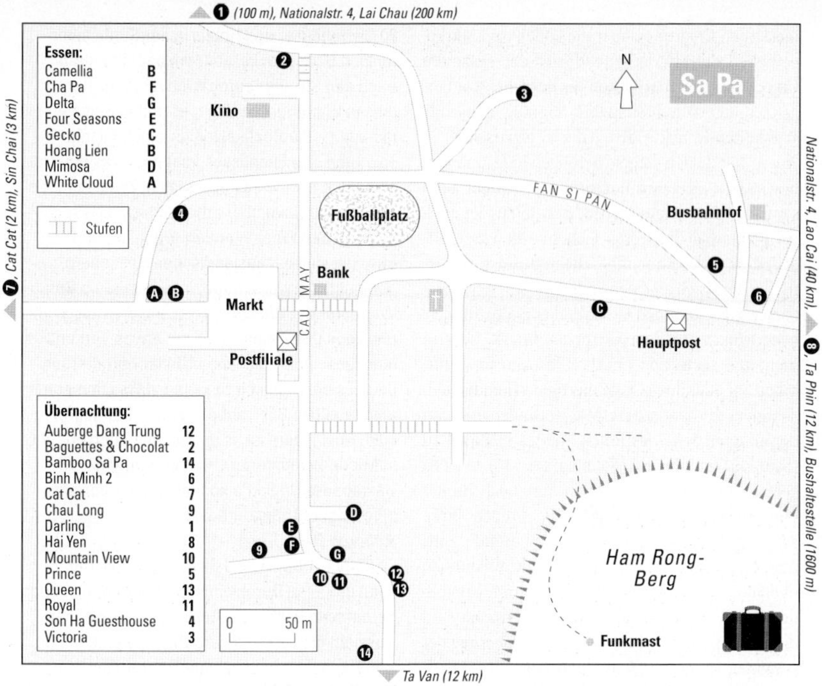

werden und die Tage der Stadt als Paradies in den Bergen gezählt sind. Für den fehlenden Charakter des modernen Stadtteils entschädigen die wunderbare Landschaft und die Wanderungen zu den **Minderheitendörfern** in der Umgebung jedoch mehr als genug. Die Region beheimatet diverse ethnische Gruppen, überwiegend Hmong, Dao und Giay (s.S. 118–130), wobei man in der Stadt am häufigsten Mitglieder der Schwarzen Hmong sieht, die sich durch die Anwesenheit von Fremden in ihrer Mitte nicht im Geringsten stören lassen – ganz im Gegenteil: Nicht selten sieht man junge Hmong-Mädchen Hand in Hand mit Westlern durch die Straßen laufen, denen sie behilflich sind, bevor sie ihre Verkaufsmasche anwenden. Die Roten Dao hingegen, eine weitere in dieser Gegend stark vertretene Gruppe mit auffälliger Tracht, sind äußerst zurückhaltend und lassen sich nur sehr ungern fotografieren.

Nach einer Fahrt durch die staubigen Ebenen wirkt Sa Pas frische Luft sehr erholsam, aber die kalten Nächte machen das ganze Jahr hindurch **warme Bekleidung** erforderlich: Früh verschwindet die Sonne hinter dem Fan Si Pan, und nach Einbruch der Dunkelheit sinken die Temperaturen schnell. In den kältesten Monaten (Dezember bis Februar) können die nächtlichen Temperaturen sogar unter den Gefrierpunkt fallen, und da in den meisten Wintern Schnee fällt, sollte man sich unbedingt ein Hotelzimmer mit Heizung suchen. Häufig überzieht dichter Nebel die Stadt und sorgt für eine gespenstische Stimmung. Die besten klimatischen Bedingungen herrschen zwischen September und November sowie von März bis Mai, wenngleich selbst während dieser Monate kalte, feuchte Wolken herabsinken und für mehrere Tage die Sicht nehmen können.

Sa Pa hat sich inzwischen fest als Touristenhauptstadt der nördlichen Berge etabliert. Am Wochenende steigen die Hotelpreise und der Ort quillt über mit ausländischen Besuchern, weswegen man seinen Ausflug hierher am besten unter der Woche plant, wenn es ein wenig ruhiger zugeht. Die Stadt selbst ist ethnisch gesehen vietnamesischen Ursprungs, aber die Läden und Märkte bedienen die Minderheitendörfer der gesamten Umgebung. Hauptattraktion für Besucher war lange Zeit der von Freitag bis Sonntag dauernde **Wochenendmarkt**, der jedoch inzwischen in einem hässlichen neuen Betongebäude untergebracht ist und kaum noch etwas mit dem alten samstäglichen „Liebesmarkt"zu tun hat, der auch der Brautschau diente. Der Liebesmarkt wurde aufgrund zu vieler Kamerablitzlichter und voyeuristischer Touristen an einen anderen Ort verlegt, aber nach wie vor kommen viele Mitglieder der Minderheitenvölker auf dem Wochenendmarkt zusammen, und sei es nur, um ihre Taschen im ethnischen Stil oder ihre selbst gefertigten Hemden feilzubieten. Authentischere Märkte findet man auf der anderen Seite des Roten Flusses in **Can Cau** (Samstag) und **Bac Ha** (Sonntag; s.S. 544). In Sa Pa geht es am Wochenende allerdings noch immer bunt und lebhaft zu, wobei die Frauen ihren schönsten Sonntagsstaat tragen – besonders ins Auge fallen die Roten Dao, die eine mit Wollquasten und Silberschmuck verzierte scharlachrote Kopfbedeckung tragen. Am zahlreichsten vertreten sind die Hmong, die fast ein Drittel der Bevölkerung des gesamten Distrikts stellen. Die Hmong-Frauen gelten als äußerst geschäftstüchtig: Den ganzen Tag hindurch bieten sie ihre bestickten indigoblauen Westen, Taschen, Hüte und ihren schweren Silberschmuck zum Verkauf an.

Bevor man **Fotoaufnahmen** von Menschen macht, besonders von Leuten der älteren Generation, sollte man immer um Erlaubnis bitten und die Wünsche der betreffenden Personen respektieren – vor allem die Dao und Day hängen dem Glauben an, dass Fotoaufnahmen eine schädliche Auswirkung auf ihre Gesundheit haben können. Einige Minderheitengruppen verlangen inzwischen Geld für ein Foto, aber es ist definitiv besser, ein von ihnen angefertigtes kunsthandwerkliches Produkt oder Kleidungsstück zu kaufen als für einen Schnappschuss zu bezahlen.

Übernachtung

Seit Sa Pa 1993 für Touristen geöffnet wurde, herrscht in der Stadt ein regelrechter Bauboom, um die stetig wachsende Zahl der Touristen beherbergen zu können. Derzeit gibt es rund 80 Gästehäuser und Hotels in der Stadt, mehrheitlich Betonblocks, aber ein paar imitieren auch den Stil alter europäischer Villen. Trotz dieses Überangebots kann es in den Sommermonaten – die Hochsaison für einheimische Touristen – zu Engpässen kommen, was die Preise auf bis zu 50% ansteigen lässt. Zwischen September und November erhöhen sich die Preise auch an den Wochenenden, wenn die Straßen überfüllt sind mit ausländischen Besuchern, doch üblicherweise findet man immer ein Bett. Wer unter der Woche anreist, hat die freie Wahl und kann den Zimmerpreis mit etwas Verhandlungsgeschick um ein paar Dollar herunterhandeln. Es erübrigt sich zu sagen, dass Zimmer mit unverstelltem Blick auf den Fan Si Pan teurer sind. Ausländern ist es inzwischen auch erlaubt, in Minderheitendörfern zu übernachten – die Gästehäuser in Sa Pa können bei der Vermittlung solcher Unterkünfte helfen.

Auberge Dang Trung*–***, Cau May, ✆ 871243, 📠 871666. Über viele Jahre hinweg *die* Unterkunft in Sa Pa. Durch einen neuen Anbau auf der Vorderseite wurde die *Auberge* ihrer schönen Aussicht größtenteils beraubt, sodass man nun zum Dach des Anbaus hinaufklettern muss, um einen Blick auf die Berge zu erhaschen. Gutes Restaurant und Internet-Café.

Baguettes & Chocolat**, Thac Bac, ✆ 871766, ✉ hoasuaschoolsp@hn.vnn.vn. Unter Leitung der Hoa Sua-Schule für benachteiligte Jugendliche; ein Schmuckstück von Unterkunft – nur 2 Twins und 2 DZ, aber schönes Dekor und elegante Badezimmer sowie gemütliches Restaurant im Erdgeschoss.

Bamboo Sa Pa****, Cau May, ✆ 871075, 📠 871945. Besitzt einige der schönsten Zimmer der Stadt mit hervorragender Aussicht, Kamin-Attrappen und Badewannen. An Wochenenden finden im großen Restaurant Minderheiten-Shows statt.

Binh Minh 2*–**, Thi Tran, ✆ 871142, 📠 871141. Langweiliges Gebäude im neuen Teil der Stadt, aber die großen Zimmer mit Schreibtisch und Satelliten-TV habe günstige Preise.

Cat Cat*–***, an der Straße nach Cat Cat, ✆ 871387. Eines der ältesten Mini-Hotels der Stadt; besteht heute aus zwei Gebäuden, beide mit fantastischem Blick auf den Fan Si Pan von

den oberen Stockwerken. Gutes Restaurant und Trekkinginfos, aber manchmal etwas zu schluderiger Service.

Chau Long–*******, Cau May, ✆ 871245, 💻 www.chaulonghotel.com. Kleine, aber nette Zimmer – alle mit Badewanne, einige mit Aussicht – in recht attraktivem Gebäude.

Darling*–****, Thac Bac, ✆ 871349. Am Talrand mit Blick auf den Fan Si Pan; Gästehaus mit heimeligen, geschmackvoll eingerichteten Zimmern und Swimming Pool.

Hai Yen**, Thi Tran, ✆ 871613, 📠 871682. Gegenüber dem Binh Minh 2 und etwas kleiner, aber nett eingerichtete Zimmer mit gutem Preis-Leistungs-Verhältnis.

Mountain View*–***, Cau May, ✆ 871334, 📠 871783. Beliebte Unterkunft mit Internet-Zugang und Infos zu Touren, und wie der Name bereits vermuten lässt, einer schönen Aussicht. Einige Zimmer mit Kamin.

Prince*, gegenüber dem Postamt, ✆ 871274. 10 freundliche und helle Zimmer zu günstigen Preisen; Trekkinginfos, Motorradverleih.

Queen*, Cau May, ✆ 871301. Gut geführte und freundliche Budget-Unterkunft im Zentrum, einige der billigsten Zimmer mit Aussicht in der Stadt.

Royal**–***, Cau May, ✆ 871313, ✉ royalhotel_sapa@yahoo.com. Das ganze Jahr über gleich bleibende Preise, Balkone mit Aussicht, Kamine, einige Zimmer mit Badewanne, Restaurant und Infos zu Touren. Sehr gutes Preis-Leistungs-Verhältnis.

Son Ha Guesthouse*, Fan Si Pan, ✆ 871273. Freundlicher Empfang, hilfreiche Informationen über die Gegend und gute Aussicht von den oberen Zimmern, die sehr geräumig und mit Kaminen ausgestattet sind. Überaus konkurrenzfähige Preise; unten befindet sich das gute Restaurant *White Cloud*.

Victoria, ab*****, Hoang Dieu, ✆ 871522, 💻 www.victoriahotels-asia.com. 77 luxuriöse Zimmer, häufig belegt von in Hanoi lebenden Ausländern, die sich nahe ihrem Wohnort ein schönes Wochenende machen. Pool, Tennisplatz, Sauna und Jacuzzi. Im Wochenendpaket für US$249 p.P. (3 Nächte) sind die Fahrt von/nach Hanoi und Touren inbegriffen.

Essen und Unterhaltung

Sa Pa rühmt sich des größten Essensangebots im Norden außerhalb von Hanoi – ein Vorteil des Baubooms, der ständig neue Restaurants hervorbringt. Sehr beliebt und oft voll belegt ist das ***Mimosa***, nahe der Cau May, am Ende einer kleinen Treppe neben der Bibliothek, mit seiner großen Auswahl an westlichen und vietnamesischen Gerichten zu günstigen Preisen. In diesem Abschnitt der Cau May, der Hauptstraße der Stadt, gibt es noch zahlreiche andere passable Lokale, darunter das ***Cha Pa***, das ***Four Seasons*** und das italienische ***Delta***. Das ***Auberge***, ebenfalls in der Cau May, serviert zahlreiche Snacks und Hauptgerichte, während das ***Baguettes & Chocolat***, Thac Bac, mit Kuchen und Konditoreiwaren, Menüs und Lunchpaketen für Wanderer aufwartet. In einem attraktiven alten Gebäude neben dem Postamt liegt das ***Gecko***, das eine gemütliche Bar, ein elegantes Restaurant und ein kleines Gästehaus (5 Zimmer) vereint. Weitere Lokale reihen sich westlich des Marktes aneinander, z.B. das ***Hoang Lien***, das ***White Cloud*** und das schickere ***Camellia***, die alle gutes Essen in sauberer Umgebung bieten.

Verschiedene Restaurants verkaufen Flaschen mit Schlangenwein, hergestellt aus einer eingelegten Baby-Kobra und wegen seiner angeblich anregenden Eigenschaften auch „vietnamesisches Viagra" genannt. Wem der Genuss dieses Gebräus zu riskant ist (auch der Geschmack ist gewöhnungsbedürftig), der sollte den hiesigen Bergapfelwein probieren, der westlichen Gaumen eher munden dürfte.

Sonstiges

AUTOVERMIETUNGEN / MOTORRÄDER – Über viele Gästehäuser in Sa Pa kann man einen **Jeep** leihen (US$20–30 pro Tag). Wer den gesamten Nordwesten mit dem Mietwagen erkunden möchte, sollte sich jedoch in Hanoi nach einem Wagen umsehen, wo man für eine längere Mietdauer günstigere Preise erzielt.

Es ist auch möglich, ein **Motorrad** zu mieten, was jedoch nur erfahrene Fahrer tun sollten, da die steinigen Bergwege nicht gerade leicht zu meistern sind.

GELD – Die Bank und die meisten Gästehäuser tauschen Geld (nur US-Dollar), aber in Hanoi sind die Kurse besser.

INFORMATIONEN / WANDERUNGEN – Die beste Informationsquelle für Wanderungen im Tal und zu den Minderheitendörfern sind die Gästehäuser in Sa Pa; für US$15–20 pro Tag kann man auch einen Führer anheuern. Eine mögliche Wanderung führt auf den Fan Si Pan, den höchsten Berg Vietnams, was 3–5 Tage in Anspruch nimmt und eine gute Kondition sowie gutes Wetter erfordert.

MOTORRAD-TAXIS – Motorrad-Taxis versammeln sich oberhalb der Markttreppen oder können über die Unterkunft organisiert werden.

VORWAHL – 020

Transport

Obgleich viele Touristen Sa Pa im Rahmen einer organisierten **Tour** von Hanoi (s.S. 486/487) aus besuchen, ist die Stadt gut auf Individualreisende eingerichtet. Die beliebteste Route für die Anreise ist die Fahrt mit dem **Zug** nach LAO CAI und von dort weiter mit dem klimatisierten **Touristenbus** (US$2) nach Sa Pa. Während der Nachtzug sowohl Zeit als auch eine Übernachtung spart, kann man tagsüber die herrliche Landschaft des Tals des Roten Flusses genießen. Die Touristenbusse halten/starten in Sa Pa entweder in der Hauptstraße Cau May oder am **Busbahnhof** um die Ecke vom Postamt am Ostrand der Stadt, der nur wenige Minuten zu Fuß vom Zentrum entfernt ist. Von vielen Gästehäusern wird auch eine Abholung von der Unterkunft organisiert oder für kleine Gruppen ein Jeep, der für US$2 pro Person nach Lao Cai fährt.
Die **Nahverkehrsbusse** nach LAI CHAU (8 Std.) sowie zurück nach LAO CAI (1 1/2 Std., US$1) starten an verschiedenen Stellen – in der Cau May, an der Kirche und am Busbahnhof.
Viele Gästehäuser kümmern sich auch um die Reservierung von **Zugtickets**, die für die Hartliegen und Weichsitze im Nachtzug nach Hanoi schnell ausgebucht sind und daher rechtzeitig vor der Abreise besorgt werden sollten.

Wer etwas mehr Geld zur Verfügung hat, kann das **Pauschalpaket** des neuen *Victoria Hotel Sa Pa* in Anspruch nehmen: Hin- und Rückfahrt in der Weichliege-Klasse (Abfahrt in Hanoi Do und Fr 21.30 Uhr, Rückreise So 18.30 Uhr) kostet US$90–145 plus optionalen US$12 für die Abholung in Lao Cai. Es wird jedoch nur für Hausgäste angeboten. Inkl. 3 Übernachtungen im Hotel ist dieses Pauschalpaket für US$249 pro Person zu haben.

Die Umgebung von Sa Pa

Wanderungen zu Minderheitendörfern

In Laufdistanz zu Sa Pa liegen mehrere Hmong-Dörfer. Im Folgenden werden zwar die Wege dorthin beschrieben, aber es empfiehlt sich unbedingt, nur in Begleitung eines lokalen Führers aufzubrechen.

Zu den beliebtesten Wanderungen gehört die etwa 3 km lange Strecke nach **Cat Cat**, das direkt unterhalb von Sa Pa im Muong Hoa-Tal liegt. Um hierher zu gelangen, nimmt man den Weg westlich des Marktplatzes, läuft am kirchturmförmigen Gebäude der Forstbehörde vorbei und biegt dann links in einen Weg ab, der parallel zu einer Reihe alter Strommasten steil zum Fluss hinunterführt. Cat Cat liegt inmitten von Obstbäumen und Bambuspflanzungen und besteht aus einer Ansammlung von Holzhäusern. Hühner und dicke Schweine spazieren im Dorf umher. Man sollte Ausschau halten nach den Bottichen mit Indigofarbe, in denen die für die Hmong typischen Hanfstoffe getönt werden, sowie nach den verzweigten Bambusleitungen, die das Dorf mit Wasser versorgen. Unterhalb des Dorfes liegt der Cat Cat-Wasserfall, Ort eines alten Wasserkraftwerks und perfekt für eine Pause, bevor man den Rückweg nach Sa Pa in Angriff nimmt.

Eine etwas längere Tour führt an der Abzweigung nach Cat Cat vorbei den Hauptweg entlang, bis es an der letzten Biegung vor dem Fluss rechts in einen Fußpfad Richtung Fan Si Pan abgeht. Dieser erreicht nach rund 4 km das Dorf **Sin Chai**, eine wesentlich größere Hmong-Siedlung mit fast 100 Häusern, die sich entlang der Straße ausbreiten.

Um Dörfer anderer Minderheiten zu besuchen, muss man sich etwas weiter von Sa Pa entfernen. Für eine der schönsten Wanderungen folgt man dem Hauptweg von der *Auberge* in südliche Richtung das Muong Hoa-Tal flussabwärts. Nach 9 km überspannt eine hölzerne Hängebrücke den Fluss und führt nach **Ta Van**, das eigentlich aus zwei Dörfern besteht: Gleich auf der anderen Seite der Brücke liegt eine Giay-Gemeinde, während etwas oberhalb zur Linken eine Dao-Siedlung zu finden ist. Von hier kann man am Westufer flussaufwärts bis zum Hmong-Dorf **Lao Chai** marschieren, bevor man wieder auf den Hauptweg zurück nach Sa Pa trifft. Wer nicht die ganze Strecke nach Sa Pa zu Fuß zurücklegen möchte, kann an einer der Hütten, die alle zwei bis drei Kilometer am Weg stehen, ein Motorrad-Taxi chartern, das für die 20-minütige Fahrt etwa US$3 kostet. Die Rundtour lässt sich auch per Xe Om von Sa Pa aus durchführen (immer zuerst einen akzeptablen Preis aushandeln).

Folgt man der Hauptstraße nach der Abzweigung Richtung Ta Van noch weitere 3 km in südlicher Richtung, führt ein Weg in die Dao-Siedlung **Giang Ta Chai** oder **Chai Man**. Der Weg zweigt zur Rechten ab, kurz vor einem kleinen Laden bzw. kurz nachdem ein Bach die Straße kreuzt. Nach Überquerung der Hängebrücke nimmt man die linke Abzweigung über einen weiteren Fluss und erreicht nach etwa 1 km das Dorf. Giang Ta Chai lässt sich auch auf einem Fußweg von Ta Van aus erreichen, allerdings nicht ohne Führer.

Nach der letzten Abzweigung wird die Straße schnell schlechter und verengt sich nach etwa 6 km zu einem Pfad. Kurz davor passiert man den Ort **Su Pan**, eine wenig anziehende Ansammlung von Hütten, die von Mitgliedern verschiedener Minderheiten bewohnt werden. Hält man sich auf den folgenden 4 km an den Weggabelungen jeweils rechts, so gelangt man geradewegs ins Tal hinunter nach **Ban Ho**, eine Tay-Siedlung, die an einer Hängebrücke am Fluss liegt und schon bald nach Verlassen von Su Pan erstmals in Sicht kommt. Ban Ho fungiert als Ausgangspunkt für zwei-, drei- und viertägige Wanderungen ins nächste Tal, die jedoch am besten in Begleitung eines Führers unternommen werden sollten.

Ein Ausflug nach **Ta Phin** führt in den Nordosten von Sa Pa. Zunächst geht es 6 km auf der Hauptstraße Richtung Lao Cai, dann links in eine Piste, auf der man weitere 6 km zurücklegt und das eingeschwärzte Gemäuer eines alten französischen Priesterseminars passiert, bis ein landschaftlich schöner Fußweg durch Reisfelder zu einer Gemeinde der Roten Dao führt. Unterwegs sollte man nach einer wunderbar konstruierten Reis-Schälmaschine neben einem kleinen Fluss Ausschau halten. Das Dorf selbst verteilt sich über eine Gruppe flacher Hügel und ist für sein Kunsthandwerk bekannt. Die Bewohner gelten jedoch als recht aggressiv, wenn es um den Verkauf ihrer Ware geht. Am einfachsten gelangt man per Xe Om von Sa Pa nach Ta Phin (ca. US$3 einfach), indem man sich am Beginn des Fußwegs absetzen lässt; da die Strecke zwischen Sa Pa und dieser Stelle nicht besonders attraktiv ist, sollte man das Motorrad-Taxi unter Umständen auch für die Rückfahrt benutzen.

Ständig werden neue Dörfer erkundet, da es die wachsende Zahl der Touristen in immer entlegenere Gebiete zieht. In der Dao-Siedlung **Bang Khoang** rund 16 km nördlich von Sa Pa leben über 100 Familien. Zu erreichen ist der Ort über einen Zufahrtsweg, der nach etwa 10 km auf der Straße Richtung Lai Chau rechts abzweigt. Folgt man dem Weg weiter, so gelangt man in das Hmong-Dorf **Ta Giang Phinh**, Heimat von etwa 150 Familien. Beide Ortschaften werden am besten per Jeep oder Motorrad im Rahmen eines Tagesausflugs von Sa Pa besucht.

Alle Hotels und Touragenten in Sa Pa organisieren Wanderungen zu den oben genannten Dörfern, teilweise mit der Option, vor Ort zu übernachten; die Preise beginnen bei US$15 pro Tag. Als verlässlich gelten *Auberge, Royal, Prince* und *Son Ha,* die alle auch Ausflüge zu abgelegenen Märkten, Wanderungen auf den Fan Si Pan (ca. US$70) oder zum sonntäglichen **Muong Hum-Markt**, 75 km von Sa Pa bzw. 1 km von der chinesischen Grenze entfernt (ca. US$15 pro Person inkl. Jeepfahrt und Mittagessen) im Programm haben. Bei den Führern sollte man darauf achten, dass sie aus Sa Pa und nicht aus Hanoi stammen, da nur die Einheimischen den Dialekt sprechen, den man zur Verständigung in den Dörfern benötigt. Feste Schuhe, ein Wasservorrat, Regenzeug und ein Erste-Hilfe-Set gehören auf jeder Wanderung zur Grundausrüstung.

Hoang Lien Son-Naturreservat und Fan Si Pan

Das **Hoang Lien Son-Naturreservat** wurde 1986 eingerichtet, um die Überreste eines natürlichen Waldhabitates zu schützen, das sich über rund 30 km^2 südlich und westlich von Sa Pa erstreckt. Über die Jahre hinweg fiel ein Großteil der Bäume

Der Cat Cat-Wasserfall im Muong Hoa-Tal nahe Sa Pa

unterhalb der 1500-m-Grenze der Landwirtschaft zum Opfer oder wurde als Bau- und Feuerholz gerodet. Inzwischen laufen Wiederaufforstungsprogramme, die auch Handelshölzer umfassen, um die illegale Abholzung zu reduzieren. Von den 56 Säugetierarten des Reservats steht fast ein Drittel auf der Liste der seltenen oder gefährdeten Tierarten, darunter der Nebelparder, der Tiger und der Schwarze Schopfgibbon. Leichter zu entdecken sind manche der rund 150 Vogelarten, von denen einige nur in den Bergen Nordwest-Vietnams beheimatet sind.

Der höchste Berg Vietnams, der **Fan Si Pan** (3143 m), liegt innerhalb der Reservatsgrenzen – weniger als 5 km Luftlinie, aber einen anstrengenden drei- bis fünftägigen Fußmarsch von Sa Pa entfernt. Die übliche Route beginnt mit einem 300 m langen Abstieg, um den Muong Hoa-Fluss zu überqueren, und steigt dann beinahe 2000 m auf überwucherten Pfaden durch Kiefernwald und Bambusdickicht an, bevor man den Südkamm erreicht. Als Belohnung bekommt man ein Panorama präsentiert, das die gesamten Gebirgsketten Nordwest-Vietnams umfasst, gen Süden bis zur Provinz Son La und gen Norden bis zu den Gipfeln von Yunnan in China reicht. Der Aufstieg als solcher ist schon anstrengend genug, aber am problematischsten erweist sich das Wetter am Fan Si Pan: Selbst in den günstigsten Monaten November und Dezember lässt sich nur schlecht eine Vorhersage über mehrere Tage treffen, und viele Wanderer werden durch Wolken, Regen und Kälte zur Umkehr gezwungen. Ein **Führer** ist unerlässlich, um die Pfade zu erkennen, sich durchs Bambusdickicht zu hacken und Wasserquellen ausfindig zu machen. Als beste Kenner des Berges gelten Hmong-Führer. Die Hotels und Touragenten in Sa Pa können Führer und Träger organisieren, was pro Tag und Kopf mit etwa US$15 zu Buche schlägt.

Bac Ha

Die Kleinstadt Bac Ha schmiegt sich rund 40 km nordöstlich der Nationalstraße 7 in ein Hochtal und stellt ein beliebtes Ziel für einen Tagesausflug von Sa Pa dar. In der Stadt selbst gibt es eigentlich nur wenig zu sehen, außer sonntags, wenn Mitglieder der Tay, Dao, Nung, Giay und vor allem der Blumen-Hmong aus den umliegenden Dörfern zum lebhaften Markt pilgern. Mit seiner Lage in 1200 m Höhe präsentiert sich Bac Ha im Vergleich zum 1600 m hoch gelegenen Sa Pa weniger spektakulär, liegt aber trotzdem sehr schön, umgeben von konisch geformten Bergen, die aus dem Nebel aufragen. Außerdem gibt es hier wesentlich weniger Touristen, was der Stadt eine ganz natürliche Alltagsstimmung verleiht. Wer auf eigene Faust unterwegs ist, sollte das ganze Wochenende in Bac Ha verbringen und samstags einen Ausflug zum farbenfrohen **Markt** von Can Cau unternehmen.

Ankömmlinge aus Pho Lu landen automatisch auf Bac Has Hauptstraße mit dem **Postamt**, 🕒 7–21 Uhr, vor dem auch die Busse halten (s.u., Transport). Hier macht die Hauptstraße einen Knick und erreicht nach 2 km den Sitz des Volkskomitees, bevor sie aus der Stadt hinaus in Richtung Can Cau führt. Unmittelbar neben dem Postamt zweigt rechts eine Straße ab, auf der man zum Markt und zu einigen Gästehäusern gelangt.

Die große Attraktion der Stadt ist der **Sonntagsmarkt**, der sich zwischen 8 und 10 Uhr zu füllen beginnt und zur Mittagszeit seinen Höhepunkt erreicht. Zu dem farbenfrohen Spektakel tragen insbesondere die jungen Mädchen der Blumen-Hmong bei, die in ihren eindrucksvollen Trachten umherbummeln. Das Gelände umfasst einen recht ansehnlichen Tiermarkt, und überall werden Fleisch, Gemüse, Wein und landwirtschaftliches Gerät verkauft. Erst gegen 17 Uhr, wenn die Bergvölker zu ihren Dörfern in der Umgebung zurückkehren, kommt die Stadt wieder zur Ruhe.

Bac Ha versucht, Sa Pa nachzueifern und ins Tourismusgewerbe einzusteigen – das Trekking-Geschäft konzentriert sich dabei auf die nahe gelegenen ländlichen Märkte. Zurzeit lässt die Infrastruktur allerdings noch zu wünschen übrig, was andererseits gerade den Charme von Bac Ha ausmacht.

Am nördlichen Ende der Stadt liegt auf der linken Seite der Hauptstraße der kitschige Prachtbau **Vua Meo** (Cat King-Haus). Das zweistöckige Gebäude entstand 1924 im Auftrag der Franzosen als Palast für den Hmong-Führer Vuong Chiz Sinh, der als lokaler „König" eingesetzt worden war *(meo* oder *cat* sind geringschätzige Bezeichnungen der Vietnamesen für die Hmong). Heute beherbergt das Gebäude das Büro des hiesigen Volkskomitees, aber Besucher dürfen den Innenhof besichtigen.

Übernachtung und Essen

Die Übernachtungsmöglichkeiten in Bac Ha sind begrenzt, da nur wenige Besucher mehr als eine Nacht vor Ort verbringen. Richtig elegante Unterkünfte gibt es nicht, aber die meisten Westler nächtigen im ***Sao Mai******, in einer Gasse westlich des Zentrums, ✆ 020/880288, das große und komfortable Zimmer, ein Restaurant und viele Touren in die Umgebung anbietet. Unmittelbar hinter dem *Sao Mai* liegt das kleine, aber saubere ***Toan Thang*****, ✆ 020/880444.
Im Zentrum gibt es mehrere günstige Unterkünfte, die sich kaum voneinander unterscheiden: das ***Hoang Vu*–*****, ✆ 020/880264, das ***Tuan Anh*–*****, ✆ 020/880377, und das ***Dang Khoa*–*****, ✆ 020/880290 – allerdings sollte man sich hier darauf einstellen, gegen 5 Uhr morgens vom Radioprogramm der Regierung geweckt zu werden, das über einen großen Lautsprecher ausgestrahlt wird.
Zu guter Letzt versammeln sich in der Straße beim Postamt noch diverse Unterkünfte: Das ***Tran Sin Guesthouse*–*****, ✆ 020/880240, befindet sich direkt gegenüber dem Markt und bietet saubere Zimmer sowie ein gutes Restaurant; etwas weiter die Straße hinunter liegt auf der rechten Seite das ***Anh Duong Guesthouse****, ✆ 020/880329, dessen winzige Zimmer die billigsten der ganzen Stadt sind.
Bac Has **Restaurants** füllen sich sonntags mit Touristen, sind jedoch zu anderen Zeiten meist völlig leer. Das ***Sao Mai*** serviert westliche und vietnamesische Gerichte und das ***Tran Sin*** einfache Speisen in großen Portionen. Eine weitere gute Wahl ist das ***Cong Fu Restaurant*** nahe der

Der Markt von Bac Ha

Hauptstraße (vom Postamt kommend in der ersten Straße rechts am Hügel gelegen). Direkt hinter dieser Abzweigung an der Hauptstraße liegt das ***Hoa Ngan***, das eine englische Speisekarte und passables Essen bietet, aber generell darf man in Bac Ha nicht die kulinarische Auswahl Sa Pas erwarten.

Transport

Die Straße aus Pho Lu bildet zugleich Bac Has Hauptstraße, in der sich vor dem Postamt die **Bushaltestelle** befindet.

Anreise: Reisende aus HANOI steigen in **Pho Lu** aus dem Bus oder Zug. Vom dortigen Busbahnhof an der Nationalstraße gegenüber dem Bahnhof gibt es mehrmals täglich Verbindungen nach Bac Ha (2 Std., US$3).

Von LAO CAI startet nur 1x tgl. um 13 Uhr ein Direktbus nach Bac Ha (4 Std., US$4), ansonsten besteht die Möglichkeit, nach Pho Lu zu fahren und dort umzusteigen. Wer an einem Sonntag aus SA PA kommt, sollte sich am besten einer der Touren von einem der Gästehäuser anschließen (ca. US$7), bei denen man normalerweise den Vormittag auf dem Markt verbringt, am Nachmittag eine Wanderung unternimmt und danach nach Sa Pa zurückfährt (ein Ausstieg am Bahnhof von Lao Cai ist möglich). Als Alternative kann man sich in Sa Pa ein **Motorrad mieten** und die dreistündige Fahrt durch die Berge auf eigene Faust in Angriff nehmen. Um rechtzeitig zum Markt zu gelangen, sollte man entsprechend früh aufbrechen, da die Straßen ziemlich holprig sind und die herrlichen Aussichten unterwegs zu dem ein oder anderen Stopp verleiten.

Abreise: Bei der Abreise aus Bac Ha bieten sich diverse Möglichkeiten: Um 7 und 11 Uhr fahren Busse nach PHO LU und um 5 und 13 Uhr via Pho Lu nach LAO CAI. Per Jeep oder Motorrad lässt sich die Strecke nach Lao Cai in 2 Std. hinter sich bringen, allerdings verursachen die vielen Straßenreparaturen unterwegs immer wieder Wartezeiten.
Es besteht auch die Möglichkeit, von Bac Ha direkt nach HA GIANG zu fahren und den wenig bereisten Nordosten zu erkunden, wobei man hierfür ein eigenes Transportmittel benötigt. Man verlässt Bac Ha und die Hügellandschaft Richtung Lao Cai, zweigt nach Überquerung der Brücke über den Chay-Fluss links in die Nationalstraße 70 ein und folgt dieser rund 40 km nach Pho Rang. Dies ist ein guter Ort für eine Pause, da unmittelbar hinter der Brücke zur Linken ordentliche Essenstände sowie rechter Hand der Hauptstraße ein lebhafter Markt liegen. Zweigt man kurz vor der Brücke links ab und folgt der Nationalstraße 279 nach Viet Quang, wo man erneut links auf die Nationalstraße 2 abbiegt, so gelangt man geradewegs nach Ha Giang (je nach Straßenbedingungen ca. 6 Std.).

Die Umgebung von Bac Ha

Nur 3 km sind es von Bac Ha zu einem malerischen Weiler der Blumen-Hmong namens **Ban Pho**. Zur Zeit der Recherche entstand dort allerdings eine große Schnellstraße, die die traditionelle Atmosphäre des Ortes wohl auf Dauer zerstören wird. Der Spaziergang führt am Hotel Sao Mai vorbei aus der Stadt hinaus, wo man unmittelbar nach dem nächsten größeren Gebäude (das lokale Krankenhaus) links abbiegt. Die Straße schlängelt sich mehrere Kilometer einen Hügel hinauf und gewährt schöne Ausblicke auf das Tal. Von Ban Pho kann man über das Tay-Dorf **Na Hoi** zurück nach Bac Ha laufen.

18 km nördlich von Bac Ha richtet das Dorf **Can Cau** jeden Samstag einen Markt aus, der kleiner, aber nicht minder farbenfroh als der in Bac Ha ist. Das Marktgelände liegt in einer märchenhaften Hügellandschaft und versammelt unter anderem eine bunte Mischung von Tieren, darunter Pferde, Ponys, Büffel und Rinder, wobei manche Händler in der Hoffnung auf ein Schnäppchen sogar aus China anreisen. Andere Verkäufer, die bunte Stoffbahnen anbieten, ziehen vor allem die Damenwelt der Blumen-Hmong an. Wie in Bac Ha geht es auch in Can Cau zwischen 10 und 12 Uhr am lebhaftesten zu, und einige der angepriesenen Kleidungsstücke sind tolle Souvenirs. Unter den Besuchern finden sich nur relativ wenig Fremde, sodass der Markt seine Authentizität bislang größtenteils bewahren konnte – was sich durch die immer besser werdende Straße wahrscheinlich bald ändern wird. Abgesehen vom Markt gibt es in Can Cau nichts zu sehen, aber die Anfahrt über einen hohen, kahlen Bergkamm mit traumhaftem Panorama zu beiden Seiten ist schlichtweg fantastisch. Um hierher zu gelangen, folgt man einfach der Hauptstraße gen Norden aus Bac Ha hinaus. Geführte Touren sind für US$10 pro Person (bei sechs Teilnehmern) zu finden, aber für Leute, die ein Motorrad (um US$5 pro Tag) fahren können, nicht wirklich notwendig, da der Markt unmittelbar an der Hauptstraße liegt. Xe Oms kosten hin und zurück US$7–8 und fahren gegenüber der Post ab. Vor den Toren von Bac Ha befindet sich übrigens eine tiefe Furt, die nach heftigen Regenfällen unpassierbar wird.

Das Hotel Sao Mai in Bac Ha organisiert Tagesausflüge nach Can Cau und zum kaum bekannten Dienstagsmarkt in **Coc Ly**. Letztere beinhalten den Transport per Jeep sowie eine Bootsfahrt auf dem Blauen Fluss und kosten US$15 pro Person. Im Angebot sind auch zwei- und dreitägige Trips für US$20–30 pro Person inklusive Übernachtungen in Minderheitendörfern.

Nördlich von Can Cau liegen noch einige andere Dörfer, beispielsweise die überwiegend von Hmong bewohnte Stadt Sima Cai, die jedoch derzeit alle für Ausländer gesperrt sind. Dies hat seine Begründung in der Nähe zur chinesischen Grenze, wo nach wie vor häufig lokale Konflikte ausgetragen werden. Wer sich in einem dieser Orte blicken lässt, wird vermutlich sehr schnell – meist höflich – vom dortigen Militär auf den Rückweg geschickt.

Von Sa Pa nach Lai Chau

Westlich von Sa Pa klettert die Straße über die Hoang Lien Son-Gebirgskette und fällt dann langsam entlang einer gigantischen Talwand in die am dünnsten bevölkerte Region von Vietnams hohem Norden ab. Nach etwa zwei Stunden bzw. 80 km kommt **Tam Duong** in Sicht, das von manchen als

Frau vom Volk der Blumen-Hmong auf dem Tiermarkt in Bac Ha

alternativer Zwischenstopp zu Lai Chau genutzt wird – vor allem weil das 30 km weiter westlich gelegene **Phong Tho** einen großen und abwechslungsreichen **Montagsmarkt** ausrichtet. In Tam Duong gibt es nur zwei Hotels, beide billig, freundlich und recht angenehm. Das *Tam Duong**–**, gegenüber dem Markt, ✆ 023/875288, 📠 875610, verfügt über große Zimmer und ist etwas billiger als das *Phuong Thanh***, östlich des Marktes in der Hauptstraße, ✆ 023/875235, 📠 875158, das dafür eine gute Aussicht bietet. Zudem findet man in Phong Tho ein einfaches Gästehaus* (kein Telefon). Verwirrenderweise wird Tam Duong manchmal als Phong Tho und Phong Tho als Muong Xo bezeichnet.

Auf der weiteren Strecke gen Süden durchfährt man das attraktive Nam Na-Tal mit seinen Thai-Dörfern aus bemerkenswert stabilen Pfahlhäusern, während die oberen Hänge von Gruppen der Schwarzen Hmong und Dao bewirtschaftet werden. Über einen großen Abschnitt der Strecke verlaufen Straße und Fluss durch eine bewaldete Schlucht, bis kurz vor Lai Chau (etwa 200 km bzw. 5–6 Std. hinter Sa Pa) der Zusammenfluss mit dem Da erreicht wird. Die Landschaft nördlich und südlich der Stadt Lai Chau gehört zu den am stärksten zerklüfteten Gebieten des Nordwestens und ist prädestiniert für gelegentliche Erdrutsche, die ein Fortkommen manchmal über Tage hinweg vereiteln.

Nach Überquerung des Da gelangt man an den Ostrand von **Lai Chau** und zu einer T-Kreuzung, an der die einzige Straße der Stadt rechts zum Markt und einem attraktiven Hotel (s.u.) abzweigt, während der **Busbahnhof** ein Stückchen hinter der Kreuzung an der Nationalstraße liegt (Verbindungen nach Dien Bien Phu (4 Std.) und Sa Pa (8 Std.). Das von Reisfeldern umgebene, verschlafene Lai Chau verteilt sich über die höher gelegenen Gebiete der Überschwemmungsebene und besitzt daher kein richtiges Zentrum. Einen außergewöhnlichen Anblick bietet das Gemäuer des ehemaligen Kulturpalastes, der von einer plötzlichen Überschwemmung zerstört wurde und heute den Anschein einer futuristischen Skulptur erweckt. Die meisten Reisenden legen auf ihrer Fahrt von Sa Pa nach Dien Bien Phu einen Übernachtungsstopp in Lai Chau ein. Außer einem Bummel über den kleinen Markt, wo leckere frische Reiskuchen verkauft werden, und durch das **Dorf der Schwarzen Thai** am Hang westlich der Stadt gibt es hier jedoch nichts zu tun. Vor einigen Jahren verlor Lai Chau seinen Status als Provinzhauptstadt an Dien Bien Phu und ist seitdem im Niedergang begriffen – vielleicht verschwindet es sogar ganz von der Landkarte, sollten die Pläne für den zweiten Damm am Da-Fluss in die Tat umgesetzt werden.

Die Stadt besitzt ein überaus stimmungsvolles **Hotel**, was in Nordvietnam eine kleine Seltenheit darstellt. Das *Lan Anh***–***, ✆ / 📠 023/852370, ist von Grün umgeben und umfasst über 40 Zimmer (alle mit Himmelbetten), die in sehr hübschen Holzgebäuden untergebracht sind. Frühstück ist im Preis inbegriffen und wird im Hotelrestaurant serviert, gleichzeitig die beste Wahl im Ort für eine größere Mahlzeit. Man findet das Hotel in einer Nebenstraße hinter dem Markt, kurz vor der Brücke über den Fluss. Auf der Nationalstraße nahe der T-Kreuzung gibt es noch einige weniger attraktive Alternativen, darunter das *Song Da**, ✆ 023/ 852527, und das *Nam Lay**, ✆ 023/852346, die sich jedoch nur aufgrund ihres günstigen Preises empfehlen.

Dien Bien Phu

Südlich von Lai Chau teilt sich die Straße: Die Nationalstraße 6 wendet sich gen Südosten nach Tuan Giao und stellt die kürzeste Verbindung nach Son La dar, während die Nationalstraße 12 in südliche Richtung führt und nach etwas über 100 km (3–4 Std., wobei die erste Hälfte der Strecke recht zeitraubend ist) das herzförmige Tal von Dien Bien Phu erreicht, die Stätte von General Giaps Sieg über die Franzosen, der letztendlich das Ende von Französisch-Indochina bedeutete (s.S. 550/551, Kasten). Das isolierte, durchschnittlich 8 km breite Tal erstreckt sich über rund 19 km in Nord-Süd-Richtung und wird von niedrigen Bergen umrahmt. Obgleich sich nur wenige Touristen hierher verirren – die in erster Linie des historischen Schlachtfelds wegen kommen –, erlebt Dien Bien Phu derzeit einen Bauboom, der teilweise dem lukrativen Schmuggel mit dem nahen Laos zu verdanken ist. Im Tal leben überwiegend Angehörige der Thai (53%), nur ein Drittel der Bevölkerung sind Viet, die wiederum überwiegend im Stadtgebiet wohnen. Die nur 35 km entfernte **Grenze zu Laos** ist derzeit für Ausländer geschlossen, es halten sich jedoch Gerüchte, denen zufolge bald ein Grenzüber-

Schwarze Hmong bei der Reisernte

gang eröffnet werden soll; aktuelle Infos bekommt man bei der Botschaft in Hanoi (s.S. 487).

Die Nationalstraße 12 kommt aus nördlicher Richtung in das Tal, führt am **Flughafen** vorbei und erreicht 5 km später an einer Abzweigung linker Hand den Westrand von Dien Bien Phu, wo sich auch der **Busbahnhof** befindet. Von hier sind es nur wenige Hundert Meter über den Nam Rom-Fluss zu einem staubigen Kreisverkehr und dem **Markt**, die das Zentrum bilden. Die Straße zur Linken hat Tuan Giao und Hanoi zum Ziel, während es rechts zum Postamt, zum Museum und zum Vietminh-Friedhof (800 m weiter südlich) geht.

Das **Museum** liegt etwas von der Straße zurückversetzt auf der rechten Seite, wenn man gen Süden aus der Stadt hinausläuft. Gezeigt werden u.a. eine Auswahl an Waffen, vertraute Fotos aus dem kriegszerrissenen Tal und eines der robusten Fahrräder, welche die Vietminh mit Nachschub versorgten und bis zu 200 kg beförderten. ⏲ tgl. 7.30–11 und 14–16 Uhr, geringe Eintrittsgebühr.

Unmittelbar gegenüber dem Museum befindet sich der **Vietminh-Friedhof**, auf dem einige der gefallenen Helden unter grauen, nur mit einem rotschwarzen Stern markierten Marmorplatten begraben liegen. Aus Anlass des 40. Jahrestages der Schlacht wurde 1993 ein beeindruckender Torbogen sowie eine weiße, mit den Namen der Gefallenen beschriftete Marmorwand errichtet, deren Außenseite mit Darstellungen einzelner Schlachtszenen verziert ist.

Schauplatz eines besonders heftigen Kampfes war ein kleiner Hügel oberhalb des Friedhofs, von den Vietnamesen **Hügel A1** und von den Franzosen Eliane 2 genannt, der erst gegen Ende der Schlacht eingenommen werden konnte. Auf dem Gipfel kann man einen nachgebauten Bunker sowie diverse Gedenkstätten besichtigen, darunter das Grab eines Helden aus den Reihen der Vietminh, der sein Leben ließ, als er einen französischen Panzer manövrierunfähig machen wollte. Außerdem bietet sich von hier oben ein schöner Blick über das heute friedliche, von Landwirtschaft geprägte Tal.

Am letzten Kampfschauplatz, einer Rekonstruktion von **de Castries Bunker** (s.u., Kasten), gibt es nur wenig zu sehen, aber allein der 20-minütige Spaziergang dorthin auf einem viel benutzten landwirtschaftlichen Weg lohnt den Aufwand. Um zum Ziel zu gelangen, läuft man vom Hügel A1 ungefähr 300 m zurück in Richtung Zentrum, bevor man links in eine Straße einbiegt, die von einem kleinen Gemüsemarkt und einer Reihe *pho*-Stände flankiert wird. Später wird eine Brücke überquert, und danach wendet man sich nach links, wo bereits in 100 m Entfernung das flache Wellblechdach des von Stacheldraht umgebenen Bunkers ins Blickfeld kommt. In der Umgebung finden sich erbeutete Panzer, Flakgeschütze sowie andere Waffen, die in den Feldern vor sich hin rosten. Läuft man an dem alten Panzer vorbei noch etwa 300 m weiter, gelangt man zu einem Denkmal zu Ehren derjenigen, die „hier für Frankreich starben".

Übernachtung und Essen

In Dien Bien Phu besteht keine große Auswahl an Unterkünften, aber zur Zeit der Recherche waren mehrere Hotels im Bau, sodass sich die Lage bald ändern wird.

Muong Thanh*–***, Him Lam, etwa 200 m nordöstlich des großen Kreisverkehrs, ✆ 023/810043, 📠 810713, derzeit die beste Wahl. Über 70 Zimmer unterschiedlicher Größe und Einrichtung; außerdem großes Restaurant, kleiner Swimming

Die Schlacht von Dien Bien Phu

Im November 1953 befahl Indochinas Oberbefehlshaber, General Navarre, den Fallschirmjägern der französischen Expeditionsstreitkräfte, in Dien Bien Phu einen Stützpunkt einzurichten – Anlass hierfür waren die Einfälle der Vietminh in Laos, mit dem Frankreich ein Verteidigungsabkommen geschlossen hatte. Navarre glaubte, mit diesem Vorgehen die Feindeslinien durch die Berge blockieren, die Vietminh in eine offene Schlacht zwingen und den Indochinakrieg innerhalb von 18 Monaten beenden zu können. Navarres Stellvertreter in Dien Bien Phu war Oberst **de Castries**, ein aristokratischer Kavallerieoffizier und verwegener Held des Zweiten Weltkriegs.

Mit Hilfe von Planierraupen, die jeweils an sieben Fallschirmen befestigt „eingeflogen" wurden, rodeten die Franzosen zwei Landebahnen und errichteten danach neun stark befestigte Stellungen, angeblich benannt nach den Geliebten von de Castries: Gabrielle, Eliane, Béatrice usw. Weniger als ein Viertel der Soldaten in Dien Bien Phu kam vom französischen Festland, der Rest stammte entweder aus Frankreichs afrikanischen Kolonien oder der Fremdenlegion (eine Mischung unterschiedlichster europäischer Nationalitäten). Mit von der Partie waren auch mehrere einheimische Truppen, darunter drei aus der Thai-Minorität rekrutierte Bataillone, sowie insgesamt 19 Frauen, eine französische Krankenschwester sowie 18 vietnamesische und algerische Frauen aus dem „fahrenden" Bordell der Expeditionsstreitkräfte.

Unterdessen führte **General Giap**, Kommandeur der Volksarmee, seine Truppen klammheimlich in die steilen Hügel rund um das Tal und mobilisierte geschätzte 300 000 Träger und Hilfskräfte als Unterstützung für eine Kampftruppe von etwa 50 000 Mann. Sie schleppten nicht nur den ganzen Proviant und die Ausrüstung herbei (oft über weite Strecken zu Fuß oder per Fahrrad), sondern beförderten selbst die schwersten Geschütze die Hänge hinauf, und schlugen sich ihren Weg durch den dichten Wald. Anfang 1954 zog Giap seine Truppen noch enger zusammen, indem er ein Netz von Tunneln benutzte, das im Schutz der Dunkelheit gegraben worden war. Unterdessen war der internationale Druck bereits immer stärker geworden: Der Indochinakrieg sollte im Mai bei der Genfer

Pool, Karaoke-Bar und Massage-Salon. Da hier viele Tourgruppen absteigen, sollte man zur Sicherheit im Voraus reservieren.

Binh Long*–*, in derselben Straße und näher zum Kreisverkehr, ✆ / 📠 023/824345. Klein, aber freundlich.

Dien Bien Phu*–*, an der Straße südlich des Kreisverkehrs in Richtung Museum, ✆ 023/825103. Typisch trostlose Unterkunft der Regierung mit unaufmerksamen Angestellten und gerade noch akzeptablen Zimmern.

Beer Factory Guest House*–*, im Osten der Stadt nahe dem Friedhof, ✆ 023/824635. Gut für Leute, die gern mal einen trinken und sich an der schlichten Ausstattung nicht stören.

Weitere Unterkünfte findet man in der Straße westlich des Kreisverkehrs, darunter die billigen und passablen Zimmer im Hotel der *Construction Company No. 2*, auch ***Cong Ty Xay Dung So 2****, ✆ 023/824386. Etwas weiter außerhalb in derselben Straße bietet das ***Airport*****, im gleichen Gebäude wie Vietnam Airlines, ✆ 023/825052, ordentliche Zimmer, ebenso das ***Phuong Huyen******, ✆ 023/824460, während das billigere ***May Hong**** gegenüber, ✆ 023/826300, nur kleine und recht schmuddelige Zimmer hat.

Das ***Muong Thanh*** besitzt ein gutes **Restaurant**, und sehr beliebt ist das ***Lien Tuoi*** in der Straße Richtung Beer Factory Guest House (zwischen dem Friedhof und Hügel A1). Im Stadtzentrum kann das Lokal neben dem Airport Hotel empfohlen werden. Die Einheimischen bevorzugen die ***com pho*-Stände** beim Kreisverkehr und in den Hauptstraßen, wobei die längste Warteschlange wie immer auf das beste Essen hinweist; fast alle Stände schließen jedoch gegen 19 oder 20 Uhr. Die Spezialität der Region ist der schwarze Reis *(com gao cam)* der Thai-Minorität.

Konferenz zur Sprache kommen, weswegen beide Seiten einen klaren Sieg brauchten.

Die französischen Kommandeure glaubten an ihre uneinnehmbare Stellung, bis es am 10. März die ersten Granaten regnete. Innerhalb von fünf Tagen fielen Béatrice und Gabrielle, waren beide Landepisten zerstört und die Belagerung hatte begonnen. Der französische Artilleriekommandeur bezeichnete sich als „vollständig entehrt", legte sein Amt nieder und brachte sich um. Von nun an musste sämtlicher Nachschub mit dem Fallschirm abgeworfen werden – und landete leider allzu oft hinter den feindlichen Linien. Als de Castries zum General befördert wurde, empfing er sogar seine Sterne aus dem Himmel, und gegen Ende der Schlacht bedeckten 83 000 Fallschirme den Talboden. Der entscheidende Angriff begann am 1. Mai zu einer Zeit, in der bereits der erste Regen fiel, den Lufttransport behinderte, die Gräben mit Wasser füllte und Krankheiten verbreitete. Die Vietminh kämpften um jeden Zentimeter an Boden, bis in den Nachmittagsstunden des 7. Mai ihre Fahne über de Castries Kommandobunker im Wind flat-terte. Am folgenden Morgen begannen die Gespräche in Genf, kapitulierte die letzte Stellung, und das Tal kehrte nach 59-tägiger Belagerung zu seiner ursprünglichen Ruhe zurück. In Genf wurde am 21. Juli der **Waffenstillstand** unterzeichnet, und zehn Monate später verließen die letzten französischen Truppen Indochina.

Die Vietnamesen bezahlten für ihren Sieg einen hohen Preis: Geschätzte 20 000 Menschen aus ihren Reihen starben, und viele Tausend wurden verwundet. Auf französischer Seite landeten etwa 10 000 der ursprünglich 16 500 Soldaten in **Gefangenschaft** und mussten Hunderte von Kilometern zu Lagern in den nordöstlichen vietnamesischen Bergen marschieren – weniger als die Hälfte überlebte diesen anstrengenden Marsch, die Krankheiten und die schrecklichen Zustände in den Gefängnissen.

50 Jahre später gilt die Schlacht von Dien Bien Phu nach wie vor als eine der gewichtigsten des 20. Jhs. Ihre Bedeutung für den vietnamesischen Unabhängigkeitskampf würdigt fast jede Stadt mit einer gleichnamigen Straße, die an diesen berühmten Sieg erinnert.

Transport

Die Stadt verfügt zwar über einen Flughafen, doch die Anreise über Land ist wesentlich interessanter, und die Stadt kann problemlos in eine mehrtägige Rundtour durch den Nordwesten Vietnams integriert werden.

BUSSE – Vom **Busbahnhof** im Westen der Stadt bestehen Verbindungen nach LAI CHAU (4 Std.) und SON LA (8 Std.).

FLÜGE – Vom **Flughafen** im Nordwesten des Zentrums geht tgl. ein Flug nach HANOI (1 Std.)

Son La

Östlich von Dien Bien Phu windet sich die Straße steil in die Berge hinauf und gewährt ständig wechselnde Aussichten, bevor sie nach **Tuan Giao** abfällt, wo die Nationalstraße 6 gen Norden nach Lai Chau und gen Süden nach Son La verläuft. Nach einer anstrengenden Fahrt bietet sich Tuan Giao

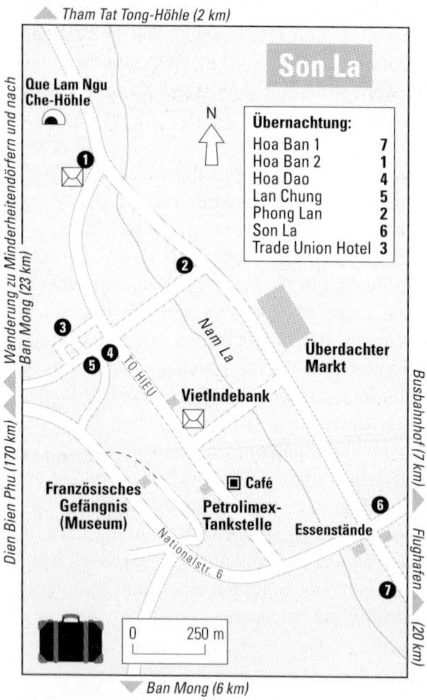

für eine Mittagspause an, und zwar im *Hoang Quang*, wo überraschenderweise Tischdecken und englische Speisekarten auf die Besucher warten; der gleichnamige Besitzer kann auch bei der Suche nach einer Unterkunft behilflich sein. Für den folgenden steilen und holperigen Anstieg zum **Pha Din-Pass** („Himmel-und-Erde-Pass"), einem der höchsten des Nordens, werden gute Nerven benötigt. Mit viel Glück wird man oben mit einer fantastischen Aussicht belohnt, aber zumeist umhüllen Wolken den Pass.

Nach einem langen Abstieg erreicht die Straße die Kleinstadt **Thuan Chau**, wo jeden Morgen bis 9 oder 10 Uhr ein lebhafter Markt stattfindet, der überwiegend von Schwarzen Thai besucht wird. Der letzte Streckenabschnitt führt durch ein von mächtigen Karsttürmen begrenztes Tal und schließlich in eine Landschaft voller Reisfelder und Bananenplantagen. Immer wieder entdeckt man Wasserräder, mit denen die Terrassenfelder bewässert werden. Am Talrand erwartet das geschäftige **Son La** seine Besucher mit einer freundlichen, unaufdringlichen Atmosphäre und lädt zu mehr als nur dem üblichen Übernachtungsstopp ein. Wenn es die Zeit erlaubt, kann man hier leicht mehrere abwechslungsreiche Tage verbringen und beispielsweise das alte französische Gefängnis, einige Höhlen oder nahe gelegene Minderheiten-Dörfer besichtigen, je nach Gusto entweder zu Fuß oder per Motorrad.

Der größte Teil von Son La liegt abseits der Nationalstraße und erstreckt sich über einen guten Kilometer entlang dem Westufer des Nam La. Es gibt nur eine Hauptstraße, die To Hieu, in der man alle wichtigen öffentlichen Gebäude, darunter die Bank und das Postamt, findet.

Vom nördlichen Ende der Stadt, beim *Hoa Ban 2,* führt eine Parallelstraße auf der gegenüberliegenden Flussseite in südliche Richtung zurück und passiert auf ihrem Weg zur Nationalstraße 6 den überdachten **Markt**, wo unter anderem auch Kunsthandwerk der hiesigen Minoritäten (beispielsweise handgewebte Stoffe und bunte Stickereien) feilgeboten werden. Zwischen diesen beiden Straßen liegen im Stadtzentrum kleine Reisfelder und Gemüsebeete, die jedoch nach und nach Neubauten zum Opfer fallen. Um den dichten Verkehr etwas zu entzerren, entstanden gleich zwei neue Brücken.

Son Las bedeutendste Sehenswürdigkeit ist das **Französische Gefängnis** oder Bao Tang Son La, das auf einem bewaldeten Vorsprung oberhalb der To Hieu steht. Die beiden Abzweigungen von der Nationalstraße sind mit Schildern markiert. Ein Weg führt hinauf zu den Gefängnistoren und dem überwölbten Eingang – noch immer beschriftet mit „Pénitencier"– in den Hauptkomplex. Von hier oben genießt man übrigens auch eine gute Aussicht über die Stadt.

Die Region war eine Brutstätte antifranzösischen Widerstands, und die Liste der politischen Gefangenen umfasst berühmte Revolutionäre wie Le Duan und Truong Chinh, beide altgediente Parteimitglieder, die zu Generalsekretären berufen wurden. Auch der lokale Held To Hieu saß hier wegen seiner staatsgefährdenden Vergehen in Haft, starb jedoch während der Gefangenschaft 1944 an Malaria.

Die meisten Gebäude liegen inzwischen in Ruinen, zerstört durch einen Bombenangriff der Franzosen im Jahre 1952, aber einige wurden wieder aufgebaut, unter anderem auch der zweistöckige Küchenblock *(bep)*, unter dem sieben Strafzellen liegen. Die politischen Gefangenen mussten zumeist schlimmste Zustände ertragen: In den beiden größeren – damals fensterlosen – Zellen waren bis zu fünf Leute eingekerkert, die Fußfesseln trugen. Nicht verpassen sollte man die gut präsentierte Sammlung von Gefängnis-Memorabilien hinter dem Küchenblock. Tritt man durch das zweite überwölbte Tor und steigt in den oberen Stock des Gebäudes zur Rechten, so findet man eine informative Abteilung über die rund zwölf Minoritäten in diesem Gebiet, die anhand von Trachten, Kunsthandwerk und Schmuck vorgestellt werden. 🕓 Mo–Sa 7.30–11 und 13.30–16.30 Uhr, geringe Eintrittsgebühr.

Übernachtung und Essen

Trade Union Hotel**–***, ✆ 852804, bildet eine willkommene Abwechslung zu den üblicherweise düsteren und wenig einladenden staatlichen Unterkünften, die man in vielen vietnamesischen Städten findet; seine Auswahl an fast 100 Zimmern ist die beste der Stadt, und außerdem werden eine Vielzahl von Touren in die Umgebung organisiert.
Phong Lan***, ✆ 853515. Über 30, fantasievoll eingerichtete Zimmer.
Lan Chung*–**, ✆ 858088, Mini-Hotel, das komfortable Zimmer in günstiger Lage bietet.
Hoa Dao**, ✆ 853823, unmittelbar gegenüber, verfügt über geräumige und gut ausgestattete Zimmer.
Hoa Ban 1*, ✆ 854600, auf der Südseite der Stadt. Eine gute Alternative.
Son La**, ✆ 852702, zentraler, aber weniger einladend.
Hoa Ban 2***, im Norden der Stadt, ✆ 852395 oder 852712, scheint trotz seiner passiven Bediensteten und seiner überteuerten Preise oft voll zu sein.
Das ***Trade Union Hotel*** hat ein gutes Restaurant mit einer englischen Speisekarte, ist jedoch nur für Hausgäste geöffnet (◷ bis 22.30 Uhr). Wer in Dien Bien Phu keinen schwarzen Reis *(com gao cam)* gekostet hat, kann dies an einem der ***com pho*-Stände** nahe der großen Kreuzung am südlichen Ende der Stadt nachholen. Kaffeeliebhaber finden in der To Hieu, gegenüber der Petrolimex-Tankstelle, eine interessante Kombination aus **Café** und Zahnarzt.

Sonstiges

GELD – ***Vietindebank***, 30 To Hieu, tauscht Dollar.

INFORMATIONEN – Die beste Informationsquelle ist das hilfreiche ***Trade Union Hotel***, das auch Transportmittel vermietet, Englisch sprechende Führer vermittelt und Ausflüge organisiert, bei denen man Reiswein probieren und Tanzdarbietungen der Thai beiwohnen kann.

VORWAHL – 022

Transport

BUSSE – Der **Busbahnhof** von Son La liegt rund 7 km östlich der Stadt. Ins Zentrum gelangt man per Xe Om. Es bestehen Verbindungen nach DIEN BIEN PHU (8 Std.), HANOI (12 Std.) sowie über die Mai Chau-Kreuzung (8 Std.) nach HOA BINH (10 Std.).

FLÜGE – Son Las **Nasan Airport** liegt 20 km südöstlich der Stadt an der Nationalstraße 6 und ist per Minibus oder Xe Om zu erreichen. Derzeit gibt es 3 Flüge pro Woche nach HANOI (Mi, Fr und So, 45 Min.).

Die Umgebung von Son La

In der Umgebung der Stadt befinden sich mehrere Höhlen, die einen Besuch lohnen. Am besten erreichbar ist die **Que Lam Ngu Che-Höhle** unmittelbar nördlich des Hotels Hoa Ban 2, deren kleiner Schrein im Innern von seltsamen Felsformationen umringt wird. Man kann die Höhle auf eigene Faust besuchen (nördlich des Hotels nach einem Schild zur Linken Ausschau halten), oder man nimmt sich im Trade Union Hotel einen Führer.

Ein paar Kilometer nördlich der Stadt liegt die Wasser führende **Tham Tat Tong-Höhle**, die zur Zeit der Recherche für Besucher gesperrt war, aber der Spaziergang dorthin wird reich belohnt – mit herrlichen Panoramen von Karsthügeln, Reisfeldern voller Schmetterlinge und Begegnungen mit freundlichen Dorfbewohnern. Man folgt der Straße vom Hoa Ban 2 fast 2 km nach Norden, zweigt kurz vor einer Betonbrücke links in einen Fußpfad ein und gelangt so am Fluss entlang zu einer alten Steinbrücke, die einer einheimischen Legende zufolge vor rund 1000 Jahren von einer Königin der Schwarzen Thai erbaut wurde. Auf der anderen Seite der Brücke führt der erste Pfad zur Linken an einer Reihe von Masten vorbei zu einer von Stacheldraht verschlossenen Öffnung, wo der Fluss aus dem Hügel austritt. Es gibt noch eine zweite, trockene Höhle direkt darüber (eine kurze Kletterpartie am Zaun entlang nach oben), in die man – wenn sie geöffnet ist – etwa 50 m hineinlaufen kann. Das gesamte Höhlensystem soll über 7 km umfassen.

Jenseits der Abzweigung zur Tham Tat Tong-Höhle befindet sich das Son La am nächsten gelegene, aber trotzdem selten besuchte Minderheitendorf **Ban Co**. Man gelangt hierher, indem man an der Betonbrücke nicht links abbiegt, sondern der Straße geradeaus folgt und auf eine Felswand zuläuft, die etwa 70 m über dem Boden eine angeblich Gold enthaltende Höhle birgt. Kurz vor der Felswand geht es nach links ins Dorf, das von einer Gemeinde der Schwarzen Thai bewohnt wird, aus etwa 50 Bambus-Pfahlhäusern besteht und eingerahmt ist von Hecken aus Weihnachtssternen und Hibiskus. Ins Auge fällt die Bekleidung der Frauen, besonders die bunt bestickten Kopftücher, die sie über ihr langes, zu großen Knoten aufgetürmtes Haar drapieren. Ihre schmal geschnittenen Blusen mit Reihen von Silberknöpfen, oft in Schmetterlingsform, sind ebenfalls sehr auffallend. Bei kälterem Wetter tragen viele einen grünen, ärmellosen Pullover über der Bluse, manchmal auch eine moderne Jacke in Pink, Blau, Grün oder Kastanienbraun.

Mit etwas mehr Zeit zur Verfügung empfiehlt sich ein Ausflug nach **Ban Mong**, ein weiteres Thai-Dorf 6 km südlich von Son La und durch ein grünes Tal zu erreichen. Die dortigen Holzhäuser sind alle sehr solide erbaut und von Obst- statt von Gemüsegärten umgeben. Hinter dem Teich am Dorfrand verbirgt sich eine Thermalquelle, die das Wasser für das Badehaus und den Waschplatz liefert – angenehme und konstante 30 °C warm. Um nach Ban Mong zu gelangen, zweigt man ungefähr auf Höhe des Gefängnisses von der Nationalstraße 6 ab. Während der Regenzeit ist das Tal völlig von der Außenwelt abgeschnitten, aber auch in den anderen Monaten lässt sich die Strecke nur mit einem Jeep oder Xe Om befahren.

Ban Mong kann auch in eine längere Wanderung integriert werden, bei der man Son La in nordwestlicher Richtung verlässt und dann durch die Dörfer verschiedener Minderheiten gen Süden marschiert, bis man bei der Thermalquelle wieder auf den bereits bekannten Weg trifft. Insgesamt ist man rund sechs Stunden zu Fuß unterwegs, sodass ein ganzer Tag für die Unternehmung eingeplant werden sollte. Da es vor Ban Mong keine Läden gibt, gehören Proviant und reichlich Wasser ins Gepäck. Der Weg ist ziemlich kompliziert, aber für US$10 kann man im Trade Union Hotel einen Führer anheuern.

Einige Minderheitendörfer organisieren Veranstaltungen für Tourgruppen, beispielsweise traditionelle Thai-Tänze oder Kostproben des einheimischen Gebräus, ein süßer Wein aus Klebreis, der mit Bambusstrohhalmen aus einer gemeinschaftlichen tönernen Schale getrunken und deswegen auch *ruou can* („Halm-Alkohol") genannt wird.

Mai Chau und Umgebung

Die Nationalstraße 6 verlässt Son La gen Osten und passiert die für ihr Obst bekannte Stadt **Yen Chau** sowie nach rund 80 km einige sehr hübsche Dörfer der Schwarzen Thai zur Rechten, insbesondere **La Ken**, das über eine schwankende Hängebrücke erreicht werden kann. Anschließend klettert die Straße auf ein 1000 m hoch gelegenes Plateau, dessen kühles Klima nicht nur Tee und Kaffee gedeihen lässt, sondern auch Maulbeeren zur Ernährung der gefräßigen Raupen von Vietnams Seidenindustrie sowie Herden von Kühen (die ursprünglich aus Holland importiert wurden), um Hanois Gelüste nach Milch, Jogurt und Eiscreme zu stillen. Weniger als 120 km hinter Son La lädt die geschäftige Marktstadt **Moc Chau** zu einer Rast ein. Unbedingt empfehlenswert ist ein kurzer Besuch im **Laden für Milchprodukte** auf der rechten Seite gegenüber dem Kilometerstein 126 – Jogurt-Liebhaber werden von der cremigen Masse nicht genug bekommen können, ebenso gut schmecken die frische warme Milch, die vor Ort hergestellten Milchriegel und die Schokolade sowie der grüne Tee. Die akkuraten Reihen von Teebüschen, welche die Straße um Moc Chau säumen, bilden seltsame Muster, und obwohl es wenige Seitenstraßen gibt, würden viele Besucher gern ein wenig länger verweilen. Ein Großteil der Touristen jedoch fährt auf der Nationalstraße 6 gleich weiter in Richtung Mai Chau. Die Strecke führt durch Täler mit außergewöhnlichen Häusern der Hmong: Ausnahmsweise handelt es sich nicht um Pfahlbauten, sondern um ebenerdige Häuser, die unter langen niedrigen Dächern errichtet wurden und von Obstgärten umgeben sind. Die **Minderheitendörfer** im Mai Chau-Tal werden überwiegend von Weißen Thai bevölkert und sind nahe genug an Hanoi (135 km), um sie zu viel besuchten Ausflugszielen zu machen, besonders an Wochenenden, wenn sich hier riesige Studentengruppen einfinden. Das Tal selbst wirkt größtenteils unverdorben und präsentiert sich als friedvolles Ensemble aus Reisfeldern mit zerklüfteten Bergen im Hintergrund.

Mai Chau ist die größte Siedlung im Tal, aber deswegen nicht mehr als ein Dorf – ein freundlicher, ruhiger Ort mit einem quirligen **Markt** am Morgen, zu dem die Minderheitengruppen pilgern, um über Büffelfleisch, Sternfrüchte, Teesäcke oder Erdnüsse zu verhandeln. Im Gegensatz zu Sa Pa haben die hiesigen ethnischen Minderheiten ihre traditionellen Trachten größtenteils abgelegt, aber die Straße außerhalb des Marktes sprüht trotzdem vor Farbe, weil hier frisch gefärbte Garnstränge zum Trocknen in der Sonne hängen.

Die meisten besuchen Mai Chau im Rahmen einer organisierten **Tour** von Hanoi (s.S. 486), übernachten westlich von Mai Chau in den Dörfern Ban Lac oder Pom Coong und unternehmen geführte Wanderungen durch das Tal. Wer zur Gruppe der wenigen Individualtouristen gehört und eine **Unterkunft** sucht, sollte im Zentrum von Mai Chau am „Guesthouse"-Schild links, d.h. gen Osten abbiegen, 1 km durch die Reisfelder laufen und im *Ban Van Guesthouse**, ✆ 018/867182, absteigen. Die Unterkunft auf Pfählen steht im gleichnamigen Dorf **Ban Van**, das sehr viel Charme ausstrahlt und freundliche Bewohner hat. Als Übernachtungsalternative bietet sich das *Mai Chau Guesthouse**, ✆ 018/867262, auf der Südseite von Mai Chau an; die größeren seiner 14 Zimmer erscheinen recht schön, dennoch ist die Unterkunft häufig leer. Zum Guesthouse gehört ein ziemlich gutes **Restaurant**, und rund um den Markt verteilen sich diverse Essenstände, die teilweise leckere Kebabs auftischen. Am Morgen kann man bei Straßenhändlern heiße, frittierte Bananenscheiben und Kaffee kaufen.

Es ist nicht gerade einfach, mit **öffentlichen Verkehrsmitteln** nach Mai Chau zu gelangen, aber möglich. Von Son La nimmt man einen Bus Richtung Osten gen Hoa Binh oder Hanoi und bittet den Fahrer, an der Mai Chau-Kreuzung, etwa 65 km hinter Moc Chau, aussteigen zu dürfen. Für die letzten 6 km ins Tal stehen Xe Oms bereit. Ab Hanoi gibt es einen täglichen Bus, der um 6 Uhr vom Kim Ma-Busbahnhof nach Mai Chau fährt. Bei der Abreise aus Mai Chau kann man den Nahverkehrsbus gegen 7 Uhr nach Hanoi (ca. 5 Std.) nehmen, den Bus nach Hoa Binh (3 Std.) oder mit einem Xe Om zur Nationalstraße 6 fahren und dort einen Bus heranwinken.

Mai Chau-Tal

Unmittelbar südlich des Mai Chau Guesthouse führt eine Straße gen Westen über Reisfelder nach **Ban Lac**, Wohnort einer wohlhabenden Gemeinde Weißer Thai, wenngleich das Geld dieser Tage eher aus dem Tourismus als aus der Landwirtschaft kommt. Die meisten Leute, die an einer zweitägigen Tour von Hanoi teilnehmen, übernachten in diesem aus rund 70 Häusern bestehenden Ort (etwa 400 Einwohner), wo man handgewebte Textilien erstehen und traditionellen Tanzaufführungen beiwohnen kann. Inzwischen bietet fast jedes Haus im Dorf Zimmer an, und viele haben unter ihren Häusern Sitztoiletten installiert. Einige Hausbesitzer haben sogar ihre neuen Ziegeldächer wieder gegen die traditionellen Strohdächer ausgetauscht, wahrscheinlich um den Erwartungen der Besucher gerecht zu werden. Wer auf eigene Faust hier eintrudelt, hört sich einfach nach einer **Unterkunft** um, die problemlos für etwa US$5 pro Person und Nacht, zzgl. US$1–2 für eine Mahlzeit (je nachdem wie viel man isst), zu bekommen ist. Vielen erscheint Ban Lac zu touristisch, aber andererseits bietet es die Möglichkeit, in einem typischen Pfahlhaus zu wohnen, was insbesondere bei Sonnenaufgang ein einmaliges Erlebnis ist. Tagsüber sind die Gassen behängt mit Schals, Taschen und Kleidern, und Frauen bedrängen die Vorbeigehenden, doch zumindest einen kurzen Blick auf ihre Ware zu werfen. Der kommerzielle Touch lässt sich nicht verleugnen, aber im Vergleich zu den Schwarzen Hmong in Sa Pa sind die Händler weit weniger aufdringlich. Sollte man sich dennoch irgendwann zu sehr bedrängt fühlen, so hat man innerhalb weniger Schritte die Reisfelder erreicht und erblickt den Ring eindrucksvoller Berge, die eine von Nordvietnams klassischen Landschaften kennzeichnen. An den Abenden finden interessante **Aufführungen traditioneller Tänze** statt, bei denen langhaarige Mädchen anmutig landwirtschaftliche Arbeiten imitieren. Nach der Show darf das Publikum mittanzen und mit Bambusstrohhalmen aus einer großen Schale hiesigen Weins trinken.

Viele Häuser in Ban Lac vermieten **Fahrräder**, ein ideales Fortbewegungsmittel zur Erkundung des Tals. Eine interessante Route führt auf der Nationalstraße 15 über 12 km Richtung Süden nach **Co Luong**, wobei man unterwegs viele ländliche Szenen und die Spiegelung der Berge in den

Reisfeldern erblickt. In Co Luong trifft der Ma-Fluss auf die Straße, und mächtige Kalksteinwände sowie Bambusdickicht säumen das Ufer. Ein kleiner **Bootsverleih**, ✆ 018/867782, bietet für kleine Gruppen Touren auf dem Fluss an, aber andere touristische Einrichtungen gibt es nicht.

Hoa Binh

Ein letzter Pass ist noch zu überqueren, bevor die Nationalstraße 6 die nordwestlichen Berge verlässt. Die Straße schlängelt sich über steile Hänge bis zu einer Höhe von 1200 m hinauf, bevor es auf der anderen Seite ebenso steil durch Zuckerrohrplantagen nach Hoa Binh am Rande der Ebene des Roten Flusses hinuntergeht. Die Nähe der Stadt zu Hanoi (76 km über eine gute Straße) sowie ihre Hotels und der leichte Zugang zu mehreren Minderheitendörfern hat zur Folge, dass in Hoa Binh ein reger Fremdenverkehr herrscht. Sofern man nicht auf eine der Busverbindungen von hier angewiesen ist, sollte man daher lieber einen Stopp in Mai Chau einlegen oder in einem Rutsch nach Hanoi fahren.

Während des 1. Indochinakrieges war Hoa Binh Schauplatz eines verheerenden französischen Vorstoßes in Vietminh-Territorium, fast so etwas wie eine Generalprobe für die Niederlage von Dien Bien Phu. In einem dreisten Schachzug eroberten französische Fallschirmjäger-Bataillone im November 1951 die Stadt, um damit die Versorgungsrouten des Feindes zu unterbrechen. Sie stießen auf wenig Widerstand und verschanzten sich, nur um kurz darauf selbst von der Außenwelt abgeschnitten zu sein, als Giaps Truppen sowohl den Zugang über die Straße als auch über das Wasser abriegelten. Im Februar des folgenden Jahres kämpften sich verzweifelte Franzosen ihren Weg heraus Richtung Hanoi, in einer Schlacht, die später die treffende Bezeichnung „Hölle von Hoa Binh"erhielt.

Die große Nationalstraße 6 zieht sich mitten durch das Zentrum des modernen Hoa Binh, aber auf dem schattigen Hauptboulevard, Cu Chin Lan, verspürt man noch einen Hauch ruhigerer Zeiten. Weniger als 2 km nordwestlich der Stadt staut der 620 m breite **Hoa Binh-Damm** den Da-Fluss zu einem über 200 km langen See, der sich bis nach Son La erstreckt. Das Gewässer soll für den Tourismus erschlossen werden, sein Hauptzweck besteht jedoch darin, Vietnams größtes Wasserkraftwerk anzutreiben, das 1994 in Betrieb genommen wurde. *Hoa Binh Tourism*, im Hoa Binh Hotel 2, ✉ hoabinhtourism@fpt.vn, organisiert geführte Touren durch den Komplex. Eine Froschperspektive des Dammes bietet sich von der Pontonbrücke, die Hoa Binhs Hauptstraße mit den industriellen Vororten auf der anderen Seite des Da-Flusses verbindet.

In der näheren Umgebung von Hoa Binh leben **Minderheitengruppen** wie Muong, Thai, Hmong und Dao, aber man muss sich um einen Führer und um ein Fahrzeug bemühen, um sie zu besuchen. Auch hier hilft *Hoa Binh Tourism* weiter, wobei sich das Büro eher um die Belange von Tourgruppen kümmert. Der beliebteste Ausflug ist eine eintägige **Bootstour** auf dem Da-Fluss zu Dörfern der Muong und Dao (US$20 pro Boot). Wer will, kann die Nacht in einem Vorzeigedorf der Muong verbringen (US$10 pro Person plus Essen).

Übernachtung und Essen

Ausländische Touristen übernachten meist im ***Hoa Binh 1* oder *2***–*******, ✆ 018/852051 und 852537, 📠 854372, die einander gegenüber an einem Hang 2 km westlich des Stadtzentrums (via Nationalstraße 6) liegen. Beide verfügen über etwa 30 Zimmer in langen Pfahlhäusern mit holzvertäfelten Schlafzimmern und über Restaurants. Wer nur ein bequemes Bett für die Nacht sucht, kann im ***Thap Vang*****, ✆ 018/852864, an der Hauptstraße im Zentrum absteigen, das 20 gut ausgestattete Zimmer besitzt.

Außer den **Restaurants** in den beiden *Hoa Binhs* gibt es am westlichen Ende der Cu Chinh Lan, etwa 50 m vor der T-Kreuzung, noch einige weitere Lokale, Cafés und Eissalons.

Sonstiges

Im *Hoa Binh 2* werden abends **Vorführungen traditioneller Tänze und Musik** geboten, kombiniert mit der obligatorischen Kostprobe von Thai-Reiswein aus einer Gemeinschaftsschale. Derselbe Komplex beherbergt das Büro von ***Hoa Binh Tourism*** sowie einen Laden, in dem **lokales Kunsthandwerk**, darunter wunderschöne traditionelle Kleidung und bestickte Stoffe, verkauft werden.

Transport

Hoa Binhs **Hauptbusbahnhof** liegt am Ostrand der Stadt. Hier wartet die übliche Ansammlung von Xe Oms, mit denen man den letzten Kilometer ins Zentrum tuckern kann. Regelmäßig fahren Busse nach MAI CHAU (3 Std.) und SON LA (6 Std.) sowie nach HANOI (2 Std.), wobei Letztere manchmal in Ha Dong enden, von wo man einen Stadtbus nach Hanoi nehmen muss. Auf der Strecke nach Hanoi sollte man sein Gepäck gut im Auge behalten, da hier bereits mehrfach Diebstähle verübt wurden.

Der Nordosten

Die Provinzen Nordostvietnams, von Lang Son bis hinüber nach Ha Giang und Tuyen Quang im Westen, sind landschaftlich weniger beeindruckend als die Provinzen im Nordwesten – mit einer Ausnahme: der Region um Dong Van und Meo Vac. Im Allgemeinen sind die Gipfel im Osten niedriger und nicht so schroff und die Panoramen weniger umfassend. Auch sind die Transportmöglichkeiten in dieser Ecke des Landes eingeschränkter, und je nach Zeitrahmen wird man sich vermutlich entscheiden müssen zwischen dem Besuch der Grenzzone in der **Provinz Ha Giang** und einem Aufenthalt am **Ba Be-See** verbunden mit Ausflügen zu den Sehenswürdigkeiten nahe **Cao Bang**. Es ist allerdings möglich, all diese Orte ohne Umweg über Hanoi abzuklappern.

Hauptanziehungspunkt des Nordostens ist seine ländliche Kulisse: die traditionellen Dörfer, die wie Inseln in einem grünen Meer liegen, und die spektakulären Kalksteinlandschaften, durchsetzt von kleinen Anbauflächen, welche sich in Terrassenform über die tiefer gelegenen Hänge erstrecken. Die Bevölkerungsdichte ist gering, und so blieben riesige Waldreservate sowie wilde, offene Hochlandgebiete erhalten, in denen **ethnische Minderheiten** dem Brandrodungsfeldbau nachgehen. Viele haben sich zwar inzwischen der vietnamesischen Lebensart angepasst, aber in isolierten Regionen werden nach wie vor die eigenen Bräuche gepflegt, was besonders auf den kleinen lebhaften Märkten (deren genaue Termine sich traditionell durch den Mondkalender bestimmen) zum Ausdruck kommt. Die unterschiedlichen klimatischen Bedingungen lassen eine große Vielfalt von Feldfrüchten gedeihen, darunter Anis, Pfirsiche und Birnen, Tee, Kautschuk sowie die übliche Skala subtropischer und tropischer Arten. Außerdem bergen die Hügel reiche Vorkommen an Gold, Kupfer, Zink, Eisenerz und anderen Mineralien, die bislang weitgehend unangetastet sind.

Ha Giang und Umgebung

Ha Giang ist die Hauptstadt der abgelegensten und am wenigsten besuchten Provinz Vietnams. Sie grenzt an China und liegt fast im Bereich des Wendekreises des Krebses. Bis in die frühen 90er Jahre des 20. Jhs. war diese Region Schauplatz erbitterter Kämpfe zwischen Vietnam und China und wird nach wie vor als „heikles Gebiet"angesehen, wenngleich ihre Einwohner heute sehr friedlich sind. Die Stadt besitzt ein paar Attraktionen, darunter ein Museum, einen Markt und schöne Landschaften in Form steiler, bewaldeter Hügel nahebei, aber in erster Linie wird sie als Basis für Trips nach **Meo Vac** und **Dong Van** genutzt, beide in Tälern gelegen, die von bedrohlichen Gipfeln umgeben und über eine haarsträubende Straße mit spektakulären Aussichten miteinander verbunden sind. Die Rundtour von Ha Giang umfasst etwa 300 km und nimmt zwei volle Fahrtage über schmale, holperige Straßen in Anspruch, die während der Regenzeit teilweise unpassierbar werden. Im Grenzgebiet leben verschiedene **Minderheitengruppen**, darunter Weiße Hmong und Lo Lo, wobei Letztere nur wenige Tausend Angehörige zählen. Die meisten Orte entlang der Strecke veranstalten einen **Sonntagsmarkt**, auf dem sich fast nur Dorfbewohner aus den umliegenden Tälern versammeln und man mit ziemlicher Sicherheit der einzige Fremde ist. Dieser Besuchermangel hat natürlich seine Gründe: Erstens müssen Ausländer bei der Polizei in Ha Giang oder über Tourveranstalter eine **Reiseerlaubnis** (US$10) beantragen; zweitens darf man nur mit einem **Führer** (ca. US$15 pro Tag) unterwegs sein; drittens dürfen weder Spaziergänge über die Hügel noch abseits der Straße unternommen werden (tatsächlich finden entlang der Strecke jedoch nur wenige Kontrollen statt); viertens gibt es keine Straße, die Meo Vac mit Städten im Süden verbindet, sodass man via Ha Giang zurückkehren muss;

Die für den Nordosten typischen, in Terrassenform angelegten Anbauflächen

und fünftens ist Ha Giang bislang nur schlecht auf den Tourismus eingestellt, d.h. nur wenige Leute sprechen Englisch, und die Restaurants machen keine Konzessionen an westliche Gaumen. Alles in allem sollte man sich von diesen Hürden jedoch nicht abschrecken lassen, denn die Erlebnisse lohnen mit Sicherheit jede Mühe.

Ha Giang ist eine recht große Stadt. Zwar können die Gebäude nicht als architektonische Meisterwerke bezeichnet werden, aber dafür liegt die Stadt in einer beeindruckenden Umgebung, fest umschlossen von den beiden hohen Bergen Mo Neo und Cam. Das ockerfarbene Wasser des Lo-Flusses fließt südwärts durch das Stadtzentrum, und auf den beiden Brücken, die den älteren Stadtteil am Ostufer mit dem neueren Bereich am Westufer verbinden, herrscht dichter Verkehr. Der **Markt** befindet sich in einer zweckdienlichen Halle unmittelbar nordöstlich der nördlichen Brücke und präsentiert sich am frühen Morgen von seiner lebhaftesten Seite, wenn die Mitglieder verschiedener **Minderheitengruppen** ihre Geschäfte tätigen. Wer allerdings nach Dong Van fährt, wird unterwegs vermutlich weitaus authentischere Märkte zu Gesicht bekommen. Das **Ha Giang-Museum**, 🕓 tgl. 7.30–12 und 14–16 Uhr sowie Mi, Sa und So zusätzlich 19.30–21.30 Uhr, Eintritt frei, liegt unmittelbar westlich der nördlichen Brücke. Ein Besuch ist unbedingt empfehlenswert, um eine Vorstellung von den Trachten der vielen verschiedenen Minderheitengruppen der Region zu bekommen. Außerdem werden Artefakte wie wundervoll gearbeitete Bronzetrommeln und uralte Äxte gezeigt, die bei Ausgrabungen in der Region ans Tageslicht kamen. Die archäologischen Funde beweisen, dass bereits seit zehntausenden Jahren an dieser Stelle eine Siedlung existiert und die Region während der Bronzezeit floriert haben muss.

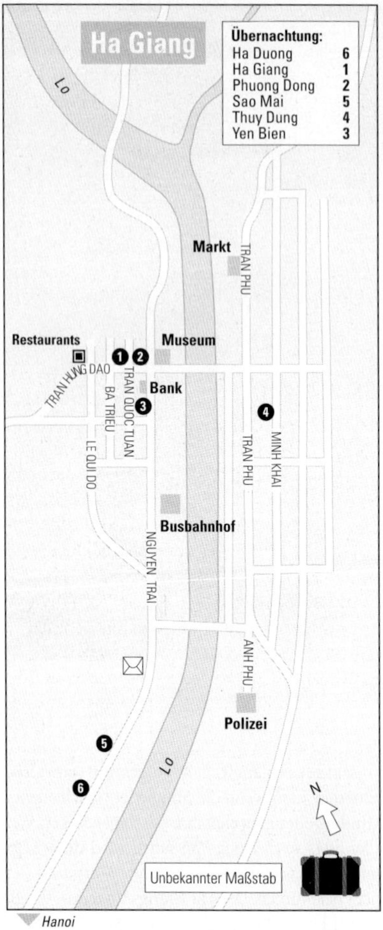

Übernachtung und Essen

In der Stadt stehen viele Unterkünfte zur Wahl, und obwohl die Angestellten nur wenig Englisch sprechen, dürfte es keine Probleme geben. Ankömmlinge aus dem Süden stoßen in der Nguyen Trai zunächst auf das ***Ha Duong*****, ✆ 862555, das große und nette Zimmer sowie gute Einrichtungen besitzt, u.a. ein großes Restaurant und Massageräume. Etwas weiter Richtung Stadt liegt das kleinere, aber gemütlichere ***Sao Mai*****, ✆ 863019, und nach dem Postamt zur Linken bzw. dem Busbahnhof zur Rechten das staatliche ***Yen Bien*–*****, ✆ 866333, mit 40 Zimmern eines der größten Hotels der Stadt; es ist ein wenig heruntergekommen, bietet jedoch große Zimmer, ein Café mit Restaurant sowie eine günstige Lage.

Gegenüber dem Museum versammeln sich einige Mini-Hotels, von denen das ***Phuong Dong*–*****, ✆ 867979, die beste Wahl darstellt.

Das ***Ha Giang****, ✆ 864727, in der Tran Hung Dao würde für seine Erscheinung keinen Preis gewinnen, aber seine schmuddeligen, fensterlosen Zimmer im Dorm-Stil sind die billigsten der Stadt.

Unter den zahlreichen Alternativen am Ostufer hat das ***Thuy Dung**–******, Minh Khai, ✆ 862278, vermutlich die schönsten Zimmer.

Entlang der Tran Hung Dao, bei der nördlichen Brücke sowie um den Markt und in den Straßen am Ostufer gibt es zahlreiche **Restaurants** – um nicht zu verhungern, sollte man jedoch unbedingt einen kleinen Sprachführer dabeihaben. Über große Restaurants verfügen auch das ***Yen Bien*** und das ***Ha Duong***.

Sonstiges

GELD / POST – In der Nguyen Trai befinden sich die **Hauptpost** und eine **Bank**.

POLIZEI – in der Anh Phu, östlich der südlichen Brücke.

REISEBÜROS – Die größte Reiseagentur der Stadt, die ***Ha Giang Tourist Company***, befindet sich in der Tran Hung Dao, unmittelbar westlich der nördlichen Brücke.

VORWAHL – 019

Transport

Ha Giangs **Busbahnhof** befindet sich in der Nguyen Trai. Busse vom Long Bien-Busbahnhof in HANOI (290 km) benötigen etwa 6 Std. für die Fahrt auf der Nationalstraße 2 via Viet Tri am Ufer des Lo und Viet Quang (oder Bac Quang) 60 km vor Ha Giang.

Mit einem Mietwagen kann man sich Ha Giang auch über BAC HA nähern, indem man auf der Nationalstraße 70 gen Süden bis Pho Rang fährt, dann auf der Nationalstraße 279 gen Osten nach Viet Quang und schließlich gen Norden bis Ha Giang. Egal für welche Strecke man sich entscheidet, sollte man fast einen ganzen Tag einplanen.

Von Ha Giang nach Meo Vac und Dong Van

Für eine Reise durch die abgelegenste Region des Nordens muss man in Begleitung eines Führers sein, der auch bei der Beschaffung des Permits (US$10) behilflich ist. Die Nationalstraße 4c verlässt Ha Giang in nördliche Richtung, folgt zunächst dem Lo-Flusstal und dann dem Mien-Fluss gen Osten. Nach etwa 20 km beginnt die Straße ihren Anstieg in die Hügel hinauf zum **Quan Ba-Pass** („Himmelstor"), wo Treppen am Straßenrand zu einem schönen Aussichtspunkt führen – bei klarer Sicht sieht man bis nach **Quan Ba**, 45 km von Ha Giang entfernt, das inmitten eines Flickenteppichs von Reisfeldern liegt. Sonntags findet in Quan Ba ein Markt statt, zu dem nicht nur Weiße Hmong, die größte Minderheit in dieser Region, sondern auch Rote Dao, Tay, Giay, Co Lao, Pu Peo und Lo Lo strömen.

Hinter Quan Ba passiert die Straße in einiger Entfernung einen hübschen Fluss mit steilen Bergflanken an beiden Ufern. Die folgende Strecke über baumlose, terrassierte Hügel verstärkt das Gefühl der Einsamkeit in dieser isolierten Region. Schließlich geht es nach **Yen Minh** hinunter, wo wieder ein geschäftiges Treiben herrscht. Der Ort liegt 97 km hinter Ha Giang und eignet sich gut für eine Mittagspause; die nötige Verpflegung bieten einige einfache *com pho*-Stände nahe dem Markt im Ortszentrum. Es gibt hier auch ein heruntergekommenes Gästehaus, das *Minh Hai**, ✆ 019/852109, aber die staatlichen Gästehäuser in Meo Vac oder Dong Van sind etwas besser.

4 km östlich von Yen Minh teilt sich die Straße. Der nördliche Abzweig führt nach Dong Van und der südliche nach Meo Vac. Beide Straßen treffen später wieder aufeinander, sodass freie Wahl besteht, aber im Folgenden wird die Route via Meo Vac beschrieben, das etwas bessere Unterkünfte als Dong Van besitzt. Es herrscht praktisch kein Verkehr auf der holperigen Straße, die durch zerklüftete Kalksteinlandschaften in eine immer wildere Landschaft mit nur wenigen Siedlungen führt. Über einen Großteil der Strecke ist das Gelände übersät von schwärzlichen Steinen, die eigentlich jegliche Art von Ackerbau unmöglich machen müssten, trotzdem erblickt man immer wieder kleine Getreidefelder und Ährenbündel, die als Futter und Brennstoff verwendet werden. Beim Anblick der oft schwer mit Holz beladenen Menschen (überwiegend Weiße Hmong) wird schnell klar, dass das Leben hier sehr hart ist.

Wer in **Meo Vac** übernachten möchte, wendet sich zunächst an das Gästehaus des Volkskomitees**, ✆ 019/871176, das im Zentrum hinter dem Regierungsgebäude neben einem Spielplatz liegt. Danach sollte man seine Aufwartung bei der hiesigen Polizei machen, was einige Zeit dauern kann. Grund zur Hektik besteht aber ohnehin nicht, denn abgesehen von einer kleinen Statue von Onkel Ho und dem kleinen Markt gibt es nicht viel zu sehen. Das Schönste an dem Ort ist seine Lage inmitten eines Ringes kahler Berge. Auf dem Markt findet man mehrere Essenstände, aber die Auswahl an Lokalen für ein Abendessen ist sehr begrenzt.

Die nächste Reiseetappe erstreckt sich über 22 km nach Dong Van und ist der spektakulärste Abschnitt des ganzen Trips. Am Rand einer tiefen Schlucht klettert die Straße zum etwa 1500 m hohen **Ma Phi Leng-Pass** hinauf, der einen schlichtweg atemberaubenden Blick auf das türkisfarbene Band des Nho Que-Flusses in der Tiefe bietet. **Dong Van** ist ähnlich gelegen wie Meo Vac und besitzt den üblichen Markt, eine Polizeiwache (auch hier melden) sowie ebenfalls ein Gästehaus des Volkskomitees*, ✆ 019/856189, das billiger, aber auch schäbiger ist als sein Gegenstück in Meo Vac. Von Dong Van verläuft die Straße nun wieder in westliche Richtung bis zu einer Kreuzung außerhalb von Yen Minh, wobei man auf dem ersten Abschnitt bis **Saiphin** eine wunderbare Landschaft durchquert – wie Perlen an einer Schnur reiht sich ein konisch geformter Gipfel an den anderen und ragt von den Feldern im tiefer gelegenen Tal auf. 15 km hinter Dong Van sollte man auf der linken Seite nach dem imposanten Gebäude des Volkskomitees von Saiphin Ausschau halten, wo man sich um eine Begleitung hinunter ins Dorf bemühen kann. Saiphins Attraktion ist der **Vuong-Palast**, ein großes, zweistöckiges Gebäude mit drei Innenhöfen, das die Franzosen für den einheimischen Hmong-König erbauen ließen. Die dicken Wände sind kunstvoll verziert und wurden mit Schießscharten versehen, um den Palast mit Gewehren verteidigen zu können. Im Schatten von Kiefern liegen neben dem Eingangstor zum Palast mehrere beeindruckende Gräber von Mitgliedern der Vuong-Familie.

Auch westlich von Saiphin bieten sich ständig neue Aussichten, bis die Straße schließlich von den Hügeln nach Yen Minh abfällt, von wo es auf dem gleichen Weg zurückgeht wie bei der Hinfahrt.

Nach Norden via Thai Nguyen

Von Hanoi führt die Nationalstraße 3 durch das Reisanbaugebiet im Delta des Roten Flusses gen Norden. Irgendwann geraten auch die letzten von Industrie geprägten Satellitenstädte und Ziegeleien aus dem Blickfeld, um den Ausläufern des nördlichen Bergmassivs Platz zu machen. Nur 16 km hinter Hanoi wird **Co Loa** passiert, wo sich einst die uralte Hauptstadt Vietnams (s.S. 499) befand, aber ansonsten gibt es bis ins 80 km entfernte **Thai Nguyen** am Rande des Deltas nichts zu sehen. Die wuchernde Stahlstadt beheimatet überraschenderweise eines von Vietnams lohnenderen Museen, das **Museum der Nationalitäten Vietnams** (Bao Tang Van Hoa Cac Dan Thoc Viet Nam). Das Museum verteilt sich über fünf Räume und ist nach Sprachgruppen (Viet-Muong, Tay-Thai, Mon-Khmer usw.) angeordnet. Zu den Ausstellungsstücken gehören traditionelle Trachten und Alltagsgegenstände, aber auch viele Fotografien – alles durch hilfreiche Erläuterungen auf Englisch ergänzt. Am beeindruckendsten präsentiert sich der Mon-Khmer-Raum, der mit schwedischer Unterstützung eingerichtet wurde und Videos sowie hervorragende Architekturmodelle zeigt. Das Museum, ein imposantes braunrotes Gebäude von 1960, steht an einem Kreisverkehr im Stadtzentrum, nördlich des Funkmastes vom Postamt in der 359 Duong Tu Minh. Auf der Nationalstraße 3 aus Süden kommend biegt man rechts (in nordöstliche Richtung) in die Hoang Van Thu ein und folgt der Beschilderung nach Lang Son, bis das Museum erreicht ist. ⌚ Di, Mi und So 8–11 und 14–16 Uhr, geringe Eintrittsgebühr. Üblicherweise unternehmen die Angestellten auch Führungen außerhalb der Öffnungszeiten, doch sollte man sich nach Möglichkeit zuvor telefonisch unter ✆ 028/855781 anmelden.

Auf der Weiterfahrt über die Nationalstraße 3 von Thai Nguyen nach Norden zweigt nach wenigen Kilometern links die Nationalstraße 13a Richtung Tuyen Quang ab, von wo es eine Straßenverbindung nach Lao Cai (s.S. 534) gibt. Wiederum wenig später beginnt die Nationalstraße 3 ihren allmählichen Anstieg, parallel zum hübschen Cau-Fluss und durch ein Gebiet, in dem überwiegend Angehörige der Nung-Minderheit leben. **Na Phac**, eine kleine Marktstadt mit einer netten Ansammlung von Cafés 200 km nördlich von Hanoi, markiert die Abzweigung zum Ba Be-Nationalpark. Wer das Glück hat, an einem Markttag (alle fünf Tage, wobei mit der Zählung am ersten Tag des Mondmonats begonnen wird) durch Na Phac zu fahren, bekommt eine bezaubernde Auswahl verschiedener Minderheiten-Trachten zu sehen.

Ba Be-Nationalpark

Vietnams größter natürlicher See, der Ho Ba Be, bildet das Herz des Ba Be-Nationalparks, der 23 000 ha tropischen Waldes umfasst. Der See ist 7 km lang, bis zu 30 m tief und zwischen 0,5 und 1 km breit. Ein paar Inseln verteilen sich über das Gewässer, das eingerahmt ist von steilen, dicht bewaldeten Hängen mit einigen hohen, uralten Bäumen, zwischen denen immer wieder weiße Kalksteinfelsen hervorblitzen. Abgesehen von seiner natürlichen Schönheit sind die größte Attraktion im Park **Bootsausflüge** zu den Höhlen, Wasserfällen und Minderheitendörfern. Unterwegs entdeckt man mit Sicherheit einige der hier verzeichneten 220 Tier-, 417 Pflanzen- und 49 Fischarten. In isolierten Gemeinschaften am Parkrand leben Bären, Tiger sowie Vietnams seltenste und am meisten gefährdete Primaten, die Tonkin-Stumpfnasen *(Rhinopithecus avunculus)*, während näher am See eher Makaken sowie riesige Schwärme bunter, laut kreischender Papageien gesichtet werden. Nur wenige Menschen stören hier die Tierwelt, und außerhalb der Monate Juli und August, wenn die Bewohner von Hanoi Urlaub machen, trifft man üblicherweise nur auf eine Hand voll Touristen. Viele lassen sich von den schlechten öffentlichen Verkehrsverbindungen hierher abschrecken, nimmt man jedoch an einer organisierten Tour teil oder mietet ein Fahrzeug, ist der Besuch durchaus eine Überlegung wert, insbesondere wenn man ihn mit einem Abstecher zu einem Minderheitenmarkt verbindet. Selbst dann aber reichen zwei Tage und Nächte vollkommen aus.

Praktische Tipps

Am leichtesten gelangt man mit einer Tour oder einem eigenen Transportmittel in den Ba Be-Nationalpark. Agenturen in Hanoi (s.S. 486/487) können bei der Fahrzeugmiete behilflich sein oder gleich ein ganzes Programm zusammenstellen, beispielsweise einen dreitägigen Ausflug in den Park oder eine vier- bis fünftägige Rundtour von Cao Bang nach Lang Son mit einem Zwischenstopp im Park. Die reine **Fahrtzeit** von Hanoi nach Ba Be liegt bei sechs Stunden: In Na Phac zweigt von der Nationalstraße 3 links die Landstraße zum 47 km entfernten Ba Be ab. Sie führt via **Cho Ra**, eine weitere kleine Marktstadt mit einem lebendigen Sonntagsmarkt. Mit einem **eigenen Transportmittel** kann man eine interessante Alternativroute über eine landschaftlich reizvolle Nebenstraße wählen – direkt nördlich von Phu Thong an der Nationalstraße 3 (nahe Kilometerstein 174) links abbiegen; so erreicht man nach etwa 30 km das Ba Be Hotel (s.u.) von Cho Ra.

Wer mit einem Mietfahrzeug aus Ha Giang anreist, sollte sich vor der Abfahrt nach dem Zustand der Nationalstraße 279 erkundigen, die von Viet Quang nach Ba Be führt. Sollte die Straße nicht passierbar sein, muss man auf der Nationalstraße 2 bis Tuyen Quang fahren, dann ostwärts auf der Nationalstraße 37 nach Thai Nguyen und von dort wiederum der Nationalstraße 3 gen Norden folgen.

Die Anreise in den Park ist auch mit **öffentlichen Verkehrsmitteln** möglich. Vom Gia Lam-Busbahnhof in Hanoi gibt es Verbindungen via Thai Nguyen und Bac Can nach Cho Ra (US$3). Der Rest des Weges zum See kann mit einem Xe Om (US$1) zurückgelegt werden.

Nach der Ankunft vor Ort sollten sich alle Individualreisenden zunächst zur Parkverwaltung begeben, die ein paar Kilometer vom Bootsanleger entfernt am Ostufer des Sees liegt. Die Eintrittsgebühr für den Park beträgt weniger als einen Dollar, wird aber nicht immer erhoben. Im Büro bekommt man **Informationen** über zwei- bis fünftägige Touren, die von Parkwächtern geleitet werden, pro Person US$25–45 kosten und **Bootsfahrten** zu Höhlen und Wasserfällen sowie Übernachtungen in Minderheitendörfern beinhalten. Die meisten Trips werden in großen, überdachten Motorbooten durchgeführt, aber bestimmte Bereiche des Sees lassen sich auch in einem schmalen Einbaum erkunden – entweder man greift selbst in die Ruder oder man heuert jemanden dafür an (ab US$20 pro Boot und Tag). Letzteres ist in dieser stillen Umgebung auf jeden Fall die schönere Fortbewegungsart.

Die **Tourgruppen** aus Hanoi steigen üblicherweise in den Budget-Hotels von Cho Ra ab. Gleich am Anfang wird zumeist eine Bootsfahrt auf dem Nang-Fluss nach **Hang Puong** unternommen, wo das Wasser eine 300 m lange, von Fledermäusen bewohnte Höhle durch einen Berg gegraben hat. Von dort geht es weiter zum **Dau Dang-Wasserfall**, einer Reihe wunderschöner, aber tückischer Stromschnellen. Man sollte ziemlich vorsichtig sein, wenn man über die glitschigen Steine rund um die Wasserfälle läuft, da es hier bereits mindestens einen Todesfall gab. Als Nächstes steht der Besuch eines **Tay-Dorfes** am Seeufer auf dem Programm bzw. auf längeren Touren eine Übernachtung in einem Pfahlhaus. Eine Straße um das Südufer des Sees hat das Tay-Dorf **Pac Ngoi** inzwischen mehr für den Tourismus erschlossen, aber auch mehrere andere Dörfer in dem Gebiet, beispielsweise **Buoc Luom**, **Ban Vang** und **Bo Lu**, bieten Besuchern eine Unterkunft an. Nur wenige Tay tragen heutzutage noch ihre traditionelle Tracht, die man jedoch höchstwahrscheinlich bei einer **Minderheiten-Show** im Gästehaus des Nationalparks (s.u.) zu sehen bekommt.

Übernachtung und Essen

Am günstigsten gelegen und am komfortabelsten ist das **Gästehaus des Nationalparks** oder ***Vuon Quoc Gia Ba Be*******, ✆ 0281/894126, 📠 894026, neben dem Verwaltungsbüro des Parks. Im Angebot sind 50 geschmackvoll eingerichtete Zimmer, außerdem ein ausgezeichnetes Restaurant, Internet-Zugang und gelegentliche Minderheiten-Shows. Allerdings ist die Unterkunft oft mit Parteikadern belegt, die hier ihre Zusammenkünfte abhalten, sodass man im Voraus reservieren sollte. **Cho Ra** liegt 17 km entfernt, besitzt nur eine Straße mit Holz- und Lehmhütten und hat nichts zu bieten außer einigen Mini-Hotels, die auch Bootsausflüge arrangieren können. Das ***Ba Be 1**–***** und ***Ba Be 2**–******, ✆ 0281/876115 oder 876476, und das ***Tuyet Trinh**–******, ✆ 0281/876117, bieten große, saubere Zimmer und einen schönen Blick von der Rückseite. Tourgruppen verbringen die Nacht häufig in einem Pfahlhaus, aber man kann sich von der Parkverwaltung auch eine **Privatunterkunft** vermitteln lassen. Einige abgelegene Unterkünfte befinden sich am Westufer des Sees, darunter ein **Gästehaus*** direkt gegenüber dem Bootsanleger, ✆ 0281/894042, dessen Besitzer Hoang Thi Gam meist am Pier Getränke verkauft.

Die Spezialität vieler einheimischer **Restaurants** ist Fisch aus dem See, und der beste Ort für eine solche Mahlzeit ist das Gästehaus des Nationalparks, wo abends eine große Auswahl von Gerichten auf der Speisekarte steht. Essen servieren auch die Gästehäuser in Cho Ra, aber die Küchen schließen früh am Abend. Zu guter Letzt gibt es noch einige ***com pho*-Stände** an der einzigen Kreuzung des Ortes. Snacks und Getränke bekommt man am Pier des Ba Be-Sees.

Cao Bang und Umgebung

Nördlich von Na Phac windet sich die Nationalstraße 3 auf einen 800 m hohen Pass, von den Franzosen **Col des Vents** („Pass der Winde") genannt, der die Wasserscheide zwischen dem Tal des Roten Flusses im Süden und Chinas Perlenfluss im Norden markiert. Auf der anderen Seite des Passes liegt ein Gebiet, das durch große, abgerundete Hügel und nackte Gipfel gekennzeichnet ist und unter dem Namen **Ngan Son-Berge** bekannt ist. Dies ist die Heimat verschiedener ethnischer Minderheiten, darunter Nung, Dao und San Chay (deren Frauen ein breites, geschwungenes Messer hinten am Gürtel tragen). In dem unzugänglichen Hochland sieht man wenige Dörfer, nur gelegentlich eine Hütte am Straßenrand, wo wilder Honig *(mat ong)* verkauft wird. Tatsächlich gibt es abgesehen von **Ngan Son**, das verloren in einem weiten, baumlosen Tal liegt, keine Siedlung nennenswerter Größe zwischen Na Phac und dem Ziel der Reise, dem 80 km entfernten **Cao Bang**.

Cao Bang ist ein liebenswerter Ort. Das Zentrum ist zwar staubig und laut, aber die schöne Lage am Fluss und die Kulisse aus zuckerhutförmigen Bergen lassen darüber hinwegsehen. Im Winter herrschen in Cao Bang frische Temperaturen, allerdings nicht vergleichbar mit Sa Pa oder Bac Ha, und obwohl die chinesische Grenze nur 30 km entfernt liegt, ist in Cao Bang nichts von Grenzatmosphäre zu spüren. Nur wenige Reisende stoßen so weit nach Norden vor, wenn doch, unternehmen sie die Pilgerfahrt zur Pac Bo-Höhle, wo Ho Chi Minh nach seiner Rückkehr nach Vietnam im Jahre 1941 zeitweilig lebte, und zu den Ban Gioc-Wasserfällen, die höchsten ihrer Art in Vietnam und unmittelbar an der Grenze zu China gelegen. In der Provinz leben diverse ethnische Minderheiten, vor allem Dao, Nung und Tay, die noch immer ihren traditionellen Lebensstil pflegen.

Cao Bang liegt am Südwestufer des **Bang Giang-Flusses** auf einer Landzunge, die durch den Zusammenfluss des Bang Giang mit dem Hien entstand. Auf der Nationalstraße 3 fährt man von den Hügeln steil hinunter ins Tal und erreicht die Stadt im Westen. Nach Überquerung der Brücke gelangt man in eine von Bäumen flankierte Straße mit einigen protzigen Gebäuden, darunter das Volkskomitee, das Theater, das Postamt und die Bank, bevor es rechts in eine Straße abgeht, die am Bang Giang entlangführt. Der schmale schattige Park auf dem niedrigen Hügel im Stadtzentrum lohnt einen Besuch, und die **Statue von Onkel Ho** erinnert daran, dass die Region an dem von ihm geführten Unabhängigkeitskampf großen Anteil hatte. Dreh- und Angelpunkte der Stadt sind die lebhaften täglichen **Märkte**. Wenn möglich, sollte man den Frischwarenmarkt bei Sonnenaufgang besuchen, wenn Frauen der verschiedensten ethnischen Minderheiten in die Stadt strömen, und voll beladene Bambusflöße neben der Brücke festmachen. Damit ist die Liste der Sehenswürdigkeiten in der Stadt auch schon erschöpft, und es bleibt nur noch ein Ausflug in die Hügellandschaft nördlich von Cao Bang.

Übernachtung und Essen

In und um Cao Bang gibt es viele Übernachtungsmöglichkeiten. Die am einfachsten zu findende Unterkunft ist gleichzeitig die größte der Stadt, das ***Bang Giang**–******, neben der Brücke, ✆ 853431, das über 70 nichts sagende, aber ordentliche Zimmer verfügt. Weiter östlich in der Kim Dong konzentrieren sich mehrere Mini-Hotels, von denen das ***Huong Thom*****, ✆ 855888, und das ***Anh Duong*–*****, ✆ 858467, aufgrund ihrer außergewöhnlich guten Preis-Leistungs-Verhältnisse herausstechen. Beide Unterkünfte bieten von den rückwärtigen Zimmern der oberen Etage einen tollen Blick auf eine Wand von Kalksteingipfeln. Ebenfalls in der Kim Dong liegt das staatseigene ***Phong Lan*–*****, ✆ 852260, das über rund 50 Zimmer in zwei heruntergekommenen Gebäuden verfügt und eher Budget-Reisende anziehen dürfte. Ein weiteres, aber gepflegteres und ruhigeres Hotel unter staatlicher Leitung liegt auf dem Hügel hinter dem Phong Lan und nennt sich ***Uy Ban Nhan Dan Tinh Cao Bang** (Gästehaus des Volkskomitees)**–****, ✆ 852804. Zu guter Letzt gibt es westlich der Brücke das ***Thanh Loan**–******, ✆ 857026, mit sehr gemütlichen DZ und EZ inkl. Frühstück.

Mehrere der oben genannten Hotels – beispielsweise das ***Bang Giang*, *Huong Thom*** und ***Thanh Loan***, besitzen ihre eigenen **Restaurants**. Außerdem gibt es in den Nebenstraßen beim Markt, in der Straße neben dem Hotel Phong Lan sowie an der Nationalstraße 4 nahe der Brücke viele kleine Esslokale. An einem kalten Morgen sollte das erste Ziel der **Markt** sein, wo aus riesigen dampfenden Kesseln eine Frühstückssuppe geschöpft wird. Eine gute Tasse Filterkaffee bekommt man in dem **Café**, das 50 m nach dem Phong Lan Hotel auf der linken Straßenseite liegt.

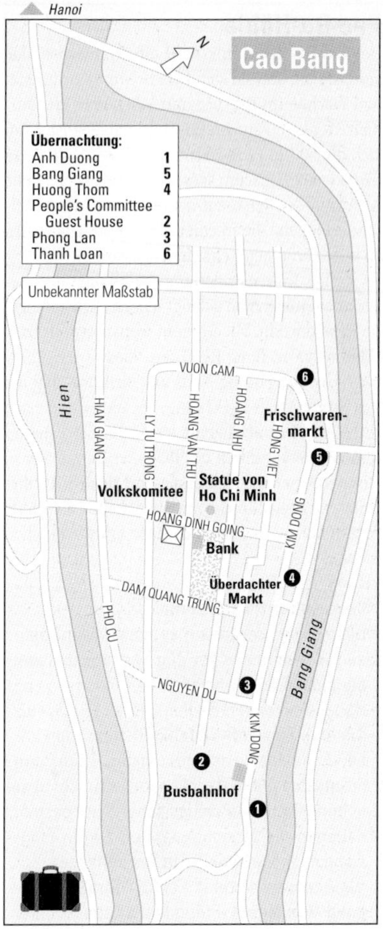

Sonstiges

GELD – Die Bank befindet sich gegenüber dem Postamt, an einem kleinen Park; nur Bargeldtausch.

INFORMATIONEN – ***Cao Bang Tourism***, im Hotel Phong Lan, bietet nur spärliche Informationen.

PERMITS – Genehmigungen für den Besuch der Ban Gioc-Wasserfälle (US$10) bekommt man bei der Einwanderungsbehörde unmittelbar östlich des Busbahnhofs.

POST – auf einem Hügel im Stadtzentrum, erkennbar an einem Rundfunkmast.

VORWAHL – 026

Transport

Cao Bangs **Busbahnhof** befindet sich in der Kim Dong, 400 m östlich des überdachten Marktes. Er bietet Verbindungen nach HANOI (8 Std.) und LANG SON (5 Std.).

Pac Bo-Höhle

Um die Pac Bo-Höhle wird ein Riesenspektakel veranstaltet, obwohl sich Ho Chi Minh nur für sieben Wochen im Februar und März 1941 hier aufhielt. Wer kein Fan von Ho-Memorabilien ist, kann sich die 50 km (2 Std. einfach) zu der Höhle und dem kleinen Museum sparen, wenngleich der erste Abschnitt der Reise, auf dem es durch Minderheitendörfer geht, die in einem Meer von Reisfeldern zu liegen scheinen, sehr eindrucksvoll ist.

Einige Touren von Hanoi beinhalten den Besuch der Höhle, man gelangt jedoch auch auf eigene Faust dorthin. Mit eigenem Transportmittel verlässt man Cao Bang Richtung Nordwesten, überquert den Bang Giang-Fluss und bleibt so lange auf der Straße nach Ha Quang, bis ein Schild nach rechts weist. Zum Eingang (freier Eintritt) sind es nun noch 4 km durch ein Tal voller Denkmäler in Erinnerung an die Heldinnen und Helden, die ihre Unterstützung für Ho mit dem Leben bezahlen mussten. Die Anfahrt zur Höhle mit öffentlichen Verkehrsmitteln ist schwierig, da nur wenige Busse die Strecke zwischen Cao Bang und Ha Quang bedienen – man sollte sich an der Abzweigung nach Pac Bo absetzen lassen (2 Std. ab Cao Bang), wo Xe Oms für die Weiterfahrt zur Verfügung stehen.

Pac Bo liegt unmittelbar an der Grenze zu China. Als **Ho Chi Minh** im Januar 1941 von der chinesischen Provinz Guangxi zu Fuß herüberkam, betrat er erstmals seit 30 Jahren wieder vietnamesischen Boden. Zunächst hauste er in einem Nung-Dorf, zog jedoch bald darauf in die nahe gelegene Höhle um, wo er die Unabhängigkeitsbewegung zu koordinieren begann. Außerdem übersetzte er die Geschichte der Kommunistischen Partei der Sowjetunion ins Vietnamesische und ersann neue Bezeichnungen für geografische Fixpunkte: Eine Quelle neben der Höhle wurde in Lenin-Bach umbenannt, und der Hügel dahinter erhielt den Namen Karl-Marx-Berg. Schnell jedoch entdeckten die Franzosen seinen Schlupfwinkel, sodass Ho erneut seinen Standort verlegen musste, diesmal zu

Grenzübertritt nach China

Die meisten Reisenden entlang dieser Route nach China reisen **per Zug** und nehmen eine der beiden wöchentlichen Verbindungen von Hanoi direkt nach Beijing (Näheres s.S. 492, Kasten). Zum Fahrkartenkauf muss man unbedingt seinen Pass mitnehmen. Man kann diesen Zug nur in Hanoi besteigen, nicht aber in Dong Dang. Auf chinesischer Seite besteht dagegen die Möglichkeit, den Zug in Pingxiang oder Nanning (5 Std.) zu verlassen.

Als Alternative bietet sich der **Straßenübergang Huu Nghi** („Freundschaftspass"), der 18 km nördlich von Lang Son bzw. 4 km von Dong Dang entfernt am Ende der Nationalstraße 1 liegt. Bei der Anreise mit **Bus** übernachtet man am besten in Lang Son (s.u.) und lässt sich am nächsten Morgen mit einem Motorrad zur Grenze fahren. Ansonsten gibt es noch **Minibusse**, die zwischen der Le Loi in Lang Son und dem Ort Dong Dang hin und her pendeln (nach der Aufschrift „Tam Thanh"Ausschau halten), wobei auch hier für das letzte Stück zur Grenze ein Motorrad in Anspruch genommen werden muss. **Nahverkehrszüge** von Hanoi (nur Hartsitzklasse) enden am Bahnhof von Dong Dang, 800 m südlich des eigentlichen Ortes; von dort fahren Xe Oms zur Grenze. Die Läden am Bahnhof wechseln üblicherweise Bargeld, aber nur zu schlechten Kursen.

Der Grenzübergang Huu Nghi ist zwischen 7 und 18 Uhr geöffnet und bietet keine Möglichkeit zum Geldwechsel. Zwischen den beiden Kontrollpunkten liegt weniger als ein Kilometer, der zu Fuß zurückgelegt werden muss. **Auf chinesischer Seite** nimmt man einen der unregelmäßig verkehrenden Minibusse ins 15 km entfernte Pingxiang, wo es die nächsten Übernachtungsmöglichkeiten gibt, oder den Nachmittagszug nach Nanning. Eine offizielle Gelegenheit zum Geldwechseln bietet sich erst wieder in Pingxiang, sodass man entweder in Lang Son einige Yuan besorgen oder aber ein paar kleine Dollarscheine für die Bezahlung des Minibusses zur Hand haben sollte. China ist Vietnam übrigens eine Stunde voraus.

Bei jedem Grenzübertritt nach China wird ein **Visum** verlangt, das von der Botschaft in Hanoi erhältlich ist (s.S. 492, Kasten).

einer Hütte im Dschungel unweit der Stelle, wo im Mai 1941 die Vietminh gegründet wurde. Später im selben Jahr ging er wieder nach China, um für seine Armee Unterstützung zu suchen. Als er 1961 das nächste Mal nach Pac Bo zurückkehrte, war die Unabhängigkeit bereits vollzogen und Ho ein Tourist.

Heute ist die **Höhle** eine seltsame Mischung aus Schrein und Picknickplatz. Sie liegt in einem stillen Wald voller Vögel und Schmetterlinge – nur der Anblick des vielen Abfalls kann einem den Appetit verderben. Führer bieten Spaziergänge entlang dem Lenin-Bach zum Höhleneingang an und zeigen die Stellen, an denen Onkel Ho angelte, kochte, arbeitete und dichtete. Im Innern der Höhle, die chinesische Soldaten während des Grenzkrieges verwüstet haben sollen, kann man den Nachbau eines Holzbettes besichtigen sowie einen Stalagmiten, der eine unheimliche Ähnlichkeit mit Karl Marx besitzt. Leider sind die Ausstellungsgegenstände in dem kleinen **Museum** nicht mit englischen Schildern versehen. Wer sich für vietnamesische Geschichte interessiert, kommt hier auf seine Kosten, alle anderen dürften solche Dinge wie Hos Schreibmaschine, sein Rattankoffer und seine Pistole kaum in Begeisterungstaumel versetzen.

Über den Ma Phuc-Pass

Wer der Revolution weniger zugetan ist, kann der Straße gen Norden Richtung Tra Linh und Quang Uyen folgen und die herrliche Zuckerhut-Landschaft hinter dem Ma Phuc-Pass genießen. Die Straße von Cao Bang führt geradewegs aus dem Tal hinaus, und nach einem langweiligen ersten Abschnitt eröffnet sich plötzlich der Blick hinunter auf eine bizarre Karstlandschaft von verwitterten Kalksteingipfeln und flusslosen Tälern. Die Region wird von Nung bewohnt, die den Talboden sowie die terrassierten unteren Hänge bewirtschaften. Sie leben in außergewöhnlichen Holzhäusern, die teilweise auf dem Erdboden und teilweise auf Pfählen stehen. Selbst wenn keine Zeit für eine weitere Erkundung dieser Gegend bleibt, ist der Blick vom Pass (nur 20 km bzw. 30 Minuten außerhalb von Cao Bang) die Strecke wert. Kurz vor dem Pass teilt sich die Straße: In jeder Richtung wartet eine schöne Landschaft, aber nur der rechte Weg hat eine spezielle Sehenswürdigkeit zum Ziel: den **Ban Gioc-Wasserfall**, der aufgrund seiner Lage an der Grenze zu China während des Grenzkrieges ein fortwährender Zankapfel war. Bei mehreren Tourgruppen steht der Wasserfall auf dem Besichtigungsplan, aber wer auf eigene Faust hierher kommt, benötigt ein Permit (US$10) von der Einwanderungsbehörde in Cao Bang (s.S. 565). Der Wasserfall – der während der Trockenzeit übrigens weit weniger spektakulär ist – liegt über 90 km (2 Std. einfach) von Cao Bang entfernt, weswegen man für den Besuch einen ganzen Tag einplanen sollte.

Von Cao Bang nach Lang Son

In Cao Bang trifft man auf die **Nationalstraße 4**, ein ehrgeiziges Straßenprojekt, das ursprünglich Teil des französischen Militärnetzwerkes war und die isolierten Stützpunkte in Nordvietnams unzugänglicher Gebirgslandschaft miteinander verband. Mehr als jede andere Straße im Norden ist diese heute dem Verfall anheim gegeben, weshalb die 140 km lange Reise nach Lang Son etwa vier Stunden in Anspruch nimmt. Jenseits von **Dong Khe**, einer unbedeutenden Stadt etwa 40 km hinter Cao Bang, windet sich die kaum befahrene Nationalstraße 4 zwischen Kalksteinwänden durch eine Schlucht, bevor sie zum **Dong Khe-Pass** ansteigt. 1950 war dieser Pass Schauplatz eines verwegenen Überfalls aus dem Hinterhalt, mit dem die Vietminh ihren ersten bedeutenden Sieg über die französischen Expeditionsstreitkräfte errangen. In der daraufhin ausbrechenden Panik wurden alle Stützpunkte entlang der Grenze aufgegeben, geschätzte 6000 französische Soldaten getötet oder gefangen genommen, und die Vietminh erbeuteten 950 Maschinengewehre, 8000 Gewehre sowie ein paar Hundert Lastwagen.

Genau auf halber Strecke zwischen Cao Bang und Lang Son liegt **That Khe**. Danach passiert die Straße **Na Sam**, eine attraktive Stadt, die zu Füßen einer eindrucksvollen Felsformation liegt. Die Dörfer in dieser Gegend werden von Nung und Tay bewohnt, deren Bambusflöße und riesige Wasserräder aus Holz (Teil des ausgefeilten Bewässerungssystems) den parallel zur Straße verlaufenden Fluss schmücken. Leider hat diese ländliche Idylle ein jähes Ende, wenn die viel befahrene Nationalstraße 1 erreicht wird, die von **Dong Dang** (Zugverbindungen nach Hanoi 2x tgl., 8–10 Std.) ins geschäftige Lang Son führt.

Lang Son

Die meisten nutzen Lang Son nur für eine kurze Mittagspause auf ihrer Rundtour durch den Nordosten oder als letzten Übernachtungsstopp in Vietnam vor der Weiterreise nach China, das nur 18 km weiter nördlich beginnt. Inzwischen verbindet eine schnelle Nationalstraße Lang Son mit Hanoi, sodass noch weniger Grund für einen Aufenthalt besteht, wenngleich die Landschaft der Umgebung mit ihren vielen Karstfelsen in der Ebene durchaus einen gewissen Reiz hat. Für ganz Unerschrockene stellt Lang Son den Beginn einer 100 km langen, wenig befahrenen Nebenroute durch einsame Gegenden nach Tien Yen an der Ostküste und zur Ha Long-Bucht dar.

Lang Son begann seine Existenz als chinesische Zitadelle und war seitdem von vietnamesischen, chinesischen, französischen und japanischen Armeen umkämpft. Der Ky Cung-Fluss teilt die Stadt in zwei Bereiche, wobei die meisten öffentlichen Einrichtungen auf der Nordseite der Ky Lua-Brücke und nur die Provinzbehörden im Süden liegen. Mitten durch die Stadt führt die Nationalstraße 1, hier Tran Dang Ninh genannt, an der auch die Hauptattraktion für Besucher zu finden ist, der quirlige **Ky Lua-Markt**. Ein Bummel über den Markt lohnt vor allem am frühen Morgen, wenn Tay-, Nung- und Dao-Frauen hierher kommen, um ihre Geschäfte zu tätigen. Es überwiegen chinesische Importe – flauschige Daunendecken, Stoffe und Plastikspielzeug – aber im Angebot ist auch eine überwältigende Auswahl an lokalen Produkten, von Süßwasserfisch über Nüsse, Gemüse und Früchte bis hin zu Schalen voller Seidenraupenlarven, wobei das Angebot natürlich je nach Saison variiert.

Vom Markt ist es nur 1 km den Hügel hinunter zum Fluss und zum kleinen **Den Ky Cung-Tempel**, der sich unter der Brücke am Nordufer verbirgt. Er wurde vor über 500 Jahren gegründet und ist Quan Tuan Tranh gewidmet, einem Offizier der Grenzwache, der im Kampf Hunderte von Chinesen ermordet haben soll, bevor er selbst fiel. Im Innern gibt es nicht viel zu sehen außer einem Foto von Onkel Ho, der Lang Son 1960 besuchte. Folgt man der Straße, die am Den Ky Cung von der Nationalstraße abzweigt, so gelangt man nach etwa 500 m zum neuen dreistöckigen Gebäude des **Dong Kinh-Marktes**, einer Ode an chinesischen Kitsch, wo beleuchtete Buddhas vor Postern von Chinas höchstem Wasserfall, dem Huangguoshu, posieren. Es lohnt auch, die breiten Boulevards südlich der Brücke zu erkunden. Hier geht es etwas beschaulicher zu als im Zentrum, und in den baumgesäumten Nebenstraßen stehen einige interessante Kolonialgebäude. Bei gutem Wetter kann man anschließend über die Da Tuong spazieren, die südwestwärts an Überresten einer alten Mauer vorbei direkt in das nahe gelegene Labyrinth von Karsthügeln führt.

In der Region um Lang Son gibt es eine Menge Höhlen, und vermutlich werden einheimische oder in Hanoi angesiedelte Tourveranstalter bald die ersten organisierten Ausflüge anbieten (neueste Informationen sind in den Hotels vor Ort erhältlich). Für Reisende mit Pioniergeist gibt es schon jetzt ein schönes Ziel: den **Mau Son-Berg**. Um dorthin zu gelangen, verlässt man die Stadt auf der Nationalstraße 4b gen Osten und zweigt nach rund 14 km an einem gut markierten Schild von der Hauptroute ab. Eine Straße führt auf den Gipfel des knapp über 1000 m hohen Berges, auf dem das Mau Son Resort zu finden ist. Die Hänge ringsum sind übersät mit Dao-Dörfern, und überall erblickt man üppige Gärten mit Pfirsich- und Birnbäumen.

Übernachtung und Essen

Die große Nachfrage hat in den letzten Jahren eine Menge neuer **Hotels** entstehen lassen, sodass Lang Son inzwischen über ausreichend Billigunterkünfte verfügt, wenngleich diese an den Wochenenden meist mit – überwiegend männlichen – Urlaubern aus China belegt sind. Zur Zeit der Recherche gab es keine herausragende Unterkunft, doch die zahlreichen im Bau befindlichen Hotels werden diese Lücke vermutlich bald schließen. Das ***A1 Guest House******, ✆ 812221, auf der Südseite der Ky Lua-Brücke im alten Stadtteil ist eine staatliche Unterkunft. Nordwestlich der Brücke in der Hoa Binh liegen mehrere Mini-Hotels, von denen das ***Thanh Tung*****, ✆ 875869, am verlässlichsten erscheint. Eine zentralere Lage in der Le Loi genießen das ***Bac Son******, ✆ 871849, und das ***Ngoc Mai******, ✆ 873396, die sich dies jedoch zu teuer bezahlen lassen. Günstigere Alternativen findet man im nördlichen Abschnitt der Hauptstraße Tran Dang Ninh: Das ***Hoang Nguyen**–******, ✆ 874575,

Frauen bei der Stoffauswahl

verfügt über preislich akzeptable Zimmer, während das ***Mao Son*–*****, gegenüber dem Ky Lua-Markt, ✆ 876818, das vermutlich beste Preis-Leistungs-Verhältnis der Stadt bietet; von den größeren Zimmern auf der Rückseite hat man außerdem einen schönen Blick über den Phai Loan- See. Praktisch nebenan liegt das ***Hoa Binh**–****, ✆ 870807, das kleinere Zimmer, aber eine ähnliche Aussicht und ähnliche Preise bietet.

In Lang Son gibt es nur wenige wirklich einladende Lokale, doch ein großes **Restaurant** am Phai Loan-See, gegenüber dem Ky Lua-Markt, hat sich auf das Geschäft mit den Touristen eingestellt, und auch in einigen der größeren Hotels bekommt man etwas Essbares. Entlang der Tran Dang Ninh verteilen sich darüber hinaus einige Garküchen, unter denen die Nr. 28 empfehlenswert ist. Nahe dem Busbahnhof liegt das ***Binh Dan***, 13 Ngu Quyen, das schmackhafte und billige Reisgerichte auftischt, während am Abend in der Le Loi nahe der Nationalstraße einige **Essenstände** aufmachen, die Reis- und Nudelgerichte anbieten.

Sonstiges

GELD – ***Vietcombank***, 51 Le Loi, neben dem Postamt; nur Tausch von US-Dollar. Weitere Banken findet man
auf der Südseite des Ky Cung-Flusses an der Nationalstraße 1, Ecke Quang Trung. Auch die meisten Hotels tauschen Dollar und Yuan.

INFORMATIONEN – Es gibt keine offizielle Touristeninformation, aber das *Bac Son Hotel*, Le Loi, kann u.U. mit einem Stadtplan weiterhelfen (kleine Gebühr).

INTERNET – In der Le Loi gibt es mehrere Internet-Cafés.

POST – in der Le Loi, neben der Bank.

VORWAHL – 025

Transport

Lang Sons **Busbahnhof** befindet sich in der Ngo Quyen, etwa 100 m von der Le Loi entfernt. Verbindungen bestehen u.a. nach CAO BANG (5 Std.) und HANOI (3 Std.). Die meisten Überland-Busse halten jedoch direkt in der Le Loi oder in der Tran Dang Ninh, der von Nord nach Süd verlaufenden Hauptarterie der Stadt.

Von Lang Son nach Hanoi

Die Nationalstraße 1 wurde jüngst erweitert und hat sich zu einer Art Rennstrecke zwischen Lang Son und Hanoi entwickelt. Unmittelbar südlich der Stadt passiert die Straße einen gigantischen Steinbruch, wo ein paar große Kalksteinhügel für Baumaterial ausgeschlachtet wurden und eine dicke Staubfahne in der Luft hängt. Auf der 160 km langen Reise nach Hanoi verlaufen Straße und Schiene manchmal direkt nebeneinander, aber während man auf der Nationalstraße nur rund drei Stunden benötigt, ist der Zug wesentlich länger unterwegs. Nach dem langsamen Fortkommen auf den meisten anderen Straßen des Nordens wirkt die Raserei auf der Nationalstraße 1 fast wie ein Schock. Unterwegs überquert man den **Chi Lang-Pass**, Schauplatz eines historischen Sieges der Vietnamesen über die Chinesen: 1427 gerieten die Ming-Chinesen an diesem Pass in einen Hinterhalt des Rebellenhelden Le Loi und verloren dabei 30 000 Mann (ein Drittel der gesamten Truppe). In einem Tal ungefähr 60 km südwestlich von Lang Son wird der Schlacht mit einem markanten Kriegerdenkmal sowie zwei nichts sagenden Mauern am Straßenrand gedacht.

Wenige Kilometer weiter verlieren sich die Hügel am Rand des Tals des Roten Flusses in **Ha Bac**, einer dicht besiedelten Provinz, die für ihre volkstümlichen Holzschnitte (diejenigen aus dem Dorf Dong Ho werden besonders gerühmt) und **Feste** bekannt ist. Das schönste Festival findet anlässlich des Frühlingsbeginns vom 13. bis zum 15. Tag des ersten Mondmonats im Dorf Lim statt, 20 km außerhalb von Hanoi nahe der Stadt **Bac Ninh**. Junge Männer und Frauen liefern sich dabei einen Wettstreit in *quan ho* (Wechselgesängen), üblicherweise improvisierte Liebesduette ohne instrumentelle Begleitung, die von scheuer Zurückhaltung bis zur Anzüglichkeit reichen und traditionell als Auftakt zum Liebeswerben ausgetauscht wurden. Einen wesentlich aktuelleren Bezug hat das Fest in **Den Ba Chua Kho**, 1 km westlich von Bac Ninh: Am 14. und 15. Tag des zweiten Mondmonats strömen hoffnungsvolle Menschen aus Hanoi zum hiesigen Tempel, der einer beispielhaften Geschäftsfrau aus der Ly-Dynastie gewidmet ist, um für Wohlstand zu beten. Wem die Göttin dann Reichtum schenkt, der muss zurückkommen und durch das Verbrennen kopierter Dollarnoten symbolisch seine „Schulden“ begleichen. 11 km vor Hanoi trifft die Nationalstraße 1 auf die Nationalstraße 5 von Hai Phong und der Ha Long-Bucht, und der dichte Verkehrsstrom zwängt sich über die schmale Brücke in die Hauptstadt.

Anhang

Bücherliste

Die zahllosen Bücher über Vietnam befassen sich mehrheitlich mit dem Vietnamkrieg. Versuche einheimischer Autoren, sich mit den Konflikten, die dem Land so viel Schmerz brachten, auseinander zu setzen, überwinden erst jetzt allmählich die Hürden der staatlichen Zensur. Die wenigen Romane, die in den vergangenen Jahren den Weg bis in den Westen schafften, sind unten kurz beschrieben. Wer entsprechende Französischkenntnisse besitzt, hat noch etliche weitere Titel zur Auswahl.

Auf der Suche nach einer brauchbaren Ausgabe eines Buches über Vietnam sollte man vor der Abreise die Buchläden im eigenen Land durchstöbern – in Vietnam selbst können nur Hanoi und Ho-Chi-Minh-Stadt eine nennenswerte Auswahl bieten, und dann oftmals nur in Form fotokopierter Sonderdrucke. Ausnahmen sind Bücher aus einheimischen Verlagen, die im Ausland nur schwer zu bekommen sind, insbesondere Ausgaben des Foreign Languages Publishing House aus Hanoi.

Reiseberichte

Maria Coffey, *Mond über Vietnam,* Goldmann, München 2002. Unterhaltsame Schilderung einer Reise durch Vietnam per Boot, Bus und Fahrrad. Coffey lernt an einem Tag mehr Einheimische kennen als die meisten Besucher in einem ganzen Monat, sodass eine gelungene Momentaufnahme des modernen Vietnam entsteht.

Christopher Hunt, *Sparring with Charlie: Motorbiking down the Ho Chi Minh Trail,* Bantam, 1997. Mit leichter Feder geschriebener Reisebericht über das moderne Vietnam.

Norman Lewis, *A Dragon Apparent,* Eland, 1982. Als Lewis 1950 die Reise unternahm, aus der seine bedeutenden wie fundierten Reiseschilderungen Indochinas hervorgehen sollten, fand er noch ein Vietnam der Langhäuser und kaiserlichen Jagden vor; ein Land, das aber auch am Rande neuer Konflikte balancierte und sich schon bald für immer verändern sollte.

Karin Muller, *Hitchhiking Vietnam,* Globe Pequot Press, 1998. Unterhaltsamer Reisebericht über die Stationen der jungen, unerschrockenen Amerikanerin während ihres aufreibenden, monatelangen Aufenthaltes in Vietnam. Humorvoll und mit großer Leidenschaft erzählt.

Paul Theroux, *Abenteuer Eisenbahn. Auf Schienen um die halbe Welt,* Hoffmann und Campe, Hamburg 1984. Auf seiner Bahnreise durch Europa und Asien erreicht Theroux 1973 das von den Amerikanern kurz zuvor aufgegebene, dem Chaos überlassene Südvietnam. In nüchternen Bildern beschreibt Theroux Fahrten von Saigon nach Bien Hoa und von Hué nach Da Nang, die ihm begegnende Armut und den Zusammenbruch der Infrastruktur als schreckliches Erbe des Krieges. Er schildert aber auch staunend die erhabene und unerwartete Schönheit des Landes.

Belletristik

John Balaban und Nguyen Qui Duc (Hrsg.), *Vietnam: A Traveller's Literary Companion,* Whereabouts Press, 1996. Ambitionierter Sammelband mit Geschichten vietnamesischer Autoren.

Bao Ninh, *The Sorrow of War,* Minerva 1994. Eines der besten Bücher, die bislang über den Vietnamkrieg geschrieben wurden. Der Autor kämpfte auf der Seite der Nordvietnamesen. Mit zynischem Blick beschreibt er den Krieg und die ehemaligen Gegner, wobei keiner von beiden besonders gut wegkommt. Das Buch gewann 1993 einen vietnamesischen Literaturpreis.

Duong Thu Huong, *Roman ohne Namen,* Unionsverlag, Zürich 1997. Anhand der Geschichte eines jungen Vietnamesen, der erkennen muss, dass der Krieg die Jugend raubt und die Liebe erstickt, werden schwindender Idealismus und die Frage nach den politischen Motiven des Krieges thematisiert. Weitere gefeierte Werke derselben Autorin sind *Bitterer Reis* (Goldmann, München 1993) und *Liebesgeschichten, vor der Dämmerung erzählt* (1995).

Duong Van Mai Elliot, *The Sacred Willow,* Oxford University Press, Oxford 1999/2000. Verfolgt die Geschichte einer vietnamesischen Oberschicht-Familie über vier Generationen. Das Buch führt den Leser sowohl in die französische Kolonialzeit und den Zweiten Weltkrieg als auch in die Zeit der Kriege mit Frankreich und den USA.

Wayne Karlin, Le Minh Khue und Truong Vu (Hrsg.), *The Other Side of Heaven,* Curbstone Press,

1995. Hervorragende Anthologie mit Geschichten aus der Nachkriegszeit, geschrieben von Vietnamesen und Amerikanern.

Le Minh Khue, *The Stars, The Earth, The River,* Curbstone Press, 1997. 14 Kurzgeschichten aus der Feder einer der führenden zeitgenössischen Autorinnen, die einfühlsam das Wechselbad zwischen Resignation und Hoffnung schildert, das ihre vom Krieg zerrissene Generation kennzeichnet.

Nguyen Du, *Das Mädchen Kiêu,* Rütten & Loening, Berlin 1964. Die vietnamesische Erzählkunst erreichte Anfang des 19. Jhs. mit dieser Geschichte über die schicksalhafte Liebe zwischen Kiêu und Kim einen ihrer Höhepunkte.

Marguerite Duras, *Der Liebhaber,* Suhrkamp, Frankfurt 1997. Die Liebesgeschichte einer jungen Französin und eines wohlhabenden Chinesen aus Saigon im Vietnam der 30er Jahre. Wurde auch großartig verfilmt.

Graham Greene, *Der stille Amerikaner,* dtv, München 1995. Greenes warnende und zugleich visionäre Geschichte über den Verlust der Unschuld in unsicheren Zeiten und Amerikas grob fahrlässige Handhabung der politischen Situation Vietnams ist bis heute der beste Roman über die damalige Situation.

Le Ly Hayslip, *Geboren in Vietnam. Eine Lebens geschichte,* Hoffmann & Campe, Hamburg 1992. Fesselnde autobiografische Darstellung des Krieges aus vietnamesischer Sicht.

Kien Nguyen, *Im Schatten des Mangobaums,* Lübbe, Bergisch Gladbach 2004. Vor dem Hintergrund des sich im Zuge wachsenden französischen Einflusses wandelnden Landes erzählt dieser packend geschriebene, vielschichtige Roman die außergewöhnliche und wahre Lebensgeschichte des Großvaters Nguyens, der eines Tages Kunststicker am kaiserlichen Hof in Hué wird.

Geschichte und Politik

Michael Bilton und Kevin Sim, *Four Hours in My Lai,* Penguin 1993. Schonungslos beschriebene und gründlich recherchierte Rekonstruktion der Ereignisse um das My Lai-Massaker von 1968.

Philip Caputo, *Stoßtrupp durch die grüne Hölle,* Lübbe, Bergisch Gladbach 1989. Freimütige, kraftvolle Schilderung der abstumpfenden Routine im Leben eines ganz normalen US-Soldaten, der merkwürdigen Faszination am Gefecht und der mit dem Krieg einhergehenden Verrohung.

Denise Chong, *Das Mädchen hinter dem Foto. Die Geschichte der Kim Phuc,* Lübbe, Bergisch Gladbach 2003. Vollkommen nackt flüchtet ein kleines Mädchen vor den Napalmbomben, die auf sein Dorf niedergehen: Kim Phuc, abgelichtet auf dem wohl berühmtesten und erschütterndsten Foto aus dem Vietnamkrieg. Sie hat überlebt, wenn auch nur knapp, und besitzt heute die bemerkenswerte Kraft zu vergeben. Denise Chong erzählt Kims Geschichte ohne Schnörkel und lässt die furchtbaren Ereignisse für sich selbst sprechen.

William J. Duiker, *The Communist Road to Power in Vietnam,* Westview Press, 1996. Einer der führenden amerikanischen Analysten der politischen Zusammenhänge in Vietnam untersucht ausführlich, warum das kommunistische Vietnam seinen Krieg gewann, und Frankreich und die USA die ihren verloren.

Horst Faas und Tim Page (Hrsg.), *Requiem,* Jonathan Cape, 1997. Ungewöhnliche Dokumentation des Krieges anhand von Bildern, die von in Indochina zu Tode gekommenen Fotoreportern geschossen wurden.

Bernard Fall, *Dschungelkrieg,* Vowinckel, Neckargemünd 1965. Meisterhaft geschriebene Chronologie des französischen Debakels in Indochina. Einst Pflichtlektüre für amerikanische Generäle und GIs, die dennoch nur ein paar Jahre später dieselben Fehler begingen.

Oriana Fallaci, *Nichts und Amen,* Kiepenheuer und Witsch, Köln 1991. Die italienische Schriftstellerin und engagierte Journalistin beschreibt ihre Zeit als Kriegsberichterstatterin in Vietnam. Ein sehr bewegendes Buch.

James Fenton, *All the Wrong Places,* Grove Press/Atlantic Monthly Press (vergr.). In dem Augenblick, als Saigon befreit wurde, gelang es Fenton irgendwie, in jenem Panzer mitzufahren, der die Palasttore durchbrach. Sein eingängiger, unkomplizierter Stil und sein Blick fürs Detail garantieren ein fesselndes Lesevergnügen.

Marc Frey, *Geschichte des Vietnamkrieges. Die Tragödie in Asien und das Ende des amerikanischen Traums,* C.H. Beck, München 2002. Fundiertes, spannendes Buch über den Vietnamkrieg in deutscher Sprache.

David Halberstam, *Ho,* McGraw Hill, 1986. Knappe und sehr gut lesbare Biografie über die vietnamesische Ikone schlechthin.

Stanley Karnow, *Vietnam: A History,* Penguin, 1997. Eine gut lesbare Geschichte des Landes von der Vorgeschichte bis zum Fall Saigons mit dem Schwerpunkt Vietnamkrieg unter Einbezug der politischen Auseinandersetzungen in den USA.

Gabriel Kolko, *Vietnam: Anatomy of a Peace,* Routledge, 1997. Bestes Werk der letzten Jahre über die sozialen, politischen und wirtschaftlichen Umwälzungen, die das moderne Vietnam im vergangenen Jahrzehnt erlebt hat.

David Lamb, *Vietnam, Now: A Reporter Returns,* Public Affairs, 2002. Nach seiner Zeit als Kriegsberichterstatter in Vietnam für UPI in den späten 60er Jahren kehrte der Journalist David Lamb 1997 noch einmal für vier Jahre zurück, diesmal als Büroleiter der *Los Angeles Times* in Hanoi, der einstigen „Hauptstadt des Feindes". Seine früheren Erlebnisse liefern eine gute Grundlage für seine Analysen, doch beschränken sich diese weitgehend auf eine Kommentierung des modernen Vietnam und dessen Chancen in der Zukunft. Lambs Sicht ist letztlich optimistisch, seine Kritik an der Regierung – insbesondere an deren Unfähigkeit, die nach wie vor tiefen Gräben zwischen dem Norden und dem Süden zu schließen – war jedoch ausreichend, um das Buch zu verbieten.

Tom Mangold und John Penycate, *The Tunnels of Cu Chi,* Berkley, 1997. Bis dato die fundierteste und gleichzeitig packendste Abhandlung über den Guerilla-Widerstand, der sich in den Tunneln um Cu Chi organisierte.

David G. Marr, *Zwischen Marx und Markt,* herausgegeben von der Deutsch-Vietnamesischen Gesellschaft 1995. Eine kritische Bilanz der wirtschaftlichen, politischen und kulturellen Entwicklung Vietnams seit 1975. Vom selben Autor: *Vietnamese Anti-Colonialism, 1885–1925,* University of California Press, 1981; der Klassiker zum Thema.

John Pilger, *Heroes,* Vintage, 2001. Systematisch entkräftet Pilger in dieser lesenswerten Reportage den Mythos, dass Amerika in Vietnam einen gerechtfertigten „Kreuzzug" führte.

Wolfgang Schneider, *Apokalypse Vietnam,* Rowohlt, Reinbek bei Hamburg 2001. In diesem Band äußern sich Vietnamesen, Franzosen und Amerikaner, darunter Guerilla-Kämpfer, Soldaten und Zivilisten, zu ihren Erfahrungen in den Kriegen, die das Land von 1945 bis 1975 beutelten. Die subjektiven Schilderungen lassen ein vielschichtiges Bild der damaligen Ereignisse entstehen.

Peter Scholl-Latour, *Der Tod im Reisfeld – 30 Jahre Krieg in Indochina,* dtv, München 2000. Dem bekannten Fernsehjournalisten gelingt es, einen spannenden Überblick über das verwickelte historische Kriegsgeschehen in Indochina zu geben.

Neil Sheehan, *Die große Lüge,* Europa Verlag, Wien 1992. Hochgelobter Augenzeugenbericht eines Kriegsteilnehmers. Der Autor erhielt dafür den Pulitzerpreis.

Keith Weller Taylor, *The Birth of Vietnam,* University of California Press, 1991. Behandelt die Frühgeschichte des Landes von der ersten geschichtlichen Erwähnung bis zum 10. Jh.

Bui Tin, *Following Ho Chi Minh,* University of Hawaii Press, 1995. 1990 lief Bui Tin, ehemals Oberst der Nordvietnamesischen Armee, in den Westen über und ist seither nicht müde geworden, den vietnamesischen Staatsapparat zu kritisieren. Im vorliegenden Buch prangert er Missstände wie Korruption und Diskriminierung an.

Kultur und Gesellschaft

John Blofeld, *Der Taoismus oder die Suche nach Unsterblichkeit,* Diederichs, München 1998. Erläuterung dieser für Abendländer schwer zu begreifenden Religion aus China.

Jeremy Devine, *Vietnam at 24 Frames a Second,* University of Texas Press 1999. Mit mehr als 400 behandelten Filmen die umfassendste Betrachtung des vietnamesischen Kinos.

Gabriel Gobron, *History and Philosophy of Cao Daism.* Standardwerk zur caodaistischen Geschichte und Philosophie; überall an Straßenständen in Ho-Chi-Minh-Stadt erhältlich.

Henry Kamm, *Dragon Ascending,* Arcade Publishing, 1997. Im Gegensatz zu vielen anderen Kollegen verzichtet der mit dem Pulitzer-Preis ausgezeichnete Korrespondent darauf, eigene Anekdoten auszubreiten, sondern lässt lieber Vietnamesen – Kunsthändler, Ex-Militärs, Akademiker, Ärzte, Autoren – ihre eigenen Geschichten erzählen. Das Ergebnis ist ein lesenswertes wie überzeugendes Porträt des modernen Vietnam.

Elizabeth Kemf, *Month of Pure Light,* The Women's Press 1993. Eines von sehr wenigen Werken, das die langfristigen Auswirkungen des Vietnamkriegs auf die Umwelt und die nachfolgende „Neu-Begrünung" thematisiert. Weniger als wissenschaftliche Abhandlung denn als Reisebericht verfasst und mit einer optimistischen Botschaft der Erneuerung versehen.

Nguyen Van Huy, *Cultural Mosaic of Ethnic Groups in Vietnam*. Umfassender, wenngleich etwas trockener Überblick über die Minderheiten Vietnams; von Straßenhändlern überall in Hanoi und Ho-Chi-Minh-Stadt erhältlich.

Stefan Reinecke, *Hollywood goes Vietnam. Der Vietnamkrieg im US-amerikanischen Film*, Hitzeroth, Marburg 1993. Über den Vietnamkrieg sind so viele Filme gemacht worden, dass von einem regelrechten Genre, dem „Vietnamfilm", gesprochen werden kann.

Hans Wolfgang Schumann, *Mahayana-Buddhismus*, Diederichs, München 1995. Eine Einführung in die wichtigste buddhistische Schule.

Robert Templer, *Shadows and Wind, A View of Modern Vietnam,* Penguin, 1999. Eine bissige Untersuchung des heutigen Vietnam. Der Autor behandelt darin sowohl den Personenkult um Ho Chi Minh als auch Vietnams Rock 'n' Roll-Bewegung.

Verschiedenes

Hué – Die Kaiserstadt und Vietnam, Ann Helen und Walter Unger, Hirmer, München 1995. 240 Abbildungen dokumentieren den Zustand der Stadt und der Ruinen. Ein Kapitel beschäftigt sich speziell mit den Problemen und Methoden beim Wiederaufbau.

KulturSchock Vietnam, Monika Heyder, Reise Know-How, Bielefeld 2003. Beantwortet alle Fragen, die sich dem Vietnam-Unkundigen auf oder nach der Reise stellen. Viele Ungereimtheiten und scheinbare Widersprüche klären sich so auf.

So kocht Vietnam, Esskultur und Originalrezepte aus dem Herzen Indochinas, Mosaik Verlag, München 1997. Für Hobbyköche – zum Nachahmen lukullischer Genüsse nach der Reise.

Vietnam. Genussreise und Rezepte, Mo Pham Lan, Alice Blohmann, Hädecke Verlag, Weil der Stadt 2000. Eine Einführung in die vietnamesische Küche, gewürzt mit Reportagen aus unterschiedlichen Landesteilen und schönen Fotos.

Vietnam, Lois Hechenblaikner, Friedrich Schwarzenauer, C.J. Bucher, München 1992. Bildband, der u.a. eine Vielzahl historischer Bilder enthält. Ein Kapitel widmet sich vietnamesischen Legenden und Märchen.

Vietnam, Bernhard Limberger, Hans H. Krüger, Stürtz, Würzburg 1997. Weniger ausführlich, dafür preisgünstiger. Eingestreut in den Band sind doppelseitige Specials, z.B. zum Wiedervereinigungsexpress.

Vietnam im Film

Die Verwicklungen Frankreichs und der USA in die vietnamesische Geschichte und die daraus resultierenden Konflikte lieferten den Stoff für zahllose Filme, angefangen bei weichgezeichneten Erinnerungen an die Kolonialzeit bis hin zu gewaltstrotzenden Beschreibungen der Schrecken des Krieges. Wer etwaige Lücken in der Geschichte Indochinas schließen möchte, findet in ihnen allerdings eine zweifelhafte Quelle: Objektiv sind sie fast nie. Doch verraten sie viel über das Klima, in dem sie entstanden, und lassen das mehr oder minder große Bemühen des Westens erkennen, die historischen Ereignisse zu verstehen.

Frühe Darstellungen

Hollywood wählte Indochina als Filmkulisse lange bevor die ersten amerikanischen Truppen in Da Nang an Land gingen. Bereits 1932 spielten Jean Harlow als ungenierte Prostituierte aus Saigon und Clark Gable als schmachtender Kautschukplantagenbesitzer in dem frivolen Kassenschlager ***Dschungel im Sturm*** *(Red Dust)*. Zu jener Zeit diente Vietnam allerdings lediglich als exotischer Hintergrund.

Selbst Mitte der 50er Jahre, als sich Hollywood durch das erwachende politische Interesse der USA zum ersten Mal wirklich mit Vietnam beschäftigte, wurde das Land selten als eine Nation mit einer eigenen Identität und eigenen politischen Problemen wahrgenommen, sondern erhielt im Film nur die Rolle eines exemplarischen Schlachtfelds Asiens im gerechten **Kampf gegen den Kommunismus**. Ein frühes Beispiel hierfür ist der Streifen ***China-Legionär*** *(China Gate,* 1957), in dem sich edelmütige und freisinnige französische Soldaten mit Hilfe amerikanischer Militärs dem kommunistischen Übel entgegenstellen. Das Loblied auf die französischen *colons* ist in seiner Handlung – dem Versuch, ein Waffenlager der Vietminh zu zerstören – weit weniger interessant als in der Darstellung einer unnachgiebigen Politik.

Vietnam bot Hollywood eine willkommene Gelegenheit zur Projektion militärischer Fantasien und eine Chance, die nach mehr als einem Jahrzehnt anti-japanischer Kriegsfilme vorgefasste Meinung aufzugreifen, nach der das amerikanische Eingreifen nur eine Wiederholung vergangener Schlachten gegen die unberechenbare „asiatische Meute" wäre. Ungleich mehr Tiefe hatte ***Vier Pfeifen Opium*** *(The Quiet American,* 1958, nach Graham Greenes Roman *Der Stille Amerikaner)* mit Michael Redgrave als britischem Journalisten und Zyniker Fowler sowie Audie Murphy (ein mit Orden überschütteter Soldat des 2. Weltkriegs) als Amerikaner Pyle. Sehr zum Unmut von Greene wurde Pyle im Film nicht als Vertreter der amerikanischen Regierung, sondern einer privaten Hilfsorganisation ausgegeben – ein Umstand, der nach Meinung des Autors seine anti-amerikanische Aussage abschwächte. Letztlich gelingt es dem Film aber dennoch, die Grundaussage des Romans, nämlich die vergebliche Mühe, das politische Wirrwarr Vietnams verstehen zu wollen, umzusetzen.

Cowboys im Wilden Osten

Nachdem amerikanische Truppen 1965 in eine der abgelegensten Ecken des Globus entsandt worden waren, war es nur eine Frage der Zeit, bis **John Wayne** ein entsprechendes filmisches Manifest ablieferte. Es kam in Form des grottenschlechten Steifens ***Die grünen Teufel*** *(The Green Berets,* 1968) mit Wayne als dicklichem „Big" Bill Kirby, einem liebenswerten Oberst, der einen ebenso herzensguten Trupp amerikanischer Soldaten in das zentrale Hochland führt. Dass Wayne während einer Werbetour durch Vietnam Zigarettenschachteln mit seinem Autogramm und einem hinzu gesetzten „Fuck communism" verschenkte, spricht Bände über die Feinfühligkeit des Films. Nach dem Auftakt mit einem anspornenden Marschlied („Tapfere Soldaten aus der Luft, furchtlos sehen sie dem Tod ins Auge...") ergeht sich der Film darin, amerikanische Soldaten in blitzblanken Uniformen und als dauergrinsende, durchweg moralisch einwandfreie Kämpfer gegen nichts Geringeres als die drohende „kommunistische Weltherrschaft" zu zeigen. In krassem Kontrast dazu die barbarischen Vietcong: ein Haufen kinderschändender Barbaren, die grölend und jaulend ein US-Camp überrennen.

Vietnam wird unter den Teppich gekehrt

Der Krieg in Vietnam war eine weitaus schmutzigere Angelegenheit als ihn *Die grünen Teufel* scheinen lassen wollten und weitab jeglicher Routine. Als sich die Kämpfe zur Tragödie entwickelten und die öffentliche Unterstützung schwand, spürten die Filmbosse, dass der Krieg zu einem **Tabu** geworden war. „Vietnam ist eine unangenehme Sache", sagte der Journalist Michael Herr, „... und wenn die Leute nicht einmal mehr etwas davon hören wollen, werden sie wohl kaum Geld bezahlen, um sich in einem dunklen Raum damit zu beschäftigen." Es sollte ein ganzes Jahrzehnt dauern, bis wieder ein großer Kriegsfilm produziert wurde. Stattdessen richteten die Filmemacher ihr Augenmerk auf heimkehrende Vietnamveteranen und deren vergebliche Versuche, ihren Weg zurück in die Gesellschaft zu finden. Die Töne waren nun leiser: Amerikas Nationalstolz hatte durch die Niederlage eine herbe Demütigung erfahren, jetzt waren Sympathie und Mitgefühl gefragt.

Im Fahrwasser dieser Befindlichkeit entstehen etliche Filme wie *Engel der Hölle (The Ravager,* 1967), *Angels from Hell* (Originaltitel ebenso, 1968) oder *Bestie der Wollust (Born Losers,* 1970), in denen die seelischen Wunden aus Vietnam als thematisches Gerüst für hanebüchene Geschichten über Kampfsport, Motorräder und Zerstörungswut herhalten müssen. Im besten Fall wurden Veteranen als sozial gestörte, sich zur Selbstjustiz außerhalb der gesellschaftlichen Grenzen genötigt sehende Menschen porträtiert. Das berühmteste Beispiel hierfür ist wohl ***Taxi Driver*** (1976) mit Robert De Niro als Travis Brickle, einem geistig verwirrten, von Schlaflosigkeit geplagten Heimkehrer, der sich zu einem moralischen Ein-Mann-Feldzug aufmacht, um die Straßen des verderbten New York zu säubern. Im schlimmsten Fall wiederum waren es durchgeknallte Außenseiter, die eine Bedrohung für die amerikanische Kleinstadtidylle darstellten. Da Veteranen alles andere denn als Helden präsentiert wurden, blieben nur die Stars der studentischen

Widerstandsfilme und der Filme über Kriegsdienstverweigerer, um Vorbilder zu liefern.

Auseinandersetzung mit dem Krieg

Erst 1978 brachte Hollywood genügend Mut auf, um den Krieg offen zu thematisieren und so den Heilungsprozess der Nation zu fördern – **Kino als Therapie**. In den Jahren, die John Waynes *Grünen Teufeln* und ihrem Feldzug gegen den Kommunismus folgten, hatte Amerika erst die Rechtfertigung für den Krieg aus den Augen und dann schließlich den Krieg selbst auf ganzer Linie verloren. Das Kino strebte nicht mehr danach, den Sinn vergangener Ereignisse zu suchen, sondern wollte vielmehr deren Sinnlosigkeit herausstellen. Für die Generation junger Amerikaner, die das Pech gehabt hatten, Vietnam miterleben zu müssen, war das bloße Überleben schon Triumph genug. Als das Publikum zum ersten Mal mit der cineastisch umgesetzten, unangenehmen Realität des Krieges konfrontiert wurde, bekam es unzufriedene Soldaten zu sehen, die bei Prostituierten und im Drogenrausch Trost suchten und in weitaus schockierenderen Exzessen die letzten Reste jeglicher Moral über Bord warfen.

Der erste der vier beachtenswerten Filme aus dem Jahr 1978 war ***Die Boys von Kompanie C*** *(The Boys in Company C)*, der eine Gruppe junger Rekruten zuerst in ihrem Trainingslager in den USA und dann während ihres Kampfeinsatzes begleitet. Besonders bezeichnend ist eine Szene, in der Amerikaner umkommen, als sie, wie sich herausstellt, Whisky und Zigaretten an die Front schaffen wollen. Solch widersinnige Aktionen untermauern auch die kritischen Ansätze in ***Die letzte Schlacht*** *(Go tell the Spartans)*, ein Film, in dem Burt Lancasters von Drogen und Alkohol benebelte Soldaten ein Lager erst einnehmen, um es dann wieder aufzugeben – ein Motiv, das neun Jahre später in *Hamburger Hill* noch einmal wiederkehren sollte.

Coming Home – Sie kehren heim *(Coming Home)* mit Jane Fonda als Frau eines Berufssoldaten, die sich in einen an den Rollstuhl gefesselten Veteranen (Jon Voight) verliebt, lieferte eine einfühlsame Betrachtung des seelischen und körperlichen Tributs, den der Krieg fordert, und regte weitere maßvolle und intelligente Filme über das Schicksal der Veteranen an.

In ähnlicher Weise beleuchtet ***Die durch die Hölle gehen*** *(The Deer Hunters)* anhand der Geschichte dreier zum Kriegsdienst eingezogener Freunde aus einer kleinen russisch-orthodoxen Gemeinde in Pennsylvania die Auswirkungen des Krieges, sowohl zu Hause als auch in der Fremde. Ihrem auf einem Jagdausflug vor dem Krieg beschworenen Ehrenkodex wird das moralische Vakuum des Krieges gegenübergestellt, dessen willkürliche Brutalität in den zentralen Russisch-Roulette-Szenen ihren Höhepunkt findet. Das am Ende des Films von den Hauptfiguren melancholisch angestimmte *God Bless America* ist nur halb ironisch und verweist vielmehr auf den Regenerationsprozess des Landes. Leider bedient sich der kraftvoll umgesetzte Film aber auch offen rassistischer Klischees und stellt die Vietnamesen als barbarische Idioten und groteske Karikaturen dar, die zuvörderst ihre Lust am Spiel und am Tod zu befriedigen suchen. Allzu stark bleibt am Schluss nur die Botschaft stehen, die amerikanische Jugend hätte diesem unzivilisierten Übel jenseits des Pazifiks niemals ausgesetzt werden dürfen.

Francis Ford Coppolas exzessiver, szenisch aber brillanter Film ***Apocalypse Now*** (1979) bildete den Schlusspunkt dieser ersten Staffel von Vietnamfilmen nach dem Krieg. Es ist ein „Film als Oper", so ein Kritiker, „der Vietnam zu einem ausschweifenden Trip werden lässt, zu einem Krieg der Bilder". Und tatsächlich rauben die Dante'schen Momentaufnahmen des Krieges dem Land jegliche Identität und machen Vietnam zu einem bloßen Ort der Finsternis. Angespornt von dem Wunsch, „den Schrecken, den Wahnsinn, die Sinnlosigkeit und das moralische Dilemma des Vietnamkriegs" zu vermitteln, ergeht sich Coppola in einer totalen Mythologisierung des Konflikts und stellt weniger die Sinnlosigkeit als vielmehr den Wahnsinn in den Vordergrund. Unnötiger Tod, gleichgültige Grausamkeit, moralischer Niedergang und Drogen zugeneigte Soldaten sind seine vor einem eindringlichen musikalischen Hintergrund verwendeten Motive. Angesichts der stilisierten Darstellung der Montagnards als Wilde, die Fremde aus dem Westen wie Gottheiten verehren, und der Schilderung der Vietcong als Schlächter, die mit Vergnügen Kindern, die „amerikanische" Impfungen bekommen haben, Arme abhacken, kann *Apocalypse Now* kaum mehr erleuchten als *Die durch die Hölle gehen.* Später verglich Coppola die Dreharbeiten mit einem Krieg selbst: „Wir waren im Dschungel, wir waren zu viele. Wir hatten viel Geld zur Verfügung, zu viel Ausrüstung, und nach und nach wurden wir irre" – ein Prozess, der anschaulich in ***Hearts of Darkness: A Filmmaker's Apocalypse*** (1991) festgehalten wurde.

Heimgekehrt

Dem Beispiel des mitfühlenden Verständnisses für die Psyche heimkehrender Veteranen in *Coming Home – Sie kehren heim* folgend, entstanden in den Jahren darauf viele ähnlich angelegte Filme. In ihrem Mittelpunkt stehen die Desillusionierung und Desorientierung heimkehrender Soldaten gegenüber der mitunter gleichgültigen Haltung oder gar Geringschätzung ihrer Umwelt.

Einer der ersten dieser Filme war ***Rambo*** *(First Blood,* 1982), in dem das Publikum Sylvester Stallone erstmals als muskelbepackten Superveteran John Rambo erleben durfte. Vor der gewählten amerikanischen Kleinstadtkulisse äußert sich Rambos Zerrissenheit zwar mehr in actiongeladenen Schießereien denn in intellektueller Auseinandersetzung, doch der filmische Höhepunkt, wenn Rambos früherer Kommandant zum Ersatzvater wird, verdeutlicht, wie jung die Soldaten waren, als sie in den Krieg gingen. Andere Filme des Genres – darunter Alan Parkers ***Birdy*** (1984) und Oliver Stones ***Geboren am 4. Juli*** *(Born on the 4th of July,* 1989) – unterstrichen dieses Kernthema der gestohlenen Jugend und Unschuld durch eingeflochtene Sequenzen idyllischer, melancholischer Kindheitsszenen. Stone lässt seinen Helden (gespielt von Tom Cruise) die anti-kommunistische Haltung erst verinnerlichen und dann in eine Welt der Teilnahmslosigkeit zurückkehren, die durch die Rohheit des Militärkrankenhauses, in dem er sich erholt, und die Zerrüttung der Beziehung zu seiner Mutter symbolisiert wird. In *Birdy* rufen Ärzte, die bei einem Fall von Schizophrenie mit ihrer Kunst am Ende sind, einen Kameraden des Patienten aus dem Vietnamkrieg zu Hilfe – diese Ohnmacht Amerikas, sich den Heimkehrern zuzuwenden, taucht später in ***Jacknife*** (1989) noch einmal auf.

Die Geschichte wird umgeschrieben

Aus der Unzufriedenheit, sich letztlich mit dem Vietnamkrieg abfinden zu müssen, startete Hollywood im Bemühen, die Geschichte umzudichten, eine groteske Offensive und produzierte eine Reihe revisionistischer Streifen. Dank Richard Gere und der Schnulze ***Ein Offizier und Gentleman*** *(An Officer and a Gentleman)* waren die Streitkräfte seit 1982 wieder „hip", und ein Jahr später erreichte die Kinos der erste aus einer ganzen Reihe von Filmen, in denen Amerika nach Vietnam zurückkehrte, um verschollene Soldaten zu retten, und „siegte". Kraft der gerechten Sache – und was könnte ehrenwerter sein, als Kameraden zu helfen – und befreit von den Fesseln der moralischen Verunglimpfung, die ihn noch in vergangenen Filmen behindert hatte, konnte der amerikanische Soldat nun zu wahrer Höchstform auflaufen. In krassem Kontrast zu den übermenschlichen Superhelden Amerikas kommen die Vietnamesen in diesen Filmen lediglich als Kanonenfutter vor.

Den Auftakt bildete der recht dümmlich geratene und mit Gene Hackman in der Hauptrolle besetzte Streifen ***Die verwegenen Sieben*** *(Uncommon Valor,* 1983) über die Rettung eines vermissten Soldaten. Kurz darauf folgte ***Missing in Action*** (1983), in dem Chuck Norris, der Stallone der Armen, mit Karate-Kicks demselben Ziel entgegenstrebt und dabei ausreichend Elan für eine Fortsetzung an den Tag legt. Die Krönung war jedoch ***Rambo II – Der Auftrag*** *(Rambo: First Blood Part II,* 1985) mit dem Helden des ersten Teils, der hier noch ein paar alte Rechnungen begleicht. „Werden wir diesmal siegen?" fragt Rambo, um dann zwecks der Befreiung einer Gruppe amerikanischer Kriegsgefangener durch Vietnam zu wüten und alle zwei Minuten die vietnamesischen Feinde niederzumetzeln.

„Es hat alles keine Bedeutung"

Als Gegenreaktion auf den offenkundigen Unsinn der revisionistischen Filme kam eine Reihe schockierend realistischer Streifen in die Kinos. Sie versuchten, das wahre Vietnam in all seiner alltäglichen Grausamkeit, Disziplinlosigkeit usw. zu zeigen. Es gibt keine Helden in diesen, die Sicht der GIs widerspiegelnden Filmen, nur verletzliche, verwirrt blickende junge Soldaten in Tarnanzügen, die verdeutlichen, dass dieser Krieg Auswirkungen auf eine ganze Generation hatte – und nicht nur auf ihre fotogensten Vertreter.

Mit ***Platoon*** (1986) schuf Oliver Stone, einst selbst Infanterist in Vietnam, die bis dahin realistischste kinematographische Darstellung der amerikanischen Intervention. Der auf den Philippinen gedrehte Film führte dem Publikum vor Augen, dass das Töten der „Schlitzaugen" keineswegs eine so einfache und klare Sache war, wie Rambo es zuvor hatte glauben machen wollen. Neben den Abgründen menschlichen Tuns beschreibt Stone die Umstände, unter denen junge Amerikaner überhaupt erst zu Mördern an Zivilisten werden konnten. Mittels der bedrückenden Überflutung der Sinne zeichnet der Film eindrucksvoll die Entwicklung einer paranoiden Hysterie nach, die durch Angst, Verwirrung, Motivationsverlust und Unfähigkeit, zwischen Freund und Feind zu unterscheiden, genährt wird.

War es in *Platoon* noch ein schmutziger Krieg, der auf Zelluloid gebannt wurde, so macht ***Hamburger Hill*** (1987), der die Schlacht um den Ap Bia-Hügel und das A Shau-Tal von 1969 in Szene setzt, den Schmutz selbst zum tragenden Element. Die an den dunstigen, feuchten Hängen des Hochlandhügels schlitternden und rutschenden Soldaten lassen sich zusehends schwerer unterscheiden, werden gesichtslos und verstärken nicht zuletzt durch das Fehlen berühmter Schauspielernamen das Bild einer ganzen Generation, die in den Tod stolpert. Die Männer, die den Tod finden, sind Nachbarn, Söhne oder Brüder, keine Filmstars. Die Verluste werden hingenommen, um einen nutzlosen Hügel zu sichern – ein aussagekräftiges Symbol für die Sinnlosigkeit des amerikanischen Eingreifens in den Krieg. „Es hat alles keine Bedeutung, absolut keine Bedeutung", lautet denn auch der wiederholte Ausspruch eines Soldaten.

Stanley Kubricks ***Full Metal Jacket*** (1987) greift das Thema der gestohlenen Jugend aus *Hamburger Hill* in der Eröffnungsszene auf, in welcher der Lagerfriseur die Rekruten ihrer Haarpracht und damit ihrer Individualität beraubt. Ein brutaler Ausbilder führt den Entfremdungsprozess konsequent weiter, indem er die Namen der Soldaten durch Spitznamen seiner Wahl ersetzt und dann darangeht, ihnen den letzten Funken Menschlichkeit auszutreiben – da diese im echten Krieg nur hinderlich sei. Am Ende des Films jedoch, als sich die US-Soldaten müde durch das schwelende Hué schleppen, ertönt anstatt der sonst üblichen Macho-Marschlieder das wehmütige Echo der Jugend in Form einer Mickey-Mouse-Hymne.

Ein anderer Blickwinkel

Der **französische Film** begann sich erst in den 90er Jahren des Themas Vietnam anzunehmen. Zwar setzte man sich in ***Dien Bien Phu – Symphonie des Untergangs*** *(Dien Bien Phu,* 1992) mit den quälenden Gespenstern der Vergangenheit auseinander, insgesamt jedoch ist die filmische Aufarbeitung auf bildästhetische Schnulzen vor kolonialem Hintergrund beschränkt geblieben, für die Vietnam nur als exotisches Beiwerk diente. ***Der Liebhaber*** *(L'amant/The Lover,* 1992) beispielsweise enttäuscht nicht etwa, weil er der Romanvorlage von Marguerite Duras nicht gerecht würde, sondern weil er sich in allzu schönfärberischer fernöstlicher Mystik vor den Kulissen von Ho-Chi-Minh-Stadt und Sa Dec versteigt. Ähnlich idyllisch beginnt ***Indochine*** (1993) in der exklusiven Atmosphäre einer französisch-kolonialen Kautschukplantage, um später die romantischen Möglichkeiten der Ha Long-Bucht auszuloten.

Selbst ***Der Duft der grünen Papaya*** *(L'odeur de la papaye verte,* 1993), den der franko-vietnamesische Regisseur Tran Anh Hung ausschließlich in Paris drehte, ist nur ein schwelgerischer nostalgischer Blick zurück, der zwar die verführerische Eleganz und Schönheit des Ostens zeigt, das Elend jedoch ausspart und keine Aussage über den Krieg trifft. Ganz anders hingegen Tran Anh Hungs zweiter Film, ***Cyclo*** (1996), eine düstere Geschichte über Mord und Prostitution im trostlosen Klima von Ho-Chi-Minh-Stadt – so trostlos, dass der Film in Vietnam verboten ist. Dessen ungeachtet erhielt Tran Anh Hung für sein jüngstes Werk, ***Ein Sommer in Hanoi*** *(A la verticale de l'été,* 2000), eine Drehgenehmigung für Hanoi. Vor dem Hintergrund derselben nüchternen, traumartigen Atmosphäre wie in *Cyclo* erzählt dieser sanfter gehaltene Film die Geschichte dreier Schwestern während der Vorbereitungen auf die Gedenktage für die toten Eltern. Nach und nach offenbaren sich die dunklen Geheimnisse hinter der Fassade ihrer gutbürgerlichen Existenz. Sehr großzügig zeigte sich die Zensurbehörde auch im Fall des vietnamesischen Regisseurs Dang Naht Minh, dessen bahnbrechender Film ***Mua Oi / Die Zeit der Guaven*** (2001), der das höchst heikle Thema der kommunistischen Landreformen in den 50er Jahren behandelt, in Vietnam gedreht werden durfte – allerdings im Land selbst noch auf seine Aufführung wartet. Zu anderen **vietnamesischen Regisseuren**, die mehr und mehr das Interesse eines internationalen Publikums finden, gehören Tran Van Thuy *(Doi Cat,* dt. *Auf Sand gebaut,* 2000), Bui Thac Chuyen *(Cuoc Xe Dem/Course de Nuit,* 2000) und Le Hoang *(Ai Xuoi Van Li/Die lange Reise,* 1996; *Bar Girls,* 2003).

In Hollywood-Produktionen sind Vietnamesen derweil gänzlich ausgeklammert oder in gewohnt stereotyper Manier dargestellt worden – es hatten ja nur Amerikaner zu leiden. In ***Zwischen Himmel und Hölle*** *(Heaven and Earth,* 1993), dem letzten Teil seiner Vietnam-Trilogie, versuchte Oliver Stone, dieses Ungleichgewicht etwas zu korrigieren. Die Beschreibung der Odyssee eines vietnamesischen Mädchens (basierend auf der Lebensgeschichte von Le Ly Hayslip, s.S. 573) von ihrer idyllischen frühen Kindheit bis zum traumatischen Dasein als Ehefrau in San Diego symbolisiert das Martyrium des ganzen Landes und erinnert gerade zur rechten Zeit noch einmal daran, dass während des Kriegs nicht nur Amerikaner zu leiden hatten. Fast ein Jahrzehnt später wirft Randall Wallace in ***Wir waren Helden*** *(We were Soldiers,* 2002) einen relativ unvoreingenommenen Blick auf die in einer Katastrophe kulminierende Schlacht von Ia Drang. Nichtsdestotrotz fand der nach einer Buchvorlage von Col Hall Moore und Jow Galloway entstandene Streifen mit Mel Gibson in einer Hauptrolle alles andere als Beifall bei der vietnamesischen Regierung, die ihn verbot und zudem den Schauspieler Don Duong wegen seiner Darstellung des NVA-Anführers als „Verräter" brandmarkte.

Amerikanischen Filmemachern ist es erst seit Ende der 90er Jahre wieder gestattet, an Schauplätzen in Vietnam zu drehen. Unter der Regie des in Kalifornien lebenden Exil-Vietnamesen Tony Bui entstand in Ho-Chi-Minh-Stadt ***Three Seasons*** (1999) mit Harvey Keitel als prominentestem Darsteller einer ansonsten vietnamesisch besetzten Schauspieler-Crew. Bui liefert ein poetisches und gefühlvolles Porträt einer Stadt, die sich mit der Rückkehr des Westens – personifiziert durch einen Ex-Marine (Keitel), der nach der vor Jahrzehnten verlassenen amerasischen Tochter sucht – arrangieren muss. Über den Krieg wird nur wenig erzählt, dafür haben die staatlichen Zensoren während der Dreharbeiten am Set gründlich Sorge getragen. Die Auswirkungen des Konflikts werden aber unzweideutig thematisiert, wenn sich der Blick des Films auf die entrechteten Prostituierten, Cyclo-Fahrer und Straßenkinder richtet.

Im neuen Jahrtausend war dann die Zeit für die erste wirklich große Hollywood-Produktion gekommen, die fast ausschließlich in Vietnam gedreht wurde. Philip Noyces stimmungsreiche Neuverfilmung des Greene-Romans **Der stille Amerikaner** *(The Quiet American,* 2002) bleibt in ihrer Anklage der amerikanischen Einmischung in Vietnam weit näher an der literarischen Vorlage als der Vorgängerfilm. Dies gepaart mit der Auslegung des vietnamesischen Widerstands als Kampf gegen die koloniale Unterdrückung fand große Zustimmung von offizieller Seite, sodass der Film überall in Vietnam zu sehen war – ein Novum für einen großen Hollywood-Streifen.

Sehenswerte Filme

Apocalypse Now, 1979. Vietnam als bildgewaltiger Streifen, in dem Martin Sheen an die kambodschanische Grenze entsandt wird, um den amerikanischen Colonel Kurtz (gespielt von Marlon Brando) zu liquidieren, der dort, von den Schrecken des Krieges geistig verwirrt, als Anführer einer Gruppe von Montagnards herrscht. In *Apolocaypse Now Redux* (2000) fügt Francis Ford Coppola der alten Version fast eine Stunde neues Material hinzu – für Filmfans wohl faszinierend, die ursprüngliche Fassung bleibt jedoch die bessere.

Birdy, 1984. Als der aufgrund seiner Erlebnisse im Vietnamkrieg traumatisierte Birdy (Matthew Modine) glaubt, er sei einer der Vögel, die er als Kind so sehr liebte, wird sein Kamerad Al (Nicolas Cage) zu Hilfe gerufen, um ihn aus seiner Fantasiewelt zu befreien.

Coming Home – Sie kehren heim, 1978. Ein Berufssoldat wird nach Vietnam abkommandiert; seine Frau (Jane Fonda) hilft zu Hause in einem Krankenhaus aus, wo sie einen gelähmten Kriegsinvaliden (Jon Voight) kennen lernt und mit ihm eine Liaison beginnt, die das Leben der drei von Grund auf ändert.

Cyclo, 1996. Ein besitzloser Cyclo-Fahrer aus Ho-Chi-Minh-Stadt (Le Van Loc) wird zum Kriminellen, um sein karges Einkommen aufzubessern. Vom selben Regisseur stammt *Der Duft der grünen Papaya* (s.u.).

Dear America – Briefe aus Vietnam, 1987. Dokumentarfilm, der Briefe amerikanischer Soldaten und authentisches Bildmaterial zu einem bewegenden Zeitdokument verwebt.

Der Duft der grünen Papaya, 1993. Mui (Tran Nu Yen Khe), ein Mädchen vom Lande, wird als Dienstmagd zu einer Saigoner Familie geschickt und entbrennt schon bald in unausgesprochener Liebe zum Sohn des Hauses. Jahre später wird sie ihm den Haushalt führen. Weihevoller und nostalgischer Blick zurück auf Saigon, bevor die Amerikaner kamen.

Die durch die Hölle gehen, 1978. Drei Freunde aus derselben Kleinstadt in Pennsylvania werden von den Vietcong gefangen genommen und gezwungen, Russisch Roulette zu spielen. Einer (gespielt von John Savage) zieht sich während der folgenden Flucht schwere Verletzungen zu und kehrt in einem Rollstuhl nach Hause zurück, ein anderer (Christopher Walken) führt das Spiel mit dem Tod in Saigon weiter, aus dem ihn der dritte (Robert De Niro) zu retten versucht.

Dien Bien Phu – Symphonie des Untergangs, 1992. Zehntausende vietnamesische Statisten sorgen für die beeindruckende Kulisse bei dieser Verfilmung des schwärzesten Moments französischer Kolonialherrschaft in Indochina. Eingebettet zwischen Kampfszenen zeigt der Regisseur Pierre Schoendoerffer, selbst Teilnehmer der Schlacht, Bilder aus den letzten Tagen des kolonialen Hanoi.

Full Metal Jacket, 1987. Von der ersten Minute an spannender Film, dessen erste Hälfte die Brutalität eines amerikanischen Armeeausbildungslagers und die Konsequenzen für einen übergewichtigen Rekruten zeigt; im Mittelpunkt der zweiten Hälfte stehen die Versuche einer Einheit in Vietnam, sich aus einem Hinterhalt zu retten.

Geboren am 4. Juli, 1989. Patriotisch bis in die Haarspitzen geht Ron Kovic (Tom Cruise) in den Vietnamkrieg und kehrt, nachdem er aus Versehen einen Kameraden erschossen hat und selbst schwer verwundet wurde, an den Rollstuhl gefesselt zurück. Gleichermaßen erschütternde wie bewegende Schilderung des langwierigen Entwicklungsprozesses von Schuld über Einsicht und Wiedergutmachung bis zu Erneuerung.

Hamburger Hill, 1987. Eindringliche, schonungslos nüchterne Schilderung des Kampfes um den Ap Bia-Hügel im A Shau-Tal (s.S. 99).

Indochine, 1993. Cathérine Deneuve als Plantagenbesitzerin, deren Liebhaber (ein Marineoffizier) auch ihre vietnamesische Adoptivtochter anschmachtet. Mit der Stationierung des Offiziers in Tonkin, wohin die Tochter ihm nacheilt, verlagert der in opulenten Bildern gedrehte Film seinen Schauplatz in die Ha Long-Bucht.

Jacknife, 1989. Robert De Niro als Vietnamveteran Megs, dessen aufkeimende Liebe zur Schwester seines Kriegskameraden Dave zu Spannungen führt, die einmal mehr die Einsamkeit von Veteranen verdeutlichen.

Der Liebhaber, 1992. Etwas lüstern geratene Verfilmung des Romans von Marguerite Duras über die leidenschaftliche Liebesaffäre eines jungen, im Mekong-Delta lebenden französischen Mädchens (Jane March) mit einem wohlhabenden Chinesen aus Cholon (Tony Leung). Erzählt wird die Geschichte des sexuellen Erwachens und dessen Auswirkungen in der melancholischen Rückschau der inzwischen erwachsenen Französin.

Mua Oi / Die Zeit der Guaven, 2001. Der geistig zurückgebliebene, 50-jährige Hoa versucht immer wieder, in das Haus seiner Kindheit zurückzukehren, das inzwischen von einer anderen Familie bewohnt wird. Gerührt von Hoas aufrichtigem Wesen nimmt sich die Tochter des Hauses seiner an.

Platoon, 1986. Der Vietnamkrieg aus der Sicht des naiven Truppenneulings Chris (Charlie Sheen), dessen Infanteriezug sich durch die Loyalität gegenüber den unterschiedlichen Persönlichkeiten der Sergeants Barnes (Tom Berenger) und Elias (Willem Dafoe), einer grausam, der andere menschlich, in zwei Lager spaltet.

Der stille Amerikaner, 2002. Werkgetreuere Adaption des gleichnamigen Greene-Romans als die in den 50er Jahren unter dem Titel *Vier Pfeifen Opium* entstandene Verfilmung. Handwerklich hervorragend und mit Michael Caine als weltüberdrüssigem britischem Journalisten, der die Unmöglichkeit der Neutralität erkennen muss, und Brendan Fraser als Ränke schmiedendem CIA-Agenten glänzend besetzt.

Taxi Driver, 1976. Hollywoods berühmtester Kriegsveteran (abgesehen von John Rambo), der von Schlaflosigkeit und Angstneurosen gequälte Taxifahrer und gesellschaftliche Außenseiter Travis Bickle (Robert De Niro), zieht aus, um in einem Kreuzzug für die Moral die Straßen vom Abschaum zu säubern.

Three Seasons, 1999. Anhand ineinander greifender Episoden über einen Ex-Marine, ein Straßenkind, einen Cyclo-Fahrer, eine Prostituierte und eine Blumenverkäuferin entsteht eine stimmungsvolle Momentaufnahme der Gegenwart in Ho-Chi-Minh-Stadt.

Vier Pfeifen Opium, 1958. Vor der Kulisse Saigons am Ende der Kolonialzeit zieht die naive Idee eines jungen Amerikaners, den Krieg durch die Bewaffnung einer „dritten Kraft" zu beenden, verheerende Folgen nach sich. Graham Greene war mit dieser Interpretation seines Vietnamromans höchst unzufrieden, die an Originalschauplätzen in Saigon gedrehten Szenen machen den Film aber trotzdem sehenswert.

Zwischen Himmel und Hölle, 1993. Ausgehend von der Kindheit in einem Dorf nahe Da Nang bis zur Ehe in den USA erzählt der Film die Lebensgeschichte einer jungen Vietnamesin und führt dabei die tiefen Wunden vor Augen, die der Krieg im physischen, sozialen und emotionalen Gefüge vietnamesischen Familienlebens geschlagen hat.

Kleiner Sprachführer

Linguisten sind sich der genauen Wurzeln des Vietnamesischen nicht ganz sicher, fest steht jedoch, dass Thai, Khmer und Chinesisch unverkennbaren Einfluss auf die Entwicklung der vietnamesischen Sprache hatten.

Bis zur Entfaltung einer eigenen, *chu nom* genannten **Schrift** im 14. Jh. wurde Vietnamesisch in chinesischen Schriftzeichen geschrieben. Später verwarf man *chu nom* zugunsten von *quoc ngu*, einer auf dem lateinischen Alphabet basierenden Schrift, die der französische Missionar Alexandre de Rhodes im 17. Jh. entwickelte und die seit 1910 als offizielle vietnamesische Schrift überall verwendet wird.

Die drei **Hauptdialekte** Vietnams, die im Norden, in den zentralen Regionen und im Süden vorherrschen, sind sich im Grunde zwar recht ähnlich, können in der Aussprache jedoch so erheblich voneinander abweichen, dass selbst Einheimische mitunter Schwierigkeiten haben, einander zu verstehen. Bei den im Folgenden aufgelisteten Wörtern und Ausdrücken sind etwaige Varianten für Norden und Süden vermerkt. Nicht vergessen werden sollte, dass die Minderheiten Vietnams ihre eigenen Sprachen besitzen, und man wahrscheinlich nur ungläubige Blicke erntet, will man bei ihnen das angelernte Vietnamesisch zum Einsatz bringen.

Aussprache

Vietnamesisch ist eine **tonale Sprache**, d.h. die Bedeutung eines Wortes wird von der Betonung und der Tonhöhe bestimmt. Es gibt **sechs Tonhöhen**: die mittlere, die nicht gekennzeichnet ist, die abfallende, die normal ansteigende, die tiefe, gebrochene, die fallend-steigende (fragende) und die unterbrochen steigende, die jeweils durch ein Sonderzeichen kenntlich gemacht werden. Erhellt wird dies wohl erst, wenn man Einheimische um praktische Beispiele für alle Varianten bittet. Je nach Tonhöhe kann beispielsweise das Wort *ba* „drei", „Großmutter", „vergiftetes Essen", „Abfall", „Tante" oder „(irgend)ein" bedeuten – genügend Auswahl also für Missverständnisse und Fettnäpfchen.

Das vietnamesische **Alphabet** basiert auf 22 Buchstaben des lateinischen Alphabets (f, j, w und z fehlen). Diese Buchstaben reichen jedoch nicht aus, um alle vietnamesischen Laute wiederzugeben, weshalb bestimmte Sonderzeichen eingeführt wurden (z.B. â für ein kurzes, dumpfes e wie in Akazie). Zu beachten ist außerdem, dass d und gi im Norden wie ein weiches s (Bsp. sanft), im Süden wie j (Bsp. Juli), ferner ph wie f; nh wie ñ (Bsp. Canyon) sowie ch und tr ähnlich dem j in Junkie gesprochen werden.

Da die vielen verschiedenen Zeichen zur Wiedergabe der korrekten Aussprache des Vietnamesischen für den Laien wahrscheinlich allzu verwirrend sind, haben wir auf die Kennzeichnung der unterschiedlichen Tonhöhen und Sonderlaute verzichtet. Wer sich eingehender mit der vietnamesischen Sprache beschäftigen möchte, kann auf den Sprachführer *Vietnamesisch für Globetrotter* von Monika Heyder (Reise Know-How, Bielefeld) zurückgreifen.

Zahlen

Bei Zahlen, die auf 5 enden, wird anstatt der geschriebenen Form von *nam* im Norden *lam,* im Süden *nham* verwendet. Zu beachten gilt außerdem, dass für Zahlen, die ein Vielfaches von 10 darstellen, die Variante *chuc* existiert – d.h., dass 20 z.B. *hai chuc* sein kann, 30 *ba chuc* usw.

0	*khong*
1	*mot*
2	*hai*
3	*ba*
4	*bon*
5	*nam*
6	*sau*
7	*bay*
8	*tam*
9	*chin*
10	*muoi*
11	*muoi mot*
12	*muoi hai*
13	*muoi ba*
14	*muoi bon*
15	*muai lam / nham*
16	*muoi sau*
17	*muoi bay*
18	*muoi tam*
19	*muoi chin*
20	*hai muoi*
21	*hai muoi mot*
22	*hai muoi hai*
30	*ba muoi*
40	*bon muoi*
50	*nam muoi*
100	*mot tram*
200	*hai tram*
1000	*mot ngan*
10 000	*muoi ngan*

Zeit

Wie viel Uhr ist es? *may gio roi?*
Mittag *buoi trua*
Mitternacht *nua dem*
Minute *phut*
Stunde *gio*
Tag *ngay*
Woche *tuan*
Monat *thang*
Jahr *nam*
heute *hom nay*
morgen *mai*
gestern *hom qua*
jetzt *bay gio*
nächste Woche *tuan toi*
letzte Woche *tuan vua qua*
Morgen *buoi sang*
Nachmittag *buoi chieu*
Abend *buoi toi*
Nacht *ban dem*

Begrüßung und Grundbegriffe

Die Begrüßung und Anrede einer Person in Vietnam richtet sich nach deren Geschlecht, Alter und sozialem Status in Relation zum eigenen. Als Faustregel gilt: Wer einen Mann mit *ong* und eine Frau mit *ba* anspricht, ist auf der sicheren Seite und nie unhöflich.

Hallo *chao ong/ba*
Wie geht's? *ong/ba co khoe khong?*
Danke, gut *toi khoe cam on*
Sehr erfreut Sie kennen zu lernen.
han hanh gap ong/ba
Auf Wiedersehen. *chao, tam biet*
Gute Nacht. *chuc ngu ngon*
Entschuldigung (als Ausdruck des Bedauerns) *xin loi*
Verzeihung (als Höflichkeitsformel vor Fragen z.B.) *xin ong / ba thu loi*
Bitte *lam on*
Danke *cam on ong/ba*
Vielen Dank *cam on nhieu*
Keine Ursache *khong co chi*
Wie heißen Sie? *ong/ba ten gi?*
Ich heiße... *ten toi la...*
Sprechen Sie Englisch?
ong/ba biet noi tieng Anh khong?
Ich verstehe nicht. *toi khong hieu*
Ja *vang* (Norden)
Ja *da* (Süden)
Nein *khong*

Notfälle

Können Sie mir helfen?
ong/ba co the giup toi khong?
Es hat einen Unfall gegeben.
co mot vu tai nan
Bitte rufen Sie einen Arzt. *lam on goi bac si*

Krankenhaus *benh vien*
Polizeiwache *don cong an*

Transport und Orientierung

Wo ist der/die/das...? *o dau…?*
…Bahnhof *ben xe lua*
…Bank *nha bang*
…Busbahnhof *ben xe buyt*
…Flughafen *san bay*
…Hotel *khach san*
…Post *so buu dien*
…Restaurant *nha hang*
…Tankstelle *tram xang*
Wie viele Kilometer sind es nach...?
bao nhieu cay so thi den...?
Wie komme ich nach...?
toi phai di...bang cach nao?
Wir möchten gern nach...
chung toi muon di...
Zum Flughafen, bitte
lam on dua toi di san bay
Können Sie mich zur/zum ... bringen?
ong/ba co the dua toi di....?
Wo fährt der Bus nach...?
o dau don xe di....?
Wann fährt der Bus nach Hoi An?
khi nao xe Hoi An chay?
Kann ich einen Platz buchen?
toi co the dat ghe truoc khong?
Wie lange dauert es (die Fahrt)?
phai ton bao lau?
Fahrkarte *ve*
Auto *xe hoi*
Bus *xe buyt*
Fahrrad *xe dap*
Flugzeug *may bay*
Schiff *tau be*
Taxi *tac xi*
Zug *xe lua*
Gepäck *hanh ly*
Reisepass *ho chieu*
Hier bitte anhalten. *xin dung lai day*
da drüben *ben kia*
hier *day*
links/rechts *ben trai/ben phai*
Norden *phia bac*
Süden *phia nam*
Osten *phia dong*
Westen *phia tay*

Wohnen

Haben Sie ein Zimmer?
ong/ba co phong khong?
Wie viel kostet es die Nacht?
moi dem bao nhieu?
Kann ich es ansehen? *xem co duoc khong?*
Zimmer mit Balkon *mot phong co bao lon*
Zimmer mit eigenem Bad
mot phong tam rieng
Einzelzimmer *phong mot nguai*
Doppelzimmer *phong hai nguai*
Klimaanlage *may lanh*
Ventilator (elektrisch) *qu?t may*
Moskitonetz *cai man*
Toilettenpapier *giay ve sinh*
Telefon *dien thoai*
Bettdecke *chan* (Norden)
Bettdecke *men* (Süden)

Essen und Trinken

Allgemeines

com **gegarter Reis**
pho **flache Reisnudeln, meist als Suppenbeilage**
muoi **Salz**
tieu **Pfeffer**
duong **Zucker**
nguoi an chay **vegetarisch**
toi khong an thit **Ich esse kein Fleisch und keinen Fisch.**
dung bo da cam on **Ohne Eis, bitte!**

Fisch und Fleisch

ca **Fisch**
ca ran **gebratener Fisch** (Norden)
ca chien **gebratener Fisch** (Süden)
cua **Krebs**
luon **Aal**
muc **Tintenfisch**
tom **Shrimps oder Garnelen**
tom hum **Hummer**
thit **Fleisch**
bit tet **Beefsteak**
bo **Rind**
ga **Huhn**
lon **Schwein** (Norden)
heo **Schwein** (Süden)
vit **Ente**

Gemüse (rau co oder rau cac loai)
cai bap **Kohl**
ca chua **Tomate**
ca tim **Aubergine**
dau **Bohnen**
gia **Sojabohnenkeimlinge**
khoai tay **Kartoffel**
khoai lang **Süßkartoffel**
mang **Bambussprossen**
ngo **Zuckermais** (Norden)
bap **Zuckermais** (Süden)
sa lat **Salat**
sa lat ca chua **Tomatensalat**
sa lat rau xanh cac loai **grüner Salat**

Obst (trai cay)
Buoi **Pomelo/Grapefruit**
cam **Orange**
chanh **Zitrone/Limone**
chom chom **Rambutan**
chuoi **Banane**
dau tay **Erdbeere**
dua **Kokosnuss**
dua **Ananas** (Norden)
thom **Ananas** (Süden)
dua hau **Wassermelone**
du du **Papaya**
khe **Sternfrucht**
mang cau **Annone (Zimtapfel)** (Norden)
qua na **Annone (Zimtapfel)** (Süden)
mang cut **Mangosteen**
mit **Nangka (Jackfruit)**
nhan **Longan**
qua bo **Avocado**
sau rieng **Durian**
soai **Mango**
tao tay **Apfel**
thang long **Drachenfrucht**
vai **Lychee**

Getränke
bia **Bier**
ca phé **Kaffee**
ca phé da **Eiskaffee**
ca phé den **schwarzer Kaffee**
khong duong **schwarzer Kaffee ohne Zucker**
ca phé nong **heißer Kaffee**
ca phésua **Kaffee mit Milch**
ca phé sua nong **heißer Milchkaffee**
tra **Tee**
tra voi chanh **Tee mit Zitrone**
tra sua **Tee mit Milch**
khong da **kein Eis**
nuoc **Wasser**
nuoc khoang **Mineralwasser**
nuoc so da **Sodawasser**
nuoc cam **Orangensaft**
nuoc chanh **Limonensaft**
nuoc dua **Kokosmilch**
ruou ran **Schlangenwein**
ruou trang oder *choum* **Reisschnaps**
so da cam **Orangenlimonade**
so da chanh **Limonade**
sua **Milch**
sua tuoi **Frischmilch**
sua ong tho **H-Milch**

Glossar

Agent Orange Entlaubungsgift, das von den Amerikanern während des Vietnamkriegs eingesetzt wurde, um den Guerillakämpfern das schützende Blätterdach zu nehmen.
Annam („Befriedeter Süden") Ein von den Chinesen geprägter Begriff, der ihr in Nordvietnam gehaltenes Territorium vor 939 n.Chr. bezeichnete; später verwendeten ihn die Franzosen für die von ihnen beherrschten zentralvietnamesischen Gebiete zwischen dem südlichen Hochland und dem Delta des Roten Flusses. Vgl. Cochinchina und Tonkin.
ao dai Traditionelles vietnamesisches Kleidungsstück für Frauen, bestehend aus einer weiten Hose und einer langen, geschlitzten Tunika.
arhats Asketische buddhistische Heilige, deren Statuen in Pagoden in Nordvietnam zu finden sind. Vietnamesisch: La Han.
ARVN (Armee der Republik Vietnam) die Armee Südvietnams
ben xe Busbahnhof
boat people Ethnische Chinesen, die in den späten 70er Jahren per Boot aus Vietnam flohen, um der Verfolgung durch die Kommunisten zu entgehen.
bo doi Soldaten aus Nordvietnam
Bodhisattva Buddhistischer Heiliger, der auf das Nirvana verzichtet hat, um die Menschheit zu retten.

body count Von den Amerikanern geprägter Begriff, der den Erfolg einer militärischen Operation anhand der Zahl der Toten nach einer Schlacht misst.
bonze buddhistischer Mönch
buu dien Postamt
Caodaismus In Vietnam beheimatete, synkretistische Religion aus Buddhismus, Daoismus und Konfuzianismus, die das Ziel hat, alle Glaubenssysteme der Welt zu einer universellen Religion zu vereinen (Näheres s.S. 115 und S. 206).
Champa Indisiertes hinduistisches Königreich, das bis ins 17. Jh. weite Teile Südvietnams beherrschte (s.S. 81, Geschichte).
cho Markt
chua buddhistischer Tempel oder Kloster
chu nom die klassische, auf dem Chinesischen basierende vietnamesische Schrift
Cochinchina das südliche Verwaltungsgebiet des kolonialen Französisch-Vietnam, vgl. Annam und Tonkin.
colon französischer Kolonist
Cyclo dreirädrige Fahrradrikscha
dao Insel
den Tempel, in dem eine daoistische oder andere nicht-buddhistische Gottheit verehrt wird.
dinh Gemeindehaus, oft mit einem Raum oder eigenen Tempel für die Schutzgottheit des Dorfes
DMZ (Demilitarized Zone) Entmilitarisierte Zone entlang des 17. Breitengrads bzw. entlang der Grenze zwischen Nord- und Südvietnam
doi moi „Erneuerung", 1986 beschlossene Umstrukturierung/Liberalisierung der vietnamesischen Wirtschaft
DRV (Demokratische Republik Vietnam) der nordvietnamesische, von Ho Chi Minh nach der Augustrevolution 1945 gegründete Staat
duong breite Straße, Boulevard
FULRO (Front Unifié de Lutte des Races Opprimées, Vereinigte Front für die Befreiung der unterdrückten Rassen) von den ethnischen Minderheiten des zentralen Hochlands gebildete Oppositionsbewegung im Kampf um größere Autonomie.
Funan indisiertes Königreich und Vorläufer der großen Khmer-Reiche
GI (general infantryman) Soldat der US-Armee
gui xe Fahrradparkplatz
hang Höhle
ho See
Hoa in Vietnam lebende ethnische Chinesen
Ho-Chi-Minh-Pfad Nachschubweg, den zuerst die Vietminh, später die nordvietnamesische Armee nutzten, um via Laos und Kambodscha Güter und Soldaten in den Süden zu transportieren.
honda om wörtlich „Honda-Umarmung", ein Motorradtaxi
Indochina Vietnam, Laos und Kambodscha
kalan Turmheiligtum mit einem Lingam oder Götterabbild
khach san Hotel
Khmer ethnische Kambodschaner
Kinh ethnische Vietnamesen
kylin mythisches, Tau trinkendes Tier (häufig als Einhorn übersetzt); ein Friedensbringer
Lien Xo Bedeutet übersetzt „Sowjetunion" und wird als Schimpfwort verwendet; vereinzelt bekommen es Ausländer in entlegenen Regionen an den Kopf geworfen.
Lingam Phallusstatue, die Shiva symbolisiert, oftmals in Cham-Türmen zu sehen.
mandapa Meditationshalle in Cham-Tempel
MIAs (Missing in Action) Soldaten, die im Vietnamkrieg im Einsatz waren und bis heute als vermisst gelten.
Montagnards französischer Begriff für die Angehörigen der Minderheitenvölker Vietnams
mua roi nuoc Wasserpuppenspiel
mui Kap
mukha lingam Lingam in Gestalt einer Gottheit
Napalm Gelierter Brennstoff, der schwere Verbrennungen verursachen kann und von den US-Truppen während des Vietnamkriegs in Form von Bomben eingesetzt wurde.
ngo schmale Straße
Ngoc Hoang Jadekaiser, höchste Gottheit des Volksdaoismus
nha hang Restaurant
nha khach Hotel oder Gästehaus
nha nghi Gästehaus
nha tro einfache Schlafsaalunterkunft, meist in der Nähe von Bahnhöfen
NLF Nationale Befreiungsfront; 1960 in Südvietnam als Opposition gegen das von Amerika unterstützte Regime im Süden gegründet.
nui Berg
nuoc mam Fischsoße
NVA Nordvietnamesische Armee; die Armee der Demokratischen Republik Vietnam

Straßennamen

Es wird nicht lange dauern, bis man vietnamesische Straßennamen auswendig herunterbeten kann, da einige berühmte Revolutionäre, Parteiführer, legendäre Könige und einfache Helden fast in jeder Stadt mit einer Straße geehrt wurden. Andere gern verwendete Namen gedenken der ruhmreichen Siege von Bach Dang und Dien Bien Phu oder des einschneidenden Datums der „Befreiung" Saigons 1975: 30 Thang 4 (30. April).

Hai Ba Trung Die beiden Trung-Schwestern führten 40 n.Chr. einen Volksaufstand gegen die Besatzungsarmee der Chinesen an und gründeten ein kurzlebiges Königreich (s.S. 81).

Hoang Hoa Tham (oder De Tham) Berühmter, 1913 ermordeter Pirat mit anti-französischen Tendenzen und einem Robin-Hood-ähnlichen Ruf.

Hung Vuong Ca. 2000 v.Chr. herrschten die halb-mythischen Hung-Könige über ein noch unentwickeltes Königreich namens Van Lang.

Le Duan Generalsekretär der Kommunistischen Partei von 1960–1986

Le Hong Phong Führender Kommunist und Patriot, der 1942 im Gefängnis von Poulo Condore (Insel Con) zu Tode gefoltert wurde.

Le Loi Einer der meistverehrten Helden Vietnams, der 1427 die Ming-Chinesen besiegte und dann als König Le Thai To regierte.

Ngo Quyen Erster Herrscher über ein unabhängiges Vietnam nach dem Sieg über die chinesische Armee 938 n.Chr. (s.S. 81 und S. 82).

Nguyen Hue Mittlerer der drei Nguyen-Brüder, die in den 70er Jahren des 18. Jhs. den Tay-Son-Aufstand anführten (s.S. 85); später herrschte er für kurze Zeit als Kaiser Quang Trung.

Nguyen Thai Hoc Gründungsmitglied der Nationalistischen Partei Vietnams (VNQDD) und 1930 nach dem fehlgeschlagenen Yen-Bai-Aufstand hingerichtet (s.S. 88).

Nguyen Thi Minh Khai Berühmte anti-koloniale Revolutionskämpferin der 30er Jahre, Ehefrau von Le Hong Phong (s.o.) und Schwägerin von General Giap.

Nguyen Trai Herausragender Stratege, der maßgeblich zu Le Lois Siegen über die Chinesen beitrug. Seine Auffassung vom Kampf des Volkes („Es ist besser Herzen zu erobern als steinerne Bastionen") wurde von den führenden Köpfen im Norden während des Indochina- und des Vietnamkriegs erfolgreich angewandt.

Pham Ngu Lao General in der Armee von Tran Hung Dao (s.u.).

Phan Boi Chau Einflussreicher Führer der anti-kolonialen Bewegung im frühen 20. Jh. (s.S. 88)

Tran Hung Dao General des 13. Jhs., der die Mongolen innerhalb von vier Jahren zweimal besiegte und das hohe Alter von 87 Jahren erreichte.

Tran Phu Gründungsmitglied und erster Generalsekretär der Kommunistischen Partei Indochinas (s.S. 90), starb 1931 im Alter von 27 Jahren im Gefängnis.

Oc Eo Antiker Hafen des Königreichs Funan, lag östlich dem heutigen Rach Gia im Mekong-Delta.

ODP (Orderly Departure Programme) Flüchtlingshilfsprogramm der UNO zur Regelung der legalen Auswanderung vietnamesischer Flüchtlinge

quan Bezirk

Quan Am Göttin der Barmherzigkeit; Avalokiteshvara (Bodhisattva des umfassenden Mitgefühls)

quoc ngu vom französischen Missionar Alexandre de Rhodes im 17. Jh. entwickelte lateinische Umschrift des Vietnamesischen; offizielle vietnamesische Schrift

roi nuoc siehe „mua roi nuoc"

rong Gemeindehaus ethnischer Minderheiten im zentralen Hochland

RVN Republik Vietnam; offizieller Name Südvietnams von 1954 bis 1976

Sampan kleines Holzboot mit Flachkiel

Shakyamuni historischer Buddha, vietnam. Thich Ca

song Fluss

SRVN Sozialistische Republik Vietnam; im Zuge der Wiedervereinigung entstandener Staat und offizieller Name des heutigen Vietnam

tai chi Taijiquan; Schattenboxen, als Morgensport weit verbreitet
Tet vietnamesisches, sich nach dem Mondkalender richtendes Neujahrsfest
thung chai mit Harz beschichtetes rundes Boot aus Bambusgeflecht (*thung* = Korb, *chai* = Harz)
Tonkin dritte, von Ninh Binh nordwärts reichende Verwaltungsregion des kolonialen Französisch-Vietnam, vgl. Cochinchina und Annam.
Vietcong wörtlich „vietnamesische Kommunisten"; bezeichnet die Guerilla-Kämpfer der NLF
Viet Kieu im Ausland lebende Vietnamesen
Vietminh kurz für *Viet Nam Doc Lap Dong Minh*, die 1941 von Ho Chi Minh gegründete Liga für die Unabhängigkeit Vietnams
VNQDD Abkürzung für die 1927 gegründete Nationalistische Partei Vietnams, *Viet Nam Quoc Dan Dang*
xe lam motorbetriebener, dreirädriger Kleintransporter zur Personenbeförderung
xe om im Norden gebräuchliches Wort für ein Motorradtaxi; entspricht honda om.

Index

A

B

ANHANG

C

D

E

F

G

H

I / J

K

L

ANHANG

Wir
helfen
Abheben
90408 Nürnberg
Friedrichstraße 14-18
Telefon: 09 11 - 36 30 27
Telefax: 09 11 - 36 73 68
E-Mail: suedwind@t-online.de
www.suedwind.de
südwind
Die Kunst des Reisens

M

N

O

P

Q

ANHANG

R

S

T

U

V

W

Y / Z

Die orangen *Stefan Loose Travel Handbücher* für die spannendsten Fernreiseziele

Ägypten
Muriel Brunswig und Martin Schemel, 476 Seiten

Australien
Anne Dehne, 832 Seiten

Australien – Der Osten
Anne Dehne, 608 Seiten

Bali – Lombok
Stefan Loose u.a., 304 Seiten

China
Jeremy Atiyah u.a., 1296 Seiten

China – Der Osten
Jeremy Atiyah u.a., 664 Seiten

Florida
Jeffrey Kennedy u.a., 448 Seiten

Guatemala
Frank Herrmann, 440 Seiten

Indien
David Abram u.a., 1312 Seiten

Indien – Der Nordwesten
David Abram u.a., 704 Seiten

Indien – Der Süden
David Abram u.a., 736 Seiten

Indonesien
Stefan Loose u.a., 800 Seiten

Jamaika
Peter Lukowski, 276 Seiten

Japan
Chris Rowthorn u.a., 760 Seiten

Java – Bali – Lombok
Stefan Loose u.a., 524 Seiten

Kalifornien
Jeff Dickey u.a., 736 Seiten

Kambodscha
Beverley Palmer, 328 Seiten

Kanada – Der Osten
Tim Jepson u.a., 540 Seiten

Kanada – Der Westen
Tim Jepson u.a., 616 Seiten

Kenya
Richard Trillo, 684 Seiten

Kenya – Nationalparks/Strände
Richard Trillo, 376 Seiten

Kuba
Fiona McAuslan, Matthew Norman, 544 Seiten

Laos
J. Düker, A. Monreal, 400 Seiten

Malaysia – Singapore – Brunei
Stefan Loose u.a., 704 Seiten

Marokko
Mark Ellingham u.a., 632 Seiten

Mexiko
John Fisher u.a., 752 Seiten

Myanmar (Birma)
A.& M. Markand u.a., ca. 512 Seiten

Namibia
Livia und Peter Pack, 512 Seiten

Nepal
David Reed, 560 Seiten

Neuseeland
Laura Harper u.a., 832 Seiten

New York
Martin Dunford u.a., 488 Seiten

Peru Westbolivien
Frank Herrmann, ca. 600 Seiten

Südafrika
Barbara McCrea u.a., 800 Seiten

Südostasien – Die Mekong-Region
Hrsg. Jan Düker, 800 Seiten

Thailand – Der Süden
Richard Doring u.a., 760 Seiten

Thailand
Richard Doring u.a., 848 Seiten

Trinidad – Tobago – Grenada
Christine De Vreese, 332 Seiten

USA (gesamt)
Samantha Cook u.a., 824 Seiten

USA – Der Osten
Samantha Cook u.a., 552 Seiten

USA – Der Westen
Samantha Cook u.a., 456 Seiten

Vietnam
Jan Dodd u. Mark Lewis, 600 Seiten

Zimbabwe – Botswana
Friedrich Köthe u.a., 512 Seiten

Stefan Loose Travel Handbücher – mit vielen aktuellen Reisetipps!

Laos
Stefan Loose
Jan Düker und Annette Monreal
Mit vielen aktuellen Reisetipps!
Stefan Loose
Travel Handbuch
Laos
ISBN 3-7701-6142-4
22,95 €

**Stefan Loose
Travel Handbuch
Myanmar
ISBN 3-7701-6147-5
22,95 €**

Kartenverzeichnis

ANHANG

Bildnachweis

Umschlag vorn und innen: Mario Weigt (🖳 www.zoomobjekt.de)

Farbfotos: Mario Weigt

s/w-Fotos:
alle Mario Weigt
außer:
Annett Weigt: S. 27, S. 49 unten, S. 143, S. 227, S. 336, S. 277, S. 549